金陵大學史

朱庆葆 主编　牛　力　副主编

第一卷

1888—1927

赵飞飞　陈声玥 著

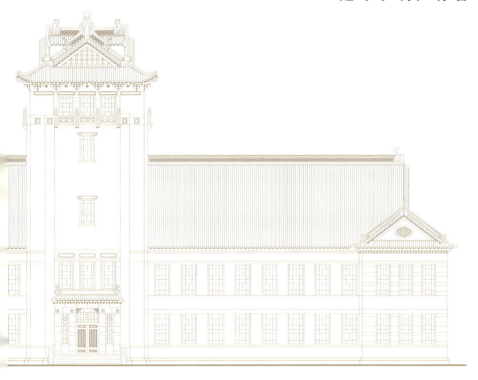

南京大学出版社

图书在版编目（CIP）数据

金陵大学史. 第一卷, 1888—1927 / 朱庆葆主编；
赵飞飞, 陈声玥著. -- 南京：南京大学出版社, 2025.
5. -- ISBN 978-7-305-28629-2

Ⅰ. G649.285.31

中国国家版本馆CIP数据核字第20244G4W30号

出版发行　南京大学出版社
社　　址　南京市汉口路22号
邮　　编　210093

书　　名　金陵大学史　第一卷　1888—1927
　　　　　JINLING DAXUE SHI DI-YI JUAN 1888—1927
主　　编　朱庆葆
本卷著者　赵飞飞　陈声玥
责任编辑　张倩倩
责任校对　张靖爽

照　　排　南京新华丰制版有限公司
印　　刷　南京爱德印刷有限公司
开　　本　718 mm × 1000 mm　1/16
印　　张　20
字　　数　286千
版　　次　2025年5月第1版
印　　次　2025年5月第1次印刷
书　　号　ISBN 978-7-305-28629-2
定　　价　298.00元

网　　址　http://www.njupco.com
官方微博　http://weibo.com/njupco
官方微信　njupress
销售热线　025-83594756

图1

上图局部

图1　1909年拍摄的汇文书院校园建筑群，从左到右五幢建筑依次为：礼拜堂、钟楼、学生宿舍、西教学楼和青年会堂

图2　汇文书院院长福开森　　　图3　基督书院院长美在中　　　图4　益智书院院长文怀恩

图5　金陵大学中外教员在干河沿校园
青年会堂前合影

图6　金陵大学堂位于干河沿的大门，
校名由李瑞清书写

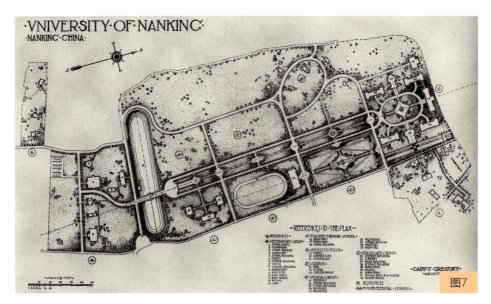

图7　1913年金陵大学校园规划平面图　　　　图8　1919年落成的北大楼

图9　1917年落成的东大楼　　　图10　1920年6月金陵大学礼堂落成后，是年在大学校园举行的毕业
典礼盛况，图为参加毕业典礼的金陵大学师生穿过校园前往礼堂。从
左到右的主要建筑分别是礼拜堂、天干宿舍楼、北大楼和东大楼

图11　文理科科长夏伟师　　　图12　金陵大学校长包文签署第一份由纽约州立大学董事会授予的
　　　　　　　　　　　　　　　　　　　毕业文凭图

图13

图14

图13　1926年金陵大学学生在北大楼内图书流通阅览室　　　图14　金陵大学学生在上化学实验课

图15

图16

图15　农林科科长芮思娄　　　图16　农林科创始人裴义理

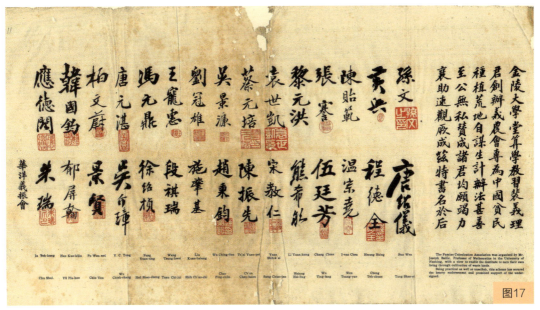

图17

图18

图17　裴义理在民国初年发起义农会，为贫民种植荒地自谋生计，得到孙中山、黄兴、唐绍仪等要人的支持

图18　1925年5月23日，农林科教职员欢送植棉专家郭仁凤夫妇回国，在刚刚落成的裴义理楼前合影留念

图19　1923年春，金陵大学推广员将改良棉种运往各地进行推广

图20　1914年，金陵大学医科教职员合影从左至右，上排：陈赛耳、宋龙、易文士、李敏甫；中排：高尼弟、赫尔忝、宝珍三；下排：文怀恩、比必、马林、柏志道

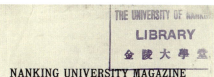

图21　1909年创刊的《金陵光》，
最初为英文刊物

图22　1914年，美在中（前排左起第三位）、
文怀恩（前排居中）、韦理生（前排右起第二
位）与金陵大学华言科教员合影

图23

图24

图23　1914年金陵大学学生成立四人合唱队
"金陵四声"

图24　民国初年金陵大学铁血运动队
（the "Iron And Blood" football team）全体摄影

序

　　金陵大学是中国近现代历史上著名的教会大学之一。1888年，美国教会美以美会在南京创建汇文书院（The Nanking University），是为金陵大学的源头。1910年，汇文、基督、益智三所设于南京的教会书院合并为金陵大学堂，后改称金陵大学（The University of Nanking）。1928年，金陵大学向南京国民政府立案，成为国民政府教育部管理下的私立大学之一。1937年，因抗日战争全面爆发，金陵大学被迫西迁四川办学，颠沛流离，弦歌不辍。抗战胜利后于1946年回迁南京鼓楼校址。中华人民共和国成立后，金陵大学与美国教会脱离关系，在1951年和金陵女子文理学院合并为公立金陵大学。1952年院系调整中，金陵大学各院系被调整至多所学校，其中金陵大学文、理两学院和当时的南京大学（其前身为国立中央大学）的文、理两学院合并，以此为基础，在金陵大学鼓楼校址组建了新的南京大学。2002年，南京大学将位于鼓楼校园的原金陵大学图书馆改为"校史博物馆"，在校史博物馆前矗立的"二源壁"，仍留存昔日"金陵大学堂"的碑石。

　　从1888年汇文书院创办，到1952年院系调整，金陵大学经历了64年艰辛曲折的办学历程。金陵大学的办学历史，是中国近现代高等教育机构成长壮大的缩影，也见证了中国历史与社会从十九世纪末到二十世纪上半叶的动荡与变迁。在这一历史洪流中成长壮大的金陵大学，体现出令人赞叹的坚韧和勇气，取得了世人瞩目的办学成绩，在推动中国近现代高等教育的建立与发展、为国家和社会建设培养高层次专业人才、推动现代科学技术和文化的创造与传播、沟通中西文化等方面做出突出贡献。

一、金陵大学开风气之先，倡办新式教育，办学成绩得到国内外的广泛认可，被称为"中国最好的教会大学"。1888年创办的汇文书院，是当时南京最早开展新式教育的机构之一。汇文书院首任院长福开森曾说，南京的第一个化学实验室、第一班植物学和动物学课程、第一次教授宇宙间的物理，都是诞生在汇文书院。民国时期，金陵大学在社会上有着"钟山之英""南国之雄"的美誉。1928年，加利福尼亚大学的誉志久野曾根据开设课程、学校设备、学习年限和留美毕业生的表现，对中国大学进行评估分级。他将金陵大学和燕京大学两所教会大学定为甲级和乙级，认为"这两所学校的毕业生完全有资格进入美国的研究院"。全面抗战时期，金陵大学设有化学、历史学、社会学、农艺学、园艺学和农业经济学等六个研究学部，覆盖了文、理、农三大学院，不仅是中国私立大学中设置研究学部最多的大学，从全国大学学部设置数量看，也仅次于中央大学、西南联大和中山大学。1945年，中国基督教大学联合董事会决定在13所中国教会大学中选定两所成绩优良者重点办好研究院，从而把中国教会大学办学水平提高到一个新的层次，最终金陵大学和燕京大学两校高票当选。在联合董事会看来，金陵大学已经具备了建设世界一流大学的基础和条件。金陵大学的人才培养质量、科学研究水平和社会服务能力都是一流的，不仅在中国教会大学中发挥着旗舰作用，也得到了中国政府和社会的高度认可。

二、金陵大学是一所有着鲜明办学特色的大学，在学科发展上走出了一条"小而精"的建设道路。南京国民政府规定，高等学校设有三个及以上学院者方能称为大学。金大乃将原有文理科和农林科扩充为文学院、理学院和农学院，不再增设新学院，集中力量办

好优势学科。农科被认为是金大最具特色和建设成就的学科。1914年，金大在中国首创四年制农业本科教育，是中国近代农业教育最重要的发源地。1921年北京政府教育部派员来校调查，认为金大"农科成绩较著，教科设备均较完备，不特为该校之特色，亦国内此项学校之翘楚"。陈裕光担任金陵大学校长二十余年，他曾说："金大校誉鹊起，闻名国内外，农科是一主要因素。"金大农科采用集教学、科研和推广为一体的三一制教育模式，培养了大批高级农业人才，有力推动了中国现代农业科技革新，并在中国农村社会开展了卓有成效的推广工作。从1914年金大农科成立到1952年院系调整前，38年间，金大农科毕业生及在校生总数约3000人。我国在欧美留学学习农业的学生，截至1948年约计256人，毕业于金大农科者有120余人。金大农科研究所从1936年到1945年先后招收农业经济、作物育种、植物病理、昆虫学、蔬菜学、果树学和农业工程等7个专业50名研究生，占1949年以前全国农科研究生总数近四成。金大毕业生曾经领导中国农林部七个技术部中的五个，五所国立研究所中的三所，十余所国立大学农学院中的七所。金大农科无疑是中国近现代农业教育和科研的重要中心。

金大另一项特色鲜明的办学实践是开办电化教育。20世纪30年代初，在科学救国和教育救国思潮的影响下，金大将电影教育用于辅助教学，并通过放映电影、摄制影片开展社会服务。1936年金大成立教育电影部（后改为影音部），1938年又开办电化教育专修科，1942年创办了《电影与播音》月刊（后改称《影音》）。该科是我国高校第一个培养电化教育专门人才的系科，从1938年到1952年全国高校院系调整，培养了近200名专门人才。电化教育在金大前后延续约20年，被认为是"开展最早、时间最长、人才与软件资源最多、成果最优、应用最多、影响最大、效益最高"的办学实践。金大的电化教育与国家同呼吸共命运，其活动遍及校园内外，与当时的社会政治、经济、文化都产生密切联系。

三、金陵大学的办学历程展现了一所教会大学不断寻求适应中国、植根中国的"中国化"历程。金陵大学是由美国差会创办的，从它在中国落地的那一天，就面临如何中国化的问题。在此问题上，金陵大学走在了中国教会大学的最前列。1928年，金陵大学向南京国民政府申请立案，是第一所向南京国民政府立案的基督教大学，自此成为中国高等教育体系的重要组成部分。金大首任华人校长陈裕光担任校长长达二十余年，是中国近代任职时间最长的大学校长之一。1937年全面抗战爆发后，金陵大学也是率先跟随国民政府西迁办学的教会大学之一。在具体办学上，金大致力于为国家和社会的发展带来变革，为中国未来发展培养领导者。金大围绕中国政府和社会发展需要设置学科和课程，重视对于中国传统文化的研究，组织社会调查和社会生产合作。与中国社会的密切互动，也有力推动了金大办学的开展。如农科建设从一开始就植根于中国的农村建设和农业改良，致力于改善农民生活，受到各级政府机构和社会团体的广泛资助。这为农科提供了丰沛的资金投入和智力支持，也使农科更好融入中国社会的现实需求，日益成长壮大。金大也注重寻求中国政府的支持，陈裕光校长在1936年时称，在过去的六年间，金大来自中国方面的经费及捐款达法币125万余元，金大从中国方面获得的经费多于其他任何一所在华的基督教大学。金大办学历史呈现出一个教会大学不断"本土化"和"中国化"的历程，在探索如何"吸收世界上先进的办学治学经验，更要遵循教育规律，扎根中国大地办大学"上进行了卓有成效的探索。

四、金陵大学"以沟通中西文化为职志"，成为弘扬中国传统文化、推动中西文化交流的重要窗口。"汇文"二字，即有汇通文化之意。福开森热爱中国传统文化，后来将毕生收藏的大量珍贵文物捐赠给金陵大学，作为金大教学和科研之用，这批文物也成为

今天南京大学最重要的收藏。陈裕光说，金大办学方针即"以沟通中西文化为职志"，"取人之长，补己之短，使吾国固有之文化，更臻完备"。他还提出"文化互惠"的概念，"求人我文化长短之互相沟通与弥补"。金陵大学在办学中处处透着她的"国际范"。金大与康奈尔大学等多所美国学校保持密切的合作关系，金大办学早期的外籍教师比例也很高，教室内教师用英语板书，学生用英语写报告和练习。在引进与学习西方文化知识的同时，金陵大学同样重视中国传统文化与历史的研究与教学。1924年，金大率先在教会大学中扩充了国文系。1930年，金大又在霍尔基金的资助下创建了中国文化研究所，致力于中国传统文化与学术的保存、整理、研究与发扬，旨在造就研究中国文化之专门人才，金陵大学中国文化研究所也被认为是教会大学中最有特色的机构。1934年，金大增设国学特别研究班，培养了包括古典词学家沈祖棻、语言学家殷孟伦、博物馆学家曾昭燏、古文字学家游寿等一批国学人才。金大鼓楼校园中西合璧、古朴典雅的建筑群，成为大学沟通中西文化理念的物质延伸。金大学生身着长衫用流利的英语进行演讲和辩论，屡屡在各大学竞赛中夺得锦标，都成为金大"融汇中西文化"的重要形象表征。

"大江滔滔东入海，我居江东；石城虎踞山蟠龙，我当其中。三院嵯峨，艺术之宫，文理与林农。思如潮，气如虹，永为南国雄。"这首金陵大学校歌以其磅礴的气势、一往无前的气魄及对金大未来的期许，为一代代金大学子所传唱，也成为每一个金大人的共同记忆。

金陵大学是南京大学办学的两大源头之一，1952年院系调整中成立的南京大学即以金陵大学校址为校园，在南京大学鼓楼校区校史博物馆前矗立有"二源壁"，在南京大学仙林校区图书馆前建有"二源广场"，金陵大学的历史是南京大学校史的重要组成部分。

金陵大学的优良传统在南京大学得到了继承和发扬。当年任职于金陵大学的李方训、戴安邦、李小缘、王绳祖、陈恭禄、周伯埙、陈纳逊、裘家奎等，在院系调整后都留在南京大学工作，他们也把金大的精神和优良传统带到了新的南京大学。金陵大学以"诚真勤仁"作为校训，南京大学的校训是"诚朴雄伟、励学敦行"，都体现着一脉相承的办学理念和大学精神。

南京大学历来注重继承学术传统，弘扬校史文化。在学校党委部署下，学校启动了"南京大学校史研究工程"项目，致力于校史档案的整理和校史编写。经过几年的努力，这部《金陵大学史》终于要和大家见面了，希望对于进一步认识金大、了解金大提供新的帮助。对于在新时代挖掘校史文化遗产，弘扬办学传统和办学精神，服务学校建设世界一流大学的目标，金陵大学的办学历程都是一份厚重的文化遗产。

朱庆葆

二〇二五年一月

目　录

第一章　西学东渐和三书院的创办

第一节　汇文书院的创办与发展

金陵大学地处六朝古都南京，前身为汇文书院、基督书院和益智书院三书院，1910年三书院合并而成金陵大学。中文校名取名"金陵"，是因"金陵"是南京的古称，既古朴又更富文化内涵。当时的教会大学，很多取名都具这一特点，如北京的燕京大学、山东的齐鲁大学、杭州的之江大学、上海的沪江大学、苏州的东吴大学等，都是以学校所在地的古称命名。洋学堂，起个中国名，这样不仅符合中国的文化传统，也有利于被中国人接受，是教会大学本土化办学的体现。

金陵大学之所以选择在南京办学，主要因为南京历史悠久，又有特殊的政治重要性，容易吸引基督教传教士的注意，成为西方基督教较早输入的中国城市。早在明朝万历年间，著名天主教传教士意大利人利玛窦（Matteo Ricci）就来过南京，与徐光启等社会名士来往密切，并建有教堂。清朝政府实行教禁，但"宁垣自乾嘉以还，即有外人建设教会，从事传教"。鸦片战争后，传教士来宁日众，而"皈依耶稣者日益众"。[①]西方传教士在南京城内花市大街、

---

① 徐则林：《美在中先生传》，《金陵光·美在中纪念专号》1916年8月临时增刊，第2页。

估衣廊、鼓楼等处建筑教堂，一边进行布道，一边办医院、学校和各种慈善事业。

南京也是江南学术文化和教育的中心，人文荟萃，教育发达。设立于南京的江南贡院，几百年来一直是江苏、安徽和江西三省的读书人定期会聚参加科举考试的场所。在清末兴学的浪潮中，南京也成为创办新式教育机构最具代表性的中国城市。据1909年的统计，当时"南京有100所学校，学生7 507人，聘用的教师有726人，其中662人是中国教师，他们大部分曾在中国最好的教会学校受过教育，还有的留学过美国、英国和日本。此外还有31位日本教师、7位来自欧洲的教师和26位美国的教师"[①]，而且"差不多所有的教会学校建立的都比近代中国公立学校早得多"[②]。南京优越的教育资源是吸引传教士办学的重要原因，到19世纪末20世纪初，南京的教会学校已占有很大的比重，其中最为著名的即金陵大学。

金陵大学是1910年2月由三所美国教会设立的基督教书院合并而成。这三所书院在金陵大学正式成立之前都已有20多年的办学历史。他们分别是美以美会（Methodist Episcopal Mission）在北门桥干河沿创办的汇文书院，英文名为Nanking University；基督会（The Disciples Mission）在鼓楼创办的基督书院，英文名为Nanking Christian College；以及长老会（Presbyterian Church）在户部街创办的益智书院，英文名为The Presbyterian Academy。在这三所书院中，"美以美会所办之汇文书院，成立较早，规模较大，基督会所办之

---

① "Nanking as an Educational Centre," *The University of Nanking Magazine*, vol.1, no.2（January 1910），p.36.（注：《金陵光》杂志1913年第四卷第一期后改版为中英文合刊，但中英文版的内容并不完全重合，为作区分，凡是英文版的内容一律使用英文注释，凡中文版的内容一律使用中文注释，下同。）

② "Nanking as an Educational Centre," *The University of Nanking Magazine*, vol.1, no.2（January 1910），p.37.

基督书院次之，长老会所办之益智书院又次之"①。

一、创办人与校园建设

汇文书院的创办人是美以美会的中国区驻区会督傅勒（Charles Henry Fowler，亦有译为法勒、傅勒尔）主教。傅勒是一位目前国内外学术界了解还不多的人物，据有的学者最新考证，傅勒与19世纪末美以美会在华发展新式高等学校教育关系密切，也直接指导和帮助了汇文书院第一任院长福开森（J. C. Ferguson）在南京的办学活动。②傅勒1837年出生于加拿大安大略，是苏格兰-爱尔兰移民后裔，他童年随父母迁居伊利诺伊州。1859年，傅勒毕业于纽约州的杰纳西学院（Genesee College，今雪城大学），1861年毕业于芝加哥的加勒特圣经研修所（Garrett Biblical Institute），之后在芝加哥多个美以美会教堂做牧师十二年。1870—1876年任芝加哥美以美会创办的西北大学校长，这六年的治校经验，为他之后在海内外推动新式高等教育发展打下基础。傅勒在美国推动创办了三所大学：内布拉斯加州的林肯韦斯利安大学、华盛顿州的普吉提湾韦斯利安大学、南加州的麦克莱神学院。1888年傅勒以主教身份出任总部设在旧金山的美以美会海外传教理事会中国区驻区会督，推动发展中国的新式高等教育。

美以美会在华办有两所汇文书院，一所在北京，一所在南京，英文名分别是"Peking University"和"Nanking University"，这是美以美会有计划地统一协调北京和南京办学活动决策的结果，而这一办学活动的策划者和决策者正是傅勒。他先在北京帮助创办北京汇文书院，再来南京帮助创办南京汇文书院，并在南京居住了一段时

---

① 洪润庠：《回忆清末民初时代的母校》，台北金陵大学校友会编印：《金陵大学创校七十周年纪念特刊》，1958年，第17页。

② 郭锋：《福开森在华五十六年》，上海：上海交通大学出版社，2019年，第69—78页。

间，具体指导汇文书院建设。

1888年11月，傅勒主持了美以美会华中分会年会，在这次会议上，提出了在南京建设一所大学的计划。据当时《字林西报》记载："美以美会华中分会上周在这里举行。本次会议周一（11月12日）开始，持续到周六，由傅勒主教主持。……这次会议提出的最雄心勃勃的计划是考虑在南京建立一所有科学、文学、医学和神学等四个学科的大学（University）。这所大学致力于提供高等数学和西方科学课程，以满足学生的需求。为此目的，他们准备尽快筹备资金，建立一座拥有良好实验室设施的科学楼，并聘请经过专门训练的教授来管理。医学系的筹建工作将由比必（R. C. Beebe）医生负责立即着手进行，其他系科的筹备工作，俟必要的安排做好之后进行。镇江的福开森教士，波士顿大学毕业生，被任命为这所大学的校长。他将立即投入工作，为这所大学打造一个稳固的基础。"[1]

傅勒在南京的办学活动，主要做了两件事：一是选定并任命福开森为南京汇文书院首任院长；二是从学科建设、办学目标等方面出谋划策，具体帮助指导南京汇文书院的创办工作。从1888年11月18日傅勒写给美以美会海外传教理事会秘书的信，可以看出他对福开森的信任和器重。信中写道：

（Hykes教士）表示要辞职，因为厌倦了这样的麻烦，宁愿做别的工作。很明显，对于差会的和平稳定来说，这一步是决定性的。他将提交辞职信。差会毫无疑问处于这样的要求之中：任命福开森到差会办公室。……福开森在此差会中虽然年轻，但是很有信心，很热爱传教事业，他已经可以流利地用汉语布道宣讲。他是一个细心而又勤奋做事的人，有着高度的荣誉感和正义感，

---

[1]　《美以美会华中分会举行年会》，《字林西报》1888年11月23日。

这项事业掌握在他手里，和掌握在Hykes教士手里一样安全，并且会以兄弟友爱精神管理。我认为对他的任命是最合适的，也是解决这里的困难问题所需要的。……我已经授权福开森负责南京的教育工作。他受过很好的培养，素质很高。他仍然会从事宣教工作。这一任命获得差会全体成员的热诚赞同。①

福开森于1888年11月被任命为南京汇文书院院长，任命人正是美以美会中国区驻区会督傅勒，他对福开森非常了解和欣赏。实际上二人很早就认识，时间可以追溯到福开森在波士顿大学读书年期。傅勒不仅是任命福开森为南京汇文书院院长的人，也是最早推荐他来华工作并做出最后决定的人之一。

福开森生于1866年，也是加拿大安大略省人，与傅勒可以说是同乡，1886年毕业于美国波士顿大学，获文学士学位（1902年获哲学博士学位）。1887年3月在波士顿大学得到任命，接受美以美会海外传教理事会的委派，开始为来华工作做准备，其中就包括结婚。美以美会来华传教士一直有一个传统：先结婚再来华，这有点类似中国的"先成家再立业"。美以美会的这一传统，看似是关系个人的细节小事，其实是关系传教事业的大事，即可以使人通过"成家"的现实，看到"立业"的前景，从而增强信心，增强责任感和使命感。所以这一传统不仅有利于整个传教事业的稳定和发展，也有利于传教士个人的生活稳定和事业发展。人生两件大事，"成家"问题解决之后，没有了后顾之忧，就可以心无旁骛、全力以赴地"立业"。这样福开森携新婚妻子于1887年8月14日自马赛丹镇启程，经芝加哥、旧金山、横滨、上海，到达镇江。本来他们是

---

① 傅勒给美以美会海外传教理事会秘书的信，1888年11月18日，耶鲁大学神学院图书馆藏美以美会传教士信件档案，转引自郭锋：《福开森在华五十六年》，上海：上海交通大学出版社，2019年，第73页。

被派往南京，但美以美会华中分会在九江年会上做出改变任命的决定，让福开森暂缓去南京，先留在镇江。①

福开森夫妇在镇江待的时间很短，自1887年10月25日从上海乘船到镇江，到1888年秋迁居南京，住了不到一年时间，但在镇江的这段经历对福开森以后的发展非常重要。一是他在这里对清末中国的社会形势、美以美会在华传教事业的情况，以及将要做的工作，有了初步的了解认识和感受体会；二是他在这里用功学习汉语，为未来五十年的事业发展打下了良好的基础。后担任金陵大学第一任华人校长的陈裕光曾回忆："此人（福开森）来华时不过二十岁左右，原是南京地区的一个传教士，操一口南京话，精通中文，活动能力很强。"②福开森颇具语言天赋，他学习汉语的方法也很高效，聘请中国老师来教口语，纠正发音，他之所以说汉语带有南京味，可能中国老师是南京人。

1888年秋天，22岁的福开森带着妻子和不满一岁的儿子路德离开镇江，来到南京，住进估衣廊附近美以美会华中分会为他们购置的一套房子，开始在南京长达十年的办学活动，将一所还是在纸上计划的大学，办成了实实在在的南京第一所新式高等教育机构。

对于自己主持的这所教会学校，福开森有怎样的教育理念和方法呢？1892年福开森写过《中国的高等教育》一文，反映了他对这几年办学的理解和认识。他写道：

> 近些年来，差会办的教会学校要比官办学校建立得早一些，或许对于推动西学发展所起的作用也要大一些。教会学校不仅教授科学、数学、外语，而且传播基督教，基督教比任何其他事物

---

① 郭锋：《福开森在华五十六年》，上海：上海交通大学出版社，第53页。

② 陈裕光：《回忆金陵大学》，金陵大学南京校友会编：《金陵大学建校一百周年纪念册》，南京：南京大学出版社，1988年，第8页。

都能更多地使学生了解和理解西方的习俗。不可否认的是，有关
《圣经》的知识，除使中国人成为基督教的信仰者之外，还是让
中国人认识、理解西方思想方法和西方文明的关键。如果想了解
中国、理解中国思想，必须学习孔孟经典。同理，如果要了解西
方国家，必须学习有关《圣经》的知识。迄今只有教会学校教授
这方面的课程，教会学校也由此为智力生活的发展做出了很大的
贡献。追溯中国教育的发展，我还对现在中国"高等教育"的结构
有了比较清楚的了解。它应该包括文学、科学、数学，至少一门欧
洲语言，还包括基督教知识。文学可以使学生在他的国家获得体面
的地位，还可以增强学生的记忆力。科学和数学赶走迷信，使学生
认识和理解自然。外语在开阔视野的同时，开辟了西方文学的广阔
领域。基督教知识不仅成为认识、了解西方文明的基础，也为学生
认识、了解上帝做了准备。这几个部分的任何一个部分，都是我们
思考什么是理想的中国高等教育时所不能省略的。①

　　从中可以看出，福开森对于科学教育和教会教育在中国的价
值和作用，对于教育的内容和结构是有深刻思考的，也有自己的见
解，比如关于教会教育的作用，他认为这是让中国人认识、理解西
方思想方法和西方文明的关键。关于理想的中国高等教育的结构，
他认为应包括文学、科学、数学，至少一门欧洲语言，还包括基督
教知识。经过短短几年的办学实践，年轻的福开森已经对现代教育
理论和方法有所掌握，并能熟练应用于分析中国的传统教育和教会
教育。
　　福开森甫到南京，美以美会要建的南京汇文书院既无土地、

---

① 福开森：《中国的高等教育》，《教务杂志》1892 年 4 月号，转引自郭锋：《福开
森在华五十六年》，上海：上海交通大学出版社，2019 年，第 83 页。

校舍，也无学生，所以福开森先是在家招生办学，把学校办起来。

"乃设班课徒，所授课程以圣经为主，英语、数学、国文为辅，来学生徒，酌予津贴，于是学生与年俱增"。[①]到第二年，即1889年，这所办在家里的学校已有学生11名。[②]想入学的学生与日俱增，福开森的家不敷使用，故筹建校舍势在必行。

大约从1889年起，福开森就一边在家办学，一边开始在外奔波，为建筑校舍选址、购地、筹款，联系建筑设计公司，着手校园校舍建设。在这个过程中，他曾为选址购地而不懈地与官府衙门打交道，为筹款而不懈地与各种团体和个人打交道，甚至利用第一次回美国的机会，在傅勒的帮助下奔波于波士顿、芝加哥等地，积极争取各种渠道的资源支持，做了大量的工作。到1891年，福开森的努力已经初见成效，他成功购置了位于干河沿的一块土地作为校园。当时干河尚可行船，各种水船、柴船、粪船，可由通济门内经复成仓、太平桥、莲花桥、北门桥、小仓山（又名五台山）、北坡、随园南岸，而至龙蟠里汉西门城根。学校北起干河沿，南至永庆巷，东起小马路，西至小仓山东坡下之同善堂义冢地界为止。

经过数年建设，汇文书院（现为南京金陵中学校址）建成了六座建筑物：一、礼拜堂。二、钟楼。第一层为行政办公室，院长、西文总教习、司库、庶务等都在该楼下各室办公；二楼为博学馆（大学）教室；三楼为博学、医学、神道三馆和学生宿舍。三、青年会堂。楼下为娱乐室，楼上为藏书楼（图书馆）。四、学生宿舍（口子房南部三层楼）。五、教室（口子房西边两层楼）。另平房

---

① 李庆麐：《金陵回忆五十年之一页》，台北金陵大学校友会编印：《金陵大学创校七十周年纪念特刊》，1958年，第15页。

② 芳威廉：《金陵大学简史》，打印稿，第5页，耶鲁大学神学院图书馆藏中国教会大学档案，转引自郭锋：《福开森在华五十六年》，上海：上海交通大学出版社，2019年，第85页。

一列，有五间，为中文总教习和中文教习办公室。六、距离学院大门最近有座两层小楼房，为美以美会南京教区所在。①

汇文书院最具代表性的建筑是钟楼。傅兰雅（John Fryer）于1895年来到汇文书院时，书院钟楼便给他留下深刻印象。"钟楼有七十英尺高，可以从城里的任何方位看到。"该楼主体三层，中为五层，在当时南京的平房中，可谓鹤立鸡群。又因为洋人所建，当时南京市民称之为三层楼洋行。"坐人车或马车时，呼到汇文书院反不为所知，如言到三层楼洋行，则无论路之远近，无人不晓。"②钟楼采用四面开窗的方形平面，平面和立面都追求严谨的对称关系，尤其是主立面，连烟囱也是相互对应的。墙面处理简洁，以凸出的墙线角来加强水平划分，这些做法符合英国十六世纪后半叶的文艺复兴时期的府邸建筑风格。而薄檐口、大开间、线脚装饰简化的高耸钟楼造型，反映出北美殖民期的建筑式样特征。③汇文书院以钟楼为代表的这组建筑群，具有明显的西方色彩，其房产属于美国美以美会，由美国建筑师设计，也自然地会搬用美国当时流行的建筑式样。汇文的校园建筑风格与后来建成的金陵大学中西合璧的建筑风格是完全不同的。

汇文书院的校舍建设资金并不是差会的日常经费，而主要是来自私人渠道的捐助。如钟楼是由芝加哥的菲兰德·史密斯（Philander Smith）房地产商捐建的；小教堂是由波士顿大学创办人之一雅各布·斯利珀（Jacob Sleeper）的三个女儿捐建的；学生宿舍的赞助者为美国木材采伐业的著名企业家柯林斯（Mr. Collins）。可

---

① 李庆麐：《金陵回忆五十年之一页》，台北金陵大学校友会编印：《金陵大学创校七十周年纪念特刊》，1958年，第15页。
② 洪润庠：《回忆清末民初时代的母校》，台北金陵大学校友会编印：《金陵大学创校七十周年纪念特刊》，1958年，第17页。
③ 董黎：《中国教会大学建筑研究》，珠海：珠海出版社，1998年，第96页。

见福开森充分利用他在美国的关系，为汇文书院以后的发展打下了坚实的物质基础。

二、学科与师资队伍建设

根据福开森的教育理念和学科构划，汇文书院建立文科（博物馆）、神科（傅勒《圣经》学校，亦称圣道馆）、医科（医学馆）三个学科，以及一个相当于预科学校的成美馆。理科课程如数学、物理、化学、生物、矿物实验等虽然已经开设，但是以文科附设课程和实验室的形式开设，并没有独立设置理科。直到1921年金陵大学时期，才将文科改为文理科。有学者考证，福开森起初还欲开设法律系，从他1909年在汇文书院毕业典礼上的演讲中我们可以了解大概。他说："我们一直惦记要建立法律系，但一直没有找到足够的经费支持。正是出于这样的原因，为文科、医科、宗教和法律而制定的课程教学计划……在南京这所学校是出于综合的目标建立的第一所大学。……法律课程建设不能再拖延了，现在一个潮流是，比例很大的中国人到外国留学选修的是法律和相关专业。如果开设这类课程，就会成为基督教学校当中这一运动的领导者，如同你们曾经成为几个学科的领导者一样。"[1]从中可见，没有充足的经费导致福开森开设法律系的想法一直未能实现。而建立一所综合性大学，正是汇文书院创建的初衷。

关于汇文书院创办初期学科建设和发展状况有一份较早和详细的资料，是傅兰雅在《中国教育指南》对南京汇文书院创办和发展情况的介绍，他写道：

---

[1]　福开森在南京汇文书院1909年毕业典礼上的演讲，打印稿，弗利尔艺术博物馆藏福开森档案，转引自郭锋：《福开森在华五十六年》，上海：上海交通大学出版社，2019年，第114页。

　　这所大学分为四个院系（Departments）：神学院（School of Theology）、文学院（College of Liberal Arts）、医学院（School of Medicine）和预科学校（Preparatory School）。（a）神学院又叫"傅勒尔《圣经》学校"，院长为已故Leslie Stevens教士，建立于1891年。现有4名学生，平均年龄30岁。课程三年，科目包括历史神学、《圣经》解释、理论与实践神学等。该大学一览介绍说：神学教学的目标，是透彻理解经文，通过事工掌握有关教会的历史知识并与教义结合起来。（b）文学院建立于1893年，向学生提供充分的中文课程，以及英语文学、数学、科学和哲学课程。现有4名中国助教，16名学生，平均年龄19岁。这所学院有很好的各科学分科的仪器设备。化学室提供良好的实验设备，可以进行普通化学和分析化学的全面训练。显微镜和升降设备可以满足植物学和动物学实验需要。还有一台很好的天文望远镜和传输装置，对学习天文学很有帮助。最近新添置的全套测量仪器，已经在这座城市的新建马路测量和绘制精确地图等方面发挥作用。物理课教室也已经准备好了，新项目还在增加当中。还有一套完整的气象学仪器设备，每两天进行一次天气观测并记录下来。矿物陈列橱窗正在丰富起来，其展示的样品有助于说明中国矿物构成的特殊性。所有科学分支设施设备的目的只有一个，就是实践。在这里，可以时常敦促学生独立地学习，对自己国家的物产矿藏做科学的调查研究。（c）医学院，院长师图尔，医学博士，开设于1888年。至今已招收12名学生。现有学生4人，平均年龄20岁。要完成的课程科目有解剖学、药物学，以及医学和外科实习等。有1名本地人助教。（d）预科学校与医科同时建立，至今已经招收160名学生。现有中国助教6人，学生70人，年龄平均14岁。开设中国经典、历史、地理、初等数学、几何、自然科学等课程。①

这份资料史料价值非常大，它详细地记录了汇文书院早期学科建设和办学情况，特别是关于学校科学仪器、实验设备、矿物收集等记录，再现了汇文书院科学教育的成绩，并且也表明汇文书院积极参与到城市建设和推动社会经济发展服务中去。

1897年11月《申报》对汇文书院办学情况有一段记载："干河汇文书院自开设以来，多历年所，凡住院肄业者不下数百人。于格致、天算、光学、化学、电学、重学之类，靡不精心研究。尔来人才杰出，蔚然可观。近闻督宪刘岘帅洞悉该院长福开森功课綦严，成材甚广，拟聘为南洋各学堂总教习，俾诸生易于卒业。刻下虽无明文，然外间已言之凿凿矣。"②从这里也可以看出汇文书院的课程情况，当时书院的教学已经受到政府的重视，具有一定的社会影响。

关于汇文书院创办的目标，《教务杂志》也有专门的一段记载："在南京新建的这座大学，将包括文科、医科、科学和神学四科，办学的目的是教授高级科学课程，以便在中国知识界获得一席之地。"③此外汇文书院还设有特班，特班学生大部分是晚清科举废除之初入学的秀才、童生等，他们为迎合时代潮流，进汇文补修西文与西方文化知识。这些特班学生毕业后，大多考入邮电、海关、盐务、银行等机关服务。因服务时间较长，这些人至民国时大多位

---

① John Fryer, *The Educational Directory for China: An Account of the Various Schools and Colleges Connected with Protestant Missions as well as of Government and Private Schools under Foreign Instruction,* Shanghai: American Presbyterian Mission Press, 1895, pp. 43–45. 转引自郭锋：《福开森在华五十六年》，上海：上海交通大学出版社，2019 年，第 116 页。
② 《聘请教习》，《申报》1897 年 11 月 7 日，第 2 版。
③ "Central China Mission of the M.E. Church," *Chinese Recorder*, vol. XIX（December 1888），p.590.

居要津。①

汇文书院的师资队伍建设也颇具特色，体现为注重理科人才。到1891年，汇文书院的师资队伍已经初步建立，除了福开森和教授英语的科利尔（Collier）小姐，还有6名中国教师。到1896年前后，不仅中国人教师队伍加强，西方教师队伍也加强了。汇文书院的教师队伍总数已有20人，包括中国教员9人，西方教员11人。"穆尔为西文总教习，恒谟为西文教习；师图尔为医科总教习，马林、比必为医学教习。除上述西方教员外，聘李自芳为国文总教习，周岐山、李鉴堂为国文教习。书法家骆寄海也曾在汇文任教。"②虽然也有一些中国教师专职教汉语，但这里所谓的"国文教习"，并不是教中文或汉语的教师，主要指以中文为授课语言，教授英语及数理化等文理科课程的专任教师。穆尔、恒谟（W. Frederick Hummel）、马林、比必和师图尔（George A. Stuart）等西方教员，则分别加强了汇文书院文理科和医科的力量。马林是1896年合并鼓楼医院、设立医学馆时加入的，比必和师图尔则分别来自美以美会华中分会创办的金陵医院和芜湖医院。师图尔后来在医学馆总教习任上接替福开森，成为汇文书院第二任院长。恒谟毕业于芝加哥大学，是师图尔的女婿，1908年来华，先在汇文书院任教，1910年继续在三所书院联合成立的金陵大学任职。

1896年福开森受清政府之聘，以三品衔红顶花翎官阶担任上海南洋公学（现在上海交通大学前身）监院，不再担任汇文书院院长。汇文书院的继任院长为师图尔。师图尔，字书林，美国马里兰州人，生于1859年，其父是著名传教士，有子女12人，师图尔排行最小。他于新布顿大学获硕士学位，后入哈佛大学获医学博士学

① 洪润庠：《回忆清末民初时代的母校》，台北金陵大学校友会编印：《金陵大学创校七十周年纪念特刊》，1958年，第18页。
② 张宪文主编：《金陵大学史》，南京：南京大学出版社，2002年，第12—13页。

位。1886年，师图尔携夫人来中国南京传教。当时比必医生在南京传教、行医，获师图尔帮助甚多。两年后，师图尔去芜湖创办弋矶山医院，在芜湖待了八年。师图尔向以"救灵、开智、医病"为人生三大志愿，在芜湖几年，医病、救灵工作颇有成就，但办学开智志向未偿夙愿，所以南京汇文书院开设医科后，师图尔回南京任医科总教习。适值福开森去沪任职南洋公学，师图尔遂任汇文书院院长，以展平生抱负。[①]

师图尔是位名医，素来也热心教育与宗教事业，著述甚多，如《圣经研究》《美以美会教会例文》《贫血病与组织学形态学及血液化学之特别关系》《解剖学名词表》《医科学生之习练法》，他还把《本草纲目》翻译成英文，向中国介绍西方医学和向西方推广中医。在掌校汇文后，师图尔除在校主持学校行政并教授功课外，常按时往汉西门汇文所属医院，亲自为病人看病。他对学生管教极严，重质不重量，各级学生卒业，必须门门功课及格。学生一进校门，除大学及特别班生外，凡属住校之本城学生，只准每周六下午外出半天。外地住校学生，隔周周六下午外出半天。平时学生上课、休息、就寝及吃饭，皆有定时。每逢周六上午八时至九时，他都亲自检查各学生寝室内务，九至十一时半学生集中写作文。学生无课时，除每周一至周五下午四点至六点，周六与周日下午，可自由活动与运动外，其余一律集中自修，由中西文教习各一名临场监督，即使是周六周日晚，也不例外。点名未到者，以缺课论，记过公布处分。[②]所以在师图尔时代，汇文书院办学质量有了很大提升，师资队伍有所扩充。

---

① 《师图尔传略》，南京大学高教研究所编：《金陵大学史料集》，南京：南京大学出版社，1989年，第9页。
② 洪润庠：《回忆清末民初时代的母校》，台北金陵大学校友会编印：《金陵大学创校七十周年纪念特刊》，1958年，第17页。

其间汇文书院的西文教习还有威尔逊（Wilbur Wilson）、饶合理（H. F. Rowe）、包文（Arthur John Bowen）、傅绍兰（John Rogers Fryer）等。威尔逊是福开森的内弟，1896年来华，在汇文书院教授英语，1910年转为金大教师。饶合理教士毕业于德鲁神学院，1898年携妻来华，1904—1905年任南京汇文书院神科负责人。傅绍兰是傅兰雅的长子，本科毕业于纽约州立大学，在加州大学读的化学和物理学研究生，1893年秋被任命为汇文书院英语和文学教师。包文毕业于芝加哥西北大学，1897年携妻来华，任教于汇文书院。

汇文书院招聘教师是有一定标准的。福开森1893年4月写给友人的信中写道："我们需要一个能上一门研究性课程的人，他应该大学毕业，如果是科学或数学方面的专家或两者的专家，就能更好地适应这个工作。我不特别考虑他是不是牧师或宣教士，但最好是一位宣教士，而且是神学院毕业的。他必须是一个文化人，能够帮助领导中国的教育事务。"[1]由此可见具有高的学术水准是汇文书院聘任的首要条件，其次才是宗教属性。

师图尔时代毕业的汇文学生，大学文科毕业的有黄荣良、韩安等。黄荣良后来曾任驻澳总领事，韩安留校任教几年后，由政府派送美国留学，于1911年在密歇根大学获得硕士学位，是中国出国留学生中第一个林学硕士学位的获得者，此后继续在美国威斯康星大学农科学习。医科毕业的有赵仕法、黄子靖、杨智生等。赵仕法在南京行医，后入南京高等师范学校任教。黄子靖在上海红十字会主持医务。

---

[1]　福开森给美以美会海外传教理事会保灵的信，1893年4月4日，耶鲁大学神学院图书馆藏美以美会传教士信件档案，转引自郭锋：《福开森在华五十六年》，上海：上海交通大学出版社，2019年，第136页。

神科毕业的有徐俊臣、徐玉和等，都是美以美会有名的牧师。[①]此外，高初中学及小学，共有学生二百名左右，每名学生每学期缴纳学杂费银圆十元，膳费十元，《圣经》、纸笔、蜡烛、沐浴、剃头等，均免费供应。但对信奉基督教的学生，可免收学杂费。[②]

20世纪初，美国各教会负责人以教会在华皆办有学校、力量分散为由，遂创议首先将南北二京所办的汇文书院（北京汇文书院为燕京大学之前身）与当地教会学校合并组成联合大学，以将力量集中，合力从事扩充，力求完善。[③]师图尔向来主张独立办学，反对联合办学，故于1907年秋辞去汇文书院院长职务，改由包文继任。[④]

包文在主持校务开始几年中，三院尚未合并，一切仍沿用旧制，对教学重质不重量，各级学校学生毕业，必须符合美国学校标准。在三院未合并前包文校长任内，第一年文科毕业生为洪章一人，次年为刘经庶（刘伯明）一人，再次年为刘镜澄与刘靖夫二人。

汇文书院办学21年（1888—1909），有16名教授和11名助教，学生有310多人。大学部（1896—1909）共毕业学生80名，其中圣道馆11人，博物馆56人，医学馆13人。[⑤]这些毕业生有的继续到国外留学深造，如前文所提的汇文第一届毕业生黄荣良[⑥]，毕业后留学美

---

① 洪润庠：《回忆清末民初时代的母校》，台北金陵大学校友会编印：《金陵大学创校七十周年纪念特刊》，1958年，第17页。

② 李庆麐：《金陵回忆五十年之一页》，台北金陵大学校友会编印：《金陵大学创校七十周年纪念特刊》，1958年，第15页。

③ 洪润庠：《回忆清末民初时代的母校》，台北金陵大学校友会编印：《金陵大学创校七十周年纪念特刊》，1958年，第18页。

④ 洪润庠：《回忆清末民初时代的母校》，台北金陵大学校友会编印：《金陵大学创校七十周年纪念特刊》，1958年，第18页。

⑤ 此数字根据《历年毕业生数目统计表》统计得出，南京大学高教研究所编：《金陵大学史料集》，南京：南京大学出版社，1989年，第210页。

⑥ 《金陵大学同学录》，私立金陵大学档案，中国第二历史档案馆藏，全宗号649，案卷号1465。

国贝克大学（Baker University），曾任澳大利亚总领事，外交部金事。韩安，汇文书院1896年毕业，后留学美国学农科，1912年夏回国后任北洋政府农林部金事，后曾任北京农商部林务处副处长、北京农业专门学校森林系主任等职。刘伯明，汇文1909年毕业生，后留学美国西北大学获哲学博士学位，历任金陵大学、东南大学哲学教授，东南大学副校长，学识渊博，载誉全国，当时有"南刘北胡（胡适）"之称。

汇文书院对大学毕业典礼尤为重视，邀请政要、达官显贵出席毕业仪式，一方面宣传汇文的办学成绩，另一方面对学生也是极大的激励。金大毕业生在回忆毕业典礼时说，犹忆每当学校举行毕业典礼时，先后南京两江总督端方与张人骏，以及南京城内所有大小清朝文武官员，例皆被邀到场训话给奖。"眼见大红顶子、水红顶子、蓝顶子、水晶顶子，及铜顶子，占满全礼堂，双马马车、单马马车、轿子、仪仗马及穿开气袍子的官兵，布满整个校园，深觉大学卒业之光荣，唯有积年苦学，方能得到。"①描写的此番热闹场面惟妙惟肖，可见汇文书院当时在南京官绅中的影响。

第二节　宏育书院的合建与发展

在汇文书院稳步发展的时候，在南京还出现了另两所教会书院，一个是基督会创办的基督书院，一个是长老会创办的益智书院。

---

① 洪润庠：《回忆清末民初时代的母校》，台北金陵大学校友会编印：《金陵大学创校七十周年纪念特刊》，1958年，第18页。

一、基督书院的办学及成绩

基督书院的创办者为美国基督会传教士美格斯（Frank E. Meigs）。美格斯受美国基督教国外传教团的委派于1887年1月抵达南京，立志以身许中国，故自号"在中"。起初，美在中住在基督医院医师马林（William Edward Macklin）家中，先在鼓楼附近开办了一个走读学校。尽管南京其时"皈依耶稣者日益众"，但他认为"信仰虽新，智识仍旧"，生怕"无智识之信仰，易生魔障，非灌输学识，无以羽翼教旨"，[1]于是他请求基督会捐款，于1891年在南京鼓楼西南建造了基督书院。书院落成后，美在中任院长，他把家安在学校旁边，以便随时尽职。当时基督书院学生仅20余人，由美在中夫妇担任教学与管理。美在中对待学生"温而厉"，学生生病，他求医问药，或者在病榻前读小说，以减轻病人痛苦。但学生如果功课不用功，则不假辞色，往往一边哭一边打。由于管理有方，基督书院的学生很快发展到200人。[2]1895年，美在中在基督书院建立了一个印刷厂，为学生提供工作并付工资，以使学生自立，当时南京的第一份中文报纸就是在基督书院印刷厂出版的。[3]

基督会当时在南京的事业除了基督书院，还有基督医院（因院长为马林，又称马林医院，三书院合并后改称金陵大学医院，现鼓楼医院前身）、基督女书院等机构。相比较于美以美会经营的汇文书院、汇文女书院、金陵医院（主任医师为比必医生，地处汉西门黄泥巷），无论在规模还是设备方面都稍逊一筹。在1908年，

---

① 徐则林：《美在中先生传》，《金陵光·美在中纪念专号》，1916年8月临时增刊，第2页。

② 徐则林：《美在中先生传》，《金陵光·美在中纪念专号》，1916年8月临时增刊，第2页。

③ The University of Nanking Bulletin（1910−1911），RG 11, Box 197, Folder 3384, Archives of the United Board for Christian Higher Education in Asia（以下简称"UBCHEA Archives"）.

基督书院仅有两层楼一座（下层为饭厅、事务员办公室，上层为学生宿舍），三层楼一座（底层为办公室、青年会等，二、三层为教室）。另沿小马路边有单排两层楼一幢，有十余个大房间，为学生宿舍。当时基督书院有大学生六七人，如赵先侗、任应钟、陈鸿仪等；中小学生150人左右①。基督书院一直由美在中主持，治校政策连贯，这有利于学校的发展。学校进行了一些大学程度的教学，但大部分还处在高级中学和语法学校水平。

基督书院的师资主要有：Kelly小姐和Garrett夫妇教授英语，A. E. Cory牧师从事圣经的教学，谢德美（C. S. Settlemyer）管理体育馆，也从事一些教学。此外还有Paul教授、A. V. Gray管理小学。J. Jones先生的去世是很大的损失，但他的妻子一直在任教。基督书院大学毕业生总数为37人。②下面根据《金陵大学1922年同学录》③，将部分基督书院大学毕业生名录如表1-1：

表1-1 部分基督书院毕业生

姓名	毕业年份	经历
陈熙（字瑞仪）	1898 年	任庐州基督医院理事及皖北寿县师范学校兼寿阳中学算学教育，后任金大算学教员
乔万春	未知	任邮务员数年，后任门台子英美烟草公司翻译
胡锡祚（纯甫）	未知	任安徽建德课实学校英文教员，芜湖基督学校教员，江苏新浦三等邮局局长，后任阜宁二等邮务局局长
李宸（彤甫）	1903 年	任安徽来安学校英文教员及芜湖萃文学校学监，后任金陵大学鼓楼医院会计兼庶务员

① 李庆麐：《金陵回忆五十年之一页》，台北金陵大学校友会编印：《金陵大学创校七十周年纪念特刊》，1958 年，第 16 页。

② The University of Nanking Bulletin（1910-1911），RG 11, Box 197, Folder 3384, UBCHEA Archives.

③ 《金陵大学同学录》，私立金陵大学档案，中国第二历史档案馆藏，全宗号 649，案卷号 1465。

续表

姓名	毕业年份	经历
李汝寅（厚甫）	1900 年	任基督书院教员，安徽铁路公司译员，后任金陵神学院教员兼任金大董事，基督教会会长，下关基督教堂牧师
李瀛（敏孚）	1900 年	留学美国海兰姆大学获理科学士学位，路易斯费大学获理科硕士，任基督书院学监，金大大学部学监，后任南通基督学校主任，金大及金陵神学院董事，基督会执行委办，南京基督会董事部部长，南通基督教堂讲道员
李荣春	1906 年	任镇江润州中学副校长
蒋定邦（辅臣）	未知	任庐州府六合大营集及浦口等处传教、办学十余年，后任南京基督两等小学校主任
王炳荣（万隆）	1903 年	任基督公学校长十年，及哈佛医学校与红十字会医院庶务兼会计员四年
王修记（伯伦）	1906 年	合肥三育学校教员，曾任金大模范小学及中学教员
王树德（遐龄）	1907 年	任基督学校教员兼学监职务
韦文新（亚杰）	1907 年	扬州友基学校教务主任，曾任商务中学算学、英文主任，孤儿院院长，皖北华洋义赈会干事员，陆军部驻保军械局局员，振华模工厂厂长
吴振钦	1897 年	任教十余年，后任青年会教员

二、益智书院的办学及宏育书院的合建

益智书院是由美国北长老会所设，金陵大学校长包文1910年给托事部的校长报告称[1]，长老会的阿比（Robert E. Abbey）牧师早在1887年就开办了一所小规模走读学校。在三年时间里，阿比牧师致力于发展入学学生的基督化品格，相信教育除了具有教育性，也有基督福音的功能。因当时学校是走读性质，校舍又太狭窄，所以最重要的事情

---

[1] Report of the President of the University of Nanking, Covering the First Year and a Half of Union Work, RG 11, Box 195, Folder 3367, UBCHEA Archives.

是为学校寻找新的校舍。1890年夏，阿比牧师因花大量精力去寻找、协商校址，过度的操劳使他一病不起。

阿比去世后，李曼（Leaman）接管学校。到1892年，又由第二任院长贺子夏（T. W. Houston）接手校务。在阿比夫人的协助下，1895年益智书院终于在户部街建立起校园和礼拜堂。贺子夏全心投入学校和教会的工作，和教师、学生们一起生活。1898年因为健康受损，他返回美国，此后再没有回到中国。第三任院长文怀恩（J. E. Williams）于1899年秋来到南京从事学校工作，经过几个月的语言学习后，开始着手学校的管理和教会事务。文怀恩祖上是威尔士人，后移民美国，文怀恩于1871年6月11日出生于美国俄亥俄州。他童年和少年时代生活艰苦，曾跟随父亲当矿工下井挖煤。1890年19岁时靠勤工俭学进入玛丽埃塔学院（Marietta College）读书。毕业后在俄亥俄州一个中学教了两年书，在此期间他决定成为一名传教士，于1896年秋入纽约奥本神学院读书，1899年春毕业。1899年3月，他向长老会海外宣教理事会提出申请国外传教，之后被派往中国华中教区。1899年8月，携新婚妻子启程前往中国。①

文怀恩夫妇于1899年9月6日抵达上海，当时美国长老会华中教区的传教中心有宁波、杭州、上海、苏州、南京和安徽。刚到中国的文怀恩夫妇参加了1899年9月20日教区在苏州召开的会议，会上史密尔（Robert E. Speer）博士告诉文怀恩由于贺子夏要辞去益智书院院长的职务，文怀恩很可能会被派往南京接手这所学校。李曼牧师夫妇也参加了这次会议，他们建议文怀恩夫妇到南京兴学。由于传教士没有权利选择要去往的教区，最后去往哪里得由差会决定。虽然会议对文怀恩能否办教育的能力表示怀疑，但由于贺子夏刚刚辞职，

---

① W. Reginald Wheeler, *John E. Williams of Nanking,* New York: Fleming H. Revell Company, 1937, pp.27—41.

急需人去接手，特别是李曼夫人力陈需要派人，会议最后决定派文怀恩前往南京。[①]文怀恩夫妇到南京后，不仅生活艰苦，而且不久即遇上义和团运动，各地排外活动此起彼伏。基督教各差会都安排传教士们躲避，文怀恩一家随不少外国人躲避到江西牯岭，后又艰难辗转前往日本避难，直到事态平静后于1901年3月回到南京。从1901到1906年，文怀恩在南京主持益智书院的工作。

从益智书院的发展过程看，由于主办人一再更换，学校发展受到一定影响，直到1895年才在户部街建立校园。书院校舍因地处市中心，规模狭小，仅有礼拜堂一座，教室楼房一座，小型宿舍楼房一座，规模远逊于基督书院和汇文书院。益智书院的大学毕业生也比较少，有名可考的如表1-2[②]：

表1-2　部分益智书院毕业生

姓名	毕业年份	经历
陈省三	1896 年	任益智书院及明德女学教员，汉口光裕洋行及南京美最时洋行、德国邮政局、鸿安宁绍公司写字员十余年，后任福中煤矿浦口分公司经理
黄学义（季平）	未知	海关服务五年，后任怡和趸船买办
黄学礼（节之）	未知	任金陵海关南京邮政局及太古洋办事员
孙子熙	1900 年	任交通部邮政总局邮务官

综观汇文、基督、益智这三所基督教书院，大都经过了从走读日校到寄宿学校的发展过程，开办的时间也大致相同。教学程度一般是高级中学水平，或勉强达到大学水平。在三所书院当中，因汇文书院发展最快，规模最大，办学水平较高，后来便以汇文书院的成立时间

---

① W. Reginald Wheeler, *John E. Williams of Nanking*, New York: Fleming H. Revell Company, 1937, pp.42-44.

② 《金陵大学同学录》，私立金陵大学档案，中国第二历史档案馆藏，全宗号649，案卷号1465。

1888年作为金陵大学的历史开端。

到20世纪初，在华教会学校普遍有发展高等教育、联合办学的想法。当时南京有三所情况大致相同的教会男校，所以谋求合作办学的愿望越来越迫切。基督书院的美在中首先倡议合并书院，他认为："孤往，则精力分而收效浅，共作，则菁华聚而成功多"，而且都是美国教会集资办学，"当化畛域而屈群策，以最少经费谋最大功效，不然，则获罪于天矣"①，极力主张三书院合并。文怀恩也认为美国各个基督教差会在华办学，资金和人力很分散，在艰难维持中还要相互竞争，不如集中精力联合办学，成效会好得多。想法不谋而合，这样，基督书院和益智书院合并事宜进行得比较顺利，1907年两书院首先实现了合作，将原益智书院高年级学生并入基督书院，以基督书院为院址，合建成立了宏育书院，由美在中任院长，文怀恩为副院长。宏育书院办学三年（1907—1910），因集中教学资源，发展良好，毕业生数量及服务社会者，皆有可道②。兹将宏育书院主要毕业生列表如表1-3：

表1-3　部分宏育书院毕业生

姓名	毕业年份	经历
陈殿华（紫文）	1908 年	任六合、南通两处基督学校教员，后任滁县基督中学校长
朱文焘（经世）	未知	南京培珍女学教员，后任美孚行账务主任
郝春官（伯阳）	未知	后毕业于美国芝加哥青年会大学体育专科，回国任上海青年会体育部干事主任兼江苏省教育会体育研究会职员及襄助远东运动会事宜，金大同学会上海支部会长
夏光祥（裕彬）	1908 年	在邮局工作，当过牧师

① 徐则林：《美在中先生传》，《金陵光·美在中纪念专号》1916 年 8 月临时增刊，第 3 页。
② 《金陵大学同学录》，私立金陵大学档案，中国第二历史档案馆藏，全宗号 649，案卷号 1465。

续表

姓名	毕业年份	经历
高本亮（道明）	未知	安徽庐州当教员数年，后任汉口英文楚报馆会计员
李树声（作霖）	1908 年	任安徽来安县立高等小学、芜湖励志学校、庐州府三育中学等处教员，后任金大模范高等小学教员
蒋定祥（瑞成）	1908 年	任高小英文教员，后任江苏银行下关汇兑处主任
王庆福（吉五）	未知	任教会学校教员及邮务员，后任美孚洋行账务员
俞焜（丞之）	1908 年	任芜湖萃文学校教员，汉口英文楚报主笔及汉口江汉关办事员，后任裕溪关长

第三节　教会联合办学之促建

在1907年的传教百年大会上，"合一与协作"的精神被写进了大会主题，成为大会的十二个主要议题之一。这种精神体现在教会教育方面，就是希望"各差会在同一地点所办的院校之间应加强合作，实现合一，以避免重复建设和资源浪费"[1]。在华基督教会实现联合已是大势所趋。大会决议响应部分传教士要求各差会联合创办一所高水平大学的呼声，肯定"在中国建立一所协合基督教大学（Union Christian University）应对帝国内基督教文明的事业具有极大益处"[2]。但教会学校合作办学还是引起了很多代表的争议，反对意见主要认为"协合事业可能损害宗派差会的自由，引起更多的摩擦，削弱和分散传教力量；规模庞大的大学未必就比小型的学院具

---

[1] *China Centenary Missionary Conference Records,* Shanghai, 1907, P.479.

[2] *China Centenary Missionary Conference Records,* Shanghai, 1907, P.520.

有优势，特别是在塑造学生的信仰方面等"①。汇文书院的师图尔就认为："成立联合大学是不成熟的，而且宗派间联合办学会导致宗教氛围的降低。"②

一、联合办学之趋向

与师图尔不同，他的继任者包文却一直对联合办学持赞同态度。包文认为："中国之困亟矣，非以教育新民智不足以自振救，而教育之宗旨宜纯正，规模宜远大，组织设备宜健全完美，然后始可以言得人才为社会用，今南京一隅设三校，其政不相谋，课程多重复，且为经费限不得备齐设施，势必至于因循苟且，徒劳而无功，吾不知其何益于中国，其亦大背吾人办学之旨矣。"③

在百年传教大会上，美在中将南京地区联合办学的情况作为特例，向大会作了报告。他说："最近一些年来我一直在考虑联合办学的事情，且正从事着这方面的实践。两年来我们已促成了南京长老会与我们基督会学校间的联合。在这种形势的鼓舞下，南京的美以美会出于同样联合的想法，也正与我们进行协商，接下来就等国内董事会（Home Board）同意我们的联合了"，并且说，"我们已经草拟了合并章程，并特别注意条款以外的各宗派的教学，母会表示同意这个合并章程"。④

美在中提到的向董事会提交的合并章程是指1906年6月美以美会、基督会和长老会三个差会委员会写信给差会董事会，提议建立

---

① *China Centenary Missionary Conference Records,* Shanghai, 1907, pp.487-488.

② *China Centenary Missionary Conference Records,* Shanghai, 1907, p.503.

③ 《包文先生传》，南京大学高教研究所编：《金陵大学史料集》，南京：南京大学出版社，1989年，第14页。

④ *China Centenary Missionary Conference Records,* Shanghai, 1907, p.488.

南京的基督教大学，并指出这个联合计划是基于以下几个方面的考虑：

1. 因为联合才有力量。

2. 因为联合能使在校舍和设备方面更经济，能使得一个小型学院的费用来做更多的工作。

3. 因为这项工作重要，且没有哪一个团体能够做到，所以联合是必须的。

4. 因为现在国内的趋势，尤其是教会方面，都倾向于联合。这种联合必然或早或晚地来临，现在是最紧要关头，教育联合不仅是明智的，而且是非常必要的。

5. 教会工作因其重要性需要联合。不管怎样我们将加强中国传播福音的力量，我们必须依靠训练本土基督徒力量，不仅是牧师，而且是各行业基督徒工作人员，为此目的我们必须建立强大的教育机构。

6. 没有哪一个差会能满足教育的需要，也没有机会让它有充分的精力来完成这个工作。

7. 其他没有教育工作的差会和教会，将更愿意将他们的孩子送到联合教育机构，因此通过各差会合作办学会在中国教徒中扩大学校的影响。

8. 联合办学在置办设备和捐款方面比由一个差会办学都要容易。

可以看出，成立联合基督教大学正是为了抓住当时中国从传统教育向现代教育体制转型这个时机。教会要想对中国社会施加更大影响，必须首先提升办学质量，而联合办学无疑是集中人力、物力最好的办法。教会教育虽然仍属于传教，但教育属性更加明显，更注重办学质量。正如包文在金陵大学成立初期所言："我们希望办成最好的基督教教育，但是它首先必须是教育。过分地强调教义会令人生厌，会让人产生一种良好的和完善的学问不是基督教机构主要的内容的印象，这是非常不明智的，"我们须在"极端地强调物质的和世俗的事物，和不明智地强调宗教和教会事务之间，选择一条切实可行的路线"。①

在1907年传教百年大会期间，三个差会董事会的代表及传教士于5月1日举行了一次非正式会议，对联合办学进行了自由讨论。美以美会出席的有比必、包文和师图尔等。长老会出席的有文怀恩等，基督会出席的有美在中等。讨论的问题主要是涉及目前各个差会拥有的财产的价值。估计美以美会的财产价值35 000元，长老会价值10 000元，基督会价值25 000元。目前各校的学生数：美以美会的汇文书院250名，长老会和基督会联合的宏育书院100名。最后达成的一致意见是"赞成南京的联合基督教大学计划实施"②。

二、联合办学之形式

三差会已充分认识到成立联合基督教大学的重要性，但如何联合不是一蹴而就的，这涉及财产、人事、学科规划等诸多问题。正如金陵大学1915级毕业生刘钟璐所言："以三校成绩、宗派、经济之参差，筹商合组之始，意见不一，争点孔多。"③

① Report of the President to the Board of Managers, University of Nanking, for the Second Half Year, Union Work, RG 11, Box 195, Folder 3367, UBCHEA Archives.
② Meeting prior to formation of Nanking University, RG 11, Box 188, Folder 3312, UBCHEA Archives.
③ 刘钟璐：《美在中先生墓志铭》，《金陵光·美在中纪念专号》1916年8月临时增刊，第5页。

关于基督教大学联合的形式，1907年在华传教士百年大会上提出三种可能的方式。[①]一种是现存机构真正有机的联合，有一个统一指导的董事会，如北方的山东联合大学（后来的齐鲁大学）。第二种是联盟形式，各部分开进行，各差会只负责大学其中的一部分。第三种可称为"英国式大学体系"，差会各自还是独立经营，但各个学校的代表会组成一个考试董事会，主持毕业或获取文凭的考试。最终的联合模式采用第一种方法。1909年三个创校差会联合批准通过了"金陵大学章程草案"[②]，并定于1910年2月实施。

根据"金陵大学章程草案"，位于南京的这所基督教联合大学命名为金陵大学（The University of Nanking），三差会联合组成一个托事部（The Board of Trustees），由九名成员组成，每个差会有三位代表，一名任期一年，另一位任期两年，第三位任期三年。到任者由各所在差会任命继任者，继任者任期是三年。也就是说，之后每个差会在托事部的成员任期三年，每年都会有一名到任者被同差会的代表接替。托事部设在纽约，是该校最高权力机关，职责包括持有金大拥有或借来的财产，并投资和管理基本金，对校产有充分的所有权和处置权，也有权任命校长、副校长，以及为大学发展筹措经费等。因托事部设在美国，故在中国成立了一个由12人组成的理事会（Board of Managers），每个差会派四个代表，它执行托事部的决定，在当地促进大学各项发展，并且掌管和控制大学的事务。因为理事会成员都有在中国多年的经验，他们完全熟悉当前的教育问题和需要。此外大学还有一个大学校务会（The University Council），由校长和各院院长组成，其职责是处理有关政府的事务或院长、系主任提出的学科建设。

---

① *China Centenary Missionary Conference Records*, Shanghai, 1907, p.71.

② 1909 Proposed Constitution of the University of Nanking, RG 11, Box 188, Folder 3315, UBCHEA Archives.

1909年12月22日召开了联合大学理事会，目的在于选举金陵大学的校长[①]。最终包文无异议地当选，这得益于他丰富的经历，有智慧、有能力胜任新的职位。文怀恩任副校长，美在中任大学圣经部主任兼附中校长。教师队伍有18名中国教师和12名外国教师。理事会的执行委员会由甘路得（J. C. Garrit）、文怀恩、谢德美、高诚身（Frank Garrett）、比必、福开森组成。

1910年2月24日，金陵大学堂正式成立。大学部设于干河沿汇文书院院址，附中设于鼓楼宏育书院院址，小学设于户部街益智书院院址。校名"金陵大学堂"五个大字由当时江宁提学使李瑞清（字梅庵）书写。这块石碑现保存在南京大学鼓楼校区校史博物馆楼前的"二源壁"。当时"金陵大学堂"旁边还写有"汇文书院宏育书院合并"等十个小字[②]。1915年，因京师大学堂改称为北京大学校，故金陵大学堂也改称为金陵大学校，之后又改称金陵大学。三书院实现合并，得以集中力量办学，为金陵大学以后的发展奠定了稳固的基础。

---

① "Plans for the Union University," *The University of Nanking Magazine,* vol.1,no.2（January 1910），p.37.

② 李庆麐：《金陵回忆五十年之一页》，台北金陵大学校友会编印：《金陵大学创校七十周年纪念特刊》，1958年，第16页。

第二章　金陵大学的初创与发展

第一节　早期系科演变与发展

　　合并三书院建立金陵大学，旨在建成一所完备的高等学府。但作为一所完备的大学，还须获得中国政府认可，这样在社会上才能有其地位。清末民初的教会学校，独立于中国教育体制之外，在行政上与中国政府毫无关系。晚清政府一向认为，外国教会在中国设立的学校是依靠条约权利而设，并非国内教育事业，因此对此类学校采取不干预态度，外人设立学校也"毋庸立案"。正如金大校长包文所言："中国教育行政机关尚未有大学授予学位的规定，而私立大学之立案尤无明文可遵。故当时本校董事会议决暂在美国纽约省立案，并由该省政府授予学位。"①

　　金陵大学在美国纽约省立案，是指1911年4月19日金大得到美国纽约州教育局局长瞿伯迩（A. S. Draper）和纽约大学校长马克威（Mckelway）签署的特别许可证，正式同意金陵大学在美国纽约教育局立案，并承认金陵大学为一所完全大学，得以享受"泰西各大学所应享之权利"②。金大学生的毕业文凭原由本校发给，现在改由纽约大学校签发，然后转至金陵大学堂发给毕业生，"则以后凡在

---

① 包文：《金陵大学之情况》，《教育季刊》第1卷第4期，1925年12月。
② 《美国纽约省教育厅承认金陵大学校公文》，金陵大学编：《金陵大学1917年章程汇录》，1917年，第14页。

本学堂毕业者，即无异在美国大学校毕业也"①。毕业生持此文凭，可不经考试直接升入国外有关大学研究院深造，并获得学位。新成立的金陵大学在美国成功立案，一方面说明作为教会大学的金大游离于中国教育系统之外，是一种特殊的治外法权原则的扩充；另一方面，金大在美国获得立案，对大学今后招揽优质生源、提高社会知名度、提升办学水准都十分有益。在十几所在华教会大学中，金大也属于获得执照较早的一所。

金陵大学初创之际，无论课室宿舍、图书设备以及师资力量均甚简陋。大学开办后，学生人数有增加，校务呈蒸蒸日上之势。校舍之扩大，师资之补充，设备之改善都是十分紧迫的任务。校长包文"勇于任事"，富有"卓识远见"，"凡事先立大计于胸中，规定其步骤，计虑周详，巨细无所遗，及计划定，即施行，无犹豫顾忌"。②他派员携其手订之计划，回美国向托事部以募捐、增教授二事为请，为金大购置土地重建校舍、延请名师充实系科。他还多次与副校长文怀恩回美筹划经费，请求捐款。当时美国正处于第一次世界大战前夕的景气时期，比较容易得到社会募捐，慷慨解囊之富商不少。历数年之苦心经营，终于获得巨额资金，使金大建设校舍的计划得以实施。这是包文、文怀恩两位校长为金大日后发展所建立的首功。

1910年，金大在鼓楼之西坡购得大片土地作为新校址。此地名曰"西山"，是一处古时的战场，死者就地掩埋，久而久之这里便成为义冢地，荒丘累累，乱坟无数。教会用极低廉的价格将该地买下，然后将丘铲平，挖掉墓坟，因此曾"争讼年余，案盈尺几"③。

---

① 《纽约大学承认》，《金陵光》1913年第1期。

② 《包文先生传》，南京大学高教研究所编：《金陵大学史料集》，南京：南京大学出版社，1989年，第14页。

③ 《金陵大学新校舍基地之由来》，南京大学高教研究所编：《金陵大学史料集》，南京：南京大学出版社，1989年，第15页。

最后金大打赢了官司。于是，金大聘请美国芝加哥帕金斯建筑师事务所（Pekins Fellows&Hamilton Architects）来规划、设计校园与建筑，并从1913年开始建筑大学校舍。赛奇（Sage）捐资建筑了大礼堂，史温司（Severance）捐建了行政楼，史威赛（Swasey）捐建了科学馆，麦考密克（McCormick）等捐建了学生宿舍。至1917年秋，金陵大学搬到鼓楼新校区。1921年，新校舍基本建成，宏伟华丽，式兼中西。[①]

1913年，金大又以4万元价格购置了与鼓楼校园相毗邻的旧宅一座。该宅名陶园（或桃园），是清朝一位余姓官员的别墅。因金陵大学小学部地处南京城南的户部街，与大学校园相距甚远，一切事宜诸多不便。而陶园"地与本校毗连，屋宇精美，地址辽阔"[②]，颇适合儿童课余游戏。故金大购置此宅作为小学校舍，并将添设的师范科附设其内。

西山本是南京阴森可怕的坟地，金大购置后建成了环境优美的高等学府。陶园当时被视为凶宅，无人问津，转手金大，却成为传播新知的摇篮。这在民国初年风气尚闭塞的南京，金大此举起到了破除"风水邪说"的带头作用。

购置校基，建筑校舍，使得大学发展有了硬件设施的保障。但师资、系科等软件建设也非常重要。金大创设初期，教师数量少，学术水准高下不齐，难以传授高深学问。校长包文向美国托事部请求增聘教师，组织聘任委员会，审查教授资历，于是"文理农医专家之来者日多"，[③]学校气象逐渐更新。

金大初建时，除创校三差会外，1910年之后另有四个差会加入

---

① 《校史》，金陵大学编：《金陵手册（1935—1936年）》，1936年，第11—12页。
② 《购置陶园》，《金陵光》1913年4月第1期，第28页。
③ 《包文先生传》，南京大学高教研究所编：《金陵大学史料集》，南京：南京大学出版社，1989年，第14页。

金大事业。南浸信会、南长老、监理会三个差会参与了金大医科的组织与发展，另有北浸礼会参与除大学文科及文科各等级预备科以外的其他科组织。

一、医科

医科是金大的传统学科，马林、比必、师图尔等人对该科的创设和发展均有贡献。在汇文书院医学馆成立前，马林在南京建有基督医院，比必建有金陵医院，他们在医治病人之余，也办学收徒。后师图尔合二为一，"集二君门子于一炉而铸之"，遂于1896年成立了汇文书院的医学馆。医学馆教务由三君及三位助教员担任，使汇文医学馆力量大为增强。从1896年到1909年，毕业医科的学生有黄容仁、刘钟元、曹赤华、柏永清、朱朝举等13人。①

师图尔于1907年离开汇文书院后，汇文医科发展颇见衰落。1910年4月，教会组织感于医学对于开展宗教事业的助力，在上海举行会议，决定由各教会协力在南京建立一所医科大学。到1911年3月，共有7个教会表示赞成该项事业，于是，"中国东方医科大学"宣告成立。各教会认捐开办费2 000元，常年维持费300元，并提供医生一名及西式住房一所。中国东方医科大学的主要教务由史尔德（R. T. Shields）担任。1911年10月，浸礼会的宝珍三（Nathan Worth Brown）医生也来到南京。"宝君虽不谙华语，然于临诊及试验等事，致其力焉。"是年，中国东方医科大学迁入金大，由金大划出房屋，作为医学教室及学生膳宿舍。1912年1月，南方浸礼会的易文士（Philip Saffery Evans）博士也从扬州来到南京，这样中国东方医科

---

① 《金陵大学医科之过去与将来》，南京大学高教研究所编：《金陵大学史料集》，南京：南京大学出版社，1989年，第10页。

大学力量得到进一步加强。辛亥政局甫定，医科大学向社会招考，报考者竟有40多名。但因考生成绩较差，仅录取20人。

中国东方医科大学一切事务均归中华基督教医学理事部管理，与金大并不相属。但因该校校址与金陵大学毗邻，在当时已有将医科大学划入金大的想法。1913年11月15日，中华基督教医学理事会决议取消"中国东方医科大学"名义，改组董事部，将该校交给金陵大学董事会管理，正式成为金陵大学医科，仍由史尔德任科长。同时，金陵大学以2.7万元购进鼓楼附近的基督医院，更名为金陵大学鼓楼医院，作为医科学生的实习医院。除了鼓楼医院，汉西门的金陵医院也会提供医科诊病和手术工作的服务。此外如杭州广济医院（The Church Mission Hospital at Hangchow）、长沙雅礼医院（The Yale Mission Hospital at Changsha）及其他数医院，均有与金大医科联合之计划。金大医科与各教会医院的联合将大大增加诊病的机会，且将医科的范围扩展至更广大的领域。①

金大医科设预科一年，正科五年，毕业后授予医学博士学位。凡入医科正科第一年级者，须具有本大学高等科毕业之资格，或具有相当的程度，并且必须已经学过化学、生物学及物理学方可合格。倘已具有相当的程度，而未学过以上三科，则本医科特设预科一年，后可升入正科。医科的正科课程均依照美国纽约大学规定，课程包括：

第一年：活物学、化学、较体学、体学、月罔学、胚学；

第二年：体学（完）、体功学、解剖学、病理学、化学（完）、药科学药效学；

第三年：理病学（完）、临诊显微、外科小术包裹术、外科学、

---

① Nathan Worth Brown, "the University of Nanking Medical School," *The University of Nanking Magazine*, vol.Ⅵ, no.1（March 1914）.

疗学毒药学、解剖学（学）、内科学、察体诊断；

第四年：外科学（完）、内科学（完）、产科学、妇科学、儿科学、热带病学、皮肤学、阴阳尿具学、临诊；

第五年：眼科、耳鼻喉科、脑科学心灵学、卫生及公共卫生学、医律、临诊。

金大医科开设有圣经课，每周一次。为能够让诸生毕业后自读英文医书及医学报，医科设有英文课。此外每周还有一次汉文论说课，国文有根底的可免修。[①]以上课程全部修毕且考试合格，并且在本校认可医院实习一年者，得推荐至纽约省董事部颁发医学博士文凭。金大医科程度与美国医科大学程度相当，含金量很高，获得医学博士学位并非易事。

金陵大学医科的教职员大都毕业于国外著名医科大学，且有多年行医的经历，兹列其事略如下[②]：

比必博士，1879年美国西储大学医学部（Medical Department Western Reserve University）医士，1884年以美以美会会友身份来华，1885年抵金陵，创立金陵医院（Philander Smith Memorial Hospital[③]），任金陵医院院长兼金大医科内科顾问。

马林博士，1880年多伦多大学（University of Toronto）医科学士，产外科会会员，1886年以基督会会友身份来华，1892年创设基督医院于南京鼓楼，任金大医科外科顾问兼卫生防护科教员。

史尔德博士，1897年华盛顿与李大学（Washington and Lee

---

① 侯铁：《金陵大学医科简章》，《金陵光》1914年第1期，第26—29页。

② 北野：《金陵大学医科教职员事略》，《金陵光》1914年第1期，第23—25页。"The Faculty—University of Nanking Medical School," *The University of Nanking Magazine*, vol. VI, no.1（March 1914）.

③ 金陵医院建于1885年，是南京开办的最早的医院，因主要捐建者为美国的 Philander Smith 太太为纪念其去世的丈夫，故以其夫名命名。详见 Robert C. Beebe, "the Methodist Hospital," *the University of Nanking Magazine*, vol. VI, no.1（March 1914）.

University）文学士，1901年里士满大学医学院（Richmond University College of Medicine）博士，1905年以南长老会会友身份来华，1909年移驻南京，开设中国东方医科大学，任金大医科模范医院产科常驻医生，医科科长，生物学、产科教员。

宝珍三博士，1900年丹尼森大学（Denison University）格致学士，1903年美国西储大学医学部博士，1909年以北浸礼会会友身份来华，1910年移驻南京，供职中国东方医科大学，任金大医科模范医院内科常驻医生、医科秘书、内科及诊学教员。

易文士博士，1895年耶鲁大学（Yale University）文学士，1899年约翰·霍普金斯大学医学院（Johns Hopkins Medical School）医博士，1901年以南浸礼会会友驻扬州，1911年移驻南京，供职中国东方医科大学，任金大模范医院内科常驻医生、医科肤科教授，及代理科长。

李敏甫硕士，1910年留美希拉姆学院（Hiram College）格致学士，1912年路易斯维尔大学（University of Louisville）格致硕士，1912年任金陵大学教授，兼任医科化学教授。

宋龙博士，1909年弗吉尼亚大学医学系（Medical Department University of Virginia）博士，1912年以北长老会会友身份来华，是年任职金陵大学医科，任本校模范医院内科常驻医生及诊药科教授。

赫尔忝博士，1904年内布拉斯加大学（Nebraska University）格致学士，1908年哈佛大学医科（Harvard Medical School）博士，自1911年至1913年供职于上海之哈佛医校（Harvard Medical School in Shanghai），1913年派在本校医科供职，任本校模范医院外科常驻医生兼本医科外科教授。

陈赛耳博士，1892年耶鲁大学文学士，1896年哥伦比亚大学医科（Medical Department Columbia University）博士，1900年以北长老会会友驻海南，1913年移驻南京供职本科，任本校模范医院外科常驻医生兼临时割治教授。

高尼弟博士，1906年密苏里大学（University of Missouri）文学士，1911年哈佛医科（Harvard Medical School）博士，1913年由美以美会派驻南京在本科供职，任金陵医院外科医生、本校模范医院外科常驻医生兼肾经割治教授。

柏志道医士，辛辛那提普尔特医学院（Pulte Medical College, Cincinnati）博士，1891年以基督会会友驻南京及庐州府，1913年供职本科，任本校模范医院内科及眼科常驻医生兼本科眼科教授。

金大医科成立后，1914届毕业生人数超过往年历届学生数。此届学生原系南京、苏州、嘉兴三处学生合并而成，在未入金大前，已有三年医校学习及一两年医院实习经历。进入金大后虽因社会动荡时有旷课，但在校学习时间远超6年。该届毕业生皆为基督徒，他们或各返回本会从事医学行业，或自开医局施济人术。下面将10位毕业生及其任职情况详列如下：

陈召恩，任南京美以美会之金陵医院医士，与比必医士同驻。

相又新，任南京花市街之基督医院医士，与马林医士同驻。

张芝佩，驻南京金陵大学模范医院。

杜毓峰，任嘉兴福音医院医士，与文渊博医士同驻。

茅拔年，任嘉兴福音医院医士，与文渊博医士同驻。

章雨农，自设医局于清江。

张维新，任江阴福音医院医士，与华尔德医士同驻。

汤新年，任江阴福音医院医士，与华尔德医士同驻。

孙龙翔，任清江长老会医院医士。

沈延斌，驻南京金陵大学模范医院。

金大医科的设置，主要出于医治民众病痛的需要。正如金大杂志社论所言：“中国自古和当今有多次受流行病、瘟疫和各种灾祸侵袭夺走成千上万人性命的经历，由于民众对现代医学和卫生学知识的无知，不仅经常引发这些侵袭，而且还导致这些疾病的持续、加重爆发。而对于如何预防和治疗，民众大都束手无策。西方来华的医士，他们向中国介绍了现代医学科学，金大医科的建立正是为了教授中国人有用的医学知识以贡献于社会，医科每年培养的众多训练有素的医生，帮助中国人减少身体上的病痛和折磨，这正是医科设置的宗旨。"[1]

金大医科有一个良好的开端，可惜好景不长。教会机构关于在华开展医学教育的计划随后有所更改，也最终导致金大医科的关闭。1916年6月，中华博医会在上海召开会议，决定用中文提供"第一流的医学教育"。为此要求放弃华中和华东地区的医学院，集中力量发展济南的医学院（齐鲁大学医学院）。在此背景下，金大医科在1917届毕业后，即被裁撤，有14名金大医科学生前往济南继续学习。但金大的医预科及鼓楼医院仍继续办理，"得中国博医会与洛氏基金之资助，成绩颇为可观，其程度为三年毕业，与本科二年级生程度相当"[2]。鼓楼医院仍为金大的附属单位。1918年又成立金陵高级护士职业学校，又名金陵大学鼓楼医院护士学校，附属于金陵大学鼓楼医院，由美国人王列尔（Wavner）女士任校长。

二、师范科

1912年9月，在北浸礼会的合作下，金大成立师范专科（The School of Normal Training）。该科初设时仅为培养小学教师，蒲洛克

---

[1] "Editorial: The University Medical School," *The University of Nanking Magazine*, vol. Ⅵ, no.1（March 1914）.

[2] 《南大百年实录》编辑组编：《南大百年实录（中卷）：金陵大学史料选》，南京：南京大学出版社，2002年，第209页。

（A. Archibald Bullock）为科长。其他主要师资有陈椿和（任监学，并教授算学、地理、历史）、洪章（任监学，并教授数理学、历史）、戴鹏山（附属模范小学管理兼审定员）、莫思（Leslie Bates Moss，教授教育学）、张天祖（审定员）、杭海（经学）等人[1]。师范专科并附设有模范小学，为师范专科学生提供实习之地。

师范专科设立之主旨如下：

一、灌输小学教员应具之学识；

二、灌输间接关于小学课程之学识；

三、使生徒明夫稚子之智力、能力及所以发展之方法；

四、使生徒明夫教育原则、教授方法，并在模范小学中试验之；

五、使生徒明夫组织学校及管理学校之方法；

六、使生徒明夫关于小学之学史；

七、使生徒明夫国立小学之状况；

八、使生徒明夫学校法律；

九、使生徒毕业后能在小学充任适当之教员。[2]

师范专科课程共分三级，有四年制、二年制与师范选科三种。四年制毕业后颁发师范专科文凭，其程度相当于高级中学毕业。二年制为物理学四年课程者而设，毕业者颁发二年级师范证书。师范选科课程为高级中学学生而设，凡已读高级中学课程一部分而想做教师者，可入此科。其中四年制师范科课程前两年注重小学各学科的学习，后两年注重教学法和教育原理的学习。具体如下：

第一年级：中文、修身、算学、英文（选课）、生理卫生学、地理、图画音乐；

---

① 金陵大学编：《金陵大学章程汇编（1915—1917）》，1917年，第6—7页。

② 矗甫：《师范专科之主旨及今后之方针》，《金陵光》1913年第8期，第8—9页。

第二年级：中文、修身、算学、英文（选课）、代数或几何学、世界史、图画音乐；

第三年级：中文、修身、英文、化学或生物学、商业地理市政学、教育心理学、教育学；

第四年级：中文、修身、英文、物理学、教育史、学校管理法、试教。[1]

师范专科仅为培养小学教员而设，范围未免狭小。而其要求却很高，四年制课程可达到高等学程度。1917年，金大重新改组师范专科，将之分为优级师范（the Teachers'Higher Course）和初级师范（the Teachers' Secondary Course）二级。优级为培养中学教员而设，其程度与大学预科相当；初级师范以培养小学教员为目的，程度与中学相当，并以附属中学和两等模范小学为师范生实习之地。优级师范内分国文、科学、英文三科，学生可以任选两科专修，以备将来作此二科专任中学教员。如果国文基础较好，应选国文为其中一种专修科，以作将来之国文教员。优级师范除英文外，均以汉语教授，以培植师资为目的。[2]

师范专科的一大特色是设有手工部，"使师范生可视学童性之所近，授以职业教育"。[3]手工部特聘各种工匠教授竹木藤草之用法。分织工门，如编制绳索、钱袋、草席等；篮工门，如编菜篮、字纸篓、小衣箱等；藤竹工门，如制作杖、书架、摇椅等；木工门，如制作相架、书柜、铁纱门等。手工部的制造品可以拿到售卖部出售，体现着金大实用主义的教育思想。借此，不仅可以让儿童懂得勤作之习惯，不以作工为耻，还可以知道物价贵贱贸易之法，

---

[1]　金陵大学编：《金陵大学章程汇编（1915—1917）》，1917年，第70—71页。

[2]　金陵大学编：《金陵大学1917年章程汇录》，1917年，第50页。

[3]　《师范专科》，金陵大学编：《1922年金陵大学同学录》，1922年，第35页。

学会运用手腕、脑力，为将来制造发明打下基础。[①]

1923年师范专科改为教育学系（The School of Education），成为文理科的一部分。

三、华言科

华言科又称语言学校（Language School），开办于1912年10月。该科英文名称为"the Department of Missionary Training"，即"传教士培训科"。相较于中文名称，英文名称更能表达该科的真正目标，即不仅仅是学习语言，而是全方位培训传教士的机构，训练新来华传教士在汉语方面的听、说和读以及某种程度上的写作能力。

从19世纪到20世纪前半期，数以千计外国传教士来华从事传道、教育、医疗以及其他社会事业。但大部分传教士来中国前，并没有接受针对中国传教工作的专门培训，对中国历史、社会、文化习俗知之甚少，更缺乏对于汉语的熟练掌握。因此，传教士初到中国时，大都只能边工作边学习。到20世纪初，一些差会意识到这种方式效率太低，为了适应快速发展的传教运动，他们呼吁建立正规的语言学校。

1910年在爱丁堡传教士大会上曾设立多个专门委员会，其中第五委员会专门负责调查研究"传教士的预备"问题。该委员会认为，传教士的准备不充分，尤其在语言方面，传教士得到语言学习的机会很少。调查报告显示，相当数量的传教士"从来没有完全掌握发音和本地习语，错误的发音严重损害了公开演说的权威性

---

① 佚铁：《模范小学之习艺》，《金陵光》1913年第8期，第12页。

和有效性"。[①]传教士们经过讨论认为，在传教地建立语言学校比在母国建立语言学校更有效。如英国长老会传教士汲约翰（John Campbell Gibson）认为，汉语口语或俗语必须在中国学习，语言学校不仅要教授语言，传教士还要学习本地的社会学、比较宗教学等。这样在爱丁堡会议两年后，中国第一个正规的传教士语言学校——金陵大学华言科就成立了。

金大华言科的缘起要追溯到1911年夏天在莫干山的一次传教士会议。该会议通过的一个决议认为："目前传教士单个学习中国语言的方法，在时间上毫无疑问是令人痛心的浪费，效率低下，而且很多情况下传教士的身体和精神都有恶化的情形。"因此会议决定，批准成立一个为长江下游地区传教士服务的语言学校。[②]会议还任命了一个委员会，决定在这年冬天举办一所为期一个月的临时联合语言学校。学校借用上海青年会的建筑，在中国阴历新年假期开班。原先只有40位学生答应来上课，到开学那天却有100多学生前来注册，这让主办方很尴尬，因为当时很难找到足够的教师。幸好正值辛亥革命发生，江浙局势动荡，很多人来上海避难，很容易从难民中找到好的师资。

上海的临时联合语言学校取得了巨大成功，共有来自全国9个省的170名传教士参加学习，教师则由14名有经验的传教士组成，还有资深的中国教员予以辅助。在举办临时联合语言学校的过程中，师生们都觉得有必要成立一所永久性的语言学校，因此一致同意组织永久语言学校委员会。该委员会认为，唯一可行而又经济的办法是让金陵大学来开办这样一所语言学校。金大董事会也认为，这是一

---

① 刘家峰：《近代来华传教士的中文学习——以金陵大学华言科为中心》，《上海大学学报（社会科学版）》2008年第6期。

② The University of Nanking Bulletin（1912–1913），RG 11, Box 197, Folder 3384, UBCHEA Archives.

个扩大服务的好机会，遂答应在1912年秋天建立一所语言学校，同意为培训学校提供管理、资金和房屋。

金大语言学校的筹组很顺利。金大宗教指导部的美在中负责语言学校的筹备和管理，他是一位经验丰富并且具有很好语言能力的传教士，暂时由他担任华言科的校长，直到有全职的教员来负责此科。美在中不仅负责学校的管理，而且教授汉字的罗马音标、中国地理以及中国历史等课程。另外还由施德安（W. R. Stewart）担任管理工作，施德安此前曾在上海临时语言学校服务。华言科的教员都是从各地机构临时借调的，该科还有一群中国教员，他们都有多年教授外国人的经验，由贾福堂负责管理中国教员，贾福堂在牯岭语言学校和上海临时学校都教过书，富有教学经验，他负责选聘了33位中文教师，并监督教学工作，教授汉语对话。金大华言科于1912年10月15日正式开学，第一届学员共有45名传教士，来自江苏、江西、四川、河南、浙江、安徽、湖南、湖北八省的15个差会。每位学员须交50元学费，另外须付给私人教师每月10元。

1914年，已在华工作长达12年的美国浸信会传教士钦嘉乐（Charles Scull Keen）被金大任命为华言科校长。钦嘉乐主持金大华言科长达10年，直至1923年去世。在钦嘉乐的领导下，华言科学制从1年延长为5年，办学条件也得到极大改善，学生人数大幅增长。在1912年，华言科有学生45人，到1921年增长到90人。该科初创时只有金陵大学拨给的几间房子，没有专属教室，也没有学员宿舍，学员只好分别住到南京传教士的住所。在钦嘉乐的努力下，华言科于1918年建成了专为单身女性居住的宿舍，以学校创办人美在中的名字命名（Meigs Hall，美在中堂）。华言科一直没有建造男学员宿舍，随着学员人数不断增加，年复一年给借住的传教士家庭带来很多干扰。经过钦嘉乐多方呼吁，纽约金大董事会批准12万元在陶园建成了华言科男学员宿舍和教学楼，亦称陶园南楼。该项建筑于

1924年12月开建，1925年9月完工。①不幸的是钦嘉乐于1923年5月去世，没能看到新校舍的建成启用。后来为纪念钦嘉乐对语言学校的贡献，将该楼命名为钦嘉乐堂（Keen Hall）。

金大华言科的办学目的为："专为来华传道学习中国语言、文字者而设，除教授中国官话外，旁及西人对于华人及其他传教士一切交际问题，俾新来教士能以完全领略中国社会上习惯。"②华言科除教授中文外，也涉及传教过程中遇到的交际和社会问题，以促进来华传教士更快适应中国社会习俗。中国教员于教授时间对学员常施以不卑不亢之礼，俾新来教士于第一年学习中文时，不但能明白中国宗教、政治、风土人情，且能熟悉中国往来交际一切风俗。

华言科最初向学员提供为期一年的课程。第一届学生不分学期，在校学习时间为7个月（1912年10月15日到1913年6月3日，中间有两周的圣诞节假期）。在课程安排上，华言科借鉴以往各差会经验，最终确定的必修课有标准罗马拼音、鲍康宁编的《官话初级》前20课、214个部首、中文圣经《约翰福音》第四到第九章、默写祈祷词或20个以上常用成语，以及书写、分解50个以上的常用部首等。该科每日课程安排都很固定，包括发音、成语（语法)、对话练习、作文、汉字分析、结构等。另外还有关于中国语言以及传教士一般培训的系列讲座, 提供包含中国知识的英文读物指导等。1913年6月，华言科第一届学员结束课程学习，通过考试后毕业。所有学员都必须参加考试，考试题中有一道是要求学员默写祷告词和20首诗，几乎所有学员都能用汉字写出来。学员能在7个月的时间内取得如此优异成绩，受到了广泛赞扬。

从1918年起，华言科开始实行五年制，在课程学习方面引入大

---

① Report of the President and the Treasurer for the Year 1924−1925, RG 11, Box 195, Folder 3372, UBCHEA Archives.

② 金陵大学编：《金陵大学1917年章程汇编》，1917年，第129—130页。

学的学分制。第一年是全日制住宿上课，第二年也是必修课，但学员可以选择住宿或函授。最后三年都是选修课，以函授方式进行。第一年必修课完成以后，必须由华言科认可的当地考官主持考试。学生每学完一年课程，学校都发结业证书。如果修完五年课程，累计得到23个学分，就能获得文凭。为了给其他地区培养更多师资，华言科还在每年9月办理为期三周的中文教员师范班，课程包括各种在西方运用过的语言教授方法的批评性研究和动作演示。

华言科力图把经过实践证明有效的各种教学方法运用其中。比如发音方面，要求学生从第一天就听中国老师正确的发音，直到能听懂而且看见这个汉字就能正确发音并掌握其意思，然后才可练习写汉字。华言科强调语言的实际应用能力培养，每天至少安排45分钟与中国老师的对话练习，练习时严禁讲母语。华言科科长钦嘉乐曾总结华言科的教学方法："一句话，就是运用直接的或本土的方法。华言科试图让学生获取语言知识如同本地人。"因此，华言科的各种课程设计，如新词课、复习、个别辅导、小组对话、写作、演讲等，都是为了把学生置于类似一个孩子学习母语时所面对的环境中。

金大华言科在当时教会界具有很强的示范作用。华言科成立后不久，紧接着就有一批语言学校成立。比较著名的有于1913年正式成立的华北协和语言学校（North China Union Language School），华南地区有广州协和华语学校（Canton Union Language School），隶属东吴大学的于1919年在苏州创办的吴语方言学校（Wu Dialect School of Soochow University），华西地区有1920年成立的协和传教士语言学校（Union Missionary Training School），该校隶属华西协合大学。①

---

① 中华续行委办会调查特委会编：《中华归主——中国基督教事业统计（1901—1920）》，北京：中国社会科学出版社，1985年，第954—955页。

金大华言科的成功创建标志着在华传教士延续近百年的语言学习模式有了根本性的转变，即"从传统的个体自学方式演变到系统化的课程学习"[①]。这一转变不仅提高了传教士语言学习的效率，而且正如华言科的英文名称所表达的那样，语言学校也是培训传教士的学校，是要为在华传教服务的。只有让传教士更熟练地掌握中文，熟悉并理解中国历史与文化，才能找到适应中国社会与中国人心理的传教方法。从传教士人才培养的角度看，华语言学校发挥了他们母国神学院不能发挥的重要作用。

金大的华言科一直开办到1928年，前后持续了16年。由于受1927年"南京事件"的影响，很多传教士撤到上海或回国，华言科的教学工作受到直接冲击。在不确定是否会继续开办语言学校的情况下校舍被挪作他用，钦嘉乐堂的教室和行政楼被农业经济系和校友会使用。美在中堂原语言学校的宿舍，被用作单身教职员的住处，或结婚无家属的教职员的住所。[②]

在1927年动乱时期，教会组织为集中在上海的传教士建立了一所紧急汉语学校（the Emergency School of Chinese Studies in Shanghai），这个学校暂时替代了华言科的工作，一直开办到1928年4月30日才关闭。1927年11月，金大理事会专门成立一个语言学校委员会，研究华言科的未来发展问题，同时与参与华言科的各个差会的执行委员进行协商。最后华言科从1928年6月30日起完全关闭，参与该科建设的差会被建议今后自己为自己的成员提供语言培训。金大校董会也认可了这一决定："金陵大学看不到继续开办华言科的必要，差会从今往后可以自己为自己的成员提供语言培训，而且北

---

① 刘家峰：《近代来华传教士的中文学习——以金陵大学华言科为中心》，《上海大学学报（社会科学版）》2008年第6期，第112—117页。

② Report of the President to the Board of founders and the Board of Directors, August 3, 1935, RG 11, Box 195, Folder 3373, UBCHEA Archives.

平在之前的华北协和语言学校的基础上，成立了华语培训学院（the College of Chinese Studies in Peiping），北平的学校已能很好地满足需要，这也说明没有必要重新开办南京的学校。"①金大华言科办学十六载，致力于沟通中西，为文化交流作出一定的贡献。

四、农科（农林科）

农科是金大最富特色的学科，金大农科的设立源于传教士裴义理的赈灾工作。裴义理是爱尔兰人，自小在家中务农，贫而好学。后赴美研究神学，"对救世拯民，早具宏愿"②。1890年，裴义理被教会派往中国，初就职于苏州长老会，曾就任京师大学堂英文教习。1910年，裴义理受聘于金陵大学，担任数学教习。1911年，裴义理承办我国北部以工代赈工作，常在农村和灾民相处，对农民疾苦和农村经济凋敝深有感触。他意识到要改善农民生活，不能单纯依靠政府和社会的救济，根本上应从改良农林入手，组织农民开展垦荒自救。于是他联合江苏、安徽士绅，发起组织了义农会，以工代赈。他极力向各方呼吁，集资救济灾民，并得到孙中山、黄兴、张謇、唐绍仪等要人的赞助，请准政府拨给紫金山官荒4 000亩，为垦荒造林之用。裴义理在南京实行以工代赈，召集贫民垦荒、筑路、烧窑、辟苗圃，营造垦民住宅，并创设灾民子弟学校。南京紫金山至今林木葱茏，就是在那时打下的基础。裴义理亲自督垦，指导种植，教以改良农事和园艺之法，备积劳苦。在从事救荒和兴农工作过程中，裴义理感受到中国农林人才的缺乏，"致建设事业，进展

---

① Report of the President to the Board of founders and the Board of Directors, August 3, 1935, RG 11, Box 195, Folder 3373, UBCHEA Archives.
② 《本校农学院创办人——裴义理》，南京大学高教研究所编：《金陵大学史料集》，南京：南京大学出版社，1989年，第18页。

不易"。他有意设立学校开展农林教育与训练，培养实用人才。[①]

　　1914年，金陵大学适应社会需要，由裴义理创办农科，招收新生徐澄、陈桢等12人，采用半工半读制度，造就实用人才。1915年春，金大又添设林科，以培养林业专门人才。此时恰逢北京政府农商部设立的林业学校解散，遂由农商部与金大商定，将该校学生转送金大农科肄业，并补助经费3 000元，以资发展。同时，青岛大学林科学生因受欧战影响而辍学，亦由上海华洋义赈会之林务委员会资送转学，前来金大肄业。1916年，金大将农、林两部合并而成立农林科，下设生物、农艺、林学等系。当时国内大学设有农林科的只有金大，而且是"我国大学农科四年制之最早者"[②]。因此，鲁、皖、滇、赣四省均送官费生来金陵大学学习农林。当时学生有山东的高秉坊、李顺卿，安徽的吴觉民、鲁佩璋，山西的郝钦铭等人。1920年，山西省省长阎锡山特派高才生19人，资送金大农林科肄业。

　　金大创办农林科的宗旨是要解决当时中国社会面临的实际农林问题。因此农林科成立时，便规定了两条原则。第一，注重实际教材，学以致用，用有所本。如开垦土地、栽树、播种、耘草、收获等工作，都由学生亲自操作。裴义理认为，只有把书本上的理论，在实践中体验，才能学与做不致陷入空虚，才与国计民生发生直接利益。第二，提倡从大处着眼，小处着手。农林科初创时，只有经费5 000元，教员二三人，学生十几名。然因方针正确，办法合适，主持人有计划有毅力，得到快速发展。[③]1916年金大校董会美方董事提议取消农林科而专办文科，校董张伯苓委托其弟张彭春代表出

① 《本院农学院创办人——裴义理》，南京大学高教研究所编：《金陵大学史料集》，南京：南京大学出版社，1989年，第18页。
② 章之汶：《农学院之成就》，台北金陵大学校友会编印：《金陵大学创校七十周年纪念特刊》，1958年，第11页。
③ 墨妮：《农学院创办人裴义理先生》，金陵大学南京校友会编：《金陵大学建校一百周年纪念册》，南京：南京大学出版社，1988年，第57—58页。

席，张彭春反对此议，称中国以农立国，农林科最为中国需要，应予继续，且设法扩充之，遂决议续办农林科。[1]到1917年，金大农林科已开设有作物学、植物学、动物学及昆虫学等多种课程。

1917年，华北地区黄河再度泛滥成灾，裴义理离开金大北上加入华北义赈会，专事以工代赈。金大农林科乃由芮思娄（John Henry Reisner）继任科长职务。1925年秋，芮思娄因病返美就医，农林科实行两科长制，聘请康奈尔大学农学硕士过探先为中方科长，自此农林科的发展由芮思娄、过探先两科长协力推动。从1917年芮思娄执掌农林科到1927年"南京事件"发生，金大农林科进入一个快速发展的阶段。在芮思娄、过探先的锐意经营下，农林科经费日益充足，师资更壮大，课程设置也更加完备。

第一，农林科与国内外机构广泛开展合作，获得源源不断的经费支持。1917年，万国蚕桑合众改良会（中、英、法、意、美、日合办，以改良江浙皖三省蚕桑业为目的）与金大农林科合作，改良中国蚕业，金大蚕桑系乃于1918年成立。蚕桑系特请美国加利福尼亚大学昆虫系主任吴伟士（C. W. Woodworth）博士来校主持。因中国社会对蚕业人才需要急切，蚕桑系添办养蚕速成科，以三个月为限。1921年，养蚕速成科改为蚕桑特科，毕业时间亦延长至一年。养蚕速成科及蚕桑特科共举办三届，前后毕业49人。1922年，美国丝业公会捐助蚕桑系21 000美金建设蚕业院，该院高四层，最下层为储桑调桑之用，可储桑150担；二层有办公室三间、实验室二间、考种室十间及标本陈列室五间；三层完全作为育蚕之用，每季可产茧百担左右；最高层为上蔟之用，并在西侧安排有职员寝室。[2]蚕业院

---

①　《农林科创办之经过》，《南大百年实录》编辑组编：《南大百年实录（中卷）：金陵大学史料选》，南京：南京大学出版社，2002年，第23页。

②　张研、孙燕京主编：《民国史料丛刊1085·私立金陵大学一览》，郑州：大象出版社，2009年，第81页。

设备完善，为当时中国不可多见之蚕室。1924年，金大停办蚕桑特科，专门致力于制造无毒蚕种。1925年，美国丝业公会又拨4 500美金补助蚕桑系扩充桑园。1926年，江、浙、皖丝绸展览会在南京召开，金大蚕桑系陈列各品被列为优等，并获奖章6枚，奖状6张。

1920年，农林科制定发展规划，重点在农作物品种改良、预防自然灾害和植树造林以防水土流失。同年，上海纱厂联合会与金大农林科合作，聘请美国植棉专家郭仁凤（John B. Griffing）主持棉作改良事务，设棉作改良部。1922年，上海棉业企业家穆藕初、荣宗敬等先后拨款补助2万元，要求金大农科协助驯化棉种，研究推广植棉，棉作事业更得发展。1923年，在包文和芮思娄共同努力下，农林科获得美国对华赈灾余款美金约70万元作为基金资助金大农林科，用基金利息作调查研究灾荒、开展救济以及在中国发展农林教育之用，这笔基金为农林科的发展奠定了坚实的经济基础。[①]1924年春，金大得到中国医学委员会、美国对华赈款委员会与在美人士之捐助，建造农林科大楼一所。为纪念裴义理创设农林科之功，该楼被命名为"裴义理楼"，并于1925年落成。自此农林科有了独立办学大楼。金陵大学农林科历年经费情况见表2-1。

表2-1　金陵大学农林科历年经费情况（1914—1927）

年份	经费（单位/元）	年份	经费（单位/元）
1914	5 900	1921	59 759
1915	15 742	1922	56 526
1916	13 458	1923	175 639

① 1923年，美国对华赈款委员会（American Committee for China Famine Fund，亦译"中国救灾基金美国委员会"），将对华赈济余款中约70万美元作为基金（中国救灾基金，The China Famine Relief Fund）资助金陵大学农林科。这笔经费，连同美国对华赈款委员会资助燕京大学的经费，由美国特设的托管会保管，产生的利息供两校农学院专用，该项经费收入列入金大1924年预算。1933年，中国救灾基金与金大的十年合约到期后续约，基金交由金大创始人会保管和支配。

续表

年份	经费（单位／元）	年份	经费（单位／元）
1917	19 411	1924	166 567
1918	17 727	1925	148 205
1919	25 943	1926	187 188
1920	44 059	1927	167 820

资料来源：《私立金陵大学农学院概况（1932—1933年）》。本表中的年份所指为学年，如1914年，所指为1914—1915学年。其中1923年经费的快速增长主要由于华洋义赈会发展基金的资助。

第二，通过合作差会选派农林学者来校任教，农林科会聚了众多优秀学者，并培养了一批青年才俊，为金大农林科的发展提供了重要的师资保障。从《1925年农林科简章》教职员一览表中，可以看到农林科师资之优良。当时的西籍教员有芮思娄（科长）、卜凯（农业经济及农场管理系主任）、史德蔚（植物系主任）、吉普（细菌学主任）、祁家治（农艺系主任）、易立克（生物系主任）、高德威（森林工程学教授）、郭仁凤（乡村教育兼棉作系主任）、汤姆森（化学系主任）、韩谷（园艺学教授）、罗德美（森林系研究部主任）、洛夫（农艺系交换教授）、龚士（化学系教授）等，他们都是在各自研究领域颇有名气的专家。当时的中籍教员有王绥（农艺系助教）、任承统（森林系研究部助教）、朱毓新（蚕桑系助理）、李继桐（森林系教授）、李德毅（森林系研究部助教）、沈学礼（森林系研究部助教）、邵德馨（农场主任）、周明懿（农业推广员兼棉作系助教）、周惕（农林新报文牍）、林刚（森林系助教）、俞大绂（植物病理系助教）、徐澄（农业经济及农场管理代理主任）、郝钦铭（农艺系助教）、孙枋（乡村师范科主任）、孙文郁（农业经济及农场管理系助教）、章之汶（农业专修科主任）、章元玮（农业专修科教员）、乔启明（农业经济及农场管理系助教）、焦启源（植物系助教）、顾毣（蚕桑系主任）

等。中籍教师大部分毕业于金大农林科，这些担任助教的中籍教师，后来多成长为各科系的学科领导者。

鉴于金大农科优良的办学成绩，1921年秋北京政府教育部派员来校调查，认为"所授课程均系按美国农科大学程度，当无躐等降格之弊，各科学程均有实验，农林教授共9人，担任林科科目者2人，均为本国留美林科毕业生，担任农科科目者7人，其中4人属于美国国籍，余皆为本国留美农科毕业生，教授中多为高材之士，此为该科发达之最大原因。……较吾国现有之农业专门学校似实为翘楚，其所胜者不仅在经费之丰富，而在宗旨办法之适应与否。农科大学之设立，宗旨在为国家解决农业问题，其事业包括研究、教授、推广三种，而不仅在于教授一方面，金陵办法于此三者并重，其研究事业如棉、桑蚕等均颇著成效，其推广事业亦在开始进行中。……要之该校农科成绩较著，教科成绩既有可观，办法亦属得宜"[1]。 教育部将农林科的农科部分准予立案。1925年秋，农林科全部通过批准立案，成为教会大学中最早为政府立案者。到1926年，金大农林科计有科长2人，教授11人，教员21人，专任推广员2人，中英文书记各1人，其他助理管理员30余人。

第三，金大农林科之所以办学成绩斐然，获得政府认可，除经费充裕、人才会集外，另一个重要的是该科实行了教学、研究、推广"三一制"农业教育体制。后来担任金大农学院院长的章之汶回忆说："教学、科研、推广三一体制之树立，实为母校农学院能有卓越成就之最重要原因。"[2]

在"三一制"的模式中，置研究工作以重要地位。农林科历年

① 《教育部视察金陵大学报告》，《南大百年实录》编辑组编：《南大百年实录（中卷）：金陵大学史料选》，南京：南京大学出版社，2022年，第27页。
② 章之汶：《农学院之成就》，台北金陵大学校友会编印：《金陵大学创校七十周年纪念特刊》，1958年，第11页。

经费用于研究工作的占十分之四，用于教学和推广工作的各占十分之三。"盖高等农业教育，必须加强研究工作，则教学始可日新月异，推广始有实际材料。"[1]农林科专任教授均参与研究工作，高年级学生也以研究工作为其设计实习及编著论文之资料，以达教学相长的目的。农林科的研究工作约分为下列三种：（1）调查研究：如农业经济、农业生产及森林果树类方面之调查研究工作，目的在于了解现状，加以改进。（2）采集研究：如昆虫与植物标本之采集，目的在于确定农林生物之分布与品种之鉴定。植物学教授史德蔚（A. N. Steward）制作有标本4 000余份，计1 500余种，其中有3 000份采集自海南及湖北等地。（3）试验研究：如作物品种之改进，目的在于应用育种方面，产生质量兼优之品种。如芮思娄改良"金大26号"是我国最早用近代育种方法育成的小麦品种，郭仁凤驯化的"爱字美棉"以及改良培育的"金大百万棉"，经推广后备受农民的欢迎。在"金大26号"的基础上，金大教授沈宗瀚1925年在南京通济门外农田选得小麦单穗，主持培育出来的"金大2905号"小麦品种，比"金大26号"小麦又增产高达25%，成为1949年前推广面积最大的小麦良种，被誉为"抗战前的中国绿色革命"。

农林科教学事业[2]可分为三部分：大学部、农业专修科和乡村师范科。到1927年，大学部对各系重新分配，全科共分为七系：

（1）农艺系。成立于1916年，由最初农科发展而来，从事于作物改良事宜。农艺学系初设作物育种与作物改良两个学组，后陆续增加土壤学、农具学等组。1923年得华洋义赈会防灾基金补助而

① 章之汶：《农学院之成就》，台北金陵大学校友会编印：《金陵大学创校七十周年纪念特刊》，1958年，第11页。
② 以下内容参见《金陵大学农林科组织及事业》，1927年刊印；《农学院概况》，南京大学高教研究所编：《金陵大学史料集》，南京：南京大学出版社，1989年，第188—195页。

日益发展。1923年至1924年，在芮思娄和康奈尔大学教授洛夫（H. H. Love）的协力推动下，农林科与康奈尔大学和洛氏基金会世界教育局（International Education Board N.Y.）达成了"中国作物改良合作计划"。该计划的目的有二：一方面是实施包括小麦、大麦、水稻等主食作物的综合性作物改良计划；另一方面是为作物改良计划训练中国本土的专业技术人员。自1925年始，康奈尔大学先后派遣作物育种专家洛夫、马雅师（C. H. Myers）、魏庚思（R. G. Wiggans）博士来系讲学，并指导研究工作，提高农作物改良方法，使金大成为当时享誉国内的育种工作中心。1927年将作棉改良系并入本系。系主任最初为祁家治（Geo. E. Ritchey），祁家治1920年来华，隶属美国基督教基督会。1926年由郝钦铭继任该系主任。

（2）森林系。成立于1915年，为最初之林科，致力于采集各地树木标本、造林方法、保护森林等方面。后为普及林业知识以适应社会需要，于1924年添办林学函授部，开设林业管理和苗场管理两门课程，开我国林业函授之先河。林业函授部学制一年，大部分学生都是中小学教员。[①]森林系先后由凌道扬、叶雅各、李德毅、陈嵘等主持系务，美国森林及水土保持专家罗德民（Lowdermilk）博士曾来系讲学，他于1923年及1924年暑假率学生赴山西森林区域考察森林与水患的影响。1926年承上海华洋义赈会之合作，研究淮河流域冲刷及淤塞原因。

（3）蚕桑系。成立于1918年，是中国最早开设的蚕桑系。内容包括无毒蚕种制造、蚕病研究、蚕种汇集、桑苗种植等，先后由吴伟士、钱天鹤、顾青虹、单寿父主持系务。

（4）生物系。内分细菌学组、植物病理学组、植物学组、动

---

① 金陵大学南京校友会编：《金陵大学建校一百周年纪念册》，南京：南京大学出版社，1988年，第79页。

物学组四组。细菌学组成立于1921年，其工作除了课程方面教授，还从事下列各种问题研究：牛瘟病之研究、牛畜传染性流产病之调查、羊胃寄生虫之研究、高压氧气抗治微粒子病之方法、豆科植物与施肥关系、细菌标本之采集、制造牛瘟疫苗之疑问、中国酒业中之细菌类植物研究等。1917年，芮思娄邀请了康奈尔大学农学院院长、著名教育家和植物学家裴来（L. H. Bailey）来金陵大学考察讲学。裴来与另一位植物学家史文格（W. T. Swingle）回到美国后，同美国纽约植物园主任、哈佛大学树木园林主任梅里尔（E. D. Merrill）教授于1919年协助建立了金陵大学植物标本室。农林科成立之初，由邹秉文、谢家声先后教授植物病理课程，1924年成立植物病理学组，这是中国大学中第一个植物病理学机构，首开植物病理学的教学和科研工作。植物病理学组由博特（R. H. Porter）教授主持，博特为1923年来华的农业传教士，毕业于衣阿华大学硕士，他任组长直至 1927 年回国。[1]史德蔚[2]、邹秉文、谢家声、博特等主持相关各组事务。

（5）农业经济系。成立于1921年，最初仅有卜凯一位教师。1922年徐澄担任该系讲师，翌年受华洋义赈救灾总会委托，在南京丰润门试办信用合作社，创我国办理信用合作社之始。1924年，孙文郁、乔启明先后留系任教，该系分农业经济、农场管理和农村社会三组，目的是使国内农民能应用各种经济组织、社会组织以及农场管理各方面所能实行的各种改良方法，来改善其乡村生活。从1924年起，农业经济系致力于农家经济之调查分析，调查范围涉及7省17处2 866户农家，足以代表中国大部分农家经济状况。该项成果后由卜凯编著

---

①　赵晓阳：《思想与实践：农业传教士与中国农业现代化——以金陵大学农学院为中心》，《中国农史》2015 年第 4 期。

②　史德蔚在哈佛大学获得硕士和博士学位，是 1921 年来华的农业传教士，隶属美国基督教美以美会，他在金陵大学任教直至 1950 年才回到美国。

为《中国农家经济》（*Chinese Farm Economy*）一书出版。[①]

（6）园艺系。1916年农林科已开办有园艺场，1927年成立园艺系，主任为胡昌炽，教授对花卉、蔬菜、果树的研究和改良，1934年园艺系内又划分为果树园艺学组、蔬菜园艺学组、园艺利用学组和观赏园艺学组。

（7）乡村教育系。为"造就中等农学学校、乡村师范师资及乡村建设领导人才"，农林科于1924年设立乡村教育系，首任主任为美国植棉专家郭仁凤。1927年郭仁凤回国后，由章元玮担任主任。

1922年，金大为了满足各地对于实用农林人才的强烈需求，开始招收一年制短训班，被称为农业特科，当时的英文名称为Rural Leader School。在开办的第一年，农业特科拟收25名学生，但有200多人申请。最终，该科录取了45名学员，他们来自全国10个省份。1923年春，为造就乡村学校适当教师，金大农林科创办了乡村师范科，另建校舍于鼓楼西五条巷内，以期适合乡村环境，并附设师范小学三所，为学生实习及推广平民教育之用。1924年，农业特科改称农业专修科，该科旨在"谋解决农村问题，教授农业实用科学，养成农村工作人员及农业技术人员"。以造就农业实用人才为宗旨，课程注重实用，上午授课，下午实习。农业专修科前五届（1922—1926）为三学期制，1927年农业专修科停办一年，乡村师范科与农业专修科合并为农村服务专修科，后仍称农业专修科。1928年改为二学年制，即一年工读，一年实习。郭仁凤、章之汶先后主持该科。

农林科还于1926年设立研究科，由上海谦信洋行补助该科研究生学费每年800元，专门研究各项种子消毒剂对各种作物病害的效力。到1927年，在该科肄业者有四人。

[①] 《南大百年实录》编辑组编：《南大百年实录（中卷）：金陵大学史料选》，南京：南京大学出版社，2002年，第267页。

　　1921年秋，美国农业部派员来华与金大图书馆合作，成立合作部，志在汇编中国古代以来农书索引，王德女士（美国人）为主任，毛雍、刘纯甫、何汉三为助理。由毛雍编成《中国农书目录汇编》于1924年6月以"金陵大学图书馆丛刊第一种"出版。此后，金大得赈后余款百万元之巨，于1923年秋将图书馆合作部改为农业图书研究部，由金大农科毕业生万国鼎主持，并聘任杭立武编纂"荒灾史"。该部搜集中国古今农业书籍及各种地方志，"三四年来，约得中文书三万册，合之图书馆旧有而可供农业上研究之用者，不下四万余册"。该研究部还编纂"中国农书目录汇编""金陵大学图书馆中文地理书目"；聘请专人，将国内出版之中西文杂志中一切有关农业之篇目编制索引；1926年春，计划将现存关于农业之全部文献，审定除复，汇编为《先农集成》。该部也成为最早系统整理我国农业遗产的机构。①

　　推广为农林科主要事业之一，创办之初即着重于此，教员率领学生田间实习，协助农民从事树艺，乃是推广活动之滥觞。但教员受教职所限，不能常到乡间，故特设农业推广员。农业推广员之责任，不仅在传达专家研究结果于农民，也采风访俗，慰劳问苦，抉择农村及农业上之问题，备专家研究之参考，教学之资料。推广的方法分为演讲、开展览会、实地试验及短期教育四种。1924年，金大农林科成立农业推广部，以美棉专家郭仁凤为主任，专门负责推广工作，它也成为我国大学农学院成立最早的推广机构。推广部之工作分宣传、合作、介绍三种，推广部下分总务组、教务组、编辑组、指导组、赛会组、演讲组、调查组、通讯组、合作组、宣传组十组。1924—1925年，推广部分赴长江及黄河南北各省从事调查宣传，所到地方共计962县，开会演讲共564次，到会人数合计164 176

---

① 陈长伟：《金陵大学图书馆》，《金陵光》第14卷第2期，1925年11月。

人。①1927年郭仁凤回国，由张心一出任推广部主任，办事人员增至5人，并另有绘图、通信、制标本及搜集材料者4人。1924年，农林科创办了《农林新报》，该刊致力于传播农林知识，每月销售在2000至5000份之间，传播遍布全国23个省份，深受农林界好评。从1924年成立到1927年的三年中，金大农业推广部在各省组织集会一项就达到1 000次以上。"工作地点共9省，计90县，每次开会人数，至少四五十人，多则四五千人。"②各处实业机关、学校及教会，以及农人所组合之会社，来请前往推广者甚多。可见推广部工作之繁忙。据农林科科长过探先估算，"本科之推广事业，日益进展，直接受惠之农民每年至少在10万人"。③

农林科设有农场部。金大成立时原有农场不足百亩，经过多年添置，到1927年已有农场七八百亩，另有租借农场数百亩。其中总场一处，位于校舍南，面积约百亩，专供试验苗木花卉之用，由园艺系管理。又有桑树苗圃百亩及桑园百亩，在蚕业院附近，为蚕桑系所管理。第一分场位于太平门武家庄，有大规模之试验区及繁殖区，面积约600亩。第二分场在黑马营，该场系租借于龙津农场，面积约250亩，为繁殖及试验棉作之用。第三分场位于神策门外，面积约200亩，为大规模之桑园。三处分场除桑园外，专供改良作物之用，由农艺系管理。④

金大农林科在主任芮思娄的主持下，会集了一批接受康奈尔训练的中美农学家，并通过签订《作物改良合作计划》获取来自康奈尔的技术与人才支持。随着金大农科建设的推进，其逐渐形成一套如何

① 《南大百年实录》编辑组编：《南大百年实录（中卷）：金陵大学史料选》，南京：南京大学出版社，2002年，第265页。
② 金陵大学编：《金陵大学农林科组织及事业》，1927年，第63—64页
③ 《金陵大学农林科之发展及其贡献（摘要）》，南京大学高教研究所校史编写组编：《金陵大学史料集》，南京：南京大学出版社，1989年，第195页。
④ 金陵大学编：《金陵大学农林科组织及事业》，1927年，第15—16页。

以美国模式改良中国农业的理论体系。农林科自1914年创办，1918年第一届学生毕业，毕业生有李积新、陈桢、叶元鼎、徐澄、潘健卿、赵崇鼎6人。到1927年，共前后计毕业九届，毕业生114人。农业专修科自开办毕业四届，毕业158人。乡村师范科自开办到1927年毕业三届，毕业53人。[①]金大是中国最早开设四年制本科高等农科教育的大学，其毕业生支撑了中国农科教学科研的半壁江山，以至于有的学者称："金陵大学毕业生领导了农业部七个技术部门中的五个，五所国立研究所中的三所。金陵大学毕业生还领导过七所国立大学的农学院，而且，出国深造的农学家中几乎一半是金陵大学毕业生。"[②]金陵大学作为中国农林教育的"金"字招牌，当之无愧。

五、文科（文理科）

文科在金大设立最早，当时文科除开设应授科目外，还附设若干数理方面的科目。1921年金大将文科改为文理科，1930年又分为文、理两学院。关于金大三院，金大校友杭立武言道："就三院历史来说，文学院无疑是老大哥，也可说是母校的基础。理学院是孕育于文学院，而农学院确是后起之秀。"[③]这可谓关于金大三学院关系的精辟阐述。

1914年，金大改组文科，以校长包文兼任文科科长。1915年，由美籍教授夏伟师（Guy Walter Sarvis）出任文科科长。夏伟师曾于1910年芝加哥大学获科学士学位，1912年来到金大任教，后担

---

① 金陵大学编：《金陵大学农林科组织及事业》，1927年，第55页。

② ［美］杰西·格·卢茨：《中国教会大学史（1850—1950）》，曾钜生译，杭州：浙江教育出版社，1987年，第300页。

③ 杭立武：《关于文学院的人和事》，台北金陵大学校友会编印：《金陵大学创校七十周年纪念特刊》，1958年，第5页。

任大学教务长和文理科科长，教授经济学、社会学等课程。金大文科分本科、预科二部。本科以教授高深学术、养成硕学宏才为宗旨，修业年限三年。预科以培植学者深造之基础及应世之技能为宗旨，修业年限二年。文科成立之初，所属科目分为四组，每组以系名之，包括语言学组、社会科学组（Social Science）、自然科学组（Natural Science）、宗教学组四组。语言学组包括国文、英文等科目；社会科学组包括历史、哲学、心理、教育、政治、经济、宗教等科目；自然科学组包括数学、物理、化学、生物、天文、矿质等科目；宗教学组包括周日礼拜、宗教指导等。[1]

金大文科虽设立最早，但早期发展并不尽如人意。1921年教育部派员视察金大，在报告中称，金大文科"内容既欠充实，组织复多凌乱，故就一般而论，殊无成绩可言"。所谓内容尚欠充实者，如"言语学在该校列为首组，而除英文外，他种文字并无相当设备，又如哲学、历史、政治经济等科，在文科中皆为重要科目，而各科教员或由他科兼任，或尚付缺，如算学、物理设科虽多，正任教员亦仅1人，恐难胜任愉快，教育学科情形亦同。中国文学、历史等科，虽有中国教员2人，亦仅教授浅近文学，于重要文学历史科目未能顾及"。视察报告又指出"所谓组织多凌乱者，如文科科目，计分四组，每组之下系以专名曰语言学系、曰社会学系、曰数理学系、曰宗教学系，此种分类方法，殊无正当理由。如以社会学概况宗教、哲学、心理、历史等科，当世无此类别；科学之中，天文、数学、物理虽可勉强以数理学系之名概之，而生物矿质诸科则截然不类，而该校亦合二为一，殊嫌未妥"。教育部因此建议：各组中所有科目如国文、英文均改为系，以关系较密切之系合为数组，学

---

[1] 南京大学校史编写组编著：《南京大学史》，南京：南京大学出版社，1992年，第469页。

生选课应以一系为主，而以同组或异组中他系之科目副之。①因此，在1921年北京政府同意金大农科立案之际，文科却未能立案。

根据教育部的建议，金大文科改设国文、英文、历史、哲学、社会学、政治学、经济学、教育学等系。教育部在视察报告中还指出，"本科中无理科之名称，仅于文科中有少数理科课目。委员之意，该校文科应改成文理科或另设理科，庶几名实相符"。1921年，金大"感于科学之重要"，将文科改称文理科，学生以理科为主系者，毕业后授予理学士学位，仍由夏伟师担任科长。"理科设立之始，仅有化学与数理二系，及医学先修与工业化学二科。后数理分设为两系，遂共有三系。"唯当时主修科学之学生尚少，校方一般人员与同学对于理科绝少注意。经过多年发展，金大理科学科力量稍见充实。化学为大多数工业制造所必需，化学技师尤为现在各地所需要之人才。1922年，金大"为培植专门化学人才及灌输化学工业之基本知识，以便开发我国富源起见"，特增设了工业化学科，学制4年，其程度和文理本科相等。②

金大文科在此后的发展中，最重要的变化是改进国文教学，提高国文水准。教会学校对中国文化向来较为忽视，但在20世纪20年代中国民族主义运动的推动下，金大适时且主动地致力于提高国文的教育水平。1924年，国文系主任程湘帆向校董会财政委员会建议扩建国文系，他说："中国基督教化的过程中需要医生、农业科学家、教师和传教士，这是毫无疑问的。但是，我们也需要至少是同样多的好的作家……应该在培养医生、传道士等的同时，也培养好的作家。为了做到这一点，一个师资雄厚的国文系是必要的。"程湘帆以现身说法指出："作为这个大学的毕业生，我的经历使我不得不承认，由于对中

---

① 《教育部视察金陵大学报告》，南京大学高教研究所编：《金陵大学史料集》，南京：南京大学出版社，1989年，第22页。
② 金陵大学编：《金陵大学文理科概况》，1930年，第69—79页。

国的传统文化知之较少，对中国文学的欣赏能力低，缺少语言表达能力方面的训练。我们科的毕业生的工作在许多方面受到影响，他们对社会、对民族、对教会的贡献在许多方面受到限制。站在毕业生的角度来说，学校没有给毕业生提供一个中国绅士所必要的文化修养，一种作为中国领导人物的必要工具。"程湘帆还列举了几个毕业生由于国文水平差而失去工作的例子，认为"切身体验告诉我们，必须有一个师资力量雄厚的国文系"①。

此次会议后不久，金大决定扩充国学系。程湘帆赴上海充任中华基督教教育会副总干事后，国文系由著名学者胡小石和文学家陈中凡出任主任。"国学系预算除同学会资助15 000元基金外，另增至一倍有余。国学教授之待遇地位一律与其他各科教授之资格最老者同等，一洗从前畸轻畸重之弊。中文参考书籍骤加至四万余册。课程教法大加革新。新旧学生对于国学兴味极为浓厚，全校空气为之一变。"②实为教会大学设立中国文学系之肇始。

金陵大学1924年出版的《金陵大学国学系学程表及说明书》③显示，扩建后的国学系课程内容得到扩充、完善。国文系课程主要分为四大类：

公共学程——各体文选、中国文学史大纲、中国文字学大纲、读书法、中国近百年史。

文学组——中国韵文一古今诗选、韵文二历代赋选、韵文三词选、韵文四曲选、韵文五歌谣选、专家诗选、专家词选、中国散文一叙述文、散文二小说文、散文三抒情文、专家散文选、文学概论、中国修辞学、中国文艺批评、中国文字学、训诂学、中国声

---

① 《扩建本校文理科国文系之建议》，南京大学高教研究所编：《金陵大学史料集》，南京：南京大学出版社，1989年，第23—24页。
② 包文：《金陵大学之情况》，《教育季刊》第1卷第4期，1925年12月。
③ 金陵大学编印：《金陵大学国学系学程表及说明书》，南京：金陵大学，1924年。

韵学、和声学、艺术论、中国诗学概论及诗史、中国词学概论及词史、中国曲剧概论及曲史、中国小说概论及小说史、诗经研究、楚辞研究、说文研究、广韵研究、作文法、国文教学法。

史学组——中国历代大事记、中国古代文化史、中国近代文化史、历史研究法、近代中日交涉史、中国法制史、印度史、现代世界史、世界史研究、中国地理、世界地理、地人学、考古学、古代甲骨金石文研究、人类学、政治学、经济学、社会学、社会问题、历史教学法。

哲学组——中国哲学论文、中国古代哲学史、中国近代哲学史、先秦诸家哲学、魏晋玄学、宋元以来理学、印度哲学、老子研究、孔子研究、墨子研究、庄子研究、孟荀研究、先秦名学研究、心理学、伦理学、社会心理、人生哲学、西洋哲学史、宗教哲学、教育哲学、美学、中西哲学问题、西方研究中国哲学论文、近今哲学问题、哲学方法论。

国学系师资力量也得到极大扩充。该系教职员包括：胡小石（代理主任兼中国文学教授）、程湘帆（原系主任）、陈中凡（中国哲学、文学教授）、易树声（国文教员）、方晟（中国史学教员）、周棨（国语教员）、刘继宣（实习指导员）、计国宾（实习指导员）、单根贤（教务管理）、克乃文（美，图书馆主任）、陈长伟（图书馆副主任）、刘崇本（西洋史、政治学教授）、贝德士（美，西洋史、政治学教授）、韩穆敦（美，西洋哲学教授）、白德（美，西洋文学教授）、束世澂（国文助教）。国学系的大部分中国教师有留学国外或毕业于国立大学的经历。

1926年，为造就中等学校国文教员及培养国学人才起见，金大文理科增设国文专修科，修业期限定为两年，"历届毕业人数甚多，或执教于中学，或复入大学中国文学系，以求深造，无不成绩斐然"①。

金大图书馆学的建设也颇富成效。金大成立后，先后由刘靖夫、恒吉（F. G. Henke）②、恒谟主管图书馆。1914年，克乃文（Harry Clemons）正式出任金陵大学图书馆主任。从1914年到1927年，克乃文担任金陵大学图书馆馆长长达13年。克乃文曾担任美国普林斯顿大学图书馆参考部主任，是经验丰富的图书馆学专家。他引进现代图书馆学方法，改善图书馆工作，在金大文科开设了图书馆学课程，使金大成为中国最早开设图书馆学课程的大学。克乃文在培植现代图书馆学人才、促进中美图书馆合作交流方面做出了重要贡献，尤其是他先后推荐"金陵大学图书馆学三杰"（洪有丰、李小缘、刘国钧）赴美学习现代图书馆学，为金大培养了第一批现代图书馆学的专业人才。

1922年是金陵大学图书馆发展史上关键的一年，在这一年，金大图书馆正式从其他行政机构的附属变为金陵大学的一个独立管理机构。③在1912年，金大学生借用之书仅有2 392册，到1924年增加到58 126册。④到1925年，金大图书馆分购书、编目、借书、参考、典藏、装订、研究7部。1927年，金陵大学于大学文理科添设图书馆

---

① 《文学院概况》，南京大学高教研究所编：《金陵大学史料集》，南京：南京大学出版社，1989年，第164页。

② 金陵大学哲学和心理学教授恒吉是最早研究王阳明的美国学者，他生于美国伊利诺伊州，获美国西北大学硕士、芝加哥大学博士，1910年到金陵大学任教。他的论文《王阳明生平与哲学研究》（"A Study in the Life and philosophy of Wang Yang-ming"）介绍了王阳明的生平，论述了王阳明关于人性、心学、格物等理论。后在金陵大学同事帮助下，翻译了《王阳明全集》的部分章节，以《王阳明哲学》（The Philosophy of Wang Yang-ming，1916）为名由芝加哥 Open Court Publishing Company 出版，内容包括阳明传记、阳明语录、阳明论学书信等。见姜庆刚：《金陵大学外籍教师与汉学研究》，《国际汉学》2016年第4期。

③ 谢欢：《1915—1952年金陵大学图书馆历任馆长考述》，《大学图书馆学报》2023年第5期。

④ 《南大百年实录》编辑组编：《南大百年实录（中卷）：金陵大学史料选》，南京：南京大学出版社，2002年，第36页。

学系。克乃文于1927年春归国后，由刘国钧代理馆长。1927年，金大图书馆藏有中文书54 907册、西文书15 889册、农业报及其他小册30 794册，[①]1928年刘国钧调任文理科科长，遂由李小缘继任。李小缘后转任沈阳东北大学图书馆馆长，由陈长伟代理，1931年秋刘国钧担任图书馆馆长。[②]

到1925年，金大文科含国学、经济学、教育学、英文、历史学、哲学、政治学、心理学、宗教学和社会学等学科；理科有天文学、生理学、化学、地质学、数学、物理学等学科。文理科科长夏伟师兼经济与社会学系主任，主要教员有历史与政治学系主任贝德士（M. S. Bates）、英文系主任裴德安（A. Brede）、物理系主任高德威（L. H. Caldwell）、图书馆馆长克乃文、宗教学系主任恒谟、生物学系主任伊礼克（John Theron Illick）、化学系主任唐美森（J. C. Thomson）、植物学教授史德蔚、哲学心理与教育学系主任韩穆敦（C. H. Hamilton）、数学系主任魏学仁、教育学系主任刘靖夫、国文教授陈中凡、胡小石、化学教授陈裕光、社会学教授柯森、社会学教授柯立特（C. W. Coulter）、经济学教授洪焕卿、政治学教授刘崇本等。1925年，夏伟师离校考察，曾由文怀恩代理科长。1926年，夏伟师返回美国，由陈裕光继任文理科长。

六、商科

商科（School of Business Administration）在金大开设时间很短，从1921年9月开设到1923年结束，犹如昙花一现。金大商科设立的背

---

① 《金陵大学的图书设备》（1947 年 4 月止），南京大学高教研究所编：《金陵大学史料集》，南京：南京大学出版社，1989 年，第 232 页。

② 《图书馆概况》，张研、孙燕京主编：《民国史料丛刊 1085·私立金陵大学一览》，郑州：大象出版社，2009 年，第 152 页。

景与20世纪20年代中国社会重视实用教育的思想有很大关联，也与金大校友会的直接推动有关。

　　早在1919年，金大校友已有设置商科的计划。金大校友会曾发起募捐建筑校友会大楼，曾计划将该楼宇用于商科建设。"校友会发起为大学募捐的运动，180名校友共认捐了30 000元，将来会达到50 000元，在三年内将支付用来建造校友会大楼，此楼并将用于商科教学。"①根据此计划，校友会大楼的一楼用于校友交际，其他楼层则用于商科教室。另外，金大商科的创办与美国波士顿大学宁友社的C. E. Akerstrom的倡议也有关系。Akerstrom曾于1920年12月到达南京，进入金大华言科学习汉语。在学习语言之余，他还多次去上海，考察商业状况和商业需求，谋划商科的发展。②波士顿大学的商科很有名，在波士顿大学宁友社成员的帮助下，金陵大学决定与波士顿大学开展国际化联合办学，合作开设一个商科。为此，包文校长于1920年访问了波士顿大学，进一步推动了双方合作的意愿。③

　　1921年9月，金大商业专科开办，课程包括两年程度相当于中学三、四年级的中等商业科，和两年程度相当于大学预科的高等商业科。金大并打算将来逐次扩充，增设大学本科三个学年的商科。同时，金大也指出，因上海较南京有更多商业实践的机会，金大以后或许会在上海与其他学校合办商科大学。但是，金大目前"希望先致力于中等商科和高等商科的发展，以获得经验和指导，再考虑大学商科的发展"。④中等商业科和高等商业科可以各自独立进行，无须课程衔接。

---

① University of Nanking News, *The University of Nanking Magazine*, vol. X, no.4（June 1919）.

② Report of the President and the Treasurer for the Year 1920—1921, RG 11, Box 195, Folder 3370, UBCHEA Archives.

③ University of Nanking News, *The University of Nanking Magazine*, vol.12, no.1（Auguest 1922）.

④ Report of the President and the Treasurer for the Year 1920—1921, RG 11, Box 195, Folder 3370, UBCHEA Archives.

高等商业科以培植实际商业人才为宗旨，使学生出校后即能投身商界，并使本科能与商业界发生密切关系，正如法律学校或医药学校与其本职业发生密切关系一样。金大商科并非研究高深学术之专门学院，故入学资格与中等学校及大学预科相同，毕业学生给予高等商业科毕业证书。第一学年课程有会计学、经济学、英文、数学、伦理；第二学年课程有会计学、商用国文、商业史、贩卖学、英国实业发达史、美国经济史、外国贸易等科目。[①]

中等商业科以造就普通商店之人才为宗旨，只有修毕金大认可的中学二年级课程，又有充分英文预备者才能报考，毕业发给中等商业科毕业证书，可以继续进入金大大学预科或高等商业科继续学习。中等商业科课程也是两学年。第一学年课程有簿记学、商业算术、商用英文、打字、市政学、国文、英文、伦理、速记；第二学年课程有簿记学、商业法律、商业地理、速记、打字、国文、经济学、理化博物等科目。

教会大学课程侧重于人文和基础学科，差会一般不赞同发展职业教育，如金大最具特色的农科，在创办初年曾遭遇被裁撤的危险。"在大部分传教士看来，职业教育是世俗的，对基督教在中国发展并不会有什么用处，教会学校用差会的钱来培养工程师、农业家、律师等是毫无理由的。"[②]深知差会办学意愿的包文，为了说服金大托事部同意金大发展商科，对办学宗旨做出符合创办人意愿的表述，他在给托事部的这段关于商科的报告中说，"基督的原则适用于所有商业交易，如果我们能帮助中国商人培养诚信、公平的道

---

① 课程内容出自《金陵大学商业专科章程》。

② ［美］杰西·格·卢茨：《中国教会大学史（1850—1950）》，曾钜生译，杭州：浙江教育出版社，1987年，第166页。

德理想和行为，我们将对国家做出重大的贡献"。[1]

1922年6月17日，金大举行了校友会大楼奠基仪式。前汇文书院院长福开森来校出席仪式并讲话。他在讲话中盛赞金大校友爱护母校的心意，并鼓励大家继续关心母校发展。[2]但校友会大楼（the Alumni Hall）的建设资金筹备并不顺利，原来校友们认捐的数额，因为种种原因没能兑现，导致大楼迟迟未能动工，包文在给托事部的报告中也称"到底何时大楼能够建立看来是个问题"。[3]

金大商科仅仅存在两年就结束了，仅培养了一届学生。1923年高等商业科毕业了13名学生，中等商业科毕业了11名学生。[4]其中原因除了上述差会机构对发展职业教育缺乏兴趣，更主要的因素还在于学科发展与社会实际需求的脱节。当时国内有几所教会大学成立有商学院，如沪江大学城中区的商学院是最受欢迎的院系，之江大学和岭南大学也成立有商学院。这三所拥有商学院的教会大学，他们的地理位置均地处东南沿海，经济本就发达，上海更是经济中心。相比较之下，地处南京的金陵大学，发展商科则没有这样的地理优势。民初南京的商业环境也不利于商科教育的开展。1920年来到南京求学的郭廷以目睹了南京市容不盛、交通不便、卫生不整的状况，他看到在南京高师附近，"除学校及少数住家外，几乎没有商店"，因此认为"南京绝非现代化的商业都市"。[5]南京在商业环

① Report of the President and the Treasurer for the Year 1920-1921, RG 11, Box 195, Folder 3370, UBCHEA Archives.

② Report of the President and the Treasurer for the Year 1921-1922, RG 11, Box 195, Folder 3370, UBCHEA Archives.

③ Report of the President and the Treasurer for the Year 1922-1923, RG 11, Box 195, Folder 3371, UBCHEA Archives.

④ Report of the President and the Treasurer for the Year 1923-1924, RG 11, Box 195, Folder 3371, UBCHEA Archives.

⑤ 郭廷以：《郭廷以口述自传》，北京：中国大百科全书出版社，2009年，第71页。

境上的闭塞和落后，无法满足培养高级商业人才对师资和环境的要
求。同城的南京高等师范学校，在1917年也创设有商业专修科。不
过在1921年南京高师改建东南大学之际，即将南高商科迁至上海建
设，以便发挥人才和环境上的优势。金大校友会当初也明了这一层
原因，曾想在中、高等商科发展的基础上，在上海与他校合办商科
大学，却不承想没等发展起来就夭折了。

金陵大学办学早期先后开办过医科、师范专修科、华言科、
农林科、文理科和商科各科，从中我们看到，系科的开设是因时
所需，废除亦因不合时需，这也是金大办学早期系科发展的摸索
时期。六科最终留存下来的是文理科和农林科，1930年发展为文学
院、理学院和农学院，确立了金陵大学三院鼎立的格局。

第二节　学制与教学管理

一、学制

金陵大学在未迁入鼓楼新校址之前，学制仍沿用前汇文书院旧
制，分大学（College）、高等学（High School）、中学（Secondary
School）与小学（Primary School）四个阶段。每一阶段皆为四年，升
学系统一元化，小学毕业免试升中学，中学毕业免试升高等，高等
毕业免试升大学，外校入学新生则需考试。[①]

1912年1月，孙中山在南京组织临时政府，蔡元培就任第一任教
育总长，并着手改订学制系统与颁布教育宗旨。蔡元培发表了《对

---

① 洪润庠：《回忆清末民初时代的母校》，台北金陵大学校友会编印：《金陵大学创
校七十周年纪念特刊》，1958年，第19页。

于新教育之意见》一文，对清末教育宗旨提出批评，指出"忠君与共和政体不合，尊孔与信教自由相违"均须删除，并提出"公民道德、军国民主义、实利主义、世界观及美育"五育并重的教育宗旨。[①]1912年9月，教育部公布了学制系统，到1913年5月，又陆续颁布《小学校令》《中学校令》《师范学校令》《专门学校令》《大学令》等各种学校规程，对新学制作了补充和修改，这个完整的学校系统被称为"壬子癸丑学制"。"壬子癸丑学制"将整个教育期分为三段四级。第一阶段定为初等教育，分为两级：初等小学四年，为义务教育；高等小学三年。第二阶段为中等教育，只有一级，设中学校，学习年限四年。第三阶段为高等教育，预科三年毕业，大学本科三年或四年毕业。1917年9月教育部颁布《修正大学令》，将大学学制改为预科二年，本科三年。[②]

1917年秋季学期，金大大学部搬到鼓楼新建筑上课，新科学馆（东大楼）能容下所有学生上课和做实验。为了能与公立学校学制衔接，金陵大学也根据教育部规定采用新学制，同时改组附设之中小学。实施小学七年（包括初等小学四年，高等小学三年）、中学四年、大学预科两年和大学三年的学制。其中本科课程包括文科和农林科，为期三年；预科课程为期两年，包括高中最后一年和大学第一年，预科课程除文科与农林科外，还包括师范专修科和医学先修科等。完成预科的学生方可进入本科继续学习。金大首先采用北京政府颁布的学制，成为第一所脱离美国四年制课程的教会学校。

预科制度的施行有力推动了金大融入中国教育界。此前，金大并未建立开放客观的考核制度，多数学生来自附属中学或通过传教士介绍入学。从建校到1917年，金大未曾招到任何非教会中学学生

---

① 《教育部总长蔡元培对于新教育之意见》，《中华教育界》第1卷 第2期，1912年，第5—10页。
② 《教育部公布修正大学令》，《教育杂志》第9卷第12号，1917年9月27日。

入学。学校对英语能力要求很高，若此前没受过相关英语能力的锻炼，很难考入金大。预科制的设立降低了公立中学学生进入金大的门槛，预科对所有中学毕业生开放，使公立中学中不具备英语能力的学生通过学习低于大学等级的英语和科学知识，为进入本科打好基础。1917年秋，公立中学毕业生首次考入金大，此后金大学生人数开始大幅增多。1918年公立中学生在预科生中占比高达55%，此后这一比例始终稳定保持，成为金大最重要的学生来源。1917年金大预科制的施行也彻底改变了金大初年只收教会中学生的局面。[①]

　　民国初年的"壬子癸丑学制"主要仿效日本学制，采用四三四制，即初等小学四年，高等小学三年，中学四年的办法，中学四年毕业后进入大学预科，为期两年，作为进入大学的预备教育。1915年5月，日本逼迫袁世凯签订"二十一条"，使得中国对日本戒心大增，进而影响中国对日本教育体制的学习。五四运动前后，美国教育家杜威、孟禄等人先后来华讲学、调查访问，他们对美国教育制度的大力宣传，直接影响到中国学制的改变。尤其是孟禄在出席中国第七届全国教育联合会时，提出中国学制应该采用美国"六三三"制的主张。1922年9月教育部在北京召开全国学制会议，最终形成了"壬戌学制"，采用美国学制的"六三三制"，规定小学六年，初级中学和高级中学各三年，共计六年，大学本科为四年。中等教育是此次学制的最大变革，将中学分为三年的初等中学和三年的高等中学，这次学制的调整，"标志着中国教育从日式的军国民教育，往美国实验主义者所强调的平民教育的方向调整"[②]，美国式教育对中国影响扩大。

---

① 杨莉：《"选择学生"与"学生选择"：民国时期金陵大学的招生政策与学生群体研究》，《史林》2020年第6期。
② 朱庆葆等：《中华民国专题史·第十卷·教育的变革与发展》，南京：南京大学出版社，2015年，第82页。

金陵大学是美国教会创办的教会学校，其办学模式一开始就有美国学制的影子，但因地处中国，办学也不得不受中国教育体制的影响。1922年中国教育部正式采用"六三三制"，金陵大学也随之改制。

我们从《金陵大学1924—1925年章程》中，可以清楚看到金大对此学制变化的应对措施。[1]大学决定从1924年秋季开始调整学制，学校的各个部门分为小学六年、初级中学三年、高级中学三年、大学四年。在实施新学制进程中，采取下列步骤：

1. 在第一年会有小幅度的内容和课程顺序上的混乱。

2. 各个年级的行政管理仍然维持现状。1—7年级归模范小学管理，8—11年级归中学管理，12—16年级归大学管理。各部学生的工作仍照现状。

3. 初小、高小、中学和预科的文凭在1925年春季最后一次发放。

4. 小学文凭和初级中学、高级中学文凭在1926年春季第一次发放。

5. 在大学文理科之前，成立了一个预科部（Sub-freshman Department）[2]，为那些考入大学但未完成12年小学和中学学业的学生准备。

从中我们可以看到，新学制的采用有一定的滞后性，因为学制涉及的不仅是课程，也有人事和行政，金大一直到1924年秋季学期才开始采用"壬戌学制"，直到1926年春季学期才完成新学制的过渡。

按照惯例，一学年一般分两个学期，但金大曾实行过一学年三学

---

[1]　The University of Nanking Bulletin: Catalogue（1924–1925），RG 11, Box 197, Folder 3388, UBCHEA Archives.
[2]　此处 Sub-freshman Department，暂且译为预科部，但显然与前面"壬子癸丑学制"的预科 Junior College 不是同一个概念，Sub-freshman Department 相当于高级中学的三年级，不能等同于有学制含义的 Junior College，因其也具有预备学习的性质，故译为预科部。

期的制度，规定"从1920年9月起，大学的整体课程表将分为三个学期（秋冬春），每个学期12个周"。[①]关于为何要实行三学期制，在包文校长给董事会的报告中这样说："这个变化是在校长1920年春季休假时经教职员一致同意通过的。实行缩短的学期是出于教师们想通过学期间简短的休息提高工作的有效性，学生也能提高学习水平。同时也是为了安排更多的课程，这样可以使制定课程表简单化。"[②]

尽管教师理由充分，但学生对于三学期制并不支持，理由是"三学期会增加学费，而且对假期回家也造成不便"。[③]部分教职员对此也有反对意见，建议学校慎重考虑三学期制的可行性。金大三学期计划实施的效果如何，没有明确下文，从《金陵大学1922—1923年章程》中看，学校又恢复到秋、春两学期，三学期计划没有推行。

二、选课制度

课程方面，金大起初实行规定科目制。1915年后，以必修、选修科目制取代了规定科目制。同时，对学生成绩的考核改用学分制。学分是学生学习时间的计算单位，当时每个学分"约值校内50小时或校外75小时之工作，换言之以普通学生每星期上课、自修及实验合三小时，高材生合二小时半，低能生合三小时半，历一个学期者为一学分，预科学分之值等于本科学分之五分之四"[④]。每学分

---

①　The University of Nanking Bulletin（1920-1921），RG 11, Box 197, Folder 3387, UBCHEA Archives.

②　Report of the President and the Treasurer for the Year 1920-1921, RG 11, Box 195, Folder 3370, UBCHEA Archives.

③　Report of the President and the Treasurer for the Year 1920-1921, RG 11, Box 195, Folder 3370, UBCHEA Archives.

④　《金陵大学普通规则（1925年秋生效）》，南京大学高教研究所编：《金陵大学史料集》，南京：南京大学出版社，1989年，第141页。

单位时间仅包括课堂教学或实验研究，并不包括课外作业时间。曾毕业于金大数学系的周伯埙，以他所学专业举例说："如初等微积分（上），标明3个学分，上课每周3小时，因此课外作业一般每周6小时。再例如，普通物理学（上），标明4个学分，其中上课每周3小时，实验3小时（包括安装仪器，进行实验与书写实验报告等），因此课外作业为6小时。教师应按照这样的时数来布置作业（包括预习与复习），学生考试成绩及格，则取得该课程的学分，否则没有学分。这似乎是一个学分的较明确的定义。"[1]如此看来，金大是按照课堂教学和课后作业1：2的时间比例来定义学分的，即课堂一小时学习，对应课后两个小时的课外作业。但事实上也并不是绝对的，作业时间因课因人而异，有的课程难度系数高，规定两小时的作业量可能要花费更长的时间完成，而对于较容易的学科，课外就不需花太多的时间，也容易及格，取得学分。

修够学分是学生毕业的重要指标。金大学生需要多少学分才能毕业拿到学位呢？不同时期，对所需学分数的规定也略有不同。1917年时，金大规定学生须修满115—120学分才得毕业，其中55学分为必修课程的学分，65学分为选修课程学分。[2]而且规定选修课程中的30学分必须从一类科目中选读。这个规定，成为后来主辅修制度的先河。到1925年，本科须修毕160学分才准予毕业[3]。而当时美国大学大都采用120学分制。

从1924年起，金陵大学推行主辅修制度。所谓主辅系，即凡在一系内读毕本科一年以上课程有30学分者，该系即为其主系，读毕

---

[1]　周伯埙：《母校的学分制与选课制》，金陵大学南京校友会编：《金陵大学建校一百周年纪念册》，南京：南京大学出版社，1988年，第125页。

[2]　金陵大学编：《金陵大学1917年章程汇录》，1917年，第34—35页。

[3]　《金陵大学普通规则（1925年秋生效）》，南京大学高教研究所编：《金陵大学史料集》，南京：南京大学出版社，1989年，第143页。

此项课程有15学分者，该系即为辅系（各科规定主辅系的学分数是根据各系的教学计划而定的，因而不尽相同）。两辅系可以合并为一主系，但两辅系之性质须有密切之关系。[①]金大也允许学生只修读主系，而不修读辅系。不过多数学生出于毕业后谋求职业的需要，大都选读与主系有关之辅系，其用意与现在提倡的双学位制差不多。学生修读主辅系课程大都属于同一学院，但也有跨学院的，如以文学院经济学系为主修的学生，有以文学院政治学系为辅修，也有以农学院农业经济学系为辅修。修读辅系除适应将来谋求职业需要外，也可以扩大知识面，丰富和加深学习的内容，有利于以后的深入钻研。金大学生在一年级时都是修读必修课程。从二年级开始，金大允许学生除修读主系与辅系之课程学分外，在课程时间不冲突的情况下选读自己感兴趣的课程，作为选修学分。[②]

金大学生毕业除了要修够规定之学分数，而且每学期需修多少学分，修业年限多少都有规定。金大规定，学生每学期至少须读15学分，从本科一年级入校，至少须在校修业七个学期才可毕业。为防止有的学生只为赚学分早点毕业，而不顾学习效果情况的发生，金大规定学生每学期功课普通为20学分。除"补读学分"外，每学期累计不得超过25学分。欲多得学分者，须受许多限制。"学生前一学期成绩总均在2等以上及各课成绩均在3等以上者，可多读5学分。其前学期成绩总均在2.5等以上及各课成绩均在3等以上者，可多读3学分。但本学期该生成绩均降至2.5等以下者，其所读之学分作为无效，其有任何学程成绩在3等以下者，亦不得给与该个学程所应有学分。凡多读学分之学生月课成绩有在3等以下者，其顾问得令

---

①　《金陵大学普通规则（1925年秋生效）》，南京大学高教研究所编：《金陵大学史料集》，南京：南京大学出版社，1989年，第143页。

②　戴邦彦：《金大的学分制》，金陵大学南京校友会编：《金陵大学建校一百周年纪念册》，南京：南京大学出版社，1988年，第122—123页。

其退一学程，学生在毕业前之末学期中不得多读学分。"①这种近似苛刻的学分制度，可以让学生在追求多修学分的同时，也要保证学习质量，不能只图早日毕业，而囫囵吞枣。

　　金大学生在校学习年限规定为四年，但年级划分不完全从入学算起，而主要根据已修得学分数为核算年级的标准。每一年级应修学分数都有一定标准，教务处每学期根据每个学生实得学分数核算其应在的年级，这与现在大学的年级划分法完全不同。采用这种核算法无疑增加了教务处的工作量，但为什么要实行这种按学分定年级的方法呢？有什么好处呢？曾在金大教务处工作的戴邦彦说："这对学生的学习和实行工读等起了积极的作用。有些学生因某些原因致使其学习成绩较差，但对他们的不及格课程不作硬性规定，予以留级或降级。不必重读过去已及格的课程。他们只需补修不及格的必修课程，这比年级制有其优越性。""其次，这种学分制对工读学生也较有利，当时本校系一私立大学，经费来源虽有教会资助，但大部分尚有赖征收学生的学杂费以维持其开支。而且收费数额较大，不少学生来自清寒家庭，本人虽有志向学，但由于经济拮据，不得不采取工读办法维持其生活与学习费用。他们有在校外担任家庭教师，有在中学兼课或在机关兼职，有在校内担任部分抄写或打字或做部分临时工作，等等，从计件或计时工作中取得一些报酬。采用学分制，使这类学生可利用其学习余暇以工助学。在这种制度下也便于少数学生因经济困难而休学离校工作，待其经济条件好转，再行复学，继续修读，完成其学业。这类学生在以后复学时皆不受学年限制，只需读完规定的学分就能取得大学毕业证书，列为该年毕业。" 金大的学分制因为有较大的灵活性，在当时是比较适应办学和学习的需要的。学分制也便于校

---

① 《金陵大学普通规则（1925 年秋生效）》，南京大学高教研究所编：《金陵大学史料集》，南京：南京大学出版社，1989 年，第 141 页。

际的学生相互选课。在南京时，金大与金女大学生常互相选课。抗战时金大西迁成都办学，金大又与金女大、华西大学、齐鲁大学、燕京大学五校彼此合作，各校学生皆可互相选课，只须办理选课手续，无须另付费用，所修学分全部予以承认。这种机制使得学生有更多机会选读自己喜爱的课程，扩大知识面。

三、等级记分法

前文在论述学分制时曾提到"2等、3等"，又是什么意思呢？这是金大教务主任兼文理科科长夏伟师从美国教学制度中引进的一种称为"等级记分法"的制度。根据这种记分法，凡是学生上课在两周以上者，将其学程成绩列入等级。各学程成绩分为1、2、3、4、5等，在普通情况下，每等人数均有一定比例，规定1等、5等人数各占5%，2等和4等人数各占20%，3等人数占50%，等级分配表如表2-2。

表2-2　各学程成绩等级分配表

每班人数	等级分配					每班人数	等级分配					每班人数	等级分配					每班人数	等级分配				
	1	2	3	4	5		1	2	3	4	5		1	2	3	4	5		1	2	3	4	5
1	1	1	1	1	1	11	1	2	5	2	1	21	1	4	10	4	2	31	2	6	15	6	2
2	1	1	1	1	1	12	1	2	6	2	1	22	2	4	10	4	2	32	2	6	16	6	2
3	1	1	2	1	1	13	1	2	6	3	1	23	2	4	11	4	2	33	2	6	16	7	2
4	1	1	2	1	1	14	1	3	6	3	1	24	2	4	11	5	2	34	2	7	16	7	2
5	1	1	3	1	1	15	1	3	7	3	1	25	2	5	11	5	2	35	2	7	17	7	2
6	1	2	3	2	1	16	1	3	8	3	1	26	2	5	12	5	2	36	2	7	18	7	2
7	1	2	3	2	1	17	1	3	9	3	1	27	2	5	13	5	2	37	2	7	19	8	2
8	1	2	4	2	1	18	1	3	9	4	1	28	2	5	14	5	2	38	2	7	19	8	2
9	1	2	4	2	1	19	1	4	9	4	1	29	2	5	14	6	2	39	2	8	19	8	2
10	1	2	5	2	1	20	1	4	10	4	1	30	2	6	14	6	2	40	2	8	20	8	2

等级记分法规定考试成绩百分之七十为及格[1]，这样4等和5等就属于不及格，不予学分。不过4等有补考或扣减学分的机会，如果一学期中有半数以上之课程列为4、5等的，即令退学，毫无通融之余地。[2]等级也有标记，用"C""D""F"等记号，"C"表示成绩不良须补考者，"D"表示成绩之一部分尚未完成者，须补足后始能定及格与否，"F"表示不及格须重读的。

该等级记分法明确规定，若教授所定成绩报告与此不符，便宣布无效。实施等级记分法是为了通过这种等级淘汰制，培养出合格人才。这种严厉的等级淘汰制无疑遭到学生们的强烈反对，很多学生因此不来上学，也导致金大的毕业率较低。有校友回忆说："新班一班三四十人，依照此项淘汰制度，存留能完成学业者，数量上既属不多，复以一班同学中，中途志愿或环境有所变更，在所不免，是以每班同学从新班入学始，读完到大学卒业时为止，为数不过数人而已。曾忆笔者原列一九二三年春季班，因有东大暑校学分，蒙准升列一九二二班卒业，就以该班为历年来卒业人数最多的一班而论，合文理农林四科一起，总数尚不到二十人。"[3]学生们还说："这种制度虽能养成同学埋头竞读之风，但对于成绩较次，有志向学，而欲在母校完成学业者，不无遗恨。"言语中对等级记分法仍颇有微词。

对于这种严苛的等级计分法，不仅金大学生不满，很多教授也意见纷纷。著名哲学家刘伯明就反对这种计分法的硬性规定，加上他看不惯有些传教士自以为是的专断作风，于1919年辞去金大教

---

① 《金陵大学普通规则（1925年秋生效）》，南京大学高教研究所编：《金陵大学史料集》，南京：南京大学出版社，1989年，第139页。

② 洪润庠：《回忆清末民初时代的母校》，台北金陵大学校友会编印：《金陵大学创校七十周年纪念特刊》，1958年，第20页。

③ 洪润庠：《回忆清末民初时代的母校》，台北金陵大学校友会编印：《金陵大学创校七十周年纪念特刊》，1958年，第20页。

职，赴同城的南京高等师范学校出任训育主任和国文史地部主任，后又任国立东南大学文理科主任。[1]尽管师生们反对，金大却坚持执行，1942年《金陵大学教务简则》中仍保留着这一等级记分法，但有了灵活性的变动。规定1等至5等，如无英文字母（C、D、F）等字标记于旁的，均为及格成绩。[2]

四、学点制

金陵大学还有一种富有特色的教学管理制度是"学点制"。如果说学分制、主辅修制度、等级记分法管理的是学生的文化课成绩的话，学点制则将管理的广度深入学生的课外生活中。"学点制之设，以鼓励课外活动之有教育价值者，凡欲得1学点至少须有10小时之相当工作，欲得半点须有7小时之工作。"[3]虽说是鼓励有价值的课外活动，实际操作中，学点制具有必修性质。按照规定，"学生除在预科所得之6体育学点以外，每读本科4学分即有1学点之必修……预科学生成绩在三等以上者，除体育学点外得修本科学点，毕业其学点不足必修者，应以学分补之，每缺1学点须补1学分"。按此规定，照毕业至多需要160学分算，金大学生课外活动须必修40学点，即400个小时的课外工作，平均每年100小时。[4]

学生参加课外活动要接受学点制委员会的指导，当缺席达到一定次数便要扣减其学点。当时实行的规定学点扣减办法是：1.星期一至星期五通常不赴朝会者，每学期扣3学点。2.星期六通常不赴朝

---

① 张宪文主编：《金陵大学史》，南京：南京大学出版社，2002年，第474页。

② 《金陵大学教务简则（1942年编）》，南京大学高教研究所编：《金陵大学史料集》，南京：南京大学出版社，1989年，第126页。

③ 《金陵大学普通规则（1925年秋生效）》，南京大学高教研究所编：《金陵大学史料集》，南京：南京大学出版社，1989年，第142页。

④ 张宪文主编：《金陵大学史》，南京：南京大学出版社，2002年，第33页。

会者，每学期扣2学点。3.星期日通常不赴宗教礼拜者，每学期扣2学点。这种规定被作为金陵大学强行推行宗教教育的证据。……但宗教学点并不是必修的，[①]而且学生也可以从其他方面获得学点，出席宗教活动只是其中很小的一个部分。学生可以参加学生会举行的一系列活动，也可以参加各种俱乐部、辩论会、音乐会和运动会。俱乐部或社团只要成员超过十人，聘请一位教员顾问，每周固定聚会就可。当时金大为丰富课外活动，组织各类社团如农业俱乐部、生物学俱乐部、中国文学社团、中国诗歌协会、中国管弦乐队、经济俱乐部、森林协会、合唱团、英语口语俱乐部、哲学俱乐部、政治科学俱乐部、心理学俱乐部、科学协会、比较宗教学研究社团、社会学俱乐部和世界时事俱乐部等。[②]

教学管理是为了实现教育目的，建立正常的教学秩序，增强教学的计划性和科学性。金大实施的学分制、主辅修制度、等级记分法以及学点制这些教学管理制度，既保证了金大教学秩序正常、稳定地开展，也保证了高水准的教学质量。

第三节 金陵大学早期行政治理结构

金陵大学是由在南京的三个差会创办的基督教书院合并而成。从创校过程不难看出，金陵大学由西人所办，基督教化是其根本性质。校内的教学与行政模式采西化，与中国本土的教育体制几乎没有联系。

从金陵大学建校到1927年，包文长期担任金陵大学校长，他是

---

① 张宪文主编：《金陵大学史》，南京：南京大学出版社，2002年，第33页。

② The University of Nanking Bulletin（1924-1925），RG 11, Box 197, Folder 3388, UBCHEA Archives.

校内最高的行政领导。《金陵大学六十周年校庆纪念册》关于包文的传记中这样记载道："联合诸教会而组织托事部于美国，设校董会于南京"，而托事部和校董会成员"举任"包文担任校长，校中一切措置均由包文一手计划实施，遇有师资、经费上的困难，随即派员携带他制定的方案赴美国的托事部，"以募捐、增教授二事为请"。①之后，校内组织（教授）聘请委员会，几年后又聘请中国籍教员，包文都要"请于托事部"。可见，金大的行政管理结构，在校长之上还有一个上级机构"托事部"。

一、托事部与办学差会的关系

"托事部"即Board of Trustees，中文亦有译作"托管会""托事会"或"美国董事会"，设于美国纽约。金陵大学的托事部与金陵大学同时建立，或更准确地说，先有托事部，再由托事部决定合并成立金陵大学及其组织构架。②金陵大学早期历史与在美托事部有根本性的关联。

根据美以美会、基督会、长老会在并校前达成的共识，三个差会于1910年1月份各自派出3位代表共同组织托事部。在每个差会的3位代表中，一名任期1年，另一位任期2年，第三位任期3年，到任者由各所在差会任命继任者，继任者的任期是3年。换言之，每个差会在托事部的成员任期3年，每年都会有1名到任被同差会的代表接替（或续任）。三个差会的代表加入托事部后成为托事（Trustee）。③

① 《包文先生传》，南京大学高教研究所编：《金陵大学史料集》，南京：南京大学出版社，1989年，第14页。
② 蒋宝麟：《金陵大学大学治理结构述论》，南京大学博士后出站报告，2016年。
③ 1909 Proposed Constitution of the University of Nanking, RG 11, Box 188, Folder 3315, UBCHEA Archives, 按此总章程草案于1909年由创校三差会联合批准通过，并于1910年2月起执行，直到1928年修正。

关于并校后的校产（Property），金陵大学的土地、校舍和基本金由原三校合并而成。[1]原三校的校产分别归三个差会所有，并校后各差会与托事部签订协议，将校产转交托事部。[2]三个差会各向金大提供价值40 000美元的校产，每年各向大学拨款，各派遣3位教员并承担其薪水。[3]托事部的职责之一就是持有金大拥有或借来的财产，投资和管理基本金。[4]所以说，金陵大学的校产所有者是金陵大学托事部，托事部对校产有充分的所有权和处置权。托事部曾特别强调，金陵大学校产的整体与所有学系均由托事部自身办理，校园建筑、教师宿舍所有土地的所有权归托事部，所有权不可分割。[5]

1909年制定的"金陵大学总章程草案"规定，托事部的另一项职责是批准或否决在南京的理事会（Board of Managers of the University of Nanking）的成员、提名理事会成员和任命校长、罢免不称职的校长。[6]1925年修正的《金陵大学细则》明确规定托事部对金陵大学的经济和行政负全责。[7]

在并校前，三所基督教书院分别由三差会办理。并校后，金陵大学的办理主体和所有者为托事部。关于合作差会和托事部的关系，托事部有决议：托事部作为一个差会联合机构，同时也是一个

---

[1] 1909 Proposed Constitution of The University of Nanking, RG 11，Box 188, Folder 3315, UBCHEA Archives.

[2] Meeting of 26 June 1911, RG 11, Box 188, Folder 3316, UBCHEA Archives.

[3] Historical Statement, RG 11，Box 188, Folder 3316, UBCHEA Archives；包文：《金陵大学近十年的发达》，《兴华报》第19卷第18期，1922年5月17日，第4页。

[4] 1909 Proposed Constitution of the University of Nanking, RG 11, Box 188, Folder 3315, UBCHEA Archives.

[5] Minutes of the Meeting of the Board of Trustees of the University of Nanking, December 12, 1912, RG 11, Box 188, Folder 3316, UBCHEA Archives.

[6] 1909 Proposed Constitution of the University of Nanking, RG 11, Box 188, Folder 3315, UBCHEA Archives.

[7] By-laws; Minutes of the Executive Committee Meeting of the Board of Trustees of the University of Nanking, February 25, 1925, RG 11, Box 188, Folder 3316, UBCHEA Archives.

独立机构，以促进金陵大学的利益和确保所需设备和经费；同时，每一个差会均将金陵大学视作自身创办的教育机构，承担与并校前一样的责任。[1]这意味着，金陵大学的决策主体和所有者是单一的"托事部"，金大不是"联邦制"学校。但托事部的人员组成以及并校历史又使得金大治理呈现差会共有共治的架构。[2]

1910年3月2日，金陵大学托事部召集非正式会议，法定参加者为三个创校差会（Original Boards）各派出的3名代表，共9名，其中出席者5名。这次会议讨论了组织托事部和并校事宜，因为基督会代表缺席，所以没有形成正式决议。这次会议暂时批准了校长和理事会成员名单，校长由包文担任，设于南京的理事会由12名成员组成，三个差会各派4名代表，批准理事会于1909年12月21日制定的预算。[3]3月25日，托事部召开了第一次正式会议，史密尔被选为会议主席（Chairman）。此次会议认可此前非正式会议作出的所有暂定决议。[4]1911年6月25日，托事部召开第二次会议，会议选举司范伦斯（L. H. Severance）担任托事部主席（President）[5]，并担任会议主席，同时选举了托事部副主席、秘书和司库（Treasurer）。[6]

金陵大学成立后，随着办学规模的扩大，金大对师资、设备和经费的需求亦不断增加。同时，金大的办学成绩也吸引了更多在华东、南京地区的差会希望加入其办理的教育工作。这样，金陵大学由三个差会合组托事部的格局有所改变。

1910年，七个差会在南京合办中国东方医科大学，1912年，该

---

① Meeting of 11 November 1911, RG 11, Box 188, Folder 3316, UBCHEA Archives.

② 蒋宝麟：《金陵大学大学治理结构述论》，南京大学博士后出站报告，2016 年。

③ Informal Conference of 2 March 1910, RG 11, Box 188, Folder 3316, UBCHEA Archives.

④ Meeting of 25 March 1910, RG 11, Box 188, Folder 3316, UBCHEA Archives.

⑤ Minutes of the Meeting of the Board of Trustees of the University of Nanking, December 22, 1913, RG 11, Box 188, Folder 3316, UBCHEA Archives.

⑥ Meeting of 26 June 1911, RG 11, Box 188, Folder 3316, UBCHEA Archives.

校附属于（be affiliated with）金陵大学。1913年11月15日，中华基督教医学理事会决定取消"东方医科大学"名义，改组董事部，将其交由金陵大学托事部管理。1914年1月，金陵大学医科（Medical School）成立，正式作为金陵大学的一个学系（Department）。①

金大医科的创办与发展得到南浸信会、南长老会、监理会和北浸礼会的合作。1912年12月12日，金大托事部决定，以上四个差会各派1名代表加入托事部。②相较创校差会与金陵大学之间的"完全合作"（Full Co-operation）关系，后加入的四个差会与金陵大学是"部分合作"（Partial Co-operation）。当然，托事部欢迎其他差会与创校差会一样与金陵大学进行"完全合作"。③1917年金大医科停办，南浸信会、南长老会和监理会随之退出合作。此后金大的合作差会一直为美以美会、基督会、长老会和北浸礼会四家，各合作差会比较稳定，之间的协作也较顺畅，没有出现重大的隔阂或矛盾。从学校治理角度看，这是金大之后健康、稳步发展的重要原因。

"完全合作"差会和"部分合作"差会与金陵大学的合作基础，是以提供的办学支持条件不同而定的。根据1925年修正通过的《金陵大学细则》（By-laws），规定"完全合作"的基础是：（1）提供不少于45 000美元的财产或基本金；（2）提供5名教会教师；（3）每年向大学拨款不少于3 300美元。"部分合作"有两种形式：一种是在理事会中拥有1名代表，并在托事部中拥有1名代表的差会，须提供不少于10 000美元的财产或基本金，2名教会教师，以及每年拨款至少1 000美元；另一种是在理事会中拥有1

---

① Historical Sketch，私立金陵大学档案，中国第二历史档案馆藏，全宗号649，案卷号2296；张宪文主编：《金陵大学史》，南京：南京大学出版社，2002年，第20—21页。

② Minutes of the Meeting of the Board of Trustees of the University of Nanking, December 12, 1912, Box 188, Folder 3316, UBCHEA Archives.

③ Minutes of the Meeting of the Board of Trustees of the University of Nanking, December 12, 1912, Box 188, Folder 3316, UBCHEA Archives.

名代表，并在托事部中拥有1名代表的差会，须提供不少于20 000美元的财产或基本金，3名教会教师，以及每年拨款至少2 000美元。[1]"完全合作"差会原本每年拨款2 400美元，之后增至3 000美元，到1922年增至4 000美元。1920年后，"完全合作"差会提供的5名教师中，有一人专门分配给农林科。[2]从托事部历次会议记录和金陵大学历年经费收入情况，金大各个合作差会，对大学所承担的责任每年可能会有细微变动，有时某些合作差会并不完全履约。例如1927年"南京事件"后的一年多时间内，仅有北浸礼会和长老会能按时全额提供经费。[3]

最稳定的"部分合作"差会是北浸礼会，该会于1911年起加入金陵大学的事业，与金陵大学合办师范学校（School of Normal Training）、医科（University Medical School）和华言科（Language School）。从1914年开始，该会参加大学整体的工作。1920年合作办理农林科。[4]北浸礼会与金大合作，双方协议的主要内容是：（1）北浸礼会将提供35 000美元用于建筑设施和设备，或另加10 000美元用于科学楼；（2）北浸礼会每年向金陵大学拨款1 800美元，现在，其中300美元用于医学系的建设，另外1 500美元用于1914—1915学年常规经费；（3）北浸礼会向大学提供3位教员；（4）北浸礼会将在南京的理事会任命3位成员，这些成员由华东基督教会议提名任

---

[1] By-laws; Minutes of the Executive Committee Meeting of the Board of Trustees of the University of Nanking, February 25, 1925, Box 188, Folder 3316, UBCHEA Archives.

[2] Agreement between the Board of Directors and the Board of Founders，私立金陵大学档案，中国第二历史档案馆藏，全宗号 649，案卷号 2295.

[3] Y. G. Chen to B. A. Garside, January 1, 1929, Box 209, Folder 3555, UBCHEA Archives.

[4] Agreement between the Board of Directors and the Board of Founders，私立金陵大学档案，中国第二历史档案馆藏，全宗号 649，案卷号 2295；Historical Statement, Box 188, Folder 3316, UBCHEA Archives.

命；（5）北浸礼会将在美国的托事部任命2位成员。[1]

由上可见，依据在金陵大学所负经济和师资责任的多寡，各差会在托事部内拥有成员名额不一，当然这也决定了各差会在金陵大学"共有共治"体系中的责权比重。

托事部主要通过全体会议进行决策。在最初几年，托事部召开会议并不定期，每年开会次数也并不固定，多则如1912年召开8次，少则如1917年仅开会1次。1922年底托事部修正《金陵大学细则》，明确规定托事部一年召集两次会议，分别定于4或5月与12月。[2]此后，托事部会议基本一年召开两次。托事部的行政人员有主席、副主席、秘书和司库。托事部下设若干常设委员会处理相关事宜，重要的是执行委员会（Executive Committee）和经济委员会（Finance Committee）。

二、理事会与"本地治理"

在金陵大学的治理结构中，除了有在美国设置的托事部，在中国还设有一个本地治理机构——理事会（Board of Managers）[3]。因美国毕竟与中国相隔万里，托事部决策的实效性可能减弱，这样就有必要在办学地点设置一个机构，以弥补空间上的缺憾。

金陵大学理事会在金大正式创校前已成立并运作。1909年12月21日，金陵大学理事会第一次常规会议召开，会议指定校长包文为

---

[1] Minutes of the Executive Committee Meeting of the Board of Trustees of the University of Nanking, March 24, 1914, Box 188, Folder 3316, UBCHEA Archives.

[2] Minutes of the Annual Meeting of the Board of Trustees of the University of Nanking, December 9, 1922, Box 188, Folder 3316, UBCHEA Archives.

[3] 亦译作"校董会"，为区别1927年后的校董会（Board of Directors），这里称"理事会"。

理事会当然主席。①根据并校前的学校制度设计，金大的理事会和托事部同时设置。对托事部而言，理事会是其在南京的执行机构；而对金陵大学而言，理事会又是其决策机构。

在最初的制度设计中，理事会的责任是向托事部负责保持收支平衡和分配来自任何渠道的经费；其义务是负责管理来自托事部的经费，创建学系和批准新课程，任命除校长外所有校内行政人员和教师，决定非差会提供教员的薪金标准等一系列学校的行政事务。②不过，在具体执行过程中，此中有一些变化，特别是涉及理事会与托事部的权责关系问题。

首先是经济责任。由于理事会在南京，对金陵大学的经济状况和收支情况更为熟悉。所以，在创校后不久，托事部明确规定：理事会可以拟定金大每年的预算，托事部有权赞成、修改和批准各年度预算，没有托事部的批准，大学不能签订任何经济性质的契约；如遇紧急情况，经费突发短缺，托事部须承担弥补经费之责，理事会应与托事部齐心协力增加经费。理事会应尽全力吸引中国人为金陵大学提供地产、设备和经费。③1925年修正的《金陵大学细则》规定，理事会对所有渠道来源的经费支出情况对托事部负责，代表托事部对所有在华经费和校产的取得、管理和执行负责，每年向托事部递交预算草案以获批准。④这就意味着理事会在金大的预算拟定和执行上拥有更大的权力，而且还担负着在中国筹募经费的职责（托

---

① The Minutes of the First Regular Meeting of the Board of Managers of the University of Nanking, Box 191, Folder 3331, UBCHEA Archives.

② 1909 Proposed Constitution of The University of Nanking, Box 188, Folder 3315, UBCHEA Archives.

③ Minutes of the Meeting of the Board of Trustees of the University of Nanking, January 27, 1912, Box 188, Folder 3316, UBCHEA Archives.

④ By-laws; Minutes of the Executive Committee Meeting of the Board of Trustees of the University of Nanking, February 25, 1925, Box 188, Folder 3316, UBCHEA Archives.

事部主要负责在美国筹款）。

学校的年度常规性支出由理事会执行，但特别性支出，如建筑费，须得到托事部批准。例如，在1915年3月30日的托事部会议上，关于金陵大学建造科学楼、学生宿舍和礼拜堂，理事会请示托事部并求款，托事部批准授权理事会建造，并落实宿舍、教堂和之前的行政楼建造经费。同时，理事会要求将预科的露天体育场的建筑经费增加3 000美元，托事部决定向理事会索取金陵大学当前所需的详尽清单，包括新建建筑、设备和教职员，以便托事部可以对金大当前各种所需作出明智的决议。①

关于在金陵大学设置新的学系和课程，理事会也有相当大的主动权。金大是近代中国农学教育和科学研究的重镇，享有盛名。1912年时，理事会向托事部提出创办农科，托事部对此意图表示衷心理解，并要求副校长文怀恩联系美国的农业大学或大学农学院。②金大理事会之所以提议创办农学教育，与当时中国的农业发展状况密切相关，体现了为中国社会服务的宗旨。金大农林科缘起于1911年裴义理（Joseph Bailie）的赈灾活动，他认为金大需要培养中国国内的专业农学人才。之后，他得到中国政商名人的资助，在南京和安徽等地创办义农会，此后金大创办农科。1916年托事部曾动议取消农林科而专办文科，理事张伯苓委托其弟张彭春出席理事会，张彭春明确表示反对此议，称中国以农立国，农林科最为重要，不可取消。③除了农林科，为了培训来华传教士的中文能力，理事会向托

---

① The Semi-Annual Meeting of the Board of Trustees of the University of Nanking, March 30, 1915, Box 188, Folder 3316, UBCHEA Archives.

② Minutes of the Regular Meeting of the Board of Trustees of the University of Nanking, April 9, 1912, Box 188, Folder 3316, UBCHEA Archives.

③ 《农林科创办之经过》，《南大百年实录》编辑组编：《南大百年实录（中卷）：金陵大学史料选》，南京：南京大学出版社，2002年，第23页。

事部提出办理华言科，托事部对此表示赞同。[①]

当然，金陵大学并非所有院系均由理事会提议创办，前述医科就是在华基督新教整体医学事业的一部分，其合并、发展和废止，均体现各相关差会的意志，并非一校之理事会甚至是托事部可以决定的。

与托事部的成员结构相似，起初理事会成员来自各合作差会。创校伊始，理事会成员由各创校差会派出，每个差会各拥有4个名额，共12名理事。与托事部内各差会代表任期和轮替规则相似，在理事会中，每个差会的4位代表中，一位任期1年，另一位2年，第三位3年，第四位4年，到任者由派出差会任命继任者，继任者的任期是4年。换言之，每个差会在托事部的成员任期4年，每年都会有1名到任者被同差会的代表接替（或续任）。理事会考虑将如再有"完全合作"差会加入，可向理事会派出4名代表；如有"部分合作"差会加入，根据提供财产和基金、教师和年拨款之多寡，可向理事会派出1至3名代表。在理事会中，校长为当然理事，并任理事会主席，无须经过选举。[②]不过，这种人员构成架构没有维持多长时间。

建校后不久，校长与理事会就考虑理事会加入中国籍成员，并得到托事部的赞成。[③]新加入的中国籍理事分三类。一类是各合作差会所派中国籍代表。1914年1月，理事会第六次例会公布基督

---

① Minutes of the Regular Meeting of the Board of Trustees of the University of Nanking, April 9, 1912, Box 188, Folder 3316, UBCHEA Archives.

② 1909 Proposed Constitution of The University of Nanking, Box 188, Folder 3315, UBCHEA Archives.

③ Report of the President to the Board of Managers of the University of Nanking for the Year 1912, Box 195, Folder 3367, UBCHEA Archives; Minutes of the Meeting of the Board of Trustees of the University of Nanking, July 18, 1913, Box 188, Folder 3316, UBCHEA Archives.

会派出代表李厚甫为新任理事。[1]第二位差会中国籍代表理事是郭秉文，1917年1月12日召开的理事会第十二次例会，郭秉文的身份是长老会的代表。[2]第二类是金大同学会即本校毕业生的代表。在1915年6月召开的理事会第十次例会上，同学会代表黄荣良加入理事会。[3]第三类是理事会自行选任的中国籍人士作为理事。1914年1月21日，理事会召开第六次例会，向托事部提议修改总章程中涉及理事会成员构成之条款，即理事会可至少选举5位杰出的中国人担任理事。对此，托事部执行委员会要求理事会进一步提供详细方案，想要了解理事会选出的几位中国籍成员是否归入每个合作差会的特定名额。[4]1915年3月，托事部召开会议，正式批准理事会自行选任的3位中国籍理事：张伯苓、黄荣良和王正廷。此时，理事会人员的构成是：长老会4人、基督会4人、美以美会4人、北浸礼会3人、南浸信会2人、监理会1人、南长老会2人，以及理事会自行选任的3名中国籍成员。[5]

郭秉文，长老会信徒，于1914年毕业于美国哥伦比亚大学，1915年至1925年先后任南京高等师范学校教务长、校长、国立东南

---

[1] Minutes of Sixth Regular Meeting of the Board of Managers of the University of Nanking, January 21st－22nd, 1914, Box 191, Folder 3331, UBCHEA Archives.

[2] The Eleventh Meeting of the Board of Managers of the University of Nanking, October 2, 1915; Mission Representatives, Board of Managers, University of Nanking, January, 1917, Box 191, Folder 3332, UBCHEA Archives.

[3] The Tenth Meeting of the Board of Managers of the University of Nanking, June 24, 1915, Box 191. Folder 3332, UBCHEA Archives.

[4] Minutes of Sixth Regular Meeting of the Board of Managers of the University of Nanking, January 21st－22nd, 1914, Box 191, Folder 3331, UBCHEA Archives; Minutes of the Executive Committee Meeting of the Board of Trustees of the University of Nanking, March 24, 1914, Box 188, Folder 3316, UBCHEA Archives.

[5] The Semi－Annual Meeting of the Board of Trustees of the University of Nanking, March 30, 1915, Box 188, Folder 3316, UBCHEA Archives.

大学校长，是民国初年教育界举足轻重的人物。①张伯苓是南开大学的创始人和校长，在当时的教育界大名鼎鼎。与张伯苓一样，王正廷也是基督教徒，曾担任基督教青年会全国协会总干事，又是民国政界和外交界的要人，此时正在南方从事反袁活动。黄荣良，基督徒，毕业于南京汇文书院，并担任过该校教务长，是金大校友，后留学美国，之后在北京政府外交部任职。②金陵大学理事会同举王正廷和黄荣良，显示政治上不分南北之意。之后，又有韩安、陶行知、程湘帆与许沅等政、学界人士成为金大理事。③

金大在成立后不久，理事会有中国籍成员的加入，体现"中国化"努力之初步。这些中国籍理事有助于金陵大学校方加强与中国方面（包括政府、社会团体、教育机构、地方教会等）的沟通联系。例如，为使金大农科各学系取得土地，包文曾请郭秉文、王正廷、张伯苓、黄荣良等六位理事组成专门委员会，代表金大向中国政府请求土地补助。④

金大理事会人员构成的基本趋势是中国籍成员比重逐渐增加。1918年，托事部决议修改《金陵大学细则》中理事会的成员组成条款，规定理事会可自行选任5名中国人和5名外国人作为理事会成员，其中金大同学会选出5名中国籍成员中2名。⑤此后，中国籍理事名额继续增加。1925年3月16日举行的理事会会议决议，理事会向托

---

① 贝德士辑：《中国基督徒名录》，章开沅、马敏主编：《社会转型与教会大学》，武汉：湖北教育出版社，1998年，第383页；许小青：《郭秉文与民国教育界》，《教育学报》2014年第5期。

② 贝德士辑：《中国基督徒名录》，章开沅、马敏主编：《社会转型与教会大学》，武汉：湖北教育出版社，第414页。

③ 包文：《金陵大学之情况》，《教育季刊》第1卷第4期，1925年12月。

④ Minutes of Meeting of the Executive Committee of the Board of Managers, March 18th, 1916, Box 191, Folder 3332, UBCHEA Archives.

⑤ Minutes of the Meeting of the Board of Trustees of the University of Nanking, December 6, 1918, Box 188, Folder 3316, UBCHEA Archives.

事部提出同学会有权选任4位理事会成员；理事会可通过其执行与经济委员会直接或间接选任5位成员，作为由各合作差会和同学会选任理事会成员的补充。①同年6月，此案获托事部会议批准，并在总章程中修改相关条款。②而各差会向金大理事会派出的代表也不再是清一色的西人，逐渐有了中国人的身影。理事会曾向托事部提议，各合作差会各派出一名以上能讲英文的中国人作为理事会成员。③

金陵大学理事会屡次增加中国籍成员。据校长包文言，在理事会中，中国籍理事将逐年增加，直至"中西各半"。④这一方面显示金陵大学"中国化"的努力，另一方面，也与20世纪20年代中国民族主义情绪高涨和"非基督教运动"密切相关。

在通常情况下，理事会每年召开一次例行会议。理事会下设若干常设委员会，最重要的机构是执行委员会，负责在理事会会议前拟定议案，是理事会的代表，在紧急情况时可代表理事会作出决议。从1924年起，执行委员会和经济委员会合并，称"执行与经济委员会"（Executive-Finance Committee）。⑤会议记录显示，理事会的执行委员会（执行与经济委员会）不仅处理理事会的日常性事务，而且议定学校的行政、教务及经济诸问题，像教员加薪之类的事务亦在该委员会讨论之列，其职能颇似"校务委员会"。校长不仅是理事会的当然成员和主席，也是执行与经济委员会的主席，可

---

① Twenty-fist Meeting of the Board of Managers of the University of Nanking, 16 March 1925, Box 192, Folder 3338, UBCHEA Archives.

② Minutes of the Semi-annual Meeting of the Board of Trustees of the University of Nanking, June 10, 1925, Box 188, Folder 3316, UBCHEA Archives.

③ Twenty-fist Meeting of the Board of Managers of the University of Nanking, 16 March 1925, Box 192, Folder 3338, UBCHEA Archives.

④ 包文：《金陵大学之情况》，《教育季刊》第1卷第4期，1925年12月。

⑤ Twentieth Meeting of the Board of Managers of the University of Nanking, Nanking, March 18&19, 1924, Box 192, Folder 3337, UBCHEA Archives.

见其地位和权重。

从制度上看，金陵大学理事会的人员构成严谨，权责明晰，议事决策颇有法度。但在具体实施过程中亦有诸多弊端。1922年11月金大理事会经济委员会主席的报告称，理事会存在很多问题，当前学校的不佳状况部分归结于理事会没有能够充分负起责任：第一，理事会太大，在理事会的构成人员中，各合作差会有相应名额的成员来代表本差会的利益，同时理事会要顾及外国和中国人的代表权，这就造成理事会中人数太多，各位理事很难经常开会来处理大学的事务；第二，理事会开会花费的时间太少，仅有一年一次的年会；第三，理事会并未切实履行职责，校外理事很难在理事会中起到作用，理事会应更多代表教师的利益而非捐助者的利益。[1]此外，理事会虽然增加中国籍成员的固定名额，但主要权力仍牢牢掌握在西人之手。前文已述，理事会选任张伯苓、黄荣良和王正廷3位中国籍人士加入，但他们都不能保证时间参加会议（三人均不居住在南京）。[2]检视1926年前理事会执行与经济委员会的会议记录，执行委员会人数一般在10名，中国籍委员仅占1至2名；执行与经济委员会的人数减少为5到7名，仅有程湘帆一位中国人于1925年出任委员。这些均反映当时金大理事会在实际运作过程中的一些缺憾。

托事部和理事会，共同构成金陵大学早期行政治理结构的"顶端"。托事部授权理事会处理校务，但选聘校长及教授必须得到托事部的最后同意。[3]在托事部和理事会之下，校长包文是具体校务的最高执行者，同时是理事会的主席，掌握了在本地的最高治理权。

---

① Report of the Chairman of the Finance Committee of the Board of Managers of the University of Nanking, November 11, 1922, Box 192, Folder 3335, UBCHEA Archives.

② Twenty-fist Meeting of the Board of Managers of the University of Nanking, 16 March 1925, Box 192, Folder 3338, UBCHEA Archives.

③ 刘廷芳：《教会大学办学之困难》，《教育季刊》第15卷第3期，1939年9月，第18页。

副校长文怀恩，主要的职责是沟通南京学校与美国托事部及各合作差会的关系，并负责在美国为学校募款。文怀恩长期以"休假"的名义在美国，最长的一次是连续三年在美国休假后才返回南京。[①]而大学和各院系的绝大部分行政权力均掌握在西籍教师之手，可以说是"西教士独掌校权"[②]。因此，金陵大学初期的治理结构呈现教会、外国人完全支配下的"内外双重"特征。但之后在20世纪20年代中国民族主义运动的挑战下，金大的治理结构发生重大变化，南京的校董会权责越来越重，本地教会和校友力量上升，这也是教会大学的本土化倾向在行政治理结构方面的体现。

第四节　金大早期经费来源与运作

近代中国有三类不同性质的大学：公立大学（含国立和省立）、国人自设的私立大学与教会大学，它们的经费来源渠道各不相同。教会大学的经费主要来源于合作差会、国内外的捐款、学生学费及杂费与政府补助。金陵大学作为教会大学，其经费来源也主要是以上四个方面，但以1928年向南京国民政府立案为分界线，早期和后期的经费来源比重并不一样，这也直接影响到金陵大学的办学。

一、合作差会拨款

金陵大学由美国的美以美会、基督会和长老会合作创办，三

---

① Twenty-fist Meeting of the Board of Managers of the University of Nanking, March 16, 1925, Box 192, Folder 3338, UBCHEA Archives.
② 吴哲夫：《教会学校移交行政职权之问题》，于华龙译，《中华基督教教育季刊》第4卷第2期，1928年6月，第44页。

个差会在美国合组托事部，作为学校的最高决策层。从金大创校到1927年年底完成改组，金陵大学的财务由托事部负全责。托事部的职责之一就是持有金大拥有或借来的财产，投资和管理基本金。[①]所以说，金陵大学的校产所有者是金陵大学托事部，而非三个差会共有。托事部对校产有充分的所有权和处置权。托事部负责统一收集各项国外拨款，包括基本金利息、各差会拨款、差会教师薪水及其他国外机构提供的基金和捐款，按照金大的预算划拨给南京。

此外，托事部负责制定学校的年度预算。在最初的制度设计中，在南京的理事会的责任是向托事部负责保持收支平衡和分配来自任何渠道的经费，其义务是负责管理来自托事部的经费。[②]不过，在具体的实施过程中，托事部和理事会的经济责任关系有所调整。

托事部设有司库一名，负责保管学校所拥有的基金和证券。[③]理事会设司库一名，同时担任学校的司库，在托事部的领导下负责经费的收支，负责金大所有的本地收入（包括学费、学生缴纳的其他费用、农场和工场产品的收入等），负责建立各种收入的分类账目，保证专款专用。[④]第一任理事会及学校的司库是米尔沃德（W. Millward）[⑤]，1914年起斯特华德（H. B. Steward）、罗斯（G. M. Rosse）、毕曼（Beaman）、伍恩（Lewis H. Owen）先后任该职。金大改组之后，毕律斯（Elsie M. Priest）从1927年年底开始长期担任

---

① 1909 Proposed Constitution of the University of Nanking, Box 188, Folder 3315, UBCHEA Archives.

② 1909 Proposed Constitution of The University of Nanking, Box 188, Folder 3315, UBCHEA Archives.

③ 《金陵大学"托管会"（创建人会）细则》，《南大百年实录》编辑组编：《南大百年实录（中卷）：金陵大学史料选》，南京：南京大学出版社，2002年，第126页。

④ University of Nanking, General Regulations，私立金陵大学档案，中国第二历史档案馆藏，全宗号649，案卷号2296.

⑤ Minutes of the Eighth Meeting of the Executive Committee of the Board of Managers of the University of Nanking, October 25, 1910, Box 191, Folder 3331, UBCHEA Archives.

校董会司库。①毕律斯同时担任学校的会计主任，她是一位女传教士，兼任校长陈裕光的英文秘书，直到中华人民共和国成立之初离开南京。金大的财务管理系统不向校长负责，而是向美国的托事部以及理事会负责，财务行政主管人事稳定。用陈裕光的话讲，金大的经济命脉掌握在美国教会手里。②

在办学初期，美以美会、基督会和长老会三个创校差会各向金陵大学提供价值40 000美元的财产或基本金，提供3位教师的薪水，每年拨款2 400美元。此后，提供教师的人数增至4人，每年拨款增至3 000美元。到1920年，各差会提供教师人数增至5人，其中有一人专门分配给农林科。到1922年，年拨款增至4 000美元。③随着办学规模的扩大，金陵大学的师资、设备和经费需求不断增加。同时，金大的办学成绩也吸引更多在华东、南京地区的差会将其办理的教育事业加入其中。南浸信会、南长老会、监理会和北浸礼会先后加入金陵大学，为学校提供基本金、年拨款和教师薪水。④

由上可知差会与金陵大学的经济关系。具体而言，金陵大学来自合作差会的经费主要有三方面：一、差会拨款，即各差会每年向金大提供的固定经费；二、差会薪水，即各合作差会向金大派出教职员每年由本差会提供的薪水；三、基本金利息，即各合作差会向金大提供其基本金（包括动产与不动产）每年产生的利息或收益。（详见表2-3）

---

① First Meeting of the Board of Directors of the University of Nanking, November 29, 1927, Box 192, Folder3343, UBCHEA Archives.

② 陈裕光：《回忆金陵大学》，金陵大学南京校友会编：《金陵大学建校一百周年纪念册》，南京：南京大学出版社，1988年，第12页。

③ Agreement between the Board of Directors and the Board of Founders，私立金陵大学档案，中国第二历史档案馆藏，全宗号649，案卷号2295.

④ 南浸信会、南长老会和监理会仅参与金陵大学医科的办学合作，1917年医科停办后，这三个差会与金陵大学不再有合作关系。

表2-3　金陵大学历年收入中的差会拨款及基本金利息①

单位：墨洋（Mex.）

年度	基本金利息	差会拨款	差会薪水	差会总拨款	差会总拨款占总收入百分比 %	总收入
1912	0	–（不详）	–	17863.78	42.81	41729.39
1913	0	22519.68	3732.32	26252.00	38.54	68109.79
1914	0	–	–	15166.64	10.26	147856.98
1915	0	–	–	55083.55	28.51	193199.87
1916	0	–	–	72508.07	30.81	235349.74
1917	0	–	–	62765.29	15.62	401830.34
1918	0	–	–	35410.25	10.15	348791.55
1919	0	–	–	85078.18	22.87	371954.84
1920	11243.77	65767.69		77011.46	13.94	552311.34
1921	56729.34	54690.25		111419.59	22.66	491797.62
1922/1—6	12673.23	7236.00	24950.00	44859.23	23.97	187171.07
1923/1—6	10375.00	12000.00	29095.00	51470.00	27.46	187411.25
1923—1924	18099.68	27000.00	61826.90	106926.58	34.91	306308.12
1924—1925	19030.88	27000.00	64719.80	110750.68	36.29	305209.96
1925—1926	21364.52	27000.00	64621.09	112985.61	30.44	371213.76
1927—1928	19000.00	9000.00	40040.00	68040.00	27.63	246293.00

资料来源：金陵大学历年财务报告及决算表，Microfilm, Reel 90. Box 230. Folder 3886-3891, UBCHEA Archives；1922年上半年数据见金大档649—2389；1923年上半年数据见金大档649—2383。"差会总拨款"项数额为"基本金利息"和"差会拨款""差会薪水"两项数额相加之和。

　　差会拨款、差会薪水和基本金利息是金陵大学最具稳定性的三个经费来源，特别在办学初期，此三项是金大主要的收入。由于办学规模扩大和声誉日隆，金大的经费渠道日益拓宽，来自美国方面的赈余基金、霍尔基金等捐赠，中国方面教育部对私立大学补助、各地方政府的合作研究项目及个人、同学会和企业的捐助等名目日

---

① 蒋宝麟：《金陵大学的经费来源与运作研究（1910—1949）》，《中国经济史研究》2018年第4期。

渐增加，这使得金大的预算总额增加，这也是后期金大差会拨款比例下降的原因。

差会为金大提供的基本金由美国的托事部及之后的创始人委员会、中国基督教大学联合董事会金陵大学委员会保管，基本金利息由托事部按期汇拨金大会计主任发放。[1]在时局较为平稳、经济相对景气的美国产生收益，是金大经费得以保障的压舱石。从表2-3可知，金大的基本金收益在总收入中所占比例并不是很高，但收益数额比较稳定。1921年北京政府视察金大，金大该年总费"其中出于各教会捐助约40%，出于私人及团体捐助者约8%，出于基本金者6%，出于学费者约40%，出于农场者约6%"。报告认为，该校经费出于基本金者（基本金利息）不高，但"各教会团体之捐助及学费、农场收入尚属可靠"。[2]这笔可靠的教会捐助准确地说是各差会对金大的拨款及提供的教师薪水，体现各合作差会与金大的直接经济纽带关系。

二、学杂费及政府补助

除了差会拨款和基本金利息，金陵大学的另一笔大宗经费来源是学生的学杂费收入（详见表2-4）。对照表2-3数据，可以发现，学生学杂费收入在办学初期是金大最大的一笔收入，和差会拨款共同支撑经费基本盘。影响学杂费收入的重要因素是招生规模，如表2-4显示，金大在20世纪20年代，学生学杂费收入远超前10年。这是因为20世纪20年代是金大快速发展时期，在学科建设、人才培养方面取得很大成绩，办学水准社会有目共睹，故报考学生日渐增多。

---

[1]　教育部编著：《中国第一次教育年鉴》丙编，上海：开明书店，1934年，第101页。
[2]　《教育部视察金陵大学报告》，《南大百年实录》编辑组编：《南大百年实录（中卷）：金陵大学史料选》，南京：南京大学出版社，2002年，第26页。

1923—1924年度学生学杂费收入占到了学校总收入的一半以上。但时局也会影响招生规模，1927—1928年学生学杂费收入之所以突降到17%，是由于这期间中国政局动荡，特别是"南京事件"的发生，使处于风暴中心的金陵大学备受影响，很多学生不敢报考金大，老生有不少也不敢返回学校。

表2-4 金陵大学历年收入中的学生学杂费收入[①]

单位：墨洋（Mex.）

年度	学生学杂费	学杂费占总收入百分比 %	总收入
1912	8945.18	21.44	41729.39
1913	14818.85	21.78	68109.79
1914	18832.96	12.74	147856.98
1915	22028.90	11.40	193199.87
1916	38727.41	16.46	235349.74
1917	57882.03	14.40	401830.34
1918	42596.54	12.21	348791.55
1919	71797.33	19.30	371954.84
1920	86523.79	15.67	552311.34
1921	126741.14	25.77	491797.62
1922/1—6	52288.60	27.94	187171.07
1923/1—6	43920.00	23.44	187411.25
1923—1924	174166.60	56.84	306308.12
1924—1925	143280.15	46.94	305209.96
1925—1926	145895.23	39.30	371213.76
1927—1928	43516.00	17.67	246293.00

说明：资料来源及数据说明同表2-3。

除了差会拨款和学生学杂费，作为教会大学和私立大学，金陵大学的经费来源中还有来自中外个人和团体的捐助。而这类收入大部分有指向性，即资助大学内部的某一学院、学系、研究机构或

[①] 蒋宝麟：《金陵大学治理结构研究》，南京大学博士后研究工作报告，2016 年。

开展特定的科学研究计划，这对学校的发展取向产生了较为深刻的影响。

在金大的三个学院中，农学院（农林科）是受外界资助最多、范围最广的学院。在建立之初，农林科的经费无着落，之后教会认识到高等农业教育在中国的重要性，到1919年农林科才进入整个大学的预算中。[①]1919年9月，美国驻南京领事偕包文校长谒见江苏省督军李纯，请求补助建设改良种棉试验场费用，李氏即答应捐助1万元，山西省督军阎锡山也捐了1万元。[②]1923年，美国对华赈款委员会（American Committee for China Famine Fund，亦译"中国救灾基金美国委员会"），将对华赈济余款中的约67.5万美元（一说"约70万美元"）作为基金（中国救灾基金，The China Famine Relief Fund）资助金陵大学农林科，用产生的利息作为调查研究灾荒的原因、救济以及在中国发展农林教育之用。这笔经费，连同美国对华赈款委员会资助燕京大学的经费，由美国特设的托管会保管，产生的利息供两校农学院专用。[③]金大在向国民政府立案后，农学院接受中外机构的捐款、补助和合作研究经费的名目更多了。如美国康奈尔大学农学院作物育种系辅助进行作物改良、美丝业公会捐建金大第一蚕业院，国内北平华洋义赈救灾总会委托代办信用合作社、上海合众蚕桑改良会合作改良蚕业等[④]，以上大部分合作涉及经费捐

---

① 《教育部视察金陵大学报告》，《南大百年实录》编辑组编：《南大百年实录（中卷）：金陵大学史料选》，南京：南京大学出版社，2002年，第26页。

② 《南京快信》，《申报》第7版，1919年9月17日。

③ 《中国救灾基金美国委员会致美国总统及捐款人的最终报告（1923年8月1日于纽约）》，中国人民银行金融研究所编：《美国花旗银行在华史料》，北京：中国金融出版社，1990年，第567—568页；过探先：《金陵大学农林科之发展及其贡献（摘要）》，《南大百年实录》编辑组编：《南大百年实录（中卷）：金陵大学史料选》，南京：南京大学出版社，2002年，第263页。

④ 《农学院概况》，《南大百年实录》编辑组编：《南大百年实录（中卷）：金陵大学史料选》，南京：南京大学出版社，2002年，第259—260页。

助。从中国农林教育和研究来看，这些合作的内容具有很强的实用性和针对性。各方的捐助既保障了农学院从事教学、科研和推广工作的经费，也对其定位和发展规定了方向。

在近代中国，政府的补助是私立大学经费的重要来源之一。大体而言，这种补助分为三大类：一是政府对私立大学的常规性补助（年度经常费），特别是中央教育行政机构在中央教育经费预算中的私立大学补助经费，也包括地方政府的补助经费；二是政府对私立大学的临时性补助（临时费），多为纾困解危；三是政府通过与私立大学联合办学（指开办某一专业、培训班或特别课程）、委托研究，给予经费。政府的经费补助并非划一，不同的私立大学在不同的时期所受补助的力度和范围不同。

晚清教会学校自在中国创办之始，很长一段时间内与政府没有经济往来。不过，随着教会学校"中国化"的推进，以及其在中国拓展经费来源渠道，进入民国后，教会学校是否应该接受中国政府资助之议便起。20世纪20年代初，巴敦调查团（China Educational Commission）来华调查基督教教育事业，得出的结论是，教会学校受政府资助必须忠诚服务，但政府不能对该校的教学自由加以限制。[①]

作为教会大学，金陵大学在北洋政府时期，几乎与中国的教育体制隔离，但并不代表其不接受官方的资助。当时，金大与北京政府和地方政府有零星的合作而获补助。农林科成立后，正好北京政府农商部设立的林业学校解散，该校的学生转入金大农林科学习，农商部补助经费3 000元；山东、安徽、云南和江西四省政府送官费

---

① 中国基督教教育调查会：《中国基督教教育事业》，上海：商务印书馆，1922年，第44页。

生到农林科学习，1920年秋山西省派遣19名学生到农林科学习。[①]当时，中央教育行政机构并无对未立案的外人办学机构进行制度性的经费补助。政府补助逐渐增加是在金陵大学向中国教育部"立案"，以私立大学身份正式成为中国教育系统一员后开始的。

　　金大早期办学经费主要来源为差会拨款和学生学杂费收入。1928年"立案"后中国政府和团体企业对其捐助越来越多，来自中国的经费渐超美国，政府补助的增加也势必会影响到金大的办学方向，使其朝"中国化"和"世俗化"方向不断迈进。金大经费来源的"中国化"对其基督教性质也是一个重大的挑战，会带来办学定位的再思考，这也是中国教会大学都会面对的新情况。

---

① 私立金陵大学农学院院长室编：《私立金陵大学农学院概况》第 2 号，南京：南京金陵印刷公司，1934 年，第 26—27 页。

第三章　金陵大学早期校长及其办学理念

　　1888年汇文书院创办之时，正处于八股文盛行的清末，南京尚未有近代科学教育，其西式的教育模式、课程体系、教学内容和办学实践令人耳目一新。这一时期，也是西方教会在中国探索教育传教方式的重要阶段。金陵大学及其前身汇文书院是西方教会在中国高等教育领域的一次成功探索，先后担任校长的福开森、师图尔、包文，既是信仰虔诚的基督徒，同时也是热心教育事业的管理者和传道授业的专业教师。在这三任外籍校长的不懈努力下，金陵大学逐步发展成为一所初具规模的现代化大学，并在1910年并校后以更充实的师资力量、更完备的学科体系、更优化的教育资源迎来新的发展机遇。在办学过程中，金陵大学逐步形成了基督教传播与近代大学精神相融合的办学理念，并随着办学规模的扩张和大学精神的彰显，基督教理念与教育活动结合得愈加紧密。

第一节　福开森时期：办学理念初步形成

一、福开森与汇文书院

　　福开森，字茂生，号观齐，1866年3月1日出生于加拿大安大略省，1886年在美国波士顿大学获文学学士学位，1902年获哲学博士学位，1939年获法学博士荣誉学位。福开森于1886年来华，先在镇江学习中文，次年到南京。1888年被任命为汇文书院首任校长。

汇文书院创建时正值清朝末年，早期开设有预科、神科和文理科。神科的办学目的是"作为本地牧师的培训学校"[1]，文理科当时没有分开。汇文书院创设之初，"学生仅数十人"。[2]可以说，汇文书院1888年创办之际，实开南京科学教育风气之先。西式的教育理念、教学方法和教授内容，似乎与八股文盛行的清末格格不入，但事实上与中国近代化的发展需求不谋而合，促进了中国新式人才的培养和中国近代高等教育体系的创建。校长福开森回忆称："这个学校的创办，可说是先在南京教科学的，这时候，连科学的名词也没有，一般人还不知道科学是些什么东西。我们所讲的科学，一般的人，因为未曾听见过，都觉得难懂"，科学研究室"如化学室、动物室、植物室等，也都是先由汇文书院在南京创办的"，"在那时，中国近代教育正在未知的海洋里前行。幸运的是，我们清楚地认识到我们从哪里开始航行，也知道我们的目的地"。[3]汇文书院在福开森等人的努力下，在艰难的办学环境中，逐步开拓了教育领域，丰富了教育内容，壮大了师资力量，吸引了越来越多慕名而来的求学者。

福开森兴趣广泛，所涉事业较多，时人对其颇为敬佩。"有尊之为教育家者，有尊之为政府官员者，有尊之为新闻家者，有尊之为外交家者，有尊之为著作家与中国美术收藏家者。"[4]他热

---

[1] "Historical Sketch of Nanking University," *The University of Nanking Magazine*, vol.1, no.1（December 1909），p.4.

[2] 《五十五年来之金陵大学》，《金陵大学校刊》1943 年 5 月 1 日，第 2 页。

[3] Graduation Address, 1909, Microfilm, Reel 62. Box198. Folder 3405, UBCHEA Archives；福开森：《教育历史之一页——三月十九日在中央广播电台讲》，《月报》第 1 卷第 4 期，1937 年，第 807—808 页；福开森：《教育部取缔教会学校之非是》，汉如译，《兴华》第 27 卷第 38 期，1930 年，第 10—12 页。

[4] 《福开森博士之金婚（北平）》，《兴华》第 34 卷第 30 期，1937 年，第 23—24 页。

心教育，与中国近代史上两所重要大学关系深远。除了1888年创办汇文书院，1896年在盛宣怀的邀请下，福开森受聘担任南洋公学监院，投身到另一所重要大学的创建工作之中。此后，福开森一直以校董身份继续关心和支持汇文书院及之后金陵大学的发展。他熟悉中国国情，热心政务，从清末至民国，一直担任政府顾问。1899年任南京格致书院提调并南洋大臣洋务委员，1900年任南洋大臣洋务参赞并湖广总督洋务参议，1903年任铁路总公司参赞及修改商约大臣参赞官，1910年任邮传部（后更名为交通部）洋文秘书，又任红十字会总董事，1915年任政事堂顾问，1916年任国务院顾问，1917年改任总统府顾问，帮助沟通中西文化、介绍先进经验、处理涉外事务。不仅如此，"自1917年至1928年十一年中，曾七次衔特别使命赴美，而与中国赈灾及红十字会工作，关系尤深"。[1]他关心时局，有志于发展新闻事业。1899年福开森买下《新闻报》的产权，在其苦心经营之下，使之成为与《申报》齐名的上海著名的四大报纸之一。在福开森管理时期，《新闻报》的特点是"轻政重商"，"对政治新闻的编辑处理上多报道少批评，注重商业经济新闻，也以代表工商业利益而自居"，且以"新闻快速""纸张洁白""校对精良""编排醒目"为办报准则，很受一般商人和市民的欢迎。1909年，《新闻报》销量已达1.5万份，一跃成为上海销量最大的报纸。[2]此外，福开森曾担任"上海泰晤士报主任三年，中国科学美术杂志编辑员七年"。[3]他热爱中国文化，爱好收藏中国古物，对金石玉器的研究颇有深度。在民国旅华外籍人士中，是中国古物收藏

---

① 江肇基：《福开森》，《实报半月刊》1936年第19期，第19—22页；福开森：《得周尺记》，《工业标准与度量衡》第2卷第1期，1935年，第2页；《福开森博士之金婚（北平）》，《兴华》第34卷第30期，1937年，第23—24页。

② 倪波、穆纬铭主编：《江苏报刊编辑史》，南京：江苏人民出版社，1993年，第236页。

③ 《福开森博士之金婚（北平）》，《兴华》第34卷第30期，1937年，第23—24页。

第一人，是故宫博物院文物鉴定委员会唯一的外国专家，也是最早研究中国艺术的西方学者之一。其中英文论著有《中国历代著录画目》《中国历代著录吉金目》《中国历代瓷器目录》《陶斋旧藏古酒器考》《中国艺术大纲》《中国民俗学》《中国绘画学》《中国艺术综览》等。[①]福开森认为"古物之收集，非仅供个人之欣赏，必以之为教学研究，方可发挥"，因此于1934年将其收藏的各类名贵古物近千件悉数赠予金陵大学。[②]

福开森对中国感情深厚，"说得一口流利的南京话，且能阅读我国报纸"。抗日战争爆发后，"沪上中美旧友，多询以日美外交，究将走到何种程度"，福开森毅然答复"假使美国政府真正彻底撤退在华美侨，我是最后走的一人"。[③]不幸一语成谶，1941年太平洋战争爆发，福开森在北平被日军俘虏，直至1943年美日交换俘虏，才被遣返回国，抵达纽约后即病倒，1945年在波士顿病逝。

鉴于福开森在华五十余年里对中国教育界、文化界、政界助益甚多，中国政府多次对其予以嘉奖：清政府奖励其二品顶戴。[④]1914年10月5日《大总统策令》："洋员福开森给予三等嘉禾章。"[⑤]1935年3月22日《国民政府令》："行政院呈，据外交、教育两部会呈，为私立金陵大学校董美国人福开森，捐助该校古物千余种，价值数百万元，核与捐资与学褒奖条例第五条之规定相符，请予嘉奖一案，转呈鉴核施行等情。福开森热心教育，慨捐

① 《陶斋旧藏古酒器考》，《学衡》1926年第51期，第119—128页；《福开生传》，《私立金陵大学六十周年校庆纪念册》，1948年，第12—13页；王逊：《评中国艺术综览》，《图书季刊》1940年第1期，第50页。

② 《首任院长福开森》，《南大百年实录》编辑组编：《南大百年实录（中卷）：金陵大学史料选》，南京：南京大学出版社，2002年，第8页。

③ 望平轩：《明令褒扬的福开森》，《是非周刊》1946年第5期，第1页。

④ 《又奏请赏洋员福开森二品顶戴片》，《政治官报》1909年第621期，第12页。

⑤ 《大总统策令》，《广东公报》第669期，1914年10月8日，第4页。

巨资，洵堪嘉尚。应予明令褒奖，以昭激劝。"[①]1946年4月19日《国民政府令》："私立金陵大学前校长美籍福开森博士，学识渊通，热心教育，早岁来华，兴办汇文、金陵、南洋诸学校，培植多方，成才甚众，更复搜集古物、著录成书，捐赠保存，贻之久远，对于我国文化贡献实多，嗣以太平洋战事暴（爆）发，为敌幽禁二年，辗转西归，忧愤逝世，追念遗型，良深悼惜，应予明令褒扬，用彰名哲。"[②]

二、福开森的教育理念

在福开森的领导下，汇文书院从创办之初就积极适应清末复杂的社会环境，努力将基督教传播与近代大学精神相结合，在学校创建过程中逐步形成了独具风格的办学思路。

1. "在基督教的影响下建立一所好学校，而不是传教机构"

福开森强调汇文书院的创办是"在基督教的影响下建立一所好学校，而不是传教机构"。这一理念奠定了汇文书院乃至后来金陵大学的基本发展思路，使汇文书院并未局限于传播基督教的初衷，更是怀有建设一流大学的愿景。在福开森看来，基督教传播和学校教育是互促互进的，"学校需要教会，教会也需要学校"。[③]

在福开森看来，汇文书院是南京建立的"第一所综合性学校"，他强调"各个学科都应该对学生开放"，应当在所有人中"建立一个广泛的学校理想"，即"在这里，学生能够被训练，学者可以被聚集

---

① 《国民政府令（1935 年 3 月 22 日）》，《教育部公报》第 7 卷第 11—12 期，1935 年，第 17—18 页。

② 《国民政府令（1946 年 4 月 19 日）》，《教育部公报》第 18 卷第 4 期，1946 年，第 2 页。

③ Graduation Address, 1909, Microfilm, Reel 62. Box198. Folder 3405, UBCHEA Archives.

起来授课和研究"。福开森认为："在文理科应当教授实用科学，但除此之外，还规定学生要接受医学方面的训练，而其他人则被选为神职人员，以获得神学学科的良好训练。"①

福开森认为，教会学校对中国教育的发展意义重大，因为中国的科学教育是从教会学校开始的。他回忆称："当1888年我开办时，全城除兵工厂有一所小小的方言学校之外，没有一个现代的学校。用这些科目，如地理、通史和初步科学去唤起民众的兴趣，是不容易的。""这个学校在那时候大家不但是不赞成的，而且是反对的。这是因为那时候是所谓真正八股文流行的时代，人人并不知道科学这东西，也不知道应该要学。""南京第一个化学实验室，第一班植物和动物课，第一次教授宇宙间的物理，却是在我办过的这个学校"，"各课都是我自己教授"，尽管"所教授的程度，没有如我意想中那么高"，但"这确实是现在专门研究的预备工作"。②1928年大学院颁布《私立学校条例》，规定"私立学校不得以宗教科目为必修科，亦不得在课内作宗教宣传""私立学校如有宗教仪式，不得强迫学生参加"。当时社会上有观点认为，"教会学校是与帝国主义，或资本主义的政策有缘"。对此，福开森都表示强烈反对。他认为教会学校是中西文化交流的桥梁，有助于沟通国际关系和促进中国的教育发展。③

福开森坚信教育才是真正解决中国困境的良方，中国应当从培养

① Graduation Address, 1909, Microfilm, Reel 62. Box198. Folder 3405, UBCHEA Archives.

② Graduation Address, 1909, Microfilm, Reel 62. Box198. Folder 3405, UBCHEA Archives；福开森：《教育历史之一页——三月十九日在中央广播电台讲》，《月报》第 1 卷第 4 期，1937 年，第 807—808 页；福开森：《教育部取缔教会学校之非是》，汉如译，《兴华》第 27 卷第 38 期，1930 年，第 10—12 页。

③ 朱有瓛、高时良主编：《中国近代学制史料》（第四辑），上海：华东师范大学出版社，1993 年，第 786 页；福开森：《教育部取缔教会学校之非是》，汉如译，《兴华》第 27 卷第 38 期，1930 年，第 10—12 页。

领袖人才入手，继而教育民众。他说："盖记者素反对外力之干预中国，以中国之事，应由中国自理之也。然而中国如何而后能自治乎。曰是在教育，必先教育领袖人才，由领袖人才，转而教育民众，此实最善而最速之法也"，"处今日形势之下，当使知识阶级与民众联络而提携之，使其知识增高，而后中国可治"，"欲解决中国之问题，终须由智识阶级团结一致，共谋民众之进步而后可，不如此，则中国之问题实难有解决之望也"。并且，对于时人"近年中国纷乱，多有归罪于教育者，以为使今日一班青年，未受新式教育，则中国今日之乱将无由起"的观念，他极力反驳，认为新式教育不是导致时局混乱的因素，反而教育覆盖的范围还不够大。他说："以记者之见，教育实为中国今日之急务；记者对此四十年来之教育，无论其为官办或私办者，皆无所非议，唯尚嫌其范围过小耳。"①

2.科学、基督教、中国传统文化互促共存

清末时期，中国社会正处于除旧革新的时代，不仅国人对传统文化展开审视，福开森等外籍人士也有相应的思考。

福开森认为，科学与宗教、中国经典与宗教都是相互促进的，可以同时存在与发展。一方面，"科学不怕宗教，宗教也不怕科学"，"科学不过是人类及自然力量的世界的知识和研究。宗教是我们在神佑之下生活、行动和存在的知识和研究"，"科学研究与宗教研究是相互促进的"。另一方面，"中国经典不需要惧怕圣经，圣经也不需要惧怕中国经典"，"与希腊语、拉丁语的经典在我们故乡的好学校里一样，中国经典文化被同等地放置在课程中。随着对中国的认识，学校推出了一套新的中文教学体系，并成为第一个摒弃千篇一律的文体、提倡现代文体的学校"。②福开森说："在我们学校受了教育的

---

① 福开森：《福开森博士履华四十年之纪念文》，《东方杂志》第24卷第19期，1927年，第36—39页。

② Graduation Address, 1909, Microfilm, Reel 62. Box198. Folder 3405, UBCHEA Archives.

人，在中国外交、商界、银行、教育界、医界和律师、牧师，以及其他各种行业得了好位置。我调查他们的事业，那时他们在学校，宗教是必修科。"①

福开森强调教育应当符合中国社会的发展需求。他认为，在中国办教育，就应当因地制宜、因材施教，而不应完全模仿英美等国，也不应全国统一教材。一方面，"学堂所用教科书，必须合于用书之人，不当以一种读本作通国之用"。②另一方面，教育的目的是培养适合于国家现阶段发展的栋梁之材，因此，无论是在中国何地办学，均应考虑是否适用于当地的社会发展需求。他强调"为中国子弟所开学堂，不当使其为英国式、美国式，而当为中国式"，"养成中国子弟，须为中国做人着想，其教育之道，必须使其能与中国他处学堂出身之人，一般立身为人"，"其所办学堂，既为中国子弟而设，不应异于中国他处之学堂，而当设法使之成为中国最好之学堂"。③

福开森十分重视教育的实用性，认为教育应以"学以致用"为目标。在福开森看来，八股文"只是些虚文"，坚信教育一定要从实用出发。"平常读的书，都是要实用，要实用就要使它普通，才可以能够普遍的，只要学习几次，人人都是可以学会的。"④福开森务实的教育理念得到了当时知识分子的广泛认同，有时论称："在这一般人提倡读经的潮流里，我们要体认'学贵致用'的要义。我们抗议恢复八股式的读经，我们更反对一切开倒车的文化政策。"⑤

---

① 福开森：《教育部取缔教会学校之非是》，汉如译，《兴华》第27卷第38期，1930年，第10—12页。
② 而已：《福开森之教育论》，《福尔摩斯》1933年4月5日，第2版。
③ 《福开森博士演讲租界教育问题》，《新闻报》1933年1月20日，第10版。
④ 福开森：《教育历史之一页——三月十九在中央广播电台讲》，《月报》第1卷第4期，1937年，第807—808页。
⑤ 《听了福开森先生演讲以后》，《汗血周刊》第8卷第14期，1937年，第258页。

　　福开森认为中国古代知识分子低调内敛、秘而不宣的做法不利于中国社会的进步，强调受教育者应当有志于服务国家和社会。他指出："华人有学问者，恒秘不以示人，此于社会国家有何利益，今之学生宜痛改之陋习，必将所欲者，用国文发表之，审求学非为一己求快乐也，安可不公之于众。"他勉励青年学生们"努力求学，为国家社会谋福利，中国非欲多添徒穿西服之青年也，余谓凡在校怠惰畏考试而闹风潮者，学校应不待其生变，早已开除之，愿诸君多自励，各贡其所学于社会"。①

　　福开森批评中国教育"学而优则仕"的传统观念。他说："中国教育之缺点，在无教育人才，一班之教育家之脑中，尚不能去'为学即所以求官'之印象，致多参入政治，并教育之主要目的而失之。其甚者，竟谓教育之唯一目的，为灌输政治思想，此论误谬，记者深非之。"在福开森看来，"夫教育之真义，在启发人之智力，培养人之道德"，"无论其主办者为谁何，或为有宗教关系者，或为有政治关系者，皆不得忽此。不然者，则其学校之所以为学校也亦仅矣"。②

　　福开森热爱中国古典文化，强调教育中应注重中国传统文化的传承。在他看来，尽管有些传统观念需要有所改变、与时俱进，但中国传统文化中的精髓应当在教育实践中传承下去，即使是外国人创办的学校，也应使学生们注意对中国传统文化的继承与发扬。福开森指出："中国现在虽然有许多的新学问传出来了，也必不能把中国的一切老学问丢掉。"③并且，他认为学习中国传统文化与学习

---

① 《福开森向学生作讲演》，《南大百年实录》编辑组编：《南大百年实录（中卷）：金陵大学史料选》，南京：南京大学出版社，2002年，第58页。

② 福开森：《福开森博士履华四十年之纪念文》，《东方杂志》第24卷第19期，1927年，第36—39页。

③ 福开森：《教育历史之一页——三月十九日在中央广播电台讲》，《月报》第1卷第4期，1937年，第807—808页。

近代科学知识同样重要，主张"温故而知新""建新存故"。①福开森曾感慨道："昔日学生英文程度皆佳，有能任意用英文作文谈话者，然若令其改用中文，则转病不能，是失其为中华民国之国民而不自觉其耻孰甚。望今日之学生毋陷此辙。"并且，他认为白话文比起古文相差甚远，"每多怪僻语调"，"其难于使人明白，尤较文字通顺之旧文为甚"，劝青年学生多学文言文，"欲作佳丽之白话文，须先多读文言文以为根底"。②福开森对中国传统文化的热爱和推崇得到时人的赞叹，有时论称："这位老朋友对于中国文化的爱护，实在使得我们感佩！"③

三、捐赠毕生收藏，沟通中西文化

1.捐赠文物，促进中国传统文化研究

作为汇文书院的创办者，以及后来金陵大学的校董，福开森对金陵大学的感情至为深厚。在1930年的一次金大校董会上，福开森聊起对中国古代文化的向往及多年对中华古物的收集珍藏，陈裕光校长建议他"对金大有所捐赠，以作纪念"，福开森"颔首允诺"。④1934年，"以其尽属中国珍品，雅不愿携之返美，更不欲长此秘藏，作私人财产"，按照"得之于华，公之于华"的思路，福开森将其在

---

① 《陈裕光校长在金大举行60周年庆祝大会上的讲话（节录）》，《南大百年实录》编辑组编：《南大百年实录（中卷）：金陵大学史料选》，南京：南京大学出版社，2002年，第85页。
② 《福开森向学生作讲演》，《南大百年实录》编辑组编：《南大百年实录（中卷）：金陵大学史料选》，南京：南京大学出版社，2002年，第58页；而已：《福开森之教育论》，《福尔摩斯》1933年4月5日，第2版。
③ 《听了福开森先生演讲以后》，《汗血周刊》第8卷第14期，1937年，第258页。
④ 陈裕光：《回忆金陵大学》，金陵大学南京校友会编：《金陵大学建校一百周年纪念册（1888—1988）》，南京：南京大学出版社，1988年，第22页。

华四十余年收藏的名贵古物悉数捐赠给金陵大学。①据统计，"计有铜器327件，石7件，书卷、画册、书轴、书横幅、书楹联、碑帖共66件，玉器39件，缂丝5件，杂器41件，拓本173件，拓本册22册，照片60件，总共计939件，皆属稀世珍品。铜器中如周克鼎，书画中如宋贤手扎、王齐翰之挑耳图，碑帖中如宋拓王右军大观帖、欧阳率更草书，均为当代至宝"。金陵大学第十六次校董会决议拨款4万元，用以兴建福氏纪念馆，而在该馆建成之前，"与北平内部古物陈列所订结寄托单约，暂辟文华殿为福氏古物展览室"。②

时刊评论称："此项收藏，足称为中国私家收藏中极有价值者之一，内有全世界其他收藏家所无之物甚多"，"今福博士发此宏愿，以私人之收藏为社会之公有物，其蕴义深远，实勘钦佩"。③金陵大学亦在呈请政府予以褒奖的公文中称赞道："本校以福氏以此巨值悉数捐赠，非惟本校受惠，盖有功于中国整个文化矣。"④1935年3月，教育部特发文对福开森进行嘉奖，并颁发奖状："私立金陵大学校校董美国人福开森捐赠该校各种古物暨拓本照片等凡玖佰叁拾玖件，价值约在百万元以上，按照捐资兴学条例之规定，特授予一等奖状。"⑤

---

① 《福开森氏赠我古物》，《兴华》第31卷第50期，1934年，第39—40页；《福开森氏古物展览纪详》，《兴华》第32卷第26期，1935年，第22—24页；福开森：《得周尺记》，《工业标准与度量衡》第2卷第1期，1935年，第2页；《福开森捐赠金大古物（北平）》，《兴华》第32卷第2期，1935年，第26页。
② 《福开森向本校捐赠文物特呈国府请予褒奖》，《南大百年实录》编辑组编：《南大百年实录（中卷）：金陵大学史料选》，南京：南京大学出版社，2002年，第60页。
③ 《福开森博士赠与中国之古物》，《英语周刊》1935年第120期，第266页；《接管福开森寄托古物》，《古物陈列所二十周年纪念专刊》，1934年12月，第84—88页。
④ 《福开森向本校捐赠文物特呈国府请予褒奖》，《南大百年实录》编辑组编：《南大百年实录（中卷）：金陵大学史料选》，南京：南京大学出版社，2002年，第60页。
⑤ 《教育部向福开森博士颁发一等奖状》，《南大百年实录》编辑组编：《南大百年实录（中卷）：金陵大学史料选》，南京：南京大学出版社，2002年，第60—61页。

福开森不仅爱好收集中国古物，更是对中国传统金石玉器有着较为深入的研究。据说，福开森"每天无论工作怎样的忙，至少总要抽出个四个钟头去读书"。时人称赞道："福先生的长处，不但是有治事的精神，尤其是有治学的精神。"[1]福开森撰写的中英文论著，如《历代著录画目》（金陵大学中国文化研究所出版，1934年3月）、《历代著录吉金目》（商务印书馆出版，1939年1月）、《陶斋旧藏古酒器考》（《学衡》1926年第51期）、《中国艺术大纲》（又译为"中国美术大纲"，Outlines of Chinese Art, 1919，美国芝加哥大学出版社）等，至今仍是中国古物鉴赏研究的重要参考资料。[2]

2.热衷政务，推进中西文化沟通

时人评价道："在一般人的眼光中，差不多将福开森博士认为中国人，老博士也几乎自视为中国人，他爱好中国人，也爱好中国的一切风俗习惯，他能说很流利的中国话，也能阅读中国的文字"，最重要的是，他不仅理解中国，更是真正地在为中国发展着想。[3]在华五十余年中，福开森与中国感情深厚，一直积极维护中国的国家权益，帮助沟通中国的对外国际交流，并在国内外发表过大量对中国友好的政论。

1919年，巴黎和会之后，时任总统府顾问的福开森"在美上院外交委员会陈述日本于和约中取得山东空前未有之大权力"，"历述美国在巴黎和会之态度与其历来之对华政策已全相背驰"，指出中国"一经对德宣战，则德人一九一八年之租约已无形消灭，且照

---

① 江肇基：《福开森》，《实报半月刊》1936年第19期，第19—22页。

② 福开森：《中国铜器研究》，陈幼璞译，《学术》1940年第4期，第26—35页；福开森：《陶斋旧藏古酒器考》，《学衡》1926年第51期，第119—128页；王逊：《评中国艺术综览》，《图书季刊》1940年第1期，第50页；《国内学术界消息》，《燕京学报》1939年第25期，第256—259页。

③ 独鹤：《悼福开森博士》，《新闻报》1948年2月29日，第12版。

普通先例，此种租借权并非可以转相授受"。^①1921年，华盛顿会议期间，福开森力斥国际共管中国的舆论，指出"美国决不出一兵以执行共管事"，并且"各国且不能自理己事，乃治理头绪万端之中国，宁非笑谈，欲中国现状，虽不宁静，但他国亦何尝宁静，即欧洲强国亦然"。^②并认为："欲以列国共同之力，解决中国之内乱，殊属非计，中国之内乱，当使中国人自行解决之，夫一国革命之际，内政纷乱，不仅中国如此，美国建国之初，非曾见独立前四年革命后数年之纷乱乎，当时之美国，只十三州，人口亦不多，中国有四万万之人民，而领土之大，尤与今日之美国相匹敌，其一时之纷乱，固不能免。"^③太平洋会议前后，福开森为中国争取国际权益做了诸多努力，时人称赞"其在国际为我国出力经过，尤以太平洋会议时之赞助为多"。^④

福开森坚信中国不会被列强瓜分，也绝不能分疆而治。他指出："中国土地之广，人民之众，为中国之保障，亦即中国之所以难治也。中国不能瓜分于列强，故庚子之后，瓜分之说虽盛，而终不致实现者，盖其地大分配不易也。中国亦不能分疆而治，分治之祸实较武力统一为尤烈。盖凡占有一省者，内部方定，即将窥伺邻疆，思有以并吞之，一部如此，他部亦莫不如之，战祸是以无底止。使中国分为二三部，而能相安无事，则中国亦易治；然中国之不能分而安，亦正如不能以武力而合之也。"^⑤1941年福开森在扶轮会叙餐会上发表演说，强调中国对上海的主权，指出："任何有

① 《福开森之山东问题谈》，《时报》1919年9月23日，第3版。
② 《福开森力斥共同管理中国之宣传》，《中华英文周报》第6卷第135期，1921年，第96页。
③ 《任中国自行解决内乱 福开森之演说》，《时报》1921年11月11日，第4版。
④ 摅虹：《记美人福开森》，《侨声报》1946年5月19日，第7版。
⑤ 福开森：《福开森博士履华四十年之纪念文》，《东方杂志》第24卷第19期，1927年，第36—39页。

关各国，其所享受之权力，须有一定之限度，任何越权行动，足以促成各列强势力之不平衡，则似非各方所能同意"，"上海之主权，属于华人，上海一埠之能有今日，亦为华人商业力量努力之结果，故外人必须与华人合作，增进友谊，非此不足以言中外之共存共荣"，强调"上海乃一最近代化之国际都市，中外合作，至有必要，中外市民，必须于社交、商业及政治上，取最诚挚之态度，则上海前途之繁荣，始可无疆也"。[①]

福开森治校期间正是中国从传统走向现代教育制度的过渡和转折时期，八股文式教育的弊端尽显，传统教育模式已不能满足近代化转型中的政府与社会对新式人才的渴求。汇文书院创办后，其务实求真的办学风气、全面发展的现代理念、中西交融的教育体系，在中国社会变革时期显得弥足珍贵，既开南京新式教育风气之先，又为社会输送了大量优秀新式人才。同时，汇文书院作为一所美国教会在中国开办的学校，也成为沟通中西文化交流的桥梁，受教育的学生在这里了解到西方文化，来华传教士们也逐步理解中国国情与困境。汇文书院的首任校长福开森个人兴趣广泛、涉足领域较多，在近代中国高等教育、古物研究、新闻事业、国际关系等方面均发挥了重要的作用。司徒雷登曾这样评价道：福开森来华的动机"为爱护人类与服务社会"，"福氏创办金陵大学、南洋公学、新闻报，并对中国艺术著书立说，贡献至大"。[②]

[①] 《福开森讲上海现状》，《正言报复刊纪念特辑》第 521 卷，1941 年，第 27—28 页。
[②] 《司徒雷登在本校纪念福、包二氏礼拜会上的讲话》，《南大百年实录》编辑组编：《南大百年实录（中卷）：金陵大学史料选》，南京：南京大学出版社，2002 年，第 86 页。

第二节　师图尔时期：办学思想调适与发展

一、师图尔与汇文书院

师图尔，字书林，1859年12月31日出生于美国马里兰州。在美国辛普森学院获得文学硕士学位，并在爱荷华大学进修了内科和外科，后1895年在哈佛大学以"优等成绩"获得医学博士学位。[①]师图尔于1886年来到中国，1888年前往芜湖，创办了弋矶山医院。1896年，汇文书院设立医科，师图尔担任医科总教习，而后不久，福开森因受邀担任南洋公学的监院而辞去汇文书院校长职务，师图尔接任校长，直至1908年辞去校长职务，赴上海创办《兴华报》（*The Chinese Christian Advocate*），1911年7月25日在上海病逝。

师图尔的个人成长经历对其教育理念有很大的影响。父亲是卫理公会教士。由于家庭原因，师图尔很早就受到宗教影响，宗教信仰十分虔诚，并且早年就参与了很多宗教和教育工作，展现卓越的教学和管理能力。

在汇文书院师生眼中，师图尔校长的特点鲜明，他基督宗教信仰特别虔诚，教学能力十分突出，教育管理非常严格，并努力将医学专业技能与传教布道相结合。师生们回忆称：他兴趣广泛，社会活动丰富，"他是教师、牧师、医生、传教士、音乐家、翻译家、编辑"[②]，"他是个好老师，喜欢教书……被赋予了特殊的教学天

[①]　W. F. Wilson, "A Biographical Sketch of George A. Stuart," *The University of Nanking Magazine*（Memorial Number）, November 1911, Microfilm, Reel 94. Box 235, UBCHEA Archives, Folder 3913；《师图尔传略》，《南大百年实录》编辑组编：《南大百年实录（中卷）：金陵大学史料选》，南京：南京大学出版社，2002年，第9—10页。

[②]　Liu King Shu, "Reminiscences of George A. Stuart," *The University of Nanking Magazine*（Memorial Number）, November 1911, Microfilm, Reel 94. Box 235. Folder 3913, UBCHEA Archives.

赋"，"他教给学生的东西蕴藏着丰硕的果实，深深地打动了学生们的心灵"，"他不仅向学生传授各种医学知识，而且教育学生们追求真理、倾听教育的本质、观察科学的方法"[1]，"对于学生管教极严，重质不重量，各级学校学生卒业，必须门门功课及格"，"点名时未能应到者，即以缺课论，记过公布处分"。[2]

师图尔是汇文书院发展时期的重要人物，不同于开拓时期的披荆斩棘、乘风破浪，这一时期更需要稳健发展、全面谋划。师图尔治校期间，在其认真、高效的管理下，学校教育水平稳步提高，办学规模和质量不断发展壮大。"改良功课，添置仪器，增聘教习，扩充校址，广建校舍，创筑青年会堂"，校园被扩大到原来的两倍，基督教青年会的楼几乎全是由师图尔特别资助建成的。据统计，汇文书院创设之初，"学生仅数十人"。[3]而时至1906年，汇文书院加上中小学共有学生约200人。[4]在师图尔校长及其同人的积极努力下，汇文书院"匪特冠绝东南，实侨居中国人士所组织教育事业而首屈一指者也"。[5]并且，除了繁重的行政工作，师图尔还经常在神学、文理科和医科授课。师图尔在汇文书院的十余年间，对学校发展做出了卓越的贡献，为汇文书院下一步飞跃奠定了坚实基础。继任校长包文称赞道："他是一位优秀的教师，因为他爱教高

---

[1] Chao Shi-Fan, "George A. Stuart as a Physician," *The University of Nanking Magazine* (Memorial Number), November 1911, Microfilm, Reel 94. Box 235. Folder 3913, UBCHEA Archives.

[2] 洪润庠：《回忆清末民初时代的母校》，台北金陵大学校友会编印：《金陵大学创校七十周年纪念特刊》，1958年，第17页。

[3] 《五十五年来之金陵大学》，《金陵大学校刊》1943年5月1日，第2页。

[4] 曹习：《汇文书院》，金陵大学南京校友会编：《金陵大学建校一百周年纪念册》，南京：南京大学出版社，1988年，第133—134页。

[5] 《师图尔传略》，《南大百年实录》编辑组编：《南大百年实录（中卷）：金陵大学史料选》，南京：南京大学出版社，2002年，第9—10页。

于一切。"①同事亦认为："在他担任汇文书院院长的十年间，他把自己最好的都给了这所成长中的学校。"②

二、师图尔的治校方针

师图尔掌校时期，汇文书院的办学思想得到了进一步的调适和发展。他结合医学专业实践，从"医疗布道"入手，逐步将教育、医疗和传教相结合，使基督教传播与大学教育发展进一步融合。

1.医疗布道："救灵"与"医病"

1888年，师图尔在芜湖创办了弋矶山医院。在此期间，师图尔尝试开展"医学布道"实践，"除了在患者中的常规福音工作，他每周有三个晚上都和助手们在圣经特别班。这项工作不仅在课堂上以讲课的方式开展，而且常常是个性化的沟通，特别是对那些似乎正在误入歧途的人"。③1896年师图尔到汇文书院之后，进一步将医疗、教学和传教工作相结合。师图尔"曾经是芜湖区的长老，后来又是南京地区的长老"，几乎每个星期日都在布道，对他来说"这项工作使他几乎和在学校授课一样愉快，因为这是另一种授课的机会"。④

---

① A. J. Bowen, "George A. Stuart as an Educator," *The University of Nanking Magazine* （Memorial Number）, November 1911, Microfilm, Reel 94, Box 235, Folder 3913, UBCHEA Archives.

② Frederick G. Henke, "The Literary Activity of George A. Stuart," *The University of Nanking Magazine*（Memorial Number）, November 1911, Microfilm, Reel 94. Box 235. Folder 3913, UBCHEA Archives.

③ W. F. Wilson, "A Biographical Sketch of George A. Stuart," *The University of Nanking Magazine*（Memorial Number）, November 1911, Microfilm, Reel 94. Box 235. Folder 3913, UBCHEA Archives.

④ Frederick G. Henke, "The Literary Activity of George A. Stuart," A. J. Bowen, "George A. Stuart as an Educator," Chao Shi-Fan, "George A. Stuart as a Physician," *The University of Nanking Magazine*（Memorial Number）, November 1911, Microfilm, Reel94. Box235. Folder 3913, UBCHEA Archives.

　　在师图尔看来，身体的健康与心灵的治愈同样重要。因此，他以精湛的医疗知识治疗病人的身体疾病，以科学教育充实人的心灵，再以宗教的精神抚慰帮助治愈受创的心灵，将医疗救助、培养人才与传教布道相结合，努力实现其生平的三大志愿——"救灵""浚智"和"医病"。正如同事韦理生（W. F. Wilson）所说，"师图尔是一名虔诚的传教士，他将医疗工作的开展和传播基督福音结合在一起，他从不认为医疗工作本身就是目的，在他看来，随着身体的复原，人的思想、心灵和灵魂也应逐步康复"。[1]在虔诚的信仰之下，"他的所有服务都有基督精神的标志"，"即使当他肩负沉重的责任，他的活动也丝毫不限于教育工作"，"许多学生被他的宗教热情改变了"。[2]

　　对于在华基督教学校的发展，师图尔曾于1909年在中国教育协会发表了题为《中国基督教学校与种族、民族运动关系》的演说，指出："在道德和社会的限度内，个人自由是人类的最高特权"，"我们应该充分相信中华文明的勃勃生机和优秀之处，学习如何更好地将中华文明注入基督教理想"，"基督教学校的工作就是发现和灌输真理"；为"使教会学校在中国保持自己的地位"，"应当有更好的设备、更大的力量、更优化的课程，最重要的是更好地适应中国的条件和发展目标"。[3]在师图尔看来，在中国传播基督教，

---

① W. F. Wilson, "A Biographical Sketch of George A. Stuart," *The University of Nanking Magazine*（Memorial Number）, November 1911, Microfilm, Reel 94. Box 235. Folder 3913, UBCHEA Archives.

② Frederick G. Henke, "The Literary Activity of George A. Stuart," A. J. Bowen, "George A. Stuart as an Educator," Chao Shi-Fan, "George A. Stuart as a Physician," *The University of Nanking Magazine*（Memorial Number）, November 1911, Microfilm, Reel 94. Box 235. Folder 3913, UBCHEA Archives.

③ Frederick G. Henke, "The Literary Activity of George A. Stuart," *The University of Nanking Magazine*（Memorial Number）, November 1911, Microfilm, Reel 94. Box 235. Folder 3913, UBCHEA Archives.

就一定要适应和吸纳中华文明，在发展目标和定位上要与中国社会的需求相一致，这也正是汇文书院得以发展壮大的关键。

2.推进教育发展与医学进步

师图尔热爱教育事业，汇文书院给予他施展才华、实现"浚智"志愿的机会，他也将毕生精力倾注于汇文书院。师图尔治校期间"以超出常人的努力"，"提高了办学声望，调整了课程体系，提升了教育水平，使汇文书院在南京教育机构中占据领先地位"。[①]其中，最突出的贡献就是有力推动了汇文书院的医学教育。

南京最早的西医出现于1893年马林创建的基督医院，而后1894年比必创办了金陵医院。1896年师图尔进入汇文书院，担任医科总教习，将基督医院和金陵医院"集二君门子于一炉而铸之"，创建了医道馆，"直辖于美以美会董事部"，对汇文书院的医学发展起到了极大的推动作用。[②]作为一名医学教育家和实践者，师图尔不仅积极推动西医教学，将西方先进的医学知识和训练引入中国，努力培养近代西医人才，而且积极致力于中医著作的研究和翻译，将中医理论传播到西方世界。

1908年师图尔辞职赴上海，对汇文书院的医学发展是一次极大的打击。回顾早期金大医学发展脉络，可谓"俄而医学之衰运至矣，其致衰原因甚多，而以需要之繁多，教会力量之不足，及司徒耳（师图尔）之离去金陵大学为最大"。[③]

然而，师图尔对医学的热爱并未因辞职而止步，仍在上海继

---

① Liu King Shu, "Reminiscences of George A. Stuart," *The University of Nanking Magazine* (Memorial Number), November 1911, Microfilm, Reel 94. Box 235. Folder 3913, UBCHEA Archives.

② 《金陵大学医科之过去与将来》，南京大学高教研究所编：《金陵大学史料集》，南京：南京大学出版社，1989年，第10页。

③ 《金陵大学医科之过去与将来》，南京大学高教研究所编：《金陵大学史料集》，南京：南京大学出版社，1989年，第11页。

续翻译和研究医学著作。自1886年来华，师图尔一直积极致力于汉语学习，"在中文翻译方面极其刻苦"。他是中国医学传教士协会出版和术语委员会的成员，对《科技术语中英文对照版》"进行了彻底的修改，增加了大量的术语"。从1896到1900年师图尔是《中国教会医学杂志》（*The China Medical Missionary Journal*）的编辑。[1]1905年他被选为中国教育协会（The China Education Association）主席，1907年被选为中国教会医学协会主席，此前他曾在中国教会医学杂志担任了10年的编辑。除了这些职责，他还经常做一些翻译工作，如主日学校的教材、圣歌、教育书籍、医学书籍等。1908年，他承担了美以美会教堂的图书总编辑工作，虽然他大部分时间仍在为医学协会翻译和修改书籍和资料。[2]在其译著中，"最著者如柏雷克利之《圣经研究》《美以美会教会例文》《贫血病与组织学形态学及血液化学之特别关系》《解剖学名词表》《医科学生之习练法》，皆风行一时"。[3]师图尔"因见西医每不直中医之作用，特将本草纲目译成英文，以示西医见中国未尝无潜心医理者，费数年之心力"，[4]*The Chinese Materia-Medica*（《本草纲目》）翻译完成之后，同人感到十分钦佩，认为"毫无疑问，这会

---

[1] Frederick G. Henke, "The Literary Activity of George A. Stuart," *The University of Nanking Magazine*（Memorial Number）, November 1911, Microfilm, Reel 94. Box 235. Folder 3913, UBCHEA Archives.

[2] A. J. Bowen, "George A. Stuart as an Educator," *The University of Nanking Magazine*（Memorial Number）, November 1911, Microfilm, Reel 94. Box 235. Folder 3913, UBCHEA Archives; Frederick G. Henke, "The Literary Activity of George A. Stuart," *The University of Nanking Magazine*（Memorial Number）, November 1911, Microfilm, Reel 94. Box 235. Folder 3913, UBCHEA Archives.

[3] 《师图尔传略》，《南大百年实录》编辑组编：《南大百年实录（中卷）：金陵大学史料选》，南京：南京大学出版社，2002年，第9—10页。

[4] 《大翻译家师图尔君逝世》，《新闻报》1911年7月26日，第21版。

受到所有讲英语的医生的热烈欢迎"。[1]师图尔对医学的热爱超越了一切，甚至在其病逝前，"最后一次生病时，他仍在编辑和翻译一篇医学作品"。[2]

第三节　包文时期：基督理念内化与大学精神彰显

一、包文与金陵大学

包文，1873年1月12日出生于美国伊利诺伊州，后在诺克斯学院（Knox College）文学系就读，1897年毕业于美国西北大学（Northwestern University），获法学博士学位。1897年8月来华，在南京从事教会教育工作。1908年接任汇文书院校长职务。[3]

在包文、美在中等人的积极推动下，金陵大学堂于1910年成立，由包文担任校长。大学部设于原汇文书院院址，另设附属中学与医院在鼓楼附近，并于鼓楼西坡建筑大规模校舍。1916年秋季落成一部分，即将大学迁入，干河沿旧址为附属中学校舍。1921年"大学校舍，始告竣工，计基地面积2 340亩，高楼峥嵘，气象洪

---

① Chao Shi-Fan, "George A. Stuart as a Physician," *The University of Nanking Magazine*（Memorial Number），November 1911, Microfilm, Reel 94. Box 235. Folder 3913, UBCHEA Archives.

② Frederick G. Henke, "The Literary Activity of George A. Stuart," *The University of Nanking Magazine*（Memorial Number），November 1911, Microfilm, Reel 94. Box 235. Folder 3913, UBCHEA Archives.

③ Edward James: Memorial of Arthur John Bowen, Microfilm, Reel 62. Box 198. Folder 3399, UBCHEA Archives;《教育部对全国专科以上学校调查一览表》，《南大百年实录》编辑组编：《南大百年实录（中卷）：金陵大学史料选》，南京：南京大学出版社，2002年，第31页。

阔，与鼓楼巍然并峙城中，为南京最大之建筑"。①

包文治校期间深受师生的爱戴。他"为人静肃，威重豁达，有容量，乐善泛爱，待人和易而出于至诚，凡学校钱财之出入，事业之举办，一以会议决之，与会者使各畅所欲言，遇争执不相上下，则以片言折之，无所私徇，争者悦服，事以立解，自奉俭约，衣食之外无余蓄，遇教职员学生友朋之以困苦告者，即以私俸与之，与学生言勉励之意尤惇厚"。②学生们普遍认为"包文先生是忠厚长者"，"从未见过包文先生有过疾言厉色"。③同人称赞道："作为一名管理者，包文满足了这所不断发展的大学的每一个需求。从一开始，他不仅能和同事们和睦相处，而且同事们都热情地支持他。有这么多的布道工作在一起，摩擦和批评的可能性很大。在一个呈现众多观点的董事会上，意见分歧是无法避免的，但包文从来就不是批评的焦点。从各方面来看，他都很平易近人"，"包文就是这样的。他最喜欢或表现出的不是风暴和痛苦中的灵魂，而是一种平静、柔和、安静的性格，这使他赢得了所有与他有密切联系的人的尊敬和爱戴"。

包文热爱中国的教育事业。他在一篇题为《作为在华传教士教师的快乐和满足》的文章里表示："从根本上说，我确信作为传教士教师的喜悦和满足，一部分是任何与年轻人接触和拓展生活的教师都能感受到的，除此之外还有很多独有的额外的收获"，这些"思维敏捷和充满热情的年轻人""渴望学习西方所有的新知识"，于是我竭尽全力"在教育和科学、宗教、个人兴趣和关心等

① 《成长时期概况》，《南大百年实录》编辑组编：《南大百年实录（中卷）：金陵大学史料选》，南京：南京大学出版社，2002年，第14页。
② 《包文先生传》，《金陵大学校刊》1945年5月16日，第6—7页。
③ Edward James: Memorial of Arthur John Bowen, Microfilm, Reel 62. Box198. Folder 3399, UBCHEA Archives；侯宝璋：《我所知道的包文先生（续完）》，《金陵大学校刊》1945年5月16日，第7页。

方面无私地奉献"，"这是人类最美好的友谊"。包文久居中国，对中国感情深厚，关心中国的前途和教育发展，"对公共事务很感兴趣，并苦恼于美国对中日的妥协和矛盾态度。他给国会议员、国务院和总统写了许多有力的、合理的抗议信。他还与以前的同事、老师、学生、昔日的朋友保持着频繁的联系"。①包文对孙中山的治国理政思想尤为信服，"叹其思想之精伟"，认为"用其言，行其政，乃可以救中国"。②

1944年7月26日，包文在美国加利福尼亚州病逝。教育部部长陈立夫发去唁电，称："包文博士，远来吾华，启作大厦，广育多士，功垂不朽，远闻溘逝，轸悼良深"③；国民政府题颁"教泽长留"匾额一方，并附褒辞："兴学育才，古今所重，敦同式俗，中外同钦，金陵大学前校长包文博士，籍隶美邦，名高中土，历程万里，来轮海国之文明，树人百年，更助东南之教育，行踪虽返，遗泽长存，追缅芳型，难忘嫩绩，爰颁纶綍，用示褒崇。"④

回顾包文校长的一生，他在金陵大学乃至中国高等教育史上作出了不可磨灭的重要贡献。一位同人回忆称："他一生中做得最多的事情就是教育中国青年，以及弘扬大学创立的基督教理想。"⑤一位学生写道："包文先生长眠了，曾把他的一生，贡献给他所信仰的宗教，把他的一生，努力在建设一个异国的教育，培植领袖人才，我们看他在金大所成就的事，不但感觉到他的一生，极其宝贵而有价值，而且感到他的精神，在金陵大学的传统上，留下光荣的

---

① Edward James: Memorial of Arthur John Bowen, Microfilm, Reel 62. Box198. Folder 3399, UBCHEA Archives.
② 《包文先生传》，《金陵大学校刊》1945年5月16日，第6—7页。
③ 《陈部长远赐唁电 包前校长哀荣》，《金陵大学校刊》1944年11月16日，第1页。
④ 《国府颁赐褒辞 包前校长哀荣》，《金陵大学校刊》1945年5月16日，第1页。
⑤ Edward James: Memorial of Arthur John Bowen, Microfilm, Reel 62. Box198. Folder 3399, UBCHEA Archives.

纪念，永远也不会漫减的。"①

二、包文的办学思想

包文校长是一位虔诚的基督徒，也是一名出色的教育家和管理者，在其任期内，努力将基督教理念进一步融入办学实践之中，在办学规模扩张、大学精神彰显的同时，基督教传播也得到了实质性的发展。

1.推进并校，扩大办学规模

时至20世纪初，随着在华教会学校的发展，并校之风逐步兴起。一些宗教人士认为分散办学不利于基督教学校的发展壮大，应当改变分散局面，联合起来合并办学，集中力量发展基督教在华教育。卜舫济、美在中、包文等人为支持派，狄考文、师图尔等人为反对派。

基督书院院长美在中倡导基督、益智和汇文三书院合并办学，认为"孤往则精力分而收效浅，共作则菁华聚而成功多，且祖国教会醵金委办教育事业，当化畛域而屈群策，以最少经费谋最大功效"。在其积极努力之下，1906年，基督书院和益智书院合并成立了宏育书院。而后，美在中进一步致力于宏育和汇文两书院的合并事宜，"屡言于美以美会诸要人，得其同意"。然而师图尔坚决反对，认为并校思想不够成熟，不适合当前中国社会的发展需求。因此，合并之事一拖再拖，对于合并办法"彼此初甚龃龉"。②

1908年，师图尔辞职前往上海，由包文继任校长。包文是并校

---

①　侯宝璋：《我所知道的包文先生（续完）》，《金陵大学校刊》1945年5月16日，第7页。

②　徐则陵：《美在中先生与基督书院》，《南大百年实录》编辑组编：《南大百年实录（中卷）：金陵大学史料选》，南京：南京大学出版社，2002年，第11页。

观点的支持派，认为并校政策既有利于基督教学校的生存和发展，也符合教育的发展规律和南京当地的社会需求。他说："中国之困亟矣，非以教育新民智不足以自振救，而教育之宗旨宜纯正，规模宜远大，组织设备宜健全完美，然后始可以言得人才为社会用，今南京一隅设三校，其政不相谋，课程多重复，且为经费限不得备其设施，势必至于因循苟且，徒劳而无功，吾不知其何益于中国，其亦大背吾人办学之旨矣。"①

在包文、美在中等人的积极努力下，1910年宏育书院并入汇文书院，成立了金陵大学堂（后于1915年更名为金陵大学校），包文为校长，文怀恩为副校长，美在中为大学圣经部主任兼附设中学校长。时人赞曰："当时总有人谈论在中国联合办学的设想，而包文则在他人谈论的时候已经将之付诸实践。"②

并校给金大带来了新的发展机遇，也带来了新的挑战与难题。金陵大学合并组建之际，面临的是一个经济窘困、人员匮乏的局面，"课室宿舍仪器图书简陋缺乏不可用，制度规章皆无有，教授少不能备课程，而经济窘困，人或以为忧"。幸而包文校长对金陵大学的发展有着清晰而宏伟的蓝图，"从事于全部校舍之兴建，注意课程之充实，购置图书仪器，以提倡研究之风气"。③并且他性格"稳健、诚笃和优容"，"笃实纯粹持重有毅力"，"勇于任事，尤其卓识远见，凡事先立大计于胸中，规定其步骤，计虑周详，巨细无所遗，及计划定，即施行，无犹豫顾忌，虽遇挫阻不沮丧，终

---

①　《包文先生传》，《金陵大学校刊》1945 年 5 月 16 日，第 6—7 页。

②　Edward James: Memorial of Arthur John Bowen, Microfilm, Reel 62. Box198. Folder 3399, UBCHEA Archives.

③　《包文先生传》，《金陵大学校刊》1945 年 5 月 16 日，第 6—7 页。

奋勉尽力以底于成功而后已"。①在包文校长及其同人的共同努力之下，通过募集资金、发展学科、增聘师资、提升国际声誉、购买图书仪器等，金陵大学很快成为当时在全国首屈一指的近代化教会大学。据统计，1912年至1922年间，金大在校学生数从56人发展为300人，华人教员从20人发展为64人，美籍教员从17人发展为34人，校园占地从15亩增至140亩，房产亦大幅增加，藏书从2 000本增至17 430本（另有小册13 450册），财产总额增数为380%，年度支出从37 300元银币涨至378 390元银币，学科从原来只有文科，演变成为文理农林医并进的综合性大学，并设有预科、官话学堂、医院等，"其设备之完善，实为中国有数的"。②

在包文校长的积极周旋下，成功解决了由于"中国教育行政机关尚未有大学授予学位的规定，而私立大学之立案尤无明文可遵"③导致的毕业生学位的问题。"为求毕业生留学方便，需要国际通行之证书起见"，"毕业生留学成绩极佳"的金大得到了美国纽约州立大学的认可，"颁赠毕业学位之永久认可（Absolute chartct）公文一件，此后无需介绍手续，即可由本校直接授予国际认可之证书或学位，按美邦哥伦比亚及康乃尔两大学，亦曾取得该大学院区此项永久认可公文"。④1911年，纽约州立大学董事会给金陵大学颁布了特别认可证，"由纽约大学校董会授予学士学位"，表明金陵大学的办学水准已获得了国际认可，进一步提升了

① 杭立武：《关于文学院的人和事》，台北金陵大学校友会编印：《金陵大学创校七十周年纪念特刊》，1958年，第5页；《包文先生传》，《金陵大学校刊》1945年5月16日，第6—7页。
② 包文：《金陵大学近十年来的发达》，《兴华》第19卷第18期，1922年，第4—7页。
③ 包文：《金陵大学之情况》，《教育季刊》第1卷第4期，第167页。
④ 《美国纽约州立大学院向本校颁赠毕业学位》，《南大百年实录》编辑组编：《南大百年实录（中卷）：金陵大学史料选》，南京：南京大学出版社，2002年，第61页。

其国内外办学声誉。[1]在包文的悉心治理下，金陵大学的办学质量进一步提升，"文理农林诸科系，次第设立，校产设备，随时建置，毕业校友，服务社会或游学欧美，皆能斐然有成"。[2]

2.基督教理念的内化与服务奉献精神的凸显

包文校长是一位虔诚的基督徒，也是一名出色的教育家和管理者，他将基督思想糅入其教育理念之中。在包文看来，金陵大学的创办目的就是"对中国年轻人的教育和启迪"，使学生们"知道什么是真正的研究"，并且"以后有可能探索到更深层次、更好的东西"，同时学会感恩、服务与奉献。[3]他指出，学生在走入社会之前，"一直在接受、接纳"，"一直受到保护、庇护和帮助"，"一直为自己而活"，而毕业进入社会之后，就应当"保护、庇护和帮助他人"，"要开始为他人而活"，而这才是"真实生活的开始"，这就是学生多年学习的目的以及"为之准备的一切"。[4]

包文强调基督教的服务与奉献精神，他认为："工作重点是要把我们自己更进一步地同大众的生活联系在一起，例如我们所见到的农林科实验活动的大规模发展，如果我们能遵照我们工作的座

---

[1]　Edward James: Memorial of Arthur John Bowen, Microfilm, Reel 62. Box 198. Folder 3399, UBCHEA Archives;《成长时期概况》《金陵大学校董会与创建者委员会协议书》，《南大百年实录》编辑组编：《南大百年实录（中卷）；金陵大学史料选》，南京；南京大学出版社，2002年，第14、135—137页。

[2]　《成长时期概况》，《南大百年实录》编辑组编：《南大百年实录（中卷）：金陵大学史料选》，南京：南京大学出版社，2002年，第14—15、255页；《包文先生传》，《金陵大学校刊》1945年5月16日，第6—7页。

[3]　A. J. Bowen, "Response for the University," *The University of Nanking Magazine*, June 1915, Microfilm, Reel 95. Box 235A. Folder 3915, UBCHEA Archives; A. J. Bowen, "Extracts from a Sermon Delivered to the Graduating Classes," *The University of Nanking Magazine*, March 1911, Microfilm, Reel 94. Box 235. Folder 3913, UBCHEA Archives.

[4]　A. J. Bowen, "Extracts from a Sermon Delivered to the Graduating Classes," *The University of Nanking Magazine*, March 1911, Microfilm, Reel 94. Box 235. Folder 3913, UBCHEA Archives.

右铭去做，我们对社会的贡献将是无穷的。如果我们能向社会和全体民众提供真诚的服务，我们的未来是光明的。我们关心的问题永远是：我们怎样以积极的服务方式去接触民众的生活。作为教员个人，在这个问题上，应当奉献，而非索取；作为教义的原则，我们生存着应当给予，而非得到；在个人的生活工作及大学的合作中，我们越是将这种精神贯彻到我们的实践之中，我们也就越彻底地为这个时代服务着，也就愈加深入地在人们中间宣扬了天国。"[①]包文将服务和奉献视为基督教传教的重要方式，并将基督教服务理念融入办学之中，通过社会服务等方式，广泛传播基督教，同时也进一步扩大了金陵大学的社会影响力。

3.推崇传统文化教育，主张华人治校

与前两任校长福开森、师图尔一样，包文校长也十分推崇中国传统文化，重视学生的传统文化教育，并且在金陵大学转向华人治校方面起到了关键推动作用。

金陵大学的毕业生"服务于全国，皆得令誉，政府长吏缙绅先生莫不交口称道"，尤其"著于英文"。而包文认为英语只是工具，金大的毕业生不能只擅长英文，国学同样要加以研习，因此特设立国文必修课，鼓励学生们阅读国学文献。他说："金陵之所造就者专门人才也，英语不过其工具耳，后数稔当知之，然不可不一新国人耳目，使知非偏重英文也，乃筹设国文系，继又成立国文专修科，益增国文必修课，大购国学典籍。"[②]他曾在1916届金陵大学毕业典礼上，对同学们强调称："时下，中国的年轻人倾向于轻视对中国历史、文学的学习，而更加过分强调对英语和西方科学的学习。我们重视这个礼物（毕业生赠送给学校的一套《二十四

---

① 《包文博士在1919年9月1日会议上的讲话》，《南大百年实录》编辑组编：《南大百年实录（中卷）：金陵大学史料选》，南京：南京大学出版社，2002年，第24—25页。

② 《包文先生传》，《金陵大学校刊》1945年5月16日，第6—7页。

史》），不仅是因为书籍的本身价值，更是要强调学习中国文化的重要性。"①

包文一直认为"中国是中国人的"，其志向在于"为中国兴教育"，因此他"主张学校终当由中国人主持之"。自金陵大学成立之初，包文就开始聘任中国学者任教职，时至1925年，金陵大学文理科与农林科的科长均为中国人，中国籍校董数量居其半，其余教职员工亦过半。②1927年3月24日"南京事件"发生后，外籍教员纷纷撤离南京，校长包文指定了一个由过探先、陈裕光、刘国钧、刘靖夫等中国籍教员组成的临时管理委员会，帮助金陵大学度过了一段艰难时期。而后，1927年8月24日，包文校长正式向金陵大学议事部提交了辞职报告，进一步推进了金陵大学华人治校的历史进程。包文在辞职报告中指出："目前不仅是中国政府规定私立学校的校长必须为中国人，而是基督教和非基督教的民众中普遍有一种要求更换为中国人领导的情绪。其实我、文怀恩副校长以及其他学校管理人士一直期望能够将大学的管理权交到中国人手中，如今正是移交的时机。"③最终，1927年11月9日至11日的金陵大学第26届理事会议决议，由出身金大、曾担任文理科科长的陈裕光接任金陵大学校长之职，推举陈裕光的提名得到了原校长包文在内的金陵大学全体中外籍教职员工、校友、教会等一致的支持。④正如司徒雷登所

---

① A. J. Bowen, "President's Response to Presentation Oration, Class Day," *The University of Nanking Magazine*, June 1916, Microfilm, Reel 95. Box 235A. Folder 3915, UBCHEA Archives.

② Edward James: Memorial of Arthur John Bowen, Microfilm, Reel 62. Box198. Folder 3399, UBCHEA Archives；《包文先生传》，《金陵大学校刊》1945年5月16日，第6—7页。

③ Minutes of the Meeting of the Trustees of the University of Nanking, September 14, 1927，私立金陵大学档案，中国第二历史档案馆藏，全宗号649，案卷号2317。

④ Twenty-Sixth Meeting of the Board of Managers of the University of Nanking, November 9-11, 1927，私立金陵大学档案，中国第二历史档案馆藏，全宗号649，案卷号2320。

说，包文"终身以服务教育为职志"，"一再竭力主张中国教育应由中国人办，宁案发生，夙愿得偿"。[①]

19世纪末20世纪初，中国社会处于急剧变革时期，"在社会风俗、政治结构、文化价值、教育体制以及经济组织等方面都发生了深刻的变化"。[②]其中，金陵大学等中国教会大学也参与并推动了这一历史进程，在打破传统、社会转型等方面起到了一定的作用。与此同时，各教会大学也经历了自身本土化的调适过程，其近代化的教育内容既迎合了中国社会转型期对新式大学教育的渴求，也在教育发展过程中，逐步形成了基督教传播与近代大学精神相融合的办学理念。

在汇文书院初创时期，校长福开森以"建设一所基督教影响下的好大学，而不是宗教机构"的思想为指导，为后续的办学发展奠定了基础。而后继任校长师图尔结合自身丰富的医学知识和教学实践，探索出了医疗布道的方式，逐步将传教、教育、救病结合起来，以实现其生平的三大志愿——"救灵""浚智"和"医病"。第三任校长包文则通过合并成立金陵大学，使学校的教育规模与质量达到了新的高度，并在凸显大学精神的同时，将基督教理念与大学教育实践相结合，使基督教理念进一步内化、融入大学教育之中。

值得注意的是，尽管西方基督教与中国传统文化是两种异质的文化，但金陵大学早期三任外籍校长均表现出对中国传统文化的欣赏和推崇。福开森耗费大量资金和精力收藏中国古物，进行深入研究并著书立说；师图尔热衷于翻译《本草纲目》等医学书籍，有力

---

① 《司徒雷登在本校纪念福、包二氏礼拜会上的讲话》，《南大百年实录》编辑组编：《南大百年实录（中卷）：金陵大学史料选》，南京：南京大学出版社，2002年，第86页。
② ［美］杰西·格·卢茨：《中国教会大学史（1850—1950）》，曾钜生译，杭州：浙江教育出版社，1987年，第75页。

推进了中西医学文化交流；包文不仅推崇中国传统文化，更主张华人治校，为管理权向华人转移做好了准备。蔡元培曾说："思想自由之通则，而大学之所以为大也。"[①]金陵大学及其前身这种对中国传统文化包容、不排斥的态度，正是基督教传播能够与大学教育相融合的重要前提条件，也一定程度上体现了金陵大学包容并蓄、自由开放的大学精神。

---

① 蔡元培：《中国伦理学史》，长春：吉林出版集团股份有限公司，2017年，第186页。

第四章　金陵大学早期的宗教教育

金陵大学办学早期，宗教教育在办学中占有重要分量，各种宗教活动也形式多样，学校宗教气氛浓厚。

第一节　早期的宗教课程

一、宗教教育之定位

金陵大学由美国教会创建，宗教教育在教学内容上占有重要地位。对于如何定位宗教教育，金陵大学的创办人有明确的阐述："一方面，我们必须避免只为基督徒学生经营学校，另一方面我们也不能走商业化和唯物论的道路。我们有神圣的义务对教会和我们的基督徒支持者负责，但是我们也有神圣的义务对非基督徒学生和他们为教育付费的父母负责。我们希望办成最好的基督教教育，但是它首先必须是教育。过分地强调基督教义会令人生厌，会让人产生良好和完善的学问不是基督教机构主要内容的印象，这是非常不明智的，这会使基督教降低到次要的和可以忽略不计的地步"，我们须在"极端地强调物质的和世俗的事物，和不明智地强调宗教和教会事务之间，选择一条切实可行的路线"。①金大最早年办学的主要目标是为教会机构培养师资，培养信仰虔诚且受过良好教育的传教士。1911年，校长包文即指出学校的办校宗旨在于"培养为宣传福音而接受训练的人，这是福音工作最迫切的需要。这所大学应该是，而且必须是为日间学校和教会小学培训男性教师"。

为更好地实现这些目标，金陵大学在课程设置上兼顾科学、宗教和中文学习，形成了完整的基督教教育体系。金大副校长文怀恩专门负责全校宗教活动，宗教课程也有专门的教师教授。金大文科中设有宗教教育系，由美在中任系主任，恒谟为宗教学教授。在金陵大学早期，圣经课是必修的，很多宗教活动也是必须参加的。②

开设宗教课程是金陵大学实施宗教教育的重要方式。宗教教育系负责给全校所有班级讲授圣经课，也包括与宗教主题相关的学科。金大宗教课程内容规定：小学和初级中学每天都有圣经课，整个高级中学课程每周有三小时的圣经课，大一每周两小时，大二每周三小时的圣经课。大三和大四的与宗教主题相关的学科也划归宗教教育部管理。宗教课程在金大课程体系中占有一定的比重。

宗教教育系还明确提出各个阶段实施宗教教育的目标：小学的工作目标是创造对圣经学习的喜爱，从而为在中学阶段学习圣经课程打下坚实基础。初级中学课程包括一年的"基督生平的研究"，两年的旧约历史和一年的"使徒行传"。高级中学的宗教课程包括两年的"耶稣生活研究"，两年的"使徒行传研究"，和适当的记忆工作。这些课程比初级中学的更提高一些。大学的宗教课程包括"希伯来民族的历史""耶稣的教训""使徒教会的历史""圣经

---

① Report of the President to the Board of Managers, *The University of Nanking*, for the Second Half Year, Union Work, RG 11, Box 195, Folder 3367, UBCHEA Archives.

② The University of Nanking Course of Study（1912-1913）, RG 11, Box 197, Folder 3384, UBCHEA Archives.

的历史"和"比较宗教学"。很多课程是以讲座和参考阅读的形式进行，也需要进行短文写作。除了这两年的课程，其他课程将会由其他科教师进行教授，如圣经文学、宗教哲学和教会史等。

金大对中文教学也同样重视，在课程体系中占有很大比例。金大规定大学学生用于学习中文的时间，前两年为每周十小时，后两年为每周五小时。除此之外，每周六三小时用于中文写作。金大创办人关于中文教育有明确的态度："我们不同意那些认为中文在中学就可学完的观点，或者认为中文没有西学重要的观点。我们尽力强调中文课程的重要性，为此，所有部门都配备了15名汉语教师，他们用全部精力教授中国经典、文学、语言和哲学。我们的规定是不能写作中文文章的学生不能进入大学学习"。[1]金大在创办初期就特别重视中国文化，没有因基督教大学的属性，而忽视中文教育，这是非常难能可贵的。金大初期确立的办学理念，一直影响金大以后的发展，使金大在20世纪30年代能成为中国文化研究的重镇。

二、宗教课程之设置

金陵大学在成立初期，沿用汇文书院时期的学制，包括大学、高级中学、初级中学和小学四个阶段，每个阶段皆为四年。结合图表4-1，可以清晰地了解初创时期金大实施宗教课程的情况[2]。

---

① Report of the President of the University of Nanking to the Board of Trustees, Covering the First Year and a Half of Union Work 1911.8, RG 11, Box 195, Folder 3367, UBCHEA Archives.

② The University of Nanking Course of Study（1912—1913）, RG 11, Box 197, Folder 3384, UBCHEA Archives.

表4-1　金陵大学早年宗教课程统计表

年级	课程代号	课程名称	一学期宗教课程所占课时比例
小学一年级	Bible 1A	Providing Care	
		Providing Help	
	Bible 1B	Providing Protection	
		Providing a Home	
		Providing a Helper	
小学二年级	Bible 2A	the Coming of the Friend	
		the Friend in His Childhood Home	
		Preparing for His Work	
	Bible 2B	the Friend and the Children	
		the Friend in the Home	
		the Friend Helping the Needy Everywhere	
小学三年级	Bible 3A	the Beginnings	
		Seeking a New Home	
	Bible 3B	Settlement in Their New Home	
		the United Kingdom	
小学四年级	Bible 4A	the Coming of Jesus	
		the Boyhood of Jesus	
		Jesus Beginning His Work	
	Bible 4B	Jesus and the People	
		Jesus and the People（continued）	
中学一年级	Bible 5A	the Life of Christ	5/30
	Bible 5B	the Life of Christ	5/30
中学二年级	Bible 6A	the History of Israel	5/30
	Bible 6B	the History of Israel	5/30
中学三年级	Bible 7A	the History of Israel	5/30
	Bible 7B	the History of Israel	5/30
中学四年级	Bible 8A	the History of the Apostolic Church	5/28
	Bible 8B	the History of the Apostolic Church	5/28

续表

年级	课程代号	课程名称	一学期宗教课程所占课时比例
高级中学一年级	Bible 9A	the Life of Christ	3/26
	Bible 9B	the Life of Christ	3/26
高级中学二年级	Bible 10A	the Life of Christ	3/25
	Bible 10B	the Life of Christ	3/25
高级中学三年级	Bible 11A	the Records of the Apostolic Age	3/24
	Bible 11B	the Records of the Apostolic Age	3/25
高级中学四年级	Bible 12A	the Records of the Apostolic Age	3/25
	Bible 12B	the Records of the Apostolic Age	3/25
大学一年级	13A	the History of Israel	2/25
	13B	the Origin and Early History of Christianity	2/25
大学二年级	14A	the Teaching of Jesus and the Apostles	3/23
	14B	Comparative Religious	3/23
大学三年级	15A	the Bible as Literature（此课程也可从英语科获得学分）	3/24
	15B	Education in Religion and Morals（此课程也可从哲学科获得学分）	3/24
大学四年级	16A	Church History（此课程也可从历史科获得学分）	3/22
	16B	Philosophy of Religion(此课程也可从哲学科获得学分)	3/22

（注：课程代号中的数字代表年级，A代表上学期，B代表下学期，如10A代表高级中学二年级上学期）

从上表可以看出，从小学到大学，每年都要学习宗教课程，其程度由简到难，循序渐进。小学和中学侧重故事性介绍，大学则注重学理性研究。小学和初级中学时期宗教课程比例很大，每天都有圣经课。这样经过十几年宗教教育的熏陶，学生受基督教教育的影响较深。

民国初年北京政府颁布"壬子癸丑学制"，将整个教育期分为三段四级。第一阶段定为初等教育，分初等小学四年和高等小学三年。第二阶段为中等教育，设中学，学习年限四年。第三阶段为高等教育，预科三年毕业，大学本科三年或四年毕业。金大的宗教课程也随之调整。小学七年，课程内容主要为讲述圣经故事，先由教员口述，复证以自然学，课后由学生自述。中学四年其要旨在注重社会服务，以中文教授。且金大明确指出宗教教育的目的有三：1.增进学生之知识；2.增加学生为人群、为教会宣劳的热诚；3.培养学生与神冥合之精神。

1922年，北京政府颁布"壬戌学制"，采用美国学制的"六三三制"，规定小学六年，初级中学和高级中学各三年，大学本科为四年。金大的宗教课程随新学制的实施也进行了较大幅度的调整，列表如4-2：

表4-2　金陵大学1926年宗教课程表

年级	课程名称	课程内容	学时
初小一年级	11、12 "慈父与其子民之关系" The Fatherhood of God as Revealed in His Care for His Children		一周五课时，学习一年
初小二年级	21、22 "慈父与为其宣力者之关系" The Fatherhood of God Revealed in the Lives of His Servants		一周五课时，学习一年
初小三年级	31、32 "基督生平事迹" Incidents in the Life of Christ		一周四课时，学习一年
初小四年级	41、42 "慈父与其世俗兄弟之关系" The Fatherhood of God as Revealed in an Earthly Brotherhood		一周四课时，学习一年
高小一年级	51、52 "选民的历史" The History of the Chosen People		一周四课时，学习一年

续表

年级	课程名称	课程内容	学时
高小二年级	61、62 "先知书" he Work of The Prophets		一周四课时，学习一年
初中一年级	71、72 "马可福音" The Life of Christ as Recorded by St.Mark		一周四课时，学习一年
初中二年级	81、82 "基督之前众先知" Pioneers before Christ	此课程讲述以色列诸位伟大人物的生平，通过这些历史故事让学生对以色列的宗教和后面学习基督生平有一个整体的观念	每周三课时，学习一年
初中三年级	91、92 "基督生平" The Life of Christ	此课程学习耶稣的品格，以唤醒年轻人养成宗教生活和致力于主的生活	每周三课时，学习一年
高中一年级	101、102 "耶稣的见证" Witnesses for Christ	此课程讲述保罗和其他使徒为耶稣做见证，他们的目标是向年轻人展示，早期基督的追随者是怎样做的	每周三课时，学习一年
高中二年级	111、112 "基督徒生活和行为" Christian Life and Conduct	讲述圣经中人物遇到的各种问题，以此帮助年轻人解决他们自己灵修中遇到的相同问题	每周三课时，学习一年
预科部第一学期	126 "宗教研究介绍" Introduction to The Study of Religion	此课程有讲座和关于宗教的历史、意义、目的和问题的参考书阅读	大学预科部第一学期必修，针对没有进行过系统宗教学习的学生，一周二课时
	127 "基督教信仰和教义" Christian Faith and Doctrines	此课程为进大学前学过基督教的学生。目的是调查和解释基督教信仰的中心宗教思想	大学预科部第一学期必修，没有安排 126 课程的，之前在中学学过两年基督教课程的，一周两课时

续表

年级	课程名称	课程内容	学时
预科部 第二学期	128 "宗教研究介绍" Introduction to The Study of Religion	此课程是介绍给学生基督宗教的基本事实，以及与宗教和人们的社会需要相关的事实	大学预科部第二学期必修并已学过课程126，一周二课时
	129 "基督教的机构" the Institutions of Christianity	此课程讲述基督教在世界传播的各种机构	大学预科部第二学期必修并已学过课程127，一周二课时
大一	132 "圣经文学课程1" Biblical Literature Course Ⅰ	此课程是研究旧约目的了解以色列的文学和形成的宗教目的。有参考阅读，不时的论文和课堂讨论	大一新生必修，先期准备宗教课126和128，或127和129，一周五课时
大二	143 "圣经文学课程2" Biblical Literature Course Ⅱ	此课程讲述新约四福音书，目的是理解耶稣宗教和社会教训的基础。有参考阅读，不时的论文和课堂讨论	大二必修，一周五课时
	155 "宗教的历史" History of Religions	这是一门研讨课程，目的是获得对世界上现行宗教的同情态度，并了解他们的发展。需要指定的阅读和上交学期论文	1926和1928年秋季学期开设，一周四课时，算作五学分，选修
	156 "耶稣的社会教导" Social Teaching of Jesus	研究耶稣对各个社会发展阶段的教训和与当代社会问题的关系。有参考阅读和提交学期论文	春季学期开，一周四课时，计做5学分。选修，先期准备课程143

此期金大宗教教育的教学目标为：1.通过教育的方法促进学生的宗教知识增长；2.为教会培养世俗的工作者；3.培养未来的牧师和

想以宗教教育作为职业的人。[①]从1926年的课程表看，无论是课程年级安排，还是授课学时，还明显带有"壬子癸丑学制"的痕迹，尤其是预科部两个学期的课程安排，主要是为了满足大学之前没有进行系统宗教学习学生的课程需要。宗教课是金大的必修课，很多考入金大的公立学校和私立学校的学生需要补修宗教课程。另一个较大的变化是，此时大学阶段的宗教教育，已有明显的学术研究转向，不仅有课堂讨论，还要提交学期论文，对学生要求亦越来越高。这也显示出金大宗教教育逐渐转向学术研究的路径，并且宗教课渐有选修的趋向。

20世纪20年代，中国国内民族主义运动风起云涌，非基督教运动和收回教育权运动对基督教大学造成很大冲击，对其办学宗旨和课程设置都作了限制性要求，这也预示金大的宗教课程在新时期即将面临很大的调整。

第二节　早期的宗教活动

金陵大学早期的宗教教育，除了宗教课程，还有丰富的宗教活动安排，且有专门的宗教教师负责校园的宗教活动。金大很早就实行了"导师制"（Adviser System），为每名学生安排两位教师，一位中国教师和一位外国教师，"学生遇到任何困难、有不良行为或特别的事情都可以拜访导师。在一学期中，每个学生至少有一次，或形成惯例跟导师交谈很多次，谈他的基督徒生活和经验。如果是非基督徒学生，谈他对基督的看法。无论从教育的观点还是宗教的

---

① The University of Nanking Bulletin（1924-1925），RG 11, Box 197, Folder 3388, UBCHEA Archives.

观点，这个计划已取得很好的结果"。①这里的"导师制"不同于20
世纪30年代国民政府对中等以上学校学生实行的"导师制"，金大
"导师制"的主要目的是促进学生的宗教生活，增强学生对基督教
的兴趣。

一、宗教教育的师资

宗教教育的师资，直接影响到教会大学的宗教教育的效果和校
园的宗教氛围。金陵大学一直都设有"校牧"（chaplain）一职，
汇文书院时期就有，主要职责是主持主日礼拜，与学生进行个人接
触，在学生中发展基督信徒。金大最早的校牧是张永训牧师。张永
训字资卿，江苏六合人，他于1904年毕业于汇文书院神学科，曾在
南昌、芜湖两地任连环牧师，②从1908年起，他开始担任汇文书院的
校牧。金陵大学成立后，张永训继续在大学教堂从事牧师工作，在
学生个人拜访和周日礼拜方面都做了很多工作。张永训后来去了金
陵神学院，也经常回金陵大学进行宗教演讲和布道大会。

张永训离校后，据金陵大学1911至1922年历年的大学章程显
示，校牧一职一直是由副校长文怀恩兼任。校长包文在给金大托事
会和理事会的报告中，曾多次强调学校需要一名有经验的中国牧
师的迫切性。三书院合并为金陵大学之初，包文校长在报告中就提
出，"由于教会在调整关系中的细微敏感，没有人希望再进一步进
行。所有问题的解决，我们最迫切需要的就是一位有经验的中国牧

---

① Report of the President to the Board of Managers of the University of Nanking for the
Year 1912, RG 11, Box 195, Folder 3367, UBCHEA Archives.
② 《金陵大学同学录》，私立金陵大学档案，中国第二历史档案馆藏，卷宗号 649，
案卷号 1465。

师能来领导工作"①。说明中国籍牧师在协调各联合差会中的重要性。但是直到1922年，金大都没有物色到合适的中国牧师。包文校长再次提出这一问题已迫在眉睫，他说，"大学有责任和义务发展和加深学生的精神生活，我们从没有觉得这方面做得如我们期望的那样令人满意，我们所有人都感觉强烈需要一位中国人大学牧师，能够全职服务于学生的宗教和精神需要，"原因在于"教职员也做他们力所能及的宗教服务，但是以一种随意的和无组织的方式。我们期望有一天这样的人能够找到，他能够很好地组织教师的活动，也能与学生密切接触，特别是大学的学生"。②包文的这段报告说得很明白，大学设置专职牧师对促进校园宗教生活至关重要，中国牧师在与学生接触、布道时更容易交流，更容易施加宗教影响。中国籍校牧的空缺在一定程度上影响到金大早期宗教教育的实施效果。

除校牧外，教授宗教课程的教师也是开展宗教教育的关键。在金大学制中，圣经课程是必修的，从小学到大学所有的班级都要讲授《圣经》。金陵大学合并创立时，宗教教育系由美在中任系主任，恒谟为宗教学教授。美在中与金大渊源极深，曾是金大前身基督、宏育二书院的校长，对金陵大学的创建有首倡之功。金大合并后，美在中又担任金大中学部校长。他对办教育极为热忱，对传播福音不遗余力，是金大实施宗教教育的核心人物。正如学生李寅所言："居今溯昔，先生之学生无不受洗，而先生未尝一语涉及劝人受洗，盖先生平日讲道，使人得道，故家庭任何逼迫，未能阻学生之受洗也。"③1915年8月，美在中逝世于江西牯岭，他的离世是金

---

① Report of the President of the University of Nanking to the Board of Trustees, Covering the First Year and a Half of Union Work 1911.8, RG 11, Box 195, Folder 3367, UBCHEA Archives.

② Report of the President and the Treasurer for the Year 1921—1922, RG 11, Box 195, Folder 3370, UBCHEA Archives.

③ 李寅:《美先生与学校》,《金陵光·美在中纪念专号》1916年8月临时增刊, 第17页。

大宗教教育的一大损失。

美在中去世后，金陵大学大学部宗教教育主要由文怀恩和恒谟负责。恒谟自金大创立就一直担任宗教教育系教授，负责金大大学部和中学部的宗教教育，也是金大宗教教育的中坚力量。美在中逝世所造成的宗教教育师资力量的空缺，不久因戴籁三（Twinem Paul Dewitt）的到来而得到加强，由他负责大学部的宗教教育。

戴籁三在金陵大学教授圣经课程，他很平易近人，经常在家中举行祈祷会，解决学生的生活问题和宗教困惑，对学生的个人工作和小组活动都非常尽职，他对基督的虔诚和奉献精神也深深地影响了学生。但不幸的是，戴籁三于1923年秋天去世。包文对戴籁三的贡献评价很高，他在写给理事会的报告中称，"他的去世给我们的宗教工作带来了很大的损失"[1]。

戴籁三去世后，金陵神学院的毕范宇（Francis W. Price）和农业经济系主任卜凯（John Lossing Buck）的夫人赛珍珠（Pearl S. Buck，1892—1973）从事了大部分的班级工作和不少的个人工作，并答复学生的宗教问题。到1924年春季学期末的时候，金陵大学终于又有了全职的宗教教育教师，美以美会派遣郁富森（Horace G. Robson）接替戴籁三的工作，来金大全职教授大学圣经课和解决学生的宗教及生活问题。金大对郁富森的工作满怀期望，包文校长在报告中称："郁富森先生有充足的宗教教育经验，并于秋季学期开始投入大学的宗教教育工作，且有深思熟虑的计划。"[2]随着恒谟休假归来，再加上毕范宇持续的帮助，还有其他教师加入教授主日学校，金陵大学宗教工作的师资又得到很大增强，校长报告中称"宗教工

---

[1]　Report of the President and the Treasurer for the Year 1923–1924, RG 11, Box 195, Folder 3371, UBCHEA Archives.

[2]　Report of the President and the Treasurer for the Year 1923–1924, RG 11, Box 195, Folder 3371, UBCHEA Archives.

作从没有这么好地组织过"。[1]

二、宗教活动的开展

金陵大学对于师生的宗教信仰没有强制性规定。学校没有因为学生不是基督徒而禁止入学，或强迫学生加入基督教。但教会大学"目的是尽可能让学生接受基督"[2]，这也毋庸讳言。校长包文认为："吾人深信教育之首要作用在养成高尚的品格，而宗教确为培植智仁勇公民之要素。本校虽为教会设立，但不强迫学生皈依教门，但愿尽吾人义务，使学生明了各种教谛，应将来作自由的选择。"[3]除了课堂必修的圣经课程，金大早期还开展有丰富的宗教活动，主要体现在以下几个方面：开设主日学校、主日礼拜和每天的教堂礼拜、布道会等。

1.主日学校（Sunday School）。又称主日学、星期日学校，兴起于18世纪末，盛行于19世纪上半期，是英美诸国在星期日为贫民开办的初等教育机构。参加主日学校的主要是儿童，也有成年人，多数为宗教信徒。教学内容除宗教教义和道德准则外，也包括读、写、算等基本知识。金陵大学的主日学主要分两种性质，一类是面向金大自己的学生授课，让学生有机会了解更多的基督教知识；另一类是金大学生为附近儿童和平民所办的主日学校，以让更多的人了解福音。

金大校内的主日学校一直都有，早期的组织方法是让大部分学

---

① Report of the President and the Treasurer for the Year 1923—1924, RG 11, Box 195, Folder 3371, UBCHEA Archives.

② The University of Nanking Bulletin（1910—1911），RG 11, Box 197, Folder 3384, UBCHEA Archives.

③ 《南大百年实录》编辑组编：《南大百年实录（中卷）：金陵大学史料选》，南京：南京大学出版社，2002年，第37页。

生在教堂大厅，分成小组，主讲人面对全体学生讲授。但由于人员众多，往往下面是"嘈杂和混乱的状况"[1]，效果甚微，故这种授课方式后来被取消。此后实行按照年级分班制，在一个简短的共同礼拜之后，学生被分到各个教室，围坐在桌子旁，尽量让学生自己提出问题和回答问题，再由教师进行答复和解决问题。

金大一直实行周日早上礼拜的主日学校，到1914年改为圣经学习班，改变以往使用的国际通用的主日学校课程，开始实行课程选修。可供选修的课程包括[2]：

Jenks："耶稣的社会原则"（Social Significance of the Teaching of Jesus）

　　Murray："神圣的精神"（The Holy Spirit）

　　Speer："耶稣的准则"（Principles of Jesus）

　　Simpson："基督的事实"（The Fact of Christ）

　　Beardslee："主的传道培训"（Teacher Training with the Master Teacher）

　　Sallmon："耶稣寓言研究"（Studies in the Parables of Jesus）

这里以詹克（Jenks）所著的《耶稣的社会原则》[3]为例，来了解金大圣经班学习的情况和效果。詹克的这本著作由84篇讨论组成，共分成12组，每组7篇。之所以每组分为7篇，是便于每周七天进行研讨，这个设计目的，是让圣经班学习小组在连续十二周，每周七天的研讨聚会来完成。其中周一到周六的六篇，是由一、二节经文或格言为主题，再配合一段短文，把经文的重点引申到一些具

---

①　Report of the President of the University of Nanking to the Board of Trustees August 1911 to August 1912, RG 11, Box 195, Folder 3367, UBCHEA Archives.

②　Report of the President to the Board of Trustees for the Year 1914, RG 11, Box 195, Folder 3368, UBCHEA Archives.

③　Jeremiah Whipple Jenks, *The Political and Social Significance of the Life and Teachings of Jesus*, the International Committee of YMCA, 1906.

体社会、政治事件，以引起小组的讨论。而第七天的篇章，则是一连串总结性的讨论问题，让小组成员可以整理、回顾这一周的学习重点，并引申、应用到具体问题上。

　　这种形式的圣经研讨班对金大学生了解、皈信基督有很大的作用。如金大著名校友陶行知在他的信仰自述中说："我现在之所以信仰耶稣，很大程度上是因为读了康奈尔大学詹克教授所著的书《耶稣的社会原则》。虽然我不能在这里很仔细地讨论基督哪些教导是重要的，但我必须指出，就是他教导我们如何爱人如己，叫我决志成为基督徒。而我刚才提及的书籍，正好清晰地论述和印证了这个原则。"①

　　这些课程由青年会的圣经学习委员会组织，并由教职员领导，圣经选修课程的实施和越来越规范的教学，使学习效果明显加强。到1915—1916学年度，圣经班已经可以提供10—12门课程供学生自由选择，大大增强了学生学习《圣经》的兴趣。

　　2.主日礼拜和每天的教堂礼拜。这两种礼拜形式是金陵大学最常规的宗教活动，尤以主日礼拜最为隆重。主日礼拜的隆重不仅体现在一系列的程序上，包括唱赞美诗、圣经经训、宣信、祷告、证道等。每周的主日礼拜都会邀请教会知名领袖前来演讲，是基督徒一周非常重要的宗教活动。兹将1914年秋季学期出席金大主日礼拜演讲者列表4-3如下：②

---

① 何荣汉:《陶行知——一位基督徒教育家的再发现》，合肥：安徽教育出版社，2011年，第42页。

② Report of the President to the Board of Trustees for the Year 1914, RG 11, Box 195, Folder 3368, UBCHEA Archives.

表4-3　金陵大学1914年秋季学期参加主日礼拜演讲的人员情况表

日期	姓名	地点、单位
1914年 9月13日	刘易斯主教（W. S. Lewis，神学士、法学博士）	福州
9月20日	米勒牧师（Geo. A. Miller）	加利福尼亚
9月27日	文怀恩	金大副校长
10月4日	包文（法学博士）	金大校长
10月11日	科克伦牧师（J. B. Cochran）	太原
10月18日	鲍尔斯教授（W. C. Bowers）	肯塔基州特兰西瓦尼亚大学
10月25日	高诚身牧师（Frank Garrett，神学士）	金陵神学院
11月1日	文怀恩	金大副校长
11月8日	甘路得牧师	金陵神学院院长
11月15日	张永训牧师	金陵神学院
11月22日	诺斯牧师（Frank Mason North，神学士）	纽约
11月29日	诚静怡	中华续行委办会 中国干事
12月6日	毕来思（神学士）	金陵神学院
12月13日	李永训（Elder Li Yung Shuin）	
12月20日	文怀恩	金大副校长
12月27日	伍布瑞奇（S. I. Woodbridge）	《中国情报》（Chinese Intelligencer）编辑
1915年 1月3日	尤伦（William C. Allen）	北加利福尼亚相半会会长
1月10日	王牧师（S. C. Wang）	志愿者运动旅行秘书
1月17日	王牧师（S. C. Wang）	志愿者运动旅行秘书
1月24日	应教授（Z. T. Ing）	金陵大学

　　参加主日礼拜的演讲者有来自金大校内，也有来自其他单位，有国内的，也有国外的。此表中的诚静怡、甘路得、毕来思等人，都是当时基督教界的领袖人物。众多知名人物主领主日礼拜，对基督徒和非基督徒有很大的吸引力，利于加深基督教对学生的影响。

3. 布道会

学习宗教课程，参加主日礼拜和祈祷会，目的是对学生施加基督教影响，让更多人皈依基督教，而"学生基督徒的数字统计是学校所施影响最好的标志"[1]。为了让更多学生加入基督教，金陵大学每年都会举行布道会（Special Religious Meeting for Christian Decision），这些布道会收到了良好的效果。以下是几次影响力较大的布道会：

（1）1911年3月丁立美牧师布道大会。丁立美牧师的到来吸引了很多基督徒师生。布道会具有浓厚的祈祷精神，丁牧师认为这比布道更为重要。最终有30多名学生决定加入基督教，还成立了一个金大立志布道团，有60多名学生加入。

（2）1913年春艾迪博士来南京举行演讲大会，金大有60名学生决定加入基督教，其中大多数随后都领了洗，有些还担任个人布道工作，效果良好。[2]

（3）诚敬怡博士布道大会。1919年3月7—11日中华基督教全国协进会总干事诚敬怡博士来校作布道演讲。此次的布道工作准备非常周密。诚博士结束最后一讲时，决志信奉基督的学生有25位。[3]

（4）1920年春季学期，伯尼（L. J. Birney）主教为金大大学部和中学部的同学举行了一系列的布道大会。"这些布道会在学生的心灵和思想上都产生了显著的效果"[4]，结果有23名大学生和44名中

---

[1]　Report of the President of the University of Nanking to the Board of Trustees, Covering the First Year and a Half of Union Work 1911.8, RG 11, Box 195, Folder 3367, UBCHEA Archives.

[2]　郭中一：《金大60年来宗教事业之概况（1888—1948）》，南京大学高教研究所编：《金陵大学史料集》，南京：南京大学出版社，1989年，第255页。

[3]　郭中一：《金大60年来宗教事业之概况（1888—1948）》，南京大学高教研究所编：《金陵大学史料集》，南京：南京大学出版社，1989年，第256页。

[4]　Report of the President and the Treasurer for the Year 1920-1921, RG 11, Box 195, Folder 3370, UBCHEA Archives.

学生和模范小学学生决定加入基督教。

在金大办学早期，金大学生毕业后从事与基督教有关工作的不在少数。自1896汇文书院第一位学生毕业至1917年大学部搬迁鼓楼校园，金大共有145名毕业生，其中96%是基督教徒，74%毕业后在教会内部从事教师、传教士和医生的工作。[1]这一状况在此后发生了很大的转变。学生中基督教徒的比例在下降，更多的毕业生也不愿意只留在教会工作，他们希望获得更高的社会地位和经济报酬，很多学生希望能出国留学深造或从事教师、农林技术人才、医生、工程师等新兴行业。[2]

学生基督徒数目和比例是衡量宗教教育实施效果的重要指标，以金陵大学1923、1924、1925三年秋季学期学生的基督徒数目为例，金陵大学大学部学生基督徒比例大致维持在45%，见表4-4。

表4-4　金陵大学1923、1924、1925三年秋季学期学生的基督徒人数表

年份	年级	基督徒	非基督徒	基督徒所占比例
1923年	大学	202	252	44.5%
	中学	112	153	42.3%
	高小	67	152	30.6%
1924年	大学	139	157	47.0%
	预科部	63	106	37.3%
	中学	93	200	31.7%
	高小	29	104	21.8%
1925年	大学	146	181	44.6%
	预科部	63	124	33.7%
	中学	108	252	30%
	高小	17	114	13.0%

[1]　Report of the President for the year 1917—1918 to the Board of Trustees and the Board of Managers，R G059-195-3368, UBCHEA Archives.

[2]　杨莉:《"选择学生"与"学生选择":民国时期金陵大学的招生政策与学生群体研究》，《史林》2020年第6期。

　　同时，我们对比金大小学、中学、大学不同年级学生基督徒的人数，可以发现一个共同的趋势，即学生基督徒的比例随年级的升高也逐渐升高，高小基督徒的比例最低，大学比例最高，这也说明教会学校实行从小学到大学一贯制的宗教教育效果是明显的。

　　从金陵大学早期开设宗教课程和进行宗教活动的情况，能明显看到大学早期创办者关于学校宗教教育的定位："耶稣的宗教是作为公民和个人生活最重要的基础，因此在大学的教学和气氛中需显现和维持宗教的高标准和道德的坚定。"[1]金大教职员中有基督徒也有非基督徒，但大学还是有明确的政策，尽量聘用基督徒，以对学生施加积极的基督教影响。金大课程中有宗教课程，每天有教堂聚会，周日早晨有教堂礼拜。需要强调的是，金大对所有学生，不管信教与否，都能够一视同仁，没有强迫任何学生加入基督教，基督徒和非基督徒学生一样地给介绍工作，在品质和学业方面一样地严格要求。陶行知的经历很能说明这一点。陶行知当年仅注册三天就离开杭州广济医学堂，主要是因该校对非基督徒的学生有歧视措施，他愤然退学，选择来金大读书，因金大"非基督教徒和教徒都受欢迎"[2]。这也体现了金陵大学宗教教育的目标是"使每个学生在读书期间有机会学习基督教的知识和有机会对接受耶稣与否做出自愿的选择"。[3]

---

[1]　The University of Nanking Bulletin（1924-1925），RG 11, Box 197, Folder 3388, UBCHEA Archives.

[2]　何荣汉：《陶行知——一位基督徒教育家的再发现》，合肥：安徽教育出版社，2011年，第35页。

[3]　The University of Nanking Bulletin（1924-1925），RG 11, Box 197, Folder 3388, UBCHEA Archives.

第三节　最早的学生团体：基督教青年会

金大校长陈裕光曾评价金大基督教青年会说："本校学生青年会于校内学生团体中历史最久，成立以来对于同学生活颇能尽力服务"。[①]青年会是金大成立最早的学生团体，其目的"在以牺牲服务之精神，谋同学之团结，及感情之联络"[②]，该会不仅为同学提供各种服务，而且也是校内宗教活动的组织者。

一、青年会在中国

基督教青年会（Young Men's Christian Association，简称Y.M.C.A）是一个世界性组织，至今仍在世界各地发挥着积极作用。基督教青年会的历史可以追溯到19世纪中叶，1844年最早诞生于英国。青年会的奠基人乔治·威廉（George Williams）当时在伦敦一家布店做学徒，他看到青年工人平日生活颓废，精神空虚，苦闷酗酒，感到很痛心，于是在1844年6月联络了12名青年店员，组成了以查经为主的宗教团契活动，这是世界上第一个基督教青年会，用宗教崇拜和正当的文体娱乐活动来充实人们的精神生活。

青年会虽然创立于英国，但蓬勃发展在美国，并逐渐从一种单纯以宗教活动为号召的青年职工宗教团体，发展成以倡导"德、智、体、群"四育全面发展"完美人格"为主导的社会活动机构。1854年，美国和加拿大在美国纽约州布法罗市联合成立了"基督教青年会北美协会"（International Committee of Y.M.C.A in U.S.A. and Canada）。1855年，欧美各国青年会在法国巴黎举行了第一次世

---

① 　《金陵大学学生基督教青年会活动的文书》，私立金陵大学档案，中国第二历史档案馆藏，全宗号649，案卷号441。

② 　金陵大学青年会编印：《金陵手册》（1929—1930）第9版，第22页。

界性的会议，来自欧美各国的青年会代表成立了"基督教青年会世界协会"（World Alliance of the Young Men's Christian Association Society）。1878年在瑞士日内瓦设立总部，并存在至今。

基督教女青年会（Young Women's Christian Association，简称Y.W.C.A）发源地也在英国。1855年金纳德夫人在伦敦创立了女青年会，最初只是进行宗教崇拜活动和社会服务工作，后来也开展社会改良工作。不久就传到了德国、美国等地，1894年世界基督教女青年会在英国成立，总部设在日内瓦。

在美国基督教传教历史上，学生海外志愿传教运动（Student Volunteer Movement for Foreign Missions）以学校学生为主体，在美国19世纪末20世纪上半叶的世界性传教活动中扮演了重要角色，并直接影响了中国青年会的创建和发展。1885年和1886年，美国传教士施美志（George Smyth）和毕海澜（Harlan Page Beach）分别在福州英华书院和河北通州潞河书院成立了中国最早的基督教青年会。接着杭州长老会育英书院的学生青年会也成立了。这三个学生青年会都诞生在教会学校，由教会学校的学生组成，不过它们是各自成立，彼此不通音信。1888年，青年会北美协会应在华传教机构和传教士的请求，派魏夏德（Luther D. Wishard）对中国、印度、日本等东方国家进行了长达四年的实地考察，想了解北美协会能为中国青年会提供什么帮助，希望在中国等亚洲国家扩大基督教青年会的影响。

在华传教士认为，"教会大学在20世纪对于中国的贡献，当不亚于19世纪中大西洋沿岸各大学对于美国的贡献"[①]，此一看法对魏夏德产生了很大的鼓舞，坚定了他在中国创办青年会的决心。在魏

---

① ［美］来会理：《中国青年会早期史实之回忆》，《中华基督教青年会五十周年纪念册》，上海：青年协会书局，1935年，第184页。

夏德的努力下，1890年在华外国传教士第二次全国大会决议，向北美协会正式请求派人到中国组织青年会。北美协会认为有责任协助中国建立青年会，并于1895年10月派生长在中国、为学生海外志愿传教运动工作过五年的来会理（D. Willard Lyon）到中国，他也成为中国青年会的第一位专职干事。

1895年12月8日，来会理在天津联合多所学校学生成立了天津中华基督教青年会，这是中国第一个城市青年会。1896年9月21日，北美协会总干事穆德来华，他几乎访问了中国所有的高等教育机构，宣讲中国学生加入世界基督教学生团体的益处，很快发展了22个学校青年会，促成青年会第一次全国大会于1896年11月在上海召开，组成了"中国学塾基督幼徒会"（College Y.M.C.A. of China and Hong Kong），这是中国基督教青年会最早的名称，从名称中可以看出，最初中国基督教青年会以学校青年为主体。1900年1月6日，北美协会派遣的路义思在中国干事曹雪赓的帮助下，成立了以职业青年为主的上海青年会。1902年5月26日，在上海召开了青年会第四次全国大会，修订了青年会宪章，城市青年会正式参加全国组织，去掉了"学塾"二字，使青年会成为包括社会各界青年的宗教组织。青年会选择知识青年为工作对象、重要城市为工作地点、以学校青年和城市青年为基本工作主体的工作方针基本确定。①

1912年12月，穆德在北京举行了中国基督教青年会第六次全国会议，决定在上海建立总部，定名为"中华基督教青年会全国协会"（简称"全国协会"），得到北京政府的承认。大会推举美国人巴乐满（Fletcher Sims Brockman）为第一任全国协会的总干事。当时全国青年会市会有25处，校会有105处。学校青年会及城市青年会

---

① 梁小初：《中国基督教青年会五十年简史》，《中华基督教青年会五十周年纪念册》，第91页。

会员数为一万六千多人①。

中国基督教青年会的宗旨为：发扬基督精神，团结青年同志，养成完美人格，建设完美社会。青年会的宗旨在社会发展的过程中不断地充实完善，其早期宗旨是对青年实施个别的宗教和道德教育，进入20世纪后，宗旨从对个别青年施加影响而逐渐扩大到对整个社会推行改良主义。会训为"非以役人，乃役于人"，其义为"不要受人的服事，而是要服事人，为别人服务"。中国基督教女青年会宗旨为"团结中国少女和妇女，根据耶稣基督的教训，推进德、智、体、群四育，服事上帝，服务祖国"，会训为"尔识真理，真理释尔"，其义为"你们必晓得真理，真理会叫你们得以自由"。

中国基督教青年会不属于任何基督教的宗派，但同任何宗派都有联系。然而它本身并不是教会。青年会的会员，虽做传播福音的工作，但他们并非传道者或牧师。教会的事工是偏于传教事业的，但青年会是偏于"行的"服务，弘扬基督的"博爱"精神，做荣神益人的工作。参加青年会，并不等于参加基督教，青年会会员也并不都是基督徒，其中有不少非基督徒。但青年会并不因为偏重服务而忽略了宗教事工，青年会不但服务人，同时也在宗教方面劝勉人，传福音给整个社会，使社会道德风尚得以改造。针对当时中国基督教界教派众多的情况，基督教青年会不分宗派、不拘教义，试图在青年和民众面前建立一个团结的基督教整体形象。基督教青年会对教会职能的补充和加强，在20世纪初基督教会的发展上起到了许多有形与无形的作用。中国基督教青年会开展的活动主要围绕德、智、体、群四个方面开展。

青年会的德育带有宗教色彩，形式多样，如举办宗教演讲、

---

① 谢洪赉：《青年会代答》，上海：上海基督教青年会全国协会，1914年，第5—6页。

主日学、灵修会、夏令会、退修会、开设查经班等，联络基督徒感情，吸引青年人入会。其中较重要的形式是青年会负责组织布道大会。辛亥革命前后有多批布道家到中国各城市举行大规模的布道大会。著名的布道家如穆德、艾迪曾多次到中国十几个城市进行布道，累计青年听众有137 000余人，袁世凯都曾去听讲，事后还大加赞赏。

青年会的智育主要是教育和出版两方面。青年会开办有各种类型的学校，如创办青年会中学，开办半日学校、夜校、补习学校、儿童义务学校和文盲义务学校以及开展公民训练、职业指导、组织读书会等。青年会市会教育工作的重点是进行平民教育。1923年8月，青年会在北京举行了全国平民教育会议。在这次会议上，平民教育促进会（简称平教会）诞生，由晏阳初任干事，此后形成独立了的平教运动。青年会校会的教育工作则以公民教育为重点，提倡"人格救国""读书救国"，如沪江大学校长刘湛恩负责举办的"公民教育运动周"活动和创办公民训练所等。

青年会体育事工是通过体育部开展的。中国基督教男女青年会是中国体育事业的开创者之一，来华第一任总干事来会理很重视体育工作，他创办体育部，引进当时流行于西方的体育项目，举办体育讲座、卫生讲座，宣传体育锻炼在增强体质、锻炼意志、增添乐趣等方面的益处，吸引青年人参加体育运动。青年会开设健身房、游泳池、弹子房、篮球场等体育健身场所，组织体育竞赛，训练体育师资和裁判员、教练员，同时还积极组织运动会。中国最早的运动会是青年会于1902年在上海和天津举办的。1910年在南京举行的中国第一次全国运动会也是青年会主办的。1913年和1915年中国青年会与菲律宾、日本青年会联合组织了两次远东运动会。青年会的体育工作很快在中国打开局面。

群育工作主要是基督教青年会参与劳工和农村改良实验等活

动。青年会全国协会设有劳工部，在农村和劳工中进行改良主义
实验。

二、金大青年会之事工

金陵大学青年会是成立比较早的学校青年会，始建于1902年[①]，
地址位于干河沿的汇文书院校园，汇文书院内的库珀厅（Cooper
Hall）正是当年青年会的建筑，被称为"青年会堂"，也是中国最
早的青年会建筑之一。金大青年会比南京青年会成立时间还要早，
南京青年会正式成立于1912年4月，它是在教会学校校际青年会联合
会的基础上建立起来的，当时在南京的几所教会学校，金陵大学、
圣道书院（the Presbyterian Union Theological Seminary）、圣经学堂
（the Christian Bible Institute）在裴德士（Pettus）的指导下，为了联
合基督徒师生促进宗教活动，扩大基督教对其他学校的影响，成立
了校际青年会联合会（Inter-Collegiate Y.M.C.A）[②]，这个校际青年会
组织就是后来南京青年会的雏形。

1917年秋，金陵大学大学部迁至鼓楼校区，金大青年会也有了
位于鼓楼对面的新建大楼。金大青年会由卫果立（W. H. Weigel Jr.）
担任总干事，成立了董事会，由刘伯明、诚静怡、温佩珊和韩穆敦
任董事，并制定章程。根据《金陵大学青年会章程》[③]，金陵大学青
年会的组织目的为：1.团结大学内的基督徒力量，并为他们的灵修
提供充分的方法；2.寻找大学的每一个可能成为耶稣基督追随者的
成员，以争取提升整个学生团体；3.为大学同学和附近居民的精神

---

① 金陵大学青年会编印：《金陵手册》（1920—1921）第1版，第19页。
② 金陵大学编：《金陵光》第1卷 第4期，1910年，第3页。
③ 金陵大学青年会编印：《金陵手册》（1922—1923）第3版，第18—21页。《金陵手册》创办于1920年，一直用英文编写，到1928年第8版时才改为用中文编写。

和社交的需要，成立一个基督教服务部。

金大青年会的董事会拥有很大的权力，不仅为总干事、执行部和各委员会提供咨询和顾问，也有权力分配青年会的基金。金大青年会设总干事一人，设有执行部，并根据工作需要设有各种委员会。历届职员本着"非以役人，乃役于人"的会训，除增强自身之灵性修养，并从事于服务同学之工作，在校内团体生活中贡献很多。青年会总干事有很大的执行权力，他作为青年会的代表，只对董事会和大学校长负责。在1921—1922年，金大青年会的组织架构如下：

董事会：温佩珊（主席）、钦嘉乐、韩穆敦、诚静怡、埃德温·马克思、谢家声

总干事：戴籁三

执行部：俞友仁（会长）、魏学仁（副会长）、范廷秋（Fan Ting Chiu，书记）、兰石继（Lan Shi Chi，会计）

各委员会主席：

宗教聚会——陈克靖（Chen Keh Ching）

圣经班——孙德和（Swen Teh Heo）

通俗学校——张尊图（Chang Tsuen T'u）

社交聚会——石贵岭（Shi Kwei Ling）

社交厅管理——何礼本（Ho Li Pen）

手册部——陈鸿春（Chen Hung Chuin）

中国音乐——石国平（Shi Kwoh Ping）

外国音乐——江本功（Kiang Pen Kung）

体育部——陈安梓（Chen An Tz）

金大青年会的事工主要围绕德、智、体、群开展。金大青年会举办一系列宗教聚会，组织师生参加宗教大会，"大学的宗教活动

大部分集中在青年会"①。金大学生每早有礼拜，周日早上有圣经班和主日礼拜。礼拜服务由青年会在教堂主持，并邀请名人来校演讲。青年会每年还利用暑假参加夏令会。如1919年夏天，金大有八名学生被邀请参加在北戴河举行的为期一个月的圣经学习课程。经过集中学习，这些同学回校后对青年会工作做出很大贡献。②在青年会全国协会的主持下，每年夏季还会在牯岭召开会议。

通俗学校是金大青年会经营的一个卓有成效的平民教育机构，"其胚胎于1914年秋季，而完全成立则在次岁春间"③，最初发起人是学生柯大用，并获得校长包文支持。当时金大青年会正在征求会员，会费共收入八十多元，讨论用处时，柯大用建议组织金陵通俗学校，专门教授失学贫民，这样金大通俗学校就与青年会合办，以任竹楼、黄人杰、柯大用为主任，包文校长为顾问，并制定了通俗学校的章程。④

1. 通俗学校是金陵大学青年会活动之一。所有费用由青年会筹集。

2. 主要学习目标是帮助贫民或工人获得大众教育，通过系统的学习认识600个简单汉字。

3. 学校的教师都是金陵大学一些热心社会服务的学生，而且他们都是不领薪的。

---

① Report of the President and the Treasurer for the Year 1924–1925, RG 11, Box 195, Folder 3372, UBCHEA Archives.

② Report of the General Secretary to Board of Directors 1919–1920, the University of Nanking Young Men's Christian Association, RG 11, Box 198, Folder 3393, UBCHEA Archives.

③ 《金陵大学同学录》，私立金陵大学档案，中国第二历史档案馆藏，全宗号649，案卷号1465。

④ "General Regulations of the People's School," *The University of Nanking Magazine*, vol. Ⅵ, no.10（April 1915），p.442.

4. 学校位于估衣廊的城中美以美教会。

5. 想入学的学生必须填一份带有保证人签字的申请表。

6. 所有12岁以上50岁以下者都可以申请入学。

7. 不收取任何费用，书本、纸张和钢笔都是免费提供，如果中途有退学或违章的，须偿还此费。

8. 课程包括：写字、算术、算盘、阅读、写信、道德教育、卫生、地理和伦理。

9. 每天学习从下午七点开始。周日没有课程，但是希望学生参加主日礼拜。

10. 毕业需要学习六个月，然后颁发结业证书，如果没有达到要求，学习期限将延长。

11. 如果毕业生有很好的道德表现和学习成绩良好，将被推荐高级课程学习，青年会为那些想进一步学习的学生开办了高级班。

金大通俗学校所授课程大都与平民日常生活密切相关，很有实用性，这是该校吸引众多学员的原因。通俗学校有一定宗教色彩，不仅帮助学员获得知识，也训练他们成为良好的公民，通俗学校被认为"是学生出于爱国心和基督对于贫民和文盲的爱而举办的"。[①] 通俗学习的教员都是不领薪的无偿劳动，为对社会福利工作感兴趣的学生提供大量的服务机会，集教育性、服务性与宗教性于一体。

通俗学校成立后暂定学额100名，但很快满额，想入学之人络绎不绝。于是又开办了两所分校，一所在汉西门，学生大约有40人，教师中有一些是来自金陵神学院的学生；另一所在鼓楼，有50名学生，由金大中学部的学生教授。后来又在双塘福音堂及龙蟠里礼拜日学舍开办第四、第五两校。1916年春又在金大增设高级班。在讲堂街成美学校开设第六校，1917年春季开办第七、第八两校，第七

---

① "Editorial," *The University of Nanking Magazine*, vol. VI, no.10（April 1915）, p.421.

校在南门外西街福音堂，第八校在花市街基督堂，学生200多人，教员五十多人。[1]到1920年已发展到九所学校，学生共340名。

金大青年会还为在校学生提供社交和娱乐活动。青年会有一个很大的社交活动室，为青年会会员提供舒适的聚会场所，里面摆放着每天的报纸、期刊和其他的阅读材料。有桌椅可以用来写字和学习，有办公室用来做小的图书馆和召开委员会会议。还有乒乓球台、象棋和方格棋台等供会员游戏。

在每年秋季学期开学的第一个周五下午，青年会都会为新生举行招待会[2]。招待会为新生提供了很好的机会认识老生和教职员，让新生感受到学校大家庭的温暖。为了让新生尽快适应新环境，每年青年会的招待工作都准备得一丝不苟。"青年会交谊会之设，所以沟通新旧生之感情，十余年来成效卓著，本学期交谊长马明焕复按旧例煮茗欢迎新生。到者三百余人。"[3]青年会后来还成立了一个探病委员会，主持了两个宗教俱乐部，并时不时地为全体学生提供娱乐节目[4]。在圣诞节和新年，青年会也为全校师生准备有丰富多彩的节目。青年会从1920年始印行《金陵手册》，内容包括校历、校史、校长寄语、校歌、师生通讯地址等，另有大部分篇幅可供学生记录日记，每年一册，共出11册。《金陵手册》为每级新生了解校史校情提供了便利。

青年会是金大成立最早的全校性学生团体，此时校内还没有成立学生会，青年会有时就代表金大参加校际的各种活动。后来才陆续成立了其他学生团体，如学生自治会、文学会、农林学会、合唱

---

① 《金陵大学同学录》，私立金陵大学档案，中国第二历史档案馆藏，全宗号649，案卷号1465。

② 金陵大学青年会编印：《金陵手册》（1922—1923）第3版，第23页。

③ 《青年会交谊会秩序单》，《金陵光》第六期，1913年11月。

④ Report of the President and the Treasurer for the Year 1924—1925, RG 11, Box 195, Folder 3372, UBCHEA Archives.

团、国乐团、军乐队、摄影俱乐部、新剧团等。金大青年会的成长
也与校长包文的支持分不开。包文对入学新生都会强调参加社会服
务和宗教活动的重要性："进入大学不能把所有时间和精力用于学
习，金陵大学的学生要准备过服务的生活。应该融入大学所有的生
活当中，并不仅仅是学习生活"，"可以多参加体育运动、社会活
动、青年会和其他的社会服务、宗教活动等。中国需要懂得服务的
人，懂得如何更好地与人交往的人，需要热心为别人服务的人。"①
金大学生在增长知识的同时，也增强了实践能力和服务意识，"完
美人格，服务社会"，这种校园文化是金大能够培养出众多社会有
用人才的重要原因。

---

① 金陵大学青年会编印：《金陵手册》（1920—1921）第 1 版，第 9 页。

第五章　金陵大学早期的校园生活

第一节　校园建筑群的落成

1910年金陵大学成立后，大学部仍以汇文书院干河沿校区为校址。汇文书院是三书院中校园规模最大的，在第一任院长福开森任内，极重校园建设，"福氏草创之后，改良功课，添置仪器，增聘教习，扩充校址，广建校舍，创筑青年会堂，惨淡经营"[①]。1888年，汇文书院钟楼落成，是当时南京建造的第一幢三层楼的洋房，1898年汇文书院的教室、考吟寝室、小教堂、西教学楼相继落成，组成了颇有西方色彩的建筑群。[②]

金大成立后不久，为扩建学校规模，在鼓楼西南坡购地作为新校址。金大选择此处建造校园是很有远见的，校区地处城市僻静处，可避免市区商业和娱乐气息对学生的干扰，保留基督教大学的一份清静，但又不是偏居山林，与世隔绝。该处地处紫金山—北极阁—鼓楼这条极富特色的城市空间走廊上，并充分利用这一得天独厚的优势，以周边景色作为校园内的借景，将自然环境纳入其中，达到了校园与环境的有机融合。在这样风景优美、依山傍水的校园学习，有助于学生修身养性。

[①]　《师图尔传略》，南京大学高教研究所编：《金陵大学史料集》，南京：南京大学出版社，1989年，第9页。

[②]　董黎：《中国教会大学建筑研究》，珠海：珠海出版社，1998年，第95页。

　　金陵大学特地从美国聘请芝加哥帕金斯建筑师事务所来规划、设计校舍建筑，并由陈明记营造厂负责全部的建造工作。帕金斯建筑师事务所是美国当时最为知名的以文教类建筑为专长的设计公司。陈明记营造厂的厂主是陈烈明，他也是金大首任华人校长陈裕光的父亲。陈烈明是位虔诚的基督徒，在主持营造厂的同时，也兼任教会长老一职，他的营造厂不仅包揽了南京教会几乎所有的建设项目，也成为南京本土规模最大的新式营造厂。据陈裕光的妹妹陈越梅，也是杭立武的夫人回忆，"父亲造了很多礼拜堂，他是个虔诚的基督徒，所以这是他最高兴的一件事。因为当时会盖西式建筑的人很少，大家相信陈老板，要他到各地去建造礼拜堂，而且是照成本计算。金陵大学校园内的礼拜堂也是他造的"①。陈明记营造厂的建筑项目除了金陵大学校舍，还包括金陵女子大学、金陵协和神学院、明德女子中学的校舍，以及太平路圣保罗堂、基督教莫愁路堂等。

　　金大鼓楼新校址是一块南北向的长方形用地，大学部位于北侧，由北大楼（文学院）、东大楼（理学院）和西大楼（农学院）组成，每个学院为一幢楼房，呈三合院布局。金陵大学的主要建筑由一条强烈的南北轴线统领，轴线起始于东西向细长的湖泊，经数条狭长绿化带来强调其纵深感，逐渐过渡到开阔的方形草坪，最后进入以钟楼式建筑（北大楼）为主景、由东西两侧大楼围合的一个完整三合院空间。这种轴线加三合院式的空间布局是当时教会大学规划中常用的手法，也反映出美国的大学概念。在传统的英国大学概念中，各学院是相对独立的，各学院形成了较为封闭的方院，所谓学院属于规划概念。而在美国的大学概念中，各学院是指楼房，

---

① 《杭立武先生访问记录》，"中央研究院"近代史研究所：《"中央研究院"近代史研究所口述历史丛书》（23），台北："中央研究院"近代史研究所，1990年，第108页。

楼房之外的所有用地都是公共领域，所谓学院属于建筑概念。①这种三合院式的空间布局其主要目的是想利用半封闭的空间，提供一个可以交谊的露天场所，以增进学生之间和师生之间的交流，保持教会大学的持久影响力。

金陵大学按照美国式大学校园模式进行空间布局，主要建筑都坐落在鼓楼西侧如同天然卫城般的小山岗之上，计划中的校舍沿着一条南北向的校园主轴线分列布置，利用基地南北向的高差设置不同的台地和几何式绿地、广场，主要建筑使用自南京明城墙上（当时正处于部分毁损状态）取下的大型灰色砖块，带有庄严华贵的气派，并率先融入中国北方官式建筑风格。在中外建筑师、工程师和工匠的协同合作下，金大主要校园建筑工作至1925年基本告竣，规模宏大、中西合璧，与鼓楼巍然并峙，成为当时南京引人瞩目的建筑群体。

金陵大学旧址建筑群（金陵苑）至今仍保存完好，2006年被国务院列为全国重点文物保护单位，2016年入选首批中国20世纪建筑遗产名录。金陵大学的主要建筑物形式统一、风格稳定，大多是青砖墙面，歇山式屋面，上覆灰筒瓦，建筑造型严谨对称，进深较大而窗户较小，显得封闭稳重，带有中国北方官式建筑的部分特征。金陵大学的主要建筑包括北大楼、东大楼、西大楼、礼拜堂、小礼拜堂、应用科学馆、图书馆、学生宿舍等。

一、北大楼

北大楼，原为行政楼（Administration Building），后为文学院使用，又称史温司楼（Severance Hall），是美国克利夫兰的史温司

---

① 董黎：《中国教会大学建筑研究——中西建筑文化的交汇与建筑形态的构成》，珠海：珠海出版社，1998年，第100页。

（John L. Severance）先生和他的妹妹普伦蒂斯（F. F. Prentice）女士为了纪念他们的父亲捐建的[1]。据《金陵大学校刊》介绍：北大楼形如凸字，高与鼓楼齐，雄壮古雅坚确俱具，信足为吾校校风之象征。[2]北大楼地上两层，地下一层，外墙全部采用明代城墙砖清水砌筑（部分仍留有城墙砖的铭文印记）。主体建筑南侧中部设一座方形平面、五层高的塔楼（内设为校园供水的储水箱），高耸与鼓楼平峙，顶部冠以十字形屋脊，外饰白石假阳台，是西式建筑钟楼做法的中式转译。

1919年北大楼建成，其西南墙角处的建成年代勒石 "1919" 是最好的证明。查阅当年亚洲基督教高等教育联合董事会（简称亚联董）关于金陵大学的英文档案，里面有关于北大楼建筑情况的说明："1919年3月行政楼开始建造，到9月1日秋季学期开学时部分建成，用作教室"[3]，"到1920年完全竣工，即第一年投入使用，行政楼被用作14间办公室，图书馆占了四间房，期刊室两间，博物馆，还有十间教室，很大的地下室被分成12间屋，用于各种用途，其中几间适合作教室"[4]。北大楼西南墙角处的年代勒石确实证明了北大楼的建成年份，但更准确地说是部分建成。

二、东大楼

东大楼，原称科学馆（Science Building），后为理学院使用，又

---

[1]　The University of Nanking Bulletin（December 1931），RG 11, Box 197, Folder 3389, UBCHEA Archives.

[2]　《金陵大学校刊》第 14 期，1931 年 1 月 30 日，第 2 版。

[3]　Report of the President for the year 1918−1919, RG 11, Box 195, Folder 3369, UBCHEA Archives.

[4]　Report of the President and the Treasure for the year 1920−1921, RG 11, Box 195, Folder 3370, UBCHEA Archives.

称史威赛楼（Swasey Hall），是史威赛先生捐建的，他是美国克利夫兰的华纳和史威赛联合公司（Warner and Swasey of Cleveland）的合伙人，也是当时世界上最大的四座天文望远镜的建造者。

东大楼原为地上两层（原顶层的两个大型房间曾被用作自然科学博物馆），半地下一层，砖木结构，屋面外敷烟灰色筒瓦，屋面正脊中部加高，两侧呈歇山式外观。关于东大楼建成时间，有学者根据《金陵光》记载，"增建科学馆，爰于1911年筹集巨资，另筑新舍，五阅月而大厦落成，曰'科学馆'，系三层楼的西屋，建筑费用合墨银3万余元"[1]。据此认为科学馆落成时间是1912年[2]。也有学者认为科学馆是1917年落成[3]，依据是美国耶鲁大学神学院图书馆的玛莎·斯莫利（Martha Smalley）女士通过整理亚联董关于中国教会大学的档案，于1998年出版了《神圣殿堂——旧中国的基督教大学》（Hallowed Halls: Protestant College in Old China）一书，书中明确注明东大楼落成时间是1917年。在金陵大学亚联董的英文档案中，有如下记录。在1915年金大托事部会议上，Speer先生报告了"Swasey先生已提供25 000美元的捐款，用于建科学馆"，托事部表决同意"理事会马上继续建设科学馆"[4]。之后包文校长在1915—1916年度报告中也提到，"今年Swasey Science Building将要封顶，它始建于1915年6月25日，它也是大学（注：指

---

① 《增建科学馆》，南京大学高教研究所编：《金陵大学史料集》，南京：南京大学出版社，1989年，第17页。

② 董黎:《中国教会大学建筑研究——中西建筑文化的交汇与建筑形态的构成》，珠海：珠海出版社，1998 年，第 104 页。

③ 冷天、赵辰：《原金陵大学老校园建筑考》，《东南文化》2003 年第 3 期，第53—58 页。

④ The Semi-Annual Meeting of the Board of Trustees of the University of Nanking, March 30, 1915, RG 11, Box 188. Folder 3316, UBCHEA Archives.

鼓楼新校区）最早的两幢建筑"[1]。这样看来，科学馆正式落成时间为1917年是可信的。《金陵光》记载的"增建科学馆"，实际上是指干河沿校区的科学馆，并不是鼓楼校区的科学馆。为区别于1911年在干河沿落成的科学馆（东课楼），东大楼也被称为"新科学馆"。

因科学馆是金大鼓楼新校区落成最早的建筑，承担了很多功能，"作为本大学礼堂及其他集会之所，阅报室及参考书室亦设于新科学室内，凡理化仪器均移置新科学室内。校长、副校长及教务主任办公室亦在内"[2]。可见东大楼建成后既用作教学楼、办公楼，也用作实验楼、图书馆和大礼堂。

1959年7月10日，东大楼因火灾损毁大半，后由南京工学院建筑系（杨廷宝先生领衔）进行了修复设计。除地下室之外，上部建筑按照原有风貌进行修复，内部增加了一层（地面以上从两层改为三层），木楼板改成钢筋混凝土楼面。外部形象上保持了整个校园老建筑的一致性，同时有效增加了内部可使用的空间。

三、裴义理楼

西大楼，原称西科学馆（West Science Building），与东大楼呈对称式布局，又称裴义理楼（Bailie Hall），以纪念金大农科的创始人裴义理先生，后作为农学院的教学、办公楼。西大楼的建筑资金来自洛克菲勒基金、对华赈款委员会和部分美国友人捐赠。该楼连同设备，"共值华币10万元。由赈余基金内拨付5万元，中华医学会资助2.5万

---

① Report of the President for the year 1915—1916 to the Board of Trustees, RG 11, Box 195, Folder 3368, UBCHEA Archives.

② 田稻丰：《金陵大学改组记》，《兴华》第14卷第36期，1917年，第13—14页。

元，其余2.5万元则为美国友人捐助"①。西大楼于1925年落成，也是三院中落成最晚的一座。该楼的东南角位置仍保留有建成于1925年的勒石，《金陵光》1926年第一期杂志里也有明确记载，"新建筑之农学院刻已竣工，与北大楼、科学馆鼎足而立"②。西大楼为砖木结构，共分为四层。"第一层除作物实验室及种子储藏室外，均为办公室。下层为教室。第二层为研究室、实验室及标本室。第三层为大讲堂、绘图室、储藏室。院内布置，悉取最新之科学方法，朴实合用。参观者咸称为中国现时唯一之农林学院。"③

四、干支宿舍楼

学生宿舍，又称干支宿舍楼，包括甲乙、丙丁、戊己庚、辛壬楼，以中国传统干支法区分各独立住宿单元，方便使用与管理。这是鼓楼新校区新建的宿舍群，相对于旧宿舍，被称作"西山新宿舍"。金大旧宿舍位于东大楼的东面，鼓楼对面，是原基督书院的建筑，被称作"东西楼旧宿舍"，青年会大楼也位于此处。

天干楼宿舍群是逐次建成的，最早的两幢宿舍楼为甲乙楼和丙丁楼，为美国著名农业机械发明家麦考密克的夫人捐建，又被称为麦考密克宿舍（McCormick Dormitory）。麦考密克宿舍与东大楼是金大鼓楼校园内最早落成的建筑。甲乙楼始建于1915年9月15日，丙丁楼始建于1915年10月5日④，1917年建成。故1917年秋，大学部搬到鼓楼新校区。以后随学生数增多，又陆续添建戊己庚、辛壬楼。

① 包文：《金陵大学之近况》，《南大百年实录》编写组编：《南大百年实录（中卷）：金陵大学史料选》，南京：南京大学出版社，2002年，第36页。
② "本校新闻"，《金陵光》第15卷 第1期，1926年1月。
③ 金陵大学编：《金陵大学农林科组织及事业》，1927年，第11页。
④ Report of the President for the year 1915—1916 to the Board of Trustees, RG 11, Box 195, Folder 3368, UBCHEA Archives.

戊己庚楼作为麦考密克捐建的第三组宿舍，另外加上Dwight H. Day先生追加的捐款，戊己庚楼于1927年秋季学期开学时供学生使用。[1] 辛壬楼到1936年夏建成，适值金大校董福开森友人吴调卿于1936年8月在北平逝世，遗嘱以遗产三万元捐助金大建筑学生宿舍，金大以吴先生仁义可风，故由行政委员会决议以建筑完成之辛壬宿舍改称"调卿宿舍"，以资纪念[2]。原来建辛壬宿舍的款项，决定在调卿宿舍的对面再建一处宿舍，以满足学生军训生活的需要。但军训宿舍因"京市道路建筑计划，将有新路穿越本校校园之议，故一时对其坐落地点，煞费斟酌，未敢一时具体决定"[3]。后因全面抗战的爆发，军训宿舍的建造遂不了了之。

甲乙楼和丙丁楼均为地上两层，戊己庚楼和辛壬楼则结合地形高差，加设了地下室和阁楼。建筑物采用中国民间常用的卷棚硬山式外观，筒瓦屋面，小青砖清水砌筑墙身，部分勒脚使用明城砖，入口设门罩，白石门楣上刻有干支纪年。

五、大礼堂

大礼堂，也是当年金大进行宗教活动的礼拜堂，因建筑资金来自赛奇先生的遗产，又称赛奇礼拜堂（Sage Chapel）。金大大礼堂的外部造型仿照了中国传统的庙宇，地上两层，砖木混合结构。主屋面呈南北向的中式歇山顶，主入口设于东侧，屋面外敷烟灰色筒瓦，正脊两侧原设两座十字形脊饰，外墙全部采用明代城墙砖清水砌筑，礼堂内可容纳千人。关于大礼堂的落成时间，有学者认为是

---

[1]　Report of the President to the Board of Founders and the Board of Directors for the year 1935, RG 11, Box 195, Folder 3373, UBCHEA Archives.

[2]　《本年度校舍新建筑》，《金陵大学校刊》，第 198 号，1936 年 9 月 7 日。

[3]　《军训宿舍建筑尚有待》，《金陵大学校刊》，第 227 号，1937 年 4 月 19 日。

1921年竣工[①]，还有学者认为是1918年建成[②]。在金陵大学英文原始档案中写明"大礼堂始建于1919年9月，1920年建好投入使用，大学每日礼拜和主日崇拜都在此进行，大礼堂的建成对整个大学社区和很多拜访者都是令人高兴的事情"[③]。可见大礼堂正式落成时间是1920年。

大礼堂在金大校园处于中心位置，基本上位于南北轴线的中点，"由于北大楼和东、西大楼共同组成的三合院空间，大礼堂的位置需要有所界定，因此，东西方向长于南北方向的大礼堂建筑正好在空间上围合出这一最具中心感的校园建筑群。大礼堂屋顶的歇山顶之山花如此而成了在校园中心群体中重要的建筑形象"[④]。

作为学校建筑，其中一个很重要的特性就是教育性，在完成一般建筑所具有的良好空间运用时，更须尽量适应教育上的需要，学校建筑的内涵方面，"就是要具备这种'使人为善'之潜移默化的力量，儿童或青年置身其间，除能满足其物理性环境的需要外，并能获得其理想上与精神上的满足，而达到日新、苟日新、又日新的进步与完美的境界"[⑤]。大礼堂的外形是中国传统的宫殿样式，青砖墙面，四角翘起的大屋顶覆以灰色筒瓦，建筑点缀上带有少量中国式的砖雕和装饰，再配以楼顶大大的十字架，这种视觉上的冲击不能不使身处其间的人感受中西两种文化的融合。金大大礼堂建筑

---

① 董黎:《中国教会大学建筑研究——中西建筑文化的交汇与建筑形态的构成》，珠海:珠海出版社，1998年，第104页。

② 冷天:《金陵大学校园空间形态及历史建筑解析》，《建筑学报》2010年第2期，第22—25页。

③ Report of the President and the Treasure for the year 1920–1921, RG 11, Box 195, Folder 3370, UBCHEA Archives.

④ 赵辰、冷天:《冲突与妥协——从原金陵大学礼拜堂见近代建筑文化遗产之修复保护策略》，张复合主编:《中国近代建筑研究与保护（三）》，北京:清华大学出版社，2004年，第492页。

⑤ 蔡保田主编:《学校建筑研究》，台北:台湾商务印书馆发行，1984年，第3—4页。

的形体基本关系完全是西方的，从大礼堂的平面关系和结构逻辑来分析判断，能清楚地看出基本是"巴西利卡"式的基督教教堂的模型[①]。梁思成曾对基督教大学这种建筑现象做过批判："……他们的通病在于对中国建筑权衡结构缺乏基本的认识这一点上，他们均注重外型的摹仿，而不顾中外结构之异同处，所采用的四角翘起中国式屋顶，勉强生硬地加在一座洋楼上，其上下结构截然不同旨趣，除却琉璃瓦本身显然代表中国艺术的特征外，其他可以说仍为西洋建筑。"[②]梁思成从建筑的专业角度批评显然是正确的，他们模仿的中国式外观，仅仅是一层"皮"而已。金大大礼堂建筑中体现出来的美国建筑师对中国建筑的误解，是对中西方建筑法则冲突的一种妥协，实质上也是体现了中国文化和西方基督教文化冲突中的妥协。

六、小礼拜堂

金大校园还建筑有一座小礼拜堂，又称戴籁三纪念堂（Twinem Memorial Chapel），是戴籁三夫人为了纪念逝世的丈夫戴籁三捐建的。戴籁三是金大的圣经课教师，于1923年9月去世，戴籁三夫人为了纪念其丈夫，在裴义理楼建好后曾在楼内划出一个房间，建立了戴籁三冥想室（Twinem Meditation Room），专门用于学生和教师的祈祷和冥想。但戴籁三纪念堂并不是此时建立的，戴籁三夫人最早提出捐建祈祷室是在1931年金陵大学第十二次校董会上，陈裕光校长报告称，"祈祷室系戴师母经手建筑，为纪念伊夫戴籁三先

---

① 赵辰、冷天：《冲突与妥协——从原金陵大学礼拜堂见近代建筑文化遗产之修复保护策略》，张复合主编：《中国近代建筑研究与保护（三）》，北京：清华大学出版社，2004 年，第 492 页。

② 梁思成：《建筑设计参考图集·序》，北京：中国营造学社，1943 年。

生而设，地处本校养蜂园之南端，需洋五千余元，此祈祷室定名为
'戴氏祈祷室'"[1]。那祈祷室何时建成呢？《金陵大学校刊》对
此有专门报道："本校女生宿舍（南宫）[2]在校门对面，其地野花
杂树，芳草如茵，风景幽丽，令人多留恋不舍去。近将于宫之南，
建一祈祷室，此屋为Mrs.Twinem所捐建，由齐兆昌工程师设计图
样，建筑费用四千五百余元，该屋即将动工，预计圣诞节前落成，
该屋有礼堂一，堪容百人左右集会，另有静默室二，专为私人默祷
而设。"[3]可见，1932年圣诞节只是预定建成时间，并不是最终落
成时间。后来《金陵大学校刊》对戴氏祈祷室进行了跟踪报道：
"（1933年4月）15日为耶稣受难复活节，本校宗教委员会特于是日
上午十一时在大礼堂虔诚祈祷，再9日至16日为基督教圣周节，又适
值Mrs.Twinem捐建祈祷室落成，故该会遂日均举行宗教仪式。"[4]金
大英文档案陈裕光校长在给创建人会的报告中，也证实了这一点：
"戴籁三纪念祈祷室（Twinem Memorial Prayer Hall）已成为非常令
人感动的礼物，也解决了很多方面的需要。在大学历史上第一次，
在1933年复活节接下来的一个周，举行了一系列的礼拜服务，都是
在祈祷室进行的，而且那年的复活节主日那天，这个祈祷室被奉献
出来。"[5]戴籁三祈祷室是在1933年复活节落成并投入使用，是金陵
基督教信徒灵修的地方。

　　小礼堂是金陵大学校园内最为精美的建筑物，南北向的单层建

---

[1]　"金陵大学第十二次校董会记录（1931年11月18日）"，私立金陵大学档案，中
国第二历史档案馆藏，全宗号649，案卷号223。

[2]　"南宫"是金大男生对女生宿舍的雅称。

[3]　《南宫之南将有新点缀，Mrs.Twinem捐建祈祷室》，《金陵大学校刊》第64号，
1932年9月19日，第3版。

[4]　《受难节与戴氏祈祷室》，《金陵大学校刊》第89号，1933年4月17日。

[5]　Report of the President to the Board of founders and the Board of Directors, August 3,
1935, RG11, Box 195, Folder 3373, UBCHEA Archives.

筑，主入口南向，拱门上方原挂有"恩光普照"的匾额，东侧设次入口，在平面上巧妙地融合了中西方两种不同的空间方位与意向。主次入口各设白石葵纹抱鼓石一对，踏步中部各设白石丹陛石，上刻莲花云纹，中部原有十字架图案，体现了中西文化的交融。东侧原有钟亭一座，后毁于兵燹，铜钟遗失，南京大学百年校庆期间予以重建。大礼拜堂主要用于大型的宗教集会、主日礼拜、总理纪念周、毕业典礼等大型宗教、学术活动；小礼拜堂主要用于灵修、祈祷和小规模宗教集会。

七、应用科学馆

应用科学馆，原为理学院的实验室，因地处金陵大学的东北角，故又被称为东北楼。该建筑为内框架式混合结构，地上三层（另设阁楼层），在西侧结合地形设置一座天桥直通二层。建筑外观带有中国传统建筑特征，卷棚式双坡硬山屋面，上覆烟灰色筒瓦，附设的老虎窗和烟囱亦处理为中式，以青砖清水砌筑成外墙。应用科学馆始建于1936年4月底，此楼主要为工业化学系和电机工程系使用。[1]应用科学馆在建筑过程中，因先期建筑资金没有完全到位，是一层一层加盖并封水泥顶，并随时进行内部的装饰，在完全竣工前已经投入使用，即部分楼层"规划各部已迁入应用"[2]。直至1937年4月，应用科学馆基本上落成。应用科学馆也是理学院影音部的办公场所，见证了孙明经、魏学仁等学者在中国教育电影制作、电化教育等方面的开创性工作。

---

① 《理院应用科学馆在积极建筑中》，《金陵大学校刊》第193号，1936年5月11日。
② 《理院第二院落成在即》，《金陵大学校刊》第227号，1937年4月19日。

八、图书馆

金陵大学还有一重要建筑物是图书馆，现为南京大学校史博物馆，与北大楼遥相呼应，共同界定出金陵大学老校园的中心轴线。

金大图书馆最初设在干河沿校区青年会堂二楼。1917年鼓楼新校舍落成，图书馆也随大学部迁至新科学馆三楼，占房两间，一为阅览室，一为藏书室和办公场所，干河沿原址有中学图书分馆。1920年夏，图书馆又迁至北大楼三楼，占房四间。金大图书馆图书历年不断增多，北大楼不敷使用，而且图书馆与行政楼共处一楼也多有不便，建立专门的图书馆已是迫切之事。

金大图书馆建筑与1927年的"南京事件"有关，金大在"南京事件"中受损很大，五处住宅被烧毁，多处教学楼和住宅遭抢劫，财产损失共计30余万元。[①]此事经外交部和财政部商量，"以美国宁案款项三十万元捐助美国著名大学一案，经行政院通过，并由外长与施肇基详加讨论，认为以该款捐助金陵大学为较妥适，已呈院请转呈政府备案"[②]。国民政府答应给予金陵大学30万元的补助，用于解决大学最为紧迫的图书馆及其设备[③]。

此30万补助金，国民政府前后分三批拨款，前两批是以政府债券的方式，每次10万元。第一批于1934年4月14日收到，系二十二年关税库券，面额（1946年为止）以现在库券交易市价约值65000元，若到截止时兑期当值136000元。第二批十万元于1934年11月初收到，系二十年盐税库券，面额（1941年止）以现值计，约57000元，

---

①　Report of the President to the Board of founders and the Board of Directors, August 3, 1935, RG11, Box 195, Folder 3373, UBCHEA Archives.

②　《宁款捐助金陵大学》，《兴华》第26卷第38期，1929年，第32页

③　Report of the President to the Board of founders and the Board of Directors, August 3, 1935, RG11, Box 195, Folder 3373, UBCHEA Archives.

届时可值101 000元。①最后一批十万元经陈裕光向财政部交涉，政府以现金交付。②

1936年9月，金大图书馆建筑委员会认为不能再事滞延，故于暑假中积极进行，并将开标事宜办理完竣，由建业公司以十万元得标，大约月内可开工，形式或较原定形式为小③。图书馆地点与北大楼对峙，大门北向（面对北大楼），园艺场内之水塘，正在建筑范围内，亦将予以填平。图书馆全部分作二层，将来所有校内一切行政办公部分，均得移在第一层，第二层则全归图书馆应用。④

金大图书馆由著名建筑师杨廷宝设计，陈明记营造厂承建。该建筑坐南朝北，建筑平面为丁字形，北侧为主楼，南侧为书库，地下室设锅炉房，阁楼设储物室、陈列与研究室。建筑在外观上模仿中国北方宫殿式建筑，中部设置一座重檐歇山式楼阁，呼应金陵大学主轴线并强调建筑主入口。建筑师以当时最为先进的钢筋混凝土框架式结构，结合西方三段式立面构图手法，中式的梁柱配合大面积的钢窗营造出明亮宽敞的室内阅读空间，门厅地面彩色水磨石绘有"金陵"纹案，烟灰色筒瓦屋面与清式龙吻脊兽呈现出华美典雅的中式传统建筑特征。

图书馆建成后，在命名问题上曾出现过意见分歧。陈裕光说："有人为了纪念在动乱中被流弹打死的金大副校长、美国人文怀恩，主张命名为'文怀恩图书馆'，并在馆前树立文怀恩的铜像，考虑到金大师生的反帝爱国情绪，结果图书馆落成后，既没有写文

① 《金陵大学第十六届校董会会议记录（1934年11月23日）》，私立金陵大学档案，中国第二历史档案馆藏，全宗号649，案卷号223。

② 《金陵大学第十八届校董会会议记录（1935年11月22日）》，私立金陵大学档案，中国第二历史档案馆藏，全宗号649，案卷号223。

③ 《本年度校舍新建筑》，《金陵大学校刊》第198号，1936年9月7日。

④ 《图书馆建筑兴工矣》，《金陵大学校刊》第200号，1936年9月21日。

怀恩的名字，也没有树立他的铜像。"①尽管国民政府捐赠的这30万补助金与文怀恩之死有关，但1927年"南京事件"后，金大声称放弃赔偿，国民政府是以补助金的名义拨给金大，并不是赔偿金，所以从金大图书馆命名之争中，能看到民族主义争端的影子。

1937年全面抗战爆发，新图书馆还没等使用，金大就被迫西迁，"随校西迁的同学没有一个不想对这尚未享用过的新图书馆投最后的一瞥，祝祷他日返京时依然无恙"②。

九、陶园南楼

陶园南楼原为金大语言学校的教学楼，这座大楼1924年12月开建，到1925年9月完工③，为纪念钦嘉乐为语言学校所做贡献，将此楼命名为"钦嘉乐堂"（Keen Hall）。由于受1927年"南京事件"的影响，金大语言学校不确定是否会重新开办，故其教室和办公室后为金陵大学农业经济系、中国文化研究所和校友会秘书使用。④该建筑呈东西向布局，主入口设置在西侧，南北侧各设辅助入口，地下一层，地上两层，另设一阁楼层。陶园南楼的建筑采用了中国传统的歇山式外观，外墙勒脚以下为明代城墙砖砌筑，上部为小青砖砌筑，主入口处使用了门罩。该楼一层西侧主门厅内，仍保留一块道光十五年（1835年）的碑刻，记述该址早年为"小桃园"和明朱太史别墅等沿革轶事。

---

① 陈裕光：《回忆金陵大学》，金陵大学南京校友会编：《金陵大学建校一百周年纪念册》，南京：南京大学出版社，1988年，第19页。

② 《最堪回忆的南京金陵大学2》，《金陵大学校刊》第265号，1936年10月25日。

③ Report of the President and Treasurer for the year 1924–1925, RG11, Box 195, Folder 3372, UBCHEA Archives.

④ Report of the President to the Board of founders and the Board of Directors, August 3, 1935, RG11, Box 195, Folder 3373, UBCHEA Archives.

当年语言学校还有一幢建筑，主要为单身女性学员提供住处，于1918年建成，为纪念语言学校创办人美在中而命名为"美在中堂"（Meigs Hall）。这座宿舍楼在语言学校停办后，用于金陵大学单身教职员或结婚但家属不在南京的教职员居住[1]，后来此楼被拆除。

在如今的南京大学鼓楼校园里，还有三座民国时期的老建筑，不是教学用房，但与中国近代史上几位著名人物有关，兹列如下：

十、中山楼

中山楼始建于1910—1911年间，主体建筑为砖木结构，地上两层，另设阁楼，局部设地下室。波形金属瓦屋面出多个老虎窗，清水砖砌外墙，美式上下推拉木窗带遮光百叶，南侧主入口原设六根塔司干柱式，上托小阳台。西侧设外敞柱廊。据相关史料记载，以及多位曾经的居住者回忆，民国初期孙中山曾在此楼有过短暂的居住经历。该楼早期作为金陵大学外国教师住宅，先后入住过蒲洛克和恒谟家庭，1946年后作为金陵大学中国教职员住宅，李方训、余光烺、齐兆昌等均曾居住于此楼，中华人民共和国成立后长期作为南京大学办公场所。该建筑虽在1927年战乱期间遭受较大破坏，却是金大早期教职员住宅中建成时间较早、设置最为讲究、细部最为精美、建筑档次最高的一座建筑，且跟多位著名历史人物有关联。

---

[1] Report of the President to the Board of founders and the Board of Directors, August 3, 1935, RG11, Box 195, Folder 3373, UBCHEA Archives.

十一、赛珍珠故居

赛珍珠故居始建于20世纪初，曾是美国著名作家赛珍珠女士和其丈夫著名的农业经济学家卜凯的居所。该楼主体建筑为砖木结构，坐西朝东，地上两层，另设阁楼，地下一层（局部设置有储水窖）。屋面铺设波形金属瓦，设多个老虎窗，清水砖砌外墙，美式上下推拉木窗带遮光百叶。东侧设主入口，外有两根砖砌柱式，上托小阳台。

赛珍珠是享誉世界的美国文学家，为促进中国和西方人民的相互理解做出了杰出的贡献，被誉为"一座沟通东西方文明的桥梁"。赛珍珠、卜凯夫妇在宁期间，卜凯教授农业技术和农场管理的课程，创办了金大农业经济系并任系主任，因出版《中国农家经济》等书而被视为美国的中国问题专家。赛珍珠则在金陵大学外语系任教，并先后在东南大学、中央大学等校兼职教授教育学、英文等课。赛珍珠曾在这栋小楼里备课、批改作业、参与社会工作、会见中外各界人士，徐志摩、梅兰芳、胡适、林语堂、老舍等人都曾是她家的座上客，可以说"赛珍珠故居"这座砖砌小楼完整地见证了她后来不同凡响的文学成就，她的多部代表作，如《大地三部曲》《异邦客》《东风·西风》等都是在这座小楼中完成的。

十二、拉贝故居

拉贝故居位于小粉桥1号（原小桃园10号），始建于20世纪30年代初期，曾是南京国际安全区主席约翰·拉贝（John H. D. Rabe，1882—1950）的故居。该建筑主体为砖木结构，地上两层，另设阁楼，屋面四出坡顶，铺设红色机平瓦，设多个老虎窗，清水砌筑外墙，美式上下推拉木窗。西南侧设主入口，上托一座小阳台，北侧留有辅房。

拉贝出生于德国汉堡，因在南京大屠杀期间的人道主义行为，以及他本人亲著的《拉贝日记》而著名。《拉贝日记》于1997年出版，并被译为中、英、日、德四国语言，被公认为是研究南京大屠杀事件保存最为完整的史料。1932年，时任西门子公司驻南京代表的拉贝同金陵大学农学院院长谢家声签署协议，租下这座建筑，其后拉贝全家在此生活了7年。1937年8月起，拉贝在该建筑西侧庭院内建造防空洞，12月南京城沦陷后，该址作为"西门子难民收容所"，最多时收留了630多人。2014年拉贝故居入选第一批国家级抗战纪念设施及遗址名录。

金陵大学校园建筑整体上建筑风格一致，而且布局对称、协调。金陵大学是较早采用中国式建筑形式的基督教大学之一，开创了西式建筑与中国北方官式建筑相融合的先例。建筑也承载了文化，基督教大学以此中西合璧的混合式样建筑，希望能实现龙袍与基督的合体，进而达到中西文化融合的目的。

第二节　校园文化与学生生活

校园文化是学校所具有的特定的精神环境和文化气氛，以学生为主体，以校园为主要空间，以育人为主要导向，以精神文化、环境文化、行为文化和制度文化建设等为主要内容的一种群体文化。学生的校园文化生活和课外生活是学校教育环境的重要组成部分，关系着学生道德、学识、身心的培养与发展。金陵大学不仅教学卓有成绩，学生的校园文化生活也是丰富多彩，别具一格。

一、学生自治与《金陵光》

金陵大学成立不久，南洋劝业会于1910年6月在南京开幕，这次盛会受到社会各界广泛关注，也为刚刚成立的金大提供了推动学生实践、展示学校形象、扩大办学影响的机会。在南洋劝业会上，金大"展示了学校的照片、校舍模型、装有白炽灯的煤气机器模型、镀银设备、六张完整的气象图、气象情况及仪器、生物学和岩石、化石方面成绩、摄影、字画等"，这些展品给了参观者耳目一新的感受。①金大学生被遴选参加劝业会的开幕式，并作为志愿者到南京、上海火车站迎接参访团体。南洋劝业会期间，在南京举办了首届中国体育运动会。20名金大学子在运动会赛场充当志愿者。

金大最早的全校性学生团体是1902年成立的青年会，学校鼓励学生开展各种社团和组织活动，各种社团次第成立。"五四"前后，学生参与社会活动、团体组织的意识增强。在学校倡导下，许多志同道合的同学为了"砥砺品德，研究学术，陶冶服务精神，练习自治能力而谋德智体群四育之发展"，互相联络，在校园里发起组织了众多的社团。②这些学生社团，除校级和各院系学生自治会属于学校领导设置外，多数是学生自行组织，或师生共同组织，或学生组织、教师辅导，社团活动经费一般也都由各社团会员所交会费解决，学校给予一定补助。

学生团体中最大的组织是金陵大学学生自治会，关于金大学生自治会何时成立，不同资料说法有些出入。1992年版的《南京大学史》记载："为养成学生的自治能力，金大早在1914年就仿效欧美

---

① 殷昭鲁，赵飞飞：《历史的际会：金陵大学与南洋劝业会关系述论》，《唐都学刊》2018年第2期，第108—112页。

② 《金大学生团体规则》，南京大学高教研究所编：《金陵大学史料集》，南京：南京大学出版社，1989年，第144页。

大学建立学生自治会，这在全国大学中或为先声。"①而据《1922年金陵大学同学录》记载，学生自治会到1921年秋才正式成立。另据金大早期毕业生回忆说："金大提倡小班级制，每班同学不多，而各教授对于每一学生平日读书之心得与成绩，久已成竹在胸，考试仅属一种形式而已。嗣后此项制度，逐渐演变而成学生自治会，由各班推派代表共同组成，尤于大学部初迁入新校址时，因地处荒僻，而学校周围，又无围墙与铁丝网，学生生活起居，由学生自行管理。在训导方面，仅延聘一人，其职责仍如前提调，此即金大学生自治会之由来，亦开吾国各地学校学生自治会之先声。五四运动时，各同学为迎合时代，遂推派代表参与南京各校学生联合会。"②这段回忆非常重要，印证了金大学生自治会早在1917年之前就成立了。综合这几条史料，大致可以得出金大学生自治会的发展轨迹，1914年金大已经有了类似学生自治会的组织。

学生自治会宗旨为"发展生活自治，培养人格自尊，维护学术自由，增进学校与同学之联系"③。学生自治会初创时，为力行民主，未采用会长制，而是分设议事部和执行部两部。议事部设正、副部长，有部员9人，由文理、农林及预科各选出3人，每学期改选1/3，还要经过预选、初选、复选、决选等严密手续选举产生。执行部设出版、艺术、交际、体育和卫生五科，各科人员由议事部提名经全体部员决选产生，任何选举均采用记名投票法表决。

下面从1922年学生自治会议事部和执行部的工作内容，看看当年大学生是如何培养自治能力的。

---

① 南京大学校史编写组编著：《南京大学史》，南京：南京大学出版社，1992年，第479页。

② 洪润庠、王子定：《清末民初之毕业生及学校生活》，金陵大学台湾校友会编：《金陵大学》，台北：荣民印刷厂，1982年，第425—426页。

③ 《金陵大学学生自治会章程》，南京大学高教研究所编：《金陵大学史料集》，南京：南京大学出版社，1989年，第274页。

议事部本年事项：

议决本年自治会简章案；议决组织一个委员会与教员会改订本校课程案；议决设"赎回胶济铁路促进会"案；议决本校制服案；议决函请校长将礼拜捐及放假所遗之膳费提出辅助慈善事业案；议决执行部各科交议之事件及教职员交议之事件。

执行部五科分管如下：

艺术科：主要负责学艺会、演说会、辩论会及其他庆祝会、纪念会的筹设及管理。

交际科：管理对于学生与外界交际的事务。

体育科：所办事宜与教员会的体育委办相辅而行。对于运动事宜，分对内、对外两部，对内普及，包括校工打球，对外选拔选手参加八大学比赛。

卫生科：同学和校职员共同负责校中卫生责任。如检验同学身体，整理饭堂，监制食物、支配仆役清洁宿舍、浴房等，并希望新浴室赶快成工，冬季在宿舍添设暖气管。

出版科：管理凡关于校内以学生名义发行的杂志，与其他出版物的筹设与发行。《金陵光》是本校同学一种"抒发己见"的杂志，最近发行《赎路特刊》，目的就是要引起国人注意胶济铁路的重要，现正预备办《金陵周刊》。[1]

从各部各科工作内容看，金大学生自我主体意识很强，积极参与大学的组织、管理。也非常关心时事，富有爱国心，金大学生自治会很好地发挥了自治能力。

《金陵光》是金大早期创办的最有影响力的一份校内刊物，这份刊物既是学校的喉舌和门面，又是学校精神的体现。金大之所以在国内高等学府中享有崇高声誉，其众多高质量的校内刊物实有不

---

[1]　《校闻摘要》，《金陵光》第12卷第1期，1922年8月。

朽功绩。而金大诸刊物中最早担负起"提倡学术之使命"，与"学校学生平行进步，以宣导其磅礴，记载其成绩，而鼓舞其精神"，并最具历史与价值的校内刊物首推《金陵光》。

1909年12月，金大第一个的全校性刊物 *The University of Nanking Magazine* 在金大发行，用英文出版。直到1913年，在陶行知等同学的倡议之下，该刊改为中英文合刊，中文版命名为《金陵光》。合刊后每期的中英文版内容并不完全相同，各有侧重。

对中文版的校刊为什么以"光"命名，后来担任《金陵光》中文主要编辑的陶行知，在《出版宣言》中说："报所以别天地万物之形，报所以彰学生学校之迹，报与光之功用既同，则名报为光，不亦宜乎。"将办报同光的作用等同看待，并且对"光"给予了热情的讴歌，光有"日光也，月光也，电光也，磷光也，灯塔光也，爱斯光也，下至萤雪，火之细，莫不有光"，不管是天然之光，还是人造之光，都是光，"金陵光"亦然。"天下本无金陵光，有金陵光，自金陵大学学生始"，让"金陵光"成为"吾同学之公共日记"，则"固有之精神可以保存，已具之精华有所托属"，也用以警醒同学，"怀有盛世黎民嬉游于光天化日之感，由感立志，由志生奋，由奋而扡国，而御侮，勠力而同心，使中华放大文明于世界，则金陵光之责尽，始无愧于光之名矣"①。莘莘学子期通过办刊，激扬文字，表达强国御侮、光耀中华的拳拳报国心。

为何要将全英文校刊改为中英文合刊，在改刊后第一期的"篇首语"中有如下说明，其要旨有三：

1. 推广规模。"本校自有英文报，迄今已阅四载，而此四载之内，三公会联合，三书院统一，学校有进步，学生有进步，成绩日多，精神日旺，安可不有规模更大之学报，与学校学生平行进步，

---

① 陶行知：《〈金陵光〉出版之宣言》，《金陵光》1913年第1期。

以宣导其磅礴，记载其成绩，而鼓舞其精神哉！"

2. 保存国粹。"自西学中输，西学派之醉心欧化，蔑视国文也久矣。殊不知腐儒鄙弃西学，固属偏见，而新进蔑视国文，尤为忘本。夫国文之用，所以表示一国人之思想，记载一国人之行动，以互相传达以特异于外人者也，故国界一日不消除，则国文一日必留存，未有国而可弃其国文者也，国文有缺点，吾当补缀之，国文有窒塞，吾当贯通之，国文衰暗，则当改良之、光明之，其事实难，然吾辈青年学子所不可放释之责任也。同人有志于此，爰增刊中文报，以磨练作国文之才，而唤起爱国文之心。能作能爱而后可言保存，能保能存而后可言光明。"

3. 灌输学术。"他山之石可以攻玉，泰西学术实高出吾人之上，何妨借人之长，以济己之短，然徒有英文学报，不过将我之所长彰之外人，而对于国内学子反不能尽其介绍之职，殊为憾事，故加入中文以承其乏，凡关于学校学生足为吾辈学子研究之助，本报即译之，虽才有未足力有未逮，然泰山不让细尘也。"[①]

以上三点既为《金陵光》增刊中文版之缘起的阐述，也是其后该刊长期坚持的办刊宗旨。

《金陵光》为金大全体师生的第一份刊物，初办时，其经理、编辑乃由学校全体师生"公举"，组织设编辑、经理二部以主其事。改为中英文合刊后，编辑部复分为中英两种，以总编辑总其成，顾问员中西各一位，亦由全体公请，均一年一任。著述除编辑员担任外，学校备有征文筒，同学可自由投稿，再由主笔评定，被选者按文奖赏，以资鼓励。全刊分导论、论说、译著、传记、文苑、记事等类。在1913年《金陵光》改刊时，该刊编辑组成人员的如下：[②]

---

① 《〈金陵光〉增刊中文版之缘起》，《金陵光》1913年第1期。
② 《金陵光》1913年第4期。

总编辑：刘靖邦

中文编辑：徐养秋、刘佩宜、张枝一、陶行知

西文编辑：胡天津、陈义门、童家炳、都振华

总经理：卢先德

经理员：陈裕光、吴守道、凌旭东、卢颂恩

中文书记：冯武云、王海云

西文书记：黄宗伦、卓景昌

中文顾问员：王东培

西文顾问员：恒谟

为鼓励学生积极参与《金陵光》的编辑工作，金大学生自治会的出版委员会和全体教职员出版委员会联合，采用新的杂志章程，实行绩点奖励机制（merit system），凡"担任主编和发行部经理的同学将获得毕业的5个绩点（merit point），因每个学期的服务，总编将每学期额外获得一个绩点"①。

《金陵光》自改成中英文出版后，读者更多，发行范围更广，内容也更丰富，学术论文、时评文章、文学作品都有刊登，其影响正如刊物文章所称："国内风云犹属闭塞，出版品殊不多见，而以发扬思想研究学术，如金大之有金陵光者，殆寥若晨星。惟金大之金陵光，历年刊行，未尝中辍，宗旨一本于前，内容则力求改进，国内人士，相与称许，遂蔚成国内学术界重要之刊物。"②但《金陵光》出版周期并不固定，或因时局，或因学生学业繁重，出过双月刊，月刊，也出过季刊。尽管周期有长短，但始终未曾停刊，这在当时各类刊物中还是难能可贵的。国民革命军北伐期间，教会学校受到冲击，金大在"南京事件"中受到重创，《金陵光》也因之出

---

① *The University of Nanking Magazine*, vol. XIV, no.1（April 1925）.

② 陈裕光："序言"，《金陵光》1930年第1期。

版延期，1928年初停刊，历时两年。学校乃屡有恢复《金陵光》之议。1930年在全校师生一致呼吁下，《金陵光》复刊。该刊停刊两年重新出版问世之时，校长陈裕光亲自为刊物写下数言，"藉与共勉"。文曰：

"《金陵光》遽行停刊后，代以其他刊物，如周刊、季报等，而以传播校闻，研究时事为主要目的，虽也有其相当价值，但具有深长历史，及负有相当声誉之学术刊物，不宜长此停顿，则举校师生皆同有此感。今金陵光又重行于此矣，深原主其事者，一本以前之精神，以发扬思想，研究学术为惟一之旨，使社会人士对金陵光已具有相当之认识者，此后得益加称许而乐于赞助之，视与其他一般通行刊物不同，庶足以保既往之光荣，增吾校之声誉也。深望以后之主编斯刊者，亦能本此精神，继续不懈地使金陵光得与吾校同其始终，为金陵之光，为学术界之光，斯不仅一二人所甚盼而已"。[1]

然而此次再刊之《金陵光》未能如愿重振雄风，仅出一期即辍，以后也未能再度刊行。主要原因为金大此时期正对校内出版物作统一的安排，准备以学报主学术，以校刊登新闻，以期各有侧重，办出特色，提高质量。故1930年先后有以"传播学校消息，提倡撰述精神为宗旨"的《金陵大学校刊》和以"提倡学术，弘扬学问为宗旨"的《金陵学报》的出版面世。在此局面下，《金陵光》没有了存在的必要。《金陵光》前后办刊近二十年，为我们了解金大早期历史提供了难得的一手资料。

二、校友会与毕业典礼

金大早期还有一种学生团体，将金大在校学生和毕业多年的校

---

[1]　《金陵光》1930 年第 1 期。

友联系在一起，这便是同学会（校友会）。金大同学会早在汇文书院时期已经成立，汇文第一届毕业生黄荣良1907年从美国回国，当时黄任清朝驻新西兰总领事，为加强金大校友与母校的联系，倡议成立同学会，由黄荣良为同学会主席，韩安为副主席，并制定同学会章程。同学会宗旨为联络同学感情、辅助母校进行、提倡慈善事业、增进社会道德、普及国民教育以及研究科学知识，[1]定期每月召开一次会议。1907年秋，由于主席黄荣良被任命为驻英公使，不久韩安又被公费选送美国留学，所以同学会职位空缺由C. F. Chao博士和L. Eo Yang担任。据1909年出版的《金陵光》记载："目前校友会登记会员有40人，包括国内和国外的。无论在哪里，都会支持母校（Alma Mater）各方面的发展"。[2]

金大同学会的会员包括早期书院时代（汇文和宏育）的毕业生，以及并校后大学部的毕业生。后为推广会员资格，凡属肄业母校高等科而品学温良，经验宏富，得会员二人之介绍，即可入会。会员每年需缴纳会费，为普及教育，同学会"补助学额一名，每年于常年捐项下，筹出六十元津贴寒畯子弟，送入母校肄业。"[3]校长包文称同学会章程宗旨尽善尽美，希望"同人互相扶助，友谊勿衰，并引其母校同学会之优点，足为同人他山之助者，如母校经费多由同学捐助，统计不下百余万"。金大同学会还准备创办季报，以记录各会员履历及事业发展近况。校友张枝一建议在同学会季报未出版以前，可以同学近况记录通函等件附载于《金陵光》中，以省经费而易交通，得到多数会员的赞成。[4]

1917年12月26日，金大同学会在干河沿中学部校园内举行了第

---

① 程湘帆：《本校新闻》，《金陵光》1913年第3期。

② Alumni, *The University of Nanking Magazine*, vol. I, no.1（December 1909）.

③ 刘钟璐：《金陵大学同学会欢迎大会记录》，《金陵光》1916年第4期。

④ 刘钟璐：《金陵大学同学会欢迎大会记录》，《金陵光》1916年第4期。

一次同学恳亲会，众校友带家人回到母校，济济一堂，爱校之情溢于言表。会长陶文濬（陶行知）首起发言，称："吾人有两种家庭，甲身体生长之家庭，乙学问生长之家庭"，希望众校友勿忘母校的栽培。副会长刘经庶（刘伯明）讲话，提出：吾等清夜扪心，终日营营，所谋者无非个人家庭之幸福，而对于母校之本分，究未能尽其毫末，抑知母校之荣悴，个人之名誉身家亦与之有进退，而今而后，同人等亦惟有深自策励，自谋而兼为母校谋，庶几本分始尽耳。[①]此次恳亲会极大凝聚了金大校友与母校的感情。

金大同学会还成立有互助组织——保寿会，为生活有困难的校友提供帮助。为更好联络各地校友，同学会在国内外多处设立分会，至1917年，金大同学会支部已分布于纽约、上海、汉口、南昌、下关五处，成为联系校友的重要纽带。[②]

金大每届毕业生为同学会的当然会员，每年的毕业典礼可以说是金大最隆重的节日。社会名流讲话、校长致辞、毕业生告别演讲、种植级树、唱校歌等一系列活动，让毕业生成为当日最令人羡慕的明星。这种隆重仪式化的毕业典礼对其他在读学生也有很大的激励作用。毕业典礼后毕业生会移步同学会，接受同学会的祝贺和宴请，正式成为同学会的会员。我们以1915届毕业典礼为例，来了解当年金大毕业典礼的情景，这个情景也是多年后校友怀念母校的重要内容。

往届金大学生毕业时都会在校园种植级树，现在南京大学鼓楼校区仍然存活几株当年毕业生栽种的级树。而1915届毕业生改变以往的做法，改资助一名学生完成大学学业。此届毕业生共有九人，即陈裕光、张枝一、拱增、陈春和、刘钧、刘钟璐、王春荣、周德

① 刘钟璐：《金陵大学同学恳亲记录》，《金陵光》1918年第3期。
② 刘丙彝：《金大同学会下关支部成立记》，《金陵光》1918年第3期。

熙、徐寅和。至于为何改补助学校一名学额，正如毕业演讲词中所说："原因有二，其一，源于历史上之习尚。前班学友往往于揖别母校时，种柏数株，习以为常，盖以树木为树人之纪念者也，然与其树无知之木，不若树有知之人，况乎树木之嘉荫，仅庇一隅，人之嘉荫，足庇全国，故以树木纪念树人不若以树人纪念树人较为直接。第二，源于心理上之感触，敝班同学肄业母校，年限不齐，平均计之，约有十载，夫此十载之中，全校学友间有一二课与九人同班者，何止千计，抚今追昔，其中升入他校学业有成者，固不乏人，而以学费不足辍业中途者，实居十之五六。……故以一人济众人力虽不足，以九人助一人财尚有余也。"①校长包文感谢1915届毕业生提供的助学名额，他说："以往毕业班有种植柏树和常春藤的，有竖立纪念碑，有捐赠仪器的，都不如捐赠助学名额。"②盖树人比树木更有效。

演唱校歌也是历届毕业生的必备节目，金大早期的校歌歌词为英文，曲调仿美国康奈尔大学校歌，这首曲子也被在华多所教会大学如燕京大学、东吴大学、岭南大学等作为校歌。在使用相同曲调的同时，各校都会重新填写歌词，以彰显各校独特之精神，体现各自的校园文化。当年金大英文校歌歌词如下：

the University Campus Song

Neath the storied purple mountain,

with its changeful hue,

Stands our cherished alma mater,

sturdy young and true.

---

① 刘钟璐：《一九一五年大学毕业生补助母校演词》，《金陵光》1915年第12期。
② "Commencement Exercises," *The University of Nanking Magazine*, vol. VI, no.12（June 1915）.

Raise the chorus,

speed it onward,

loud her praises ring.

Here's to thee our alma mater,

hail, all hail, Nanking.

Clusteren in this ancient city

Girt with age–flecked walls

Shrined within our loyal bosoms

Stand our college halls.

Loudly clashed the drum tower warning

In the days of old

Softly now calls alma mater,

Summons to her fold.

Gathered on the spreading campus,

Home of college days,

Old and young we would together,

Lift our song of praise.

歌词中提到了紫金山、鼓楼和南京古城，这些地理标志都是金大校友求学时经常光顾的地方，多年后也会成为他们魂牵梦萦的地方。每当唱起这首校歌，会激起多少校友记忆中的美好。

毕业典礼上也会给优秀毕业生颁授"金钥匙"。金钥匙用三个希腊字母Phi Tau Phi组成，Phi Tau Phi是中国斐陶斐励学会的会标，凡得到这枚金钥匙的，都是此学会的当然会员。中国斐陶斐励学会成立于1921年，全称为Phi Tau Phi Scholastic Honor Society of China，

斐陶斐系希腊字母 "Phi Tau Phi" 的谐音，代表哲学、工学、理学三种学科。该会以"奖掖学业，鼓励研究，集合智能分子，共谋学术之推展与促进高等教育及研究机关之联络"为宗旨。该会成立后最早参加的有金大、圣约翰、南洋、北洋、南开、燕京等大学，以后又有金女大、沪江、岭南等校的加入。[①]凡获得金钥匙的学生，不仅学业成绩要好，还要品行好，而且要热心参加学生团体事业，大学毕业后对于学术研究或社会事业有特殊贡献者。留美学生中获得相等杰出荣誉者，也可以授予金钥匙。[②]如1926年金大大学毕业生共计37人，获得金钥匙的仅为4人，分别是：文科得奖者为孟昭聃、佘守德，理科为梁其奎，农林科为陈鸿奎。[③]代表智慧荣誉的"金钥匙"，不仅体现着金大良好的学风，对于毕业学生也是很大的激励。

三、引领体育、音乐风尚

教会学校是近代体育运动的引领者。早在20世纪初，许多教会学校便开展诸如田径、足球、棒球、篮球等体育运动。受传统观念影响，中国学生一开始不愿意参加体育运动，认为"举止不高雅"。后来逐渐认识到体育运动有助于锻炼体格，改变弯腰驼背形象，以及增强团体合作、培养处事做人的气度，于是慢慢推广开来。

金陵大学体育运动开展得比较早，在校方指导下，1909年成立了学生体育委员会（the Athletic Association of Nanking University），

---

① 《中国斐道斐励学会章程》，私立金陵大学档案，中国第二历史档案馆藏，全宗号649，案卷号87。

② 《金陵大学校刊》1941年4月10日。

③ 《校园摘要》，《金陵光》1926年第3期。

推选委员及田径、足球、篮球、棒球等项运动管理员，这样"以后各种体育运动不再是松散，而是有组织有系统地进行。体育委员会选举刘靖夫为会长。并成立五人的顾问委员会，由两位教师和三位学生组成，教师顾问为马丁教授（A. W. Martin）和韦理生教授"[①]。在体育委员会的推动下，金大学生参加体育运动的热情逐渐高涨，挑选各项运动选手，组织学校代表队，约集友校开展友谊比赛。

金大校园最为盛行的是各项球类运动，学校每年例行的体育竞赛有排球锦标赛、公开网球赛、篮球赛、足球赛等十多项。在金大开展最早、最负盛名的当数足球运动。从《金陵光》上刊登的校闻来看，金大足球运动开展的历史几乎与建校同期，而且越来越受到师生喜爱。金大除与南京高校进行友谊赛，还逐渐扩展到省内乃至长江中下游流域的高校。如1910年5月，金大足球队与同城的两江师范学堂进行了一场比赛，同天下午，又与南洋语言学校进行了一场比赛，结果都是1∶0，金陵大学获胜。[②]1910年南洋劝业会在南京举办，在劝业会举办期间，也组织了中国第一届全国运动会，金陵大学在全运会上，与江南高等商业学堂举行了一场足球赛，金大以2∶0获胜，南洋劝业会官员为运动员颁发了礼品，以资鼓励[③]，可谓出尽了风头。但也有输的时候，金大早期经常与苏州的东吴大学开展足球联谊赛。同为教会大学的东吴大学，体育运动开展得也很有声色，足球队实力在东南诸学府中也是一支劲旅。1912年金大与东吴进行了一场足球赛，结果0∶7惨败，金大队员从中也吸取教训，加强技能训练。[④]

---

① "The Athletic Association of Nanking University," *The University of Nanking Magazine*, vol.Ⅰ, no.2（January 1910）.

② Current Items, *The University of Nanking Magazine*, vol.Ⅰ, no.6（June 1910）.

③ Current Items, *The University of Nanking Magazine*, vol.Ⅰ, no.9（Nonvember1910）.

④ G. M. Rosse, "the Game with Soochow University," *The University of Nanking Magazine*, vol.Ⅲ, no.7（November 1912）.

金大体育运动在教员马丁和语言学校教师吴惠津（W. R. Wheeler）的辅导和训练之下，取得很大进步。在1916年的华东四校足球争霸赛中，金陵以2∶1打败了东吴，之后在与之江大学的比赛中，又以7比0完胜之江。可惜与南洋公学的比赛，南洋以4∶2获胜，金大痛失冠军。[①]

金大体育运动的强项不仅是球类，田径运动也十分出色。为调动和激发师生参加体育运动的兴趣，金大每年都会举行春季全校运动会，比赛项目包括100码短跑、220码短跑、440码短跑、880码长跑，一英里长跑、120码高栏跳，220码低栏跳、扔铁饼、推铅球、跳远、跳高、撑竿跳、接力赛等。表5-1为1913年校运动会项目及成绩：

表5-1   1913年金陵大学校运动会项目与成绩

项目	第一名	成绩	第二名	成绩
棍球	教员部胜			
百码竞走（甲）	胡宏华	十一零五之一秒	倪伦元	十一零五之二秒
推铅球（甲）	卢颂恩	二十七尺九寸	胡宏华	二十七尺八寸
百码竞走（乙）	徐绍文	十一零五之三秒	顾振堃	十二秒
跳高（甲）	卢颂恩	四尺十寸零四之三	黄宗仪	
二百二十码竞走（甲）	胡宏华	二十五零五之三秒	倪伦元	二十九零五之一秒
推铅球（乙）	崔有成	二十三尺四寸	李道南	二十三尺一寸
持杆跳高（甲）	卢颂恩	七尺十寸四之三	邝卓堂	
跳远（甲）	胡宏华	二十尺七寸半	卢颂恩	十九尺九寸
八百八十码竞走（甲）	卢颂恩	二分十三秒	俞宁淮	二分十五秒半
平面铅球（甲）	黄宗仪	九十尺	卢颂恩	八十尺
跳高（乙）	李道南	四尺七寸	周孝成	四尺五寸
飞掷铅球	黄宗仪	八十七尺七寸		

从参加田径比赛的成绩来看，金大田径运动其时在校内已较为普遍。表中比赛成绩较好的卢颂恩和胡宏华两位同学，还被推选

---

① "University Notes," *The University of Nanking Magazine*, vol.Ⅶ, no.2（January 1916）.

赴菲律宾参加1913年首届东亚运动会。"中国代表团36人，日本18名，菲律宾83人，最终菲律宾得分129分，中国42分，日本21分，胡、卢两生为中国获得一枚奖牌，胡得立宽跳第二名。"①二人获得2分。尽管这2分现在看来似乎微不足道，但在当时体育竞技在中国国内还鲜有所闻的情况下，金大学生开展的这些田径运动项目在中国体育史上是值得记录的一笔。

金大田径比赛不仅在校内进行，与球类比赛一样，也时常与其他高校联合进行，有时这种比赛还具有公益性质。1912年5月，金陵大学和东吴大学联合举办了一场"苏宁运动捐助会"。辛亥革命后，金大同学为解政府经费支绌，邀约苏州东吴大学同学来宁，合开运动会，"观赛者足有两千人，尽管每人需交10到50美分，前晚下雨还导致跑道泥泞，但观众热情很高，他们第一次看到这样西方标准的大规模田径比赛"②。售票集资共得洋三百元，全部充国民捐解呈都督府。

金大鼓励学生参加体育运动，校运动会成绩优异者可被推荐参加校际比赛，甚至参加国际赛事。1917年4月，金大选派春季运动会获奖者代表本校参加在沪江大学举行的华东六校运动会，金大运动员荣获5分，其中何信道在华东运动会掷铁饼一项得第一，被选派赴日参加亚洲第三次运动大会③，为校为国争光。

在体育委员会的指导下，金大各类体育项目如网球、棒球、篮球、排球等也都开展得有声有色，并取得可喜的成绩。如1926年，金大在苏州赢得了排球赛的冠军。④是年三月中旬华东大学体育联

---

① 胡宏华、卢颂恩：《菲律宾运动大会》，《金陵光》1913年第2期。

② "Nanking-Soochow Track Meet," *The University of Nanking Magazine*, vol.Ⅲ, no.4（May 1912）.

③ 蒋家驯：《记本校运动会事》，《金陵光》1917年第3期。

④ "Editorial," *The University of Nanking Magazine*, vol.ⅩⅤ, no.3（June 1926）.

合会举办篮球锦标赛，参加者为金大、沪江、之江、东吴四校，约翰、南洋、东南、复旦因故未参加，金大获得第二的好成绩。①网球是金大开展较早的运动，此项运动由林科教授凌道扬担任顾问，因指导有方，培养出很多网球运动健将。在1921年华东六大学网球比赛中，金大的冯锡康同学获得个人第二名的好成绩。②

体育的开展，离不开学校体育设施的配套建设。金大自1916年开设体育课，但每遇下雨则停课，师生甚觉不便。为此学校计划建造风雨操场一所③，保证体育课的按时进行。1926年春，金大新修建的体育馆竣工④，内设篮球场一处，办公室、器具室、更衣室各一，并配有木马、双杠、跃台等设备，为金大体育运动的开展提供了条件。

金大师生注意处理好体育竞赛和体育锻炼的关系。在校刊《金陵光》上，经常可见金大学生对此问题的认识。"金陵大学尽管是中国拥有最好运动员的大学之一，但并没有达到良好的体育运动的目标，概因为只关注校队的运动员训练，没有让所有同学参与其中。体育运动的目标是增进健康和身心都得到训练，这个应该关注到。"⑤ "我们建议学校对待体育应重量而不是重质，是仅仅训练几个体育健将，培养几支校级比赛的球队还是让大部分同学身体羸弱？如果冠军仅仅是意味着大部分同学远离运动场，我们宁肯不要冠军，每一位同学都需要有聪明的大脑和强壮的身体。"⑥

---

① 《校园摘要》，《金陵光》1926 年 第 2 期。

② 《金陵大学同学录（1922 年）》，私立金陵大学档案，中国第二历史档案馆藏，全宗号 649，案卷号 1465。

③ 蒋家驯：《记本校运动会事》，《金陵光》1917 年第 3 期。

④ 《校园摘要》，《金陵光》1926 年第 2 期。

⑤ Chen Yu Meng, "Athletics at the University of Nanking," *The University of Nanking Magazine*, vol.Ⅳ, no.1（February 1913）.

⑥ T. C. Wang, "Editorials," *The University of Nanking Magazine*, June 1924.

　　金大学生课业重，学生忙于学业。为保证体育运动和其他活动不妨碍正常学习，金大于1914年就定有章程，"凡运动员其学绩分数非在75分以上不得代表本校与任何学校比赛"，每予挑选各项竞赛选手时，也必先将名单送教务处查核，如学业成绩不佳，必被剔除。作这样规定的原因，章程中写道："盖本校造就人才，原以三育并重，若徒以体育称健，而德智薄弱，实非学校造育完全人才之本意，以之代表本校参加比赛，殊为本校之大辱"。[1]1925年金大修订了《金陵大学普通规则》，再次对代表学校参加校外体育赛事的竞赛者资格作了强调，"上学期所读功课不得有三分之一不及格；上学期成绩总均须在4等以上；本学期月课成绩均分须在4等以上"，[2]在报送各项竞赛代表时，体育指导员必须查明各运动员是否合格。学校作这样的规定，虽导致一些运动员离开金大，但金大也在所不惜。故而运动场上金大体育竞技的佼佼者，在学业上也均十分优异。正如金大当年毕业生所言："母校之参加江南八大学各项体育竞赛，旨在提倡，并不欲藉体育而扬名。每于挑选各项竞赛选手时，必先将名单送请教务处查核，如学业成绩欠佳，必被剔除，尤其在母校迁往新址后，此项制度，执行最严，马斯教务长亦曾向各同学数度论及。嗣后各同学一进大学，即迁就环境，注重求学重点，过去对于运动有兴趣者，亦复日趋疏远，而八大学各项运动竞赛，为势又不能放弃，只好就附中各同学中多挑选手，混组学校代表队。母校大学各科同学，对于运动，其所以有如此低潮的原因，其故亦在此"。然而从另一个角度看，各科学生把主要精力放在学业上，利于培养真才实学的专业人才，"文理科各同学，成为习喜斯文的一类的酸夫子，爱谈那些形而上的各种学

---

① 《金大的足球运动会》，南京大学高教研究所编：《金陵大学史料集》，南京：南京大学出版社，1989年，第286页。

② 《金陵大学普通规则（1925年秋生效）》，南京大学高教研究所编：《金陵大学史料集》，南京：南京大学出版社，1989年，第142页。

理，而农林科各同学，则以全副精神，从事研究与实习，即从前号称为运动场上的虎将，亦复如此，以致前后同学，相沿成风，学者专家，亦因而迭出。"①

除体育运动外，金大在提倡音乐教育方面也不遗余力。音乐可以使人陶冶情操，金大组织有咏乐部（Glee Club）、金陵四声（the University Quartette）、军乐团、国乐团等爱好音乐的学生团体。军乐团成立于1913年，其成立动议于清末举行的南洋劝业会。劝业会期间，金大学生担任美国实业观光团的招待员，获美宾捐助公益经费美金二百元，当时有提议作为购置军乐之用，但款项为数太少。民国初年，金大筹集的国民捐被发还，这样前后共有六百余元可供购置军乐器材，于是而有金大军乐团的成立。②当时担任军乐团教官的是一位艾先生，民国初年，金大军乐团可谓名噪一时，"每有集会或整队外出，军乐队则排领在前，各同学随乐声前进，市民道旁伫观，赞不绝口"，③在南京城内出了不少风头。

咏乐部是金陵大学一个热爱和欣赏西方音乐的组织，由恒吉夫人（Mrs. F. G. Henke）指导对西乐感兴趣的学生学习。美籍学生都立华和科兰蒂在金大读书时，咏乐部最为昌盛。据当年校友回忆说："都立华家学渊博，对于音乐造诣极深，包文校长请他领导各同学，组织歌咏班……从歌咏班中低音唱的最好的同学挑选四人，组成四人合唱队，每有集会，皆令彼等出场歌唱，出出小风头"。④

---

① 洪润庠：《回忆清末民初时代的母校》，台北金陵大学校友会编印：《金陵大学创校七十周年纪念特刊》，1958年，第22页。

② 《金陵大学同学录（1922年）》，私立金陵大学档案，中国第二历史档案馆藏，全宗号649，案卷号1465。

③ 洪润庠：《回忆清末民初时代的母校》，台北金陵大学校友会编印：《金陵大学创校七十周年纪念特刊》，1958年，第22页。

④ 洪润庠：《回忆清末民初时代的母校》，台北金陵大学校友会编印：《金陵大学创校七十周年纪念特刊》，1958年，第23页。

四人合唱队（又称金陵四声）于1914年春季学期成立，由中学注册主任的英（Ing）教授指导，教授西方音乐，在艾迪来华演讲期间，金陵四声多次登台演唱，极大地活跃了校园气氛。①金大同学有感于西乐传入中国后，学校将音乐列为一科，若因学习西乐而将中乐废弃，终不可取，于是有金大国乐团的组织。国乐团中，笙、箫、管、笛、喇叭、胡琴一应俱全。

校内出现多个音乐团体，这也为金大举行音乐会创造了条件。当时音乐会是收门票的，之所以收门票，一是对演出者的劳动尊重，二是门票收入常用作公益。如1916年5月咏乐部在大学科学馆进行了一场非常成功的演奏会，赞助演出的有大学军乐团、大学国乐团、金陵女大合唱团、明德女中三重奏、语言学校的女生四重唱以及教师四重唱、金陵四声等。演唱会门票部分捐赠给青年会办的通俗学校，部分捐给参加牯岭青年会学生代表的花销。②

金大还富有表演戏剧的传统。1912年，金大学生程湘帆节译泰西名剧"情障"，集合同学排演。此后又有学生茅拔、侯保璋等人编排了"安重根传奇"，于耶稣圣诞日在膳堂合演。《金陵光》评论曰："二剧一为儿女柔情，一为英雄侠骨，一以指摘家庭流弊，一以鼓舞爱国精神"，演出时"观者千余人，莫不同口交赞"。③由于金大学生中爱好戏剧者颇多，于是便成立了"新剧团"，排练了多个剧目，如《英雄泪》《韩国恸史》《中国奇观记》等。④

---

① Hu Shioh Yuen, "the University Quartette," *The University of Nanking Magazine*, vol.Ⅵ, no.7（December 1914）.

② "University Notes," *The University of Nanking Magazine*, vol.Ⅶ, no.4（June 1916）.

③ 《本校近年大事记》，《金陵光》1913 年第 1 期。

④ 《金陵大学同学录（1922 年）》，私立金陵大学档案，中国第二历史档案馆藏，全宗号 649，案卷号 1465。

四、辩论赛与学术研究

如果说文体活动锻炼的是体魄，陶冶的是情操，那么演讲和辩论则是对智力和口才的锻炼。为了训练同学主持各种集会的能力，及说话技能和姿态优美，金大成立了学生文学会。文学会虽是学生课外活动，但颇似一门功课，属于必修。文学会最初为英语演说之组织，以"练习英语，交换知识，研究集会规则"为目的。后经程湘帆、陶行知等同学提倡，加入中文演讲一门。[①]每逢周五晚七点到九点，中英文并演，一周用中文，一周用英文，轮流进行。每次开会时，由各同学轮流担任主席或记录等项任务，教职员方面也会派教员出席指导并评论。每次开会。除了有演讲，还有辩论、读文、讲故事、说笑话、新闻报道等项目。

在1922年新学制颁布前，除金大大学部文科和农林科分别办有文学会外，高等学的学生也有文学会，"其人数平均计之，每会概不下六十人。文学会主要是研究学术的，不以笔书，而以口谈，故有演说，有辩论，其辩题非益身心，即裨学识"。[②]特别是民初生物学教师应尚德刚从美国回来，将高等学同学分为Alpha与Beta二组，前者取名为木铎会，后者取名为醒石会，以木铎会人才最盛，醒石会中坚分子大部为镇江籍同学，"二文学会在校内，俨然如美国民主、共和两大政党，互成壁垒，除经常有演说、辩论等比赛外，复又进而作体育上各种比赛。……学校当局亦时予奖掖，每每为增长各同学识见，时邀校外中西名人学者，来校讲演"。孙中山亦曾携王正廷莅临金大干河沿校区演讲，"嗣后同学中善于演说者，自行标榜为王正廷先生派、艾迪先生派（美国大布道家，善于演

---

① 程湘帆：《本校近年大事记》，《金陵光》1913 年第 3 期。
② 蒋家驯：《记本校文学会事》，《金陵光》1917 年第 4 期。

说）"。①从中可见当年金大学生参与演讲活动的热情。

文学会除了组织演讲，也进行辩论赛。金大早期校内曾进行过一场异常精彩的辩论赛，辩论的正反双方，分别为后来担任金大第一任华人校长的陈裕光和金大知名校友陶行知，辩题为"中国能否建立民国"。在这场辩论赛中，陈、陶都有不俗的表现，"陈君措词清朗，精神充旺，陶君则雄辩滔滔，阐发无疑"②，辩论结果虽反方胜出，但实际上双方不分轩轾。陈裕光和陶行知之所以能取得以后的成绩，这与金大注重学生各方面能力的培养是分不开的。

金大平日非常重视学生演讲和辩论的训练，也经常挑选优秀学生参加校外比赛。1915年12月，寰球中国学生会在上海举行第二届汉语演讲比赛，有来自金大、圣约翰、之江、复旦、江北第六师范、江北第五师范等共13所大学和学院参加比赛，最终金大学生罗良铸以"爱国学生之行为"为论题，凭借不俗的表现，获得第一名的好成绩。另一名学生许哲演讲题目为"今日中国人对于国耻应具何种观念"，取得第五名的成绩，③为学校争得了荣誉。在1916年举行的第三届演讲比赛中，金大仍派出罗良铸、许哲两人，罗良铸又获得了冠军。④

1918年12月，由圣约翰大学、沪江大学、之江大学和金陵大学联合组织了校际英语辩论协会，每年组织辩论赛分预备赛和决赛两个阶段。所有的演讲都是用英语，各校辩论队由三名在校生组成。预备赛先在每年12月第二个周四晚举行，两个预赛获胜队再于来年4

---

① 洪润庠：《回忆清末民初时代的母校》，台北金陵大学校友会编印：《金陵大学创校七十周年纪念特刊》，1958年，第21页。
② 《金陵乘——文艺会之盛况》，《金陵光》1914年第2期。
③ 《寰球中国学生会第二次演说竞争会秩序》，《金陵光》1916年第2期。
④ 蒋家驯：《记本校文学会事》，《金陵光》1917年第4期。

月第二个周五进行最后决赛。各年的预备赛安排如下①：

1918—1919

圣约翰与沪江　　在圣约翰举行

之江对金陵　　　在杭州举行

1919—1920

沪江对圣约翰　　在沪江

金陵对之江　　　在金陵

1920—1921

圣约翰对金陵　　在圣约翰

之江对沪江　　　在杭州

1921—1922

金陵对圣约翰　　在金陵

沪江对之江　　　在沪江

1922—1923

圣约翰对之江　　在圣约翰

沪江对金陵　　　在沪江

1923—1924

之江对圣约翰　　在之江

金陵对沪江　　　在金陵

在1919年校际辩论赛预赛中，金大战胜了之江大学。同时圣约翰和沪江大学也进行了辩论赛的预赛，最终圣约翰胜利。这样两个获胜者金大和圣约翰将在上海举行一场决赛。②在该年度最终决赛中，金大战胜了圣约翰，取得了辩论赛的冠军，圣约翰尽管未能夺

①　"Editorial Intercollegiate English Debating Association," *The University of Nanking Magazine*, vol.XI, no.2（December 1919）.

②　Sie Chen-Hsuin, "University Notes," *The University of Nanking Magazine*, vol.X, no.4（June 1919）.

冠，"但表现很好，展示了优良的品格"。①1920年12月16日晚上在金大礼堂，举行了圣约翰大学与金陵大学的英语辩论比赛，题目为"是否应即召集国民大会制定宪法"。此后四年，校际辩论赛的冠军分别为：金大（1919），圣约翰（1920），金大（1921），金大（1922）。金陵大学在辩论赛方面取得的优异成绩，还得益于金大英文教师马克斯（Edwin Marx）的悉心指导，"马氏为美国有名之辩论家。选手如魏学仁、杭立武等，学术渊博，口若悬河。每次临阵，马到成功，竟执多次大学英语辩论比赛之牛耳"。

这里以1925年金大与圣约翰大学的一场辩论赛为例，领略当年学子们的风采。这次辩论赛的辩题为"西方实业制度（Western Industrialism）在中国的发展是否必要"，金大为反方，辩论员有吴子伟、周定一和王齐兴三位同学。显然在论旨上金大辩论队处于劣势，因为中国是工业落后国家，发展工业，引进西方实业制度是当务之急。但金大辩手在辩论中，将实业和实业制度做了严格区分，列举西方工业制度（也即资本主义制度）存在的种种弊端，结果出奇制胜，捧杯凯旋。②

为倡导国学，文学会于1926年提议每年除英语辩论外，另加国语辩论。议题也更多地选择社会热点和同学关心的问题，如"科学与中国""大学毕业生与失业""中国应自动废除不平等条约"等。③为在辩论时有出色表现，每次赛前，金大辩手都作了极其认真的准备。1926年四大学英语辩论会由金大与沪江、之江、东吴组成。预赛分两组，一组沪江与之江，在沪江举行，二组为金大与东

---

① Tsai Mo Serg, "University Notes," *The University of Nanking Magazine*, vol. XI, no.2（December 1919）.

② 王齐兴：《参加华东校际英语辩论比赛获胜回忆》，金陵大学南京校友会编：《金陵大学建校一百周年纪念册》，南京：南京大学出版社，1988年，第318页。

③ 阿堵：《校闻摘要》，《金陵光》1926年第3期。

吴，在金大举行。预赛辩题同为"Resolved that China of today should adopt the unitary type of government"(今日中国应否采取单一政体？)。代表金大出战的是汪锡麟、丁毓桢、徐国懋三生。赛前"我方三君为此次辩题昼夜研究，费时月余，所涉猎之书籍杂志不下五六百种"，故辩论时，"旁攻侧击，应付自如，英语之流利，纯熟，更无论已"，所以比赛结果，"不待主席报告评判员之意见，而听众早知其为金陵优胜焉"[①]。

金陵大学学习氛围浓厚，以学生为主体的各种学会是学生社团活动中最有生气的部分。较早成立的学会当数农林学会，成立于1916年秋，系农林科同学为了"推广知识，讨论学理"而组织，每周开常会一次，由会员陈述学习心得，或请专家演讲。农林学会设有会长、副会长、中文书记、英文书记、会计，以及演讲部部长、讨论部部长、辩论部部长、杂志部部长和交际部部长。从职员构成来看，农林学会既是一个研讨学术的团体，也可以看作农林科的学生自治组织，农林科的演讲和辩论都由农林学会组织发起，1917年1月发行杂志《农林杂志》，以"学理新颖，文字畅达"著称。此外，还举办济贫学校，为失学儿童提供学习机会。下面以校刊刊登的"农林学会大事记"，了解其内容大概[②]：

1918.1.5，第一农校教员曾济宽演讲"改良中国林产制造业之管见"。

1.12，高等师范农科主任邹秉文演讲"欧美中等农业教育之情形及其对于我国中等农业教育之商榷"。

1.19，晚开选举会，新当选职员如下，会长李积新，副会长

---

① 阿堵：《校闻摘要》，《金陵光》1926年第3期。
② 万国鼎：《纪事·农林学会大事记》，《金陵光》1918年第5期。

李顺卿，中文书记万国鼎，英文书记李骏康，会计张通武。演讲部部长徐澄，讨论部部长赵崇鼎，辩论部部长徐正铿，杂志部部长唐启宇，交际部部长冯锐。因农林科将发行杂志，遂取消杂志部。济贫学校并入本会，此校原为第一班农科同学所办。

4.12，本校教员孙沛尔先生演讲"干果及其用途"。

4.19，本会会员演讲题目，张传经"先秦诸子工艺学与泰西工艺学之同异"、张通武"导淮之利益"、彭克中"人造茯苓法"、李顺卿"齐东饲养野蚕之情形"。

4.26，本校教员吴伟夫博士演讲"实业大学之新计划"。

5.3，本会会员演讲，徐正铿"鼠疫之传染及其种类"、冯锐"the Function of Agricultural College in China"、华伯雄"中国振兴农业之必要"、倪文新"荫树于街道之利益"。

5.10，本会会员演讲，毛雕"灵魂不灭"、张惟徵"交通桑"、耿作霖"蜜蜂之利益"。

5.17，请第一农校教员钱崇澍先生演讲"世界森林之种类及分布"。

5.24，本会会员演讲，潘学璨"农与林之关系"、邓传鼎"去奸"、鲁佩璋"提倡族学之主张"、李向霖"中国人"。

5.31，本校教员钱治澜先生演讲"萝菔之研究"。

6.7，本会会员演讲，李骏康"What Constitutes Good Citizenship"、唐启宇"China's National Spirit"、赖毓熏"the Spirit of Laissez-Faire in China"、陈广顺"the School Spirit"、徐晶"the Responsibility of the Individual is for the Prosperity or the Ruin of his Country"、邓嵩龄"the Future of the Silk Industry in China"。

农林学会定于1918年6月7日的演讲原为辩论会，因校中于下星期开各会联合会，由各会公推代表二人赴联合会演说。农林学会因平日英文演讲较少，遂将此次辩论会改为英文演讲会。公举李向霖为中文演说代表，赖毓熏为英文演说代表，赴大学部各会联合会演说。后来李向霖在全校中文演说比赛中获第一。①在历次校内中英文演讲、辩论比赛中，农林学会的同学都有出色的表现，学会会员认为这是与"领袖有方，会员热心"有关。

金大早期学术研究型学会还有不少。如林学会为林科同学所组织，分标本、调查、编译、图书、交际五股，出版《农林科棉业丛刊》，已被全国棉业家认为是极有价值之刊物。如社会学会于1921年秋组织，当时会员有11人，研究社会之起源，会员每人需撰写论文。如市政改良研究会，实地调查南京状况，会员有12人，各有论文一篇将刊行。又如大学部商学会，分图书、调查、演讲、营业及编辑五部。世界新闻研究会为本校资望最老之一学会，坐一室而论天下大事，意气扬扬矣。②在这些学会的推动下，金大学术氛围日渐浓厚，之后又陆续出现生物学会、科学会、国学研究会、小说研究会、英语研究会、政治研究会等。到1926年已增至二十余种，③校内学会日益发达。

为了"共谋学行之砥砺和感情之联络"，金大学生中以乡谊为纽带结成的学生团体也十分活跃。由于金大学生来自全国各地，为"联络乡谊，调剂生活，砥砺前行，开展互助"，先后以地域为单位组织的团体有浙江、上海、南京、汉口、江西、济南、湖南、芜湖、镇江、蚌埠等同乡会，特别是南社（以两广同学为核心的同乡会组织）和京社（以北方同学为基础的同乡会组织）的联谊活动最

---

① 《金陵大学同学录（1922年）》，私立金陵大学档案，中国第二历史档案馆藏，全宗号649，案卷号1465。
② 范定九：《校闻摘要》，《金陵光》1922年第1期。
③ 阿堵：《校闻摘要》，《金陵光》1926年第2期。

为活跃。[①]此外，还有以年级为单位组织的学谊组织，如己未俱乐部（1919 Club）、庚申俱乐部（1920 Club）、辛酉俱乐部（1921 Club）等。为醒目彰显特色，各级会还制有会色和会训。以往金大学生大都以各科分组，而己未俱乐部算是较早以毕业年份为分组标准的，"集文、农、林三科己未年卒业生得二十九人，谋公共之发展，交换学识，联络感情"，以金黄和蔚蓝为会色，以"诚"为会训，希望彼此"相助相励，无怠无荒，期合群力以利我邦家"。[②]庚申俱乐部成立缘由，一是因同学同年毕业感情更为深厚，二是庚申年毕业同学达45人之多，为历年毕业人数最多届，将来服务社会，"任巨艰而肩重任，必有为母校光者，为社会国家光者，凡我同人尚其勉励"。[③]

金大校园生活内容丰富多彩、精彩纷呈，各项活动都追求"个性的自然流露和自由发展"。除学校定期为学生组织运动会、歌咏会、辩论赛外，校园中由学生团体自行组织的读书会、演讲会、报告会也十分频繁。除此之外，学校师生之间还利用各种庆典和迎新送旧的机会，展开各种形式的交谊、同乐、游艺活动。这些各式活动，为同学们提供了可施展才华和特长的机会，也为师生的身心健康和培养完美人格起了重要的作用。

第三节　学生爱国运动及中共金大党支部建立

金陵大学是一所具有爱国传统的学校。近代以来，面对日益深重的民族灾难和帝国主义列强对中国的蹂躏和压迫，教会学校师生

---

① 张宪文主编：《金陵大学史》，南京：南京大学出版社，2002年，第437页。

② 《金陵大学同学录（1922年）》，金陵大学档案649-1465。

③ 《金陵大学同学录（1922年）》，金陵大学档案649-1465。

置身于一个与外国人有较多接触的环境之中，能更直接地感受外国势力在政治、宗教、种族上存在的偏见。在国内风起云涌的历次反帝运动与爱国民主运动中，教会大学师生并不让于人后。

一、五四运动中的金大

早在1904年，在全国掀起抗议帝俄侵占东三省的"拒俄"运动中，汇文书院的青年学生便掀起"拒俄"波澜。他们召开演讲会，"演说中国之地位，国民之危险"，要求政府坚决拒约抗俄。据《俄事警闻》记载，1904年1月，汇文书院百余名学生在校内成美馆集会，声讨沙俄侵略行径。会上学生个个慷慨激昂，义愤填膺，纷纷倡议"练习兵操，弄成军国民之体格"，准备在国家需要时，能披甲执戈，奔赴战场，并当场公推学生卢某为领袖。次日，开始操练，到场者有五六十人，"全国学生必有闻而兴者"。[1]汇文书院此举在当时国内产生一定影响，揭开了金大反帝爱国斗争的序幕。

新文化运动兴起后，国内反帝反封建斗争情绪高涨。金大作为教会大学，师生与西方文化有较多直接接触，思想更为活泼开放，对民主、自由有着热烈的追求，对国家、民族的命运也极为关注。少年中国学会是"五四"时期重要的社会团体，1919年成立于北京，发起人为王光祈、李大钊等，会员包括毛泽东、赵世炎、邓中夏、张闻天、恽代英等。金陵大学学生李儒勉、刘国钧、黄仲苏、唐启宇、方东美等均为少年中国学会会员，并且是《少年中国》杂志重要撰稿人，方东美、黄仲苏等还负责编辑学会会刊《少年世界》。金陵大学学生在《少年中国》《少年世界》上发表有多篇文

---

① 《汇文书院之"拒俄"行动》，南京大学高教研究所编：《金陵大学史料集》，南京：南京大学出版社，1989年，第301页。

章。如李儒勉的《一九一九年旅欧观察之一瞥》、刘国钧的《欧战后美国哲学界思想的变迁》、方㧑翻译的《一九一九年之俄罗斯》等文章。金陵大学师生在传播西方政治、哲学、社会思想方面作出了积极贡献，并且对社会主义思想展开热烈讨论。他们关注到苏俄社会主义的发展，反映出"以俄为师"社会思潮在金大青年学生中的影响。

1919年，巴黎和会召开之际，列强恃强凌弱，共同分赃，将本属战胜国中国的山东权益转手让给日本，中国外交失败的消息传出，北京爆发了大规模的学生爱国运动，平静的金大校园也随之沸腾。5月9日，在南京的大中学校召开国耻纪念会，南京高师教务主任陶行知等人在会上作了"国耻史"的报告，表达了雪耻的决心。纪念会当场，有学生咬破手指，血书"还我青岛"四个大字。会后，学生们举行了声势浩大的爱国游行，至督军和省长公署请愿，提出五项要求：

（1）力争青岛；

（2）宣布及废除中日密约；

（3）尊重我专使在巴黎和会上的地位和尊严；

（4）要求维持北京大学及释放被捕学生；

（5）敦促南北和会，速行解决各种重大问题。[①]

为更好地组织和联合南京各大中学校学生共同行动，南京成立了学界联合会，金大教员应尚德和陶行知分别任正、副会长。南京学界联合会设评议、执行两部，评议部分参事、议事两股。议

---

① 《金大师生的爱国民主传统》，南京大学高教研究所编：《金陵大学史料集》，南京：南京大学出版社，1989年，第291页。

事股由各校代表组成，参事股由各校职员代表组成。凡议事股通过之事项须经参事股通过，交给执行部执行。由于南京学界联合会组织仓促，拟定简章细则又费时两周，导致"决事迟缓"，在高涨的学生运动中引起各校学生的不满。在罢课问题上，南京同学强烈要求与北京学界保持一致行动，但学界联合会决定迟至6月1日才进行罢课。同学们认为到那时"北京学生已无后援，将为政府压力所压服，最好能即日罢课，方足以壮北京学生士气，而使之坚持正义到底"。[1]随后，各校学生乃自行组织行动。金大和南京高师、河海工程专门学校于5月27日率先带头停课，此举得到全市20余校学生的支持。次日，各校也一律罢课响应。原学界联合会中学生代表与教职员代表意见一时不能统一，在"会务搁浅"的情况下，为使各校行动"联合一气"，金大学生乃出面邀集各校代表于江苏省教育会分会开会，议决学界联合会既然不能继续进行，各校当然必组一统一机关，庶能一致进行共谋国是，遂议另组学生联合会，举定南京高师代表黄曝寰为会长，金大学生吉斌俊为副会长。学生联合会也分评议、执行两部，评议部长也由金大学生代表担任，从而实际担负起领导南京学运的重任。有当年参与其中的金大学生回忆说："五四运动，金大执宁垣学生界之牛耳"，[2]不是没有道理的。

南京新的学生运动统一领导机构——南京学生联合会成立后，积极站在运动前头，首先领导了全市各校的统一罢课，并组织学生演讲团赴下关和夫子庙一带向市民演说。6月2日，在学生联合会倡导下，南京各校学生赴公共体育场举行宣誓典礼。是日，南京学生200多人整队至宣誓场所，由童子军升国旗，军乐齐奏，掌声如雷，次向国旗行三鞠躬礼，全场肃然。次由会长读誓词。词曰：

---

[1]　贡拙：《金陵大学、高等师范学生带头罢课，声援北京学生斗争》，《时报》1919年6月4日。
[2]　沈丹泥：《金陵就学之回顾》，《金陵光》1924年夏季特刊。

"拥护国权，发扬民意，协力同心生死以之"。宣誓时，"各校学生无不慎重庄严，而天时阴沉，尤足增加会场森严之象"。宣誓后，各校整队游行，沿途散传单，求商界之扶助。经南京商会门首，由各校代表入门道达意旨，路程由公共体育场经中正街、内桥、府东大街至大公坊，各校分途，各归原处。据报载：此次游行秩序非常整齐，人人表现一种悲伤庄严之态，盖良心之发现，非人力所能为也。路经街道，商民多鼓掌欢呼。事前由会长通告警厅，厅长王桂林当即允许，并云："学生爱国，出至热忱，当命沿街商民一律悬旗，各岗警士都服新制服，借表对于诸君之同情"。①

　　6月3日、4日，北京爱国学生上街演讲，北京政府出动大批军警逮捕学生一千余人，全国群情激愤。为声援学生，6月5日，上海六七万工人举行了罢工，继而引发商人罢市、学生罢课。南京学生联合会闻风而起，决定采取行动"同一进行"，推代表至商会，要求会长苏岳宗转请各商铺一体罢市。苏会长因事关重大，未敢遽然允许，允于6日召集各业董开特别会议，筹商办法。6日晨，各校演讲部、贩卖团依然分组出发，在金大、南高师学生的发动下，决定"由各校分任地点，直接向商铺指恰，遂派第一农业、河海工程至下关；暨南学校、金陵大学至城北北门桥一带；公立法政至水、汉西门；青年会求实学校至花牌楼；第一中学至通西门、大中桥等；第一工业、钟英中学至城中评事街、府东大街及承恩寺、夫子庙一带；第四师范、高等师范、南京中学均往南门及新桥一带分头接洽"。南京商民对政府之措施，本多不满，故对于学生举动，均表示欢迎。"盖人人心里郁积已深，今见学生对于国家牺牲如此之学业精神，人非草木，安能不为何恻然，学生甫经出发未及两分钟，

---

①　贡拙：《金陵大学、高等师范学生带头罢课，声援北京学生斗争》，《时报》1919年6月4日。

而全城之商铺已一律罢市"。①

学生的行动遭到警察的镇压，金大和农校24人被殴伤，金大陈昌盛等4名学生被捕。在审讯时，执法官强令一名金大学生下跪，该生据理力争，遭毒打后吐血不止，仍不屈服，被关押数日后，方被释放。有校友回忆说："时本校亦停课，从事排日运动，余被举为演讲科科长。犹忆某日全城学生排队游行示威，要求商界罢市，沿途学生林立，宛如巡警，下午警士与学生冲突，学生多遭刀棒之伤，复有受拘留之苦，余适以演讲科科长名义，与某君到水西门外上河镇运动罢市，及晚归城，始闻冲突之事，余庆幸免。然二三人到乡市宣传官厅严禁之举动，抑亦险矣。"②6月8日，南京各界万余人再次举行集会和游行，抗议军警武装镇压学生，斗争形成高潮。在这场运动中，金大学生始终站在斗争前列。

二、中共党支部在金大的建立

1921年底，中国共产党上海地委成立，领导上海、江苏、浙江等地党的工作。当时南京负责学生运动的主要是南京中国社会主义青年团（1925年改称为中国共产主义青年团）。1922年10月，在第二次南京社会主义青年团大会上，金大学生刘重民③和东大学生吴致民等17人加入团组织。

1923年6月，中国共产党在广州举行第三次全国代表大会，大会讨论的中心问题是与孙中山领导的国民党建立革命统一战线问

---

① 《金陵大学、高等师范学生动员商人罢市》，《时报》1919年6月8日。

② 沈丹泥：《金陵就学之回顾》，《金陵光》1924年夏季特刊。

③ 刘重民（1902—1927），江苏江都人，1922年考入金陵大学，1923年参加中国社会主义青年团，1924年被选为南京青年团地方执行委员会宣传委员，加入中国共产党。见华彬清、钱树柏主编：《南京大学共产党人（1922年9月—1949年4月）》，南京：南京大学出版社，2002年，第73—74页。

题。在中国共产党的推动和帮助下，孙中山改组了国民党，确立了联俄、联共、扶助农工的三大政策，从此实现了第一次国共合作，一场轰轰烈烈的以反对帝国主义和北洋军阀为目标的北伐战争开始了。1923年年底，中共南京地委成立。这时的南京仍在北洋军阀的统治之下，共产党和国民党只能以秘密方式进行革命活动。1925年3月12日，孙中山逝世，中共南京支部和国民党左派组织领导南京各界人民开展了规模很大的悼念孙中山的活动。

随着国内民族主义情绪持续高涨，反帝运动此起彼伏。1925年5月15日，上海日本纱厂资本家，以血腥屠杀手段对付罢工工人，枪杀共产党员顾正红，激起中国民众愤怒。30日，上海工人、学生2 000余人在公共租界散发传单、发表演讲，举行反帝示威游行，遭到租界当局阻挠，学生被拘百余人。下午，数千群众集中在南京路老闸捕房前，要求释放被捕学生，英国巡捕悍然开枪，击杀十余人，伤数十人，是为震惊中外的"五卅惨案"，也称"沪案"。

沪案发生后，国人以极大愤怒同声声讨帝国主义对中国人犯下的暴行，金大学生也"愤慨不可遏抑"，立即通电表示抗议。电文曰："闻报惊悉英捕惨杀工人学生，痛正义之无存，伤同胞之惨死，凡属人伦，孰不发指，析沪人士，一致抗争，学生等誓联合南京各界为后盾，不达目的不止，南天在望，悲愤填膺，临电泪流，不知所云。金陵大学全体学生叩谏。"[①]通电发出后，校学生自治会即召开干事部、议事部联席会议，议决由全体同学选举11人组织沪案后援委员会，全权办理后援事宜。票选结果，胡迈、段天炯等14人当选委员，6月3日，委员会正式成立，于即日起议决罢课，校中顿呈严重忙迫之象。委员会分文书、交际、经济、纠察、庶务、宣传六股分头工作，同学皆投入襄助进行，分组讲演宣传，并组织

---

① 曼：《本校沪案后援运动记事》，《金陵光》1926年第1期。

起来到南京英商和记洋行向工人宣传，开展募捐和抵制英、日货等活动。

　　6月4日、5日，金大全体同学加入了南京市民示威游行，"沿途散发传单，露天演讲，虽天气酷热，精神不因之稍懈"。据校刊《金陵光》记载：在这次"沪案"后援运动中，金大学生先后被推为国民外交协会执行委员，南京学界惨案后援会罢工救济委员会委员、南京提倡国货抵制仇货协进会调查股主任、南京教会学校学生后援会副委员长等职。这些当选学生代表"奔驰在外"，在校全体同学则每晨必开大会一次，向国徽致敬，唱国歌，讨论进行方略，会后则分组演讲募捐，日夜从公，始终如一。即以募捐而论，募得总额在1 600元以上，表现了极高的爱国热情。暑假期间，李只仁等12位同学被推为暑假驻校委员，继续坚持斗争。谓"本校同学一息尚存，誓以此身与压迫我中华民族之仇寇相周旋，肝胆涂地，在所不惜，邦人君子，有以教之"。[①]

　　在这次运动中间，不仅中国师生同仇敌忾，美国教员也对学生表示热烈同情，校长包文亲自写信数封给委员会，表示他对学生的理解和满意。而同为教会大学的圣约翰大学校长卜舫济态度却迥然不同，他不仅以解散学生团体来压迫学生运动，还侮辱中国国旗，激起该校学生极大义愤，师生500多人声明永远脱离该校，载诸报端。脱离圣约翰大学的师生后来在各界帮助下组成了光华大学。因有部分学生秋季学期仍回圣约翰大学继续上学，故南洋大学提议取消圣约翰大学华东八大学体育委员会会员资格。此议立即得到金大同学的响应，全体同学集聚礼堂，以"一致投票赞成"取消圣约翰会员资格，"以示与众共弃之"。[②]

---

① 曼：《本校沪案后援运动记事》，《金陵光》1926年第1期。
② 钱存典：《本校新闻》，《金陵光》1926年第1期。

最早的金大中共支部成立于1925年。五卅运动后，南京党组织有了较大的发展。该年9月，金大学生陈庚平和陈韶奏经河海工程专门学校学生林炯介绍，先后加入中国共产主义青年团，后转为共产党员，他们是金大最早的共产党员。1926年3月12日，以共产党员为核心的国民党左派，团结进步同学，参加孙中山陵墓奠基典礼，国民党右派组织了一批流氓进行捣乱，国民党省党部常委侯绍裘（共产党员）被打伤，在现实教育下，金大一部分参加国民党右派组织的同学开始觉醒，转向国民党左派。1926年"五卅惨案"周年，金大同学"因悬案未决，正义未伸，不得不有所表示，藉以唤醒群众之注意"，乃再次冲破阻挠，同东南大学、金陵女子大学及其他中学同学一起，以南京市学生联合会名义发起"五卅惨案"周年纪念活动。5月30日"是早八时，全体整队出发，游行街市，散发传单，来至东大操场聚集开纪念大会"，[①]会后举行了浩浩荡荡的示威游行。金大学生在党的领导下，到南京英商和记洋行向工人进行宣传。同年暑假，金大的秦元邦和熊士杰两同学作为国民党左派南京市党部代表，专程赴广州，要求国民政府早日出师北伐。

1926年7月，中共江浙区委派刘少猷来南京任中共南京地委委员，同时，还担任国民党左派市党部常委。金大作为一所教会学校，有利于隐蔽，刘少猷以金大为国民革命运动的据点，组织一批参加国民党左派的学生去做工人、学生的工作，或参加国民党左派市党部的工作。如金大学生陶恒棻就担任过国民党市党部的秘书长，华皖、秦元邦先后担任国民党市党部的青年部长。在这个时期，金大建立了中共支部，发展了一批共产党员。1926年下半年入党的有：秦元邦、熊士杰、郑旺华、汤仁溥、于铭之、杨德翘、方于清、杨济民、丁廷洧、夏征农等人，支部书记为胡华

① 阿堵：《校闻摘要》，《金陵光》1926年第3期。

熙。夏征农在回忆中说，自己是在1925年进入金大，在1926年10月加入中国共产党组织。[1]

1927年3月24日，北伐军光复南京，3月28日，金大党支部发动同学参加刘少猷主持召开全市各界欢迎国民革命军江右军大会，会后冒雨游行。此时，蒋介石的反革命活动日益猖獗，他以革命军总司令名义，命令江右军渡江北上，而把自己的嫡系部队调驻南京，并控制南京各要害部门。4月5日，国民党省、市党部在金大礼堂召开全市国民党员大会，表明了反对蒋介石独裁的鲜明立场。4月10日，在国民党省、市党部的领导和组织下，金大学生参加了"南京市民肃清反革命派大会"，会后到蒋介石司令部请愿，高呼"打倒军阀！打倒帝国主义！拥护江右军建设新南京！"请愿群众遭殴打、枪击，死伤甚众。当晚，侯绍裘等10名共产党领导干部被捕，惨遭杀害，这是蒋介石在上海发动"四一二"反革命政变的前奏。"四一二"政变后，国共正式分裂，反动当局到处搜捕共产党员和进步群众，金大校园也不能幸免，南京市公安局局长温建刚亲自带人抓走了陶恒菜等三位同学，关押近两个月，后经校务维持委员会主任陈裕光出面营救，方能获释。1927年6月，国民党军警又一次闯进金大，逮捕了丁廷洧、于铭之、杨济民、张克祥、陈公望等五人，由于国民党没有抓到他们确凿证据，后经金大校长包文出面保释方释放。

1927年下半年，革命转入低潮，金大大部分党员转移到其他地区，如于铭之到安徽去做农民协会工作，秦元邦、熊士杰则由上海转到武汉，继续从事革命活动。

---

① 张宪文主编：《金陵大学史》，南京：南京大学出版社，2002年，第474页。

第四节 金大早期师生群像

"所谓大学者，非有大楼之谓也，而有大师之谓也。"好的大学，不仅要有先进的教学设施，更要有优良的师资。校友在回忆母校时，让人印象深刻的除了当年徜徉其中的校园建筑，最津津乐道的当数让他们受益终身的老师。金陵大学作为当时知名学府，不仅有"三院嵯峨，艺术之宫"的教学大楼，更汇集了一批享有盛誉的国内外名师。在办学早期，金大外籍教师人数较多，国际化办学程度高。下面对金大办学早期一些有代表性的师生，作一群像的勾勒介绍。

一、外籍教师

文怀恩，金陵大学副校长，与校长包文一起为金陵大学的创建和发展做出很大贡献。文怀恩于1899年抵达上海，后前往苏州。1900年庚子之乱，文怀恩夫妇随各地西侨同去江西牯岭避难，继去日本。1901年返回南京。1907年返国休假，在美期间到各地演讲，为筹设大学劝募捐款，结果非常成功，得各地长老会及北长老会国外宣道部支持。1908年返回南京，谋求合作办学，推动了南京三书院合并建立金陵大学的工作。

金大成立后，校长包文主内，致力于学校行政，而副校长文怀恩则主外，时常奔波于中美之间，为金大发展募捐经费。他对中国的救灾工作也很热心，华中各地曾两度遭受天灾，文怀恩都亲赴美国，募捐赈灾款，1911年募款十一万银圆，1922年募款七百余万美元，有数十万灾民受益，金陵大学是两度赈灾的工作中心。金陵大学农林科的诞生与赈灾工作密切相关。

金大校舍曾两度为中外人士的避难所。第一次是1913年，因辛亥革命后的"二次革命"，在南京市有多日巷战和肉搏，无辜平民死亡四五百人。第二次是北伐时期，国民革命军入城前后数日之间，1927年3月23日，国民革命军在南京城外获胜，下午进占紫金山及雨花台，市民以为将有巷战，纷纷离城逃命。24日晨，文怀恩去医院探视了病人，再参加早祷会，与校园巡夜的人交谈。战乱中有乱兵进入外侨民宅抢劫放火，时金陵大学住宅区也被侵扰，文怀恩与西人共七人出外察看，即为枪兵拦住，并被强行搜身，七人的钱包、金笔、表等物皆被抢走，文怀恩因不肯交出其母亲留给他的纪念手表，而被乱兵开枪打死。

文怀恩在华从事传福音、兴学、救灾、建设等多项工作，凡二十八年，其间往返奔波于中美之间十余次。除去返国募捐、购置、物色人选等，在华工作约二十年，对中国近代教育的发展做出一定的贡献。①

夏伟师，美国伊利诺伊州人，1908年美国德勒克大学毕业，获文学士学位，1910年芝加哥大学获科学士，曾任德勒克大学历史教员。1912年3月来金大工作，担任大学教务长和文理科科长，并教授经济学、社会学课程。夏伟师长于行政，有魄力，有眼光，对于提高教学水准和学生成绩很有功劳。金大一直实行的等级记分法，正是教务长夏伟师从美国引进的教学管理方法，他将学生考试成绩分为五等，每个班级各等成绩的分配严格地按照比例进行，"倘教授之成绩报告单与等级表不符者，概作无效"。这种近似严苛的管理制度，尽管使每届学生的毕业率很低，但的确保证了教学质量，可以说金大的教务基础正是由夏伟师奠定的，这也是金大的毕业生在

---

① 参阅曲拯民：《创办金陵大学的文怀恩博士》，来源 http://www.ebaomonthly. com/ebao/readebao.php?a=20090102，此文多取材于 W.R. Wheeler, *John E. Williams of Nanking*。

社会上广受好评的重要原因。①

　　裴义理，金陵大学农林科的创始人。1860年生于爱尔兰，出身农民家庭，故对农民有天然的感情。在拜耳法斯特大学获文学士学位，后赴美，学习神学。②1890年来华，供职于苏州长老会，时中国正值鸦片战争后，嗜毒习气弥漫全国，裴义理于布道之暇，发起拒毒会，进行家庭访问，进行拒毒宣传，因而为旅华西侨不满，又见弃于同僚。于是愤然离职北上，改就京师大学堂英文教习。

　　1910年裴义理应金陵大学之聘，担任数学教授。1911年裴义理承办中国北部以工代赈工作，常在农村和灾民相处，看到我国农民生活实在贫困，认为要改善农民生活，必须先从改良农林事业着手。于是联合江苏、安徽士绅，发起组织义农会，极力呼吁各方，集资救济灾民，并得到孙中山、黄兴、张謇、唐绍仪、伍廷芳、熊希龄、宋教仁、蔡元培、施肇基等人的赞助。请准政府拨给紫金山官荒4 000亩，为垦荒造林之用。专门招集贫民垦荒地、筑路、烧窑、辟苗圃，营造垦民住宅，以工代赈，并创设灾民子弟学校。裴义理亲自督垦，指导种植，备积劳苦。三年后又在安徽来安成立义赈分会，帮助灾民300多户。在办理义赈的过程中，裴义理深感缺少农业指导人员的不足，于是考虑设立学校招生训练，培养人才。

　　1914年，金陵大学适应这种需要，由裴义理一手创办农科，采用半工半读制度，造就实用人才。1915年春又添设林科，以培养林业专门人才。1916年农林两科合并为农林科，裴义理任该科科长。

---

① 参见：《金陵大学造送大学本预各科暨附属各校教职员及附属医院职员一览表（1918年）》，私立金陵大学档案，中国第二历史档案馆藏，全宗号649，案卷号168；杭立武：《关于文学院的人和事》，台北金陵大学校友会编印：《金陵大学创校七十周年纪念特刊》，1958年，第6页；《金陵大学普通规则（1925年秋生效）》，南京大学高教研究所编：《金陵大学史料集》，南京：南京大学出版社，1989年，第139页。
② 《本校农学院创办人——裴义理》，南京大学高教研究所编：《金陵大学史料集》，南京：南京大学出版社，1989年，第18页。

这样裴义理创办了中国最早的大学农林科，实开中国农林教育之先河。以注重实践，学以致用为宗旨，毕业生没有毕业后失业的，而且供不应求。

裴义理还倡议设立中国最早的植树节。1916年紫金山麓起野火，林木被烧很多，义农会损失很大，附近居民又乱砍滥伐，裴义理非常痛心。清明日去上海途中，见扫墓人多植树于墓地，受此启发，函请农商总长张謇，建议将清明日定为植树节，此为中国有植树节的由来。目的提倡培林，激发民众爱护树木之良好习惯。1917年华北黄河泛滥成灾，裴义理离开金大，加入华北义赈会，专事以工代赈工作。

1919年，裴义理到吉林筹划垦荒工作，被土匪刺伤回美国休养。1925年第二次来华，在上海、沈阳等地创办工人补习学校。1926年，来江苏南京、安徽和县组织保林合作社，推行农村复兴委员会造林、护林计划，筹建苗圃育苗，使江苏、安徽林业又有所发展。1931年，九一八事变后返美。1933年第三次来华，在安徽和县等地筹划乡村建设。可见其多次往返于中美之间，始终致力于农村、农民工作。1934年因病离华，1935年11月15日因病痛难忍，而饮弹自杀，时年75岁。

裴义理先后在华服务40多年，尤其对中国农林事业做出很大贡献，裴义理的教育理念及其在农业高等教育上的功绩不可磨灭。金陵大学将农学院楼命名为裴义理楼，纪念他创办农林科的功绩。[①]

芮思娄，继裴义理后任金大农林科科长，1888年出生，美国宾夕法尼亚州人，美国耶鲁大学森林学学士，康奈尔大学农学硕士，

① 墨妮：《农学院创办人裴义理先生》，金陵大学南京校友会编：《金陵大学建校一百周年纪念册》，南京：南京大学出版社，1988年，第56—60页。

曾任纽约省立农校农艺助教二年。[①]1914 年，美国基督教北长老会派芮思娄来华，在金陵大学农科任教，他是美国基督教会派出的第二位来华农业传教士。[②]1915年就任金陵大学农科代理科长，1916年正式就任科长。直到1928年8月回国，任美国农业基金会秘书长等职，他任金大农林科科长达12年。他"努力造成一个研究中国农业与训练中国学生的农学院"，为金大农林科成为全国一流院系打下了最坚实的基础。

在担任农林科科长期间，芮思娄广揽国内外著名学者，开拓中国近代农林学科，如聘请世界著名遗传育种专家洛夫和昆虫学家吴伟士、植物病理学家博特、农业经济专家卜凯等来校任教，使金陵大学农林科在作物育种学、昆虫学、植物病理学、农业经济等主要学科差不多同时建立起。

除了广延名师，芮思娄另一主要贡献是引入教学、研究和推广三方面相辅相成的教学制度，特别是把一般人不重视或不屑于做的农业推广工作放在重要位置上。不仅把农业教育推广到基层教会，更把农业科技推广到田间农民，以求达到改良农业、提高农民生活条件的目标。陈裕光晚年评价农学院"重在联系实际，不尚空谈"。芮思娄一开始就坚持以实地工作为主，认为"如果没有实地工作，我们将成为一个纯粹的简单的书本系科。在推广工作中，可以看出我们对中国的最大贡献"。金陵大学注重推广那些适应当地条件、能使产量增加、农民受益的改良作物，金大引进并改良的脱氏棉产量比当地品种大有提高。芮思娄以十余年心血培育的小麦金大26号，推广后深受大江南北的农民欢迎，盛赞它在10个方面优于当地品种，如秸秆壮、成

---

① 《金陵大学造送大学本预各科暨附属各校教职员及附属医院职员一览表（1918年）》，私立金陵大学档案，中国第二历史档案馆藏，全宗号 649，案卷号 168。

② 1907 年，受过农业专门训练的高鲁甫（George Weidman Groff）被派至广州岭南学堂任教，被认为是第一位被派往中国的农业传教士。

熟期短、生长整齐、产量高、出粉多而且白等。对作物和牲畜病害知识的推广也深受农民欢迎，尤其是对小麦黑穗病和牛瘟的防治。由于牛瘟减少，农民每年少损失耕牛上万头。金陵大学培育出的改良消毒蚕种，更让江南无数蚕农受益无穷。

芮思娄的第三个贡献是重视中美农业教育的交流。芮思娄在金陵大学期间，成为中美农业教育和科学交流活动的重要组织者。1923年，在校长包文和芮思娄的努力下，金陵大学农林科获得美国对华救灾剩余基金约70万美元，农林科发展的经济基础得到保证，在安徽、河南、南京等地购买土地开展农业改良，进行科学研究。芮思娄积极寻求与康奈尔大学合作，进行作物改良研究，于1925年形成一个由国际教育基金会资助、康奈尔大学和金陵大学执行的研究计划，该计划使康奈尔大学著名的育种学三博士洛夫、马雅师、魏庚思先后来金大执教，经过前后6年的努力，该计划取得了极为有效的成果。

芮思娄的工作得到了蔡元培的赞赏。在芮思娄1928年回国前，蔡元培写了《芮思娄君回美赠言》，其中说，金陵大学农林科创办15年以来，在培养专门人才，研究改良作物，推广乡村农业教育，其成绩在中国农民间已直接受其影响，"既佩裴义理君创始之勤，而芮思娄君自始襄助经营，竭虑尽智以谋扩充，其毅力更有足令人起敬者。"蔡元培希望他回国后"继续努力于筹款，推广各事务，以实现其扩大将来之计划，则不仅我一人之感激已矣"。芮思娄回国后，继续筹集资金用于美国农业专家来华讲学和接受中国学生赴美学农。1931年，他与育种专家马雅师等人一起到金陵大学讲课和指导研究，1947年又来华访问考察。可以说，他没有辜负蔡元培的愿望①。

---

① 《南京农业大学发展史》编委会编：《南京农业大学发展史·人物卷》，北京：中国农业出版社，2012年，第41—44页。

  韩穆敦，美国伊利诺伊州人，1914年在芝加哥大学获得博士学位，曾任美国贝查理及芝加哥大学教授。1916年2月来金大，教授西洋哲学、伦理学、心理学。[1]他尝试将西方理论应用于汉学研究，在南京期间，曾在支那内学院学习并从事佛经翻译。1927年返美，任教于奥柏林学院。金大校友对韩穆敦印象最深刻的就是他"诲人不倦"。杭立武回忆说："韩穆敦博士是一位温文尔雅的学人，还弹的一手好钢琴，在他所授的课程中，例如哲学、伦理学、比较宗教学等，他所表现的是智慧和宽容，'诲人不倦'韩穆敦教授可以当之无愧。"[2]我国著名心理学家蔡乐生称："我是慕他的大名才来金大求学的……果然名不虚传，其中最重要的是一门实验心理学，包括十几种实验演习"，课本也是用最新的研究成果，注重对学生进行科学方法的训练，课堂的发问不在于是否死记书本，而在于启发学生的思想。认为他的"讲学方式是深入浅出、条理分明，所举例证既精彩又恰当，兴趣非常浓厚，一小时忽闪过去，听者获益不尽，而韩师亦真诲人不倦。"[3]韩穆敦的哲学思想还影响了方东美。韩穆敦每周会有一个下午课毕带领几个学生跑路去五台山，除作健步运动外，又常就近参观古刹佛堂，现场讲授他对佛学哲理的深刻研究，方东美后来成为一代哲学宗师，韩穆敦对他影响独深。[4]

  贝德士，1897年出生于美国俄亥俄州的纽瓦克，1916年大学本科毕业于海勒姆大学（Hiram College），1916年至1917年以罗德学

---

① 《金陵大学造送大学本预各科暨附属各校教职员及附属医院职员一览表（1918年）》，私立金陵大学档案，中国第二历史档案馆藏，全宗号 649，案卷号 168。

② 杭立武：《关于文学院的人和事》，台北金陵大学校友会编印：《金陵大学创校七十周年纪念特刊》，1958年，第6页。

③ 蔡乐生：《感怀母校的良师》，台北市金陵大学校友会编：《金陵大学建校百周年纪念特刊》，1988年，第18—19页。

④ 蔡乐生：《感怀母校的良师》，台北市金陵大学校友会编：《金陵大学建校百周年纪念特刊》，1988年，第19页。

者（Rhodes Scholars）身份赴牛津大学留学，1917年至1918年作为国际基督教青年会干事，在印度和美索不达米亚地区工作。1919年至1920年获牛津大学荣誉研究院近代史学士学位，随后又增修政治学与通史课程，获得硕士学位。1920年7月，美国基督会差会授予传教士资格，1920年秋来金大工作，开始了他在金大30年的教学生涯，一直到1950年离华。①贝德士在金大教授政治学和历史，"他对我国的历史文化备致景仰，对于我国人极具好感。其学问的渊博与为人的和蔼，固属有口皆碑，对于历史上人、时、事、地、物的记忆力之强，尤其熟极若流，如数家珍。在讲授的时候，娓娓道来，不疾不徐，旁征博引，循循善诱。因此他所教授的科目，都为同学们最感兴趣的课程。"②

贝德士不仅在教学上诲人不倦，更富有正义感。1927年3月的"南京事件"中，他被一群乱兵拘捕，双手捆于背后，几乎被胡乱开枪的士兵击毙，幸亏得到红十字会的及时解救才幸免于难。但金大复课后，他是最早返校工作的外籍教授。③后来抗战军兴，贝德士在学校西迁后，为爱护学校而留守校园。目睹了日军在南京大屠杀的暴行，为救助难民，贝德士和其他留在南京21名外籍人士商讨成立南京国际安全区（Nanking International Safety Zone），这个安全区位于南京城西北部，以美国大使馆所在地和金陵大学等教会学校为中心，北到山西路及其以北一带，南到汉中路，西到西康路，东到中山路，占地面积3.86平方公里，周围设立安全区的界限标志，便于辨认。在南京最为黑暗的日子里，国际安全区收留了约25万难

---

① 《贝德士年表》，章开沅、马敏主编：《贝德士中国基督教史著述选译》，上海：上海社会科学院出版社，2017年，第6页。

② 陈宗熙：《富正义感的贝德士教授》，台北金陵大学校友会编：《金陵大学》，台北：荣民印刷厂，1982年，第341页。

③ 章开沅主编：《中国教会大学的历史命运——以贝德士文献为实证》，《文化传播与教会大学》，武汉：湖北教育出版社，1996年，第13—14页。

民，贝德士因与日军据理力争，还遭受日军掌掴足踢之辱。战后国际军事法庭为查证日军暴行，贝德士还出庭做证，力主伸张正义，严惩凶暴。[1]

贝德士担任过金陵大学文学院的历史系主任，一度也担任过副院长，在南京沦陷后、太平洋战争爆发前，出任金陵大学副校长。贝德士因在金大工作时间久，资望高，所以对于整个院务，甚至全校校务，都有很大的贡献。

卜凯，1890年11月27日出生于美国纽约州德彻斯县的一个农民家庭，父亲是当地长老教会的长老，母亲也是一位虔诚的基督教徒。卜凯在农业和宗教方面深受其父和家庭的影响，他通过看父亲常常订阅的农业报刊开始对科学农业和改良物种感兴趣。中学毕业后，卜凯进入以农科著称的美国常春藤大学之一的康奈尔大学农学院。求学期间，对中国问题颇感兴趣，加入了学长芮思娄发起的"中国研究俱乐部"，认为"中国人民更需要了解科学的农业"。1914年卜凯大学毕业，获得学士学位。他拒绝了印度和美国农业部的邀请，于1915年来到中国的安徽南宿州以基督教传教士的身份从事农业实验和推广工作。1917年，与镇江长老教会牧师赛兆祥之女赛珍珠结婚。在宿州四年多的时间里，他将主要精力用于农业改良试验和推广工作，而不是传教上。1918年，宿州传教站与金陵大学农林科合作，卜凯作为长老会人员，农林科的邵德馨作为金陵大学的人员，在宿州办了第一个为期两个月的农业班，有12名农民学员参加培训。这是金陵大学农林科与地方教会合作的开始。

1920年，因为资金缺乏，他接受了芮思娄的邀请，担任金陵大学农学院的教授，主讲农业经济学、农村社会学、农场管理学等课程，并结合教学组织学生利用暑假开展农村调查。1921年秋，他

---

[1]　陈宗熙：《富正义感的贝德士教授》，《金陵大学》，第341页。

创建了农业经济组。1925年，改为农业经济系，这是中国近代第一个农业经济系，也是国内农业院校设置最早的农经系。1921—1934年，他担任新成立的农经系的首任主任。1924年，卜凯返回康奈尔大学攻读硕士学位。1925年，获农业经济学硕士学位后又回到金陵大学。

从1925年起，卜凯为建设金陵大学农经系高素质的师资队伍做了很多努力。首先是选派青年教师到国外深造，先后派到康奈尔大学学习的有徐澄、乔启明、杨蔚、刘澜涛、应廉耕、崔毓俊、沈宪耀和王立我等人；派到斯坦福大学学习的有孙文郁；到华盛顿州立大学的有潘鸿声；到明尼苏达大学的有欧阳萍。其次，他还与康奈尔大学农业经济系合作，由华美协会资助，康奈尔大学农经系派遣有声望、有才能的教师到南京金陵大学农经系任教。这些外籍专家的到来，大大充实了农经系的教学队伍，成为20世纪30年代金陵大学农学院教师人数和聘用外国教授人数最多的系。1940年之后，战争导致金陵大学迁往四川，外籍专家较难到校。但本校毕业之后派出去深造的高级教学人才陆续返系任教，使得金陵大学农经系在战争期间依然人才济济。这与卜凯当初派送青年教师深造的远见是分不开的。

卜凯还开创我国农村经济调查先河。在华长达20多年的时间，卜凯身体力行，深入农村调研考察，取得了中国农村第一手的调查资料。并且根据中国的国情和一手的调研资料，卜凯编写了有关中国国情的农业经济方面的教材，如《中国农家经济》《中国土地利用》《农业经济学》《农场管理学》《农村社会与组织学》《农业统计学》《农产物价学》《农业经济研究法》等。这些有中国特色的农业经济方面的著作，不仅仅作为金陵大学学生的教材，在中华人民共和国成立前被许多农学院用作教材。

1933年卜凯获得康奈尔大学农业经济学博士学位。1935年，他被聘为美国财政部驻中国代表，暂时离开金陵大学。1940年，卜凯重新回到金陵大学任教，并于1941年与张洛梅女士结婚。1944年初夏返回美国，1975年9月25日在纽约州逝世。[①]

罗德民，1888年7月1日出生于美国北卡罗里纳州的自由镇，在英国牛津大学本科学习林业和地质学，1915年毕业，回到美国在林业局工作。1922年金大农林科在获得美国捐赠的赈款基金余额使用权以后，聘请罗德民来校讲学，并着手研究中国的水旱灾害问题。

水土保持作为生产实践经验古而有之，但作为一门学科，是近代才有的事。罗德民是美国著名的水土保持专家，他带领金大的师生应用现代科学技术，开拓了水土保持科学和水土保持事业。罗德民认为，只着眼于经营农林业，作用是有限的，应该找出导致灾荒的根本原因。从1923年秋起，他就率领部分金大学生北上，实地进行考察，当走到黄河边，看到滚滚的黄河水，认为找到了问题所在，遂决定进行黄河泥沙来源的研究，希望找出防止泥沙的办法，从而根治黄河水害。这项研究工作，直到1927年终告段落。在这五年时间里，罗德民不分寒暑，奔波在山西、河南、安徽和山东之间，一面做水土流失和植被关系的调查，一面作定点水土流失量的试验研究，力求找出在不同降雨量、不同植被条件下的水土流失规律。他还广泛访问当地农民，学习他们行之有效的保持水土经验，搜集各州县地方志，查寻中国历史上水旱灾发生的规律。通过调查研究，在掌握黄河和淮河流域的水土流失情况和当地农民与灾害斗争经验的基础上，先后写成《中国急需培植垦荒造林之人材》《中国森林建设举要》《黄河流域之冲蚀与水灾》《山西森林之破坏与山坡土层之剥削》《晋省森林之滥伐与山坡冲刷之关系》等论文。

---

① 《南京农业大学发展史》编委会编：《南京农业大学发展史·人物卷》，北京：中国农业出版社，2012年，第478—482页。

　　1927年罗德民回国后进入加州大学深造，两年后获得博士学位，后担任美国土壤保持局副局长。罗德民对中国是有感情的，1942年他又接受中国农林部的邀请，再次来华工作，协同中国学者考察黄河上游地区的水土保持。1943年金大农学院在成都举行30周年纪念大会，凌道扬致函校长陈裕光和院长章之汶，对罗德民在我国进行的水土保持研究工作，给予高度评价。[①]

　　唐美森，1917年携妻来华布道兴学，到金陵大学任教。[②]早年毕业于卢特格斯大学（Rutgers University），获得神学士、理学士、硕士，哥伦比亚大学硕士、化学博士。[③]从1917年到1949年，唐美森长期在金陵大学化学系任教授，并曾担任化学系主任，他也是理学院院务会议、教导和研究委员会成员。[④]

　　化学系是理学院课程、设备、教员最为充实的系科，唐美森对于化学系的发展规划颇多贡献。在理科各系中，化学系的教学更注重实验，学生承担的实验费很高，且实验所用仪器多为玻璃制品，如有损坏，必须照价赔偿，故有"贵族系"之谑称。

　　金陵大学最先引进科学教育电影的是农林科，主要是以农民为教育对象，方便农业推广。真正最早将电影用作教学手段的是化学系，1930年唐美森首先将科学电影应用于教学实践，并取得很好效果，后理学院院长魏学仁敏感认识到这种新媒体必将成为加强科学

---

①　戴龙荪：《罗德民先生的贡献》，台北金陵大学校友会编印：《金陵大学建校一百周年纪念册》，1958年，第61—63页。高继善：《母校对我国水土保持的贡献》，台北金陵大学校友会编印：《金陵大学建校一百周年纪念册》，1958年，第65页。

②　黄光域编：《基督教传行中国纪年（1807—1949）》，桂林：广西师范大学出版社，2017年，第473页。

③　《私立金陵大学一览（1932—1933年）》，张研、孙燕京主编：《民国史料丛刊》，郑州：大象出版社，2009年，第408页。张宪文主编：《金陵大学史》，南京：南京大学出版社，2002年，第227页。

④　张宪文主编：《金陵大学史》，南京：南京大学出版社，2002年，第196页。

教育的有力工具，遂决定大力推广，经过几年努力，科学教育电影放映逐步走出课堂，服务于社会，并由单纯引进影片转为兼作自行摄制教育电影和培训专业技术人员，[①]并最终创设了电化教育专修科，揭开了中国电化教育事业的序幕。

全面抗战爆发初期，金陵大学主体西迁到成都华西坝，为保护南京校产，在南京成立了一个以贝德士为主席的紧急行政委员会，出于工作之便，校董会任命贝德士为副校长。另外金大在上海还成立了一个办事处，由唐美森负责，为不能前往四川的教职员和学生服务，并联系与上海的其他基督教大学和中学建立紧急合作。后唐美森被派往国外采购和运输科学仪器，由戴安邦接任化学系主任。

郭仁凤，1919年受聘携妻来华，到金陵大学任教。隶属美国长老会。[②]1919年，美国农业部专家柯克（O. F. Cook）来我国考察植棉事业，曾到学校参观，当时提倡植棉，山西阎锡山、南通张謇都选送学生前来学习。随着中国纺织工业发展，美棉种子引入中国，1920年在棉作专家郭仁凤倡导下，金陵大学农学院成立棉作改良部，从事中棉育种与美棉驯化工作，1921年开始棉种推广。[③]金陵大学农学院实行一套教学、研究、推广三位一体的农业教育体制，农业推广对改良粮棉品种至关重要，1924年金陵大学成立推广部，这是我国大学农学院成立最早的推广部，由郭仁凤担任主任。郭仁凤等对美棉引种驯化、对中棉选种，在8省26处观察对比，先后育成美棉爱字棉（A）、脱字棉（T）和中棉百万华棉。百万华棉又称"金大百万棉"，于1919年在上海吴淞农田单铃选得，1925年育成

---

① 张宪文主编：《金陵大学史》，南京：南京大学出版社，2002年，第275页。

② 黄光域编：《基督教传行中国纪年（1807—1949）》，桂林：广西师范大学出版社，2017年，第515页。

③ 章之汶：《农学院之成就》，台北金陵大学校友会编印：《金陵大学创校七十周年纪念特刊》，1958年，第11—12页。

纯系品种，特点是植株壮大、抗病力强、棉铃大、产量高、纤维细长而洁净、拉力坚韧，纺织后的品质与优等美棉相当而色泽比美棉还好，能纺32～42支细纱，每亩产量可达150千克，适宜长江流域与沿海地区种植。之所以命名为"百万棉"，是郭仁凤率学生在棉田除草时，嘱咐学生不要伤及棉苗，因为不经意毁坏一棵，可能失去的正是概率仅百万分之一的品种，以百万命名，表示育种工作的艰辛。

因农民对推广植棉的意义认识不足，对棉花品种改良及新技术推广也难以认同。为此农林科又开设了农业专修科，以训练农业推广干部人才，农业专修科也由郭仁凤担任主任，1922年初为农业特科，1923年成立乡村师范科，1924年农业特科改为农业专修科，1927年乡村师范科与农业专修科合并为农村服务专修科，后仍称农业专修科。①

又在各地设立棉花试验场，使推广效果大增，为了克服推广时语言交流的不足及增强推广宣传的效果，郭仁凤摄制了很多静片（幻灯），并使用留声机等设备以加强宣传工作。到1923年，又自行摄制了几本动片（电影），并购买了好几部美国农业影片及2部35毫米的电影放映机，在各地巡回放映。他还制成几百张介绍蚕桑、棉麦、森林、苗圃、农村卫生、农村副业情况的幻灯片，出版《农业浅说》小册子10多种分发。当时协助郭仁凤工作的周明懿辛勤备至，既要亲自在各地放映讲解，还经常充当演员化装成农民，在田间地头作技术示范，以摄制棉花、小麦等作物推广的影片。在没有电源的地方，放映时还要用手摇发电机来发电。工作地点流动性也很大，经常辗转各地偏远乡村。这是中国大学电教事业的开端，在

---

① 南京农业大学校史编委会编：《南京农业大学发展史（1902—2022）》，北京：中国农业出版社，2022年，第118页。

1922—1927年把先进的广播电影设备用于农业推广事业，其意义非常深远。1927年局势动荡，郭仁凤返回美国，周明懿因病休息，农学院的电教事业未能继续发展下去。

伊礼克，1888年12月出生于美国宾夕法尼亚州，获得戴乐尔大学学士，西乐克司大学硕士，普林斯顿大学博士学位，曾任美国西维金尼亚大学及西方陆军大学医学校教授。[①]1916年伊礼克夫妇来华布道兴学，驻江西南昌。[②]1918年前往南京，在金陵大学教授动物学直至1950年，1966年9月在美国加州去世。

金陵大学动物系当年行政上隶属于理学院，陈纳逊为系主任，伊礼克为教授，1930年随着陈纳逊、伊礼克相继由美返校，金大动物系在课程方面增添不少，并非常注意课程内容和教材的研究。研究方面伊礼克在《美国遗传学杂志》第14卷第6期发表《十二种月见草减数分裂细胞学》论文。动物系也非常重视标本的制作和使用，如玻片浸制剥制、骨骼等均能自制，供研究及学生实验用。[③]

动物系藏有的标本主要有以下几类：鸟类标本数百种，皆系中国东南部所产。海产螺类、骨骼标本。另外还注重地质标本的搜集，计数千种，陈列在科学馆内。[④]

理学院成立时，将1917年停办医科时保留的医学预科附设于动物学系，1933年改称医学先修科，由伊礼克任指导（相当系主任）。医学先修科学制3年，实质上是医科大学的预科，1934年因学

---

① 《私立金陵大学一览（1932—1933年）》，张研、孙燕京主编：《民国史料丛刊》，郑州：大象出版社，2009年，第410页。
② 黄光域编：《基督教传行中国纪年（1807—1949）》，桂林：广西师范大学出版社，2017年，第456页。
③ 《私立金陵大学一览（1932—1933年）》，张研、孙燕京主编：《民国史料丛刊》，郑州：大象出版社，2009年，第113页。
④ 《私立金陵大学一览（1932—1933年）》，张研、孙燕京主编：《民国史料丛刊》，郑州：大象出版社，2009年，第66页。

制变动而停办。[①]

克乃文，美籍图书馆学家。1879年9月9日出生于美国宾夕法尼亚州科里县（Correy），1902年以优异成绩毕业于卫斯理大学（Wesleyan University），并获得文学学士学位，1905年同时获得该校和普林斯顿大学文学硕士学位。1904—1908年他在普林斯顿大学教授英语，其间他于1906年在英国牛津大学学习一年。1908—1913年他担任普林斯顿大学图书馆参考部主任。1913年4月，他受美国长老会派遣来到金陵大学，承担英文教学和图书馆管理工作。[②]1913年秋季学期，他担任外文系主任至1920年。1914年秋季学期开始，他担任金陵大学图书馆馆长至1927年回国。

克乃文在金陵大学还开设图书馆学课程，首开中国近代图书馆学教学活动的先声。他在执掌金陵大学图书馆期间，除致力于图书馆各项事务外，还热心于馆内青年人才的培养和造就，并积极推荐他们赴美国留学，如金大1910级文科生洪有丰（字范五），1916年毕业后留校任图书馆副馆长，深得克乃文器重，3年后经克乃文推荐到美国纽约州立大学图书馆学校进修图书馆学，次年还一度在华盛顿国会图书馆从事中文编目工作，是有史以来第一位供职于美国国会图书馆的中国留学生。此后，克乃文又将金大毕业留馆工作的李小缘、刘国钧分别送至纽约州立大学图书馆学校和威斯康星大学深造。[③]为金大培养了第一批现代图书馆学的专业人才。

克乃文非常重视馆藏文献建设和读者服务工作，在他的管理下，一年时间内馆藏中英文图书新增了3 289册，特别是中文图书，一年就新增了2 390册，远远超过英文书899册的采购量。金陵大学图

---

① 张宪文主编：《金陵大学史》，南京：南京大学出版社，2002年，第241—242页。

② RG 11, Box 195, Folder 3368, UBCHEA Archives.

③ 沈固朝、刘树民：《涓涓成川有师承——1913—1948年间金陵大学图书馆学教育的发展历程》，《图书情报工作》2005年第11期，第139—141页。

书馆还实施了书刊预约/催还服务、假期开放和向校外读者提供外借服务等新举措。在克乃文的管理下，金陵大学图书馆进入了飞速发展时期。[1]

曾翻译袁枚的诗歌，以"Nature and Man at Kan Ho Yen"（《干河沿风物与人》）的名称发表，并与陶行知将《木兰辞》译为英文"Wood Orchid"。

1927年，克乃文回美国后，一直担任弗吉尼亚大学图书馆馆长，直至1950年退休。1942年，他的母校卫斯理大学授予他荣誉博士称号。1968年8月30日，克乃文在弗吉尼亚州夏洛茨维尔去世，享年89岁。

二、中籍教师

陈裕光，是金陵大学第一任华人校长，也是教会大学中任期最长的华人校长，从1927年至1951年，历时24年。对陈裕光个人而言，这24年（34—58岁）是他一生中最宝贵和最辉煌的时期，而对金陵大学而言，这24年是金大创立以来变局最大、发展最快的时期。如果说校长包文对金大的贡献在于他的"稳健、诚笃和优容"，那么陈裕光在二十多年校长任内，经过几次变乱，在复杂的环境中，能够保持学校的传统，他的贡献在于他的"谨慎、沉着和耐心"。[2]

1905年，12岁的陈裕光入美国教会在南京创办的汇文书院附属中学"成美馆"学习，汇文书院1910年与宏育书院合并为"金陵大学堂"，1911年，18岁陈裕光升入金陵大学堂化学系学习。1916年

---

[1] 朱茗：《1910—1915年金陵大学图书馆历任馆长考略》，《河南科技学院学报》2018年第5期。

[2] 杭立武：《关于文学院的人和事》，台北金陵大学校友会编印：《金陵大学创校七十周年纪念特刊》，1958年，第5页。

赴美国俄亥俄州克利夫兰克司应用科学专门学校主修化学，后转入哥伦比亚大学深造，获硕士和博士学位。留学期间，陈裕光已展露社会活动和组织领导才能，先后出任留美学生月刊总经理和哥伦比亚大学中国留学生会会长，并兼美国赈灾运动中国委员会主席。陈裕光尚未毕业，为当时北京政府教育总长范源濂所赏识，预聘为北京师范大学教授。1922年回国后，出任北京师范大学化学系主任，而后又兼教务长，校评议会主席，以至代理校长。刚届而立之年即被委以重任，固然有当时归国留学生物稀而贵的机遇，而德才兼备更为主因。1925年，教育部部长黄郛又有意聘陈裕光为北师大校长，而陈裕光志不在此，他更愿做一名学有专长的教授，乃借机离京，回到南京。回宁不久，母校金大即聘他为化学系教授。1926年接替夏伟师担任文理科科长。

20世纪20年代对中国教会大学来说是转折性的十年，这个时期发生的非基运动和收回教育权运动对中国教会大学的组织和办学体制发生了深刻影响。对金陵大学而言，国民党北伐的冲击更是一个转折的契机。在大革命风暴中，金大的外籍教员纷纷离校回国，金大校长美国人包文有意物色一位中国人来接替他的校长职位。经过选择，他认为陈裕光是合适的人选：出身金大，留学美国，与金大渊源较深，对教会情况比较了解，而且在北师大有过行政领导经验。包文多次找陈裕光谈话，表明他的意图，而陈裕光自认为"不善于应付人事""对行政领导素无兴趣""就是因为怕挑行政领导担子"才离开北师大来金陵，因而婉言谢绝了包文的邀请。据陈裕光回忆，包文邀请他担任校长，是在南京国民政府成立之前。[1]也就是说，早在南京政府规定教会大学必须由中国人担任校长始准立案

---

[1]　陈裕光：《回忆金陵大学》，中国人民政治协商会议上海市委员会、文史资料工作委员会编：《上海文史资料选辑（第四十二辑）》，上海：上海人民出版社，1983年。

之前，一些教会大学自身已在酝酿由中国人掌校的问题。

陈裕光正式出任金大校长是在1927年11月。陈裕光为何改变初衷，在其就职演讲中他言明："近因急需遵照国民政府私立学校规程立案，而立案须先选定校长，鄙人深恐立案问题，因本人之不愿就任，而生障碍，迫不得已，始尤勉力担任"。[1]当时舆论对中国人出任教会大学校长颇为看重，将华人任校长与收回教育权等同视之，这也确是教会大学本土化一个重要的转折点。

陈裕光自担任校长后，积极申请立案，金大成为第一个向国民政府立案的教会大学，由此也推动了其他教会大学的立案。在治校过程中，陈裕光逐渐探索出一套新的治校方针，发扬"共和精神"，民主治校；沟通中西，重视国学；教育并重，实施通才教育，实行教学、科研与推广的"三一制"教育制度，在陈裕光治校的24年里，金大校务蒸蒸日上，声誉日隆，蜚声国内外。

对于一个不喜欢搞行政领导的人，竟能在困难的条件下"乐此不疲，义无反顾"地当了24年校长，甘愿放弃自己心爱的专业，也失去很多本属于他的家庭幸福。为什么在离开金大后他仍割舍不下，甚至在病重最后时刻他思念的、最放不下的还是那份金陵情？陈裕光的女儿陈佩德或许道出了陈裕光的心声："从少年到青年再到中老年，是金陵教育培养了他，临危受命给了他最高的信任，一种使命感使他为金陵付出了一切，金陵也给了他很高的荣誉和支持，使他和金陵已成了一体。"[2]

刘伯明，名经庶，江苏南京人，1909年毕业于汇文书院，毕业后游学日本，任中国留学生青年会干事。1911年去美国深造，入西北大学研究院，攻读哲学和教育学。1913年以《华人心性论》获得

---

[1] 《金陵大学举行欢迎陈裕光校长大会》，《教育季刊》第3卷第3期，1927年11月。

[2] 陈佩德：《忆我的父亲陈裕光》，金陵大学南京校友会编：《金陵大学建校120周年纪念文集》，南京：南京大学出版社，2008年，第31—32页。

硕士学位，1915年，以《老子哲学》获得博士学位，其博士论文为美国哲学权威劳威尔教授欣赏，认为系哲学界杰作。回国后被包文聘请为国文部主任，教授哲学、哲学史、文学、教育学等课程。当时江谦任南京高等师范校长，延请刘伯明兼任伦理、哲学、语言等课教授。1919年刘伯明辞去金大教职，专任南高师训育主任和文史地部主任，1921年东南大学成立后，任副校长、代理校长等职。

刘伯明国学根底深厚，曾与章太炎等大师交游，精通英文、法文、德文、对希腊文和梵文也有研究，能直接阅读古希腊及印度经典著作。1919年美国思想家杜威来南京讲学，刘伯明担任翻译，信达流畅，听众欣服。

刘伯明不仅是当时著名的学者，也是著名的教育家，归国后专心教育事业，主张用四种精神教育学生：一是学者精神，即应具自信自得，求真知之贞操；二是学校精神，即公民精神，注重社会训练；三是自治精神，即共和精神，对于政治及社会生活能自动负责；四是自强精神，品性与体格并重。

刘伯明博览群书，品格高尚，学子多感其人格，称其为"纯粹君子"。著有《思维术》《西洋古代中世纪哲学史大纲》《近代西洋哲学史大纲》等，文章散见于《新教育》等杂志。与柳诒徵、吴宓、梅光迪、胡先骕等人创办《学衡》杂志，以"昌明国粹，融化新知"为宗旨。

1923年刘伯明积劳成疾，患脑膜炎，医治无效逝世，年仅37岁，胡适曾写挽联曰"鞠躬尽瘁而死，肝胆照人如生"，可谓其一生的写照。

陶行知，安徽歙县人，20世纪前半期中国"伟大的人民教育家"。少年时代的陶行知，以"文濬"的学名就读于乡间传统学塾，后在县城一所教会学校完成自己的中学学业。1909年进入汇文书院预科，之后随着金陵大学成立，于1910年成为金陵大学首届文科学生，在金大期间因受王阳明学说的影响而改名"知行"，带头倡议英文校报增刊中文版，担任《金陵光》的中文编辑和主笔，先后发表过《因循篇》《为考试事敬告全国学子》《伪君子篇》《医德》等文章。1914年以《共和精义》获得文学士学位，这篇毕业论文可以说是早年陶行知关于共和政治的一篇宣言，里面特别谈到了共和与教育的关系。经过一系列的教育实践，陶行知"知行观"转变，在救亡图存的时代背景下，他把王阳明的知行观翻过来，变成"行是知之始，知是行之成"，改名"行知"。陶行知毕生以发展教育来变革社会，他思想的酝酿期正是在金大。

因1911年金大已在美国纽约州立教育局和纽约大学注册，故金大的毕业生可同时接受纽约大学的文凭和学位，并能直接赴美深造。陶行知一贯品学兼优，素为美籍校长包文器重，包文更是鼓励和支持他赴美深造。在师友和父母的帮助下，陶行知于1914年秋启程赴美留学。

抵美后，陶行知先入伊利诺伊大学攻读市政学硕士学位。按照陶行知原来的设想，打算直接到哥伦比亚大学师范学院学习教育。早在金大时期，他就对教育的社会功能有了明确认识，认识到"教育实建设共和最要之手续，舍教育则共和之险不可避，共和国不可建，即建亦必终归于劣败"，[1]萌生了从事教育事业的念头。当时美国哥大师范学院是美国进步主义教育运动的大本营，聚集了一大批以改革传统教育为职志的新教育理论家，如杜威、克伯屈、孟禄等人，他们的某些教育主张，民国初年就通过蔡元培等人介绍，为中国教育界所知晓。能进入哥大师范学院学习本是陶行知的初衷，因该校学费高昂，陶行知的经济条件负担不起，只得进入专为学习市政学专业的外国学生免除学费并提供奖学金的伊利诺伊大学。1915

---

① 陶行知：《共和精义》，《金陵光》第6卷第6期，1914年11月。

年秋，陶行知获得了伊利诺伊大学的政治学硕士学位。这时他正巧取得了庚款"半费生"资格，有了维持继续深造起码的经费，便于该年9月下旬转入哥大师范学院，攻读研究院教育行政学博士学位。在哥大，斯特雷耶（G. D. Strayer）是陶行知的论文指导教师，斯特雷耶是美国著名的教育行政学专家，学问渊博，但有些学究气。杜威的专长是教育哲学，他的实用主义教育哲学和民主主义教育思想对陶行知的影响远大于斯特雷耶。①

　　杜威对旧教育的抨击和对新教育的设想，他的批判精神、试验精神和创造精神，对于早就不满中国旧教育、亟欲建立一种新教育以维护和发展共和体制的陶行知来说，无疑有极大的吸引力。1917年归国后，陶行知即走上了中国教育革新的舞台，欲借变革和发展教育事业，来造就自己追求的实行"真正的民主制度"的国家。他大力提倡"社会即学校""生活即教育""教学做合一"的生活教育思想，先后在南高师、东南大学推进新教育；创办晓庄师范学校，实践生活教育理论；成立山海工学团，力倡普及教育运动；兴办重庆育才学校，追求教育救国理想；创办重庆社会大学，培育革命人才，从而推动了平民教育、乡村教育、普及教育、国难教育、全面教育、民主教育的发展。概观陶行知整个教育理想体系，正如有学者所说："'生活教育'是该体系建构的总体称谓和精神支柱……陶行知在教育理论上的建树经历了一个逐步推进和提升的过程，并且随着近代中国社会的变化和教育的发展而呈现出不同的时代色彩"。②

　　过探先，1886年生于江苏省无锡县。早年丧父，由母抚养长

---

① 周洪宇：《开拓与创建：陶行知与中国现代文化》，济南：山东教育出版社，2010年，第39页。

② 余子侠编：《中国近代思想家文库·陶行知卷》，北京：中国人民大学出版社，2015年，第2页。

大。聪慧异常，又能刻苦学习，9岁学完《五经》，13岁已经焕然成章。当时，虽然科举未废，但过探先不溺于章句之学，而独喜科技艺术诸书，尤注意专门学术。22岁（1909）入上海中等商业学校，后改入苏州英文专修馆，专攻英文，约两年后转入南洋公学。[①]1910年，过探先25岁时考取第二批庚子赔款留美。首入美国威斯康星大学，后转入康奈尔大学，专修农学。因品学兼优，曾被举为该校名誉学会会员，并参与中国科学社的创办。29岁获学士学位后，又以研究育种学的突出成绩获硕士学位。1915年学成回国。

过探先回国后，被江苏省当局任命为江苏省立第一农业学校校长。1915年冬，他发起创设江苏省教育团公有林，为全省教育之基产，中国近代大规模造林自此肇始。1916年，过探先奉命筹备省立第一造林场，今之南京中山陵园即其一区。1917年初发起成立中华农学会，并将中国科学社由海外迁回南京，设临时办事处于三牌楼过探先寓所，苦心孤诣，独自撑持。中华农学会初创时期，过探先利用他的社会地位，设法维护和发展会员，开展学术活动。并为中华农学会创办了《中华农学会报》，亲自为这个学术刊物写稿，使《会报》成为我国近代最有影响的农业期刊之一。[②]1919年，过探先应华商纱厂联合会之聘，主持棉花育种事宜，遂辞去江苏省立第一农业学校校长职务，于南京洪武门外开辟植棉总场，输入新种，改良栽培，选出首批棉花新品种，推动了我国现代植棉事业的发展。

1921年，东南大学农科成立，过探先被聘为该校教授，仍兼长棉产改进事宜，旋又兼任农艺系主任。1923年复兼任农科副主任，1924年再兼任推广系主任。1925年，过探先辞去东南大学教授职

---

① 《南京农业大学发展史》编委会编：《南京农业大学发展史·人物卷》，北京：中国农业出版社，2012年，第47—50页。
② 董维春、邓春英、袁家明：《金陵大学农学院若干重要史实研究》，《中国农史》2014年第6期。

务，改任金陵大学农林科主任。在他任职的4年间，金陵大学农科的教学、科研、推广事业均有很大发展，为我国农业科技界培养出众多著名的学者和专家，使金陵大学农科成为海内外久负盛名的高等农业院校。1927年，国民党进军南京时，过探先一度担任金陵大学校务委员会主席，维持学校的正常秩序。

过探先自美留学回国，一直为振兴我国农业和农业教育而超负荷工作。由于劳累过度，年仅40而鬓发斑白，形容憔悴，终于积劳成疾，医治无效，于1929年3月23日遽然辞世，享年43岁。

谢家声，安徽无为人。1914年毕业于金陵大学文科（与陶行知同班）。后到美国密歇根大学农学院深造植物病理学，获硕士学位。1918年又到康奈尔大学进修。他是我国现代农业教育和农业科技的先驱，对我国现代早期的农业教育和农业科技的发展作出了重要贡献。

回国后，谢家声于1920—1921年任金陵大学农林科副科长，1923年兼东南大学农业推广部主任，1925年又兼东南大学农科教务主任，1928年任中央大学教授、农学院教务主任兼病虫害科主任。1930—1937年谢家声担任金陵大学农学院院长，是继过探先之后，金大农林科改为学院之后的第一任农学院院长。当时谢家声尚未完全脱离中央大学，仍兼任该校农学院教务长之职，初仅每周一、三、五下午在金陵大学农学院办公，后因责重事繁，难以兼顾，乃脱离中央大学，专任金陵大学农学院院长。

农学院成立后，一批在国外农学院校毕业的教师陆续到金陵大学任教，在教学、科研和推广三项事业上都做出了很多成绩，经费方面也有较大的发展。由于农学院办学规范、师资队伍稳定，经费较充裕，故在办学规模、系科设置、农场筹建、学校管理和仪器设备等方面均有显著发展。

1935年4月起谢家声兼任中央农业实验所（江苏农科院前身）所

长，1935年11月兼全国稻麦改进所所长。1937年起专任中央农业实验所所长。1946年任联合国救济总署农业部主任。1949年去台湾，后定居美国。谢家声是我国20世纪20到40年代农业教育和科技界的重要领袖人物。[①]

章之汶，字鲁泉，1900年出生于安徽省来安县。幼年长在农村，目睹农民生活疾苦，心怀改良农业素志。1918年在故乡完成中等教育后，以优异成绩考入金陵大学农科。在大学读书期间，学业成绩名列前茅，修习农艺时，致力于棉花育种，在美籍教授、植棉专家郭仁凤教授指导下，采用中棉作亲本，培育成功"百万华棉"新品种。这在当时我国还是首创，赢得了国内专家的称赞，一举成为全院学生中之佼佼者。1923年大学毕业后留校任教，1924年兼农业专修科主任，并参与乌江农业推广实验区指导工作。1931年赴美进修，在康奈尔大学专攻农业教育，1932年获硕士学位，回国后，在陈裕光校长领导下，先后任农学院副院长、院长长达16年。

章之汶继谢家声主持院务后，继续完善教学、研究、推广的"三一制"教学体制，认为高等农业教育，必须加强研究工作，教学始可日新月异，推广才有实际材料。在教学上采用有针对当地农业实况研究所得之材料与方法，其培养之人才，自可切合实用。在推广中，将研究所得之材料，交付与经过严格训练之推广人员，自可顺利进行。章之汶带领农科师生在实验区，白天顶烈日、沐风雨，深入田间观察作物生长情况；夜晚挑灯写作，通宵达旦。实践出真知，金陵大学先后育成小麦2905号、大豆332号等几十个农作物品种。这些良种在长江中下游各省推广种植后，均获得了高产丰收。

① 《南京农业大学发展史》编委会编：《南京农业大学发展史·人物卷》，北京：中国农业出版社，2012年，第45—46页。张宪文主编：《金陵大学史》，南京：南京大学出版社，2002年，第297—298页。

1924年，章之汶又完成了《植棉学》一书。他在该书自序中写道："之汶世处农村，目击农业之不知改良，致令地有余利，常引以为憾……今不揣浅陋，编书35章，列为5篇，名曰《植棉学》。非敢自炫，实愿就商于海内实业专家，谋人生衣之要素云耳。"此书问世之后，深受国内各方重视，不仅一些专业院校将其作为教材，而且还被美国康奈尔大学翻译成英文在美国出版发行。此外他还著有《农业职业教育》《农业推广学》《农学大意》《战后中国农业建设计划纲要》等。

1949年，章之汶应联合国之聘，担任联合国粮农组织远东办事处顾问，同时兼任世界稻米协会执行秘书，常驻泰国曼谷。他说："这不是我个人的荣誉，中国人能在世界组织中有一席位置，这是中国人民的骄傲。"他在联合国任职期间，不失中国人志气。由于工作需要，出访了日本、缅甸等10多个亚洲国家，对这些国家的农业经济作了全面而深入的了解和研究。

1966年，章之汶从联合国粮农组织退休，后任菲律宾大学农学院教授。1974年，章之汶赴美国定居。1982年1月5日，章之汶在美国逝世，享年83岁。[①]

陈嵘，字宗一，1888年出生于浙江省安吉人，自幼家境贫寒，在亲友接济下上了私塾，面对清朝政府的腐朽软弱，他不再满意读四书五经，萌发了学习富国强兵新知识的愿望。1909年陈嵘东渡日本，在北海道帝国大学森林科学习。同时接受孙中山的革命主张，加入中国同盟会，1911年受派遣与黄炎培等五人潜回天津活动，策动新军响应革命。武昌起义后还曾到南京参加孙中山担任临时大总统的就职典礼，然后返回北海道继续学业。

---

① 《章之汶事略》，金陵大学南京校友会编：《金陵大学建校一百周年纪念册》，南京：南京大学出版社，1988年，第200—202页。《南京农业大学发展史》编委会编：《南京农业大学发展史·人物卷》，北京：中国农业出版社，2012年，第51—53页。

　　1913年陈嵘学成回国受聘担任浙江省甲种农业学校校长，希望兴办学校，培养农林人才，学生中有沈宗翰、吴觉农等，以后都成为有名的专家。1915年接受江苏省立第一农业学校过探先校长的聘请，担任该校林科主任。除讲课外，还致力于实际造林，绿化祖国。他曾参与创办浙江省云野林业公司（现名龙山林场）和江苏省教育林场等七处，其中以教育林场面积最大，约20万亩。当时为了寻找适宜的山林作为教育林，陈嵘不辞劳累，翻山越岭，单身携带干粮，晚上求宿农家，访问调查几个月，最后选定江浦县境老山范围的荒山，准备作为林场场址。①并拟定了一份造林计划书，根据计划书，造林经费每年约需3万元，预定20年建成。由于林场规模很大，而学校经费有限，经研究提出创办"教育团公有林"的建议，准备请江苏省属各教育团体按月各拨教育经费2%，作为经营林场的费用。由参加拨款的教育团体，组成董事会进行管理，而教育林的各项收入将用于补充省教育经费。这项建议得到批准，1916年教育林成立后，由省教育科长卢殿虎任总理，过探先和钟叔进任协理，陈嵘任技术主任，从此"农林科学生获得实地造林场所，是为国内林业学校自办实验林场及教育公有林场之创举，对我国林业及其教育事业的建设发生极大的示范作用"。②教育林不仅为第一农业学校提供了全面的实习基地，以后又成为金陵大学和中央大学两校森林系学生的实习场所，对培养和造就新生力量发挥了重大作用。

　　陈嵘创办教育林场，造林很有成绩，受到农林界的称赞。但他自感学识不够，1923年又赴哈佛大学森林系深造，2年后获科学硕士学位，接着到德国撒克逊大学进修一年，1925年回国后任金陵大学

---

① 陈振树：《杰出的林学前辈——记我的父亲陈嵘》，金陵大学校友会编：《金陵大学建校120周年纪念文集》，南京：金陵大学校友会，2008年，第149页。

② 陈植：《悼念先师陈宗一先生》，金陵大学南京校友会编：《金陵大学建校一百周年纪念册》，南京：南京大学出版社，1988年，第206—207页。

森林系教授，开设树木学、造林学、日语等课程。有校友回忆说："陈老讲课理论联系实际，生动有趣，富有新意。在讲授树木学和造林学时，既介绍基础理论知识，又介绍国外发展动态，他精通日、德、法等几国语言，能及时了解国外先进的林业科学技术，随时补充新的教材内容，他更注重我国实际情况，经常叫学生仔细观察标本，并带他们到林场实地考察，使学生容易掌握所学课程。"[1]

陈嵘对学术活动和学会工作也十分热心。1916年与过探先等人发起组织中华农学会，得到许多中青年农学家热烈响应，1917年被选为中华农学会第一届会长，和梁希等发起编印《中华农学会报》，从1918年创刊到1937年，基本上期期供稿。同时还积极支持中华森林会的工作，1917年金陵大学林科主任凌道扬发起组织中华森林会，1921年中华森林会出版《森林》杂志，在创刊号中陈嵘发表《杂草对于树木之害》论文，1928年中华森林会改为中华林学会，陈嵘也曾参加筹备工作。

陈嵘自1913年回国后，就留意采集树木标本进行研究，从《中华农学会报》第一期起，陆续发表《中国树木志略》，前后30期，共记载我国主要树木484种。1925年到金陵大学后，与林刚教授合作，筹建树木学实验室，当年曾到湖南省的深山采集树木标本，以后又数次深入四川省峨眉山和云贵边境采集各种稀有树木，在四川省曾采集到罕见的珙桐花和种子，被国内外园艺家用作珍贵观赏植物。经过有关人员的多年努力，金陵大学的树木标本收藏丰富，门类齐全，在国内外颇负盛名。在讲课、造林、出国深造和科学研究的过程中，陈嵘将理论知识与实践经验结合，开始学术著述，先后编写出版了《造林学概要》《造林学各论》《造林学特论》，

---

[1] 杨显东：《深切怀念陈嵘教授》，金陵大学校友会编：《金陵大学建校 120 周年纪念文集》，南京：金陵大学校友会，2008 年，第 140 页。

为我国现代造林学奠定了基础，1937年出版了巨著《中国树木分类学》，积20年研究之功，书内附插图1 165幅。此书出版后，被国内大学用作教材，多年来是我国农林植物学界的重要参考书。

1937年7月，日本发动全面侵华战争，沪宁告急，金大被迫西迁成都，大量的教学设备、贵重仪器，特别是陈嵘耗费大量精力采集的标本无法搬迁，为了保护这宝贵的财产以及留下来的数百名教职员和家属的生命安全，金大委派陈嵘和贝德士、史迈士（Lewis S. C. Smythe）、林查理（Charles H. Riggs）等五人为留守南京负责人。陈嵘毅然同意，自己却忍痛不顾妻子儿女，让他们独自逃亡。在南京沦陷时，在难民区国际委员会领导下，他们利用金大校园收容难民3万多人，千方百计维持难民生活，使他们免遭日寇屠杀。陈嵘还设法利用金陵中学校址，组织留守教职员工创办成立"同伦中学"，陈嵘任校长，学校的创办，一方面教育培养大批青少年，一方面也解决了数百名教职工的生活费用。他这种置生死于度外的高尚品质，深为金大师生和校友们敬仰。

凌道扬，1888年出生于广东省宝安县，中国近代著名的林学家、农学家、教育家，是中国林业事业的先驱和开拓者。1900年秋凌道扬进入上海圣约翰书院开始正式接受西式教育。1909年毕业后，被清政府八旗学校聘为英语教师，次年陪同两位清室贵胄子弟赴美国麻省农学院学习农科。1912年进入美国耶鲁大学林学院习林科，1914年获林学硕士。从耶鲁大学学成回国后，凌道扬怀抱森林救国的思想与热忱，曾任全国青年协会森林演讲员，积极而广泛地进行林业宣传普及工作，使人民懂得森林的效益和对国计民生的重要意义。

中国是森林资源贫乏的国家，由于长期的封建统治、战争和乱砍滥伐等破坏，兼之列强的掠夺，森林资源越来越少，森林覆盖率只占国土的8%，水土流失、水旱灾害频繁而严重。凌道扬自述回国时的情形是："已有之林木，旦旦而伐之，荒芜之山麓，一任若彼濯濯耳，故所谓森林，遂未之见，所谓造林，尤未之闻。时至今日，直接则实业之母材缺乏，间接则地方之保安寡赖，膏腴大陆，沦为贫瘠之邦，有心人何忍漠然置之？"他根据科学研究的成果，最早提出了"一国土地，应以30%培植森林，60%经营农作，10%建筑市镇和乡镇，方可尽土地合理利用……"。他以林学家的锐利眼光，大声疾呼："非广植森林不足以治水治旱"。[①]1915年，凌道扬和裴义理一起创办金陵大学林科，并在《金陵光》上发表《中国森林之需要》一文。凌道扬和韩安、裴义理等林学家有感于国家林业不振，"重山复岭，濯濯不毛"，上书北洋政府农商部部长周自齐，倡导以每年清明节为"中国植树节"，同年7月报经袁世凯批准，于次年实施。"植树节"活动得以在全国各地推广。

1925年3月12日，孙中山在北京逝世。南京国民政府成立后，将植树节日期改为每年3月12日，并易名为"总理逝世纪念植树日"。在凌道扬等林学家的推动下，国民政府把孙中山陵墓所在地南京紫金山划为中央模范林区。1929—1936年，在任中央模范林区管理局局长期间，该局下辖的汤山、牛首山、龙王山和银凤山等林场，每年造林均在两三百万株以上，成为全国国有林区之楷模，昔年的荒山野岭变成了中外闻名的风景区。

1916年，凌道扬专任金大林科主任。为了更有利于林业的发展，凌道扬于1917年发起创建中国第一个林业科学研究组织——中华森林会（后易名为"中华林学会"），并被理事会推举为首任理事长和中华林学会第二、三、四届理事长。该会宗旨包括：提倡森林演讲，筹办森林杂志，提供林学咨询，建设模范林厂。1918年，中华森林会和中华农学会在南京联合编辑创办《中华农学会丛

---

① 刘楠楠：《凌道扬：中国近代林业科学先驱》，《中国档案》2016年第3期。

刊》。1921年3月，中国第一份林业科学刊物《森林》创刊（后易名《林学》），由北洋政府总统黎元洪题写刊名。凌道扬以其卓越的社会活动能力和丰富的学识，在维持、推动会务发展等方面，发挥了举足轻重的作用。

凌道扬参与了中国第一部《森林法》的制订，协助孙中山拟定林政计划，对国家林业法律和政策的制订产生了积极影响。1919年，凌道扬还协助孙中山起草《建国方略》《三民主义》中实业计划林政部分，他的一些治林观点如"防止水灾和旱灾的根本方法，都是要造林，要造全国大规模的森林"，写进了孙中山的林政纲领，造林计划被定为十大实业计划之一，并为防止水旱灾根本之策。

凌道扬留洋回国后，十分重视林业教育对于振兴林业的重要作用，称"教育为万事之母"，认为振兴林业必须培养林业专业人才。1917年1月执教于金陵大学，教授森林学，[1]适逢金大农林科科长裴义理为专事赈务，离开金大，由芮思娄担任农科科长，凌道扬担任林科科长，[2]为草创时期的金大林科的学科发展作出很大贡献。之后还任教于青岛大学、国立北平大学农学院、国立中央大学等多所高等院校，为国家培养了一大批林业科学人才。离国赴港后，凌道扬任香港教育委员会委员，参与创建崇基学院，并于1955年至1960年出任崇基第二任院长，他还参与筹备创建香港中文大学，并于1960年以72岁的高龄出任联合书院院长，为日后崇基学院与新亚书院、联合书院组成香港中文大学奠定了基石。

2007年7月12日，中国林学会成立90周年纪念大会隆重举行，中国林学会理事长江泽慧致开幕词，她在讲话中回顾了中国林学会的

---

① 《金陵大学造送大学本预各科暨附属各校教职员及附属医院职员一览表（1918年）》，私立金陵大学档案，中国第二历史档案馆藏，全宗号649，案卷号168。
② 洪润庠：《回忆清末民初时代的母校》，台北金陵大学校友会编印：《金陵大学创校七十周年纪念特刊》，1958年，第19页。

发展历程，称赞凌道扬、陈嵘等我国近代林学的开拓者，开启了我国近代林学和林业社团发展的新篇章。

魏学仁，字乐山，是我国教育电影事业和电化教育事业的先驱。1899年出生于南京，少时即勤奋刻苦学习，对英文和数学尤爱钻研。1914年进入金陵中学，1918年入金大预科，同时任南京青年会夜校英文教员，1919年入金陵大学，各科成绩为全班之冠。当时金大与东吴大学、圣约翰大学、之江大学四大学每年秋季举行英文辩论赛，魏学仁大一时即夺得全校英文辩论赛冠军，遂代表金大参加四大学英文辩论赛，连夺1919至1921年三届冠军，全校师生引以为荣。1922年夏毕业，魏学仁以优异成绩获得中国斐陶斐荣誉学会首次颁发的金钥匙，并留校任物理系助教、讲师。1925年又获得美国洛氏基金社奖学金，赴芝加哥大学攻读博士学位，师从光学专家麦可生（Michelson）和热学专家康普顿，1928年获得博士学位，回国任金陵大学物理系教授兼金大教务长。

1929年起魏学仁任理学院院长，首先加强物理、化学、生物、数学等基础学科各系，增聘教师，加开课程，增购仪器设备，展开科学教育讨论研究，编出一系列为提高中学科学教育所需的实验教程、设备标准和科学教育季刊，培训中学理科教师，承担起高等师范大学的作用。并增设化学工程系、电机工程系，化学研究所，汽车工程专修科、电化教育专修科，影音部，仪器整修厂，又曾创建变压器厂、电池厂，电影教育委员会、科学教育委员会，为四川省筹建科学教育仪器制造厂，并以各种为社会服务的科学研究项目、服务项目，推动金大理学院逐渐向理工学院发展。1945年后，代表中国在联合国原子能委员会中任职。[1]

---

[1] 李适生：《一位成功的科学教育家——魏学仁院长》，《金陵大学》，第303—305页。孙明经：《前辈老校友魏学仁博士》，台北金陵大学校友会编印：《金陵大学建校一百周年纪念册》，1958年，第176—180页。

刘国钧，字衡如，江苏南京人，著名图书馆学家。1915年由江苏省立第一中学升入金大文科，1920年毕业获文学士学位，留校从事图书馆工作。在金大求学期间，刘国钧即表现突出，尤喜读书、写作，在《金陵光》上发表多篇文章，如《近代图书馆之性质与功用》《道家思想与中国国民性之关系》《进步》《进化与反省的思想》等。[①]《同学录》评价其为："性敏慧，沉默寡言，每有论议多中綮要，尤嗜读，得书必穷日之力尽之，为文足入古作者之林。"[②]

1922年，刘国钧在克乃文的推荐下赴美留学，入美国威斯康星大学哲学系、图书馆专科学院及研究院学习，1925年获哲学博士学位。同年回国，任金陵大学教授兼图书馆主任，同时担任中华图书馆协会出版委员会主任。1926年3月，中华图书馆协会出版了《图书馆学季刊》，由刘国钧担任编辑主任。1929年9月，刘国钧离职金大北上，担任新组建的北平图书馆编纂部主任，主编《图书馆学季刊》，并兼课于北京师范大学，兼职为故宫博物院图书馆专门委员。1930年9月，刘国钧回到金陵大学出任图书馆馆长，同年被聘为金陵大学中国文化研究所研究员。1934年，刘国钧出任金陵大学文学院院长。直到1943年，刘国钧被调任国立西北图书馆主任。1951年，调任北京大学图书专修科教授。

刘国钧毕生从事图书馆学教育和图书馆工作，为图书馆事业和图书馆学研究培养了许多人才。注重引进西方图书馆学的理论和方法，极大推动了金陵大学乃至全中国图书馆事业的发展，为中国图书馆和图书馆学的现代化做出了贡献。重视科学研究工作，主要从事图书馆学、中国书史、图书馆事业史、道教史等学科的研究。在图书馆研究方面提出了许多独到的见解，对于图书馆性质和任务，

---

① 《金陵光》1919年11卷第1、2期。
② 《金陵大学同学录（1922年）》，私立金陵大学档案，中国第二历史档案馆藏，全宗号649，案卷号1465。

认为是公共教育的一部分，在教育上的贡献有时甚至超过学校，认为图书馆的特征是自动的、社会化的、平民化的，图书馆的基本任务是："以用书为目的，以诱导为方法，以养成社会上人人读书之习惯为指归。"关于图书馆学的研究对象和内容，提出五要素说：图书、读者、领导和干部、建筑和设备、工作方法，并认为"图书馆学所研究的对象就是图书馆事业及其各个组成要素"。在图书馆编目方面，对历代目录学家对目录的认识加以剖析，指出要区分书目、书志、著述史三者，把图书馆目录从传统目录学、校勘学中区分出来。

1926年年底，刘国钧创制的《金陵大学中国图书分类法》试用本油印问世。这是当时我国以消除"旧籍""新书"二分界限、包容西方科学书籍于统一体系之中的较早的一部图书分类法。1928年秋，金大图书馆曾经将该分类法的油印本赠阅国内40余家通俗教育馆。[①]《中国图书分类法》是刘国钧的代表之作，吸收杜威分类法长处，结合中国实际情况，解决了当时图书馆界中外文图书分类不能统一的矛盾。刘国钧也成为有中国特色的图书分类法的奠基人和我国图书编目标准化的先行者。

李方训，江苏仪征人，物理化学家和教育家。担任过金陵大学理学院院长、金陵大学校长、南京大学副校长，1955年中国科学院首批学部委员之一，也是南京大学第一位学部委员。

1919年五四运动的革命浪潮席卷全国，李方训认为旧中国贫穷落后的根源在于政治腐败和科学落后。因此，他决心走"科学救国""教育救国"之路。1921年李方训考入金陵大学，并选择了化学专业，1925年毕业后留校任教，1928年赴美国西北大学学习，

① 徐雁、谭华军：《刘国钧先生任职金陵大学时期的专业建树》，《江苏图书馆学报》2000年第5期。

1930年获博士学位，为发展祖国的科学和教育事业，婉言谢绝了导师的挽留，毅然回国执教于金陵大学。

李方训长期从事电解质溶液性质及理论的研究，对格林尼亚试剂的反应机理，离子在水溶液中的物理化学性质，如离子熵、离子的极化和半径以及混合电解质溶液中离子活度系数等，做出了贡献。世界知名的生物化学家、科学史家李约瑟博士称赞他是"杰出的科学家，在离子熵、离子体积和水化作用方面的研究工作是中外驰名的。"[1]1948年美国西北大学授予他荣誉科学博士学位，并赠予象征打开智慧之门的"金钥匙"。

李方训先后在金陵大学、南京大学任教30余年，治学严谨，诲人不倦，为国家培养了大批人才，他长期讲授物理化学、热力学、电化学、物质结构和量子化学等课程，在讲课中既系统严谨也十分生动，特别对难懂的理论问题善于作深入浅出而又不失其严密性的讲授，深受青年教师和学生的欢迎。他在从事繁重的行政、科研和教学工作的同时，还积极热情地指导研究生和培养中青年教师，把自己的学识毫无保留地传授给青年一代，在工作中注意形成梯队，做到后继有人。今日南京大学在此学科领域的领先地位，离不开李方训老一辈学者的努力和辛勤耕耘。

---

[1] 《悼念李方训校友》，金陵大学南京校友会编：《金陵大学建校一百周年纪念册》，南京：南京大学出版社，1988年，第182页。

第六章　时代变局中的金陵大学

第一节　寻求认同与支持：向北京政府注册立案

一、清末民初政府对教会大学的管辖

19世纪末20世纪初，伴随着船坚炮利和不平等条约，西方传教士加速进入中国，凭借特权身份在中国创办各类教会学校。这一时期，中国政府尚未有对外国人所办学校进行管理的规划。教会学校亦普遍没有向中国政府报备的自觉。有些西方人士甚至认为："要牺牲任何我们所拥有的自由则是愚蠢的。我们可以让政府对这些学校施以积极控制的时代还远未到来。"[①]金陵大学在办学之初仅在美国纽约州立案，校长及学校主要管理人员均为外国人，办学活动不受中国政府的管辖。

对于外国人在华办学问题，晚清政府持既不鼓励也不反对的模糊态度。1906年学部称："一国有一国之国民，即一国有一国之教育；匪惟民情国俗各有不同，即教育宗旨亦实有不能强同之处。……至外国人在内地设立学堂，奏定章程并无允许之文；除已

---

① 　F. L.Howks Pott, "The Present Status of Missionary Schools," *Education Review*, 2:5, May 1909. 转引自王立诚：《教育与社会：论近代美国对中韩两国的基督教高等教育》，复旦大学韩国研究中心编：《韩国研究论丛》（第四辑），上海：上海人民出版社，1998年，第 196 页。

设各学堂暂听设立，无庸立案外，嗣后如有外国人呈请在内地开设学堂者，亦均无庸立案，所有学生，概不给予奖励。"①此时，清政府尚未有对教会学校进行管理的举措。

民国初年，北京政府对私立大学逐步开展了规范性管理。1912年10月，教育部颁布《大学令》，其中第21条规定"私人或私法人亦得设立大学"，正式认可了私立大学的合法性。②1913年1月，教育部颁布《私立大学规程》，指出私人或私法人设立大学应将办学目的、名称、位置、学则、学生定额、地基房舍之所有者及其平面图、经费及维持之方法、开校年月等"呈请教育总长认可"。③1913年1月23日，教育部颁布《私立大学立案办法》，指出："大学令、大学规程、私立大学规程业经公布施行，所有私立大学前经呈请到部准予暂行立案者，亟应遵照新颁部令规程，切实办理，自布告之日起，限三个月以内遵照私立大学规程，另行报部备查，俟呈报到部届满一年，由部派员视察，如果成绩良好，准予正式立案，以昭慎重。"④尽管有这些规定，但此时中国政府对私立大学的管控和约束力还比较弱。而且严格说来，教会大学也不能算是私立大学，在国家各项教育统计中，往往是单列的"外人设立学校"一栏。⑤

1917年5月，北京政府教育部第8号布告指出：对于"京师及各省区中外人士创设私立各种学校往往有学科程度较中学为高，而学

---

① 朱有瓛、高时良主编：《中国近代学制史料（第四辑）》，上海：华东师范大学出版社，1993年，第26页。

② 《教育部公布大学令》（1912年10月24日），中国第二历史档案馆编：《中华民国史档案资料汇编·第三辑·文化》，南京：江苏古籍出版社，1991年，第110页。

③ 《教育部公布私立大学规程》（1913年1月16日），潘懋元、刘海峰编：《中国近代教育史资料汇编（高等教育）》，上海：上海教育出版社，2007年，第377页。

④ 朱有瓛主编：《中国近代学制史料（第三辑下册）》，上海：华东师范大学出版社，1992年，第18页。

⑤ 《外国人在江苏省设立学校调查总表》（1916年），中国第二历史档案馆编：《中华民国史档案资料汇编·第三辑·文化》，南京：江苏古籍出版社，1991年，第906页。

校之名称及科目与大学校令第三条或专门学校令第二条未能尽符，然其实力经营亦有未便湮没者"，"此项学校办理确有成绩者，经本部派员视察后得认为大学同等学校或专门学校同等学校"，且"经本部认定后，该校毕业生得视其成绩，予以相当之待遇"。这为教会学校在华办学打开了正式申报渠道。[①]

但教会学校的宗教属性终究不可回避，对宗教的不同认识很快成为政府与教会学校之间难以调和的矛盾。1919年3月26日教育部布告指出："查外国人在内地所设立之专门以上学校，虽学科编制不无歧异，本部为广育人才起见，深翼其毕业学生得与公私立各校毕业生受同等之待遇，兹特订定办法。凡外国人在内地所设之专门以上学校，不以传布宗教为目的，且不列宗教科目者，准其援照私立专门学校规程或私立大学规程及专门以上同等学校待遇法，呈请本部查核办理。"[②]然而，作为传教事业的重要载体，教会学校无法"不以传布宗教为目的"，此项政策颁布后，教会学校立案的步伐再次停滞。

二、金陵大学向北京政府申请立案

随着北京政府对教育的管控逐步增强，对外国人所办学校进行管理之事再次被推上日程。1920年11月16日，教育部第11号布告再次指出："查近年以来，外国人士在各地设立专门以上之学校者，所在多有，其热心教育，殊堪嘉许。惟是等学校，大半未经报部认可，程度既形参差，编制时复歧异，以致毕业学生，不得与各公立

---

① 朱有瓛、高时良主编：《中国近代学制史料（第四辑）》，上海：华东师范大学出版社，1993年，第782页。

② 朱有瓛主编：《中国近代学制史料》（第三辑上册），上海：华东师范大学出版社，1990年，第599页。

私立专门学校毕业学生受同等之待遇，滋足惜焉。兹为整理教育，奖励人才起见，特定外国人之在国内设立高等以上学校者，许其援照大学令、专门学校令，以及大学专门学校各项规程办法，呈请本部查核办理，以泯畛域，而期一致。"[①]

在这一时期，教会方面既希望"使基督教教育体制融入北京政府的私立教育体制之中，使其毕业生享有完全之国民权利，从而顺利地进入仕途，扩大教会的影响"，同时"又不愿轻易放弃不平等条约所赋予的特权，尤其不愿放弃宗教教育"，因而"这种矛盾心态使不少传教士在理论上支持教会学校向政府立案注册，但在实际上行动上又顾虑重重、止步不前，相当部分差会是消极等待或反对注册"。[②]

此时，金陵大学在合并组建之后历经了十年平稳的发展期，办学颇具规模，学科较为完备，师资力量较为雄厚，教育质量亦获得了国际认可，要想进一步获得更多的资源和支持，就需要寻求政府和社会的更为广泛的认同。因此，在该法令颁布之后，金陵大学即向教育部申请立案。

1921年2月，教育部派任鸿隽等人视察金陵大学。在校长包文、副校长文怀恩等人的陪同下，他们视察了金陵大学的宿舍、礼堂、教室、图书馆、科学馆等，并且旁听课程、考查学生国文情况、约谈校长、查阅文件等。最终，根据该视察委员会的报告，认为金陵大学农科"成绩既有可观，办法亦属得宜，应许暂准备案"，而文科和林科"内容既未充实，办法亦欠妥善，应由该校添聘硕学为各科教员，于组织、功课两方面皆力加整顿，至科目完备，符合大学程度时，再行呈部核办"，并且"预科本科有必修之宗教科目，亦

①　朱有瓛、高时良主编：《中国近代学制史料（第四辑）》，上海：华东师范大学出版社，1993年，第782—783页。
②　胡卫清：《普遍主义的挑战：近代中国基督教教育研究（1877—1927）》，上海：上海人民出版社，2000年，第365页。

应改为选科，以符部议"。①1921年8月，金大农科正式得到教育部
核准立案。②同年10月13日金陵大学理事会会议上，校长包文通报了
此事，并表示当初申请立案时并不知晓宗教科目须改为选修，鉴于
教育部提出这样的要求，金大今后将不再考虑注册立案。③于是，此
后很长一段时间里，金大都处于这种"部分立案"的特殊状态。从
教育部相继颁布的布告法令中可以看出，随着中西方交流的增加，
教会学校在国内的发展范围越来越大，对教会学校加强管理已经成
为必然趋势，但尚未到迫在眉睫的程度。在这种"部分立案"的状
态下，教育部对金陵大学并未真正实施管辖，对金陵大学的办学发
展没有产生实质上的影响。但这一事件反映了金陵大学管理层对其
基督教办学特性的坚持，体现了该时期宗教教育发展与中国社会认
同之间难以调和的矛盾。在此后金大的办学中，宗教教育问题也深
刻影响着金陵大学的发展之路。

第二节　冲突与矛盾：非基督教运动的挑战

一、非基督教运动的缘起与发展

20世纪20年代初，凭借外国身份所带来的诸多特权，教会教育在

---

① Registration by the Ministry of Education, Microfilm, Reel 60. Box 196. Folder 3379,
UBCHEA Archives；《教育部视察金陵大学报告》，《南大百年实录》编辑组编：《南
大百年实录（中卷）：金陵大学史料选》，南京：南京大学出版社，2002年，第25—27页。
② 《教育部对全国专科以上学校调查一览表金陵大学部分》（1926年5月13日），《南
大百年实录》编辑组编：《南大百年实录（中卷）：金陵大学史料选》，南京：南京大
学出版社，2002年，第31页。
③ The Eighteenth Meeting of the Board of Managers of the University of Nanking, October
13, 1921, Microfilm, Reel 58. Box192. Folder 3335, UBCHEA Archives.

中国境内取得了快速发展。据统计，1921年中国接受初等教育、中等教育和高等教育的学生中，外国在华所办学校的学生数分别为本国所办学校的4%、11%和80%，其中，高等教育方面，中国所办高校学生约为15 000人，外国在华所办高校学生约为12 000人。[①]"传教团体多至168种，教会出版书籍多至4 400余种"，"全国教徒人数近40万，正式教堂达6 000余所，差会总堂尚以千计"。[②]

五四运动之后，中国民众的民族意识逐渐觉醒，民族主义情绪不断高涨，知识界对宗教的批判也日渐脱离学术的范畴，开始往政治运动的方向发展，教会教育被视为"文化侵略阵营"。[③]"凭借不平等条约而在中国传播的基督教，便自然而然地被国人视为帝国主义侵略工具，并且成为民族抗争情绪宣泄的主要对象之一"，"反基督教运动遂成为反帝斗争洪流的组成部分之一"。[④]

非基督教运动（the Anti-Christian Movement）的产生与国际形势变化、西方反宗教批判、国人思想解放、国内基督教事业迅猛发展等因素均密切相关。从1919年至1922年春，可视为非基督教运动的酝酿阶段。1919年巴黎和会中国外交失败，知识分子对西方国家不再信任，意识到独立和富强才是生存之本。五四新文化运动则促使国人进一步解放思想、打破桎梏，对一切旧思想、旧制度、旧理论重新进行价值评估。此时，西方也正在开展反宗教批判，当时在

① 陈俶达译：《欧美人在中国之教育的设施》（译自日本《教育公报》1921年第1—2期），舒新城编：《中国近代教育史资料》（下册），北京：人民教育出版社，1981年，第1077—1078页。
② 陈俶达译：《欧美人在中国之教育的设施》（译自日本《教育公报》1921年第1—2期），舒新城编：《中国近代教育史资料》（下册），北京：人民教育出版社，1981年，第1077—1078页；《非宗教大同盟之应声》，《晨报》1922年3月24日。
③ 章开沅、马敏主编：《贝德士中国基督教史著述选译》，上海：上海社会科学院出版社，2017年，第105页。
④ 章开沅：《世局变迁与宗教发展——以教会大学史研究为视角》，《传播与根植：基督教与中西文化交流论集》，广州：广东人民出版社，2005年，第14页。

中国巡回演讲并在知识分子中间产生重要影响的美国学者杜威和英国学者罗素都对宗教持否定态度。这都推动了中国非基督教思潮的萌生。

世界基督教学生同盟第十一届大会原计划于1922年4月在北京清华学校召开。此消息一经传出，引起中国知识界强烈的愤怒和反对。1922年3月9日，上海各校的爱国学生组织成立了非基督教学生同盟，公开发表了《非基督教学生同盟宣言》，指出世界基督教学生同盟"为现代基督教及基督教会的产物"，"彼为污辱我国青年，欺骗我国人民，掠夺我国经济的强盗会议，故愤然组织这个同盟，决然与彼宣战"，并发表通电称"北京不乏耶教会场，清华为国校，非教会所立，又焉能供一教之用"。[1]3月21日，李石曾等79人撰写并发表了《非宗教大同盟宣言》，控诉宗教的罪恶和毒害，宣称"凡不迷信宗教或欲扫除宗教之毒害者，即为非宗教大同盟之同志"。[2]可以说，世界基督教学生同盟第11届大会的召开使"酝酿已久的反教情绪终于有了一个宣泄的机会"[3]，由此在中国开始了一场长达数年的非基督教运动。

1924年4月，广州圣一三学校开除学生领袖一事将非基督教运动推向高潮，湖南、湖北、河南、四川、广东等地相继成立了"非基督教同盟"组织，提出"收回教育权"的口号，广州、长沙、南京、青岛等地发起了反对基督教的大规模示威游行。[4]从这时起，非基督教运动形成了明确的斗争目标，即反对教会教育、收回教会

---

① 《上海非基督教学生同盟宣言及通电》，唐晓峰、王帅编：《民国时期非基督教运动重要文献汇编》，北京：社会科学文献出版社，2015年，第534页。

② 《非宗教大同盟宣言》，唐晓峰、王帅编：《民国时期非基督教运动重要文献汇编》，北京：社会科学文献出版社，2015年，第535—536页。

③ 杨天宏：《中国非基督教运动（1922—1927）》，《历史研究》1993年第6期。

④ 李景田主编：《中国共产党历史大辞典（1921—2011）》，北京：中共中央党校出版社，2011年，第137页。

教育权。1924年7月，中华教育改进会南京年会通过了"收回教育权案"。10月，全国教育联合会第十届年会通过了"取缔外人在国内办理教育事业案"及"学校内不得传播宗教案"，使"收回教育权成为全国一致的舆论"。①

20世纪20年代兴起的非基督教运动和收回教育权运动，一方面与20世纪初国人要求废除不平等条约、收回权利的诉求紧密相关，从要求收回路权、矿权，到要求收回关税主权、领土主权、治外法权，再逐步发展到要求收回教育权，国人的独立自主意识愈发坚定明晰。另一方面，这一运动潮流也与巴敦调查团有紧密联系。1921年9月，受西方差会和洛克菲勒基金会资助，美国芝加哥大学神学教授巴敦担任调查团团长，带领美、英、中三国的教育家、神学家、传教士，对在华教会教育事业的发展状况进行了考察，并将考察报告《中国基督教教育事业（1921—1922）》（*Christian Education in China, The Report of the China Education Commission of 1921-1922*）交由上海商务印书馆和美国北美差会部出版发行。该报告称"基督教教育对在华教会全部工作的特殊贡献在于运用教育手段实现基督教差会的目标，即通过引导人们直接与耶稣基督接触，缔造一个基督教社会秩序，以建立上帝之国"，明确提出了促使教会学校"更有效率、更基督化、更中国化"的口号，以应对中国民族主义的挑战。具体来说，就是"在性质上彻底基督化，在气氛上彻底中国化，把效率提到一个新的高度"。②该报告出版之后，其中的言论使国人看到了基督教育的威胁，对民族教育事业的发展感到不安。在

---

① 张钦士：《国内近十年来之宗教思潮》，北京：燕京华文学校，1927年，第342页。
② *The Christian Education in China: A study Mode by An Educational Commission Representing the Mission Boards and Societies Conducting Work in China*, New York, 1992, p.361, pp.109-134. 转引自杨天宏：《政党建置与民国政制走向》，北京：社会科学文献出版社，2008年，第337、339页。

此背景下，教会学校风潮迭起。据统计，1924年5月至1925年五卅运动前，教会学校的风潮共有12起，遍及广东、江苏、福建、河南、四川、湖南各省。[①]

基督教学校借西方强大武力、强权政治进入中国，获得了很多便利和优待，也背负了西方帝国主义的烙印。在中国受列强压迫和欺辱的时代，成了中国人民族主义情绪发泄的主要对象之一。1924年秋，胡适在题为《今日教会教育的难关》的演讲中指出："新起的民族主义的反动"是当前传教事业的首要难关，"辛亥的革命与民国的成立鼓起了中国人的勇气，唤醒了民族的自觉心。……这种民族主义的反动是很自然的，很正当的。但其中也不免有走向极端的倾向。……这种反动是不可轻视的。他们的理由就是八十年来列强欺压中国人的历史。他们的证据就是外国人在中国取得的种种特权和租界。这些不公道一日不除，这些不平等的情形一日不去，那么这些反动的喊声一日不能消灭。……这是强权不能压倒、武力不能铲除的"。[②]

二、中国教会大学的处境

1925年"五卅惨案"发生后，反帝爱国情绪在民族主义的影响下进一步高涨，从6月到9月，"五卅惨案"直接引发的教会学校风潮多达44起。[③]广州岭南大学副校长英国人白士德因反对学生参加示威游行，"校园中出现了要求中国人接办岭南大学，驱逐一切帝国

---

① 舒新城：《收回教育权运动》，北京：中华书局，1927年，第81—82页。
② 胡适：《今日教会教育的难关》，《中华基督教教育季刊》第1卷第1期，1925年3月，第7—8页。
③ 舒新城：《收回教育权运动》，北京：中华书局，1927年，第82—86页。

主义份子，以及清除基督教的传单"，最终白士德被迫离校。①得知
"五卅惨案"的消息，金大学生们立即发表通电："闻报惊悉英捕
惨杀工人学生，痛正义之无存，伤同胞之惨死，凡属人伦，孰不发
指，祈沪人士，一致抗争，学生等誓联合南京各界为后盾，不达目
的不止。"6月3日，金大学生会组织成立沪案后援委员会，"即日
大会议决罢课，校中顿呈严重忙迫之象"。6月4日至5日，"全体同
学加入南京市民示威运动游行。沿途散发传单，露天演讲；虽天气
酷热，精神不因之少懈。委员会鉴于群众运动之猛烈，不可无持重
之主张，乃有'攻击目标限于沪案之负责者，以不直接行动为根本
原则。努力于实际上援助沪工，唤醒民众。不作其他无益之事'之
议决案"。②与其他教会大学不同的是，在学生运动期间，金大外籍
教员对学生们予以同情，中国教员还组织了后援会配合学生们。③为
支持学生参加示威游行，金大校方还重新调整了课程安排，在6月3
日到6月23日期间停课，允许学生参加各种游行、集会等。包文校长
指出："幸运的是，一群睿智的中国教师能够与高年级的、起领导
作用的学生合作，并与其他公立、教会学校的中国教师和学生们一
起，共同促使南京的运动保持在理性范围内。通过这次合作，金大
及学生们的声望和名誉得到很大的提升。因此应当对我们的中国教
职员进行嘉奖。"④此外，为抗议"上海圣约翰大学校长卜舫济侮辱
国旗、解散学生团体，以压迫其爱国运动"，南洋大学提议取消圣
约翰大学为华东八大学体育联合会会员的资格，金大首先同意，全

① ［美］杰西·格·卢茨：《中国教会大学史（1850—1950）》，曾钜生译，杭州：
浙江教育出版社，1987年，第231页。
② 《本校沪案后援运动记事》，《金陵光》第15卷第1期，1926年1月，第83页。
③ 《本校沪案后援运动记事》，《金陵光》第15卷第1期，1926年1月，第84页。
④ Report of the President for the Year 1924－1925, Microfilm, Reel 60. Box 195. Folder
3372, UBCHEA Archives.

校同学一致投票赞成。①可以看出，金大学生尽管积极参与各种爱国运动，但大部分学生并不十分激进，他们在理性范围内表达着自己的爱国情绪。

正如杰西·格·卢茨所说，"1925年，多数教会大学的学生似乎踊跃响应爱国主义的号召，但他们并不准备在民族主义运动中起带头作用。要使他们从同情的支持者转变成积极的组织者还需要有某种额外的因素。这种因素可能是同西方的行政人员的个人矛盾或是来自外部组织的压力。否则的话，多数学生只是暂时地参加一下示威游行，然后又回校上课，要么他们就接受学校的关闭，各自回家。……结果是，民族主义批评家抱怨说，教会大学的学生常常不参加示威游行。这种状况加深了青年对教会学校的恶感；在他们看来，这是教会学校破坏民族感情的一个新证据。因此，收回教育权运动来势更加凶猛"。②

中国知识分子敏锐地察觉到基督教对中华文化的侵蚀作用，对民族精神的存亡深感担忧，纷纷撰文批判基督教教育。少年中国学会的周太玄认为教会教育"在刻意的贼害个性"，"以一种信仰预注于青年学生脑中"，"利用一种文化而排斥他种文化"，"以传教为标准来自建其教育系统"。③共产党人恽代英指出"有一百万的民众，二十余万的青年，正在帝国主义者所遣派来的一般牧师，神父，教会教育家手中，受他们的蛊惑劫制。我们天天怕色彩，怕党派；然而帝国主义者已经藉教堂学校青年会的帮助，在中国造成这样一个伟大的党派了"。④有学者强调，教会教育权一定要收回，

① 《本校新闻》，《金陵光》第15卷第1期，1926年1月，第86页。
② ［美］杰西·格·卢茨：《中国教会大学史（1850—1950）》，曾钜生译，杭州：浙江教育出版社，1987年，第231—232页。
③ 周太玄：《非宗教教育与教会教育》，《中华教育界》第14卷第8期，1925年2月。
④ 恽代英：《打倒教会教育》，李振霞、管培月编：《中国现代哲学史资料选辑2》，1986年，第152页。

"因为教育是国家的命脉，要自己来办，不能由他人越俎代庖"。[1]

在反基督教风潮的影响下，1925年下半年，金大有28名学生转学至同城的东南大学。1926年初，有传言称，金大100余名学生要转学去东南大学，实际最终1926年上半年仅30名学生转学到东大。金大校方对学生运动持较为支持和包容的态度，包文校长不认为学生转学与非基督教运动之间存在任何必然的因果联系，他说："比起以往，也许有更多高年级学生离开了，但这很可能是因为资金的缺乏，以及我们没有足够多的高级选修课程。我们感到幸运的是去年秋季的那三四个激进学生领袖本学期都不在了。"[2]这一时期，对基督教教育的敌对情绪与反帝国主义侵略的诉求逐渐融为一体，非基督教运动的目标更为具体：要求教会学校向教育部注册立案并遵守中国的各项规定。

在非基督教运动的推动下，北京政府进一步加强了对基督教学校的管辖与治理。1925年11月，教育部布告第16号中明确指出："外人捐资设立"的学校"不得以传布宗教为宗旨"，"不得以宗教科目列入必修科"，"私立学校不得以外国人为校长"。[3]尽管这些文件尚未能对中国教会大学产生实质性的约束力，它们的出台亦是非基督教运动的重要成果，推进中国教育管理体系不断完善。

非基督教运动推进了中国基督教学校的"本土化"进程。在非基督教运动的打击下，中国基督教人士意识到基督教育要想得到国人的认可，其在华发展方式必须做出改变，提出基督教教育"本土

---

[1]　朱经农：《中国教会学校改良谭——在南方大学讲演》，《中华基督教教育季刊》第 1 卷第 1 期，1925 年。

[2]　Twenty-second Meeting of the Board of Managers of the University of Nanking, March18, 1926, Microfilm, Reel 58. Box 192. Folder 3338, UBCHEA Archives.

[3]　《1925 年 11 月 16 日教育部布告第十六号》，《政府公报》第 3459 号，1925 年 11 月 20 日，朱有瓛、高时良主编：《中国近代学制史料（第四辑）》，上海：华东师范大学出版社，1993 年，第 784 页。

化"的主张。1925年程湘帆主办的《中华基督教教育季刊》在其创刊号上发表宣言，提出要"贯彻基督教教育之中国化，发挥基督化教育之真精神"。[1]1926年，在教会大学校长会议上，沪江大学校长魏馥兰指出，"基督教若欲在中国得以永远滋长，基督教教会必须完全变为中国的有机体；否则，万难得到华人的助力，而在中国土地上滋荣发达"，因此他主张"基督教学校当完全为华人管理，照华人的策略进行，愈速愈妙"。[2]

在此背景下，金陵大学的"本土化"进程在加速。校长包文一直认为应将学校管理权交给中国人，认为"此汝等之学校，我辈权为管理，汝能自立，即以之付汝矣"[3]，然而其主张并未得到管理层的一致认同。随着非基督教运动愈演愈烈，关于中国教会大学管理权的讨论愈加深入。1926年3月18日，在金陵大学第22次理事会上，校长包文再次提出这一问题，他说：目前学校经济问题很严重，但更严重的是"中国人领导权的问题"，"我们都知道这个问题很紧迫，无论是中国人还是差会董事会都强烈感到在这方面需要进一步推进，现在时间已经到来，正如芮思娄所说，我们应当少插手一些，多与中国人合作，将管理权更多地交给中国人"。包文还在会上公布了3月17日他与副校长文怀恩、文理科科长夏伟师、农林科科长芮思娄、图书馆馆长克乃文、鼓楼医院院长赫济生共同签名的写给理事会执行与经济委员会的辞职报告，在报告中指出"我们相信让更多中国人担任金大行政管理工作的时代已经到来，希望理事会认真考虑这一问题"。为了让理事会能够更明智地考虑该问题，包文等人表示"希望辞去行政管理职务，按照理事会的需

---

① 《本刊宣言》，《中华基督教教育季刊》第1卷第1期，1925年。
② 魏馥兰：《怎样贯彻基督教大学之中国化》，《中华基督教教育季刊》第2卷第2期，1926年。
③ 《包文先生传》，《金陵大学校刊》1945年5月16日，第7页。

要去从事其他方面的工作"。①经过讨论，此次理事会通过了三项
决议：第一，"本校当局既自愿退让为华人办理本董事会，应致
最深谢忱"；第二，"本董事会对于此后学校行政，当物色有充
分能力华人补充之"；第三，"任命五人为委员，研究此事进行
之步骤，至必要时，能召集本会讨论之"。会上成立了立案委员
会（Committee on Registration），专门研究金陵大学立案问题。显
然，金大希望能够在完成政府立案的同时，仍然保持学校的宗教教
育。大会任命中国教员过探先与芮思娄共同担任农林科科长。从
1926年下学期开始，金陵大学聘任陈裕光为文理科科长、过探先
为农林科科长、胡小石和陈钟凡为国文系主任、张信孚为体育系主
任。②此举将院长层级的管理权让渡给了华人，为南京事件后金大
的平稳过渡奠定了基础。

　　非基督教运动具有重要的历史意义。日本学者山本条太郎指
出：20世纪上半叶"中国发生过两次大规模的反基督教运动：1900
年义和团运动和1922—1927年非基督教运动。两次运动都引发了东
西方冲突以及中国人民对外来文化的强烈反对"。③杨天宏教授进
一步指出："非基督教运动所达到的广度深度以及所产生的影响，
都远远超过了义和团运动。义和团运动只是一次对外国列强侵略的
郁愤情绪的爆发，多少带有盲目排外的色彩；而非基督教运动则是
一次中国人对外来文化的理性思维和批判，它对中国近代政治思
想、学术文化、宗教信仰、教育科技乃至中外关系都产生了不容忽
视的影响。"④

---

① Twenty-second Meeting of the Board of Managers of the University of Nanking, March
18, 1926, Microfilm, Reel 58. Box 192. Folder 3338, UBCHEA Archives.
② 《金陵大学当局总辞职》，《申报》1926 年 7 月 5 日，第 11 版。
③ Tatsuro Yamamoto and Sumiko Yamamoto, The Anti-Christian Movement in
China,1922-1927, *The Far Eastern Quarterly*, vol.12, no.2（February 1953），p.133.
④ 杨天宏：《中国非基督教运动（1922—1927）》，《历史研究》1993 年第 6 期。

可以说，非基督教运动是一场关于如何应对在华基督教事业的思想大讨论，中国政界和学界人士均参与其中，对中外关系的发展影响深远。它既反映了中国面对外来文化的焦虑，也反映了国际关系影响下中西文化不可调和的矛盾与对立。冲突的种子生根发芽、伺机爆发，在中国近代史上多次推进或改变了中国教会大学的发展轨迹。其中，最直接的影响就是在民众中间进一步传播了反帝排外的思想，为"南京事件"的爆发埋下了不安的种子。在此之前，尽管非基督教运动一直处于思想运动和政治运动的范畴，但情绪的酝酿已经累积到了一定程度。北伐军进城之后，政治管束的暂时性缺失，给动乱的爆发创造了条件，反帝情绪如洪水般喷发了，金陵大学首当其冲，受到了前所未有的严重冲击。

第三节 冲击、困境与新生："南京事件"中的金陵大学

一、金陵大学外籍教员在"南京事件"中的经历

1927年3月24日，北伐军进入南京城，城内排外情绪高涨。当日，南京各处出现多起外国人及其居所遭遇洗劫的事件，多名外籍人士受伤或被枪杀。此后英国军舰炮击南京城，造成南京城多处人员伤亡，建筑毁坏，蒋介石政府被迫派兵护送外国人出城。此为"南京事件"（The Nanking Incident），亦称"宁案"。

在新旧政权交替之际发生的这起中外冲突事件影响深远。"在外国人看来，南京事件为北伐开始以来中国第一次大规模的排外事件，也是义和团之后最严重的排外事件。在中国人看来，英美军舰向城内开炮，虽事出有因，但严重违反了国际法。外舰炮击造成中

国军民大量伤亡，激起了中国军民的强烈愤慨"。[①]在"南京事件"中，除金陵女子大学外，南京所有教会学校无一幸免于难，金陵大学受创尤重，副校长文怀恩遇难身亡，校舍遭到严重损毁，外籍教员家中及随身携带的财物几乎全被抢劫一空。校长包文称之为"发生在南京的前所未有、毫无预料的大灾难"。[②]

结合金大亲历者的描述及相关档案资料，金陵大学外籍教员在"南京事件"中的经历可大体还原如下：

3月23日，金大外籍教员听到南京城南有持续的枪声，在下午渐止，并闻知北军开始往北出城。包文等人猜测"当晚南京可能会发生严重的抢劫"，于是安排了3人轮流巡逻。幸而，"这天夜里没有任何抢劫或干扰发生，虽然偶尔有单发的来复枪声从北面金大的方向传来——可能是警察为了吓跑当地的抢劫者"。[③]

3月24日早晨6点左右，由于已超过两小时没有听见枪响，金陵大学巡逻队计划爬上鼓楼观察南京城各地的情况，爬到一半的时候，远处传来大约二三十声枪响，很快附近也响起了六声枪响（两声在鼓楼西侧，四声在医院附近），外籍教员们判断这可能是最后一群从下关出发的北军。而后，从早晨6点到8点，偶尔能听到一些单发的步枪射击声。这样的状况使包文等外籍教员以为"所有的危险和麻烦都结束了"，局势已经得到控制，于是在愉快地用完早餐后，他们于7：50出发前往教堂，"一路上向邻居和其他人道贺"，

① 陈谦平：《民国对外关系史论（1927—1949）》，北京：生活·读书·新知三联书店，2013年，第3—4页。
② A. J. Bowen to Robert E. Speer, March 28, 1927, Microfilm, Reel 71. Box 208. Folder 3527, UBCHEA Archives.
③ A. J. Bowen: A record of the Nanking Incident, March 26, 1927, Microfilm, Reel 71. Box 208. Folder 3527, UBCHEA Archives.

为躲过劫难而感到喜悦。[①]然而，他们很快发现灾难其实才刚刚开始。

在礼拜堂附近，包文遇见了文怀恩等人，得知谈和敦的房子被洗劫一空。于是，他们立刻赶过去，看到两名全副武装的士兵，其中一人抓住克乃文的领带并开了两枪，但由于步枪出现故障，没有打中。包文等人冲上去后，士兵放开了克乃文，朝包文等人的方向放了一两枪，并喊来了四五名同伴。包文等人认为这些士兵可能是北军，于是试图向他们解释南军已经到达鼓楼，再不赶紧向西逃跑可能会被枪毙。士兵们不予理会，用步枪向空中打了五六枪，外籍教员们立刻跑出了谈和敦的房子。[②]

关于文怀恩副校长的遇难经过，包文回忆道："士兵们在拐角处让我们排好队，然后开始搜刮我们的手表、现金等财物。我把2美元的菲利浦英格索尔机械表交给搜查我的士兵。另一个士兵拿着文怀恩的手表，他有点舍不得交出来，这个士兵或是他身后的另一个士兵向他开了枪。谁都不知道他们是不是随意放枪，一共开了大约十几枪，文怀恩不幸中弹身亡。当文怀恩躺在地上时，这个士兵还在继续搜刮我们的财物。"惨剧发生后，包文校长立刻前往医院找担架，罗德民则去打电话给领事。最终，文怀恩的遗体由金大的中国教员和学生们帮忙送回家中，此时"成群的士兵正在各个院子里到处鸣枪寻找外国人"。[③]

文怀恩遇难去世的消息很快传开了，正在值班巡逻的金大化学系主任唐美森得知消息后"震惊得脸色发白"，直到此刻所有人才

---

① A. J. Bowen: A record of the Nanking Incident, March 26, 1927, Microfilm, Reel 71. Box 208. Folder 3527, UBCHEA Archives.

② A. J. Bowen: A record of the Nanking Incident, March 26, 1927, Microfilm, Reel 71. Box 208. Folder 3527, UBCHEA Archives.

③ A. J. Bowen: A record of the Nanking Incident, March 26, 1927, Microfilm, Reel 71. Box 208. Folder 3527, UBCHEA Archives.

真正意识到"外国人正处于极大的危险之中"。①

唐美森一家躲在家中楼上的一个大厅里，唐美森的女儿南希（Nancy Thomson Waller）回忆说："我透过阳台门上唯一的窗户，看到大约10名士兵组成的一条灰色的队伍，正在从大学运动场往我家的方向走来。现在我已经90多岁了，我仍然记得当时那种浑身冰冷和极度恐惧的感觉……像这样的人来了三四批，到最后一伙人来的时候，家里的东西已经所剩无几了。他们想要的是钱和珠宝，而不是传教士的大房子。最后这伙人认为唐美森和梅赞文（Sam Mills）是英国人，比起美国人，他们更厌恶英国人。真不知道这些士兵是怎么区分辨别的……就在唐美森、梅赞文和毕敬士（Claude Pickens）被士兵排成一排准备枪毙的时候，一位陆军中尉用一条大鞭子控制住士兵，他冲着士兵们大吼，将我们赶下楼，救了我们一命。"②

此时，包文、芮思娄等人也遭到了一群士兵的洗劫。他们看到，沿着北边的路来了七八个人，外籍教师中有四五个人站在前面的门廊上，一看到他们就躲回屋里去了。然而，士兵们已经看到了这几名外国人，一齐向他们开枪，幸而开枪稍慢未能打中。这时，士兵们又朝房子北面开了两三枪，打中了屋顶，其中一两颗子弹打到了北面中间的卧室，穿过克拉克（Clark）放在北面窗户前的梳妆镜。几分钟后，这些士兵走了过来，外籍教师只好打开前门，大约七八名士兵走了进去，后来又有两三名士兵加入。关于当时被抢劫的过程，包文回忆说："连续几个小时，士兵们用枪指着我们的头，主要是为了抢劫我们的财物，有时则是直接对我们开枪"，"他们要钱，我们将身上所有的钱都给了他们，但他们还要，往天

① Nancy Thomson Waller, *My Nanking Home（1918-1937）*, Willow Hill Publications, Boston, Massachusetts, 2010, pp.74—75.

② Nancy Thomson Waller, *My Nanking Home（1918-1937）*, Willow Hill Publications, Boston, Massachusetts, 2010, pp.75—76.

花板上开了几枪，用各种方式来威胁我们。一个士兵开了一两枪，差点打中阿尔斯波（Alspach）。他们用拳头打阿尔斯波和斯皮尔斯（Speers），并用步枪的枪托打他们，但没有打我。他们和两三个地痞一起对我们施加压力以搜刮更多的钱。有些人威胁我们，而其他人则四处搜寻，挑选对他们有价值的东西。一个士兵拿走一床鸭绒被和我的大衣。大厅里有10或12个平民抢劫者，他们拿走了壁橱里的东西，但士兵们并没有让他们真正的拿走，直到士兵们从我们这里拿够了。最终，士兵们变得更加恶劣，开始向我们的手射击，谈论要将我们赶到院子里枪毙，并要将我们中的一两个人带走。一个较好的平民抢劫者建议我跑出去藏起来。他们让我们解开衣扣，搜寻有没有藏起来的东西。"幸而包文、芮思娄等人最终得以逃脱，芮思娄"沿着蚕种楼蹲着走，到了外面的一所房子，从那里逃走"，包文则是"从厨房溜出来，藏在雇员房间的后面"。[①]

此时，金陵大学的中国籍教员和学生们想方设法找到了一位军官，在这位军官的命令下，士兵们都离开了，而后，他们借助官员的帮助将其他外国人全部带到了裴义理楼。然而，几小时后，又有一支15或20人的军队冲进了大楼。在外面开了很多枪之后，有的士兵翻窗而入，有的砸毁了门和玻璃闯进来，四处寻找可以抢劫的东西。包文回忆称："他们冲上阁楼，迫使上百名四散躲藏的男人、女人和孩子们从各自狭小拥挤的藏身之地里出来……此时已经很少能找到值钱的物品了，于是，除了一些很小的孩子，士兵们对所有人进行搜身，搜刮到了仅剩的钱和手表。"当士兵到来时，包文等几位外籍教员正躲在大楼南端的大厅里，其他人则在大楼的北端。两个抢劫者（不是士兵）走进大厅，一个人拿了被褥和其他一些用

---

① A. J. Bowen to Robert E. Speer, March 28, 1927; A. J. Bowen: A record of the Nanking Incident, March 26, 1927, Microfilm, Reel 71. Box 208. Folder 3527, UBCHEA Archives.

人或工人的东西，第二个人把剩下的东西都收拾起来拿走了。不过，在英国舰队炮轰南京城之后，金大外籍教员再也没有受到士兵们的骚扰。①

　　唐美森一家及金陵大学部分外籍教员最后躲在金大科学楼，"在那里待了两天，睡在水泥地上……中国籍教师和学生们令人难以置信的勇敢和奉献精神将永远不会被忘记，他们带来了被子、毯子和食物……在此期间，护士和医生还接生了一个婴儿，不断有人加入这个队伍"。②

　　3月25日早晨，包文安排学生、一名军官和警卫去寻找其他外籍教员。最终，他们在车夫小屋、小棚屋、热水房后面的屋子等处找到了全部的17人。这一天里，"几乎所有的教会团体都已经聚集到了金陵大学，总计有60个男人，40个妇女，20多个儿童"。③其中包括贝德士夫妇及其刚满周岁的孩子。因为外籍人士曾经商定，遇到麻烦情况时学校将充当庇护所。④

　　就在这天，外籍人士开始陆续从南京撤离。据包文回忆，"下午约五点半，在中国红十字会或万字会和其领导、老朋友陶先生的帮助下，相当多的马车、人力车及强大的警卫力量护送我们，每一个失去家园的外国人都走上了出城之路"。所有外国人从下关被送上美国诺阿号驱逐舰等舰艇。最终，包文校长、文怀恩夫人等金陵大学外籍教员乘坐普雷斯顿号（Preston）驱逐舰，于3月27日早晨5

① A. J. Bowen: A record of the Nanking Incident, March 26, 1927, Microfilm, Reel 71. Box 208. Folder 3527, UBCHEA Archives.

② Nancy Thomson Waller, *My Nanking Home*（1918-1937）, Willow Hill Publications, Boston, Massachusetts, 2010, p.77.

③ ［美］德本康夫人、蔡路德：《金陵女子大学》，杨天宏译，珠海：珠海出版社，1999年，第68页。

④ 中央档案馆、中国第二历史档案馆、吉林省社会科学院合编：《日本帝国主义侵华档案资料选编·南京大屠杀》，北京：中华书局，1995年，第1052页。

点启程，下午5点抵达上海。^①

　　"南京事件"中普通民众和中国师生的无私帮助，使金大外籍教员倍感温暖。南希回忆称："南京事件"发生时，"中国教员和学生们都行动起来了，尽一切努力帮助和保护我们这些外国人"。^②有一个外国人称，当士兵拔刀出来要杀他时，"我的厨师跪倒他的脚前，双手抱着他的刀柄为求命。后来邻友们渐渐聚齐，都帮着说那个兵士的不是，那时他方把我丢了"；并且"有一个金大的学生，用三十块钱救了某外国教授的命"。^③当时在金大读书的章文才回忆当时的情形说，"我们把金陵大学的外籍教师集中到农学院大楼上。住在北园韩谷教授岳父麦克林收到群众包围，我们把他一家集中到农学院，一起送往下关炮艇上。"事件发生后，校长包文也曾请厨师帮忙回家找他藏在一幅画后面的110美元，厨师很快将找到的110美元以及从地上捡到的存折悉数交还给他。包文在撤离到上海之后，感激地说："在这次事件中，中国朋友们冒着生命危险拯救外国人"，"我没有听说我们中的任何一位师生员工有试图破坏传教，或帮助国民革命军士兵或他们的暴徒同盟伤害我们、破坏并抢劫我们财产的行为"，"非常感谢我们的中国籍教师、学生、员工们如此忠诚、不顾危险、尽最大努力地帮助我们。这将是我们在中国的一段美好、永恒的记忆"。^④郁富森在金陵大学托事部会议中亦反复强调"那些受到牵连的基督徒或非基督徒中

---

① A. J. Bowen: A record of the Nanking Incident, March 26, 1927, Microfilm, Reel 71. Box 208. Folder 3527, UBCHEA Archives.

② Nancy Thomson Waller, *My Nanking Home*（1918—1937）, Willow Hill Publications, Boston, Massachusetts, 2010, p.76.

③ 《金陵大学文学院社会学系学生彭乐善毕业论文〈宁案之社会学的研究〉》，私立金陵大学档案，中国第二历史档案馆藏，全宗号649，案卷号548。

④ A. J. Bowen to Robert E. Speer, March 28, 1927, Microfilm, Reel 71. Box 208. Folder 3527, UBCHEA Archives.

国人的善良和忠诚"。[1]

二、困境中的金陵大学

"南京事件"是金陵大学乃至中国教会大学发展史上的重要转折点。"南京事件"期间的混乱局势不同以往，大面积地波及了一直享有特权的在华外籍人士。据统计，在事件中，"外侨6人死亡（英国2人、美国、法国、意大利和日本各1人）、5人受伤（英国和日本各2人、美国1人）；受到抢劫的外国公私机构和外侨住宅共计151处：其中外国领事署3处、外国公司45处、私人住宅103处。外侨因财产物品遭受抢劫，财产损失比较严重。其中有5处外侨住宅系被英美炮舰轰毁。中国军民有37人死亡（其中军人24名、居民13人）、26人受伤（其中军人7名、军民19人）；37间房屋被轰毁"。[2]这使外籍人士感到严峻的生存危机，对基督教在华传教事业的未来万分担忧，不得不思考如何调整在华基督教教育事业的发展战略，以应对中国民众日益增长的反帝情绪和急剧动荡的中国国内局势。

"南京事件"对基督教活动亦造成了"非常激烈而有力量"的冲击，金陵大学、金陵女子大学、金陵神学院等在宁教会大学的宗教活动均受到沉重打击。"基督徒中之消极者，多抱垂头丧气，郁郁不可终日之态"，"一般的基督徒都噤若寒蝉，这时候连在教会

---

① Report of Mr. H. G. Robson, Minutes of the Meeting of the Trustees of the University of Nanking, April 29, 1927，私立金陵大学档案，中国第二历史档案馆藏，全宗号649，案卷号2322。
② 陈谦平：《民国对外关系史论（1927—1949）》，北京：生活·读书·新知三联书店，2013年，第57页。

学校里面的祈祷会都得在黑夜或凌晨躲躲闪闪的偷着进行"。[1]金陵大学的学生自发成立了基督徒团契组织，由倪青源、袁伯樵、魏景超、江文汉等同学小范围地组织开展宗教活动。[2]

在北伐军进入南京之前，为避免受到战争的波及，美国等国家曾要求本国侨民撤离南京，但是很多外国人都没有离开。外国人对北伐军的到来毫无危机感，甚至对即将到来的新局势还有些许的期待，正如北伐开始后"许多知识分子把国民党军队看作能把中国从帝国主义和军阀手下解放出来的救星"。[3]蒋介石曾在1927年2月10日发表布告，要求"所有军队和士兵必须严格服从命令，为教会、学校和住所提供保护"，"保护外国人的生命和财产安全"，"倘有违抗，必将严惩"。[4]并且外籍人士普遍认为，"军阀和国民党军队之间的战争是内战，而不是反帝排外的战争"，在此之前的许多类似事件中，外国人都很安全，甚至"传教士的房子成为中国平民的庇护所"。[5]直到文怀恩副校长遇难身亡的消息传开，金大师生才真正认识到局势的严重性，大家陷入沉痛的悲伤和深切的惶恐之中。

包文校长认为一切都是国民政府"蓄意而为"，他说："各种迹象表明整件事是民族主义的国民政府当局周密计划、组织和实

---

① 袁伯樵：《金大团契成立经过》；倪青源：《介绍金大基督徒团契》，《金大团契二十周年纪念特刊》，私立金陵大学档案，中国第二历史档案馆藏，全宗号649，案卷号72。

② 郭中一：《金大60年来宗教事业之概况（1888—1948）》，《南大百年实录》编辑组编：《南大百年实录（中卷）：金陵大学史料选》，南京：南京大学出版社，2002年，第369页。

③ ［美］杰西·格·卢茨：《中国教会大学史（1850—1950）》，曾钜生译，杭州：浙江教育出版社，1987年，第236页。

④ Proclamation of Generalissimo Chiang Kai Shek of the Nationalist Army, February 10, 1927，私立金陵大学档案，中国第二历史档案馆藏，全宗号649，案卷号2613。

⑤ Nancy Thomson Waller, *My Nanking Home（1918-1937）*, Willow Hill Publications, Boston, Massachusetts, 2010, p.74.

施的"，"士兵们不是失控的"，其抢劫行为至少得到了长官的默许，因为"军官们可以立即控制一批八或十名抢劫士兵，即使手无寸铁"。在文怀恩副校长去世后大约半小时，流传着"士兵们向文怀恩开枪是因为他有一把手枪"的说法，事件发生后的第二天，有多名官员向包文表示，"士兵们之所以如此失控，并野蛮对待外国人，是由于一位英国官员曾在南门外持枪对准他们，他们杀了这名英国人，然后发现了他的身份证件。不仅如此，俄国人也曾有过敌对行为。" 对此包文并不相信，因为没有任何官员做出过正式声明。包文指出："很难使在宁外国人相信这场暴行、抢劫、破坏不是国民政府蓄意而为，中国官员看起来都无法解释这一问题。"[①]南希则认为这场冲突与洗劫是由于"国民党军队的失控"，即丧失了对军官的控制力，暴乱的根源在于军官及士兵们"对遭受其他国家侵略压迫的历史感到痛苦"。[②]

事件发生后，金陵大学文学院学生彭乐善对"南京事件"进行了社会学角度的分析研究，驳斥了该事件是"事前有准备、有组织的群众行为"的观点，认为外籍人士的死伤是偶然事件，士兵们不是搞"屠杀政策，不过用恐吓的手段终至击伤外侨以夺取财物者"，"许多外人均受一次或数次之射击而未中弹"是因为士兵们根本没有瞄准目标，鸣枪只是一种威慑和泄愤的方式，否则三百余名外国人中不可能只有少数几人遇难。但种种迹象表明，抢劫士兵不是完全失控的，"每队兵士均有头目或官长带领"，"无论何时，该头目或长官皆可指挥十余名劫掠财物的兵士，即使未佩戴武装者亦能使兵士遵从之。"同时，彭乐善认为士兵及平民参与"南京事件"的抢劫行为与

[①]　A. J. Bowen to Robert E. Speer, March 28, 1927, Microfilm, Reel 71. Box 208. Folder 3527, UBCHEA Archives.

[②]　Nancy Thomson Waller, *My Nanking Home（1918-1937）*, Willow Hill Publications, Boston, Massachusetts, 2010, p.74.

舆论宣传紧密联系，反帝爱国宣传激发并放大了民众对于代表了帝国主义的外国人的愤怒。他指出：在革命军入城后，全城贴满了"欢迎劳苦功高的北伐军将士"之类的标语，宣扬了"欢迎党军""铲除各路军阀""打倒帝国主义"的思想。而当北伐军入城之后，"党军已至，北军已退，可说前两个目标已经达到了。贪官污吏随着败兵逃走了，土豪劣绅搬往上海去了。剩下的只有'帝国主义'的代表——城内二百余名外侨和停泊下关江面的十余艘外国军舰"。因此，城内反帝情绪高涨，"乱民争先响应打倒帝国主义的口号"，"造成一种发洋财及仇视外国的心理"。[①]

1927年4月29日，在金陵大学托事部会议中，郁富森对"南京事件"做了报告，报告指出：

> 在南京，无论是中国人或外国人，都认为进攻的士兵无疑是正规的国民党士兵，他们是国民党中的激进派，已证实进攻的国民党军队中，可分为三支，一支是新近征募的，他们没有受激进派思想的灌输；另一支为激进派，在武汉征集的，他们受激进派思想的影响；还有一支是温和派，受蒋介石的影响。据说，在南京肆意劫掠和破坏外国人财产的是武汉军，温和派反对这种做法，结果是双方达成协议，同意可以劫掠外国人的东西，但不侵害外国人。……概括起来说，南京所发生的事情，不是市民反对外国人的暴动，而是国民党激进派的行动；其次也不是整个国民党军队都这样做；第三，共产主义的影响成为中国运动的因素之

---

① 《金陵大学文学院社会学系学生彭乐善毕业论文〈宁案之社会学的研究〉》（1931年春），私立金陵大学档案，中国第二历史档案馆藏，全宗号 649，案卷号 548。

一，但这次运动未受影响。[①]

"南京事件"给金陵大学师生带来了严重的心理冲击。同时，随着外籍教员的撤离，金大师生对学校未来发展充满了担忧和焦虑。撤离至上海的包文甚至认为："最多几个星期以后，这些曾经给我们提供了大力支持、一次次冒着危险拯救我们的优秀的中国教师、学生、员工们，他们的生活将会处于危险之中，不躲起来可能就会被杀掉"，"这些麻烦和混乱将只是开始，我不认为这几年我们还有留在中国并作出建设性工作的希望"，"我们这些金陵大学的（外籍）教职员工将于明天早上（3月29日）10点聚集在一起，商讨未来的计划，但是我觉得我们中的任何一个人都不会认为能够继续在金陵大学干下去。"对于金陵大学的校务管理，包文说："我们几周前任命的九人委员会将会把学校继续运行下去。我们在撤离之前跟委员们匆忙见了一面，他们希望在几周后形势稳定下来就尝试继续正常办学。我们承诺会全力支持，只要金陵大学保持目前的基督教特征，并开展同样有效的工作，将会继续得到一定程度的经济支持"。[②]农林科科长芮思娄亦对学校发展缺乏信心，表示："学校之后可能面临的情况尚不明了，也许会被国民党占领，或者至少会有几名国民党员进入包文校长离开前任命的学校管理委员会。"[③]

1927年4月7日，《申报》刊文指出："美国完全抛弃南京之

---

① 《H. G. 罗伯逊先生向美托事部报告金陵大学在"南京事件"中的遭遇》，1927年4月29日，《南大百年实录》编辑组编：《南大百年实录（中卷）：金陵大学史料选》，南京：南京大学出版社，2002年，第39—40页。

② A. J. Bowen to Robert E. Speer, March 28, 1927, Microfilm, Reel 71. Box 208. Folder 3527, UBCHEA Archives.

③ J. H. Reisner to friends, May 11, 1927，私立金陵大学档案，中国第二历史档案馆藏，全宗号649，案卷号2613。

金陵大学已成既定事实"。[①]4月8日晚，约一千名士兵涌入金陵大学，占领了学校的小礼拜堂、隔离区的客房、体育馆等处。[②]这一天，包文在信中说："毫无疑问，我们应该正式并且无限期地关闭金大，并要求美国领事对于已发生的财产损失表示抗议"，"我任命的9人管理委员会已经被7个国民党党员（主要是共产主义者）和5名学生组成的委员会所取代，正在管理运营金大。我们的委员会正在南京与地方党委进一步协商，把校务委员会的成员修改成3名教师、3名学生和1名党员，来共同管理大学。3名教师可能不会是我们目前所选择的，他们肯定会坚持改为3名国民党教师"，"试图与国民党激进分子一起从事教育工作是没用的，他们支配一切，利用学生进行设计和宣传"，"因此我主张关闭金大，直到我们清楚在什么条件下运营学校，这就意味着，需要等到有一个文明而稳定的政府。我认为这将需要几年的时间"。[③]

此后，在很长一段时间里，金陵大学的外籍教员住宅、教室、小礼拜堂、隔离区的客房、体育馆等地驻扎着大量士兵，桌椅板凳均受到不同程度的损毁，学校医院变成了专门接收伤兵的部队医院，校园里到处都是马匹。[④]对于临时管理委员会而言，这一时期"金陵大学管理工作中最重要的一项就是防止更多的校舍被士兵占领，以及设法收回已经驻扎士兵的校内建筑"，委员们要"花费大

---

① 《华北警备问题：美国决将大学医院关门》，《申报》1927年4月7日，第7版。
② J. H. Reisner to friends, May 11, 1927，私立金陵大学档案，中国第二历史档案馆藏，全宗号649，案卷号2613。
③ A. J. Bowen to Eric M. North, April 8, 1927, Microfilm, Reel 71. Box 208. Folder 3527, UBCHEA Archives.
④ J. H. Reisner to friends, May 11, 1927，私立金陵大学档案，中国第二历史档案馆藏，全宗号649，案卷号2613。

量时间试图说服士兵们不要占领这些建筑"。[1]金陵大学的发展前途未卜，校园内弥漫着紧张不安的氛围。

在"南京事件"的影响下，金陵大学的校园建筑被不同程度的损坏，部分实验设备亦受到破坏，宿舍和医院里的物品遭到抢劫，语言学校的大楼大面积遭劫，更有5处住宅在遭遇洗劫后被烧毁。[2]"除了郭仁凤和罗德民的房屋，可以说没有一张桌子或椅子是完好无损的"，甚至有所房子里被拆除了61扇窗户。[3]据统计，"南京事件"中金陵大学房屋、家具、设备等资产的损失高达281 337.79墨洋。[4]其中尚不包括需要学校支出的外籍教员上海避难的费用、送外籍教员回国的差旅费等，更不用说金大师生个人财物方面的巨大损失。

然而，此时金陵大学根本无暇考虑索赔问题[5]，因为学校能否继续开办下去才是当下最为要紧之事。"南京事件"发生后不久，南京市政府即向金陵大学提出要接管金大校产，这一消息引起学校教职员工的深切恐慌。教员们清楚地知道"接管"的意思就是"没收

[1] Meeting of the Executive-Finance of the Board of Managers of the University of Nanking, September 13, 1927，私立金陵大学档案，中国第二历史档案馆藏，全宗号 649，案卷号 2320。

[2] 《H. G. 罗伯逊先生向美托事部报告金陵大学在"南京事件"中的遭遇》，《南大百年实录》编辑组编：《南大百年实录（中卷）：金陵大学史料选》，南京：南京大学出版社，2002 年，第 39 页；J. H. Reisner to friends, May 11, 1927，私立金陵大学档案，中国第二历史档案馆藏，全宗号 649，案卷号 2613。

[3] J. H. Reisner to friends, May 11, 1927，私立金陵大学档案，中国第二历史档案馆藏，全宗号 649，案卷号 2613。

[4] Minutes of the First Meeting of the Board of Directors of the University of Nanking, November. 29, 1927，私立金陵大学档案，中国第二历史档案馆藏，全宗号 649，案卷号 2322。

[5] 事件平息后，经多次会议商讨，考虑到学校和教会的利益，金陵大学决定不通过外交渠道提出任何索赔要求。参见：Policy Regarding Losses at University of Nanking, Meeting of the Trustees of the University of Nanking，私立金陵大学档案，中国第二历史档案馆藏，全宗号 649，案卷号 2317。

充公"。而后，江苏省政府指出金陵大学可以在7人管理委员会的有效管理下继续开办。金陵大学管理委员会立刻接受了江苏省政府的提议，于1927年4月19至20日重新选举了7人管理委员会，因为相对于南京市政府的提议，在这样的条件下，大学至少可以继续正常开展日常工作。①然而，金陵大学"将要被关闭""将要被接管""可能会被国民党占领，或者至少会有几名国民党员进入学校管理委员会"以及"市党部以金陵大学现有教职员工均为反革命分子为由申请接管金陵大学校产，李将军接受了他们的请愿，但未签字同意"等令人不安的揣测与流言仍不断传出，金陵大学未来发展充满了不确定性。②

三、金陵大学与教会大学"本土化"浪潮

"南京事件"是北伐开始以来反帝情绪的一次集中爆发，与新文化运动、五四运动掀起的思想解放之风，以及20世纪20年代的非基督教运动联系紧密。在非基督教运动的冲击下，基督教在华传教事业受到沉重打击，基督教人士苦苦思索在华传教事业的出路，认为"教会学校的基督教特点主要表现在其精神与目的上，而不是开设多少宗教课程、礼拜仪式是否强制参加等形式上"，因此教会学校要"改变传统教学方法""削减宗教必修科的数量""增加中国教师和行政人员的比重；西籍教师要认真学习中国文化；学校课程

---

① Twenty-third Meeting of the Board of Managers of the University of Nanking, April 19–20, 1927, 私立金陵大学档案，中国第二历史档案馆藏，全宗号649，案卷号2320。

② Minutes of the Meeting of the Trustees of the University of Nanking, April 29, 1927, 私立金陵大学档案，中国第二历史档案馆藏，全宗号649，案卷号2322；J. H. Reisner to friends, May 11, 1927, 私立金陵大学档案，中国第二历史档案馆藏，全宗号649，案卷号2613；Meeting of Committee on Reorganization and Registration, June 29, 1927, 私立金陵大学档案，中国第二历史档案馆藏，全宗号649，案卷号2320。

要适合中国国情；教会学校也要培养学生的爱国精神"等。[①]这些探索与思考为中国教会大学1927年诸多开创性的"本土化"举措做好了思想铺垫。"南京事件"则进一步加速了这一历史进程。

校长包文曾多次提出辞职意愿，希望由他人来接替校长一职，早在"南京事件"发生之前，就指派了一个由农林科科长过探先、文理科科长陈裕光、图书馆馆长刘国钧和附中校长刘靖夫组成的4人委员会代为管理学校事务，但当时金陵大学的管理者们均不认为有更换校长的必要。[②]"南京事件"发生后，金陵大学外籍教员全部撤离南京，由4人委员会代理动乱期间学校的各项事务。不久，又补充了5位成员，形成一个9人管理委员会。后在江苏省政府的要求下，金陵大学于4月19—20日正式选举过探先、陈裕光、刘国钧、陈嵘等7人为金陵大学管理委员会成员，过探先和陈裕光分别担任正副主席，在外籍教员均不在宁的情况下代为主持金陵大学各项日常管理工作，并任命芮思娄为顾问。[③]

随着南京国民政府的成立，国际关系日趋平稳，国内政局逐步走向正轨，政府的社会管控力不断增强，将教会大学纳入中国教育管理体系成为可能。而经历了非基督教运动和"南京事件"的连续冲击，教会大学也意识到必须有所改变，而获得继续在华办学的合法性，获取政府和民众的支持，是其生存与发展的必要条件，"注册立案"成为中国教会大学必须考虑的首要问题。对于金陵大学而言，对这一问题的推进似乎更为紧迫。

---

① Christian Education in China the Report of the China Commission of 1921-1922, Shanghai, 1922. 转引自陈学恂主编：《中国教育史研究·现代分卷》，上海：华东师范大学出版社，2009 年，第 81 页。

② Twenty-third Meeting of the Board of Managers of the University of Nanking, April.19-20，私立金陵大学档案，中国第二历史档案馆藏，全宗号 649，案卷号 2320。

③ Twenty-third Meeting of the Board of Managers of the University of Nanking, April 19-20, 1927，私立金陵大学档案，中国第二历史档案馆藏，全宗号 649，案卷号 2320。

　　1927年6月16日，在金陵大学理事会的会议上，管理委员会主席过探先指出：“国民政府即将施行新的教育制度体系，在每个省设立一所统管全局的大学，综理一切学术及教育行政事务。这无疑会影响到教会学校的地位，导致教会学校被国立大学所掌控。并且，南京的一位官员已经声明，如果基督教大学不在1927年9月1日之前完成注册，将不允许继续在中国开办。面对这些紧急情况，当前最明智的做法就是尽快向国民政府注册，再拖下去只会更麻烦。”[①]6月29日，金陵大学专门召开会议讨论新校长人选和注册立案事宜。会上有人指出，胡汉民已经要求宣传部门制作标语来瓦解金陵大学，在政府机关、军队和党组织的影响下，中国基督教徒目前面临巨大压力，而注册立案则能解决学校面临的所有问题。陈裕光也主张金大应当尽快注册立案，因为已有相当多的中国人认为政府应当接管金陵大学。[②]

　　此时，金陵大学面临巨大的社会压力。教育当局认为基督教机构在故意拖延注册时间，期望获得更好的条件。甚至部分信仰基督的学校员工都觉得必须离开学校，因为他们觉得作为一名忠诚的中国公民和基督徒，无法继续在一个未注册的机构里工作。事实上，“南京事件”之后，南京城内的反帝情绪并未烟消云散，民族主义情绪仍在蔓延扩张，甚至变得更加强烈。芮思娄的一位友人在信中说道：“南京城对外国人的敌意越来越严重，似乎成了反对外国人的中心。”[③]这样的社会氛围使金陵大学外籍教员无法返校，动荡不安的政治局势令有家室者尤其难以抉择，部分外籍教员甚至已经找

---

①　Twenty-fourth Meeting of the Board of Managers of the University of Nanking, June 16, 1927，私立金陵大学档案，中国第二历史档案馆藏，全宗号649，案卷号2320。

②　Meeting of Committee on Reorganization and Registration，June 29, 1927，私立金陵大学档案，中国第二历史档案馆藏，全宗号649，案卷号2320。

③　《金陵大学包文、芮思娄等与基督教有关人士的往来文书》，私立金陵大学档案，中国第二历史档案馆藏，全宗号649，案卷号2595。

了其他工作。面对这一前所未有的困境，金陵大学在办学策略上势必要尽快做出调整和应对。

"南京事件"后金大外籍教师全体撤离，为学校管理权的顺利转移提供了便利。1927年8月24日，包文正式提交了辞职报告。最终，在1927年11月9—11日金陵大学理事会的会议上，决定由出身金大、曾担任文理科科长的陈裕光接任金陵大学校长之职。推举陈裕光的提名得到了包文在内的金陵大学全体中外教职员工、校友、教会的一致支持，大家认为陈裕光在过去几个月里充分体现出了优秀的行政能力，可以说，他是一个上任后能够得到校内外所有群体支持且能解决注册等紧急事宜的最佳人选，并且"陈裕光出任校长一事将会让中国教育当局看到金陵大学正在为注册事宜积极做准备"。[1]于是，在众望所归之下，陈裕光成功当选为金陵大学新任校长。11月18日，金陵大学召开"沪宁各报新闻记者谈话会"，宣布："金大原为教会学校，一切教育行政，皆操外人之手，经同仁努力奋斗，已将本校教育权收回，华人任校长，为本校创举。"[2]

随后的注册立案过程显得颇为顺利。在1928年3月30—31日的理事会第二次会议上，校长陈裕光宣布正式的注册申请已经递交。[3]1928年6月金陵大学理事会就注册事宜再次进行讨论，会议决定成立一个委员会，专门负责注册及其相关章程的修订事宜，以便能够尽早完成教育部注册立案程序。[4]9月20日，国民政府大学院发

---

① Twenty-sixth Meeting of the Board of Managers of the University of Nanking，November 9-11, 1927，私立金陵大学档案，中国第二历史档案馆藏，全宗号649，案卷号2320。

② 《金陵大学举行欢迎陈裕光校长大会》，《南大百年实录》编辑组编：《南大百年实录（中卷）：金陵大学史料选》，南京：南京大学出版社，2002年，第49页。

③ Second Meeting of the Board of Directors of the University of Nanking，March 30-31, 1928，私立金陵大学档案，中国第二历史档案馆藏，全宗号649，案卷号2320。

④ Minutes of the Third Meeting of the Board of Directors of the University of Nanking，June 28-29, 1928，私立金陵大学档案，中国第二历史档案馆藏，全宗号649，案卷号2322。

布第668号训令，批准金陵大学立案，金陵大学成为第一个向南京国
民政府申请立案并获批准的教会大学。而后沪江大学、燕京大学、
东吴大学、岭南大学、金陵女子文理学院等教会大学亦相继更换为
华人校长并向国民政府立案。

　　注册立案是中国教会大学"本土化"转变过程中的关键一步，
看似只是从制度上将金陵大学等教会大学纳入中国教育体系，实际
却有着更为深刻的意义。司徒雷登指出："向政府注册立案和其他
一些微妙的力量使基督教大学结束了原先那种自我管控、相对平静
且隔离于中国社会波动之外的传教状态，真正被卷入了中国社会生
活之中。"[1]通过立案，教会大学正式成为中国教育体系中的一分
子，尽管重大事项的决策权和财政权仍在西方教会手中，中国政府
对教会大学的影响力与日俱增。"立案酝酿几年之后，基督教大学
大都逐渐地变成中国人办理的学校，形式和内容都渐渐与我国国情
结合。"[2]正如有学者所说："注册对国民政府来说是要建立一个
统一的在政府控制下的教育体系。对教会大学来说，则是要在制度
上从教会教育机构转变为国家教育体系的一个组成部分。无论如
何，它们从此结束了清末以来的独立地位，至少在理论上必须接受
国民政府指定的教育计划。尽管实际上许多方面双方做得怎样大可
商榷。"[3]

　　陈裕光出任校长对金陵大学此后20余年的发展产生了深远影
响。正如包文所评价的，陈裕光是"一个各方面都非常杰出的人，

---

① Philip West, *Yenching University and Sino-Western Relations, 1916-1952*, Harvard
University Press, 1976, pp.95-96.

② 韦卓民：《四十年来我国基督教的高等教育》，《韦卓民学术论著选》，武汉：华
中师范大学出版社，1997年，第415页。

③ 陶飞亚、吴梓明：《基督教大学与国学研究》，福州：福建教育出版社，1998年，
第94页。

考虑问题极为周到"，"难以找到比他更能胜任这一职位的人"。[①]
陈裕光有着强烈的爱国情怀，对时局把握得非常清楚，并能够很好
地处理学校与教会及国民政府之间的关系。他在上任后即明确指
出："尽管金陵大学仍将是基督教大学，但需要注意学校地处首都
南京，由于与政府和一些国民党组织之间的联系而处于令人瞩目的
位置，要处理好因此带来的各种特殊问题。"[②]在校长陈裕光的带领
下，金陵大学冲破"南京事件"后举步维艰的局面，与国家社会的
关系越来越紧密，逐步得到政府及社会各界的支持和认可，在冲突
与困境中迎来了新的发展机遇。

[①] Letter from Bowen to Wheeler, December 23, 1930，私立金陵大学档案，中国第二历
史档案馆藏，全宗号 649，案卷号 2595。

[②] Minutes of the First Meeting of the Board of Directors of the University of Nanking,
November 29, 1927，私立金陵大学档案，中国第二历史档案馆藏，全宗号 649，案卷号
2322。

本卷参考文献

一、档案

私立金陵大学档案，中国第二历史档案馆藏，全宗号 649。

耶鲁大学神学院图书馆藏亚洲基督教高等教育联合董事会档案（Archives of the United Board for Christian Higher Education in Asia，简称 UBCHEA Archives）第四系列"中国教会大学资料"（Series IV China College Files）私立金陵大学档案，缩微胶卷。

二、资料汇编、史料集、文集

李振霞、管培月编：《中国现代哲学史资料选辑（二）》，北京：红旗出版社，1986 年。

梁思成：《建筑设计参考图集·序》，北京：中国营造学社，1943 年。

李景田主编：《中国共产党历史大辞典（1921—2011）》，北京：中共中央党校出版社，2011 年。

［美］来会理：《中国青年会早期史实之回忆》，《中华基督教青年会五十周年纪念册》，上海：青年协会书局，1935 年。

南京大学高教研究所编：《金陵大学史料集》，南京：南京大学出版社，1989 年。

《南大百年实录》编辑组编：《南大百年实录（中卷）：金陵

大学史料选》，南京：南京大学出版社，2002年。

金陵大学南京校友会编：《金陵大学建校一百周年纪念册》，南京：南京大学出版社，1988年。

金陵大学校友会编：《金陵大学建校120周年纪念文集》，南京：金陵大学校友会，2008年。

金陵大学编：《金陵大学章程汇编（1915—1917）》，1917年。

金陵大学编：《金陵大学农林科组织及事业》，1927年。

金陵大学编印：《金陵大学国学系学程表及说明书》，南京：金陵大学，1924年。

金陵大学青年会编印：《金陵手册》，（1920—1921）第1版。

金陵大学青年会编印：《金陵手册》，（1922—1923）第3版。

金陵大学青年会编印：《金陵手册》，（1929—1930）第9版。

教育部编著：《中国第一次教育年鉴》丙编，上海：开明书店，1934年。

中国人民政治协商会议上海市委员会、文史资料工作委员会编：《上海文史资料选辑（第四十二辑）》，上海：上海人民出版社，1983年。

私立金陵大学农学院院长室编：《私立金陵大学农学院概况》第2号，南京：南京金陵印刷公司，1934年。

舒新城编：《中国近代教育史资料》（下册），北京：人民教育出版社，1961年。

唐晓峰、王帅编：《民国时期非基督教运动重要文献汇编》，北京：社会科学文献出版社，2015年。

台北金陵大学校友会编印：《金陵大学创校七十周年纪念特刊》，1958年。

谢洪赉：《青年会代答》，上海：上海基督教青年会全国协会，1914年。

朱有瓛、高时良主编：《中国近代学制史料（第四辑）》，上海：华东师范大学出版社，1993年。

"中史研究院"近代史研究所：《"中央研究院"近代史研究所口述历史丛书》（23），台北："中央研究院"近代史研究所，1990年。

中华续行委办会调查特委会：《中华归主——中国基督教事业统计（1901—1920）》，北京：中国社会科学出版社，1985年。

中国第二历史档案馆编：《中华民国史档案资料汇编·第三辑·文化》，南京：江苏古籍出版社，1991年。

中国人民银行金融研究所编：《美国花旗银行在华史料》，北京：中国金融出版社，1990年。

中国基督教教育调查会：《中国基督教教育事业》，上海：商务印书馆，1922年。

章开沅、马敏主编：《贝德士中国基督教史著述选译》，上海：上海社会科学院出版社，2017年。

章开沅：《世局变迁与宗教发展——以教会大学史研究为视角》，《传播与植根：基督教与中西文化交流论集》，广州：广东人民出版社，2005年。

金陵大学编：《1922年金陵大学同学录》，1922年。

China Centenary Missionary Conference Records, Shanghai, 1907.

三、论著

蔡元培：《中国伦理学史》，长春：吉林出版集团股份有限公司，2017年。

蔡保田主编：《学校建筑研究》，台北：台湾商务印书馆发行，1984年。

陈谦平：《民国对外关系史论（1927—1949）》，北京：生活·读书·新知三联书店，2013 年。

陈声玥：《抗战时期的金陵大学》，南京：江苏人民出版社，2021 年。

董黎：《中国教会大学建筑研究》，珠海：珠海出版社，1998 年。

郭锋：《福开森在华五十六年》，上海：上海交通大学出版社，2019 年。

胡卫清：《普遍主义的挑战：近代中国基督教教育研究（1877—1927）》，上海：上海人民出版社，2000 年。

何荣汉：《陶行知——一位基督徒教育家的再发现》，合肥：安徽教育出版社，2011 年。

［美］杰西·格·卢茨：《中国教会大学史（1850—1950）》，曾钜生译，杭州：浙江教育出版社，1987 年。

［美］德本康夫人、蔡路德：《金陵女子大学》，杨天宏译，珠海：珠海出版社，1999 年。

《南京农业大学发展史》编委会编：《南京农业大学发展史·人物卷》，北京：中国农业出版社，2012 年。

南京大学校史编写组编著：《南京大学史》，南京：南京大学出版社，1992 年。

余子侠编：《中国近代思想家文库·陶行知卷》，北京：中国人民大学出版社，2015 年。

杨天宏：《政党建置与民国政制走向》，北京：社会科学文献出版社，2008 年。

张宪文主编：《金陵大学史》，南京：南京大学出版社，2002 年。

朱庆葆等：《中华民国专题史·教育的变革与发展》第十卷，南京：南京大学出版社，2015 年。

章开沅主编：《文化传播与教会大学》，武汉：湖北教育出版社，1996 年。

章开沅、马敏主编：《社会转型与教会大学》，武汉：湖北教育出版社，1998 年。

张复合主编：《中国近代建筑研究与保护（三）》，北京：清华大学出版社，2004 年。

周洪宇：《开拓与创建：陶行知与中国现代文化》，济南：山东教育出版社，2010 年。

张钦士：《国内近十年来之宗教思潮》，北京：燕京华文学校，1927 年。

W. Reginald Wheeler, John E. Williams of Nanking, Fleming H. Revell Company, New York , 1937.

四、报刊

《东方杂志》

《福尔摩斯》

《广东公报》

《国民政府公报（南京 1927）》

《汗血周刊》

《金陵光》（The University of Nanking Magazine）

《金陵大学校刊》

《教务杂志》

《教育杂志》

《教育部公报》

《侨声报》

《实报半月刊》

《时报》

《图书季刊》

《是非周刊》

《申报》

《新闻报》

《兴华报》

《兴华》

《学衡》

《学术》

《月报》

《英语周刊》

《教育季刊》

《中华英文周报》

《中华教育界》

《政治官报》

《正言报》

五、论文

蒋宝麟：《金陵大学的经费来源与运作研究（1910—1949）》，《中国经济史研究》2018 年第 4 期。

杨莉：《"选择学生"与"学生选择"：民国时期金陵大学的招生政策与学生群体研究》，《史林》2020 年第 6 期。

冷天、赵辰：《原金陵大学老校园建筑考》，《东南文化》2003 年第 3 期。

冷天：《金陵大学校园空间形态及历史建筑解析》，《建筑学报》2010 年第 2 期。

刘家峰：《近代来华传教士的中文学习——以金陵大学华言科为中心》，《上海大学学报（社会科学版）》2008 年第 6 期。

刘楠楠：《凌道扬：中国近代林业科学先驱》，《中国档案》2016 年第 3 期。

王立诚：《教育与社会：论近代美国对中韩两国的基督教高等教育》，复旦大学韩国研究中心编：《韩国研究论丛》，上海：上海人民出版社，1998 年。

杨天宏：《中国非基督教运动（1922—1927）》，《历史研究》1993 年第 6 期。

谢欢：《1915—1952 年金陵大学图书馆历任馆长考述》，《大学图书馆学报》2023 年第 5 期。

赵晓阳：《思想与实践：农业传教士与中国农业现代化——以金陵大学农学院为中心》，《中国农史》2015 年第 4 期。

徐雁、谭华军：《刘国钧先生任职金陵大学时期的专业建树》，《江苏图书馆学报》2000 年第 5 期。

董维春、邓春英、袁家明：《金陵大学农学院若干重要史实研究》，《中国农史》2014 年第 6 期。

姜庆刚：《金陵大学外籍教师与汉学研究》，《国际汉学》2016 年第 4 期。

Lewis Hodous, The Anti-Christian Movement in China, The Journal of Religion,vol. 10, no. 4（October 1930）, pp.487-494.

Tatsuro Yamamoto and SumikoYamamoto, The Anti-Christian Movement in China,1922-1927, The Far Eastern Quarterly, vol.12, no.2（February 1953）, pp.133-147.

六、学位论文、研究报告

蒋宝麟：《金陵大学大学治理结构述论》，南京大学博士后出站报告，2016 年。

中英文人名对照表

英文人名	中文人名
A. Archibald Bullock	蒲洛克
A.Brede	裴德安
A. C. Hutcheson	赫济生
A. E. Cory	柯锐
A. Hancock	韩谷
A. N. Steward	史德蔚
A. S. Draper	瞿伯迩
A. W. Martin	马丁
Alexander Ying Lee	李敏甫
Arthur John Bowen	包文
B. A. Garside	葛思德
Bishop C. H. Fowler	傅罗
C. S. Gibbs	吉普思
C. H. Robertson	饶柏森
C. E. Akerstrom	叶凯堂
C. H. Hamilton	韩穆敦
C. H. Myers	马雅师
Calvin Wilson Mateer	狄考文
Charles H. Riggs	林查理
Charles Scull Keen	钦嘉乐
Charles Stanley Smith	师当理
C. W. Woodworth	吴伟士
Charles Wade-Jones	魏正思
Claude Pickens	毕敬士
C. S. Settlemyer	谢德美

接上表

C. W. Coulter	柯立特
J. Horton Daniels	谈和敦
D. Willard Lyon	来会理
E. D. Merrill	梅里尔
E. K. Gifford	吉福德
E. H. Cressy	葛德基
Edwin Marx	马克斯
Fletcher Sims Brockman	巴乐满
Frank E. Meigs	美在中
Frank Peyton Gaunt	高尼弟
Francis W. Price	毕范宇
Frank Garrett	高诚身
F.G.Henke	恒吉
G. E. Ritchey	祁家治
G. W. Sarvis	夏伟师
George A. Stuart	师图尔
George Sherwood Eddy	艾迪
George Smyth	施美志
George Weidman Groff	高鲁甫
Goucher	古彻
Griffith John	杨格非
H. F. Rowe	饶合理
H. H. Love	洛夫
Harlan Page Beach	毕海澜
Harry Clemons	克乃文
Harvey Curtis Roys	瑞实
Horace G.Robson	郁富森
J. C. Garritt	甘路得
J. C. Thomson	唐美森
J. Campbell Gibson	汲约翰
J. E. Williams	文怀恩
John Leighton Stuart	司徒雷登
John H. D. Rabe	约翰·拉贝
John Theron Illick	伊礼克
James Butchart	柏志道

接上表

John B. Griffing	郭仁凤
John C. Fergusen	福开森
John Fox	福克斯
John Fryer	傅兰雅
John Henry Reisner	芮思娄
John Lossing Buck	卜凯
Joseph Bailie	裴义理
Kenneth McAfee	麦开斐
Leslie Bates Moss	莫思
Lewis S. C. Smythe	史迈士
Louis James Owen	伍恩
Luther D. Wishard	魏夏德
L. H. Bailey	裴来
L. H. Caldwell	高德威
L. H. Severance	司范伦斯
L. J. Birney	伯尼
M. S. Bates	贝德士
Matteo Ricci	利玛窦
McCormick	梅康密
Mckelway	马克威
Mills Samuel G.	梅赞文
Nathan Worth Brown	宝珍三
Pearl S. Buck	赛珍珠
Philip Saffery Evans	易文士
R. G. Wiggans	魏庚思
Randolph Tucker Shields	史尔德
Robert Case Beebe	比必
Robert E. Abbey	阿比
Robert Morrison	马礼逊
R. E. Speer	史密尔
R. H. Porter	博特
Sage	赛奇
Sidney Locock Lasell	陈赛耳
Swasey	史威赛
James Claude Thomson	唐美森

接上表

Thomas Dwight Sloan	宋龙
Twinem Paul Dewitt	戴籁三
T. W. Houston	贺子夏
V. Hanson	汉森
Victor Wisner	卫思娄
W. F. Wilson	韦理生
W. Frederick Hummel	恒谟
W. H. Weigel Jr.	卫果立
W. M. Lowrie	娄理华
W. P. Roberts	罗培德
Walter C. Lowdermilk	罗德民
Walter Gaffield Hiltner	赫尔忝
William Edward Macklin	马林
William P. Fenn	芳卫廉
W. R. Stewart	施德安
W. R. Wheeler	吴惠津
W. T. Swingle	史文格
Young John Allen	林乐知
John Rogers Fryer	傅绍兰

中英文机构、组织名称对照表

英文名称	中文名称
College Y.M.C.A. of China and Hong Kong	中国学塾基督幼徒会
Ginling College	金陵女子大学
International Committee of Y.M.C.A in U.S.A. and Canada	基督教青年会北美协会
Methodist Episcopal Mission	美以美会
Nanking University	汇文书院
The Christian Bible Institute	圣经学堂
Nanking Christian College	基督书院
The Presbyterian Union Theological Seminary	圣道书院
The Presbyterian Union Theological Seminary	长老会联合圣道书院
The Union Christian College	宏育书院
The University of Nanking	金陵大学
Young Men's Christian Association	基督教青年会
Young Women's Christian Association	基督教女青年会
The Presbyterian Academy	益智书院
Presbyterian Church	长老会
The Church Mission Hospital at Hangchow	杭州广济医院
The Yale Mission Hospital at Changsha	长沙雅礼医院
Philander Smith Memorial Hospital	金陵医院
The Foreign Mission Board of the Southern Baptist Convention	南浸信会
American Committee for China Famine Fund	美国对华赈灾委员会
The China Famine Relief Fund	中国救灾基金
Hall Fund	霍尔基金会
The Harvard-Yenching Institute	哈佛燕京学社

本卷索引

后　记

　　《金陵大学史》第一卷（1888—1927）是南京大学校史研究工程的一部分，也是南京大学弘扬历史传统、传承学术文脉的一项重要成果。本书的编著得到了南京大学党政领导的大力支持，南京大学校史研究工程编纂委员会和南京大学校史研究室在编著过程中给予了具体的指导和帮助。

　　本书各章节分别由以下人员撰写：

　　赵飞飞（鲁东大学）：第一章，第二章的第一节、第二节，第四章，第五章

　　陈声玥（南京大学）：第三章、第六章

　　蒋宝麟（南京大学）：第二章的第三节、第四节

　　全书最终由赵飞飞统稿。

　　金陵大学早期办学因历史久远，有些历史资料散失，不易查找，本卷在撰写过程中，得到了南京大学图书馆、南京大学档案馆在资料搜集方面的帮助，在此表示感谢。还要感谢南京大学建筑与城市规划学院的冷天老师、国家教育行政学院的郭锋老师等，他们为本卷的撰写提供了相关研究成果和资料分享。特别要感谢南京大学牛力副研究员和李鸿敏老师，感谢他们对本卷编写工作的持续关注和提供的帮助。

　　金陵大学是一所享誉中外的国际化大学，办学颇具特色，也为后人留下了大批珍贵的中英文的档案文献资料，如何有效地对档案

资料进行解读，以期呈现这座大学的面貌和气质，这是在撰写过程中时刻萦绕在编者脑海中的声音。因编写水平和编纂时间有限，书中难免有疏漏和不当之处，还请广大读者、同行、专家和校友批评指正。

主　编　朱庆葆

1982年考入南京大学历史系学习，先后获历史学学士、硕士、博士学位，1992年毕业即留校任教，2001年起聘任中国史学科教授、博士生导师。曾任南京大学党委副书记、江南大学党委书记等，现任南京大学中华民国史研究中心主任、江南大学历史研究院院长，兼任中国太平天国史研究会会长等学术职务。已在中国近现代史、高等教育管理等领域发表论文200多篇，出版专著、译著20余部。先后主持国家级和省部级重大、重点课题10多项，获教育部高等学校科学研究优秀成果奖一等奖、江苏省哲学社会科学优秀成果奖一等奖、国家教学成果奖二等奖等。

副主编　牛力

1979年生，南京大学历史学博士，现任南京大学档案馆副馆长，主要从事中国近现代史、大学史、高等教育管理研究。著有《罗家伦与国立中央大学》等著作，在《近代史研究》《抗日战争研究》《江海学刊》等专业期刊发表论文20余篇，获江苏省哲学社会科学优秀成果奖一等奖。

/ 本卷著者 /

赵飞飞

山东威海人，历史学博士，鲁东大学马克思主义学院教授，硕士生导师。主要研究方向为中国近现代史、高等教育史、思想文化史等。主持省部级课题三项，在《史学月刊》《民国档案》等刊物发表学术论文20余篇，出版专著两部：《中国乡村高等教育的溯源与发展研究》（2022年）、《金陵大学本土化的路径及影响研究（1888—1952）》（2024年）。

陈声玥

安徽淮南人，历史学博士，南京大学副研究员。主要从事中国近现代高等教育史与高等教育管理研究，参与省部级课题两项，在《学海》《民国档案》等刊物发表学术论文10余篇，出版学术专著《抗战时期的金陵大学》（2021年）。

金陵大學史

朱庆葆 主编　牛　力 副主编

第二卷

1927—1937

牛　力　李鸿敏 著

南京大学出版社

图书在版编目（CIP）数据

　　金陵大学史. 第二卷, 1927—1937 / 朱庆葆主编 ;
牛力, 李鸿敏著. -- 南京 : 南京大学出版社, 2025.
5. -- ISBN 978-7-305-28629-2

　　Ⅰ. G649.285.31

　　中国国家版本馆CIP数据核字第20249UE809号

出版发行　南京大学出版社
社　　址　南京市汉口路22号
邮　　编　210093

书　　名　金陵大学史　第二卷　1927—1937
　　　　　JINLING DAXUE SHI DI-ER JUAN 1927—1937
主　　编　朱庆葆
本卷著者　牛　力　李鸿敏
责任编辑　陈一凡
责任校对　官欣欣

照　　排　南京新华丰制版有限公司
印　　刷　南京爱德印刷有限公司
开　　本　718 mm×1000 mm　1/16
印　　张　22
字　　数　308千
版　　次　2025年5月第1版
印　　次　2025年5月第1次印刷
书　　号　ISBN 978-7-305-28629-2
定　　价　298.00元

网　　址　http://www.njupco.com
官方微博　http://weibo.com/njupco
官方微信　njupress
销售热线　025-83594756

图1

嘗試許有得失

努力總不吃虧

放翁去嘗試成功自古無邊
之云自古成功丞嘗試用抒
所見

陳裕光

图2

陳裕光博士
校長

图1　金陵大学校长陈裕光

图2　陈裕光给金陵大学1937级毕业生的题词

图3

图4

图5

图3　文学院院长刘国钧 　　　　　　图4　理学院院长魏学仁 　　　　　　图5　农学院院长谢家声

金陵大學農學院農藝系全體歡送馬師博士暨師母回國攝影紀念 二十年九月

图6　1931年9月，金陵大学农学院农艺系全体欢送马雅师夫妇回国，在裴义理楼前留影

图7　徐养秋、赛珍珠、商承祚、李小缘在南京郊区考察

图8　1927年4月，国民革命军士兵在
金陵大学校园内

图9　金陵大学师生在校园西侧的试验
农场进行农事劳作

图10

图11

图10　1936年2月29日，蒋介石、戴季陶等赴金陵大学参观后在校园合影，前排左起依次为陈裕光、蒋介石、戴季陶、陈树人

图11　1936年6月，国民政府立法院院长孙科及夫人陈淑英赴金大，与陈裕光在北大楼前合影

師生合影半青

七級畢業攝影

图12　1931年11月，金陵大学文学
院师生在校园里合影留念

图13　金陵大学1937级毕业生在北大
楼前合影留念

图14　1933年，金陵大学从南眺望的全景图，近处　图15　1937年春，金陵大学田径队获得华东九大学
为金陵大学农事试验场，远处建筑从左到右依次为大　友谊运动会田径赛冠军，后排居中为校长陈裕光
礼堂、农学院楼、北大楼、理学院楼和南京鼓楼

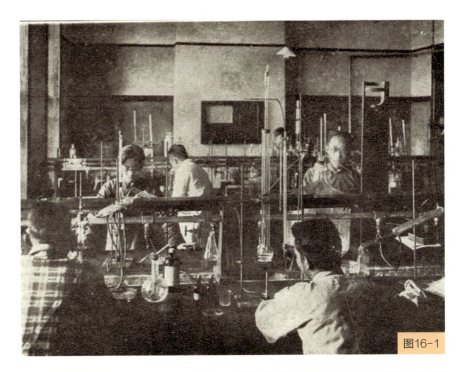

图16-1

图16-2

图16　20世纪30年代金陵大学的化学实验室和无线电实验室

图17

图18

图17　1933年6月金大举行毕业典礼，前排居中三人为汪精卫（右）、王世杰（中）、石瑛（左），校长陈裕光致辞

图18　20世纪30年代中期加入首都学生集中训练总队的金大学生

图19-1

图19-2

图19 1931年，金陵大学成立反日救国会，筹备《国难特刊》，方东美、刘迺敬、刘国钧、马文焕、胡昌炽、戴运轨、刘继宣、陈宗一、倪青原、陈恭禄等校内教员担任顾问，上图为1932年1月6日《国难特刊》职员合影

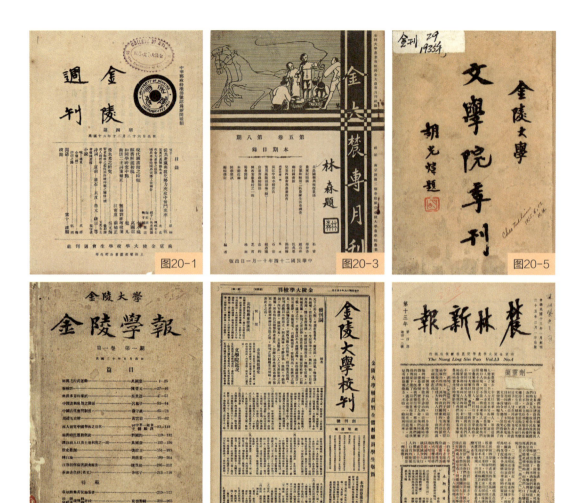

图20　金陵大学出版的部分刊物

序

  金陵大学是中国近现代历史上著名的教会大学之一。1888年，美国教会美以美会在南京创建汇文书院（The Nanking University），是为金陵大学的源头。1910年，汇文、基督、益智三所设于南京的教会书院合并为金陵大学堂，后改称金陵大学（The University of Nanking）。1928年，金陵大学向南京国民政府立案，成为国民政府教育部管理下的私立大学之一。1937年，因抗日战争全面爆发，金陵大学被迫西迁四川办学，颠沛流离，弦歌不辍。抗战胜利后于1946年回迁南京鼓楼校址。中华人民共和国成立后，金陵大学与美国教会脱离关系，在1951年和金陵女子文理学院合并为公立金陵大学。1952年院系调整中，金陵大学各院系被调整至多所学校，其中金陵大学文、理两学院和当时的南京大学（其前身为国立中央大学）的文、理两学院合并，以此为基础，在金陵大学鼓楼校址组建了新的南京大学。2002年，南京大学将位于鼓楼校园的原金陵大学图书馆改为"校史博物馆"，在校史博物馆前矗立的"二源壁"，仍留存昔日"金陵大学堂"的碑石。

  从1888年汇文书院创办，到1952年院系调整，金陵大学经历了64年艰辛曲折的办学历程。金陵大学的办学历史，是中国近现代高等教育机构成长壮大的缩影，也见证了中国历史与社会从十九世纪末到二十世纪上半叶的动荡与变迁。在这一历史洪流中成长壮大的金陵大学，体现出令人赞叹的坚韧和勇气，取得了世人瞩目的办学

1

成绩，在推动中国近现代高等教育的建立与发展、为国家和社会建设培养高层次专业人才、推动现代科学技术和文化的创造与传播、沟通中西文化等方面做出突出贡献。

一、金陵大学开风气之先，倡办新式教育，办学成绩得到国内外的广泛认可，被称为"中国最好的教会大学"。1888年创办的汇文书院，是当时南京最早开展新式教育的机构之一。汇文书院首任院长福开森曾说，南京的第一个化学实验室、第一班植物学和动物学课程、第一次教授宇宙间的物理，都是诞生在汇文书院。民国时期，金陵大学在社会上有着"钟山之英""南国之雄"的美誉。1928年，加利福尼亚大学的誉志久野曾根据开设课程、学校设备、学习年限和留美毕业生的表现，对中国大学进行评估分级。他将金陵大学和燕京大学两所教会大学定为甲级和乙级，认为"这两所学校的毕业生完全有资格进入美国的研究院"。全面抗战时期，金陵大学设有化学、历史学、社会学、农艺学、园艺学和农业经济学等六个研究学部，覆盖了文、理、农三大学院，不仅是中国私立大学中设置研究学部最多的大学，从全国大学学部设置数量看，也仅次于中央大学、西南联大和中山大学。1945年，中国基督教大学联合董事会决定在13所中国教会大学中选定两所成绩优良者重点办好研究院，从而把中国教会大学办学水平提高到一个新的层次，最终金陵大学和燕京大学两校高票当选。在联合董事会看来，金陵大学已经具备了建设世界一流大学的基础和条件。金陵大学的人才培养质量、科学研究水平和社会服务能力都是一流的，不仅在中国教会大学中发挥着旗舰作用，也得到了中国政府和社会的高度认可。

二、金陵大学是一所有着鲜明办学特色的大学，在学科发展上走出了一条"小而精"的建设道路。南京国民政府规定，高等学校设有三个及以上学院者方能称为大学。金大乃将原有文理科和农林科扩充为文学院、理学院和农学院，不再增设新学院，集中力量办

好优势学科。农科被认为是金大最具特色和建设成就的学科。1914年，金大在中国首创四年制农业本科教育，是中国近代农业教育最重要的发源地。1921年北京政府教育部派员来校调查，认为金大"农科成绩较著，教科设备均较完备，不特为该校之特色，亦国内此项学校之翘楚"。陈裕光担任金陵大学校长二十余年，他曾说："金大校誉鹊起，闻名国内外，农科是一主要因素。"金大农科采用集教学、科研和推广为一体的三一制教育模式，培养了大批高级农业人才，有力推动了中国现代农业科技革新，并在中国农村社会开展了卓有成效的推广工作。从1914年金大农科成立到1952年院系调整前，38年间，金大农科毕业生及在校生总数约3000人。我国在欧美留学学习农业的学生，截至1948年约计256人，毕业于金大农科者有120余人。金大农科研究所从1936年到1945年先后招收农业经济、作物育种、植物病理、昆虫学、蔬菜学、果树学和农业工程等7个专业50名研究生，占1949年以前全国农科研究生总数近四成。金大毕业生曾经领导中国农林部七个技术部中的五个，五所国立研究所中的三所，十余所国立大学农学院中的七所。金大农科无疑是中国近现代农业教育和科研的重要中心。

金大另一项特色鲜明的办学实践是开办电化教育。20世纪30年代初，在科学救国和教育救国思潮的影响下，金大将电影教育用于辅助教学，并通过放映电影、摄制影片开展社会服务。1936年金大成立教育电影部（后改为影音部），1938年又开办电化教育专修科，1942年创办了《电影与播音》月刊（后改称《影音》）。该科是我国高校第一个培养电化教育专门人才的系科，从1938年到1952年全国高校院系调整，培养了近200名专门人才。电化教育在金大前后延续约20年，被认为是"开展最早、时间最长、人才与软件资源最多、成果最优、应用最多、影响最大、效益最高"的办学实践。金大的电化教育与国家同呼吸共命运，其活动遍及校园内外，与当时的社会政治、经济、文化都产生密切联系。

三、金陵大学的办学历程展现了一所教会大学不断寻求适应中国、植根中国的"中国化"历程。金陵大学是由美国差会创办的，从它在中国落地的那一天，就面临如何中国化的问题。在此问题上，金陵大学走在了中国教会大学的最前列。1928年，金陵大学向南京国民政府申请立案，是第一所向南京国民政府立案的基督教大学，自此成为中国高等教育体系的重要组成部分。金大首任华人校长陈裕光担任校长长达二十余年，是中国近代任职时间最长的大学校长之一。1937年全面抗战爆发后，金陵大学也是率先跟随国民政府西迁办学的教会大学之一。在具体办学上，金大致力于为国家和社会的发展带来变革，为中国未来发展培养领导者。金大围绕中国政府和社会发展需要设置学科和课程，重视对于中国传统文化的研究，组织社会调查和社会生产合作。与中国社会的密切互动，也有力推动了金大办学的开展。如农科建设从一开始就植根于中国的农村建设和农业改良，致力于改善农民生活，受到各级政府机构和社会团体的广泛资助。这为农科提供了丰沛的资金投入和智力支持，也使农科更好融入中国社会的现实需求，日益成长壮大。金大也注重寻求中国政府的支持，陈裕光校长在1936年时称，在过去的六年间，金大来自中国方面的经费及捐款达法币125万余元，金大从中国方面获得的经费多于其他任何一所在华的基督教大学。金大办学历史呈现出一个教会大学不断"本土化"和"中国化"的历程，在探索如何"吸收世界上先进的办学治学经验，更要遵循教育规律，扎根中国大地办大学"上进行了卓有成效的探索。

四、金陵大学"以沟通中西文化为职志"，成为弘扬中国传统文化、推动中西文化交流的重要窗口。"汇文"二字，即有汇通文化之意。福开森热爱中国传统文化，后来将毕生收藏的大量珍贵文物捐赠给金陵大学，作为金大教学和科研之用，这批文物也成为

今天南京大学最重要的收藏。陈裕光说，金大办学方针即"以沟通中西文化为职志"，"取人之长，补己之短，使吾国固有之文化，更臻完备"。他还提出"文化互惠"的概念，"求人我文化长短之互相沟通与弥补"。金陵大学在办学中处处透着她的"国际范"。金大与康奈尔大学等多所美国学校保持密切的合作关系，金大办学早期的外籍教师比例也很高，教室内教师用英语板书，学生用英语写报告和练习。在引进与学习西方文化知识的同时，金陵大学同样重视中国传统文化与历史的研究与教学。1924年，金大率先在教会大学中扩充了国文系。1930年，金大又在霍尔基金的资助下创建了中国文化研究所，致力于中国传统文化与学术的保存、整理、研究与发扬，旨在造就研究中国文化之专门人才，金陵大学中国文化研究所也被认为是教会大学中最有特色的机构。1934年，金大增设国学特别研究班，培养了包括古典词学家沈祖棻、语言学家殷孟伦、博物馆学家曾昭燏、古文字学家游寿等一批国学人才。金大鼓楼校园中西合璧、古朴典雅的建筑群，成为大学沟通中西文化理念的物质延伸。金大学生身着长衫用流利的英语进行演讲和辩论，屡屡在各大学竞赛中夺得锦标，都成为金大"融汇中西文化"的重要形象表征。

"大江滔滔东入海，我居江东；石城虎踞山蟠龙，我当其中。三院嵯峨，艺术之宫，文理与林农。思如潮，气如虹，永为南国雄。"这首金陵大学校歌以其磅礴的气势、一往无前的气魄及对金大未来的期许，为一代代金大学子所传唱，也成为每一个金大人的共同记忆。

金陵大学是南京大学办学的两大源头之一，1952年院系调整中成立的南京大学即以金陵大学校址为校园，在南京大学鼓楼校区校史博物馆前矗立有"二源壁"，在南京大学仙林校区图书馆前建有"二源广场"，金陵大学的历史是南京大学校史的重要组成部分。

金陵大学的优良传统在南京大学得到了继承和发扬。当年任职于金陵大学的李方训、戴安邦、李小缘、王绳祖、陈恭禄、周伯埙、陈纳逊、裘家奎等，在院系调整后都留在南京大学工作，他们也把金大的精神和优良传统带到了新的南京大学。金陵大学以"诚真勤仁"作为校训，南京大学的校训是"诚朴雄伟、励学敦行"，都体现着一脉相承的办学理念和大学精神。

南京大学历来注重继承学术传统，弘扬校史文化。在学校党委部署下，学校启动了"南京大学校史研究工程"项目，致力于校史档案的整理和校史编写。经过几年的努力，这部《金陵大学史》终于要和大家见面了，希望对于进一步认识金大、了解金大提供新的帮助。对于在新时代挖掘校史文化遗产，弘扬办学传统和办学精神，服务学校建设世界一流大学的目标，金陵大学的办学历程都是一份厚重的文化遗产。

朱庆葆

二〇二五年一月

目　录

第一章　金陵大学的立案与改组

　　二十世纪二十年代中国社会掀起的"非基督教运动"与"收回教育权运动"，对在华教会学校造成了巨大冲击，金陵大学也在所难免。在民族主义浪潮高涨、国民革命方兴未艾的局势下，教会大学如何应对时代和政局的变动，寻求与其所置身的中国社会相适应，成为亟待解决的问题。1927年南京国民政府成立，新政权基于国家建设的需要，将教育发展视为国家政权建构的重要部分，高等教育因在凝聚民族意识、培养建设人才、推动经济发展中的重要作用而受到重视。金陵大学如何适应国民政府的教育政策，原有的发展理念和治理结构都面临新的挑战。从一所由"外人"控制的大学，转变为国民政府辖下首批获准"立案"的教会大学，金陵大学校园内外产生了不同层面的复杂回应，大学的治理结构发生变化，并深刻影响此后大学的发展和走向。在这一进程中，陈裕光是参与变革的重要一员。他成为金陵大学改组后的第一任中国籍校长，并成功推动金大向南京国民政府完成立案。教育权的收回和向国民政府立案，也被认为是金大校史上"继往开来之一关键"。[①]

---

① 陈裕光：《一年来本校校务概况》，《金陵周刊》第 5 期，1928 年 1 月。

第一节 民族主义浪潮下的大学困局

一、"收回教育权运动"中的教会大学

在中国近代高等教育事业的发展历程中，教会大学开风气之先，有着重要贡献。在十九世纪末二十世纪初中国近代高等教育草创之时，教会大学是推动中国高等教育发展的重要力量。同时，随着近代民族国家观念的传播，教育被视为民族国家建构的重要组成部分。政府对教育的管控和规划，不仅为国家建设提供了必需的人才和智识储备，而且是凝聚民族精神、构建政权合法性的重要手段。长期以来，在华教会大学游离于国家教育体制之外。随着二十世纪二十年代中国民族主义的崛起，教会学校成为社会各界批评的目标。

1922年，世界基督教学生同盟不顾中国社会舆论的反对，拟在北京清华学校召开第十一届世界基督教学生同盟大会，这掀起了中国社会的反基督教浪潮。该年3月，北京、上海、南京等地学生组织了非基督教学生同盟，发表《非基督教学生同盟宣言》，认为世界基督教学生同盟大会是"污辱我国青年，欺骗我国人民，掠夺我国经济的强盗会议，故愤然组织这个同盟，决然与彼宣战"[1]。从而在中国社会掀起了一场轰轰烈烈的"非基督教运动"。1923年，"少年中国学会"明确提倡民族主义的教育，反对宗教团体开办学校。学会骨干成员余家菊倡言："于中华民族之前途有至大的危险的，首当推教会教育。教会在中国取得传教权与教育权，实为中国历史上千古痛心事。"他首先提出了"收回教育权"的口号。[2]1924年4月，以广州圣三一学校学潮为起点，"非基督教运动"演化成"收

---

[1] 《上海非基督教学生同盟宣言及通电》，唐晓峰、王帅编：《民国时期非基督教运动重要文献汇编》，北京：社会科学文献出版社，2015年，第534页。

[2] 余家菊：《教会教育问题》，《少年中国》第4卷第7期，1923年9月。

回教育权运动"，其矛头直指各级教会学校，由此引发的教会学校学潮此起彼伏，遍及广东、江苏、福建、河南、四川、湖南各省。1925年5月，震惊中外的"五卅"运动发生后，民族主义浪潮进一步助推反帝运动的高涨，教会学校被视为帝国主义文化侵略的工具。从1925年6月到9月中旬，因"五卅"运动而直接引发的教会学校学潮就多达44起。①教会学校学生纷纷离校，导致学校被迫提前放假，面临空前的困境。

"收回教育权运动"反对教会教育和帝国主义文化侵略，提倡民族性的教育，主张将教会学校收归国人办理。这场运动对于教会大学的冲击集中体现在两个方面：其一，教会大学应将更多的学校管理权让渡给中国人，由中国人来管理学校；其二，教会大学应该向中国政府注册立案，成为中国国家教育体系的组成部分。"五卅"前后，收回教育权已经从知识界的鼓吹变成社会的共识，推动着政府政策的转变。教会大学如何向政府立案的问题，已经难以回避。

中华民国成立后，教育部曾针对私立大学管理问题颁布一系列政策。1912年颁布的《大学令》第二十一条规定："私人或私法人亦得设立大学"，即承认私立大学的合法性。1913年教育部颁布的《私立大学规程》规定，私立大学设立时，须将该校设立之目的、名称、位置、学则、学生定额、地基房舍之所有者及其平面图、经费及维持之方法和开校年月等项"呈请教育总长认可"。但对于私立大学的内部组织和科系课程，该规程并没有给予特别规范。②民国初年，教育部实际上延续着晚清政府对教会大学采取的"消极限制"政策，一方面没有明确的立案注册程序，另一方面也不加以取缔。

① 舒新城：《收回教育权运动》，上海：中华书局，1927年，第82-86页。
② 《1913年1月16日教育部公布私立大学规程》，朱有瓛主编：《中国近代学制史料·第三辑·下册》，上海：华东师范大学出版社，1992年，第17-18页。

1919年3月，教育部颁布第六号布告，规定"凡外国人在内地所设之专门以上学校，不以传布宗教为目的，且不列宗教科者，准其援照私立专门学校规程或大学规程及专门以上同等学校待遇法，呈请本部查核办理"。[①]这是中国政府最早要求教会大学不得进行宗教宣传的政府法令。1920年11月，教育部又颁布第十一号布告，以近年来外国人士在各地设立专门以上学校较多但大部分未经教育部认可为由，宣布对于"外国人之在国内设立高等以上学校者，许其援照《大学令》《专门学校令》以及大学、专门学校各项规程办法，呈请本部查核办理，以泯畛域，而期一致"。[②]

该布告颁布后，金陵大学于1920年向教育部提出将其大学部（含文科、农林科与预科）立案的请求。1921年2月，教育部派任鸿隽、邹秉文和刘伯明三人视察金大，视察委员在此后的报告中指出，"该校农科成绩较著，教科设备均较完备，不特为该校之特色，亦国内此项学校之翘楚"，"应许暂准备案"。而对于文科和林科，则认为"内容既欠充实，组织复多凌乱，故就一般而论，殊无成绩可言"，应由该校添聘教员，对组织、功课两方面力加整顿，"至科目完备，符合大学程度时，再行呈部核办"。[③]1921年8月，金陵大学农科获教育部核准立案。金大此次立案仅限于农科，因此也被认为是"部分立案"。

在1925年之前，教育部的立案政策没有引起教会大学整体性的回应。除了金大"部分立案"，当时没有一所教会大学向教育部立案。但是在"反基督教运动"和"收回教育权运动"的推动下，教

---

① 《教育部公告第六号》，《政府公报》第1131期，1919年3月29日。
② 转引自杨思信、郭淑兰：《教育权与国权：1920年代中国收回教育权运动研究》，北京：光明日报出版社，2010年，第60页。
③ 《南大百年实录》编辑组编：《南大百年实录（中卷）：金陵大学史料选》，南京：南京大学出版社，2002年，第26-27页。

会学校学潮不断，学生斥教会学校"以办学为名，侵略为实"，纷纷转学至中国人自办学校就读。1925年12月，因受"收回教育权运动"的影响，金陵大学有一百余名学生具函请求于1926年春季学期转学到同城的国立东南大学就读。①金大文理科学生龙历云在1926年3月1日写给东南大学代理校长蒋维乔的信中称："半年以来，目击校中当局因鉴于外间反基督教之声浪日高，无时不出其巧语媚言以鼓惑同学，羁縻同学，尤为痛不可忍。国势陵夷，以至教育事业，亦任外人投机作祟。年年为我增加千万之奴性，国民长此以往，国事其堪问乎？"他希望蒋维乔能"悯其心苦情切，准其转入贵校肄业"。②

与此同时，北京政府在教会学校立案问题上的态度日趋强硬。1925年11月，北京政府教育部颁布了《外人捐资设立学校请求认可办法》，对教会学校申请立案注册做出具体规定。该办法共有六条：

（一）凡外人捐资设立各等学校，遵照教育部所颁布之各等学校法令规程办理者，得依照教育部所颁关于请求认可之各项规则，向教育行政官厅请求认可。

（二）学校名称上，应冠以私立字样。

（三）学校之校长，须为中国人；如校长原系外国人者，必须以中国人充任副校长，即为请求认可时之代表人。

（四）学校设有董事会者，中国人应占董事名额之过半数。

（五）学校不得以传布宗教为宗旨。

---

① 对于金大百名学生的转学请求，东大校方颇为为难，因"学年中间招收转学生，对于课程衔接上实不甚宜，且学校间感情亦应顾到"。但学生纷纷要求转入东大，于学校"精神物质两方不无增益之处，似可通融办理"，"本校殊无法拒绝彼等之请求"。见《国立东南大学第九次教授会记录》，1925年12月2日，中国第二历史档案馆藏国立中央大学档案（以下简称"中央大学档案"），全宗号648，卷宗号315（标记为648-315，下同）。

② 《龙历云致蒋维乔函》，1926年3月1日，中央大学档案648-432。

（六）学校课程，须遵照部定标准，不得以宗教科目列入必修科。①

与之前的布告相比，《外人捐资设立学校请求认可办法》因其严厉要求，在基督教教育界激起轩然大波。在教会学校是否要向政府立案的问题上，该办法的颁布引起大学态度的转变。1925年4月，中华基督教教育会董事会年会召开，会议就教会学校向政府注册问题做出如下决议："基督教学校应即速向地方政府或中央政府注册立案，唯须顾及基督教之特殊功用，不受注册之限制。"此前曾担任金大国文系主任的中华基督教教育会副总干事程湘帆所拟《基督教学校注册之意义》意见书，也被作为会议的官方文件。②1926年5月，中华基督教教育会董事会召开第二次年会。吴哲夫在做干事报告时指出："基督教学校既在中国设立，则教育中当然应含有中国的性质；不但不能与中华民国的愿望相反，而且必须至少能代表一部分中国人的意旨。此外，我们更要承认中国政府有管辖我们学校之实权。至于讲到基督教教育与政府怎样接近而发生联络关系，则更为我们不可推诿的责任。"③随着时代环境的变化，基督教教育界对于教会学校的立案问题实际上已有较明确的态度。在此次会议上，还做出关于立案的三项决议：

（一）特派一委员会进京，与教育部作非正式之接洽，说明其基督教学校请求政府注册之诚意，与当前之阻碍，并希望当局

① 《教育部布告第16号》（1925年11月26日），朱有瓛、高时良主编：《中国近代学制史料·第四辑》，上海：华东师范大学出版社，1993年，第784页。
② 《中华基督教教育会董事会年会决议案》（1925年4月1日至2日），《中华基督教教育季刊》第1卷第3期，1925年9月，第82-83页。
③ 吴哲夫：《干事报告》，《中华基督教教育季刊》第2卷第2期，1926年6月，第74页。

有以解决之。

（二）催请全国基督教学校，即时实行注册办法第一、二、三、四条及第六条之首项。

（三）凡基督教学校，愿照颁布之条例注册者听之。[①]

1926年3月18日，金陵大学理事会召开第二十二次会议。这是北京政府颁布《外人捐资设立学校请求认可办法》后金大理事会召集的首次会议。这次会议有两个重要举措：其一是组织由三名华人和两名外国人组成的"立案委员会"（Committee on Registration），具体研究金大的立案问题；其二是组织"宗教教育委员会"（Committee on Religious Education），同样由三名华人和两名外国人组成，具体研究金大的宗教教育问题。[②]这一举措显示出金陵大学在立案问题上的积极姿态，同时也说明在立案问题上，大学的宗教教育是金大管理层极为关注的问题。

在此次会议上，金大校长包文（A.J.Bowen）提出了将大学管理权向中国籍职员让渡的问题。他说："中国人领导的问题，这个问题很迫切，无论是中国还是差会董事会都强烈感到在这方面需要采取进一步的步骤，现在时间已经到来。"包文公布了此前一天（即3月17日）各外籍行政管理层写给理事会的辞职报告，该报告称："为了让理事会在更加合作的基础上、更加明智地考虑大学行政管理的人选，我们希望辞去我们的行政管理职务。"在这份辞职声明上签名的有校长包文、副校长文怀恩（J.E.Williams）、文理科科长夏伟师（Guy W. Sarvis）、农林科科长芮思娄（J.H.Reisner）、图书馆馆长克乃文（Harry Clemons）、鼓楼医院院长赫济生

---

①　《董事会第二次年会纪要》，《中华基督教教育季刊》第2卷第2期，1926年6月，第81页。

②　蒋宝麟：《20世纪20年代金陵大学的立案与改组》，《近代史研究》2016年第4期。

（A.C.Hutcheson）。经过讨论，理事会做出三项决议：

（一）本校当局既自愿遵让为华人办理，本董事会应致最深谢扰；

（二）本董事会对于此后学校行政，当物色有充分能力华人补充之；

（三）任命五人为委员，研究此事进行之步骤，必要时能召集本会讨论之。[①]

1926年夏，陈裕光出任金大文理科科长。而在此前，过探先出任农林科的中方科长。金大还聘陈中凡担任国文系主任，聘张信孚为体育系主任。金大在1926年前后的人事安排表明，已经开始将学校行政管理权逐步交给中国教员。从后来的历史发展来看，这些举措对于金大在政权鼎革之际的存续起到重要作用。1927年3月"南京事件"突发后，金大全体西籍教职员辞职离宁，学校局势震荡飘零，面临被政府接收和改组的局面。在这一关键时刻，正是以过探先、陈裕光为代表的华人行政领导层组成了临时校务委员会，在校内外沟通协调、筹措规划，才使金陵大学转危为安。

二、南京事件与大学困局

1926年7月，国民革命军在广州誓师北伐，一路高歌猛进。与此相伴，打倒军阀、打倒帝国主义的国民革命浪潮席卷全国，将此前的"收回教育权运动"进一步推向高潮。1938年诺贝尔文学奖获得者赛珍珠（Pearl S. Buck）是时任金陵大学农业经济系主任的卜凯

---

① 《金陵大学当局总辞职》，《申报》1926年7月5日，第3张第11版。

（John Lossing Buck）教授的夫人，她对1927年前夜南京教会人士忐忑不安的处境有着这样的描述：

> 1926年秋天，我们已经悬念国民革命军何时将到达南京。他们从广州出发的北伐已经取得成功，并且在长江边的武汉努力建立自己的中心，准备继续进军下游。……有很好的报告说他们献身于自己的目标，希望解放工人阶级，根除年深日久的性别、阶级、民族之间的不平等。随之而来的流言是（他们）仇视宗教，特别憎恶外国人控制的学校和医院，已出现若干排外事件，最糟糕的是俄国过激派已出现于他们之中。……正是在这种等待与困惑的心境下，我们栖身家中，并且开始了学校、医院与宣传方面的秋季工作。①

1927年年初，国民革命军和北洋军在南京对峙。陈裕光描述当时的情形称："宁垣大军云集，人心惶惶。富家巨室，避迁一空……至旧历新正，战事愈紧。各校以学生到者甚少，不能开学。唯本校校务，仍努力进行。自开课后至三月间，无日不在惊涛骇浪之中，而校务从未中断一日。"②1927年3月23日，由程潜指挥的国民革命军江右军攻抵南京，直鲁联军败退城内。次日凌晨，江右军各部陆续入城，其主力部队未遇到激烈抵抗便顺利占领全城。此后不久，南京城内忽然发生大规模的排外抢劫事件，从上午8时延续到下午5时，暴乱士兵和地痞流氓攻击教堂和教会大学，焚烧、抢劫外国领事馆、住宅及商铺，乃至殴打和杀害外籍人士。作为报复，停泊在南京下关江面的英国军舰"绿宝石"号和美国军舰"诺亚"

---

① 章开沅：《教会大学与二十世纪二十年代的中国政治》，章开沅、马敏主编：《社会转型与教会大学》，武汉：湖北教育出版社，1998年，第4页。
② 陈裕光：《一年来本校校务概况》，《金陵周刊》第5期，1928年1月。

号、"普雷斯顿"号于当日下午炮轰南京城,前后发射炮弹200余枚,造成城内人员死伤。这就是震惊中外的南京事件(The Nanking Incident)。①

在南京事件中,南京城内的教会学校除金陵女子大学外无一幸免,外籍传教士家中乃至随身携带的财物多被抢走。当时正在鼓楼医院住院的东南大学代理校长蒋维乔在日记中生动记载了3月24日的所见所闻:

> 六时起,城中四处闻枪声,盖党军②之示威也。九时,有党军进医院搜查,气势汹汹。西医赫医生之金表及看护妇周氏之手表,病房西洋产妇二人之戒指均被掠去。唯余之病房彼等来去经过,皆未入,亦幸事也。因此西人皆惊恐。金陵大学副校长文君不服搜查,竟遭枪毙。日本领事馆被掠一空,英美领事馆亦然。各西人住宅复遭劫掠。③

南京事件对金陵大学造成了严重破坏。在事件中,包括校长包文、副校长文怀恩,农科教授芮思娄、卜凯和历史系教授贝德士等五位西籍教员的住宅均遭劫掠。陈裕光事后称,"本校各西籍教职员之住宅,悉被劫毁"。哲学系教授韩穆敦(C.H.Hamilton)在金大任教十余年,"藏书尤为广博",但在此次南京事件中被"掳掠烧毁殆尽,韩氏遂改入美国芝加哥大学任教"。据报告,金大科学楼的设备有小的损失,部分学生在宿舍的财物被抢,附属医院被抢劫,附属中学损失严重,语言学校的大楼也大面积遭劫,金大五幢住宅被抢劫后

---

① 陈谦平:《1927年南京事件伤亡人数和财产损失的考证》,《民国研究》2008年第1辑。
② 即国民革命军。
③ 蒋维乔:《蒋维乔日记》第十二册,北京:中华书局,2014年,第411-412页。

烧毁。① 文怀恩在混乱中被乱兵开枪打死，据当时记述，"威廉博士与其他美人四名同立于该校空场中，忽有兵士多名入来，向五美人索钱及时表，其他四美人显已允许，而威廉博士拒之，且作拔手枪之姿势，于是一兵立即开枪，博士当场毙命"。贝德士也是死里逃生，"被一群乱兵拘捕，双手捆在背后，几乎被胡乱开枪的士兵击毙，幸亏得到红十字会的及时解救才幸免于难"。② 金陵大学化学系主任唐美森（J.C.Thomson）的女儿当时身在南京，直到晚年，她对此事件仍然有着深刻印象。她后来回忆说："在我九十岁的时候，也仍然记得（南京事件），当我看到一列大约十名士兵从操场走向我家时，我全身感到的战栗和恐惧。"暴乱士兵把唐美森等人排成一排，马上就要开枪，"幸好这时一个陆军中尉赶到，用一个大鞭子控制住乱兵，把他们赶下楼，救了我们一命"。③ 3月25日，南京几乎所有的教会团体都聚集到金陵大学，总计有60名男性，40名妇女，20多名儿童。④ 因时局动荡混乱，外籍人员全部撤退，他们首先撤到上海，继而分三路，一路回本国，一路去日本，一路去朝鲜。由于南京事件的影响，中国其他地方的外国传教士纷纷撤离中国或离开内陆。到1927年7月，中国原有的8250名新教传教士只剩3000名留在中国，其中1500名在上海，1000名在其他口岸城市，仅有500名仍然留在内陆。⑤

西籍教职员的离校，使金大的行政和教学秩序一时陷入混乱。

---

① 《南大百年实录》编辑组编：《南大百年实录（中卷）：金陵大学史料选》，第39页。

② 章开沅：《中国教会大学的历史命运：以贝德士文献（Bates' papers）为实证》，章开沅主编：《文化传播与教会大学》，武汉：湖北教育出版社，1996年，第13页。

③ Nancy Thomson Waller, *My Nanking Home (1918–1937)*, Boston, Massachusetts: Willow Hill Publications, 2010, pp. 75–76.

④ 德本康夫人、蔡路得：《金陵女子大学》，杨天宏译，珠海：珠海出版社，1999年，第68页。

⑤ 胡卫清：《普遍主义的挑战：近代中国基督教教育研究（1877—1927）》，上海：上海人民出版社，2000年，第426页。

当时有报纸称，美国准备"完全抛弃南京之金陵大学已成既定事实"。①但是，校长包文早在1926年3月便提出将金大管理权逐步让渡给中国人，对于国民革命浪潮可能对金大造成的冲击已有所预判。1927年年初，包文为促成华人主持校务起见，并鉴于政局的混乱，委派文理科科长陈裕光、农林科中方科长过探先、事务处主任刘靖夫和图书馆馆长刘国钧组织了"四人委员会"，研究主持校务办法，并为处理紧急事件做准备。②随着局势变得更加危急，金大在"四人委员会"基础上增补五人组织了临时校务会，互推过探先为主席。3月25日包文离宁后，金大校内无人主持，正是过探先领导下的九人委员会主持校政，担负校务管理的责任，使大学工作得以继续。

3月24日起，金大教学工作全部中断。学校原定4月4日复课，但出于种种原因，直到4月10日方能照常上课。为应付混乱的局势，1927年4月19日在上海传教大楼举行了金大第二十三次理事会。包文在会上报告称，外籍教职员纷纷离校，他自己也即将回国休假。他说："美国的创办人会坚持大学明确的、强烈的宗教氛围和精神"，他们"没有兴趣去支持一个在任何党派控制下的机构，也没有兴趣支持一个部分被学生操控的机构"。③他担心在当时局势下金大能否继续开办。但理事会认为，金大继续开展教学工作是明智的。第一，若金大停办，将涉及大量的经济问题，学生要求退还学费，教职员工资按照合同也不得不支付，这将是一笔很大的经济开支；第二，要防止军队占领校舍，最好的办法就是保证金大校舍在使用中。为此，理事会议决继续开办金大，至少维持到1927年春季学期结束。

---

① 《华北警备问题》，《申报》1927年4月7日，第2张第7版。
② 陈裕光：《一年来本校校务概况》，《金陵周刊》第5期，1928年1月。
③ Twenty-third Meeting of the Board of Managers of the University of Nanking, April 19, 20, 1927, RG 11, Box 192, Folder 3339, Archives of the United Board for Christian Higher Education in Asia（以下简称"UBCHEA Archives"）。

为保障金大校务的有序运转，此次理事会还授权包文、过探先和陈裕光组织了"大学行政委员会"（College Administrative Committee），委员包括过探先、陈裕光、刘国钧、李德毅、陈嵘、李汉生和陈中凡七人，由该委员会与理事会进行协商后代表理事会管理金大，代行校长职权。同时，理事会任命芮思娄为金大的校务顾问（Advisor to the Administration）。附属中学和鼓楼医院也分别成立了相同的委员会来处理事务。在该年5月下旬召集的理事会执行与经济委员会会议上，这三个委员会合并组成"大学校务委员会"（The University Administrative Committee）。校务委员会对理事会负责，承担学校的行政职责，并负责与政府沟通，由过探先作为该委员会的召集人。①4月26日，金陵大学在校内召集第一次校务会议，推过探先和陈裕光为会议正、副主席，刘国钧为书记，并议决每星期一、三、五下午为校务会议常会之期。校务会议一直到该年11月陈裕光被理事会推举为校长后，才停止召开。在此期间，校务会议共计开常会40次，临时会3次，在当时动乱的局势中担负着金大的管理重任。

被任命为校务顾问的芮思娄是金大在1927年动荡时期的一位重要人物，也是南京事件发生后金大少数自愿留在中国的外籍人士。芮思娄担任金大理事会执行与经济委员会执行秘书，在上海成立了一个临时办公室，以解决外籍教师的需要问题，并保持金大与美国托事部（Board of Trustees）的联系。作为校务顾问，芮思娄一方面起到帮助中国籍教职员维持校务的作用，另一方面也有监督之目的，代表着外籍教职员和美国托事部的利益。在当时，形成了校务委员会（在南京）和芮思娄（在上海）共同维持金大的局面。

南京事件及其之后的一段时间实为金陵大学发展史上最为困难

---

① 蒋宝麟：《20世纪20年代金陵大学的立案与改组》，《近代史研究》2016年第4期。

的时期，金大面临着前所未有的挑战。其一，校内驻军不断，秩序混乱。当时金大校内驻有多处军队，到1927年6月初，仍有军队占据教员宿舍，校务会议不得不致函戒严司令部转商迁移。[①]南京"光复"后，各种党团组织和政府机关齐聚新都，纷纷向金大商借校舍和礼堂为开会和办公之所，这让校方疲于应付。5月底，校务会议制定了"借用本校校舍开会规则"六条，并通过了校产委员会提出的"住宅临时租约"六条，以应对这一局面。[②]1927年6月20日，国民党南京市党部就曾借用金大礼堂召开全体党员大会，"请吴稚晖、戴季陶、丁惟芬演讲，陈果夫作党务报告，并有中央各要人报告军事及政治近况"。[③]党务学校也以此援例向金大函借宿舍，校方不得不以"校舍多不敷用，至学生多在外寄宿"为由，加以婉拒。该年8月，革命军第三路总指挥部和第七军军部再次进驻金大北大楼，并借用校舍一部。直到10月21日，各路驻军才全部迁出金大校园。

其二，西籍教职员全体离职后，教授无人，导致多门学程无法开课。自1927年3月以后，金大教职员有21人离校。学校虽于4月10日后复课，但因授课时间不足，学程久旷，对于缺席教员不得不"由各系主任或学校经行自由设法，请人担任"。[④]以至于学生因该学期"修业期间非常短少"，申请将学期大考取消。鉴于学生学业耽搁日久，校务会议于5月初议决，由马文焕教授筹备组织金大第五届暑期学校，由陈裕光与中华教育文化基金会、中国科学社及中国教育改进社接洽，拟暑期中在金大设立科学讲习会，以为弥补。科学讲习会后因时间仓促未能举办，暑期学校则于7月3日开校，到8

---

① 《第十二次校务会议记录》，1927年6月6日，中国第二历史档案馆藏私立金陵大学档案（以下简称"金陵大学档案"），全宗号649，案卷号225（标记为649-225，下同）。
② 《第十次校务会议记录》，日期不详，金陵大学档案649-225。
③ 《中央党政要讯》，《申报》1927年6月20日，第1张第4版。
④ 《第五次校务会议记录》，1927年5月11日，金陵大学档案649-225。

月11日结束，前后历时五周，每周上课六天，前来注册的入学学生有307人，共开设学程39种之多。[①]开设暑期学校的目的，一方面是将学校校舍用于教学工作，以便劝说军队到校外驻扎；另一方面是因为春季学期受战乱影响，可以借此补习被耽搁的课程。1927年8月底，因北军南犯并在南京附近龙潭一带激战，南京军事形势再度紧张。金大为安定人心起见，依然照原定日期于9月10日开学上课。该学期大学部注册学生达400余人，中学部注册学生也有200余人。

其三，学校经费和预算难以维持。南京事件极大动摇了美国差会资助金大办学的信心。1928年6月30日金大司库的报告显示，该年度在美各差会给金大的拨款急剧减少。基督会的拨款因汇兑原因减少至691.56美元；美以美会削减至2376.33美元；北浸礼会的拨款尚不明确；而长老会压根就没有一分钱拨款。[②]在编制1928年度金大预算之时，陈裕光、过探先等人深受其苦。在1927年5月7日召开的校务会议上，过探先提出了本校编制预算的七条标准：

（一）收入以最少数计，支出以最经济计，以期经济状况稳固，不至发生收支不符之弊。

（二）除基金利息及学宿杂费外，其余收入一概暂不列入。

（三）学费酌减。现定每年减20元，每学期收35元。宿费酌加。现定新宿舍每学期加5元，旧宿舍加3元。

（四）教职员先尽缺者补充。各部各系暂不扩充，职员应兼教课。

（五）工役工资应略加，并加重工作，少补新人。

（六）各西籍教职员之薪水，似应另列一预算，由差会之补

---

① 陈裕光：《一年来本校校务概况》，《金陵周刊》第5期，1928年1月。
② 蒋宝麟：《金陵大学治理结构研究》，南京大学博士后研究工作报告，2016年，第65页。

助费支给之。

（七）各项杂费格外从俭。①

即便如此，金大1928年度预算仍亏43000余元。为此，过探先和陈裕光不得不赴上海接洽，设法弥补。在1927年9月9日的校务会议上，过探先提议组织经济委员会，将全校经济情形详加研究。1927和1928年度也成为金大预算最困难的两个财年。1927年度，金大总收入为24.6万元，其中来自美国差会的总拨款仅有68040元。1928年度，金大总收入更降低到17.8万元。而在此前的1925年，金大总收入为37.1万元。1932年以后，金大收入更是高达90万元以上。这种对比凸显出1927—1928年金大办学经费的困窘。

更为严峻的挑战则在于如何协调金大与新成立的南京国民政府的关系。当时，南京国民政府由激进派控制，激进派反对宗教，对外国人在华办理的教育机构怀有敌意，欲接管金大的财产和校舍。名为"接管"，实为没收。经过过探先、李德毅等人与国民党高层沟通，金大才免于被接管。1927年5月，过探先出席总政治部召集的各校校长会议，在这次会上，重点讨论了各校的开学、清党和党化教育问题，并下发多种调查表由学校填写。6月13日，在金大第十五次校务会议上，陈中凡报告称："中央教育行政委员会对于本校之态度，颇为不妥。"鉴于浙江省限期收回教育权的举动，陈中凡提议修改金陵大学组织大纲草案中关于组织校董会的条款。言下之意，他担心如果金大此刻不进行改组，国民政府有可能接管金大。②时任国民党中央执行委员会秘书长兼江苏省政府主席的钮永建当时也以私人名义询问金大校务委员会，"金大有无交与政府接办之意

① 《第四次校务委员会议记录》，1927年5月7日，金陵大学档案649-225。
② 《第十五次校务会议记录》，1927年6月13日，金陵大学档案649-225。

思"。这些都显示出，在当时"收回教育权"呼声高涨的时局中，金大有被国民政府接收的风险。

在此政治情势下，校务委员会认识到金大如要继续维持并得以发展，必须尽快融入南京国民政府的教育体系，接受新政权的教育方针和政策，顺应政府对于教育事业的规划。寻求向国民政府立案，成为金大难以回避的当务之急。1927年5月11日，金大聘请狄君武为本校三民主义课程讲师。5月13日，金大委派陈裕光和李汉生二人代表学校赴南京市公安局就清党问题进行接洽。6月13日，金大举行第十五次校务会议，议决邀请国民党政要胡汉民、蒋介石、伍朝枢和刘文岛等人参加金大的毕业典礼并致训词。①这些都表达了金大主动寻求融入国民政府教育体系的意向。在6月18日举行的金大毕业典礼上，国民政府外交部部长伍朝枢莅临并致辞，国民政府、江苏省政府及其他机关也均派代表出席。在当天的典礼仪式上，新增加了恭读总理遗嘱和全体向国旗、党旗及总理遗像行礼的环节。在6月17日举行的金大毕业游艺会上，也增添了恭读总理遗嘱、默哀和向国旗、党旗、总理遗像三鞠躬的仪式。②这种政治仪式在金大校园的出现，体现出大学积极寻求向南京国民政府靠拢的姿态。

第二节　金陵大学的改组与立案

一、改组事宜的推进

以校务委员会为代表的金大管理层清楚，位居新都南京的金陵大学必须尽快向新政府注册立案，才能从根本上理顺大学与政府的

---

① 《第十五次校务会议记录》，1927年6月13日，金陵大学档案 649-225。
② 《金陵大学第十七届毕业典礼秩序单》，1927年6月，金陵大学档案 649-535。

关系。多年来困扰教会大学发展的立案问题再次被推到台前。

　　早在1927年5月11日，金大校务会议即就立案问题进行讨论，议决"从速设法进行"。6月9日，南京国民政府决定在江苏省试行大学区制，任命张乃燕为国立第四中山大学校长。国立第四中山大学是该省（大学区）的最高学府，也是大学区内最高教育行政机构，大学区内所有公立学校及教育机构均隶属于它。过探先认为，推行大学区制会对教会学校的地位造成影响，金大有被第四中山大学控制的危险，所以"有必要考虑尽早向政府立案的问题，以应对紧急情况"。①以过探先、陈裕光为代表的校务委员会在立案问题上态度明确，主张迅速向政府立案。当钮永建以私人名义询问金大校务委员会"金大有无交与政府接办之意思"，金大于6月27日召开校务会议议决，全体婉言回复，"本校拟照国民政府教育行政委员会公布之教育法规，向政府请求立案是有的，与政府接办问题未谈到"。②在这种态势下，如果立案问题再事拖延，事态将会变得复杂。

　　在教育政策上，南京国民政府继承了1926年10月广州国民政府教育行政委员会颁布的《私立学校规程》和《私立学校校董会设立规程》。根据该规程，外国人设立及教会设立之学校归类为私立学校。其中最重要的几条，均与金大当时的管理体制相冲突。《私立学校规程》规定："私立学校不得以外国人为校长；如有特别情形者，得聘外国人为顾问。"《私立学校校董会设立规程》第十三条规定："外国人不得为校董；但有特别情形者，得酌量充任，唯本国人董事名额占多数；外国人不得为董事长，或董事会主席。"③相比而言，该法令较北京政府1925年11月颁布的办法更为严厉，特别是对大

---

① 详见蒋宝麟：《"党国元老"、学界派系与校园政治：中央大学首任校长张乃燕辞职事件述论（1928—1930）》，《社会科学研究》2013年第3期，第167-168页。
② 《第十八次校务委员会记录》，1927年6月27日，金陵大学档案649-225。
③ 《大学院公报》1928年第1期，朱有瓛、高时良主编：《中国近代学制史料·第四辑》，第785页。

学校董会组织的规定。金大若要向政府立案，便不得不改组校董会。

1927年6月16日，金大在上海召开了第二十四次理事会。在过探先等人的推动下，理事会最终议决：同意采取各种申请立案的措施，并组织"大学改组与立案委员会"（Committee on Reorganization and Registration），专门负责制订金大改组和立案计划。该委员会以芮思娄为召集人，成员包括过探先、程湘帆、陈裕光、葛德基（Earl Herbert Cressy）、李明福和吴东初六人。理事会明确了申请立案的方向。

金大寻求立案，要从三方面努力：一是尽快与南京国民政府接洽，办理立案手续；二是组建新的校董会，重新划分校董会与美国托事部的权责关系，后者要把若干权力让渡予前者，以符合政府法令的要求；三是选一名中国人出任金大校长。1927年6月29日，金大改组和立案委员会在上海召开会议，程湘帆和陈裕光在会上报告了当前紧迫的局势。程湘帆提到，胡汉民已经命令宣传部制作了"打倒金陵大学"的标语。陈裕光详叙了最近的经历，有相当一部分中国人公开认为政府应该接管金大，钮永建也以私人名义询问金大是否考虑交由政府接办。鉴于当时的形势，金大必须及早向政府立案。关于如何改组大学组织，吴东初提出应扩大理事会的权力，将原来属于托事部的一些权力让渡给理事会，并推举一位能与现政府密切联系的中国人任校长。理事会提出四条建议，并致电托事部请求批准：（1）理事会更名为董事会（Board of Directors）；（2）董事会有权选举校长；（3）托事部将校产出租给董事会，为期五年；（4）托事部将所有校内事务管理权移交给董事会。[①]最后会议议决，申请立案第一步就是在中国组建董事会，然后由董事会和托事部做出关于财产租借的合法协议。在得到托事部同意后，董事会将

---

① Meeting of Committee on Reorganization and Registration, Board of Mangers of the University of Nanking, June 29, 1927, RG058-192-3339, UBCHEA Archives.

有充分的权力推动立案工作。

在大学校内，立案的呼声更高涨。1927年6月20日，金大第十六次校务会议为加快推进立案，决定仿照沪江大学办法，"派程湘帆、吴东初等七人为委员，从速进行"。①6月22日，金大南京同学会公宴当届毕业生及外埠各代表，并讨论母校立案问题。"当经全体议决，由全国同学会函请本校董事部，遵照国民政府教育行政委员会公布之教育法规各规程，从速进行立案事宜。"②7月6日，校务委员会决定致函理事会，声明"倘八月一日不将立案手续办妥，如因此发生困难，全体委员不负维持责任"。③相对于理事会而言，校务委员会在立案问题上表现出更加积极主动的姿态。同时，校务委员会"请陈裕光出席理事会报告本会情形，并催请立案。请过探先、陈中凡、陈裕光向中央教育行政委员会为非正式之口头接洽"。然而，理事会和托事部之间协商权责划分，颇费时日。到8月1日，金大并未能完成立案手续。校务委员会只得在8月底派过探先和陈裕光到第四中山大学送缓期立案的呈文。④

1927年7月12日，金大第二十五次理事会在上海召开。改组和立案委员会报告了为立案采取的如下步骤：（1）拍电报询问托事部，是否准备将大学的管理权交给校董会并租借财产；（2）迫于实际，请求教育当局将立案时间延期；（3）继续准备立案的文件。在这次会议上，理事会通过了修订的《校董会章程》和《托事部章程》。根据新修订的章程，由校董会主导学校大政方针，并拥有管理金大校务大权。校董会和创始人委员会（托事部）签订校产租赁协议，

---

① 《第十六次校务会议记录》，1927年6月20日，金陵大学档案649-225。

② 《金陵大学第十七届毕业礼纪》，《申报》1927年6月22日，第2张第7版。

③ 《第十九次校务会议记录》，1927年7月6日，金陵大学档案649-225。

④ 《临时校务会议记录》，1927年8月26日，金陵大学档案649-225。

即金陵大学校产仍归创始人委员会所有，但校董会有使用权。[①]新的章程对金大的治理结构有多处重大修改。

第一，大学的办学宗旨由原先"培养教徒领导人，为我们基督教的后代提供高等教育，并在基督教的影响下发展中国高等教育，与上帝保持一致"，改为"在充分的宗教自由中保持教会主办本校，这将确保高等级的教育质量，促进社会福利、公民社会和公共服务的典范，发展创办人所秉持的理想人格"。大学的基督教色彩得以淡化。

第二，托事部改为"创始人委员会"（Board of Founders，亦称"创办人代表会""创办人会"等），废除托事部任命校长、提名理事会成员和批准理事会改选的权力。

第三，将理事会改组为校董会（亦称"董事会"），并对校董会的人员构成进行大幅变革。原本理事会中3个完全合作差会美以美会、基督会和长老会各拥有4个固定成员名额。在新的校董会中，3个完全合作差会各拥有5个固定成员名额，其中3名中国人，2名美国人。北浸礼会原在理事会中有3个成员名额，在新的校董会中有4个成员名额，中美籍各半。另外由同学会推举4名成员，校董会（理事会）推举5名成员。校长作为当然成员不变，但不再担任校董会主席；教职员不能担任校董。

1927年9月14日，托事部召开会议讨论理事会提出的改组计划，并形成7项决议。其要点有：

第一项，同意并承认理事会所提请求：（1）理事会更名为董事会；（2）董事会有权选举中国籍校长；（3）托事部将金陵大学校产在五年内租予董事会；（4）托事部将所有校内管理权移交

---

① 蒋宝麟：《金陵大学治理结构研究》，南京大学博士后研究工作报告，2016年，第28页。

给董事会。

第二项，托事部将选举新校长的全权交由校董会；所有有关立案和校内行政、财务等问题交由校董会。

第三项，托事部正在准备理事会章程基础部分的草拟，理事会的宗旨是保持学校的基督教性质和完全的宗教自由。

第四项，托事部大致同意由理事会提出的校董会和托事部（创始人委员会）关系的文件。

……

第七项，托事部劝说各差会继续资助金陵大学目前所请的现金经费，并尽可能不削减。[1]

1927年10月20日，校务委员会召开第三十五次会议，刘国钧报告了上海办事处来函，称纽约托事部已将改组计划通过，所有立案手续统由将来新成立的董事会办理。[2]11月29日，金大理事会在上海召开最后一次会议，会上成立了金陵大学董事会。根据新修改的《金陵大学董事会章程》[3]，金大校董会成员共计30人，其中华人董事占全数的2/3左右，校董会的大多数成员必须为中华民国公民，校董会每年举行两次。校董会选举吴东初为主席，改组后的校董会已经完全符合国民政府法令的规定。

---

[1] Minutes of the Meeting of the Trustees of the University of Nanking, September 14, 1927, 金陵大学档案 649-2317，转引自蒋宝麟：《金陵大学治理结构研究》，南京大学博士后研究工作报告，2016 年，第 29 页。

[2] 《第三十五次校务会议记录》，1927 年 10 月 20 日，金陵大学档案 649-225。

[3] 《南大百年实录》编辑组编：《南大百年实录（中卷）：金陵大学史料选》，第 133 页。

二、陈裕光出任校长

金大的立案主要面临两个难题，其一是董事会的改组，其二是中国籍校长的产生。在积极推进校董会改组的同时，华人校长人选也逐渐浮出水面。

早在1926年，校长包文就曾在理事会上提出辞呈，提出委派华人出任金大校长，将大学管理权向中国人让渡。但在当时，西人教职员占据金大要津，由华人长校，谈何容易。1927年南京事件后，西籍教职员全体离校，校务实际上由过探先、陈裕光等华人组织的校务委员会主持。政府法令明确规定"私立大学不得以外国人为校长"，金大急欲向国民政府立案，华人校长的产生不过是个时间问题。

在1927年6月29日召开的改组与立案委员会会议上，吴东初便提出要有一位中国籍校长，其标准是"既能与政府有密切的联系，又是一位杰出的基督徒"。7月12日金大召开第二十五次理事会之时，改组和立案委员会正式提出了金大中国籍校长的人选标准：（1）基督徒；（2）获得创建人的信任；（3）具有学术上的地位，能获得教师和学生的尊重；（4）具有社会地位和影响力，有在目前变化的形势下处理大学事务的能力。会议议决组织校长提名委员会负责推进此事。7月21日，校长提名委员会召开，与会委员一致通过提名陈裕光为金大校长。次日，葛德基写信给陈裕光，通知他被提名为大学校长，希望陈裕光能接受这个提名。提名委员会以书面形式通知陈裕光，称他是提名委员会的首选，是中国各教会、各差会、校友和教员都抱有信心的人。①

1927年8月24日，已回到美国的包文致函托事部主席史密尔（R. E. Speer），正式提出辞去金大校长职位。9月14日，托事部批

---

① 蒋宝麟：《20世纪20年代金陵大学的立案与改组》，《近代史研究》2016年第4期。

准了包文的辞职，这为陈裕光出长金大铺平了道路。9月21日，刘国钧在校务委员会上报告：包文校长辞职及金大改组计划已报送纽约托事部，不久即可决定。因此，校务委员会议决致函理事会，"催请立案，并正式选举校长"。[①]

1927年11月9日，在上海召开的金大理事会重点讨论了校长人选问题。校长提名委员会主席李耀东称，综合考虑各方因素，提名委员会提名陈裕光为金大校长。随后，芮思娄转达了前校长包文对陈裕光的信任和支持。包文称："我希望陈博士接受，告诉他托事部支持他，并希望他能接受。我将携所有人的信任，完全与你合作。"包文的态度代表了美国托事部的意见。校务委员会主席过探先也代表中国籍教员支持陈裕光当选校长。此次理事会决定：校务委员会即自行解散，由新校长负责校务；改组与立案委员会终止，其事务交予执行与经济委员会，立案手续由新校长负责。

1927年11月29日，金陵大学召开第一次董事会会议，新成立的董事会正式任命陈裕光为金大校长。1928年3月25日，美国托事部发来电报，对陈裕光出任金大校长一事予以认可："金陵大学托管委员会对选举陈裕光为金陵大学校长的公告表示欢迎。在这庄严的场合，我们表示衷心的祝愿。"[②]

陈裕光，号景唐，1893年出生于浙江宁波，幼随父迁居南京。1911年进入金陵大学读书，1915年毕业并获得文学士学位。1916年陈裕光赴美，在克司工业大学（Case School of Applied Science）修读化学工程。1917年转入哥伦比亚大学研究化学，翌年获硕士学位。1919年开始在哥伦比亚大学专攻有机化学，于1922年获博士学位。在哥伦比亚大学留学期间，陈裕光曾两次被推举为"哥伦比亚

---

① 《临时校务会议记录》，1927年9月21日，金陵大学档案649-255。
② 《南大百年实录》编辑组编：《南大百年实录（中卷）：金陵大学史料选》，第48页。

大学中国同学会"（Chinese Student's Club of Columbia University）的会长，还被选为全美中国留学生共同出版的刊物《中国学生月刊》（*Chinese Student's Monthly*）总干事及"金陵大学留美同学会"的会长。[①]1922年陈裕光由美返国，被聘为国立北京师范大学理化系主任兼教务长，1923年至1924年兼任该校评议会主席及代理校长职务。陈裕光是中国化学会的发起人之一，在美留学期间，陈裕光曾与吴承洛、任鸿隽等人创议组织中国化学会。（1932年中国化学会正式成立时，陈裕光被推选为第一任会长，并连任第二、三、四届会长。）1925年，陈裕光回到母校金陵大学任教，1926年出任文理科科长，1927年就任金陵大学校长，他也是金陵大学第一任华人校长。

陈裕光当选金大校长，得到了校内外各界的一致认可。当时金大学生会对他当选校长的原因分析如下：

> 本校校长须兼备下列四种资格始克胜任：（A）与本校有长久历史并对于本校情形熟悉者；（B）有学识经验者；（C）为西人信仰者；（D）与同学会及各方感情融洽者。上列四者之中，独具一项者，校中固不乏人，但能备而有之者，则舍陈博士外实无其他最合宜之人。[②]

陈裕光的确是金大校长的极佳人选。他早年毕业于金大，后回到母校历任教授和文理科科长职务，熟悉金大历史和校况。陈裕光是一名基督徒，还是金大理事会中北长老会的代表，更容易获得中国教会和西方差会的支持。他留学美国，获得哥伦比亚大学博士学位，在学界交游广泛，享有威望。回国后，他出任国立北京师范大

---

① 王运来：《诚真勤仁　光裕金陵：金陵大学校长陈裕光》，济南：山东教育出版社，2004年，第43页。

② 矫如:《本校学生会招待沪宁各报记者纪》，《金陵周刊》第1期，1927年12月2日。

学教授，并兼任教务长、校务会议主席及代理校长，具有丰富的行政管理经验。不仅如此，陈裕光的谦谦君子风度在师生中也有口皆碑。金大学生会便认为，"陈博士之为人，温柔敦厚，和蔼可亲，个人私德极佳，学识经验均极丰富，为国内科学界知名之士，然尤属难能而吾人应加以注意者，即陈校长乃一纯粹学者，抱超然态度，取调和主义，不为任何方面所左右。完全本牺牲精神，努力求本校发展"。[1]陈裕光出长金陵大学，可谓众望所归。

作为金陵大学第一位华人校长，陈裕光的任职在校内引发了强烈反响。学生会认为金大此次改组计划"极为彻底，将原有之基本组织尽行推翻，另行组织，此后校内一切行政权及教育方针，皆由华人主持"。"陈博士荣膺校长之消息传来后，全体同学欢欣鼓舞，乐不可支。一则喜吾校校长之得人，而一则贺吾校教育权之收回。"学生会在校内组织了隆重的庆祝活动，包括师生庆祝大会、聚餐会、游艺大会和燃放焰火，等等，庆祝活动从11月16日一直延续到19日。过探先形象描述了当时金大师生的喜悦情绪：

> "华人为校长了"，"收回教育权已成功了"，"理事会已经改为董事会了"，街头巷壁，满地的贴着；师生工役，满口的喊着。庆祝会啦，聚餐会啦，游艺会啦，接连的开着。在中国的教育界上，要算极光荣的事件；在本校的历史上，要算极大的进步；在吾辈的心目中，当然也要算极快乐的机会了。[2]

1927年11月17日，学生会发表了《为庆祝本校收回教育权并产生新校长谨告各界人士》一文，在该文中，学生将新校长的产生视

---

① 矫如：《本校学生会招待沪宁各报记者纪》，《金陵周刊》第1期，1927年12月2日。
② 过探先：《本校的当前问题》，《金陵周刊》第6期，1928年1月。

为"不唯教育权收回之开端，亦即吾校发放光明之起点"。他们认为，金大的改组和华人校长的产生"适教育生机沉滞之候，其发荣滋长之时期，亦即教育衰替之时间，不唯须负砥柱中流之职责，且负挽起国家教育衰势之重任。故同学等以为此次庆祝会，一方固为欢迎新校长与教育权之收回，亦即庆祝国家教育一部之转机。"金大学生表达了对于新校长"最低之希望"，即"从兹以往，校内一切行政设施，能按照国内情形与时代之精神、社会急切之需要，确定培养所需人才之方针"。①1927年12月2日，学生会主创的《金陵周刊》创刊，学生们认为，新刊物和新校长的产生"如新芽的萌发、新时代和新生活的诞生，这都是生机畅旺和生气勃发的表现"。②从中可以感到学生对于改组后的金陵大学的期待。这种期待不仅在于校内校务的改进，而且在于金大与国家、民族的教育发展联系在一起。

三、向国民政府立案

1927年金陵大学的改组，以重组校董会和推举中国籍校长为核心。这被金大学生认为是"收回教育权"的重大胜利。从大学管理层看，推动金大改组的主要动力源自向南京国民政府寻求立案的现实压力。1927年11月陈裕光出任金大校长及金大校董会正式成立后，金大立案的制度难题已经解决。尽快向国民政府立案，是举校上下的一致呼声。

1927年11月，金大学生会向新校长陈裕光提出改革校务的要求，其中刻不容缓的一条就是"向国民政府注册立案"。该年12月，学生再次向校长表达他们的"急切希望"，其中第一条写道：

---

① 《为庆祝本校收回教育权并产生新校长谨告各界人士》，《金陵周刊》第1期，1927年12月。

② 子钟：《新校长与新刊物的产生后》，《金陵周刊》第3期，1927年12月。

"学校团体，或各种教育机关，确是脱不了政治的干预。所以我希望陈校长能适应环境，丢去从前的清高策略。因为如此金大才能社会化，而造出真正能替社会谋幸福的人才。"①此前金大的建设与发展，在经费、制度和人事上都与政府少有联络。而对于改组后的大学与新政权的关系，师生有着新期待。

陈裕光在立案问题上态度积极。他后来回忆说，自己担任校长的条件是理事会要同意他在金大立案事务上"采取主动"。他在校长就职仪式上明确宣布："立案之事，当刻不容缓。"②1927年10月，中华民国大学院成立，作为南京国民政府初年掌管全国学术及教育行政之最高行政机构。12月初，过探先便赴大学院就金大立案事宜催请批示，并报告金大校董会改组情形，"院方认为十分妥当"。③该年12月，大学院颁布了《私立大学及专门学校立案条例》，规定私立大学及专门学校必须试办二年以上，并在经费、设备、教职员三方面符合资格者，方得呈请立案。该条例还规定，凡未立案之私立大学或专门学校，其肄业生及毕业生不得与立案之私立大学及专门学校学生受同等待遇。④1928年2月，大学院又颁布《私立学校条例》，规定私立学校要受教育行政机关的"监督"和"指导"，私立学校必须组织校董会"负经营学校之全责"，校长须对校董会"完全负责执行校务"，校长由中国人担任。私立学校不得以宗教科目为必修科，不得在课内做宗教宣传，不得强迫学生参加宗教仪式。⑤私立大学立案须经过三道程序：首先，私立大学在开办之前，校董会先要呈请教育部立案；其次，校董会履行立案程

① 思练：《我对陈校长急切的希望》，《金陵周刊》第2期，1927年12月。
② 王运来：《诚真勤仁 光裕金陵：金陵大学校长陈裕光》，济南：山东教育出版社，2004年，第106页。
③ 《本校立案消息》，《金陵周刊》第3期，1927年12月。
④ 《私立大学及专门学校立案条例》，《大学院公报》第1卷第1期，1928年1月。
⑤ 《私立学校条例》，《大学院公报》第1卷第3期，1928年3月。

序后，私立大学才能呈请开办，并须呈报详细情况资料；最后，私立大学开办一年后才能申请立案，经教育部视察符合标准者，才能获得国民政府承认。

对于立案问题，过探先有着更深刻的认识。1928年1月，他在《金陵周刊》上刊发了《本校的当前问题》长文，认为金大改组是金大与政府关系的一次重大调整，立案不过是形式而已。他说："请求立案，是学校服从国家法律的表示。所以立案以后，关于国家一切的法令，都应切实遵守，决不能阳奉阴违，尤不容口是心非。"校内师生多留意于尽快立案、改善经费、添聘教员、增加学程等具体问题，而在过探先看来，更重要的是对大学精神的重新塑造。他说："本校的当前问题，可以归纳为三项：一学术化，二平民化，三革命化。这三项，都是关于精神方面的问题，不是物质方面的问题。"①

1928年2月11日，金大举行1928年春季学期开学典礼，大学院院长蔡元培受邀出席。在当天典礼上，陈裕光报告了金大过去的历史及今后革新教务的方针，他在讲话中着重强调了金大与国民革命的密切关系。

> 金大由各校合并成立，在十七年前时，适孙总理在南京成立政府，蒙其奖励与指导，不胜荣幸。去年本校实行收回教育权，又适为南京成立新都之纪念，故本校校务两次改变，适为政局开两新纪元之时，有值得纪念之光荣。今后本校校务当按步骤改组，逐渐进行，以求完备。希望本校能（一）学术化；（二）人格化；（三）平民化；（四）国化；（五）进化。②

---

① 过探先：《本校的当前问题》，《金陵周刊》第6期，1928年1月。

② 《金陵大学举行开学礼》，《真光杂志》1928年第27卷 第2、3期，第133页。

　　陈裕光此处的"五化"与此前过探先的"三化"，并没有本质区别。过探先强调的"革命化"，被"国化"和"进化"替代，以体现适应国情和锐意革新的精神。蔡元培当天在训词中说："金大困难已去，今后校务当蒸蒸上进。"[①]对金大的前景颇有期待。

　　在此前后，陈裕光致函蔡元培，报告金大正筹备向政府立案的手续。1928年2月21日，蔡元培复陈裕光函称："顷接手书，敬悉贵校方筹备立案手续，甚善。奉上私立大学立案用表式样一册，敬希台收，查照办理。"[②]2月24日，南京特别市教育局致函金大，将大学院新颁布的《私立学校条例》《私立学校校董会条例》及《私立大学及专门学校立案用表》函送，请金大尽快以此办理立案。[③]在1928年3月举行的金大第二次校董会上，陈裕光报告了学校立案工作的进展，金大已经向教育行政当局提交了立案的非正式申请，并得到了教育当局积极回应。3月31日，金大学生会集会欢迎新校董，校董代表吴东初、葛德基二先生出席，学生再次向两位校董表达了"催请早日注册"的意见。[④]

　　《私立大学及专门学校立案条例》于1927年12月颁布之后，各私立大学向大学院申请立案者并不踊跃。1928年5月，大学院颁布了第三四七号令，以"各私立大学业经遵章呈请立案者尚属寥寥，殊属玩忽之极"，故训令"所有各私立大学应饬即日遵照条例造具表册，呈由各该主管教育行政机关核明，转呈本院立案，毋再延逾"。5月12日，南京特别市市政府教育局将此令函转金大，请其遵

---

①　中国蔡元培研究会编：《蔡元培全集》第二卷，杭州：浙江教育出版社，1997年，第175页。

②　《蔡元培致陈裕光函》，1928年2月21日，金陵大学档案649-62。

③　《南京特别市市政府教育局致金陵大学公函》，1928年2月24日，金陵大学档案649-66。

④　《本校欢迎校董会》，《金陵周刊》第8期，1928年。

照办理，从速立案。①5月26日，南京特别市市政府教育局再次致函金陵大学，询问"一切手续已否预备？"并敦请金大仰速遵照院令办理立案手续。②在南京市教育局的两次函催下，金大的立案问题已经刻不容缓。1928年8月6日，大学院核准了金大校董会的设立，认为"校董会已经按照大学院公布的《私立学校条例》组织，因此校董会被允许立案"。此后，大学院令委钱端升、谢树英、钱天鹤等人赴金大进行实地调查，认为"与私立大学及专门学校立案条例尚属符合，应即准予立案"。③1928年9月20日，金陵大学与大同大学、复旦大学和无锡国学专门学院同一批获准立案，金陵大学也成为南京国民政府时期最早立案的私立大学之一和第一个立案的基督教大学。1928年10月，陈裕光向创始人委员会报告说，立案意味着金大得到公众与政府的认可。

金大能成为第一所立案的基督教大学，和它地处首都所承受的政治压力不无相关。尽早完成立案，对金大来说可避开在政治压力下被接管的危险。对南京国民政府而言，位居首都的金大率先立案，对其他教会大学有示范作用，也推进了其他教会大学向南京国民政府立案的进程。金大立案后，其他教会大学陆续向国民政府立案。各教会大学立案时间如下：

金陵大学：1928年9月立案；

沪江大学：1929年3月立案；

燕京大学：1929年6月立案；

东吴大学：1929年7月立案；

---

① 《南京特别市市政府教育局致金陵大学公函》，1928年5月12日，金陵大学档案 649-66。

② 《南京特别市市政府教育局致金陵大学公函》，1928年5月26日，金陵大学档案 649-62。

③ 《南大百年实录》编辑组编：《南大百年实录（中卷）：金陵大学史料选》，第51页。

岭南大学：1930年7月立案；

金陵女子文理学院：1930年12月立案；

福建协和学院：1931年1月立案；

辅仁大学：1931年6月立案；

之江文理学院：1931年7月立案；

华中大学：1931年12月立案；

齐鲁大学：1931年12月立案；

震旦大学：1932年12月立案；

华南女子文理学院：1933年6月立案；

天津工商学院：1933年8月立案；

华西协和大学：1933年9月立案。

1927年后教会大学陆续向国民政府立案，在中国近代教会大学发展史上具有重要意义。在教会大学向政府立案的进程中，有三股主要的推动力量：其一，二十世纪二十年代中国的民族主义浪潮和"收回教育权运动"；其二，新成立的南京国民政府出于国家政权建设的需要，亟待加强对高等教育的管控和规范；其三，在教会学校和教会人士内部，也有着推动教会大学向更加中国化的方向发展的倾向。

金大向南京国民政府立案，在教育管理上虽只是一个行政程序，但对于金大发展而言，则是大学与国家关系的一次深刻调整。1928年春，金大教务主任刘迺敬受陈裕光委托，调查金大校内状况以为立案准备。刘在调查中便体会到金大与政府之间长期隔膜的局面亟待改变。他认为造成这一局面的原因其实是"两方面皆误了"。作为设在中国的学校，"任凭哪一个为办事人，皆应（一）为我国社会造就适当之人；（二）得社会之同情及信仰"。在政府方面，对于学校"应当时时派人调查，发现他的弱点的时候，应当予以警戒、指导、辅助；发现他的优点的时候，应当予以名誉或经济之奖励，使之格外图新"。①刘迺敬的看法在当时众多金大师生中很有代表性。

作为学校主体的金大师生，在立案过程中发挥了积极的推动作用。金大地处首都的位置，使它在政权兴替之际面临着巨大的政治压力。以过探先、陈裕光为代表的中国籍教员以此为由，频频向理事会提出改组金大和向政府立案的紧迫性。在国民革命和收回教育权的时代潮流中，金大学生表现出很强的革命色彩，成为学校积极寻求向政府立案的重要推手。金大学生说："宁垣既成革命新策源地，本校复为首都学府，对于民众运动，提掖指导，责无旁贷。"②在这种局面下，仍然维持金大原有脱离于中国政府之外的建设模式，是不合时宜的。过探先提出的金大"学术化、平民化、革命化"的建设思路，和学生群体期待金大"适应环境，丢去从前的清高策略"，都意味着立案后的金陵大学将与国民政府有着更多的互动合作。学生会在欢迎陈裕光就任校长的大会上对新闻界宣称："金大原为教会学校，一切教育行政皆操外人之手，经同仁努力奋斗，已将本校教育权收回；华人任校长，为本校创举，此后本校将进而中国化、革命化之学校。"③立案后的金大成为国民政府高等教育体系的组成部分，将探寻一条更加适应近代中国社会需求的发展道路。

第三节　行政体系与治理结构的调整

一、创始人委员会和校董会

金大的改组和立案，带来了大学治理结构的变革。在此之前，金大是美国几个基督教差会在华合作的教育事业。在美国纽约，设

---

① 刘迺敬：《金大状况一瞥》，《金陵周刊》第 17 期，1928 年 6 月。
② 《一年来同学活动之鸟瞰》，《金陵周刊》第 5 期，1928 年 1 月。
③ 《南大百年实录》编辑组编：《南大百年实录（中卷）：金陵大学史料选》，第 49 页。

有金陵大学的托事部，由创校的美以美会、基督会、长老会和后来加入的北浸礼会等差会派员组成。同时，金大在南京设立理事会。理事会既是托事会在南京的执行机构，也是金大校务管理的决策机构，对校政决策起到很大作用。这样，在金大早期的历史上，形成了托事部-理事会"内外双重"的治理结构。①

托事部是金大最高的治理主体，拥有很大权力。首先，托事部是金大校产的所有者，投资和管理基本金，拥有对校产的处置权。其次，托事部掌握着金大重要的人事任免权，南京理事会成员的提名、批准或否决均取决于托事部。同时，托事部还拥有任命和罢免校长的权力。再次，托事部对于金大的财务负有全责，不仅负责制定学校的年度预算，而且负责统一收集各项国外拨款（包括基本金利息、各差会拨款、差会教师薪水及其他国外机构提供的基金和捐款），并按预算划拨大学使用。理事会向托事部负责，管理来自托事部的经费，保持大学收支平衡，并负责创建学系和批准新课程，任命校内行政人员和教师（校长除外）等学校的行政事务。

在1927年的金大改组中，托事部被改组为创始人委员会，理事会改组为校董会。这种改组不仅是名称上的变化，更牵涉职权的调整。

从人员构成上看，创始人委员会延续了之前托事部的组织架构，仍然由合作差会合组而成。1929年4月22日，金大创始人委员会在美国纽约召开第一次会议，主席依旧由原托事部主席史密尔担任。但是在职权上，创始人委员会相较于托事部已大有缩减。第一，金大的校产所有人依然是创始人委员会，创始人委员会负责保管金大的基金。第二，托事部原本拥有提名理事会成员和选任校长的权力，创始人委员会则不再拥有这些权力，而只保留了"应校董会之请聘请和确保外籍常任教职员"的权力。第三，创始人委员

---

① 蒋宝麟：《20世纪20年代金陵大学的立案与改组》，《近代史研究》2016年第4期。

会不再对金大的经费负责，而由校董会对金大的经济负全责，校董会向创始人委员会报告其所提供基金的用途。金大的年度决算由其指定的会计师进行稽核。在财务经费事项上，校董会拥有更大的权力。

与此相适应，创始人委员会和校董会呈现出一种所有者与承租者的关系。校董会和创始人委员会签订校产租赁协议，金大校产仍归创始人委员会所有，但校董会拥有使用权。"创始人委员会将学校的地产、建筑和设备租赁给校董会，租期自1928年7月1日起共5年，名义为1美元的中国货币。这个租借可以在双方同意的情况下续租。"如果金大校董会不再作为金大的管理者，创始人委员会将立即重占金大财产；如果创始人委员会认为租借的财产没有用于金大的目标，在任何一学年结束时双方均可取消这一租赁。创始人委员会向校董会提出的承租目标是："在南京保持一所在基督教赞助下具有充分宗教信仰自由的私立高等学府，并将遵照教育效率的最高标准，鼓励社会福利以及为公民服务的崇高理想，按基督精神来造就人才。"①

新成立的金大校董会不再是创始人委员会在中国的执行机构，而是金大最高的校务管理和审议机构。根据1927年改组后制定的《金陵大学校董会章程》，校董会拥有金大的实际控制权，并担负起经费预算和校务运作的责任。校董会的职权包括：

（一）批准建立新的系科；

（二）批准学校开设的课程；

（三）选举任命校长和司库；

（四）任命学校行政人员和教学人员；

（五）决定由创建会支付工资的人员以外的其他教职工的工

---

① 《南大百年实录》编辑组编：《南大百年实录（中卷）：金陵大学史料选》，第138页。

资数目；

（六）提供合适的校舍和办公教学设备；

（七）根据学校的财政预算，决定学费的金额，并通过学校的行政管理机构按预算收纳和分配学费；

（八）负责为学校提供足够的师资力量和办学规模以及执行有利于提高学校管理效率的其他职责。[①]

在人员构成上，校董会中国籍校董的比例进一步增加。金大理事会在成立之初，成员主要来自各合作差会。中国籍理事后来开始加入理事会，如郭秉文、王正廷、张伯苓、黄荣良等人，在理事会中发挥着重要作用。1925年，校长包文在校务报告中称，理事会中的中国籍理事将逐年增加，直至"中西各半"。[②]根据国民政府关于私立学校校董会中外国人校董不得超过半数的规定，修订后的《金陵大学校董会章程》进一步增加了中国籍校董的比例。董事会由以下各方面人员组成：

（一）从中国的宗教团体中选出：

浙江–上海浸礼会分会选派2名；

美以美会华中分会选派3名；

中华基督教会华东分会3名；

中华基督教会3名（和中华基督教布道团有联系）。

（二）金陵大学校友会选派4名。

（三）从有合作关系的布道使团中选出：

卫理公会、圣公会华中布道团2名；

---

① 《南大百年实录》编辑组编：《南大百年实录（中卷）：金陵大学史料选》，第134页。
② 包文：《金陵大学之近况》，《中华基督教教育季刊》第1卷第4期，1925年12月，第33页。

美国长老会江岸布道团2名；

中华基督教布道团2名；

美国浸礼会国外布道团华东教区2名。

（四）增选委员：本会增选委员5名，由以上当选的校董会董事公推（增选的董事和校董会其他董事具有同样权力）。

（五）金陵大学校长为校董会当然董事。[1]

同时该章程规定，校董会中的大多数成员以及增选的校董会成员中的大多数必须是中华民国的公民。以1928年校董会人员构成为例，中国籍校董包括各合作差会的代表11名，校友会代表4名，校董会自身选任的校董5名，加上当然校董校长陈裕光，共计21名；外国籍校董包括各合作差会代表8名，当然校董校长外籍助理芮思娄，共计9名，校董会中中国籍校董占2/3以上。

金大校董会每年举行两次。根据1933年6月编订的《私立金陵大学一览》，除校长陈裕光为当然校董外，兹列举该年度校董会成员名单如下：吴东初、洪章、赵士法、李耀东、查谦、德维廉、王正廷、康比礼、樊正康、文乐士、徐玉和、鲍哲庆、包文、马轲、华伯雄、朱经农、韦尔池、魏文瀚、朱继昌、陈光甫、罗金声、李厚甫、陈钟声、罗炳生、李汉铎、福开森、罗运炎、周孝成、葛德基。[2]

校董会的改组和中国籍校长的产生，是推动教会大学中国化努力中的重要一步，被视为"收回教育权"的重大胜利。虽说此后"本校行政完全由华人主持"，但在大学的管理体系中，外籍校董和美国差会仍然有很大影响力。1927年11月，金大校董会在任命

---

[1] 《南大百年实录》编辑组编：《南大百年实录（中卷）：金陵大学史料选》，第133页。
[2] 金陵大学秘书处编：《私立金陵大学一览》，1933年印行，第11页。

陈裕光为校长的同时，还设置了校长外籍助理（Foreign Assistant to the President）的职务，由芮思娄担任。这一安排主要是为了保持美国差会在金大校内的影响。校长外籍助理是校董会的当然成员，在校董会上与校长平起平坐，使陈裕光难以独立行事。芮思娄担任校长外籍助理一直到1928年夏他回国休假，其职务由另一位金大教授贝德士继任。1928年11月，包文重返金大任教，被聘为校长顾问（Adviser to the President），贝德士乃辞去校长外籍助理职务。

在金大校董会中，校长和校长顾问均为当然成员。包文在金大虽未担任"实际职务"，但对于"协助"校务起到重要作用。陈裕光在报告中即指出，包文"并不希望在校中担任任何实际职务，但他长期处理问题所积累的经验，以及他常年担任学校首脑，使得他协助学校管理的力度和希望大增"。不过在1930年5月后，包文因健康问题返回美国。1937年春，包文再次来到中国，并参加了1937年4月9日的校务会议。陈裕光代表校务会议表示"欢迎包先生参加本会，并希望对于本校校务，时加指导"。[1]对于包文的返校，陈裕光极为重视。他在报告里称，非常希望借重包文在金大长期的管理经验，来协调校内外的关系和矛盾，尤其是协调校长与外籍教员的关系。如此前在金大外语系任教的赛珍珠，在英语课上常常夸夸其谈，离题万里，引起学生不满。学生将此事反映到校长室，陈裕光最后只得把她调离，结果引起了校内部分外籍教职员的不满。陈裕光在回忆中说："当时金大美国教师人数不少，暴露出来的问题也不少，需要他[2]来帮助解决。他们夫妇两个回来后，固然帮了我不少忙。"[3]

陈裕光出任校长后面对的一大难题是差会对于金大在经济和管

---

① 《校务会议记录》，1937年4月9日，金陵大学档案649–225。

② 指包文。

③ 金陵大学南京校友会编：《金陵大学建校一百周年纪念册（1888—1988）》，南京：南京大学出版社，1988年，第19页。

理权上的控制，美国差会仍掌握着学校的经济命脉。这也是民国时期教会大学中国籍校长普遍面临的难题。[①]金大立案后的经费来源，其中65%来自创始人委员会，35%由校董会负担（包括学费收入及各种捐款）。在1935年编写的《金陵大学概况》中，对于金大常年经费的构成有一个大致的划分。"本校常年经费，约需一百万元，计百分之六十五，出自美国基金之利息及捐助费，百分之三十五为学费收入及各种捐款。"[②]可见当时金大经费收入的结构。学校基金由创始人委员会保管，每年息金由创始人委员会按期汇拨，用于指定支出。学校的预决算均需由创始人委员会指定的会计稽核，金大的主管财务人员由美国差会指派，金大的财务管理系统不向校长负责，而向美国的创始人委员会以及代表美国的校董负责。主管财务人员初称司库，立案后改称会计主任。从1927年年底起，金大的会计主任由毕律斯女士（Elsie M. Priest）长期担任。毕律斯是一位具有献身精神且精明能干的女传教士，她兼任陈裕光的英文秘书。毕律斯20岁左右来到中国，直到1950年才离开南京，对于中国和金大都有着深厚的感情。

表1-1　1932年金陵大学经费收支状况

收入状况		支出状况	
款项	数额（元）	款项	数额（元）
学生缴费	82 773	俸给费	217 550
租息	93 000	办公费	38 603
捐助款	125 497	设备费	76 803
杂项收入	342 028	特别费及其他	310 342
合计	643 298	合计	643 298

资料来源：教育部编，《1932年度全国高等教育统计》，1935年7月，第57—60页。

---

① 吴梓明编著：《基督教大学华人校长研究》，福州：福建教育出版社，2001年，第24页。
② 《金陵大学概况》，1935年编印，第14页。

　　美国差会掌握着学校经济命脉，对于学校管理操有实权。校董会和创始人委员会签订有协议书，规定金大财产由创始人委员会租给校董会管理，校董会是"根在外国，实权在外人"，类似创始人委员会在中国的经纪人。诸如经费支配、校长变动、办学大政方针决策，乃至重要教师的任免，创始人委员会都有很大的发言权。在校董会中，代表创始人委员会利益的西籍校董也更有发言权和影响力。虽然校董会与之前的理事会相比拥有了更大的职权，并且更加"中国化"，但它在很大程度上仍然代表着美国差会的利益。

　　作为一校之长的陈裕光，在校务管理上权力有限。教会大学向政府立案后，中国人出任校长已是通例。此前，外籍校长本身就是差会中人，他们与在美差会关系融洽。中国人担任校长后，即便美国差会对中国籍校长充满信任，但终究有隔阂。陈裕光后来说："名义上中国人当了校长，实权尤其是经济大权，依然掌握在美国教会手中，我这位中国校长，几乎无权过问。"[1]陈裕光所言，代表了立案后在华教会大学的普遍状况，中国籍校长在校内外都受到外籍教职员和教会力量的掣肘。当时担任华中大学校长的韦卓民也曾说："有几个立了案的基督教大学，对政府讲，校长是中国人，而学校的行政权和财权，照旧操在外国人手里。一直到抗战胜利，各校复员之后，还是这样。以学校论，是阳奉阴违，以政府论，是明知不问。"[2]即便有了中国人占多数的校董会，选举中国人担任校长，并向中国政府注册立案，也仅仅在一定程度上维护了教育主权与民族尊严，并没有从根本上解决教育权的问题。

---

① 金陵大学南京校友会编：《金陵大学建校一百周年纪念册（1888—1988）》，南京：南京大学出版社，1988 年，第 14 页。
② 韦卓民：《四十年来我国基督教的高等教育》，《金陵神学志》（1、2 期合刊）第 26 卷，1950 年 11 月，第 53 页。

二、校内治理结构的变化

立案后的金陵大学，其主管机关为国民政府教育部，学校的行政组织和校务管理均需遵守国民政府颁布的教育政策和法令。陈裕光出任金大校长，在很大程度上提升了中国籍教职员的话语权，并在校内形成一股新的力量。这些都推动着金大治理结构的进一步调整。

1928年1月，金大根据国民政府大学院颁布的规程制订了《私立金陵大学组织大纲草案》。根据这份草案，大学设校长一人，由校董会依法选举。大学设农林科和文理科，各设科长一人，由校长选聘并报告校董会。科下设系，各系设主任一人，教授、副教授、讲师、助教若干人，由校长延聘。大学行政下分教务、事务、会计、图书和工程五部。大学设校务会议，其职权包括：（1）关于预算及决算之编制及经济之建议事项；（2）关于各科系之设立、废止及变更之建议事项；（3）关于建筑及设备之建议事项；（4）议决大学内部规则之制定废止及变更；（5）议决关于学校之纪律事项；（6）议决校长交议事项及各科教职员会提议或请求审议事项；（7）关于校内其他重要事项。大学各科设科教职员会议，以该科之全体教职员组织之，报告及商榷该科之进行事项。各部设部务会议。大学设全体教职员会议，报告关于校务事项，及选举校务会议代表，每学期举行一次。大学为进行校务便利起见，得酌设备各项委员会，其常设者包括：风纪委员会、卫生委员会、群育委员会、娱乐委员会、宗教事业委员会、体育委员会、图书委员会、出版委员会、朝会演讲委员会、教务委员会。遇临时事务发生时，得酌设备各种临时委员会。①

---

① 《私立金陵大学组织大纲草案》，1928年1月1日，金陵大学档案649-61。

校长是金大行政体系中的重要一环。校长也是校董会当然成员，成为连接校董会和学校的重要桥梁。根据规定，校长还负有选聘科长、系主任、各部主任和科系教职员的权力。但在实际运行中，金大的校务管理并不是校长负责制。陈裕光不仅受到美国差会和外籍教职员的制约，他在校内还注重发扬"共和精神"，强调群策群力开展校务管理。其中最主要的组织是校务会议。

校务会是金大日常行政决策的主要机构。1928年4月，金大全体教职员大会议决，大学部成立校务会，以便处理校务。校务会以校长、文理科科长、农林科科长、图书馆、教务处、事务处、工程处、会计处主任为当然委员，另外再推举八人共同组成。①参加第一次校务会议的有毕律斯、熊祥煦、张子高、陈裕光、芮思娄、过探先、贝德士、倪青原、陈嵘、张心一、徐澄、刘崇本、刘迺敬、沈宗瀚、刘国钧等15人，并推定陈裕光、过探先为正副主席，刘国钧为书记。②

1929年7月，国民政府教育部颁布《大学组织法》，明确规定大学设校务会，由全体教授、副教授所选出之代表若干人及校长、各学院院长、各学系主任组成，校长为主席。校务会议审议事项为：（1）大学预算，（2）大学学院学系之设立及废止，（3）大学课程，（4）大学内部各种规则，（5）关于学生试验事项，（6）关于学生训练事项，（7）校长交议事项。③金大此前的校务会组织办法系依照前大学院所颁法令组织，与教育部新颁《大学组织法》"颇不相合"，于是遵令改组校务会议，并由校董会在1930年11月通过。

改组后的金大校务会组成人员包括校长（主席），各学院院

① 《本校校务会成立》，《金陵周刊》第11期，1928年4月。
② 《大学部第一次校务会议》，日期不详，金陵大学档案649-225。
③ 中国第二历史档案馆编：《中华民国史档案资料汇编·第五辑·第一编·教育（一）》，南京：江苏古籍出版社，1994年，第172-173页。

长，各学系主任，各处主任（当时金大设有六处：秘书处、教务处、会计处、事务处、校产管理处、工程处），各学院教授、副教授所选出之代表三人（任期一年，连举得连任），直辖之各附属机关主任。校务会的职权如下：

（一）关于各学院系之设立废止及变更之建议事项；

（二）关于建筑及设备之建议事项；

（三）议决关于学校之纪律事项；

（四）议决关于本校规则之制定废止及变更；

（五）议决校长交议事项及各院务会议提议或请求审议事项；

（六）关于校内其他各重要事项。[①]

与《大学组织法》关于校务会的规定相比，金大校务会的职权略有变通，对"大学预算"没有提及。金大的最高决议机构是校董会，校务会没有预算权，对院系的设立废止、建筑等重大校政也只有建议权。从校务会人员组成来看，参加人员众多，常达30余人。如在1936年秋季学期，金大校务会议全体委员多达40人。[②]人数如此众多，召集会议实属不易。按规定，校务会每学期开会一次，如有必要，由主席召集临时会议。但从实际情况看，金大校务会议每学期一般召集两次。负责校务会议日常运行的是校务会议常务委员会。根据规程，校务会议得设常务委员会，由校长、各学院院长、图书馆馆长、各处主任及附属中学校长、附属医院院长组织之，并由校务会议互选、公推教授代表3人加入。如在1932年6月，校务会议就推举贝德

---

① 金陵大学秘书处编：《私立金陵大学一览》，第13页。

② 《校务会议全体委员名单》，1936年，金陵大学档案 649-65。

士、马文焕、李德毅3人作为教授代表加入校务会议常务委员会。

相较于校务会，常务委员会约由十余人组成，成员人数要少得多，也更容易组织召集。如在1936年，金大校务会议常务委员会委员有陈裕光、刘国钧（文学院院长）、魏学仁（理学院院长）、谢家声（农学院院长）、章之汶（农学院院长）、张坊、齐兆昌（工程处兼校产管理处主任）、粟宗章（事务处主任）、柯象峰（教务主任）、毕律斯、徐养秋（中国文化研究所委员会主任）、谈和敦、李方训（化学系教授）、陈宗一、马博厂（政治系主任）。[1]据陈裕光回忆，当时，"十多位常委几乎每周有一二次集会，讨论、研究校务，并对各项重大措施制定决策"。他称之为"共和精神"。[2]由于金大教职员队伍长期保持稳定，校务会议常务委员会人员变化不大。无论是校务会议，还是常务委员会，其成员绝大部分是中国人。金大校内的这种"共和精神"，使得学校的运行和管理保持着较强的延续性和稳定性。在校长出缺之时，学校也能平稳运行，管理有序。1935年1月，陈裕光将出席国际扶轮社年会并考察南洋教育，校务会议常务委员会便议决："在陈校长离校期间，学校重要事务，交由校务会议常务委员会办理，每次会议推请刘国钧先生召集之。每周朝令推请章之汶先生办理。"[3] 1936年6月，陈裕光赴美参加会议并考察教育，历时半年之久。在此期间，金大没有设代理校长，而是由文理农三院院长、毕律斯、柯象峰、张坊、袁观贤七人组织行政委员会负责主持，[4]由三院院长轮流担任主席两个月，主持校务。

在校务会议下，金大各学院设有院务会议，"计划本院学术设

① 张宪文主编：《金陵大学史》，南京：南京大学出版社，2002年，第64页。
② 金陵大学南京校友会编：《金陵大学建校一百周年纪念册（1888—1988）》，第13页。
③ 《校务会议常务委员会记录》，1935年1月19日，金陵大学档案649-223。
④ 《陈校长出国考察校务由行政会议负责》，《金陵大学校刊》第198号，1936年9月7日。

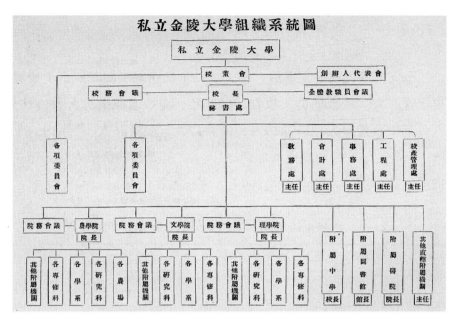

图1-1　私立金陵大学组织系统图（1933年）
资料来源：金陵大学秘书处编，《私立金陵大学一览》，1933年印行，第15页。

备事项及进行事宜"。如理学院的院务会议，以院长、各系科部主任、总指导及教职员代表三人组织之，其中教职员代表每学年改选一次。院务会议每月举行常会一次，遇必要时得召集临时会议。院务会议具体职权如下：

（一）关于学系之增减及变更之建议事项；

（二）关于教学方针、课程编制之建议事项；

（三）关于本院学生试验及考核成绩事项；

（四）关于本院学生训育事项；

（五）关于本院学生毕业论文审查事项；

（六）关于本院设备及出版事项；

（七）关于本院进行计划之建议事项；

（八）制定本院内部各项组织办事及管理规则；

（九）院长交议事项。[①]

金大向国民政府立案后，迎来了一个快速发展的时期，学校规模迅速扩大。从教职员人数看，1926年，全校教职员总人数为103人，其中教授21人，讲师19人，助教17人，职员46人。[②]到1934年秋，金陵大学的教职员便增加到252人，尤其是教师队伍人数，迅速增加到214人（其中专任教员199人，兼任教员15人）。

表1-2　1934年秋金陵大学教职员队伍院系分布情况表

	教授	讲师	助教	助理	职员	专任	兼任	合计
农学院	33	22	34	36	5	127	3	130
文学院	32	10		1	3	37	9	46
理学院	16	9	7	4	2	35	3	38
合计	81	41	41	41	10	199	15	214

资料来源：根据《私立金陵大学农学院教员统计表》（1934年秋季）、《全体教职员人数表》《私立金陵大学文学院教员统计表》（1934年秋季）、《私立金陵大学理学院教员统计表》（1934年秋季）制成，金陵大学档案649-77。

随着治理结构的变化，中国籍教员成为教职员群体的绝大多数。陈裕光在回忆中说，立案前的金大"从行政到教学，很少与中国政府发生关系。这一现象至1928年向中国政府立案后才开始改变。教授当时皆为美国传教士，只有教中文和在人员不足的情况下，才聘请华籍人员"。[③]在创校之初的1912年，金大有外籍教员17人、中国籍教员20人。到1922年，外籍教员34人、中国籍教员有64

---

① 　金陵大学理学院院长室：《私立金陵大学理学院概况（1935年至1936年）》（第四号），1936年，第131-132页。

② 　《教育部全国专门以上学校调查一览表》,1926年5月，金陵大学档案649-77。

③ 　金陵大学南京校友会编：《金陵大学建校一百周年纪念册（1888—1988）》，第11页。

人。①外籍教员不仅人数多，而且在校内占据要津，主导着校务发展，金大主要系科的负责人几乎全部由外籍教员充任。1927年3月南京事件后，外籍教职员离宁，直到该年10月底贝德士、唐美森二人才率先重返金大。②这一变动引发了校内教师队伍结构的大调整。在1928年春季学期，金大全校132名教职员（其中教员77人，职员55人）中，外籍教职员仅有6人（其中教员3人，职员3人）。③随着时局逐步稳定，外籍教员在金大向国民政府立案后陆续重返校园，但在教职员队伍中的比例和影响都显著下降。根据1933年6月刊印的《私立金陵大学一览》，在全校49名职员中，外籍职员仅有2人。在全校180余名教员中，外籍教员仅17人（其中还有3人在休假），且主要集中在外国语文系教授英文。教师队伍的本土化正悄无声息地改变着金大的师资结构。

表1-3 1933年金陵大学外籍教职员情况表

姓名	性别	英文名	职务	备注
卜士瑞	女	Minnie H.Purcell	英文秘书	
毕律斯	女	E. M. Priest	会计主任	
谈和敦	男	J. H. Daniels	校医兼本校医院代理院长	
方恩	男	W. P. Fenn	外国语文系教授	在假
章文新	男	F. P. Jones	外国语文系教授兼代理主任	
贝德士夫人	女	Mrs. M. S. Bates	外国语文系兼任教授	
吴惠津	男	W. R. Wheeler	外国语义系教授	
梅赞文	男	S. J. Mills	外国语文系教授	
章文新夫人	女	Mrs. F. P. Jones	外国语文系兼任教授	
雍森	男	J. G. Young	外国语文系教授、宗教学教授	
贝德士	男	M. S. Bates	史学系教授兼主任	
史迈士	男	L. S. C. Smythe	社会学系教授	

① 包文：《金陵大学近十年的发达》，《兴华报》第19卷第18期，1922年5月17日，第5页。
② 《第三十五次校务会议记录》，1927年10月20日，金陵大学档案649-225。
③ 刘洒敬：《金大状况一瞥》，《金陵周刊》第17期，1928年6月。

（续表）

姓名	性别	英文名	职务	备注
唐美森	男	J. C. Thomson	化学系教授兼主任	在假
伊礼克	男	J. T. Illick	动物学系教授	
安德森	女	Miss H. M. Anderson	农学院英文文牍	
卜凯	男	J. L. Buck	农业经济系教授	在假
林查理	男	Charles H. Riggs	农艺系教授	
顾德恩	男	Goodsell S. F.	农艺系教授	
史德蔚	男	A. N. Steward	植物学系教授兼主任	

资料来源：金陵大学秘书处编，《私立金陵大学一览》，1933年印行。

三、"三院一所"格局的形成

早期的金陵大学，按照美国小型学院（college）设置，发展不均衡。金大校内设农林科和文理科，以农科建设成效最为卓著。1921年，北洋政府派员视察金大，认为"该校农科成绩较著，教科设备均较完备。不特为该校之特色，亦国内此项学校之翘楚"。相对而言，文科虽设立最早，但"内容既欠充实，组织复多凌乱，故就一般而论，殊无成绩可言"。因此在1921年金大向教育部呈请立案时，仅有农科得以获准。

文理科虽然办学成绩欠佳，但从学生人数看，却构成了金大学生的主体。文理科学生往往数倍于农林科。1927年春季学期，全校517名学生中文理科学生达408人，农林科仅109人。[1] 尤其是文科学生，在学校中占有很大比重。到了1928年秋季学期，情况亦然。文科学生抱怨学校将主要资源用于农林科和理科的发展上，对学校颇有不满，呼吁给予文科学生以"公平待遇"。他们说："比之农科之发展，一日千里，固然望尘莫及，其实比之理科，又何尝及其

---

[1] 《本校历年各科学生之比较》，金陵大学档案649-77，第95页。

万一呢！"①文科中的经济系、哲学系、社会系、政治系等系科，不仅教授缺乏，而且课程也难以开设，教学面临很大困境。

表1-4　1928年秋金陵大学各科学生情况表（单位：人）

科别	文科	理科	农科	林科	医预科	工艺化学科	国文专修科	合计
人数	278	41	145	15	11	50	14	554

资料来源：《金陵大学各科学生之数目》，1928年秋季，金陵大学档案649-77，第69页。

南京国民政府成立后，着意于加强对大学教育的管控，其中一项重要举措即对大学组织建制的整体规划。1929年7月，国民政府教育部颁布的《大学组织法》规定："大学分文、理、法、教育、农、工、商、医各学院，凡具备三学院以上者，始得称为大学。"1929年8月，教育部颁布《大学规程》，规定"大学至少具备三学院，并遵照中华民国教育宗旨及其实施方针，大学教育注重实用科的原则，必须包括理学院或农、工、商、医各学院之一"。②据此，金大必须设有三个学院，方能称"大学"。

当时的金大仅设有文理科和农林科，其中农林科包括农科和林科，文理科则包括文科、理科、医预科、工艺化学科和国文专修科。从表1-4所示1928年秋季学生人数来看，农林科共有学生160人，而文理科共有学生394人。在文理科中，文科属于人文社会科学，理科属于自然科学，性质有很大不同，这给科务筹划和教学管理均带来不便。中国近代大学文理合并设科，多系在学科的草创阶段。随着各学科和学系逐渐发展扩充，学科的细分使得文理分科成必然趋势。比如同城的东南大学，在1926年即将原有的文理科分设为

① 黄礼恒：《旧话重提并告学校当局》，《金陵周刊》第16期，1928年6月。
② 中国第二历史档案馆编：《中华民国史档案资料汇编·第五辑·第一编·教育（一）》，第174页。

文科和理科。1928年4月，金大学生会也呼吁学校将"文理分科"，[①]以推动学科之间的均衡发展。由于教育部新颁关于"大学至少具备三学院"的规定，金大乃有意将文理科拆为文学院和理学院。

1929年9月12日，文理科科务委员会举行新学期第一次会议。主席刘国钧根据校长的委任，报告了教育部新近训令，即金大应依《大学组织法》加以改组。为满足大学至少须设有三个学院的要求，学校当局拟将文理科改组为文、理两学院，以符定章。文理科科务委员会"依照校长委任制主旨当以此问题为中心任务"。会议指定由贝德士、魏学仁、刘迺敬三人组织"分组委员会"，以贝德士为主席，讨论文、理学院分设的组织、经费、学系和课程原则等具体问题。[②]

10月7日，文理科科务委员会开第二次会议，贝德士在会上报告了分组委员会拟定的本科改组计划大纲六条，并由会议通过。该大纲具体内容为：

（一）将现有文理科分为两院，每院设院长一人及相当设备之办公室各一座。

（二）文学院设以下学系：

（1）中国语文系

（2）外国语文系

（3）史学系

（4）政治学系

（5）经济学系

（6）社会学系

---

① 非博：《希望和努力》，《金陵周刊》第8期，1928年4月。

② 《文理科科务委员会第一次会议记录》，1929年9月12日，金陵大学档案649-1629。

（7）哲学系

（8）宗教学系

（9）教育学系（内附心理学、图书馆学）

（三）理学院设以下学系：

（1）数学系

（2）物理学系

（3）化学系（内附工业化学科及地质学）

（4）动物学系（内附普通生物学及卫生学）

（四）植物学（内附细菌学及植物病理学）仍为农林学院之一系。

（五）预科仍单独存在，以教务主任或其他相当人员管理该科一切事宜，并对于担任该科学程教员之聘书有副署权。

（六）三学院之经济分配在最近期内须依照以下三原则决定之：

（1）除有特种原因外，各院应维持现有之教职员及各系工作；

（2）各院须相互协助；

（3）三院应在可能范围内将两年内之经济分配确定之。[①]

1930年春季学期，文、理两学院分设，金大正式设置文、理、农三学院。文学院以刘崇本为院长，下设中国文学系、外国文学系、历史学系、政治学系、经济学系、哲学系、社会学系、教育学系，附设国文专修科。理学院以魏学仁为院长，下设算学系、物理学系、化学系和动物学系，并附设工业化学科和医学预科。农学院以谢家声为院长，下设农业经济系、农艺系、植物学系、动物学

---

① 《文理科科务委员会第二次会议记录》，1929年10月7日，金陵大学档案649-1629。

系、森林系、蚕桑系、园艺系、乡村教育系、农业推广部和农业图书研究部，并附设农业专修科。

1930年，金大在霍尔基金会（Hall Fund）的资助下成立中国文化研究所。该所宗旨有四："（1）研究阐明中国文化之意义；（2）培养研究本国文化之专门人才；（3）协助本校文学院发展关于本国文化之学程；（4）供给本校师生研究本国文化之便利。"①中国文化研究所是金大长期存在的一个独立的研究机构。此后一直到1952年院系调整，金大一直保持着"三院一所"的总体格局。

---

① 金陵大学秘书处编：《私立金陵大学一览》，第40页。

第二章 三院嵯峨

金陵大学的校歌中，有一句"三院嵯峨，艺术之宫，文理与林农"。"三院嵯峨"，即对金大1930年后院系格局的描述。金大校园有三幢主要的学术建筑：1917年落成的东大楼（Swasey Hall）、1919年落成的北大楼（Severance Hall）和1925年落成的西大楼（Bailie Hall）。这三幢建筑也是理学院、文学院和农学院主要的教学和办公区域。在鼓楼校园的高地上，三座楼宇相互辉映，嵯峨有致，成为金大最具代表性的校园景观。文、理、农三学院，加上1930年创建的中国文化研究所，成为此后金大稳定的学科与院系结构。

第一节 文学院

一、院（科）系沿革

金大文学院由文科发展而来。文科在金大设立最早，为学校科系发展的基础，但发展并不如人意。1914年，金大对文科进行改组，由包文兼任文科科长。1915年，改由美籍教授夏伟师（Guy Walter Sarvis）专任科长。1921年，金大将文科改组为文理科，学生以理科为主系者，毕业后授理学士学位，仍由夏伟师担任科长。1926年，夏伟师返美后由陈裕光继任，并增设国文专修科。

陈裕光任校长后，着手学校系科的改组。1928年，文理科经调整后形成14个系，其中文科包括中国语文系、外国语文系、历史学系、政治学系、经济学系、社会学系、教育学系、图书馆学系、心理学系、哲学系、宗教学系，共11个系，另附设国文专修科。这是文学院成立前金大文科科系的基本构成。

1929年7月国民政府颁布《大学组织法》，规定大学必须具备至少三个学院。为适应这一政策，金大于该年9月开始规划改组文理科，将文理科分为文学院和理学院。1929年9月，文理科科长刘国钧受国立北平图书馆邀请，辞职北上。1930年春文学院成立后，首任院长由政治系教授刘崇本出任。文学院遵照《大学组织法》和《大学组织规程》，在学院下分为若干系，各学系遇必要时分设若干组，并参酌本校既往情状，形成"院—系—组"、附设专修科的基本架构。文学院刚成立时下设8系，即中国文学系、外国语文系、历史学系、政治学系、经济学系、社会学系、哲学系、教育学系；原宗教学系被取消；心理学系、图书馆学系改为组，增加教育学组，三组均设于教育学系下；另附设国文专修科。[1]

文学院成立后，更为关注现实社会的需求和培养应用人才，整合裁并学系与课程，集中力量发展重点学科。1934年春，文学院院长刘国钧在报告中称，数年来文学院"力加整顿，注意实际学问。务期使学生对于本国实际问题，有深切之认识，精密之探讨，庶几坐而言者，起而能行。此观于近年来历届高等考试，本院毕业生应试之人数虽不多，而及格者之比例实不为少，可以见也。此后更拟注重本国需要，增加实地调查等课程，不唯文史方面，以本国为重，即社会科学方面亦拟格外注重本国情形。总期授学生以切实之知识，为国家培植有用之人才焉"。[2]

---

[1]　《文学院院务委员会第二次会议记录》，1930年6月3日，金陵大学档案649-1629。
[2]　《本校文学院申请补助边疆问题及经济学讲席计划》，日期不详，金陵大学档案649-253。

首先，调整教学目标。为适应社会对人才培养的需要，文学院院务会议于1934年4月将学院教学目标确定为两个方面："（1）训练国学、英文及史学教员，并培植研究人才；（2）养成国家公务人员及社会工作人员。"[①]为实现上述目标，学院根据"集中"和"调整"两大原则，将学院下设各系划分为"文史部"和"社会科学部"两部。其中"文史部"包括中国文学系、外国文学系、历史学系，以及哲学、宗教学、图书馆学等学系，该部注重于文化之探讨；"社会科学部"包括经济学系、政治学系、社会学系和教育学系，该部注重实际社会问题之研究。每部根据需要各自制定其必修学程及其他规程。[②]

其次，根据教学目标裁并科系，变更课程。二十世纪三十年代中期，文学院将哲学系裁撤并停止招生，仅于每学期斟酌情形开设伦理学、哲学概论等课程供学生选修。教育学系停止招收主系学生，暂停不必要学程，将该系改为教育学组，仅供选作辅系。停办心理学组，酌留一二种课程，将课程并入教育学组。经过调整后，文学院由8系减为6系，即中国文学、外国文学、历史学、经济学、政治学、社会学等6个主系，另设教育学组、图书馆学组两辅系，并附设国文专修科。

再次，新设国学研究班，开展高等学术研究。1930年金大设立中国文化研究所后，国学教育的课程和师资都有较大发展，具备很好的基础。1934年3月，中国文学系毕业生王沛然等16人联名向母校呈请，希望金大注意发展国学，于东南各地大学均无研究所之时设立研究国学的高等机构。毕业生们认为，金大在国学上开展高等研究，既有助于提高学校的声誉，又能回应社会对于提倡国学的需

①　《文学院院务会议记录》，1934年4月18日，金陵大学档案649-1629。
②　《文学院院务会议记录》，《金陵大学校刊》第122号，1934年4月23日。

要。①当时，华东基督教教育会也希望金大注意培养中国文史人才。1934年秋，文学院乃开设国学研究班，以"培养国学师资，造就高深人才"。凡经教育部立案之公私立大学文学院毕业生，或国文专修科毕业生有教学经验两年以上者，均可报名申请入学。国学研究班学制两年，授课及研究范围以经学、史学、考古学、文学为限，至少修满48学分方可毕业，由金大给予毕业证书。②国学研究班第一期招生16人，1935年秋又招收第二期。③该班云集了一批国学研究的一流学者，培养了许多国学研究人才。

最后，筹设文科研究所。1934年5月，教育部颁布《大学研究院暂行组织规程》，规定各大学为招收本科毕业生继续高深学术研究可设立研究院，研究院成立之前，可设立某科研究所某部。金大此前已设有中国文化研究所和国学研究班，但前者不招收学生，后者在招生标准上与部章不符。金大乃以中国文化研究所及史学系、中国文学系的师资和设备为基础，筹设文科研究所中国文学部、史学部，专门致力于中国文史之研究。1936年经教育部核准，金大成立文科研究所史学部，学制两年，于1937年度招生。④

二、课程规划

文学院成立后，对其教学宗旨有着明确阐述："本院遵照教育部大学规程而组织，以研究高深学术，养成专门人才，适应社会情

① 《金陵大学文学院毕业学生呈请设立国文研究所》，1934年3月，金陵大学档案649-1632。
② 私立金陵大学文学院院长室编：《私立金陵大学文学院概况（1934年至1935年）》（第三号），1935年，第103-104页。
③ 《国学研究班概况》，《金陵大学校刊》第158号，1935年5月20日。
④ 《文学院文史研究部本季开始招收研究生》，《金陵大学校刊》第234号，1937年10月25日。

形，力图应用为宗旨。"①文学院的课程设置体现了国家建设和社会发展的需求，并努力实现学术化、专业化和实用化。

立案前，金大教学活动很少与政府发生关系，这一状况在南京国民政府时期发生了很大变化。首先受到影响的是宗教教育。金大设有宗教学系，宗教课程一度在金大课程体系中占很大比重。1930年，宗教学系开设有26门课程，56学分。其中"圣经近代之研究法""基督教教育史""宗教与科学""宗教学概论"等四门课程为主系必修课；"耶稣言行录""近代宗教问题""圣经的历史背景""比较宗教学"等8门课程为主系及辅系学生必修课；另有选修课程14门。1930年，金大根据教育部的要求停办宗教学系，宗教课程全部改为选修。此后，金大的宗教课程逐年减少，从1930年的26门到1937年减至17门。宗教课程的内容也从着重向学生灌输有关圣经或神学的教义，转向侧重从社会、政治和文化层面展开基督教的学术研究。②

在1937年金大西迁成都前，文学院先后有刘崇本（1930—1931）、刘迺敬（1931—1934）、刘国钧（1934以后）三任院长。首任院长刘崇本早年毕业于金大，后赴美留学，归国后回母校任政治学教授。任文学院院长期间，刘崇本注重提高学生的基础语言能力。1930年3月，文学院院务会议讨论如何提高学生中、西文程度，议决一方面要严格考试制度，另一方面要加强日常训练。该年6月，院务会议又议决增设"学术论文"和"作文与阅读"学程，作为文学院一年级学生的共同必修课。③

1931年9月，刘崇本辞去院长职务，由刘迺敬接任。刘迺敬，

① 私立金陵大学文学院院长室编：《私立金陵大学文学院概况（1930年至1931年）》（第一号），1931年，第12页。

② 赵飞飞：《金陵大学宗教教育研究（1888—1952）》，南京大学博士学位论文，2016年，第128页。

③ 《文学院院务委员会第二次会议记录》，1930年6月3日，金陵大学档案649-1629。

字觉凡，早年毕业于金大文科，后赴美留学，获哥伦比亚大学师范学院硕士学位。1928年9月，刘迺敬回到金大担任教育系主任。刘迺敬任院长期间，提倡发展工具学科和实用学科。1931年9月，他在《金陵大学校刊》上发表了《对于工具学科及实用学科之意见》，认为："大学校里学文学及社会学科的人，最重要的工具自然为文字：本国文及外国文。……学外国文，以为阅读的工具；学本国文，为发表的工具。"在刘迺敬的主持下，中国文学系为一年级新生增设了"补习班国文""学术文选""高等作文"等课程，外国语文系增设了"补习班英文""中级法文""中级德文""初级日文""中级日文""英文速记班"等课程，旨在让学生更好地掌握学术工具。刘迺敬主张："本校文学院的新生，本国文、外国文不好者，按其不好之程度，多予以半年或一年之训练，注重阅读及作文。一年级之本国文及外国文亦如是训练，使其为第二年级学生时，文字的工具，已能运用纯熟。"[1]刘迺敬将大学教育分为两个阶段。第一阶段为大学一年级和大学二年级第一学期，此间注重学生的工具训练，所有课程均为普通必修科目；第二阶段为二年级第二学期至大学毕业，此间为专门训练，并由各系自定其必修科目，给予各系充分自主权。1932年春，文学院成立了课程委员会，由柯象峰、马博厂、吴世瑞三人组成，对于学院课程提出了两条改革建议："（一）文学院之学生须有良好之语言基础，应于前三学期内，特别培养，以为研究之工具；（二）文学院之学生须有敏锐之眼光、博大之胸襟，对于物理之奥妙、人事之繁赜，必能洞彻透达，故有社会科学概论、自然科学概论、历史、哲学、数学、生物

---

① 刘迺敬：《对于工具学科及实用学科之意见》，《金陵大学校刊》第32号，1931年9月18日。

学之设。"①可见文学院对于语言基础和通识课程的重视。1932年6月，文学院院务会议讨论"修改课程案"，议决通过了这一原则。②

文学院积极调整课程设置以适应学生程度和社会需求。1933年10月院务会议讨论"各学程采用教材应如何注意适应学生程度案"，议决通过四条方针：（一）应采用实用方面之教材，并注重适应社会；（二）应注意各学程之衔接；（三）应尽量采用中国方面之教材；（四）应力求适合学生程度及需要。③在推动实用学科建设上，刘廼敬主张大力发展专修科。针对社会需要，他主张发展图书馆专修科、银行会计专修科、统计测验专修科等。但这些想法因各种限制未能全部实现。

1934年春，刘廼敬因健康原因辞去院长职务，由金大秘书长刘国钧兼任文学院院长。直到1944年，刘国钧才辞去文学院院长职务，前后任职达10年之久。刘国钧，字衡如，早年亦毕业于金大，后赴美国威斯康星大学深造，获哲学博士学位。回国后，刘国钧在金大任教，并担任图书馆馆长，1934年接任文学院院长。刘国钧将文学院工作分为教学、事业与研究两项，其中以教学为主，事业与研究为辅。刘国钧认为，"由于我们过去的成就和我们即将在新首都发挥的重要作用"，文学院"将吸引更多有前途的年轻学生和杰出教师"，培养出"汉语、英语和历史教师以及致力于公共服务和社会工作的青年男女"。④刘国钧将文学院各系分为"文史部"和"社会科学部"。院务会议对于各系的课程规划，议决通过了两项原则："（一）集中力量先从事一类研究或事业之发展，以期完

① 刘廼敬：《教育之意义及其实施之步骤》，《金陵大学校刊》第104号，1933年10月23日。
② 《文学院院务会议记录》，1932年6月9日，金陵大学档案649-1629。
③ 《文学院院务会议记录》，1933年10月6日，金陵大学档案649-1629。
④ 《金陵大学第15次董事会记录》，1934年3月23日，金陵大学档案649-2307。

善；（二）各系应根据其教育目标规划学程，凡与其目标相去过远或不必要之学程，暂不开设。反之，凡必要者，自应增设。"①各系据此均重新规划课程，以符合学院教学目标，适应社会需要。

三、学人学术

文学院成立前，学系众多，规模较小。因经费有限，教员缺乏，学生对此多有不满。1928年，文科学生谈到该科状况时曾说："一系仅四学程者有之，仅一教授者亦有之。社会学系只有林东海，经济学系只有朱巽元。……归结起来，都因为学校经费不足，不能多请学有素养的教授，学校当局亦未尝不知，但也只能发一声心有余而力不足的感喟。"②1928年年初，教务主任刘迺敬曾对金大校内状况进行调查。当时文理尚未分科，共有教员45人。刘迺敬指出，金大各系之间界限不清，部分教员学系归属不明。从整体上看，"本校各系的教员太少，这是不容瞒的事实"。③

文学院成立后，教员队伍得到较大扩充。得益于哈佛燕京学社对中国文化项目的资助，以及1934年后教育部对私立学校的补助，文学院在二十世纪三十年代延聘了一批著名学者。1928到1937年，文学院教员队伍稳定在40余人。作为主系的中国文学、历史、外国语文学、政治、经济、社会诸系教员均得到适度扩充。中国文化研究所研究员也多在文学院兼课，进一步壮大了该院的师资力量。与此相对应，教育学、哲学、图书馆学和宗教学的教员人数在此期间则有所减少。

---

① 《文学院院务会议记录》，1934 年 4 月 18 日，金陵大学档案 649–1629。
② 非博：《希望和努力》，《金陵周刊》第 8 期，1928 年 4 月。
③ 刘迺敬：《金大状况一瞥》，《金陵周刊》第 17 期，1928 年 6 月。

表2-1 金陵大学文学院教员统计表（1929—1935）

系别	1929年度			1930年春			1931年秋			1934年秋			1935年度		
	总计	专任	兼任	总计	专任	兼任	总计	专任	兼任	总计	专任	兼任	总计	专任	兼任
国文系	8	5	3	8	6	2	9	6	3	8	5	3	10	7	3
外国文学系	6	3	3	9	8	1	5	5	0	7	7	0	7	7	0
史学系	4	3	1	3	3	0	8	8	0	6	5	1	3	3	0
政治系	2	1	1	3	1	2	5	3	2	3	3	0	4	3	1
经济学系	5	1	4	4	1	3	5	1	4	5	3	2	5	4	1
社会学系	3	3	0	3	3	0	5	4	1	5	3	2	3	3	0
教育学系/组	1	1	0	3	3	0	4	3	1	1	1	0	1	1	0
哲学	3	0	1	2	1	1	4	2	2	1	1	0	1	1	0
图书馆学系/组	3	3	0	2	2	0	2	2	0	3	3	0	3	3	0
宗教学	2	2	0	2	1	1	2	2	0	2	2	0	2	2	0
共计	37	22	13	39	29	10	49	36	13	41	33	8	39	34	5

资料来源：根据《私立金陵大学文学院概况》（第一、二、三、四号），《历年金陵大学教职员名册》（1928—1936），《金陵大学董事会会议记录》等汇总整理。

注：此列表并未列入中国文化研究所研究员；个别教员在某一年休假或其他原因导致统计信息无法十分精确；存在一人兼任两系教员的情况，但表内只列入一系。

金大为教职员提供的薪金并不优厚，尤其是相对于同时期的国立大学缺乏竞争力。为此，学校不得不多聘兼任教员。1930年，陈裕光在写给创始人委员会的信中指出，当前金大师资上的最大问题就是兼职教员太多。"我们已经清晰意识到这个问题，并且一直试着解决。在一些学科，我们能够提供的薪水不可能聘请到全职教师，兼职教师是唯一的解决办法。但是，正如你所知，我们已经得到了胡佛基金，专门用来改善此事。希望在一两年内能够清除师资队伍中的兼职教员。"①以文学院为例，兼任教员占学院教员的三成左右。1929学年，文学院有37名教员，其中兼任达13人。在规模较小的政治系、经济系、哲学系，教员兼任情形更为突出。1931学年，经济学系有吴世瑞、任应中、朱巽元、何浩若四位教员，只有吴世瑞一人为专任，余下三位均为兼任。直到二十世纪三十年代中期，兼任教员比例过高的问题才得到改善。到1935学年，在全院39位教员中，兼任教员已减少至5人。

金大在延聘教员时，注意留用本校优秀毕业生或聘用本校毕业的留学生。金大与毕业生始终保持着密切联系，毕业留校任教的学生也多有机会由学校资助赴海外深造，毕业生对母校怀有真挚深沉的感情。这种密切关系使得学校教职员队伍保持着很大的稳定性，较少受到政局变动和学界风潮的影响。从1927到1937年的10年间，有20余名教员始终在文学院工作。在这些久任教员中，一半以上都是金大的毕业生。其中如徐养秋、刘国钧、柯象峰、刘迺敬、吴世瑞、王绳祖、陈恭禄、陈长伟、张守义、佘贤勋等，都在校内担任要职，是文学院教员中的中坚力量。

文学院的学术研究以国学、社会学、边疆民族学、历史学、图书馆学为特色，兹分述如下。

1. 国学研究

金大虽为教会大学，但素来重视中国文化。从汇文书院院长福开森到金大首任华人校长陈裕光，都强调研究中国文化的重要性。二十世纪三十年代，中国教会大学兴起"国学热"，这推动着金大国学研究的开展。一方面，南京国民政府成立后，教会大学加速了"本土化"进程，无论是开展教学还是从事研究，都更加注重中国

---

① Summary of Information Relative to Christian Character of Staff and Student Body, and to Ratio of the Staff to the Students,1930, RG 011-202-3453, UBCHEA Archives.

社会和中国文化；另一方面，美国霍尔基金会提供的经费资助和哈佛燕京学社的成立，均致力于中国传统文化研究，这为在华教会大学开展国学研究提供了重要机遇。

金大的国学研究与其固有师资和所处环境有关。近代以来，南京就是中国文化保守主义的重镇，汇聚了一批国学研究的优秀人才。同城的国立中央大学，有多名国学大家兼任金大教授，如胡小石、黄侃、吴梅、汪辟疆等，在南京形成了一个颇具影响力的文人群体。1930年中国文化研究所的设立、1934年国学研究班的开设，以及1936年文科研究所史学部的成立，使金大成为东南地区国学研究的重要机构。由国学研究班主编的文学院文史丛刊包括《小学研究》《史学研究》《文哲研究》。其中《小学研究》于1936年出版，刊有胡小石《声统表》、高文《释士》、游寿《释甲子》、朱锦江《金陵方言考》、徐复《释名言证》及曾昭燏《读契文举例》，皆为研究小学之精著。1932年进入金大中国文学系读书的程千帆，对于南京的学风有着深刻的体会。他说：

> 三十年代南京的高等学府中，大师云集。有的我获得受业门下，亲承音旨的机会；有的虽未尝从学，却也曾进登龙门，有所请益。现在想起来，确实是一个非常难得的机会。我跟黄季刚先生学过经学通论、《诗经》《说文》《文心雕龙》；从胡小石先生学过文学史、文学批评史、甲骨文、《楚辞》；从刘衡如先生学过目录学、《汉书·艺文志》；从刘继宣先生学过古文；从胡翔冬先生学过诗；从吴瞿安先生学过词曲；从汪辟疆先生学过唐人小说；从商锡永先生学过古文字学。我是金大的学生，但中央大学老师的课我也常跑去听，因为那个时候是鼓励去偷听的。我曾向林公铎先生请教过诸子学，向汪旭初、王晓湘两先生请教过诗词。汪辟疆先生精于目录学和诗学，虽在金大兼过课，但没有

开设这方面的课程，我也常常带着问题，前去请教。[1]

　　胡小石（1888—1962），名光炜，字小石，早年毕业于两江师范学堂，曾师从李瑞清治金石书法，师从陈散原学诗。在北京女高师任教期间，受北方新考据学风影响而注重甲骨文研究。胡小石是典型的文史哲兼通的学者，于古文字声韵训诂、经、史籍、诸子、佛典道藏、金石书画之学，以至辞、词曲、小说，无所不通。[2]他著有《甲骨文例》《中国文学史讲稿》《声统表》《离骚文例》《书库方二氏藏甲骨卜辞印本》《寿春新出楚王鼎铭考释文》等。其中《甲骨文例》被列入国立中山大学语言历史学考古丛书。[3]1924年，胡小石即开始在金大授课，此后在金大开设"中国文学史""杜诗""甲骨文"等课程，并为国学研究班开设"甲骨文例""古文字学整理"等高级专题性质的课程。1933年，胡小石为国学研究班开设"书学史"课程，在国内大学实属首创。

　　黄侃（1886—1935），字季刚，曾师从国学大家章太炎，在经学、文学、哲学各方面有独到见解和卓异成绩，在文字、音韵、训诂各方面集古今大成，蔚然成一家言。其学术深得其师三昧，后人有"章黄之学"的美誉。1928年，黄侃来到南京中央大学任教，从1928年直到1935年去世，黄侃始终在金大兼任教授，从未间断。他热心于金大国学研究班的创设，并出任该班导师。在金大开设"文选""姜张词"等课程，在国学研究班开设"服经旧说集证""唐人经疏释诸经词例辑述""说文纂例""史汉文例""声偶文学源

---

① 张伯伟编：《程千帆全集　第十五卷　桑榆忆往》，石家庄：河北教育出版社，2000年，第10页。
② 吴白匋：《胡小石先生传》，《文献》1986年第2期。
③ 南京大学文学院编：《南京大学文学院百年史稿》，南京：南京大学出版社，2014年，第211页。

流"等一系列专题研究课程。

胡翔冬（1884—1940），名俊，字翔冬，以字行。早年毕业并任教于两江师范学堂，与胡小石同受学于李瑞清和陈散原，专意于诗学。1926年秋，经胡小石介绍，胡翔冬来到金大国文系任教，前后历时14年，直至1940年病逝于成都。胡翔冬在金大讲授杜诗、韩诗、苏东坡词等课程，"讲杜诗，剖析毫末，解释新颖"[1]；讲韩诗，亲赴上海，请散原老人校正其授课计划。他上课极为认真投入，自言"余每授一新课，恒利用暑假作准备，虽汗流浃背，每日必工作四小时方始休息"。胡翔冬授课课本，有自编的断代诗选，如八代诗选、唐宋诗选等。他在金大培养了高文、佘贤勋、吴白匋、沈祖棻、程千帆等学生，后来都在诗词创作、诗词研究方面取得了突出成就。[2]

吴梅（1884—1939），字瞿安，致力于古典诗文词曲研究，尤其在曲律研究方面成就最大。1917年，吴梅在北京大学开设曲学课程，经其精心传授，曲学终于成为一种专学并被纳入中国现代学术体系。1922年，吴梅南下金陵，在东南大学、中央大学、金陵大学等多所学府以教学、研习曲学为业。吴梅在金大开设"金元戏曲选""曲选"等课程。作为国学研究班的导师，开设"清真词释""乐章词释""散曲研究"等研究课程。对于曲律的研究、曲学文献的整理搜集和词学研究等都有着重要贡献。

当时在金大任教的还有陈中凡、汪辟疆、商承祚等人，云集了一批国学研究的一流学者，金大的国学研究也形成了自身特色。其一，注重博而后约，融贯经学、史学和小学。金大国学课程涉及国学各个方面，注重培养学生文史哲兼通。如曾在金大读书的高文，

---

[1] 刘诒敬：《胡翔冬先生轶事》，《斯文》第1卷第8期，1941年。

[2] 南京大学文学院编：《南京大学文学院百年史稿》，第197页。

留校任教后既能担任文字学、音韵学、考古学课程教师，也能胜任诗词类课程教师。其二，以古典文学为主，并注重小学和经学研究。无论是老师辈的胡小石、黄侃，还是学生辈的高文、张守义、吴白匋、佘贤勋等人，他们的研究和教学均以阐发中国传统文化为主旨。其三，胡小石和商承祚对于甲骨文、金文的研究，使得金大在坚持传统治小学方法的同时，对于当时的显学"甲骨文"等也有研究。其四，注重古典诗词及曲学的研究创作，诗学和词学、曲学成为金大国文系学术研究的一大特色。胡小石、胡翔冬、黄侃、吴梅、汪辟疆等人均对古典诗词曲研究极深，且创作多有佳作。胡翔冬专意于诗学研究，吴梅致力于曲律研究。吴白匋在金大开设"词学通论"，佘贤勋讲授"八代诗选"。程千帆、沈祖棻伉俪在诗词方面也有突出成就。程千帆晚年在南京大学主持唐宋诗派研究，正是这种学脉的延续。

2. 社会学研究

社会学是自西方传入的新兴学科。由于近代中国社会变迁急剧，社会学发展获得了巨大的生命力。1937年前，中国的社会学研究"达到了欧美以外的巅峰地位"。①金大是国内较早设立社会学系的大学，1927年后，先后由林东海、吴景超、史迈士（L. S. C. Smythe）、柯象峰担任该系主任。社会学系规模不大，但教员均为拥有海外学术背景的著名学者，主要有吴景超、史迈士、柯象峰、徐益棠、乔启明，等等。

吴景超（1901—1968），著名经济社会学家、都市社会学家，1914年就读于金大附中，次年进入清华学校，1923年赴美留学，1928年获得芝加哥大学社会学博士学位。从1928到1931年，吴景超担任金大社会学系主任，开设了一系列关于都市社会学的课

① 周晓虹：《孙本文与20世纪上半叶的中国社会学》，《社会学研究》2012年第3期。

程，形成了金大在经济社会学和都市社会学方面的基础。此间，他应中央大学社会学系主任孙本文邀请，先后编写了《都市社会学》（1929）、《社会组织》（1929）、《社会的生物基础》（1930），作为社会学的入门教本。吴景超是国内较早介绍都市社会学的学者，所著《都市社会学》是国内第一部都市社会学专著。[①]

柯象峰（1900—1983），1913年进入金大附中读书，1924年金大毕业后留校，成为社会学系的第一位助教。1927年，柯象峰赴法国里昂大学攻读社会经济学，1929年获博士学位，转赴伦敦大学进修。1930年，柯象峰回国后担任金大社会学系教授。1931年吴景超北上清华，史迈士曾短暂担任金大社会学系主任。1932年柯象峰接替史迈士担任该系主任。此后的五六年，成为柯象峰学术生涯最有创造力的一段时光。二十世纪三十年代，中国社会学关注重点是人口、贫困、社会救济等社会问题。得益于金大农学院对于农村问题的调查研究，柯象峰完成了两部代表性著作——《中国人口问题》（1934）和《中国贫穷问题》（1935）。《中国人口问题》被认为是二十世纪上半叶对人口问题研究最全面、数据资料最丰富的著作之一。[②]柯象峰担任系主任期间，社会学系得到很大发展，课程内容、教学体系均得到完备。1937年柯象峰在中国社会学学社第六届年会上被推选为副理事，1943年在第七届年会上被选为正理事。

注重社会调查，是中国社会学发展的一个主要趋向，也是金大社会学系的特点所在。社会学系的社会调查与农学院的农村调查关系密切。早在1924年前后，农科教授卜凯首先进行农村调查，制作完成《农村调查表》，给国内社会学研究带来很大便利。[③]

---

① 吴景超：《都市社会学》，孙本文主编：《民国丛书》第四编，上海：上海书店，1931年，"孙序"。

② 柯象峰：《柯象峰文集》，北京：社会科学文献出版社，2017年，第6-8页。

③ 孙本文：《孙本文文集》第三卷，北京：社会科学文献出版社，2012年，第284页。

二十世纪三十年代，金大社会学系广泛开展了多项社会调查和社会服务工作，其中包括"乌江人口调查研究""南京绸缎业职业工人调查""南京大王府山贫民调查研究""南京市贫民寄养者调查""南京贫民生活程度调查"，等等。这些调查工作成为开展社会学研究的重要基础。

与社会调查紧密关联的是农村社会学的发展。农村社会学是较晚兴起的一个分支学科，但发展较快。金大的农村社会学与农学院的农村调查、农业经济建设相结合，其中较为突出的有乔启明对乡村社会的研究。乔启明先后发表了《中国乡村人口问题之研究》《中国农民生活程度之调查》等文章，以及出版了《江宁县淳化镇乡村社会之研究》《农村生活》等著作。

3. 边疆与民族学研究

二十世纪三十年代，国家多艰，边陲告警，民族和边疆问题日趋凸显，边疆建设和开发成为国家迫切的战略需求。南京国民政府倡导边疆研究，1933年，教育部训令金陵大学特别注意边疆问题。金大鉴于"边疆问题之严重，边疆问题研究机关之缺乏，边务人才之亟待培养"，[1]乃拟订计划，对于边疆民族、历史、地理、外交、经济、教育、风俗习惯、宗教等各方面分别增设课程，开展研究。

金大的边疆问题研究由徐益棠负责主持。徐益棠（1896—1953），早年毕业于东南大学，1928—1933年赴法国巴黎大学师从"法国民族学之父"马塞尔·莫斯（Marcel Mauss）研习，获民族学博士学位。1931年，中国文化研究所聘请徐益棠来所开展民族学和考古学研究，但直到1933年春，徐益棠才来到金大，担任中国边疆史地讲席。徐益棠的研究重点集中在民族学和边疆问题，重视民族学研究中的史地因素。他自己后来也说，金大是"以民族学、史学

---

① 《金陵大学文学院自1934年度起至现在之工作述要》，金陵大学档案649-1626。

与地学为边疆问题研究之基础"。[1]

在徐益棠的推动下，金大文学院形成了边疆研究的热潮，社会学、历史学、政治学、图书馆学多学科共同致力于边疆研究的开展。徐益棠在金大开设"中国边疆问题概论""西南边疆史地"等课程，在史学系开设"南洋史""西域史""边疆史地专题研究""西南、东北、西北边疆史地"等课程，在社会学系开设"中国民族通论""社会地理学"等课程。此外，刘继宣研究南洋史，李小缘研究关于边疆的书目。金大学生还自发组织了边疆学会，不定期举办边疆问题讲座。经过数年的积累，金大边疆民族研究取得初步成绩，并规划将研究范围扩展至新疆、蒙古、西藏、云贵等地，研究边疆地理、经济、国防等。但该计划因全面抗战爆发而未能执行。[2]

随着国内民族学的兴起，中央大学何子星、黄文山、孙本文，中央研究院凌纯声，金陵大学徐益棠等人于1934年发起成立中国民族学会。1935年中国民族学会举行首届年会，由徐益棠担任会议主席，并被选举为理事。1936年，中国民族学会将通讯处设在金陵大学。到1942年，中国民族学会会员增至91人，其中来自金大的会员有9人之多。

4. 历史学研究

在贝德士的主持下，金大史学系在该时期形成了颇具特色的研究方向。贝德士（1897—1978），1920年于牛津大学获得史学硕士学位。同年夏天，贝德士来华在金大任教，直到1950年最终离华返美，他在中国先后服务整整30年。贝德士是一位传教士，也是一位声誉卓著的社会活动家，同时还是一名专业的历史学者。贝德士在史学研究上接受了近代欧洲史的学术训练，这影响到金大史学系的办学传统。史学系注重开设世界史和欧洲史课程，早期培养的学生也多从事世

---

[1]　徐益棠：《十年来中国边疆民族研究之回顾与前瞻》，潘蛟主编：《中国社会文化人类学／民族学百年文选（上卷）》，北京：知识产权出版社，2008年，第366页。
[2]　《私立金陵大学文学院概况（1934年至1935年）》（第三号），第24-27页。

界史研究。该系有三个注重点：其一，灌输欧洲史及世界通史之智识；其二，研究日本史与俄国史；其三，用近代考证方法研究中国历史。[①]著名历史学家章开沅回忆称："贝德士亲手栽培起来的早期学生陈恭禄和王绳祖，一个擅长中国近代史，一个擅长世界近代史，分别撰有《中国近代史》和《欧洲近代史》，且都被列为商务印书馆的'大学丛书'，知名全国。当时各大高校历史系都有'厚古薄今'的倾向，而金大则在近代史方面形成了自己的特色。"[②]

王绳祖（1905—1990），早年就读于金大，毕业后留校任助教，主讲欧洲近代史，并在1940—1952年担任金大史学系主任。王绳祖的主要研究方向集中在西洋史方面，并逐渐扩展到外交史和国际关系史领域。王绳祖先后发表了《南京条约的历史背景及对百年来中国外交之影响》《中俄伊犁交涉始末》等论文，对中国近代外交史研究有开拓之功。1936年，王绳祖出版了《欧洲近代史》一书，该书根据他早期编纂的课程讲义完善而成，一经出版即风行全国，改变了中国高校世界史教材由外国课本垄断的局面。

贝德士注意改变中国传统史学"厚古薄今"的传统，积极推动近现代史的教学和研究，陈恭禄是金大史学系另一位重要代表人物。陈恭禄（1900—1966），早年亦就读于金大，1928年任史学系助教，1936年任史学系教授。陈恭禄是中国近现代史学科的开创者之一，所著《中国近代史》《中国近百年史》较多地运用西方的史学理论，同时注重中国的传统因素，在当时产生了很大影响。陈恭禄在二十世纪三十年代所著《中国近代史》曾多次再版，成为中国近代史研究的开山之作。

---

① 金陵大学编：《金陵大学六十周年纪念册》，金陵大学图书馆印，1948 年，第 18 页。
② 章开沅口述，彭剑整理：《章开沅口述自传》，北京：北京师范大学出版社，2015 年，第 89 页。

5. 图书馆学研究

金大最早在国内大学开设图书馆学课程，也是国内最早一批设立图书馆学系的大学。1914年，克乃文（Harry Clemons）出任金大图书馆主任。从1914年到1927年，克乃文任金大图书馆馆长长达13年。克乃文曾担任美国普林斯顿大学图书馆参考部主任，是经验丰富的图书馆学家，他在引进现代图书馆学方法改善图书馆工作、培植现代图书馆学人才、促进中美图书馆合作交流方面做出重要贡献，尤其是他先后推荐"金陵大学图书馆学三杰"（洪有丰、李小缘、刘国钧）赴美学习现代图书馆学，为金大培养了第一批现代图书馆学的专业人才。①洪有丰回国后，担任南京高师、东南大学教授兼图书部主任；刘国钧、李小缘则回到金大从事教学和管理。

刘国钧（1899—1980），字衡如，中国近代著名教育家和图书馆学家。1915年刘国钧进入金大读书，1920年毕业后留在金大图书馆工作，1922年赴美在威斯康星大学学习图书馆学，后获得哲学博士学位。1927年南京事件后克乃文离华，由刘国钧暂代图书馆主任一职。1928年刘国钧出任金大文理科科长。1929年9月，刘国钧受袁同礼之邀，离职北上，担任新组建的北平图书馆编纂部主任，主编《图书馆学季刊》，并兼课于北平师范大学，兼职为故宫博物院图书馆专门委员。1930年9月，刘国钧回到金陵大学出任图书馆馆长，同年被聘为金陵大学中国文化研究所研究员，承担"六朝思想史"和"六朝著述目录"的研究工作，并负责为该所采购图书。1934年，刘国钧出任金陵大学文学院院长，并出版《图书馆学要旨》一书。该年金大国学研究班开班，刘国钧担任"《汉书·艺文志》研究"和"《老子》研究"两个专题的导师。在当时"新图书馆

---

① 谢欢：《1915—1952年金陵大学图书馆历任馆长考述》，《大学图书馆学报》2023年第5期。

运动"中，"对于新式图书馆的宗旨、性质和功能等方面的理解，最深刻的是刘国钧先生"①。刘国钧在图书编目和分类方面研究颇丰，先后发表了《美国图书馆学教育之新发展》（1926）、《四库分类法之研究》（1926）、《中文图书编目条例草案》（1929）等文章，著有《中国图书分类法》（1929）、《中国图书编目条例》（1930）等著作。《中国图书分类法》舍弃了当时普遍采用的杜威法，创造了一种适合中国图书分类的现代图书分类法。该分类法由金大图书馆普及至全国，产生了很大影响，至今港台许多图书馆仍在沿用。②

李小缘（1897—1959），1920年毕业于金大，1921年赴美进入纽约州立大学攻读图书馆学，其间加入美国图书馆协会并成为终身会员，在美国国会图书馆担任汉文部主任。③回国后，李小缘任职于金大图书馆，于1927年创办了图书馆学系，这是中国第一个真正意义上的大学图书馆学系。1928年，李小缘接替刘国钧出任金大图书馆馆长。翌年4月，他离宁北上，出任东北大学图书馆馆长。"九一八"事变后返回金大任中国文化研究所研究员兼教授，1939年起任研究所主任。李小缘早期注意探讨中国图书馆事业的发展方向及图书馆建设，二十世纪三十年代开始转向目录学研究，注重古书文物的保存和整理。他在图书馆学、目录学及历史学方面均著述丰硕：《公共图书馆之组织》（1926）、《图书馆学》（1927）、《民众图书馆学》（1928）、《西洋论中国书目》（1926）、《中

---

① 中国科学技术协会主编，中国图书馆学会编著：《中国图书馆学学科史》，北京：中国科学技术出版社，2014年，第140页。
② 吴慰慈等：《刘国钧先生生平简介》，北京大学信息管理系、南京大学信息管理系、甘肃省图书馆合编：《一代宗师：纪念刘国钧先生百年诞辰学术论文集》，北京：北京图书馆出版社，1999年，第12-13页。
③ 倪友春、严仲仪编：《李小缘先生系年表》，南京大学信息管理系编：《李小缘纪念文集（1898—2008）》，2008年，第313-314页。

国边务书目》（1934）、《帝国主义侵略中国目录》（1936）及《云南书目》（1937）。[①]

李小缘是中华图书馆协会的创始人之一，协会成立后，任副执行部长、编目委员会委员等职。1929年1月，中华图书馆协会第一届年会在金大召开，由金大负责编辑《图书馆学报》。刘国钧、李小缘二人先后担任中华图书馆协会的董事、执委、理事等职，刘国钧长期担任协会会刊《图书馆学季刊》的编辑主任。刘国钧、李小缘被认为是中国近代图书馆事业的奠基人之一，金大也被认为是二十世纪上半叶中国图书馆学研究和专业教育的东南中心。[②]

第二节 理学院

一、理学院的发展

金大最初成立时仅有文科。1914年，文科科目分为语言学系、社会学系、数理学系、宗教学系四系，其中天文、数学、物理及生物、矿质等内容统归于数理学系。[③] 1921年，教育部视察金陵大学，在视察报告中指出："本科中无理科之名称，仅于文科中有少数理科科目。委员之意，该校文科应改成文理科或另设理科，庶儿名实相副。"在教育部的建议卜，金大"感于科学之重要"，于该年将文科改组为文理科，学生以理科为主系者，毕业后授理学士学位。理科初设时，有化学和数理二系，并附设医学先修科和工业化学科。后数理学系分为化学、算学和物理三系。与文科、农科相

① 马先阵、倪波编：《李小缘纪念文集》，南京：南京大学出版社，1988年，第13页。
② 叶继元、徐雁：《回眸南京大学在欧美图书馆学中国本土化过程中的独特贡献》，南京大学信息管理系编：《李小缘纪念文集（1898—2008）》，第398页。
③ 王德滋主编：《南京大学百年史》，南京：南京大学出版社，2002年，第579页。

比，理科是金大本科教育体系中建制最小、成立最晚、教职员和学生数量也最少的学科。

1930年春，金大根据国民政府《大学组织法》改设理学院，由物理系教授兼教务主任魏学仁出任理学院院长，直至1946年，魏学仁才辞去院长职务。魏学仁（1899—1987），生于南京，1918年入金大读书，1922年毕业后留校任物理助教。1925年，魏学仁获得美国洛氏基金会资助赴芝加哥大学研究院专攻物理学，师从著名物理学家康普顿（A. H. Compton）教授。其博士论文《氦光谱D3精密结构分析》，发表在《美国光学杂志》（*Journal of American Optical Society*）上。[1]1928年，魏学仁获博士学位后回到母校。

理学院成立后，魏学仁长期担任院长一职，"对于院务发展，经营筹划，极多致力"[2]。他了解国际学术的潮流，同时关注国内社会需求，以及金大自身的学科基础状况。他认为："目前的世界，已成为科学的世界，无论是工业上或国防上，对于科学的研究，都有极迫切的需要，最近国内各界对于科学，提倡颇为致力，确是一种极好的现象。"理学院的宗旨就在于"培养科学专门人才，造就科学教育导师，研究高深学术，适应社会需要"。他认为，理学院在金大虽是一个资格最短、成立不久的新组织，但"只要有通盘的计划，将来亦绝对不会没有更好的成绩，以造福国家和社会"。[3]1931年春季学期，理学院仅有学生66人（包括工业化学科16人和医学先修科12人），而同时期文学院有学生152人，农学院有学生163人，理学院在三院中规模最小。[4]

---

① 魏白蒂:《先父前金陵大学理学院院长魏学仁博士年表》，顾学稼、林蔚、伍宗华编:《中国教会大学史论丛》，成都: 成都科技大学出版社，1994 年，第 295-298 页。

② 《私立金陵大学理学院概况（1933 年至 1934 年）》（第三号），1934 年，第 2 页。

③ 《魏学仁院长谈理学院近状及将来发展计划》，《金陵大学校刊》第 77 号，1932 年 12 月 19 日。

④ 《金陵大学教务处统计表》，《金陵大学校刊》第 23 号，1931 年 4 月 24 日。

　　院务会是理学院最重要的组织，由院长、各系科部及教职员代表若干人组成，讨论并决定全院重要事务。除院务会外，理学院设各种委员会，辅助学院教学、科研和推广工作。1930年秋，理学院设立发展委员会，同年，为丰富师生课外生活、加强彼此联络，又设立交际委员会。1932年，理学院成立科学教育委员会，请裘家奎、张济华、陈纳逊、刘殿卿、戴安邦等担任委员，由魏学仁担任主席。①1932年秋，理学院设立了学生指导委员会，对学生学业、行为及思想进行指导和帮助。至1936年，理学院设院务会议、教导委员会、研究委员会、科学教育委员会、教育电影委员会、科学服务委员会、事务委员会等7种委员会，由理学院教员担任各委员会委员。

　　理学院分为大学部、研究部、工厂部、推广部四个方面。大学部和研究部是理学院的主要教学组织，推广部分科学演讲、科学电影、中等科学教育指导和科学仪器四组。工厂部分电厂、煤气厂、蒸馏水厂和机厂四部分。②

　　在学院之下，理学院的教学组织分为系、科、所三类。"系"与"科"属于本科教学组织，"凡自然科学，本院均称为'系'，应用科学则称为'科'。'科'与'系'在行政上完全相同"。"所"是指研究生教学组织，从事高深专业之科学研究。在教育部颁布《大学研究院暂行组织规程》后，"所"下根据该科所设各系开设研究单位，称为"部"。

　　理学院设算学系、物理系、化学系、动物学系、植物学系等五系。学院成立之初，金大将原属于农学院的生物学分为动物学系和植物学系，划归理学院，但是植物学系在行政上仍隶属农学院。因经费限制，理学院在系科建设上采用分段发展的策略，"先择某一

① 《理学院又一新组织：科学教育委员会》，《金陵大学校刊》第74号，1932年11月28日。

② 金陵大学秘书处：《私立金陵大学一览》，第49页。

系使发展到一适当之限度，方及他系之扩充"。①金大理科传统上以化学设备最为丰富，物理次之。理学院在二十世纪三十年代注重化学系及物理学系的扩充。

理学院根据社会需要发展应用科学。（一）医学先修科。1917年金大医科停办后，保留了医预科，旨在"培养医学预备人才，以便升入医科大学"。理学院成立后，该科归入理学院，学制三年。魏学仁认为："鉴于造就医学人才，甚为切要，因有扩充该科之计划。"②理学院于1930年重新审定该科课程，聘请动物学系伊礼克教授担任指导。1934年，医学先修科停办，于动物学系内增设医学动物学组来替代医学先修科的内容。③（二）工业化学科。1922年，金大设立工业化学科。鉴于国内工业发展的需要，金大此后进一步扩充该科，并兴建工业化学实验室，购置化学工程设备仪器。该科注重学生实地经验，养成学生工业技能，将工厂实习列为必修学程。规定学生毕业前一暑假，须进行暑期实习一次。如在1934年暑期，该科学生分赴中央工业试验所实习。④（三）电机工程科。为培植专门电机人才，适应社会之需要，理学院于1931年秋增设电机科，聘请中央大学杨简初教授担任该科主任。该科成立后大力扩充设备，学生人数不断增加，到1936年春，该科学生已达48人。工业化学科和电机工程科在行政组织上与系等同，学制四年，授予理学士学位。1936年，两科遵教育部令分别改称工业化学系和电机工程系。

1926年秋，金大化学系即设研究所，曾招收学生6人，办理"成绩颇佳"。后因南京事件发生，外籍教授离校，研究所停办。理学

---

① 《化学系主任戴安邦谈理院分段发展》，《金陵大学校刊》第66号，1932年10月3日。
② 《理学院近讯》，《金陵大学校刊》第2号，1930年10月17日。
③ 《金陵大学理学院概况（1935年至1936年）》（第四号），第15页。
④ 《工业化学科学生暑期赴中央工业试验所实习》，《金陵大学校刊》第130号，1934年9月17日。

院成立后，积极发展探究高深学术的研究机构。1932年秋，理学院设立化学研究所，招收研究生。化学研究所的宗旨在"造就化学专门人才，训练化学研究学者，以应国内工厂学校及研究机关之需要"[①]。1935年，经呈报教育部批准，化学研究所改为理科研究所化学部，由戴安邦担任主任。1936年，理科研究所化学部正式招收研究生。

理学院大楼是建筑于1917年的科学馆，亦被称为东大楼。院长办公室，物理系、化学系的办公室、实验室及教室均设在科学馆内。馆内配备水管、煤气管，此外自备发电机一台，以便实验之用。数学系办公室及教室设在行政院（北大楼）内。动物学系、植物学系的办公室、试验室及教室设于农学院内。随着仪器设备的扩充，应用科学实验室渐感不敷。1936年，理学院于行政院东面、科学馆北面，增建"应用科学馆"。该馆分为四层，耗资33 000余元。应用科学馆第一、二层为工业化学系和电机工程系实验室，并于二层设会议室一间；第三、四层为教育电影部、化学系实验室及杂志室。1937年春，"应用科学馆"基本竣工，电机工程系、工业化学系和教育电影部迁入办公。可惜该馆未及完全使用，抗日战争即全面爆发，学校西迁成都办学。

科学的发展离不开设备仪器，理学院根据学科发展所需，增置各种设备仪器。截至1936年，各科系设备计值如卜：物理系及电工科82 072元，化学系及工业化学科、化学研究部81 912元，动物系29 242元，地学5 950元，工厂10 609元，煤气厂26 000元，总共计值国币236 589元。[②]

公共设备部分主要是理学院的工厂部。（一）煤气厂。位于行

---

① 《理学院高深研究化学研究所今秋开办》，《金陵大学校刊》第62号，1932年9月5日。
② 《私立金陵大学理学院概况（1935年至1936年）》（第四号），第20页。

政院北面，有机屋1座，煤气罩克3座，积量8 000余立方尺。理学院各系及金大附设鼓楼医院所用之煤气，均仰给于斯。此种设备，"为东南各大学中最完善者"。（二）蒸馏水厂。理学院购置有蒸馏机一台，日产蒸馏水可达百余加仑。除供自用外，还提供给鼓楼医院、首都电厂、首都电话局、中央研究院心理研究所、金陵女子文理学院等使用。（三）机厂。理学院强调教学与实习相结合，在扩充设备时为求"修理及制造仪器便利计，并设有机厂一座，内部设备，亦颇完善"①。机厂设于科学馆一楼，有电动机、车床、牛头刨床、钻床、锯床、风箱等百余件，可供学生实习、自制及修理仪器机件，同时兼代社会服务。（四）科学电影部。自1930年起，理学院即开始提倡并发展科学电影事业，1936年正式成立教育电影部。该部设备有：放映设备，柯达A型放映机1架、柯达D型放映机1架、柯达E型放映机1架、柯达L型放映机2架、飞尔模放映机2架、敌弗来35毫米大型放映机1架、银幕2面、变压器6只、发电机1架；影片设备，购置之外国16毫米教育影片120本、自制之16毫米教育影片40本、购置之16毫米娱乐片30本、美国驻沪商务参赞委托流动之35毫米大型教育影片72本。②（五）博物陈列馆。分设于行政楼和农学院楼上，所有标本实物等均为金陵大学教授多年搜集所得。有植物标本两万余份，约六七千种；动物方面有鸟类标本数百种，皆系中国东南部所产；还有丰富的海产螺类、骨骼标本。理学院对于地质标本尤为注意，先后搜集有七柜标本，达数千种，其中"最名贵者为莫维德教授所搜集之西流代与含灰质之化石及各种珊瑚"。③

在全面抗战爆发前数年间，金大理学院获得了快速发展。以学生人数为例，1930年理学院成立时，全院仅有学生73人，毕业

① 《私立金陵大学理学院概况（1931年至1932年）》（第二号），1932年，第22页。
② 《金陵大学理学院教育电影部概况》，金陵大学理学院编印，1937年，第10—11页。
③ 《私立金陵大学理学院概况（1935年至1936年）》（第四号），第18页。

学生仅17人。到1937年春，理学院学生已增至237人（包括研究生6人），毕业学生达40人。[①]在学科建设上，理学院在1937年设七个主系和一个研究部，即算学系、物理学系、化学系、动物学系、植物学系、工业化学系、电机工程系和理科研究所化学部，在校内与文学院、农学院三足鼎立，形成学科配置基本完备、理工均衡发展、本科研究生教学梯次发展的格局。

表2-2　金陵大学理学院各系、部主修学生人数统计表（1937年春）

系别	人数	系别	人数
算　学	24	植物学	4
物理学	39	工业化学	60
化　学	31	电机工程	49
动物学	24	理科研究所化学部	6
总　计			237

资料来源：《私立金陵大学为理学院申请教育部廿六年度补助费说明书》，1937年4月，金陵大学档案649-254。

二、科学教育的开展

提倡科学教育与服务，是金大理学院在二十世纪三十年代成就最显著的事业之一。南京国民政府成立后，提倡科学教育，要求"大学及专门教育，必须注重实用科学，充实学科内容，养成专门知识技能"。一批有着深厚科学知识素养的知识分子，本着"科学社会化，社会科学化"的理念，组织成立了"中国科学化运动协会"，要把科学知识送到民间去，使它成为一般人民的智慧。希冀这种知识散播到民间之后，能在民族存亡的关头，担负起复兴民族的重任。

魏学仁是"中国科学化运动协会"的发起人之一，金大理学

---

① 《私立金陵大学为理学院申请教育部1937年度补助费说明书》，1937年4月，金陵大学档案649-254。

院教授潘澄侯、戴安邦也在协会内担任职务。魏学仁认为："目前的世界，已成为科学的世界，无论是工业上或国防上，对于科学的研究，都有极迫切的需要，最近国内各界对于科学，提倡颇为致力，确是一种极好的现象。"[1]在他看来，科学教育在中国是一块处女地，有着巨大的发展潜力。基于这种认识，他将提倡科学教育列为理学院的一项重要工作。在系科设置上，魏学仁主张将理学院建设成为一个理工并重的教学科研机构。他充实了物理学系、化学系、算学系、动物学系等自然科学系科，并大力发展工业化学和电机工程等社会急需的应用学科。在课程设置上，理学院根据近代科学发展的趋势，增设各种新兴课程。如"化学工程原理""工业燃烧""代数曲线及曲面""高等无线电学""燃料化学""电讯工程专题""工程设计"，等等。

1937年，魏学仁在总结中国科学教育概况时指出，中国的科学教育主要存在三个问题：教育多用注入式的教学法以教授书本知识；学生缺乏自动实验的机会与经验；教材与学生生活及自然界缺少联络。[2]他认为，解决这些问题的主要途径是推广科学教育，这也是金大理学院致力的目标。

1925—1926年，金大曾得到美国洛氏基金会的资助，聘请美国科学教育专家惠德门（W. C. Whitemans）教授指导科学教育的研究，奠定了金大开展科学教育的基础。为宣传推广科学知识，联络和增进教职员、学生与外界社会的感情，唤起国人对于科学的兴趣，理学院于1930年秋设立推广委员会，由潘澄侯、余光烺、刘宝智三人担任委员，潘澄侯担任主席。成立之初，推广委员会的主要职责有三：（一）筹备公开演讲、购置科学影片、映放科学电影；

---

① 《魏学仁院长谈理学院近况及将来发展计划》，《金陵大学校刊》第77号，1932年12月19日。

② 魏学仁：《我国科学教育之概况》，《科学教育（南京）》第4卷第1期，1937年。

（二）调查国内各大书局及仪器设备公司的国产科学仪器情况；

（三）调查国内各大书局印行之科学类教科书的情况。1930年10月，洛氏基金会派遣驻华代表祁天锡调查金大科学教育，对理学院的工作颇多肯定。1932年11月，魏学仁请理学院教授裘家奎、张济华、陈纳逊、刘殿卿、戴安邦等人担任委员，组织了科学教育委员会，以推进提倡科学、推广科学教育工作。科学教育委员会的经常性工作包括发行《科学教育（南京）》季刊、推广科学教育电影、修理科学仪器、办理中心理科实验室等。1933年秋，理学院为加强社会服务，决定于该年12月成立科学服务部。该部旨在"利用金陵大学理学院现有之人才与设备，以协助我国科学教育及工商业之发展，俾收学校与社会合作之实效"。该部将原有各系为外界服务之工作，集中于一系之下。科学服务部接受外界委托，代为研究并解决各种科学上之问题。[①]科学服务部下设应用化学、电机、科学设备、科学教育和咨询五组，以戴安邦为应用化学组主任，杨简初为电机组主任，负责主持各组事宜。1934年秋，理学院将推广委员会改组为"科学教育电影委员会"，专司摄制、流通及映放科学教育电影事宜，并接受外界委托代摄关于教育、科学和工业方面的各种影片。科学教育电影委员会后与中国教育电影协会合作，在1936年秋增设教育电影部，以更加专业、规范的组织推广教育电影事业。[②]

在二十世纪二十年代，理学院的科学教育事业主要围绕以下几个方面展开。

（一）培养科学教员，举办暑期讨论会及讲习班。鉴于国内中学理科教员缺乏，理学院将"造就科学教育导师"作为教学宗旨之

---

① 《金陵大学理学院科学服务部简章》，《金陵大学校刊》第112号，1933年12月18日。

② 《各学院讯》，《金陵大学校刊》第6号，1930年11月14日。《理学院推广委员会改组为科学教育电影委员会》，《金陵大学校刊》第135号，1934年10月22日。《理学院电影教育委员会 事业激增 组织扩充》，《金陵大学校刊》第199号，1936年9月14日。

一。为便于学生毕业后从事中学教学，理学院先后开设"科学史"（裘家奎讲授）、"科学研究法"（戴安邦讲授）、"科学教学法"课程。[①]理学院设立专门学额，以两年学制专门培养中学理科教员。理学院成立的科学服务部，为各地中学教员提供咨询，解答在科学教育上的疑难。1933年7月，金大理学院与金陵女子文理学院合办"中学理科教育暑期讨论会"，为期两周，参加学员为来自全国10个省份33所学校的百余名中学教员。讨论会的主旨在于"改进中学理科教学法""探讨科学界最近之发展""研究并试验新教学法及教材之适应"，取得了很好的成效。[②]由于该班的成功举办，以及理学院在科学教育方面的多年经验，教育部于1934年指定金大作为中等学校理科教员暑期讲习班举办学校之一。1934年暑期，中等学校理科教员暑期讲习班在金大开班，聘请国内知名学者主讲各科专题讲座，讲习时间扩展为一个月，参加该班的有来自全国17个省市的100多名中学教员。该班分为物理、算学、化学和生物四组，每组设若干研讨项目，由会员依各自研究方向和兴趣所在自行选定组别、项目，每人至多可选择加入两组讨论。会后并成立了中国科学教育学会，由魏学仁、李方训等人为理事，会址即设在金陵大学。[③]

（二）编订中学理科设备标准和中学理科标准测验。教育部因中等学校理科实验设备漫无标准，亟须规范，委托金大理学院代为厘定。经搜集资料，整理研究，拟订草案，征求意见，最终金大拟定正式标准，由教育部颁布施行。此项标准分物理学、化学、生物学三部，即《中学物理学设备标准》《中学化学设备标准》《中学生物学设备标准》三册。此外，二十世纪三十年代初，我国高中数学、物理、化学、生物等课程尚无标准测验，各地毕业会考试题亦无

---

① 《理院教授合开科学教学法》，《金陵大学校刊》第 99 号，1933 年 9 月 18 日。
② 《私立金陵大学理学院概况（1933 年至 1934 年）》（第三号），第 142 页。
③ 《金陵大学校刊》第 123 号，1934 年 4 月 30 日；第 130 号，1934 年 9 月 17 日。

统一标准。因此，教育部委托金大理学院编制中学理科标准测验。经过反复修改，中学理科的代数、几何、平面三角、平面解析几何及物理、化学、生物七门课程的标准测验初稿于1935年完成，并由教育部各印5 000份，进行第一次试验测试。1936年，理科标准测验正式举行，教育部委派金大理学院教授亲赴各地监督指导实施。

（三）编写中学教科书及实验教程。金大理学院编写了多本适合中国学生使用的科学教科书和实验教程。主要有：戴运轨编《初中物理学》《高中物理学实验教程》，温步颐、丘玉池合编《高中化学实验教程》，范德盛编《生物学实验教程》，魏学仁等编《高中物理实验教程》，李方训编《初中化学实验教程》，戴安邦编《高中化学实验教程》等。[①]

（四）发行《科学教育（南京）》季刊，编制科学引文索引，供中等学校教职员、学生及对科学有兴趣者参考。《科学教育（南京）》季刊由理学院刊行，内容主要有理科教材介绍、理科教学法讨论、国内外科学消息及科学刊物最近论文索引等栏目。自1934年3月创刊至1937年6月，《科学教育（南京）》共出版四卷，合计14期。

（五）开展科学讲演。理学院经常组织专家教授做公开或广播讲演，普及科学知识。"九一八"事变后，社会各界均感到战争与科技关系密切，理学院邀请本校教授及校外专家多次讲演毒气和防空等专题，听众除学生外，各界人士亦多参加。[②]1936年11月，理学院应中央广播事业管理处邀请，连续两周播讲科学教育与电影教育，宣传和普及科学知识。

---

① 《理学院科学教育委员会编著高级中学理化生物实验教程》，《金陵大学校刊》第204号，1936年10月10日。
② 《理院定期演讲毒瓦斯》，《金陵大学校刊》第43号，1931年11月27日。

表2-3　金陵大学理学院播讲科学教育与电影教育人员和题目

（1936年11月）

题目	播讲人	题目	播讲人
中国科学教育之概况	魏学仁	课室教学之改进	范德盛
科学教育与精神训练	裘家奎	学生实验之改进	戴安邦
科学教育与思想训练	戴运轨	中国教育电影概况	魏学仁
课外活动与科学教育	李方训	教育电影之推行	段天煜
教育电影与高等教育	范德盛	教育电影之摄制	孙明经
教育电影与中等教育	蒋蓝寿	教育电影与社会教育	潘澄候

资料来源：《理学院在广播电台播讲两周》，《金陵大学校刊》，1936年11月
23日。

三、学人学术

在教员聘任上，金大理学院一方面积极延揽著名学者，另一方面注重留用本校培养的优秀毕业生，资助在本院任教的优秀教员赴国内外深造。理学院在二十世纪二三十年代获得美国洛氏基金会捐助，资送多位优秀教员出洋深造。1928年，戴安邦获资助赴哥伦比亚大学攻读有机化学，于1931年获博士学位后回校任教；1929年夏，裘家奎获资助入普林斯顿大学攻读化学三年，1932年获博士学位，回校被聘为化学教授；1930年夏，吴汝麟获资助入哥伦比亚大学攻读无线电学及X射线光学，1931年得硕士学位，后获得博士学位后在金大物理系长期担任主任职务；1932年夏，潘廷洸赴加利福尼亚大学专攻算学；1933年夏，张济华赴美国芝加哥大学专攻算学。[①]从1931年秋起，金大理学院还选派年轻教员赴国内机构深造，1931年，金大派朱纪勋赴燕京大学研究院攻读生物学；1932年，选派李恕先赴燕京大学攻

---

① 《金陵大学校刊》第2号，1930年10月17日；第55号，1932年5月27日；第83号，1933年2月27日。

读化学，刘宝智赴清华大学研究院攻读物理学。[1]这批人回校任教，对于理学院形成稳定、高水平的师资力量起到重要作用。

理学院成立后，教师队伍得到扩充，教员人数快速增加。1928年，理科有教员17人，其中教授仅4人。到1935年，理学院教员人数增加到30人，其中有教授18人。理学院各系中，物理系和化学系仪器设施最为完善，是学院建设和发展的重点。化学系、工业化学系及后来设立的化学研究所，以及物理系和电机工程系的教员最多，师资力量最为雄厚，研究成果也最为突出。在抗战初的十年里，理学院教员主要有陈裕光、魏学仁、余光烺、唐美森、范德盛、潘澄侯、戴运轨、裘家奎、戴安邦、李方训、吴汝麟、陈纳逊、杨简初、刘恩兰等。

表2-4：金陵大学理学院教员人数情况表（1928—1935）

系别	1928			1929			1930			1934			1935		
	教授	讲师	助教	教授	讲师	助教	教授	讲师	助教	教授	讲师	助教	教授	讲师	助教
化学系（化工）	2	1	7	3		7	4	0	6	6	1	3	8	1	4
算学系		1	2		1	2	1	2	1	2	2	1	2	2	0
物理系（电工）	2		2	4	1	6	6	1	4	4	4	3	4	3	1
植物学系				3	2	5	1	4	4						
动物学系										3	1	0	3	0	0
地质学				1			2			1	1		1	1	0
小计	4	2	11	11	4	20	14	7	15	16	9	7	18	7	5
总计	17			35			36			32			30		

资料来源：《教职员名录》，金陵大学档案649-169、170；《私立金陵大学理学院概况》，1930—1936；《本校理学院教职员统计表》（1934年秋季），金陵大学档案649-77。

注：1934年之后未将植物学系教授人数列入。

———————

[1]　《理学院消息》，《金陵大学校刊》第57号，1932年6月10日。

余光烺（1898—1980），安徽桐城人，1925年毕业于日本东京高等师范学校，1928年获得芝加哥大学理学硕士学位，回国曾任东北大学算学教授。1930年理学院成立后，算学独立成系，由余光烺长期主持系务。余光烺主要教授"微积分""高等微积分""微分方程式"等课程。他重视推动科学教育，1934年理学院创刊《科学教育（南京）》，由余光烺撰写《发刊词》，他写道："一国之文野，视乎文化之盛衰；而文化之盛衰，则系于科学之兴废。近代文明，日新月异，科学发展，尤突飞猛进，举凡宇宙一切，无不趋于科学化。……故处今日而言救国，舍积极提倡科学不为功！盖非科学无以提高文化，非科学无以从事建设，非科学无以利用厚生，非科学无以防备天灾，非科学无以抵御外侮，而尤非提倡科学，无以振兴此衰老民族之精神，以为我中华另辟一新文化之途径。科学之为用大矣哉！"[1]

吴汝麟（1903—1986），毕业于金大理科，1930年夏赴哥伦比亚大学攻读无线电学及X射线光学，回国后在物理系长期担任主任职务。在他的领导下，物理系在无线电和X射线光学方面均有较大发展。1934年8月，中国物理学会第三届年会即在金陵大学召开。1936年，物理系设置了光谱实验室两间，一为暗室，一置水晶摄谱仪及附件，有教授和学生数人从事此项研究。在中英庚款的补助下，物理系添设X射线研究室。

杨简初（1901—1996），江苏苏州人，1928年于普渡大学获得电机工程硕士学位，归国后任职于中央大学工学院。金大1931年开办电机科，聘请杨简初担任主任。杨简初在金大开设有"结构学""直流电机""交流电机""交通工程"等多种课程。在他的主持下，电机工程科获得迅速发展。1936年，该科将原电机实验室加以扩充，并增设电锻实验室、电镀实验室、电机制造实验室、机

---

[1]　余光烺：《发刊词》，《科学教育（南京）》，第1卷第1期，1934年。

工实验室和机械图书室。[①]

戴安邦（1901—1999），江苏丹徒人，1919年进入金大读书，1924年获得金大理学士，并留校任助教。1928年，戴安邦赴哥伦比亚大学化学系深造。1931年，戴安邦以论文《氧化铝水溶胶的本性》（1932年在《美国化学会会志》发表）获得博士学位，这是我国较早从事胶体化学与络合物化学研究的成果。归国后，戴安邦回到母校任教。1932年8月，中国化学会在南京成立，戴安邦是发起人之一。1934年中国化学会《化学》杂志创刊，他任总编辑兼总经理，主持该刊工作达17年。1932年金大成立化学研究所，戴安邦担任主任职务，领导该所研究事务。

李方训（1902—1962），江苏仪征人，1921年进入金大读书，1925年毕业后留校任教。1928年，李方训赴美留学，从事电解质溶液的性质研究，后获得西北大学博士学位。1930年，李方训回金大任教，先后开设了多门理论化学课程，尤其在电化学领域成就卓著。此后30余年中，他一直在金大从事教学、科研和管理工作。1947—1948年，李方训作为中国化学界的首席代表出席国际应用化学及纯化学会议，并受邀赴剑桥大学及美国化学会讲学。1948年，他获得美国西北大学荣誉"科学博士"称号，并荣获该校"金钥匙"奖，被著名科学史学家李约瑟称赞为"杰出的科学家"。

陈纳逊（1895—1997），广东象山人。1918年毕业于东吴大学，1926年赴美留学，1928年获宾夕法尼亚大学硕士学位。陈纳逊来到金大后，长期担任动物学系主任。陈纳逊毕生致力于生物学的教学和研究，最早在我国讲授胚胎学，是我国动物学界的元老，是中国动物学会的创始人之一。

[①] 《私立金陵大学为理学院申请教育部廿六年度补助费说明书》，1937年4月，金陵大学档案 649-254。

戴运轨（1899—1982），字伸甫，浙江奉化人。早年在日本京都帝国大学攻读物理，1927年回国后，历任北平师范大学和中央大学教授。从1932年到1946年，戴运轨在金大任理学院物理系教授。戴运轨致力于航空风洞飞机翼型的研究、电磁理论与X射线结晶构造研究。他在金大期间，由他编著的初中、高中物理教科书为全国各校所普遍采用。

第三节 农学院

农学院是金陵大学最具特色和成就的学院，肇端于1914年创办的农科。翌年，金大添设林科。1916年，农、林两科合并为农林科。金大农林科是我国近代最早开展四年制高等农业教育的机构。

金大农林科在民国初年获得了长足发展。至1927年，农林科下共设七系二部二科，涵括了农学教育的主要内容。七系即农艺系、生物系、森林系、蚕桑系、园艺系、农业经济农场管理乡村社会系、乡村教育系；二部即推广部和农场部；二科即乡村师范科和农业专修科。农林科学生从最初的12人到1927年增至190人。教员也从初期的4人增至"科长2人，教授19人，教员20人，专任推广员2人，中英文书记各1人，其他助理员、管理员等36人"[1]。该科拥有蚕业院、温室、标本室、试验农场、实验区等先进的教学设备和实验、推广场所。在作物改良、农业调查、农业推广等方面，农林科与美国康奈尔大学、北京华洋义赈救灾总会等国内外十余所学术机构和社会团体有着广泛密切的联系与合作。金大农林科当时被誉为"中国现时唯一之农林学院"。

1928年，中国基督教大学委员会制订了第一个中国基督教高

---

① 《金陵大学农林科组织及事业》，1928年印行，第7页。

等教育合作计划，该计划也被称为"通盘计划"（The Correlated Program）。1933年，中国基督教大学校董联合会修订了"通盘计划"，提出在华的农科教育要以金大为中心，岭南、华西和其他各大学已经开展的农林教育研究工作应纳入该项目。[①]1933年4月，中国教会大学合作委员会关于农业教育的议案提出，"中国教会大学之农业教育，定有整个计划，并定金陵大学为全国农学发展中心区。其他如岭南、华西和其他学院举办的农业研究或农业推广工作，均视为此整个计划之一部分"[②]。可见，在基督教大学的教育体系中，金大的农业教育居于主导地位。

胡适曾指出，民国以后中国农业教育和科研的中心在南京，即金陵大学农学院和中央大学农学院。尤其是金大农学院，"发展到全中国农业科学教育研究的一个最重要的中心——全中国作物品种改良的最重要中心，这一段历史是中国科学发达史的一页，是中华民国教育建设史的一页，是很值得记载的"[③]。当时任职于农学院的沈宗瀚对南京国民政府时期农学院的评价更为朴实贴切。他认为，金大农学院"人事安定，经费充足、设备完美。农学院的研究工作与学生程度，当时已为中外赞誉"[④]。

一、发展概况

（一）行政组织

农学是一门应用性极强的学科，金大农学院采用康奈尔大学

① 肖会平：《合作与共进：基督教高等教育合作组织对华活动研究（1922—1951）》，济南：山东教育出版社，2009年，第290页。
② 《金陵大学第14次校董会记录》，1933年11月24日，金陵大学档案649-223。
③ 《南大百年实录》编辑组编：《南京大学百年实录（中卷）：金陵大学史料选》，第280页。
④ 沈宗瀚：《沈宗瀚自述》（中），合肥：黄山书社，2011年，第42页。

将研究、教授、推广三者相结合的办学模式，事业范围广，形成了颇具特色的行政组织。1916年，芮思娄出任农林科科长。在他的建议下，农林科于1924年设中、美两籍科长，并聘请毕业于康奈尔大学的农学硕士过探先担任中方科长。过探先（1887—1929），江苏无锡人，早年就读于南洋公学，1910年考取庚款留美，先后入威斯康星和康奈尔大学专攻农学，1915年获康奈尔大学农学硕士。过探先归国后任江苏省立第一农业学校校长，长校五年，对于校务改革整顿不遗余力，校誉日隆，1918年复发起中华农学会。1921年东南大学成立，过探先任东大农科教授，1923年兼任东大农科副主任。1925年，过探先辞东大教授职，来到金大，任农林科教授兼中方科长。在1927年金大改组期间，过探先曾担任金大校务委员会主席，对于维持金大运行发挥了重要的作用。1928年芮思娄回国，但名义上仍担任美方科长。过探先"自留美回国以来，十余年间，节节为农界努力，善能以时势以创造，尤能明宿弊而革新。特是一己之精力，亦因之耗烁而不自觉者多矣。故行未及四十，而发已斑白"。[1]1929年3月，过探先因积劳成疾，英年病逝，谢家声于该年秋出任中方科长。1930年金大农学院成立，名义上仍有芮思娄和谢家声两位院长。1931年，芮思娄因健康问题辞去院长职务，农学院院长变为一人。1934年，章之汶出任农学院副院长，襄理院务。

谢家声（1887—1983），安徽无为人，1914年毕业于金大文科，后赴美国密歇根大学农学院攻读植物病理学并于1917年获硕士学位，此后谢家声入康奈尔大学进修，并于1918年回到母校金陵大学任教。谢家声在金大农林科教授畜牧学和植物病理学。1920年，在科长芮思娄休假之际，谢家声被任命为助理科长（Associate Dean），并展现出卓越的管理能力，1922年，谢家声辞去金大教

---

① 《南大百年实录》编辑组编：《南京大学百年实录（中卷）：金陵大学史料选》，第44页。

职，赴北京农业大学担任植物病理学教授，后担任该校教务主任和代理校长。1925年，谢家声回到南京，先后出任国立东南大学、国立中央大学农学院教授。1930年春，谢家声再次回到母校金陵大学，旋即被任命为新成立的农学院院长。从1930年至1937年，他长期主持农学院院务。谢家声是二十世纪二十至四十年代中国农学界的领袖人物，在推动农业高等教育、筹建各省农业科研机构中都起到重要作用。1935年，他当选为中央研究院评议会首届评议员，1937年起专任中央农业实验所所长。[①]

金大农学院设各种委员会。在二十世纪三十年代，农学院设立的委员会主要有：院务委员会、教务委员会、研究委员会、推广委员会、指导委员会、农业研究所农业经济学部部务委员会。委员会委员多由学院教授担任，职责分明，教授群体得以"参与全院治理，关心学院荣辱"，[②]为农学院研究和推广事业的顺利发展提供了保障。院务委员会（也称院务会议）是全院最高决策机构，重要院务由院长召集各系部主任、教授、讲师讨论决定。各系部设主任一人，主持各系事务。各系教职员除教授、讲师、助教、助理员外，还有事务员、推广员，从事农业教育的管理、实践和推广工作。

教务委员会负责学院教务工作，1936年，其职责由教导委员会取代。研究委员会由教授代表组成，负责学院研究项目的立项和经费审批。农学院规定，"凡教授及学力相符之同仁对于问题具有研究兴趣者，可拟定计划，送交该院研究委员会处审查，如经该委员会同意，该院将予以辅助及便利"。[③]推广委员会以各系主任为当

---

① 《南京农业大学发展史》编委会编：《南京农业大学发展史·历史卷》，北京：中国农业出版社，2012年，第139页。
② 李扬汉主编：《章之汶先生纪念文集》，南京农业大学金陵研究院，1998年，第54页。
③ 《谢家声院长谈汉行经过及农院最近情形》，《金陵大学校刊》第74号，1932年11月28日。

然委员。1931年年底，农学院扩大了推广委员会，由各系增设一名委员，负责办理与该院有关的推广事业。1932年年底，鉴于学生人数逐年增加，为保证学生和学院密切联络，了解学生切身问题，农学院增设指导委员会。1936年，农学院成立农业研究所农业经济学部，由农学院院长、各系主任、各部主任组成部务委员会。从1927年至1937年，农林科及农学院根据需要还设教育委员会、合作委员会、标本管理委员会、中文出版委员会、英文出版委员会、交际娱乐委员会、农工委员会，等等。[①]

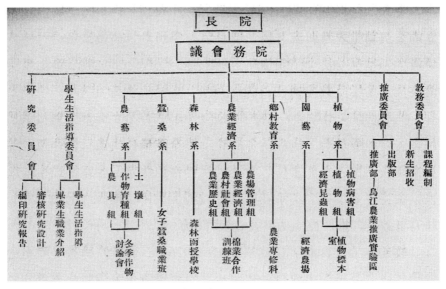

图2-1 金陵大学农学院组织结构图（1935年）

资料来源：《私立金陵大学农学院概况（1934年至1935年）》（第三号），1935年，第31页。

（二）经费来源

农学教育有赖于充足的经费支撑。农学研究、农业改良和推广，范围广，耗时长，"非有充分之经费，与相当人才及各地农业

---

① 《金陵大学农林科组织及事业》，第6-7页。

机关之互助合作，绝不能达到最后之目的"。在金大三个学院中，以农学院经费最充裕，在学校经费支出中占比也最高。1933年，金大全校经费支出为67.4万余元，其中文学院支99 400元，理学院支85 089元，学校行政支121 689元，而农学院支出则达到368 349元，占全校总支出的一半以上。①

农学院经费主要源自校外。因在农业教育、农业改良上成绩卓著，农学院接受各级政府、机关和各种基金会资助较多。1929年，太平洋国际学会（Institute of Pacific Relation）与农业经济系合作进行"全国土地利用调查"，从1929年至1937年，该计划得到洛克菲勒基金会每年约1万美元的资助。②1933年，上海商业储蓄银行捐赠金大农学院农业经济系设立两个客座教席，聘请英美专家各一人，并合作办理乌江经济事业，设置奖学金，金额共6万元。此外农学院还获得了中华文化教育基金会、中英庚款委员会、实业部、全国经济委员会、教育部、全国基督教协进会、金城银行等多个机构的经费资助。

校外捐助为农学院的发展提供了持续的经费支持。如在1933年，农学院得国防委员会捐赠两万元，在陕西兴建西北农林学校及试验区；得陕西省政府捐赠农业专修科每年经费5 000元，为期三年；得太平洋国际问题研究会捐赠农业经济系款项，其中1934年为5 000美元，作为完成土地调查之用；得鄂豫皖赣四省农民银行捐赠10万元，用于四省农村经济调查，等等。陈裕光在该年11月校董会上报告说："本学期农学院得各机关之赠款极众。"校董会鉴于农学院捐款来源之充实，乃商请校长推举葛德基五人组织委员会，研究本校以后方针，"尤须注意于捐款及各部系之关系问题"。③这说

---

① 《全国专科以上学科调查表》（1933年度），金陵大学档案649-77。
② 《南大百年实录》编辑组编：《南京大学百年实录（中卷）：金陵大学史料选》，第268、270-271页。
③ 《金陵大学第十四届校董会纪录》，1933年11月24日，金陵大学档案649-223。

明，即使在二十世纪三十年代全球经济萧条的境况下，金大农学院依然能够稳步推进其各项事业和计划。

农学院与国内外的农业研究、教学和行政机构有着密切合作。1935年，与农学院合作的国内外机构已经达43处之多，在农业调查、训练师资、标本交换和教学科研方面展开合作。[①]其中包括美国康奈尔大学、美国国家博物馆、纽约市立植物园，国内的北平华洋义赈救灾总会、上海合众蚕桑改良会、上海林务委员会、上海华洋义赈会、中国东方基督教教育联合会、无锡模范缫丝厂、江苏农矿厅、中央农业推广委员会等。与社会的密切联系为金大农学院发展提供了源源不断的动力。其一，经费上的支持，使农学院能持续开展各项农事研究，科研成果层出不穷。其二，农学具有很强的地域性，现代农业知识来自西方，不能直接应用于中国。通过合作，农学院得以扩大研究区域和服务范围，使得现代农业知识与中国农情相符合，推动国内各地农业的发展。其三，农学院的合作项目涵括了农业教育各个方面，该院师生深入中国基层乡村进行调查、研究和推广，这些积累的经验和搜集的资料是农学院取得一系列研究成果的重要基础。

（三）农场分布

农林科从创办之始，就在南京、安徽等地设立农场，由农场部管理。到1930年，金大农场面积已达1300余亩。为便于分工联络，金大取消农场部，对于农场事务，根据研究性质不同，分为作物、园艺、蚕桑、森林四场，由各系分别管理。其中作物和园艺两试验场，因面积较大、事务纷繁，增设管理员督率工人工作。[②]

农学院总场设在金大校舍南，建有种子储藏室、工人娱乐室、

---

① 《金陵大学概况》，1935年编印，第8页。
② 《私立金陵大学农学院概况（1930年至1931年）》（第一号），1931年，第23页。

农工夜校课室、温室水塔、晒干场、脱粒场等。在总场之外，设分场四处。第一分场即太平门外武家庄农场，在1933年面积达到650亩。场内有大规模的作物试验区和繁殖区，并配备种子储藏室、熏蒸室、牛舍和平房十余间。第二分场位于太平门外的黑马营，系租自龙津农场，在1933年面积达到410亩。该场主要用于培植棉、麦和玉蜀黍，小部分作美棉试验之用。场内设办公室、宿舍平房、储藏室与牛舍，并有草房十间供办理乡村小学。第三分场设在南京和平门外，在1933年面积达到220亩，其中桑园占地160余亩，余作试验及培植美棉之用。第四分场位于盖家湾，1932年面积达到93亩。①以上各场除桑园外，专供改良作物之用，由农艺系进行管理。

园艺试验场分为两处。第一园艺场位于南京城北薛家巷，面积达50余亩，配备办公室、种子储藏室、农具室等，温室两所，繁殖室一所，风车一座，温床十具。第二园艺场1931年冬购自太平门外，面积150亩。园艺试验场归属园艺系管理，主要用于培育树苗、果苗，种植果树、花卉和蔬菜。

蚕桑试验场位于金大西金银街，面积92余亩，种桑近两万株。该场建有蚕业院两座，冷库一座。和平门外作物试验场也有桑园一处，内植桑树5万余株，作为培育桑种和无毒春秋蚕种之用。蚕桑试验场归蚕桑系管理。

森林试验场分为两处：其一在南京冬瓜市，有地10亩，为试验造林之用，栽种枫杨和刺槐2 000余株；其二在南京干河沿小陶园，有地10亩，为试验育苗和学生实习之用。

以上农艺、园艺、森林等实验场及桑园、苗圃共计1970余亩。②

农学院在全国各地还设农场分场、合作场、区域合作试验场和

---

① 《农艺系要讯》，《金陵大学校刊》第56号，1932年6月3日。
② 《金陵大学概况》，1935年编印，第6页。

种子中心区。南宿州农场由基督教北长老会创办，在1922年与金大合作，改良小麦、高粱、大豆等作物，面积达200亩。1930年秋，华洋义赈会将燕京大学农场划归金大管理，内含海甸和清河农场，面积有1 000余亩。1930年，金大与中央农业推广委员会合办乌江农业推广实验区，并于1933年建设乌江农场，面积370余亩。1932年陕西省泾阳县以土地500亩与金大合作成立西北农事试验场，由资源委员会拨款两万元作为开办费。

1923年，农林科与开封南浸礼会合作办理开封合作农场，面积150亩，以小麦育种和栽培为主要工作，直到1938年开封沦陷后停办。1935年，农学院与山东邹平乡村建设研究院、华洋义赈会合办济南农场，面积700余亩，1937年停办。1930年，农学院与孔祥熙创办的山西铭贤农校合办铭贤农事试验场。1933年，农学院与河北定县平民教育会合办定县农事合作场。1933年，农学院与齐鲁大学合办农事试验场，面积100亩，设有青州分场和周村分场。在江苏铜山县，农学院与江苏建设厅合办徐州麦作改良农场。1934年，湖北省政府和鄂豫皖赣四省农业银行委托金大代办武昌东新州农事试验场，合作期限十年，农场面积895亩，主要进行小麦、豆类和棉花的改良。

农学院的区域合作试验场有设于武进县东仓桥的常州区域场、苏州农校区域场、设于嘉定县的黄渡师范学校区域场、与芜湖高级农校合作的芜湖区域场，以及1934年与地方农事改良研究会合办的太仓嘉定宝山区域场。农学院为在全国推广改良品种，增强品种繁育效率，在各地先后建设六个种子中心区，分布在南京、开封、宿县、乌江、燕京、泾阳等六个农场。

表2-5 全面抗战爆发前金大农学院农场一览表

	场名	地点	面积（亩）
	农事试验总场	南京	1445
分场	开封农事分场	开封	120
	燕京农事分场	北平	650
	乌江农事分场	安徽和县	341
	西北农事分场	陕西泾阳	500
	南宿州合作场	安徽宿县	136
	徐州麦作合作场	江苏铜山	500
	铭贤合作场	山西太谷	500
	齐鲁合作场	山东济南	768
合作场	齐鲁合作场周村分场	山东周村	40
	齐鲁合作场青州分场	山东青州	50
	济宁合作场	山东济宁	547
	定县合作场	河北定县	1500
	太嘉宝合作场	上海浏河	120
	常州合作场	江苏常州	
区域试验合作场	黄渡合作场	上海黄渡	
	芜湖合作场	安徽芜湖	
	滁州合作场	安徽滁县	

资料来源：《金陵大学农学院对于改进我国农业之贡献》，1937年印行，第2—3页。

二、系科与学人

在1927年，外籍教员在农林科占据主导地位，各系主任大部分由外籍教员担任。南京事件后，农林科外籍教员纷纷离职，不得不任用本校培养的毕业生接替教学和研究工作，中国籍教员逐渐成为农学院教师队伍的主体。在1932—1933学年编制的《私立金陵大学农学院概况》中，农学院教职员有101人，其中外籍教师仅有卜凯、安德生、史德蔚、林查理、顾德思五人。96名中国教职员中，有68

人毕业于金大。[①]这与民国初年外籍教员在农林科占主导地位的局面大不相同。至1937年金大西迁前，农学院教职员由1927年的80人增加到120余人，师资力量雄厚，在国内农学院校中首屈一指。著名教员有沈宗瀚、孙文郁、乔启明、魏景超、王绶、陈嵘、戴芳澜、郝钦铭、钱天鹤、张心一、章元玮、章之汶、胡昌炽、焦启源、俞大绂、徐澄等。

农学院成立后，生物学系于1930年7月分为动物学系和植物学系，农场部取消，乡村师范科停办，原来的七系二部二科调整为八系二部一专修科，即农业经济系、农艺系、植物学系、动物学系、森林系、蚕桑系、园艺系、乡村教育系，农业推广部、农业图书研究部，附设农业专修科。[②]农业图书研究部于1932年并入农业经济系，动物学系在行政上属于理学院，也不再列入农学院的系科组织，这样便形成农学院七系一部一专修科的组织结构。1936年秋，农学院经教育部核准成立农业研究所农业经济学部。至学校西迁成都前，农学院保持着七系一部一专修科一研究部的学科结构。

1. 农业经济系

金大农业经济系的创始人是著名的农业经济学家卜凯。卜凯出生于美国纽约州的一个农民家庭，1914年毕业于康奈尔大学，获农学士学位。1915年，卜凯受教会派遣到中国安徽省南宿州传教，并负责农业实验和推广。1920年，他出任金大农林科教授，并设立农业经济系。从1921年到1935年，卜凯长期担任该系主任。1935年，卜凯因出任美国财政部驻华代表离开金大，直到1940年再次回校任教。金大农业经济系是中国最早成立的农业经济系。1936年，教育部批准金大成立农业研究所农业经济学部。该年，农业经济系有

---

① 《私立金陵大学农学院概况（1932年至1933年）》（第二号），1933年，第5—24页。
② 《私立金陵大学农学院概况（1930年至1931年）》（第一号），第21页。

教授10人，讲师10人，助教11人，形成了一支结构合理、实力一流的师资队伍。在金大西迁前，农业经济系共分为农场管理、农业经济、农村社会、农业历史和农村合作五组。

农业经济系关注中国农村经济、社会和农民生活。从二十世纪二十年代开始，农业经济系开展了广泛的农村调查工作，其中影响最大、最负盛誉的是中国农家经济调查和中国土地利用调查。[1]在乔启明和孙文郁的带领下，该系又开展了乡村人口问题调查和豫鄂皖赣四省农村调查。乔启明（1897—1970），字映东，山西临猗人，著名农业经济专家、教育家。1919年由山西省官费保送入金大农林科就读，1924年毕业留校任教。留校后，乔启明接替卜凯从事乡村社会学和乡村组织学的教学，他是我国最早讲授乡村社会学的本土学者。1932年，乔启明与卜凯一同前往康奈尔大学深造。翌年秋，乔启明获硕士学位后回到金大。1937年，乔启明出任金大农业经济系主任。乔启明的研究旨在寻求人地关系的协调，并积极探讨乡村社区重建。在他推动下，金大开展了广泛的农村调查研究和以农业推广为中心的乡村建设实验。[2]孙文郁（1899—1981），山西宁武人，著名农业经济学家。1924年，孙文郁毕业于金大农林科，1928年赴斯坦福大学留学获硕士学位，后入康奈尔大学从事研究工作。回国后，孙文郁回到金大任教。孙文郁主持四省农村调查时，分农村金融、农产运销、土地分类、农佃制度、信用合作、农业特产及农村组织七项完成《豫鄂皖赣四省农村经济调查初步报告》。此外，农学院开展的调查研究还有1931年受国民政府委托调查江淮流域水灾，1932年受委托调查淞沪兵灾，1934年受实业部银价委员会委托进行银价研究，等等。[3]

---

① 盛邦跃：《卜凯视野中的中国近代农业》，北京：社会科学文献出版社，2008年，绪论。
② 乔启明：《乔启明文选》，北京：社会科学文献出版社，2012年，第2-25页。
③ 《金陵大学农学院农业经济系概况》，1936年编印，第5页。

2.农艺系

农艺系原设作物育种组，1930年添设土壤组，1932年添设农具组。至1937年，该系共设作物改良、土壤肥料、农业工程和农事试验场四组。农艺系首任主任为祁家治（G. E. Ritchey）。1926年祁家治归国，由郝钦铭继任。1932年郝钦铭赴美留学，由沈宗瀚继任。1934年，沈宗瀚因任中央农业实验所总技师，主任职务由王绥继任。农艺系汇集了一批国内外作物育种方面的著名专家教授，如洛夫、马雅师、魏庚思、林查理、沈宗瀚、王绥、郝钦铭等。至1935年，农艺系有教授4人，讲师3人，助教11人，助理9人，分场场长3人。至1937年，该系农场有总场1所，分场4所，合作场8所，区域合作试验场5所，种子中心区4所。①农艺系是农学院农业科技改良最富成绩的系科，也是全国农业科技改良的示范中心之一。

沈宗瀚（1895—1980），浙江余姚人，著名作物遗传育种学家和农业行政管理专家。1918年，沈宗瀚毕业于北京农业专门学校，1923年入佐治亚大学农学院，随后进入康奈尔大学研究院攻读作物育种学，于1927年获得博士学位。同年，沈宗瀚回国担任金大农艺系教授，讲授作物育种，并主持小麦、高粱、水稻等作物的研究工作。②沈宗瀚选择南京附近农田，采用纯系选种法在1933年成功培育了"金大2905号"小麦。从1934年至1937年，"金大2905号"小麦推广种植总面积达130余万亩，是我国抗战前粮食作物中推广面积最大的一个品种。③

---

① 金陵大学农学院编：《金陵大学农学院卅年来事业要览》，1943年印行。
② 沈宗瀚后于1934年开始担任中央农业实验所总技师，并组织西北农业考察团。1940年，担任世界遗传学会副会长，1943年出席美国倡议召开的战后世界粮农会议，担任联合国粮农临时委员会技术顾问。1948年，担任中国农村复兴联合委员会委员，1949年赴台。见刘绍唐主编：《民国人物小传》第五册，上海：三联书店，2015年，第67—70页。
③ 曹幸穗、王利华、张家炎等编：《民国时期的农业》，《江苏文史资料》1993年第51辑，第112页。

王绶（1897—1972），山西沁县人，著名作物育种学家、生物统计学家和农业教育家。1919年，王绶由山西省保送入金大农林科，1924年毕业后留校任教。1932年，王绶由金大资助入康奈尔大学攻读作物育种学，1933年以《大麦遗传之研究》获得农学硕士学位，并入选美国农艺学会会员。1933年，王绶回国后任农艺系主任，后担任农艺研究部主任等职。王绶前瞻性地研究大豆、大麦等当时国内尚未研究的作物，取得显著成绩。他培育的大麦品种曾在美国推广种植，被命名为"王氏大麦"。王绶培育出"金大332号"大豆，于1934年开始推广种植，该品种成熟期早，产量高出标准品种45%。①

3.植物学系

1924年，博德（R. H. Porter）于金大生物系内创设植物病理组，在中国大学首开植物病理学的教学和科研工作。1927年博德回国后，该组由戴芳澜主持。我国鉴于当时病害研究基本工作未立，乃致力发展真菌之采集鉴定。1930年，植物学系从生物系划出单独成系，以史德蔚（A. N. Steward）为主任。植物学系最初分为植物学、植物病理学、细菌学三组。植物学组长期致力于标本搜集和分类，多次制订大规模植物标本采集计划，遍历闽、浙、粤、苏、皖、赣、黔等省份，集得高等植物标本2 000余种，35 000余份，真菌标本2 000余份，种子100余份，并与美国国家博物院、纽约市立植物园、哈佛大学植物园等机构进行标本互换与合作。植物病理学组和细菌学组多次承担谷类病害、真菌分类、果实病害、杀菌剂等研究项目。②1934年，该系增设经济昆虫学组，植物病理学组和细菌学组合并为植物病害组，故仍为三组。该系著名教员有史德蔚、焦启

---

① 王绶:《金陵大学农学院改良大豆之成绩》，《金陵大学农学院丛刊》1934年第18期。
② 葛明宇:《中央大学农学院和金陵大学农学院的比较研究》，南京农业大学博士学位论文，2013年，第54页。

源、戴芳澜、俞大绂，等等。

戴芳澜（1893—1973），湖北江陵人，著名植物病理学家。1913年考入清华学校，1914年赴威斯康星大学学习，后转入康奈尔大学农学院获学士学位，其后进入哥伦比亚大学研究生院攻读植物病理学和真菌学，1919年获硕士学位。1920年戴芳澜回国后，先后在广东省立农业专门学校、东南大学等校任教，1927年至1934年任教于金陵大学。1948年，戴芳澜被评为中央研究院院士。1955年被选为中国科学院生物学部委员。

俞大绂（1901—1993），浙江绍兴人，我国植物病理学科奠基人之一。1924年金大毕业后留校任教。1928年赴美国艾奥瓦大学留学，1932年获博士学位，在美期间成为美国植物病理学会会员、美国西格玛–克赛（Sigma-Xi）科学学会荣誉会员，获得"斐陶斐"奖。1932年，俞大绂回到母校任教，后曾任职于清华、北大等校。1948年，俞大绂被评为中央研究院院士。1955年当选中国科学院生物学部委员。

4.园艺系

金大园艺系成立于1926年，最初由韩谷（A. Hancock）主持。1927年4月，韩谷离校，后由胡昌炽长期担任该系主任。该系事业集中于果树分类、繁殖育种、栽培法的研究。1932年，园艺系分为果树园艺、蔬菜园艺、观赏园艺和园艺利用四组。[①]该系与各级政府及社会团体合作广泛，先后举行过江浙果树、浙江柑橘类、中国北部果树等项调查。胡昌炽、管家冀、章文才等人还发起成立中国园艺学会。

胡昌炽（1899—1972），江苏苏州人，早年赴日本东京大学攻读园艺学，从1928年开始在金大任教，担任园艺系主任，前后长

---

① 《胡昌炽先生报告该系近状》，《金陵大学校刊》第78号，1932年12月26日。另一说为1934年。

达20年，是我国园艺植物分类学的先驱。在果树分类研究方面，胡昌炽与章文才等人先后进行了江浙桃母本树调查、浙东杨梅品种调查、华北果树调查，等等，完成《江浙果树调查第一报》（1928），《中国柑橘改良问题》（1928），《浙江省柑橘类调查》（1929），《温州、福州、漳州、潮州、新会柑橘调查报告书》（1930），《关于柑橘类研究第一报》（1930），《东方梨属植物之研究第一报》（1932）。

5.森林系

林科是金大最早设立的系科之一。该科先后由凌道扬、叶雅各、李德毅、陈嵘等主持系务，教员有加拿大籍教授韩谷、世界著名水利专家罗德民（W.C. Lowdermilk）、皮作琼、朱会芳等。该系设木材标本室、林产制造室、种子标本室等，有苗圃38亩，合作林场2 000余亩。二十世纪三十年代，该系主要进行了全国森林状况调查、森林与水利之关系研究、中国树木及竹类之调查、中国森林性质之研究、造林试验、森林保护法之研究、木材工艺性质研究等，并设森林函授学校，普及森林知识。

陈嵘（1888—1971），字宗一，福建漳州人，我国著名林学家、林业教育家，早年在日本北海道帝国大学森林科学习，1924年获哈佛大学硕士学位。1925年，陈嵘回国后任金大森林系教授兼主任，培养出吴中伦、裘维蕃等众多农林人才。[1]陈嵘于1933年编纂完成并出版了《造林学概要》《造林学概论》，将中国的传统造林技术和西方的科学技术相结合，系统论述了造林学基本理论和技术。1934年，陈嵘完成并出版了《历代森林史料及民国林政史料》，列举历代林政得失。1937年，陈嵘编著完成了《中国树木分类学》，此书是我国近代第一部全面系统记述树木学的专著，成为当时国内

---

[1] 《中国现代科学家传记》（第一集），北京：科学出版社，1991年，第469-473页。

林学系的主要教材。[①]中华人民共和国成立后，陈嵘曾担任中国林业科学研究所所长等职务。

朱会芳（1902—1978），江苏丹阳人。早年赴德国留学， 1927年回国后先后任教于浙江大学、北平大学等校，1930年至1934年执教于金陵大学，并于1938年担任农学院森林系主任。朱会芳进行了木材强度试验，开展中国木材硬度的研究。1937年他受军政部邀请赴西北一带考察河套森林生产状况，为兵工之用。朱会芳是我国近代最早用西方技术方法测定国产主要针阔叶树种木材强度和硬度的学者之一。

6.蚕桑系

1918年，金大农林科设立蚕桑特科，翌年正式成立蚕桑系。该系以"改良并发展中国蚕业为职志"，由美国昆虫学专家吴伟士博士（C. W. Woodworth）主持，教员有钱天鹤、顾青虹、单寿父等。1931年后，蚕桑系不设主系，仅以辅系存在，设养蚕学和制丝学两组。蚕桑系强调操作实验和应用，1929年附设女子蚕桑职业班，1930年附设蚕桑讲习班，学员学习两年，以扩大蚕桑知识的培训、指导和推广。

继二十世纪二十年代培育出无毒蚕种之后，蚕桑系在三十年代更注重设备的升级，建了冷藏库、秋蚕室、原种室，扩充了桑园。1929年，无锡模范缫丝厂朱寿颐捐资两万元建立蚕种冷藏库和第二蚕业院。技术方面，该系注重培育桑苗、搜集中外蚕种、进行品种杂交试验、改良春秋蚕种。1929年，该系收集优良蚕种100余种，并开展蚕室改良、幼蚕饲养、育蚕技术等研究，育蚕种3万种，推广优良桑苗10万株。在二十世纪三十年代，蚕桑系主要集中力量于蚕种

---

① 中国农业博物馆编：《中国近代农业科技史稿》，北京：中国农业科技出版社，1996年，第217页。

的培育和推广，蚕桑系历年培育蚕种优良，为各方所订购，每每供不应求。[①]

7.乡村教育系

通过教育来解决乡村问题，是二十世纪二三十年代知识分子的重要主张之一。为"造就中等农学学校、乡村师范师资及乡村建设领导人才"，农林科于1924年设立乡村教育系，首任主任为美国植棉专家郭仁凤（G. B. Griffing）。1927年郭仁凤回国后，由章元玮担任。1933年章元玮出国后，由章之汶担任主任。乡村教育系在南京尧化门办有小学，后在安徽和县乌江推广实验区办理农村小学。

三、中美农业科技交流与合作

二十世纪二三十年代，我国农业教育获得快速发展。尤其是中美之间，农学交流频繁，促使中国农学教育内容和农业育种技术得到快速进步。金大农科是中国近代高等农业教育的开拓者，在中美农业科技交流与合作中发挥了重要作用。

美国差会对于金大的资助，一部分是以差会薪水的形式支付差会派出的教职员的工资，这种做法保障了不断有高水准的美国农业学者来金大任教。芮思娄担任农林科科长长达12年（1916—1928），在此期间，他广揽中外农学专家来校开展教学和科研工作，"努力造成一个研究中国农业与训练中国学生的农学院"。[②]康奈尔大学农学院院长贝莱（L. H. Bailey）、植物学家史文格（W. T. Swingle）、棉花育种专家柯克（O. F. Cook）等早期来华的农学专家，都以金大作为研究中心。1919年，哈佛大学树木园林主任梅里

---

① 金陵大学农学院编：《金陵大学农学院卅年来事业要览》，1943年1月印行。

② 赵晓阳：《思想与实践：农业传教士与中国农业现代化——以金陵大学农学院为中心》，《中国农史》2015年第4期。

尔教授（E. D. Merrill）协助建立了金大植物标本室。1921年10月，美国麻省农科大学校长兼世界农学会会长白德斐（K. L. Butterfield）来华参观，与留美学人在金陵大学设立世界农学会中国支部，钱天鹤当选会长，卜凯为书记兼会计，陈嵘、邹秉文、过探先等人为交际干事。次年，又将南京中国支部升级为中国总部。[1]在芮思娄的积极努力下，先后有19位外国学者到农林科工作，使农林科成为具有国际视野和研究水平的机构。

外籍农学教员用英文授课，以南京附近的农林状况教授学生，带领学生进行作物改良试验。后来担任农学院院长的章之汶在金大读书时，就曾跟随郭仁凤开展"百万华棉"的培育工作。[2]李德毅、孙仲等人跟随罗德民进行植被和水土流失关系的调查。这些美籍教员给金大农学教育带来"教学、研究、推广"三合一教学模式，也将西方农业科学知识和中国的本土国情相结合，形成了金大农学教育注重国际交流与合作的良好传统。芮思娄领导下的农林科也成为中美农业教育和科技交流的重要平台。如吴伟士与钱天鹤合作改良的无毒蚕种，郭仁凤育成的"百万华棉"，芮思娄培育的"金大26号"小麦，罗德民对于黄河、淮河水土冲刷的研究，在当时都有很大影响。1928年芮思娄归国之际，时任大学院院长的蔡元培对其推动中国农业改良和农村改进上的贡献给予了高度赞誉，称颂其"自始佐理经营，竭虑尽智以谋扩充，其毅力更有足令人起敬者"。[3]

与此同时，农学院也积极资助优秀教员赴美深造。章之汶、章元玮、孙文郁、王绥、郝钦铭、魏景超、乔启明、马保之、章文才等人在此时期先后赴康奈尔大学、斯坦福大学、加州大学等校进

① 杨瑞：《中华农学会研究：农业现代性因素的接引（1916—1937）》，北京：三联书店，2018年，第138页。
② 李扬汉主编：《章之汶先生纪念文集》，第53页。
③ 《芮思娄君回美赠言》，1928年7月9日，金陵大学档案649-1806。

修，他们回国后大多成为各学科的学科带头人和学术骨干。农学院毕业生也有多人毕业后赴美国留学。据章之汶统计，中国留学欧美大学农林科者，在二十世纪三十年代中期约有250人，其中几乎一半是金大农学院毕业生。

金大农学院与美国政府机关和学术机构有着广泛合作。其中主要合作有如下几项：（1）与康奈尔大学、洛氏基金会世界教育会（International Education Board N.Y.）合作，实施作物改良合作计划；（2）与美国国家博物院合作，交换植物标本；（3）与纽约市立植物园合作，在华采集植物标本；（4）美国丝业公会捐助21 000美元，为金大建筑蚕业院；（5）与太平洋协会合作，研究中国土地利用和人口问题；（6）与密尔班克纪念基金会（Milbank Memorial Fund）合作，研究中国土地利用及人口问题；（7）与美国斯克里普斯基金会人口问题研究所（Scripps Foundation for Research in Population Problems）合作，研究土地利用及人口问题；（8）加利福尼亚大学派遣土壤及农业经济学教授来院讲学；（9）与哈佛大学交换植物标本。[①]

在中美农业科技合作中，最具代表性的项目是从1925年启动的"金陵大学-康奈尔大学中国作物改良合作计划"。1923年至1924年，在芮思娄和康奈尔大学教授洛夫（H. H. Love）的协力推动下，农林科与康奈尔大学和纽约洛氏基金会世界教育会达成了"中国作物改良合作计划"。该计划的目的有二：一方面是实施包括小麦、大麦、水稻等主食作物的综合性作物改良计划；另一方面是为作物改良计划训练中国本土的专业技术人员。根据该计划，自1925年始，康奈尔大学每年派一位作物育种学专家赴金大进行学术讲演，并指导研究工作。1925年4月，世界著名作物育种专家洛夫首次代表

---

① 《私立金陵大学农学院概况（1934 年至 1935 年）》（第三号），第 91-92 页。

康奈尔大学来到金陵大学，举办作物育种理论与技术讲习班，并开设"基因学""作物育种""生物统计学""农田作物分类法"等课程，将近代作物遗传育种理论和技术，特别是生物统计方法介绍给中国育种界。其后，育种专家马雅师、魏庚思等多次来到金大任教，讲授和指导改进作物育种。他们不仅将美国最前沿的作物育种理论带给金大，而且形成了一套科学育种方法——纯系育种法，成为金大乃至当时中国普遍采用的育种新法。[①]

在该计划执行期间，一共举行了四次暑期研讨班，授课对象涵盖全国各地的优秀农业教师和农事试验场工作人员。研讨班开展学术演讲、试验田观测、非正式学术讨论和会议研讨等活动，内容涉及作物育种、遗传学、植物病理学等领域。课程包括洛夫第一次来华时开设的"试验方法论"，沈宗瀚教授的"初级作物育种"，马雅师教授的"高级作物育种"，洛夫第二次来华时教授的"生物统计学"等。据统计，该合作计划接近尾声时，超过125人从原先没有任何农事经验被训练成为能够独立完成作物改良试验的专业人员。沈宗瀚、王绥、郝钦铭、沈学年、戴松恩、沈寿铨等农林科师生都参与了作物改良合作计划的具体工作，并有多人先后赴康奈尔大学深造。

表2-6　作物改良合作计划康奈尔大学教授来华时间表

康大教授名单	主要指导领域	来华时间
洛夫（H. H. Love）	小粒谷类作物、生物统计学	1925年、1929年
马雅师（C. H. Myers）	天然授粉谷物、饲料谷物	1926年、1931年
魏庚思（R. G. Wiggans）	蔬菜、饲料谷物	1927年、1930年

1928年，作物改良合作计划因中国政局不稳暂停一年。1929年恢复后一直实施到1931年。1930年，魏庚思再次来到中国，他对作

---

① 沈志忠：《近代中美农业科技交流与合作研究》，南京农业大学博士学位论文，2004年，第20页。张瑞胜：《金陵大学与康奈尔大学作物改良合作计划研究（1925—1931）》，南京农业大学硕士学位论文，2014年，第44—45页。

物改良合作计划的进展给予了高度评价。他说："在政府交替重组的那段艰难时期，外国人被迫撤离作为作物改良合作计划中心的南京。虽然每个人的将来都充满不确定因素，但是作物改良合作计划的物资设施没有受到任何损失。负责的工作人员对这项计划非常感兴趣，并深刻认识到为了防止此次项目的损失，任何代价都是值得的。"[1]在中美科技人员的齐心努力下，作物改良合作计划培育了一批高产的水稻、小麦、大豆、高粱、棉花、大麦等优良品种，并向农民分发推广。在当时粮食问题严重的中国，作物改良合作计划以科学方法改良品种，增进民食，取得了显著成效。[2]1931年，马雅师代表康奈尔大学再次来华，视察各合作场育种工作，举办作物改良讨论会，修订各合作场的合作办法，并改进作物育种工作机构间的联系方式。马雅师回国后，于1934年撰写了一份作物改良合作计划开展的总报告，详细叙述了该计划实施的经过和成就。该项目也被视为中美农业科技交流的标志性成就，取得了显著的示范性效果，影响广泛而深远。洛夫和芮思娄认为，该项目是"最早的国际技术援助的模范"。[3]由此引发了中美两国的一系列农业科技合作，如此后的中美农业技术合作团，中美联合成立中国农村复兴联合委员会等。曾任康奈尔大学农学院院长的梅尔斯（W. I. Myers）教授这样评价说："金陵大学与康奈尔大学的作物改良合作计划的成功是我们后来在洛斯巴尼奥斯与菲律宾大学农学院开展更为综合的类似合作计划的重要原因。我深信这个计划对于加强菲律宾的农业和经济是十分有益的，同样对于它对康奈尔大学、对农学院的利益，我也是

---

[1] 张瑞胜：《金陵大学与康奈尔大学作物改良合作计划研究（1925—1931）》，第 21 页。

[2] 沈宗翰：《改良品种以增进中国之粮食》，《中华农学会报》1931 年第 90 期，第 4 页。

[3] H.H.Love, J.H.Reisner, *The Cornell-Nanking Story*, Ithaca, N.Y.: New York State College of Agriculture, Cornell University, 1964,p5.

一样自信。"①

　　毕业于康奈尔大学的卜凯还邀请世界著名专家学者到金大农业经济系讲学，他利用自己的优势，为康奈尔大学与金陵大学建立了特别的协作关系。从 1930 年起，康奈尔大学派出霍德兰（Y. W. Hedland）、路易士（A. B. Lewis）、雷伯恩（J.R. Raeburn）、华伦（S.W. Warren）、克特斯（W. M. Curtiss）、金克敦（D. F. King）到农业经济系任教，直到抗战爆发。这些专家的到来，极大地充实了金陵大学农学院的教学和科研实力，也使农业经济系成为金大农学院聘请外国教授和专家最多的系。②

第四节　中国文化研究所

一、成立与宗旨

　　中国文化研究所是金大三院之外独立的学术部门，它的成立与二十世纪二三十年代中国教会大学兴起的"国学热"有关，也是1928年成立的哈佛燕京学社（The Harvard–Yenching Institute）全球学术合作项目的组成部分。

　　1914年，美国铝业大王霍尔去世，将其部分遗产作为教育基金成立霍尔基金会，用于教育机构的创建、发展和维持。1928年，霍尔基金会发放了该基金的最后三分之一，即用于亚洲高等教育的部分，"在日本、巴尔干半岛、东亚从事教育活动"。③这部分基金市

---

① H.H.Love, J.H.Reisner, *The Cornell–Nanking Story*, p47.
② 赵晓阳：《思想与实践：农业传教士与中国农业现代化——以金陵大学农学院为中心》，《中国农史》2015 年第 4 期。
③ 转引自陈滔娜：《哈佛燕京学社校际合作史》，南京：江苏人民出版社，2014 年，第 93–94 页。

值1400万美元。基金会将其中的760万美元直接分配给亚洲大陆、日本、土耳其和巴尔干地区的21所教育机构，其中金大获30万美元。剩余的640万美元则交由1928年成立的哈佛燕京学社使用和管理。哈燕社将其中190万美元作为专项基金，按照霍尔基金会设定的比例分配给在华六所合作教会大学（即燕京、齐鲁、金陵、岭南、华西医科、福建协和），金大按比例获30万美元。[①]

金大前后共获得霍尔基金会捐助的60万美元，其中30万由哈燕社代管。哈燕社作为霍尔基金会在华的总主持机关，理事会设在美国哈佛大学。学社在北平设行政委员会，由燕京大学校长司徒雷登担任主席，有书记干事正副各一人，总理一切事务。[②]哈燕社作为基金管理者，要求将基金用于中国人文学科的教学、研究和出版。随着中国民族主义的兴起，教会大学在教学方式和授课内容上都加大了中国文化的比重，对于中国传统文化尤其是国学非常重视。1929年3月和7月，哈燕社理事会先后两次致函6所在华合作教会大学，指出专项基金主要用于"加强中国语言、文学和历史学科的教学"，包括购置书籍和设备，支付学者薪金。

哈燕社的计划得到在华合作教会大学的热烈回应。葛思德（B. A. Garside）评论说："事实上，我们都很高兴现在有这么丰厚的资金用于加强许多教会机构一直以来忽视的研究领域。"[③]1929年，燕京大学重组了原有的国学研究所，其他教会大学也陆续建立开展中国文化研究和教学的机构。陈裕光认为，金大"虽然是教会学校，但它首先是中国的学校，……中国人应该研究中国的文化"。金大很快决定，

---

① 这笔专项基金的分配比例如下：燕京大学 5/19，岭南大学 3/19，华西医科 3/19，金陵大学 3/19，齐鲁大学 2/19，福建协和 2/19，印度阿拉哈巴德农业研究所 1/19。见樊书华：《文化工程：哈佛燕京学社与中国人文学科的再建：1924—1951》，北京：北京大学出版社，2017年，第84—85页。
② 《中国文化研究所消息》，《金陵大学校刊》第75号，1932年12月5日。
③ 樊书华：《文化工程：哈佛燕京学社与中国人文学科的再建：1924—1951》，第94页。

"要用这笔捐款办一个像样的中国文化研究所"①。1930年年初，金大中国文化研究所成立，组建执行委员会规划所务，聘请徐养秋为主任，由刘迺敬、贝德士、刘国钧、吴景超等人担任委员。同时设立图书委员会，以李小缘、贝德士、刘国钧等人为委员，负责选购图书事宜。李小缘主要负责采选中文图书，贝德士负责采选西文图书。

徐养秋（1887—1972），江苏金坛人，是1914年金大文科毕业的优秀学生，在该年的毕业典礼上曾宣读毕业论文《中国文学之变迁》。1917年，徐养秋赴美留学，在伊利诺伊大学主修历史，后获史学硕士学位。1919年，他赴哥伦比亚大学师从著名教育家孟禄攻读教育学。但博士尚未毕业便因南京高等师范学校校长郭秉文力邀于1920年回国，任南京高师、东南大学教授，先后担任两校历史系主任和教育科主任。曾在芝加哥大学和哥伦比亚大学研究欧洲史和教育史的徐养秋，熟知新史学的理论与方法，回国后在《史地学报》等刊物上发表了多篇文章，引介西洋史学理论和方法，对学生陈训慈、刘掞藜等人都有很大影响。②历史学家郭廷以在回忆中称，他在治学方法上受徐养秋的影响很大。"他讲授史学方法课程，用中国的历史作例证，来解释西洋历史的新史学方法，他精通西洋历史及研究方法，中国历史的学问也有极深的根基，讲来融会贯通，使人倾服。"③1928年，徐养秋在外交部条约委员会任职，受陈裕光之邀到金大文科兼授历史课程。徐养秋有海外教育经历、丰富的从教经验和学术人脉。他与陈裕光还是金大校友，曾同窗八年。中国文化研究所成立时，陈裕光便邀请徐养秋来校总责其事。

---

① 金陵大学南京校友会编：《金陵大学建校一百周年纪念册（1888—1988）》，第154-155页。

② 赵永青、许文彦：《殊光自显不须催：徐养秋传》，南京：南京大学出版社，2015年，第69页。

③ 郭廷以：《郭廷以口述自传》，张朋园等整理，北京：中国大百科全书出版社，2009年，第94-95页。

在办所宗旨上，金大文研所力求符合哈燕社的政策目标。根据学社要求，金大文研所确定其目的有三：（一）研究中国文化；（二）教授有关中国文化之课程；（三）印行中国文化研究著作。为实现上述目标，中国文化研究所将宗旨定位为：（一）研究并阐明本国文化之意义；（二）培养研究本国文化之专门人才；（三）协助本校文学院发展关于本国文化之学程；（四）供给本校师生研究中国文化之便利。[①]这一定位体现了强烈的文化本位意识。

哈燕社代管的霍尔基金不是直接拨付，而是每年由学社将利息按季度拨付各校支用。金大可获得息金收入的六分之一，从整体上看，该项拨付给金大的息金，多时可达17 000美元，少时在10 000美元上下。二十世纪三十年代初，金大文学院经费困窘，严重限制了科系发展、课程设置和教员聘任。哈燕社用于文研所的建设资金，对于维持和加强金大人文学科的教学、研究和出版起到重要作用。在"最初的几年，由于有利的汇率，金大中国文化研究所的钱一直是有积余的"。[②]这一经费来源为学者提供了稳定安心的学术环境，为文研所的发展提供了保障。

受世界经济形势的影响，基金收益在二十世纪三十年代大减。1930年，用于六所大学的专项基金收入可达10万美元；而到1934年，这项收入减少至6万美元。在1934年11月金大校董会上，面对息金收入不足，董事会认为，如果"哈佛燕京社之津贴仍未能稍事增加，或竟现额数亦未能如数津贴，则本校只有另设法"，以完成文研所的预定研究工作。[③]

文研所在经费使用上须接受哈燕社的监督指导，合作大学制

---

① 金陵大学编：《金陵大学六十周年纪念册》，第67页。

② 陶飞亚、吴梓明：《基督教大学与国学研究》，福州：福建教育出版社，1998年，第200页。

③ 《金陵大学第十六次校董会记录》，1934年11月23日，金陵大学档案649-223。

订计划和预算，由哈燕社理事会进行审议，确定拨款数额。哈燕社强调受资助大学必须把经费用于提高中国语言、文学和历史方面的教学与研究水平，不得将经费挪作与中国文化研究和教育无关的项目。陈裕光对于哈燕社的这一宗旨十分清楚。他在1931年写给哈燕社的报告中说，金大文研所的工作包括添置中国文化方面的书刊、增加国学方面的课程、鼓励高年级学生开展研究、发表系列文章，等等。[1]这些都旨在加强中国文化方面的本科教育，并培养师生在中国文化上的研究兴趣和能力。但在实际运作中，金大也将该项基金余款补助文学院各系。哈燕社同意，合作大学在满足人文学科项目的需求之后，可以将基金余款用于其他院系事业。

哈燕社将在华教育事业分为两种，一种是本科教育（Undergraduate Work），一种是研究生教育（Graduate Work）。燕京大学被列入唯一有条件开展学术研究和进行研究生教育的中心。其他合作大学则以加强文史哲的本科教学为主，优秀本科生在毕业后先被送到燕京大学读研究生，再被选送到哈佛深造，以加强各大学师资的培养。[2]根据这一安排，金大的研究生教育并不能得到哈燕社的有力支持。哈燕社也不希望金大文研所兴办研究生教育。1932年，哈燕社组织了两个委员会分别管理在华的研究生项目和本科项目，一为大学研究部委员会，一为大学本部委员会。其中大学本部委员会旨在"谋各校之合作及与燕大研究所之切实联络"。在该委员会中，每所合作大学任命两位委员，一位来自财务管理领域，另一位则与中国文化研究之发展有关。[3]

金大文研所和文学院关系密切。文研所在宗旨中便明确，要"协助本校文学院发展关于本国文化之学程"。该所研究题目的设

---

① 陶飞亚、吴梓明：《基督教大学与国学研究》，第193页。
② 章开沅、马敏主编：《社会转型与教会大学》，第119—120页。
③ 《金陵大学第十二次校董会记录》，1931年11月18日，金陵大学档案649—223。

定、书籍资料的整理，都和文学院密不可分。文研所研究员大多来自文学院，或在文学院开设课程。如文学院历史系缺少中国历史方面的选修课程，故"每季由中国文化研究所各研究员担任开班，无须增加经费另请教员"①。校方也有意识加强文研所和文学院的合作。金大文科研究所史学部成立后，文研所受学校委托，主持史学部一切事宜，由李小缘兼任史学部主任。

二、学人概况

1930年2月金大文研所成立之初，因徐养秋仍在外交部任职，由李小缘襄助所务。李小缘是我国第一批赴美学习图书馆学的学者，回国后参与创办了金大图书馆学系。②文研所的一个重要方向是古代史和考古，图书资源建设和古籍珍本收藏整理极为重要，也需要李小缘这样"懂得目录学、版本学，中国文史底子又好，谙熟国际情况、通外文的认真负责的人"。

文研所研究人员分为四类。其一为专任研究员，其二为兼任研究员。专任研究员和兼任研究员可为本校教授或讲师，其研究时间多于授课时间约两倍以上者，称为专任研究员，反之则为兼任研究员。其三为特约研究员，由本校函聘校外究心文物、学有专长、志在以著述发扬本国文化者担任。其四为助理研究员，也称助理员，为协助各研究员作研究者。1931年是文研所人数最多的一年。当时，全部研究员及职员有15人之多，其中有专任研究员3人，兼任研究员8人。

专任研究员对于文研所建设至关重要。从该所发展历史看，兼任研究员虽多有变动，但专任研究员保持了很大的稳定性。从

---

① 《文学院院务会议记录》，1934年1月12日，金陵大学档案649-1629。
② 王绳祖：《忆李小缘》，南京大学信息管理系编：《李小缘纪念文集（1898—2008）》，第325页。

1930年到1937年，文研所专任研究员主要有李小缘、王钟麟、陈登元、商承祚、徐益棠五人。王钟麟、陈登元在1930年文研所成立时即担任研究员。徐养秋在延揽研究人员上，注重学术前沿领域，即所谓"一时代之学术"。他邀请商承祚、徐益棠来文研所工作。商承祚早年在北大国学门读过一年研究生，他拜罗振玉为师学习古文字学，拜谒王国维听其讲授甲骨文和古文献。他后来"在师大、北大、清华任教，月薪可达500余元，但是不能专心从事科研"。1932年，徐养秋赴北平邀请商承祚南下，他对商承祚说："甲骨文、金文和考古学在国内日益发展，所以美国哈佛燕京学社文化基金委员会指示，要教会大学关注这些学科的发展，并指出要多出版此类专著，以提高研究所在国际上的学术地位。……在南京讨论时就想到你。"在徐养秋的邀请下，商来到金大文研所工作。他在此处可以不教书，安心研究，且有研究和出版经费。商承祚后来回忆说："金陵大学请我，月薪280元，专搞科研，编书写文章，不必上课，我愿意干。于是就应聘去从事于甲骨文、金文及古文物资料的搜集整理研究工作。由于生活安定，经费充足，心情舒畅，我的研究工作进行得相当顺利。从1933年到1936年之间，先后编著出版了《福氏所藏甲骨文字考释》、《殷契佚存》附考释（1933）、《十二家吉金图录》（1935）、《浑源彝器图》（1936）等书，后两部书是收集南北所藏之甲骨、铜器拓墨后类此考释而成。这些书皆由金陵大学中国文化研究所出版。"①

　　文研所注重研究人员的现代学术训练。所中专任和兼任研究员有一半曾赴海外游学，在西方学术机构接受学术训练；另一半则为国学根底深厚，于经史学有专长者。1930年，金大聘请著名学者钟

---

① 《商承祚自传》，《晋阳学刊》编辑部编：《中国现代社会科学家传略（第四辑）》，太原：山西人民出版社，1983年，第407—408页。

泰为文学院教授兼文研所研究员，月薪为中方教员最高薪300元。汪孔祈和吕凤子均毕业于清末两江优级师范学堂，是著名的画家和美术教育家，时在中央大学任教，二人加入文研所使得该所能开展艺术史的课程和研究。稳定的研究经费和学术团队在1937年之前为文研所凝聚了一批国内外著名学者。

表2-7　金陵大学中国文化研究所研究人员一览表（1930—1937）

姓名	学历	任职情况	任职	任职时间
徐养秋	金大文学士、美国伊利诺伊大学硕士	国立东南大学教授、外交部条约委员会委员	所长	1930—1937
李小缘	金大文学士、美国哥伦比亚大学硕士	金大图书馆、东北大学图书馆馆长	专任研究员	1930—1937
王钟麟	日本东京高等师范文科毕业	国立北京女子师范大学讲师、广西教育厅编译处处长	专任研究员	1930—1937
商承祚		曾任东南大学讲师，中山大学教授兼语言历史研究所主任、考古学组主任，北平师范大学教授兼北京大学、清华大学讲师	专任研究员	1932—1937
徐益棠	东南大学学士，巴黎大学博士	上海持志大学教员，商务印书馆编辑	专任研究员	1933—1937
陈登原	东南大学文学士	宁波女子中学教员	专任研究员	1930—1935
吴征铸		南京中华女子中学国文教员		1936
刘国钧	金大文学士、美国威斯康星哲学博士	金大图书馆馆长、文学院院长	兼任研究员	1930—1936
杭立武	政治学硕士	美国威斯康星大学名誉研究员、英国伦敦大学研究员、国民政府考试院编撰	兼任研究员	1930—1933
钟褒			兼任研究员	1931—1932
汪孔祈	两江优级师范学堂毕业	武昌高师、北京女高师、北京师范、南京中央大学讲师	兼任研究员	1930—1933
吕凤子	两江优级师范学堂毕业	北京女高师教授，中央大学副教授	兼任研究员	1930—1933
吴景超	美国芝加哥大学博士	金大社会学系主任	兼任研究员	1930—1932
雷海宗	美国芝加哥大学哲学博士	中央大学史学系副教授	兼任研究员	1931
倪清源			兼任研究员	1931
贝德士	美国哈莱姆学院学士、牛津大学硕士	耶鲁大学研究员，金大历史系主任	兼任研究员	1931—1936

（续表）

姓名	学历	任职情况	任职	任职时间
刘继宣	日本明治大学政学士，东京帝大研究院治史学二年	中央大学、中央政治学校文史教授	兼任研究员	1931—1936
蔡崇云			特约研究员	1932
叶季英	中央大学教育学院艺术专修科毕业	吴江同里市立第六小学校长	助理员	1930—1933
奚祝焘	金大国文专修科毕业		助理员	1930—1931
黄玉瑜		苏州高等法院书记	助理员	1931—1937
于元甫	浙江之江大学文学士	并州大学教授	助理员	1931—1937
黄云眉		宁波市立商业中学教员，金陵中学教员	助理员	1932—1933
胡道忠	南京钟英中学毕业		助理员	1933—1937
李汉			助理员	1932—1933

资料来源：《私立金陵大学文学院概况》（1930—1937），《私立金陵大学一览》（1933），《金陵大学1928—1931年度教职员名录》，《金陵大学1932—1936年度教职员名册》，见金陵大学档案649-74，649-76，649-169，649-170。

三、研究与成果

文研所成立后，根据学者专长制订研究计划。一种是由学者自己提出研究计划，另一种是研究人员认领文研所规划的研究专题。[1]

文研所最初设定的研究方向分为五类：史学类、哲学类、外人关于中国文化之研究、目录学、国画研究。[2]在文研所的支持下，先后出版了黄云眉《古今伪书考补正》《邵二云先生年谱》，陈登原《天一阁藏书考》，蔡崇云《词源疏证》。吴景超《两汉多妻的家庭》，吕凤子《中国画与佛教之关系》，黄云眉《周礼五史辨》《明史编纂考略》《李卓吾事实辩证》，刘国钧《两汉时代道

---

[1]　金陵大学编：《五十五年来之金陵大学》，《金陵大学校刊》第321号，第39页。
[2]　金陵大学秘书处编：《私立金陵大学一览》，第42-44页。

教概说》《后汉译经录》《三国佛典录》，雷海宗《孔子以前之哲学》，王钟麟《最近日本帝大研究中国学术之概况》，陈登原《韩愈传》，叶季英《中国绘画之骨法与输入之凹凸法》等论文也在《金陵学报》上发表。①从出版著作和发表论文来看，文研所偏向传统的学术研究，尤其在版本目录学方面取得了一系列成果。

文研所的工作得到了哈燕社的肯定。1932年10月，哈燕社第一任干事傅晨光赴金大调查，"参观本校所组织之研究所，并详细分别与各研究员谈话，研究各计划之工作纲要，甚为满意。并谓如有新计划，或十分巨大之稿本，尚可额外请款，彼极愿从中赞助云云。……十一月中旬，氏调查工作完结北返，便道来金陵，盛称金陵部分组织之规模及其工作结果，乃知前所称'满意'者非虚语也"。②

表2-8　金陵大学文研所研究员承担研究课题列表（1933年）

类别	课题		承担人
史学类	商周文化		商承祚
	周季迄秦代文化		陈登原
	中国一统政治之形成		贝德士
	两汉文化		徐养秋
	中国外来民族之文化		徐益棠
	古史探源	（一）甲骨文字及金文研究	商承祚
		（二）隋代以前史籍考	徐养秋
	中国考古学史		徐益棠
哲学类	六朝思想史		刘国钧
	颜习斋哲学思想		陈登原
外人关于中国文化之研究	欧美学者研究中国文化概观		贝德士
	日本学者研究中国文化概观		王钟麟

---

① 李小缘：《金陵大学中国文化研究所概况》，南京大学信息管理系编：《李小缘纪念文集（1898—2008）》，第298页。

② 《中国文化研究所消息》，《金陵大学校刊》第75号，1932年12月5日。

（续表）

类别	课题	承担人
目录学	六朝著述目录	刘国钧
	欧美东方学杂志论文索引	李小缘
	丛书子目索引	李小缘
	本所新购中国书籍提要	于元甫
	画书书目提要	叶季英
国画研究	画微	吕凤子
	新安画派	汪孔祈

资料来源：金陵大学秘书处编，《私立金陵大学一览》，1933年，金陵大学档案649-76。

商承祚关于商周文化、甲骨文及金文、彝器花纹、中国考古学史的研究，徐益棠关于"中国外来民族之文化"的研究，李小缘关于边疆书目的研究，拓展了文研所的研究范围。到1938年，文研所的研究门类分成史学、考古学、目录学和东方学四类。文研所坚持立足中国史学，以考古学、目录学为辅助，注重考据等实证研究，呈现鲜明的研究旨趣，形成自身的风格。

商承祚加入文研所后，丰富了该所的研究力量。他注重考古出土与文字历史互相释证，"研究本国文化之可据资料，大别有二：曰史籍，曰古物。古物足以证史，亦足以纠史。……本所有鉴于斯，史学而外兼重考古学，思以考古学补救史学之穷"。[1]二十世纪三十年代初期，福开森将其个人文物收藏全部捐赠金大。[2]这批珍藏被文研所列为重要的研究内容，成为文研所的学术特色。商承祚主持文研所的"甲骨文与金文研究"，他于1932年前往北平收集商周文化史料时，便赴福开森家中拜会，并得尽观其藏。福开森对他说："余年已六十有八，天假我年，不过数岁，而余亦欲于数年间，写定重要

---

[1]　金陵大学编：《金陵大学六十周年纪念册》，第70页。
[2]　《福开森博士古藏赠物》，《金陵大学校刊》第144号，1934年12月23日。

文字若干卷，以竟此生之志愿。又余所藏物，多未编目，亦已请人为之。今君助我先成甲骨文，甚善也。"①商承祚将其中精选的甲骨文拓得三十七版，附以考释，完成《福氏所藏甲骨文字考释》。他又对福氏所藏彝器进行研究，对福开森所写《历代著录画目》进行校订。商承祚此后征集8家所藏甲骨文，完成《殷契佚存》，根据南北12家所藏青铜器凡169件完成《十二家吉金图录》，根据山西浑源出土铜器照片完成《浑源彝器图》。从1930年到1937年，《中国文化研究所丛刊》共出版15种，商承祚一人完成了其中的6种。

徐益棠开展对中国西南边疆少数民族历史地理状况的研究，发表了《浙江畲民研究导论》《广西象平间瑶民之服饰》等文，推动了金大民族边疆研究的发展。②文研所和文学院开设了多种关于边疆民族学的课程，如"中国边疆概论""西南边疆史地""东北边疆史地""中国民族通论"等。文研所还设"中国外来民族之文化""边疆数目类纂"等研究专题。到抗战时期，文研所的民族学研究扩展到宋辽金交涉史、蒙古史研究、西南民族史等本国历史地理领域。

文研所重视图书资料的搜集，李小缘在其中发挥了重要作用。李小缘注意搜集各种古籍译著，"尝试建立一个他心中的学术图书馆，为学者创造最佳的研究环境"。到1937年，文研所收藏史部书籍、笔记、札记、丛书达33 641册，西文汉学书籍460册，日文汉学书籍930册，补齐装订成套东方学杂志西文19种399册，日文14种194册。③此外还有福开森捐赠的中国古物美术珍品等千余件；立法委员何遂所捐赠秦汉瓦当百数十件，等等。李小缘根据研究所的图书收藏，承担"欧美东方学杂志论文索引""丛书子目索引""边疆数目类纂"等多项研究，先后写就《英国国立图书馆藏书源流考》

① 商承祚：《福氏所藏甲骨文字考释》，金陵大学中国文化研究所，1933年，前言。
② 徐益棠：《金陵大学边疆研究事业之经过》，《边疆研究通讯》第2卷第2期，1943年。
③ 南京大学信息管理系编：《李小缘纪念文集（1898—2008）》，第316页。

（1932）、《丛书之研究》（1933）、《中国边务书目》（1934）、
《版本研究》（1935）、《帝国主义侵略中国目录》（1936）、
《日本书目》（1936）、《云南书目》（1937），等等。

在文研所收藏的图书中，相当一部分是国外的东方学研究著
作和杂志。文研所是较早引介国外汉学研究成果的机构，这主要得
益于李小缘、贝德士和王钟麟的贡献。研究所的研究课题有"欧美
学者研究中国文化概观"（贝德士）、"日本学者研究中国文化概
观"（王钟麟）、"欧美东方学杂志论文索引"（李小缘）等。金
大西迁前，贝德士的《西文东方学报论文举要》、王钟麟《最近日
本人研究中国学术之一斑》编入金陵大学《中国文化研究所丛刊》出
版。这些对学者了解西方、日本的汉学研究成果有重要的参考价值。

学术出版是文研所的一项重要工作。文研所成立之初，即与
上海商务印书馆编译所签订了"金陵大学中国文化研究所丛书"合
同。研究所将历年研究员的著述编入《中国文化研究所丛刊》，分
为甲、乙两种印行。西迁前，文研所已完成出版《中国文化研究所
丛刊》（甲种）12部，《中国文化研究所丛刊》（乙种）2部，另有
两种已完稿待印。

表2-9　金陵大学文研所历年研究著述一览（1930—1937）

	题名	研究者	出版时间
	古今伪书考补正	黄云眉	1932.8
	天一阁藏书考	陈登原	1932.9
	词源疏证	蔡崇云	1932.9
	邵二云先生年谱	黄云眉	1933.2
甲	福氏所藏甲骨文字考释	商承祚	1933.4
种	颜习斋哲学思想述	陈登原	1934.1
	历代著录画目	福开森编，商承祚校	1934.3
	河徙及其影响	孙几伊	1935.4
	十二家吉金图录	商承祚	1935.10
	殷契佚存	商承祚	1934.10

（续表）

	题名	研究者	出版时间
甲种	南阳汉画像汇存	孙文青编，商承祚校	1937.6
	浑源彝器图	商承祚	1936.6
乙种	西文东方学报论文举要	贝德士	1933.4
	最近日本人研究中国学术之一斑	王钟麟	1936.3
	画微	吕凤子	1943 年稿成待刊
	新安画派	汪孔祈	1933 年稿成而未刊
	中国画书书目提要	叶季英	1933 年稿成而未刊

资料来源：金陵大学编辑部编，《金陵大学出版物目录》，1933年6月，金陵大学档案649-318；金陵大学编辑部编：《金陵大学出版物目录》，1936年8月；《五十五年来之金陵大学》，《金陵大学校刊》第321号，第37—39页。

金大文研所的另一项重要工作是编辑《金陵学报》。《金陵学报》创办于1931年，辟有论著、研究、时评、译丛、纪略、评论、调查等栏目，是文研所开展学术交流、发表研究成果的重要平台。学报虽辟有"农业科学专号""理科专号""农科专号"，文史哲学科内容占据了较大部分，偏重中国文化之研究。《金陵学报》创刊后，"颇受国内外学者之颂扬"，日本、朝鲜、美国等国外学术机构也多有购买。自1931年5月至1940年11月，《金陵学报》前后共出版十卷（1937年全面抗战爆发前共出版了六卷）。

从1930年成立至全面抗战爆发被迫西迁之前，金大中国文化研究所由于经费充足、环境安定、机构管理稳定，取得了长足发展，从传统的国学到考古学、民族学、边疆学，均取得了不俗成绩。金大文研所被认为是除燕京大学之外的教会大学中最有成绩的，而且是所有教会大学中最有特色的机构。[1]

---

[1]　陶飞亚、吴梓明：《基督教大学与国学研究》，第192页。

第三章　金大与国民政府

　　南京国民政府时期的金陵大学，地处首都南京。特殊的地理位置和首都的政治氛围，对于大学而言既是一种挑战，也是一种机遇。1927年11月，金大校董会召开成立会，就任伊始的陈裕光校长对于金大未来的发展境况便不无忧虑。他说："金陵大学正处于一个非常特殊的位置，因为它位于国民政府的首都，并广受瞩目。学校要与政府（包括国民党政府和一些与国民党有联系的社会团体与组织）发生联系。因此，由于金大所处的位置，它就存在很多特殊的麻烦。"[1]金大是第一所由南京国民政府批准立案的基督教大学。对于一所长期以来与政府交往甚少、有着自身传统的教会大学而言，如何处理与南京国民政府的关系，对于大学建设和发展都有重要影响。金大需要遵守政府的教育政策和法规，服务于国家对于人才培育和知识生产的需求，应对党化教育和主流意识形态对于大学教育的影响。同时，大学在经济上也越来越依赖来自中国政府和社会的资助，更加深切地融入中国的社会环境和文化传统。

　　从1928年金大向南京国民政府立案至1937年西迁四川办学，全面抗战爆发前十年的金大在陈裕光的领导下"实际上是一个与国家愿望相一致的基督教教育机构"，"大学的传统政策和适应中国的

---

[1]　First Meeting of the Board of Directors of the University of Nanking, November 29, 1927, RG058-192-3343, UBCHEA Archives.

标准越来越多地维护了本地新政府的主动性、积极性，这所大学逐渐成为一个我们自己的机构，而不是外国学校在中国土壤的基督教机构"。①

第一节　办学经费与政府补助

南京国民政府时期将大学分为国立、省立和私立三类，其中私立大学不仅包括国人自设的私立大学，也包括教会大学。在办学经费上，国立、省立大学经费90%以上来自中央和地方政府拨款。相比而言，私立大学经费来源渠道更为复杂多元。"有以国省库款为主要来源者，有以学生缴费为主要来源者，有以地产租息为主要来源者，亦有以捐助款为主要来源者，有的学校甚且靠其他投资以筹措学校经费者，其间之区别每与该校之背景有关。"②经费来源的不同对于大学办学和发展有着重要影响。

一、经费困窘

作为一所教会大学，学杂费收入和合作差会的拨款始终是金大重要且稳定的经费来源。合作差会对金大的经费资助主要包括三部分：（一）差会拨款，即各差会每年向金大提供的固定经费；（二）差会薪水，即各差会向金大派出教职员，每年由差会提供的薪水；（三）基本金利息，即各差会向金大提供之基本金（包括动产与不动产）每年产生的利息或收益。金大早期发展中，差会拨款和基本金利息是大学收入的重要来源。从1923年到1931年，差会每

① 《金陵大学第21次董事会记录》，1937年3月19日，金陵大学档案649-2309
② 陈能治：《战前十年中国大学教育》，台北：商务印书馆，1990年，第233页。

年总拨款通常都在10万元左右，占金大全部收入的30%以上。

　　金大经费的另一重要来源是学生学费和杂费收入。1923年到1926年，该项收入稳定在15万元左右，超过差会拨款成为学校收入最主要的来源。1927年后，学费和杂费收入金额有所下降。

表3-1　金陵大学历年收入中的学杂费收入和差会拨款情况表

年度	学生学杂费（单位：元）	学杂费占总收入百分比（%）	差会总拨款（单位：元）	差会总拨款占总收入百分比（%）	总收入（单位：元）
1923—1924	174 166.6	56.84	106 926.58	34.91	306 308.12
1924—1925	143 280.15	46.94	110 750.68	36.29	305 209.96
1925—1926	145 895.23	39.3	112 985.61	30.44	371 213.76
1927—1928	43 516	17.67	68 040	27.63	246 293
1928—1929	70 099	39.34	102 380	57.45	178 179
1931—1932	63 732.16	20.37	97 428	31.15	312 798.54

资料来源：蒋宝麟，《金陵大学治理结构研究》，南京大学博士后研究工作报告，2016年，第61—68页。

　　1927年南京事件后，金大面临被接收的风险，美国教会机构甚至有停办金大之议，合作差会对金大的拨款随之减少，甚或停止拨款。1927—1928年，合作差会对金大的拨款从上一年度的11万余元缩减到6万8千余元，该年度也成为金大历史上预算最困难的一年。政局混乱和战争造成学生人数减少，这使得金大在1927到1931年学生学杂费收入大为减少，这一点在1927年秋季学期和1932年春季学期体现得最为明显。1927年秋，国民革命军与北军在南京郊外龙潭一带作战，学生注册人数从上学期的517人减少到423人，校务委员会主席过探先因此对该年度经费预算深表忧虑。[①]1932年"一·二八"事变发生，"京畿一带，陷于极端不安。本校虽勉力开课，使弦歌未致中断，而外埠学生多因道远路梗，中止来校。（按上季到校学生共只312人），较

――――――――――

① 《第二十五次校务会议记录》，1927年9月9日，金陵大学档案649-225。

之平常学额减少200余。学费方面骤受若是重大打击，遂致激起学校经济一部分之不安"。①在1932年春季学期，金大因战事影响，学生"较上学期少91名，学费因之较预计之数短少约6 000元"。②因学生人数导致的学费收入减少，也引起陈裕光对于办学经费的担忧。

　　进入二十世纪三十年代，世界性的经济萧条开始在全球蔓延，直接影响到在美合作差会对金大的拨款和美国社会对金大的捐助：一方面，基金利息收入减少，金大基金多属证券，受经济形势影响，价值严重缩水；另一方面，金价低廉，造成美元兑换成中国货币时数额减少。1932年5月，金大董事会鉴于学校经费来源短少，议决实行紧缩政策，决定"自本学期起至来年夏季止，教职员薪金一律九折发给"。陈裕光认为，"金大教职员待遇向非优厚，若薪金骤减，势必使生活发生困难"。董事会最后决定，"教职员暂不减薪，唯本年度内暂不加薪"。在1932年6月召开的校务会议上，陈裕光指出"经费短少，实为年来行政上最棘手问题"。他说：

　　　　自本学期开学以来，因战事关系，学生人数减少。又因世界不景气，致本校经常费大受影响。本季经费已短少二万余元，下年度短少五万余元。其中一部分已承校董会尽量设法，唯所余之数尚多。为弥补缺欠，以资挹注，计下年度添置项下暂行停止。至同人待遇，亦拟稍事折减。望同人体谅本校经济困难情形，忍耐须史，以期共渡此难关。③

　　1933年11月，金大召开第十四次董事会，因国际金价低落和创

①　《陈校长发表关于本校经济状况谈话》，《金陵大学校刊》第63号，1932年9月12日。
②　《文学院消息》，《金陵大学校刊》第48号，1932年4月8日。
③　《金陵大学1932年春季第一次校务会议记录》，1932年6月3日，金陵大学档案649-223。

始人委员会基金减少，董事会提请创始人委员会准将1933至1934年度之汇兑盈余款项移为弥补本年金大亏欠之用。董事会还公推魏文瀚、罗运炎、史覃、理毕德、吴惠津等五人组织委员会，计划筹募基金。[1] 根据金大会计报告，学校在1933年度支出超出预算33 283.74元，其中中学部超出10 427.13元，大学部超出22 856.61元。而造成学校超支的原因，"约七分之五系由于创办人会捐款来源减少，七分之二系由汇兑跌落"。[2]

1935年11月，金大召开第十八次校董会，会计在会上报告了金大1934年度经费收支状况，计大学部经常费短欠49 333.28元，中学部短欠2 281.07元，蚕桑系短欠15 723.01元。经费短欠，系"胡佛氏基金减少之故"。为此，董事会议决："（一）请求美国创办人会设法弥补胡佛基金之损失；（二）请校长会同进展委员会计划如何弥补学校经常费之短缺，并推派陈钟声、杭立武、吴东初、葛德基等九人组织临时委员会，于学校行政指导下会同进展委员会设法筹募，借弥补历年来经费所减少之数；（三）鉴于年来学校费用年有亏累，本会虽经努力设法弥补，但仍不济，应请美国创办人会及中华基督教大学联合会匪特请其不减少经费，并请其竭力于美国国内募增捐数。"[3] 1934年6月，金大向南京国民政府申请经费补助，陈裕光在呈文中对金大的经费构成及近年来学校备受经费困扰的窘况有一段清晰描述：

> 唯是本校为私人创立，经费之供给，泰半出于基金之利金，与西方人士之捐助。本校常年经费为三十万元，其经费来源，可略述者，计百分之二十九为基金之息金，百分之十六为教会捐

---

① 《金陵大学第十四届校董会会议记录》，1933年11月24日，金陵大学档案649-223。
② 《金陵大学第十六届校董会会议记录》，1934年11月23日，金陵大学档案649-223。
③ 《金陵大学第十八届校董会会议记录》，1935年11月22日，金陵大学档案649-223。

助，百分之二十八为补助费，仅有百分之二十七为学费及其他收
入。虽农学院方面另有特别费四十余万元，但此次均属临时捐
款，用途或系专门调查，或系为特别事业，均事先由捐款人指
定，不得移作基本课程与普通设备之用。大学本身经费，感觉非
常困难。……本校年来虽时感经费之拮据，然处此艰难环境中，
尤力求充实设备，增添课程。无如世界不景气之影响，基金多属
证券，价值顿形锐落。外款来源，日益减短，各教会资送外籍教
授来此讲学者，亦多被召回。而金价低廉，汇兑之损失尤巨。本
校之事业前途，将以经济上之空前危局，而蒙打击，或致停辍。[①]

　　将1933年度金大经费收支情况进行分析，可以看出学校的经
济实况。在该年度，金大经常、临时两费收入为651 671.96元，
支出674 528.57，收支相抵，亏22 856.61元。除去附设机关费
用348 986.21元，大学本部年经费支出32.6万余元，和陈裕光
所言"本校常年经费为三十万元"大体一致。从常年经费的来源
情况看，租息为75 863.88元，捐助款为134 427.28元，两项合计
210 291.16元，约占本部年经费收入的60%。学生学费杂费收入为
82 918.45元，约占年经费收入的四分之一。

表3-2　金陵大学1933年度经费岁入情况表（单位：元）

	岁入总数（含欠款）	学费	杂费	租息	捐助款	杂项收入	其他
全校	674 528.57	48 964	33 954.45	75 863.88	134 427.28	365 503.81	15 815.15
文学院	99 400.47	15 114	3 235.15	4 816.23	76 235.09		
理学院	85 089.52	15 532	10 647.04	39 205.63	19 704.85		
农学院	368 349.09	18 318	3 840.86	9 974.98	19 840.91	316 374.34	
行政部	121 689.49		16 231.4	21 867.04	18 646.43	49 129.47	15 815.15

_____

① 《金陵大学经费补助申请书》，1934年，金陵大学档案649-253。

资料来源：《全国专科以上学科调查表》（1933年度），金陵大学档案649-77。
注：本年度欠款22 856.61元。

从大学支出来看，除去附设机关费用348 986.21元外，俸给费达206 477.88元，其中教员薪金为162 802.7元，是学校常年支出中最重要的部分。办公费46 932.76元位居第二。用于改善学校办学条件的设备费，包括校舍的建筑修理、图书仪器标本模型的购置、校具杂项等费用，支出有限，仅有38 542.49元。该年度具体岁出情况如下表：

表3-3　金陵大学1933年度经费岁出情况表（单元：元）

		全校	文学院	理学院	农学院	行政部
岁出总数		674 528.57	99 400.47	85 089.52	368 349.09	121 689.49
俸给费	小计	206 477.88	64 440.44	63 786.85	42 688.9	35 561.69
	教员薪金	162 802.7	62 447.1	60 513.1	39 842.5	
	职员薪金	37 468.44	1 993.34	3 273.75	2 846.4	29 354.95
	工饷	6 206.74				6 206.74
设备费	小计	38 542.49	0	7 550.78	0	30 991.71
	建筑修理	14 635.99				14 635.99
	卫生设备	4 987.17				4 987.17
	图书	11 368.55				11 368.55
	仪器标本模型机器	7 550.78		7 550.78		
	校具杂项	0				
	办公费	46 932.76	2 348.16	13 751.89	9 285.85	21 546.86
	特别费	17 773.48				17 773.48
	附设机关用费	348 986.21	32 611.87		316 374.34	
	其他	15 815.75				15 815.75

资料来源：《全国专科以上学科调查表》（1933年度），金陵大学档案649-77。

1935年7月，教育部派员赴金大视察，对该校受经费短缺困扰的局面仍印象深刻。据视察员报告称："该校经费年有亏空，影响事业之进展甚巨。嗣后一面应由校董会增筹基金，以裕收入；一面应酌量缩减科系，以节支出。"①为保持办学收支平衡，金大在二十世纪三十年代中期裁撤部分发展不佳的学系，还适时地暂停了添置设备和建筑事项，并将教职员薪俸折扣发放。金大教职员薪俸与国立大学教员相比本就不占优势。以1929年为例，当年校长陈裕光月薪为300元，教务主任兼物理系教授魏学仁月薪220元，文理科科长刘国钧月薪为240元，②远低于同城的国立中央大学。1932年罗家伦出任中央大学校长，他月薪为675元，教务处长、总务处长、各学院院长月薪均为400元，各学系系主任月薪也达到340元。③二十世纪三十年代中期（尤其是1932至1937年），国立大学经费充足，并且能按时发放，这与金大办学经费捉襟见肘的"奇绌"局面反差明显。陈裕光对此有着切肤感受。1929年11月，他向校董会报告称，公立大学教师薪水有时是金大的两倍，在这种局面下，很多教师受其他大学高薪吸引而离职。1933年11月，金大召开董事会，会上虽通过了增加教职员薪金的方案，但只准动用2 500元，可谓杯水车薪。1934—1935学年，金大董事会通过了该年度在预算内增加教职员薪水的方案，但额度仍然有限，"总额不得超过25 000元，又每人每月增加薪额不得过30元"。④1935年教育部视察金大时指出，在金大最具实力的农学院，"该院重要教授，近来颇多离校他就，应设法挽救，以免影响院务"。从表3-4也可以看出，二十世纪三十年代初，金大教职员薪俸增长有限。文学院院长刘国钧、理学院院长魏学仁从1931年到1936年月薪仅增长10元。作为系主任的戴安邦、马文焕、杨简初等人月薪在五年中也仅增加数10元。

①　《教育部令知视察报告要点　仰切实改进具报由》，1935年7月6日，金陵大学档案649-4。
②　《1929年度金陵大学教职员名册》，金陵大学档案649-169，第19页。
③　《国立中央大学各学院教职员暨各处职员登记表》，中央大学档案648-1138。
④　《金陵大学第十五届校董会会议记录》，1934年3月24日，金陵大学档案649-223。

表3-4　金陵大学主要教职员薪金变化情况（1930—1936年度）

（单位：元）

姓名	职务	1930	1931	1932	1933	1934	1935	1936
魏学仁	理学院院长		300	300	300	310	310	310
马文焕	政治系主任		210	210	220	230	250	250
刘国钧	图书馆馆长、文学院院长		310	310	310	320	320	320
戴安邦	化学系主任		190	200	200	230	230	250
柯象峰	教务主任	190	210	220	230	260	260	260
杨简初	电机系主任		260	260	260	280	280	280
陈恭禄	史学系讲师、教授	100	110	110	110			200

资料来源：《金陵大学教职员聘书存根》（1930年度—1936年度），金陵大学档案649-169、170。

注：陈恭禄在1934年曾离开金大，1936年从武汉大学回到金大后被聘为教授，月薪才增至200元。

二、政府补助

为应对经济困窘，金大积极谋求开源节流。学校"除遵令嘱知各院系力自撙节，以图收支平衡外，并由校董会在国内外筹募基金"。1935年，创始人委员会进行了大规模的筹募基金运动（Promotional Work），并获得相当成效。[1]与此同时，金大积极向政府寻求经费补助。1933年下半年，金大致函国民政府行政院院长汪精卫，请求行政院在美麦借款项下拨出90万元，补助金大农学院。汪精卫在复函中对金大农学院的办学成绩给予了高度称赞，并同意由经济委员会从补助农业教育经费项下"切实筹拨"。[2]但从后来发展看，这笔补助并未能落实。

---

[1] 《金陵大学复教育部稿》，1936年5月7日，金陵大学档案649-4。

[2] 《汪精卫致陈裕光（抄件）》，1933年11月3日，金陵大学档案649-1861。

金大的经费困境并非个例，当时的私立大学普遍面临巨大的经济压力。在此背景下，南京国民政府开始酝酿实施补助私立专科以上学校的计划。1930年，教育部制定了私立大学和专科学校的奖励办法，其中规定，对已立案的私立大学中办学优良者，由中央或省市政府酌量拨款补助，[①]但这一政策因经费无着并未落实。1932年年底，国民党四届三中全会召开，程天放等人在会上提出的"关于教育决议案"，也有"补助私立大学之有成绩者"的建议。在各方的推动下，1934年5月，教育部公布了《私立专科以上学校补助费分配办法大纲》，规定从该年度起，教育部从国库中每年提取专款72万元补助已立案的"私立之优良大学及专科学校"。在该年度72万元补助费中，各私立大学共得到补助49万1千元，占全部补助费的73.2%，其中以厦门大学和燕京大学所得补助数为最高（见表3-5）。此后，教育部补助私立专科以上学校经费稳步增长，到1937年度，该项补助额度增至120万元。

表3-5　1934年中央补助私立大学经费分配表

校别	经费（元）	校别	经费（元）
厦门大学	90 000	光华大学	20 000
燕京大学	60 000	武昌华中	18 000
南开大学	40 000	复旦大学	15 000
大夏大学	35 000	国民大学	14 000
大同大学	35 000	辅仁大学	10 000
岭南大学	30 000	东吴大学	10 000
金陵大学	30 000	广州大学	6 000
齐鲁大学	24 000	武昌中华	6 000
华西协和	23 000	震旦大学	5 000
沪江大学	20 000	总计	491 000

资料来源：《教育部本年度私校补助费核定经过》，《中华教育界》22卷4期，1934年8月，第185—186页。

---

① 中国第二历史档案馆编：《中华民国史档案资料汇编·第五辑·第一编·教育（一）》，第180页。

国民政府的补助对于备受经费困扰的金大可谓雪中送炭。1934年6月，金大分别由各学院、部拟订申请补助计划，向教育部请求补助费总计246 750元。其中，第一项设备费182 750元，包括增筑宿舍费5 000元，补助图书费20 000元，补充仪器及其他设备费157 750元；第二项讲席费64 000元，包括文、理、农三学院讲席18座。[①]当年教育部补助全国私立专科以上学校经费总额不过72万元，金大如此庞大的计划，显得过于浮夸了。但这也反映了金大各项事业亟待补助维持之殷切。最终，教育部核准1934年度补助金大经费30 000元。[②]这笔补助费分为两部分：其一，补助文学院14 000元，以8 000元设置"经济学"和"边疆史地"两个教席，以6 000元用以补助"边疆史地"的研究设备；其二，补助理学院16 000元，用于该院购置设备之用。

此后数年，国民政府补助费成为金大稳定的收入来源之一。根据规定，此项补助费的分配"约百分之七十补助扩充设备，以百分之三十补助添设特种科目之教席"。[③]虽然补助金额有限，但由于该项费用直接用于院系的教授薪资和设备改善，对于各学院教学科研仍有很大帮助。在该项经费支持下，金大于1934年度在文学院添设了边疆史地教席（徐益棠）和经济学教席（金积楠）。1935年度，在理学院添设化学工程教席（马杰）。1936年度，又在农学院添设植物病理学教席（俞大绂）。这些都是金大亟待发展的学科。文学院的图书资料和理学院的仪器设备亦因此项补助得到很大改善。1935年补助文学院图书设备费4 000元，成为该院各系改善图书资料的重要经费来源，所涉及图书包括中国文学、边疆、史学、外国文学、地方志和社会科学各类。理学院1935年补助的设备费13 627元，用此款购置的设

---

① 《金陵大学请求补助申请书（草稿）》，金陵大学档案 649-253。

② 《教育部补助本校三万元》，《金陵大学校刊》第 129 号，1934 年 9 月 10 日。

③ 《私立专科以上学校补助费分配办法大纲》，《教育部公报》第 6 卷第 21、22 期，1934 年。

备包括电学设备、电机工程设备、化学工程设备、化学设备和理化影片等。[1]1933年度，金大全校用于仪器标本模型机器的经费也仅有7 550.78元，教育部的补助对于该院教学科研的开展无疑大有帮助。全面抗战前，金大每年受国民政府补助经费额度约30 000元。由于农学院与国内外机关多有合作，经费较为丰裕，该项补助费用于文学院和理学院为主。各年度具体的补助项目和经费分配情况如表3-6：

表3-6　国民政府教育部补助金陵大学经费情况表（1934—1937）

（单位：元）

年度	总额	文学院		理学院		农学院	
		项目	金额	项目	金额	项目	金额
1934	30 000	边疆史地、经济学教席	8 000				
		设备费	6 000	设备费	16 000		
1935	26 737	边疆史地教席	4 000	化学工程教席	4 000		
		设备费	5 110	设备费	13 627		
1936	30 000	边疆史地、经济学教席	8 000	化学工程教席	4 000	植物病理学教席	4 000
		图书设备费	4 000	设备费	10 000		
1937	35 000	边疆史地、经济学教席	8 000	化学工程、机械工程教席	8 000	病虫害教席	4 000
		图书设备费	4 000	设备费	11 000		
总计	121 737		47 110		66 627		8 000

资料来源：1934—1936年数据见《私立金陵大学26年度申请补助书》，金陵大学档案649-254；1937年数据见《教育部关于26年度补助费的训令》（1937年7月1日），金陵大学档案649-253。

南京国民政府对于金大的补助，有一笔重要的支出，即捐建金大图书馆。1920年夏，北大楼落成后，大学图书馆迁至北大楼三

---

[1]　《私立金陵大学26年度申请补助书》，金陵大学档案649-254。

楼，有房屋四间。1927年秋，金大添设图书馆学系。随着图书馆藏书逐年增多，北大楼房屋远不敷用，且图书馆与行政楼共处一处，对学校行政办公多有影响。缺少一座完备的图书馆，已严重影响到学校发展。[1]1928年3月，金大学生会在校内集会欢迎新任校董，即向吴东初、葛德基二人提出建设新图书馆的要求。到1931年，金大图书馆所藏各类书籍已达149 779册。但是图书馆藏书和阅览条件不佳，空间极为拥挤。"阅览室常有人满之患，办事室椅桌密接，行动为艰，书库至利用门窗等细小隙地，尚须分置他室，盖建筑专屋之需要至是乃不能再缓矣。"[2]建筑新馆已是刻不容缓。

表3-7　金陵大学图书馆历年藏书统计表（单位：册）

年份	中文书	西文书	小册	总数
1921	9 093	8 337	13 540	30 970
1923	15 276	10 043	17 912	43 231
1925	40 724	13 158	24 711	78 593
1927	54 907	15 889	30 794	101 590
1929	66 313	17 651	41 290	125 254
1931	83 878	20 928	44 973	149 779
1932	95 756	21 925	49 979	167 710

资料来源：《私立金陵大学一览》，1933年印行，第138页。

图书馆的建筑与1927年南京事件有关。南京事件对金大造成巨大的财产和人员损失。1928年，国民政府外交部与美国合组宁案调查委员会处理赔偿事宜，估计须赔偿美方百万元以上。浸礼会、长老会、美以美会、金陵大学、基督会等五团体"愿将应得赔款约共计银30万元全数放弃，以示中美亲善之美意"。经外交部和财政部商量，认为以该款捐助金陵大学较为妥适。1929年9月，行政院通过

---

① 非博：《希望和努力》，《金陵周刊》第8期，1928年4月。
② 《金陵大学图书馆概况》，1931年10月改订，第2页。

了外交部部长王正廷和驻美公使施肇基的建议，将该款30万元"捐赠金陵大学为较妥。一面并以纪念文怀恩校长"。①

得知此事后，陈裕光写信给王正廷，提出将领受此项捐助，作为金大建筑图书馆之用。陈裕光在信中写道："自国府迁都南京后，私立学校遵照前大学院所颁各种条例，呈请立案经批准者，敝校居全国各大学之第二。而教会创设学校准可立案者，则为全国第一。开风气之先。今国府以30万为补助，殆亦寓有奖励之深意。敝校自当仰体盛意，以此款建图书馆一座，永留纪念。并努力办学，以期为国家培植人才。"②1929年11月，外交部在复金陵大学函中称："此案前经本部呈奉行政院指令，业已转呈国民政府准予备案。"③

此后，金大多次呈请国民政府将此款如数拨发。1930年2月，陈裕光致函王正廷称，"所有关于建筑图书馆各种计划，敝校业经筹备完竣，深望此项建筑得以早日观成。"1931年2月，陈裕光和吴东初又联名致函王正廷，请转呈行政院饬知财政部将该款如数拨发。1931年6月，金大致函财政部部长宋子文，提出"如荷拨给国库券30万元，亦愿领受"。1932年12月，蒋介石再次专电财政部查照核办此事。虽然金大多方催索，但因国库支绌，该款一时未能筹拨。1934年春假期间，经陈裕光与孔祥熙数次面商，蒙允先拨关税库券10万元，由中央银行转发应用。④该年4月，金大收到第一批拨款10万元，系1933年关税库券（1946年为止），面额以1934年库券交易市价约值65 000元。该年11月，金大又收到第二批拨款10万元，系

---

① 《外交部为宁案30万元捐助款拟请捐助金陵大学呈行政院文》，1929年9月9日，台北"国史馆"档案，档案号020-990600-2137。

② 《陈裕光致王正廷函》，1929年10月4日，台北"国史馆"档案，档案号020-990600-2137。

③ 《外交部致陈裕光函》，1929年11月8日，金陵大学档案649-259。

④ 《国府捐赠本校建筑图书馆经费财政部允先行拨发十万元》，《金陵大学校刊》第120号，1934年4月9日。

1931年盐税库券（1941年止），面额以1934年市值计约57 000万。①
在1933年11月召开的金大校董会上，议决对于财政部部长孔祥熙
"将搁置多年未经拨发之国府捐建图书馆费30万元于任内分批筹
拨"表示谢忱，并对于校董王正廷其间"贤劳襄助"表示感谢。会
上通过了"建筑图书馆案"，并要求"先须研究国内各大图书馆与
建筑之样式，并与各该馆主管人接洽，俾得尽善尽美"。②

　　财政部所拨库券，势待变卖折现，核与市面售价相差甚巨，
辗转求售，蚀耗较多。为此，金大曾数次函请财政部将余款一并拨
下，并"务请赐予现金，俾免损失"。陈裕光也迭次致函孔祥熙，
"恳将余款十万，即日指拨现金。并祈俯敝校之艰难，本始终维持
之至意，酌予补助，俾得弥补库券所耗之损失，使敝校图书馆之建
筑，得依原定计划，定期观成"。③1935年年底，财政部将该款项最
后一批10万元下拨金大。其中5万元为现金，5万元为关税库券。

　　1936年9月18日，全校师生多年"望眼欲穿"的新图书馆终于
开工兴建。图书馆与北大楼对峙，大门北向（即面对北大楼），全
部分作二层，将来所有校内一切行政办公部分，均移至第一层，第
二层则全归图书馆应用。整个大楼书库占用大半，"力求具备现代
大图书馆之典型"。④该图书馆由中国著名建筑师杨廷宝设计，其
外形用歇山青筒瓦大屋顶，青砖墙面和传统细部处理与原有的文、
理、农三学院大楼相辉映，"华构嵯峨，蔚为大观"。

　　建筑新图书馆的款项是南京国民政府对金大的一笔特殊捐助。
图书馆落成后，在该馆的命名上校内存在意见分歧。陈裕光回忆
说："有人为了纪念在动乱中被流弹打死的金大副校长、美国人

①　《金陵大学第十六届校董会会议记录》，1934年11月23日，金陵大学档案649–223。

②　《金陵大学第十六届校董会会议记录》，1934年11月23日，金陵大学档案649–223。

③　《陈裕光致孔祥熙函》，1934年12月24日，金陵大学档案649–357。

④　《图书馆建筑兴工矣》，《金陵大学校刊》第200号，1936年9月21日。

文怀恩，主张命名为'文怀恩图书馆'，并在馆前树立文怀恩的铜像。考虑到金大师生的反帝爱国情绪，结果图书馆落成后，既没有写文怀恩的名字，也没有树立他的铜像。"[1]尽管国民政府捐赠的30万元与南京事件中文怀恩之死有关，却是以补助金大的名义下拨，更多体现了一个新政权对于国家文教事业的扶助。可惜的是，新图书馆落成之时，全面抗战爆发。图书馆还没来得及使用，金大就被迫西迁了。这座图书馆现坐落在南京大学鼓楼校区校园内，一直使用到2002年，此后改作校史博物馆之用。

三、经费来源的本土化

金大是中国第一所向南京国民政府立案的教会大学，如何适应新的政治秩序和社会文化，对于金大而言，不仅难以回避，而且至关重要。立案之后的金大更多从中国社会开拓办学资源，植根于中国社会的需求，密切大学与政府、社会的关联。这种本土化的适应，成为南京国民政府时期金大办学的一个重要特征。

如前所述，金大年度总收入在1927年前后维持在30万元左右。从二十世纪三十年代开始，金大收入逐年递增。到全面抗战爆发前的1936年，金大总收入已高达138万元有余。收入的快速增长，显示出学校办学规模的扩张，以及各方对于金大赞助的加增。

从收入构成来看，差会拨款占金大总收入的比例明显下降。在民国初年，该项来源占金大收入的三成左右。到了二十世纪三十年代，差会拨款和基本金利息在金大总收入中的比例已降到仅占一

---

① 陈裕光：《回忆金陵大学》，金陵大学南京校友会编：《金陵大学建校一百周年纪念册（1888—1988）》，第19页。

成。[①]来自政府的拨款（包括教育部对私立学校的补助和中英、中美庚款资助）虽然数额有限，但经费稳定且呈现逐年增加的态势。学杂费收入和捐款收入也是学校经费的稳定来源，而更为重要的经费增加则来自杂项和其他收入。

表3-8 金陵大学历年总收入构成情况表（1932—1937）（单位：元）

收入构成	1932年	1933年	1934年	1935年	1936年
国省库及庚款			22 500	34 237	56 000
学杂费收入	82 773	82 918.45	102 486	112 140.19	136 259.48
租息	93 000	75 863.88	81 677	99 205.35	281 486.52
捐助款	125 497	134 427.28	106 454	73 276.56	208 700.91
杂项	342 028	365 503.81	478 045	109 495.6	391 243.87
其他		15 815.15		417 043.98	313 060.42
总计	643 298	674 528.57	791 162	845 398.68	1 386 751.2

资料来源：1932年度数据见《21年度全国高等教育统计》；1933年度数据见金陵大学档案649-77，第11页；1934年度数据见《23年度全国高度教育统计》；1935年度数据见金陵大学档案649-77，第17页；1936年度数据见金陵大学档案649-77，第67页。
注：1936年度经费杂项收入包括农场、工厂和医院收入，其他包括附中收入，租息包括基本息、霍氏基金息和洛氏基金息。

在金大诸多的杂项收入中，有几笔较稳定的来源。其一，开始于1923年的中国救灾基金对于农林科的资助。该项基金约70万美元，以利息作为调查研究灾荒、救济，以及在华发展农林教育之用。1933年，中国救灾基金与金大的十年合约到期后续约，基金交由金大创始人委员会保管和支配。该项基金为金大农学院稳固发展奠定了坚实的经济基础。其二，霍尔基金会和哈佛燕京学社对于金大的资助。金大从霍尔基金会获得的资助分为两部分，一部分是30

---

① 蒋宝麟：《金陵大学治理结构研究》，南京大学博士后研究工作报告，2016年，第62页。

万美元，基金的利息直接交由金大，另一部分也是30万美元，基金的利息通过哈燕社拨付给金大中国文化研究所。其中哈燕社保管的专项基金每年约有10万美元的利息收入，即使在大萧条时期每年也有约7万美元利息收入。哈燕社每季度按比例将利息分配给在华六所合作大学（金大的比例是3/19）。其三，太平洋国际学会与农学院合作的"全国土地利用调查"项目，从1929年到1937年，得到了洛克菲勒基金会每年约1万美元的经费资助。①

金大与各级政府和社会机关开展合作，也是经费收入的重要来源。1934年11月，金大召开第十六次董事会，会上便议决对于政府所发本校研究工作之下列各种补助经费表示感谢。这些补助经费包括：（一）国民政府捐赠30万元，为建本校图书馆及其设备费用，业已收到20万元；（二）全国经济委员会合办之棉业合作训练班费1万元；（三）中国文化基金委员会为研究作物改良及防除病虫害之费用15 000元；（四）教育部补助文、理二学院设备费3万元；（五）洛氏基金委员会5 000美元，为充实理学院设备之用；（六）南京市政府为合作训练毛织机工费3 900元。②

农学院因农业合作和推广的需要，与境外组织、国内各级政府与社会机构都有着广泛合作。抗战前与农学院有合作关系的国内外机关有近30家，具体包括：

国外

1. 美国康奈尔大学农学院作物育种系（辅助作物改良）

2. 洛氏世界教育局（担任辅助作物改良薪金）

3. 美国国家博物院（交换植物标本）

---

① 《南大百年实录》编辑组编：《南大百年实录（中卷）：金陵大学史料选》，第271页。
② 《金陵大学第十六届校董会会议记录》，1934年11月23日，金陵大学档案649-223。

4. 纽约市市立植物园（资助植物标本采集）

5. 美丝业公会（捐建第一蚕业院）

6. 美国哈佛大学（交换植物标本）

国内

1. 北平华洋义赈救灾总会（委托代办信用合作社）

2. 上海合众蚕桑改良会（合作改良蚕业）

3. 上海林务委员会（在本院设立森林贷款）

4. 上海华洋义赈会（合作研究淮河水利）

5. 中国东方基督教教育联合会（合办暑期学校）

6. 无锡民丰模范缫丝厂（捐款制造蚕种及建筑房屋）

7. 江苏农矿厅（补助果树母本调查、合作推广碳酸铜粉、合办新春农业研究会）

8. 中央农业推广委员会（合办乌江推广实验区）

9. 山东齐鲁大学（合作龙山推广工作）

10. 上海中华职业教育社（合作推广改良农具）

11. 山东省建设厅（合作推广碳酸铜粉）

12. 安徽省建设厅（合作推广改良小麦）

13. 四省农民银行（合作举办农场及四省农村经济调查）

14. 国防设计委员会（资助办理西北农业试验区）

15. 陕西省政府（委托代办陕籍学生训练班）

16. 上海银行（合作办理乌江经济事业、设置合作讲座及奖学金）

17. 棉业统治委员会（合作办理乌江棉业改进工作、代办棉业合作训练班）

18. 国民政府救济水灾委员会（委托调查灾区状况）

19. 淞沪战区善后筹备委员会（委托调查灾区状况）

20. 国民政府内政部卫生署（委托调查卫生实验区）

21. 中华平民教育促进会（合作改革该区农业）

22. 河北北通县潞河乡村服务部（合作农业推广）①

这些合作事业，大多包括经费的挹注，使得农学院在当时维持着较大的事业规模和较高的学术水准，也成为其得以植根中国社会、长期兴盛并享有卓著声誉的重要保障。在1933年11月召开的金大董事会上，陈裕光在校长报告中便说："本学期农学院得各机关之赠款极众。省政府方面，有陕西省政府之捐款；银行方面，有四省农业银行之捐款。"所言不过是农学院所得赞助的一小部分。

与各级政府和机关的合作，一方面缓解了金大办学经费的压力，另一方面也使金大在知识生产和人才培育上和中国社会需求更紧密地结合在一起，为大学发展提供了源源不断的活力。陈裕光认为，金大与国内各机关的密切合作，是因为"近年来本校颇竭力所能及，注意国内职业上及实际上之需要"。②在1935年11月举行的校董会上，陈裕光也提到："本校现与南京市府合作机会甚多，此亦适增本校之职责。教职员中有为京市农村改进事业设计者，有被聘为京市各中学会考委员者。他如京市合作者之推进，合作毛织实验推行，科学教育电影，均由市府委托办理。"③

各地政府在金大多设有奖学金。1936年春，金大学生约有700人，全校设各类奖学金130余名，"在国内各私立大学中，恐无出其右者"。如安徽省在金大设奖学金12名，山东、山西、江西、云南、贵州、湖南、福建、绥远、察哈尔等省份也在金大设奖学金。甘肃省

---

① 《南大百年实录》编辑组编：《南大百年实录（中卷）：金陵大学史料选》，第259—260页。

② 《金陵大学第十四届校董会会议记录》，1933年11月24日，金陵大学档案649-223。

③ 《金陵大学第十八届校董会会议记录》，1935年11月22日，金陵大学档案649-223。

奖励修习自然科学而成绩平均在80分以上者，每名每季160元之多。[1]

　　南京国民政府时期，金大办学经费中国内经费比重逐渐增加，很大程度上改变了此前金大过度依赖国外差会拨款的局面。1936年9月，陈裕光在赴美访问时向创始人委员会报告金大经济状况时说，在1930至1936年，除去学费，来自中国方面的经费及捐款达法币125万余元，而来自对华工作的美国机构的经费是40万余元，前者是后者的三倍。在最近几年中，金大从中国方面获得的经费要多于其他任何一所在华的基督教大学。[2]这些源自中国社会的经费，不仅包括教育部的补助，也包括国民政府的临时补助（如建筑图书馆），还有如中美文化教育基金会的资助，以及来自大学与各级政府和机关合作的资助。中国方面的经费弥补了学校的财政赤字，也为大学事业的拓展提供了可能。经费来源的"中国化"体现出南京国民政府时期金大办学取向的转变，从此前相对封闭的基督教学校朝着"中国化"和"世俗化"方向不断迈进。这种转变对金大作为教会大学的基督教性质，无疑是一种挑战。金大的"中国化"及由此带来的办学压力，成为教会大学必须面对的张力。

第二节　宗教教育的限度

　　教会大学是基督教会对华事业的重要部分。差会创办大学的初衷，都将弘扬教义作为各校办学的宗旨。教会大学的基督教性质，体现为基督教课程教育和师生宗教活动，并贯穿于教学、研究和校园生活的方方面面。二十世纪二十年代中国"非基督教运动"的兴起，给教会学校尤其是教会学校中的宗教教育带来了很大冲击。南

---

[1]　《各省政府在本校设奖学金额甚多》，《金陵大学校刊》第182号，1936年2月24日。

[2]　Minutes of Annual Meeting, Board of Founders, University of Nanking, September 24, 1936，RG057-190-3324, UBCHEA Archives.

京国民政府成立后，也采取了一系列举措将教会大学纳入国家高等教育体系，对于宗教教育的开展有着更为严格的规定。

一、宗教课程的管理

金大早年设有宗教学系，开设宗教类的课程，每个学生都必须学习。宗教类课程在学生学业中占据重要地位。学校中的宗教活动，如早晚祈祷、主日学、教堂礼拜、圣经班等一般也都要求学生参加。陈裕光在回忆中指出，金大"宗教仪式十分严格，宗教课为必修课。每逢礼拜，师生必须参加"。[1]

1925年，北京政府教育部颁布《外人捐资设立学校请求认可办法》，规定"学校不得以传布宗教为宗旨"，"学校课程，须遵照部定标准，不得以宗教科目列入必修科"。这些规定给教会学校开展宗教教育带来了挑战。南京国民政府成立后，在教会大学的立案政策方面，也特别关注宗教教育的内容。1928年2月大学院颁布的《私立学校条例》规定，"私立学校不得以宗教科目为必修科，亦不得在课内做宗教宣传。私立学校如有宗教仪式，不得强迫学生参加"。[2]教会大学要向南京国民政府立案，必须遵守这些规定。

金大立案之时，一个重要问题就是如何处理大学的宗教教育。国民政府建议金大在办学宗旨上删除直接与基督教相关的内容，不再设宗教学系，宗教教育可以让学生选择作为主课或辅课。陈裕光向教育部解释说，金大所有的宗教课程均为选修，"对此，政府感到满意。这样，我们才被允许注册"。可见，金大作为向政府立案的第一所教会大学，国民政府并没有严格执行教会大学严禁实施宗

---

[1]　陈裕光：《回忆金陵大学》，金陵大学南京校友会编：《金陵大学建校一百周年纪念册（1888—1988）》，第10页。
[2]　《私立学校条例》，《大学院公报》第1年第3期，1928年3月。

教教育的规定，立案后的金大仍保留了宗教学系。但是，后来立案的教会大学就"经历了一个更加困难的时期"。如东吴大学和燕京大学后来被批准注册时，都不能设宗教系。燕京大学的神学院不作为学校的一个组成部分。

金大立案后，教育部曾向金大多次重申大学不得设宗教系的规定，认为金大可以设立哲学系，从哲学与历史的角度来研究宗教问题。陈裕光深知教会大学的基督教性质，他向教育部解释说："如果要在教会大学禁止宗教系，教会机构是不会接受的。"他请求政府"不要压抑信仰、观念，让金大自由地安排宗教方面的课程"。[①]根据《金陵大学文理科概况》，金大1929年度仍设有宗教学系，并规定"凡以宗教学系为主系者，宜选教育学、心理学、社会学或哲学为辅系"。而该系当年开设的有关宗教教育的学程多达26门。[②]

国民政府加强管理大学宗教教育的举措并没有停止。1930年3月19日，教育部同时训令金陵大学和沪江大学，因两校刊印的《文理科概况一览》中"仍设有宗教学系或宗教系及神学科，殊与法令不符，应由该局详细确查。该校现时如仍设有前项科系，或以宗教科目为必修课，务即饬令停止。倘复故违，即呈由本部依照《私立学校规程》第六条办理"。3月28日，金大在前校长包文的主持下召开了第七次校董会，专门讨论如何应对教育部关于停办宗教系及不得以宗教科目为必修课的问题。会上，陈裕光认为金大应执行教育部对于宗教教育的规定。他说："现在教育部和教育部部长都要求我们停办宗教系，这牵涉到我们与教育部和政府的关系，我们必须考虑。……我认为宗教机构应该向政府注册登记，而且必须遵守政府关于在不同系设宗教课程的规定。假如在某种情况下宗教信仰被禁止，就必须为宗教建立

---

① 《南大百年实录》编辑组编：《南大百年实录（中卷）：金陵大学史料选》，第57页。
② 《金陵大学文理科概况》，1930年印行，第40页。

一个立足点，既然政府允许将宗教作为一门选修课程教授，我认为我们应该执行政府的要求。"最终校董会"愉快地"接受了陈裕光的报告，要求课程表委员会停止宗教系的排课，将宗教方面的课程分到相关系，并说明这些宗教类课程并不是必修课。[①]

1930年春，金大文学院成立。根据1930—1931学年的《金陵大学文理科概况》，学校该年取消了宗教学系的设置，在全校设宗教学课程16门，全部为选修科目，总计28学分。此后数年，金大开设的宗教课程基本未变。在《私立金陵大学文学院概况（1936年至1937年）》中，所列全校关于宗教的选修学程仍为16门，总计21学分。[②]课程内容与1930年大致相同，但学分略有减少，说明宗教课程所占的比重在下降。但是，这一状况仍然引起了教育管理部门的注意。1935年教育部派员视察金大，认为金大"文学院所设宗教科目，计有19种之多，虽规定不得选作主系或辅系，究嫌超过需要，应酌量减设"。[③]为此，学校在1936年呈复中称："至于宗教学课程，多数均系一学分之学程，且每季开班之数，平均不过数班。奉令前因，当即将不常开设之课程删去，藉符真相。"[④]这说明当时金大所开宗教课程虽多，实际开班的并不多。如1936年开设的16门宗教课程中，最后开班的只有7门，计9学分，由3位中国教师和4位外籍教师分别授课。该年选修宗教课程的学生共计139人，尚不及全校学生人数的六分之一。[⑤]

---

① 《南大百年实录》编辑组编：《南大百年实录（中卷）：金陵大学史料选》，第57-58页。

② 《私立金陵大学文学院概况（1936年至1937年）》（第四号），1937年，第116-118页。

③ 《教育部训令》，1935年7月6日，金陵大学档案649-4。

④ 《金陵大学呈报教育部视察后各点改进情况》，1936年5月7日，金陵大学档案649-4。

⑤ 《南大百年实录》编辑组编：《南大百年实录（中卷）：金陵大学史料选》，第371页。

　　南京国民政府时期，金大教授宗教课程的教师主要有以下几位：诚质怡，燕京大学文学士，纽约大学医学博士，哥伦比亚大学文学硕士、哲学博士，任职从1934年秋开始；熊祥煦，金大文学士，西北大学教育学硕士，任职从1927年秋到1928年秋；王均（王博之），芝加哥大学哲学学士、梅康密（McCormick）神学院神学士，任职从1929年秋开始；王春荣，金大文学士，耶鲁大学神学士，哥伦比亚文学硕士，任职从1927年春到1934年春。[1]

　　选修宗教课程的金大学生以非教徒为主。1936年，共有139名学生选修了宗教课程，其中教徒仅为36人。当年，全校学生中教徒有189人，这意味着仅有不到五分之一的教徒选修了宗教课程。[2]从金大开设的宗教课程看，"注重学理方面之研究"成为课程的重要特色。如"心理学与宗教生活""宗教哲学概论""宗教教育概论""宗教与科学"等课程，都不是向学生灌输有关神学的教义，而是从更为广阔的层面对基督教进行学术性研究，帮助学生从多学科的角度来研究人类的宗教活动。又如"宗教与现代文明之趋势""近代宗教问题""基督与国家和国际问题研究"等课程，则将宗教置于现代的社会环境之中，来探讨当时的社会问题，并寻求宗教在现代社会的意义和价值。这样就把宗教思想和学生的现实生活联系在一起，使宗教教育更富有时代意义。南京国民政府时期，金大适应中国社会的潮流，在政府教育政策的管理之下，学校并不直接或间接引诱学生读圣经、做礼拜、入教会、受洗礼，而关注于陶铸基督化人格。[3]

---

[1]　赵飞飞：《金陵大学宗教教育研究（1888—1952）》，南京大学博士学位论文，2016年，第130页。

[2]　《南大百年实录》编辑组编：《南大百年实录（中卷）：金陵大学史料选》，第372页。

[3]　谢扶雅：《今后基督教教育应取的方针》，《中华基督教教育季刊》第5卷第1期，1929年。

二、宗教团体和活动

宗教教育是教会大学的重要特征。南京国民政府禁止在学校推行宗教教育，对此教会机构则表现出极大的关切，反对政府对宗教教育的限制。1930年8月，福开森在《大公报》上撰写了《限制宗教教育问题》一文，公开呼吁教育部允许"私立学校自订其宗教教育及宗教仪式之规则"。[1]1930年之后，金大取消宗教学系，宗教科目也改为选修，但是创始人委员会和董事会仍希望保持学校的基督教性质。

金大宗教事业部主任郭中一教授在回忆金大宗教事业的发展时，将1925年到1937年称为"受挫与复兴时期"。所谓受挫，在他看来是指在"非基督教运动"影响下，宗教事业在金大遭受严重打击。郭中一回忆1927年11月在金大校园星期日的崇拜会讲道时，"只见百余人在座，不及从前隆盛时的十分之一。中国基督教在国民革命军北伐时所受的惨重打击，这也是一个实例"。[2]此后数年中，金大校园的宗教气象也"很平淡"，师生中的基督教徒比例都有下降。1929年秋季学期，金大注册组曾对全校师生信教情况开展问卷调查，其中被调查的金大教师有73名，学生563人。调查结果显示：金大教师中明确是基督徒的有31人，约占全部人数42%；有约20%的被调查者没有返回问卷；另外有38%的被调查者明确声明不是基督教徒；后两部分占全部教师人数的58%。从学院分布来看，31名教徒教员有21人来自文理科，有10人来自农林科。[3]

相对于教师而言，金大学生中基督教徒的比例更低。在接受

① 福开森：《限制宗教教育问题》，《大公报》1930年8月18日。
② 《南大百年实录》编辑组编：《南大百年实录（中卷）：金陵大学史料选》，第368页。
③ Summary of Information Relative to Christian Character of Staff and Student Body, and to Ratio of the Staff to the Students,1930, RG011-202-3453, UBCHEA Archives.

调查的563名学生中，明确为基督教徒的仅187人，约占全部学生的33%。明确不是基督教徒的学生有259人，约占总人数的46%。另有117名学生虽然同情和认可基督教，但是并不准备加入宗教组织。值得注意的是，在刚刚入学的80名预科生（sub-freshman）中，基督教徒仅有20人。这显示出当时金大学生对于基督教所抱持的态度。[1]

师生中教徒比例是衡量教会大学基督教性质的一个重要指标。1928年华东基督教教育年会曾做出决议，要求各教会学校教员中基督教徒比例至少达到70%，并设法增至80%。[2]如果按照上述的调查统计结果，金大师生中教徒的比例远远落后于这一要求。金大农学院教授伊礼克（J.T.Illick）在1930年写信给美国创始人委员会，对于金大教师教徒比例不高将影响学校基督教教育的初衷深表担忧，他提议学校聘请基督徒教员来替换学校里的非基督徒教员。为此，金大会计主任毕律斯和陈裕光专门进行解释说，虽然有不少师生并未公开声称自己是基督教徒，但是很多人都遵循教徒的行为准则。而以当前金大可以提供的薪金水准，根本无法聘请到称职的基督徒教员。但是陈裕光和毕律斯也承认，金大的基督教教育面临着前所未有的挑战，不应再缅怀于"过去的美好时光"了。[3]

就在教育部训令取消金大宗教系后的两天，金大校董会执行与经济委员会于1930年3月21日专门开会讨论校内的基督教生活问题，并提议由校董会"组织一个常设委员会研究如何在校内弘扬基督教生活和信仰"。[4]随后几年里，金大教职员中教徒比例略有回升，

---

① Summary of Information Relative to Christian Character of Staff and Student Body, and to Ratio of the Staff to the Students,1930, RG011-202-3453, UBCHEA Archives.

② 《华东基督教教育年会昨日闭幕》，《申报》1928年4月8日，第3张第11版。

③ Summary of Information Relative to Christian Character of Staff and Student Body, and to Ratio of the Staff to the Students,1930, RG011-202-3453, UBCHEA Archives.

④ Ninth Meeting of the Executive-Finance Committee of the Board of Directors of the University of Nanking, March 21, 1930, RG058-192-3345, UBCHEA Archives.

但是学生中基督徒比例保持相对稳定。根据郭中一的报告，"1930年至1935年的六年间，曾受水礼之基督徒学生数目，由101至143不等，连表示信奉而未领洗的合计，基督徒学生的数目在140至170之间，约为全体同学三分之一。教员中基督徒也超过半数"。①

1933年秋，金大青年会对校内同学进行调查，其中信奉基督教者共133人，包括28人尚未受洗。而根据同时期教务处的统计，1933年10月，金大全校学生共有586人。信奉基督教的学生尚不到五分之一。②在1934年12月23日《金陵大学校刊》上公开刊登的学校基督徒人数中，学生184人，教职员132人（中方教职员112人，西人教职员20人）。③根据1935年金大对教职员和学生基督徒的统计，教职员基督徒为131人，学生基督徒有174人。④1935年，金大教师的基督徒比例再次引起创始人委员会的重视，创始人委员会专门来函征询金大基督徒教职员人数。1935年11月，金大召开董事会，陈裕光根据教师聘约情况和1935年调查所得，统计全校教职员176人中（雇员不在其内），基督教徒有126人，约占全部人数的72%。校董会据此认为，"本校人数，仍以基督徒为绝对多数"，并转报创始人委员会。相较于1929年，金大基督徒教职员人数六年内有了较大增长。但陈裕光和董事会迫于创始人委员会保持教职员教徒比例的压力，也是显而易见的事实。⑤这反过来也体现出创始人委员会对于保持金大基督教性质的密切关注。

---

① 《南大百年实录》编辑组编：《南大百年实录（中卷）：金陵大学史料选》，第369页。
② 《本校基督徒数量》《本学期学生人数之统计》，《金陵大学校刊》第104号，1933年10月23日。
③ 《关于本校基督徒人数》，《金陵大学校刊》第114号，1934年12月23日。
④ 《南大百年实录》编辑组编：《南大百年实录（中卷）：金陵大学史料选》，第376-378页。
⑤ 考虑到这一点，金大教职员教徒比例达到72%是一个过高的统计。在更多的表述中，当时金大教职员教徒的比例"略近总数之半"。教职员基督徒人数分布具体可参见《金陵大学第十八次校董会记录》，1935年11月22日，金陵大学档案649-223。

信教的教职员在校内的生活待遇上的确能获得一定照顾。据商承祚回忆称，"由于金陵大学是教会学校，凡是参加教会，成为基督教徒，无论是工资，还是住房都可优待，我曾向校方质问，校方回答说，只要你是教徒，我们就能从各方面给予优惠"。[1]这显示出金大鼓励教职员加入教会的态度。有趣的是，金大校内各部门基督徒所占比例并不平均。学校行政部几乎全部为基督徒，而文学院、理学院和图书馆等部门的基督徒比例则较低。

在经历"收回教育权运动"和"非基督教运动"后，中国社会对于教会学校带有强迫性质的宗教课程和宗教仪式多有诟病。燕京大学校长司徒雷登便曾言及当时教会大学推行宗教教育的"压力"。他说，学校"既要贯彻维持基督教的氛围和影响，又要远离那种枯燥无味的说教行为，更加不能强迫员工和学生参加礼拜和其他的宗教活动"。[2]在新的政治和社会氛围中，教会大学要维持其基督教教育精神，须有一定程度的柔性调整。

宗教课程被取消必修后，教会大学宗教教育更关注将基督教精神融入现实生活，从以课程为中心的教育转变为以人格为中心的教育。如前所述，金大全校只有不到六分之一的学生会选修宗教课程。在课程外，宗教教育更多体现在日常的宗教活动，如礼拜、团契、退修会、宗教书籍讨论组、平日简短崇拜、青年会组织，以及各类基督教小团体活动等。

金大每周举行三次宗教朝会，分别在星期二、三、四上午十一时三刻到十二时举行。周二的朝会多由本校教职员主领，周三有特别的灵修音乐崇拜仪式，周四多请外界宗教领袖主讲《圣经》。"量的方面虽微，但质的方面确有令人钦羡之处。"每周日上午举

---

① 商承祚：《我与金陵大学》，《东南文化》2002 年第 9 期。
② 司徒雷登：《原来他乡是故乡：司徒雷登回忆录》，杜智颖译，南京：江苏人民出版社，2014 年，第 61 页。

行由金陵基督信徒团举办的大礼拜，多请中外宗教界名人出席，"故参加者甚为踊跃"①。

1927年，金大学生倪青原、袁伯樵、魏景超等人发起组织了金大基督徒团契。"团契"一词是由燕京大学教授刘廷芳翻译英语"Fellowship"而来，宗旨是"联络热心基督徒青年同道，从事于建立新基督教运动"。团契的特点是"借着小组的同道共同探讨基督教的真理，发扬信徒团契的奋斗精神"。金大团契标语为："诸君欲获：高尚的灵性经验？丰富的友谊生活？人生问题之热烈的探讨？"②金大团契成立后编印有《团契声》，前后出版共五期，后改为《团契通讯》。金大团契举行定期的崇拜服务，每周日早上有集会，有灵修，或交换宗教经验，或讨论问题。金大团契是当时金大青年会和学生宗教活动的中心。

金大和金女大联合组织有主日礼拜委员会（The Sunday Service Committee），每周日联合举行主日礼拜。并成立唱诗班，由金女大合唱团和金大学生组成。1931年12月26日至30日艾迪（G. S. Eddy）在金大的布道会，以及1932年10月17日至25日斯坦利·琼斯（Stanley Jones）的布道会都是由主日礼拜委员会安排举行的。1930年，金大成立了教职员宗教读书会，通过阅读增加宗教知识、交换宗教经验，并举行中文公开讨论会。每学期设有三到四个小组，每个小组由5到10人或更多成员组成，其成员大部分是基督徒。

金陵大学设有宗教事业委员会，指导大学的宗教生活。1929年金大宗教事业委员会成员有：王春荣（主席）、包文、沈宗瀚、陈嵘、陈裕光、陈华庚、魏学仁、王均。③到1932年秋，该委员会被大

---

① 《南大百年实录》编辑组编：《南大百年实录（中卷）：金陵大学史料选》，第373—374页。
② 《南大百年实录》编辑组编：《南大百年实录（中卷）：金陵大学史料选》，第374页。
③ 《金陵大学主要人员表及校董会各委员会名单》，金陵大学档案 649-65。

学宗教委员会（the University Religious Committee）替代，它由七名主日礼拜委员会的代表和两名教职员宗教读书会的代表组成。在这九名成员中，包括三名学生代表。大学宗教委员会的目的有二：其一，激励和促进大学教师的宗教生活；其二，对学生的宗教活动给予间接顾问、指导。具体的活动有：（1）和教职员宗教读书会合作举行教职员退修会；（2）与大学基督徒协会合作举行基督徒教师和学生的社交聚会；（3）周日晚上的圣乐礼拜；（4）教职员夫人宗教阅读小组；（5）使大学和城市教会合作；（6）帮助大学其他所有的宗教工作，如每周三次教堂礼拜。①

　　金大校内宗教团体开展有多样的宗教活动，有着较为浓郁的基督教氛围。1934年11月，陈裕光在董事会报告中说："宗教活动，因校内教友和衷共济，进行亦极顺利。大中学及医院各部联合举行之退修会，参加人数甚众。"宗教委员会在该年报告金大宗教情况时指出："吾人信校内灵性影响，现已增进。去岁学年终了时，有学生九人（内四年级生一人）于末次圣餐礼拜中领受洗礼，其他尚多受洗于城中各会堂。他如自动组织宗教团体，教职员中有团契一，学生凡三。该团等或每周集会一次，或二周集会一次。学生选读宗教学程逐渐增多，非基督徒学生，现对宗教兴趣，亦趋浓厚。"②宗教委员会对于在师生中发展基督徒颇为热心。1935年秋，宗教委员会专门致函文学院，告知该院学生中有若干人"对于宗教有诚恳信仰"，并请文学院各教授予以特别指导。③化学系主任唐美森教授的夫人于1936年11月15日致信美国教会称："金陵大学的宗

① 《金陵大学1929年春季到1932年秋季五年宗教生活报告》，1934年1月10日，金陵大学档案649-2581。
② 《金陵大学第十六届董事会记录》1934年11月23日，金陵大学档案649-223。
③ 《文学院第八次院务会议》，《金陵大学校刊》第175号，1935年12月2日。

教生活比以往要为强烈，我认为其深度要甚于广度。"①

第三节　党化教育和军事教育

一、党化教育下的大学与政治

由于位居首都，南京国民政府时期政治对金大的影响有所增强。芮思娄在1930年时说："很明显金大比其他远离南京的机构更能强烈地感受教育部的态度。金陵大学差不多在教育部的脚下，教育部试图执行这个政策也是很自然的，能如他们所期望的在我们的大学得到贯彻。"②

南京国民政府在各级学校推行党化教育。党化教育的方针，最早由广州国民政府教育行政委员会委员许崇清在《教育方针草案》中提出。国民政府定都南京后，于1927年8月制定了《学校实施党化教育办法草案》，指出"党化教育就是在国民党指导之下，把教育变成革命化和民众化，换句话说，就是将教育方针建筑在国民党的根本政策之上，而国民党的根本政策就是三民主义、建国方略、建国大纲和历次代表大会的宣言和决议案。我们的教育方针应该根据这种材料而定，这是党化教育的具体意义"。③1928年国民党实施训政以后，以党的力量"负训政之权责"，统一全国思想，贯彻以党治国，是推行党化教育的主要原因。教育政策的制定、方针的研拟、党义课程的实施、训育的督导和人事的调整，都要体现党国意志。

---

① Nancy Thomson Waller, *My Nanking Home, 1918-1937*, Boston, Massachusetts: Willow Hill Publications, 2010, p. 149.

② Summary of Information Relative to Christian Character of Staff and Student Body, and to Ratio of the Staff to the Students,1930, RG011-202-3453, UBCHEA Archives.

③ 《教育界消息》，《教育杂志》第19卷第8期，1927年8月20日。

　　实施党化教育，对于私立大学，尤其是教会大学管理带来很大挑战。国民政府颁布的《私立学校规程》规定，私立大学呈请立案须呈报学校开展训育及党义教育的实施情形。1927年5月，金大就聘请狄君武担任学校的三民主义讲师。1927年10月20日，国民党中央党部又委派青年部孙佐齐来金大"调查施行党化教育情形，并希望本校恢复星期六讲演"。[①] 1928年1月，过探先将金大的发展问题归纳为"三化"：学术化、平民化和革命化。他提出，推动金大的学术化，使学校成为研究学术的中心，才能在社会上占有重要的地位，对于世界的文明有相当的贡献；平民化是要注意提倡和普及文化，使大学与社会得以充分联络；他认为革命化"要算是本国大学特有的问题，尤其是本校应该要十二分注意的。我们在学校里读书，不要忘记我们是中国的国民，我们是中国国民中的优秀分子，对于国家，应该要负相当的责任。……本校是教会学校，环境格外困难，需用十二分的力量，来参加革命的工作"。过探先认为，金大必须革命化，才能对于国家前途负相当的责任。他说："忠心党国的途径，不知有多少呢。我希望全校的同人，都认识了三民主义，明白了建国大纲，熟悉了建国方略，担负起唤起民众的责任，奋勉着共同努力的精神，各尽所能，效力于党国。庶几本校的前途，才有发挥光大的日子。"[②]

　　作为金大校务委员会主席的过探先在教职员中很有号召力。他对于金大未来发展的思考，体现出金大在新的政治社会环境中的调整和适应。在新的政治环境下，金大与政治联系更为紧密，已成为校内师生的共识。这需要将大学建设更好融入中国政治和社会的需求中，而不是脱离国家和民族的需要。

---

①　《第三十五次校务会议记录》，1927年10月20日，金陵大学档案649-225。

②　过探先：《本校的当前问题》，《金陵周刊》第6期，1928年1月。

1928年6月，李烈钧出席了金大第十八届毕业典礼并训词。他说："世界各国之进步，无不由充分造就人才而来。吾国处于国际不平等地位，学术缺乏独立精神。教育经费不能独立，师资缺乏，尤以教育无一定方针，直至最近始以三民主义为方针，以至人才破产。外人在吾国所办之学校，如北京之燕京，南京之金陵，办理完备，造就人才甚多。……其实外人所办学校，一方能灌输外国文化，一方亦能发扬中国文化。"①李在言辞中既肯定了金大的办学成就，也指出金大今后要以三民主义为办学的指导方针。

1929年4月，国民政府公布了《中华民国教育宗旨及其实施方针》，将教育宗旨规定为："中华民国之教育，根据三民主义，以充实人民生活，扶植社会生存，发展国民生计，延续民族生命为目的。务期民族独立，民权普遍，民生发展，以促进世界于大同。"据此，金大也对办学宗旨进行调整。据陈裕光回忆，金大"在此时期，教学方针强调学以致用，学用一致，亦即'研究高深学术，养成专门人才，适应社会需要'"。②这和国民政府颁布的教育宗旨基本吻合。

对于大学的政治责任，陈裕光有着清晰的认识，但他更强调金大应在学术和文化建设上有所贡献。1930年10月10日是中华民国国庆纪念日，《金陵大学校刊》选择在此日创刊。陈裕光专门撰写了《国庆纪念的校刊》一文，认为本刊"应时而起"，正是为中华民国庆祝。他说："各团体或私人要能依'建国方略'及'大纲'的精神，努力他分内所能尽的责任，始终不息，才是真正的庆祝！本校是负这个分内的责任：应用近代的教育方法，建设适用的建设人才；融合各种学术的研究，促进我国的新文化。本校对于这种重大的使命，自愧能力薄弱，恐不能有可观的成绩，但更不敢不尽其责。"③

① 《南京金陵大学举行第十八届毕业典礼志盛》，金陵大学档案 649-535。
② 金陵大学南京校友会编：《金陵大学建校一百周年纪念册（1888—1988）》，等16页。
③ 陈裕光：《国庆纪念的校刊》，《金陵大学校刊》第 2 号，1930 年 10 月 17 日。

党化教育的重要内容是开设党义课。根据《私立金陵大学一览》，该年金大开设的党义课有"三民主义精义"和"中国政府组织大纲"两门，均为两学分。其中"三民主义精义"的课程分为四章，首章说明三民主义之意义及其研究方法，其余三章介绍三民主义理论的本体，分别做具体的系统阐明，并征引有关学说比较研究，以见三民主义的博大精深。[1]党义课程旨在灌输国民党主义、政策和纲领，达到训育监督的目的。但是从实际情况看鲜有成效，也难以得到学校和学生的热烈回应。

国民政府加强对金大的管控还体现在处理"金大影片风潮"事件上。[2]1930年3月22日，金大基督教青年会在学校体育馆举行会员同乐会，请金大社会学教授夏慕仁（M.R.Schafer）为学生播放影片。因片中有反映中国贫民生活、瘸腿乞丐、小脚女人、和尚送殡等丑化中国的画面，伤害到学生的民族自尊心，也引发国民党党部和政府的关注，金大学生呈请南京市党部、市政府关闭青年会，并要求学校立即辞退夏慕仁。4月1日，南京市党部召开临时会议，要求教部转饬金大辞退夏慕仁，并函市政府饬南京市社会局，制止金大基督教青年会活动。4月15日，南京市市长刘纪文致函金大，指令金大按照市党部处置办法"查照办理"。时任教育部部长蒋梦麟亦对影片风波表示不满，令陈裕光查封金大基督教青年会，并辞退夏慕仁，以平众愤。迫于政府压力，陈裕光最终做出如下处理：（一）销毁夏慕仁自制影片中贫民生活一段；（二）金陵大学基督教青年会负责人辞职；（三）夏慕仁公开发布道歉声明；（四）致函摄制影片的美国柯达公司，请其修正该片、删去该段字幕；（五）通告

---

① 张研、孙燕京主编：《民国史料丛刊》（第1085册），郑州：大象出版社，2009年，第305页。
② 陈声玥：《1930年金陵大学辱华影片事件评析》，《民国研究》2018年春季号。

校内各团体，以后无论放映任何电影，均须先经过审查。①后夏慕仁"接受他方聘约，此时已不来京"。此事乃告一段落。

校园仪式是体现国家政治意识的重要形式，其中以总理纪念周和学校毕业典礼最具代表。南京国民政府规定，政军警学各机关均应举行总理纪念周，以昭崇敬。但当时不少私立学校并未严格执行。1930年，位于上海的震旦大学和复旦大学就不举行总理纪念周，私立上海商学院、中法工专、新民大学三校也没有按期举行总理纪念周，光华大学、大夏大学、上海法学院、东亚大学、中大医学院等校举行纪念周"时间或仪式错误"。为此教育部以上海各校"对纪念周不认真举行，殊属不合"为由，于该年12月训令"切实改正"。②相对而言，由于地处首都，金大对于总理纪念周一直认真对待，每周一上午十时四十分都如期举行。总理纪念周仪式包括唱党歌、向国旗党旗及总理遗像行鞠躬礼、恭读总理遗嘱等固定仪式，有着强烈的灌输国民党意识形态的意味。在总理纪念周上，还举行学术演讲，金大利用首都的便利条件，经常邀请党政要人或学者名流来校演讲。这些演讲多能紧密结合当时的现实问题，对于联络大学和社会，让学生了解国家政策和社会潮流不无裨益。如在1936年，金大总理纪念周演讲有：

贺衷寒：军事委员会政治训练处处长，题目《礼义廉耻之社会科学的认识》

陈宗一：金大森林系主任，题目《救国之根本问题》

龚浩：参谋本部第三厅厅长，题目《谍报与宣传勤务之纲要》

刘振东：中央政校教务主任，题目《中国所得税问题》

① 《金大影片风潮及处理之五项办法》，《中华基督教教育季刊》第6卷第2期，1930年。

② 《南京特别市教育局训令第363号》，1930年12月17日，金陵大学档案649–62。

　　鲁佩章：财政部首席秘书，题目《农村疾苦症结》

　　冯玉祥：军事委员会副委员长，演讲内容保密

　　翁文灏：行政院秘书长，题目《青年责任与事业》

　　张默君：民主革命家，妇女运动先驱，题目《劳教死教与中国今日教育应有之精神》①

　　毕业典礼是宣扬大学理念、展示大学办学成绩、传达大学立场的重要仪式。金大毕业典礼有邀请社会名流参加的传统，这是金大寻求社会认可、沟通大学与社会、寻求社会资助的重要方式。多年来，金大都将毕业典礼视为隆重的节日，校方和毕业生对此都极为看重。金大的毕业仪式主要包括五个部分：毕业班植树纪念、毕业游艺会、毕业训词会、毕业典礼和同学会聚餐会，其中最为重要的是毕业典礼。金大在立案前，其毕业典礼中有很多宗教成分，强调大学的校风和精神，政治仪式的安排较少，这从1924年金陵大学"毕业典礼秩序单"可以看出。

表3-9　金陵大学毕业典礼秩序单对照表

1924 年	1929 年
奏乐	奏乐
唱中华爱国歌	主席恭引来宾入座
祈祷	教职员率毕业生入座
长官训词	全体肃立
唱歌	唱党歌
毕业训词（任鸿隽）	向国旗党旗及总理遗像行三鞠躬礼
校歌	主席恭读总理遗嘱
授予学位证书	静默三分钟
校长报告	中央委员胡汉民、戴季陶训词

---

① 赵飞飞：《金陵大学宗教教育研究（1888—1952）》，南京大学博士学位论文，2016 年，第 155 页。

（续表）

1924 年	1929 年
唱校歌	报告校史
奏乐	教育部部长毕业训词
	授予学位
	毕业生代表答词
	颁奖
	唱校歌
	奏乐

资料来源：1924年典礼见《金陵大学毕业程序单》（1924年），金陵大学档案649-535；1929年典礼见《私立金陵大学四十周年纪念、第十九届毕业典礼秩序单》（1929年6月），金陵大学档案649-535。

　　南京国民政府成立后，国家意志开始向大学校园全面渗透，金大毕业典礼也成为体现党化教育和政治威权的重要舞台。1929年6月24日，金大在学校大礼堂举行第十九届毕业典礼，这是金大立案后举行的第一届毕业典礼。原定于1928年举行的金大建校四十周年纪念也因学校忙于立案事宜推迟，改在1929年与毕业典礼同时举行，并补行时任校长陈裕光的就职礼，可谓举校欢庆。当时的《申报》详细记载了典礼当天的盛况：

　　　　南京金陵大学开创已四十年，于本月二十四日上午九时举行四十周年纪念，同时并举行第十九届毕业典礼。是日，各机关代表参与典礼者，有中委胡汉民，教育部部长代表朱经农，铁道部代表梁寒操，内政部代表陈达三，工商部代表张凤舞等数十人。首由该校校长陈裕光报告举行四十周年暨十九届毕业典礼之宗旨及意义。次由中委胡汉民训词。……次由该校第一任校长福开森报告该校创办之经过，及创办学校之宗旨在养成服务社会之人才。现本校毕业者，各界人才皆有，以后须将义务看重，权利看轻，方不背本校创设之宗旨云云。次由老同学吴芷庵报告最初学校及学生状况，赵仲则报告医科之历史。……嗣由前校长包文说明大学最初时代及最近状况，各方面均有极大之进步。……嗣由该校校董会主席吴东初说明校董会改组之经过。随即代表校董会行授印礼，当即由校长陈裕光受印。……最后由教育部代表朱司长训词。大意谓，代表蒋部长来校道贺，因（一）贵校已有四十年之成绩，造就人才甚多，如科学、教育、商业，均有专门人才；（二）立案后举行第一次毕业；（三）深庆校长得人，并希望毕业诸君出校后，仍继续研究学问，求中国学问上之平等，能与世界各国媲美，抱牺牲、服务之精神，多尽义务，少享权利云云。[①]

这场毕业典礼充满强烈的政治气氛。胡汉民等党国要员出席典礼并训词，典礼开始有全体肃立、唱党歌、向国旗党旗及总理遗像行三鞠躬礼、主席恭读总理遗嘱、静默三分钟等一系列有政治色彩的程序。对比1924年与1929年金大毕业典礼仪式的前后变化，更能体会到新政权的政治仪式在大学场域的确立和影响。

"敦请党国要人莅临典礼并训词"，也是金大与国民政府交往的重要内容。蒋介石、汪精卫、孙科、戴季陶等人都曾赴金大校园出席各类活动。1933年6月24日，金大举行第23届毕业典礼，行政院院长汪精卫、教育部部长王世杰赴金大参观农学院，并亲临典礼训词。王世杰在训词中勉励金大学生"努力，努力，莫白化了力量，莫浪费了时间"。事后，汪精卫致函陈裕光，对于金大办学"备极赞许"。[②]1936年2月29日，首都南京第二次学术演讲会在金大礼堂

---

① 《金陵大学四十周年及毕业礼纪》，《申报》1929年6月26日，第11版。
② 《汪精卫院长在本校第廿三届毕业典礼之讲词》，《金陵大学校刊》第89号，1933年9月8日。

举行，参与听讲的有来自南京各高校、各机关、各中学及本校教职员1500余人，行政院院长蒋介石和考试院院长戴季陶都莅临出席。蒋介石在演讲中"对首都教育界师生及公务员平日之修养态度仪容，指示甚详"。①会场气氛极为热烈。

二、军事教育的开展

在国民政府的教育方针中，通常将军训教育视为三民主义教育的一部分。1927年7月国民政府公布的《教育方针草案》所列党化教育方针第五条即军训教育，要求中学及大学应一律加授军事训练。当时中国正处于帝国主义的压迫之下，尤其是"九一八"事变后国难更趋深重，军训教育受到南京国民政府的重视，成为大学教育的一项重要内容。

1928年，第一次全国教育会议在南京召开，议行实施军事教育，"锻炼青年身心，养成纪律、服从、负责、耐劳等习惯，提高国民献身为国的精神，增进国防的实力"。军事教育实际包含军事训练和学生训育的双重意味。会后，大学院通令各专科以上学校加授军事教育课程。1929年1月，训练总监部修订了《高中以上学校军事教育方案》，规定高中一、二年级及大学一、二年级施行军事教育，高三及大学三四学年施行暑期训练。②同年，国民政府颁布的《中华民国教育宗旨及实施方针》第七条规定："中等学校及大学专门学校学生需受相当之军事训练。"

第一次全国教育会议通过中等以上学校实施军事训练案后，金大即遵令实施军训，聘朱世明担任军训教官，学生通过军训后获得

---

① 《上周末假本校举行首都第二次学术讲演会》，《金陵大学校刊》第183号，1936年3月2日。
② 《修正高中以上学校军事教育方案》，《教育部公报》第1卷第2期，1929年2月。

学分。金大在官方报告中称，本校"教职员对于军训均极重视，并协助推进"。1931年"九一八"事变后，金大部分教职员自动编队训练，并筹资聘请中央军校教官指导军训。[①]据1933年编制的《私立金陵大学一览》，校内军事训练课程分为两种，学科和术科，每种均为两学分。金大除女生外，军事训练被规定为二三年级必修科目，每周实施三小时，其中学科一小时，术科两小时。

第一种。学科：讲授步兵操典、射击教范、阵中勤务、军事讲话、测图，其他如野外演习、距离测量、卫生救急法等。术科：讲授徒手各个教练，徒手部队教练，技术如基本体操、应用体操等。

第二种。学科：讲授步兵操典、射击教范、筑垒教范、劈刺教范、体操教范、军事讲话、阵中勤务、军制学概要、测图，其他如兵器之处理补修保存法、野外演习、距离测量等。术科：讲授执枪各个教练，执枪部队教练，技术如应用体操、器械体操、刺枪术等。[②]

1934年6月15日，金大根据政府要求，自该年秋季起将军事训练改为一年级必修课。俟一年训练期满后，再举行集中训练。[③]从1935年度开始，女生也须一律选修军事看护课程，每周修习三小时。

对于政府推行军事训练，金大给予了积极配合。陈裕光在1934年11月校董会上报告称："政府现对军事训练，拟有具体实施计划，本校密迩京畿，一切首撄其冲。"[④]为推进军训教育，金大成

---

① 《私立金陵大学军训概况》，1935年2月12日，金陵大学档案649-1493。
② 金陵大学秘书处编：《私立金陵大学一览》，第290-291页。
③ 《1934年春季第二次校务会议记录》，1934年6月15日，金陵大学档案649-223。
④ 《金陵大学第十六届校董会纪录》，1934年11月23日，金陵大学档案649-223。

立军事教育委员会，由教务处长、三院院长和军事教官组成，以教务长柯象峰为主席。军事教育委员会在1935年秋制定通过了军训方案，男生军训术科和学科训练每周共五次，其中学科在周三和周五上午六点四十五到七点三十五，术科安排在周一、周四和周六，每次各为两小时。①

1936年，为树立全国之楷模，政府指令"本京高中及专校二三年级及大学二三四年级学生，本季均须参加首都学生壮丁增进训练"。对于此项军训增进计划，金大校务会议认为，该项计划"经训、教两部所定，势在必行，唯困难太多，拟交本会全体大会决定"。1936年3月17日，金大校务会议议决：大学二三四年级增进军训，计分政治、防空、消防、野外演习四种，每周时间约七八小时之多，除可变动者外，余均势在必行。②1936年10月，金大建议二三年级每月一次之增进军事训练，"集中在一学期内举行完毕，并拟定改为二年级上学期学生必修"。③

在课程之外，学生军事训练的另一项内容是集中军训，因多在暑期举行，也称"暑训"。根据《高中以上学校军事教育方案》规定，每年暑假期间，各校应连续实施三星期"极严格之军事训练"。1932年6月，教育部电令专科以上学校学生在暑期内接受连续三周的军训。但当年金大"限于情势，未即执行"。1933年4月，教育部令金大于本年暑期开办军事训练班，"务宜遵照施行"。该年金大"农、理两学院学生于暑假期间，应举行野外实习。又因学生经济之窘乏，学校经费筹措之困难，事实上难点殊多，一时筹备不

---

① 《24年秋季第一次军事教育委员会会议记录》，日期不详，金陵大学档案649-1494。
② 《校务会议记录》，1936年3月17日，金陵大学档案649-223。
③ 中国第二历史档案馆编：《中华民国史档案资料汇编·第五辑·第一编·教育（二）》，第1310页。

及"。最终教育部因金大"暑期军训实施困难"，准予变通办理。①

1934年6月，教育部会同训练总监部颁行《学校暑期训练暂行办法》，明确学生军训是国防教育的一部分，决定自该年暑假起实施暑训，并成立首都学生暑期训练处负责办理。但该年暑训时间过于仓促，激起了南京学生的反对，"金以事实困难，拒绝参加"。虽然该年暑训于6月底开营，但参训学生不多，全部只有1 700余人。金大该年参加并完成暑训的学生也仅有45人。1934年6月29日，陈裕光在写给沪江大学校长刘湛恩的信中说："此间军训已定于今明两日为入营日期，敝校于奉教部训令，即遵照布告。唯学生或因事故，或因实习，此项能实行参加者，不过数十名。闻其他学校亦未能全部参加。"②为此，训练总监部决定废除原有的暑期三星期集训，而将学生集中训练时间延长，改至五月到七月举行，这一调整给各校的课程安排带来了很大压力。

1935年5月，金大接教育部和训练总监部命令，自1935年度起实施军训新方案。新方案将集训安排在1936年5月11日到7月10日集中进行。照此方案，一、二年级的授课将受到重大影响。据教务处的调查，该年度金大需参加集中军训的一年级学生有155人，所选课程达94班。如何在规定时间结束功课，所缺功课应如何补足，都是亟待解决的难题。金大校务会议因此多次商讨应对办法。1936年2月22日，校务会议以兹事体大，议决将此问题先交教务委员会详细拟就办法，再提交本会决定。教务委员会于3月2日拟定了三项办法提交校务会议，具体为：（1）取消春假；（2）学期结束提前至6月12日；（3）参加集中训练学生所缺之课程，以补足为原则。③1936年3

---

① 《教育部指令》，1933年6月26日，金陵大学档案649-1497。
② 《陈裕光致刘湛恩函》，1934年6月29日，金陵大学档案649-1495。
③ 《教务委员会为军事训练事致校务委员会函》，1936年3月2日，金陵大学档案649-225。

月6日，校务会议就集中军训案议决如下：

　　（一）取消春假，提前一星期结束。

　　（二）参加集训学生，限一年级生。该级学生所缺功课，应在秋季开学之前补足。（例如缺四星期，则补四星期。但缺一星期，则缩紧教材，毋庸后补。）

　　（三）受训学生之功课，暂定5月11日结束。同时将困难情形，具呈教育部请予暂缓一月举行。①

　　（四）全校学期考试，提前至集中训练时举行，俾受训学生功课得先告一结束。以后续授功课，并举行一小考。如有学生须转学他校，不能如期补课者，其学分应予折扣。①

　　1936年，金大共有121名学生参加并完成了集训。1937年，金大通过集训的学生为168人。1937年暑训成绩中甲等21人，乙等128人，丙等19人。②

　　在军事训练之外，从1935年秋季开始，金大又奉命对学生实施军事管理。1936年1月2日，教育部颁布了《高中以上学校军事管理办法》，规定："为养成学生整洁、敏捷、勤朴、耐劳、团结、互助、振作精神、遵守纪律诸美德起见，高中以上学校学生不分年级，均实施军事管理。"③金人因学生宿舍狭隘，且散处各处，不便于军事管理，所以先将西楼宿舍划为军训管理区。西楼宿舍只能住学生50余人，于是以受军训之新生一部分编为一队三分队，由军事教官为队

----

① 《校务会议常务委员会记录》，1936年3月6日，金陵大学档案649-223。
② 《1937年度首都学生集中训练总队金陵大学学校成绩册》，1937年7月，金陵大学档案649-1495。
③ 中国第二历史档案馆编：《中华民国史档案资料汇编·第五辑·第一编·教育（二）》，第1313页。

长，指定资深学生为分队长。实施军事管理后，学生早晚起居都用号音，实行点名，起床后即由教官率领举行升旗仪式，随后做十余分钟的早操或长跑。每天由教官检查学生宿舍内务是否整齐清洁，逐日登记并进行奖惩，随时检查学生穿着制服是否整齐。每学期举行一两次夜间演习或紧急集会等。[1]此后，军事管理在金大全面推行。1936年度制定的《金大军事训练实施步骤》对于军事管理的规定如下：

（一）按现时本校宿舍分布情形，全校分为两个管理区，二年级以上住校本部，为第一区，一年级新生住东宿舍，为第二区；

（二）全校学生一律着制服，并规定不着制服之处分规则；

（三）分全校学生为若干队；

（四）每日分别检查内务一次并登记；

（五）受军训管理学生每日应参加升降旗典礼。[2]

国民政府推行军事教育，有训导学生和国防教育的双重意味。随着二十世纪三十年代日本侵华的步步深入，其服务国防的意味更为明显。1932年后，大学军事教育不但在课程安排上比重增加，而且集中训练的要求也更为严格。对于国民政府不断加码的军训方案，金大尽力去适应、遵循，并根据本校实际情况加以调整。教会大学的管理本来就很严格，军训教育所要达到的部分目的与金大严格的日常管理在某种程度上是契合的。1932年进入金大读书的程千帆回忆说，金大的管理"有秩序、办事有条理"，不像同城的国立中央大学，学生宿舍内可以随随便便留宿外人，[3]金大对于军事教育

---

[1] 《金陵大学军事管理概况》，金陵大学档案 649-1493。

[2] 《金陵大学军事训练实施步骤（1936年度）》，金陵大学档案 649-1493。

[3] 张伯伟编：《程千帆全集 第十五卷 桑榆忆往》，石家庄：河北教育出版社，2000年，第10—11页。

有着较为积极的态度。

　　1935年后，增进军训和集中军训的时间越来越长，这给金大日常教学带来的压力与日俱增。金大一方面根据政策变化适时调整校内的课程安排，另一方面不断向政府呼吁调整军训实施方案。1936年1月，首都国民军事训练委员会以"加紧军事训练"为名，加派宪兵数人到金大，实际上是为了防范"一二·九"运动后学生再有过激行为。陈裕光专门致函该委员会，以本学期军事训练课程早经结束，学生即将大考为由，说明"于此时期内派遣宪兵到校，恐转足以刺激学生之感情，影响学生学业"。[1]在陈裕光的要求下，首都军事训练委员会撤回了所派宪兵。1936年3月，金大呈文教育部并转咨训练总监部，称因受"一二·九"运动影响，上学期提早放假，今年春季开学时间又没有变更，"集中训练之时期已近，且本校各级学生均为选科制，有一、二年级学生选读三、四年级功课，三、四年级学生间有选读一、二年级功课。故受训学生虽只175人，而以一部分变更，竟牵动达100余班之多。此种困难，私立大学大体皆然。训练势在必行，深感困难，彷徨无术。思维再四，拟一面取消春假，缩紧教材，设法提前结束。一面呈请钧部准将今年集中训练，展缓至六月初旬举行"。[2]金大在呈文中称："值此国难，所谓非常时期之教育，仍以不妨碍基本功课为原则。"教育部高教司与训练总监部国民军事训练处就金大所请商议后，认为时间太迟则气候不宜，仍坚持从5月起集中军训。[3]在1936年秋举行的首都高中以上学校军事教育会议上，金大提出"大学二三四年级增进军训亟应停止或谋改进以重学业而收实效案"。该案指出："大学二三四年级学

---

① 《陈裕光致首都国民军事训练委员会函》，1936年1月10日，金陵大学档案649-1493。

② 《金陵大学呈教育部文》，1936年3月10日，金陵大学档案649-1493。

③ 《教育部高等教育司覆金陵大学文》，1936年3月，金陵大学档案649-1493。

生对于军训均已有相当基础。查自上学期实施增进军训以来，该项课程突增至七八小时之多，致学校教育及学生原定之课程，均须重新支配，或予减少，于学校教育及学生学业，影响甚巨。本季似应停止或谋改进。"①金大提出，军事训练应（1）停止举行或谋其他改进方法，唯以不妨碍学生学业为原则；（2）增置国防有关的特种教学科目，令学生选习，同时并请教员参加指导及研究，俾学生对于国防有关科目，得有实际之认识和训练。从中可以看出，在维持正规的学术训练和实施适当的军事教育之间，金大尝试着保持一种平衡。

第四节　国家意志与知识生产

一、发展工程学科

南京国民政府成立后，颁布了一系列法令规程，对大学院系规划和课程设置加强管理。出于国家建设的需要，国民政府将工程与技术教育置于重要位置，采取"重理工，抑文法"的教育政策，强调扩充"实科"。1929年4月公布的《中华民国教育宗旨及其实施方针》规定，大学教育应"注重实用教育，充实科学内容，养成专门技术"。同年颁布的《大学规程》，要求大学至少具备三个学院，且三学院必须包括理学院或农、工、医各学院之一，这些都体现出政府对发展实科的重视。1932年，教育部部长朱家骅在《九个月来教育部整理全国教育之说明》中，也将"文法科教育之畸形发展"视为今日大学教育之憾事，提出要"使现有文法诸科教育不事扩张，而现有农、工、医诸实科与理科则力求充实"。②

---

① 《1936年首都高中以上学校军事教育会议提案》，金陵大学档案649-1494。
② 朱家骅：《九个月来教育部整理全国教育之说明》，《教育部公报》第4卷第49-50期，1932年。

如何在大学的知识生产与传播中体现国家意志，是政府对于大学人才培养的主要考量。这既反映了知识和学术的发展，也体现了国家和政治的需求。金大立案后，校内系科及课程设置虽由董事会决定，但最终都需要教育部批准。南京国民政府时期，金大的院系和课程体系越来越统一化和国家化。

国民政府注重扩充"实科"，影响着金大的办学和发展。所谓"实科"，是相对于"文科"而言，在当时指大学所设八院中的理、农、工、医等四学院。实科教育与国民政府亟待进行的国家建设和国民经济发展密切相关，与此相适应，金大更加注重与政府机构的合作，服务于国家和社会的现实需要。1933年11月，陈裕光在董事会报告称："近年来本校颇竭力所能及，注意国内职业上及实际上之需要。"[①]1935年编订的《金陵大学概况》曾历数近三年来金大与政府、社会机关的合作，从中可见一斑。

> 自奠都以后，南京为全国之重心，本校教育事业因各方之需求与督促，日行发展。以近三年而论，本校受政府及社会机关之委托，举办各种调查研究及实验工作者，不下数十种之多。例若文学院方面，受南京市政府之委托，举办制呢机工之人才；教育部指令加开边疆课程；与中央农业试验所及各县政府之合作，举行社会调查及县政调查。理学院方面，遵照部令两度举行暑期理科讨论会，受江苏建设厅之委托，举行全省土壤肥料化验调查，并摄制及演放科学电影，以应各教育厅局及中等学校宣传科学教育之用。农学院方面，叠受中央及国府水灾救济会之托，办理全国水灾调查，及淞沪战区调查；四省农民银行之托，举行农业经济调查；全国经济委员会及上海银行之托，办理棉业合作训练

---

① 　《金陵大学第十四次校董会记录》，1933 年 11 月 24 日，金陵大学档案 649-223。

班，及延请合作专家培植合作人才，等等。[①]

金大农学院办学成绩突出，声誉卓著，在全国农科高等教育中实为翘楚。农学院将教学、科研和推广相结合，农业科研、教育和推广均依托于本土的农业试验。提高农民生活、改良农业科技、改进乡村社会，也一直是农学院所致力的目标。这种注重应用的取向，与国民政府的教育方针正相吻合。金大农科自创办以来，与各级政府机关有着广泛密切的合作，"深得各省区政府之注意及赞助"。全面抗战爆发前，农学院与国内各级政府和社会机关的合作多达20余种。如金大与中央农业推广委员会合办乌江推广实验区，与鄂豫皖赣四省农民银行合作举办农场及开展四省农村经济调查，1931年受国民政府救济水灾委员会委托进行江淮流域之水灾调查，1932年受淞沪战区善后委员会委托进行兵灾调查，这些合作在当时都有着广泛影响。1934年7月，农学院受全国经济委员会棉产统制委员会的委托，办理棉业合作人员训练班，训练期限九个月，招收"曾在专门学校或甲种农校毕业者"入学，造就指导农村合作事业之干部人才。[②]1936年，实业部创设的农本局委托金大农业经济系办理农业经济技术人员训练班，规定六个月为训练期间，招收高、初两级学员68人。[③]该训练班以"严选体格健壮能吃苦耐劳而又服务农村之决心者，施以严格之训练，以期养成农业经济技术人才为宗旨"。

在农学院之外，文、理两学院均属基础学科，但两学院都有着偏重应用的取向。文学院在1933年10月召开的院务会议上，通过

---

① 《金陵大学概况》，1935年编印，第14页。

② 《棉业统制委员会函请开办合作专修科一班》，1933年4月25日，金陵大学档案649-1967。

③ 《教育实业两部分别委托理农两院办理特种教育》，《金陵大学校刊》第198号，1936年9月7日。

了"各学程采用教材应如何注意适应学生程度案"，第一条方针即"采用实用方面之教材，并注重适应社会"。①1934年4月文学院又将"养成国家公务人员及社会工作人员"作为学院人才培养的目标之一。文学院在二十世纪三十年代中期积极开展县政研究，关注边疆问题和民族问题，这些都是当时国家建设亟待解决的现实问题。

工程教育与国家建设关系密切，为国民政府所重视。金大虽然未成立单独的工学院，但金大理学院在二十世纪三十年代越来越强调将学科发展与国家社会的需求相结合，其工科色彩日趋浓厚。早在1922年，金大便成立了工业化学科。理学院成立后，该科归属理学院，这是一个划入理学院但属于工科性质的学科。工业化学科直接服务于发展化学工业和培植化学技术人才的需要。金大在论述该科宗旨时称："本校为培植专门化学人才及灌输化学工业之基本知识，以便开发我国富源起见，特设工业化学科。盖化学为大多数工业制造所必须，化学技师尤为现在各地所需要之人才。本校有鉴于此，特设此科，以资造就。"②在理学院成立前的1929年秋，金大就读于工业化学科的学生有28人之多。而当年文理科内的理科学生仅有48人。工业化学科虽为附设，却为学生所欢迎，在校内也受到重视。

为推动应用学科的发展，1931年秋，理学院"鉴于目前电机事业之重要，为培植专门电机人才，及灌输电机工程之基本知识，以适应社会之需要起见，特设立电机科"，③聘请杨简初为该科主任，这也就是后来的电机工程科。电机工程科的创设与当时国民政府开展首都建设和国防建设的急切需要相适应，成立后发展迅速。该科与首都电话局、鼓楼医院、建设委员会、首都电厂、外交部、交通部等多家机构合作，为其提供设计和工程服务。如该科代建设委员

---

① 《文学院院务会议记录》，1933年10月6日，金陵大学档案649-1629。

② 《金陵大学文理科概况》，第69—79页。

③ 《理学院消息》，《金陵大学校刊》第84号，1932年4月1日。

会电机制造厂试验电动机之特性，代首都电话局设计并制造声铃电机之散热器等。[1]该科学生也有机会于每年暑期被派赴相关单位实习，其毕业生也得以分配在相应机构服务。1934年，电机科首届四名学生毕业，出路极佳，受到社会的广泛好评。同年秋，该科的学生人数便增加到37人。

表3-10　金陵大学电机工程科1934年首届四名毕业生就业去向

姓名	毕业后服务情况
张君昭	广州石井兵工厂技士
翟长霖	由学校介绍应杭州电气股份有限公司工务技术员考试及格，名列第一，现在该公司实习
吴景平	由学校介绍应建设委员会技术员考试及格，名列第二
云铎	留校担任助教，参加留欧工程公费生考试及格。不日赴欧

资料来源：《本校电机工程科发展概况》，《金陵大学校刊》第134号，1934年10月15日。

对于发展应用学科和工程学科，理学院有着积极的态度，对其前景也颇为期待。1934年11月，理学院院长魏学仁向校董会报告称："应用科学类专业，在1931年的报告已强调，已经尝试设立一个学系[2]，并且成效令人满意。今年电机工程系的首批毕业生已经为金陵大学留下一个不同凡响的记录。我们比之前更确信，纯科学和应用科学结合的专业，对本院的研究工作来说不仅更经济和必要，而且对国家需要来说也更实际。"[3]

金大重视发展应用学科，既是对于国家政策和社会需求的回应，也为学校争取到更多办学资源。1934年教育部开始补助私立学

---

[1]　《本校电机工程科发展概况》，《金陵大学校刊》第134号，1934年10月15日。

[2]　即电机工程科。

[3]　Report of the College of Science, November 23, 1934, RG058-193-3354, UBCHEA Archives.

校，金大是受益大学之一。工业化学科和电机工程科因与国家建设关系密切，成为金大向政府申请补助的重要理由。在历年补助中，"电工、工化等学系历蒙补助，受惠实深"。1935年和1936年，用于化学工程和电机工程的补助费都在12 000元以上，不仅占理学院补助经费的大部分，在全校总经费的占比也很突出。

表3-11　教育部补助金陵大学经费校内分配情况（1934—1937）

年份	全校经费（元）	理学院经费（元）	电机工程科、工业化学科经费分配情况
1934	30 000	16 004	化学工程设备 3 137.25 元，无线电设备 3 544.62 元
1935	26 737	17 627	化学工程教席 4 000 元，电机工程设备 4 000 元，化学工程设备 5 000 元
1936	30 000	14 000	化学工程教席 4 000 元，工业化学设备 4 000 元，电机工程设备 4 000 元
1937	35 000	19 000	化学工程教席 4 000 元，机械工程教席 4 000 元，设备费 11 000 元

资料来源：《私立金陵大学26年度申请补助书》，金陵大学档案649-254；《教育部关于26年度补助费的训令》，1937年7月1日，金陵大学档案649-253。

1935年7月教育部派员视察金大，指出金大经费年有亏空，应酌量缩减科系，以节省开支。其中，理学院的工业化学和电机工程两科，"以之辅助物理、化学两系则可，在该校目前经济状况之下，自不宜扩充成系"。[①]虽然有教育部的训令，金大仍然坚持将两科续办，并扩建成系。1936年5月，金大就教育部视察后学校的改进情况向教育部报告称：

　　工业化学及电机工程两科，已办理有年。该两科在行政组织系统之地位上，与系完全相同。就现有之师资设备，与学生人数

---

① 《教育部训令》，1935 年 7 月 6 日，金陵大学档案 649-4。

而论，亦与其他学系无异。其初未用学系名称者，殆欲于应用科学与自然科学之间，有所区别。查科之名称，原与钧部所颁大学组织法不合，而前次钧部视察时关于该科等之组织，容有未经详细陈明之处。是以本校拟自25年度起，将工业化学与电机工程两科，更名为系。[1]

1936年6月，教育部鉴于金大工业化学和电机工程两科"设备及师资，均有补充"，准予两科改系。[2]同时训令该两系"嗣后对于高深实验设备，仍应陆续扩充，并须与物理化学两系，谋密切之合作"。

在金大理学院，工业化学系和电机工程系因与社会需求相适应，深受学生欢迎。1937年，金大理学院共有毕业生40人，其中工业化学系15人，电机工程系10人，可见两系在理学院受学生欢迎的程度。金大在给教育部的报告中也自称："本校提倡应用科学，向极努力。"电机工程系和工业化学系的发展体现了金大面向国家需求、提倡应用学科的发展思路。两系历年毕业生，"服务于军政工商教育尽职者，大都年来已供不应求。而资源委员会亦以本校电机工程系办理认真，委以电镀、电锻等研究专题"。[3]1934年，理学院受江苏省建设厅委托对该省境内的土壤进行化验和研究，就该省土壤性质划分为10区，共得土样130余种。1935年，江苏省为统制该省化学肥料的经售和使用，又委托金大开展全省土壤肥力的化验，在江苏16个县采集土样206种，对含氮量、有机磷分等十余种指标进行

---

① 《金陵大学复教育部稿》，1936年5月7日，金陵大学档案649-4。

② 《教育部训令》，1936年6月18日，金陵大学档案649-4。

③ 《呈报教育部申请书底稿》，日期不详，金陵大学档案649-253。

检测。①1936年，教育部鉴于金大理学院多年从事电化教育卓有成效，乃假金大已有设备，设立电化教育训练班，招收高中程度学生200名在金大训练两月后，分发各地任用。

1937年6月，教育部为谋工业教育适应国家建设需要起见，指示各大学自该年度起，对于土木、电机、机械、水利各系应尽可能增招新生，以宏造就。②1937年，金大电机工程系学生已达46人。因教师与设备之限制，仅能招收新生10人。为响应教育部的要求，金大拟在该学年增加新生学额至20人，并将该系扩充到80至100人的学生规模。同时，金大"又以机械工程为生产建设之基本，而其基本学程又为电工与化工学生所必修"，拟自1937学年度起，请增设机械工程学系，每年招新生10人。抗战时期，金大电机工程系作为政府培植工程人才计划的一部分，被要求率先增设电工一班。魏学仁在写给陈裕光的信中说："全国私立学校得以参加者，仅本校一校，不胜荣幸。"③这都体现出金大对于发展应用学科并与政府密切合作的重视。

随着二十世纪三十年代民族危机的加剧，大学人才培养如何服务民族救亡便被提上了议事日程。1936年4月28日，教育部颁发了《专科以上学校特种教育纲要的训令》，要求各校增加与抗战相关的特种教学与研究科目。1936年6月6日，金大校务会议对于特种教育实施计划有关教学和研究方面，议决如下：

（一）增置之特种教学科目及研究科目，依本校师资设备暂
定为下列数项：（1）边疆问题；（2）外交问题；（3）县政研

---

① 《私立金陵大学为理学院申请教育部 1937 年度补助费说明书》，1937 年 4 月，金陵大学档案 649-254。

② 《教育部致金陵大学电》，1937 年 6 月 23 日，金陵大学档案 649-253。

③ 《魏学仁致陈裕光函》，日期不详，金陵大学档案 649-63。

究；（4）食粮研究；（5）农村组织；（6）国防化学；（7）细菌学及防毒之研究。

（二）现有课程之如何整理及特种教学之增置，计交三院院务会议详细规定之。[①]

关于实施特种教学与研究，金大教育委员会决定以特定课程代替每星期特种演讲。其中，文学院拟开设的课程有"国防经济""民族英雄传略"；理学院拟开课程有"无线电和国防化学"；农学院拟开课程有"战时粮食管理""非常时期农业生产知识""非常时期乡村教育问题"。

二、推进国学教育

经过二十世纪二十年代的"非基督教运动"和"收回教育权运动"，教会学校被视为帝国主义侵华工具而广受责难。为拉近教会学校与中国社会和民众的距离，教会大学更加重视中国传统文化研究和国学教育。

1924年，在程湘帆的建议下，金大扩建了国文系，该系将课程分为公共学科、文学组、史学组、哲学组四大类，内容得到很大充实，师资水平也大幅提高。1926年陈裕光接任夏伟师出任文理科科长，为造就中等学校国文教员及培养国学人才起见，金大于1926年增设国文专修科，修业期限为2年。"历届毕业人数甚多，或执教于中学，或复入大学中国文学系，以求深造，无不成绩斐然。"[②]

金大历任校长对推行国学教育、沟通中西文化都有着深刻认

---

① 《校务会议常务委员会记录》，1936年6月6日，金陵大学档案649-223。
② 《南大百年实录》编辑组编：《南大百年实录（中卷）：金陵大学史料选》，第217页。

识。福开森对中国传统文化极为推崇。1929年6月金陵大学举行建校四十周年纪念典礼，福开森莅临并演讲。他说："自秦统一文字，数千年来，文化事业代有进步，就研究书画之书籍一端而言，合英美德法所有者，已不及中国一国之多，其他更无待论。"他批评中国学生重视英文、轻视中文的做法。"昔日学生英文程度皆佳，有能任意用英文作文谈话者，然若令其改用中文，则转病不能，是失其为中华民国之国民而不自觉其耻孰甚。望今日之学生毋陷此辙。……诸君诚有幸福者，则当努力求学，为国家社会谋福利，中国非欲多添徒穿西服之青年也。"①

正是在这次典礼上，福开森有了将其在华40年来耗巨资收藏的近千件文物捐赠给金大的意向，并作为开展中国文化的教学和科研之用。"是时，校中方举行四十周年纪念，福氏建议筑文学院大楼与理学院别居，而资苦绌。福氏故于家夙裕厚，群望其捐输。福氏曰：余历年所集古物，其价值千百于建筑费用，余愿以此物公之于学校，不欲捐款，以沮诸君子踵事增华之美，诸君子其勉之矣。"②1930年，陈裕光等人专门赴北平与福开森接洽捐赠事宜。陈裕光在回忆中说："我曾去北京福开森家中做客，亲眼看见他那古色古香的书房，不但字画、古籍多，历代瓷器也琳琅满目。"1931年6月，福开森在写给金大创始人委员会主席斯皮尔的信中，具体谈了这次捐赠的原委：

两三年前，我曾与布朗（N.W.Brown）先生、陈先生和校董会主席吴先生商量此事，大家都同意并建议我出售这些收藏，把收益捐给这所大学，用于建筑维修，有关收益可能为五十万金

---

① 《南大百年实录》编辑组编：《南大百年实录（中卷）：金陵大学史料选》，第58页。
② 《南大百年实录》编辑组编：《南大百年实录（中卷）：金陵大学史料选》，第8-9页。

元。大家都认为，考虑到这所大学遭受的损失，把这些收藏兑换为现金很重要。说实话，我非常不愿意看到毕生的收藏分散得七零八落。……一年前，我邀请陈先生来北平看看我收藏了些什么，又提起这个问题，他是和文学院院长刘先生一起来的，他们在我家看了十天。我们一致认为，这些收藏品应该送到这所大学去，如同最初计划的那样。此前，陈先生还没有意识到这些收藏对于大学声誉的巨大价值。实际上，这是故宫以外最重要的一批收藏品，除此只有端方的收藏才能与之媲美。……有了这批收藏品，这所大学将成为中国第二个最重要的文化艺术研究中心。[1]

福开森在捐赠这批文物时说，自己在清末创办汇文书院，汇文二字，即取汇通中西文化之意，有志于"一方介绍新兴文化于中国，一方将中国固有文化予以发扬"。他本人对于"固有之中国古物文献，如铜、玉、书、画、陶瓷等类，其与历史有关者，概加以珍集。因感觉此类古物之价值与重要，实较任何馈赠为宜。盖使本校学生追怀古代文明，而兴激奋"。他希望能通过此项捐赠，"得能勉奋本校同学于致力文化之途"。[2]1934年11月，金大董事会决定以四万元建筑福开森博物馆一座，俾能专事贮藏。在博物馆未建成前，将所捐古物寄存于内政部北平古物陈列所，由其先行代为保管，并公开展览。将来博物馆完工后，即运回学校为永久珍藏之用。12月12日，福开森、金陵大学和内政部北平古物陈列所三方共同订立《赠予及寄托草约》。因金大用于储藏文物的建筑尚未完工，于是北平古物陈列所辟文华殿专供陈列，以供公开展览。

---

[1] 《福开森给斯皮尔的信》(1931年6月24日)，转引自郭锋：《福开森在华五十六年：参与兴办中国近代高等教育的视角》，上海：上海交通大学出版社，2019年，第700页。

[2] 《金陵大学第十六届校董会会议记录》，1934年11月23日，金陵大学档案649-223。

　　福开森捐赠文物的义举得到社会各界和南京国民政府的一致好评。《大公报》《申报》等媒体对此事都有大篇幅报道，并对于福开森"取之于华、公之于华"的义举给予高度评价。金大亦呈请教育部对福开森捐赠本校古物予以褒奖。1935年3月，教育部以福开森捐赠金大各种古物暨拓片、照片等凡939件，价值约在百万元以上，特授予一等奖状。

　　福开森捐赠的这批文物计有："铜器327件；石7件；书卷、画册、书轴、书横联、书楹联、碑帖共66件；玉器39件；缂丝5件；杂器41件；拓本173件；拓本册22册；照片60件；总共计939件，皆稀世珍品。"[①]在福开森的捐赠中，有诸多极为珍贵的文物。一是殷墟甲骨。这是福开森得自晚清大收藏家刘鹗的藏品。福开森捐赠的殷墟甲骨还由商承祚教授研究，并著有《福氏所藏甲骨文字考释》一书。二是南唐画家王齐翰的《挑耳图》，又名《勘书图》。画上盖有南唐后主李煜的"建业文房之印"，并有宋徽宗的题字。画后还有北宋文学家和书画家苏轼、苏辙兄弟和王晋卿等人题跋。清末由两江总督端方收藏，1911年端方在辛亥革命中为起义新军所杀后，此画辗转流入福开森之手。三是王羲之《大观帖》。此帖为北宋大观年间，以内府所藏王羲之真迹摩勒上石后的原拓本。此石刻毁于宋金战乱，故原拓本流传极少。后经清代金石学家翁方纲长期揣摩考证、清末状元张謇等题跋，故为传世碑帖中的精品。四是小克鼎。此为福开森捐赠品中最为珍贵的一件西周青铜器，带有铭文70余字，有着极高的研究价值。福开森的捐赠对于金大形成在中国传统文化上的研究特色，提高金大的学术和文化影响力，都起到重要作用。

　　1947年，北平古物陈列所被并入故宫博物院，福开森捐赠的文物由故宫博物院暂行接收、代为管理，结束了自1935年以来持续进

---

① 《校董福开森先生捐助本校古物统计》，《金陵大学校刊》第146号，1935年2月18日。

行的文华殿陈列展览，并由金大尽快安排将这批文物运回。中华人民共和国成立后，这批文物由金大图书馆馆长李小缘一行人清点后运回金陵大学。"运回南京后办理了清点手续，由文学院几个系各派一名教授参加，一一清点收账，并作了一次公开展览。"[①]1952年金陵大学和南京大学合并，这批文物便收藏、陈列于南京大学考古与艺术博物馆。2002年南京大学百年校庆之时，这批文物开始对外公开展出，受到中外学者的高度关注。

陈裕光对中国传统文化也极为重视。他虽然是一位基督教徒，游学美国多年，接受过西方现代科学的系统训练，但他对中国传统文化有着深深认同，认为中国大学生要吸收西方的科学文化，必须以中国文化为主体。中国的历史和文化是中国一切精神文明、物质文明的总积累，要看重祖国固有文化，尊重祖国固有的立国精神，不能随意抛弃。作为一个中国人，不能只名、目、肤色是中国人，而思想、精神、情感、品德不是中国人的。[②]对此，陈裕光身体力行：他能说流利的英语，但在家中讲祖籍宁波话，在外面讲普通话；在穿戴上，陈裕光常年长袍马褂，这也是一种民族文化精神的体现。

1928年哈佛燕京学社成立，旨在促进中西文化交流。陈裕光认为金大虽是教会大学，但首先是中国的学校，中国人要研究中国文化，还要让外国人知道中国文化，所以决定用这笔捐款切实加强金大的国学教育，要办"一个像样的中国文化研究所"。1930年秋，金大在哈燕社的资助下创办了中国文化研究所。文研所和文学院汇聚了一批学有专长的国学名师，如徐养秋、李小缘、刘国钧、刘继宣、杭立武、商承祚、王钟麟、陈登元、汪孔祈等人，成为金大开展中国传统文化研究的重要力量。

---

① 郭峰：《福开森在华五十六年：参与兴办中国近代高等教育的视角》，第707-708页。
② 金陵大学南京校友会编：《金陵大学建校一百周年纪念册（1888—1988）》，第142页。

二十世纪三十年代，中国社会出现了一股建设中国本位文化的声浪。有鉴于此，华东基督教教育会于1934年希望金大能利用在国学研究上的良好基础，加强培养中国文史方面的高级人才。1934年3月，文学院毕业生及国文专修科学生先后呈请学校设立国文研究所。他们指出金大设立国文研究所，厥有三利：

> 研究所一旦成立，则文学院之地位，亦即立时提高。以长江一带，大学虽多，而研究所则无。吾校能迈步前进，超先设置，则一跃而为其他各校之领袖。而社会之舆论，亦必随之一变矣。此其利一。又目前正值提倡国学之时，上自政府，下至人民，莫不以恢复固有文化、发扬国粹为急务。然呼而倡之者有人，起而应之者寂然。母校诚能乘此时机，前应时需，卓为他校先，则用力少而成功多。此其利二。又生等均先后离校，前受母校之德泽，眷眷在目。离校之后，学业日荒，诚恐不自振励不能卒保母校之令誉，用是自惧，朝夕惴惴，唯希深造。然学国文者，不能负笈他邦，研思再四，惟冀设立研究所，使得复归母校，有所成就，庶几始终不遗母校羞。此其利三。[①]

1934年5月，金大文学院"鉴于晚近国学人才之缺乏，为培养国学师资、造就高深人才"起见，决于本年秋季增设一"国学研究班"，研究范围定为中国文学、文字学、史学、哲学四类。该班教授方法除上课外，注意自力研习，学生各认专题导师予以指导。[②]国学研究班招收国内各大学文史哲学系毕业生，及国文专修科毕业生

---

① 《文学院毕业学生呈请设立国文研究所事》，1934年3月，金陵大学档案649-1632。
② 《中国文学系增开高等国学课程，招收国内各大学文史哲学系毕业生》，《金陵大学校刊》第128号，1934年6月4日。

而有两年以上教学经验者，修业期限为两年，"实辟东南各大学之新纪元"。

1927年至1937年，是金陵大学"本土化"进程加速推进的十年。立案后的金大逐步成为中国高等教育的一部分。芳卫廉（William P. Fenn）在论述南京国民政府时期中国教会大学的处境时说："到三十年代中期，前景十分乐观。在大部分情况下，外国特征不再是一个严重的问题，基督教学校与政府系统的整合令双方都很满意。在宗教问题上仍有分歧，但基督教学院和大学已经成为中国高等教育不可分割的一部分，而且大部分都已本土化。"[①]在力图保持自身基督教教育传统的同时，教会大学的世俗化已经成为不可避免的趋势，宗教教育和宗教生活在校园生活中的比重逐渐下降。世俗化带来了大学教学水准和学术品质的提升，也进一步密切了大学与中国政府、社会的关联。金大与国民政府建立了良好的互动合作关系，为学校的发展赢得了中国政府和社会的更多支持。但是，一系列政治活动也因此进入金大校园，军事训练成为必修，三民主义课程代替了宗教课，格式化的政治仪式也使大学校园有着更浓的政治色彩。1937年3月全面抗战爆发前夕，金大校董会在总结既往历史经验并讨论学校今后的发展取向时，对于金大与国民政府的关系，以及大学如何保持自身的办学特色有着这样的总结：

> 金陵大学应该清醒地认识到，这一时期的发展趋向是与符合政府需求和导向的教育进程分不开的。但同时，也不能丢失作为教会大学和作为整个中国基督教大学发展计划组成部分的视野。金陵大学处在一个特别的环境中，它位于中国的首都，有大量的

---

① 芳卫廉：《基督教高等教育在变革中的中国 1880-1950》，刘家峰译，珠海：珠海出版社，2005 年，第 69 页。

机会和便利与政府机构进行合作。目前，金陵大学已采取各种方式与政府进行合作，并期待这些合作机会能够增加，并能为今后国家的发展带来变革。金陵大学必须坚持准备成为培养国家未来领导者的地方。[1]

---

[1]　Twenty-first Meeting of the Board of Directors of the University of Nanking, March 19, 1937, RG059-194-3360, UBCHEA Archives.

第四章　"三一制"的办学模式与成就

"三一制"是金陵大学办学的重要特征。所谓"三一制"，是指在大学教育体系中，将教学、研究和推广形成一个稳定的三角结构，每一部分相互支持，成为一个相互促进的整体。众所周知，大学原本是传授知识的机构，以教学为本位。在十九世纪，随着德国近代大学的崛起，研究和教学相结合，成为大学的主要职能。二十世纪初，美国大学又将社会服务视为大学不可或缺的职能。尤其是美国赠地大学的出现，推动了教学、研究和社会服务三者相结合，这在农业教育中体现得最为明显。到二十世纪二十年代初，美国已经建立起一个相当完整而庞大的农业教育推广体系。

金大农林科从创办之初，就采用康奈尔大学农学院将研究、教学和推广三者相结合的制度，强调从中国实际出发开展教学、研究工作，并落实到实际的推广应用中。康奈尔大学是一所以农业与生命科学见长的著名大学，在世界农业科技研究领域处于领先地位。康大农学在中国久负盛名，据当时调查，该校农科"在美国农校中当称首屈一指，各门皆甚完备，而尤以园艺（含花艺、果木、园林、蔬园）、奶酪、植物病理、植物进种、家禽诸门为最优"。①民国初年，中国农业教育的先行者邹树文、金邦正、邹秉文、过探先、谢家声、凌道扬、穆藕初等人都毕业于该校农科，他们回国后

---

① 陆费执：《美国农业专校调查》，《留美学生季报》1919 年春第 1 号，第 114 页。

也成为中国近代农业教育的领导者。1916年，毕业于康奈尔大学农学院农艺系的芮思娄将"三一制"引入金大农林科，他希望以康奈尔大学农学院为目标，在中国"造成一个研究中国农业与训练中国学生的农学院"，将"研究、教育、推广打成一片"。[1]此后先后主持金大农学院的谢家声、章之汶两位院长都曾在康大留学，他们将这种源于康大的办学经验在金大发扬。

章之汶在农学院建院三十周年之际曾说："本院事业，向分三部，即教学、研究与推广是也。因农业为应用科学，受地域性之限制，必须就地研究改进，将研究结果推广于民间，其受农民之欢迎者，斯项研究实具有实用之价值。于推广时，发现农事上特殊问题，则又采为研究之材料。故研究与推广，为实际教材。如是始克使教学切合需要，趋乎实际也。"[2]金大农学院将教学、研究和推广三者并举，相辅相成，形成一个彼此联系紧密、不可分割的统一体。其中，研究是基础，通过研究为教学提供内容，为农业推广提供实际材料。教学工作不仅为研究提供潜在的生力军，也培养出农业推广的实用人才。推广则是实现农业研究和教学工作服务于农业发展的最终手段，从实际的农业生产问题反过来推动研究的开展和教学的改进。农业推广员的职责，"不仅在传达专家研究之结果于农业，亦所以采风访俗，慰劳问苦，抉择农村及农业上之问题，备专家之参考，为研究之张本、教育之资料者也"。[3]

"三一制"将科研、教学和服务中国社会结合起来，避免了农业高等院校与农业生产之间的脱节。陈裕光认为，"三一制"体现了学以致用的精神。他说："学以致用，不是学完之后重视实用，也不是在学的时候做用的准备，乃是边学边用，大家都重视学

---

① 沈宗翰、赵雅书编著：《中国农业史·论集》，台北：商务印书馆，1979年，第279页。
② 《金陵大学农学院三十年来事业要览》，第4页
③ 《金陵大学农林科组织及事业》，第59页。

与用。'三一制'体制，其本质就是边学边用边研究。"陈裕光要求金大师生关心社会民生，注重社会调查与社会问题研究，并将科研成果推广运用于社会建设，积极为社会与国家服务。在这一宗旨下，最先施行于农学院的"三一制"在金大全校推广。它不仅是农学院的办学模式，也成为金大全校的办学模式。金大要求文科学生参加社会调查，理科学生体验生产实践，所有学生都要参加社会服务。其目的即在以研究为中心，通过科研提高教学质量，促进推广事业，最终达到发展教育、研究学术、扩大交流、赢得合作、改良社会、造福民众的目的。抗战时期，金大在总结学校校风和办学精神时说：

> 本校教育方针，除遵循中华民国教育宗旨及教部规定之政策外，尤以研究高深学术，培养专门人才，发扬服务精神为主旨。以研究为教学之基础，服务为教学之实践，故研究、教学、服务三者，成一联系，未尝偏废。数十年来，师生间尚能本此一贯宗旨，互相激荡，日就月将，蔚为校风。[1]

第一节　金陵大学的教学工作

一、教学目标与课程设置

学校是专门培养人才的教育机构，课程设置是学校发挥教育功能的核心渠道，也是达成教学目标的主要方式。在中国近现代高等教育史上，中西、新旧知识在更替、融合中完成现代化转型。在知识生产和传播的专业化、制度化方面，高等学校的科系与课程设置

---

[1]　金陵大学总务处编印：《私立金陵大学要览》，1941年，第18页。

发挥了重要的作用。

（一）文学院

金大文学院一直倡导以教学带动科研，以科研促进教学，进而拓展至推广事业，为社会及大众服务。文学院将全院工作分为两项，其一为教学，其二为事业与研究，并明确提出全院"以教学为主，而以事业与研究为辅，借以提高教学兴趣，增加教学之效能"。[①]教学在文学院事业中占有重要地位。

文学院教学计划把大学四年分为前后两阶段。第一阶段为前三个学期，注重语言训练，使学生在社会科学和自然科学方面积累知识，打好基础。同时让教授得以系统地观察学生成长，并指导学生的学习和职业发展。第二阶段为后五个学期，该阶段注重专业训练，要求学生在教授帮助下，决定主修和选修课，根据职业发展需求，由系主任帮助制订五个学期的教学计划。同时，教授还要观察学生能否在人际关系方面取得进展。

在强调基础训练的同时，文学院注重培养学生服务社会的能力。1932年，文学院提出，不仅要把学院建成教学和科研的中心，而且要将其建成"服务的中心"。"在今天的中国，没有比训练一批年轻人更为重要的事情了，要让他们对于中国人生活的价值和不足具有全面的理解，尤其是在其经济、社会、宗教和哲学方面，并且能掌握如何去满足这些需求的手段。"在二十世纪三十年代中期，文学院的教学目标有二，其一是"训练国学、英文及史学教员，并培植专门研究人才"；其二是"养成国家公务人才及社会服务人才"。从文学院的教学目标、教学计划和教学大纲不难看出，金大强调学生具备全面知识和扎实基础，使学生有宽广的知识视野，以便将来继续深造和适应社会发展的需要。1927至1936年，文

---

① 《私立金陵大学文学院概况（1936年至1937年）》（第四号），第16页。

学院共毕业学生362人。

中国文学系　中国文学系的课程整体偏向古典文化，重视培养学生系统掌握国学知识，使学生具有扎实深厚的国学功底。中文系开设"文学概论""中国学术概论""国文教学法""文学史""目录学"等基础课程，又设有"文字学大纲""经学通论与经学历史""音韵学""训诂学""诗学声律""词学通论""曲学概论及曲史""各体文选"等国学基本课程。基本课程之外，结合教师研究特长开设各种专门课程，如"专经研究""甲骨文""屈原赋""群经选读""唐诗选""宋诗选"等。[①]

外国文学系　外国文学系教学以英文为主，法文、日文、德文为选修。外文系在课程上有几个特点。第一，重视低年级学生的基本英文训练，开设"语言与文学""作文与阅读""大学一年级文选""大学一年级作文""高等英文作文""文选与作文"等基础课程。第二，在语言教学与语言运用能力提高的基础上，开设与英美文化相关的课程，包括"英国文学史""美国文学史""英文小说""英文戏剧""英语教学法""英文论著选""英语语音学"等。在此基础上，外文系积极探索外语教学方法，编辑出版了英文教学研究丛刊一种，出版著作七部。

史学系　随着西方史学的传入，史学系课程得以丰富，形成了以通史、断代史、国别史、专题史、史学方法为主要内容的课程体系。史学系注意中西历史课程的平衡，给学生提供广阔的视野，开设"中国近代百年史""近代欧洲史""世界史大纲""历史研究法"等必修课程。陈恭禄在金大讲授"中国近百年史"，在当时影响很大。史学系注重学术前沿，以及学术对现实的观照，开设"欧洲近代外交史""中国边疆概论"，以及一系列专题史，如西域

---

① 《私立金陵大学文学院概况（1936年至1937年）》（第四号），第34-43页。

史、南洋史、边疆史地专题研究、西南边疆史地等课程。

政治学系 政治学系课程与中国现实政治关系密切，学生毕业后很多进入政府部门工作。1931年，政治系为应对政府专门考试的需要，将该系课程规划为政府制度、国际关系、法律学、政治思想四组。①但因教员不足，四组未能全部设置。南京国民政府时期，社会各界呼吁加强宪政建设，政治学系开设"中国宪政问题""政治改革原理""五权宪法研究""代议政治研究""行政学"等课程，注重行政技术的研讨及行政人才的培养。1934年之后，开设县政研究课程、配合县政调查是这一阶段政治系教学工作的重点，故金大增设了"比较地方政治制度""中国政治制度""民法总论""中国地方政治制度"等课程。②

经济学系 该系一方面重视课堂理论教学，另一方面注重培养学生社会实践能力。该系课程包括"经济学原理""会计学原理""经济史""货币与银行""经济地理""国际贸易原理""工商组织与管理""财政学""中国金融市场""中国币制问题""中国关税问题""中外汇兑""中央银行"等。当时国际劳工问题引起世界瞩目，经济学系还开设"劳工问题""劳工法规"等课程，探讨劳工工资、失业、社会救济、保险教育及劳工法规等问题。经济学系毕业生相当一部分进入银行或政府财政部门工作。

社会学系 社会学系注重学科发展的前瞻性，不断引进新的研究方法，开辟新的研究领域。社会学系拥有一批在该领域有影响力的学者，柯象峰讲授"人口问题"，史迈士讲授"社会研究方法""家庭问题"，徐益棠讲授"民族学大纲"，各以其研究专长

---

① 《文学院院务会议记录》，1931年10月30日，金陵大学档案649-1629。

② 《私立金陵大学文学院概况（1936年至1937年）》（第四号），第59-66页。

形成了金大社会学的传统。社会学系注重教学与调查相结合。该系不仅将"实地调查"列为主系学生必修科，而且组织学生实地参与"南京市绸业""家庭问题调查""南京贫民生活程度调查"，等等。金大也是中国较早开设社会事业和社会行政方面课程的学校。[①]

教育学组、心理学组和图书馆学组 教育学组以教学为工作重点，侧重于培养中小学师资，主要课程有"教育学概论""教育心理学""儿童研究""小学教育""教育史""教育哲学"等。心理学组开设的课程有"初级心理学""实验心理学""社会心理学""儿童心理学""心理学史""宗教心理学""比较心理学""心理学研究"等，1934年又增设了"应用心理学"和"职业心理学"课程。心理学组培养了诸如蔡乐生、程克敬、谢循初等著名学者。图书馆学课程将现代图书馆学知识和中国传统目录学知识相结合，重视图书馆管理的实用性。该组以培养图书馆管理人才为目标，经常带领学生到校内外图书馆参观实习。主要课程包括"图书馆学大纲""参考书使用法""目录学""分类学""编目法""书史学""图书选择之原理""图书馆行政"等。

（二）理学院

理学院于1930年成立后，将教学置于全院事业的中心。魏学仁在1930年的学院报告中称："教学一直被置于理学院的首要地位。我们基础课程都是学院最好的教师教授的，我们的首要努力是加强我们的教学。"[②]1931年，理学院将教学目标定位为培养：（1）准备赴国外深造或在国内从事研究工作的学者；（2）中学科学教员或大学助理人员；（3）拥有完善科学和技术背景准备进入政府和企业工作人员。1932年，理学院将学院宗旨确定为：培养专门的科学技

---

① 孙本文：《孙本文文集》第三卷，第 288 页。

② 《金陵大学理学院报告》，1933 年 10 月，金陵大学档案 649–2324。

术人才、研究高深的科技学术问题、培养科学教育师资，以适应社会需要。[①]

理学院重视课程建设。院务委员会下设教导委员会，职责之一就是编制课程。1935学年，教导委员会以李方训为主席，成员包括吴汝麟、余光烺、马杰、唐美森、陈纳逊、杨简初、魏学仁和戴安邦等教授。为保障教学顺利开展，理学院在全院教员中委任教学指导员，对学生选课和学业发展进行指导。在各系主任办公室内，有对每位学生选课状况进行记录的图表，以显示其在主修和辅修课程上的进度。对于每个学生的课程选习，理学院都能及时掌握，并在需要时给予指导。[②]

理学院重视基础理论课建设，各系基础课程都由教授亲自讲授。如戴安邦讲授"无机化学"、吴汝麟讲授"无线电学"、戴运轨讲授"普通物理"、张钰哲讲授"理论力学"等。不同学系课程各有侧重，并形成自身特点。具体而言，数学系开设的课程主要包括"微分学""积分学""方程式论""微分方程式""高等微积分""近世代数""高等解析几何""微分几何"等；物理系开设的课程主要包括"热学""热力学""物性学""电磁学""无线电学""声学""理论力学""光学""近代物理""理论电磁学""理论物理""微分学""积分学""微分方程式"等；化学系开设的课程主要包括"定性分析""定量分析""有机化学""理论化学""有机分析""高等无机化学""高等有机化学""工业化学""工业分析""微分学""积分学""微分方程式"等；生物学系开设的课程主要包括"普通动物学""人体生理学""动物生理学""脊椎动物比较解剖学""无脊椎动物

---

① 《魏学仁院长谈理学院近况及将来发展计划》，《金陵大学校刊》第77号，1932年12月19日。

② 《金陵大学理学院报告》，1934年3月24日，金陵大学档案649-2324。

学""脊椎动物分类学""脊椎动物胚胎学""遗传学""显微切片技术""动物组织学""动物学技术""细胞学""普通植物学""植物分类学""物性学""有机化学"等。

理学院在金大三学院中成立较晚，但发展很快。1930年春，理学院仅有77名学生。随着社会各界对于科学教育的提倡，理学院学生在二十世纪三十年代迅速增加。到1933年秋，全院学生已达到189人。在1937年春季，全校共有学生823人，其中文学院281人，理学院269人，农学院273人，三院已呈鼎立之势。从系科结构看，化学和物理学是理学院最重要的学系，无论是学生人数还是教员人数，都占相当大的比重。理学院在教学上注重培养服务于政府和工业建设的应用型人才，工业化学科和电机工程科的设置，体现出理学院注重培养专门技术人才的倾向。到1937年春季，电机工程系已有学生49人，工业化学系有学生60人，几乎占到整个理学院学生人数的一半。[①]

（三）农学院

金大农林科是中国最早开展四年制大学农业教育的机构。经十余年的发展，到1930年农学院成立之时，其科系和课程建设已基本规范化，有着成熟的体系和经验。

从1927年到1930年，农林科将所有系划分为四组，每组均有规定之学程供学生选习。第一，农业经济、农场管理、乡村社会学组；第二，生物学组，包括动植物细菌、植物病理、昆虫学等；第三，植物生产组，包括作物、园艺、作物育种学等；第四，森林学组，包括森林学全部学科。学生根据所在系之性质，选择一组进行修习。[②]农学院成立后，按系科性质选择主辅系。蚕桑科自1931年

[①] 当年理学院全部学生人数为237人。《私立金陵大学为理学院申请教育部1937年度补助费说明书》，1937年4月，金陵大学档案649–254。

[②] 《金陵大学农林科课程概要》，1929年7月，第3页。

开始不被设为主系，仅作辅系。乡村教育系在1930年前后也仅作辅系，直到1936年才被恢复为主系。

1934年春，农学院全院学生共有214名，其中以农艺系、农业经济系和园艺系人数最多。各系学生人数及具体主辅系分布情况如下：

表4-1 金陵大学农学院各系学生人数表（1934年春）

系别		人数						主系数总计	辅系数总计
农艺	主系	94						94	
	辅系		28	18		1	1		48
农业经济	主系		59					59	
	辅系	40			6	2			48
园艺	主系				34			34	
	辅系	35	14			15	4		68
森林	主系				22			22	
	辅系	8	2						10
植物	主系						5	5	
	辅系	8	2		7	2			19
乡村教育	主系							0	
	辅系	3	11						14
蚕桑	主系							0	
	辅系		1						1
未定	主系							0	
	辅系		1	3	2				6
总计								214	214

资料来源：《农学院各系学生人数表》，《金陵大学校刊》，1934年3月26日。

金大农学教育体系和内容参照美国康奈尔大学。但由于农业科学的地域性，美国大学的农业教材和农业知识与中国情况存在差异，农学院在教学过程中强调植根中国的农业现状。沈宗瀚从1926年至1937年长期执教于农学院，他后来总结说："我在金大教书，要训练人才备为改良农业之用，并做实地研究改良工作为科学农业奠立基础。常以实地研究资料充为教材，使学生了解书本知识与田间的事实相符合，引起他们读书与研究的兴趣。"这正是农学院将教学、研究和推广三者有机结合的具体体现。如遗传学原理在西方以果蝇为例，但在中国无法实现，沈宗瀚就采用遗传小麦为实验材料。开展作物育种实验时，他经常带着学生到城外农家进行田间考察，训练他们的观察能力和田间记录能力。沈宗瀚上课时，先对学生进行口试，了解其前次课程的掌握程度，然后开讲新课。在课程考核上，实验占三分之一，口试占三分之一，季考和学期考试占三分之一。[①]

农学院重视训练学生从事农事工作的能力。农业专修科入学考试，除测验知识外，还有农事操作测验，如翻地、挑粪等，测验其劳动态度，"不乐于农事者不收"。[②]学院根据各系性质，还"须选修设计工作及野外实习。设计工作不论时间长短、工作多寡，每生所得不得过六学分。野外实习不给学分，且须先一月向各该系注册。农学院各系学生在四年中须有一个暑假的长期农事实习。自1932年起，农学院规定各系一、二年级学生须亲自耕种半亩地，其中蔬菜二分，苗圃二分，不做此项实习者不得升级"。[③]农业经济系在二十世纪三十年代开展了各种大规模农业调查，学生都是主要参与者。如参加"中国土地利用及人口之调查"的学生回到家乡后在农村田间进行了两个月的实地调查，为与当地乡村环境相符合，换成和农民一样的布裤，赤着胳膊，跟农民对话。这种训练使学生既能够深入乡村，又熟练掌握了乡村调查方法。园艺系教授章文才回忆其在金大求学时，因家境清贫，课余时间和寒暑假均在园艺农场劳动。农学院院长谢家声认为："本院功课素与实习并重，良以学

---

① 沈宗瀚：《沈宗瀚自述》（中），第130—133页。

② 金陵大学南京校友会编：《金陵大学建校一百周年纪念册（1888—1988）》，第85页。

③ 《南京农业大学发展史》编写组编：《南京农业大学发展史·历史卷》，第146—147页。

农者，非习他种科目可比。必须学识经验，两俱丰富，方能出而问世，切实有用。本院历届毕业生之在外服务者，尚能勉尽厥职，薄负时誉，均因此耳。"①

全面抗战爆发前，农学院发展迅速，培养学生规模逐年扩大。以毕业生为例，1927年农林科毕业生仅41人，其中本科生8人，农业专修科33人。到了1937年，毕业人数达到历史最高点184人。为了满足社会对于农业科技人才的需求，农学院在二十世纪三十年代举办了各类短期的农事训练班。1937年之前，农学院举办的训练班包括棉业合作训练班、农本局初级训练班、农本局高级训练班、蚕桑讲习班、蚕桑女子职业班、蚕桑女子训练班等。抗战爆发前，这些短期训练班毕业的学员达到238人。全面抗战爆发前，金大农学院"毕业生数目占全国农业专科以上毕业生三分之一，在校肄业亦占全国四分之一，每年毕业生，确有供不应求之势"。②农学院规范、严格的教学管理，培养出大批优秀的农学人才。金大的毕业生中很多后来成为著名的农学家，在《中国科学技术专家传略（农学编）》收录的237位农学家中，有53位毕业于金陵大学。

表4-2　金陵大学农学院毕业同学一览（1927—1937）

年份	大学部	专修科	棉业合作训练班	农本局初级训练班	农本局高级训练班	蚕桑讲习班	蚕桑女子职业班	蚕桑女子训练班	合计
1927	8	33							41
1928	11								11
1929	23								23
1930	30	26					8		64
1931	37	37					11	21	106
1932	40	24				8			72

---

① 《谢家声致陈裕光函》，日期不详，金陵大学档案 649-367。
② 《金大农学院对于改进我国农业之贡献》，1937年印行，第13页。

（续表）

1933	41	19				20		80
1934	33	50					9	92
1935	42	47	49			16	12	166
1936	51	59					11	121
1937	61	49		44	30			184

资料来源：《农学院事业及现状》，《金陵大学六十周年校庆纪念册》，第41页。

二、学分制与选课制度

清末民初，中国高等教育在课程设置上模仿日本，实行分科制和学年制，对课程规定严格。随着新文化运动兴起，以及留美学生在"五四"运动前后大批回国服务于教育界，高等教育的理念和制度从师法日本向模仿美国转变，其中一项重要内容，即实行选科制和学分制。国民政府于1929年8月颁布的《大学规程》规定，"大学各学院或独立学院各科课程，得采学分制"，"各科学生（医学院除外），从第二年起，应认定某学系为主系，并选定他学系为辅系"。[1]1932年1月，教育部颁布《学分制划一办法》，规定大学修业年限为四年，在四年修业期间，除党义、军事训练及体育外，一般科目须习满132学分。其中，前两年每年修习以36至40学分为限，后两年每年修习以30至36学分为限。[2]

早在1924年，金陵大学就开始实行主辅系制度，并将主辅系制度和学分制度、等级考核制度结合起来，对课程和学生进行管理，

---

[1] 宋恩荣、章咸编：《中华民国教育法规选编 1912—1949》，南京：江苏古籍出版社，1990年，第387-388页。

[2] 《命令》，《教育部训令第660号》（1931年1月30日），《教育公报》第4卷第5期，1932年，第7页。

谓之"有限制选课制"。1931年7月之前，金大规定本科学生须修160学分方准毕业。学生每星期上课及自修或者实验或实习满三小时历一学期可计为一学分。平均下来，学生每学期需修读20学分，学程有六七门之多。当时的国立大学，大都只需读满120学分即可毕业。金大学生在此情况下，学课较重，"唯有日夜孜孜不息，不遑他务"。学生"课务忙碌，较其他各大学学生远甚"。尤其是金大农林科学生，所授学程大都均有实验，忙碌更甚。1930年秋，金大校务会议议决减少对学生的学分要求，自1931学年起，将毕业学分标准数从160学分减至142学分。①同时金大规定，主系须修习32至48学分，辅系须修习20至28学分。据此，各学院纷纷下调了学分要求。1930年10月，理学院院务委员会决定自1931年秋季起整理课程设置，并将每学期修读学分数减少至16学分。②文学院也据此重订各系课程，同时提出："（1）学分虽减少，课程质量应不随之而减轻；（2）大学二年级以上之课程，两学分者宜减少，以免学生每季选修制课程班次过多，每班以三学分或四学分为原则；（3）每学期学生所读课程，不得过17学分。"③农学院的学分规定与文、理两学院大致相同，毕业标准也从最初的修满160学分减为142学分。但由于农学院各系学生有室外劳作、农事试验和暑期农田实习等，时间更加紧促。农学院于1934年秋决定：自当年秋季起，入学的学生再次核减必修课程学分，规定主系课程为32学分，辅系课程为16学分，给学生更多的自由选读机会，以增加其研究的兴趣。④

---

① 具体的学分要求包括，普通学程128学分，体育2学分，军事训练8学分，党义4学分。女生因不参加军事训练，除普通学程128学分外，另有体育4学分，党义4学分，共为136学分。

② 《理学院近讯》，《金陵大学校刊》第3号，1930年10月24日。

③ 《文学院院务会议记录》，1931年2月19日，金陵大学档案649-1629。

④ 《农学院谋提高同学研究兴趣减低主辅修各科学分》，《金陵大学校刊》第142号，1934年12月10日。

　　实行学分制，需要系统化的课程体系与之相适应，这本身对于师资和教学都是一种很高的要求。学校开设的课程数量与水准，在某种程度上反映了学校的办学水平。由于拥有优秀的师资力量，金大能开设较为丰富的学程，在当时的教会大学中都颇有名声。以理学院为例，"1931年秋季学期本校算学系、物理学系所开学程之学分总数、选习学生学分总数，均为全国第一。化学系所开学程学分总数及选习学生学分总数，在全国为第二位，但在华东居首位。生物学系所开学程学分总数在全国为第三，在华东则为第二；选习学生学分总数在全国为第七，在华东为第三。至天文学及地质学等学程，因为其他各大学中仅有数校开设，故本校安居首位"。[①]

　　在学分制的基础上，金大实行主辅系制。学生在本学院选择某一系科为自己的主系即主修专业，同时还可以选择另一系科为辅系即辅修专业。金大学生选择主辅系的起始年级并不相同。在文学院，学生在第二学年开始选择主辅系；而在农学院，选择主辅系从第三学年开始。学生对主辅系的选择也有一定限制，每个学生都须在本学院各系（科）内选定一系（科）为其主系；经院长或选课指导员许可，另选定本学院或其他学院与所选主系性质相关联的另一系（科）为辅系。以理学院为例，凡以数学系为主系者，宜选物理学系或化学系为辅系；凡以物理学系为主系者，宜选数学系或化学系为辅系；凡以化学系为主系者，宜选物理学系、生物学系、数学系或农艺学系为辅系；凡选动物学系为主系者，宜选化学系或植物学系为辅系；凡以医学动物组为主系者，须以化学系为辅系；凡以生物学组为主系者，不得以动物学系或植物学系为辅系。[②]所选主辅系经认定后，若无正当理由，不得随意更改。学生修习主系、辅系

---

①　《理学院学程与各教会大学之比较》，《金陵大学校刊》第75号，1932年12月5日。

②　《私立金陵大学理学院概况（1935年至1936年）》（第四号），第61-107页。

学程均有数量规定，各院略有不同。金大学生选择主系与辅系，课程须有所关联；每学期所选课程的学分之和不得过高或过低。如果所选择的主辅系性质比较接近，其必修课程的重合面将比较大，选修课程的选择自由度就比较大；选修学分所占比重大，学起来也就比较灵活，也有利于优化学生的知识结构。反之，将使学习难度增加，不容易得到足够的学分，甚至不能按期毕业。①

与学分制、主辅系制相结合，金大实行了"有限制选课制"。据此，将全校课程分成共同必修课、主辅系必修课和选修课三类。三类课程均以修习次序层层加以限制，并与学分制相结合，以等级制来考核。学生在选课时，应尽量先选习主系、辅系之必修课程及共同必修课程后，再推及其他选修课程。所选课程数量以学分来限制，所选课程的掌握程度以等级制来考核。这样做的好处有三：第一，避免学生因自由盲目导致知识结构不成系统，凌乱杂蔓；第二，所选课程若过于依赖兴趣，易导致知识过于集中于某领域，致使知识结构褊狭；第三，学生对所学知识的掌握必须达到及格线，有利于严格教学管理，保证教学成绩。

（一）共同必修课。金大的共同必修课分为两种：其一，为预科（1930年后取消）和本科一年级所有课程，以及二年级指定必修的课程，此类课程不得自由增减；其二，为二年级选定主辅系之后该学科必修的课桯。各学院共同必修课并不相同。以文学院为例，共同必修课又分为三类，其中语言学类20学分，社会科学类15学分，自然科学类15学分，共须修习50学分。1930年后，金大在二年级共同必修课程中增加了英文"作文与阅读"。②1932年，大学一年级及二年级第一学期更加注重工具学科的训练，取消了之前语言学

---

① 金陵大学南京校友会编：《金陵大学建校一百周年纪念册（1888—1988）》，第127页。
② 《文学院院务委员会第二次会议记录》，1930年6月3日，金陵大学档案649-1629。

类、社会科学类、自然科学类的分类，将所有课程改为普通必修科目。①共同必修课旨在给学生一个过渡阶段，使之顺利完成从高中到大学的转换。刘国钧认为，所谓公共必修课，实为"一有计划有组织的学科组合"，不必限于特定的系科。他说："所谓主系之涵义，依据个人观察，似非仅一系内之若干学程为学生必修之谓，而为一有计划有组织之学科组合。其必修学程不必限于一系以内，而可由二三有关联之系内合选成之。"刘国钧认为，各系应按照教学目标，参照上述原则，草拟数种学科为其系课程之重心，供学生选择。"如外国文学系得以西方文学及其文化之研究为主修学科，中国文学系得以东方文学及其文化之研究为主修学科。又如社会学系得以社会事业为其重心，政治学系得以公务人才之养成为其重心。"②

表4-3　金陵大学文学院1934年度共同必修课情况表

一年级第一学期			一年级第二学期			二年级第一学期		
类别	课程	学分	类别	课程	学分	类别	课程	学分
国文	各体文选	4	国文	学术文选	4	国文	高等作文	3
英文	大学一年级文选	2	英文	文选与作文	4	英文	大学二年级作文	3
英文	大学一年级作文	2	历史	近代欧洲史（1815—1933）	4	动物学	普通生物学	4
历史	中国近百年史	4	科学	自然科学概论	4	算学	混合算学	3
社会学	社会科学概论	4	党义		2	哲学	思想方法论	3
党义		2	体育		1	军事训练		2
体育		1						

资料来源：《私立金陵大学文学院概况（1934年至1935年）》（第三号），1935年，金陵大学档案649-1624。

---

① 《文学院院务会议记录》，1932年6月9日，金陵大学档案649-1629。
② 《文学院院务会议记录》，1934年4月18日，金陵大学档案649-1629。

（二）主辅系必修课。学生选定主辅系后，非得选课指导员同意不得修改。为避免学生随意选择主辅系，学校在《学程纲要》上明确了主辅系的搭配。如选择中国文学系为主系，则建议选择教育学系、外国文学系、图书馆学系、历史系或哲学系为辅系；如选择历史系为主系，则建议选择政治学系、经济学系、社会学系、哲学系或教育学系为辅系。学生可以根据兴趣选择主辅系，但事实上并非所有系都可以自由选择。1927—1937年，心理学、图书馆学从未被列为主系，只能成为辅系。宗教学系被取消后，宗教学科目只能作为选修课程。1934年金大进行科系裁并后，哲学系、教育学系也不再被列为主系。金大对学生修读主辅系课程也有详细规定。学生修习主系课程须达到40至60学分，如果是性质相同的两辅系合并为一主系时，每系需要修足30学分；辅系课程则需要修足25至35学分。1931年，金大将学生总体修习学分从160减少到142，主辅系须修习学分也相应减少。

（三）选修课。这部分课程是学生在修习共同必修课、主辅系必修课后选修的。金大选修课程种类多样、内容丰富。为避免学生盲目选择，在《学程纲要》中会对课程选修次序有所限制。如文学院学生须选修自然科学15学分（后减少到12学分），但在选修范围上，则由文学院"商请理学院特设适用于本院学生之科学学程一两班及除数学、天文、地质、遗传、优生学外，其他概不得随意选读"。[①]为了便于学生选课，理学院还成立了学生指导委员会，每学期聘请一批教师担任选课指导。农学院也有专门的选课指导员，乔启明、孙文郁、王绶、郝钦铭、胡昌炽等著名教授都曾担任过选课指导员。

---

① 《文学院院务会议记录》，1931年4月3日，金陵大学档案649-1629。

三、专修科制：教学与实践相结合

在本科教育之外，金大设有专修科。本科教育注重基础理论，以及本系科相关知识的系统学习，专修科则以培养面向社会实际需要的应用人才为主。1922年，金大创设农业专修科，旨在"谋解决农村问题，教授农业实用科学，养成农村工作人员及农业技术人员"。1926年，金大又创办了国文专修科，目的是"造就中等学校国文教员及培养研究国学人才"，[1]修业年限为两年。该科学生须在国文系选修50学分，并在文学院其他系选修30学分，修满80学分才能获得毕业证书。国文专修科行政事宜由中国文学系主任兼理，教学由中国文学系教师承担，因此课程设置与本科类似。历届专修科毕业生或执教于中学，或再进入大学中国文学系深造。[2]金大设置专修科，是为了满足社会对多层次专业人才的需求，也是金大"三一制"办学模式的具体体现。

在金大创办的专修科中，最负盛誉的要数农业专修科。1922年，金大为了满足各地对于实用农林人才的强烈需求，开始招收一年制短训班，最初被称为农业特科，英文名称为Rural Leader School，1924年改称农业专修科。从这一名称看，该计划的目的不仅在于培训乡村教师和农业推广员，使其具有解决地区农事问题的能力，而且要使他们成为地方的领袖。在1922年农林科科长芮思娄的年度报告中，他特别提到了专修科创办的缘起："一个主要的原因是我们收到大量教会的来信，询问我们是否有中文方面的课程，能够在短期完成而不像正规课程那样漫长。很多教会急于在当地开展工作，但是等不及我们的毕业生，很多人感觉我们的毕业生薪水太

---

[1]　《私立金陵大学文学院概况（1930年至1931年）》（第一号），第82页。
[2]　金陵大学编：《五十五年之金陵大学》，《金陵大学校刊》第321号，第6页。

高他们无法支付。农林科于是去函调查他们是否支持这么一个课程计划，结果得到广泛支持。"[1]在开办的第一年，该科拟招收25名学生，却有200多人申请。最终，该科录取了45名学员，他们来自全国10个省份。

1927年，乡村师范科与农业专修科合并为农村服务专修科，后仍称农业专修科。该科以"造就农业专门人才，以辅助改良农业之进行，并为造就乡村学校教师"为宗旨，[2]目的在于培养农业技术人才和乡村建设工作者。农业专修科设总务、教务、农事和农村服务四处。1935年，分设农事组和农业经济组。农业专修科学制最初为一年；1928年改为一年工读，一年实习。1930年，金大遵照教育部颁布的《大学组织法》，将该科改为两年制。农业专修科的校舍建在金大校园外的南京鼓楼阴阳营，设有示范小学作为该科学生实习和推广平民教育之所。该科历任主任先后有芮思娄、章之汶、章元玮、周明懿、章佩琦、陈骥等人。

农业专修科强调农业实践和实用技能，以培养具有先进农学知识和农民身手、热心农村建设的青年工作者（包括农业技术人才、农业推广人才、农业经营人才、农业教育人才和农村改进人才）为目标。专修科在教学方法上采取"工读并重主义，理论与实际兼顾。……平时上午授课，下午实习，农忙及暑期则停止授课，做全日之农事，农业机械及农村服务实习"。[3]这种培养方式推动了教学与农业生产实际的结合。1930年以后，农业专修科课程分为两学年四学期加上一个暑假，共计95学分，其中暑期实习长达六星期为五学分。农业专修科一年级学生学程均为必修，包括气象学、土壤

---

① 《金陵大学农林科报告》（1922年），金陵大学档案649-1798。
② 《私立金陵大学农学院概况（1930年至1931年）》（第一号），第20页。
③ 《农业专修科之事业及现状》，金陵大学编：《私立金陵大学六十周年校庆纪念册》，第51页。

学、作物学通论、乡村卫生、乡村社会学、肥料学、园艺学凡论、蚕桑学、造林学、蔬菜园艺学和特种实习。二年级须必修作物育种学、果树园艺学、植物病理学、乡村教育学、农业经济学、农业推广学、经济昆虫学、畜牧学等，同时还有农场管理学、农业统计学、农具学、测量学、森林保护学等学程供学生选习。

农业专修科要求学生向农民学习，提倡"不怕苦、不怕累、工作踏实、会说能做"。这种扎根农村社会的特点使其毕业生广受社会欢迎，学生一毕业即为各地农事机关、农业学校或农事实验场所聘用。"服务地点遍达全国，且均能出力苦干，著有相当成绩，故颇能博得社会之佳誉。值兹农村复兴之际，农业人才之需求至急，该科历年毕业人数虽多，然往往供不敷求。"①鉴于农业专修科注重农业实际，办学成效卓著，各地纷纷请求合作培训人才。陕西省政府于1933年特别资送官费生20名前来肄业，连续三年，委托培养陕籍学生。每名给予250元之津贴，以为发展西北农业储备人才。1936年4月，燕京、清华、南开、金陵等大学共同创办了华北农村建设协会，该会于1937年在山东济宁设立农场，面积有700亩，作为金大农业专修科学生的实习中心。众多农专学生毕业后扎根中国乡村基层，从事农业科技推广和乡村社会改造，以其吃苦耐劳之精神和专业之农学知识，受到社会的广泛好评，当时便有"农专的好汉遍天下"的赞誉。②

农业专修科一直是金大培养实用农业技术人才和地方乡村领袖的重要机构，在农学院有着重要地位，该科不仅学生人数众多，而且培养方向涉及农学各个方面。以1934年为例，该年金大招考新生，文学院45人，理学院48人，农学院44人，而农业专修科招考人

---

① 《农专毕业同学供不敷求》，《金陵大学校刊》第148号，1935年3月4日。
② 李扬汉主编：《章之汶先生纪念文集》，第77—78页。

数达到40人。①以1934年毕业生为例，当年金大毕业学生105人，其中农业专修科就有36人。②从1923年到1948年，毕业于农业专修科的学生达到787人。这些人中的绝大部分都投入了农业科技推广和改进工作。金大农学院对1923年至1934年前十届340名农业专修科毕业生③进行统计，这些毕业生来自全国22个省份和地区，北至黑龙江、吉林，南到广东、贵州，西到青海、四川，都有学生前来就读。专修科学生毕业之后，绝大多数都能从事农事改进和乡村建设工作，这和当时很多农科学生脱离农业生产实际的现象形成鲜明对比。从毕业生服务性质看，绝大多数农业专修科学生毕业后都从事乡村改进和农业实践。

表4-4 金陵大学农业专修科历届毕业生服务情况（1923—1934）

服务类型	人数	服务类型	人数
经营农场事业	71	从事农业经济及农业合作	18
从事乡村改进	25	其他	52
办理农事教育	82	未详	32
办理农业推广	21	已故	15
办理农业行政	24	总计	340

资料来源：《私立金陵大学农学院概况（1934年至1935年）》（第三号），第103页。

四、开放办学，沟通中西

金大从办学之初，就以"沟通中西文化"为使命。汇文书院的"汇文"二字，即取汇通中西文化之意。沟通中西，也是金大教学

① 《本期考入新生》，《金陵大学校刊》第129号，1934年9月10日。
② 《1934班毕业生统计表》，《金陵大学校刊》第129号，1934年9月10日。
③ 1928和1929年农业专修科没有毕业生。相较而言，金大农林科自成立至1934年，金大农学院农林两科毕业生仅331人。

上的一大特色。1943年，陈裕光在金大开学典礼上谈及本校精神时曾说：

> 我们从事教育的人，在沟通中西文化的努力中，确实负有求文化的互惠的责任。金陵大学在过去历史中，也的确已经为了这个使命而努力。所谓"文化的互惠"，简单说起来，就是求人我文化长短之互相沟通与弥补。我们固不必太自负，藐视人家，我们也不必太自弃，妄自菲薄。我们是要求大家互相受惠，而不需要彼此毁谤。我们更希望能根据互惠的精神出发，进一步能使我们在学术上、文化上研讨的结果，可以超越"互惠"而能多多"惠人"。①

作为一所教会大学，金大在英文教学和训练上素有传统。许多学生投考金大，也是希望能在此受到良好的英语教育。金大外文系的外籍教员占很大比例，1930年至1937年，总共约有19位教员先后在外文系任教，其中外籍教员有16位，由他（她）们负责全校的英文教学。金大一年级新生入学考试中，仅英文一项就要过五道关：听力、读力、作文、语法、字量。在课本方面，除去"国文"和"中国经史"等课程不得不用中文，其他课程，包括文娱活动，多采用英文教学的方式。助教指导实验，运动场上运动员的口语，学生助威的啦啦队，也无例外。在这样的氛围下，金大学生的英语水平一般都比较高。当时华东五校的英语演讲比赛，金大曾屡获冠军。②

在重视英文训练的同时，金大也强调让学生学好中文。早在二十世纪二十年代，金大就有加强建设国文系的举措，聘请陈中

---

① 《本季首次纪念周及开学礼陈校长出席报告》，《金陵大学校刊》第317号，1943年3月1日。
② 金陵大学南京校友会编：《金陵大学建校一百周年纪念册（1888—1988）》，第172、318、320页。

凡、胡小石等国学大家来校任教。1929年，福开森来金大参加校董会，用一口流利的汉语进行讲演。他对教会学校一些"英文程度皆佳，有能任意用英文作文谈话者，然若令其改用中文，则转病不能"的学生，持一种批评态度，指之为"是失其为中华民国之国民而不觉其耻孰甚"。他称中国现在需要的人才"非欲多添徒穿西装之青年也"。勉励学生"当努力求学，为国家社会谋福利"。①

沟通中西的观念体现在金大校园的各个角落。金大鼓楼校园的建筑风格采用了西式建筑与中国北方官式建筑相融合的方式，青砖墙面，歇山顶覆灰色筒瓦，建筑细部带有少量中式的砖雕和装饰，整个建筑造型严谨对称，朴实而大方。建筑是文化的载体，这种中西合璧的混合式样建筑，体现出教会大学推动中西文化融合的愿望，也是大学沟通中西文化理念的物质延伸，②让学生既对中国传统文化和中国社会有切实体认，又能够全面了解西方文化精神，实践"取人之长，补己之短"，使我国固有文化更臻完备的同时，还致力于"把它介绍给世界的别的民族"，实现真正的"文化互惠"。

秉持着沟通中西的理念，金大的办学是开放性的。国际化办学是教会大学的一个重要特征，在学校的办学方式、建设资金的来源及师资的构成上，都有着鲜明的国际化特征。在师生关系、校园文化，乃至课余生活上也同样如此。据统计，在金大教师群体中，外籍教师占有相当大的比重。早年，金大更是来华农业传教士的主要聚集地。截止到1924年，来华的27位农业传教士中，有15位在金陵大学任教。③1924至1942年，在金大工作的外籍人士有60人，其中全职的有35人，半职的有25人。金大的外籍教师中有很多是信仰基督

---

① 张宪文主编：《金陵大学史》，南京：南京大学出版社，2002年，第409页。
② 冷天：《金陵大学校园空间形态及历史建筑解析》，《建筑学报》2010年第2期。
③ 赵晓阳：《思想与实践：农业传教士与中国农业现代化——以金陵大学农学院为中心》，《中国农史》2015年第4期。

教的传教士，但同时也是有很深造诣的学者和教育家。许多在金大工作多年的教职员，如福开森、包文、文怀恩、贝德士、卜凯、芮思娄等人，是真诚地抱着了解中国文化、为中国服务的观念来中国从事其宗教、文化和教育事业的。由于他们长期生活、工作在中国，对中国文化有着深深的认同感，有的还自愿要求加入中国籍。外文系教授桂克美（Miss. C. Gray）即便后来回到自己的国家，仍习惯自称"中国人"（Chinese）。金大主管财务的会计主任兼校长英文秘书毕律斯，被陈裕光称为"有献身精神、精明能干的老小姐"。毕律斯来华时才20岁左右，1950年离开南京时已两鬓斑白。金大教职员的国际化构成使学校成为中西文化的交融汇聚之所，也使莘莘学子与西方文化能有较多直接的接触，这在教学和人才培养上有所体现。

　　在推动中西文化的汇通上，赛珍珠也做出特殊的贡献。作为金大农业经济系主任卜凯的夫人，赛珍珠在金大文学院担任外文教授。1920年，她就在金大创办的《金陵光》杂志上发表了《中国早期小说的起源》（"Sources of the Early Chinese Novel"）的论文。赛珍珠跟随卜凯在安徽宿州、芜湖等中国农村生活多年，进行乡村调查，接触真正的中国农民。她根据这些在中国农村的亲身体验，于1931年创作了小说《大地》（*The Good Earth*）在美国出版，该书成为1931年和1932年全美最畅销书籍。1932年，她凭该书获得普利策小说奖。1937年，《大地》被拍摄成电影上映，此后，在全球184个国家和地区超过6 500万人观看过这部电影，全球无数人为之感动。1938年，赛珍珠因"对中国农村生活所做的丰富而生动的史诗般的描述"获得了诺贝尔文学奖，成为美国历史上第一位女性诺贝尔奖获得者。诺贝尔文学奖给她的颁奖词写道：她杰出的作品，使人类的同情心越过种族的遥远距离，并对人类的理想典型，做了伟大而高贵的艺术上的呈现。赛珍珠和她创作的《大地》，也成为让西方了解中国、沟通中西文化的典范。

　　基于开放的办学方式，金大与国际上许多著名大学、宗教组织、教育机构和基金会等建立了直接或间接的联系。其中，与金大有着较密切关系的组织和机构有：中华基督教教育会、中华全国基督教协进会、中华基督教青年会、中华教育文化基金董事会、亚洲基督教高等教育联合董事会、洛克菲勒基金会等。金大与康奈尔大学、哈佛大学、哥伦比亚大学、芝加哥大学、伊利诺伊大学、密歇根大学等众多美国大学保持着密切交往和协作关系。金大每年都选派优秀毕业生赴美留学，派教师赴国外著名研究机构进修，学成后再回国服务。以康奈尔大学为例，早在1922年3月，一批康奈尔大学师生及校友（包括中国人和西方人）组织了"康奈尔大学在中国俱乐部"（Cornell-in-China Club），选择金陵大学作为中心，旨在"建立一种广泛的大学推广组织，推动民众教育的开展"。该组织制定的在华开展农业推广和工程推广的计划，得到了康奈尔大学官方和董事会的积极支持。[1]由于金大与康奈尔大学的长期合作，金大与纽约洛氏基金会世界教育会及康奈尔大学于1925年实施了"中国作物改良合作计划"，这是中美两国第一次有计划、有组织的科技交流合作，在当时两国间科技交流大多以民间松散的联系为主的情况下，具有开创性的意义。[2]1934年11月，因"本校毕业生留学成绩极佳，而本校进展，亦深得纽约大学院之信任"，金大获得美国纽约州大学院颁赠的毕业学位之永久认可（Absolute Charter）公义。此后，金大毕业生无需介绍手续，便可授予国际认可的证书或学位。[3]学校认为，这是金大学术地位得与国际间各大学平等的开端。

---

[1] University Trustees Approve Recommendation For Agricutural and Engineering Extension at Nanking, RG011-212-3599, UBCHEA Archives.

[2] 沈志忠：《近代中美农业科技交流与合作初探——以金陵大学农学院、中央大学农学院为中心》，《中国农史》第21卷第4期，2002年。

[3] 《本校国际之荣誉》，《金陵大学校刊》第139号，1934年11月19日。

开放式办学，不仅使金大吸纳了一批国际一流学者，也让学校有机会借鉴欧美高等教育的长处，引进和吸收西方教育的先进制度和理念。金大办学中"教育并重"的做法，即来自西方教育中注重人格教化、追求全面培养学生智力和知识水平的人本主义教育理念。陈裕光十分欣赏国外大学"非常注意学系之间的沟通，注意怎样免除现时代高等教育的过度部门化与僵硬性"。他认为"办教育与做学问，都应当顾虑到它的整个性，不应当断章取义，必须使各部门取得联系，互相发挥，合力致用。本来学问是整个的，名称虽有阶层或部门的分别，但运用的嗣后，必须互相联系"。[1]当然，借鉴各国教育中的优良之处，是为了为我所用。金大办学在吸取和借鉴中，并不是一味仿效，而是形成自己的一套做法，既是中国式的，又是国际性的。这种沟通中西的理念，使金大在中国本土取得了"望重儒林"的称誉。

第二节　金陵大学的学术研究

一、研究型教育的推进

中国文化研究所是金大专门从事学术研究的机构（详见第二章第四节）。但金大的研究机构并不限于文研所，文、理、农三学院都根据自身特色开展研究型教育。

早在1922年，金大"曾得纽约校董会许可，增设高级学程，颁发硕士学位"。[2]金大农林科于1926年设立研究科，由上海谦信洋行补助该科研究生学费每年800元，研究各项种子消毒剂对于各

---

① 《陈校长讲教育的整个性》，《金陵大学校刊》第271号，1940年3月10日。
② 《高级课程委员会第一次会议纪录》，1934年12月12日，金陵大学档案649-236。

种作物病害之效力。到1927年，在该科肄业者计四人。1926年秋，化学系为提倡科学研究，设化学研究所，学校并"拟有农理科研究课程办法"。当年化学研究所曾招收研究生六人，办理"成绩颇佳"。1927年南京事件后，多数外籍教授离校，化学研究所师资因受影响而停办。

在金大理学院，化学系设备最为完善。南京国民政府时期，随着系主任唐美森再次来华，以及戴安邦、李方训等人陆续学成归国，理学院在1932年秋恢复了化学研究所，招收研究生，这在当时被认为是"本校设立研究院之先声"。化学研究所的宗旨在"造就化学专门人才，训练化学研究学者，以应国内工厂、学校及研究机关之需要"。[1]根据当年制订的《金陵大学化学研究所简章》，研究所学生至少须在校修习两学期，修毕32学分，始可毕业。其中，论文研究占8至12学分。学生须将研究工作著成论文，经研究导师认可，由所主任指定教授二人审查合格后，组织口试委员会举行毕业口试。[2]

金大化学系原本设化学讨论会，由校内外教授轮流演讲。在1932年举办的化学讨论会上，魏学仁曾演讲"科学之研究"，李方训演讲"克里拿试剂在溶液内之电导与电解"，戴安邦演讲"配位化合物与其最近之增进"，张信诚演讲"酸类与盐基类之新解释"，潘澄候演讲"在铁盐内铜之电定"，等等。[3]化学研究所成立后，进一步提高了化学讨论会的水准。教员担任专题研究工作，定期报告研究结果，"对于化学上各种重要问题及新近发明等，加以相当之研究与讨论"。[4]当时化学系每年经常费及设备费约三四万元，其中超过三分之一都用作研究费用。

---

① 《理学院高深研究化学研究所今秋开办》，《金陵大学校刊》第26号，1932年9月5日。
② 《私立金陵大学理学院概况（1933年至1934年）》（第三号），第135—136页。
③ 《理学院消息》，《金陵大学校刊》第50号，1932年4月15日。
④ 《理学院化学系化会讨论会提高讲材》，《金陵大学校刊》第82号，1933年2月20日。

化学研究所设立后，主要研究工作集中在木炭蒸馏、国产燃料、土壤化学及食物化学四项，"尤以国产燃料及木炭蒸馏之研究最有成绩。国内化学机关之从事此项工作者，允推独步"。[①]1935年，根据教育部颁布的《大学研究院暂行组织规程》，金大化学研究所改为理科研究所化学部，由戴安邦教授担任主任。从1935到1937年，该学部主要有陈裕光、戴安邦、唐美森、李方训、裴家奎、潘澄侯、马杰、顾毓珍等教授，另有讲师和助教六人，每年开设的研究课程约有八九种。1936年，理科研究所化学部正式招收研究生，研究生修业时间至少为两年，须修足24学分并完成研究论文一篇方可毕业。该部学生研究范围主要涉及八个方面：（1）橡胶之制备与制成品之性质；（2）植物纤维之分离与利用；（3）油漆之干燥作用；（4）食物化学；（5）土壤化学；（6）应用电化学；（7）应用胶体化学；（8）分析化学。1937年春，化学研究所共有研究生六人，其研究的论文题目如下：

表4-5　金陵大学化学研究所研究生论文题目（1937年）

研究生姓名	研究论文题目
张宝庆	氧化还原电池电位之研究
高士英	氧化砂胶凝体之气体吸着作用
郭俊和	食物内维生素丙之测定
林慰桢	矽酸铝之吸着作用
刘肇和	土壤胶体物之电性测定
沈彬康	桐油吸收光谱之研究

资料来源：《私立金陵大学理学院申请教育部1937年度补助费说明书》，1937年4月，金陵大学档案649-254。

在理学院恢复化学研究所之际，建议文学院增开高等课程、探究高

---

① 《私立金陵大学筹设研究所计划节略》，1935年8月，金陵大学档案649-64。

深学术的呼声不断。如前所述，鉴于社会上中国本位文化建设的声浪高涨，文学院为"培养国学师资、造就高深人才"起见，于1934年秋季增设国学研究班，招收国学研究生。该研究班的研究范围包括中国文学、文字学、史学、哲学四类；学生各认专题，由导师予以指导。[①]国学研究班修业期限为两年，先后举办两期，毕业学生16人，"服务社会，在国学上，均有相当地位"。[②]学生中有古典词学家沈祖棻、语言学家殷孟伦、博物馆学家曾昭燏、古文字学家游寿等。

国学研究班采用导师制，所聘导师均为国学研究上素孚声望的学者，如黄侃、吴梅、胡小石、胡翔冬、刘继宣、刘国钧等。导师各以其研究专长和研究心得开设专题课程。胡小石关于古文字的课程包括"商周书证文""甲骨文例""钟鼎释名著选""程瑶田考古学"等；黄侃的"服经旧说集证""唐人经疏释诸经词例辑述""说文纂例""史汉文例""声偶文学源流"等；胡翔冬关于诗学的课程有"庄子""杜韩诗之比较及其发源与流行""玉川子诗""李怀民重订中晚唐主客图""七绝诗论"等；吴梅关于词曲的课程有"清真词释""乐章词释""散曲研究"等；此外还有刘国钧开设的"老子"，刘继宣开设的"中华民族海外发展史"，等等。课程内容基本以经学、史学、考古学、文学为限，涵括了国学的基本内容。国学研究班所设课程均为研究专题性质，要求学生注重自力研习。学生须通过课程确定研究题目，并选定导师，以其研究论文的质量作为毕业评判。1936年夏，国学研究班首届12名学生毕业（其中女生4人），其研究论文题目如下：

---

① 《中国文学系增开高等国学课程，招收国内各大学文史哲学系毕业生》，《金陵大学校刊》第128号，1934年6月4日。
② 《南大百年实录》编辑组编：《南大百年实录（中卷）：金陵大学史料选》，第212页。

表4-6　金陵大学国学研究班第一届毕业生论文题目（1936年）

姓名	论文题目	姓名	论文题目
游寿	殷周秦汉神道设教观	朱锦江	边塞文学史
钱卓升	唐宋以来之市舶司制度	章夷荪	古剧考源
萧奚凡	西汉儒道法消长论	吴怀孟	南曲题识
朱人彪	西汉政治思想研究	沈祖棻	宋代遗民文学
张惠贞	魏晋南北朝之山水文学	尚笏	蒙古民族变迁考
陆恩涌	南曲板式为乐句述例	杨秉礼	老子之哲学方法

资料来源：《国学研究班第一届毕业生研究专题业已告竣》，《金陵大学校刊》第179号，1936年6月8日。

二十世纪三十年代中期，南京国民政府加强了对于大学研究机构的管理，进一步推动金大研究型教育的开展。1934年，教育部先后颁布了《大学研究院暂行组织规程》《学位授予法》，对各大学设置的研究机构进行规范。对此，金大给予了积极回应。1934年5月，金大校务会议提出："今后之各种高级学程及研究事业之进行，极关重要，迩来教育部亦有具体规定，似应通盘筹划，以策进行。"为此，金大成立了由陈裕光、章之汶、柯象峰、唐美森、魏学仁、李小缘、刘继宣、孙文郁、刘国钧等人组成的高级课程委员会，讨论关于高级学程及研究事业之各种问题，并为设置研究院做准备。[①]1934年12月，高级课程委员召开第一次会议，会议提出"关于以后进行方针，应请讨论"，并议决如下：

一、本校应确立研究学程之基础，先就现在人才设备之所及，筹设各种研究部；

二、本以上方针，请校长向教育部接洽许可立案事宜；

三、关于三院课程有无重复，高班人数太少，各院主辅系如

---

① 《1934年春季第一次校务会议纪录》，1934年5月1日，金陵大学档案649-223。

何联络等问题，请教务处调查现行状况报告本会备考；

四、关于各系研究计划，有与两系或院相关者，应设法相互联络。①

1935年8月，金大呈文教育部，将校内从事研究型教育的中华文化研究所、化学研究所和国学研究班等机构变更组织，筹备成立文科研究所中国文学部和史学部，专门致力于中国文史之研究；筹备成立理科研究所化学部；同时在农学院筹设农科研究所农艺和农业经济两部。②根据教育部训令，金大应俟1935学年终了时，根据筹备进展情形，先就一二学部招收研究生。

经过近一年的筹备，金大于1936年5月呈请教育部，正式设立文科研究所史学部、理科研究所化学部和农科研究所农业经济学部，并拟在该年度招考研究生。1936年7月，教育部训令金大准于1936年度招收理、农两科研究生。理科研究所化学部和农科研究所农业经济学部于当年即告成立。根据当年编订的《农科研究所农业经济学部暂行简章》，该学部将研究范围分为三学门：农业经济农场管理学门、农业金融农业合作学门、农村社会学门。农业经济学部以孙文郁教授为主任，当年招收研究生陈彩章、李惠谦、邵德馨、徐壮怀四人。1936年秋，经教育部核准，金大又成立文科研究所史学部，并于1937年度正式招生。根据文科研究所史学部部则规定，该部研究生应修习的专门学程分为五组：国史组、中国思想史及文化史组、考古学及东洋古物研究组、东洋史组、西洋史组。研究生须选择一组作为其主修范围。因全面抗日战争爆发，时局动荡，该部

---

① 《高级课程委员会第一次会议纪录》，1934年12月12日，金陵大学档案649-236。

② 《为筹设研究所拟具组织规程及计划书仰祈鉴核备案由》，1935年8月9日，金陵大学档案649-64。

当年仅招收研究生一人。①

　　全面抗战爆发前，国民政府对于各大学筹设研究所并没有额外经费补助，但创设研究所事关大学荣誉和学术地位，故受到学校高度重视。1935年11月，陈裕光在董事会报告金大研究所筹设情况时说：

> 教育部已准本校设置研究部，为文学院史学部、理学院化学部、农学院农业经济学部。本校年内如能妥善筹划，将来即可于此研究部内授予文理硕士学位。吾人预计，此项计划如能亟早实现，则与本校已具之事功前途，必有莫大裨益。对于经费预算，亦未致溢出常规，或且益增强各方捐款数额，事后再详行报告。唯教育部批准本校成立各研究部，认本校为私立大学中之优异，是以担任此项工作进行者，本校殊感荣誉。②

　　1936年5月，金大以三研究所"久经筹备，其师资与设备，类皆有相当根基。故请照章成立，于下年度招生"。陈裕光在呈文中称："本校以一私立大学，此项研究工作，自当实事求是，作小规模之进行。因三部学科之不同，不得不分隶于三所。然所之名称不过为行政组织便利而设，绝无扩张成院之意。倘钧部以为名称上仍近于铺张，则拟避免三所分立，而仅用一'金陵大学研究所'名义，其下分设三部，本校但求三部内容之充实，研究工作得以循序进行，以期符合钧部提高学术研究之旨意。"③

---

① 《文学院文史研究部本季开始招收研究生》，《金陵大学校刊》第234号，1937年10月25日。
② 《金陵大学第十八次校董会记录》，1935年11月22日，金陵大学档案649-223。
③ 《金陵大学陈述本校各科研究所成立及招生缘由呈教育部文》，1936年5月16日，金陵大学档案649-223。

在全面抗战爆发前，全国经教育部核准设研究所的大学及独立学院共有12所，共设45个研究学部。金陵大学设3个学部，即文科研究所史学部，理科研究所化学部，农科研究所农业经济学部，从设置研究学部的数量看，仅次于清华大学（10个）、北京大学（9个）、中山大学（6个）和燕京大学（5个）。兹将全面抗战前各校研究学部设置情形列表如下：

表4-7　1937年各大学及独立学院研究学部设置情况分布表

学校名	研究学部	学校名	研究学部
清华大学	中文、哲学、外文、史学、数学、物理学、化学、生物学、政治学、经济学	南开大学	经济学、化工
北京大学	中文、史学、数学、物理学、化学、经济学、政治学、地质学、生物学	武汉大学	土木、经济学
中山大学	中文、史学、农林植物学、土壤学、教育学、教育心理学	辅仁大学	物理学、史学
燕京大学	化学、生物学、政治学、史学、物理学	岭南大学	生物学、化学
金陵大学	化学、农业经济学、史学	东吴大学	法律
中央大学	数学、农艺学	西北工学院	矿冶

资料来源：边理庭，《我国研究院所发展概况》，《教育杂志》第30卷，第8号。

二、文学院的学术研究

文学院一直都将科研工作放在重要位置，将学院宗旨定为"研究和灌输高深学术，适应社会情形，力图应用"。[1]金大位居首都，与政府建设事业多有联系，也客观上促进了文学院研究事业的开展。"本院鉴于研究工作为学术发展之主要途径；亦为建设事业之重要步骤。……无论何种事业，苟非先从事详细研究，继之以调查工作而不能有精密之计划与优良之结果也。"[2]

---

① 《私立金陵大学文学院概况（1930年至1931年）》（第一号），第12页。
② 《私立金陵大学文学院概况（1936年至1937年）》（第四号），第23页。

二十世纪三十年代中期，文学院根据学科发展和社会环境的需要，裁撤科系，集中课程，注重与现实需要结合。在研究事业上，文学院呈现两个特征：一是强调不同学系围绕共同的问题开展研究，注重跨院系的合作；二是对于当时的政治、社会和文化发展中的现实问题密切关注，有很强的实用性。作为全院性的研究事业，中国文化研究、边疆问题研究和县政研究最具代表性。

（一）中国文化研究

中国文化研究涉及古典文学、经学、小学、诗学、词学等多领域。国文系强调研究工作须运用科学方法，融经学、史学、小学于一炉，不仅执一端，而讲究融会贯通。胡小石既研究诗歌，也研究甲骨文。他于1928年出版了《甲骨文例》，还著有《楚辞辨名》《〈楚辞〉郭注义征》《〈楚辞〉文例》《说文古文考》《中国文学史讲稿》等。高文不仅研究文学，而且研究汉代碑刻，通过考证文字训诂，使实物资料与文献资料相印证，著有《汉碑集释》等。国文系的经学、小学、词学、诗学研究，对国内外学界产生了较大影响。黄侃在音韵学、训诂学方面成就卓著，他采用古韵三分法，吸收继承了前人的古韵研究成果，把古韵定为二十八部，著有《音略》《声韵略说》《声韵通例》《集韵声类表》等，对中国音韵学发展做出重要贡献。诗学与词学是金大学术研究的重要领域。胡小石著有《杜甫北征小笺》《杜甫羌村章句释》《李杜诗之比较》等。汪辟疆著有《中国诗歌史》《光宣诗坛点将录》等。金大的词学研究涉及词学理论、词史、词乐、词律、词话，以及词集校注等，构成了一个内容广泛而严密的体系。著名词曲家吴梅出版了《词学通论》，对唐五代、两宋、金元、明清词的源流以及各大家的利病得失进行系统评析。他不仅从词本身进行研究，而且从诗乐关系探寻词的起源，从社会政治环境变迁、文艺发展兴替、科举状况、学术思想和民风习俗变异等多角度探讨各代词学兴衰演化的原因。

文学院与中国文化研究所联系密切，文研所研究员多在文学院兼授学程，并致力于搜集文化资料，采访文献史迹，开展研究工作。1929年，金大师生成立国学研究会，定期组织演讲活动，敦请校内外学者讲演，并将讲稿刊载于研究会刊物上。福开森将其毕生收藏的中国古物美术珍品千余件捐赠给金大，成为金大开展中国文化研究的重要资料，进一步提升了金大在中国文化艺术研究领域的地位。国学研究班学生的研究成果先后在文学院主办的《文史丛刊》上发表。该丛刊第一种为小学研究，第二种为国史研究。

（二）县政建设研究

县政建设研究是金大新兴的研究领域，该研究与南京国民政府开展政治建设的现实需要有密切关系，也体现了文学院鼓励将社会科学研究与中国现实社会需要相关联的取向。1934年4月，政治系主任马文焕在文学院院务会议上临时提议："县政建设为今日中国之重要基础工作。社会科学部宜彼此合作，共同努力于县行政、经济、社会等各方面之研究。同时领导学生做实地调查等工作，以符合本院造就国家公务人才、社会工作人才之宗旨。"他的这一提议得到了院务会议的支持。会议议决：

（1）中国县政建设，实为重要事业。本院社会科学部应以此为政治、经济、社会三系之共同研究工作。

（2）成立一县政建设研究委员会，为推动该项研究工作之重心。

（3）推请马文焕、吴世瑞、柯象峰、刘国钧、何士芳、虎臣、高焕春等七人为委员，并请马文焕先生任主席。[1]

---

[1] 《文学院院务会议记录》，1934年4月18日，金陵大学档案649-1629。

1935年春，文学院得美国胡佛先生捐款，县政研究始得拟定《中国县政建设研究会工作计划大纲》，分期进行。县政建设研究的目标有二：其一，就本院人力财力所及，推进县政研究及调查；其二，训练从事县政建设人才，鼓励学生参加县政工作。该项研究工作以政治、经济和社会三系为基础，其中政治系负责研究县组织、行政制度、地方自治、保甲制度等；经济系负责研究田赋制度、县预算、县会计、财务行政等；社会系负责研究县救济事业、卫生建设、民众娱乐、人口调查、提倡地方小工业等。[①]

县政建设研究主要包括两个部分。其一是开展实地县政调查。从1935年起，金大先后完成对江都、昆山、兰溪、金华、杭县、江宁、句容、仪征、高邮等九县的调查。1935年夏，应安徽和县县政府邀请，组织"和县地方建设咨询会"，代为设计该县县政建设计划。调查期间，调查员访晤县长，详询县政实验办法、各类行政推动之实况及困难，并将考察所得写成报告刊载，相关研究发表于《新江苏报》《县政周刊》等刊物。其二是开展县政理论研究。如马文焕关于中央与地方政府关系的研究、金积楠关于县经济建设问题的研究，以及高柳桥关于我国历代地方制度沿革的研究。[②]文学院将本校图书馆内有关县政书籍、杂志编制索引、纂辑提要，以为研究之资料。马文焕拟有"县政研究实施方案"，作为本院开展县政研究的准绳，并供政府当局参考。县政研究的开展，不仅推动了金大的政治学研究，也为政府改善施政、促进基层社会发展起了一定作用。

（三）边疆问题研究

金大对于中国边疆问题的研究起步较早，社会学系成立后，边

---

① 《私立金陵大学文学院概况（1936年至1937年）》（第四号），第28页。

② 《金陵大学文学院自1934年度起至现在止工作述要》，金陵大学档案649-1626。

疆问题一直是该系的重要研究方向。金大认为，"我国民族构造复杂，边地尤然。非对全国各民族有深切之了解，难期整个民族意识之养成，尤难望有适于整个民族之举措"。①二十世纪三十年代，因边疆问题的社会关注度不断提高，文学院对边疆问题的研究扩展至全院。1934年，文学院"鉴于我国边疆问题严重，研究机关之缺乏，关于边疆学科之亟待开设，边疆服务人才之亟待养成，特决定以边疆研究为本院此后进行事业之一"。②从1934年到1937年，教育部在补助私立大学经费中连续四年补助金大设立"边疆史地教席"，每年四千元，聘请徐益棠教授边疆史地课程，另有其他设备及图书费用不等。金大利用教育部补助的设备费购置中文边疆史地图书及地方志、西文中国边疆史地图书及各种中外地图，总计一千余种。这些资料积累，为金大此后边疆研究的深入开展奠定了良好基础。

文学院拟有《边疆问题研究计划大纲》，分目标、组织、工作、进行步骤四部分，分三期加以推进，并设立边疆问题研究委员会主持其事。与县政建设研究类似，边疆问题研究也由文学院各系联合进行，其中包括历史、政治、经济、社会各系。地理史研究属于史学系，边疆社会研究属于社会学系，边疆政治或边疆部落之研究属于政治学系，边疆语言学属于外国文学系。文学院先后开设"边疆问题概论""西北边疆""西南边疆""满蒙外交史""中国原始氏族志""原始社会概说""中华民族海外发展史""中日关系史"等课程。1935年秋，徐益棠还为高年级学生开设"边疆史地研究"学程，选修此学程的学生完成的相关研究报告有七篇。文学院师生于1934年年底组织成立边疆问题学会，聘请刘国钧、徐益

① 《本校文学院申请补助边疆问题及经济学讲席并请补助图书经费申请书》，金陵大学档案 649-253。

② 《私立金陵大学文学院概况（1936 年至 1937 年）》（第四号），第 24 页。

棠、马文焕、李小缘、刘继宣等教授为顾问，拟对边疆问题做系统研究。边疆问题学会还请斯文·赫定（Sven Hedin）、麦斯武德、黄文弼等人举行学术系统演讲。其中斯文·赫定于1935年2月在金大以"四十年来新疆探险经过"为题进行演讲，会场座无虚席。①同年4月，新疆伊犁学者麦斯武德也莅临金大演讲新疆人民生活及文化。

在边疆问题研究中，通过实地考察取得第一手资料极为重要。金大先后开展了三次大范围的边疆实地考察，积累了大量边疆史地资料。一是赴四川边境考察少数民族状况。1931年暑假，柯象峰和徐益棠受四川省政府委托担任省府边区施教团正、副团长，率领一行20余人，赴雷马峨屏各县瑶族区负责研究及宣慰工作。徐益棠旋又赴雷波等县考察瑶族生活。7月至10月，获得大量第一手珍贵资料及标本。二是赴广西猺山调查。1935年八九月间，徐益棠亲赴猺山一带调查，费时70余日，采得猺民衣服类16种，装饰类15种，贸易运输类2种，嗜好品类6种，狩猎类3种，宗教迷信类15种，医药植物类9种，音乐歌谣类2种，照片80余帧，共9类170余件。搜集边疆民物，"实开本院调查边疆社会民物、风土、人情之新纪元"。②三是考察彝民生活。1937年11月，柯象峰率金大学生赴四川峨边县做彝民社会生活概况调查，途经峨眉、龙池、沙坪而达峨边县。此次调查得到峨边县政府的资助，并得选派译员及卫士各一名随行。考察团观察该村彝民生活概况，考察该村政治、经济、文化、社会组织、婚丧祭礼及岁时习俗，并拍摄珍贵照片多帧，搜集大批标本。

在研究方面，徐益棠陆续发表《浙江畲民研究导言》《民族学上的新疆民族问题》《边疆问题之地理研究的必要》《非常时期之云南边疆》等文章。在调查方面，徐益棠完成了《广西象平间猺民

---

① 《斯文赫定博士上周莅校》，《金陵大学校刊》第 147 号，1935 年 2 月 25 日。
② 《私立金陵大学文学院概况（1936 年至 1937 年）》（第四号），第 22 页。

之服饰》《广西象平间猺民之经济生活》《广西象平猺民之生死习俗》《广西象平间猺民之住屋》等文章。

文学院本计划对新疆、蒙古、西藏、云桂等省的少数民族，如回、苗、瑶、藏等民族做进一步研究，并拟研究边疆经济、边疆国防之设计，以及边疆与国际间相互关系问题。后因全面抗战爆发，计划无法如期进行。[1]

三、理学院的学术研究

理学院虽然将教学置于各项事业的首位，但研究工作也受到越来越多的重视。1933年，魏学仁在报告中写道："当我们重视教学时，我们也试着鼓励教授的个人研究，因为研究为教学带来活力。在过去的两年，我们从首都机构中收到一些解决物理和化学问题的任务。我们希望在将来更加重视研究，尤其是在物理和化学方面。"[2]随着1932年秋理学院恢复化学研究所，学院的研究事业得到加强。1934年，理学院在报告中提到："由于能带来声誉和资助，研究事业在理学院应该更受到重视。"这说明，研究工作不仅在社会上有着强烈需求，也能与学院建设事业相得益彰。为此，理学院成立专门的研究委员会，负责审核研究设计，并编印研究报告。

中国基督教大学委员会在二十世纪三十年代初制定了"中国基督教高等教育通盘方案（1933—1938）"。根据这一方案，金大理学院应将重点放在自然科学上。南京国民政府致力于国家建设，非常强调应用科学和应用研究，通盘方案没有对应用科学发展给予足够重视，这也引起了金大的不满。理学院认为，工程科学应该在通

---

① 《私立金陵大学文学院概况（1934年至1935年）》（第三号），第24-27页。

② 《金陵大学理学院报告》（1933年10月），金陵大学档案649-2324。

盘方案中占据重要部分，并希望金大在化学、电机、机械工程教育方面能在全国占据一席之地。[1]理学院的研究事业应该在自然科学和应用科学领域共同努力，不仅致力于纯粹科学的研究，而且服务于解决中国工业发展的实际问题。

理学院重视基础理论研究，也不忽视应用科学研究以及科学技术在生产建设中的应用。关于学院对于应用科学的政策，理学院在1934年11月的报告中提到："应用科学在我们的研究计划中是必须的。我们希望致力于帮助解决与中国的资源和工业有关的发展问题。我们的经验显示，应用科学方面的知识和设备对于这个重要的目标是绝对必须的。"在研究事业上，理学院将纯粹科学（物理、化学、数学）和应用科学（电机工程、工业化学）的系科联合在一起，共同致力于以下几个问题：（1）研究可以用于发展中国工业的资源；（2）改进那些被认为未来有发展潜力的工业；（3）引进那些能在中国利用的产业。[2]从这里可以看到，理学院的研究工作体现出对于国家建设需求的密切关注。全面抗战时期，李方训在《科学世界》发表了《当今我国科学问题》和《各科学间关系之检讨》，论述了科学发展的趋势及我国科学发展应如何正确处理"纯粹与应用""广博与专精""提高与普及"等问题，[3]处理好这几对关系，对于理学院研究事业的开展具有重要意义。

理学院在这一时期开展的研究工作甚多。数学系开展的研究有：变分法中之拉格朗日问题，某一代数方程式之阿贝尔积分之研究，特殊行列表，小学算学教学法，以已知之正整数或零为布吕格数求代数平曲线存在之条件，代数测验七项。物理系开展的研究有：无线电真空管之关电效应，紫光射线强度之硫化锌测定法，光

---

① 《金陵大学理学院报告》，1934年3月24日，金陵大学档案649-2324。
② 《金陵大学理学院报告》，1934年11月23日，金陵大学档案649-2324。
③ 李方训：《当今我国科学问题》，《科学世界》第11卷第1期，1942年。

学平面之制备，X射线在结晶体之扩散之现象。化学系开展的研究有：桐油之研究，乙醇溶液中葛氏剂之分解电压，过氧化氢之加热分解，铜之电镀，卤性铝盐之物理化学性质，木材蒸馏，泾惠渠水之分析（代西北办事处与农学院合作），国产染料之研究。动物系有月见草之研究，中国沿海肠腔动物之调查，猴类寄生之变虫研究，人体染色体之研究，人体寄生原生动物研究，家鼠寄生原生动物研究，南京鸟类调查，潘氏细胞之比较研究，南京蚁类调查等。电机工程系有中国各种电扇之比较研究，南京电车之计划，代建设委员会电机制造厂实验其自治之马达，等等。[1]

理学院的研究工作主要集中在物理和化学两大领域，其中以化学最具特色。依托化学研究所和1936年成立的理科研究所化学部，理学院在化学研究上取得了诸多进展。1935年，江苏省建设厅为统制省内化学肥料之营销及使用，委托化学系进行全省土壤肥力之实验，由化学研究所主任戴安邦派员赴镇江、丹阳、无锡、松江、南通、扬州、六合、徐州、砀山等16个县采集土壤样本200余种，于1936年冬完成全部土壤分析工作。理科研究所化学部成立后，将该部所有经费和设备集中用于以下四种研究工作。（一）食物研究。该研究由化学系主任唐美森指导，由洛氏基金会赞助，研究江宁县淳化镇居民100余户之全年膳食，包括调查、采集、分析、试验等工作。（二）纤维质研究。该研究由马杰指导，利用中国竹木制造纸浆、黏性丝、人造漆。（三）电化研究。由李方训指导，与电机工程系合作，试验各种电镀液最适宜之配合成分。同时又得到中英庚款董事会的资助，从事元素及化合物高温及电解之制备。（四）土壤研究。受江苏省建设厅资助委托，由戴安邦指导采集江苏全省土

---

① 《金陵大学概况》，1935 年编印，第 4–5 页。

壤样本200余种，分析并研究其与农业有关系之各种化学性质。[①]

物理学是二十世纪初现代科学的带头学科，也是当时最难聘请国内人才的学科。金大理学院在全面抗战前即已建成物理实验室十间，其研究范围主要包括X射线研究、无线电学、光谱学、风洞试验等。无线电学的早期主要研究方向是无线电真空管的光电效应等。光谱学对于理论物理及应用物理研究均有重要作用。光谱可用于研究原子构造、发现新元素、研究天体物理，以及验证物理学中某些学说等，在现代物理学研究中应用非常广泛。物理系于1937年春专门设置了光谱研究室两间，用于开展光谱研究。

金大的天文学研究以理论教学和光学观测为主。1936年6月19日发生的日全食，为各国科学家所重视，纷纷组织观测。在中央研究院天文研究所所长高鲁的推动下，中国也组织了日食观测委员会，由蔡元培担任会长。1936年4月，日食观测委员会决定组织两支观测队伍，一支前往苏联的哈巴罗夫斯克（伯力），另一支赴日本北海道。魏学仁虽为金大理学院院长，但是以中国日食观测委员会委员身份参加北海道日食电影拍摄工作。魏学仁提到："（1936年）五月中旬，张钰哲先生到我家里来，说他准备到俄国伯力去摄取日冕照片，并且告诉我中国日食观测委员会有意要找我参加观测。我一向校务忙碌，原来难以分身前往，但是这次日食是教育影片很好的资料，而教育电影又是我近几年来努力的一种工作，所以虽在公私忙碌之中，仍然愿意接受中国日食观测委员会的聘请，参加我国北海道观测队前往摄制日食影片。"[②]拍摄当天，由于哈巴罗夫斯克（伯力）天空有云，观测效果不佳，而在北海道的观测非常成功。北海道观测队有余青松、陈遵妫、魏学仁、邹仪新、沈璿、冯简等

---

① 《私立金陵大学为理学院申请教育部廿六年度补助费说明书》，1937年4月，金陵大学档案649-254。
② 魏学仁：《日食影片的摄制经过》，《宇宙》第7卷第3期，1936年。

六名中国科学家和电影专家。其他国家的观测队都使用黑白胶片拍摄，魏学仁使用了1935年刚发明的柯达克罗姆彩色胶片拍摄，拍摄效果十分完美，拍摄了世界上第一部彩色日食电影。[①]这部名为《民国二十五年之日全食》的纪录片为中国天文学史、中国教育电影史留下一份极其珍贵的影像资料，它不仅是中国第一部彩色科学教育影片，而且是全世界第一部出自中国人之手的彩色日食电影，曾荣获法国国际电影比赛优奖。

四、农学院的学术研究

农学院将全院事业分为研究、教授和推广三部分，其中"以研究工作为最要，故研究经费实占全部经费百分之五十强，教授经费占百分之三十强，推广经费占百分之十强"。[②]这与文学院、理学院将教学置于全院事业的首位有所不同。农学院重视研究工作，与农学独特的学科特征不无关系，只有在长期深入的研究基础上，农业教学和推广才能获得源源不断的活力。金大编写的《农林科组织及事业》这样写道：

> 本科事业，以研究、教授、推广三者相辅而行，而尤以研究为本科事业之中心。盖农字与他种应用科字不同，有历史之导源，有风俗之习惯，有天时地土之关系。改良农业之方法，决不能袭取他国之成法应用于吾国，遂可一成而不变也。故农校之教授事业，非俟研究事业发达以后，决不能得到满意之结果。举行推广事业之先，尤不可不先从事于研究。盖改良农业，决非鼓吹

---

① 赵惠康、孙健三：《20世纪上半叶金陵大学的两次拍摄日全食电影查考》，《电化教育研究》2012年第3期。

② 《私立金陵大学农学院概况（1934年至1935年）》（第三号），第39页。

所能济事，必须有确切适宜之办法，农民之信仰，并不能仅持口舌而得之，必须有真实可靠之材料。所谓确切适宜之办法，与真实可靠之材料，即研究所得之结晶也。[1]

章之汶认为，中国新式农业教育发展了三十年，但进步迟缓，其根源即在对研究不够重视。国外大学农学院重视研究，研究经费可占到农学院经费的一半。当时，金大农学院的研究事业经费可占到全院经费的百分之五十四。[2]金大农学院所有专任教授，均参与研究。农学院设有研究委员会，专司学院研究项目的立项和经费批准。各系除教学外，各有其专门研究工作。高年级学生也以研究工作为其设计实习及编著论文的资料，这不仅推动教学相长，而且可以锻炼学生的研究能力。从内容来看，农学院在作物育种、农业经济调查、林业、蚕桑、园艺等多方面研究成果丰硕，尤以农业经济调查和作物育种方面成绩最为显著。

（一）农业经济调查与研究

中国农家经济调查　1921年，卜凯在金大创建农业经济系，使用美国教材讲授农场管理课程。他深感教材内容不适合中国国情，于是制订"农村调查表"，要求学生利用暑期返乡进行调查，开农学院调查研究风气之先。调查工作与学分制巧妙连接，凡超过100户农家的调查均可给予学分，所以学生参与踊跃。1922年秋，在卜凯领导下，学生对芜湖近郊102户农家调查资料进行统计分析，并以《中国安徽芜湖近郊102农家社会经济调查》为名发表成果。1922—1925年，卜凯指导学生在黄河、长江流域的7省17个地区，完成了对2 866户农家的调查，调查以农场管理为主要内容，还包括土地利

[1]　《金陵大学农林科组织及事业》，第7页。
[2]　《我国大学农业教育之新趋势》，《金陵大学校刊》第201号，1936年9月28日。

用、人口、食物消费等社会、经济信息。这是民国成立后"历时最久，调查地域最广，调查项目最详，和比较上最富于科学性的农村调查"，为卜凯对中国农家经济开展进一步研究奠定了基础。1930年，《中国农家经济》的英文版分别在中国上海和美国出版。六年后，其中译本在上海出版。

中国土地利用调查 1929年，在太平洋国际学会的资助下，卜凯领导下的中国土地利用调查启动。当年夏天，金大农业经济系19名学生赴四川调查。经过一年的试验将调查方法及调查表式详加修改，至1930年夏调查始大举铺开，至1934年全部调查工作方告结束。[①]该项调查邀请国际上多位著名学者加盟指导。其中，加利福尼亚大学土壤系主任萧查理（Charles F. Shaw）指导土壤研究，美国纽约密氏纪念基金团塞登斯特里克博士（Dr. Edgar Sydenstricker）教授统计方法，迈阿密大学汤普生博士（Dr. Warren S. Thompson）教授人口问题，康奈尔大学魏考思（Walter F. Wilcox）教授协助进行土地利用设计，等等。此次调查范围覆盖全国22个省168个地区，获得16 786个田场及382 560户农家的调查材料。另外，金大农业经济系师生还进行了21个省2 727户农家的粮食调查和16省46 601户农家的人口调查。[②]调查项目有农业地带、地势、土壤、土地、作物、牲畜、田场大小、田场劳工、农产品物价、人口、生活程度等。1937年，在太平洋国际学会、全国经济委员会、中央银行的赞助下，调查结果编成的《中国土地利用》英文版分别在中国上海和美国出版，1941年，其中译本在成都出版。该书内容浩瀚，图文并茂，统计数据翔实，详细论述了中国土地利用的实况和影响土地资

---

① 张静：《太平洋国际学会与1929—1937年中国农村问题研究——以金陵大学中国土地利用调查为中心》，《民国档案》2007年第2期。
② 崔毓俊：《我系的科研、推广工作简介》，金陵大学农学院农业经济系在宁系友联谊会：《金陵大学农学院农业经济系建系70周年纪念册》，第150页。

源利用的自然、社会、经济因素及其有效使用问题。全书分三巨
册，第一册为论文集，第二册为调查地图集，第三册为统计资料。
当时全国图书审查委员会对此书审查后，以其"内容充实，调查精
细"，特颁发奖状以资奖励。

中国农家经济调查和中国土地利用调查，是将实证研究和数据
分析运用到中国乡村经济调查上的较早尝试，为了解小农经济、土
地利用与农村状况提供了翔实的第一手资料。不仅在当时为农村改
良提供了参考基础，而且一直到今天，这些资料仍然是研究近代中
国农业经济和农村社会最为重要的资料。卜凯完成的《中国农家经
济》和《中国土地利用》都被认为是中国农业经济研究领域的开创
性著作。特别是《中国土地利用》一书，被列为联合国粮农组织的
"永久藏书"之一。[1]。

乡村人口问题研究　农业经济系在调查中国土地利用问题时发
现土地利用与人口问题密切关联，此后进行了小规模的抽样调查。
1928年，乔启明发表了《中国乡村人口之组织及其增长状况》《中
国乡村人口问题之研究》等论文。在农业经济系所积累的中国11省
22处12 456户农家的调查材料基础上，乔启明于1934年完成了《中
华民国十八年至二十年农村人口及生命统计之研究》，对中国农村
的家庭组织、年龄与性别分配、婚姻状况、生育率、死亡率、自然
增长率及将来人口的趋势，均有精确的论述。

1931年水灾调查　1931年，长江、淮河流域发生重大水灾，农业
经济系与社会学系、农业推广部共同筹划调查灾情，由救济水灾委员
会拨付调查经费一万元。[2]此项调查以卜凯为主任，分区调查主任有
孙文郁、邵德馨、张履鸾、杨铭崇、刘润涛、潘鸿声、应廉耕、顾贞

---

① 　盛邦跃：《卜凯视野中的中国近代农业》，北京：社会科学文献出版社，2008年，绪论。
② 　《农业经济系调查水灾人员分别出发》，《金陵大学校刊》第39号，1931年10月30日。

祥、马立炎等人。调查共获得农家调查表11 791份，来自87县245个地区；村庄调查表2 366份，来自89县248个地区。统计分析工作于1932年1月11日方告完成，调查结果在《金陵学报》发表。[①]根据统计结果，此次水灾直接受灾农民达420万户，约合2 500万人。灾民最需要的是粮食、饲料、种子和房子。每一农家损失平均为457元，而每家当时全年收入仅为300元。这次调查不仅为当时赈灾提供了参考，也对此后预防水灾提供了借鉴。

豫鄂皖赣四省农村经济调查 1933年，豫鄂皖赣四省农民银行委托金大农业经济系调查四省农村经济。此项调查由孙文郁主持，调查项目分七组，每组设调查专员一人或数人。调查的内容包括土地利用情况、农家全年经营状况、水旱灾荒等成因及影响、租佃制度及其弊害、乡村金融及信用、农产运销及物价、主要作物生产费用、农家副业、农村组织与演进、农家生活状况、其他实业对农村的影响、农家对捐税的负担、农村合作事业现状等。调查采用抽样方法，抽样区域以外的各县份只做一概况调查与观察，用以推测当地的真实状况，以资参证。四省土地分类调查报告于1936年出版后，引起不少学者和地方政府的重视，这对四省农民银行实施农村政策颇有帮助。

此外，金大农业经济系还进行了"中国农民食物消费之研究""人事登记之研究""淞沪兵灾调查""农佃制度之研究""农家簿记之研究""乡村卫生之调查""银价与中国物价水准之研究""农产物价之研究""农村社会之研究""度量衡制度之研究""土地制度之研究""农民生活费用之研究""农艺方式之研究""农业历史之研究""农业经济丛书之编译""荒地调

---

① 《中华民国二十年水灾区域之经济调查》，《金陵学报》第2卷第1期。

查"，等等。①

（二）作物与农产研究

农学院的农事改进工作遍及华中、华北各省，其改良作物共有36个新品种，包括8大类主要农作物，对中国近代作物改良有着突出的贡献。早年曾在金大农林科任教、后来担任农林部次长的钱天鹤曾说："若无金大农学院农事改良的成绩可资应用，则中农所实验工作，至少要展缓六年之久。"②

作物育种研究　金大作物育种研究可以追溯至农林科时期。芮思娄在南京附近进行小麦单穗实验，育成"金大26号"小麦，于1924年开始推广。这是近代科学育种方法在我国的最早应用。③1925年，农林科与康奈尔大学实施"中国作物改良合作计划"后，世界著名的育种专家洛夫、马雅师、魏庚思等人陆续来到金大讲学，指导并设计农作物改良的技术，研究育种有关的理论和技术问题。在育种方法上，洛夫倡导采用纯系育种法以及生物统计方法，使育种工作获得显著成效。1927年沈宗瀚归国后在金大主持作物育种工作。1927年，农业专修科主任陈骥等人发起成立"作物育种研究社"，"国内不少有名的育种专家，农艺界的先进，都是曾经参加该社的社员"。④金大的作物育种进入更加缜密科学的时期。据沈宗瀚回忆："作物品种改良是当时农学院中心工作，其经费由美国捐助华北赈灾余款内支付，每年约4万银元，为金大最大的研究费用，以改良品种增加华北小麦、大麦、高粱、小米、黄豆、水稻等粮食

① 《金陵大学农学院对于改进我国农业之贡献》，1937年印行，第6页。
② 章之汶：《本院过去现在与将来》，《农林新报》1941年8月21日。
③ 沈志忠：《近代中美农业科技交流与合作研究》，南京农业大学博士学位论文，2004年，第42页。
④ 《农艺研究社192次常会》，《金陵大学校刊》第303号，1942年4月1日。

产量，而以小麦、高粱为主。"[1]

棉花方面，育成美棉两种：一为金大爱字美棉，适宜长江流域；一为金大脱字美棉，适宜黄河流域。这两种棉花的产量约为每亩180斤至240斤。另改良中国本地棉花，育成金大百万华棉，每亩产量130斤。"百万华棉"使用采自吴淞农田间的优异棉种，采用纯系育种方法，由谢家声、郭仁凤自1919年开始培育。该品种植株较大、纤维洁白，抗病能力强，适合推广于长江下游及浙江沿海一带，自1928年开始推广种植。

小麦方面，先后育成"金大9号""金大双恩号""金大26号""金大开封124号""金大南宿州61号"和"金大2905号"等优秀小麦品种。"金大2905号"是沈宗瀚在南京通济门外农田中单穗选得，于1933年育成，经多年试验证明其丰产早熟、茎秆强劲、不易受散黑穗病危害，且适应能力强，出粉率、蛋白质含量高，产量超过"金大26号"24.9%，较农家品种高31.9%，先后推广种植约200万亩。"金大开封124号"由金大开封分场育成，于1932年开始推广，"产量超过农家品种18%，秆坚强，不易倒，少病害，在河南省种植，成绩甚佳"。

大麦方面，先后育成的大麦品种有："金大开封313号""金大99号裸麦""金大南宿州1963号""金大南宿州718号"等。其中，王绥育成的一种抗冻、抗锈病的大麦良种还被引进到美国，在纽约州广泛种植，被定名为"王氏大麦"。[2]大豆方面，在王绥指导下，育成大豆优良品种"金大332号"，此种大豆产量超过农家品种70%左右。"金大332号"自1932年起作为我国大豆品种比较试验的标准，在国外被称为"南京大豆"。西迁入川后，"金大332号"在

---

[1] 沈宗瀚：《沈宗瀚自述》（中），第12页。
[2] 王淑玉：《怀念父亲——王绥》，金陵大学南京校友会编：《金陵大学建校一百周年纪念册（1888—1988）》，第210页。

四川继续大力推广，在温江县试验时，每公顷产量高达4 413公斤。高粱方面，由农学院定县合作场育成定县3–3号高粱，秆强，成熟期早，产量超过农家品种43%。农学院燕京分场育成"燕京811号"粟，抵抗白发病强，品质好，产量超过农家品种30%。农学院定县合作场育成的"定县51号"玉米，产量超过农家品种48%。[1]

植物病虫害研究 1924年金大农林科创设植物病理学组时，得到华洋义赈会资助开展研究工作，为国内最早研究植物病理学的科研机构之一。[2]植物病虫害研究主要有田间作物病害研究、果木病害研究、蔬菜病害研究，具体工作围绕种子处理、抗病育种和病菌分类三个方面展开。经过研究，先后选育出的抗病品种有"H–261""H–1531""植病14号"等水稻；"单穗3479系"等小麦；"N–555""N–580""N–592""N–593"等大麦；"植病2号""植病8号""金陵63号""金陵78号"等小米。[3]

植物病虫害防治研究很多是跨系联合进行。1930年开始，植物病理学组开始辅助农艺系的水稻改良工作，进行水稻病害研究。1936年开始，该组与中央农业试验所合作研究小麦秆黑粉病的防除和食蕈栽培研究。二十世纪二三十年代金大植物病理学组主要进行的研究有小米粒黑粉病研究、抗病育种研究、大麦坚黑粉病研究、大麦条纹病研究、小麦秆黑粉病研究、玉米叶斑病研究、燕麦病害研究、水稻胡麻斑病研究、稻瘟研究、稻子白秆病菌研究、苹果锈病研究及防除、梨子锈病研究和苦腐病研究、柑橘果实病害调查和相关研究、包心白菜软腐病研究、黄瓜猝倒病及果腐病研究、扁豆炭疽病研究、蚕豆苗腐病研究，等等。此类研究历时长，涉及范围广，研究成果丰硕。当时人称，"中国植物界知名人士，莫不与金

---

① 《金陵大学农学院对于改进我国农业之贡献》，1937年印行，第5页。
② 《农院补充植物病理研究》，《金陵大学校刊》第229号，1937年5月3日。
③ 魏景超：《二十年来之金大植物病理组》，《农林新报》总724–729（合刊），第7–18页。

大植病组有关"。[①]

森林学与水土保持研究 防灾研究是金大设立林科的初衷，森林资源调查、森林保护和造林方法是农林科研究的重点。1922—1927年，罗德民与李德毅等调查黄河与淮河两流域的土壤、植被与水土流失情况，并进行土壤侵蚀试验，以研究森林与水利的关系，开创了我国水土保持研究事业的先河。木材标本的研究始于1929年，1935年朱会芳发表了研究报告《中国木材之硬度研究》，凡有关硬度的因素，如树种、比重、含水率、树脂及其他物质含量等均作测定。此项研究共测定181种木材，2991个样本，试验26716次。研究成果对木材的加工利用有重要参考价值。

植物学研究 金大农林科时期即设立植物标本室，至1937年，收藏植物标本达43 000余份，复本10万份。[②]1930年，植物学系主任史德蔚与哈佛大学签订了为期五年的合作协议，由哈佛大学植物园提供经费，采集中国中西部各省植物标本。农学院开始进行大规模标本采集，范围遍及国内苏、皖、浙、赣、鲁、豫、陕、晋、粤、闽、桂、湘、黔、鄂、辽、川、冀等省重要山岳地带。所获标本除陈列在标本室供本校教学研究使用外，还将复本用于与国内外各学术机构或私人进行交换。植物系编订有《中国植物名汇》及《江苏植物志》，供研究中国植物分类的学者参考。[③]

第三节　金陵大学的推广事业

在"三一制"模式中，推广与教学、科研被置于同样重要的地

---

① 王铨茂：《金大植病组廿周年纪念会简志》，《农林新报》总724-729（合刊），第18页。
② 《标本室大事扩充》，《金陵大学校刊》第218号，1937年2月15日。
③ 《私立金陵大学农学院概况（1934年至1935年）》（第三号），第58-60页。

位。这既是金大"学以致用"办学精神的体现，也是将学科发展服务于中国社会现实需求的实践。金大师生关心社会民生，注重社会调查与社会问题研究，将科研成果推广运用于国家和社会建设。金大的推广事业以农学院成绩最为突出，但并不限于农业推广。文学院开展的毛织试验所与合作社，理学院推广的科学电影，也有着广泛的社会影响。

一、毛织试验所与合作社

二十世纪二三十年代，进口丝大量涌入国内，南京缎业急剧萎缩，"机数由二万余架降至一二千架，机户由万余户降至数百余户"，失业人员骤增。"农村之繁荣与富庶，胥赖乎农民副业之扶助，以农作余暇，从事生产，半年余储，荒岁无忧。"这一情形引起金大师生的关注，他们谋求改良与救济南京缎业，扭转传统手工业的衰颓之势。

1933年，金大筹资数百元，并得南京市妇女协会资助，在本校农业专修科内创办毛织试验所。该所成立后，派人至北平学习毛织技术，改造原有机器，由生产丝绸转向生产哔叽和其他毛织品。金大农具学教授林查理（C. H. Riggs）[①]对旧机器加以改良，研制出多种新机件。为进一步改进机器设备，社会学系教授史迈士在回美

---

① 林查理为1916年由美国基督教公理会派遣来华的农业传教士，他是康奈尔大学农业工程硕士，先在福建邵武南门外白渚桥边创办了农林试验场，进行改良农具的研究和推广，1921年来到金大农林科。1931年金大成立农具制造厂，由林查理主持，首创仿制锯齿轧花机。1930年，农艺系首开关于农场工艺和机器动力课程，由林查理教授，这是我国大学农学院开设的第一个农业工程方面的课程。1932年，农学院还增设农具学组和农具厂、农具研究室，将农具学列为全院必修课程，这是后来农业工程学系的前身。见赵晓阳：《思想与实践：农业传教士与中国农业现代化——以金陵大学农学院为中心》，《中国农史》2015年第4期。

期间会晤改良手工织机的发明者，并绘制机器图纸寄回南京以供仿制。后经林查理改良，制造出更为优良适用的织机，可以纺织宽幅产品，并比原织机产量提高两倍有余。与此同时，毛织试验所又开发研制出制服呢、男女花呢、哔叽、大衣呢、双层绒及绒毯等120多个花色品种。毛织试验所生产的呢料自行染色，采用德国金属颜料，永不褪色。由于产品美观耐用、质地精良，成为西服、中山装和学生制服的首选面料，备受社会欢迎。经扩大生产与市场推销，毛织试验所逐步在南京市场中占有一席之地，初步实现了"救济失业工人之目的"。①

毛织试验所的成功引起了南京市政府的重视。"市政府鉴于金大提倡国货之热心殊足敬佩"，且"试验毛织品推销社会成绩优良"，决定与金大文学院合作成立毛织训练所，以"训练毛织机工，学习毛织事业，提倡社会生产，增进劳工生活为宗旨"，招收练习生，训练时间为六个月。②1934年，毛织训练所正式成立。南京市政府先后赞助七千余元，用于扩建工厂、购买纺织机设备，以及试验训练学生。南京市政府资送练习生15名入所学习，练习生的管理与训练工作由金大全权负责。毛织训练所成立管理委员会，由社会学系主任柯象峰担任委员会主席，农业专修科主任章元玮担任主任，下设技术委员会、合作教育委员会、经济委员会、训导委员会等四个委员会。毛织训练所先后将40余名失业工人培训成优良技工，分配到各地工作，其中两名技工被宁夏省政府聘请前往创立毛织工厂与训练所。

为推广此项工业并提倡合作，1935年12月，金大毛织试验所组织成立了"有限责任南京纺织服装生产合作社"，毛织试验所及训

---

① 《私立金陵大学文学院概况（1936年至1937年）》（第四号），第19页。
② 《毛织训练招收第二次练习生》，《金陵大学校刊》第167号，1935年10月7日。

练所的劳工与消费者均为该社社员。合作社管理严格，社员参与性强，成立后对毛织试验所及训练所的生产和营销均起到积极作用。为进一步扩大生产，合作社决议筹集股金五千元用于生产大批哔叽，供给南京各机关。股金由南京市政府认一半，南京市中外各界人士合认另一半。南京市政府又出资2 500元，用于试验与训练学生，推动改良生产设备与技术工艺。1936年，毛织厂营业收入达3 000余元。合作社的成功运作，带来了生产与营销的双赢。

金大文学院与农学院合办的毛织试验所，以及金大与南京市政府合办的训练所、合作社，意在"提倡国内机械化之手工业，辅以合作社之组织推销，俾其供应合理"。[①]为中国手工业转型提供了成功范例。试验所通过较低成本的技术改造，使基础薄弱的传统手工业迅速提升技术水平，提高生产效率与产品质量。训练所探索了高等院校与政府联合进行技术推广的模式，为社会培训新技术人才，对挽救民族工业做出贡献。金大在创办试验所与训练所的同时，还进行合作社的尝试。中国存在大量传统手工业及家庭式作坊，合作社可以使各地零散的手工业相互联络，个人与家庭无法办到的事情通过合作社共同举办，如购买原料、借贷资金、购置机器，等等。这种对传统手工业的改造方式，与建立大规模工业相比，成本更低，收效更快，也更有利于产品的推销。"试验—训练—合作"的生产合作模式，对促进南京乃至中国手工业向现代工业转型都起到了促进作用。

二、教育电影的推广

金大理学院推广科学教育的过程中，教育电影是重要的辅助

---

① 《毛织厂拟扩充计划》，《金陵大学校刊》第217号，1937年2月8日。

工具。二十世纪初，美国教育界开始探索使用图片、幻灯、电影等工具来改进课程教学。以电影辅助教育，对于当时的留美中国学生多有影响。金大理学院最初引入教育电影主要也是为了辅助课堂教学，但随着工作的开展，教育电影成为一项独立且重要的推广事业。

早在二十世纪二十年代初期，金大农林科即利用电影辅助农业推广。据孙明经回忆，1922年郭仁凤主持农业专修科，曾购买两架35毫米放映机和一些美国制造的农业指导电影，并自行摄制了几部动片用来辅助教学。[①]1928年，美国伊士曼柯达公司（The Eastman Kodak Company）在中国上海设立分部，销售教学影片，到1930年，该公司引进了近100部教育影片。1930年，化学系教授唐美森将科学电影用于教学实践，取得很好效果，于是他将此举向理学院院长魏学仁推荐。魏学仁在留美时便对美国的教育电影留下了较深印象，他和柯达公司的教育电影部也有联系。魏学仁在美国时曾收集有关电影教育资料，购买电影摄制器材，回国后无偿地捐献给母校。魏学仁认为，教育电影既可辅助课程教学，亦可辅助推行科学教育。1930年，在魏学仁的支持下，金大理学院向柯达公司购置教育影片和放映设备，包括柯达公司最新制造的16毫米放映机，在理学院的教学中加以应用，这是中国大学有科学影片之开始。

1931年4月18日，理学院开始在该院无线电室放映科学影片。当时的《金陵大学校刊》报道称："理学院最近已经向柯达公司购买摄影机一架，科学影片多种，上星期六曾开映三片于该院无线电室，由院长魏学仁解释，观者除了本校同学数十人外还有金女大同学多人，莫不赞美。"[②]1931年秋，理学院选择南京市内的著名中

---

① 孙明经：《我国在大学中培养电影和电教专业人才的先例》，《电化教育研究》1986 年第 3 期。

② 《理学院倡映科学影片》，《金陵大学校刊》第 23 号，1931 年 4 月 24 日。

学，每学期放映三次科学和工业影片。这种可视化的教育形式受到广泛的欢迎，"结果非常鼓舞人心"。

鉴于放映电影在推广科学教育上的显著效果，放映科学电影逐渐成为理学院常规事业，放映地点也从理学院的无线电室改到学校大礼堂进行。当时，"每三星期一次，每次映放四片，均系关于科学常识之片，间有一二为风景名胜，每次开映，观者均极形踊跃"。如在1932年4月2日星期六，金大在大礼堂公开放映《净水法》《夏威夷岛风景》《微生物生活》《压缩空气》四部科学影片，观众达数百人之多。"除本校教职员同学及金女大、本校附中、中华及汇文等校学生外，并有附近民众多人。"[①]

随着越来越多的校外学生希望来校观看科学教育电影，1933年，金大的科学影片放映扩展至南京全市著名中学和沪宁铁路沿线城市的学校，"成绩大著，观众激增，寝假而成为理院之重要社会事业"。1933年秋，理学院推广委员会应各地中学要求，先后在镇江、常州、苏州、无锡、江阴等地放映科学电影，并派员随同前往考察各地中等学校科学教育设置和发展状况。[②]1933年，理学院在扬州中学放映科学电影六次，"极收推广之效"，"观者极为踊跃，达千余人"。[③]在1933年秋季学期，理学院放映科学电影的学校机关共有34所，分布在13个地埠，放映电影67场，影片45种，放映影片264次。观影人数达126 112人，平均观片人数478人。[④]

随着理学院电影教育和放映业务的增加，为了更好开展电影教育、培养人才及服务社会，1934年理学院将学院推广委员会改组为专门的电影教育专业机构——科学教育电影委员会。"本校理学院

---

① 《理学院消息》，《金陵大学校刊》第49号，1932年4月8日。

② 《理院科学电影旅行映放》，《金陵大学校刊》第104号，1933年10月23日。

③ 《科学电影分发苏皖放映》，《金陵大学校刊》第101号，1933年10月2日。

④ 《理学院上学期映放科学电影报告》，《金陵大学校刊》第117号，1934年3月12日。

推广委员会成立迄今，已有数年，平日对于科学推广颇多努力，尤以科学教育电影事业之提倡，为该会至要之职务，最近经该院本学期第一次院务委员会会议议决，为谋该会名实相符起见，特将该会改组为'科学教育电影委员会'。"①

金大引进外国影片开展科学教育，受到社会各界欢迎。但伊士曼柯达公司的影片系英文，在社会播放时效果不尽如人意。金大理学院乃与该公司合作，将影片译制为中文版。柯达公司向金大免费提供这些影片，供永久使用。化学系教授裘家奎领导开展此项译制工作，在全面抗战爆发前，理学院共译制了60部影片，近乎占到战前国内教育电影的一半数量。②

国内可用于摄制科学教育电影的题材也非常丰富，并且国内题材更贴近民众，教育效果更好。1934年开始，理学院鉴于购置的国外科学影片与国情多有不合，乃受教育部及中国教育电影协会的委托，根据需求开始有计划摄制国情化教育影片。1934年，理学院完成《首都中小学联合运动会新闻》和《中央国术表演》两部影片的摄制，经中央电影检查委员会审查后在首都放映。1935年，金大科学教育电影委员会自备电影摄制机三台，拟依次摄制科学影片，内容包括本国工业、应用科学、本国农业、地理名胜共四大类35项选题。③1935年，理学院还制订了民众教育影片一年计划，与中国教育电影协会、中央国术馆、龙潭水泥厂、中央广播电台、首都电厂、金陵文理女子学院、安徽滁州中学、本校农学院等机关合作，大批摄制科学影片。

---

① 《金陵大学校刊》第 135 号，1934 年 10 月 22 日。

② A Brief Account of the Film & Radio Program, 1947, RG011-201-3438, UBCHEA Archives.

③ 《理学院科学教育电影拟定全部摄制计划》，《金陵大学校刊》第 151 号，1935 年 3 月 25 日。

表4-8　理学院民众教育影片一年计划（1935年）

种类	卫生片	科学片	地理名胜片
一	身体之构造	蚊虫生命史	南京
二	发、手、脸之清洁	造纸	北平
三	沐浴与洗衣	种棉	美都
四	急救法	铁之来源	热带人生活
五	急救法（心血法）	鲑鱼	寒带人生活
六	齿之保护	简单机	中美
七	食物与生长	水力	墨西哥
八	白喉	汽力	巴拿马运河
九	肺病	电力与人生	孔陵
十	急性盲肠炎	灯光发达史	牯岭
十一	营养卫生（水）	种树法	黄石公园
十二	营养卫生（牛奶）	造林	青岛

资料来源：《理院民众教育影片一年计划》，《金陵大学校刊》第137号，1935年11月18日。

　　1936年秋，理学院又增设教育电影部，以潘澄侯为主任，下设总务、编译、摄制、流通四组，分别由潘澄侯、裘家奎、孙明经、段天育四人主持。到二十世纪三十年代中期，孙明经成为金大科学电影事业最重要的推动者。孙明经（1911—1992），出生于南京，1927年进入金陵大学读书，1934年在金大毕业留校后便加入教育电影事业，进入了潘澄侯领导的教育电影部，成为一名摄影师。1935年秋，他成为教育电影委员会的七名委员之一。1937年，又担任教育电影部副主任，兼总务组主任、摄制组主任，是教育电影部的实际负责人。

　　金大教育电影事业的快速发展离不开与政府和社会机构的合作。1934年南京市颁布了《南京市社会局委私立金陵大学理学院承办南京市教育电影办法》，委托金大为南京市办理教育电影事业，定期面向中小学生和社会民众公开放映电影，市社会局每月向金大理学院拨款200元。根据《南京市中小学教育电影中心放映站一览表》记载，1936年3月，南京市社会局在全市14所中学或者小学设立了电影放映站，每个放映站参与的学校数量不一，基本辐射了大部分中小学校。如在1936年9月9日夫子庙中心站的放映中，观众达1 000多人。[1]

1936年，教育部成立了电影教育委员会，负责全国电影教育事业。金大自1930年以来便重视电影教育工作，向社会大众推广科学教育，有着良好的工作基础。1936年9月，教育部决定从各省选拔人员办理电化教育人员训练班。该训练班主要与金大合作，在训练班的18位教师中，有12人来自金陵大学，如戴运轨、吴汝麟、杨简初、毛德恩、计舜廷、李正雄，等等。当时年仅25岁的孙明经刚刚留校任教，也担任了训练班的讲师，主讲"电影教育"。金大为电化教育人员训练班提供教学场所，并承担了主要的教学任务。本届训练班学员共162人，其中电影组学员92人，播音组学员70人。他们来自全国20多个省市，有中学老师，也有各地的教育局职员或民众教育馆职员，还有中国教育电影协会会员及各省教育会会员。[2]抗战时期，电化教育人员训练班又办了两届，均由金大理学院提供大部分师资人员及实习基地。

金大还与中国教育电影协会合作摄制教育电影。中国教育电影协会成立于1932年7月，为我国推动"教育电影化、电影教育化"的重要机构。1935年，中国教育电影协会鉴于国产教育影片需求迫切，乃拨定专款，与金大理学院合作摄制以科学教育为主旨的各种影片。中国教育电影协会通过《与金陵大学合组教育影片联合流通处便利各地租借案》，议决拨专款4 000元用来摄制教育影片。会后

---

[1] 郭洋：《金陵大学电影教育研究（1930—1952）》，南京大学历史学院硕士学位论文，2018年，第35页。

[2] 郭洋：《金陵大学电影教育研究（1930—1952）》，南京大学历史学院硕士学位论文，2018年，第38-39页。

中国教育电影协会和金大合组教育影片推广委员会，分别负责事务和技术部分，由金大潘澄侯教授拟订摄制教学电影计划。在该计划的推动下，孙明经等人在1935—1937年陆续摄制了多部教育电影，如普及农业知识之《大豆》《水稻》，普及医学知识之《急救》《疟疾》等，反映南京市政建设的《首都建设》，用于国防教育的《防毒》《防空》等。截止到1936年年底，已经摄制成功《西湖风景》《蚕丝》《陶瓷》《酱油》《开封》《防毒》《防空》《搪瓷》《首都风景》《玻璃仪器》等13部，其中《蚕丝》一片，应美国教育机关之请，翻译成英文与国外交换。[①]《防毒》一片销售最广，影片内容分为重要化学制剂、个人消毒、集团防毒、急救、消毒等五个部分。当时中日战争一触即发，金大制作《防毒》这部教育电影，旨在"提倡人民注意，唤起研究兴趣"。[②] 社会对于教育电影的需求旺盛，仅教育部要求金大教育电影部拍摄的影片就超过20部，并向金大大量订购了多种教育影片。对于其中一种影片，教育部订购数超过了100份。

金大还为中国电影走出国门做出贡献。受中国教育电影协会和教育部委托，魏学仁与潘澄侯、孙明经等人编创了《农人之春》电影剧本，由中央电影摄影场摄制成短片。电影《农人之春》于1935年6月制作完成，7月寄往布鲁塞尔参加比赛。这部影片描绘了春耕时节，农民用脚踏水车抽水灌田、弯腰插秧，归家的牧童于夕阳西下时横坐牛背、吹笛缓行，记录了中国农民的家庭生活状况，是一部极富中国文化传统风格的电影。比赛设置特等奖、名誉奖、金质奖，其中特等奖名额有三个，这部影片最终获得特等奖第三名，这是我国第一部获国际电影比赛大奖的电影。由于金大在教育电影事

---

① 《本校教育电影部摄制中华景象》，《金陵大学校刊》第217号，1937年2月8日。
② 《防毒影片摄制经过及说明》，《科学教育（南京）》1936年第1/2期。

业上的贡献和影响，中国教育电影协会在1935年推举金大为国际教育电影协会通讯代表，理学院教授潘澄候、范德盛为个人代表。[①]

表4-9 金陵大学理学院自制16毫米教育影片表（1937年）

合作机关	片名	技术合作机构
中国教育电影协会	《西湖风景》	
	《陶瓷》	金大农学院、无锡华新丝厂、上海商品检验局
	《酱油》	中央工业实验所
	《底皮之制造》	西北制革厂
	《开封》	
	《防毒》	首都军事化学机关
	《搪瓷》	上海益丰搪瓷厂
	《首都》	首都航空机关
	《玻璃仪器》	中央研究院化学研究所
中国日食观测委员会	《民国二十五年之日全食》	天文研究所
自制	《水泥》	龙潭中国水泥厂
	《国术》	中央国术馆
	《童子军》	安徽省立滁州中学
	《醉翁亭记》《青岛风光》《崂山》《黄山》《给小朋友们》《金陵大学理学院一瞥》《书法奇观》	
	《蒋公寿辰》	
教育部	《养牛》	中央大学农学院
	《农具》	上海中华新农具推行社
	《印刷》	商务印书馆
	《看图识字》	
教育部	《日食》	天文研究所
	《兵器》	首都军事机关

资料来源：《金陵大学理学院自制十六毫米教育影片表》，《金陵大学校刊》第217号，1937年2月8日。

[①] 《中国教育电影协会推本校为国联通讯代表》，《金陵大学校刊》第154号，1935年4月22日。

理学院科学电影业务分流通、编制二部。流通部管理巡回代映及出借影片，编制部管理摄制影片及译制中文字幕。金大为柯达公司译制了两百余部科学影片的中文字幕。理学院也受外界委托，代摄关于教育、科学、工业方面的各种影片。至1937年年初，理学院教育电影部自行摄制各类影片28部。这些影片全部用于推广教育，供中小学及社会机关选择放映。当时全国教育电影有百分之九十出自金大理学院，由教育部安排在全国各地公开放映。到1943年这些教育影片流通到英美等国者达百部之多。[①]金大理学院也借电影之宣传，做科学之推广，深得社会之仰戴。经过多年不懈努力，科学电影事业从教室走向社会，从单一的电影放映形式发展到多种电化教育方式，从利用进口影片到自行摄制影片，成为理学院推广事业的主流和特色，对推广科学教育、转移社会风气、服务国家建设都发挥了应有作用。

三、农业推广

农学院院长章之汶在所著《农业推广》一书中，将农业推广分为广义和狭义两种。狭义的农业推广，"即以农业学术机关——农科大学与农事试验场，所研究改良之结果，用适当方法，介绍于农民，使农民获得农业上之新知能，从而采用与仿效，以增益其经济收入。乃纯为改进农事之手段，视各地环境上之需要，将已有之可靠材料，为极单纯之农事推广"。广义的农业推广"除将农事方面之改良成绩推广于农民外，且教育农民，组织农民，培养领袖及改善其整个的实际生活，至一切农业政策之实施，皆属之"。[②]从这种

---

① 路林林：《物理学领域的早期电化教育专家：魏学仁》，《现代教育技术》第23卷第2期，2013年。
② 章之汶、李醒愚：《农业推广》，上海：商务印书馆，1936年，第16页。

划分可见，狭义农业推广属于农事改良的范畴，而广义农业推广则包含了全面的乡村改进。

在金大农学院，农业教学培养农业人才，科研工作改良农业技术，但最终都与解决农业问题、提高农业生产能力相关，农业推广因此是教学和科研的自然延伸。章之汶对此有着深刻理解，他说："有了好种子，还要推广到农家去，使农家普遍种植优良种子，增加作物的产量，这是办农业学校的最终目的。"[1]农学院结合中国农村实际开展研究，为农业推广提供材料，如良种、新式农具、先进栽培工艺、农业合作组织方法，等等，同时通过本科教育、农业专修科及各类短训班培养了多层次的农业推广人才。农业教育旨在改进农民生活和农业生产，农业推广是实现这一目标的重要途径。不仅如此，农业推广也是在实践中检验农业教育和科研的重要手段。金大农学院通过高水平的科研和教学工作，也为农业推广准备了现代农业产品和高层次农业推广人才，使推广事业成绩卓著。农学院这样总结：

> 研究、教学、推广为大学农学院应具有之机能。无研究，则教学与推广之材料无所出；无教学，则研究与推广之人才无从养成；无推广，则研究之结果不能普遍应用，作育之人才，不能适合于实际需要，而农学院对于社会之贡献亦受限制。是以研究、教学、推广，三者在大学农学院中，鼎足而立，相辅而行。[2]

为了将"三一制"贯彻到具体工作中，农学院设计了一套行之有效的制度，将教学、科研和推广工作有机结合。农学院下设各系并非各自为政，而是互相配合，不同系科共同合作完成各项事业。在农学院的制度设计中，学院设立的农业服务机构均由多个系、部

---

① 章之汶：《本院过去现在与将来》，《农林新报》1941 年 8 月 21 日。
② 《金陵大学农学院迁蓉后推广事业一览》，1938 年 12 月，金陵大学档案 649-1939。

参与。例如，为改良乡村组织、增进农民生活而成立的农民服务社，由推广部与乡村教育系、农业经济系共同组织。又如，农业专修科也"非乡村教育系单独所办，故对于办理进行，乡村教育系仅处主领地位，其他各系皆处辅导地位"。而专修科的指导机构"专修科委员会"，则由"农林科科长商同各系主任对于专修科有浓厚兴趣之各专家组成之"。[①]与此相适应，农学院下设的行政委员会、教务委员会、研究委员会、推广委员会和合作委员会，其委员由来自不同系科的人员组成，许多教授都在两到三个委员会中任职。

早在1924年，金大就成立了农业推广部，以美棉专家郭仁凤为主任，在当时国内属于首创。推广部下分总务组、教务组、编辑组、指导组、赛会组、演讲组、调查组、通讯组、合作组、宣传组十组。郭仁凤回国后，张心一于1927年接任推广部主任，办事人员增至五人，并另有绘图、通信、制标本及搜集材料者四人。1930年，周明懿出任推广部主任，推广部人员增至九人，另有两人专门负责绘图和制作模型。[②]农业推广部组织的扩大，反映了社会对于农业推广的急切需求。从1924年成立到1930年的六年中，金大农业推广部仅在各省组织集会一项就达到2 000次以上。"工作地点共九省，计104县，每次开会人数，至少四五十人，多则四五千人。"可见推广部工作之繁忙。在1932年编写的《私立金陵大学农学院概况》中，对推广部设备有一个详细清单，这些设备包括：图表345件；标本94件；模型30件（卫生、蚕桑等）；软片幻灯机3部；煤气幻灯机1部；电石幻灯机1部；幻灯片玻片371张，软片35张；电影机2部；压电机4部；电影片32大卷；磨电机2台；摄电影机1部；照相机2部；无

---

① 章元玮、李映惠：《本校农林科特设农村服务专修科实施计划草案》，《农林新报》1927年4月21日。

② 《私立金陵大学农学院概况（1932年至1933年）》（第二号），第7—18页。笔者在该书的教职员名录中找到了推广部九名成员的具体姓名，他们分别是：周明懿、邵德馨、朱东山、李醒愚、李洁斋、姚明、夏长安、孙友农、阎克烈。

线电收音机1台;药箱4个;留声机5台;唱片182张;拌药箱30个;犁3把;打谷机2台。[①]从中也可以看出推广部工作范围和业务重点。

在推广部之外,农学院各系也根据自身研究、教学需要开展推广事业。农艺系长期从事作物改良工作,在全国各地均举办推广事业。蚕桑系出售无毒蚕种和桑苗,该系与推广部合作,在无锡、江阴、江宁等地与地方合办育蚕指导所。[②]随着推广事业的扩大,为协调各系和推广部的推广工作,农学院成立了推广委员会。推广委员会由各系主任和教授代表组成。在1927年,推广委员会主任为周明懿和张心一,委员包括过探先、芮思娄、乔启明、唐希贤、章元玮、郝钦铭、陈嵘、马进、俞大绂、李积新。[③]1931年11月,农学院决定扩大推广委员会,除各系主任为当然委员外,由各系另推一人为委员,负责该系有关的推广事业。推广委员会以"谋改善农业推广方法,增进农业推广效能,扶植乡村领袖与改良农村组织,同时使本院各系有互相联络与合作精神,共同研究讨论整个农业推广计划之实现为宗旨"。[④]推广委员会下设出版部和推广部,推广部又分总务、生产、经济和教育四组。农学院定期出版的《农林新报》创刊于1924年,该刊致力于传播农林知识,每月销售在2 000至5 000份之间,传播遍布全国20余省,深受农林界好评。

在全面抗战爆发前,农学院的农业推广工作可分为前后两个阶段。从1923年到1929年为宣传提倡时期,从1930年到全面抗战爆发为示范推广时期。在前一阶段,金大农学院"采宣传提倡方式,以唤起社会人士对于农业改进之兴趣"。金大在农业推广中采取演讲会、展览会、暑期学校、农民周、庙会、新春农业研究会、民众学

---

① 《私立金陵大学农学院概况(1932年至1933年)》(第二号),第38—39、78页
② 《蚕桑系十七年合作事业计划》,《农林新报》1928年1月1日。
③ 《本校农林科各委员会选定委员》,《农林新报》1927年10月11日。
④ 《金陵大学农学院农业推广委员会章程》,金陵大学档案649—1939。

校等多种形式开展推广宣传，并利用电影、标本、良种、新式农具加以示范，以增进宣传效力。从1923年到1934年，金大农学院共推广棉籽162 622斤，小麦149 988斤，玉蜀黍21 092斤，蚕种194 107张，碳酸铜粉6 000磅。[1]1932年，农学院曾对历年农业推广工作进行总结："在此数年中，凡推广员足迹所到之地，各界人士对于农业上增加信仰及兴趣不少。本院改良种子及农具、苗木等，因推广之力而推销各地亦极多，常有供不应求之患。各处闻风来校肄习农林者，亦日渐增多，各处小学因之增设学校者亦日多，各处试验场与本校合作者，已有六七处之多。其效力最大者，即为各省教会对于农村服务大变其昔日方针，亦因推广部宣传之力所致。"[2]过探先曾粗略估算过，在二十世纪二十年代中期，"本科之推广事业，日益进展，直接受惠之农民每年至少在十万人以上"。[3]

表4-10 金陵大学农业推广部历年推广良种统计（1923—1929）

统计区间（年）	棉花（斤）	小麦（斤）	蚕卵（张）	玉蜀黍（斤）	碳酸铜（包）
1923 — 1924	14 700	5 625	599 974	90	
1924 — 1925	67 500	9 000	50 000	5 770	
1925 — 1926	8 000	13 000	400 000	4 500	300
1926 — 1927	2 000	14 500	900 000	769	1 000
1927 — 1928	4 739	18 045	1 120 000	990	3 000
1928 — 1929	7 956	16 876	1 540 000	1 400	1 200
1929 — 1930	14 500	15 840	1 425 000	1 500	1 800
总计	119 395	92 886	6 034 974	15 019	7 300

资料来源：《金陵大学农业推广部推广工作报告》（1932年），金陵大学档案649-2516。

注：推广部推广的良种数量，并不包括其他系的推广数量。

---

[1] 《私立金陵大学农学院概况（1934年至1935年）》（第三号），第84页。

[2] 《私立金陵大学农学院概况（1932年至1933年）》（第二号），第77 — 78页。

[3] 过探先：《金陵大学农林科之发展及其贡献》，南京大学高教研究所校史编写组编：《金陵大学史料集》，南京：南京大学出版社，1989年，第265页。

1930年以后，随着农业推广工作走向深入，推广部主持全院的农业推广事业遇到了新的困境。一方面，来自全国各地对农业推广的强烈需求，给推广部工作带来了巨大压力。在1931年，推广部就认识到全国各地对良种的巨大需求已远远超过农学院的供给能力。"需求远远大于供给，这表明关键的问题不是让农民接受良种，而是能生产足够的良种，每年都有数以百计的索种要求不能满足。"① 开展农业推广工作需要大量的人力和物力，这使得推广部难以应付。另一方面，农业推广由于涉及合作、金融、卫生等诸多专业性很强的领域，推广部无法保证推广工作的专业性，从而降低了推广的成效。这使得金大农业推广工作的重点从前期的倡导和宣传进一步走向深入，并采取了示范推广的方式。

1930年，金大农学院鉴于过去推广工作范围过大，难以切实加以辅导，乃改变分散式的推广方式，集中工作于若干区域以为示范。此前，农学院的推广工作主要集中在安徽、江苏、河北和山东四省。1930年以后，农学院将山东、河北的推广工作集中于龙山、潞河两处，与齐鲁大学合作设立山东历城龙山服务区，与通县潞河中学合作设立河北通县潞河乡村服务区，金大农学院对服务区推广工作负有指导责任。在南方，因南京附近地区推广工作有较好基础，且距离金大较近，被选为农学院推广工作的中心地域。1930年，农学院与中央农业推广委员会合作，在有着良好推广基础的安徽和县乌江镇（距离南京约40公里）成立了乌江农业推广实验区。

1933年，章之汶出任推广部主任后，对农学院的推广体系进行改革。第一，在推广区域上，改变过去在全国遍地开花的推广方式。"以后的推广工作都将围绕乌江实验区或其附近区域进行"。第二，重新组织推广机构。"以后推广计划将由与该计划最密切相

---

① 《金陵大学农业推广部推广工作报告》，1932年，金陵大学档案 649-1842。

关的系来进行，以保证推广工作的专业性。推广部将成为一个协
调机构。推广委员会由来自各系的代表构成，对推广事业进行决
策。"①在这次调整后，推广部仍然是金大农学院专门负责农业推广
的机构，但各系在推广工作中的重要性增强了，推广部成为一个协
调性机构，更多承担推广委员会执行机构的角色。

农学院在全国的良种推广在1934年以后有大幅度增长。这种增长
尤其表现在"金大2905号"麦种的推广上。以1935年为例，当年农学
院设有7个种子中心区，通过各中心区种子推广数量，可以看出该年
度良种推广的快速发展。

表4-11　金陵大学农学院各地种子推广数量与面积统计表（1935年）

地区	种子类别	种子数量（斤）		推广亩数	
		1934年秋	1935年秋	1934年秋	1935年秋
殷巷	2905号小麦	600	3512	100	439
	26号小麦	6210	56392	982	7108
汤泉	2905号小麦	6075	48449	607	7179
淳化镇	2905号小麦	6965	42186	852	4680
八卦洲	2905号小麦	1000	8574	71	517
	26号小麦	1400	3121	100	172
乌江	2905号小麦	6450	9248	536	972
	爱字美棉	21557	24100	2801	3498
南宿州	61号小麦	46470	204600	4294	20470
开封	124号小麦	15380	104029	2743	13272

资料来源：郝钦铭，《改良品种的繁殖与推广》，《农林新报》1936年第
26期。

二十世纪三十年代农学院农业推广思路的另一个转变在推广
工作的侧重点上。前期的推广工作主要限于狭义的农业推广，注意
农事改进，尤其是良种推广，以提高农民经济收益。二十世纪三十

① 《私立金陵大学农学院报告》，1934年，金陵大学档案649-1798。

年代以后，农学院越来越注重广义的农业推广，涉及农村组织、农村教育、农村经济合作等，并逐步从单纯的农事改良延伸到全面的乡村改进工作。如何推进乡村的全面改进，农学院认为必须选择突破口，那就是乡村组织的建设。农学院总结推广工作的问题及今后应该注意的事项时，便将"改良农村组织"放在显要位置。农学院在报告中指出，"我们农村事业之不发达，其最大原因，即为各种共同生活之事业，如经济、政治、宗教、教育、卫生等无相当之组织。故改良农村社会之第一步工作，即宜改良农村之组织，须待各项组织完善以后，各种事业乃可得而设施"。[1]金大将农民协会作为推动农村建设的中心，其思路在1937年农学院出版的《农会推动乡村建设之实验》一书中有着清晰的表达："言乡村建设，则必有其推进之工具。而各地乡村建设辅导机关与团体所选择为工具者各不相同，大抵各有偏废，而最大缺点，则为经济与人才不能自立，外力太多，不能诱发当地农民之本身力量，以至因外力隔绝或环境变迁而中断其工作，在在皆是。今后若不另辟一新途径，则我国乡村建设恐难收实效。兹所谓新途径者何？即集中农民自身力量，在外力指导下，负起乡村建设之责任，此种力量唯有从组织中才可产生。"[2]这一思路在"乌江实验"中表现得最为明显。

四、乌江实验

乌江是长江边上的一座小镇，位于安徽省和县境内，距离南京40余公里。1921年，金大农业推广员首次来到乌江进行推广宣传。到二十世纪三十年代，乌江作为中央农业推广委员会和金大农学院

---

[1] 《私立金陵大学农学院概况（1932年至1933年）》（第二号），第78页。
[2] 金陵大学农学院：《农会推动乡村建设之实验》，1937年，第1-2页。

合办的农业推广实验区，在全国风起云涌的乡村建设运动中广为人知。

（一）乌江实验的缘起与发展

乌江实验可以分为三个时期。第一阶段是从1921年到1930年，为乌江实验的草创与起步阶段。1921年，郭仁凤等人分赴各处推广改良棉种，是年秋来到了素以"乌江卫棉"闻名的乌江镇，"即在该镇中街，举行农作物展览会，陈列标本、图标、模型等，农民前往参观者甚众"。①这是金大和乌江发生关系之始。1924年，金大在乌江成立乡村改进部，以李洁斋为主任，明确乌江乡村改进的三大目标："增加农民生产、启发民众智慧、促进乡村卫生。"李洁斋感到单纯的美棉推广具有局限性，要使农业推广出成效，不能局限于推广本身，必须致力于整个乡村社会的改进。但是由于经费和人力的限制，加上1928年红枪会事件中陈调元军队假借剿匪在乌江大肆抢掠，"乌江整个乡村社会，损失在二十万元以上，金大在乌江事业全部摧毁"。

第二阶段是从1930年中央农业推广委员会与金大合办乌江农业推广实验区到1937年日本侵略者攻陷乌江前夕，为乌江实验的全面扩充时期。政府力量的支持，加上二十世纪三十年代举国上下对于乡村建设的重视，为乌江实验提供了良好发展环境。1929年5月，国民政府发布《农业推广规程》，提出"为普及农业科学知识，增高农民技能，改进农业生产方法，改善农村组织、农民生活及促进国民合作起见，实施农业推广"。由教育部、内政部和实业部合组中央农业推广委员会，选定特定区域进行农业推广实验，为全国范围的农业推广提供范例。1930年，农推会派员会同金大前往乌江考察，认为该区有设立农业推广实验区的四项优势条件：

① 蒋杰：《乌江乡村建设研究》，南京朝报印刷所，1936年，第55页。

（1）距离南京较近，可经常前往指导督促；

（2）此地尚无从事乡村建设的机关，可以避免重复；

（3）荒地较多，存在农业生产的增长可能；

（4）金大在此已有九年的工作基础，深得民众信仰，便于各项工作开展。[1]

农推会于是决定与金大合作，成立乌江农业推广实验区，下设农村教育、农村社会、农村经济和总务四股。对于乌江实验区，金大也视其为"三一制"办学模式的重要一环，将该区定位为：（1）本区为大学农业推广工作实验地；（2）期将本大学各项研究之结果，推广于该区农民；（3）供给本大学及其他机关研究乡村问题之实习地。实验区成立后，制订了一项六年推广计划，即在1930年9月到1936年8月六年中，以乌江镇为中心，每年向四方推广五里。在此期间，使乌江农民可获得实验区的援助，同时开展民众训练，以便实验期满后地方人士能接办实验区事业。

但始料不及的是，由于"九一八"事变及"一·二八"事变的发生，农推会从1932年4月起退出了乌江实验区建设，该区由金大农学院暂为代办，农推会仅每月补助经费200元。此后乌江实验乃由金大独自办理。金大一改过去在全国各处分散推广的模式，从1934年起决定进一步扩大乌江事业，将推广工作集中围绕乌江实验区或其附近区域进行。和县新任县长刘广沛热心乡村建设，他同实验区合作，于1934年划定乌江所在的和县第二区为模范区，成立第二区农村建设委员会，并任命孙友农为第二区区长。乌江实验区凭借县政权的支持得以扩大改组，实验区共分为总务、教育、生产、社会、经济、卫生和政治七组，建设事业在二十世纪三十年代中期进入鼎

---

[1] 蒋杰：《乌江乡村建设研究》，第82页。

盛时期。不幸的是，由于1937年全面抗战爆发，蒸蒸日上的建设事业被迫中断。

1946年到1949年，是乌江实验的恢复时期。抗战胜利后，金大与当时的农林部农业推广委员会合作恢复了乌江实验区，开展各项建设事业，直至1949年新中国成立。

（二）农业改良与良种推广

金大最初和乌江结缘即出于推广爱字美棉的需要。1923年，金大在乌江租地设立棉作示范场。在1933年之前，金大在乌江的美棉推广主要是散种推广。虽然棉种推广的数量和规模日渐扩大，但缺乏周密的推广计划和保证种子纯洁度的配套设施。推广种子数量虽大，但种系的退化也很快出现。从1933年起，实验区采取"波浪式推广"的方式。以实验区繁殖场和特约农户设立的纯种棉场为中心，采用"地方纯种主义"，施行棉种检定制度，加强对种子的管理。优先满足内圈农户对种子的需求，然后根据需要从内圈向外圈延伸。实验区"利用轧花厂为农人轧花，管理其种。逐渐由此中心，向外发展，预计五年之后，全区尽替为爱字美棉"。[①]美棉推广在1934年后呈现加速发展的趋势。

表4-12 乌江地区美棉推广情况表（1931—1936）

年份	领种户数	播种面积（亩）	领种斤数（斤）
1931	79	664	4 422.5
1933	61	740	2 283
1934	249	2 801.2	25 257
1936	637	6 281.6	60 422

资料来源：1931、1933年数据见蒋杰，《乌江乡村建设研究》，第101页，1932年因1931年长江水灾的发生棉籽尽烂死，使得本年度推广工作停顿；1934年数据见《乌江农业推广实验区23年度工作报告》，《农业推广》第9、10期合

---

① 《乌江农业推广实验区工作概况（1934年7月）》，金陵大学档案649-1536。

刊；1936年数据见《合办乌江农业推广实验区工作报告24年6月到25年3月》，《农业推广》第11期。

良种推广的另一个主要内容是小麦推广。1930年，金大将"金大26号"小麦在乌江试种，结果产量较土种为优，于是1931年开始在乌江推广。1934年，金大又将更为优良的"金大2905号"小麦在乌江推广。

表4-13　乌江地区麦种推广情况表（1930—1935）

年份	领种户数	播种面积（亩）	领种斤数（斤）
1930	5	12.2	255
1931	15	55.27	1 133
1932	85	481.33	9 477
1933	72	440.2	8 804
1934	30	535.8	6 450
1935	143	983	17 397

资料来源：　1930—1933年数据见蒋杰，《乌江乡村建设研究》，第103页；1934年数据见《乌江农业推广实验区23年度工作报告》，《农业推广》第9、10期合刊；1935年数据见《合办乌江农业推广实验区工作报告24年6月到25年3月》，《农业推广》第11期。

良种种植给农民带来了直接收益。以爱字棉为例，无论是在产量还是在质量上都远优于土种。美棉每亩可产子花70斤，皮花36斤，而本地棉亩产子花仅30斤，皮花为24斤。在价格上，本地棉子花售价为每担10.7元，而爱字棉为每担13.3元，售价平均每担高出2.6元。[①]1933年秋季，"农民鉴于美棉之丰收价昂及得种子困难"，实验区在"购回种子时发生困难，虽每担加价一元，购回之数量极少"。"因农人感觉以往要种子困难，不愿交出。"[②]二十世

① 蒋杰：《乌江乡村建设研究》，第75、145页。
② 《乌江模范农业推广区工作报告（1933年10—12月）》，《农业推广》第8期。

纪三十年代中期，金大在乌江推行"特约农家"，作为良种推广的示范和种子供应点，乌江农民也成为推广环节的一环。从1935年到1937年，实验区连续举办了三届农事展览会，得到当地农民的积极参与。如1936年的展览会，三天中累计参加的农民高达23 000余人次。"陈列品来源，又大部分以农民所有者为本位。""迄开会之日，农民仍络绎不绝送来（展品）。"[①]在展览会上，农民不仅学习别人的生产经验，自己也成为农业经验的宣传推广者。

（三）合作事业

乌江实验区开展的合作事业包含农产运销、信用合作和鱼种饲养等几个方面，其中以信用合作最具成效。

1933年5月，实验区成立了乌江棉花生产运销合作社，组织美棉运销，社员有160人。当年合作社运销爱字棉97担，普字棉157担，"由社中轧花打包后，分两批运往无锡申新、庆丰两纱厂销售，……除去轧花、打包、转运、保险、折秤、利息等费用外，每担棉绒可多得三元"。[②]1934年7月，棉花生产运销合作社更名为"乌江农村保证责任棉花生产运销合作社"。其目标确定为："谋社员收量之增加，技术之改进，使其经济与生产能力逐渐发展。"合作社的主要工作包括三方面。其一是接受社员股金。1934年合作社共接受社员股金426.5元。其二是联络银行和其他机关开展生产贷款。1934年度前来借款的社员为372人，借款金额为3395.3元。其三是组织棉花运销。

表4-14　棉花生产运销合作社业务状况（1933—1935）

年度	社员数（人）	运销总量（担）	生产贷款额（元）
1933	160	254	
1934	440	304	3 395
1935	246	801	1 789

① 任碧瑰：《乌江第二届农事展览会概况》，《农林新报》第 12 年 30、31 期。
② 蒋杰：《乌江乡村建设研究》，第 124 页。

资料来源：1933年数据见蒋杰，《乌江乡村建设研究》，第124页；1934年数据见实验区经济组，《乌江农村保证责任棉花生产运销合作社之工作》，《农林新报》第11卷第30、31合期；1935年数据见《乌江农业推广实验区工作报告（1935年6月—1936年3月）》，《农业推广》第11期。

　　1931年10月，上海商业储蓄银行决定到乌江组织信用合作社，并依靠实验区加以推进。1932年冬，金大经和上海商业储蓄银行商议，将合作事业归实验区办理，上海商业储蓄银行仅负责金融流通。1933年，又因银行内部事业变更计划，金大将乌江信用合作事业交实验区独自办理。在实验区指导下，乌江信用合作事业发展很快。到1934年年初，合作社已经达到33个，社员710名。为了加强各社之间的联系与合作，实验区决定成立合作社联合会，作为救济乌江乡村金融的机关。1933年5月，由33个信用合作社、美棉运销合作社和老程养鱼合作社共35社成立了"乌江农村信用兼营合作社联合会"。其宗旨在于"联络会员感情，传播合作知识，保证社员权利，督促会员社务，扩充该会业务"。[1]合作社社员主体是拥有一定经济基础的自耕农和半自耕农。1932年，实验区曾对26个信用合作社的520名社员的身份进行了调查，结果显示自耕农占73%，半自耕农占17.5%，由此可见，自耕农是社员最主要的组成部分。

　　信用合作社的业务种类繁多，最重要的为信用放款和举办农业仓库。信用放款被认为是缓解乡村金融枯竭的重要手段。1933年秋，实验区曾对向合作社借款的658名社员的借款用途进行调查，调查结果显示，偿还债务和购买口粮是最主要的用途，用于农业生产的资金却相对有限。

　　农业仓库是信用合作社的另一项重要业务。1932年，在上海商业储蓄银行的资金支持下，乌江农仓正式成立。农仓地址设在实验

---

① 蒋杰：《乌江乡村建设研究》，第128页。

区附近，共可储放稻谷一万余石。1935年，张家集分仓成立，当年共抵押稻谷200石。鉴于农仓的重要性，实验区于1936年秋拟进一步"扩大农仓组织，并与省管理处合作借款，于每乡农会所在地设一总仓，各合作社设分仓"。实验区预计，本年度农仓用于抵押的借款可至十万元。①

为使合作社社员明了合作意义和社务，实验区利用农闲分赴各社举行社员训练。1935年，实验区共举行七次此类训练，参加的合作社有22个，出席社员共计395人。1936年，实验区逐渐将合作事业交由地方自办。从该年1月起，信用合作社联合会经济自立，"一切开支，完全由该会自行担负"，逐步将合作事业纳入地方建设。

（四）培育农民组织——乌江农会

1931年4月，乌江农会成立，该会在章程中规定其宗旨在于"发展农村经济，增进农民知识，改善农民生活而图农业之发达"。②1932年，乌江农会的主要工作有：（1）训练，采取演讲方式启发民众心灵；（2）办壁报和读书会；（3）把扰乱农村秩序的盐务缉私兵赶出农村；（4）请愿县政府减免钱粮；（5）举发劣绅的横行；（6）维持农村小学；（7）调解农村土地、水利纠纷。③随着实验区建设的推进，乌江农会获得迅速发展。1931年，在乌江农会登记的农民仅53人，到1933年，农会以乌江为中心，覆盖了周围250个村庄，会员达586人。1934年6月，会员数更增加到1 000多名。④农会会员以自耕农和半自耕农为主，他们也是实验区事业的参与者和主干力量。

金大学生蒋杰在所著《乌江乡村建设研究》一书中认为，乌江农会"在该区各项事业中，实为最有声有色者"。他将乌江农会过

---

① 《乌江实验区工作报告（1936年3月—1936年6月）》，《农业推广》第12期。

② 孙友农：《乌江农会概况》，金陵大学档案649-1541

③ 孙友农：《乌江农会概况》，金陵大学档案649-1541。

④ 蒋杰：《乌江乡村建设研究》，第138页。

去取得的成就分为无形和有形两种。"无形的工作在训练民众，使之组织化、纪律化和合作化。有形的工作包括：举办读书会，创办壁报，维持农村小学；将扰乱农村的盐务缉私兵赶出乌江；向县政府情愿减免钱粮；举发贪官污吏及劣绅的横行；调查农村水利和土地纠纷；设立农民医院和农民中心茶园。"①

正是基于此，金大从1934年开始将乌江农会作为其在实验区的继任者进行培养。早在实验区成立之初，金大就制订了训练民众，使事业渐由"代办"转至"自办"的建设计划，而农会便是实现这一目标的重要组织。"农会系农民合法团体，为对农民本身谋福利之最适宜组织，乌江农业推广实验区工作，农会应为最为妥当继承人，故近对农会组织正力求完善，期于数年以后，能独立担负此乡村建设工作之重任。"②从1934年起，金大农业经济系决定推进乌江农民组织建设，并以组建农会作为整个乌江实验的核心工作。1934年1月，农业经济系制订了《督导乌江农民协会方案》，其目标就在于"发展一个强大健康的农民组织来推进整个社区的改进，以养成自助为原则"。实验区此后越来越倚重农会进行各项乡村改进工作。实验区在1936年的报告中就指出："农会为本区指导之唯一农民组织，希望相当年后，这个团体能继本区的事业。"③在这种情况下，农会组织得到迅速发展。1935年前后，实验区又在和县第二区内指导成立了张家集农会、杏泉农会、卓庙乡农会和濮家集农会。到1936年，乌江农会已有会员1043人，张家集农会会员381人，香泉农会会员423人，濮家集农会会员235人，卓庙乡农会会员210人。④可谓规模空前。这时期的农会，已经成为各乡领导乡村改进的机

① 蒋杰：《乌江乡村建设研究》，第140页。
② 《合办乌江农业推广实验区事业概况》第三号，金陵大学档案 649-1536。
③ 《乌江实验区工作报告 1935年6月—1936年3月》，《农业推广》第11期。
④ 《乌江实验区工作报告 1936年4月—1936年6月》，《农业推广》第12期。

构，如组织信用合作社、筹备农业仓库、办理农民夜校，等等。

1936年，各处乡农会"以办事方便起见，合组农会联合会办事处于香泉，为统筹机关"。同年，香泉农会会员又集资建筑了十间房大的农会会所，内分办公室、聚会所、阅报室和民众诊疗室等处。此后，会员又捐献300亩之农场一处，以全部农场收入提供农会，为各种农民福利事业经费。实验区认为这是"农民自力建设乡村事业之开端"。到此时，实验区基本将建设事业交由农会加以推行，逐步实现地方人士办理地方建设的目的。

乌江实验从良种推广开始，后发展成为全面乡村改造的建设事业，在二十世纪三十年代取得了令人瞩目的成绩。这种成绩不限于农业科技的改进，还涉及乡村卫生、经济合作、农会组织、乡村教育等内容，使整个乌江社会呈现一片欣欣向荣的景象。章之汶在抗战时期回忆战前在乌江实验时说："安徽省乌江农业推广实验区，最初是与中央农业推广委员会合办，后由本院独办。经过六七年的努力经营，使每年所需七八千元经费，能够完全自给。最后由当地人士组织，交其自己办理，这种推广事业，永在地方生根繁盛，造福当地农民。这是本院引为欣喜的一件事。"[1]

---

① 章之汶：《本院过去现在与将来》，《农林新报》总610-612期，1941年8月21日。

第五章　校园生活文化和学生爱国运动

第一节　校园生活

南京国民政府时期，实施"新首都"建设计划，新街口、夫子庙等商业区兴起，金大所在的鼓楼一带成为文教区。金陵大学与中央大学、金陵女子文理学院一起，在紫金山—北极阁—鼓楼这条富含金陵城市特色的空间走廊上，形成了独特的大学社区。金大校园占地广阔，北园主体由文、理、农三院建筑形成三合院式布局，周围并建体育馆、实验室、学生宿舍、大礼堂等建筑，中间以大面积草坪、花木点缀隔离，形成半封闭空间，成为全校师生交谊、联欢、聚会及举行典礼的露天场所。南院以图书馆为中心，有小陶园、附属中学、女生宿舍等建筑，以及园艺场的众多花木植物。金大为学生提供会客室，配置电话，专设瓦斯厂，配备炉锅设备。校园生活管理规范，环境整洁卫生，秩序安宁，充满现代气息。

一、学生生活

金大学生学习生活以严格、规范著称，这首先体现在招生考试上。金大立案后，招考执行教育部政策，考生须"曾在公立或已立案之私立六年中学毕业；或曾在立案或已立案之私立大学预科毕业"。金大招考分春、秋两季举行，每季招生又分为两次。第一次是在金大本校和各地代考点同时举行，代考点设有上海、北平、天津、广州、武昌等多处，以方便考生就近应考。第二次仅在本校举行。新生入学试验包括党义、国文、英文、数学、中外史地、自然科学、社会科学等科目。金大的入学试验强调学生的英文能力，英文考试包括文法与语法、听力、字量、阅读、作文各个方面。自然科学考试亦用英文，其余考试有国文、英文两种试卷供学生选择。除正式生外，金大也招收转学生，但对转学生严格核定学分。金大规定：对于转学生，其原有成绩较低或者金大校方认为有考试必要的科目，该生应于入校后第一学期重新考试，否则不予学分；转学生在原校所修课程，金大认为不足大学标准或金大无法开设者，可不予承认。如在1929年秋季，金大共招收91名新生，其中18人为转学生。[1]金大也录取试读生，试读生入学后在附中补习不及格科目，经考试及格后可成为正式生。金大还会根据情况，招收有特殊需要的特别生，准其在金大选读课程。[2]

相较于国立大学，报考金大的考生人数不算多。在1930年的校务会议上，教务处在报告招生情形时谈道："本校近来历届入学试验，投考者均不甚多，今后本校应努力设法作增加投考人数之工作。"对于投考人数较少的原因，教务处认为，一方面是金大"考察学生成绩，素称严格"；另一方面是本校不注重宣传，"故报纸上关于本校之新闻，颇不易见。校外人士，除一部分与本校直接或间接有关系者外，对本校情形多未能十分明了，投考人数不多"。[3]

这一状况后来有所改善。1934年夏，报考金大的学生达600人，最终录取了120人，录取比例为五分之一。1935年秋报名投考者，"均较去年倍增，大学部几达千人投考，本年限于名额，仅能录取

---

①　《民国十八年秋季录取新生一览表（教务处制）》，金陵大学档案 649-452。

②　《私立金陵大学招生通告（1937—1938）》，金陵大学档案 649-498。

③　《提交校务会议通过之招生经过谈》，《金陵大学校刊》第 15 号，1931 年 2 月 20 日。

六分之一"。①1936年夏，报考金大的学生达1 000余人，最终仅录取了175人。②从历年招考情况看，二十世纪三十年代中期金大的投考录取比例在五分之一左右，入学考试竞争的激烈程度不及国立大学。如同城的国立中央大学，其学生的招考和录取比例在十分之一左右。③根据教育部编制的《1935年度专科以上学校考生考选情况》，该年度国立大学共有21 456名考生报考，最终录取3 748人，录取比例为14.68%，而各类专科以上学校的总录取率达25.55%。④金大招考学生中还有一定比例的免试生，包括免试入学和免试转学。如在1929年秋季入学的91名新生中，免试入学学生有37人之多，约占录取新生人数的40.7%，免试转学学生17人，约占新生人数的18.7%。

在南京国民政府时期，金大学生人数呈现稳步增长的趋势。1927年秋，金大学生为400余人，到1937年春，已经增至900余人，十年内增长一倍有余。在文学院，最受学生欢迎的是经济系，1936年春文学院共有学生269人，其中经济系有学生83人，占全院学生的三成以上。在理学院，化学系、工业化学系和电机工程系都颇受学生欢迎，1936年春理学院有学生247人，三系共有学生150人。在农学院，则以农艺系和农业经济系的学生人数为最多。

---

① 《金陵大学董事会会议记录》，金陵大学档案649-223。

② 《本季录取新生》，《金陵大学校刊》第198号，1936年9月7日。

③ 1933年中央大学原定招收350名新生，当年有两千余人报考，但最终仅发榜录取232名。据校长罗家伦报告称，录取与报考的人数比例达到了1：12之多。见罗家伦：《两年来之中央大学》，《南大百年实录》编辑组：《南大百年实录（上卷）：中央大学史料选》，南京：南京大学出版社，2002年，第319页。

④ 教育部统计室编：《24年度全国专科以上学校学生考选情况》，1936年，第1页。

表5-1　金陵大学历年各院/科学生统计表

年份	预科	文理科	农林科	总计	农业专修科	共计
1927 年秋		305	118	423		423
1928 年秋		394	160	554		554
1929 年秋	80	314	169	563		563

年份	预科 / 高三	文学院	理学院	农学院	总计	农业专修科	共计
1930 年秋	117	168	69	171	525		525
1931 年秋		218	125	169	512	73	585
1932 年秋		205	172	205	582		582
1933 年秋		185	191	210	586	130	716
1934 年秋		252	198	223	673	118	791
1935 年秋		273	231	266	770	120	890
1936 年秋		281	281	265	827	99	926
1937 年春		269	264	269	802	100	902

资料来源：《金陵大学毕业生纪念册》，金陵大学档案649-538；《金陵大学毕业生纪念册》，金陵大学档案649-539；《金陵大学第十八届校董会记录》，《金陵大学董事会会议记录》，金陵大学档案649-223；《金陵大学教务处统计表（各院各年级学生之数目）（民国24年秋季）》，《金陵大学教务处有关教务的文书》（1934—1946），金陵大学档案649-453；《金陵大学校刊》第210号，1936年11月30日。

从生源地看，金大学生主要来自东南沿海地区，其中以江苏、安徽、广东和浙江四省为最多，再次为湖南、湖北、四川、江西、福建等省份，此外还有少数来自河北、山西、陕西、云南、贵州、甘肃、辽宁、吉林等地区，以及华侨学生。金大教务处曾在1931年秋季学期和1936年春季学期对全校学生的籍贯进行调查，在两次共被调查的1 306名学生中，来自江苏的学生有529人，占总数的40.5%；其次是安徽学生，有169人，占全体人数的12.9%；有129名学生来自广东，占9.9%；101名学生来自浙江，占7.7%。[1]充分显示了金大对于东南沿海省份学生的吸引力。

————————

[1]　《私立金陵大学概况调查表（二）》，金陵大学档案 649-77。

　　金大学生的来源院校可分为三类：大学及专科学校、公立高中、私立及教会高中。其中，私立及教会高中是金大学生最主要的院校来源。1931年秋，金大教务处曾对全校539名学生的院校来源进行统计，来自私立及教会高中的学生有373人，占全部学生人数的69.2%，另外有92人来自国内大学及专科学校，74人来自公立高中。①大部分学生来自私立及教会高中，这体现了金大作为一所教会大学的特色。金大有自己的附属中学和合作中学，这些学校的优秀学生可以通过"直升""保送"制度免试进入金大读书。如上文所述，在1929年的入学考试中，免试入学的学生约占被录取新生人数的40.7%。这些免试入学的学生大多来金大附属中学和合作中学。

　　在学生人数稳步增加的同时，值得注意的是女生数量的快速增长。金大原本不招女生，但每年都有金陵女子大学的学生来校借读或选习课程。如1926年秋，金陵女子大学就有女生9人在金大选习课程。1930年，金陵女子大学更名为金陵女子文理学院。1935年秋季，金陵女子文理学院有29名学生在金大借读，全部都是女生。②从1927年秋季开始，金大正式招收女生，实行男女同校。1928年春，金大有518名学生，其中女生有20人，比例甚微。二十世纪三十年代，女学生人数快速增长，金大遂在小桃园建了女生宿舍。1933年秋，金大全校学生586人，其中女生110人。到1936年春，在金大767名学生中，女生人数已达到125人。尤其是在文学院，全部267名学生中有女生77人，几乎占到全院学生的三成。其中，社会学系女生人数（13人）更是远远多于男生人数（6人），这俨然成为校园一道亮丽的风景线。③

---

① 《私立金陵大学概况调查表（二）》，金陵大学档案 649-77。
② 《各院各年级学生之数目》，1935 年秋，金陵大学档案 649-453。这 29 名女生有 23 人在文学院，4 人在理学院，2 人在农学院。
③ 《全国各专科以上学校调查表（金陵大学）》，1936 年春，金陵大学档案 649-77。

　　进入金大读书，学生需要缴纳学费、宿费、膳费、实验费、材料费或讲义费，以及其他杂费。如前所述，学费是教会大学重要的收入来源。对于金大学生而言，学费是一笔不小的费用。在二十世纪三十年代，金大学生每学期学费为45元，到1937年增加到50元，每个学年在90元到100元左右。[1]金大学费水平和其他教会大学相比大致持平。燕京大学的学费在1929年为80元，到1936年上涨到110元，在私立大学中是最贵的。金大学生所缴杂费项目颇多，以学期计，有新生报名费2元，保证金4元，宿费7元至10元，膳费40元至50元，体育费3元，图书费1元，逾期改课费每次1元，材料费或讲义费不等，制服费约23元（夏服和冬服），以及按课程计算的生物学实验费1元至3元，化学10元至12元，物理学5元至9元，农林科相关实验费1元至3元。[2]学生仅学杂费这项支出每年即在200元左右，更遑论其他生活费用、交际费用。程千帆先生1932年从金陵中学毕业，获得保送金大的资格。开学时来报到，想读化学系，但化学系需缴费150元，他打听到中文系的学费最便宜。程先生家境清贫，就临时改读中文系。二十世纪二十年代，大学生每年的开支在220元至400元不等。到抗战前夕，某些学校甚至要达到每年600元。[3]刘矩曾对1929年前后南京中央大学学生的生活费用进行过调查，在被调查的182名学生中，平均每年的开支为426.12元。[4]这笔费用远非一般家庭可以承担。

　　从学生的家庭出身看，金大学生多来自商业界和新兴的技术知识阶层。1935年，金大对全校学生家长职业的统计显示，商人最

① 《私立金陵大学招生通告（1937—1938）》，金陵大学档案 649-498。

② 《私立金陵大学招生通告（1937—1938）》，金陵大学档案 649-498。

③ 叶文心：《民国时期大学校园文化（1919—1937）》，冯夏根等译，北京：中国人民大学出版社，2014年，第134页。

④ 刘矩：《大学生用款分配及其经济背景之调查》，《国立中央大学半月刊》第1卷第14期。

多，约占三分之一，其次为学者、官员，再次为军、农、医、工、法、邮、警等职业。[1]杨莉对1927—1936年2012名报考金大的学生其家长职业进行了分析，其中，商人、专业技术人员（包括教员、工程师、律师、会计、医生、新闻记者等新兴职业）和官员的占比最高，约有70%的报考生来自这些经济优渥、社会地位显赫的优势家庭，占据了报考生的绝大部分。综合计算，来自商人家庭的报考生人数位居第一（占比28%），然后是专业技术人员家庭（占比22%），官员家庭排列第三（占比16%），此外还有约5%的学生出身军人家庭。[2]梁晨对民国时期上海地区高校生源的家长职业研究显示，教会大学学生中商人和专业技术人员子女占极高的比例。在涉及的三所教会大学（圣约翰大学、沪江大学和东吴法学院），商人子女的比例在60%左右，而技术人员子女的比例均超过20%。[3]与此类似，金大学生家庭职业也以"商"为最多，但比例却远远低于上海教会大学的情况。根据对1931年和1936年共1 306名学生情况的统计，首先，413名学生出身商人家庭，占总数的31.6%；其次，来自官员家庭的学生有259人，占总数的19.8%；再次，来自学者家庭的学生有220人，占总数的16.8%；最后，来自农民家庭的学生有90人，占总数的6.9%。[4]来自政、农两界家庭的学生明显高于上海教会大学的情况，这一方面与金大地处首都的位置有关，另一方面缘于金大在农学领域的卓越影响。金大学生家长的职业分布更为平均，也更多元化。

为补助有志于学而家境贫寒的学生，金大设立了各项奖学金及贷金。获得资助的学生，须保持勤学良行，成绩优秀，并不得违反

---

[1]　《金陵大学毕业生纪念册》（1935 年），金陵大学档案 649–537。

[2]　杨莉:《"选择学生"与"学生选择":民国时期金陵大学的招生政策与学生群体研究》，《史林》2020 年第 6 期。

[3]　梁晨、任韵竹、王雨前等:《民国上海地区高校生源量化刍议》，《历史研究》2017 年第 3 期。

[4]　《私立金陵大学概况调查表（二）》，金陵大学档案 649–77。

校规。兹将二十世纪三十年代金大设立的奖学金列表如下：

表5-2　二十世纪三十年代金陵大学设置奖学金情况列表

名称	名额	条件	奖助内容
三院奖学金	3	学习一年以上，成绩优良，家境贫寒	免去全年学费
金陵大学创始人各公会提供的免费学额	15		免全年学费
上海商业储备银行行长陈光甫捐赠农村合作奖学金	2	资助一、二年级成绩最优学生	免全年学费
吴氏奖学金	1—2		
韦氏奖学金	1—2		
文学院奖学金	1	文学院成绩优良、品行纯正之学生	
教育奖学金	若干	所在中学毕业成绩最优、家境清寒者	
胡佛氏社会学奖学金	1—2	社会学系家境贫寒、品行纯正之学生	
施氏奖学金	若干	基督教徒且毕业于中学时成绩最优，得该校校长之介绍，或者进入金大医学先修科者	
丁佐成氏奖学金	1		每学期国币75元
包氏奖学金	1	理学院学生	
理学院学生实验补助金	若干		
化学研究所奖学金	2	补助学行优良、家境清寒，且有志于从事化学研究考入化学研究所的学生	每年每名国币400元
赈款合作奖学金	若干	补助各农业改良合作区之家境清寒，且有志于升学者，要求毕业后，该生回到当地帮助金大农学院的农业改良工作	每名每年至多不超过国币200元
赈款奖学贷金	若干	学院贫苦学生，学行均优者，毕业后需赓续偿还	
上海森林基金委员会捐助之森林奖学金	若干	森林系学生中之家境清寒、品学兼优者，毕业后陆续偿还	
郭氏奖学贷金	1	乡村教育系之学生，但需要支付周年利息6厘	
罗氏奖学贷金	1	乡村教育系之学生，但需要支付周年利息6厘	

（续表）

名称	名额	条件	奖助内容
上海银行捐赠奖学金	10	以农业经济系为主系且有志于农村合作事业者，以大学本科三年级、四年级为限	每名每学期国币50元
山东省教育厅奖学金	4	本校农学院鲁籍学生	每名每学期国币100元
安徽省教育厅奖学金	12	三院学生均可请领	每名每年国币100元
赣、甘、鲁、湘、桂、滇、陕等各省政府提供的专项奖学金	若干	面向各省籍学生	
耀五先生纪念奖学金			1937年春季实行，资助全年学费
高梦旦先生奖学金	2	经济学、物理学方面各一人，限于1937年度	每人500元
膺白奖学金	1	1937年秋季开始实行，农林方面学生	

资料来源：南京大学高教研究所编，《金陵大学史料集》，第132—133页；《金陵大学校刊》第62号，1932年9月5日；第98号，1933年9月8日；第201号，1936年9月28日；第212号，1936年12月14日；第217号，1937年2月8日；第224号，1937年3月29日；第230号，1937年5月17日。

金大对学生学业要求严格，学分修不足者须降级或停学，每年顺利毕业者不过数十人。1930年文、理、农三学院成立后，金大毕业生人数较往年有较大增加。1930年，金大有108名学生顺利毕业，到全面抗战爆发前，历年毕业生人数始终在百人以上，在1937年更达到空前的182人。从学科分布来看，文学院毕业生人数呈现逐年减少的趋势，而理学院和农学院毕业生人数则快速增长，这些都显示出南京国民政府时期"重农工，抑文法"教育政策的影响。

表5-3　金陵大学历届毕业生人数统计表（1927—1937）

年份	文学院	理学院	农科	林科	农业专修科	医预科	国学研究班	看护训练班	总计
1927	42	5	6	2					55
1928	39	9	10	1					59
1929	34	8	20	3					65
年份	文学院	理学院	农学院		农业专修科	医预科	国学研究班	看护训练班	总计
1930	35	17	29		26	1			108
1931	41	15	38		36	1			131
1932	52	12	40		26	2			132
1933	26	10	41		19	4			100
1934	18	13	33		45	1			110
1935	29	21	42		47				139
1936	26	38	51		49		12		176
1937	29	31	60		39		4	19	182

资料来源：《金陵大学校刊》第281号，1940年11月10日

从毕业生就业看，金大毕业生就业率高，很少有学生找不到服务机构。1934年度114名毕业学生的职业状况调查结果显示，只有两人职业未定，"故职业之百率，为毕业生全数的98.25%"。从毕业生服务性质看，以担任教员和服务技术界为最多，有45名毕业生担任教员，约占全部学生的39.5%，有42名学生服务于技术界，约占全部学生的36.8%。[①]各学院毕业生服务情况又略有不同，兹列表如下：

表5-4　1934年度金陵大学毕业生职业统计表

文学院		理学院		农学院			
				本科		农业专修科	
毕业生去向	人数	毕业生去向	人数	毕业生去向	人数	毕业生去向	人数
教员	4	教员	8	教员	17	教员	16

[①]　《1934年度本校毕业生职业统计暨百分比较表》，金陵大学档案649-77。关于1934年毕业生人数，因统计时间与统计方式不同，此处数据与表5-3略有差异。

（续表）

文学院		理学院		农学院			
				本科		农业专修科	
学校职员	2	技术界	4	技术界	11	技术界	27
升学	1	升学	2	银行	2	行政界	2
文化机关	1			其他	2	银行	1
银行	2					升学	2
行政界	5					未定	3
未定	3						

注：在被统计的114人中，未定之6人，实只2人未定，余则皆有职业，特未知其实况而已。

二、社团组织

金大注重发挥学生社团在学生教育和品格养成中的作用。金大学生发起组织了众多学生社团，旨在"砥砺品德，研究学术，陶冶服务精神，练习自治能力，而谋德智群美四育之发展"。[①]大致而言，金大学生社团可分为四类：一为学生自治组织，二为开展学术活动的各类学会，三为同学会，四为因志趣相投而组织的社团。

金大最大的学生自治组织是学生自治会，除全校性的学生自治会外，文、理、农三院还设有院级的学生自治会。金大学生自治会成立于1914年，旨在"发展生活自治，培养人格自尊，维护学术自由，增进学校与同学之联系"。学生自治会分为议事和执行二部，并主办《金陵光》等刊物，在促进学术交流、开展文体活动、增进相互友谊、提高学生自治能力上都发挥了重要作用。

南京国民政府成立后，教育部于1930年训令金大遵照中央颁布的《学生自治会组织大纲》改组学生自治会，"以本三民主义之精

---

① 南京大学高教研究所编：《金陵大学史料集》，第144页。

神，作成学生在学校以内之自治生活，并促进其智育、德育、体育、群育之发展为目的"。金大学生自治会遵令改组后，对内协助校务进行，组织各种社交、联谊、体育活动，改进学生课外生活；对外与其他学校的学生自治会联络，组织各种校际竞赛。

金大学术空气活跃，设有众多以研究学术为目的的学会。1929年10月，历史系学生创建历史学会，以贝德士、刘继宣二位教授为学会顾问。[1]此后，政治学会、社会学会、经济学会、中国文学研究会、化学会、植物学会、农林学会、英文文学研究会、图书馆学会、园艺学会、动物学会等学术社团相继成立。1929年在金大校史上也有着"学会的年头"的美称。《金大周刊》曾以"北大楼红运当头——学会蜂起"为题做了专门报道。[2]

随着新兴学科的发展，金大学生在二十世纪三十年代又组织了电工学会、新闻学会、边疆学会、植物学会，等等。各类学会组织学生切磋学术、开展社会调查、邀请学者演讲、创办学术刊物，有着较强的学术性。很多学会都邀请校内教授担任顾问进行指导，并定期举行学术交流和演讲。如1931年恢复成立的中国文学研究会，邀请黄侃、胡小石、胡翔冬、吴梅诸教授担任顾问，并刊印《金声》。如工业化学社邀请中央军校化学系主任蒋光辉先生来演讲"窗玻璃之实用制造法"，经济学会邀请财政部会计委员会主席雍海楼先生演讲"改良我国官厅会计制度之先决问题"，雍海楼先生并被聘为该学会名誉顾问。[3]

此外，金大还有许多学生社团。学生社团系因"纯粹志趣"而组织，如学生自发成立的青年会、镁社、金陵剧社、正风社、国剧团、金陵文艺社、同乐体育会、体群社，等等。这些团体以"发展

① 《金大周刊》第1期，1929年11月。
② 《北大楼红运当头》，《金大周刊》第2期，1929年11月。
③ 《工业化学社》《经济学会》，《金陵大学校刊》第9号，1930年12月5日。

共同爱好"为目的，其中影响最大是基督教青年会。青年会出版有刊物《金陵手册》《金大青年》，并举办夜校，实施赈济，开展宗教活动。1936年，金大青年会与金女院青年会联合发起冬赈募捐音乐会，当晚听众人数达到1 300多人，表演了弦乐四重奏、小提琴独奏等节目，为"本京之一大音乐盛会"。[①]音乐会的收入最终都用以赈灾和社会服务。正气社是部分金大学生"感于道德沉沦、风气鄙下"而发起的，"希望自学校中养成良好风气"。[②]又如体群社，是金大学生祁式潜、胡叔度等人为凝聚校内进步学生而成立的公开社团，以"锻炼体格，研究学术、联络感情及增进课余生活为宗旨"。该社经常以"接近大自然"为主题，组织学生开展露营活动，探讨恋爱与救国问题、农村问题、人生问题等，并邀请知名人士演讲、开座谈会，社员发展到五六十人。镁社是由校内爱好摄影的同学所组织。由于金大教育电影事业的发展，校内对摄影感兴趣者不乏其人，镁社当时是校内知名的社团。该社开展了各种摄影比赛，还举办影展、提供摄影资讯、为同学代拍照片，等等，很受学生欢迎。

金大学生中以乡谊为纽带形成的社团组织也很活跃，如南社（以两广学生为核心），京社（以北方同学为基础），浙江、广西、四川、上海等同学会或者同乡会。这类社团带有明显的地域属性，强调同乡情谊，旨在"联系乡谊、调剂生活、砥砺学行、开展互助"。海外金大学子也成立有海外同学会，如英伦同学会、留美同学会，等等。金大留美同学会成立于1929年冬，马文焕、戴安邦等教授先后担任过该会会长，并办有《金陵留美通讯》。[③]在南京，金大还设有金大同学总会，社址设在五台山慈悲社，负责沟通毕业

①　《本校青年会冬赈音乐会盛况》，《金陵大学校刊》第209号，1936年11月23日。
②　《一个主持正义的团契——正气社》，《金陵大学校刊》第89号，1933年4月17日。
③　《金陵通讯》，《金陵大学校刊》第7号，1930年11月21日。

同学各类信息。据不完全统计，在1937年，金大的各类学生社团多达58个。兹列表如下：

表5-5　金陵大学学生社团一览（1937年）

名称	负责人	注释
文学院学生自治会		第十一届，尚在改选中
理学院学生自治会	汪积成	第十二届
农学院学生自治会		第十二届 尚在改选中
农业专修科学生自治会	吕则民	
女生自治会	黄锦鸾	
中国文学会	黄谟熙	以中国文学主辅系及国专同学为组织主干
历史学会	推选中	以历史主辅系同学为组织主干
图书馆学会	张忠祥	为对图书馆学有兴趣之教职员同学所组织
物理学会	李宁	以物理主辅系同学为组织主干，编有壁报一种
电工学会	陈裕耀	以电机工程主辅系同学为组织主干，编写壁报一种
动物学会	蓝乾文	以动物学主辅系同学为组织主干，编有壁报一种
化学社	云人虎	以化学及工业化学系之主辅系同学为组织主干，编有壁报一种
植物学会	王焕如	以植物学暨植物病理组为主辅系同学为组织主干
园艺学会	汪菊渊	以园艺系主辅修同学为组织主干
作物育种研究社	伍子才	以农艺系主辅修同学为组织主干，该系教职员亦参加
农业经济学会	徐壮怀	农业经济系主辅修同学暨该系教职员共同组织
农专农业经济学会	吕则民	为农专同学所组织
林学会	王一桂	为森林系主辅修同学暨该系教职员共同组织
湖南同学会	左景郁	金陵、女大及农专之湘籍同学教职员共同组织
湖北同学会	唐少铭	组织范围仅限于大学
金陵赣社	董云鹏	金陵、女大、农专、附中四单位同学共同组织
金大黔社	陈横秋	组织范围仅限于大学部
广联社	郭兆涵	厦门区属之金陵、女大同学及教职员共同组织
川籍同学会	颜闵	大学部、农专共同组织
豫社	易乐康	新成立，组织范围仅限于大学部
南社	何和珉	组织范围仅限于大学部粤桂籍同学，但社员人数达80人

（续表）

名称	负责人	注释
东社	（推选中）	京沪杭铁路线一带县区之同学组织，女大亦在内
金陵榕声社	林启森	福州一带属区之金陵、女大、附中同学共同组织
南开校友会	张本乾	学谊组织，现有会员 25 人
钟英同学会	邵传德	学谊组织，现有会员 15 人
浦东中学同学会	古兰村	现有会员十余人
南京女中同学会	刘鸣环	新成立 现有会员 21 人
扬中校友会	芮吕祉	现有会员 18 人
皖中校友会	潘宗政	组织范围包括大学部农专
光华同学会	杜寿俊	现有会员 18 人
南中同学会	胡文华	现有会员 20 余人
一九三七级级会	伍子才	上季会员除外，现有会员 82 人
丙子社	王宜权	新成立，为附中一九三六级级会，会员 15 人
新闻学会	朱宝铮	志趣契合组织，无院系、学谊、地区等之界限，组织仅限大学部，编有新闻旬刊一种
金陵艺社	俞蕴乾	研究书丛，筹划展览
同乐体育会	王宜权	现有会员 30 人，以大学部同学为主体，附中同学附之
镁社	王祖寿	研究摄影、按期公开展览
演辩学会	刘马可	研究演辩技术，为华东各大演辩学会之母体细胞
金陵体群社	区祖鉴	新成立，以增进课余生活为组织对象
正风社	董鹤龄	廿二年成立，现有社员 40 人
金陵文艺社	曾高举	阅中西文著名文艺作品并试写创作
光明文艺社	祁式潜	阅中西文著名文艺作品并试写创作，现有社员十余人
金大联谊社	程炳华	新成立，以增进课余生活为主旨，现有会员 20 余人
青年会	石咸坤	充实青年宗教生活，办理夜校及慈善事业，现有会员 108 人
四进社	刘铨	取法美国 4-H-Club 之组织意识，现有社员 7 人
新生社	邵学锟	以联络感情、增进课余生活为宗旨，现有社员 40 余人
扬州进社分设	张忠祥	为扬州进社之分设，现有社员十余人
学余联欢社	金道平	新成立，现有社员 22 人
群鬼剧社	杜寿俊	新成立，话剧组织
政论社	李焕启	新成立，现有社员十余人，拟办月刊

（续表）

名称	负责人	注释
中国新文学研究会	孙自强	现有会员 21 人
农社	何慈洪	新成立，组织范围仅农学院同学
金陵联益社	苏恕诚	新成立，现有社员 100 余人
学生消费合作社	尹公毅	办有膳食零食等事业，现有社员 60 余人

资料来源：《本季学生社团一览》，《金陵大学校刊》第222号，1937年3月15日。

三、校园刊物

创刊于1909年的《金陵光》是金大创办的第一个全校性的刊物。《金陵光》出版后，广受校内外读者欢迎，"蔚成国内学术界重要之刊物"。1927年前后南京局势动荡，金大校务不稳，《金陵光》于1928年年初停刊。

在政权鼎革之际，金大校园革命风潮激荡。不少学生因"不甘抑制其生机之流的发展，故早有组织短期出版物的建议"①。1927年年底，由学生自治会主办的《金陵周刊》创刊，以刊登"革命著述、学术论文、文艺作品、本校新闻，以及改进本校意见与计划稿件"为主要内容。②陈裕光鼓励学生办刊，认为刊物应注重学术之研究，造就健全之舆论。《金陵周刊》每周一期，大大缩短了出版周期。但是由于"内容过于零碎，且少学术品味"，在出版十七期后便由厚本改为薄本，内容也专以刊登校闻为主，学术性文章则由《金陵月刊》登载。《金陵月刊》创刊于1928年年底，在篇首语中，该刊将办刊宗旨定位为："本刊为本校同学发行刊物之一，其目的在发表所思，公诸所得，与校内校外共同商讨，以求事物之正

---

① 《筹备本刊的动机和经过》，《金陵周刊》第1期，1927年12月。
② 《金陵周刊》第1期，1927年12月。

确观念，而期真实之获得。"①《金陵月刊》以自然科学之研究、社会科学之叙述为主，并刊载文艺作品和学术译著。

金大位居首都，容易受政治影响，这也影响到校园刊物的内容和旨趣。《金陵周刊》刊登了诸多评论时政和学生运动的文章，被国民党中央宣传部认为是"反动言论"，教育部勒令《金陵周刊》于1930年停办。在这种情况下，金大乃有恢复《金陵光》之议。1930年，在全校师生一致呼吁下，有着光辉历史的《金陵光》复刊。陈裕光为此著文勉励称：

> （《金陵光》）遽行停刊，代以其他刊物，如周刊、季报等，而以传播校闻、研究时事为主要目的，虽亦有其相当价值，但具有深长历史，及负有相当声誉之学术刊物，不宜长此停顿，则举校师生皆同有此感。今《金陵光》又重行于此矣，深愿主其事者，一本以前之精神，以发扬思想，研究学术为唯一之旨，使社会人士对《金陵光》已具有相当之认识者，此后得益加称许而乐予赞助之，视与其他一般通行刊物不同，庶足以保既往之光荣，增吾校之声誉也。深望以后之主编斯刊者，亦能本此精神，继续不懈，使《金陵光》得与吾校同其始终，为金陵之光，为学术界之光，斯不仅一二人所甚盼而已也。②

但是复刊后的《金陵光》却未能续写传奇，不复当年景况，仅出版一期即行停止。

为重整学校刊物，金大于1930年下半年专门设立编辑部，由学校出版《金陵大学校刊》。在发刊词中，该刊宣称：

① 《篇首》，《金陵月刊》第1卷第1期，1928年12月。
② 陈裕光：《序言》，《金陵光》第17卷第1期，1930年。

今以莘莘之士，聚于一校，耳目有所弗周，情志有所弗达，欲赖以传播消息、调剂生活者，非校报莫属。斯刊之所以作，意在兹乎。吾校蜚声社会，已数十载。远方之士，或犹有以不及亲历其地，未得亲接其言，徒耳虚声，莫征实况，引为缺憾者。倘斯刊出，能将吾之短长，悉举以襮于当世，使四方关心吾校者，咸得悉其底蕴。斯刊或借以不胫而走。则其为幸，可胜言哉。①

《金陵大学校刊》每周一期，内容主要以学校消息、学生生活为主，较少涉及时政言论，更鲜有《金陵周刊》时期的激进观点。《金陵大学校刊》由学校编辑部负责发行，定期出版，风格稳定。又因内容丰富，贴近学生生活，成为金大全校性的代表刊物。全面抗战时期金大西迁成都办学，《金陵大学校刊》虽因敌机轰炸被迫一度停刊，但很快即恢复，并一直出版到1948年10月停刊，前后共出版了370余期，真正成为"使四方关心吾校者，咸得悉其底蕴"的存在，成为全校师生的"精神家园"。

《金陵大学校刊》成为传播校闻和校园生活的主要刊物后，能够代表金大的学术刊物仍然缺失。金大出版委员会于1930年11月举行会议，认为"本校过去刊物，内容性质，时常改变。且人力不济，不能按期出版。而各学会所出之刊物，亦恐难以持久，有举办一种定期学术刊物之必要"。②于是三院院长推荐教授三人为编辑委员，筹办出版金陵大学学报，即定名为《金陵学报》，于1931年5月出版第一期。《金陵学报》"为本校同人发表研究学术著作之定期刊物，偏重中国文化之研究。其编辑、校对、发行等，均由中国文化研究所人员主持编辑，由李小缘先生负责"。③《金陵学报》辟

---

① 《发刊词》，《金陵大学校刊》创刊号，1930 年 10 月 10 日。
② 《出版委员会第二次会议》，《金陵大学校刊》第 8 号，1930 年 11 月 28 日。
③ 金陵大学秘书处编：《私立金陵大学一览》，第 443 页。

有论著、研究、时评、译丛、纪略、评论、调查等栏目，1933年后出版"文史专号"、"农科专号"和"理科专号"。《金陵学报》发行后，成为金大教员学术交流、成果发表的重要阵地，也积聚了一批国内优秀学者，使该刊成为当时学术界具有重要影响的刊物，"颇受国内外学者之颂扬"，[1]日本、美国等国外学术机构也多有购买。

金大各院系、学会也根据需求和兴趣创办定期或不定期的刊物，刊载本学科的学术文章。文学院创办的刊物有《文学院季刊》《咫闻》《金声》《中国文学月刊》《边疆研究丛刊》《经济统计》《史学论丛》等。农学院创办了《农学院通讯》《农情报告》《农林新报》等。据统计，仅农学院不定期出版的刊物在战前就有50余种。其中最著名的当推《农林新报》。《农林新报》创刊于1924年，此后稳定出版，不曾间断，直至1946年。该刊面向社会大众，以浅显文字宣传最新的农林知识，介绍农业科学方法，倡导农村改进，传播农林消息，"颇为中外农林界所重视"。[2]据1933年统计，金陵大学当时的出版物有159种，其中杂志一项有26种。[3]兹将当年出版的杂志列表如下：

表5-6 金陵大学出版杂志一览表（1933年）

杂志名称	出版者	出版时间	备注
金陵学报	金陵学报编辑委员会	1931年5月创刊	该报年出两期，专发表师生研究及讨论学术之文字
农林新报	农林新报社	1924年1月1日出版	以浅显文字，宣传最新的农林知识

---

① 《金陵学报消息》，《金陵大学校刊》第51号，1932年4月22日。
② 《金陵大学校刊》第237号，1937年11月15日。
③ 金陵大学编辑部编：《金陵大学出版物目录》，1933年6月。

（续表）

杂志名称	出版者	出版时间	备注
金陵大学校刊	编辑部	1930 年 10 月 10 日创刊	为本校消息之汇总，以忠实态度介绍本校事业之进行与活动
金陵周刊	学生会	1927 年 12 月 2 日创刊—1928 年 12 月 19 日，共出 27 期	专载短篇之思想与时评文字
金陵月刊	学生会	1928 年 12 月 10 日创刊—1930 年 1 月 10 日，共出 4 期	专载研究文字、文艺作品
金陵半月刊	学生会	1929 年 5 月创刊，共出 2 期	专载思想与研究文字
金陵光	金陵光刊社	1909 年 12 月—1927 年 11 月　1930 年春季续刊一次	先后共出 71 期
金大周刊	学生会	1929 年 11 月 13 创刊—1930 年 1 月 1 日，共出 6 期	专载校闻与短篇生活文字
Bulletin on China's Foreign Relations	金大教职员抗日会	1931 年 10 月创刊	专载中国外交上重要问题之意见与事实，寄赠国外，使欧美人士对于远东有正确之明了
文学院季刊	文学院学生自治会	1931 年创刊	专载文学院师生之研究文字及文艺作品
政治学刊 创刊号	政治学会	1930 年秋	
金陵手册	青年会	1920 年创刊，每年一本	内容有师生通信地址、校历、校歌等
金大青年	青年会	1933 年春季	非定期
咫闻	国学研究会	1929 年 12 月	
金声	国学研究会	1931 年 5 月	
农学院通讯	农学院	1932 年 5 月停刊	
金陵留美通讯	美国康奈尔大学金陵同学会	1932 年	非定期
农情报告	农学院农业经济系	1932 年 11 月创刊	为使社会人士明了全国农业情形
农林科通讯	农林科	1925 年 10 月 1 日创刊—1928 年 12 月 2 日止	共出 18 期

（续表）

杂志名称	出版者	出版时间	备注
气象记录1923—1928	森林系	1923年—1928年	
金陵大学农业特科纪念册	农业专修科	1923年—1924年	
金陵大学农业专修科毕业特刊	农业专修科	1925年—1926年	
金大农专	农业专修科	1930年2月创刊	
金大农专通讯	农业专修科	1930年10月1日创刊	不定期
金陵中学校刊	中学学生会	1928年出版	不定期
金中周刊	中学学生	1933年5月创刊	揭载校闻与文艺作品

资料来源：金陵大学编辑部编，《金陵大学出版物目录》，1933年6月，第14—18页。

四、文体活动

1929年，《金陵周刊》评论金大学生生活时说，金大提倡"德智体美四种生活"。具体而言，即"学业要研究，身体要锻炼，感情要丰富，兴趣要浓厚"。[1]这确实为金大学生生活的写照。

民国时期，体育运动已成为中国大学生活的重要部分，教会大学历来重视体育，在这方面表现得更为突出。[2]早在1909年，汇文书院成立了学生体育委员会，选举刘靖夫为会长，由师生共同组成顾问委员会，开展田径、网球、足球、篮球、棒球、排球等体育项目。1926年，金大建成一幢现代化的体育馆。馆内设篮球场一处，办公室、器具室、更衣室各一处，并配有木马、双杠、跃台等设备，为金大师生开展体育运动提供了便利。

足球运动在金大发起最早，最负盛名。二十世纪二三十年代，

---

① 《金大周刊》第5期，1928年1月。
② 芳卫廉：《基督教高等教育在变革中的中国1880—1950》，第176页。

金大足球队多次参加江大足球锦标赛、华东四校锦标赛等赛事，征战四方，多次获胜。翻阅金大校刊，对于足球比赛的记载很多，足球运动也很受学生欢迎。如1929年，金大足球队出征"四大学足球赛"，金大学生会为球队出征所作"誓师词"中说："溯我金大，建业石城，历时十载，声威素震，昔年大会，曾霸东华，领袖群伦，一匡天下。"展示了当时金大足球队的气概。金大足球队在抗战前曾长期雄霸南京，故金大有"江南足球发祥地"之称。

篮球亦为金大学生所喜爱。1933年举行四校篮球赛，金大一举击败复旦队，后又击败中大队，获得锦标。《金陵大学校刊》对此事件给予了热情洋溢的报道："车轮辚辚，征马萧萧，本校健儿，一路杀向中大而去，鸣钟八点，戎衣登场，作数分钟偷懒运动，胡笳起处，大战开始。……结果39比26，我校大胜，论功行赏，天利一人独得16分，建树最多。"[1]在田径方面，金大也有傲人成绩。1937年，金大和中大、交通、同济、浙江、沪江、圣约翰、东吴、金女大举行田径友谊对抗赛，金大参赛九人，田径比赛中获得第一名达四项之多。第二、三、四名各有一项，为各校中成绩最佳者。金大学生注重集体荣誉感和团队合作精神，他们认为："竞赛之胜负，全系力之较量，在团体间，尤重内部之合作。"体育运动也是锤炼金大学生集体荣誉感和归属感的重要形式。

为普及体育，金大每年四月下旬都举行一场全校运动会，其中有百米、二百米、四百米、八百米、一千五百米、五千米、中栏、高栏、铁球、铁饼、标枪、跳远、跳高、三级跳、撑竿跳等项目。每当运动会举办时，场内运动员奋力拼搏，场外学生啦啦队亦热闹非凡。金大一年一度的体育活动还有每年春天在玄武湖举办的院际划船大赛。该项比赛由学生自治会发起组织，于1931年5月首次举

---

[1]　《四校篮球赛中本校报复中大》，《金陵大学校刊》第87号，1933年3月27日。

行。此后"每届盛会，玄武湖中，粉红黛绿，兴会若狂"。[①]

为推动学生德智体全面发展，金大规定，"凡运动员其学绩分数非在75分以上不得代表本校与任何学校比赛。盖本校造就人才，原以三育并重。若徒以体育称健，而德智薄弱，实非学校造育完全人才之本意，以之代表比赛，殊为本校之大辱"。[②]由于这种规定，学生不会因体育运动而忽视学业，也不会因学业而忽视身体锻炼。体育活动在金大不仅是一项竞技运动，更是金大注重学生身体健康、强调劳逸结合的举措。金大也密切关注学生的健康状况，为防止伤寒，金大每年都进行全校伤寒预防针注射，极大地减少了学生患病的可能。

金大的文艺活动也是丰富多彩的。金大设专门的军乐、国乐、西乐、弦乐、歌咏等团队。1930年，金大雅社在礼堂举办大型音乐会，并与金女院联欢，"满堂蜷发曲髻，丰容盛服，琴韵歌声，灯红影绿，……开幕是金陵弦乐团之'白牙利舞'曲，……梅尔斯先生之独唱，……两女士之钢琴合奏，梅经香女士之'红蔷薇'歌，……金女大歌咏团之'我们快乐之旅行'"。盛极一时。[③]青年会、歌咏团等团体经常组织各种交谊会。金大学生课余相约游览南京名胜，这给他们的大学生活留下了美好而难忘的记忆。

金大在辩论方面素有传统。民国初年，金大即成立英文演说之组织，学生会亦设辩论股，每年开展各种辩论赛，训练学生辩论能力。二十世纪二十年代初，由金大首倡，金大、之江、沪江、圣约翰四所教会大学定期主办英语辩论赛，金大辩论队常捧杯凯旋。1929年，金大致函沪江、之江、东吴三所教会大学，共商组织四校中英文辩论锦标赛，得到热烈回应，此后形成每年举行华东四校中

---

① 《本校举行院际划船竞赛》，《金陵大学校刊》第 191 号，1936 年 4 月 27 日。
② 南京大学高教研究所编：《金陵大学史料集》，第 286 页。
③ 《本校雅社音乐会志盛》，《金陵大学校刊》第 6 号，1930 年 11 月 14 日。

英文辩论赛的惯例。1933年春，金大学生会感于华东各大学间空气沉闷，发起组织华东各大学演辩会，在金大召开第一次代表大会。上海有五所学校参加，南京有三所，大会议决每年春季举行中文演说、英文辩论，秋季举行英文演说、中文辩论。[①]自此以后，每年两次的华东八大学演讲会成为惯例。1934年，金大参加中文演说竞赛的学生"以极美妙自然之姿态，紧凑新颖之思想结构"，夺得了华东八校演说辩论会中文演说竞赛团体第一名，个人第二名和第三名的好成绩。[②]在随后5月26日举行的华东各大学演说辩论会第一届英文辩论中，金大以五比零击败沪江大学，荣获盟主席位。"誉满大江南北，继昔日雄威，睥睨八大学之间"，举校师生，莫不喜形于色，诚为一时盛况。[③]

第二节　金大校风

一所大学独特的办学精神和传统，通常被称为校风或学风。校风是学校的灵魂所在，对于一所大学有着潜移默化的深层影响。中央大学校长罗家伦便说："一个学校若是没有一种学风，纵使其他方面都好，仍是没有灵魂。"他认为，大学学风主要取决于三个因素："第一是它本身的历史的演进，第二是它教职员学生组合的成分，第三是它教育理想的建立和实施。这三项互有不同，但互为因

---

① 《本校参加本届华东各大学演辩会之经过》，《金陵大学校刊》第117号，1934年3月12日。

② 《本校荣获华东各大学演说辩论会中文演说竞赛团体第一名》，《金陵大学校刊》第122号，1934年3月23日。

③ 《本校荣获华东各大学英文辩论盟主席位》，《金陵大学校刊》第127号，1934年5月28日。

果。"①陈裕光也曾指出："现今之大学教育为一躯壳，而精神则为其灵魂"，"躯壳与灵魂齐备，而后大学教育始称完善"。②二十世纪三十年代的金陵大学，不仅在学术上享有盛誉，而且以优良的校风、学风著称，有着"江东之英""南国之雄"的美誉。

一、永为南国雄

校歌是学校的重要文化符号，体现着学校的精神诉求。校歌的产生，虽与创作者个人有关，但更重要的是对于大学校园潮流和风貌的呈现。校歌在校园内的播布流传，也无形中涵养着大学的风气和精神，并折射出大学在激荡时代环境中的变迁。

早年金大的校歌，歌词为英文，曲调取自康奈尔大学校歌。当时国内教会大学与美国来往密切，这首在美国广泛流传的校歌旋律遂被引入国内。包括金大、燕京、东吴、岭南在内的多所教会大学，均采用该歌曲调，并重新填词。金大校歌的英文歌词如下：

The University Campus Song

Neath the storied Purple Mountain

With its changeful hue

Stands our cherished Alma Mater

Sturdy , young and true

Raise the chorus

---

① 关鸿、魏平主编：《历史的先见：罗家伦文化随笔》，上海：学林出版社，1997 年，第 131 页。
② 《陈校长出席训话》，《金陵大学校刊》第 301 号，1942 年 3 月 1 日。

Speed it onward

Loud her praises ring

Here's to thee, our Alma Mater

Hail, all hail, Nanking

Clustered in this ancient city

Gint with age-flecked walls

Shrined within our loyal bosoms

Stand our college halls

Loudly clashed the Drum Tower warning

In the days of old

Softly now calls Alma Mater

Summons to her fold

Gathered on the spreading campus

Home of college days

Old and young we would together

Lift our song of praise [①]

    这首金大英文校歌，包含了南京城诸多历史文化符号。巍然起伏的紫金山，厚重斑驳的城墙，以及高耸相邻的鼓楼，这些最具标志性的南京文化建筑，成为金大对南京的初始印象，并在此后被反复凝练传承。

    南京国民政府成立后，金大作为一所准备向政府立案的大学，

---

① 《金陵大学同学录》，金陵大学档案 649-1465。

使用英文校歌显得不合时宜。1927年5月16日，金大第七次校务会议决定请陈中凡"拟撰"校歌，[①]但最终由胡小石负责为校歌填写了中文歌词。[②]1928年1月金大学生会主办的刊物《金陵周刊》便刊登了这首中文校歌。[③]同年6月金大举行第十八届毕业典礼，学生诵唱的就是这首中文校歌。其词为：

> 大江滔滔东入海，我居江东；
> 石城虎踞山蟠龙，我当其中。
> 北楼嵯峨，艺术之宫，两院事明农；
> 思如潮，气如虹，永为南国雄。[④]

1930年11月，金大"感觉校歌有改作之必要"，遂面向全校师生征集校歌歌词。在这次校歌歌词征集中，金大同时有对校歌重新谱曲的打算，并拟请音乐教授杜庭修制谱。1931年年初，金大提出校歌歌词修改标准有三："（一）歌词不必过长，以能发扬互助精神，适合本校历史环境为主旨；（二）歌词不拘文言语体，唯求清晰简洁，便于记忆；（三）歌词宜求声调铿锵，意气磅礴，尽发扬欢欣之致。"[⑤]从中可见，金大在征集校歌时注重发挥校歌凝聚学校精神、涵养校园文化的作用，以"能发扬互助精神，适合本校历史环境为主旨"。

但是，这次校歌征集活动下文不详。从后来的历史发展看，此前使用的校歌仍被确定为金陵大学校歌，歌谱也沿用旧谱。因1930

---

① 《五月十六日第七次校务会议记录》，金陵大学档案 649-225.

② 《毕业典礼委员会第一次会议记录》，《金陵大学校刊》第 27 号，1931 年 5 月 22 日。

③ 《本校校歌》，《金陵周刊》1928 年第 6 期。

④ 《金陵大学第十八届毕业典礼秩序单》，1928 年 6 月 25 日，金陵大学档案 649-1474。

⑤ 《征集校歌歌词办法》，《金陵大学校刊》第 14 号，1931 年 1 月 30 日。

年后三院格局已经确立，故请胡小石负责修改歌词，将此前的"北楼嵯峨，艺术之宫，两院事明农"改为"三院嵯峨，艺术之宫，文理与林农"，以符合学校校情。至此，金大的校歌最终确定下来，并与原英文校歌的意向相对应。

The University Campus Song	金陵大学校歌
Neath the storied Purple Mountain	大江滔滔东入海
With its changeful hue	我居江东
stands our cherished Alma Mater	石城虎踞山蟠龙
Sturdy , young and true	我当其中
Raise the chorus	三院嵯峨
Speed it onward	艺术之宫
Loud her praises ring	文理与林农
Here's to thee, our Alma Mater	思如潮，气如虹
Hail, all hail, Nanking	永为南国雄①

这首校歌以其磅礴的气势、一往无前的气魄，以及对金大未来的期许，为一代代金大学子所传唱，也成为每一个金大人回忆学生时代时最重要的符号象征。全面抗战时期金大西迁，在华西坝求学的金大学子回忆母校时便这样写道：

滔滔的大江东流，直泻黄海。就在近海边的江右东南角上，像龙一般蟠着的山陵的怀抱中，虎踞着石城。这是多么地豪壮的

---

① 《私立金陵大学第五十二届毕业典礼秩序单》，1947 年 7 月 7 日，金陵大学档案 649-535。

气魄，雄伟的形势，象征我们中华民族伟大的精神。就在这全国中心——首都的中心，称做鼓楼的近旁，那儿的地势是全城中最高的，位着我们的母校。你要是攀登北大楼——行政院和文学院——最高层眺望：全城伏在你的脚下，东望紫金山、玄武湖和陵园；南望莫愁湖、牛首山；西望清凉山、扫叶楼和带一般的长江；北望马府山、狮子山；更有顺着城西边荡漾，折过城南向东南直流的秦淮碧，真是山明水秀优美的风致；你不禁要欢呼：啊！美丽的金陵和金陵大学！[①]

二、校风学风

在长期的办学中，金大逐步形成了独具特色的办学传统和精神，这被称为金大校风。《金陵大学校刊》也曾刊文专门讨论校风问题，认为："凡由人们组织成的一种团体，经过若干时日，必养成一种特别风气。学校为多数人共同生活的场所，大学更是最高的学府，安得不有一种特别的校风呢？"金大的校风学风既是可见的，也是无形的，它体现为学校的办学宗旨、规章制度，也体现在每一个金大师生的言行中。

（一）安定的环境

金大校风一个重要特征，就是"安定"。金大毕业生高炳坊在1931年回到母校演讲，他在总结母校校风时说，"以过去老同学的眼光来看，母校学风可以用'安定'两个字来表示"[②]。金大的安定，体现在大学办学和师生生活的方方面面。

民国时期兵戈扰攘，政局动荡，教育经费常常无法保障。比起

---

① 奋生：《最堪回忆的南京金陵大学》，《金陵大学校刊》第263号，1939年9月25日。
② 高炳坊：《从母校校风谈到拯救国难》，《金陵大学校刊》第39号，1931年10月30日。

当时的公立大学，金大办学的自主性和独立性较强。作为一所教会大学，一方面由于有美国差会的持续支持，金大办学经费历年基本保持稳定；另一方面，金大与政治的联系较弱，人事稳定，校务管理较少"受政潮起伏之影响"。陈裕光任金大校长达24年之久，深受师生爱戴。文、理、农三学院院长和各系主要教授，很多人都是长期在金大服务，无形中涵养了金大安定的风气。因此，学校的建设事项、设备购置、发展规划，可以有一贯的政策，大学管理更具有连续性和稳定性。建设的有序性为校园带来了安定的氛围，各项工作都井井有条。虽然在1927年南京事件后金大一度陷入混乱，但过探先、陈裕光领导的校务委员会有效维持了校内局面，很快恢复正常教学。1937年全面抗战爆发后，南京岌岌可危，金大校内上课如旧，直到最后一刻才被迫西迁。

　　"安定"还体现在金大师生的日常生活和心理上。金大教职员薪金较国立大学为低，但很少拖欠，教职员生活稳定。金大曾对本校30位教职员的收入和生活状况进行研究。在全面抗战爆发前，金大教职员是一个高收入群体，月薪平均有144.6元，远远超出每月约50元的家庭生活费开支，生活优渥，收入有大量结余。①金大要求教员以不在外兼职为原则，更专心于校务。教职员流动性不强，且多为本校毕业学生，他们或是毕业后留校任教，或毕业后出洋留学归国后再回金大，对母校有着深深的认同感和归属感。金大教职员和学生之间有着融洽的氛围，"休戚相关，苦乐与共"，校园生活充满着家庭生活的温馨。校长、教职员经常邀请学生到家中茶会，很多校友谈及母校，都有在校时到教授、院长家中用茶点的回忆。②园艺系主任胡昌炽经常周末邀请学生到家中茶叙，因此被学生们亲

---

① Hu Kwoh-hwa, "The dilemma of salaried class," *Economic Facts*, vol. 25 (Oct. 1943).
② 张宪文主编：《金陵大学史》，第415页。

切地称为"胡老板"。章开沅先生也在回忆中提到，历史系主任贝德士经常周末在家中举行茶会（tea party），邀请学生参加。贝德士夫妇"会为大家准备一点花生米，一点饮料。茶会的通用语言是英语，交谈内容则比较随意"。[①]这些都加强了金大师生的凝聚力和稳定性。

（二）朴实尚学

金大校风的第二个特点是"朴实"和"尚学"。"尚学"是一种对学问的态度，推崇认认真真做学问。1937年福开森在金大演讲，他认为学校的根本不在于美轮美奂的大楼大厦，而在于真心向学的师生，"只要有好先生和好学生就是好学堂"。[②]大学是探究高深学问的场所，"学问贵有系统之研究，剽窃浮掠，不得谓为研究。此窥彼抄，不得谓有系统"。金大提倡"诚心向学"的风气，在当时国内外享有较高的学术声誉。1928年，加利福尼亚大学的誉志久野就曾根据开设课程、学校设备、学习年限和留美毕业生的表现，对中国大学进行评估分级，只给金陵大学和燕京大学这两所私立大学及七所中国公立大学定为甲级或乙级。据此，金大毕业生有资格直接进入美国的研究生院学习。[③]1934年，金大又获得美国纽约州大学院区颁赠的毕业学位之永久认可公文。金大毕业生无需介绍手续，便可授予国际认可的证书或学位。

金大不尚浮华，无论是校内建筑还是校务管理，都有一种端庄、严肃、朴实无华的气质。这种气质与金大严格的教学管理是分不开的。金大"功课的紧张，学生的用功，尤为曾在其他大学肄业者所承认非他校所能及"。紧张的学习生活养成了金大学生勤奋朴

---

① 章开沅口述，彭剑整理：《章开沅口述自传》，第84页。
② 《福开森先生讲词》，《金陵大学校刊》第226号，1937年4月12日。
③ 杰西·格·卢茨：《中国教会大学史》，曾钜生译，杭州：浙江教育出版社，1987年，第185-186页。

实的精神。高炳坊认为金大学生日常"除了读书，就是运动，或是外出采访标本，或在实验室中农场上实习，嬉游方面，总是少数，就是游戏取乐的地方，我们同学，总是少见"[1]。理科学生每天早上八点上课，下课已是十二点一刻，吃过午饭就要到实验室去，下午四点半有时五点半或六点才出实验室。"每天这样紧密的生活和车轮般跟着地球转动，不留些许空隙。"[2]文科学生"普通课程每礼拜必有一次quiz（测验），每一个月内必有一次月考，每一学期终了必有一次大考，对于参考书：每星期必交一次notes（笔记），每学期终了必交一次term paper（学期论文）"。"大概学生一天除吃饭睡觉以外，都是做书本的生活。"[3]1937年10月，吴东初在金大演讲时说："我们金陵学风是朴实的，不是贵族化的，大家生活清苦耐劳，男女同学努力求知。这些风气是从哪里来的，都是由一校校长能以身作则，同学才日久潜移默化而自然成功的。"[4]

朴实尚学的风气还体现在对当时教育界和学术界浮躁之风的批评上。刘迺敬在校刊上撰文批评当时大学竞相追逐时髦。他说："今日见甲事，以甲事好；明日见乙事，以乙事好，……群氓叫嚣，莫衷一是。"他认为，"认清自己的理想与兴趣能力，选择一种科目，在教授指导之下，按部就班，努力迈进，数年之后竟至无成者，无不信也"，故"办学也要尚实在，不必炫异"。[5]这种朴实的学风，是金大保持高水准办学的原因所在。

（三）严格的管理

金大重视规章制度建设，对教学、教务、行政、学生生活均

① 高炳坊：《从母校校风谈到拯救国难》，《金陵大学校刊》第39号，1930年10月30日。

② 温贤浩：《谈谈实验室的生活》，《金陵周刊》第5期，1928年1月。

③ 谢景修：《在金大之文科生活谈》，《金陵周刊》第5期，1928年1月。

④ 《陈校长任职十周年纪念会校董会主席吴东初先生致词》，《金陵大学校刊》第234号，1937年10月25日。

⑤ 张宪文主编：《金陵大学史》，第404—405页。

有规章。陈裕光认为，金大对于学生"不论学习上，还是品德上一向从严"。柯象峰长期担任金大教务主任（教务长），他认为金大办学"向称严谨，崇法务实，相沿成习。笔者自受命主持教务，即本斯者，敬业从公"。[1]学生遵章守纪，教职员恪尽职守，主政者秉公办事，人人都能自重自律，整个学校工作效率很高。教务处办事人员仅二人，每学期注册时要给上百门课程排课，仅两三天就能全部排好。程千帆先生曾说，金大"有秩序，办事有条理"。他认为："整个金陵大学的学风，不只是国学的，而是对待整个学问的态度，她那种教会学校的严格对我有大的好处，我1978年回到南京大学，那时教务处一些很老的，从金大一直留下来当职员的，都非常能干。"[2]

基于严格管理，金大的整洁和文明也让人印象深刻。金大注重引入西方大学的生活方式和教学方式，建设干净整洁的校园，培养学生文明有礼的习惯。金大对于校园的建筑规划和景致设计都颇为费心。学生回忆起母校，必然想起巍然的北大楼，两翼的理、农学院，以及中间开阔平整的草坪，曲折通幽的小径。金大为师生配置了现代化的生活学习设施，诸如实验室、体育馆、电灯、电话，还配置了沸水、热水两种锅炉，用于饮水或洗浴。[3]金大学生对鼓楼校园的生活充满美好回忆："金大校园，以雅洁称。花木扶疏，碧草如茵。风和日丽之日，闲卧北大楼前草坪，听'大学之声'音乐广播，此种情趣，至今梦魂犹系。"[4]

为养成学生文明礼貌的习惯，金大制定有严格的规章。"衣当

① 柯象峰：《复员后之教务》，金陵大学档案 649–240。
② 张伯伟编：《程千帆全集　第十五卷　桑榆忆往》，石家庄：河北教育出版社，2000 年，第 11 页。
③ 《本校应事实需求将新增沸水热水两种炉锅设备》，《金陵大学校刊》第 212 号，1936 年 12 月 14 日。
④ 金陵大学南京校友会编：《金陵大学建校一百周年纪念册（1888—1988）》，第 381 页。

净，发当短，面当常修，耳牙与指甲当洁净，切不可用生发油、香水、香粉等件。"公共聚会时，"无论坐立不可垂头，不可伸手，过头不可看书，不可开表，不可睡觉，不可猛力"。"卧室当清洁而有秩序，起时须铺床，睡时当开窗。"对学生的交际拜访、宴会礼节等均有要求。刘国钧在金大总理纪念周演讲时，多次提到现代学生生活习惯的养成，诸如"生活要规律化""环境要美化""社交要艺术化"。他要求学生"态度宜谦和而诚恳，令人蔼然可观，容貌须整洁，脸固宜常洗，发亦宜常梳。……服装不求华丽而在整洁，式样不在新奇而在舒适。语言宜简洁。太生涩与太无条例都不可行"。[①]二十世纪三十年代中期，国民政府提倡新生活运动，金大参加了南京市各界发起的新生活运动促进会，多次邀请市政官员莅校演讲。金大因在新生活运动的优良表现，首都新生活运动促进会于1935年以"贵学校于整洁方面，均能切实做到，一般教员，于教学方面，亦能精神贯注，实为新运前途良好现象"等语予以嘉奖。[②]多年以后，金大学子回忆校园生活，依然想到的是"校园环境的美化，教室、图书馆、实验室、运动场所等处无一不是整整齐齐、干干净净的。即使是学生宿舍也很整洁"[③]。

（四）服务的精神

金大提倡"教学做合一"，学以致用。陈裕光说："教育非仅求知，乃所以加强服务意志，锻炼刻苦耐劳精神。"教会大学注重培养学生的"基督化人格"，即"牺牲与服务精神"。陈裕光担任校长后，强调将"牺牲与服务精神"与服务社会相联系。

---

① 《第一次纪念周》，《金陵大学校刊》第 63 号，1932 年 9 月 12 日。
② 《本校加入首都新生活运动促进会》，《金陵大学校刊》第 122 号，1934 年 4 月 23 日;《整洁有序 精神贯注 新生活促进会嘉饰本校》，《金陵大学校刊》第 151 号，1935 年 3 月 25 日。
③ 万庆恩：《母校的教育》，金陵大学南京校友会编：《金陵大学建校一百周年纪念册（1888—1988）》，第 363 页。

在"三一制"的办学模式下，金大各院系都采用密切联系实际、服务社会的方针。文学院开展社会调查、边疆研究。理学院推广科学电影和科学教育，开设国家建设急需之应用学科，等等。农学院不仅要求学生学好书本知识，而且要从事田间劳作，参与农业推广，师生足迹遍及全国各省农村，受到各地农民的欢迎。冯玉祥在南京时曾目睹农学院教授沈宗瀚"炎炎夏日，赤足短衣作工。他初以为是学生，岂知是一教授"。[1]对于金大师生这种"能做事、不取巧"的吃苦耐劳和务实的精神，冯玉祥表示十分佩服。这种精神，也几乎成为金大师生的群体特征，并引以为豪。金大校友陶行知还创作了"锄头歌"，被确定为金大农学院院歌，激励学生发扬劳作和服务精神。金大师生也自称："金陵同学吃苦求实，很为真诚，此种良好校风及吃苦精神，实为金陵之宝，当善自珍重"。

最能体现金大服务精神的是农业专修科。该科教学目标即在于"培植真能服务农村之实用人才"，明确指向服务中国农村社会。该科"教职员学生工人，一律待遇，不分阶级，每餐同桌吃饭，同样生活，同时操作，以实践同生活、共甘苦之宗旨，而养成朴素耐劳、平等待遇之风气。教职员学生应于早晨五时半起身早操，共同扫除校舍，擦玻璃，拭饭桌，以练习勤劳之精神。厨房只用伙夫一名，担任挑水烧锅，此外如采办伙食、烹饪等杂务，均由学生轮流操作"。[2]1933年毕业于农业专修科的杨辉远回忆金大生活时说："我之所以终身热爱自己的专业，数十年如一日在农林战线勤奋工作，我觉得是与金大以'严'字办学治校的方针和'理论结合实际'的校风是分不开的。当时的金大农专以艰苦朴素的精神和教学科研实践相结合的学风而著称，因而能培养出大批综合性的技术人

---

① 高炳坊：《从母校校风谈到拯救国难》，《金陵大学校刊》第39号，1931年10月30日。
② 周惕：《金大农村服务专修科概况》，《中华基督教教育季刊》第4卷第4期，1928年12月。

才。农专办学的宗旨一贯重视实用技术，讲究'务实'、从'严'要求。因而她培养出的学生极少出现废品，掌握知识技术全面，出校即能独立工作，所以当学生尚未毕业，即有单位准备聘任。这在当时是不多见的，这同当时的一般国立大学也是有区别的。"①金大理论联系实际的学风，使学生养成"动手、动脑、服务人群"的观念，毕业后能本其所学，为国家和社会做出贡献。

1943年，在抗战的艰苦岁月中，陈裕光对于金大数十年的学风校风有着深沉的总结。他说：

> 回忆过去，不能无感于中。兹有三事足资纪念者，一曰坚强之意志，二曰苦干之精神，二者皆为在抗战期中所特别体验者。三曰真诚勤仁之行动，此即本校创立五十余年之校训也。三者，正与新式大学教育本旨相符合。盖现今之大学教育为一躯壳，而坚强之意志，苦干之精神，与夫真诚勤仁之行动为其灵魂。躯壳与灵魂齐备，而后大学教育始能完善。②

金大将"诚真勤仁"定为校训，既是对金大历年办学和学风校风的总结，也是对一代代金大学子的勉励。金大毕业生回忆母校生活时说，金大的学风校风或者说传统精神，"在培植三种人物之综合特质，第一是宗教家的博爱精神，第二是科学家的研究精神，第三是实行家的实践精神。这三种精神塑造出金大毕业生的健康性格和乐观进取心胸。博爱精神使人具有奉献社会人群的情操，研究精神在不断谋求事物的深入理解，实践精神则是成就事功的基本要

① 杨辉远：《金大和我》，金陵大学南京校友会编：《金陵大学建校一百周年纪念册（1888—1988）》，第338页。
② 《陈校长出席训话》，《金陵大学校刊》第301号，1942年3月1日

件。这三种精神在金大兼而有之，是我母校最宝贵的传统"。[①]一代代金大学子的追忆总结，也成为金大的校风学风不可分割的部分。

第三节　学生运动

金大是一所具有爱国民主传统的学校。在近现代中国历次革命运动中，金大师生积极致力于民族救亡和民主革命事业，其爱国精神、民主思想一脉相承。二十世纪二十年代后期，随着日本帝国主义侵略中国步伐的加速，金大师生关注国家和民族的命运，以救亡为中心，掀起了一次又一次的抗日爱国运动。

一、抗日爱国运动

1928年5月3日，日本为阻止国民革命军继续北伐，悍然出兵山东，侵占济南，蓄意寻衅闹事，制造了震惊中外的"济南惨案"。在此之前，金大师生即对于日本出兵山东、侵害我国领土主权发表公电，以示抗议。"济南惨案"后，金大学生迭次召开会议，讨论解决办法。金大学生会于5月6日致电各报馆，号召国人一致奋起，[②]并决议从5月7日起罢课三日，连日在南京城内外进行募捐及讲演。金大的募捐活动分为28个队，每队有八七人，参加的同学多达200余人。[③]5月10日，金大学生再次集会讨论应对办法，全体议决继续罢课四日，并决定今后工作侧重于国际之宣传。金大学生组织了反日暴行国际宣传委员会，与学校教职员组织的反日暴行国际宣传部合

---

① 蔡敦根：《母校传统应在台湾发扬光大》，《金陵大学建校百周年纪念特刊》，台北：金陵大学校友会，1988年，第207页。
② 《金陵大学学生会电》，《申报》1928年5月7日，第8版。
③ 南京大学高教研究所校史编写组编：《金陵大学史料集》，第303页。

作，向外界陈述济南惨案的真相，批评和纠正西方报纸歪曲事实的报道。其工作计划共分为14项：

（1）散发声明书，纠正英文报之谬误，及陈述济南惨案之真相；

（2）发表宣言书，以英文起草，译成德、法、日、印度、高丽并世界语等文字，宣传书获得政府同意后发行；

（3）印刷无定期之小册子；

（4）电日内瓦国际联盟秘书处，请求主持公道；

（5）建议南京各界反日暴行大会，共推代表三人赴沪，报告济案真相，请勿受日方宣传，并请主持正义；

（6）组织国外通讯社；

（7）建议南京各界反日暴行代表大会，提请国民政府派代表三人赴欧美各国，宣传此次济案真相，以免日人宣传混乱听闻；

（8）寄关于济案始末之本国报纸予留学欧美之学生会；

（9）致书侨居南京之欧美人民及其他侨民，说明此次反日运动纯出于爱国和平手段，请勿自相惊扰；

（10）向外友人通讯，解释济案真相；

（11）公布批评及纠正西报之言论；

（12）每日择西报之重要言论，公布于众；

（13）建议国内宣传股，请制成简单标语，在影戏院发表；

（14）收集济案相片。①

在此期间，金大校方邀请国民党要人叶楚伦、何民魂、王世杰等人先后到校演讲，内容包括政府如何应对济南惨案、中国应在外

---

① 南京大学高教研究所校史编写组编：《金陵大学史料集》，第305页。

交上采取何种途径，等等。5月11日，于右任向金大师生报告济案始末及对于此次外交事件之认识，他说"金大在此次反日运动中，独能于群情暴嚣漫无系统空气中，致力于实际上事业，例如国际宣传、日本研究及经济绝交设计等项，并谓该校所有条陈意见极吻合中央意志，中央对于该校此种实际运动深为嘉许"。他又说，"金大在群众运动中，久居领导地位，此次反日，尤深望该校能以镇静态度、实际方针引导民众"。[1]与此同时，首都各行业抵制日货运动广泛开展，金大师生要求学校校服、笔墨、纸张等用品全部采办国货，拒用日货。

1927年之后，南京国民政府对学生运动采取"去政治化"的政策，压制学生运动的开展。[2]但在二十世纪三十年代，民族救亡的呼声日趋高涨，学生的救亡运动随之而起。1931年，日本帝国主义发动了"九一八"事变，武装侵占我国东北领土，东北三省相继沦陷。这一事件激发了举国民众的民族主义情绪，金大再次掀起新的抗日爱国热潮。

1931年9月21日，金大学生自治会致电全国各报馆。电文写道："日帝国主义者蓄心谋我久矣，五九、五三诸役，早置国际正义公法于度外，不复视我为独立之邦。……近更假造证件，借口中村事件，于九月十九日占我沈阳，并及长春安东营口各地，希完成其并存满蒙之好梦。"为此，金大学生提出："（一）请政府电粤，立时息争，以革命手段，一致对外；（二）全国同胞，本敌忾同仇之精神，在政府指挥下，奋发图存；（三）全国同胞，今后应啮臂铭

① 《金大反日工作之实施》，《申报》1928年5月14日，第10版。
② 黄坚立：《难展的双翼：中国国民党面对学生运动的政策与困境：1927—1949》，北京：商务印书馆，2010年，第214—241页。

心，卧薪尝胆，倭寇不去，誓日俱亡。"①

金大校方亦态度坚决，和学生立场一致。9月22日，全体教职员发表宣言："日本处心积虑，谋吞满蒙，垂三十年。……济南之惨案初已，万宝山之屠杀又生，其侵略阴谋，益为显著，本月十八日夜，竟借口中村事件，唆使其浪人突然炸毁南满铁道，复伪称我方所为，乘机出兵，袭击我守军，占领沈阳、长春、安东、营口及其他辽宁要地。摧残文化机关，击毙无辜人民，尤其虚构事实，大肆宣传，其蓄意破坏东亚和平之阴谋，于斯可见。……特此郑重宣言，俾我友邦人士，咸知日本此次暴行，甘为全世界之公敌，若不予以惩戒，促其觉悟，将使凶焰益张，公理灭绝，而使人类复返于任性争夺之境界，此不能不望我全世界拥护和平表彰公理主持正义之学术团体，督促各国政府，严厉制裁日本此项非法暴行，并望我友邦人士，均能研究事变真相，毋为日本诡诈卑污之饰词，虚构妄捏之事实所蒙蔽，是为至幸。"②9月23日，南京工、商、学、妇等各界团体十万余人召开反日救国大会，举行声势浩大的游行示威。金大师生成立"金陵大学反日救国会"，推举代表联络南京各校组织南京市学界反日救国会，金大被推为常务委员。③

从9月24日起，金大停课三日，宣传抵抗日货，联合首都学生进行抗日运动。《金陵大学校刊》专门开辟了《反日专号》，刊发师生抗日言论。校园里停止娱乐，每晚都请著名学者来校演讲中日问题。如24日由萨孟武演讲"日本之大陆政策"，25日由王古鲁演讲"日本文化侵略之机关"，26日请张其昀演讲"正大光明之国际关

---

① 《本校学生自治会为日本出兵侵占东三省致全国各报馆电》，《金陵大学校刊》第33号，1931年9月25日。
② 《本校教职员为日本出兵占据满洲向世界各学术团体宣言》，《金陵大学校刊》第33号，1931年9月25日。
③ 《本校教职员成立反日救国大会》，《金陵大学校刊》第35号，1931年10月2日。

系"，等等。学校组织抗日救国军，按照军队编制进行军事训练。全校男同学以"义勇救国队"命名编为一营，每晨操练。女生组织看护队，并请鼓楼医院看护长实地指导。教职员对外发表通电，在国际上揭露日本的侵略行径。

9月25日以后，各地学生络绎涌入南京。27日，复旦大学七百余人来京请愿，28日，金大派武装整齐的救国军两班人赴下关迎接。随后学生在金大体育馆召开大会，议决齐赴国民政府请愿。当日大雨淋漓，途中泥滑，上午十时许，各地学生约五千余人，"凄风苦雨之下，鹄立国府庭阶"，坚请蒋主席表示意见。学生的要求包括：（1）驱逐日本军队出境；（2）请求国府令张学良死守东北；（3）誓死不做地方交涉；（4）誓死不订辱国条约；（5）全国军政长官一致团结起来；（6）请求胡汉民立即销假，主持大计。监察院院长于右任代蒋介石出面答复学生，但学生坚请蒋介石出面答复。迫于压力，蒋介石登台训话，表示接受学生要求，国府决不辜负青年同胞，希望学生早日复课。① 请愿后，陈裕光以金大全体教职员名义致电政府，呼吁国民政府实现和平统一，确定外交方针，充实全国军备，速息内争，移师抗日。② 10月12日，陈裕光率领全体师生宣读永不用日货的誓词。学生干事会决定向全校学生募捐，援助马占山将军抗日，至12月3日募捐得两千余元。③

11月5日，全国学联在南京召开第二次代表大会，成立"全国学生抗日救国联合会"。25日，平沪等地学生万余人来到南京，金大学生会连夜集会，议决声援北平、上海同学，采取一致行动，齐

① 《京沪学界赴国府请愿》，《申报》1931年9月29日，第8版。《金陵大学校刊》第35号，1931年10月2日；第45号，1931年12月11日。
② 《本校教职员呈请国府移师抗日》，《金陵大学校刊》第36号，1931年10月9日。
③ 《本校援马募捐经过》，《金陵大学校刊》第44号，1931年12月4日。

赴国府请愿。①12月初，北大"南下示威团"奔赴南京，于5日举行游行示威，经过成贤街时遭卫戍司令部巡查队阻止、殴打，180余人被逮捕。金大学生决定"援助北大""反对政府压迫民众运动"，施行"总罢课"。次日，当局同意释放北大学生，强行将其押返北平。金大学生议决于11日全体学生举行游行示威。校方对于罢课和学生运动，虽然希望学生能早日复课，"但同居于国民地位，对学生救国运动，既不宜稍拂其意"。②

教育部为平息学潮，要求南京各校提前放寒假，遭到学生反对。12月14日，江苏省学生抗日救国会决定17日进行总罢课，要求蒋介石践行前言，即日出兵北上。17日上午，来自南京、北平、上海、济南、武汉、苏州等地的一万多名学生前往国民政府和中央党部示威，队伍游行到珍珠桥附近中央日报社时，学生以中央日报社之前屡屡"以反动""受人利用"等名词加诸学生，破坏学生运动，上前质问，"讵为军警殴打射击，一时惨祸飞来，学生走避不及，被击毙溺毙者数人，受伤被捕与失踪者，则数不胜计"。这就是"一二·一七"南京珍珠桥惨案。金大学生自治会出面要求政府惩凶抚恤，释放被捕学生，查封中央日报社等，并于18日派代表到国民政府请愿。首都卫戍司令部派大批军警将外地学生遣返。19日，国民政府明令禁止学生游行示威，提前宣布放假。学生运动暂时被镇压下去。

1931年12月25日，上海青年援马团北上经过南京时住在金大，农学院三年级同学王至培与该团某君商谈竟夜，毅然歃血宣誓，随团北上抗日。③28日，金大及首都各校在金大礼堂举行欢送青年援马团北上会，以壮其行。国民政府明令放寒假后，金大学生会组织学

① 《学生会议决协助上海学生请愿抗日》，《金陵大学校刊》第43号，1931年11月27日。
② 《本校学生救国罢课》，《金陵大学校刊》第45号，1931年12月11日。
③ 《同学王至培加入青年援马团》，《金陵大学校刊》第46号，1931年12月25日。

生五百余人成立"敦促汪蒋胡晋京团"，分赴沪、杭、港请愿，敦促蒋介石、汪精卫、胡汉民三人迅速晋京主持国事。

1932年1月28日，日军在上海突然向中国军队发起进攻，驻上海的第十九路军奋起抵抗，"一·二八"事变爆发。金大刊发了《国难特刊》和《国货专刊》，并联合金陵女子文理学院、汇文、中华等校，慰劳前赴上海的义勇军。1932年10月，金大学生会举行足球赛为东北义勇军募捐；1932年12月，陈裕光组织金大与金女院的中文演讲竞赛，为东北义勇军筹款；1933年新年，金大女生举办游艺会进行募捐；1933年5月，金大举行救国募捐大会募捐。金大师生以自己的方式表达着爱国之情。

1934年，与金大仅有一墙之隔的日本领事馆建了一座钢骨旗杆，悬挂太阳旗，高与北大楼齐。金大师生抬头便会看到日旗，触目刺心，咸感愤慨，推举代表组成"建筑旗杆发起人大会"，向学校要求建筑金陵大学的旗杆以示举校上下的爱国之心。学校对学生的爱国举动表示嘉许，并大力支持。从1934年10月至1935年5月，共募集经费1 700余元，于1935年暑假建成金大旗杆，竖立于金大礼堂之南。旗杆"杆身拔地高度一百三十一尺，高出北大楼约十尺，为首都旗杆中最高者，在校外远眺均可看见国旗迎风招展"。[1]旗杆落成后，金大校方规定："每日上午六时一刻与下午五时，举行升降旗仪式。""在升降旗时，于所在地点一闻号音，即自动停止，以示敬爱国旗、尊重国家之意。""国旗飘扬，朝夕瞻仰，爱国之心，油然而生。"[2]从这件事可以看出金大师生的爱国信念和决心。

1935年7月，日本迫使国民政府签订了严重损害中国主权的《何梅协定》。11月，汉奸殷汝耕在日本扶植下，在河北成立所谓"冀

---

[1]　《本校旗杆建筑竣工》，《金陵大学校刊》第163号，1935年9月9日。
[2]　《秘书处通告》，《金陵大学校刊》第168号，1935年10月14日。

东防共自治政府"。金大等校教职员致电宋哲元,"请讨逆靖难,捍卫国家主权"。金大学生于12月3日发表通电称:"敝会顷致电北平何长官、宋主任、保定商主席,吁请讨逆。文曰:窃维华北,久受强邻觊觎,系安危于千钧一发之际,凡我国人,应如何秉卧尝之肫诚,作生教之准备。乃殷逆汝耕丧心病狂,敢冒不韪,以战区自治为名,行其祸国殃民之实,充其所至,非达中原板荡,国土沦亡而不已!风鹤传来,国人訾裂,公等为党国之干城,膺幽燕之重寄,于兹艰困,亟望兴师张讨,守土锄奸,扫逆氛于朔方,申大义于天下。敝校同学本匹夫有责之义,誓为公等后盾,巨憝不除,义无反顾,临电仓皇,翘企无已。"[1] 要求惩办汉奸,立即出兵抗日。华北危机,民族危机,一场轰轰烈烈的爱国运动再次席卷全国。

12月9日,数千名北平学生向国民党华北当局请愿,举行声势浩大的示威游行,这就是著名的"一二·九"运动。与此同时,金大教职员联合中大、中央政治学校、金陵女子文理学院连衔发表宣言称:"华北为我国命脉所系,任何所谓自治运动,或任何妨害统一之新组织,皆足以危害我领土主权之完整,同人等认为我政府处境艰难,为国人所共谅,尤宜博咨众议,秉忠尽谋国之初衷,对于任何足以危及我最后生命线之无理要求,一律严予拒绝,更不可有迁就之协定或谅解,以作茧自缚,同人等誓本此主张,以为后盾。"北平学生爱国运动遭到镇压的消息很快传到南京。12月19日,金大等十余校学生数千人到行政院请愿,要求抗日。27日,北平学生代表来宁作宣传工作,在金大礼堂报告了"一二·九"运动的经过。金大学生代表祁式潜要求响应北平学生的呼声,立即投入抗日救亡

---

[1] 《本校教职员对最近时局宣言 学生会亦通电吁请讨逆》,《金陵大学校刊》第176号,1935年12月9日。

运动，社会各界抗日救亡运动热情不断高涨。

国民政府对日渐高涨的抗日救亡运动采取压制态度。宪警、便衣侦探随时进入金大查探，行政院严令金大学生不得有越轨举动。1936年2月10日，行政院责令陈裕光及金大教职员应"一致负责诱导学生，纳入正规，嗣后凡不照章受课受考学生，各校概不得给予学绩，凡以任何方式妨害学校课业之学生，应立即严令离校。校内校外不得容许任何团体为煽动罢课或妨害社会秩序之举"①。金大极力维护学生安全，要求当局制止宪警及便探进入学校，同时也希望学生的行动更加慎重。

1936年，日军进犯绥远，金大随即组织各种募捐活动，并驰电慰问前线将士。农学院蚕桑系附设的女子职业班学生亲手缝制背心，寄给前线，"以慰劳前方冰天雪地抗敌之杀敌将士"。②傅作义将军给金大师生复电称："三军闻命，益壮声威，自当勉为激策，奋勇杀敌，庶期效忠党国，亦即仰副我爱国同仁之所殷望耳。"③1937年7月7日卢沟桥事变发生，日军开始全面侵华。8月13日，淞沪战役爆发，南京形势危急。金大响应教育部号召，最初决定留守南京。11月5日，陈裕光致函蒋介石称："际此非常时期，敝校为安定首都社会人心，及协助国防研究期间，爰不避艰阻，决定在京维持战时高等教育。除业已于上月六日开学外，并将各重要研究部分，移往较静僻之地带，继续工作，同时辟一部分校舍，作为扩充附属鼓楼医院之用。"④但随着局势迅速恶化，金大于11月停课，开始西迁。

---

① 《行政院令饬本季学生不得有越常态举动》，《金陵大学校刊》第180号，1936年2月10日。
② 《蚕桑女职生慰劳前敌将士》，《金陵大学校刊》第211号，1936年12月7日。
③ 《傅作义复本校教职员电》，《金陵大学校刊》第210号，1936年11月30日。
④ 《陈裕光致函蒋介石》，1937年11月5日，金陵大学档案649—357。

二、进步组织与学生运动

早在北伐时期，金大一些进步学生就加入了中国共产党，积极成立党组织，领导革命运动。1926年7月，中共江浙区委派刘少猷担任中共南京地委委员，兼国民党南京市党部常委。为便于隐蔽，他以金大为据点，组织参加国民党的左派学生在学生和工人中开展工作，并于此时在金大建立了中共支部。首批发展的共产党员有秦元邦、熊士杰、郑旺华、汤仁溥、于铭之、杨德翘、方于清、杨济民、丁廷洧、夏征农等人，由胡华熙担任支部书记。夏征农回忆说，自己在1925年进入金大，1926年10月加入中国共产党组织。[①]1927年3月北伐军进入南京，中共金大党支部于28日发动同学参与刘少猷主持召开的全市各界欢迎国民革命军大会。

1927年，蒋介石发动四一二反革命政变，国共合作破裂。蒋介石实行"清党"，大肆搜捕共产党人。4月10日，侯绍裘等十名共产党员在南京被捕并遭杀害。南京一片白色恐怖，金大校园也不能幸免。南京市公安局局长温建刚亲自抓走了金大学生会负责人、国民党左派学生陶恒芬等三名金大学生，关押近两个月，最后陈裕光出面营救保释了他们。1928年6月，金大学生丁廷洧、于铭之、杨济民、张克祥、陈公望等六人被捕，最终由包文出面保释。至1928年，中共南京地委机关多次建立又多次遭到破坏，革命逐步转入低潮。金大大部分党员转移到其他地区继续从事革命活动，如于铭之到安徽去搞农民协会工作；秦元邦、熊士杰则由上海辗转到武汉工作。[②]

1928年，日本制造了"济南惨案"，国内抗日救亡运动又见高涨。为重建南京党团组织，中共江苏省委于1928年9月派黄瑞生、游

---

① 张宪文主编：《金陵大学史》，第474页。
② 南京大学高教研究所校史编写组编：《金陵大学史料集》，第292-293页。

无魂赴南京重建地方党支部。1929年6月，来自东北地区的青年陈景星和石璞二人进入金大读书，他们在金大图书馆里阅读了大量马列主义书籍，如《国家与革命》《共产主义ABC》等，逐步在思想上接受了共产主义，并积极参加中共南京地下组织的活动。该年10月，陈景星加入了中国共产党。在陈景星的帮助下，石璞也于1929年12月加入中国共产主义青年团，并很快转为中共党员。[①]1930年2月，陈景星根据中共南京市委的要求，和中央大学的黄祥宾、晓庄师范学校的石俊等人发起"南京自由运动大同盟"，在金大成立"金大争取自由大同盟"。陈景星积极向参加大同盟的进步学生宣传进步革命理论和党的文件，发展李林洋等几名学生加入了共产党组织，并在金大正式成立金大党支部，陈景星担任党支部书记，积极开展各种活动，成为中共南京地下党组织的一支骨干力量。

1930年3月，金大发生社会学教授夏慕仁放映辱华影片事件。金大党支部组织领导学生开展针对美帝国主义的斗争。陈景星和石璞发动300名爱国师生举行集会，抗议帝国主义奴化教育，并向校方施压，要求解除夏慕仁聘约，扣押影片，解散基督教青年会。最终，学校部分接受学生的要求。[②]

1930年年初中原大战爆发，中共江苏省委认为革命高潮即将到来，要加强组织江苏地区的反帝爱国运动。4月3日，南京和记洋行工人掀起罢工斗争，遭到军警的残酷镇压，被逮捕打伤数十人，即"四三"惨案。陈景星接到南京市委关于利用形势发动声援和记洋行工人斗争的任务，组织学生游行示威，声援工人罢工。由于当时"左"倾盲动主义抬头，制定了中心城市武装起义的冒险计划，江苏省委要求发动大规模群众斗争，开展"五罢"运动（罢工、罢

---

① 杨金荣、顾武英、闻慧斌：《南大英烈》，南京：南京大学出版社，2022年，第155—156页。

② 南京大学高教研究所校史编写组编：《金陵大学史料集》，第309—310页。

课、罢市、罢操、罢岗）。陈景星毅然接受任务，在金大开展罢课运动，散发传单，绘制英帝国主义屠杀中国人民的漫画，号召学生签名参加"五卅"纪念大会。5月30日，陈景星、石璞、李林泮等人参加了夫子庙的"飞行集会"，高呼口号，散发传单。但现实并不具备发动大规模群众运动的条件，"五罢"运动最终以失败告终。党组织当时并未认识到形势严峻，进一步筹划"南京暴动"，要实现一省或数省的首先胜利，要求大学中的党员暑假不要回家，准备参加暴动。陈景星虽然预感到此次暴动可能失败，但依然服从党的决定，担任南京市行动委员会委员，领导城南区电报局、兵工厂的工人暴动。由于市委交通员鲁达卿被捕叛变，陈景星、石璞、李林泮等十多人在运动中被捕。9月4日凌晨，陈景星、石璞、李林泮等八人在南京雨花台英勇就义，当时陈景星只有22岁，石璞年仅17岁。南京党组织遭受严重的破坏，党团员共有一百多人被捕牺牲。[①]当时金大会计主任毕律斯在给芮思娄的信中写道："两个金大学生三天前在南京被枪毙，一个是从满洲来的一年级学生，大家认为他是不是共产党还是问题。因为他是北方人，所以被怀疑。学校将他哥哥寄来的学费作了他的安葬费。另一个是比较激烈的，他曾在今春在和记洋行闹过风潮。我们的人都不敢说话，他们（指当局）不经过审讯、旁听就杀人，所以大家都惧怕。"[②]这里所说的两个人就是陈景星和石璞，由此可见，即使是外籍教职员，也对进步学生运动表示了深深的同情。

　　江苏省委先后派恽雨棠、顾衡等人到南京恢复党团组织，但由于南京地处国民党统治核心区域，党团组织几度被摧毁，到了1934年，党团活动基本被迫中止，隐蔽下来的党团员全部转入地下活

[①]　华彬清、钱树柏主编：《南京大学共产党人（1922年9月—1949年4月）》，南京：南京大学出版社，2002年，第15-16页。

[②]　张宪文主编：《金陵大学史》，第476页。

动。金大校内学生会被复兴社和"CC系"成员把持，校内的革命力量受到严重削弱，学生活动转入低谷。金大校内以祁式潜、胡笃弘、胡笃冲等为首的进步学生自觉通过各种学会和社团，开展读书会活动，组织同学阅读进步书籍、宣传党的纲领文件，集聚志同道合的进步力量。

祁式潜在南京钟英中学读书时就是一位充满爱国热情的学生。1933年秋，他和胡笃弘一起考入金大，当时他已是中共党员汪灼华和翟毅组织的读书会的骨干成员。该读书会在中共南京特支领导下，将秘密工作与公开合法的斗争结合起来。[1]在"一二·九"运动中，祁式潜代表进步学生积极发言，引导金大学生响应北平学生的呼吁，投入抗日救亡运动。金大的进步学生组织读书会，积聚进步力量。1936年8月1日，南京各校进步学生30多人在金大学生李庚家里正式成立"南京学生救国联合会"，即"南京秘密学联"。[2]其中，金大学生有祁式潜、李庚、胡笃弘等，中大学生有后文瀚、薛葆鼎[3]、冯秀藻等，还有南京中学、金陵中学、中央政治学校等校的代表。祁式潜、李庚、胡笃弘都担任秘密学联的领导工作。秘密学联以《南京学生》作为机关报，先后刊载了中共中央的《八一宣言》《民族矛盾和国内矛盾的目前发展阶段》《为争取千百万群众进入抗日民族统一战线而斗争》等文件，组织会员学习党的抗日统一战线理论。秘密学联在成立之初有一百多人，至1937年达到两百多人，在各大、中学校以各种形式积极开展抗日救亡活动。"从南京秘密学联的建立，一直到最后结束，祁式潜始终是南京学联的负

---

① 胡叔度：《忆祁式潜同志在南京的革命活动》，南京市档案局编：《南京党史资料》第8辑，1984年内部发行，第84页。翟毅：《汪灼华和我》，《南京党史资料》，第20辑，1988年内部发行，第2页。

② 华彬清、钱树柏主编：《南京大学共产党人（1922年9月—1949年4月）》，第23页。

③ 薛葆鼎，1937年6月由中央大学转入金陵大学理学院。

责人之一。在学联后期，他是学联的主要负责人，他根据党的抗日民族统一战线政策积极工作，起了重要作用。在金陵大学，他是革命的种子，在他的影响和推动下，进步同学由几个人逐步发展到几十人，其中很多人最后走上革命的道路。"[1]

南京秘密学联采取"组织秘密、活动公开"的原则，通过发展外围团体吸纳进步学生。金大以祁式潜、李庚、胡笃弘、胡笃冲为首，成立了"体群社"，该社以"锻炼体格，研究学术，联络感情及增进课余生活为宗旨"，社员最多时达60余人。体群社常组织学生参加野营和郊游活动，讨论中国农村建设、青年前途、人生观等问题，举行抗日救亡问题讲座，编印小报等，来发展进步学生。祁式潜等人还利用系会、级会、学生会、同乡会、夜校等进行活动，争取更多学生加入抗日救亡联合阵线。

1937年5月，李庚、胡笃弘曾一度被捕，后经营救获释。秘密学联的组织没有遭到更大破坏。"七七"事变爆发后，金大校园内掀起了抗日救亡的新高潮。祁式潜等人利用国民政府《战时民众团体组织法》，迅速组织数百学生组成"南京学生暑期抗敌后援会"，这是以南京秘密学联为基础，第一次在南京学生界建立的公开的、合法的、全市性的学生组织。该会组织学生在全市开展抗日宣传活动，开办救护、防空、防毒训练班，联合平津流亡学生会成立"首都平津学生救亡宣传团"，奔赴铁路沿线，深入农村工矿，进行抗日宣传和组织动员工作。不久，八路军南京办事处成立，中共南京市委也重新建立，祁式潜、李庚、胡笃弘等先后加入中国共产党。祁式潜还到外地发展党员，建立中共扬州特别支部。南京沦陷后，秘密学联和它培养的一批干部分散到武汉、延安、重庆及敌后解放区，在中国共产党的领导下，走上抗日救国的新征途。

---

[1]　胡叔度：《忆祁式潜同志在南京的革命活动》，《南京党史资料》第8辑，第29页。

本卷参考文献

一、档案类

1. 耶鲁大学神学院图书馆藏亚洲基督教高等教育联合董事会档案（Archives of the United Board for Christian Higher Education in Asia，简称UBCHEA Archives）第四系列"中国教会大学资料"（Series Ⅳ China College Files）。

2. 国立中央大学档案，中国第二历史档案馆藏，全宗号648。

3. 私立金陵大学档案，中国第二历史档案馆藏，全宗号649。

二、资料汇编、史料、文集类

1. 北京大学信息管理系、南京大学信息管理系、甘肃省图书馆合编：《一代宗师：纪念刘国钧先生百年诞辰学术论文集》，北京：北京图书馆出版社，1999年。

2. 曹幸穗、王利华、张家炎等编：《民国时期的农业》，《江苏文史资料》1993年第51辑。

3. 张伯伟编：《程千帆全集 第十五卷 桑榆忆往》，石家庄：河北教育出版社，2000年。

4. 关鸿、魏平主编：《历史的先见：罗家伦文化随笔》，上海：学林出版社，1997年。

5. 华彬清、钱树柏主编：《南京大学共产党人（1922年9月—1949

年4月）》，南京：南京大学出版社，2002年。

6. 黄侃：《量守庐学记：黄侃的生平和学术》，北京：三联书店，1985年。

7. 蒋杰编著：《乌江乡村建设研究》，南京：南京朝报印刷所，1936年。

8. 蒋维乔：《蒋维乔日记》第十二册，北京：中华书局，2014年。

9. 柯象峰：《柯象峰文集》，北京：社会科学文献出版社，2017年。

10. 乔启明：《乔启明文选》，北京：社会科学文献出版社，2012年。

11. 孙本文：《孙本文文集》第三卷，北京：社会科学文献出版社，2012年。

12. 李扬汉主编：《章之汶先生纪念文集》，南京农业大学金陵研究院，1998年。

13. 刘绍唐主编：《民国人物小传》第五册，上海：三联书店，2015年。

14. 《晋阳学刊》编辑部编：《中国现代社会科学家传略（第四辑）》，太原：山西人民出版社，1983年。

15. 南京大学文学院编：《南京大学文学院百年史稿》，南京：南京大学出版社，2014年。

16. 马先阵、倪波编：《李小缘纪念文集》，南京：南京大学出版社，1988年。

17. 南京大学信息管理系编：《李小缘纪念文集（1898—2008）》，2008年。

18. 南京市档案局编：《南京党史资料》第八辑，内部发行，1984年。

19. 商志香覃编：《商承祚文集》，广州：中山大学出版社，2004年。

20. 舒新城：《收回教育权运动》，上海：中华书局，1927年。

21. 唐晓峰、王帅编：《民国时期非基督教运动重要文献汇编》，北京：社会科学文献出版社，2015年。

22. 张研、孙燕京主编：《民国史料丛刊》，郑州：大象出版社，2009年。

23. 章之汶、李醒愚：《农业推广》，上海：商务印书馆，1936年。

24. 中国蔡元培研究会编：《蔡元培全集》第二卷，杭州：浙江教育出版社，1997年。

25. 宋恩荣、章咸选编：《中华民国教育法规选编》，南京：江苏教育出版社，2005年。

26. 中国第二历史档案馆编：《中华民国史档案资料汇编·第五辑·第一编·教育》，南京：江苏古籍出版社，1994年。

27. 朱有瓛、高时良主编：《中国近代学制史料·第四辑》，上海：华东师范大学出版社，1993年。

28. 朱有瓛主编：《中国近代学制史料·第三辑·下册》，上海：华东师范大学出版社，1992年。

29. 金陵大学南京校友会编：《金陵大学建校一百周年纪念册（1888—1988）》，南京：南京大学出版社，1988年。

30. 《南大百年实录》编辑组编：《南大百年实录（上卷）：金陵大学史料选》，南京：南京大学出版社，2002年。

31. 《南大百年实录》编辑组编：《南大百年实录（中卷）：中央大学史料选》，南京：南京大学出版社，2002年。

32. 南京大学高教研究所校史编写组编：《金陵大学史料集》，南京：南京大学出版社，1989年。

33. 《金陵大学出版物目录》，金陵大学编辑部编行，1936年。

34. 《金陵大学概况》，1935年编印，南京大学图书馆藏。

35. 《金陵大学理学院教育电影部概况》，金陵大学理学院编印，1937年。

36. 金陵大学编：《金陵大学六十周年纪念册》，金陵大学图书馆印，1948年。

37. 金陵大学秘书处编：《私立金陵大学一览》，1933年印行。

38. 金陵大学编：《金陵大学农林科组织及事业》，1928年印行。

39. 金陵大学农学院农业经济系：《金陵大学农学院农业经济系概况》，1936年编印。

40. 金陵大学农学院编：《金陵大学农学院卅年来事业要览》，1943年印行。

41. 金陵大学农学院农艺系编：《金陵大学农艺系概况》，1936年印行。

42. 金陵大学图书馆：《金陵大学图书馆概况》，1931年10月改订。

43. 金陵大学编：《金陵大学文理科概况》，1930年印行。

44. 私立金陵大学理学院编：《私立金陵大学理学院概况（1930年至1931年）》（第一号），1931年。

45. 私立金陵大学理学院院长室编：《私立金陵大学理学院概况（1931年至1932年）》（第二号），1932年。

46. 私立金陵大学理学院院长室编：《私立金陵大学理学院概况（1933年至1934年）》（第三号），1934年。

47. 私立金陵大学理学院院长室编：《私立金陵大学理学院概况（1935年至1936年）》（第四号），1936年。

48. 私立金陵大学农学院编：《私立金陵大学农学院概况（1930年至1931年）》（第一号），1931年。

49. 私立金陵大学农学院院长室编：《私立金陵大学农学院概况（1932年至1933年）》（第二号），1933年。

50. 私立金陵大学农学院院长室编：《私立金陵大学农学院概况（1934年至1935年）》（第三号），1935年。

51. 私立金陵大学文学院编：《私立金陵大学文学院概况（1930年至1931年）》（第一号），1931年。

52. 私立金陵大学文学院院长室编：《私立金陵大学文学院概况（1931年至1932年）》（第二号），1932年。

53. 私立金陵大学文学院院长室编：《私立金陵大学文学院概况（1934年至1935年）》（第三号），1935年。

54. 私立金陵大学文学院院长室编：《私立金陵大学文学院概况（1936年至1937年）》（第四号），1937年。

55. H. H. Love and J. H. Reisner, *The Cornell–Nanking Story*, Ithaca, N.Y.: New York State College of Agriculture, Cornell University, 1964.

56. Nancy Thomson Waller, *My Nanking Home, 1918–1937*, Boston, Massachusetts: Willow Hill Publications, 2010.

三、论著类

1. 《南京农业大学发展史》编委会：《南京农业大学发展史·历史卷》，北京：中国农业出版社，2012年。

2. 陈能治：《战前十年中国大学教育》，台北：商务印书馆，1990年。

3. 陈滔娜：《哈佛燕京学社校际合作史》，南京：江苏人民出版社，2014年。

4. 樊书华：《文化工程：哈佛燕京学社与中国人文学科的再建1924—1951》，方珏杨译，北京：北京大学出版社，2017年。

5. 顾学稼、林蔚、伍宗华编：《中国教会大学史论丛》，成都：成都科技大学出版社，1994年。

6. 胡卫清：《普遍主义的挑战：近代中国基督教教育研究（1877—1927）》，上海：上海人民出版社，2000年。

7. 赵永青、许文彦：《殊光自显不须催：徐养秋传》，南京：南京大学出版社，2015年。

8. 郭廷以：《郭廷以口述自传》，张朋园等整理，北京：中国大百科全书出版社，2009年。

9. 沈宗瀚：《沈宗瀚自述》中，合肥：黄山书社，2011年。

10. 司徒雷登：《原来他乡是故乡：司徒雷登回忆录》，杜智颖译，南京：江苏人民出版社，2014年。

11. 德本康夫人、蔡路得：《金陵女子大学》，杨天宏译，珠海：珠海出版社，1999年。

12. 芳卫廉：《基督教高等教育在变革中的中国 1880—1950》，刘家峰译，珠海：珠海出版社，2005年。

13. 杰西·格·卢茨：《中国教会大学史 1850—1950》，曾钜生译，杭州：浙江教育出版社，1987年。

14. 叶文心：《民国时期大学校园文化（1919—1937）》，冯夏根、胡少诚、田嵩燕等译，北京：中国人民大学出版社，2012年。

15. 盛邦跃：《卜凯视野中的中国近代农业》，北京：社会科学文献出版社，2008年。

16. 陶飞亚、吴梓明：《基督教大学与国学研究》，福州：福建教育出版社，1998年。

17. 章开沅口述，彭剑整理：《章开沅口述自传》，北京：北京师范大学出版社，2015年。

18. 王德滋主编：《南京大学百年史》，南京：南京大学出版社，2002年。

19. 王运来：《诚真勤仁 光裕金陵：金陵大学校长陈裕光》，济南：山东教育出版社，2003年。

20. 吴梓明编著：《基督教大学华人校长研究》，福州：福建教育出版社，2001年。

21. 肖会平：《合作与共进：基督教高等教育合作组织对华活动研究（1922—1951）》，济南：山东教育出版社，2009年。

22. 黄坚立：《难展的双翼：中国国民党面对学生运动的困境与决策：1927—1949年》，北京：商务印书馆，2010年。

23. 杨思信、郭淑兰：《教育与国权：1920年代中国收回教育权运动研究》，北京：光明日报出版社，2010年。

24. 杨瑞：《中华农学会研究：农业现代性因素的接引（1916—1937）》，北京：三联书店，2018年。

25. 刘家峰：《中国基督教乡村建设运动研究（1907—1950）》，天津：天津人民出版社，2008年。

26. 张宪文主编：《金陵大学史》，南京：南京大学出版社，2002年。

27. 杨金荣、顾武英、闻慧斌：《南大英烈》，南京：南京大学出版社，2022年。

28. 章开沅、马敏主编：《基督教与中国文化丛刊（第三辑）》，武汉：湖北教育出版社，2000年。

29. 章开沅、马敏主编：《社会转型与教会大学》，武汉：湖北教育出版社，1998年。

30. 章开沅主编：《文化传播与教会大学》，武汉：湖北教育出版社，1996年。

31. 中国科学技术协会主编，中国图书馆学会编著：《中国图书馆学学科史》，北京：中国科学技术出版社，2014年。

32. 中国农业博物馆编：《中国近代农业科技史稿》，北京：中国农业科技出版社，1996年。

33. 郭锋：《福开森在华五十六年：参与兴办中国近代高等教育的视角》，上海：上海交通大学出版社，2019年。

四、报刊类

1. 《边疆研究通讯》
2. 《大公报》
3. 《大学院公报》
4. 《教育公报》
5. 《教育季刊》
6. 《教育杂志》

7.《金陵大学农经系系友简讯》

8.《金陵大学农学院丛刊》

9.《金陵大学校刊》

10.《金陵光》

11.《金陵神学志》

12.《金陵学报》

13.《金陵周刊》

14.《科学教育（南京）》

15.《民国日报》

16.《农林新报》

17.《农业推广》

18.《少年中国》

19.《申报》

20.《斯文》

21.《兴华报》

22.《真光杂志》

23.《政府公报》

24.《中华基督教教育季刊》

25.《中华农学会报》

五、论文类

1.陈谦平：《1927年南京事件伤亡人数和财产损失的考证》，《民国研究》2008年第1辑。

2.葛明宇：《中央大学农学院和金陵大学农学院的比较研究》，南京农业大学博士学位论文，2013年。

3.蒋宝麟：《"党国元老"、学界派系与校园政治——中央大学首任校长张乃燕辞职事件述论（1928—1930）》，《社会科学研究》2013年第3期。

4. 蒋宝麟：《20世纪20年代金陵大学的立案与改组》，《近代史研究》2016年第4期。

5. 蒋宝麟：《金陵大学治理结构研究》，南京大学博士后研究工作报告，2016年。

6. 蒋宝麟：《金陵大学的经费来源与运作研究（1910—1949）》，《中国经济史研究》2018年第4期。

7. 杨莉：《"选择学生"与"学生选择"：民国时期金陵大学的招生政策与学生群体研究》，《史林》2020年第6期。

8. 郭洋：《金陵大学电影教育研究（1930—1952）》，南京大学历史学院硕士学位论文，2018年。

9. 李方训：《当今我国科学问题》，《科学世界》第11卷第1期，1942年。

10. 路林林：《物理学领域的早期电化教育专家：魏学仁》，《现代教育技术》第23卷第2期，2013年。

11. 商承祚：《我与金陵大学》，《东南文化》2002年第9期。

12. 沈志忠：《近代中美农业科技交流与合作初探——以金陵大学农学院、中央大学农学院为中心》，《中国农史》第21卷第4期，2002年。

13. 沈志忠：《近代中美农业科技交流与合作研究》，南京农业大学博士学位论文，2004年。

14. 梁晨、任韵竹、王雨前等：《民国上海地区高校生源量化刍议》，《历史研究》2017年第3期。

15. 吴白匋：《胡小石先生传》，《文献》1986年第2期。

16. 张瑞胜：《金陵大学与康奈尔大学作物改良合作计划研究（1925—1931）》，南京农业大学硕士学位论文，2014年。

17. 赵飞飞：《金陵大学宗教教育研究（1888—1952）》，南京大学博士学位论文，2016年。

18. 陈声玥：《1930年金陵大学辱华影片事件评析》，《民国研究》2018年春季号。

19. 钟荣帆：《金陵大学的边疆研究述论》，《云南民族大学学报（哲学社会科学版）》第34卷第6期，2017年。

20. 谢欢：《1915—1952年金陵大学图书馆历任馆长考述》，《大学图书馆学报》2023年第5期。

21. 赵惠康、孙健三：《20世纪上半叶金陵大学的两次拍摄日全食电影查考》，《电化教育研究》2012年第3期。

22. 周晓虹：《孙本文与20世纪上半叶的中国社会学》，《社会学研究》2012年第3期。

23. 董维春等：《金陵大学农学院若干重要史实研究》，《中国农史》2014年第6期。

24. 赵晓阳：《思想与实践：农业传教士与中国农业现代化——以金陵大学农学院为中心》，《中国农史》2015年第4期。

25. 冷天：《金陵大学校园空间形态及历史建筑解析》，《建筑学报》2010年第2期。

26. 张剑：《金陵大学农学院与中国农业近代化》，《史林》1998年第4期。

27. 张静：《太平洋国际学会与1929—1937年中国农村问题研究——以金陵大学中国土地利用调查为中心》，《民国档案》2007年第2期。

中英文人名对照表

英文人名	中文人名
A. Archibald Bullock	蒲洛克
A.Brede	裴德安
A. C. Hutcheson	赫济生
A. E. Cory	柯锐
A. Hancock	韩谷
A. N. Steward	史德蔚
A. S. Draper	瞿伯迻
A. W. Martin	马丁
Alexander Ying Lee	李敏甫
Arthur John Bowen	包文
B. A. Garside	葛思德
Bishop C. H. Fowler	傅罗
C. S. Gibbs	吉普思
C. H. Robertson	饶柏森
C. E. Akerstrom	叶凯堂
C. II. Hamilton	韩穆敦
C. H. Myers	马雅师
Calvin Wilson Mateer	狄考文
Charles H. Riggs	林查理
Charles Scull Keen	钦嘉乐
Charles Stanley Smith	师当理
C. W. Woodworth	吴伟士
Charles Wade-Jones	魏正思
Claude Pickens	毕敬士
C. S. Settlemyer	谢德美

（续表）

C. W. Coulter	柯立特
J. Horton Daniels	谈和敦
D. Willard Lyon	来会理
E. D. Merrill	梅里尔
E. K. Gifford	吉福德
E. H. Cressy	葛德基
Edwin Marx	马克斯
Fletcher Sims Brockman	巴乐满
Frank E. Meigs	美在中
Frank Peyton Gaunt	高尼弟
Francis W. Price	毕范宇
Frank Garrett	高诚身
F.G.Henke	恒吉
G. E. Ritchey	祁家治
G. W. Sarvis	夏伟师
George A. Stuart	师图尔
George Sherwood Eddy	艾迪
George Smyth	施美志
George Weidman Groff	高鲁甫
Goucher	古彻
Griffith John	杨格非
H. F. Rowe	饶合理
H. H. Love	洛夫
Harlan Page Beach	毕海澜
Harry Clemons	克乃文
Harvey Curtis Roys	瑞实
Horace G.Robson	郁富森
J. C. Garritt	甘路得
J. C. Thomson	唐美森
J. Campbell Gibson	汲约翰
J. E. Williams	文怀恩
John Leighton Stuart	司徒雷登
John H. D. Rabe	约翰·拉贝
John Theron Illick	伊礼克
James Butchart	柏志道

（续表）

John B. Griffing	郭仁凤
John C. Fergusen	福开森
John Fox	福克斯
John Fryer	傅兰雅
John Henry Reisner	芮思娄
John Lossing Buck	卜凯
Joseph Bailie	裴义理
Kenneth McAfee	麦开斐
Leslie Bates Moss	莫思
Lewis S. C. Smythe	史迈士
Louis James Owen	伍恩
Luther D. Wishard	魏夏德
L. H. Bailey	裴来
L. H. Caldwell	高德威
L. H. Severance	司范伦斯
L. J. Birney	伯尼
M. S. Bates	贝德士
Matteo Ricci	利玛窦
McCormick	梅康密
Mckelway	马克威
Mills Samuel G.	梅赞文
Nathan Worth Brown	宝珍三
Pearl S. Buck	赛珍珠
Philip Saffery Evans	易文士
R. G. Wiggans	魏庚思
Randolph Tucker Shields	史尔德
Robert Case Beebe	比必
Robert E. Abbey	阿比
Robert Morrison	马礼逊
R. E. Speer	史密尔
R. H. Porter	博特
Sage	赛奇
Sidney Locock Lasell	陈赛耳
Swasey	史威赛
James Claude Thomson	唐美森

（续表）

Thomas Dwight Sloan	宋龙
Twinem Paul Dewitt	戴籁三
T. W. Houston	贺子夏
V. Hanson	汉森
Victor Wisner	卫思娄
W. F. Wilson	韦理生
W. Frederick Hummel	恒谟
W. H. Weigel Jr.	卫果立
W. M. Lowrie	娄理华
W. P. Roberts	罗培德
Walter C. Lowdermilk	罗德民
Walter Gaffield Hiltner	赫尔忝
William Edward Macklin	马林
William P. Fenn	芳卫廉
W. R. Stewart	施德安
W. R. Wheeler	吴惠津
W. T. Swingle	史文格
Young John Allen	林乐知
John Rogers Fryer	傅绍兰

中英文机构、组织名称对照表

英文名称	中文名称
College Y.M.C.A. of China and Hong Kong	中国学塾基督幼徒会
Ginling College	金陵女子大学
International Committee of Y.M.C.A in U.S.A. and Canada	基督教青年会北美协会
Methodist Episcopal Mission	美以美会
Nanking University	汇文书院
The Christian Bible Institute	圣经学堂
Nanking Christian College	基督书院
The Presbyterian Union Theological Seminary	圣道书院
The Presbyterian Union Theological Seminary	长老会联合圣道书院
The Union Christian College	宏育书院
The University of Nanking	金陵大学
Young Men's Christian Association	基督教青年会
Young Women's Christian Association	基督教女青年会
The Presbyterian Academy	益智书院
Presbyterian Church	长老会
The Church Mission Hospital at Hangchow	杭州广济医院
The Yale Mission Hospital at Changsha	长沙雅礼医院
Philander Smith Memorial Hospital	金陵医院
The Foreign Mission Board of the Southern Baptist Convention	南浸信会
American Committee for China Famine Fund	美国对华赈灾委员会
The China Famine Relief Fund	中国救灾基金
Hall Fund	霍尔基金会
The Harvard-Yenching Institute	哈佛燕京学社

本卷索引

后 记

《金陵大学史 第二卷 1927—1937》的编著得到了南京大学党政领导的大力支持，以及南京大学校史研究室的具体帮助。本卷第一章、第三章由牛力撰写；第二章、第五章由李鸿敏撰写；第四章由王科、牛力撰写。全书最终由牛力统稿。

南京大学图书馆、南京大学档案馆藏有关于金陵大学的丰富资料，图书馆李佳老师、档案馆王雷老师对于本书相关资料的搜集给予了帮助，为本书编著提供了便利。南京大学历史学院蒋宝麟教授、鲁东大学赵飞飞教授在金陵大学史研究上有着多年积累，他们为本书的编著提供了诸多有益的建议，并分享了宝贵的文献资料和研究成果。南京理工大学郭洋副教授也分享了他读书时期的学位论文，丰富了本书关于金陵大学电化教育的内容。南京大学出版社编辑对本书进行了认真的审读。在此谨表示诚挚的谢意！

金陵大学是一所历史悠久的著名学府，相关的中西文文献资料极为丰富。本卷编著者水平有限，书中难免疏漏和失当之处，敬请广大读者、同行、专家和校友批评指正。

主 编 朱庆葆

1982年考入南京大学历史系学习，先后获历史学学士、硕士、博士学位，1992年毕业即留校任教，2001年起聘任中国史学科教授、博士生导师。曾任南京大学党委副书记、江南大学党委书记等，现任南京大学中华民国史研究中心主任、江南大学历史研究院院长，兼任中国太平天国史研究会会长等学术职务。已在中国近现代史、高等教育管理等领域发表论文200多篇，出版专著、译著20余部。先后主持国家级和省部级重大、重点课题10多项，获教育部高等学校科学研究优秀成果奖一等奖、江苏省哲学社会科学优秀成果奖一等奖、国家教学成果奖二等奖等。

副主编 牛力

1979年生，南京大学历史学博士，现任南京大学档案馆副馆长，主要从事中国近现代史、大学史、高等教育管理研究。著有《罗家伦与国立中央大学》等著作，在《近代史研究》《抗日战争研究》《江海学刊》等专业期刊发表论文20余篇，获江苏省哲学社会科学优秀成果奖一等奖。

/ 本卷著者 /

牛 力

1979年生，南京大学历史学博士，现任南京大学档案馆副馆长，主要从事中国近现代史、大学史、高等教育管理研究。著有《罗家伦与国立中央大学》等著作，在《近代史研究》《抗日战争研究》《江海学刊》等专业期刊发表论文20余篇，获江苏省哲学社会科学优秀成果奖一等奖。

李鸿敏

1986年生，2012年毕业于南京大学历史系中国近现代史专业，硕士研究生。现工作于南京大学校史研究室，从事校史、大学史方向的研究。

金陵大學史

朱庆葆 主编　牛　力　副主编

第三卷

1937—1952

梁　晨　杨　骏　著

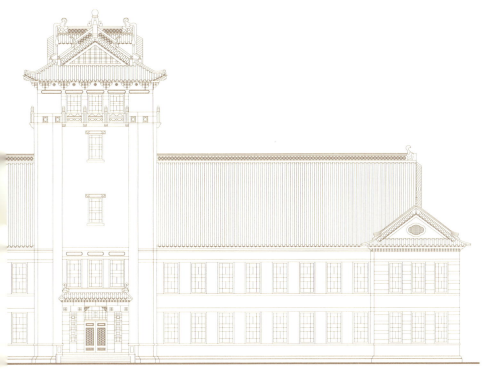

南京大学出版社

图书在版编目（CIP）数据

金陵大学史. 第三卷, 1937—1952 / 朱庆葆主编；
梁晨, 杨骏著. -- 南京 : 南京大学出版社, 2025. 5.
ISBN 978-7-305-28629-2

Ⅰ. G649.285.31

中国国家版本馆CIP数据核字第2024SS9101号

出版发行　南京大学出版社
社　　址　南京市汉口路22号
邮　　编　210093

书　　名　金陵大学史　第三卷　1937—1952
　　　　　JINLING DAXUE SHI DI-SAN JUAN 1937—1952
主　　编　朱庆葆
本卷著者　梁　晨　杨　骏
责任编辑　夏梦鹃　张靖爽
责任校对　陈一凡

照　　排　南京新华丰制版有限公司
印　　刷　南京爱德印刷有限公司
开　　本　718mm×1000mm　1/16
印　　张　22.5
字　　数　330千
版　　次　2025年5月第1版
印　　次　2025年5月第1次印刷
书　　号　ISBN 978-7-305-28629-2
定　　价　298.00元

网　　址　http://www.njupco.com
官方微博　http://weibo.com/njupco
官方微信　njupress
销售热线　025-83594756

图1　1938年3月，金陵大学校园内收容的部分难民

图2　南京安全区国际委员会主要成员合影，左三为约翰·拉贝，左四为金大教授史迈士

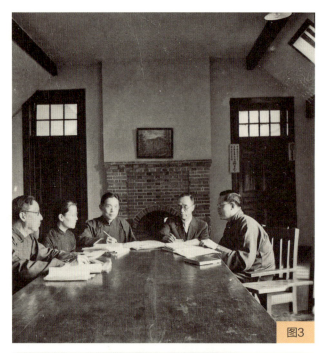

图3

图4

图3　成都华西坝五所教会大学校长合影。从左到右分别为：燕京大学教务长马鉴（代表代理校长梅贻宝参会）、金陵女子文理学院院长吴贻芳、金陵大学校长陈裕光、华西协合大学校长张凌高、齐鲁大学校长汤吉禾

图4　1938年，金大社会学教授柯象峰（左二）、徐益棠（右二）领衔组织西康社会考察团，赴西康北部进行考察

图5　抗战时期金大学生宿舍内景

图6　1943年初，陈裕光（前排左一）和魏学仁（前排右一）接待洛克菲勒基金会巴尔弗（Balfour）博士（前排居中）访问金大影音部

图7-1

图7-2

图7　1941年6月23日，华西协合大学、金陵大学、齐鲁大学、金陵女子文理学院在华大校园举行联合毕业典礼

图8　1943年2月5日，金陵大
学农学院举行三十周年纪念会

图9　抗战期间的金大
学生宿舍与教职员住宅

图10

图11

图10　1945年10月，金陵大
学学生在化学实验室进行实验

图11　1945年春，金陵
大学学生在阅读课目表

图12

图13

图12　1946年秋，金陵大学在南京复
员开学，图为学生在图书馆阅览室情形

图13　孙明经在金陵大学校
园指导影音部学生学习摄影

图14-1

图14-2

图14　1946年4月，金陵大学师生开始复员返回南京，上图为复员车队经过广元，下图为顺利回到金陵大学

图15　1947年7月，金陵大学校长陈裕光（右起第三位）和司徒雷登（右起第四位）与毕业学生合影

图16　1947年7月7日，陈裕光与本级毕业生在北大楼前参加种植级树活动

图17

图18

图17　李方训，曾任金陵大学理学
院院长，1951年担任金陵大学校长

图18　1947年"五二〇"事件后，金陵大学校
门口张贴"保障人权""严惩凶手"等抗议标语

图19

图20-1

图20-2

图19　1948年11月金陵大学举行60周年庆典，陈裕光等人在北大楼前合影。前排左起：首任校长福开森之子福嘉礼、美国驻华大使司徒雷登、校长陈裕光。后排左起：沃德主教及其夫人、杭立武

图20　1949年4月，金陵大学和金陵女子大学的师生庆祝南京解放

图21　1950年7月，金陵大学教职员在　　　图22　1952年院校调整后的南
北大楼前燃放鞭炮，庆祝金大工会成立　　　京大学校门（原金陵大学校门）

序

　　金陵大学是中国近现代历史上著名的教会大学之一。1888年，美国教会美以美会在南京创建汇文书院（The Nanking University），是为金陵大学的源头。1910年，汇文、基督、益智三所设于南京的教会书院合并为金陵大学堂，后改称金陵大学（The University of Nanking）。1928年，金陵大学向南京国民政府立案，成为国民政府教育部管理下的私立大学之一。1937年，因抗日战争全面爆发，金陵大学被迫西迁四川办学，颠沛流离，弦歌不辍。抗战胜利后于1946年回迁南京鼓楼校址。中华人民共和国成立后，金陵大学与美国教会脱离关系，在1951年和金陵女子文理学院合并为公立金陵大学。1952年院系调整中，金陵大学各院系被调整至多所学校，其中金陵大学文、理两学院和当时的南京大学（其前身为国立中央大学）的文、理两学院合并，以此为基础，在金陵大学鼓楼校址组建了新的南京大学。2002年，南京大学将位于鼓楼校园的原金陵大学图书馆改为"校史博物馆"，在校史博物馆前矗立的"二源壁"，仍留存昔日"金陵大学堂"的碑石。

　　从1888年汇文书院创办，到1952年院系调整，金陵大学经历了64年艰辛曲折的办学历程。金陵大学的办学历史，是中国近现代高等教育机构成长壮大的缩影，也见证了中国历史与社会从十九世纪末到二十世纪上半叶的动荡与变迁。在这一历史洪流中成长壮大的金陵大学，体现出令人赞叹的坚韧和勇气，取得了世人瞩目的办学成绩，在推动中国近现代高等教育的建立与发展、为国家和社会建设培养高层次专业人才、推动现代科学技术和文化的创造与传播、沟通中西文化等方面做出突出贡献。

一、金陵大学开风气之先，倡办新式教育，办学成绩得到国内外的广泛认可，被称为"中国最好的教会大学"。1888年创办的汇文书院，是当时南京最早开展新式教育的机构之一。汇文书院首任院长福开森曾说，南京的第一个化学实验室、第一班植物学和动物学课程、第一次教授宇宙间的物理，都是诞生在汇文书院。民国时期，金陵大学在社会上有着"钟山之英""南国之雄"的美誉。1928年，加利福尼亚大学的誉志久野曾根据开设课程、学校设备、学习年限和留美毕业生的表现，对中国大学进行评估分级。他将金陵大学和燕京大学两所教会大学定为甲级和乙级，认为"这两所学校的毕业生完全有资格进入美国的研究院"。全面抗战时期，金陵大学设有化学、历史学、社会学、农艺学、园艺学和农业经济学等六个研究学部，覆盖了文、理、农三大学院，不仅是中国私立大学中设置研究学部最多的大学，从全国大学学部设置数量看，也仅次于中央大学、西南联大和中山大学。1945年，中国基督教大学联合董事会决定在13所中国教会大学中选定两所成绩优良者重点办好研究院，从而把中国教会大学办学水平提高到一个新的层次，最终金陵大学和燕京大学两校高票当选。在联合董事会看来，金陵大学已经具备了建设世界一流大学的基础和条件。金陵大学的人才培养质量、科学研究水平和社会服务能力都是一流的，不仅在中国教会大学中发挥着旗舰作用，也得到了中国政府和社会的高度认可。

二、金陵大学是一所有着鲜明办学特色的大学，在学科发展上走出了一条"小而精"的建设道路。南京国民政府规定，高等学校设有三个及以上学院者方能称为大学。金大乃将原有文理科和农林科扩充为文学院、理学院和农学院，不再增设新学院，集中力量办

好优势学科。农科被认为是金大最具特色和建设成就的学科。1914年，金大在中国首创四年制农业本科教育，是中国近代农业教育最重要的发源地。1921年北京政府教育部派员来校调查，认为金大"农科成绩较著，教科设备均较完备，不特为该校之特色，亦国内此项学校之翘楚"。陈裕光担任金陵大学校长二十余年，他曾说："金大校誉鹊起，闻名国内外，农科是一主要因素。"金大农科采用集教学、科研和推广为一体的三一制教育模式，培养了大批高级农业人才，有力推动了中国现代农业科技革新，并在中国农村社会开展了卓有成效的推广工作。从1914年金大农科成立到1952年院系调整前，38年间，金大农科毕业生及在校生总数约3000人。我国在欧美留学学习农业的学生，截至1948年约计256人，毕业于金大农科者有120余人。金大农科研究所从1936年到1945年先后招收农业经济、作物育种、植物病理、昆虫学、蔬菜学、果树学和农业工程等7个专业50名研究生，占1949年以前全国农科研究生总数近四成。金大毕业生曾经领导中国农林部七个技术部中的五个，五所国立研究所中的三所，十余所国立大学农学院中的七所。金大农科无疑是中国近现代农业教育和科研的重要中心。

金大另一项特色鲜明的办学实践是开办电化教育。20世纪30年代初，在科学救国和教育救国思潮的影响下，金大将电影教育用于辅助教学，开迪过放映电影、摄制影片并展社会服务。1936年金大成立教育电影部（后改为影音部），1938年又开办电化教育专修科，1942年创办了《电影与播音》月刊（后改称《影音》）。该科是我国高校第一个培养电化教育专门人才的系科，从1938年到1952年全国高校院系调整，培养了近200名专门人才。电化教育在金大前后延续约20年，被认为是"开展最早、时间最长、人才与软件资源最多、成果最优、应用最多、影响最大、效益最高"的办学实践。金大的电化教育与国家同呼吸共命运，其活动遍及校园内外，与当时的社会政治、经济、文化都产生密切联系。

三、金陵大学的办学历程展现了一所教会大学不断寻求适应中国、植根中国的"中国化"历程。金陵大学是由美国差会创办的，从它在中国落地的那一天，就面临如何中国化的问题。在此问题上，金陵大学走在了中国教会大学的最前列。1928年，金陵大学向南京国民政府申请立案，是第一所向南京国民政府立案的基督教大学，自此成为中国高等教育体系的重要组成部分。金大首任华人校长陈裕光担任校长长达二十余年，是中国近代任职时间最长的大学校长之一。1937年全面抗战爆发后，金陵大学也是率先跟随国民政府西迁办学的教会大学之一。在具体办学上，金大致力于为国家和社会的发展带来变革，为中国未来发展培养领导者。金大围绕中国政府和社会发展需要设置学科和课程，重视对于中国传统文化的研究，组织社会调查和社会生产合作。与中国社会的密切互动，也有力推动了金大办学的开展。如农科建设从一开始就植根于中国的农村建设和农业改良，致力于改善农民生活，受到各级政府机构和社会团体的广泛资助。这为农科提供了丰沛的资金投入和智力支持，也使农科更好融入中国社会的现实需求，日益成长壮大。金大也注重寻求中国政府的支持，陈裕光校长在1936年时称，在过去的六年间，金大来自中国方面的经费及捐款达法币125万余元，金大从中国方面获得的经费多于其他任何一所在华的基督教大学。金大办学历史呈现出一个教会大学不断"本土化"和"中国化"的历程，在探索如何"吸收世界上先进的办学治学经验，更要遵循教育规律，扎根中国大地办大学"上进行了卓有成效的探索。

四、金陵大学"以沟通中西文化为职志"，成为弘扬中国传统文化、推动中西文化交流的重要窗口。"汇文"二字，即有汇通文化之意。福开森热爱中国传统文化，后来将毕生收藏的大量珍贵文物捐赠给金陵大学，作为金大教学和科研之用，这批文物也成为

今天南京大学最重要的收藏。陈裕光说，金大办学方针即"以沟通中西文化为职志"，"取人之长，补己之短，使吾国固有之文化，更臻完备"。他还提出"文化互惠"的概念，"求人我文化长短之互相沟通与弥补"。金陵大学在办学中处处透着她的"国际范"。金大与康奈尔大学等多所美国学校保持密切的合作关系，金大办学早期的外籍教师比例也很高，教室内教师用英语板书，学生用英语写报告和练习。在引进与学习西方文化知识的同时，金陵大学同样重视中国传统文化与历史的研究与教学。1924年，金大率先在教会大学中扩充了国文系。1930年，金大又在霍尔基金的资助下创建了中国文化研究所，致力于中国传统文化与学术的保存、整理、研究与发扬，旨在造就研究中国文化之专门人才，金陵大学中国文化研究所也被认为是教会大学中最有特色的机构。1934年，金大增设国学特别研究班，培养了包括古典词学家沈祖棻、语言学家殷孟伦、博物馆学家曾昭燏、古文字学家游寿等一批国学人才。金大鼓楼校园中西合璧、古朴典雅的建筑群，成为大学沟通中西文化理念的物质延伸。金大学生身着长衫用流利的英语进行演讲和辩论，屡屡在各大学竞赛中夺得锦标，都成为金大"融汇中西文化"的重要形象表征。

"大江滔滔东入海，我居江东；石城虎踞山蟠龙，我当其中。三院嵯峨，艺术之宫，文理与林农。思如潮，气如虹，永为南国雄。"这首金陵大学校歌以其磅礴的气势、一往无前的气魄及对金大未来的期许，为一代代金大学子所传唱，也成为每一个金大人的共同记忆。

金陵大学是南京大学办学的两大源头之一，1952年院系调整中成立的南京大学即以金陵大学校址为校园，在南京大学鼓楼校区校史博物馆前矗立有"二源壁"，在南京大学仙林校区图书馆前建有"二源广场"，金陵大学的历史是南京大学校史的重要组成部分。

金陵大学的优良传统在南京大学得到了继承和发扬。当年任职于金陵大学的李方训、戴安邦、李小缘、王绳祖、陈恭禄、周伯埙、陈纳逊、裘家奎等，在院系调整后都留在南京大学工作，他们也把金大的精神和优良传统带到了新的南京大学。金陵大学以"诚真勤仁"作为校训，南京大学的校训是"诚朴雄伟、励学敦行"，都体现着一脉相承的办学理念和大学精神。

南京大学历来注重继承学术传统，弘扬校史文化。在学校党委部署下，学校启动了"南京大学校史研究工程"项目，致力于校史档案的整理和校史编写。经过几年的努力，这部《金陵大学史》终于要和大家见面了，希望对于进一步认识金大、了解金大提供新的帮助。对于在新时代挖掘校史文化遗产，弘扬办学传统和办学精神，服务学校建设世界一流大学的目标，金陵大学的办学历程都是一份厚重的文化遗产。

朱庆葆

二〇二五年一月

目　录

第一章　西迁之路：全面抗战初期金陵大学的迁校

第一节　西迁决定的形成：校长、校董会与政府的三方博弈

一、全面抗战初期战区高校的迁移状况

"七七事变"后，国内战势紧张。面对战争的威胁，处在战区中的大学都需要做出应对和改变。民国时期教育资源较为集中的华北与江浙地区，是全面抗战爆发后首先受到战争冲击的地区。彼时，平津告急，华北陷入危机。在日军的猛烈攻势下，1937年7月26日，廊坊失守。随后几天，北平、天津相继沦陷。日军之后又大举增兵，沿平绥、平汉、平津三条铁路线向中国发起新的进攻，于8月25日、27日分别攻陷南口和张家口。当时，日军已占据平绥线东段，很快便占领察哈尔全境，进攻势头直指山西。在大同，日军遭遇中国军民顽强抵抗，但也于9月12日占领大同，并于10月16日进入包头，完全占领平绥线。在津浦线上，日军一路南下，沧县、德县在10月相继失守。平汉线也被侵占、破坏，日军在10月进入了保定与石家庄，控制河北大部分地区。华北地区全面告急。

1937年8月13日，"八一三事变"爆发，淞沪会战打响。在8月至10月间，战局胶着，日军每前进一步都要付出极大代价。11月5日，日军在杭州湾开始登陆，上海局势告危。12日，上海沦陷，形势急转直下，江浙地区以及首都南京直接受到威胁。

全面抗战爆发后，国民政府便着手将战区的工厂迁至内地。1937年7月22日，资源委员会奉国民政府军事委员会密令，设立国家总动员设计委员会，与实业部、军政部、财政部、全国经济委员会、交通部、铁道部等部门共同筹办资源统制工作，从8月开始，着手将机器与工厂等工业设施迁往内地。图书馆和博物馆等文化单位的内迁工作进行得较早。国立中央图书馆全面抗战初期便奉令迁往四川，最后正式迁往重庆，该馆在战时还设法搜罗流落在战区的孤本秘籍。国立北平图书馆在战争未爆发时已将部分图书移往美国与中国香港保管，北平遭遇危机后，北平图书馆便迁往长沙，后迁昆明。故宫博物院在全面抗战爆发之后，分批将文物送往后方，保障了藏品的安全。但是对于高等学校的内迁工作，国民政府迟迟没有做统一的安排，态度摇摆不定。8月11日，行政院发布了《总动员时督导教育工作方法纲领》，其中第一条写道："战争发生时，全国各地各级学校暨其他文化机关，务必镇静，以就地维持课务为原则。"此时国民政府对于战时高校的态度还是希望其能够就地留守。8月19日，国民政府又向各省市的教育机关发送密令，内容如下：

一、对外发生战争时，左列之区域，概视为战区。

甲、战争已发生之地区。

乙、国内一切最易受敌人攻击之地区。

由本部于会商军事机关后以密令通告者。

二、各省市教育厅局如其主管区域辖有战区，应斟酌情形分别为左列之措置：

1.于其辖境内或辖境外比较安全之地区，择定若干原有学校，即速尽量扩充或布置简单临时校舍，以为必要时收容战区学生授课之用，不得延误。

2.受外敌轻微袭击时仍应力持镇定，维持课务，必要时得为短期休课。

3.于战事发生或迫近时，量予迁移。其方式得以各校为单位，或混合各校各年级学生统筹支配暂时归并，或暂时附设于他校。

4.暂时停闭。

三、国立各校由本部依照前条之规定，查酌情形径行处理。

四、战区内学校，于战事发生或逼近时，应酌量将学生成绩照片、重要账簿、册籍、学校贵而易于移动之设备，预为移藏。

五、暂时停闭之学校，应发给学生借读证书，注明学生姓名、性别、年龄、籍贯、科别、年级等项，以便学生自由择校借读。

战区内之初中及小学，虽未停闭，得依学生家属之请求，发给借读证书。

六、主管教育行政机关，对于战区各学校之教职员，应酌量迁调服务或予以救济。

前项迁调及救济事宜，如时机许可，并应于事前详密规划之。

七、主管教育行政机关，为执行本办法，对于战区各学校之经费，得为财政紧急处分，变更其用途，惟仍应于事后呈报上级机关。

八、战区教育行政机关，因事实障碍，不得执行职务时，得借用或委托邻近教育行政机关办理。

九、战区学校对于学生除主管教育行政机关另有规定调遣服务者外，务应劝告其迁地入学，以备异日为国效用，并设法与其家属取得联络。其体力强健，素有训练而志愿参加各项后方勤务工作者，得由学校代向军事机关接洽。

十、军事结束后，战区学校之迁移、归并、附设或暂行停闭者，应由主管教育行政机关，尽可能范围，妥筹恢复。

十一、本办法自呈经行政院核准之日施行。①

从规定中可以看出，战时高校是就地留守、向安全地区迁移还是暂时停闭，教育部让各机构、各高校"查酌情形"，自行判断如何应对战争威胁。这反映出此时教育部对于战时高校应该何去何从并无统一的规划，甚至没有一个明确态度。这条密令中的各项内容也都是临时性的、应急性的，基本上是让各级教育机关做好基本的保障工作和善后工作。教育部实际上将去留与否的决定权交由高校自行判断。全面抗战初期，国民政府并没能及时组织战区高校向内地迁移，教育部对于战区高校的去向也没有明确指示，这使得各高校必须自己评估形势，做出判断。

在《战区内学校处置办法》中，另有附件，将以下地区列为战区：上海、南京、北平、天津、青岛；江苏沿京沪、津浦两线各地，沿海地带；山东沿津浦、胶济两线各地，沿海地带；河北沿平汉、平浦两线各地；福建沿海地带；广东汕头附近；绥远、察哈尔；江浙沪杭铁路及沿海地带。这些地区均为全面抗战初期遭受严重威胁的地区，又是民国时期教育资源相对集中的区域。这些地区学校的动向能够反映出当时中国高校面对战争时的普遍态度和应对手段。笔者对以上战区学校的迁移状况进行了初步统计（详情见附录一）。根据统计的结果，以上战区战前共有85所学校，在1941年年底太平洋战争爆发之前选择西迁的学校仅有35所，另有9所停办，而剩余的41所学校选择了留在原址办学或在本省内小范围迁移。以单个地区来看，战前学校集中在北平和上海两个城市，二者在迁留

---

① 《教育部检发〈战区内学校处置办法〉的密令》，中国第二历史档案馆编：《中华民国史档案资料汇编·第五辑·第一编·教育（一）》，南京：江苏古籍出版社，1994年，第2页。

比例上有明显不同。上海有22所高校，其中4所高校是从外地迁入的，分别是私立东吴大学（原址苏州）、私立之江文理学院（原址杭州）、江苏省立苏州工业专科学校（原址苏州）、私立苏州美术专科学校（原址苏州），而全面抗战前在教育部注册的上海高校有24所，其中18所都留在了上海。全面抗战前北平的15所高校中，9所高校选择西迁，但6所私立学校则选择留在北平。综上来看，全面抗战初期，在原地留守办学是相当多高校的选择，其数量甚至超过了选择西迁的高校。

若以学校性质来看，战前的28所处于战区的国立院校，有19所选择了西迁，而40所私立院校中，仅12所选择西迁。1937年7月末北平和天津相继陷落之后，国立北京大学、国立清华大学与私立南开大学三校于8月迁移到了长沙，联合组成长沙临时大学，后又西迁昆明成立国立西南联合大学。同一时间，国立北平大学、国立北平师范大学、国立北洋工学院迁移到了西安，联合组成了西安临时大学，即后来的西北联合大学，这些迁移活动都有国民政府的支持。国立中央大学在1937年9月即迁移离宁，也有国民政府在其中给予帮助。[①]但对于战区内的私立学校，国民政府并没有一个明确指令要求留守，也没有直接表示支持迁移的态度，这使得私立学校需要根据形势自行做出判断。北平的私立高校里，私立北平民国学院和私立朝阳学院迅速地迁出了北平，而燕京大学选择了留守。燕京大学利用其教会大学的身份与日军斡旋，在北平维持了相当长的时间。

1937年8月淞沪会战打响后，上海及周围地区的局势告危，位于上海的国立同济大学、私立复旦大学与私立大夏大学，位于南京的国立中央大学，均在9月前着手进行西迁。但是与北京大量高校外迁

---

① 蒋宝麟：《抗战时期中央大学的内迁与重建》，《抗日战争研究》2012年第3期，第122-131页。

不同，许多上海的高校选择进入租界内。其中不仅包括圣约翰大学
与沪江大学等教会学校，还有光华大学与大同大学等国人自办的私
立大学也选择留沪观望，甚至连国立暨南大学也迁入了上海租界。①
吴贻芳领导下的南京金陵女子文理学院认为"本院地处首都，又系
女校，学生来源计有十余省市，今在此形势下，各家长多数不愿送
学生返京肄业；……查本院学生，现在聚集及最易集之地点，经统
计结果，以上海、武昌二处为最。至于安全，莫如成都"，因此决
定将校内人员按照专业、学生和教工的原籍进行划分，分别迁往成
都、武昌、上海进行办学。9月间，金陵女子文理学院的社会学系、
全部的生物学专业学生以及部分地理和中文系师生迁往武昌，同
年10月部分师生迁往上海组建了金陵女子文理学院的第二分校，至
1938年该校才结束两地办学，一起迁往成都。②一方面，大量的高
校，尤其是国立高校，迫于战争的压力，选择了内迁至中国西部；
另一方面，外国身份成为可靠的保护伞，不仅上海的租界具有相当
大的吸引力，教会学校在此时也更加倾向于显露自己的外国身份，
基本上所有的教会大学都选择在原地维持。

　　金陵大学地处南京，由汇文书院、基督书院、益智书院三所基
督教书院于1910年合并而成。金陵大学是较早向中国政府立案的教
会大学，在北京政府时期金陵大学农林科就已经向北京政府教育部
立案。南京国民政府成立后，金陵大学也于1928年成功立案，成为
最早向国民政府立案的教会大学之一。③根据立案要求，金大校长由

① 徐国利：《关于"抗战时期高校内迁"的几个问题》，《抗日战争研究》1998年第2期，
第122-139页；余子侠：《抗战时期教会高校的迁变》，《抗日战争研究》1998年第2期，
第81-104页；韩成：《抗战时期内迁高校的地方化——以光华大学成都分部为例》，《抗
日战争研究》2014年第3期，第105-115页。
② 张连红主编：《金陵女子大学校史》，南京：江苏人民出版社，2005年，第152-156页。
③ 教育部教育年鉴编纂委员会编：《第二次中国教育年鉴》，上海：商务印书馆，
1948年，第650页。

华人陈裕光担任，校内各类高级行政职务也向中国籍教职员开放，金大新组建的校董会中华人校董数量要在一半以上。①在1928年立案成功之后，金陵大学校务与财务主要受到以下几个方面影响。一是改组之后，原为托事部的美国创始人委员会正式将学校事务的管理权移交给校董会，但其仍是金大校产的拥有者。金大虽然在国民政府教育部立案，接受教育部管理，但金大的主要经济支持者仍是教会。在1937年度金陵大学决算表里，该学年190 295.09元的实际收入中，来自国民政府的款项仅有9000元，约占5%，而来自教会的捐款则有74 370.56元，约占40%。②所以教会的支持仍是金大办学最重要的经费来源。为取得创始人委员会的经济支持，陈裕光在决断校内大事之前往往需要与创始人委员会进行协商与报告。二是金陵大学在国民政府立案，接受国民政府资助，同时也要受国民政府统一管理。校内的院系结构、人员构成、教学内容等都需要遵守国民政府的政策法规。三是金大校董会由外籍与华籍成员各半的方式构成，决定着学校的行政和财政事务，学校的大政方针都要由校董会进行讨论后才能做出最终决定。金大校董会在成员的国籍比例上做到了中美各半，不过相当程度上仍代表着教会的态度。③在校董会之中，外籍校董仍有很大发言权。在校内，以陈裕光为代表的中国教职员对校内事务虽然有了更大的掌控权，不过仍受到校内外籍教员的制约。所以相比于大部分国立大学校长的"一言堂"，陈裕光在主政金陵大学时受到多方面的掣肘，既在校内校外受到外籍教员和教会的制约，同时也要接受国民政府教育部的管理，需要不断地平衡两

---

① 蒋宝麟：《20世纪20年代金陵大学的立案与改组》，《近代史研究》2016年第4期，第106-122页。

② 《二十六年度决算表》，1937年8月，中国第二历史档案馆藏私立金陵大学档案，全宗号649，案卷号248—0011。

③ 蒋宝麟：《20世纪20年代金陵大学的立案与改组》，《近代史研究》2016年第4期，第106-122页。

者之间的关系。

二、内迁想法的提出与搁置

1937年8月，首都南京虽未处于炮火之中，但局势也不容乐观。南京的国立中央大学和金陵女子文理学院已经着手迁校，同处南京的金陵大学也需要认真思考迁校问题。1937年9月初，金大校长陈裕光已经有了西迁的想法，开始进行前期调查。9月2日，陈裕光写信给金陵大学创始人委员会的秘书葛思德（B. A. Garside）说明金大近状，信中写道："我们在做一些暂定的计划，将我们的一部分研究工作迁至其他地方，希望这能够有助于继续完成研究项目。如果情况继续恶化，我们可能会与华大合作来维持我们下学期的工作的核心。这些目前都还不能确定，不过我们已经做了相关的调查。"[①]在绝大多数教会大学都按兵不动的情况下，陈裕光已经主动进行内迁准备，可能是受到同城国立中央大学与金陵女子文理学院内迁的影响。陈裕光也希望效仿金陵女子文理学院分散迁移的方法，将学校的部分研究工作迁至其他地区，而将学校主体迁至华西协合大学。

1937年9月8日，即上信写成的6天后，陈裕光给金大外籍教员和全体校董会成员寄出了定期通信，信中写道，金大已经收到华西协合大学的热切回应，同意金大将部分工作转移至成都。但是陈裕光在信中也提到，"当我们考察了迁移费用之后陷入了犹豫之中。来回迁移会花掉六万至七万元，这会将我们拖入巨大的赤字之中。迁移是明智的吗？目前没人能够回答。如果我们进入了长期的战争，那我们能够在南京开始一些有限的工作，并希望能够一直维持

---

① Y.G.Chen to Dr.B.A.Garside associated Boards for China Colleges, September 2,1937, Box 210, Folder 3570, UBCHEA.

下去。但是我们也犹豫这会使得空袭轰炸到聚集在校的学生，我们必须想尽办法避免这种惨剧。"陈裕光表示，他会继续考虑这个问题，并向校董会成员们寻求意见。[①]

与此同时，金大已经决定将农业经济系的研究工作转移到汉口，系里仅留下少数几人在南京。在9月14日写给葛思德的信中，陈裕光依旧表达了对迁校的犹豫态度，他在信中写道，"如果接下来两周南京遭受了更猛烈的空袭，学校难以开学的话，可能要尝试将高年级的学生迁至华大"，并表示已经做好了暂时的安排，华西协合大学能够提供金大所有的设施，还能在接下来一年中对设施加以升级改造。但陈裕光也指出，目前还很难抛弃在南京的计划，因为就算将部分职员留在南京看守也很难保护学校的财产，而且迁移至华大的费用高昂，他仍在四处打听是否有别的合适的迁移地点。[②]在1937年9月初，金大的教职员就收到了校长的通知："本校于不得已时，将迁校成都，赴川办法：（1）拟随校包船前往者，速填表交秘书处，其费用由学校统筹办理，（2）拟自行前往者，路费自南京至成都每人约需七十至一百元左右。"[③]

综上来看，陈裕光早在1937年8月末至9月初就已经着手准备内迁。首先与华大取得了联系，初步确定了学校内迁的目的地，而后粗略地计算了迁移至华西协合大学的大致费用，并有了将学校的部分机构分散迁移的想法。可见陈裕光是相当积极地推动内迁的。同时，我们也可以看出陈裕光对迁校的犹豫态度，他数次表示对是否迁移尚未下定决心。陈裕光的犹豫态度主要出于以下几个原因。

---

① Y.G.Chen to the members of The Board of Directors,September 8,1937, Box 210, Folder 3570, UBCHEA.

② Y.G.Chen to Dr.B.A.Garside，September 14, 1937, Box 210, Folder 3570, UBCHEA.

③ 李佛续：《母校西迁记》，台北市金陵大学校友会：《金陵大学建校百周年纪念特刊》，台北：台湾新生印刷厂，1988 年，第374-379 页。

　　首先，迁校是校政上大事，理论上需要校董会开会讨论才能决定。在战争条件下，校董会无法正常召开，陈裕光只能通过信件方式与校董会成员进行讨论，他要将迁校利弊进行阐释，以便了解校董的态度。陈裕光没有权力决定迁移整所学校。

　　其次，经费问题。在1937年的秋季学期，金陵大学的经济状况并不乐观。正如陈裕光在信中所言，迁校需耗费六七万元，这笔巨额费用是金大当时无法承受的。根据金大给创始人委员会的财报，截至1937年6月，金大财政上结余的现金仅有3 528美元。① 在1937年10月，陈裕光曾写信向教育部申请补助经费，信中写道："窃本校经费，素感困难。自钧部于廿三年度起先后核给本校文、理、农三元补助费，俾各该院卒年皆得增聘教师，添置设备，加购图书、教学设备，靡不交受其益，胥感钧部之赐。惟是下半年本校经费，因基金利息之减少，捐赠款项之停止，其困难情形，较往年尤甚。为此恳请钧部对于本校文理农三院已设之教席暨设备务请设法继续维持，俾已进行之工作得稍见成绩，不至有停辍之虞。至于各该院因下年度经费困难所拟延聘之教席及添购之设备，亦祈钧部再予补助，俾本校与经费困难之中，得循序进展，是皆受钧部之厚赐。"② 从信中可以看出，金大的财政状况并不乐观，教育部也没有在迁校前批准给金大补助费。当时的教员回忆起学校的经费窘境时写道："母校决定随政府迁川，借成都华西大学开课。自南京至重庆包一轮船需要法币二万五千元，全校搬运费需五万元，此外尚需从重庆至成都的运费，而本校这学期的预算只有五万元，其不足数一时不

---

① Minutes adopted by circulation vote executive committee board of foundees University of Nanking, July 8,1937, Box 190, Folder 3326, UBCHEA.

② 《1937年10月向教育部申请补助费》，中国第二历史档案馆藏私立金陵大学档案，全宗号649，案卷号235。

易筹措，因此拟暂时在南京开课，视时局演变如何再作决定。"①正如前文所述，金陵大学的主要资金来源还是教会，政府的财政补助数额较为固定，很难临时增加额外补助来填补迁校费用，加之战时学生数量减少导致学费收入下降，所以学校若想迁移，面临的巨大财政赤字要靠教会的资金援助才能补足。尽管金大此时通过削减教职员薪水40%来节省资金，但若想在迁移后仍有资金维持学校日常工作，必须先取得教会对此事的支持。在取得教会的资金援助前，陈裕光不敢轻易做出迁校决定。

最后，虽然金大已经得到华西协合大学对金大迁校的欢迎，但并非所有迁移事宜都已准备就绪。9月9日，华大校长张凌高给陈裕光写信，信中写道："贵校移蓉处自来函后，自应当量准备一切所需房屋，他种当易设法，惟学生宿舍，多方筹备，实属不敷，只有仰仗政学，当□援助，不易成功。□兄于□期间电托川省府及教育厅请为设法帮助，但得允许，自可不烦而解，期迫需繁卓裁迅速着手。"②华大虽愿意支持金大迁移至成都校区，但是校舍问题并未解决，还需要与各方商借。在校舍问题解决之前就急着迁校成都，显然是不明智的。此时陈裕光不能一个人做出西迁决定，他不仅需要取得校董会的支持，还需取得创始人委员会的支持。

9月28日，教育部电令处于战争威胁中的各校："速择比较安全之地区，预为简单临时校舍之布置，以便于战时发生或逼近时量为迁移，或暂行归并，或暂行附设于他校。"③这说明教育部已经开始主张战区内的高校进行迁移，但对金陵大学是否迁校，并未做出

---

① 李佛续：《母校西迁记》，台北市金陵大学校友会：《金陵大学建校百周年纪念特刊》，台北：台湾新生印刷厂，1988年，第374—379页。
② 《张凌高给金陵大学的信》，1937年9月9日，中国第二历史档案馆藏私立金陵大学档案，全宗号649，案卷号365。
③ 《教育部关于战事发生前后各级学校之措置总说明及有关文书》，1937年9月28日，中国第二历史档案馆藏国民政府教育部档案，全宗号五（2），案卷号54。

表态。陈裕光后来回忆当时迁校的困境时说："在迁校问题上，一部分美国传教士对局势估计不足，对迁校抱无所谓态度，显然他们认为一旦南京失守，有美国大使馆保护，不怕日本人干扰。教育部开始时态度暧昧，表示公立大学都迁了，你们教会大学不迁也无所谓，还说目前需要几个大中学校撑场面。"[1]

陈裕光既没有得到教育部的支持，也尚未收到校董与教会的回信，无法开展进一步行动。因此陈裕光向政府展现了留守南京的态度，仍然向教育部申请金陵大学在南京开始秋季学期，并得到教育部同意。1937年9月17日，陈裕光召集了金大校务会议，共同讨论开学相关事宜，决定从当年9月起，教职员的工资以20元为基准，超过20元的部分只发70%。如果来校注册学生超过三百人，则发给全薪。会议还决定在校园建设10个防空壕，能容纳三百多人。10月4日，金陵大学开学，约两百名学生来注册上课。[2]迁校一事暂时被搁置。

三、长时间的商议与仓促的决定

尽管1937年秋金陵大学在南京开学，但是恶劣的环境和紧张的战局让金陵大学一直在迁校与否之间犹豫，关于迁校的讨论仍在继续。

金陵大学开学之后，频繁的空袭时常打断学校正常的教学计划，严重影响金大正常的教学秩序。开学以来，学校平均每天会遭到四到五次空袭，陈裕光对此十分忧虑。在10月13日写给葛思德的信中，陈裕光提到了空袭的困境："我们必须每几个小时就停止工作，并在防空壕中躲上一至四个小时，等待空袭结束。在这样的情

---

[1] 南京大学高教研究所校史编写组编：《金陵大学史料集》，南京：南京大学出版社，1989年，第50页。

[2] Y.G.Chen to Dr.B.A.Garside,October 13th,1937, Box 210, Folder 3570, UBCHEA.

况下，我们很难组织教学工作。这是一个非常严峻的问题，如果我们要继续进行常规的教学工作的话，我们必须迁往别的中心。"①据当时的学生徐国桢回忆，为了避开日本飞机在沪宁铁路沿线狂轰滥炸，他乘坐从上海南站出发的长途汽车，途经苏州前往南京。"由于战争关系，注册报到的人数仅100余人，其中以江、浙两省的同学居多。我们分别住在戊、己、庚、辛、壬五栋宿舍楼的地下层房间里（甲、乙、丙、丁四栋因是两层砖木结构房屋，没有开放）。教室也安排在各院楼的地下层内，气窗外堆着沙袋，白天开着电灯上课，作为空袭时掩护之需。记得每天中午后，在紧急警报的汽笛声中，日本轰炸机飞临南京上空，这时学校南面斗鸡闸何应钦公馆内频频发射高射炮，但由于射程打不到飞机的高度而无济于事。就这样，在硝烟弥漫中上了一个多月的课。"②9月20日，秘书处突然召集在校学生，通报日本第三舰队司令的"警告"，他威胁在南京的各外国机关人员及侨民，限于21日中午12时以前撤退，以求安全。学校允许学生们离校，并建议趁早动身。留下来的同学，将被编入鼓楼医院的救护队及校内的救护队中。当时参与救护队的老师回忆救护的场景："继后敌机竟大举空袭首都，中央党部、首都电厂、自来水厂、无线电台、卫生署、中央医院、中央通讯社、中央大学等非军事机构及民房多处先后被炸，民众死伤甚多。鼓楼医院挤满了受伤民众，中央医院住院病人移到鼓楼医院。母校东楼青年会宿舍及西楼学生宿舍也被充作临时病房，在校同学均参加救护工作。"③

　　为了应对这个状况，金陵大学农经系已经将部分职员迁移至

①　Y.G.Chen to Dr.B.A.Garside,October 13th,1937, Box 210, Folder 3570, UBCHEA.

②　张宏生编：《南大，南大》，南京：南京大学出版社，2002年，第71页。

③　李佛续：《母校西迁记》，台北市金陵大学校友会：《金陵大学建校百周年纪念特刊》，台北：台湾新生印刷厂，1988年，第374—379页。

汉口继续开展研究，中国文化研究所的人员与设备也已迁出南京。但不同于金陵女子文理学院的分散办学，金陵大学只迁移了研究工作，学校学生与大部分教员仍留在南京，这与陈裕光的迁校策略有关。陈裕光后来解释迁校行为时说道："如果教职员们分散在各地，那么我们很难在南京聚集起来重新开学，而寻找新的教员来维持工作同样非常困难。"①为了学校日后的工作考虑，陈裕光坚持将主要的师生团体聚集在一起。

研究机构迁移出南京之后，金大主体部分的去留问题困扰着陈裕光。前文曾提到，当时金大要迁往成都有诸多困难，陈裕光也在考察是否有其他合适的迁移地点，最后找到了位于江西的牯岭。1937年10月22日，陈裕光与学校会计主任毕律斯联名给金陵大学创始人委员会在美国的校董联合会的代表吴惠津（W. Reginald Wheeler）写信，表明学校目前的计划："我们准备在南京维持工作，直到不能维系下去。如果情况恶化，我们可能要将学生与教职员迁移到其他的地点，鉴于前往中国西部的费用太高，可能会将牯岭作为迁移地点。"②10月23日，陈裕光在给校董会成员的定期通信中也报告了上述学校的情况，同时提到，如果学校没有足够资金迁往成都，那么会尝试迁往牯岭。③牯岭虽然不如成都安全，但离南京更近，迁移成本较低，在当时成为学校迁移的备选地。不过，金大对牯岭的考察显然不如成都细致，迁到牯岭后的校址或合作学校以及迁移所需费用在信中都未提及。一方面可能是因为尚未来得及考察，另一方面也可以感受到，陈裕光在两者之间更倾向于迁往成都。

① Y.G.Chen to Dr.Ferguson，February 22，1938, Box 210, Folder 3571, UBCHEA.
② Y.G.Chen and Elsie M. Priest to Dr.B.A.Garside，October 22, 1937, Box 210, Folder 3570, UBCHEA.
③ Y.G.Chen to the members of The Board of Directors，October 23, 1937, Box 210, Folder 3570, UBCHEA.

　　陈裕光的这些调研与询问并未得到及时回应。查阅金陵大学的档案，未有任何一名校董在金大迁校前就此事向陈裕光表达过态度，陈裕光也说，他未曾收到校董们对此事的回应。[①]由于战争的影响，金大校董无法像战前一样定期举行校董会讨论学校事宜，仅能通过书信沟通。校董们在战争期间未必居住在原地址，书信又时常受战事的阻隔而滞后，甚至遗失。校董会在迁校一事上基本没有给陈裕光任何意见。教会方面同样由于通信阻隔，没能及时回应。陈裕光在1937年9月与10月寄给创始人委员会的信，直到11月中旬才有回信。陈裕光虽然一直在进行关于迁校的调研，但是在11月中旬前，迁校只是一个尚未得到支持的后备计划，学校工作的重心仍是如何在南京维持运转。陈裕光在10月23日写给校董会成员的通信中，就表明金大是当时唯一继续在南京开展教学工作的学校，而当时的计划仍然是留在南京并守好"第一防卫线"。[②]10月，金陵大学打算修建新的新生宿舍，并期望在情况稳定后进行新的校园建筑计划和维修工作。陈裕光专门给葛思德写信，请求创始人委员会为学校的建筑计划筹集资金。这反映出此时金陵大学的工作重心仍是在南京维持教学，并没有在短期之内迁移的计划。[③]新的校园建筑计划也表明陈裕光可能错误估计了战场形势，认为学校能够在南京维持至秋季学期结束。

　　金大在南京维持正常教学的姿态，可能与陈裕光向国民政府表达留守南京的态度与决心有关。1937年11月5日，陈裕光给蒋介石写信说道："际此非常时期，敝校为安定首都社会人心，及协助国

① Y.G.Chen to Dr.Ferguson，February 22, 1938, Box 210, Folder 3571, UBCHEA.

② Y.G.Chen to the members of The Board of Directors，October 23, 1937, Box 210, Folder 3570, UBCHEA.

③ Y.G.Chen to the members of The Board of Directors，October 26, 1937, Box 210, Folder 3570, UBCHEA.

防研究起见，当不避艰阻，决定在京维持战时高等教育……开课之初，难以适应战时生活，略感棘手，但逐渐均上轨道，秩序上佳，堪以告慰。"①向蒋表现了坚定留守南京的决心。这也呼应了10月初金大在南京开学，为首都"撑场面"的行为。

11月9日，陈裕光就校舍问题与华大通信，信中写道："敝校迁蓉计划因经费及其他关系致未能实现……本季时日无多，而敝校在京开课，业逾一月，短期间内恐难以移动。前奉林瑟先生函嘱，向川省府予以便利，敝校亦曾专函前商，但最近贵校校舍既有多方商借，而又系文化机关，敝校有所阻梗，惟一切敬希吾兄酌办。"②信中表示金大的迁移计划因种种原因短期内不会实行了。11月15日，陈裕光在给校友徐瑞祥介绍金大近况时也提到："母校业已开学，同学约有二百余人，教职员多半在校负责，一切正常。"③信中没有提及任何关于迁移的计划。

但非常突然的是，11月16日，陈裕光就紧急给美国的创始人委员会发电报称："局势要求我们马上撤离。已经寻求教育部的帮助。需要两百名学生和一百五十名职员的住处。你们是否能帮助我们？"同一天，他还给创始人委员会寄出一封内容详细的信，信中写道："南京的许多政府部门和职员都已经西迁，南京的民众不久之后也会大批离去，学校一旦得到你们对电报的答复后会尽快进行下一步计划并开始前往中国西部。"陈裕光在信中说，原来希望金大能够在南京撑完这个秋季学期，不过局势变化太快，目前留在南京已经是不明智的选择了。政府已经迁走，金大很难维持基本的工

---

① 《陈裕光致蒋介石关于战时迁校的信件》，1937年11月5日，中国第二历史档案馆藏私立金陵大学档案，全宗号649，案卷号357—001。

② 《陈裕光给张凌高的信》，1937年11月9日，中国第二历史档案馆藏私立金陵大学档案，全宗号649，案卷号365。

③ 《陈裕光致徐瑞祥先生关于介绍本校近况的函》，1937年11月15日，中国第二历史档案馆藏私立金陵大学档案，全宗号649，案卷号377—0008。

作。[1]

11月上旬金大还表现出坚决留守南京的决心，为何到了11月16日就紧急做出内迁的决定呢？最关键的一点还在于战争局势的迅速恶化。陈裕光回忆这一时期的形势时说道："20多天后，局势更趋恶化，教育部突然通知闭校停课，却又表示无法帮助解决迁校所必需的交通工具。"[2]

笔者在查阅档案时，并未发现教育部关于停课的直接命令。但是从当时南京的局势看，继续开课已不太现实，停课是必然选择。11月12日，上海市区沦陷。随后，日军向京沪铁路沿线以及常熟地区发动进攻，南京周边战场形势迅速恶化，导致南京国民政府紧急撤离。金大学生回忆当时南京城内的情形时说："当时南京一片混乱，所有机关搬迁一空，连'卫生署'都跑到汉口去了。原先我们还经常利用课余时间到鼓楼医院慰问作战负伤的战士，代他们书写家书。那时候，伤员工作无人过问，而前线负伤的战士却络绎不绝地送往南京，都被放置在下关火车站的水泥地上，从站内到站外密密麻麻、横七竖八地躺在那里，死了的就暂且盖上几片麻布袋。"[3]

如前文所述，金大留守南京与否和国民政府坚守南京与否有很大关系。当国民政府已经撤离南京，金大留守南京的意义也不复存在。而且没有了国民政府这一保护伞，金大在南京的安全也变得难以保障。虽然11月20日国民政府才正式宣布迁都，但此前政府部门已经陆续离宁。这在陈裕光的信中也有体现，拉贝11月15日的日记中也说明了交通部正在撤离。[4]所以金陵大学的迁与不迁，乃至于陈

①　Y.G.Chen to the members of The Board of Directors，November 16, 1937, Box 210, Folder 3570, UBCHEA.

②　陈裕光：《回忆金陵大学》，南京大学高教研究所校史编写组编：《金陵大学史料集》，南京：南京大学出版社，1989年，第50页。

③　张宏生编：《南大，南大》，南京：南京大学出版社，2002年，第71页。

④　约翰·拉贝：《拉贝日记》，南京：江苏人民出版社，2009年，第35页。

裕光对战场局势的判断，都是紧跟着南京国民政府的。金陵大学作为一所教会大学，对国民政府能有如此高度的认同，可见其"中国化"程度之深，与北平战时的"自由孤岛"燕京大学形成了鲜明的对比。

四、创始人委员会与外籍人员的意见

在金大内迁的决议过程中，创始人委员会和校董会鲜有意见发表。由于战争期间通信的阻隔，陈裕光的许多决定和意见无法及时地传达到学校之外，这也使得整个迁校的决议实际上是校内领导们讨论决定的。而当金大迁校的消息传达到创始人委员会和校董会成员之时，他们需要对迁校这一"先斩后奏"的行为做出回应。

首先要关注的是创始人委员会的意见。创始人委员会对金大迁校一事一直都有自己的态度。陈裕光在1937年9月与华大沟通迁校事宜时，估算金大迁移至成都的费用约为六七万元，并将这一估算向创始人委员会做了报告。直到11月15日，创始人委员会的副秘书易魁士（C. A. Evans）才进行了回应，认为陈裕光所估计的西迁费用远远少于实际所需，希望能够有一个更准确的估算，同时也建议参考金陵女子文理学院迁移至不同地区实际支出的费用。[①]陈裕光估算的迁校开支在他本人眼中已经是一个非常大的数额了，大到影响学校的正常运作。创始人委员会认为若迁移到成都，实际开支远远比陈裕光所估计的要多，潜台词便是迁校至成都其实不切实际。同一天，吴惠津回复了陈裕光10月17日的信，他听闻上海的中国军队已经撤退，南京随时可能会被攻打，迁校问题可能会再度被提出。

---

① Dr.B.A.Garside to President Y.G.Chen，November 15, 1937, Box 210, Folder 3570, UBCHEA.

18

在信中他建议金大迁到武昌，这样迁移费用会少一些。同时他也表示，创始人委员会相信校长和学校管理层的判断。①可以看出，创始人委员会在此时认为迁校至成都是没有必要的，更希望金大在南京坚持办学，或进行短途的迁移。

1937年11月23日，在陈裕光于11月16日发送的紧急迁校电报终于到达美国之后，创始人委员会当天进行了讨论，并由吴惠津给陈裕光回信："我们讨论了是否有可能让大学暂时关闭，并在之后恢复在南京的工作。目前看来包括汉口在内的中国东部会全部落入日本的手中。这片地区有12所教会学校，它们在地理上和经济上都不可能全部迁至四川。今天的午餐会上有人提出，不要去动用那些高昂的支出，而是在情况稍微稳定之后继续在南京维持工作是不是更加明智。在中国北部的燕京大学就是这么做的，其他的学校也准备采取这样的措施。不过目前我们还没有做出最终的判断，可能在之后才能寄出我们的结论。"②

创始人委员会一改此前较为含蓄的说法，对金大迁校一事给出了明确态度：希望金大不要进行迁校，而是在南京坚持留守。为何创始人委员会执意要金大留守南京？理由主要有三。首先，教会有教区的概念，一所教会大学往往服务于一个教区或是学校所在地周边的青年。若进行长途搬迁，实际上背离了最初办学的原本目的。在信中吴惠津提到，中国东部有12所教会学校，若金人迁移至成都，是不是其他教会学校也应该一起迁移至成都？这不仅不现实，而且会使各个教区间的教育资源分配产生混乱。其次，教会大学本身属于美国财产，在太平洋战争尚未爆发之时，教会认为金大就算

---

① Dr.B.A.Garside to President Y.G.Chen, November 15, 1937, Box 210, Folder 3570, UBCHEA.

② Dr.B.A.Garside to President Y.G.Chen, November 23, 1937, Box 210, Folder 3570, UBCHEA.

留在南京，自身安全也能得到一定保障。信中尤其强调了燕京大学的例子，在教会看来，留守在当地，利用教会大学的外国身份来与日军进行斡旋才是教会大学面对战争时应该采取的手段。最后，迁校至成都确实花费巨大。迁校这一代价巨大的行为是不是度过战争危机的唯一办法？创始人委员会显然不这么认为，因而也不赞同陈裕光将金大迁移至成都。

但创始人委员会的意见未能及时传达到南京。此时电报虽然能够使用，但是在非紧急情况下一般不会启用，金陵大学与创始人委员会之间的交流主要还是依靠信件。中美之间距离遥远，再加上战争使得南京邮政不能规律地投递邮件，此时金陵大学虽然没有完全与教会断绝联系，但两地之间的通信往往要耗上一至两个月的时间，这使得陈裕光与创始人委员会之间的讨论变得十分困难。从时间上看，创始人委员会的回信也远落后于局势的变化。这直接导致两个结果：第一，教会的意见基本不具备时效性，其参考价值大大降低，教会难以履行其对学校的指导职能，这使教会在学校的影响力无形中降低了；第二，陈裕光等校方领导在遇到紧急情况时，不能再指望教会与校董会的滞后意见，需要自行做出抉择。

校董会的意见也同样重要。金陵大学是教会学校，决议不能仅由校内教职员讨论就做出决定，校内的行政、财务方面的大问题都需要校董会讨论决定。但是由于战争期间的种种限制，从1937年7月到12月，金大没有召开过一次校董会会议，也没有对迁校问题进行正式讨论。那么校董会成员对此事有没有发表过意见？陈裕光表示，自己在西迁之前并没有收到来自其他校董的反对。[①]笔者在查阅档案后发现，在迁出南京之前，确实没有校董对西迁一事做出回应。但校董福开森在得知金大西迁后，紧急写信给创始人委员会和

---

① 　Y.G.Chen to Dr.Ferguson，February 22, 1938, Box 210, Folder 3571, UBCHEA.

校董会，详细阐述了他反对西迁的理由。福开森是金陵大学的前身汇文书院的创办人，金大校董会成立后，福开森常年作为校董会一员参与讨论学校事务。1937年12月29日，福开森写信给创始人委员会与校董会，对西迁决议提出了质疑。1938年1月25日，福开森再次给金大创始人委员会的主席史密尔（Dr. Spear）写信，信中写道："第一次看到学校西迁的提议，是在校长陈裕光给校董会成员的定期通信之中。在这封通信中陈裕光还给他附了一封私人信件，信中写到迁校会花去太多的资金，所以陈校长本人并不赞同这个提议，福开森也就没有将此事放在心上。所以当我从报社记者处得知金陵大学已经离开南京并带走了学校的一部分设备时，我是非常吃惊的。仅仅在两周前，我第一次得知这一消息，便马上写信给校董会的主席胡昌炽，对他做出以下建议：鉴于我们的部分教员和学生已经去了中国西部，但大部分班级仍留在南京，所以较为明智的做法是在城市恢复秩序之后尽快地让金大重新开学。"[①]可以看出，福开森坚定地反对金大迁校成都。

在上述的信里，福开森还详细阐释了他反对金陵大学西迁的理由。福开森认为，金陵大学西迁不仅没有经得创始人委员会同意，也没有经校董会开会讨论此事，陈裕光和行政委员会仅凭自己的判断就做出西迁决定是不妥当的。金陵大学的实际拥有者是美国的金大创始人委员会，学校的设备和财产进行转移前必须征得实际拥有者的同意。福开森认为就算是校董会的全体会议都没有权力做出西迁的决定，更何况陈裕光并没有与校董会成员商量。福开森在信中还说明，他可以理解这是在紧急情况下做出的选择，不过陈裕光仍有时间通过大使馆给在上海的胡昌炽或在北平的他发一份电报询问他们的意见，但是陈裕光并没有这么做。这使得福开森认为学校的

---

① John C. Ferguson to Dr.Spear，January 25,1938, Box 213, Folder 3616, UBCHEA.

西迁是陈裕光与他周围的行政委员会越权而做出的不合法的决定。

　　对于金大西迁是否合理，福开森有着消极的态度。他认为金陵大学是在南京建立的，应该为南京和周边地区的青年提供教育。然而根据陈裕光的来信，有151名学生跟着学校迁移到了汉口，这仅仅是金大当年学生登记数量的七分之一。学校的西迁已经背离了金陵大学办学的初衷，不再顾及南京青年的教育。更何况陈裕光还将学校的大量教员与设备也一起带走了，举全校之力为这七分之一的学生提供教育，弃其他七分之六的学生于不顾，福开森认为这是不合适的。虽然福开森也同意陈校长和行政委员会应该遵守教育部的命令关闭学校，但是这并不代表应该将学校迁走。与此同时，他联想到1927年南京国民政府收回教育权，强制教会学校备案，教会学校内部民族主义情绪高涨之时，即使外籍的教员们被迫出走，金陵大学也尽可能地适应了当时的情况，留下来继续办学，在这十年之中也取得了丰硕的办学成果。而这一次的危机与十年之前的情况相同，只不过出走的人员变成了中国籍的教员。因此他写信给创始人委员会，希望他们能够出面纠正这个错误，让学校留在南京，等到城市秩序稳定之后便重新开学。[①]

　　总的来说，福开森的反对理由主要有二：第一，由于创始人委员会是金陵大学校产在法律上的拥有者，对校产的迁移必须事先经过创始人委员会的同意，而陈裕光等人未经创始人委员会同意就将学校迁移，这并不合法；第二，金大西迁不仅背离了学校的本来目的，而且是倾全校之力服务于少部分学生之举，这并不合理。实际上陈裕光给创始人委员会以及校董会成员都写过信询问过此事，直到南京局势转危，他都没有收到任何回信。随着金大西迁的学生虽然仅占平日学生数量的少部分，但也几乎是所有在战时能够坚持入

---

① 　John C. Ferguson to Dr.Spear，January 25,1938, Box 213, Folder 3616, UBCHEA.

学的学生，很难说迁校是仅服务于一小部分的学生。福开森完全站在教会的角度思考问题，对于学校的实际情况未能设身处地理解。

金大校内的外籍教员对学校西迁也并不完全赞同。在陈裕光的传记以及金陵大学的相关研究中都提到，内迁之前就有不少外籍教员不愿迁校。[①]金大历史系主任贝德士（M.S. Bates）在学校西迁时选择留守在南京，并被授命为临时副校长，以便处理南京校园的事务。在1937年11月24日的一封私人信件中，贝德士表达了对学校西迁的看法："西迁是出于学校安全和师生人身自由的考虑。维持师生的人身自由，让学校免受日军的控制，能够保证学校教育的立场能维持在中国这一边。但是仅以部分的教职员、学生和设备在不规律的情况下在西部开展工作，我认为很难取得有效的成果。无论是否被日军局部控制，或迟或早，我都希望我们能够尽快尝试回到南京。当然目前来看迁校是必然的，而且我们许多出色的人员都相信这是一个正确的判断。"[②]从信中可以看出，贝德士对金大西迁的前景并不乐观，认为尽快回到南京才是学校应该采取的措施。但与福开森不同的是，尽管贝德士与陈裕光在金大西迁问题上意见并不完全一致，但他信任并支持陈裕光等人所做出的决定。这也是多数校董会成员与创始人委员会的态度。

对于福开森的来信，校董会主席胡昌炽在给福开森的回信中维护了陈裕光，他认为金大迁校并不是陈裕光以及学校教职员滥用权力，更多是一种紧急措施和权宜之计。[③]1938年1月13日，5名在沪校董吴东初、罗运炎、魏文瀚、汉森（V. Hanson）、葛德基（E. H. Creasy）与留守南京的化学系教授唐美森在上海召开校董紧急会议

---

① 张宪文主编：《金陵大学史》，南京：南京大学出版社，2002年，第79页。

② Miner. Searle. Bates to Friends Abroad, November 24, 1937, Box 204, Folder 3485, UBCHEA.

③ T.C.Woo to John C. Ferguson, February 17, 1938, Box 213, Folder 3616, UBCHEA.

暨执行委员会会议，会议中赞扬了紧急迁往成都的行动，并指出这只是暂时行为，一旦条件允许，学校便会迁回南京，并任命历史系教授贝德士为副校长。[1]在2月4日的另一次临时校董会会议中，校董们决定电报陈裕光："校董们已经拿到了1月22日福开森的电报，这电报明显是基于错误的条件而做出的，在此事上校董会支持你。"[2]校董们倾向于学校尽快返回南京，强调了迁校是暂时性的行为，对于陈裕光的迁校做法给予了完全的理解和支持。

创始人委员会也持相似的态度。1937年12月4日，陈裕光给创始人委员会写了一封长信，详细报告了金陵大学迁往汉口的准备和经过。不过直到12月28日，才由葛思德给陈裕光寄出回信。创始人委员会在回信中仍劝说陈裕光返回南京，认为南京的情况在接下来的几周里可能会稳定下来，或许可以在南京校区重新开学，至少部分开学。但与此同时，创始人委员会也意识到，在通信困难的情况下，其对学校的指导具有很大的滞后性，创始人委员会表示，他们意识到学校内迁等事宜必须留给学校的行政人员来进行判断，创始人委员会的主要职责是尽量为学校提供财政援助。[3]创始人委员会虽与福开森的部分看法相似，但面对福开森对陈裕光的质疑，创始人委员会仍站在了陈裕光这边。1938年1月，创始人委员会正式确认了对金大迁校的态度，认为陈裕光将学生与设备迁往成都是富有同情心和经过深思熟虑的行为，还分别给福开森、胡昌炽与陈裕光写信表明了这一态度。[4]

---

[1]　Emergency Meeting of The Board and Executive Committee of the University of Nanking held in Missions Building, Shanghai，February 13, 1938, Box 194, Folder 3361, UBCHEA.

[2]　Minutes of Emergency Executive Committee，April 15, 1938, Box 194, Folder 3361, UBCHEA.

[3]　Dr.B.A.Garside to President Y.G.Chen，December 18, 1937, Box 210, Folder 3570, UBCHEA.

[4]　Minutes of Executive Committee University of Nanking，March 16,1938, Box 191, Folder 3327, UBCHEA.

综上所述，无论是创始人委员会、校董会还是校内外籍教职员，在金大迁校一事上都并未完全支持，甚至有部分持反对意见。但不同于福开森对此事激烈的质疑，大部分外籍人士对陈裕光都表现出高度信任，并充分认可陈裕光在紧急情况下的决定。一方面，他们意识到，在危乱的时局中，只有陈裕光等处于学校工作一线的人所做出的判断才是最及时也是最准确的；另一方面，从1928年立案到1937年，校内华人领导与教会没有发生过大的冲突，两方都在为学校建设共同努力，这培养起教会与华人教职员之间的信任，使得在危机来临之时，教会能够放心地将学校大政交由陈裕光等人处理。金陵大学的西迁决议虽经过漫长的讨论和数次反复，甚至在最后也没有形成完全统一的意见，但当陈裕光决定进行迁移之时，没有激起大的风波与矛盾，仍能够集合全校之力，共渡难关。

第二节　艰苦卓绝的西迁经过

一、离开南京

1937年11月16日，陈裕光向创始人委员会送出电报，却迟迟未有回音。战局的急转直下使得陈裕光在19日便开始了西迁工作。

早在该年9月，金大农经系便已先行迁到汉口。农经系主任乔启明于9月22日在汉口给陈裕光写信称："明于十二日离京，十九日安然抵汉。近日正忙布置一切，以便能早日办公。汉市较为平静，商务照常，最短期内或不至有多少变化也。明近日阅报，南京不时有敌机来袭，我校开学计划或不免将受影响，以后就如何办理，至为念念。我校若有何事拟托明告汉料理□□，函示为盼。此间暂租办公室地址为汉口特三区湖南街德林楼十三号二楼。该楼大小共有四间，办公上课足用。助理员等均在外自租房屋居住，均不发生若何问题。"①乔启明在信中说汉口的情况仍算安定，农经系已在汉口有了办公室。

11月19日，陈裕光给已经在汉口的乔启明写信，询问汉口状况并告知金大西迁计划："学校决即西迁，惟以船只难觅关系，拟将员生分批运送九江同文中学小住，而后再转轮到汉。校中因杂事拥挤，难即派人先来，筹划□切。为有员生分途到汉，因当地情形不明瞭□，至希费神指导，请先生就农经系同事中，指定专人，招待一切。"②从信中可以得知，金大在南京难以寻找到能够开往汉口的船只，甚至打算先将师生们送到九江，再从九江寻找船只迁往汉口。此时南京城内的局势已经危急，无论是政府机构还是平民百姓，都在争抢船只，想办法离开南京。在给创始人委员会的汇报中，陈裕光写到寻找船只的困难："交通工具非常紧缺，太多人想要离开南京和南京东边的城市。整个学校有差不多五百人需要送往水路，包括学生、职员和职员家属。除私人的行李之外，我们还尝试带上学校的设备，以便能重新开学。我们尝试租用船和汽艇，但是并没有成功。"③陈裕光还向教育部求助称："政府机关纷纷西移，交通工具一时不敷支配，致本校员生三百余人及全部设备均停滞校中。钧部对于本校素极爱护，拟恳设法商援船舶一艘，俾能及早成行而免危机员生安全□，钧部未能设法则恳转呈军事委员会，或迁电钧部发给放行护照二纸，俾本校自行觅□船舶时沿途航驶不

---

①　《乔启明函知陈裕光汉口情形》，1937 年 9 月 22 日，中国第二历史档案馆藏私立金陵大学档案，全宗号 649，案卷号 69。

②　《陈裕光函知乔启明西迁情形并请协助指导校务》，1937 年 11 月 19 日，中国第二历史档案馆藏私立金陵大学档案，全宗号 649，案卷号 69。

③　Y.G.Chen to the members of The Board of Directors，December 4, 1937, Box 210, Folder 3570, UBCHEA.

致护生困难，实乃公便。"[1]但教育部此时无暇顾及金大的请求，迟迟未予回信。在走投无路之际，一家英国公司向金大伸出援手，同意在三艘船上搭载金陵大学的师生以及设备。

此时南京城内已经没有可供出租的机动车辆，仅剩下少数人力车还在活动，更不要说想要找到一辆卡车。如何将金大师生和设备运往五英里外的长江边成了陈裕光头疼的问题。最终，金大联系到了在南京地区关系较好的企业伙伴们，如标准石油公司、阿索塔克石油公司、得克萨斯石油公司、西门子公司等，请求它们每天借金大使用几个小时卡车。靠着这些卡车，金大师生和设备得以分批运抵长江边。此时的南京城内劳力也严重不足，很难找到人来搬运行李和设备，金大学生主动接下了这一工作，将学校四百余箱、重达125吨的设备运送到码头。南京城内想要出城的人太多，英国公司的商船不敢停靠码头，金大师生只能将行李分别搬到不同的驳船上，再转运至停在江中的商船上。500多位师生以及480箱行李设备，都需要靠这三艘商船离开南京。[2]随校西迁成都的理学院助教李佛续回忆当时搭船的场景称："搭船的同仁及同学上午十一时多到了下关，轮船停在江中，我们的行李先由同学雇驳船搬上轮船。下午敌机两次来袭，紧急警报后，码头上的人疏散到马路边建筑门口躲避，但在码头工作的工人，若无其事的仍照常工作。下午四时多我们雇拨船，用小汽船拖到轮船边上船，甲板上已挤满了乘客，而江中尚有一、二百人等着要上船。我们的船位在前舱，舱口派同学维持秩序，以免外人进入，但上船的人愈来愈多，秩序很乱，无法控

---

① 《陈裕光为本校迁蓉继续上课拟恳钧部商搭船舶一艘或发给放行护照之纸俾航驶便利》，1937年11月19日，中国第二历史档案馆藏私立金陵大学档案，全宗号649，案卷号69-0001。

② Y.G.Chen to the members of The Board of Directors，December 4, 1937, Box 210, Folder 3570, UBCHEA.

制，终于让一部分舱位给老弱妇孺后，关闭舱门。舱内挤得水泄不通，空气十分恶劣，好在冬天，若是夏天，其痛苦真不堪设想。晚上十一时开船。"[1]

在船上的生活十分艰辛，学生们睡在最底层的货舱内。当金大学生回忆在船上忍饥挨饿的经历时写道："这艘船的乘客满坑满谷，所有通道都被堵塞。每逢开饭时，饭箩一出炊事间，就被沿路乘客截去，无法传送到底舱来。大家忍饥耐渴，默不作声。船到九江，在江心抛锚稍歇，我们派出四位同学搭划子上岸去买些油条、烧饼充饥。哪知道这四位'采购员'竟进馆子用膳去了。没有多久，轮船汽笛声响，起锚继续西航。'采购员'的失职，使我们在船上整整饿了五个昼夜。"[2]

对于无法跟随学校西迁的学生，金大也没有抛弃他们。全面抗战爆发后，上海的教会大学和中学在上海建立了一个临时联合学校，吸引了江浙地区的教会大学前往汇合，杭州之江大学和苏州东吴大学都从原址迁往这所联合学校。金大在该校也设有办公室，让没能西迁的学生集合起来，待日后学校回迁南京时能够返校读书。不过，金大并没有在该校设课室或开办课程，进入该校的40名金大学生都是保留了金大学生身份，在联合学校内的其他教会大学学习。1938年3月金大在成都开学后，陈裕光认为金大应该集中力量在成都办学，位于上海联合学校的金大办事室在1938年春季学期之后被关闭，金大也退出了这所联合学校。[3]

---

[1] 李佛续：《母校西迁记》，台北市金陵大学校友会：《金陵大学建校百周年纪念特刊》，台北：台湾新生印刷厂，1988年，第374-379页。

[2] 徐国桢：《由南京到成都》，金陵大学南京校友会：《金陵大学建校一百周年纪念册》，南京：南京大学出版社，1988年，第366页。

[3] Minutes of Emergency Executive Committee University of Nanking, March 15, 1938, Box 194, Folder 3361, UBCHEA.

二、迁移地点的抉择

1937年12月5日，运送金大师生的三艘商船中的最后一艘抵达汉口。在武汉，华中大学为金大学生提供了住处，但由于宿舍紧张，不能容纳所有学生，华中大学开放了体育馆，男生们可以睡在里面。华中大学也暂时收容了金大部分教职员，并帮助他们找到住处。伦敦传教会（The London Missionary Society）此时也伸出援手，将武昌的一间房子免费借给金大供教职员居住。其他房子则分散在武汉各区。大量从中国东部内迁的人此时都聚集在了汉口和武昌，城内非常拥挤。虽然居住条件恶劣，但金大师生们没有抱怨。[1]

金陵大学师生抵达汉口之后，又面临新一轮的抉择。前文已述及，陈裕光在1937年11月已回函华西协合大学，告知金大内迁计划暂时搁置。汉口是金大在匆忙离开南京后的一个暂时落脚点。接下来该往哪走，其实还没有定数。

集聚在汉口的金大教职员们组成了行政委员会来讨论学校下一步的行动。值得注意的是，该委员会基本由华人教职员组成。以1937年12月26日的行政委员会第三次会议为例，当天出席的成员有：陈裕光、刘国钧、魏学仁、俞大绂、郝钦铭、毕律斯、谢湘、粟宗章和倪青原。除会计处主任毕律斯以外，其他成员均为华人。刘国钧、魏学仁分别为金大文学院和理学院的院长，俞大绂、郝钦铭分别是植物学系和园艺系的教授，谢湘为会计处的副主任，粟宗章为事务处主任，倪青原为秘书长。从人员组成看，金大接下来的行动基本上由校内华人讨论决定。从内迁之前陈裕光与校董会、创始人委员会的多次商议，到在汉口时基本由校内华人做决定，可以看出华人在金大领导地位的上升。陈裕光等人在这一过程中并没有

---

[1] Y.G.Chen to Dr.B.A.Garside，December 4, 1937, Box 210, Folder 3570, UBCHEA.

刻意地去强化领导地位或是架空外籍教职员，是战争的局势客观上造就了这一局面。在非常时期，陈裕光等华人领导必须凭借自己的判断果断做出抉择，这无形中加强了华人在金大的领导地位。

接下来是迁校地址的讨论。首先，为什么不留在汉口？在1937年12月，汉口已经成为中国东部西迁人员的大型聚居区和中转站，大量从东部逃亡而来的难民在汉口滞留，寻找前往中国西部的道路。这座城市已经异常拥挤，金大不仅难以在此地找到重新开学的校园，而且连寻找安置师生的住所都非常困难。在给教会报告的信中，陈裕光写道："我们本来打算在汉口保留我们的办公室，但是发现汉口的货币在四川流通并不方便，而香港和上海的支票则在当地比较受欢迎。这完全改变了我们的计划，因为我们需要时间与银行通信。另外从重庆到香港的航线已经开通，这使得四川更接近香港和上海。另外日军在南京的暴行也让我们决定将所有的职员移至成都，我们不想让我们的职员在汉口遭到这样的危险。"[1]此时日军的进攻势头仍十分猛烈，汉口地处中国交通的中枢，其所处的地理位置并不适合在这场战争中久留。综合考虑，金大认为不能将汉口作为迁校的地点。

另一个选项是江西牯岭。牯岭是此前陈裕光提过的迁校的备选地，但金大在迁至汉口后，陈裕光放弃了在牯岭办学的想法。他说："经过仔细考虑，我们觉得迁移到牯岭并不如迁移至中国西部明智。"[2]金大放弃了前往牯岭和留在汉口的想法，转而在四川寻找校址。

陈裕光也考虑过迁校重庆的可能性。当时的国立中央大学已经前往重庆沙坪坝开学复课，陈裕光写信给国立中央大学校长罗家

---

[1]　Y.G.Chen to Dr.B.A.Garside，December 27, 1937, Box 210, Folder 3570, UBCHEA.

[2]　Y.G.Chen to the members of The Board of Directors，December 28, 1937, Box 210, Folder 3570, UBCHEA.

伦，希望能在沙坪坝附近为金大寻找校址。但教育部与罗家伦的回应并不积极，考察重庆校址的工作也没能进行下去。[1]最终，陈裕光等人要在成都与万县两地之间做出选择。万县是位于成都以东约400公里的一座县城，所在位置是今天重庆的万州区。相较于成都，到万县的迁移距离更短，迁移费用也会更节省。而且陈裕光预想，万县的物价水平可能相较于成都更低。但经过全面权衡后，金大认为迁校至成都有诸多便利。"成都生活较重庆低。该处有李明良同学协助一切。四川省政府议决辅助本校二万元。华大曾向纽约请求建筑费美金五千元。成都民房，预先付押租，膳食每月约五元，仆役工资约二元。成都与万县生活程度不相上下，秩序较重庆为佳。"[2]四川省政府给予金大的两万元支持，原本是用于帮助华西协合大学建设校舍的，但金大可以使用这些校舍直到迁回南京。华大也向美国申请了五千美元的建筑费帮助金大建设新校区。对于金大迁移到成都办学，华大表现出相当的热情。[3]经行政委员会讨论决定，金大主体部分迁往成都办学，而中学部则迁往万县。

　　从武汉到四川要走长江水路。但是由于船只紧张，无法找到足够船只，金大于1937年12月1日先在华中大学开课，同时在愿意随校西迁成都的师生中登记，预定船位。登记的教职员及家属有三百多人，学生有六七十人。一个星期后，金大决定派一部分教职员先赴成都考察并着手筹备，留在武汉的同学组织伤病服务团。同时，各院系教授给同学们指定学习课题，在服务之余做报告，作为这一学期的学分。陈裕光在前往重庆前召开了教职员会议，进一步说明接

---

① 《致罗家伦关于迁校地点选择及沙坪坝的相应条件的信件》，时间不详，中国第二历史档案馆藏私立金陵大学档案，全宗号649，案卷号69。

② 《金陵大学第三次行政委员会会议记录》，1937年12月26日，中国第二历史档案馆藏私立金陵大学档案，全宗号649，案卷号224。

③ Y.G.Chen to Dr.B.A.Garside, December 27, 1937, Box 210, Folder 3570, UBCHEA.

下来的工作计划："在未入川以前，同学到国际红十字会服务，希望教职员亦能来参加。对同学学分之计算办法：（1）未随校来汉口者，给三分之一，（2）未参加红十字会工作而做完教授指定之功课者，再加三分之一，（3）到红十字会服务，并做完指定之功课者给全学分。关于教职员之旅费，学校可津贴每人自南京至汉口十五元，自汉口至重庆卅元，自重庆至成都廿元。"但是这一临时的工作并没有持续太久，学生尚未组成伤病服务团，"12月15日晚上母校突然发出紧急通知谓，明日有轮船开宜昌，有三百客位，同学均可搭此船前往……16日上午六时开船……12月23日上午十时左右到宜昌，上岸后即分配住宿：单身教职员及男同学在四川中学，女同学住在某女中，有家眷的教职员住华美小学，母校临时办公处也设在这小学"①。

12月下旬，金大师生从汉口出发，经由宜昌、重庆前往成都。在宜昌，约一百名单身教职员及男同学住在四川中学，"烧茶水及洗澡水所需的煤，每日津贴该校一百元，电灯免费，起居须遵守学校管理规定，晚上九时廿分关灯，早晨五时起床。洗澡时间四川中学学生下午洗，我们上午洗，伙食因该校由学生自办，且厨房太小，不能供我们使用"②。在重庆，同为教会学校的求精中学对金大师生给予了帮助，让他们短暂地在校内停歇。

从重庆至成都的路途也并不轻松。据金大师生回忆："重庆与成都间只有一条公路，依靠少数以烧木炭为动力的汽车行驶，车速很慢，由渝到蓉需要三天或更多时间；另外还有马车和人力滑竿可以使用，一般则要走十天以上，交通非常困难，旅途食宿也很不

① 李佛续：《母校西迁记》，台北市金陵大学校友会：《金陵大学建校百周年纪念特刊》，台北：台湾新生印刷厂，1988年，第374-379页。
② 李佛续：《母校西迁记》，台北市金陵大学校友会：《金陵大学建校百周年纪念特刊》，台北：台湾新生印刷厂，1988年，第374-379页。

方便。全校教职员工约500人，学生200多人，大家心向母校，虽备受艰难险阻，仍毫无怨言。"①1938年1月，金大师生终于抵达了成都。

金大的图书设备未能随师生一起到达，仍滞留宜昌。陈裕光此时向教育部写报告求助，希望教育部能帮金大安排船只运输图书设备。"（金陵大学）陆续脱险到汉，并已先后转宜虞轮赴蓉筹备复课，图书仪器大部由京运抵宜昌，惟当下宜昌交通拥挤，本校图书仪器四百余箱约重一百二十五吨及全部员生三百余人均无法再西进，恳请钧部念国家培获高等教育之艰难，转咨运输各关系机关，特予本校运输便利，实为德便。"②教育部将金大的请求告知了军事委员会后方勤务部，得到了积极答复："查长江上游各轮除少数供军品运输外，其余大多数已予开放，贵部需用请迳向各轮船公式洽办。"③

当时长江三峡地区常有土匪出没，为了保护图书仪器安全，金大当时派理学院助教李佛续、林慰桢、徐承德、马燮芳四人负责护送图书仪器。据李佛续回忆："理学院魏院长学仁老师得兵工署协助，借用该署运输兵工器材名义运送，并请派八名武装卫兵护送……我们四人同乘一船，于1938年1月2日登船，每船船头插一兵工署旗帜，前后衔接，扬帆西上……但江流湍急，逆水行舟，单靠风力难以前进，需要辅以人力或全用人力拉牵上行。拉纤的工作极其辛苦，自早晨五六点钟离开一个码头到下午五六点钟才能抵达另

① 南京大学高教研究所校史编写组编：《金陵大学史料集》，南京：南京大学出版社，1989年，第51页。
② 《陈裕光呈教育部为恳祈转咨运输关系机关特予本校运输便利》，1937年12月30日，中国第二历史档案馆藏私立金陵大学档案，全宗号649，案卷号69。
③ 《教育部转达军事委员会后方勤务部为西迁运输便利开放长江上大多数游轮船的回复》，1938年1月4日，中国第二历史档案馆藏私立金陵大学档案，全宗号649，案卷号224。

一个码头停泊，一天工作十一二小时，而且天天如此赶路，没有休假。"在运输途中，也曾遇到土匪。"1月27日上午8时左右，船到万流下游数里处，船员看见南岸山崖上有一些可疑的人在走动，即告诉我们那是土匪，有下山抢劫的可能。因土匪有枪，要我们提高警觉并避入舱内，此时我们的卫兵向空开了一枪，以警告他们，这是军船，有武装，请勿来犯，同时船即加紧赶路，傍晚到了码头停泊后，卫兵就在江边隐蔽处放哨巡夜以防土匪来袭。如此连续警戒两三天，直到过了白帝城为止。自宜昌至白帝城一共走了十一天，留下了三峡奇景的深刻印象。"[1]一直到2月16日，李佛续等人带着仪器到达了重庆码头，魏学仁派人前来接船，将四名助教及仪器暂时接到重庆求精中学。从宜昌到重庆，水路长达649公里，共航行了28天，李佛续等人出色地完成了护送图书仪器的任务。此时距1937年11月离开南京，已过去整整三个月。

金陵大学的西迁，给学校带来了巨大的损失。首先是高额的迁移费用，根据金大的报告，预计支出有39 883.78美元（详见下表），这笔近四万美元的支出给金大的财政带来了极大负担。其次，位于南京的校产遭到了日军侵犯，据1944年金大统计，截至1941年8月，金大在南京的校产共计损失了14 678 500.8元，其中校舍损失2 999 000元，设备损失1 479 500元，林场损失10 200 000元。[2]

金大西迁准备较为仓促，由于运输困难，无法把全部图书装箱。情急之下，图书馆馆长刘国钧本着实用原则，挑选了近17 000册图书，装载了139箱，这些图书仅占图书馆藏书的十分之一。图书启运时，出于各种原因只运出了103箱。金大在战前藏有中西文图书26万余册，各种小册子、杂志10万余册，西迁成都时仅携带各种主

---

① 李佛续：《由宜昌到重庆》，金陵大学南京校友会：《金陵大学建校一百周年纪念册》，南京：南京大学出版社，1988年，第370页。

② 张宪文主编：《金陵大学史》，南京：南京大学出版社，2002年，第81页。

要图书5万余册。[①]西迁路途遥远，屡屡转运，虽然刘国钧先生回忆说"押运起卸以及修理，本馆人员，莫不亲举其事，时经三月，备皆艰苦，全部书籍，幸告无恙"[②]，但图书馆档案则记载，在运输途中有433本中文书、179本英文书、207本中文册子期刊和211本英文册子期刊被损毁。[③]中国文化研究所所长徐养秋和负责图书的李小缘考虑到贵重图书的重要性，在学校未迁校时，已先行把善本书籍及整套中西文杂志装箱运至安徽屯溪，后又在婺源租房存放这批书籍。直到1947年3月底，这批书籍才运回南京校园。

各类实验器材设备也仅有部分运至成都。"物理、化学、生物等系所携出者仅及三分之一至二分之一，电工、化工两系，仅及四分之一，至科学方面之各种专门杂志，因重量过大，未能带出。"农学院百余种仪器设备、大量植物及昆虫标本、专业书籍、科学杂志未能携出。西迁办学虽然让金大躲避了战火，继续教学活动，但是学校办学资源无疑遭受了重大损失。

表1-1 金陵大学西迁成都支出表（截至1938年3月，单位元）

内容	费用
防空壕、粉刷涂料、旗子等	2 409.08
牯岭的差旅费用与考察费用	12 000
迁移过程中的杂费	3 646.04
南京至成都的行李设备运输费用	10 856.66
重庆至成都的开支（估算）	2 500.00

---

① 金陵大学总务处编：《私立金陵大学要览》，1947年，第5页。

② 刘国钧：《金陵大学图书馆迁蓉经过及工作近况》，《中国图书馆协会会报》第16卷第3、4期合刊，第10-12页。

③ University of Nanking library report and recommendations-to the board of directors, November 1937 to January 1939, Box 194, Folder 3362-0038, UBCHEA.

接上表

内容	费用
购置新家具设备	10 000.00
教职员的旅行津贴（以平均每人 65 元计算）	9 552.00
其他开支	800.00
总计	39 883.78

资料来源：Minutes of Emergency Executive Committee，April 15, 1938, Box 194, Folder 3361, UBCHEA.

西迁办学的金陵大学，也成为战时最早一所整体内迁的教会大学。推动金大做出迁校决定最重要的因素是国民政府的迁都，其影响超过了教会的意见以及教会学校传统的权力结构与决策流程。以陈裕光为代表的金大中国籍教职员，在战争中选择追随国民政府一起迁往中国西部，将金大置身于国民政府教育部管理下的中国高等教育界。相较于1928年向国民政府立案，此时的金陵大学的"中国化"程度和决心都显得更深、更大。与这一时期其他教会大学相比，金陵大学也更加信任与依赖国民政府。

三、战时的南京校区

金大匆忙迁校，有大量图书设备没能带走，校内楼房建筑也需人专门照管。出于各种原因，有一批金大教职员自告奋勇留在南京，保护校产安全。1937年11月20日，陈裕光给选择留守南京的外籍教授贝德士留下了一封信，信中表示需要有人留守南京校区，组成紧急委员会来保障校园和校产安全。陈裕光希望贝德士能够担任该委员会的主席。陈裕光还强调称，在他眼中，教职员的生命远比校园财产更为重要，希望留在南京的人们能够注意自身安全，不要冒生命危险去保护校园的财产。①最终，有三十五名中外教职员留在了南京，其中有人就坚守在金大校区内。

留在南京的金大教职员组成了南京校区留京应变委员会（当时亦称"留京办事处"），负责保护南京校区校园财产的安全。该委员会委员有：贝德士、社会学系教授史迈士（Lewis S. C. Smythe）、农艺系教授林查理（Charles H. Riggs）、鼓楼医院医生崔姆（C. S. Trimmer）、工程处兼校产管理处齐兆昌、森林系教授陈嵘和事务处职员顾俊人。②由贝德士担任委员会主席，并由金大授予贝德士"副校长"的身份，与日军进行交涉。全面抗战期间，贝德士等人统计了南京校区因战争而遭受的损失，曾要求日本政府对造成的损失进行赔偿。

留在南京的金大教职员联合南京城内其他教会人士发起并组织国际救济委员会，在金大校园建立国际安全区，将金大校舍、宿舍、农场、住宅供难民栖止，从事难民救济工作。从1937年12月起收容南京城内难民，保护他们免受日军侵害。在战争期间，金大留守教职员和国际救济委员会成员为南京的难民们做了大量的工作。（1）为难民解决住宿和食物，将金陵大学的大部分房屋和教职员的住所都开放给难民使用，并为难民发放大量食物。（2）从事现金救济，为"挣扎在生活底线上的贫民"发放了现金救济，约为14 300个家庭发放了共计50 500美元的现金。（3）从事工作救济，为了救济因战争而失业的南京人民，委员会通过雇佣失业的人进行"某些需一定特殊技能的管理工作"和"从事公共需要的劳动项目"，为他们解决就业问题，通过另一种方式救济南京的难民。（4）从事健

---

① Y.G.Chen to Miner. Searle. Bates，November 20, 1937, Box 210, Folder 3570, UBCHEA.

② Y.G.Chen to the members of The Board of Directors，December 4, 1937, Box 210, Folder 3570, UBCHEA.

康服务，战争期间伤患较多，委员会与学校医院（指鼓楼医院）、红十字会，以及一些自我管理的救济部门进行密切协同合作，为来自难民营的病情严重者提供了及时的医院治疗，并为防止疫情爆发做了很多工作。（5）调查损失情况，金大史迈士教授主持调查了因战争而带来的以下几方面的损失：①对南京被占据的房屋受损情况和南京建筑物受损总情形的调查；②做了逃亡和死难人数的初步统计；③进行了经济灾难调查和对南京地区六县生产资料短缺情况的调查。此几项调查以确凿的数字对南京地区难民劫后余生的悲惨情形做了揭示，是研究南京大屠杀给南京市民造成重大损失的珍贵史料。（6）发放难民救济基金，救济委员会从开始工作到1938年4月30日止，发至难民手中的救济款达251 900余美元，相当于城里每人1美金，或是难民营中每人5美金。①

日军攻占南京后，进行了惨绝人寰的大屠杀。留守南京的金大教职员为保护难民做了大量工作，他们被中国难民形象地称作"活菩萨"。与此同时，他们也成为日军屠城兽行的目睹者和见证人。金大教授基于强烈的正义感，想方设法向外界揭露日军在南京的罪行，将日军暴行公之于世。贝德士在战后作为南京大屠杀历史的见证人，以自己目睹的情形作为证词，出席了东京、南京军事法庭对日本侵华战犯的审判。史迈士作为一名社会学家，与其助手代表国际委员会于1937年12月至1938年2月对南京城区、郊区在日军暴行中的损失情况进行了调查统计，撰写了《南京地区战争灾祸》一书。该书由南京国际救济委员会于1938年6月公开出版，在国际社会引起了强烈反响。1947年，史迈士在南京出席中国军事法庭，将这份调查报告作为重要证据呈交法庭。1948年元旦，南京国民政府以贝德士、史迈士和林查理三位教授"在抗战京沪沦陷时期，不避艰难，

---

① 张宪文主编：《金陵大学史》，南京：南京大学出版社，2002年，第88-89页。

留居南京，举办难民安全区，救护难民，厥绩至伟"，[①]授予他们"襟绶景星勋章"，授予齐兆昌等人"胜利勋章"。

在收容难民的同时，金大教职员也在校内积极开展教学活动。1938年元旦，在北大楼创办了"金大难民自修团"。1938年2月初，因前景不明，加之校内难民问题，贝德士认为开学困难。1938年3月12日，陈嵘在写给陈裕光的信中称："本校三院及学生宿舍自去年12月间开始收容难民，最初人数将达万人，近已减至三分之一。自本年元旦发起难民自修团，现已成立十六个班，（课程另纸附奉）每班平均五十人，共计有团员八百余人之多。教员均系义务，学习者颇为踊跃。"[②]至1938年秋季，南京校区已经开设了三所学校：在原来的农业专修科楼内开办了小学，在蚕桑系楼内开办了短期的农业课程，在教职员楼里开办了初中。原本想要办高中，但是来登记的学生过少，所以只能停办。教师中只有两人是原有教师，其他都是急需帮助的难民，他们靠教学活动领取少量薪水。[③]从1938年秋开始，金大教职员在南京开办的教育事业主要是三所普通学校与职业类学校，另有社会与民众教育方面的机构和课程。

至1939年，南京的秩序有所恢复，贝德士在给陈裕光报告南京地区的状况时说道："两年的时间过去了，当地的局势趋于缓和，我们不能再完全地从短期的紧急状况来考虑问题，随着人口的回归以及学校活动的增加，我们必须更充分地使用南京校区的建筑。而我们目前的工作中，农业教育的领域还没有展开相关的工作，基督

---

① 《史迈士等三教授荣膺景星勋章》，《金陵大学校刊》第 371 号，1948 年 4 月 15 日。
② 《陈嵘致陈裕光函》，1938 年 3 月 12 日，中国第二历史档案馆藏私立金陵大学档案，全宗号 649，案卷号 366。
③ Report of the college of science to the Emergency Executive Committee, February 4, 1939, Box 194, Folder 3362, UBCHEA.

徒和其他家长要求开设一所好的中学的呼声也越来越高。"①随着
南京地区形势的缓和，留守南京的金大教职员也意识到继续开展战
时教育工作的必要性。通过他们的努力，1939年，在南京原校址开
办了四种学校，以救济战时南京地区的教育。其一是金陵补习学
校，以金陵大学的校园为校址，主要目的是指导因战争而失学的青
年，为他们补习各种基本学科。学校分为高、中、初三级，高级相
当于高中三年级的程度，中级相当于高一、高二的程度，初级则为
初中程度，补习的科目为国文、算学、英文等，从十五岁至三十五
岁的学生均可以入学。1939年8月，金陵补习学校第三期课程结束
后，学校各年级课程按照中学编列加以扩充，实际上与中学无异。
1940年下半年更名为"鼓楼中学"，仍为美国教会主办，陈嵘担任
校长。太平洋战争爆发后，1942年9月，"鼓楼中学"迁至原金陵
中学校舍，更名为"私立同伦中学"。同伦中学由日本军官原田宪
永担任校长，陈嵘担任代理校长，实际事务主要由陈嵘、齐兆昌等
人负责。其二是金陵工读学校，以金陵大学的农具工厂作为校址，
主要目的是通过训练南京地区的青年，帮助他们取得应用技能，共
开设了木工、金工、电工、瓦工、漆工等科目，同时帮助青年辅修
国文、算学、珠算及簿计等应用常识，招收对象为十五至十九岁的
男生。其三是金陵耕读学校，以金陵大学蚕桑系作为校址，主要目
的是以耕读并重的方式培养农业生产人才，课程包括蔬菜、果树、
稻麦、棉作、造林、蚕桑、畜牧、农业经济、科学常识、国文、算
术等。十六岁至十九岁的男生皆可以入学，另外学生在农场工作的
所得可以用来充当膳宿费。其四是金陵小学，以阴阳营的农业专修
科作为校址，招收小学前后期各级的男女学生，普及基本的国民教

① 《金陵大学副校长与校长陈裕光的往来文书（主要是报告在日占区金大的情况）》
（原文为英文），1939年10月15日，中国第二历史档案馆藏私立金陵大学档案，全宗
号649，案卷号2329。

育。在当时金大南京和成都方面的公文通信中，小学、补习学校与耕读学校被称作"南京校园开办的学校"。金大成都校方每年向南京校园的几所学校提供5 000美元经费，1940年后应贝德士要求将经费增至10 000美元。此外，金陵大学医院（鼓楼）开设有金陵高级护士职业学校。[①]

　　1941年12月，太平洋战争爆发，贝德士等金大外籍教师被迫撤离南京。金大南京校区校产被伪中央大学接收。1942年，汪伪政府开办的南京中央大学从建邺路原中央政治学校旧址迁入金大校舍，学校的图书、设备皆由该校使用。在全面抗战期间，金大附设鼓楼医院被日军占领，改名为同仁医院南京分院，附设的金陵高级护士职业学校也于1942年被日本人接办。

第三节　初入成都新校区与创立华西坝联合体系

一、成都新校区的建设

　　金陵大学在迁校前便与华西协合大学就迁校事宜进行了多次联系。1937年8月，华西协合大学收到金大来电，询问在战时两校能否合作。在得到华大的肯定回复后，金大提出希望能够容纳学校的三百名学生和一百名教职员及其家属在校内或校园附近居住。华大此时便开始为金大的到来进行准备，先请产业委员会清理全校的教室与宿舍，尽量腾出空间，并让各宿舍舍长讨论商定每个宿舍能够扩充多少床位。其后，华大请求政府拨款修补学校附近的南台寺，

---

① 蒋宝麟：《南京沦陷时期金陵大学的"两地办学"体制》，《抗日战争研究》2023年第2期。

作为金大学生的住所和教室。华大还与学校相关的教会组织联系，询问教会能否让出住所供金大师生使用。[1]但金大10月在南京开学，与华大合作一事暂时搁置。

1937年11月，金大迁移汉口，再一次向华西协合大学求助，但此时华大的情况已有所不同。在10月份前，华大即向金大表示，虽然校内尽可能地腾出教室与宿舍，但仍不能完全满足金大师生的需求，希望金大能在成都附近自行寻找一部分住所。随着战争形势日益严峻，有更多他校师生来到华大，金陵女子文理学院、中央大学医学院、齐鲁大学都部分入驻了华大，同时还有沪江大学、燕京大学、清华大学、辅仁大学、东吴大学、复旦大学、中法大学、北平大学、圣约翰大学、福建协合大学、福州华南大学、河北医学院、北平协合医学院、上海国立医学院、南通医学院、同德医学院、杭州省立医学院、女子医学院、北平财政商业专科学校、东京女子医学专门学校等二十余个学校的学生在华大借读。当金大在汉口来信询问时，华大已经接收了其他学校的借读学生五百多人，其教室宿舍都难以再容纳金大三百余名师生。

虽然困难重重，但华大仍然欢迎金大的到来，并修建新屋来解决教室宿舍不足的难题。[2]为迎接金大、齐大等学校的到来，华西协合大学竭尽全力挖掘了本校资源。"一方面紧缩本校师生用房，腾出女生院部分宿舍和一幢男生宿舍供内迁学校的学生住宿"，"把体育馆暂时作为金大的学生食堂"；另一方面，"至于各校所需的教室、实验室、办公室等，除以原有房屋尽量提供或合用外，还充分挖掘潜力。如地下室经过维修、阁楼装上老虎窗，即可作为实验室；有的教学楼的过道两头，装上隔板，即成了窗明几净的办公

---

① 《华西协合大学行政委员会记录》，《华西协合大学校刊》1937年10月15日。
② 《欢迎金陵大学合办》，《华西协合大学校刊》1937年12月1日。

室；加上精心排课，最大限度地利用教室和实验室，基本上满足了各校的急切需要"。[1]

华大为金大修建的新楼房有两处，一处是位于学校附近浆洗街的一座四合式房屋，这座房屋原本准备用作华大的校医院，在征得教会同意后，先新修该楼作为金大的临时宿舍，房屋产权归华大所有，在金大迁回南京后用作办理两年制的农业专修班。另一处是四川省政府拨款两万元新修的六栋宿舍楼，这几栋楼原本也是拨给华大的，现暂时交由金大使用。同时，华大还将校内的体育馆赫斐院借给金大，最初是用作学生食堂，并在体育馆附近修建了一间厨房。后来金大在体育馆内设立了行政办公室、教室等。[2]据金大学生回忆，"入学新生训练是在赫斐院举行，依现在的水准而言，赫斐院仍是外型特殊、建筑宏伟的一座大楼。采光充足，从天花板到地板的高度至少有八公尺左右，地板全部为上等木质地板。新鲜人流亡到这美好的建筑物内受训，真是一大享受，也感到十分新鲜。"[3]金大各院系则分散在华大校园内各楼层进行临时的教学和办公。[4]在华大的积极配合下，金陵大学刚抵达成都便有了自己的办公教学区域和宿舍楼，能够在1938年3月顺利开学。

在迁校成都初期，金大的教室和宿舍仍然十分紧张。在四川省政府捐赠的六栋楼之中，有四栋楼用作宿舍，其中一栋是用作职工宿舍，但是后来发现学生宿舍不敷使用，许多教职员主动让出房间，

---

[1]　华西校史编委会：《华西医科大学校史（1910—1985）》，成都：四川教育出版社，1990年，第64-65页。

[2]　《行政委员会记录摘要》，《华西协合大学校刊》1937年12月1日。

[3]　陆之琳：《四十五年前母校往事》，台北市金陵大学校友会：《金陵大学建校百周年纪念特刊》，台北：台湾新生印刷厂，1988年，第407-410页。

[4]　Minutes of Emergency Executive Committee University of Nanking，May 16,1938, Box 194, Folder 3361, UBCHEA.

自己到城中租房居住。①而留在学校居住的教职员也尽量减少占用宿舍，四位教职员同住一间，尽可能地为学生腾出宿舍空位。②金大学生回忆迁校成都初期的学校布局称："学生宿舍在南门外浆洗街小巷内，新建四座二层木楼，正中为水井，旁边有饭厅，两头是教工宿舍，以后学生人多，新生改住东门外，女生宿舍在图书馆后面。"

宿舍数量的不足影响到金大的招生。由于宿舍条件的限制，金大1938年秋季招生对名额问题进行了多次讨论。学校在8月时统计，金大男生宿舍共能容纳280名学生，除去在校生和将要返校的学生，仅剩下五六十个空位，所以当年秋季招生名额以五十名至六十名为原则。9月份再一次统计，住校男学生已有185人，将要返校学生还有八九十人，共计274人，学生宿舍已经完全不够用了，只能由学校另在城区租房，将住在校内宿舍的教职员再次迁出一部分，把腾出来的位置用作学生宿舍。1938年秋季招考新生报名有七百多人，因为宿舍限制，金大最终录取不超过一百名。

宿舍紧缺也阻挡了女生进入金大学习。金大没有床位给女学生居住，已经在校登记的女生都要借住在其他学校的女生宿舍。1938年的秋季学期，金大共有39名女生，其中30人借住在华大的女子学院，8人在金陵女子文理学院的宿舍，还有1人住在自己家中。因此金大在华西坝办学早期不招收女生，这对金大的女子教育是一个打击。

教室的紧缺对金大教学也多有影响。金大规定，若校内每班学生少于五人则暂缓开班，将课室留给其他课程。借读生必须在注册

---

① Minutes of Emergency Executive Committee University of Nanking, May 16,1938, Box 194, Folder 3361, UBCHEA.

② 《金陵大学校务会议记录》，1938年6月19日，中国第二历史档案馆藏私立金陵大学档案，全宗号649，案卷号225。

后四天内根据教室有没有空位，被学校酌情考量是否招收。①教室条件简陋，没有足够的桌子，据学生回忆："教室内只配备有'连桌椅'，这种木椅右边有一形似船桨木板的扶手，以代替书桌，供学生记笔记之用。"学生回忆称，这种连桌椅只一个不到五寸见方的椅手作为学生做笔记的地方，勾腰驼背正是上课记笔记时的常态。各系所都设有小图书资料室，储备国内外新版书籍、杂志等，供学生特别是研究生参考应用。②条件虽然简陋，仍有供同学学习钻研的空间与图书。华大也将图书馆开放给金陵大学等他校学生使用，"华大图书馆原规定为男、女生分坐在两边，成为'南北极'。各大学人多，晚自习看指定参考书，都到图书馆中抢座位，才打破了禁区，可以同桌阅读学习"③。

由于宿舍与教室的紧张，金大一直筹备建筑新的宿舍楼，四处寻找合适地点。从1938年到1939年，金大"先后获得了教育部补助费493 000元，美国庚款董事会补助15 000元，上海银行补助10 000元，成都厚生毛织厂补助10 000元，美国洛氏基金委员会拨助美金7 000元"，金大的财政状况有所好转，可以租赁新的楼宇，并筹足了建设新楼的资金。④1939年6月，金大成立了临时校舍委员会，开始筹划添建新的宿舍楼。新建楼宇主要分为三处：一处是在牛奶房附近，向华西协合大学借地两亩左右，新建一座草房，共十六间房，每间房大约一丈见方，可以谷小户七八家；第二处在嵩埤中学

① 《金陵大学校务会会议记录》《金陵大学行政会会议记录》，中国第二历史档案馆藏私立金陵大学档案，全宗号649，案卷号224、255。

② 南京大学高教研究所校史编写组编：《金陵大学史料集》，南京：南京大学出版社，1989年，第52页。

③ 张石城：《战时追忆》，金陵大学南京校友会：《金陵大学建校一百周年纪念册》，南京：南京大学出版社，1988年，第375页。

④ 沙兰芳：《金陵大学沿革》，金陵大学南京校友会：《金陵大学建校一百周年纪念册》，南京：南京大学出版社，1988年，第30页。

的对面，也是向华大借地八亩左右，建了四座草屋，每座草屋内有八间房，每间宽1丈，长1.2丈，瓦顶，灰壁，铺上地板，其中一座作为女生宿舍，剩余三座为教职员住宅，可以住约十家中型家庭；第三处位于新村，系向成都新村委员会借地约十六亩许，共建了三栋学生宿舍，七栋教职员宿舍。其中教职员宿舍内有一座用作单身职员宿舍，其他的则每栋有约四十间房，可以住十几家，学生宿舍则能新容纳一百六十名学生。[1]新建这些宿舍楼之后，金陵大学宿舍紧张的状况得到了很大缓解。

除去这次集中新建楼房，金陵大学还在学校附近租用了许多民房，分散在华西后坝、小天竺街、南门一巷子、青莲巷、浆洗街、红瓦寺等处。根据金大师生的回忆，金大学生宿舍大体分在三处，"一是在邻近四川大学的红瓦寺，利用坟地庙宇，修建草房较多，每室设上下铺供八个同学使用，这是一、二年级的男生宿舍。中午则由炊事人员送饭菜到华西坝，不管春夏秋冬，学生都是蹲在地上八人一桌就餐。红瓦寺距华西坝明德楼六华里以上，无论酷暑严冬，风霜雨雪，送午餐也从未延误，为同学们能安心学习，炊事人员付出了辛勤的劳动；二是在南门桓侯巷修建一楼一底的砖木结构瓦房，作为高年级的男生宿舍；三是在小天竺街，修建革顶平房一院，作为女生宿舍。"[2]

在全面抗战时期，金大除借用华大校舍外，总计自行建筑和租赁课室及办公室共三座，自建学生宿舍九座，另与华大、齐大、金女院联合建筑化学馆一座，又自建教职员住宅百余间，运动场篮排

---

① 南京大学高教研究所校史编写组编：《金陵大学史料集》，南京：南京大学出版社，1989年，第53页。

② 南京大学高教研究所校史编写组编：《金陵大学史料集》，南京：南京大学出版社，1989年，第53页。

网球场等甚广，并租借农场园地百余亩。①

金大在华西坝新建宿舍楼房由于条件所限，工期仓促，自然不能和南京校区内的建筑相比，但在战时能够有一隅安身之地，师生们对此都感到满足。由于宿舍与教室之间相距较远，金大学生早晚需步行较长时间去上课，后来学生回忆："住校新生的宿舍，位在望江楼附近，从宿舍到华西坝上课，除了你有自备洋马的少数有车阶级外，十分之九的同学，都得靠爹娘生你的双腿在田埂上往来。单程至少有廿分钟以上，如慢慢走，也许需要半个小时。在今日动辄坐车的习惯而言，真是不可思议。好在那个时代的农村没有施用农药，土壤和空气没有被污染，田间黄色菜花又香，蜜蜂飞舞其间忙碌采蜜的嗡嗡声，或是一片麦浪，一片金色稻穗，二十分钟的路程却不觉得有何困扰，也许当时年轻，每日强迫走路步行，丝毫不感辛苦，反而有助健康。"由于宿舍与教室之间距离较远，午餐用餐地点也不能与早晚餐相同，"早晚二餐在宿舍里用膳，午餐就不能再步行回新生宿舍，就由厨房派人用竹筐挑到明德楼，一到中午，将竹筐翻倒过来，把筐底当作桌面，四盘菜放在这样乡土味十足的桌面上，所有的包饭同学必须蹲着身子用膳，因为在那种情况下，谁也没有坐着凳子吃饭的福气或权利，真是一律平等"。可见当时华西坝条件并不宽裕，然而同学们并不抱怨，保持着乐观的心态："奇怪的是当时做学术的我们并没有半点难色，因为当年是国难当头，大家都在克难，更何况在炮火连天的处境下，我们能有进入大学读书的机会，真是何等的幸运，蹲着吃饭，靠无轨电车的双脚走路，就不算一回事了，反感到无比的幸运。"②

---

① 金陵大学总务处编：《私立金陵大学要览》，1947年，第4页。
② 陆之琳：《四十五年前母校往事》，台北市金陵大学校友会：《金陵大学建校百周年纪念特刊》，台北：台湾新生印刷厂，1988年，第407–410页。

二、华西坝联合体系

抗战时期西迁后，随着金陵大学、金陵女子文理学院、齐鲁大学、燕京大学的进驻，加上原有的华西协合大学，华西坝迅速成为抗战大后方的教育重镇之一，"形成一个有近万名学生的大学群"，时人称之为"华西坝五大学"，亦称这段时期为"五大学时期"。金大借此机会因地制宜，联合其他几所教会大学，推行教学资源共享的联合办学模式。

创始人委员会也有意推动金大与成都其他教会大学合作办学。1939年，创始人委员会在讨论金大未来发展时指出，金大短期内无法返迁南京，学校的发展方向应该是尽可能地加强与成都其他教会大学的合作。虽然金大在华西坝已经与其他大学有一些校务与教学上的合作，但创始人委员会认为应该深化这一合作关系。[①]同年4月，中国教会大学合作委员会在香港组织的中国教会大学校长会议上，将位于成都的金陵大学、金陵女子文理学院、华西协合大学、齐鲁大学分在一组，合作研究当前中国西部的需要。[②]金陵大学也遵从创始人委员会的意见，积极与成都其他教会大学展开合作，形成了独特的华西坝联合体系。

除了教会的意见，华西坝联合体系的形成也受其他客观因素的影响。首先是经费问题。全面抗战期间，尽管有美国教会的支持与国民政府的经费补助，但学校开支始终紧张。金大为缓解西迁带来的财政亏损，一直采用缩减教职员工资的方式来减少开支，在1938到1939年收到教会的经费拨助后，金大财政状况才有所好转。但好

---

① 《金陵大学创始人委员会会议记录》，金陵大学总务处编：《私立金陵大学要览》，1947年，第4页。
② 章开沅、马敏主编：《基督教与中国文化丛刊》第3辑，武汉：湖北教育出版社，1999年，第457-458页。

景不长，1939年后物价的快速上涨让金陵大学的财政又陷入了困境，预计在1940年上半年能够消除的赤字，在1940年年底又扩大成67 556.84元，至1941年则变成377 207元。[①]此后金大的财政状况一直没能改善。由于生活成本的增加，缩减工资、减少开支的方式不仅不再适用，还需要对教职员们给予额外的生活补助来应对通货膨胀，这更进一步加剧了大学的财政负担。再加上全面抗战期间交通运输不便，来自教会的物资援助很难及时送抵成都。与金大类似，华西坝其他教会大学也有相似的难题。为此，各教会大学相互合作、共同办学的方式，可以减少重复开支，节约办学经费。其次，华西坝教室资源紧缺。通过联合办学，将相同的课程合作开设，能够提高教学设施的利用率，缓解教室紧缺的状况。从教学和研究的角度看，各校间有较多相同系科，华大、金大、金女院、齐大以及燕大均有文学院与理学院，其中中文、外文、历史、哲学、数学、生物、化学等系是五校都有开设的，而政治、经济、社会、物理等系也有三校或者四校开设，各校之间相似、相同的院系通过合作办学促进交流，能够共同提高教学科研水平。

华西坝五校间的合作方式，主要为五大学联席会议，各校以民主、平等的参与方式共同商讨校园事务。1938年上半年，华大、金大、金女院、齐大以及中央大学医学院五校共同组织了各大学联合行政委员会，金陵大学的陈裕光校长、金陵女子文理学院的吴贻芳校长、中央大学医学院戚寿南院长、齐鲁大学侯宝璋医生以及华大的行政委员会委员作为各校代表加入委员会，开启了华西坝各校之间的合作。[②]最迟到1939年，华西坝四所教会大学的校长每两周都会会面一次，讨论学校面临的问题，并保持各项工作与活动之间的合

---

① 《金陵大学紧急执行委员会会议记录》，金陵大学总务处编：《私立金陵大学要览》，1947年，第4页。

② 《行政委员会记录摘要》，《华西协合大学校刊》1938年5月1日。

作联系。不仅在校长层面，各校的行政部门与院系领导也会共聚一堂商讨合作。[1]1942年上半年，华西协合大学校董会的年会报告在谈到四校合作情况时说："每周至少四校长例会一次，协商关于行政、财政、教职员待遇及有关公共事宜，以致虽分四校，实则合作为一，迄无冲突摩擦之虞；每月有四校教务协会，由四校教务长注册主任会商关于授课时间安排、招生考试等问题；同样亦有训导长协会，磋商关于学习训导事宜。"[2]华西坝各大学在行政、教学与学生训育等方面开展了多种形式的合作，形成了华西坝联合体系。

1.合作教学

大学最核心的工作便是教学，华西坝联合体系内开展有多种教学上的合作。在华西坝，学生可以自由选修其他学校的课程。在征得所在院系院长或课程导师同意后，便可以在原学校填写申请，经由学校间转交后，凭借所修课程院系发给的上课证就可以跨校选修该门课程。只要学生所在院系没有开设相同的课程，都能够自由选修其他学校的课程。[3]跨校自由选修在学生中很受欢迎，据华大1944年统计，华大一校便有400多人次选修其他学校的课程，而他校学生选修华大课程者，金大有106人，齐大76人，金女院48人，共计280多人。[4]跨校选修为学生学习提供了更多选择，也促进了各校之间的合作交流。据学生回忆称："因为金大采学分制，不同系或不同届的同学，因有共同修科，亦有同班上课的机会，因之缩短了同学之间的距离。那时有很多大学迁到后方，在华西坝上，除了地主华西

---

① Minutes of the Emergency Executive Committee in Chengtu, December 15, 1939, Box 194, Folder 3362, UBCHEA.

② 华西校史编委会：《华西协合大学校史》，成都：四川教育出版社，1990年，第66页。

③ 《行政委员会记录摘要》，《华西协合大学校刊》1938年5月1日。

④ 华西校史编委会：《华西协合大学校史》，成都：四川教育出版社，1990年，第69页。

协合大学外，还有金陵大学、金陵女子文理学院、齐鲁大学、燕京大学等，中大牙医也在华西坝。我们虽在同一个校园上课，各校同学却各有特色，由其穿着举止，每能猜出其所属学校，常常八九不离十。各校亦可互相选课，我们园艺系必修的地质学，就是金陵女子文理学院刘恩兰老师开的课。我们何幸能得各校名师之指导，认识许多同学，又因各校中不乏高中同学，恰似处在一大家族中，虽在战时，生活艰苦，但精神生活的丰盛愉快，令人难忘。"①跨校选修促进了各校同学之间的交流，加深了他们之间的情谊，在华西坝上营造了良好的学习氛围。

华西坝各校学生达到一定条件后，可以不经过转学考试，直接保荐到其他学校学习。具体来说，只要学生学业总成绩在75分以上，操行成绩在优良等或者甲乙等，便有保荐转学的资格。每年春季学期，学生可向教务处提出转学申请，能够同时申请两所学校。经系主任或者院长许可后，教务处开具介绍信和成绩单代为保荐，经过其他学校审核同意，学生便能够转入志愿的学校。②保荐转学相比于参加转学入学考试，手续更为简便，难度也较低，为学生在华西坝联合体系中选择修读其他高校提供了便利。

华西坝各大学有许多共同开设的课程，这些课程一般集中在高年级，根据各校教师专长分工开设。以经济系为例，政府会计课由金大统一开设，而高级经济学、经济学原理、政治学、经济地理、经济思想史、西洋经济史等课由华大开设，燕京大学开设工商管理与组织合作、国际投资、保险学等课。又比如在生物学系，华大开设动物组织学、动物器官学、高等动物分类学、生物技术等八门课

① 富㮊康：《华西坝之忆——当时只道是寻常》，台北市金陵大学校友会：《金陵大学建校百周年纪念特刊》，台北：台湾新生印刷厂，1988年，第417-420页。
② 《五大学联席会议记录》，时间不详，中国第二历史档案馆藏私立金陵大学档案，全宗号649，案卷号242-0003。

程，金大开设动物胚胎学、比较解剖学、遗传细胞学、进化论等课程，金女院与华大合作开设植物生态学。

一二年级由于学生人数较多，课程大多由本校自行开设，但各大学在课程上有密切合作。1943年秋，华西坝五大学的中文系共同成立了"五大学中国文学系常务委员会"，商议分工开设课程，在各校中文系一年级国文课中采取统一标准，使用的均是华大中文系所编的教材。五大学的外文系也合作密切，学生必修和选修的基础课和专业课，由各大学分工开设；还统一规定外文系学生在第一学年学习结束时，必须参加五大学联合举行的统一考试，不及格者令其转系，以保证质量。[1]除合作开课之外，对于哪些类型的课程不该开设或应减少开设，华西坝各校也有统一共识。以晚间课程为例，华西坝五校均同意学校在原则上不开设晚课，若确实有必要在晚间开课，则要由开设该课程院系的院长转交联合行政会议，由五校共同讨论决定是否开设。若要开设，也仅能在事务所大楼上课，并尽可能地在晚上八点前结束课程。[2]

除了常规课程，华西坝五大学还联合举办一些特殊的短期学校或短期课程。1944年，为方便学生利用暑假完成某项学科或修足学分，五大学在当年暑假联合举办暑期学校。由华大的教务长方叔轩作为召集人，五大学各派一人作为代表，组织暑期学校委员会。[3]

除了学校层面的合作，华西坝各大学院系之间也有不少交流合作。金大与金女院初迁入华西坝时，华大社会学系就召开欢迎会招待两校社会学系师生。华大、金大、金女院与齐大的教育系合作密

---

[1] 华西校史编委会：《华西协合大学校史》，成都：四川教育出版社，1990年，第69页。

[2] 《华西各大学联合行政会议议决案》，1938年10月6日，中国第二历史档案馆藏私立金陵大学档案，全宗号649，案卷号277-0082。

[3] 《五大学筹设暑期学校 学业竞试各校同时举行》，《金陵大学校刊》第339号，1944年6月1日。

切，联合开办师资班，筹集经费万元，招收大学毕业生，将其培养成为中等学校的师资力量。[①]1942年，五校的理学院在赫斐院大礼堂联合举行大会，纪念牛顿诞辰三百周年，邀请金大教授戴运轨以及华大教授李晓舫为五校理学院的学生分别演讲"牛顿事略"及"从牛顿到爱因斯坦"，最后还放映了影片《相对论》。[②]各大学在教学方面的合作，推动了有限资源的共享。

2.校务合作

华西坝五校最初都是各自举行毕业典礼，但由于毕业时间较为集中，华西坝场馆条件有限，协调起来有诸多不便。1939年夏，金陵大学与金陵女子文理学院共同举办了毕业典礼，取得了不错的效果。于是1940年的毕业典礼改成了金大、金女院、华大与齐大联合举办。这一次毕业典礼，场馆选择在华大的赫斐院体育馆，四所教会大学分工进行筹备工作，华大与金女院负责场馆的布置和音乐的准备，金陵大学与齐鲁大学负责毕业典礼当天的招待工作与维护现场秩序。同时还邀请了蒋介石和教育厅长到现场训词。[③]毕业典礼当天，四校的教职员和毕业生共有六百余人，"会场空气至为严肃，布置尤为整洁美观，典礼台环以时花，穹以绿竹，其余座次井然，参加典礼者凡二千人，济济一堂，盛况空前"。华大、金大、金女院、齐大校长依次报告致辞后，便举行了授予学位仪式。[④]1942年燕京大学迁入华西坝后，也加入了这一合作。每年教会五校共同举办的毕业典礼，成为华西坝上的重要节目。1944年6月举行的毕业典礼，共有393名学生毕业，其中金大的毕业生最多，达到136人。

① 《华西坝各大学之联合设计种种》，《金陵大学校刊》第253号，1939年3月31日。
② 《五大学理学院庆祝牛顿三百年诞辰　戴运轨李晓舫两教授演讲》，《金陵大学校刊》第314号，1942年12月15日。
③ 《本届毕业典礼　四大学联合举行》，《金陵大学校刊》第277号，1940年6月10日。
④ 《本校第四十五届毕业典礼　四校联合举行　贺主任代委座训词》，《金陵大学校刊》第278号，1940年9月25日。

对于教职工的管理，华西坝五校间也有合作。五大学对校工采取统一的管理标准，各校校工必须佩戴专门工牌，其上要标明姓名和学校院系等。教职员家中的雇工也要遵循这一规矩，由各校发放统一工牌，工牌上须写明雇工和雇主的姓名。[1]校工薪水也按统一标准发放。由于战时成都生活成本日益增高，五大学讨论决定给华西坝的校工涨薪，米粮津贴虽没有增加，但是对于在校服务的校工，每年多发一百元年薪，服务两年以上而不满四年的，多发一百五十元，而服务四年以上的校工则多发二百元。各大学对教职员有着不同的管理习惯、规定，薪资待遇也有所差别，所以没有像管理校工一样形成较统一的办法，但在一些问题上仍有合作。全面抗战期间，物价水平波动大，国民政府向各大学教师发放相应的经济补助与米粮补助，华大、金大、金女院、齐大和燕大常联名向教育部申请这一补助，并统一发放给校内的教职员。米粮补助的发放各校也寻求一致，当时民食供应处规定供应教职员本人及眷属的食米最高不能超过五双市斗，而华西坝各大学对米粮津贴的算法并不一致，五大学联席会议讨论此事时，决定让各校总务处将目前发放的米粮津贴改为三、四、五斗制，并将改算之后所需的米粮津贴情况交由会上讨论，以在各校间达到一致。[2]

华西坝学生众多，共同生活在华大校园里，常有跨校间的学生活动和社团组织。对于跨校的学生活动，五大学一方面采取统一管理办法规范学生活动，另一方面也合作推动学生间的交流。1938年，华西坝上成立了学生活动委员会，旨在采用统一行动，指导学生活动。各校派一名教职员加入这一委员会，分别是齐大的余清心

---

[1]　《华西各大学联合行政会议议决案》，1938年10月6日，中国第二历史档案馆藏私立金陵大学档案，全宗号649，案卷号277-0082。

[2]　《五大学事务会议（第二次）》，6月6日，年份不详，中国第二历史档案馆藏私立金陵大学档案，全宗号649，案卷号392-0002。

夫人、金大的倪青原博士、华大的唐波臣先生、中大医学院的张查理教授以及金女院的张肖松博士。所有的学生团体组织，如果要使用五大学的名称，须先向该委员会登记，获批后才能成立。对于校园内学生违反校规校纪的情况，各校老师发现后都应该报告给学生所在学校，由五校老师共同维护坝上学生的操行风纪。[①]当时学生活动较多，场地有限，无法满足五校学生的活动需求。华西坝各校讨论后，决定使用中英庚款委员会的津贴，加上各校筹资，建筑一个供学生活动的大厅，为学生提供活动场所。[②]

五大学也联合创立学生社团或者组织学生活动。1943年《中美新约》签订时，五校便联合在体育馆赫斐院旁的草坪上举行庆祝《中美新约》成立大会。大会上由金女院吴贻芳校长报告《中美新约》签订经过，继由华西协合大学张凌高校长讲演《中美新约》之意义。讲话过后，开始播放露天电影，先奏中、美、英三国国歌，接下来放映三个国家的电影，包括《英王英后检阅爱尔兰英军》《英国农村生活》《森林的故事》《轰炸东京》等珍贵影片。华西坝的"大学之声"教育广播电台还转播了旧金山电台专为该庆祝会所播送之节目。大会从下午五点半开始，一直到晚上十点才散会。[③]1944年，为了服务来华助战的盟军，加强中美之间的交流，五大学还联合创立了盟军之友社，由金大外文系主任芳卫廉（William P. Fenn）教授领导，师生共同参与。社团里分成四个部门，分别是：（一）体育游戏部，负责举办各种球类比赛及游戏；（二）音乐戏剧部，将约同各校话剧社、国剧社及歌咏团协助举行；（三）通译服

① 《华西坝各大学联合行政委员会决议案三则》，《金陵大学校刊》第240号，1938年12月20日。
② 《华西坝各大学之联合设计种种》，《金陵大学校刊》第253号，1939年3月31日。
③ 《五大学联合庆祝新约　本校放映各种影片　拉铁摩尔在美向大会播讲》，《金陵大学校刊》第317号，1943年3月1日。

务部，负责向导翻译，金大参加该部工作者人数最多，共有38人；
（四）教育文化部，负责介绍本市名胜古迹及民众生活习惯，并做
系统之文化讲演，聘请孙明经为该部顾问。[①]该社团创立之后，华西
坝各校同学踊跃参与，翻译向导组曾由芳卫廉主持进行英语测试，
对于志愿加入该组但是英语程度不合格的同学，由社团在最短时间
内培养他们的英语能力。

　　在其他的校务层面上，各校之间也有不少合作。各大学的开学
注册上课日期和学期考试日期，都尽可能地谋求一致，通过联席会
议制定五大学共用的校历。[②]面对战时交通运输不便的困难，五大
学联合组织了运输委员会，委员分别为齐大的张汇泉院长、金大的
毕律斯主任、华大的罗伯森、金女院的张肖松女士、中大的戚寿南
院长。该委员会在各校集资，自备长途货车，负责运送各类仪器教
育用品、医药品和教会援助的物资，大大方便了五大学的教学与研
究。[③]全面抗战时期，成都不时会遭受日军轰炸，防空安全是各大学
都要注意的问题，华西坝的防空工作也是由五大学合作实施的。师
生们在每个宿舍附近都挖了防空壕，壕距地深一尺半，再从地面堆
垒沙袋约二尺高。各个教室附近也设置了曲折形的防空壕。华大的
高文明医师负责训练救助队，负责空袭时的救助工作。同时征集义
务消防人员，学习灭火器的用法，以备空袭的时候使用。[④]

　　华西坝五校的联合办学模式，既是适应内迁后困难局面下的不
得已举动，也很好地发挥了各校所长，在战争局势下，最大限度地

---

① 《华西坝五大学组织盟军之友社》《五大学盟军之友社各组工作具体决定》，《金
陵大学校刊》第334号，1944年3月15日；第335号，1944年4月1日。
② 《五大学筹设暑期学校　学业竞试各校同时举行》，《金陵大学校刊》第339号，
1944年6月1日。
③ 《华西坝各大学之联合设计种种》，《金陵大学校刊》第253号，1939年3月31日。
④ 《五大学防空委员会防空办法》，《金陵大学校刊》第259、260号合辑，1939年5
月19日。

发挥了学校的教学效果。这一时期五大学的联合办学也被称为"教会大学之间团结得最美好的时期"。[①]

虽然华西坝五校之间有着紧密合作，但在华西坝联合体系中，各校仍是相对独立的。五校之间，组织、编制、教学、管理和传统习惯均有所不同，各校经费独立，学生学籍也归属于各校管理。教学、招生、考试、科研等方面虽有合作，但总体来说还是由各学校独立完成的。如招生方面，以1942年招生为例，金陵大学、金陵女子文理学院、齐鲁大学与华大四校在当年采取联合招生，在成都华西坝、重庆求精中学、城固西北师范学院、沅陵福湘中学以及雅礼中学等处设立报考点，各校的报考资格均相同，也采用一致的报名流程，但是在考试时，各校仍然是分开的。报考金陵大学与金陵女子文理学院的，在当年7月16日与17日考试，报考齐鲁大学及华西协合大学的，在当年7月20日与21日考试。[②]入学之后，学生的学籍仅在其报考的学校，毕业时所取得的毕业证也是一所学校的。华西坝联合体系是各校之间相对独立的联合，其行政、财政、校务等方面并没有较大范围的共享或是合并，更没有形成西北联大、西南联大这样的联合大学。华西坝五校在合作后期也曾反思这一问题，认为华西坝联合体系内虽然不断研讨合作的方法，但缺少系统的表现。到1944学年，各大学经费都面临困难，需要加强合作来渡过难关。1944年5月，五校通过联席会议，希望在教务和行政两方面都能有进一步合作。教务方面由五大学教务联席会议负责，并由金大外文系主任芳卫廉博士和五大学校长会议代表二人参加。行政方面由五大

---

①　王德滋主编：《南京大学百年史》，南京：南京大学出版社，2002年，第630页。

②　《私立金陵、华西、金陵女子、齐鲁大学三十一年度第一学期联合招生简章》，1942年，中国第二历史档案馆藏私立金陵大学档案，全宗号649，案卷号498-001。

学校长会议及其他行政当局共同负责。[①]此时已接近抗战末期，随着抗战胜利后各校回迁，这些想法没来得及付诸实践，华西坝联合体系仍停留在既合作又相对独立的状态。

---

① 《成都华西坝五大学商讨加强合作问题》，《金陵大学校刊》第 338 号，1944 年 5 月 5 日。

第二章 "借地栽花"：全面抗战中金陵大学的延续与转变

金陵大学西迁后，面临的环境有了重大转变。学校主体搬迁到了成都华西坝，同时有少数科系、先修班留驻重庆及周边郊县，形成以成都为中心的新办学格局。一方面，金大与华西坝各大学联合办学，最大程度地克服了西迁后物质条件不足的情况，弦歌不辍，为战时高等教育的维持与发展做出贡献。另一方面，金大面临大后方全新的外部环境，国民政府以"抗战建国"相号召，对金大办学提出了新的教学与科研要求。西迁后的金陵大学，在服务国民政府办学目标和加入教会认可的联合办学模式下，更为积极地配合国家政权和地方社会的需求，在坚持自身优势和特色的同时，融入当地社会，从实际需要出发进行教育与科研的调整，展示出中国大学及知识群体在民族危亡关头的奋力担当与重要价值。

第一节 提升与拓展：金大的经费与规模

一、战时金大的经费情况

全面抗战爆发前，作为教会大学的金大，其经费还是比较宽裕的，校董会及创始人委员会对金大经费拥有控制权。1927年年底，为了获得南京国民政府立案的资格，金陵大学托事部改组为创始人委员会，理事会则改组为校董会。按规定，创始人委员会依旧是金陵大学校产和基金的所有者。新的校董会对金大的经济负全责，向创始人委员会报告基金的用途。[①]所以在财务经费事项上，校董会拥有更大的权力。金大的年度决算由创始人委员会所指定的法定会计师进行稽核。[②]

全面抗战爆发后，无论是来自海外差会的经费还是来自国内的学费、教育部拨款等都发生了变化。全面抗战初期，随着政府来款不再稳定，学费收入急剧减少，创始人委员会提供的经费成为金大维系生存的关键。全面抗战爆发后，国民政府财政日趋恶化，这对公私立大学的教育经费造成极大的负面影响，各校均面临很大的赤字危机。中国基督教大学校董联合会的经济委员会在1938年5月的报告中称，由于学生入学人数锐减，学校的学费收入急剧下降，中国政府的拨款也不能确定，而来自中国组织和个人的捐助几乎减少到零。陈裕光也在入川初期的报告中指出，考虑到学生迁往四川花费巨大，学校将学费从50元降低至30元，其他费用也适当降低。此举虽然有利于减轻学生负担，但也降低了学校的学费收入，增加了学校的经济困难。

为缓解战时教会大学的经济窘境，1937年秋，中国基督教大学校董联合会在美国成立支持中国教会大学的全国紧急委员会，发起筹款活动，在1937—1938和1938—1939两个年度进行。1940年后，校董联合会的筹款活动被纳入范围更广的"联合援华会"（United China Relief）活动。[③]曾担任金大外文系主任的芳卫廉在全面抗战

---

① 《金陵大学章程》，1929年4月22日，中国第二历史档案馆藏私立金陵大学档案，全宗号649，案卷号2296。
② 教育部编：《第一次中国教育年鉴》丙编，上海：开明书店，1934年，第101页。
③ 详见刘家峰、刘天路：《抗日战争时期的基督教大学》，福州：福建教育出版社，2003年，第196—205页。

后期被指定为校董联合会在华驻地代表，是负责协调校董联合会与各教会大学的干事。1944年是教会大学在全面抗战时期最艰苦的一年，面临严重的财政困境。校董联合会成立了特别救济联合会（The Special Committee on Emergency Askings），协助募集办学资金。在芳卫廉的推动下，1945年6月在美国成立了中国基督教大学联合董事会（The United Board for Christian Colleges in China），由福建协和、金大、华南、华大、金女院和燕大六所教会大学原来的托事部组成，是为所有参与学校服务的单独法人团体，取代了金大原有的创始人委员会的职能。

全面抗战中后期，大后方物价呈加速上涨之势。全面抗战时期的物价指数，如果以1937年上半年为100，则1939年增加到220，增加1.2倍；1942年增加到3 900，增加了38倍；1945年增加到163 160，增加1630余倍。在此局面下，法币的购买力显著下降。创始人委员会对于金大的拨款系美金，有更强的购买力，不仅成为学校办学经费的重要部分，而且能在相当程度上缓解货币贬值对学校经济造成的影响。到1939年，金大预算达到114万余元，基本恢复到战前水平。当时教育部在视察金陵大学后认为，该校1939至1940年的岁入"因曾在外国有基金之募捐，以外汇关系，经费颇为充裕"。①

全面抗战时期，美国教会组织对金大拨款分为两个部分：常规拨款和应急经费。常规拨款包括差会拨款、基金利息以及部分教员薪水等，此类拨款在全面抗战时期维持在每年2万—3万美元左右。金大西迁后，为应对紧急情况，创始人委员会即开始向金大提供"应急经费"（emergency funds）。在1937年度，创始人委员会对金大的应急拨款有3.8万余美元，已经高出常规拨款。应急经费从1939

---

① 《视察私立金陵大学报告》，中国第二历史档案馆藏教育部档案，全宗号五，案卷号1997。

年后改称"维持经费"（sustaining funds）。该款项很多时候比差会的常规拨款还要高。在全面抗战前中期，金大获得的应急经费/维持经费数额与差会总拨款大体相当。太平洋战争爆发后，由于美国对华援助的增加，校董联合会拨给金大的维持经费显著增加，到1945年度达到了18万美元以上，超出差会总拨款数倍，对于维系金大办学发挥着重要作用。（具体数额见表2-1）

表2-1　全面抗战时期金大应急经费/维持经费与差会总拨款数额比较表
（单位：美元）

年度	应急经费/维持经费	差会总拨款	比率
1937—1938	38 041.92	26 567.61	1.43∶1
1938—1939	33 528.22	26 070.77	1.29∶1
1939—1940	25 304.25	25 885.98	0.98∶1
1940—1941	16 500.00	27 859.67	0.59∶1
1941—1942	47 902.71	28 760.90	1.67∶1
1942—1943	127 650.00	23 373.94	5.46∶1
1943—1944	176 618.82	21 400.19	8.25∶1
1944—1945	186 773.16	28 448.28	6.57∶1

资料来源：University of Nanking Financial Report, Box 230, Folder 3890~3891, UBCHEA；Report of the treasurer trustees University of Nanking Year ending, June 30,1945, Box 191, Folder 3329, UBCHEA.
注：（1）所列差会各项拨款不包括鼓楼医院部分；（2）差会总拨款项包含霍尔基金利息收入。

1941年，金大预算增至287万余元，其中一半以上来自"资产收入及捐助"。根据1943年金大经费报告，该年度金大收入956万余元，其中捐赠及赠予收入达490万余元，占全部收入的一半以上。在捐赠与赠予收入中，最大部分是美国援华会的捐款，达到290万余元。根据1945年金大经费报告，该年度金大收入为300 406 798元，其中捐赠与赠予收入达139 159 091元，占全部收入的45%以上。

除海外差会提供的拨款外，教育部对金大的补助也是维持学校经济稳定的重要保障。政府对私立大学的补助有很明确的指向，特别是教育部的常规补助费。按规定，私立大学须将70%的补助经费用于添置设备和建筑校舍，30%的补助经费用于增聘特种科目的教席或支付原有教授的薪金，总经费的70%以上必须用于理、工、农、医等学科的发展。①从1934年教育部补助私立专科以上学校后，金大每年都从教育部申请补助。1937年，教育部补助金大3.5万元，主要用于设置教席、购置设备及图书等用途。中英庚款董事会自1938年在金大设置有讲座四席。全面抗战中后期"因受战事影响，该会息金骤减，致原定补助数额无力继续"，但"在经费困难中，每年仍津贴万元"。全面抗战爆发后，鉴于各私立大学面临的实际困难，教育部准予挪移部分经费，作为建筑校舍之用。②从1940年起，教育部除向私立大学拨给常规补助费外，又另拨临时补助费。这笔款项系弥补各私校经费，教职员的薪俸可从中支拨。③1941年，国民政府拨款100万元补助各私立大学，其中金大获补助8万元，附属中学获补助2万元。1942年，教育部拨发各私立专科以上学校临时补助费，规定一半用于充实教学设备，一半用以改善教职员生活。金陵大学在1942年度获教育部补助费20万元，其中三分之一至二分之一可用于提高教职员待遇，或给予生活津贴。④1943年年初，教育部临时补助金大13.2万元，一半作为充实教学设备，一半作为改善教职员生活之用。这在很大程度上缓解了学校的经济困境，改善了师生生活。

教育部不仅补助教员生活，还对广大学生给予直接补贴，这

---

① 《十年来之高等教育（1940年）》，杜元载主编：《革命文献》第56辑，第196页。

② 《教育部整顿及补助私立专科以上校》，《申报》1939年5月25日，第12版。

③ 《教育部代电》，1940年11月30日，中国第二历史档案馆藏教育部档案，全宗号五，案卷号2960。

④ 《教育部三十一年度省私立专科以上学校补助费，本校核定为二十万元》，《金陵大学校刊》第306号，1942年5月15日。

对于他们维持学业至关重要。战时大后方大学生中有许多来自沦陷区，受战局影响，他们与家庭的联系多有中断，经济来源也因而断绝，生活艰辛。教育部于1938年2月5日颁布《公立专科以上学校战区学生贷金暂行办法》，规定公立专科以上学校学生家在战区，费用来源断绝，经证明须接济者，可向政府申请"贷金"。贷金分全额、半额两种，学生毕业后三年内将所贷之款偿还政府。1943年8月，教育部又颁布《非常时期国立中等以上学校及省私立专科以上学校规定公费生办法》，规定自1943年起新生一律改行公费制。公费分甲乙两种，甲种公费生免学费和膳食费，并可获得其他补助；乙种公费生仅免学费和膳食费。一个重要的变化是私立专科以上学校学生亦能享受公费。[1]从现有资料看，金陵大学在1942—1943年度即获得教育部贷金778 710.58元，1943—1944年度获贷金（公费）2 156 010.45元，1944—1945年度获公费9 250 833.92元，1946—1947年度获公费323 266 350.00元。[2]

从政府角度看，对私立大学的补助体现出国家权力在私立大学中现实存在和象征的双重意义。从世界范围来看，许多国家对私立学校都有经费补助，有些国家的私校经费中由政府拨付者甚至占三分之二以上。[3]国民政府规定，私立专科以上学校必须经教育部审查立案后才能办学，立案后优良者能获国家经费补助。如此，教会大学获教育部补助，不仅体现其立案后为本国"私立大学"的政治身份，更体现国家对教会大学的统一管理。

战时国民政府需要补助的对象众多，自身经费却很有限。就金

---

[1]　教育部教育年鉴编纂委员会编：《第二次中国教育年鉴》（一），上海：商务印书馆，1948年，第52-56页。

[2]　在金陵大学英文决算表中，贷金（公费）项为学生贷款（loans to students）、学生助学贷款（students loans）和助学金（taijing）。

[3]　吴忠魁：《私立学校比较研究——与国家关系角度的分析》，北京：北京师范大学出版社，1999年，第32页。

大一校而言，很多要求补助的事项并不能得到满足。如1939年6月，日军大规模轰炸成都，金大校舍损毁严重，校长陈裕光请求教育部补助3万余元作为建筑款或迁校费。教育部对此深表同情，但回复没有多余的经费可以补助，请金大自筹或向国外募捐。① 1942年8月，金大以本校教职员生活津贴差额太大和添建女生宿舍为由，向教育部请求补助。教育部以本年度已核拨该校20万元补助费，无余款可拨为由，拒绝所请。② 全面抗战时期金大经费时常面临困境，需要临时设法应对。1941年金大预算赤字近30万元，1942年预算赤字有50万元以上。这种赤字最终都通过政府补助和海外捐助加以弥补。如1942年学校报告指出，当年学校财政异常困难，"甚至看起来学校要因为巨大的赤字而关闭"。好在有教育部的款项和联合董事会的捐助，学校情况才得以好转。其中来自教育部的经费为29万元，联合董事会拨款50万元。同时，美国红十字会通过美国咨询委员会（American Advisory Committee）为金大职员和家属捐助了衣物。金大教职员家属很多都是匆匆离开南京的，随身携带的行李很少，四年来衣物都已经破旧，儿童的衣物更是已经不合身，这次衣服捐助受到金大教职员家庭的欢迎。③

教育部及其他政府机构、地方政府通过合作研究或委托办学与金大进行合作，这些经费也成为金大收入的重要部分。国民政府对金大的援助主要通过合作的形式给予金大定向经费，资助金大开展特定教学和研究工作。值得一提的是，为了解决战时西部难民问

---

① 《陈裕光致张梓铭函》，1939年6月21日，《张梓铭复陈裕光》，1939年6月28日，《顾毓琇致陈裕光函》，1939年7月4日，中国第二历史档案馆藏私立金陵大学档案，全宗号649，案卷号365。

② 《教育部指令（高字第37094号）》，1942年9月16日，中国第二历史档案馆藏私立金陵大学档案，全宗号649，案卷号249。

③ Minutes of the Emergency Executive Committee in Chengtu of the Board of Directors, April 20, 1942, Box 194, Folder 3364-0002, UBCHEA.

题，金大与国民政府合作，鼓励建立手工合作社来帮助难民在当地生活。1940年后，如何处理从战区涌入西部的数百万难民，成为国民政府面临的严重问题。"仅仅让这些难民吃饱穿暖是不够的，还必须帮助他们重新站起来。"国民政府提出，"建立和鼓励手工业合作社是解决难民问题最切实可行的办法"。为此，国民政府拨款200万元，邀请金大启动这一项目，并指派了林查理和史密斯两位教授负责这项工作。①

总的来说，全面抗战内迁后，金大经费总额很快得到恢复，并超越了战前的经济总量。1938年金大财务报告指出，该年度学校的经费决算大约是南京时最高年度的83%；到第二年，学校经费就可以恢复到南京时期的最高年度预算。②经费来源的结构在战时也发生了相应变化。教会大学的日常经费主要由教会拨款、学生学费和政府补助三项构成。与战前相比，学费和政府的直接补助都有了明显下降，而教会募款、拨款的比重大为提升（下图2-1），但总体数量有限。按照1939—1940年金大预算，该年教会拨款收入达到了13.9万余元，学费收入为6.4万余元，来自教育部的补助只有2.45万元。同时，随着"抗战建国"和高等教育服务抗战、服务地方政策的实施，金大积极参与和多方面的合作，包括来自资源委员会、农业部以及英国庚款、哈佛燕京学社、洛克菲勒基金会等的合作研究项目，合作经费在学校总体经费中占比越来越重。1941年，农林部补助金大农科研究所农业经济部经费4.5万元；1942年，上海商业储蓄银行捐款10万元，供金大农业经济系作研究之用。在1942年，金大有多项政府资助项目，分别给文学院、理学院和农学院带来9万元、

---

① Memorandu in regard to training and experience of professors and instructors in science and in agriculture and forestry, Box 199, Folder 3413, UBCHEA.

② 《基督教大中学校闻：南京金陵大学迁川后两年来之近况》，《教育季刊（上海）》1939年第15卷第4期，第93-94页。

23.6万元和21.1万元不等的经费。[①]1942—1943年度，金大受政府补助与合作研究资助金额达2 823 980.31元。其中政府资助合作项目经费1 734 933.20元，占当年政府总拨款的61.44%，占当年金大总收入的16.48%。[②]这些资助保障了金大教学、研究和推广事业的开展。

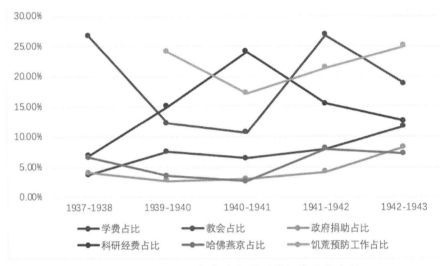

图2-1　1937—1943年金陵大学预算经费构成比例

资料来源：Minutes of the Emergency Executive Committee，1938 to 1943, Box 194, Folder 3361–3364, UBCHEA.

二、战时金大的办学规模和组织管理

全面抗战的爆发对于中国高等教育事业的发展无疑是一次重挫，但在经历了短暂的挫折后，中国高等教育事业很快就有了明显的增长。据国民政府教育部的统计，全面抗战前，全国专科以上学

---

① University of Nanking proposed budget for 1939—1940, Box 194, Folder 3362-0011, UBCHEA.

② 蒋宝麟：《金陵大学的经费来源与运作研究（1910—1949）》，《中国经济史研究》2018年第4期。

校有108所，学生41 922人。全面抗战爆发初期，大学数量和学生人数都曾短期锐减，这主要是因为战事的影响，平津和东部沿海地区的大学纷纷停办或合并，战区内学生大量失学。但至1939年后，全国大学数量和学生人数已呈现上升的趋势。[①]中国大学没有因日本侵华战争而毁灭，反而涅槃重生，获得快速发展。到抗战取得胜利的1945年，全国专科以上学校已经增至141所，在校生人数达到80 646人。大学的发展配合了国家在战时的需要，使大学更深入参与国家和地方建设，服务抗战建国的目标。民国教育学家、大夏大学校长欧元怀即认为，"抗战不仅没有取消了大学，而是相反的繁荣了大学"。[②]

就金陵大学而言，在经历了全面抗战初期的混乱和收缩以后，逐渐恢复并发展壮大。在1936年，金大学生有908人。由于战事和内迁的影响，大学规模急剧收缩，学生数在1937学年下降到228人。1938年年初，在华西协合大学的帮助下，金大在成都开学，当时在成都登记的常规学生只有250人，另外有40人在上海的教会联合学校进行登记，在万县还有300名附中学生。在1938学年，金大注册的学生数为506人，包括大学部323人，农业专修科89人以及借读生、特别生94人。[③]西迁后的最初两年，由于面临诸多不确定性，并且寄望于不久即可返回南京，金大在招生上较为保守。1938年夏天，金大仅计划招收100名新生。此后数年，学生人数都未恢复到战前水平。但战时中国对于人才的需求是急切的，国民政府出于安置学生的需要，也希望大学能多招学生。到全面抗战中期，金大开始尽量招收

---

① 欧元怀：《抗战十年来中国的大学教育》，《中华教育界》1947年第1卷第1期，第7-15页。

② 欧元怀：《抗战十年来中国的大学教育》，《中华教育界》1947年第1卷第1期，第7-15页。

③ 《基督教大中学校闻：南京金陵大学迁川后两年来之近况》，《教育季刊（上海）》1939年第15卷第4期，第93-94页。

更多学生。陈裕光1943年也说，金大"在华西的头两年"，"我们希望不会离开自己的校园太久，在录取新生数量方面很保守"，而今"因为中国迫切需要训练有素的人才，我们将尽可能恢复招生人数"①。1942年秋季学期，金大本科生数量已达到857人，另外还有34名研究生和142名专修科学生，全校学生数超过千人。1944学年，全校学生总数更是达到1 272人。相较于1937年西迁之时，学生数增长了近5倍。在各院学生中，以农学院学生为最多。在1944学年，文学院学生有277人，理学院学生275人，农学院学生达到354人。②

金大的研究生教育在战时也得到较大扩展。1936年，教育部批准金大设立理科研究所化学部和农科研究所农业经济学部，1937年又增设文科研究所历史学部。不过研究生人数非常有限。在1938学年，全校仅有4名研究生。1940年，金大在农科研究所增设农艺学部，1941年又增设园艺学部。全面抗战前成立的文科研究所历史学部在1940年也正式招收研究生，中华文化研究所受学校委托，主持文科研究所历史学部事宜，在战时培养了三届研究生，有汤定宇、刘骏、张继平和程天赋四人③。1945年，金大增设文科研究所社会学部。在1944年春，全校共有研究生41人。抗战胜利前夕，金大设有六个研究学部，覆盖文、理、农三大学院。金大不仅是私立大学中设置研究学部最多的大学，而且从全国各大学设置研究学部的数量看，也仅次于中央大学（23个）、西南联大（15个）和中山大学（7个），和武汉大学并列。

从毕业学生人数看，从1937年至1945年，金大共培养了1 057名

① 《金陵大学紧急执行委员会会议记录》，1943年1月20日，中国第二历史档案馆藏私立金陵大学档案，全宗号649，案卷号2311。
② 刘家峰、刘天路：《抗日战争时期的基督教大学》，福州：福建教育出版社，2003年，第127页。
③ 金陵大学南京校友会：《金陵大学建校一百周年纪念册》，南京：南京大学出版社，1988年，第156页。

毕业生，包括695名本科生、52名硕士生和310名专科生。

表2-2　金陵大学全面抗战时期师生人数变化情况表（1937—1945）

学年度	教职员数	学生人数				毕业生数
		小计	研究生	本科生	专修科	
1937 年秋	235	228	7	214	7	95
1938 年秋	147	500	4	407	89	104
1939 年秋	260	583	7	459	117	124
1940 年秋	262	781	18	635	128	124
1941 年秋	320	838	23	686	129	150
1942 年秋	303	1 061	34	885	142	149
1943 年秋	262	922	35	819	68	153
1944 年秋	296	1 068	29	983	56	188
1945 年秋	277	1 114	31	981	102	223

资料来源：《私立金陵大学历年员生统计表》，中国第二历史档案馆藏私立金陵大学档案，全宗号649，案卷号83。

　　与学生规模的扩充相比，金大教职员规模相对保持稳定。1937年秋季学期金大在南京开学时，全校教职员有235人，但经过西迁的颠沛流离后，1938年全校教职员已不足150人。虽然陈裕光校长给每一位休假中或因战乱离职的教职员写信，请求他们在1938年9月1日前回到成都校区，但教职员人数的下降是明显的。到1939年，金大教职员数量开始快速回升，超过了战前最高水平，并一路保持增长，直至1941年达到320人。从1942年到1945年的四年间，金大教职员的规模略有下降，但总体规模依然能保持在300人左右。进一步分析还可以发现，金大教职员规模的增长，更多是因为包括教授、讲师和助教在内的各级教员人数的增长，而行政系统的职员数量增长较为有限。

　　为适应全面抗战及借居华西坝的新形势，金陵大学对自身的组织管理体系也进行了调整。如前所述，金陵大学迁校这一重大决策是陈裕光领导下的华人教职员做出的，无论是创始人委员会还是校董会，都没有对这一决策产生较大影响。战争期间校董们很难集合开会，金大校董会实际上已无法有效履行职能。创始人委员会意识到这一问题，于1938年1月28日建议金大组建一个临时委员会，来负责战时金大的管理和财政支出，实际上基本继承了校董会的职能。创始人委员会给出的委员人选包括三人：校长陈裕光、会计主任毕律斯以及美以美会代表沃德主教（Ralph A. Ward），并让金大再指定两名人选。①金大根据创始人委员会的意见，指定中央大学医学院院长戚寿南（金大校友，1917届毕业生）和华西协合大学理学院院长戴谦和（Daniel S. Dye，浸礼会代表）两人与此前的三人共同组成了五人的紧急执行委员会（Emergency Executive Committee）。②从人员构成看，委员会中陈裕光、戚寿南为华人，剩下三人为外籍教职员。比起战前在国民政府要求下组建的中西各半的校董会，紧急执行委员会的人员构成更加西化，也不同于金大西迁时绝大部分由华人教职员组成的临时行政委员会。

1938年3月15日，校董会在非常时期的紧急执行委员会在成都正式成立，在战时代替创始人委员会和校董会负责金大在成都的行政和财务事项。紧急执行委员会在全面抗战时期是长期存在和运作的，该会行使治权的方式与校董会相似，采取全体委员定期集议制。从1938年到1945年，该委员会一般每年召开两次会议，第一次会议于1938年3月15日召开，最后一次会议于1945年10月24日召开，先后共计开会16次。该会比较集中关注学校的财政状况，如1942年4月20日紧急执行委员会召开第11次会议，委员们除了关注学校学生的总体规模，还关注学校目前的校舍财产和建筑的分配使用情况，

① Minutes of Meeting finance Committee University of Nanking，January 28,1939, Box 191, Folder 3327, UBCHEA.

② Minutes of the Emergency Executive Committee,March 16,1938, Box 194, Folder 3361-0005, UBCHEA.

特别指出当年财政赤字的问题。同时，鉴于当时中国货币贬值的趋势，委员会认为把钱投资到土地上比留在银行里要明智，因此决定从目前在中国银行的存款中拨20万元用于购买土地。这些投资性地产在学校回迁南京时或者可以出售，或者可以继续作为学校在四川的试验基地。[①]陈裕光利用去重庆的机会，也会召集非正式的校董会，以便沟通信息。1943年，金大在重庆召集了两次非正式校董会，陈裕光和毕律斯均参加了会议。

1939年3月，第三次全国教育会议在重庆召开，认为"各校现行组织，大都由各校自行拟定，因此组织未尽健全，名称亦多分歧，以致影响行政效率"，会议作出"规定专科以上学校行政组织系统以健全学校机构"的决议。该年5月，教育部颁布《大学行政组织补充要点》，对大学、独立学院、专科学校的行政组织机构的设置与管理做了明确规定。[②]根据这一规定，结合西迁后大学发展实际情况，金大于1940年对学校的组织机构和管理体制进行了改革。在校长之下，设教务、训导和总务三处。训导长最初由陈裕光兼任，下设生活指导、军事管理、体育卫生及奖贷金四组，各组设主任一人和训导员军事教官及其他组员若干人。1943年秋，由袁伯樵出任训导长。教务长由社会学教授柯象峰担任，教务处下设注册、成绩及新生训练三组，各组设主任一人及组员若干人。原有秘书处和事务处合并为总务处，设总务长一人，由倪青原教授担任，下设文书、事务、人事、出版等四组，各组设主任一人及组员若干人。会计室"设会计主任及副主任各一人，又出纳员助理员各若干人"；校长

---

① Minutes of the Emergency Executive Committee in Chengtu of the Board of Directors, April 20, 1942, Box 194, Folder 3364-0002, UBCHEA.

② 《大学行政组织补充要点》，中国第二历史档案馆编：《中华民国史档案资料汇编·第五辑·第一编·教育（一）》，南京：江苏古籍出版社，1994年，第699-700页。

室"设秘书一人"。[①]1943年倪青原请辞总务长，由校长陈裕光暂代。1944年，金大聘请前之江大学代理校长顾琢人先生任总务长，于该年4月到任。[②]改组后的学校行政组织结构更加精简，"尽可能把经费用到教学上，在行政管理上真正做到'精兵简政'"。

在学院人事上，文学院院长仍由刘国钧担任。1943年，教育部聘请刘国钧筹设国立西北图书馆，文学院院长一职乃由心理学教授蔡乐生接任。理学院院长由魏学仁担任，因魏长期在重庆办公，1942年增设副院长一人，在成都负责理学院院务，由化学教授李方训担任。农学院院长谢家声卸任后，由章之汶主持该院工作。文研所所长徐养秋全面抗战初年未能随校西迁，1938年徐养秋在重庆任职于中央政治学校，曾致函陈裕光"嘱请李小缘先生代理文化研究所所长"。[③]1939年，李小缘出任该所所长。1944年夏，陈裕光赴美讲学考察高等教育并接洽校务，在离校期间，推定柯象峰、蔡乐生、魏学仁、章之汶为校务主席团，并请章之汶为该团主席，代理校务。[④]

---

① 《本校改组行政系统健全大学行政机构》，《金陵大学校刊》第271号，1940年3月10日。

② 《本校新任总务长顾琢人先生到校视事》，《金陵大学校刊》第337号，1944年5月1日。

③ 《陈裕光致徐养秋函》，1938年12月31日，中国第二历史档案馆藏私立金陵大学档案，全宗号649，案卷号367。

④ 《校长办公室布告》，1944年6月22日，中国第二历史档案馆藏私立金陵大学档案，全宗号649，案卷号53。

第二节　协同合作与坚持特色：金大教学的转向

一、联合教学

在华西坝联合体系下，各大学的联合教学得以推进，成为金大教学的重要特色。1939年春，由华大、金大、金女院、齐大四所教会大学合资，并得到美国"中国基督教大学联合董事会"资助，新建化学楼。当时议定，新楼建成后由四校的化学系及金大的化工系合用，战后归华大所有。此楼于1941年春建成。"抗战以来，各校生物系移此，则分配应用之。虽偏小，来客不以拥挤见责。本楼所有教室、办公室、实验室及储藏室计约40间，除六教室及实验室公用外，计金陵大学用20%，金女院用15%，齐鲁大学用15%，本校及生物材料处用30%左右。"①这充分展示了华西坝教会大学的联合办学。

五大学在图书馆、实验室等教学配套系统上亦有紧密合作，保证了教学工作顺利开展。教学所需的设备仪器、基础设施实行五校共享。华西协合大学关于西迁各校借用实验仪器的记录表明，各校向数理系、生物学系借用仪器次数最为频繁，金陵大学就曾向数理系借用普通物理仪器、光学仪器，每周借用电池二至三次。②1943年金大筹办五十五周年校庆，因缺乏活动场地还向金陵女子文理学院借用过运动场。③

金大图书馆本是教会大学中藏书较多、规模较大的一家。金大

① 华西校史编委会：《华西医科大学校史（1910—1985）》，成都：四川教育出版社，1990年，第65页。
② 《1941年秋季至1942年春季本校与友校合作情况》，《华西协合大学校刊》1942年第3期，第15页。
③ 《为庆祝五十五周年纪念向私立金陵女子文理学院借用运动场一事》，1943年4月23日，中国第二历史档案馆藏私立金陵大学档案，全宗号649，案卷号89-0156。

西迁时仅携带了100余箱图书来成都。为存放这批图书，华西协合大学从其图书馆中先腾出一个房间给金大作办公室和书库，1938年5月又完全移入华大博物馆内，占用三个大间作为办事室、参考阅览室和书库。随着金大图书日渐增加，图书馆变得异常拥挤。金大和华西协合大学协商，金大图书馆工作人员在华大图书馆公用参考室工作，以扩大书库面积。同时开展两馆图书互借工作，"凡有重要问题，彼此商酌，五载于兹，双方互得相助相长补短之处，诚匪浅鲜"。①

为适应和配合联合教学的需要，金大对本校的课程安排、学分核算以及教师兼职等规定进行了调整。首先在选课制度上，实行校际自由选课，各校教师联合教学，金大学生可以选修其他大学的课程，反之亦然，学校承认其所修学分。②如金大哲学心理系为适应战时需要开设了战争哲学、军事心理等课程，不仅受本校学生欢迎，其他教会大学的学生也踊跃选修，尤其以选修普通心理学、伦理学的人数最多，甚至到达人满为患的地步。③"海内外素负盛名，在华西坝上尤为妇孺皆知的金陵大学心理学教授蔡乐生，开二课程，一为应用心理学，一为儿童心理学，五大学同学均有选读者，讲解内容极为精髓，听者无不笑逐眉开。"④联合教学的效果可见一斑。

其次，在系科设置上，五大学为配合全面抗战培养专门人才，联合并办了各种专修科和短期培训班，成果显著。为应对太平洋战争爆发后国家对英语人才的急切需求，各校遵照教育部训令，由金大外文系牵头，联合金陵女子文理学院、齐鲁大学、华西协合大学

---

① 刘国钧：《金陵大学图书馆迁蓉经过及工作近况》，《中国图书馆协会会报》第16卷第3、4期合刊，第10-12页。
② 戴邦彦：《金大的学分制》，金陵大学南京校友会：《金陵大学建校一百周年纪念册》，南京：南京大学出版社，1988年，第124页。
③ 金陵大学编：《五十五年来之金陵大学》，1943年，第10页。
④ 《心理学》，《金陵大学校刊》第288、289号，1941年4月10日。

于1942年合办英语专修科，学制定为两年，负责人由金大外文系教授叶意贤担任，[①]英语专修科在全面抗战期间前后共举办三班，毕业学生百余人，为国家培养了大量英语人才。金大还曾与华西协合大学、齐鲁大学以及金陵女子文理学院合设师范学院第二部，培养中等学校的合格师资。该科修业年限为一年，期满考试及格者，授予教育部中学某科教员的证书。各校还联合举办暑期学校。如在1945年7月9日到8月23日，金大、燕大、齐大、金女院四校联合举办暑期学校，开设中国通史、社会学、会计学、近代哲学、经济地理等课程十余班，有488名学生参加暑期学校的学习。[②]

在教师兼职问题上，西迁前金大对本校教师在外兼职管理严格，约束甚多。由于全面抗战初年金大众多教员离校，且战时学校经费紧张，教师薪津收入减少，金大在西迁后放宽了对本校教师在外兼职的限制，金大教师赴其他大学兼课开始变得普遍。如刘国钧教授曾赴齐鲁大学兼授伦理课程，李焯林教授曾赴燕京大学兼授计学原理一课等。[③]金大也通过引进外校师资解决了自身教学面临的问题。如金大"女同学体育，上学期因教师缺如，暂停一期，本学期特聘金女院体育教授周多福先生担任"[④]。又如聘请燕京大学教授周励秋参与金大社会学系社会福利行政课程之教学。[⑤]著名历史学家陈寅恪全面抗战中后期来到燕京大学任教，也被金大、齐大等校合聘

---

① 《金陵大学、金陵女子文理学院、齐鲁大学、华西协合大学合办英语专修科的有关文书》，中国第二历史档案馆藏私立金陵大学档案，全宗号649，案卷号459。
② 《四大学暑期学校开课》，《金陵大学校刊》第349号，1945年6月16日。
③ 《为李焯林担任燕京大学计学原理一课作为交换拟聘请赵守愚教授来校讲授高级统计一课恳请惠允》，中国第二历史档案馆藏私立金陵大学档案，全宗号649，案卷号150-013。
④ 《女生自治会简讯》，《金陵大学校刊》第302号，1942年3月15日。
⑤ 《为聘请周励秋担任本校社会学系社会福利行政之教学工作函请惠允》，1942年4月25日，中国第二历史档案馆藏私立金陵大学档案，全宗号649，案卷号150-0128。

教授文史课程。1944年5月6日，五大学中文系举行师生联谊大会，共到各校师生六十余人，公推陈寅恪先生为大会主席。①总的来说，战时五大学间的教授互聘非常频繁。通过教学上的紧密合作，稳定了教学秩序，扩大了教学规模，提高了教学质量。

1944年5月，华西坝五大学各学系主任举行联席会议，讨论未来课程上的合作问题，并讨论出了一些课程合作的原则："（一）各相同之系在开设课程上应合二为一，但仍维持各自之学生及教员。（二）各相同之系应有划一之课程表，各科名称及学分有问题时，以教育部之课程标准为准。（三）各系所开课程以学生毕业必需之绝对最低限度之科目为限，至于选修科目，应以每隔一年开设一次为限，新课程之添设，须先得校长会议之同意。（四）各课以开设一班或一组为原则，如需增加班组，应得校长会议同意。（五）为增加合作效率，校长会议对每一系将选派一联合主任，执行有关其本系之各校课程合作事宜。"②相比于之前的合作，此次课程合作更进一步实现了五校间的联合。

联合办学固然是全面抗战内迁大背景下的应急举措，但中国教会大学自建校以来，学科、教学方向一直有差异化安排。早在1877年，狄考文（Calvin Wilson Mateer）就建议统一教会学校教育并进行分工，他主张各地区合作建立各级学校，而不要重复建立同类学校。协同合作对加强战时大学生的培训以及发挥各自大学特长，都具有合理性。从五大学的学科设置来看，主要集中在文、法、理、医、农五个学院，金陵大学在各大学中学科实力较强。③金大的农

---

① 《五大学中文系举行师生联谊大会》，《金陵大学校刊》第339号，1944年6月1日。

② 《五大学系主任举行联席会议直接商讨课程合作问题》，《金陵大学校刊》第339号，1944年6月1日。

③ 杰西·格·卢茨：《中国教会大学史：1850—1950》，曾钜生译，杭州：浙江教育出版社，1987年，第168页。

学、电化教育乃至汽车修理等多是其他教会大学没有或薄弱的学科。协同合作教学有利于大家各取所长，服务全面抗战人才培养。一些各大学都有的专业，如社会学，五大学就联合起来成立社会学会，五大学社会学系教员都为其成员，该会每月举行学术演讲及座谈会一次，并由各校名教授轮流担任主席[①]，对推动该学科发展和提高社会影响力颇有助益。

表2-3　战时华西坝五大学院系与专业配置情况

院系	华西协合大学	齐鲁大学	金陵大学	金陵女子文理学院	燕京大学
文学院	中国文学系、外国文学系、哲学历史系、社会学系、经济学系、乡村建设系、美术组、中国文化研究所、华西边疆研究所、经济研究所、教育研究所、历史研究部、国学研究部	中国文学系、外国文学系、历史社会学系、政治经济系	中国文学系、外国文学系、历史学系、政治经济学系、社会学系、哲学心理系、国文专修科、文科研究所	中国文学系、外国文学系、历史学系、哲学系、教育学系、社会学系、音乐学系、体育系、家政系	中国文学系、外国文学系、历史地理学系、新闻学系、哲学系、教育系
理学院	生物学系、数理学系、化学系、制药系、家政学系、农艺学系、农业专修科、农业研究所	药学系、数学系、化学系、生物学系、理论力学系、天算系	数学系、物理学系、化学系、生物学系、化学工程系、电化教育专修科、汽车专修科、理科研究所	生物学系、化学系、数理学系	数学系、物理学系、化学系、生物学系、家政系
医学院	医科、牙科	医科			

---

① 《调查通讯：华西坝五大学》，《社会行政》1944年第1卷第2期，第14、26页。

接上表

院系	华西协合大学	齐鲁大学	金陵大学	金陵女子文理学院	燕京大学
农学院			农经系、农艺系、园艺系、森林系、农林生物学系、农业教育学系、农业职业师资科、农业专修科、农业研究所		
法学院					政治学系、经济学系、社会学系

资料来源：华西校史编委会：《华西医科大学校史（1910—1985）》，成都：四川教育出版社，1990年，第67–68页。

二、课程与系科的调整

全面抗战初年，教育界和社会关于战时教育是否还要维持正常教学，曾有激烈的争议。一派认为，值此民族危亡之时，应全面变更教育体制与内容，使之完全符合战时国家之需要。更有甚者，主张青年学生奔赴战场杀敌报国。湖南省政府主席张治中在长沙临时大学演讲时就曾说："际兹国难当头，你们这批青年，不上前线作战服务，躲在这里干什么？"[1]另一派则认为，教育百年树人，不能一味追求短期目标，要着眼于教育的长远使命。国民政府权衡两派观点，提出"战时需作平时看"以及"抗战建国"的战时教育方针。在此方针指导下，一方面出台战时教育的临时措施以适应时局，另一方面更强调教育在培育国家未来人才上的重要性，认为教

---

① 查良钊：《抗战以来的西南联大》，《教育杂志》第31卷第1号，1941年1月10日。

育不仅要解决现实之急需，更要考虑到战后乃至国家未来的长远发展。

全面抗战时期的金陵大学结合自身的传统与优势，积极回应国家和社会的需要，在课程、科系设置上多有创新。全面抗战初年，金大增设了服务全面抗战需要的实用课程，普及战时所需的各类知识，培养战时急需人才。1937年年底金大初到成都时，金大文学院中文系增设公文程式课，史学系增设日本史、边境问题概论、西南边疆等课程，政治经济学系增设中国经济地理、交通经济、战时经济、战时财政、所得税会计等课程，哲学系增设战争哲学、军事心理、应用心理、人生通论等课程，社会学系增设人口问题等课程。[①]为服务国家对边务人才的急切需要，1939年文学院又拟于下年度开设边疆行政、人文地理、公债论、中国边疆概论、民族学大纲、西南边疆等抗战教育课程。[②]1942年，华大著名语言学学者吕叔湘被引进任职于金大中国文化研究所，给学生开设"国文语法学"和"语言学导论"两门新课程。[③]文学院的教学调整，更多关注训练学生的社会工作技能，以符合实际工作的需要。如1940年秋季学期中，中国文化研究所的史岩开设了中国艺术史课程，徐益棠开设了中国历史地理课程，蒙文通开设了中国历史课程，刘铭恕开设了中国考古学课程。他们希望为高年级学生提供广泛的、多领域的方法与技术，以满足他们将来实际工作时所需，训练学生精通这些学科的同

---

① 《民国二十六年度金大文学院概况及迁蓉后事业》，中国第二历史档案馆藏私立金陵大学档案，全宗号 649，案卷号 1625-0004。

② 《文学院行政计划于工作进度对照表（民国二十九年度）》，《金陵大学文学院行政计划（1941）》，中国第二历史档案馆藏私立金陵大学档案，全宗号 649，案卷号 1628。

③ 包仁娟：《中国文化研究所的成就》，金陵大学南京校友会编：《金陵大学建校一百周年纪念册》，南京：南京大学出版社，1988 年，第 43 页。

时能够实际运用。①

文学院在西迁成都后"不特对于已有之科系力图充实，且新增科系，以应环境之需要"。全面抗战爆发后，大后方通货膨胀居高不下，国家为整顿经济，急需相应人才。1938年，金大根据教育部的要求，将政治系和经济系合组成政治经济系，下设政治组和经济组。②文学院在战时开设了多个短期培训班，与国家机关、社会团体联合培养其所需的经济管理人才。1940年暑假，文学院与中国工业合作协会合办工业合作干部人员训练班，招收大学毕业生分别讲授"工业合作行政""工业合作审计""工业合作会计""工业合作指导（合作与技术）"四门专修课程。前后有毕业生两期，共二十四人，服务于工业合作社及其他生产机关。同年，金大又与该协会合办为期四个月的高级干部人员训练班，聘请史迈士教授为该班主任，陈文仙教授为副主任，由金大社会学系及政治经济系负责课程讲授。③金大还举办成都市航空委员会经理人员训练班，为成都市工商及成都直接税局开课讲授经济学知识，都取得了不错的效果。

1940年，金大将原有的哲学心理学、教育学方面的课程合并，成立哲学心理学系，下设哲学组和心理学组，由蔡乐生博士担任系主任。蔡乐生对于比较心理及学习心理颇多贡献，且久负演讲之盛名。他"以心理学家之态度，其在学术团体作公开演讲，每次听众

---

① A Brief account of the Film a program University of Nanking,China, June 1941 to July 1946, Box 201, Folder 3438, UBCHEA.

② Report of the college of Arts, July 1937 to January 1939, Box 194, Folder 3362-0012, UBCHEA.

③ 《金陵大学与中国工业合作协会合办工业合作干部人员训练班有关文书》，中国第二历史档案馆藏私立金陵大学档案，全宗号649，案卷号1724。

多逾千人以上"①。为适应抗战建国需要，哲学心理学系特设军事心理、应用心理和战争哲学等课程。新成立的哲学心理学系在全面抗战时更致力于开展航空心理研究，创制了一套飞行员的心理测试体系，利用心理学知识激发空军人员士气，"对于降低淘汰率，减少飞机失事，尤著劳绩"②。

金大社会学系在战时也得到扩充。1940年秋，社会学系增设社会福利行政及边疆社会学二组，培植社会服务人才。边疆社会学组于1941年成立了边疆社会研究室，聘请卫惠林先生任研究室主任，并于1942年1月创刊《边疆研究通讯》。

全面抗战爆发前，史迈士教授曾在南京开办人力车夫福利事业和羊毛呢厂等服务工作，卓有成效，颇为南京当地人士及市政府所重视。在英美等国，社会福利行政工作也逐渐成为一种新兴学科。陈裕光有鉴于此，在金大西迁成都后注意延揽专门人才。1939年金大成立社会服务部，次年聘请从美国留学归国的陈文仙③女士为该部主任。为训练专门人才，乃添设社会福利课程，于1941年呈准教育部在社会学系内添设社会福利行政组，以陈文仙为主任，教员有杨美珍、徐映惠、钱行素、高君哲等人。1942年秋季又增设社会福利行政特别研究部，招收大学毕业生，予以一至二年之训练。1945年，金大又奉教育部令增设文科研究所社会学部，招收社会福利行政研究生。

战时社会图书事业发展迅速，图书馆学人才缺口很大。金大在图书馆学科建设上有着优良传统，1940年，文学院鉴于"图书馆学专门技术人才缺乏，各方屡向本院罗致此项人才"，呈请教育部

---

① 《南大百年实录》编辑组编：《南大百年实录（中卷）：金陵大学史料选》，南京：南京大学出版社，2002年，第216页。

② 金陵大学编：《金陵大学六十周年纪念册》，1948年，第13页。

③ 陈文仙，燕京大学文学士，欧柏林大学硕士，芝加哥大学社会福利行政研究院博士。

成立了图书馆学专修科。[①]该专修科学制两年，由曹祖彬教授主持科务，讲师有陈长伟、曹祖杰等人，均为金陵大学毕业生。图书馆学专修科旨在"促进图书馆界专业精神，培养图书馆专门人才"，"特别注重专门技能之养成，以求合于大学中学及民众图书馆之需要"。该科除了教授学生理论知识，更强调学生的社会实践能力，希望学生能够学以致用，真正把学到的理论知识用到实际事务中。1940年秋，金大图书馆职员、图书馆学组与图书馆学专修科学生共同发起组织了图书馆学会。金大为该科学生提供图书馆管理的实习场所及社会教育工作的机会，与本校图书馆及相关各科系举办文库及各种文化展览，并设有民众书报阅览室。[②]金大图书馆学专修科前后办学有六年，成为我国培养图书馆学专门人才的一个重要阵地，为全面抗战时期中国图书馆学专业人才培养做出了贡献。

全面抗战时期的金大理学院分重庆和成都两部。因重庆工业较为发达，对教学实习有利，理学院的电机工程系、电化教育专修科、汽车专修科等高等班次由院长魏学仁率领，会同该系科师生留在重庆教学上课。李方训作为副院长管理成都部分。理学院设数学系、物理学系、化学系、生物学系、化学工程系和电机工程系，以及教育电影部、汽车专修科和电化教育专修科。化学是金大的传统优势学科，战前即获准办理的理科研究所化学部在1938年夏培养出第一位毕业生沈彬康。

全面抗战对应用技术人才有着巨大的需求，教育部长陈立夫在战时提出，中国急需发展工科教育。教会学校由于具有国际背景，能够从发达国家引进技术、课程和人才。金大一方面加强发展化学工程和电机工程等原有的工科专业；一方面考虑到机械工程的重要

---

① 《金陵大学文学院附设图书馆学专修科计划》，中国第二历史档案馆藏私立金陵大学档案，全宗号649，案卷号1644-0002。

② 金陵大学编：《五十五年来之金陵大学》，1943年，第6页。

性，金大决定专注开设汽车工程和机械工程方面的课程。[①]1939年，工业化学系改称化学工程系，改授工学学士学位。电机工程系战时在重庆办学，成为政府培植工程人才计划的一部分。该计划要求每年增加两千名工程系学生。1941年，金大应教育部要求率先增设电机工程一班，是参与教育部培养工程技术人才计划中的唯一私立大学。魏学仁在写给陈裕光的信中说："全国私立学校得以参加者，仅本校一校，不胜荣幸。"[②]电机工程系还受资源委员会委托，开展电镀和电焊等技术研究，并于1940年开办电焊科职业训练班。

全面抗战时期对交通人才需求迫切，但只有极少数学校能提供相关课程。全国公路局多次要求金大加强培养交通运输人才。1938年，金大奉教育部令在理学院开设汽车专修科，附设于电机工程系。交通部对汽车专修科的开办给予经费支持，并允许金大在办学中利用交通部相关设备。汽车专修科学制为两年，于1939年春开始招生。[③]该专修科设在重庆，地址借用重庆求精中学。1941年，该科第一届12名学生毕业，由交通部分发各地服务。自1940年起，教育部要求金大在成都加开班次，汽车专修科遂扩大在成渝两地办学。[④]汽车专修科前后办学七年，抗战胜利后金大复员，该科停办。汽车专修科共有五届毕业生78人。汽车专修科的学生在毕业后分赴全国各地支援抗战，用所学知识，为全面抗战期间国家交通运输事业的顺利开展做出突出贡献。如在甘肃油田汽车维修站工作的汽车专修

[①] Minutes of the Emergency Executive Committee,February 4,1939, Box 194, Folder 3362-0067, UBCHEA.

[②] 《魏学仁致陈裕光函》，日期不详，中国第二历史档案馆藏私立金陵大学档案，全宗号649，案卷号63。

[③] Minutes of the Emergency Executive Committee,February 4,1939, Box 194, Folder 3362-0067, UBCHEA.

[④] 《基督教大中学校闻：南京金陵大学校闻》，《教育季刊》1940年第16卷第2期，第58-59页。

科毕业生，由于他们的辛勤劳动，保证了一辆辆卡车正常运行，得到了油田总指挥的赞扬。[①]

金大是中国教育电影事业和电化教育事业的先驱者。1936年，金大便受教育部委托代办电化教育人员训练班。1936年和1937年在南京，1938年在重庆，连续三个暑假，该训练班由金大连续举办了三年，共培训各省市保送入学的两百余名学生。[②]全面抗战爆发后，为配合战争需要，开展社会服务和战争动员，金大与教育部电影教育及播音教育两委员会合作，于1938年秋开办了电化教育专修科，培养电化教育专门人才。电化教育专修科分电影教育和播音教育两组，由教育部每年补助办学经费一万元。孙明经是我国高校电影学科教育的奠基人之一，对推动专修科发展发挥了重要作用。1940年8月，孙明经在洛克菲勒基金会的资助下赴美考察研究教育电影及制作，不仅学习了最新的电影教育理念，也购买并带回了急需的电影教育设备。1941年9月，他从美国考察归国，回到金大继续任教，担任电化教育专修科主任、教育电影部副主任（主任为潘澄侯）。电化教育专修科开办后，可以提供18门课程，学生人数逐年增加，到1942年第五届已有学生19人。[③]1944年后，金大他系学生也可以选修该科课程。该科是我国高校第一个培养电化教育专门人才的系科，从1938年创立到1952年全国高校院系调整，共培养了近两百名专门人才。

金大农学院分为研究所、大学本部、专修科三个部分。在研究所方面，金大1936年成立了农科研究所农业经济学部，由孙文郁教

① 王德滋主编：《南京大学百年史》，南京：南京大学出版社，2002年，第633页。
② 《南大百年实录》编辑组编：《南大百年实录（中卷）：金陵大学史料选》，南京：南京大学出版社，2002年，第249页。
③ 《金陵大学理学院电化教育专修科三十一年度学生调查与统计》，《电影与播音》1942年第1卷第7、8期，第39-40页。

授担任主任。1940年，教育部核准金大农科研究所增设农艺学部，下设作物育种、植物病理及昆虫三组，先后由王绶、郝钦铭担任主任。1943年郝钦铭因病英年早逝，该学部乃由吴绍骙教授主持。1941年，教育部又核准金大增设园艺学部，先后由章文才、胡昌炽及程世抚担任主任。在1941年，全国各大学农科研究所共设有八个研究学部，金大一校即设有三个研究学部，是当时设置农科研究学部最多的大学。[①]

表2-4　1945学年第二学期金陵大学研究所情况表

所名	部名	负责人	教员人数	研究生人数
文科研究所	史学部	李小缘	4	1
	社会学部（社会福利行政组）	周信铭（代）陈文仙	11	9
理科研究所	化学部	戴安邦	9	7
农科研究所	农业经济学部	孙文郁	9	5
	园艺学部	程世抚	7	2
	农艺学部	吴绍骙	9	6

资料来源：《1945学年第二学期私立金陵大学文理农三科研究所概况报告简表》，1946年2月，中国第二历史档案馆藏私立金陵大学档案，全宗号649，案卷号78。

农学院大学本部设有七系。除去原有的农艺系、森林系、农业经济系、园艺系和蚕桑系，乡村教育系于1939年奉教育部令更名为农业教育系。1939年，奉教育部令将原已设立之植物学系与植物病理研究室和原设之经济昆虫组合并成为农林生物学系，下设应用植物学组、植物病理学组、经济昆虫组。1942年11月，农林生物学系再度奉命改组，应用植物学组并入森林系，植物病理学组及经济昆

---

① 1941年，全国各大学农科研究所设立的八个研究学部包括：中央大学农科研究所农艺学部、森林学部；中山大学农科研究所农林植物学部、土壤学部；西北农学院农科研究所农田水利学部；金陵大学农科研究所农业经济学部、园艺学部和农艺学部。

虫组归并农艺系。[①]1943年，金大呈准教育部，将植物病理学组与经济昆虫组合并成立植物病虫害学系，由魏景超出任该系主任。

农学院在战前即开设有农业专修科，下设农业、教育两组。农业专修科学制两年，招收高中毕业生，主要教授应用农学，"培养实际应用人才"。入川后，农业专修科行政分组被取消，新设专修项目不再另设科级独立建制，而是以组级建制归入农业专修科一并管理。1939年，金大受教育部委托筹办了园艺师资科，1940年起开始正式招生上课，前后办学共五年。[②]1943年，金大又奉教育部令增设园艺专修科。全面抗战期间，农学院还开设有各种形式的短期培训班。短期培训班相比于专修科，其学制更短，长则一年，短期两三个月。这种短期培训班一般是以学校与政府机关或企业单位的合作项目的形式展开。如1938年四川农村合作委员会委托农学院开办暑期合作训练班，农学院与中央农产促进委员会合办高级推广人员训练班，1941年受中国银行之委托办理农贷人员训练班，1942年奉教育部令举办农事指导人员训练班，1943年奉教育部令委办建设人员训练班等。

西迁后农学院的推广工作有了新变化，为配合大后方农业发展对人才的需要，推广教育从示范推广转为训练辅导为主。农学院在四川温江、仁寿、新乡及陕西南郑、泾县五处设立农业推广区，在区内推广改良品种、建设农会和合作社、发展乡村卫生事业、建设乡村学校，并配合新县制建设实践以县为单位的农业推广，取得了很大成功。温江县成立有农会13所，合作社62个。农学院还在仁寿、温江、新都等县设立了多所农业推广学校、短期培训班、补习

---

① 《教育部指令》，1942年11月30日，中国第二历史档案馆藏私立金陵大学档案，全宗号649，案卷号1776。

② 《基督教大中学校闻：南京金陵大学校闻》，《教育季刊》1940年第16卷第2期，第58—59页。

班以传授农业实用技术，其中最著名的是仁寿县煎茶溪农民初级学校，这是一所专门招收农民、专门传授农业知识的学校，建成后大受当地农民欢迎，农民报名踊跃。

第三节　从"求是"到"经世"：金大学术科研的转向

从"九一八事变"到全面抗战爆发，中国学术界强调"经世致用"、服务"抗战建国"趋向愈发明显。欧元怀在总结抗战十年的大学教育时说："大学教育和学术机关正是战胜的有力支柱，他们本着民主的精神，科学的方法，为真理与和平服务，以求赢得战争获取和平。"[1]如何在这场事关民族生存的战争中取得胜利，成为教育和学术界的核心关切，大学的科研方向也随之调整，注重"增强力量"，以发生"实际的效果"为导向。[2]这使得战时中国大学的科研呈现出服务"抗战建国"的"经世"转向。

金大战时科研的开展可以明显看到经世致用的影响。全面抗战时期国家亟需教育机构提供实用型技术人才，每个学院都有比较鲜明、特色突出的科学研究或社会服务方向，这些研究或与军事需求有关，但更多是立足西南地方、服务社会的项目。如文学院之全面抗战史料编纂、幻灯编目、四川省手工业调查等科研项目；理学院在研究上侧重利用四川的铜、苏打、硫酸等制造杀虫剂，研究四川的农产物营养成分，研究电镀化学以及电影教育上关于无线电机件和幻灯的新方向；农学院到达四川后，更是新增加了研究项目51种之多。

---

① 欧元怀：《抗战十年来中国的大学教育》，《中华教育界》第1卷第1期，第7-15页。
② 徐翔之：《抗战中的大学教育》，《战时教育》第6期，第9-10页。

　　科研项目的增加，使金大教师将越来越多的精力投入研究，而不再以教学为主，这在一定程度上改变了中国大学科研和教学的关系。1942年，金大统计发现，文学院有44项研究，理学院当年承担了14个研究项目，这些项目都服务于战争时期国家的需要。农学院是承担科研项目最多的，达到了120个。金大教师中只有三分之一的人仍专注教学，其他三分之二的人都在进行各项目的研究学习。①

　　这种经世的努力，也体现在大学研究工作与政府和社会的密切合作上。例如对西南少数民族地区的研究、对县政问题的研究、办理汽车专修科等事业、调查成都周边农产品及农村经济等，都有国民政府或四川、贵州等地方政府的经费投入。文学院社会学系还与中国工业合作协会合作，为其培训班提供师资，并指定一名教授作为技术顾问。②国民政府推行"建教合作"，谋求教育与国防、生产建设事业之间的沟通，推动金大与各级政府的合作更加紧密。这既体现了大学的社会责任、服务国家全面抗战的需要，也通过与政府、社会的合作，为金大办学获得了资源和资金支持。这些科研项目的开展，既推动金大形成新的研究特色，也有效提升了大学的研究水平和社会影响。

　　为适应战时环境，西迁后的金陵大学在知识生产和传播上进行了调整，以"表现出适应力和为国家服务的精神"。研究的开展、课程的增设、人才的培养，都围绕服务抗战建国的现实需要，有利于增强民族意识、养成爱国观念，同时体现出立足西南、服务地方的特色。在1941年，金大支出超过三百万元，其中有三分之一以上用于面向国家需要的研究、推广和服务事业。陈裕光认为，可能在

---

① Minutes of the Emergency Executive Committee of the Board of Directors，July 1, 1942, Box 194, Folder 3364-00013, UBCHEA.

② Minutes of the Emergency Executive Committee of the Board of Directors，July 1, 1942, Box 194, Folder 3364-00013, UBCHEA.

中国没有一所大学像金大这样投入如此多的时间、人力和资金服务于中国民众的直接福祉。[①]

一、文科的转向：保护文化与注重应用

金大文学院在战时设有中国文学、外国文学、历史学、政治经济学、社会学、哲学心理学六个系，国文及图书馆学两专修科，此外还有文科研究所史学部及社会福利行政特别研究部。中国文化研究所虽是一个独立的研究机构，但也是金大文科的重要组成部分。长期担任文学院院长的刘国钧，对于文科教育有深刻理解。他认为"文史哲三门都是民族精神的源泉，一国文化的精华"，文科教育的主要目的，在于"学术的进步、知识的扩展、精神的修养和文化的创造"[②]。全面抗战时期，金大文科服务于全面抗战和地方建设，主要在以下五个方面开展工作。

中国文化研究　金大自1930年成立中国文化研究所以来，一直重视搜集各类文化资料、采访文献和古迹。西迁成都后，文研所于1938年将研究门类分成史学、民族学、考古学、目录学和东方学五门，但凡是研究中国文化可以依据的资料、史迹、古物，都为其尽力罗致的对象，目的在于"考古籍以求史，考古物以证史"。[③]这些工作以中国文化研究所为中心，也融入了历史、中文等多个相关学系的老师，研究者不仅重视实地调查和文献、古物的收集，也特别强调开展专题研究。其研究成果大多在《金陵学报》刊布。

---

① Minutes of the Emergency Executive Committee of the Board of Directors，July 1, 1942，Box 194, Folder 3364, UBCHEA.

② 刘国钧：《文科教育之精神》，《学思》1942年第1期，第5页。

③ 《学术及出版消息：金陵大学中国文化研究所概况》，《图书季刊》1940年第2卷第3期，第208-209页。

文研所的考古研究在西迁前以室内研究为主，尤其是对金大收藏的文物（主要是福开森捐赠的一批文物）进行研究。入川后，文研所的考古研究把重心转向室外，注重考古发掘，并因地制宜地参与古籍文物的抢救。

文研所对古物的抢救中一项标志性的工作是商承祚对长沙古墓尤其是楚墓出土器物的收购。1931年以来，长沙地区便不断有楚国墓葬被发现，大量从楚汉至明清的出土器物流出。受战乱影响，当地盗墓行为猖獗，常常有团伙盗挖古墓，盗售古物，尤以精美的漆木器、丝织物最甚。1938年春，商承祚路经长沙，从陈梦家先生处得知长沙地区大量古代器物流出的消息，遂决定留在长沙为金大文研所收集古物。商承祚是以学者的眼光来收集古物，常常不分巨细加以收集。同时，他又开展了墓葬勘查工作，寻找同墓所出器物，尽可能收集与器物相关的信息，以进行综合研究。[1]1940年10月，商承祚第二次来到长沙，这次他带来了四名工友，其中有两位拓片工和一位绘图工。与1938年时的情形不同，此时为防备日军空袭，很多崖墓被打开了，这使得此次寻访有了更大收获。特别是墓葬中的各类浮雕，对研究汉代石刻意义重大。[2]1941年3月，商承祚又一次前往长沙，此行他有三个目的：一是获取足够的出土古物，从而更好地理解楚国的伟大文明；二是随着汉口沦陷，包括学者在内的大量人口正在离开长沙，这给了金大这样的教会学校和科研机构以机会，在别人无暇顾及时开展研究；三是当时已有大批古物流散，由于此前的长沙大火，这些古物变得没有市场或价格低落，这个时候收购非常划算。商承祚到了长沙后，收集了一百多件有价值的古

---

[1] 田河：《劫后遗嘱 独辟蹊径——读〈长沙古物闻见记·续记〉》，《河西学院学报》2006年第3期，第75-79页。

[2] A Brief account of the Film a program University of Nanking, China, June 1941 to July 1946, Box 201, Folder 3438, UBCHEA.

物，并准备征集、借用其他长沙收藏家的古物，这使他写作《长沙古物闻见记·续记》有了很好的基础。这时，日军距离长沙只有两百里，长沙经常遭受日军猛烈轰炸，被视为战争前线，商承祚的勇气令人钦佩。利用这些收集和考察的成果，商承祚完成了《长沙古物闻见记》二卷和《楚漆器集》等研究工作，这些成果引起了广泛关注。朱自清、闻一多、宗白华等人认为金大文研所对长沙出土文物的抢救、整理与研究，"实文化事业之大幸也"。1943年金陵大学五十五周年校庆时，金大在成都举办了"长沙古器物展览"，其中战国时代的楚国漆器最为罕见，被认为与当时朝鲜乐浪出土的古器物相比毫不逊色。[1]

除了对湖南长沙楚国文化的关注，文研所对驻地四川也进行了文化考察，广泛收集笔记札记丛书，西迁成都后共搜集图书三万五千余册。由商承祚与刘铭恕教授带队，金大对新繁、新津、灌县、乐山、眉山、重庆等地都进行了实地考察，考察对象涵盖汉阙、崖墓、石刻、造象以及蜀汉碑刻、汉砖花纹等，后经过分类整理出版了《四川新津汉崖墓砖墓考略》《古画评三种总考》《崖墓稽古录》《本所所藏之西蜀砖甓研究》等著作。[2]文研所在成都期间考古研究成果丰硕，收集的漆器、铜器、丝革、金石等文物和拓片，总计达两千六百余种，极大丰富了文研所的文物收藏。金大战时在四川地区的考古工作意义深远，这些工作大大丰富了对西南地区的考古研究，大量文物的出土也为后来南京大学的考古学研究奠定了坚实基础。如今南京大学博物馆里的部分藏品就是那时积累的。[3]

---

① 《金陵大学中国文化研究所近讯》，《燕京学报》1946年第30期，第348-349页。

② 金陵大学编：《五年来之金陵大学文学院》，1943年，第14页。

③ 田河：《劫后遗嘱　独辟蹊径——读〈长沙古物闻见记·续记〉》，《河西学院学报》2006年第3期，第75-79页。

全面抗战期间，金大文研所通过各类收集、考察工作，在中国文化研究上取得了诸多成果。截至1946年，金大正式出版的研究成果有孙文青著、商承祚校订《南阳汉画像惠存》，商承祚《长沙古物闻见记》，王伊同《五朝门第》以及徐益棠《雷波小凉山之㑩㑩氏及边疆研究论丛》（二册）。尚未出版的包括刘铭恕《宋辽金元四朝札记》以及吕湘（即吕叔湘）《现代语文法研究》（上册已脱稿）。此外，因印刷困难未付梓的还有商承祚的《长沙漆器集》和《四川画像集存》两书。[1]

华西协合大学和齐鲁大学也都有自己从事中国文化研究的机构，金大与它们开展有密切合作。齐鲁大学原本就有国学研究所，自1939年迁至成都后，该所由顾颉刚主持。后因顾颉刚赴重庆任职于中央大学，该所改由钱穆接办。此后钱穆又因故离开成都，复由顾颉刚回校主持。该所主要出版有《齐大国学集刊》《责善半月刊》《甲骨学商史论丛》和《齐鲁学报》等。[2]华西协合大学也于1940年秋成立了中国文化研究所，主任由闻宥担任，研究工作分为历史学、语言学和人类学三类。韩儒林曾主持历史方面，语言方面主要是闻宥和杨汉先两先生主持。杨汉先是苗族人，著有《英汉苗文对照字典》，闻宥著有《羌语文法》。人类学方面则是刘咸和顾阆主持，顾阆也是医学院教授，主攻生理人类学，刘咸主攻文化人类学。[3]1941年春，金陵大学拟于秋季学期设立"国学讲座"席位，并邀请湖南大学杨树达教授来校主讲。因杨树达顾虑"道途太远，生活日高"而最终未能如愿。[4]1941年，哈佛燕京学社提议由

---

[1] 《金陵大学中国文化研究所近讯》，《燕京学报》1946年第30期，第348-349页。

[2] 《齐鲁大学国学研究所迁蓉后工作状况》，《燕京学报》1946年第30期，第348页。

[3] 《华西大学中国文化研究所近况》，《燕京学报》1946年第30期，第349-350页。

[4] 《杨树达致陈裕光函》，1941年7月27日，中国第二历史档案馆藏私立金陵大学档案，全宗号649，案卷号133。

金大、华大、齐大三所教会大学的中国文化研究所联合创办刊物，认为"此举是为了帮助提高中国出版物的标准及设法消除无数在质量和学术标准上不相称的出版物"①。这一提议经三校联席会议讨论通过，遂共同创办刊物《中国文化研究汇刊》（*Bulletin of Chinese Studies*），由三校各派三人共同组织出版委员会。《中国文化研究汇刊》每年出一卷，自1941年创办至1951年停刊，累计出版十卷。自1943年起，随着燕京大学在成都复校，该刊由四大学合编，亦自此年起（自第四卷始），为印刷便利起见，每卷分两册装订。②这一刊物主要发表各校文化研究所专任人员的研究文章，不接受外稿。文稿形式包括考证论文、调查报告、重要史料和书报评论等，编辑由各校研究所专家轮流担任，重点关注中国西部问题，关于西部边疆民族问题的研究尤为突出。

　　1940年，金大文学院创办《斯文》半月刊，"目的在研究学术、阐扬文化，并谋散居各方旧同籍通声息联络感情，内容每期约二至三万字，凡文学、哲学、史学及社会科学之作品，均得登载"，受到学界和社会人士的广泛好评。③

　　中日战事史料的编纂　全面抗战爆发后，金大文学院以中国文学系、史学系教师为基础，进行中日战事相关史料的收集。文学院特别设立了"中日战事史料辑纂委员会"来主持抗战史料的搜集与编纂。史料搜集的范围涵盖战争经过、外交始末、各地战事前后情况、抗战人员事迹、死难烈士等。史料类型包括官方文书、书籍、函牍、日记、照片、实物、碑志、剪报、传单、宣传品等，并编成

---

① 陶飞亚、刘家峰：《哈佛燕京学社与齐鲁大学的国学研究》，《文史哲》1999年第1期。

② 《成都基督教四大学联合创办中国文化研究汇刊》，《燕京学报》1946年第30期，第346-348页。

③ 《南大百年实录》编辑组编：《南大百年实录（中卷）：金陵大学史料选》，南京：南京大学出版社，2002年，第222页。

索引以及制作剪报。①

并非只有金大一所学校在战时从事中日战事史料的收集与编纂工作。1938年冬，国立西南联合大学和国立北平图书馆也曾在昆明合办"中日战事史料征辑会"，工作分为征集、整理两部分。征集工作，除在昆明就地进行外，并在重庆及沪港各地，派有专人收集各地出版之报纸、杂志和小册子等。但太平洋战争爆发后，沪港沦陷，该两处工作被迫停顿。两地存储之史料，亦未能运昆。

县政调查研究 金大的县政研究在20世纪30年代初即已展开。学校西迁前，金大的县政研究是由政治、经济、社会三系协作开展，属于综合性研究项目，研究领域涉及县级政治、经济、社会各个层面。金大西迁后，为了适应抗战建国的需要，县政研究的重心开始转向如何在非常时期提高县级行政机构的效率和改善乡村政治生态，研究地域也转向云南、贵州和四川等地区，且主要集中于四川。除了地缘上的便利，这和四川省政府对于金大的项目委托和经费支持是分不开的。1938年秋，金大师生曾赴新都实验县，对该县户口、土地清丈、经济建设等开展调查研究，并由高柳桥教授写成报告。1940年春，受四川省政府委托，金大师生前往宜宾、江安、庆符三县考察县政，并形成了详细的报告和改进建议。

经济调查和经济资料收集 为改善西南地区民生、稳定大后方经济秩序，金大社会学系、政治经济学系组成社会科学研究会，对四川省手工业经济状况开展了调查及改进的研究。1938年夏，在经济系教授的带领下，社会科学研究会完成了对自贡、嘉定、重庆、灌县等地食盐、绸业和粮食进出口行商的调查，形成了成都十种

---

① 《民国二十六年度金大文学院概况及迁蓉后事业——研究事业》，中国第二历史档案馆藏私立金陵大学档案，全宗号649，案卷号1625-0005。

小商业工资调查报告等。[1]1939年，金大又对温江、乐山、犍为、峨眉、资中和江津等地进行了调查。1940年春，在刘迺敬教授指导下，研究会完成对成都市棉织业的调查报告。在这些工作的基础上，1940年秋，金大发起成立经济资料研究室，搜集整理各类经济调查资料。1943年暑假，受四川省政府社会处及重庆社会部的委托，社会学系师生在皇城坝贫民区调查五百余户贫民劳工家庭并形成调查报告供当局参考。

边疆问题研究　　边疆问题研究在金大有着较好基础。1933年，徐益棠在法国巴黎大学获得博士学位后回国，任教于金陵大学。徐益棠师从有"20世纪法国民族学之父"之称的马塞尔·莫斯，主要从事民族学研究。此时的中国边疆地区，民族矛盾凸显，强邻环伺，危机重重。金大鉴于边疆问题的严峻局势，在教育部资助下设立边疆史地教席，请徐益棠主持。

国民政府对边疆稳定与建设也非常重视，蒙藏委员会创办了蒙藏政治训练班，以造就服务边疆工作的人才；参谋部、内政部、铨选部、教育部以及蒙藏委员会还联合组建了边疆政教制度委员会，以研究与边疆有关的一切政教制度；行政院还特别设立了新疆建设会，制定了《新疆建设计划大纲草案》。但当时社会上，对此积极响应的还不多。虽然有《新亚细亚》《时事月报》《国闻周报》《外交评论》《东方杂志》和《大公报》等刊物鼓吹呼号，但学术研究机构以及注重此类课程的学校还是寥寥无几。只有位于北平的私立中国大学设有边疆经济系，旨在为内蒙古一带培养商业人才。天津的南开大学经济研究所专门开展有对东北地区经济的研究。而对全国边疆问题开展整体研究，对于全国边疆服务人才做系统训练

---

[1]　Report of the college of Arts, July 1937 to January 1939, Box 194, Folder 3362-0012, UBCHEA.

的，当时还没有出现。因此，国民政府对金大设立边疆史地讲座以谋求彻底研究并制定具体计划的做法，"备极嘉尚"。[1]

徐益棠以民族学、边疆政治史、边区人文地理作为该教席的基本科目，在金大培养边疆问题人才，他还积极地计划和推行实地调查。1935年夏天，中国科学社暨中国地理学会等学术团体在南宁举行年会，徐益棠借机赴南宁，参观广西省对瑶族实施特种教育的成效，并实地考察了大藤峡地区瑶族的实况。徐益棠在南宁停留了三个星期，在瑶族聚居区考察了三十余日。通过这次实地考察，徐益棠提出对瑶民进行汉化，并非难事，而对于边疆的建设和边疆问题的解决，实行边民同化，是最根本最健全的策略。[2]

金大西迁成都后，徐益棠发扬重视实地考察的做法。他与各级政府开展合作，对四川等地的少数民族进行研究。徐益棠自己说，学校西迁"喘息甫定"，他即"努力赓续课程之充实与田野工作之开展"。他发现因为学校驻地"近边区"，因此"研究之机会暨多，训练之需要亦殷"，于是在教学之余，努力开展调查研究工作。四川省西南各边区荟萃着羌、戎、倮倮等多个少数民族，是研究民族文学和边疆问题的绝佳之地。社会学系主任柯象峰及徐益棠曾多次率领考察团至西康及峨马雷屏等地考察，搜集材料颇多。中华基督教会边疆服务部所组织的边疆服务团，每年也都有金大学生参加，使得金大对边疆问题的研究逐渐聚焦至西部的边疆问题。自国民政府内迁以后，中国西部从边缘一下跃居为中心，西部地区被视为中华民族复兴的关键所在，国民政府及西部各省区对边区研究都大力支持。在全面抗战时期，包括西北师范学院、贵阳师范学

---

[1]　徐益棠：《金陵大学边疆研究事业之经过》，《边疆研究通讯》1943年第2卷第2期，第1—2页。

[2]　徐益棠：《金陵大学边疆研究事业之经过》，《边疆研究通讯》1943年第2卷第2期，第1—2页。

院、云南大学、中山大学、大夏大学、华西协合大学和金陵大学等多所学校，都获得有国民政府边疆研究经费补助。[①]

全面抗战时期金大的边疆问题研究以"康藏问题"为研究重点，大致可分为两个阶段。从1938年至1941年为第一阶段，该阶段金大的边疆研究总体上侧重于边区研究资料的搜集与整理，学者间的分工合作还不明显，且边疆研究主要是为了配合国民政府的边疆建设计划。

1938年夏，西康省政府资助三千元，邀请金大派员调查西康的社会、经济和教育状况，尤其注重民族同化、边疆教育以及川康经济开发等问题。[②]金大由柯象峰和徐益棠两位教授领衔，加上两名学生助手，组成西康社会考察团，赴西康北部地区调查社会状况以收集有利于中国边疆问题研究的材料，这是"我国学术团体赴康之第一次工作"。在两位教授的组织下，考察团于1938年8月出发，先后赴甘孜、炉霍、道孚、泰宁、康定、泸定、汉源、荣经和雅安等地进行考察，直至12月底才算初步完成，前后共收集到各类实物样本52件、照片283帧[③]，为西康建省委员会提供了宝贵的了解材料。金陵大学还专门为这些标本相片举办展览会，唤醒民众关心边疆社会的意识。因为交通不便，这次考察没能绕道去康南，多少有些遗憾。1939年夏天，中华自然科学社曾组织过赴康南地区的考察团，他们也邀请了徐益棠，可惜徐益棠当时患病，亦未能成行。

1939年11月，金大社会学系在柯象峰带领下，开展了四川地区夷民生活的调查项目，旨在对峨边县彝族的社会生活概况进行调

---

①　《抗战期间的中国教育》，中国第二历史档案馆编：《中华民国史档案资料汇编·第五辑·第一编·教育（一）》，南京：江苏古籍出版社，1994年，第334页。

②　《民国二十六年度金大文学院概况及迁蓉后事业》，中国第二历史档案馆藏私立金陵大学档案，全宗号649，案卷号1625-0004。

③　Report of the college of Arts, July 1937 to January 1939, Box 194, Folder 3362-0012, UBCHEA.

查，这被认为是西迁后金大开展的第二个边区研究计划。考察团出发后，先后途经峨眉、龙池河、沙坪等地，在到达峨边后，在"夷民酋长"家停留了数日，详细询问了彝族的政治、经济、文化及社会组织等各个方面的特点，同时还亲身观察了彝族的婚丧祭礼等习俗，"并拍摄珍贵照片多帧，搜集标本，亦复不少"。①

1940年暑假，四川省政府又组织了雷马屏峨考察团，考察凉山地区的彝族社会。徐益棠作为金大的代表参加了该考察团，周历了雷波小凉山地区，耗时一个多月，撰写有《雷波小凉山之罗民》等研究文章。金大社会学系师生对于边疆研究兴趣高涨，他们不仅恢复了边疆学会，对彝族进行实地调查、资料搜集，以供政府推行新政作参考，还要求会员开展专题研究，并就收集到的参考材料编定目录，组织集体课外活动，分别编组小团体，从事考察、调查、编译等工作以及编辑出版边疆研究的专刊。②1944年夏，金大学生40余人还组织了边疆建设研究会，邀请徐益棠、黄瑞采、高钟润等教授公开演讲，报告边疆情况。③

1941年9月后，金大边疆问题研究进入一个新阶段，其标志即专门的边疆问题研究机构——边疆研究室的设立。1941年春，金大决定扩充文学院社会学系，增聘卫惠林教授担任该系社会组的工作。卫惠林此前曾任中山文化教育馆《民族学研究集刊》编辑多年，又曾游历青海、宁夏、河西、洮南地区，对西北民族问题很感兴趣。卫惠林到校之后，即开始考虑设立边疆研究室。9月，该研究室正式成立，由徐益棠、卫惠林教授共同主持。徐益棠谦虚地说："室内工作，均由卫先生主持之。"研究室的成立"使现在进行中之调

①　《西康番民文物展览》，《金陵大学校刊》第 246 号，1939 年 1 月 9 日。
②　《基督教大中学校闻：南京金陵大学校闻》，《教育季刊》1940 年第 16 卷第 2 期，第 58—59 页。
③　《边疆建设研究会成立》，《金陵大学校刊》第 341 号，1944 年 9 月 16 日。

查、搜集、研究、编辑、印刷等工作集于一处，成一有系统之研究机构"。[1]

边疆研究室主要是以中国边疆民族文化与边疆社会问题为研究范围。研究室主任和研究员都从社会学系边疆社会组教授中选聘，同时从校外聘请名誉研究员、通信研究员。边疆研究室的研究工作主要包括以下四个方面。一、室内研究。包括中国边疆研究书刊及论文目录卡片之编制；中国边疆社会研究资料之收集与整理；边疆人文地图之绘制；实地研究之准备与研究报告之整理和编制等。二、实地研究。包括中国西部边疆民族的调查与研究；中国西部各边疆语文的调查与研究；中国西部边疆社会文化工作的问题与试验等。三、出版及学术宣传。1942年初创办《边疆研究通讯》，为该研究室经常搜集研究资料的机关刊物，每两月出版一次；出版《金陵大学边疆研究专刊》，主要刊载实地研究及专门研究问题的报告，出版不定期；举办学术演讲会，该研究室的研究结果有应该向学术界或社会公开宣传的，就随时举行相关学术演讲会；举办边疆文物展览会，研究室通过实地考察所获得的文物标本及照片，每年至少作一次公开展览。四、边疆社会文化工作。包括边疆教育工作之设计与实验；边疆文化工作之设计与实验；边疆经济开发工作之设计与实验；边疆社会改进工作之设计与实验。[2]

到1943年边疆研究室建成两年后，徐益棠总结指出，该研究室搜集了许多边疆图书、杂志，建立了卡片目录，同时整理了各类器物标本、边疆地区照片。编印的《边疆研究通讯》也出版至第二卷，"颇受一般边疆学术界之美评"。而金大中国文化研究所，

---

① 《私立金陵大学文学院社会学系边疆社会组扩充计划》，中国第二历史档案馆藏教育部档案，全宗号五，案卷号5-13172。
② 《金陵大学文学院社会学系边疆研究室工作计划大纲草案》，《边疆研究通讯》1942年第1卷第1号，第11-12页。

"亦由作者（徐益棠——引者注）辑印边疆研究论丛，尤为国内各专家所称许"。①

金大的边疆问题研究，不仅在政治上积极配合了国民政府的边疆开发建设计划，也有在学术上赶超西方学界的想法。对于近代中国边疆民族问题的研究，可以说西方学者走在了中国学者的前面。如徐益棠所说："自鸦片战争以后，西人之旅行我中华者，年有增加，归则录其所见闻者以成书，虽精审者少，然经政府以及学术团体之奖掖与提倡，其中已不乏高明之作，而尤以1906年前后为最发达，盖其时吾国国势凌替，列强正谋蚕食我边疆之会也。"②当时一批边疆学者都对国内研究的落后状况深感不满，许多人希望借全面抗战内迁之机对边疆民族问题做一番细致的考察与研究，并在充分学术交流与合作的基础上做出一些开拓性成果，从而从西方学者手中收回对中国边疆研究的主导权。战时大学的内迁，使得对西南、西北边疆民族问题的研究更具有地缘的便利，学者们可以就地取材开展工作，这极大地推动了边疆问题研究工作的开展。柯象峰就指出"我国边疆之研究，已较英法俄日等国人士落后数十年，故吾人对于我国本身之边疆状况，其认识程度且不逮远甚"，因此希望学界能"急起直追"，并须在"时间上以及人力物力上着想，通力合作"。③

---

① 徐益棠：《金陵大学边疆研究事业之经过》，《边疆研究通讯》1943年第2卷第2期，第1-2页。
② 徐益棠：《十年来中国边疆民族研究之回顾与前瞻》，《边政公论》1942年第1卷第5、6合期。
③ 柯象峰：《中国边疆研究计划与方法之商榷》，《边政公论》1941年第1卷第1期。

二、理学的转向：技术支持与民众动员

在1942年12月21日金大总理纪念周上，魏学仁在报告中将金大理学院战时办学之方案总结为三条：一、增植理工人才，以适应国家需要；二、努力科学研究，以促进生产建设；三、推广科学教育，以增加科学常识。[1]根据自身专业特色和社会需求，金大理学院注重围绕抗战建国急需的人才和技术开展教学和科研，服务国家工业发展和抗战建设。

围绕战争急需的物资设备或技术知识，西迁后的理学院在研究领域有了明显拓展，对战时通信所急需的蓄电池的研发就是其中的代表。全面抗战时期国家对高质量、高耐用的蓄电池有巨大需求，但相关技术尚未攻克。为应对这一情况，金大理学院与交通部合作开展湿电池研制和生产项目。理学院由魏学仁院长领头、多位教授组成的委员会组织开展国产蓄电池的技术研发。同时，理学院也明确提出，任何教育机构都不能被商业化，尤其是在战争环境下，作为教育机构的研究团队应该寻求的是为国家利益做出贡献。对于研制成功、形成生产的产品，绝不能定高价、以获取利益为目标，而应以服务国家为宗旨。[2]该团队最终成功研发出隔层滤杯式蓄电池。这种蓄电池在滤杯内装置隔层，使锰氧粉不易堵塞细孔，因此电池电压保持稳定，电量大、耐用性强，甚至在总体性能上超过美国通用电气公司赖克兰电池。[3]金大与交通部在重庆合办中央湿电池制造厂，大量制造此蓄电池。此类电池以及其他各种电池器材，概由理

---

① 《魏学仁院长出席国父纪念周报告抗战以来理学院之事业》，《金陵大学校刊》第315号，1943年1月1日。

② Minutes of the Emergency Executive Committee of the Board of Directors, July 1, 1942, Box 194, Folder 3364-00013, UBCHEA.

③ 《抗战期间本校之新贡献》，《金陵大学校刊》第302号，1942年4月15日。

学院杨简初教授代为计划主持，该厂职员多由金大毕业生担任，在全面抗战期间为交通部及其附属机关生产蓄电池十四万余只，装备了电报和电话通信网络，约占该部当时电信方面总需求量的一半以上，不但解决了电信电源之困难问题，而且为国家节省巨额经费。全面抗战时期后方电信交通得以维持，该厂贡献甚大。政府考核审计等机关均认为该厂在管理及制造方面之效率，在公营工厂中不可多得。①

理学院在战时的研究项目也体现出很强的应用性与地方性。生物学系对西南地区动植物标本进行采集和整理，并接受国外研究机构委托进行动植物标本收集，取得丰硕成果。1938年，金大受美国斯密苏立恩研究院委托，邀集华西协合大学生物学系共赴四川西南地区采集动物标本，历时三月有余，所获颇丰，有哺乳动物三十余头、鸟类一百五十只，总数近三万种，其中颇多珍稀品种。②化学系提炼及采用四川土产资源制造各种工业原料，如醋酐、赤血盐、分馏杂醇等。为解决四川地区农业生产力低下的问题，理学院利用四川地区出产的铜、苏打及硫酸，生产硫酸铜用于灭菌杀毒，以防治农作物病虫害。

金大设有电化试验室，小规模制作漂白粉、双氧水等化学药品及工业品，制造纯硝酸、铵液、碳酸钾、硫酸钠等各种工业原料。仅1944年一年，理学院即"制造商用纯净之化学药品共二十市斤，电池产量为九万只"。理学院对四川糖业制作加以改良，研究自制雪白精糖。学生还组织"金陵化学工业社"，生产鞋油、墨水、肥皂、发油、润肤霜等日用品，一定程度上缓解了日用化工制品的紧缺。化学系的食物化学研究主攻我国主要食品的成分分析，此项目

① 《抗战期间理学院对于制造电池之贡献》，《金陵大学校刊》第359号，1947年3月15日。
② 《本校理学院研究事业之一般》，《金陵大学校刊》第258号，1939年5月5日。

西迁之前就已开展，入川后更加紧研究，并与霍普金斯大学合作研究维生素C。[①]理学院化学、物理、生物三系与四川省立仪器制造所合作研制仪器，并派员协助教育部筹设全国科学仪器制造所。理学院还与教育部合作，设厂办理无线电收音机的制造和修理，为社会生产紧缺的工业品。"此种种工作，一方面使学生有较充分之实习机会，一方面又应抗建艰苦阶段之急切需要。"1941年理学院的年度报告中指出，学校除开展教学科研外，还成功地举办了多家实验工厂，以服务全面抗战和地方需要。[②]

理学院中最有特色、服务全面抗战最有影响的莫过于电化教育。电化教育不仅是金大最具特色的学科专业之一，也是大学西迁后主动配合国家需要、进行社会服务和战争动员的专业。金大是中国电化教育的开创者。1936年，金大理学院即成立了教育电影部。[③]在20世纪30年代中期，孙明经成为金大教育电影事业的重要推动者。孙明经（1911—1992），出生于南京，1934年在金大理学院毕业后留校任教，致力于教育电影事业。作为金大物理系的毕业生，他不仅精通电影、电视的电子学原理和设备制作，还擅长教育电影的制作。1935年孙明经成为科学教育电影委员会的七名委员之一，1937年担任教育电影部副主任。[④]教育电影部成立后，孙明经拍摄了许多电影、照片，开"用电影和照片纪录国情调查和地理调查的

---

① 金陵大学编：《五十五年来之金陵大学》，1943年，第23页。

② Report of the college of Science for the year 1940 to 1941, May, 1941, Box 201, Folder 3435, UBCHEA.

③ 杨力、高广元、朱建中：《中国科教电影发展史》，上海：复旦大学出版社，2010年，第11页。

④ 孙明经1934年大学毕业于金陵大学物理系，论文题目为《光电管及其应用》，主要讲述了光电管在电视、电影等领域中的用途与发展。此外，他还曾协助杨简初教授，在中央大学物理系的实验室中，完成了中国人制出的第一套可以摄取、传输、观看的电视系统原理样机。

先河"。

利用电影在民众教育和动员中的优势进行宣传动员是教育电影部在战时承担的重要职责。1940年张润曾发表文章，指出教育电影在全面抗战中的新任务，应该包括八个方面：表现中华民族之伟大精神，暴露侵略者之野心与暴行，加强民众抗战情绪，培养民众必胜信念，灌输民众战时常识，指示民众战时组织，训练民众战时工作，鼓励民众生产建设等。同时他建议，考虑到战时很多电影制片厂关闭、人才匮乏等问题，除了利用国内已有基础加紧人才培养，应由政府向国外大批采购教育电影。[1]

以教育电影部为基础，金大大力推动教育电影的制作和播放，对广大民众进行抗战教育和战争动员，坚定大众抗战必胜的信念。一方面，当时教育电影技术人才奇缺。金大利用自身优势，从美国定购了大批电影摄影器材、放映器材，还积极为中国制片厂、国际宣传处、西北电影制片厂以及众多电台培养技术人员。[2]另一方面，全面抗战爆发后，"政治重于军事，后方重于前方""普遍地发动民众，实为军事胜利之主要条件"的认识被广为接受。集中军民意志，进行精神动员，成为"当务之急"。[3]为配合全面抗战需要，开展社会服务和战争动员，金大与教育部电影教育及播音教育两委员会合作，于1938年秋开办了电化教育专修科，培养电化教育专门人才。到1943年，教育电影部已摄制教育电影百余部，复制电影千余部。金大曾大批量接收同盟国制作的幻灯片，其中包括《战争新闻》《飞虎》《美国海军保护太平洋航线》《中国空军学生在美国

---

[1]　张润：《抗战中的教育电影》，《教育与民众》1940年第9卷第10期，第5-8页。
[2]　《金大电影部及电化教育专修科：新到大批设备》，《电影与播音》1942年第1卷第5期，第1页。
[3]　魏学仁、郭有守：《今后二年之电影教育》，《建国教育》1939年第1卷第2期，第155-159页。

受训》《麦克阿瑟将军生平事迹》《英国皇家空军轰炸队》《英国皇室》《美国全民动员》《森林的故事》《美国海军陆战队》《英国特种袭击队》《美国出产巨量军事原料》《英国战时生产》《英海军中之巨舰》等。金大将这批影片在华西坝广场上进行过多次公开放映。放映时加以流利国语讲白，配入背景音乐，由强力公共演讲机播音，每次观众均在五千人以上。[①]全面抗战期间，理学院曾数次与四川教育厅合作，派员深入边区普及放映影片宣传全面抗战，效果至宏。

　　表2-5展示了1943—1944年度金大教育电影部在成都区放映影片的大致状况。两年里每年观众人数都超过了五十万，社会影响广泛。这一时期电影部的工作还取得了六方面突破：（1）1943年度放演工作完全集中在成都区，1944年展开重庆区服务；（2）成都区放演次数由220次增至540次；（3）全部观众总数由59万余人增至80万余人；（4）成都区课室放演次数由16次增至69次，可见大学教授已注意利用电影加强教学；（5）成都区特约放演由72次增至308次，可见社会人士已普遍注意电影之社会教育价值；（6）成都区之外县放演由12次增至31次，可见电教推行范围已大为推广。1943年金陵大学庆祝建校五十五周年之际，金大曾就电化教育进行展览，主题为"人类如何记录""人类如何通讯""我们如何教学"。据统计，两天的时间，参观者竟有三十余万人之多，可谓极一时之盛。[②]1944年，教育电影部在重庆、成都两地就放映电影829场，观众人数达到80万人次，在民众中影响巨大。

---

① 《金陵大学电影部已收到同盟国幻灯软片》，《电影与播音》1942年第1卷第7、8期，第39页。
② 《金陵大学五十五周年纪念展览：电化教育部门内容述要》，《电影与播音》1943年第2卷第4期，第10-11页。

表2-5　1943—1944年度金陵大学理学院电影部成都区放演分类统计

放演类别	1944 年		1943 年	
	次数	观众	次数	观众
课室放演	69	1 767	16	1 121
教学电影	27	4 446	27	3 450
大学电影	1	600	7	5 024
露天放演	13	88 720	18	124 830
特约放演	308	182 465	72	73 342
扩音机服务	15	12 823	23	314 500
外县放演	31	105 397	12	53 290
其他放演	76	3 868	45	18 508
总计	540	517 490	220	594 065

资料来源：《三十二年度及三十三年度金陵大学理学院电影部成都区放演分类统计》，《电影与播音》1945 年第 4 卷第 1 期，第 28 页。

　　1941年9月，我国有一次观测日全食现象的机会，日食从新疆开始，斜贯全国人口最密集的地区，到福建出海。中国组织了十二人的观测队，以中央研究院张钰哲为队长，金大魏学仁为副队长；金大理学院还派潘澄侯教授、物理系讲师胡玉章和影专助教区永祥随天文学家们前往甘肃临洮县拍摄。[①]由于金大重庆分校遭日军轰炸，魏学仁须留渝办理善后，不克脱身，"临洮之行，终作罢议，队中同人，咸以未得魏君之亲临指导为憾"。在这次日全食拍摄中，区永祥把摄像机放置在飞机上，随机升空拍摄，他也成为中国航拍日食第一人。

　　金大教育电影部还与教育部合作，致力于给中学播放具有教育意义的电影。美国洛克菲勒基金会对此也表现了赞许和兴趣，并加大了对此的支持力度。[②]1944年，金大受联合国新闻宣传处的委托，

①　赵惠康、孙健三：《20 世纪上半叶金陵大学的两次拍摄日全食电影查考》，《电化教育研究》2012 年第 3 期。
②　Minutes of the Emergency Executive Committee of the Board of Directors，July 1, 1942, Box 194, Folder 3364–00013, UBCHEA.

在成都成立影片流通处。理学院教育电影部代办川西和西康流通处事业。1945年度成立放映站80处，共放映2 800余次，观众达300万人。①航空军士学校、航空研究院、国际电台训练班、航空通信人员训练班、空军幼年学校、成都国货公司、航空机械学校、航空电机制造厂、燕京大学、航空机械制造厂等单位还请金大电影部为其专场放映教育电影。②

1942年3月，孙明经在金大创办并主编了《电影与播音》月刊（后改成《影音》）。该刊内容充实、思想先进，受到社会各界广泛好评。《电影与播音》前后历时七年，共出版了六卷六十三期，是电影、播音与电化教育方面我国高校主办的第一种学术刊物。

金大理学院因在理工人才培养和全面抗战建设方面的贡献，曾多次被教育部予以表彰。教育部在训令中称，金大理学院"管理极有效率，教学科研取得显著成绩，实验工厂也很好地完成了国家急需物资的生产任务"。1943年11月12日是中国的社会教育日，教育部在当天对理学院电化教育工作给予了充分肯定。③1944年，教育部派员视察理学院重庆部分，对理学院办学成绩多有嘉勉："该院在经济困难情形下，苦心支持，并与政府机关取得技术及物力上之合作，院务顺利进行，学风纯良，学生亦肯潜心学业，甚属难得。"④

三、农学院：从研究到推广

农学院对本地环境的依赖更为显著。在西迁成都后，农学院

---

① 金陵大学编：《金陵大学六十周年纪念册》，1948年，第35页。
② 《金大电教：推广电影教育》，《电影与播音》第1卷第7、8期，第37页。
③ 《南大百年实录》编辑组编：《南大百年实录（中卷）：金陵大学史料选》，南京：南京大学出版社，2002年，第239页。
④ 《教育部训令嘉勉本校理学院》，《金陵大学校刊》第344号，1944年12月16日。

认为，大后方尤其是四川的农业生产和农村经济对中国全面抗战的最终胜利是重要的支撑，农学院也把科研重心转向了四川地区的农业问题，因地制宜地开展农业调查、科技攻关和技术推广，把稳定大后方农业生产作为首要工作。农学院院长章之汶即指出，粮食生产是战时大后方最重要的四件事情之一，而"粮食之供给，不得不仰赖四川、贵州、云南、广西诸省"。作为农业大省的四川，对提升农业水准也有现实的强烈需求，这给农学院提供了广阔的用武空间。金大农学院甚至认为，四川的农业结构为他们提供了一个无与伦比的机会。章之汶曾亲自去西北、西南等大后方地区考察，发现："独有四川，土地肥沃，农产物应有尽有：如农作物方面的稻、麦、棉、玉蜀黍等，都有大量生产；园艺方面，有柑橘、榨菜、萝卜、青菜等，不但出产甚多，且极可口；森林方面，胡桃很多，其木料可制枪托，他若油桐、漆树等也长得很多。畜牧方面，猪牛鸡等不但好而且多。至于特种作物如烟草及蔗糖，产量均多。南北各省所出的物产，四川都出，真不愧'天府之国'。"[1]金大农学院不仅能在民族危亡时为国家提供服务、做出贡献，与当地政府的合作，也让农学院的事业范围变得更广阔。[2]

1938年3月金大在成都开学后，农学院即积极与校外合作，致力于各项农事教育工作。（1）参加四川省政府通、南、巴三县熟荒考察团。由乡村教育系包望敏教授前往，自三月初出发，至四月间始返校。（2）举行农村经济及农产物价值调查。农学院农业经济系与四川省建设厅合作，调查研究成都人民生活费用及重庆物价与商业

---

[1] 吴国正、韩文彬记录：《从农村合作事业的重要说到农村工作人员应有的努力：金陵大学农学院院长章之汶教授在本所纪念周讲演词》，《合训周刊》第14期，1938年3月，第113-115页。

[2] Report of the college of Agriculture and Forestry of the University of Nanking, from the fall of 1937 to January 1939, Box 194, Folder 3362-0044, UBCHEA.

活动等事项，后又与四川省粮食管理委员会合作，办理四川省的食粮与农产物价值以及农民购买力等项的调查。（3）参加四川省农村合作人员训练所的教学培训。四川省农村合作人员训练所开办后，其关于农业经济学及合作学的专业课程，由农学院农业经济系教授乔启明、杨蔚等担任教学工作，为期四个月。（4）协助华西协合大学农业专修班教学。1938年春季起，华西协合大学农业专修班商请金大农学院协助教学，其中大约有四分之三的课程，都是由金大农学院的教员来担任的。（5）举行农林常识广播演讲。自金大西迁成都后，交通部成都广播电台商请金大农学院于每星期四下午五点半至六点派员前往广播农林常识，为期四个月。农学院安排了各系、专业的教授轮流前往讲述农林的各项重要问题。（6）参加华北农村建设协进会的工作。金大农学院与清华、南开、燕京等大学以及中华平民教育委员会等共同组织了华北农村建设协进会，由金大农学院担任农业改良的工作。全面抗战后，该会搬迁至贵州定番，金大农学院仍然派遣原农业专修科主任章元玮前往驻会工作。（7）举办合作讲习会。金大农业经济系举办合作讲习会，招收生长于乡村、具有中学文化程度或者实际从事合作事业的人员为会员，提供三个星期的专门训练。（8）参加教育部农村教师讲习会。教育部于1938年夏起，举行川、滇、黔三省农业职业学校教师暑期讲习会。金大农学院曾派遣多位教员前往任教，农学院院长章之汶曾担任该讲习会教务副主任，农艺系主任王绶、农业经济研究部主任孙文郁、植物病理研究室主任俞大绂、森林系主任朱会芳以及乡村教育系包望敏教授等都曾在该处任教。（9）参加四川仁寿县暑期教师讲习会。金大农学院附设的农业专修科，西迁后没有留在成都，而是驻于仁寿县。仁寿县政府利用此机会举办暑期教师讲习会，农业专修科的教员都曾参加该讲习会的教学或讲演。①直到1941年，农业专修科才由仁寿迁返成都上课。当时即有人评价说："金大农学院的事业，更可以在全川各地都看见了。"②

金大农学院历来高度重视研究工作，在1938年，学院经费中用于具体研究项目的大约占54%，用于教学方面的则占28%，而用于推广方面的占18%。③农学院师生努力克服局限，因地制宜，就地取材开展研究，取得了丰硕的研究成果。1941年，农学院在报告中指出，农学院有着广泛的研究项目，全院所有全职教授都要承担一至两项与自身教学直接相关的研究项目，以便让教学课目更为实用和充实。同时，所有研究成果都要向公众推广，以提升研究成果的使用率。农学院出版了一本70页厚的项目介绍册，其中涉及118个研究项目，包括农业经济学项目12个、农学项目58个、林业项目11个、园艺项目13个、应用生物学项目11个、蚕业项目3个以及农业教育项目3个。④鉴于农学院研究工作取得的成绩，美国洛氏基金会拨款美金七千元，补助金大农科研究所。

西迁后的农学院在研究方式上注重综合性。与原有专题研究不同，综合研究更强调跨系科的协作，形成系统研究工程。不同学科背景的研究者围绕一个农学课题展开分工合作，从选种、栽培、防霉、加工、贮藏以及运输等多个方面解决问题。1943年春，农学院鉴于此前的研究过于零碎，颇少联系，决定由专题研究改为综合研究，并以生产事业为中心目标，建立跨系的课题攻关组合。在1943

---

① 《金陵大学农学院实施社会教育工作概况》，《农林新报》1938年第15卷第28—29期，第45-48页。
② 筱韫：《抗战中的金陵大学》，《民意（汉口）》1940年第153期，第10-13页。
③ 《金陵大学农学院实施社会教育工作概况》，《农林新报》1938年第15卷第28—29期，第45-48页。
④ Annual report the College of Agriculture Forestry the University of Nanking, June 1940 to July 1941, Box 199, Folder 3410, UBCHEA.

年3月3日的农学院院务会议上，确定了六个研究小组及其研究人员，具体人员配备如下：

（1）稻作改良研究会：吴绍骙（主席）、林查理、金聿、马育华、黄瑞采、高立民、梅籍芳、程淦藩、焦启源、潘鸿声、魏景超；

（2）小麦改良研究会：靳自重（主席）、王焕如、马育华、黄瑞采、徐文园、陈维、梅籍芳、焦启源、潘鸿声、魏景超；

（3）棉作改良研究会：郝钦铭（主席）、林查理、凌立、马育华、黄瑞采、焦启源、曾省之、潘鸿声；

（4）柑橘改良研究会：沈隽（主席）、朱雄、吴乾纪、林传光、周本瑾、胡昌炽、胡国显、黄瑞采、焦启源、齐兆生、潘鸿声；

（5）烟叶改良研究会：黄瑞采（主席）、吴绍骙、凌立、曾省之、焦启源、靳自重；

（6）调查委员会：卜凯（主席）、辛润棠、吴绍骙、周蓄源、胡昌炽、黄瑞采、齐兆生、潘鸿声。[①]

农学院西迁后加大了对果树等园艺的研究，尤其是对四川本地园艺的研究。1939年起，农学院在教育部资助下增设园艺职业师资科，并于1940年正式招生，该科前后有五年的办学历史。全面抗战前农学院在南京附近进行的果树研究主要涉及梨、桃等，到成都后很快转向研究当地的柑橘。四川的柑橘以往都是实生繁殖，品质劣，果形扁，口感差，在市场上没有竞争力。受农产促进委员会之托，农学院研究四川柑橘品种及贮藏改良方法，不仅研究柑橘的生长以及病虫害防治，还关注柑橘包装、储存方法的改良。这项研究

---

① 《农学院各组研究会委员人员推定》，《金陵大学校刊》第319号，1943年4月1日，第4页。

也得到美国洛氏基金会和中国文化教育基金董事会的资助。[①]金大教师发现，当地通常采用土窖贮藏采摘下来的柑橘，其腐败率在50%以上。农学院试验了四种改良的贮存办法，跟踪观察各方法的效果。1937年，美国加州产柑橘共值1.07亿美金。陈裕光在1940年2月说："本校园艺系，年来对于川省柑橘的选种、育苗、储藏及运输正在加紧研究。十年后将改良柑橘，推及全省，苟能运用得法，则将来的四川，就是美国的加州，或且驾而上之。"[②]1938年，在美国加州大学任职的章文才回到母校担任果树学教授，他带领学生在四川江津、南充、巴县、温江等地进行柑橘选种，并在江津真武场和成都华西坝建立两处母本园，繁殖推广。农学院还在江津和四川简阳建立柑橘推广示范场，进行柑橘良种繁殖、防腐保鲜、贮藏加工的推广示范。[③]1940年，农学院园艺系专门举办了四川省柑橘改良事业展览会。1943年，为推动中印两国文化合作，印度政府特派钱庞来到金大农学院研究蔬菜园艺。

金大在农业育种和良种推广上有着长期优势和突出成绩，曾在小麦、水稻、棉花、大麦、高粱等作物领域培育出诸多优良品种。西迁后，农学院将这些良种在四川各地大力推广，极大提升了农作物产量。此前在南京培育多年的改良种子"金大2905号"小麦被带到了成都，经过四川省农业厅的分发，1939年在四川36个县90 599亩的土地进行种植，平均产量较当地品种增加29%，使得农业收成

---

① 奋生：《金陵大学农学院柑橘改进事业展览会纪略》，《农林新报》第17卷第16—18期，第39-40页。

② 《本学期第一次纪念周陈校长讲教育的整个性》，《金陵大学校刊》第271号，1940年3月10日。

③ 金陵大学南京校友会编：《金陵大学建校一百周年纪念册》，南京：南京大学出版社，1988年，第306页。

大为提高。[1]据1941年《中央日报》报道，"金大2905号"小麦自1937年在四川推广，到1941年共种植27 727.3公顷，增产收益折合法币415万余元。粮食依然是战争的生命线，农学院组织力量对四川的稻、麦等粮食作物进行育种、栽培方式等的改良研究。受惠于华西协合大学和四川省政府的帮助，农学院获得了一百亩的土地来进行育种实验。农学院还与当地农民订立合约，由金大农艺系为农户提供种子，农户在收获后将新种卖回给农艺系。[2]

农学院还注重研究药用植物和经济作物，如四川地区比较常见的棉花、桐油、白蜡、黄莲、橡胶以及烟叶等。1939年，农学院森林系调查了老师们最近的研究著作，计有：研究报告《中国中部木材之强度试验》《中国北部森林之摧残与其后变为沙漠状况之关系》《大渡河上沥森林概况机器开发之刍议》《四川省邛名雅荣四县茶叶调查报告》《四川森林问题之重要机器发展》《增进四川桐油生产方策之拟议》《竹材造纸原料之检讨》《竹类栽培与竹类造纸》《油桐与漆树》等。[3]农学院还与西康省政府合办全省蚕桑选种及改良试验。1940年，农学院受财政部委托研究烟草改良，推广烟叶良种，优化栽培技术，由农艺系汤湘雨教授任烟草改良委员会主席。不幸的是，汤湘雨1941年9月在四川雅安因沉船而遇难。1942年，农林部中央林业实验所与农学院森林系合作，研究木材燃料。

农学院注重将研究、教学和推广三者相结合，"夫新农业之研究，必须辅之以新农业之推行，研究方能合乎实际，不至有闭门造车之弊，研究结果倘能推行尽利，实际农业经营及农民生活始有改

---

① Annual report the College of Agriculture Forestry the University of Nanking, June 1940 to July 1941, Box 199, Folder 3410, UBCHEA.

② Report of the college of Agriculture and Forestry of the University of Nanking, from the fall of 1937 to January 1939, Box 194, Folder 3362-0044, UBCHEA.

③ 《金陵大学农学院森林系最近著作物一览》，《农林新报》1939年第16卷第6—8期，第95-97页。

善之可能"。①金大因此也被视为"最关心乡下同胞生活的一个大学"。农学院本部及农业专修科均开设有农业推广学程，为国内各大学农学院所仅有。金大农科毕业生从事于推广与乡建工作者约占全数毕业生的三分之一。②金大战前曾在安徽乌江地方办有农业推广试验区，对于改进当地农业生产和农民生活成效显著。农学院设有专门的推广部，1938年后推广部设主任及总干事各一人，其下分生产、经济、教育、总务四组，各组设干事一人至数人，负责执行各项推广事务。③农学院利用当地条件继续开展农业调查与农业推广，所获成果颇丰。到了成都后，农学院认识到周边几个县中，"温江为川西平原首要之区，地势平坦，人口密集，足资代表本省平原地带""仁寿在川省西南部，系一山区，地域辽阔，农产繁多，颇堪代表本省山区情形""成渝公路适宜研究公路沿线农业推广，经过各县贫富不同，风土亦殊""以上三处与成都本院之交通联络均称便利，且初步准备工作业已开展"。④金大与中央农产促进委员会合作，于1938年合建了温江县农业推广试验区，开展以县为单位的推广制度研究。在温江设立的试验区，"联合当地教会以及地方各机关，共同倡办合作事业，推广优良种子，并指导民众讲究卫生，藉以帮助当地老百姓能慢慢把日子过好些"。⑤同年又与农促会合建了仁寿农业推广试验区，金大农业专修科西迁后也在仁寿开学，以该

---

① 《金陵大学农学院农业推广研究计划》，《农林新报》1938年第15卷第32—33期，第3-5页。

② 《南大百年实录》编辑组编：《南大百年实录（中卷）：金陵大学史料选》，南京：南京大学出版社，2002年，第283页。

③ 包望敏：《现阶段金陵大学农业推广部事业概况》，《农业推广通讯》1939年第1卷第5期，第22-26页。

④ 《金陵大学农学院农业推广研究计划》，《农林新报》1938年第15卷第32—33期，第3-5页。

⑤ 《教会消息：金陵大学在温江设立实验区》，《田家半月刊》1938年第5卷第23期，第6页。

地作为试验中心，开展推广工作。

农学院事业的开展有赖于与其他机构的合作，农学院每年有一半的经费开支来自国内外的合作机构。在1941年时，这类机构就有二十多个，包括与教育部合作培养园艺师资，与农林部合作训练蚕业养殖的工人，与财政部合作开展改良烟草的项目，与中央农业改良机构合作展开小麦病虫害防治和种子改良研究，与国家农产促进委员会合作培训推广工人、培育良种、进行推广试验、开展脐橙品种改良等；与四川省政府合作，研究该省的土地类型以及对该省农业学校进行监管；接受洛克菲勒基金会提供的经济援助，用于研究农业经济学、柑橘改良和推广等；接受中国水稻疾病研究基金会提供的经济援助、接受英国庚款委员会提供的资助，用于兽医科学研究等。[1]在1942学年，农学院与各类机构合作的经费达到87万元以上。这些合作不仅为学科发展获得了经费支撑，也成为服务国家建设和社会经济发展的重要内容。

1943年2月5日是农历大年初一，农学院在成都举行了庆祝建院三十周年典礼。四川省长张群到校致辞，蒋介石、林森、孔祥熙等政府要人纷纷致电祝贺。蒋介石在贺电中称："该院成立以来，作育农业人才，改进农产品种，久负声誉。"此前，教育部长陈立夫写信给陈裕光，对该院对于中国农业发展的贡献备极称赞。"该校农学院创立三十年，成绩卓著，教学辛勤，观成不易，深盼今后益宏国父地尽其利之遗教，以赞经济建设之宏规。讲明农学，作育人才，以裕民生，而扬校誉，本部长有厚望焉。"[2]教育部训令称："查该校农学院在国内高等农业教育机关中，历史最为悠久。历来培

---

① Report the College of Agriculture Forestry the University of Nanking，1940 to 1941，Box 199，Folder 3410，UBCHEA.

② 《陈立夫致陈裕光、章之汶电》，1943年1月21日，中国第二历史档案馆藏私立金陵大学档案，全宗号649，案卷号68。

养农业人才，倡导农业改进，增加农业生产，裨益民生，功效昭著。
兹值该院成立三十周年纪念，应予褒奖，以资鼓励。"①在庆祝活
动中，农学院举行了专门的展览会。展览包括四个部分：（1）改良
柑橘事业；（2）"金大2905号"小麦；（3）彭县农村经济概况；
（4）农学院出版物。农学院藉此开展筹募奖学基金，截至该年秋
天，共募集国币55万余元，美金7 000余元。

金大农学院为中国农业科技人才培养做出重要贡献。农学院创
办30年来，共毕业学生1853人，其中研究生毕业四班共14人，大学
本部毕业25班663人，农业专修科毕业18班629人，其他短期训练班
毕业15班547人。毕业生从事其所学者占95%以上，每年毕业生均供
不应求。毕业生中先后留学欧美者130余人，占全国留学欧美专攻农
学者40%以上。1945年，农林部举办赴美农业技术实习人员考试，
金大农学院各系教授讲师及毕业校友保送应试者共约百人。最后有
160人入选，其中金大毕业生有61人，约占38%，居国内各大学之
冠。②

重视科研和应用推广，加强与国内外机构的合作，是全面抗战
时期金陵大学的重要办学特色。根据亚联董档中金大紧急执行委员
会的会议记录以及1938年至1942年文理农三学院的年度报告，笔者
整理了1938年至1944年金大开展的研究项目（附录二），基本上反
映了华西坝时期金陵大学科研项目的全貌。在记录在案的110项研究
项目中，与政府各级机构的合作项目占据了重要部分。

---

① 《教育部训令为褒奖本校农学院由》，1943年1月25日，中国第二历史档案馆藏
私立金陵大学档案，全宗号649，案卷号68。
② 《农林部考选出国实习，本校应试同学录取最多》，《金陵大学校刊》第345号，
1945年1月16日。

第四节 战时校园生活与校园文化

一、压力下的战时师生物质生活

相比于南京时期稳定的社会经济情况，华西坝时期的金大办学条件要艰苦得多。战时学校的财政状况、国家与周遭社会的情形都与战前迥异，这些给教职员和广大学生的生活带来了很大压力。

金陵大学曾选取本校30位教职员作为对象进行研究，在全面抗战爆发前，金大教职员是一个高收入群体，月薪平均为144.6元，收入是家庭年支出的2.5倍。战时西迁后，教职员的收入水平开始持续下降。金大财务部门在1938年6月30日报告学校的财政状况时指出，自1937年9月以来，教职员薪水已被削减50%—70%之多。由于战争影响和大量外来人口的涌入，成都的各项生活成本都有明显上升，因此学校应设法提高教职员的薪水。[1]在1939年2月召开的金大紧急执行委员会会议上，陈裕光指出，学校教职员已经有三年没有加薪，并且薪水还被折减，在当前生活成本不断上涨的情况下，广大教职员难以维持生活。尽管如此，紧急执行委员会也只同意给月薪在100元以下的教职员每月加薪2—10元。这一措施虽然体现了金大对学校低收入群体的关心，但当时学校经费的困难和教职员生活的不易也表露无遗。[2]

直到1939年秋季，金大才将教职员薪水调回到战前水平。[3]从薪水角度看，似乎暂时渡过了战时最困难的时期。但是学校和教职员

---

[1] Minutes of the Emergency Executive Committee,October 17,1938, Box 194, Folder 0061-0036, UBCHEA.

[2] Minutes of the Emergency Executive Committee,February 4,1939, Box 194, Folder 3362-0003, UBCHEA.

[3] Minutes of the Emergency Executive Committee in Chengtu, December 15, 1939, Box 194, Folder 3362-0075, UBCHEA.

都清楚地知道，对大家的生活，"很明显地这一措施没能提供足够的帮助""必须制定其他的政策，通过经济援助的方式，特别是对于那些有较少经济手段的人"。1938年西迁之初，学校有不少物资散落在昆明、重庆等地。其中滞留昆明的物资，直到1938年10月才由金大花了六个星期用卡车运回成都。金大师生一方面要在日军轰炸威胁、交通中断、物资运输不畅的情况下煎熬；另一方面，1939年后大后方物价开始飞涨，成都生活成本逐年快速增高，让学校的"每一个人都焦虑，尤其是薪水较低的人"。①战时生活成本抬高，工资虽有恢复，却越来越不敷日用。根据农学院的调查统计，成都生活费指数在全面抗战初年较为稳定，1939年6月仅是两年前的1.18倍。但从1939年秋天起，生活费指数开始快速上涨，从该年6月的118上涨到12月的206，1940年底达到755，1942年底更是达到5 585，三年多时间增长了40余倍。在这种局面下，教职员收入的购买力在全面抗战中期持续快速下降。从1939年初开始，教职员的生活成本快速增加，而工资则几乎没有变化。到1940年3月，教职员的生活费开支超过了工资收入，生活出现赤字。到1940年下半年，教职员月入已不足生活费开支的一半。金大考虑为教职员在薪水之外给予补助，初步计划的补助额度大约是每月薪水的20%—50%，并向低薪群体倾斜。陈裕光在1939年年底也指出，因为学校薪水规定的限制，无法吸引一些出色的教授来校任教，应该考虑设立特殊的教席、提供特殊的待遇来解决这个问题。②

　　1941年，中央银行经济研究处对战时各阶层收入变化进行比较，以1938年实际收入为基数100，到1940年，四川省佣工实际工

① Minutes of the Emergency Executive Committee in Chengtu, December 15, 1939, Box 194, Folder 3362-0075, UBCHEA.

② Minutes of the Emergency Executive Committee in Chengtu, December 15, 1939, Box 194, Folder 3362-0075, UBCHEA.

资增至134.8，成都木工为89.4，而成都市大学教授实际工资则降至30.7。[①]这显示出，在全面抗战初期各阶层收入的升降中，大学教职员实际收入下降迅猛。金大农业经济系教授乔启明的研究也有类似结论。乔启明指出，以1937年上半年薪津基准为100，到1941年6月，成都大学教授薪津已跌至14.8；在同时期，成都木工实际工资指数仅跌至89.4。教授薪津的购买力已不足战前的15%。[②]他指出："需要很少训练或无需训练的职业，它能随时适应物价的变动而调整薪资。凡需要长期高深训练职业的薪金调整最缓。"从而造成了这种"脑体倒挂"的局面。在1940年，金大农学院即有34名教职员离职，其中绝大多数都是无法维持生活的低级教职员。1940年9月，陈裕光在写给齐兆昌的信中称："此间米价日益高涨，每石售至一百九十元，其他百物均昂贵，诚有'长安不易居'之讯。"[③]

为了维持教职员生活，在1940年3月召集的第六次紧急执行委员会的会议上，金大决定给所有教职员提供现金补助，不过总体花费要控制在国币12 000元以内，数额非常有限。同时，对于从海外学习、进修回来的教职员，因目前的薪水只与其学位挂钩而没有考虑他们出国学习前在校服务的时间，也做出增加的调整：出国之前在校服务时间在2至5年的教职员，每月薪水增加5元；5至8年的，增加10元；9至11年的，增加15元；12年以上的增加20元。该调整同时也兼顾在国内学习、进修的教员。在国内进行过研究生教育或拿到学位的人，每月能拿到70元的基本薪水，而进行过1至2年学习但是没有拿到学位的人，每月薪水增加15元；拿到了文、理学硕士的教职

[①] 中国银行经济研究处编印：《战时工资问题之检讨》，《经济情报丛刊》第4辑，1941年5月。

[②] 乔启明：《抗战对于各界人民生活之影响》，《中农月刊》1941年第2卷第8期。

[③] 《陈裕光致齐兆昌函》，1940年9月28日，中国第二历史档案馆藏私立金陵大学档案，全宗号649，案卷号366。

员，每月薪水增加30元。①对于教职员具体的生活补贴数额，1940年12月第八次紧急执行委员会还进行了一次调整。根据此次会议，原定的补贴标准是每位教职员每月补贴15元，但考虑到照顾低收入群体，此次会议决定调整为：月薪在99元以下的教职员，每月补贴40元；月薪100元—199元的教职员补贴35元，月薪200元以上的教职员补贴30元。同时，会议进一步指出，即便增加补贴，教职员还是需要更多的帮助。学校正在紧跟政府制定的大米补助计划。政府的计划是给每个家庭的每位成年人1斗米，按照1斗米10块钱的比率，不同机构会得到相应的经济或实物（米）补助。金大则决定为每位成年教职员以及家庭中的一位亲属提供补助，父亲、母亲、丈夫、妻子或子女都将得到1斗米的补助，当子女小于10岁时，只能补助半斗米，子女小于2岁则不提供补助。1940年秋季，学校还购买了500吨大米储存在温江，一旦运到成都后就会马上发放给教职员。教育部为此也给金大拨款2万元。②

如果单从上述不断增加薪水、补助甚至提供米贴的政策看，似乎教职员的生活得到了很好的照顾。虽然有各种补助政策，但物价上升的速度更快，学校没有能力紧跟物价上涨的速度给教职员增发薪水。到1942年，金大教职员的收入只能支持家庭三分之一的开支。

战时各种补助政策使得金大教职员的收入结构较战前有了较大变化。教职员薪津由基础月薪（Basic salary）、现金补助（Cash subsidy）和米贴（Rice）三部分构成。1941年4月金大拟聘请杨树达来校主持"国学讲座"，为此提供的薪津包括"月俸四百元，每月

---

① Minutes of the Emergency Executive Committee in Chengtu of the Board of Directors, March 8, 1942, Box 194, Folder 3363-0003, UBCHEA.

② Minutes of the Emergency Executive Committee in Chengtu of the Board of Directors, December 13, 1942, Box 194, Folder 3363-00018, UBCHEA.

另奉生活津贴五十元，又对于直系亲属（不在川省）每月每口各奉米贴十一元"①。基本月薪随升等升级调整，历年变动不大。现金补助和米贴则随物价水平加以调整，虽然严重滞后于物价涨幅，但在1942年后已经超过了基本月薪。如在1942年秋，金大历史系教授陈恭禄的收入是585.5元，其中基本工资265元，现金补助252.5元，米贴68元。②为了保障教职员的生活，金大校方组织购买米粮，然后分发给教职员。据资料显示，从1941—1944年，金大共向教职员分米16次，总数达5 117.1担，这为教职员最基本的生活提供了保障。

　　战时生活成本增加造成的压力到1942年后有增无减。不到一年光景，成都的生活成本已经较1941年再增加1倍，达到了1937年的20倍之多。学校自然无法按照这个标准提高薪水，但教职员更是充满压力。金大教职员大部分来自东部，在四川不仅没有财产，也没有本地亲属能够提供各类帮助，甚至大多数教职员并没有将近亲属带到成都来，而是留在东部亲戚家中，为此他们还需要给东部的亲属以资助。（这一现象，当时有具体统计，无论是父母、妻子还是子女这样的近亲属，绝大部分都没有随教职员本人来到成都。详见表2-6）在这种情况下，学校想方设法为教职员及其家属提供更多帮助，包括提供租房补贴和医疗援助，给教职员家庭提供保险或贷款用于购买主食和燃油等日用品。尽管如此，仍然不断有教职员提出离职。③毕业于金大国学研究班的沈祖棻战时曾回到母校任教，"惟以现时生活日高，收入浅浅不敷日食。来蓉之后，舍间负债已逾二千元。书籍衣物次第出卖。长此以往，实属无法维持"，在1942

---

① 《陈裕光致杨树达函》，1941年4月12日，中国第二历史档案馆藏私立金陵大学档案，全宗号649，案卷号133。
② 《私立金陵大学31年度增加教职员生活津贴清册》，中国第二历史档案馆藏私立金陵大学档案，全宗号649，案卷号271。
③ Minutes of the Emergency Executive Committee in Chengtu of the Board of Directors, April 20, 1942, Box 194, Folder 3364-0002, UBCHEA.

年年底不得不忍痛辞职。她在写给陈裕光的信中说："今日求去，亦实已不能维持最低生活，非敢对母校不满意及不尽心也。"[1]由于经济压力，金大在全面抗战后期有意控制教职员和学生人数。农学院教职员数从1941年的123人，到1942年即降低到109人。金大招生人数也从1942年的290人下降到1943年的238人。全职教职员从1942年的278人下降到1943年的249人。[2]

表2-6　1943—1944年金大教职员亲属数量及分布统计

	父母		配偶		子女		总计	
	不在成都	在成都	不在成都	在成都	不在成都	在成都	不在成都	在成都
教员	160	40	125	14	319	59	622	198
职员	151	48	138	14	82	23	326	175
总计	311	88	263	28	401	82	948	373

资料来源：Records of Staff University of Nanking, 1943 to 1944, Box 198, Folder 3398, UBCHEA.

1942年11月，为了应对物价飞涨给教职员带来的生活压力，华西坝教会大学对全职教职员实行生活指数补贴（Fulltime Service Increment，简称FSI），即以生活费指数为基准，乘以基本工资的4%来发放补助。美国援华会中方主任艾德敷（Dwight w. Edwards）在1943年曾调查过华西坝教会大学教员薪津情况，他发现除燕京大学薪津较高外，其他四大学维持在相同水准。以金大教授最高薪400元计，可以领取现金补助280元、生活指数补贴2 360元，合计3 040

---

① 《沈祖菜致陈裕光函》，1942 年 12 月 14 日，中国第二历史档案馆藏私立金陵大学档案，全宗号 649，案卷号 132。

② Minutes of the Emergency Executive Committee in Chengtu of the Board of Directors, April 20, 1942, Box 194, Folder 3364, UBCHEA.

元。[①]可以看出，到全面抗战后期，基于生活费指数的FSI已经成为大学教职员收入最重要的部分。FSI的实施在1942年秋季曾在短期内将金大教职员薪津提高到战前购买力的15%。但从总的趋势看，薪津的实际购买力此后一直在下降。在1944年11月，金大教授薪津的购买力仅相当于战前的7%。

学生同样面临很大的生活压力。金陵女子文理学院有学生说："我随着学校的西移，在四川成都华西坝住下来了。这里的生活非常朴素，无论住的吃的，甚至穿的，都很单纯，我们这些'下江人'初来时，颇感到不能适应。"[②]从东部来到西部，生活习惯、饮食习惯的适应还是其次，如何克服经济压力、完成学业才是包括金大学生在内的广大大后方学生的核心焦虑。

全面抗战以前，大学生每年须向学校缴纳多项费用（如学费、宿费、图书费、医药费、体育费之类），而膳费完全要由学生自己负担。全面抗战初期，包括金大学生在内的很多大学生来自战区，他们或因"资产毁于战火"，或因"家人音讯杳然"，以至"颠沛流离，不仅艰苦异常，即现在生活，亦难以维持"。[③]教育部为此提出了战时教育救济计划，对于学生"或扶助川资分发借读，或贷给膳食领用各费。……其中尤以中等以上学生之常年贷金为指出大宗"，这就是战时学生贷金制度。[④]

贷金条例于1939年夏季颁布，最初规定贷金种类包括膳食、零用和棉衣三大类，对贷给对象也有明确限制，即"以家在战区，接

[①]　《艾德敷致陈立夫函》，1943年9月16日，中国第二历史档案馆藏教育部档案，全宗号五，案卷号2557。

[②]　瑛：《金陵女子大学》，《学生生活》1940年第1卷第2期，第7页。

[③]　《倪总务长赴渝向教部及振委会请求增加战区学生贷金》，《金陵大学校刊》第303号，1942年4月1日。

[④]　陈立夫：《关于贷金问题告中等以上学生书》，《教育通讯周刊》第378号，1940年第3卷。

济断绝者为限"。1940年后，随着全国战区范围不断扩大，即便是非战区学生也越来越因为物价高涨或者家庭环境改变，感到生活困难，无法缴纳各种费用。为此，教育部重新厘定了贷金规则，除了原有战区学生膳食贷金，还增加了"自费膳食补助贷金"，非战区学生也可以得到政府补助。每名获得贷金的学生每月还可领二市斗一市升的食米，另外加上一定数目的副食费。在缺米地区，可以将应得米量按照市价折成现金发放。[1]

贷金对战时金大学生的生活帮助很大。金大同学最初获得的贷膳费仅6元，因物价不高，学生生活尚能维持。此后随着物价上涨，贷金也有所提升，到1942年年初，甲种膳食贷金已增至每月74.25元。但按照官方计算，当时成都每月膳费最低需要120元，每名学生的贷金仍有46元的不足。而按照中央大学医学院教授郑集的研究，当时青年每人每月的最低生活费应为133.59元，则缺口更大。为此，华西坝教会大学派金大总务长倪青原前往重庆，向教育部请求增加战区学生的贷金，给大学增拨救济专款，以维持成都各大学学生的最低生活。[2]到1943年6月，教育部将贷金米量增至二市斗三市升，副食费亦由30元递增至200元。[3]根据1943年6月金大档案记载，该月金大甲种膳贷生全校共421人，每人可领取贷金133.2元；乙种全校共109人，每人可领取贷金115.2元。[4]

贷金虽有调整，但相对于物价快速上涨，很快又"入不敷出"。半年后的1944年年初，金大同学发现"平价供应之食米价格自2月1日起，增为每市石一千元"，这导致"各宿舍伙食团因物价飞涨，

① 任国荣：《取消学生公费贷金制度》，《时代公论》1946年第6期，第7—8页。
② 《倪总务长赴渝向教部及振委会请求增加战区学生贷金》，《金陵大学校刊》第303号，1942年4月1日。
③ 任国荣：《取消学生公费贷金制度》，《时代公论》1946年第6期，第7—8页。
④ 《教育部致金陵大学检发二月份膳贷的代电》，中国第二历史档案馆藏私立金陵大学档案，全宗号649，案卷号1592-0007。

油米购买，办理颇感为难"。从金大各宿舍膳团支出看，男生宿舍基本在每生每月700元左右，高的可能要超过1 000元。唯一的女生宿舍膳团四个半月需缴纳3 500元，平均每个月接近780元。①无论如何，这一标准远远高于1943年6月金大甲、乙膳贷金的数额。

　　1943年起，教育部制定了新的学生补助办法，以公费制代替贷金制度。原计划"国立中等以上学校及省私立专科以上学校自1943年度第一学期起，所收新生一律不适用贷金制度，另定公费"，并草拟了《非常时期国立中等以上学校及省立专科以上学校公费生办法》。但这一法令直到1944年8月19日才由行政院修订完毕并令教育部执行。②1944年秋，战时的贷金制度被取消，继而行之的是公费生制度。公费生制度规定国立中等以上学校及省立私立专科以上学校的新生都可以享受公费，公费分为甲、乙两种。甲种公费生，免学膳费并得分别补助其他费用。乙种公费生只免膳费。国立专科以上学校的学生，享受的公费更优待，包括师范医药各院科系的学生，全为甲种公费生。工学院科系，包括理学院中的工科学系，成绩在乙等以上学生都可以享受甲种公费。理、农、文、法、商各院系成绩甲等的学生也享受公费。而工科院科系，包括理工院工科学系成绩丙等的学生、理学院科系成绩乙等学生的80%、农学院各科系成绩乙等学生的60%，以及文、法、商及其他各院科系成绩乙等学生的40%为乙种。而私立专科以上学校新生，医、药、工各院科系学生，以70%为乙种公费生；理、农各院科系学生，以50%为乙种公费生。而对于先修班新生，若是教育部特设的，则90%为乙种公费

---

① 《物价飞涨声中之伙食问题》，《金陵大学校刊》第333号，1944年3月1日。
② 《非常时期国立中等以上学校及省立专科以上学校公费生办法》，《行政院公报》1944年第7卷第9期，第18-20页。

生，若是各校自设的，则70%为乙种公费生。[1]

二、积极向上的学习氛围和社团活动

战时物资短缺，条件艰苦，还时常有日机轰炸，师生的日常生活是压抑和紧张的，但金大师生没有因为环境困难而放松学习，依然保持积极的热情投入教学活动，以期报效国家、服务社会。

1939年6月11日，日军大规模轰炸成都，其中有四枚炸弹落在金大校园。一弹落于金大新建课室之背面，二弹落于华西大学图书馆近旁，一弹落于教职员家眷宿舍附近。在此次轰炸中，金大的教学楼和校长陈裕光的住宅均受损失，陈裕光及其母亲、夫人、妹妹在轰炸中受伤，农学院植物病理系助教张益诚在空袭时遇敌机掷弹，住屋震塌，伤重身死。事后，蒋介石、宋美龄、陈立夫等人都致电金大，表示慰问。[2]为应对日军空袭，学校决定，首先让住在城里的教职员家属在夏天迁移至农村居住；其次，将贵重书籍和装备打包，分别放置于不同的建筑内，另外，还在城外靠近学校的地方建筑三间房子和一栋宿舍，以容纳教职员家属及学生，避免其在校园中被炸。[3]1940年8月和9月，理学院在重庆的校舍两次遭日军空袭，建筑及设备均遭遇严重损毁。1941年8月，日本飞机三架空袭理学院位于重庆求精中学的校舍，院内计落五弹，损毁更加严重。"本院'金大楼'中部中弹，大部分坍毁，楼东亦落有炸弹一枚，此次损失相当重大。电影部，无线电室，简初、舜廷住宅均全毁。"电影

---

[1] 《非常时期国立中等以上学校及省立专科以上学校公费生办法》，《行政院公报》1944年第7卷第9期，第18-20页。

[2] 《各方慰问本校致谢》，《金陵大学校刊》第263号，1939年9月25日。

[3] Minutes of the Emergency Executive Committee in Chengtu, December 15, 1939, Box 194, Folder 3362-0075, UBCHEA.

部发电机在轰炸中起火，经教职员用沙土奋力扑灭，幸未造成更大损失。[①]经清查估价，此次轰炸造成的校舍及器材设备损失共计国币27万余元。

战时的学习条件无疑是艰苦的。金大学生坦言，成都的学习条件无法和南京鼓楼校园相比较。学生宿舍以草房为主，"泥土地基，夏热，冬寒，春秋潮湿"。宿舍内部设施十分简陋，一间寝室上上下下挤着七八个人，除了床和书桌，再无其他设施，可以说是"四壁图书半衣服"。华西坝校园位于成都南门外，滨临锦江，占地一千亩，风物优美，境极清幽，为一良好之教学环境。校园面积大，宿舍距离教室远，位于红瓦寺的学生宿舍距华西坝明德楼有六华里以上，学生们白天去上课，晚上才回寝室，午饭都是由炊事员从几里地以外的宿舍送至教学楼前，学生们便七八人围在一起蹲着用餐，条件十分艰苦。"新生的午餐由伙夫将饭菜用人力挑到明德楼空地，因无桌椅，把箩筐倒放地上，筐底成为放置菜碗地方。同学们只有手捧饭碗站着吃饭，夹菜时须将全身蹲下来取菜。"宿舍距离教室远，学生宿舍到教室之间的道路原为田间小道，天雨泥泞。为了方便师生，在陈裕光、章之汶、倪青原、李方训的带领下，1938年春，金大组织了"金陵路建筑委员会"，耗资二百余元修建了一条大路，命名为"金陵路"，[②]陈裕光主持了"金陵路"的开工典礼。

金大学生回忆战时生活时说，学生洗澡热水供应有限，只能以冷水洗浴。伙食都是些发霉糙米，夹有不少的沙石，菜蔬有盐没味。"见到肉难，要求点油也不容易，同学们天天在喊'养分不

① 《魏学仁致陈裕光函》，1941年8月27日，中国第二历史档案馆藏私立金陵大学档案，全宗号649，案卷号366。

② 《金陵路建筑委员会致陈裕光函》，1938年5月3日，中国第二历史档案馆藏私立金陵大学档案，全宗号649，案卷号368。

555

够'，但是谁也没有法子，吃饭要'阵地战'配合着'游击战'。吃早饭，情形才更紧张，稀饭有限，要人人都吃着根本办不到，所以也只好起着赶早，洗完脸，膳铃一响，立刻向粥桶出动。"长期的营养不良和简陋的生活条件使许多师生患上了各种疾病。陈裕光的女儿陈佩结在华西坝期间曾患百日咳等病症。1941年，华西坝五大学组建学生边疆服务团，体检时发现有16名学生患有肺结核病，"其中十一人已极危殆"。

但在这样的环境下，以金大学生为代表的华西坝教会大学学生学习刻苦、认真的情形给很多人留下了深刻印象。当时有观察者指出，只要来华西坝转一转，人们首先就会生出这样一种感觉：金陵大学的同学对于读书，一点是不放松的，与宿舍相隔两里路的图书馆不少金陵大学同学的足迹。虽然战时纸贵如金，学生们买不起书，但同学们在课余饭后，都会和书籍作"情侣伴游"，而五个大学的书籍合在一块也是足够浏览的。从国立大学转来华西坝某教会大学教书的老师观察后发现："至于同学们的读书能力与成就方面，与国立大学生却有着不少相异之处。华西坝的同学，读书风气极好，教授所指定的工作，很少不能如期完成者，上课时旷课的同学也不多。"[1]老师们也乐于与同学讨论，在指导的同时实现教学相长。战时金大常有个有趣的现象，就是同学们常在自己的信箱里发现老师给的通知单，写着老师"略具茶点，或着谨备便饭""希台端于某日某时驾寓一叙"等，而"吃茶点，吃油大"又形成了师生间联络感情的工具，师生是"气息相通，没有什么陌生和隔膜的"，而"研究讨论竟是唯一重心"。

上述观察者同时也认为，"教会学校因家教的气味太浓厚，教授的讲书也死板板的，在这种环境下，使学生缺乏思想方面头

---

[1] 秦芷：《华西坝观感》，《通讯半月刊》1946年第2卷第1期，第81-85页。

脑，不能灵活的运用，所以将来可能成为一种优秀的技术人才，卓越的领袖人物则无法在这种环境中产生"。①这种看法的背后多少有一些民族主义的情绪。作为教会大学的金大，虽然在战时一样困难，但物质、教学条件却要好于一般的国立大学。当时在成都、重庆一带汇聚了众多大学。其中复旦在"夏坝"，中大、重大在"沙坪坝"，华大、金大等在"华西坝"，而北平各大学西迁后成立的西北联大又设在城固的"古路坝"，时人戏称战时文化是"坝上文化"。华西坝的建筑可算战时大后方最好的，其宫殿式的洋楼比战前的清华、燕京校舍也毫不逊色。如果对比各"坝"大学的条件，那么华西坝无疑是"天堂"，沙坪坝只能是"人间"，而古路坝几乎就是"地狱"。如中央大学来到重庆后，只能在郊外建一排简陋的平房和芦苇棚，墙是由竹片编成的，设备之简陋，被该校的哲学系宗白华教授戏称为"纸糊的中央大学"。而金大因借用华西的校舍，"到底是教会学校阔气些，还有洋房住"。华西坝教会学校的教学辅助工具也比其他地方多，每周五晚间还有免费电影。图书的设备当然是不够的，不过五大学联合起来的图书馆，书籍还算多。华西坝有着混杂的风格，既洋气十足，也艰苦朴素。"男同学在冬天喜欢穿夹克或西服，夏天则穿西式衫裤。女同学中不烫发不围花围巾的也属少数，生活情调带着欧化的气氛，但是他们亦有他们的长处：具着Good manner。"②很多穷学生，穿着蓝布大褂和成都麻底纱帮的草鞋。华西坝的黉门街是学生们课余时间最爱去的地方，街上的茶馆特别多，茶馆设备简单，价格便宜，没课的学生往往都聚集在那里喝茶。

在忙碌的学习生活之余，金大学生踊跃参加各种社团和文体活

---

① 秦芷：《华西坝观感》，《通讯半月刊》1946年第2卷第1期，第81-85页。
② 秦芷：《华西坝观感》，《通讯半月刊》1946年第2卷第1期，第81-85页。

动。学校的公告板上"贴满了社团成员的文章，并吸引了大批学生
驻足评判"。①成都时期金大同学成立的各种学会十分活跃，每个科
系都有。学会活动偏重于学术研究，由同学自己组织，他们主办各
类演讲会，邀请名人演讲，出壁报把各同学写作的成绩表露出来，
同时还主办各类调查。当时有观察者指出，金大同学们不限于书本
的了解，课外的座谈会更风起云涌。名人讲演，时事研究，学术讨
论，每个读书会都很高兴，同学也乐意参加讨论。1939年夏天，金
大学生还前往四川北部开展战争救济，帮助在前线和道路上工作的
工人和家属。

学生组织的各类社团以体育和文艺居多。1939年春，金大设
有62个学生社团，学生文体活动丰富多彩。华西坝五大学合组歌咏
团，于1940年元旦赴重庆表演，"售票所得数千元皆捐献战地儿童
保育所"。金大设有全国最好的电化教育科，看电影成了华西坝常
见的休闲活动。每周五举办的电影放映（University Show）吸引了大
批民众。除了播放科学教育影片和纪录片，也会播放《出水芙蓉》
《封面女郎》等流行影片，在学生中极受欢迎。

在读书之余，金大同学并不忘记锻炼体魄，体育活动开展得有
声有色，学生参与体育的热情很高。华西坝五大学每年举办校际运
动会和球赛，金大学生在历届运动会上的成绩皆列前茅。1943年11
月，成都市举行大中学运动会，有四五十个单位参加，盛况空前，
华大、齐大、金大分获前三名。比赛结束当晚，金大学生得知白天
拔河比赛中，华大被查出有人冒名顶替，认为这是不道德的行为。
学生们群情激愤，约二三百人冲出宿舍，一边敲锣打鼓、打面盆、

---

① Minutes of the Emergency Executive Committee in Chengtu，December 15, 1939, Box
194, Folder 3362-0075, UBCHEA.

敲抽屉，一边绕华西坝游行，险些与华大学生酿成冲突。[①]1944年3月1日，金大男子足球队参加了成都大学体育会举办的大学足球赛，女生参加了大学垒球赛。[②]1943年春，成都区十二专科以上学校体育会成立，并举办大学排球锦标赛，金大在该年6月6日的决赛中以三比一击败四川大学，荣获冠军。1945年成都区大学排球锦标赛，男子组参加者8队，女子组参加者10队，金大男女队均荣获冠军。[③]

活跃的文体活动也引来一些非议和批评。在金大文学院任教的沈祖棻曾有一首《虞美人》描写当时的校园生活："东庠西序诸年少，飞毂穿驰道。广场比赛约同来，试看此回姿势最谁佳？酒楼歌榭消长夜，休日还多暇。文书针线尽休攻，只恨鲜卑学语未能工。"1943年秋转赴燕京大学任教的陈寅恪也批评华西坝"弥漫的绮靡之风"，曾有"酒醉不妨胡舞乱，花羞翻讶汉妆红。谁知万国同欢地，却在山河破碎中"的诗句。1944年从西南联大来到成都任教的吴宓，认为燕京大学学生"质美而未学""亲热而有礼貌，又整洁英爽，甚为可爱。惜皆读中西书过少"[④]。陈、吴等人的言论，恰能从另一个方面体现国立大学和教会大学学生的不同风貌。

华西坝的文化氛围浓厚，有开放自由的学术氛围，各大学经常邀请知名专家和政界名流做演讲或学术报告，使华西坝成为战时大后方最重要的文化中心。1943年春，英国剑桥大学李约瑟教授（Joseph Needham，1900—1995）到华西坝讲学三星期，前后举办了十余场演讲。他在参观金大时，"对于科学之研究，科学教育之实

---

① 张露、汪洪亮：《成都时期金陵大学的学生生活》，《西华师范大学学报》（哲学社会科学版）2020年第1期。

② 《本室足球赛定期举行》，《金陵大学校刊》第333号，1944年3月1日。

③ 《大学排球比赛本校荣获冠军》，《金陵大学校刊》第349号，1945年7月16日。

④ 吴宓：《吴宓日记》第九册，北京：三联书店，1999年，第377页。

施，电化教育之推进，及文化研究之工作，均感兴趣"。①1944年6月，美国副总统华莱士（Henry Agard Wallace，1888—1965）访华，还特地到成都考察农业情况，在华西坝广场上发表演讲，现场气氛十分热烈。华莱士与金大教授林礼铨是爱荷华大学校友，金大农学院与四川省农业改进所联合布置了一个农业展览馆，供华莱士参观。这里有一个故事。20世纪20年代在金大工作的水土保持专家罗德民（Lowdermilk）教授全面抗战时再次来华在西北考察，负责甘肃农林建设的金大校友张心一向他提出，希望罗德民能提供一些适宜干旱地区种植的牧草种子。罗德民将此事牢记在心，在1944年华莱士访华之际，罗德民托他带来了92种牧草种子和白兰瓜种子，白兰瓜是一个新品种的甜瓜，当时被称为"华莱士瓜"。后经甘肃农业试验站在兰州试验成功后，成为西北地区的高产品种。②

金大师生心系民族危亡，关心政治和时局。1943年1月，中英、中美订立新约，华西坝五大学师生欢欣鼓舞，于2月8日在赫斐院广场举行庆祝大会，气氛非常热烈。1943年11月，开罗会议发表《开罗宣言》，敦促日本无条件投降，金大将这部纪录片多次在华西坝放映，以让人们"察觉到法西斯末日即将来临"。全面抗战末期，国民政府发起知识青年从军运动，金大成立了征集委员会，征集志愿参军的青年。除在男生中招收青年军外，还招收女生参加志愿服务队。③据1944年年底统计，"参加远征军已飞印受训者36名，投效空军，现已录取者34名。知识青年从军报名参加者88名。总数为

---

① 《理学院联合招待英国教授李约瑟演讲》，《金陵大学校刊》第323号，1943年6月1日。
② 金陵大学南京校友会编：《金陵大学建校一百周年纪念册》，南京：南京大学出版社，1988年，第63页。
③ 《本校征集委员会公布知识青年志愿从军征集办法》规定：志愿青年军，限男性，在国内受训，为增强反攻力量，争取抗战最后胜利之用。志愿服务队，限女性，为受训后任志愿青年军中服务。《金陵大学校刊》第344号，1944年12月16日。

158名。约占全校学生人数七分之一强，内有助教二人"。[1]1945年5月，德国宣布无条件投降。华西坝大学于9日在校园广场举办感恩礼拜，与会各大学师生近千人。

全面抗战时期，金大在华西坝举行了建校五十五周年纪念。1938年，由于大学西迁，金大取消了原定举行的五十周年校庆，对于学校五十五周年建校纪念，很多金大师生都充满期待。从1943年4月26日至5月2日，长达一周的庆祝活动使得金大华西坝校园呈现出一派节日气象。由70余名金大师生组织的金陵合唱团，连续两晚举行音乐会。4月28日，金大外文系学生上演了莎士比亚的剧作。4月29日晚举行的广播节目，由旧金山广播电台播出庆祝金大五十五周年纪念特别节目。中国基督教大学创办人会主席德克尔博士（J.W.Decker）和哥伦比亚大学巴特勒校长（N.M.Butler）等人播音致贺。在4月30日上午召开的纪念大会上，行政院副院长孔祥熙、四川省主席张群等要人应邀出席，中外来宾、校友及教职员学生共约1 200余人参加了纪念典礼。教育部长陈立夫在纪念训词中称："此数年来播迁西蜀，师生辛勤奋斗之壮迹，以无坠其崇实之学风，当永远为其校史中不磨之一页。而以发扬民族精神，吸收西方文化，为全校师生之职责，以奠校基于永固。"[2]当晚，又举行了师生共同参与的晚餐会和提灯游行。金大还举行了为期两天的展览活动以及其他体育和群体活动，参加者极为踊跃。其中展览共分三部分：一部为研究与著作，设于华大赫斐院；一部为棉作，设于华大体育馆；一部为图书仪器与电化教育，设于化学楼。"每日前来参观者摩肩接踵，络绎不绝，并备有公共汽车迎送。对远道而来者，殊为

---

① 《从军热潮汹涌迈进 本校师生奋起应征》，《金陵大学校刊》第344号，1944年12月16日。

② 《南大百年实录》编辑组编：《南大百年实录（中卷）：金陵大学史料选》，南京：南京大学出版社，2002年，第76页。

便利。两日来参观人数在两万以上。"①

1943年12月18日，金大还举行了大学西迁六周年纪念活动，超过2 000人参加了这次活动。第二天下午，金大在明德楼为全校教职员及其家属举行了庆祝圣诞大会，到会700余人。②1943年至1944年间，是金大师生最感经济困难和生活压迫的时期，陈裕光认为，通过这些纪念活动的开展，不仅寻求到更多校友对于金大的支持，而且能很好提升教职员生的士气。

全面抗战时期的金陵大学经历了颠沛流离的西迁过程，历尽艰辛，却又弦歌不辍，继长增高。这种磨难对于全校师生是一种艰辛的历练，也是一份宝贵的财富。1942年2月23日，陈裕光在金大总理纪念周上发表演讲，他认为战时金大有三事足兹纪念："一曰坚强之意志；二曰苦干之精神。二者皆为在抗战期中所特别体验者。三曰真诚勤仁之行动。此即本校创立五十余年之校训也。三者，正与新式大学教育本旨相符合。盖现今之大学教育为一躯壳，而坚强之意志，苦干之精神，与夫真诚勤仁之行动为其灵魂。躯壳与灵魂齐备，而后大学教育始称完善。"③"诚真勤仁"四字，是为金大的校训。

<hr>

① 《庆祝本校五五周年纪念 情绪热烈盛况空前》，《金陵大学校刊》第322号，1943年5月15日。
② 《庆祝圣诞佳节》，《金陵大学校刊》第331号，1944年1月1日。
③ 《本季首次国父纪念周陈校长出席训话》，《金陵大学校刊》第301号，1942年3月1日。

第三章 艰难复员：回迁后动荡的金大校园

第一节 金陵大学的复员

1945年8月15日，日本宣布无条件投降，经历了艰苦卓绝的十四年抗战，中国军民终于赢得最后胜利。金陵大学的校园沸腾了。"白日放歌须纵酒，青春作伴好还乡"的喜悦与憧憬在每一名金大师生的胸膛中激荡。金大师生欢欣鼓舞，他们映放电影、燃放焰火、办营火会，举行各种活动以示庆贺。

抗战期间，时局动荡，山河破碎。内迁至西南大后方办学的金陵大学，在办学经费、校舍师资、教学仪器以及日常生活方面都遇到了很大困难。金大全体师生与全国人民一道共体时艰，在艰苦的环境中始终以昂扬的精神坚持办学。在西迁华西坝的八年中，金大师生坚持"诚真勤仁"的校训，联合华西协合大学、金陵女子文理学院、齐鲁大学、燕京大学办学，弦歌不辍，且规模宏展，员生激增，在科学研究、教书育人、社会服务等方面都取得了长足进步，成为一所学科门类比较齐全、学科特色非常鲜明、办学形式灵活多样的综合性大学。

金大初到成都时，每期招生报考者为1 000余人，1940年后每期猛增至2 000余人，而录取者仅为200余人。1945年华西坝五大学联合招生，投考金大学生"极为拥挤，因限于考场座位，11日上午10时报名提前截止"，其中"成都区报考文学院892人，理学院607

人，农学院679人，其中投考大学本部者1 993人，研究部44人，专修科74人，转院转学生67人，共计2 178人，重庆区招考新生限定为800人，本年度考生总数约共3 000人"。①受全面抗战爆发影响，1937年金大在校学生仅有228人，到1945年时已发展到1 114人；其中研究生从1937年的7人增加到1945年的31人；毕业生人数从1937年的95人增加到1945年的225人。②1937年，金大有教职员235人，全面抗战期间最多时曾有教职员326人，到1945年，金大教职员有277人。全面抗战期间，一大批知名学者和专家受聘来金大任职、执教。③全面抗战八年中，金陵大学的教职员人数和在校学生数虽因战局变化而略有波动，但整体办学规模不断扩大、师资水平进一步提升。

一、筹备复员

1945年8月，教育部组织了一系列会议讨论教育复员工作。8月13日，教育部召开复员计划筹备会议，教育部长朱家骅报告称："中日战事即将结束，复员相关工作必须立即开始布置，目前面临的两个最重要问题是，1.抗战时内迁大学复员计划的制定；2.对收复区教育机构的接收。"④为安定收复区师生情绪，会议决定由教育部督学陈东原以朱家骅名义发表广播，要求收复区伪组织教育机

---

① 《本年度招考新生，渝蓉报考三千人》，《金陵大学校刊》第349号，1945年7月16日。
② 《金陵大学要览》，中国第二历史档案馆藏私立金陵大学档案，全宗号649，案卷号71。
③ 金陵大学成都校友会整理：《迁蓉的金陵大学》，《抗战时期内迁西南的高等院校》，贵阳：贵州民族出版社，1988年，第282页。
④ 教育部编：《全国教育善后复员会议报告》，1946年，第2页。

关、学校教职员以及青年学生听候命令，不得妄动。①为应对大后方专科以上学校及中学教学秩序紊乱及人心躁动的情形，陈东原在接受记者访问时称："关于复员之第一个步骤，则在安定各校员生之兴奋情绪，希望各校继续安心上课，静候政府命令，作有计划之迁徙。"②同日在成都视察的教育部次长杭立武也向记者表示："对于迁川各著名大学，主张于半年之内迁回原地。"③8月27日，教育部教育复员计划委员会议决定，9月20日在重庆召开全国教育善后复员会议，推举朱家骅、杭立武、黄炎培、傅斯年、罗家伦、吴有训、吴宝丰、梅贻琦等30余人组成筹备委员会。④

9月20日，全国教育善后复员会议在重庆中央图书馆举行，会议由朱家骅主持，戴季陶、翁文灏、陈立夫等政要出席，到会代表191人，其中包括金大校长陈裕光。大会第一组负责审议内迁教育机关的复员，以陈立夫、梅贻琦、傅斯年、吴有训、周鲠生为召集人，并在9月24日审议通过了《专科以上学校及研究机关复员案》的原则。该议案主旨为：专科以上学校及研究机关，过去大部分集中于沿江沿海各都市，因此内地的文化水准不易提高。全面抗战爆发后，各院校或停顿合并，或先后内迁，损失甚巨。各院校复员在即，为谋全国教育文化相当平衡发展起见，现有全国专科以上学校及研究机关之恢复迁移，似有重新调整之必要。该案拟定的原则为：

（1）战后全国人力物力，均极困难，所有公私立专科以上学

---

① 《复员计划筹备会议纪录》，中国第二历史档案馆藏私立金陵大学档案，全宗号649，案卷号576。
② 《交通、教育、粮食积极筹备复员工作》，《中央日报》1945年8月15日，第3页。
③ 《杭立武谈教育复员》，《大公报》1945年8月15日，第3页。
④ 教育部编：《全国教育善后复员会议报告》，1946年，第2页。

校及研究机关，在复员期间内，应集中力量，以求内容之充实，及素质之提高，除因特殊需要外，暂不增设新校。

（2）现在全国专科以上学校及研究机关，应依据各地人口、经济、交通、文化等条件，一面注重全国教育文化中心之建立，一面顾及地理上之平衡发展，酌予调整，作合理之分布。

（3）抗战期已停办或归并之公私立专科学校，其历史悠久成绩卓著而有恢复设置之必要者，得予恢复。

（4）各院系科应在同一地区设置，不得设分校。

（5）规定全国教育文化中心若干处，各就原有或迁设大学，尽量予以充实，便成为规模完备之学府，并酌量配设图书馆、博物馆、其他独立学院及专科学校。

（6）全国专科以上学校，由教育部视其师资设备及办理成绩而定调整办法。

（7）高等教育之复员，需要大宗费用，如校舍之修建，图书仪器之设备，均需巨款，应请政府特别注意宽筹经费，以利教育复员之进行，并为作育人才之基础。

（8）日本长期侵略，毁灭掠取中国文物及学校设备，不可胜计，应责其退还原物，并以文物及设备赔偿损失。

（9）联合国救济总署未将教育列入救济项目，应请政府继续接洽，请其列入。该案还在附录中规定，在复员期间，专科以上各学校迁移地点，在本次会议期间或会后短期内，由教育部征询各校主管人意见后决定之。[①]

大会持续五天，共审议了116件议案。会议闭幕时，蒋介石、朱家骅分别发表谈话，对内迁各高校的回迁表达了比较谨慎的态度。

---

① 教育部编：《全国教育善后复员会议报告》，1946年，第44-45页。

9月25日晚，蒋介石在中央军事委员会大礼堂设宴招待与会代表，提出"建国时期，教育第一"的口号，并强调各收复区各省市教育基础设施未能普遍建立起来的情况下，地处后方的各类学校急忙迁回，收复区破坏的还没有恢复，将造成对教育事业的严重影响。[1]26日，朱家骅在闭幕式致辞中表示："过去教育文化机关的大迁徙，是为战争所迫，没有从容的时间来准备，是出于不得已。但是我们希望在复员过程中，要绝对避免这些牺牲。所以学校的迁移，必须利用暑假，免得耽搁学生的功课，同时更要事先准备各种迁移条件，尤其是迁往校舍的修建与设备，要事先作周详的准备，宁可在后方多留些时日，盼勿失之操切。"[2]同日，朱家骅在教育部召集参加教育复员会议的专科以上学校校长四十余人举行座谈会，讨论了三项内容："一、复员预算的标准；二、迁移的时间，除一二特殊情形者外，一律于明年暑假后迁移；三、安定不搬的学校的办法。"[3]

对于各专科以上学校复员经费，教育部规定了国立学校由部方拨款，省立学校由省政府拨款，私立学校由各董事会自行筹措的方针。经教育部争取，行政院核定教育部所属学校的复员费为600亿元，后追加200亿元，总计800亿元，其中回迁经费为615亿元。[4]对于内迁高校的复校地点，最后确定如下：（一）中央大学迁回南京；（二）交通大学迁返上海；（三）复旦大学迁至无锡；（四）浙江大学迁杭州；（五）武汉大学迁至武昌原址；（六）西南联大

---

[1] 蒋介石：《建国时期，教育第一》，《教育部公报》第17卷第9期，1945年9月30日，第2页。

[2] 朱家骅：《全国教育善后复员会议闭幕致辞》，王聿均、孙斌合编：《朱家骅先生言论集》，《中央研究院近代史研究所史料丛刊》（2），1977年，第134页。

[3] 《专科以上校长昨举行座谈会》，《中央日报》1945年9月27日，第3页。

[4] 《教育部所属机关学校还都复员经费及追加复员经费分配预算总表》《复员计划筹备会议纪录》，中国第二历史档案馆藏私立金陵大学档案，全宗号649，案卷号576。

仍分别复校，其中清华大学、北京大学迁返北平，南开大学迁天津，联大师范学院仍留昆明，改称昆明师范学院；（七）北平师大迁返北平，改称北平师范学院；（八）西北师范学院仍留兰州；（九）西北大学迁至西安；（十）燕京大学仍返迁北平；（十一）金陵大学迁返南京；（十二）光华大学迁上海。至抗战在成都新设备校，仍保留不迁他处。[1]

1944年，美国国务院邀请中国各大学推派教授赴美讲学考察，金大董事会推举陈裕光代表金大赴美考察。陈裕光在美国荣获南加州大学文学荣誉博士。1945年6月，陈裕光结束赴美教育考察，回到国内。陈裕光在美考察期间，位于纽约的中国教会大学联合托事部鉴于中国教会大学战后复校之重要，曾数次召开设计委员会，对于复校问题制订有详细计划，并将金大列入战后优先复校前三所大学之一。[2]8月23日，陈裕光在金大召集了行政会议，就迁校问题展开讨论，提议组织委员分头办理。农学院院长章之汶报告了农学院关于迁校的准备，毕律斯报告称迁校预算需要约一亿元，而学校现在仅有数百万元，相差数额需要抓紧筹措。会议讨论决定了以下事项：

1.迁校时间暂定1946年一二月间，如情形不许可则改为五六月间；

2.少数不愿随校返迁的学生科作转学准备；

3.推选贝德士及理、农两院代表各一人及行政方面代表一人，会同在南京的陈嵘、齐兆昌组织筹备委员会，下设运输委员会、装箱委员会、防护委员会；以贝德士为主席，筹备一切返迁

① 《内迁各大学 附小地点 教育部重新决定》，《申报》1945年12月17日，第4页。
② 《欢迎校长返校》，《金陵大学校刊》第349号，1945年7月16日。

事宜；

4.设立友校合作委员会负责迁归中与友校的合作事宜。①

1945年9月，根据教育部的指示，金陵大学继续在华西坝开学上课。是年，成都和重庆两地共有2972名学生报考金大，最终招录了311名新生。9月10日，在新学期首次总理纪念周集会上，陈裕光对全体教职员与学生说道，"现在抗战已告胜利，我们正面临着复校的大问题，希望诸位同学，仍本着过去合力的精神，来从事我们伟大艰巨的工作""将来的金陵大学，其前途必更光明璀璨，不可限量"。陈裕光表示，金大现已组织复校委员会，希望在明年一二月间进行迁校复员。②

1945年11月7日，金陵大学第九十次校务会议常务委员会在华西坝校长室召开。除报告事项之外，本着行政方面三人、每院各二人的原则，经投票选举产生"迁校委员会"，由陈长松、朱庸章、谢湘、王绳祖、倪青原、戴安邦、孙明经、魏景超、李景均等九人组成，并指定总务长朱庸章为召集人，具体负责筹划迁校事宜。③同时，会议确定了该委员会的职责权限，"该委员会需设立分组委员会来处理运输防护装箱工作，人选由'迁校委员会'研究并提名后决定。具体工作暂定为：一、处理本校在蓉设备；二、研究与华西协合大学及省政府合作问题；三、研究因少数教职员先行离校而引

---

① 《1945年度第一次行政会议谈话会记录》，中国第二历史档案馆藏私立金陵大学档案，全宗号649，案卷号224。
② 《陈校长游美返国后出席首次国父纪念周报告游美观感并述建校精神》，《金陵大学校刊》第351号，1945年9月16日。
③ 《金陵大学主要人员及小董事会等各委员会名单》，中国第二历史档案馆藏私立金陵大学档案，全宗号649，案卷号58。

起的登记以及米贴等问题"。①

　　1945年11月28日，金大召开第九十一次校务会议常务委员会，迁校委员会委员倪青原、王绳祖请准辞职，由高文、张守义二先生替补，并选定林蔚人先生为候补委员。②此后，迁校委员会相继召开常务会议商讨举措，通过一系列的会议决案，稳定局势，筹办复员事宜。如规定"五校教职员食米超过五斗者，自本月份起其超数一律改发现金，其价格按月照市价调整"；规定"以后坝内各种寄卖均予停止"。③处置"金陵神学院要求运输合作经过"。④规定"本校过去与现任西籍教职员团体因返国，其行李运费改由学校负担，可作为学校一部分公物，应予由本船装运回京"；决定"本校离蓉后旧有在华西坝大学房屋内之本校木器，一律赠与华西协合大学以示多年来借校用友之校舍"。⑤报告"五大学校长联合会议报告关于私立大学之教职员及学生食米问题正续向本市粮食调解处商议，继续减价议购""本学期教职员日用物品津贴仍继续办理，并经五大学校长联席会议规定，本人一薪无妻六千元，子女每人各两千元，工友五千元""返京日期转瞬将届，校舍分配，有待事前详细计划"等议案。⑥

---

① 《金陵大学第九十次校务常务委员会会议记录》，中国第二历史档案馆藏私立金陵大学档案，全宗号649，案卷号229。
② 《金陵大学第九十一次校务常务委员会会议记录》，中国第二历史档案馆藏私立金陵大学档案，全宗号649，案卷号229。
③ 《金陵大学第九十一次校务常务委员会会议记录》，中国第二历史档案馆藏私立金陵大学档案，全宗号649，案卷号229。
④ 《金陵大学第九十二次校务常务委员会会议记录》，中国第二历史档案馆藏私立金陵大学档案，全宗号649，案卷号229。
⑤ 《金陵大学第九十三次校务常务委员会会议记录》，中国第二历史档案馆藏私立金陵大学档案，全宗号649，案卷号229。
⑥ 《金陵大学第九十六次校务常务委员会会议记录》，中国第二历史档案馆藏私立金陵大学档案，全宗号649，案卷号229。

二、接收南京校舍

金大在准备复校东归的同时，也密切关注南京校产的接收情况。全面抗战期间，金大南京校园遭受很大破坏。据1946年12月呈报教育部的战时各项损失调查表，金大各类中西文图书、杂志、手册损失共计7万余册，其中不乏珍本、善本等珍贵古籍；校舍、仪器设备、林场损失共计国币14 678 500元。1941年12月太平洋战争爆发后，留守在南京的贝德士等美籍教员撤离。1942年8月，由汪伪政府开办的南京中央大学从建邺路原中央政治学校迁入金大鼓楼校址，设有文、法商、教育、理工、农、医六个学院，利用金大原有的图书、仪器、设备进行办学，金大校产被南京中央大学接收。"仪器设备，抢运一空。伪中央大学在敌伪指示下，奉令接办，农学院仍设原址，理学院扩充为理工二院，'北大楼'现改名为'中大楼'，设有文、法、商、教四学院，大楼后东北角上新屋一座为新设之医学院，大礼堂照旧。"

1945年8月，日本宣布无条件投降，汪伪政府垮台。8月21日，陈裕光第一时间写信给留守南京的森林系教授陈嵘和金大工程处主任齐兆昌，对他们多年来不避艰辛维护学校表示感谢，表示"稍有具体办法后，当先遣少数人员来京，协助筹措复员"。①该年9月，国民政府教育部下令解散南京中央大学。留守南京的齐兆昌、陈嵘以及刚从上海集中营被释放归来的史德蔚教授，在日军投降后着手接收金大校产，并向陈裕光书信汇报接收详情。

为接收南京校产、筹备复校事宜，金大特派文学院教授贝德士及事务组职员顾俊人相继前往南京。1945年10月12日，贝德士抵达

---

① 《陈裕光致陈嵘、齐兆昌函》，1945年8月21日，中国第二历史档案馆藏私立金陵大学档案，全宗号649，案卷号366。

南京，立即与各机关接洽。史德蔚教授接收鼓楼医院，并暂任院长（复员后由谭和敦任院长）。贝德士先后与重庆中央大学和南京中央大学商量各自接收范围，较为满意。讨论结果是，南京中央大学所设立的土木工程系、音乐系、美术系及医学院等院系的仪器设备均由重庆中央大学接收；其他图书杂志以及各院系之设备及本校原有的部分设备，归金陵大学接管。①10月30日，陈嵘在写给陈裕光的信中称："此间校产问题，自得史、贝二公莅此，已逐渐解决。今晚美领事宴待朱教育部长，二公被邀作陪，想更融洽矣。至于全校未迁回以前应若何利用之处，自当遵示慎重进行，以求尽善也。"②

　　1945年12月，陈裕光飞抵南京，视察金大在京接收情形，并接洽迁校事宜。当时金大教职员住宅一部分被占用，校舍外部尚完整，三院大楼和新图书馆等门窗齐全，但内部则凌乱破烂，且其中隔板什物用具，均挪动散失。"图书损失颇为惨重，尤其数十年来所搜集之县志与古本，丧失殆尽。西文书籍亦不少遗失，尤其杂志方面，一时无法补充。理学院之仪器设备，化学药品，亦多所盗卖。此外农场荒芜，苗木伐尽，不胜有今昔之感。"③

　　抗战胜利后，教育部为处置收复区专科以上学校失学学生，在平、津、京、沪四地设置临时大学补习班，南京临时大学补习班由中央大学教授王书林负责。当时本拟借用中央大学校舍，因中央大学本部尚未接收，该址乃商借一部分金大校舍作为南京临时大学临时教室与宿舍，计有北大楼、新科学馆、甲乙丙丁学生宿舍、体育馆、大礼堂、小陶园、农业经济系等房屋，预计到1946年四五月间

---

① 《南大百年实录》编辑组编：《南大百年实录（中卷）：金陵大学史料选》，南京：南京大学出版社，2002年，第360−363页。

② 《陈嵘致陈裕光函》，1945年10月31日，中国第二历史档案馆藏私立金陵大学档案，全宗号649，案卷号366。

③ 《陈校长自京沪返校》，《金陵大学校刊》第356号，1946年2月16日。

可以全部迁出①，以保证金大下学年顺利开学。

三、金大回迁及开学

1946年2月，教育部开会商讨中等以上学校复校事宜，计划从本年五月份，每个月教育机关可水运六千人、空运一千人、路运三千人，总共约一万人左右，比例约占夏季运输总量的三分之一。各教育机关在长江沿岸等待东运的人员约六万余人，为了确保复校后的教学秩序，争取在5月至10月底的六个月间完成东运。②

在教育部的指导下，金大开始筹划师生及设备的东迁。迁校委员会下设有"复员运输装箱委员会"，由陈长松、李景均、孙明经三人负责，协调各院系部处将暂时不需用之图书仪器等物提前打包，朱庸章、陈长松、谢湘三人负责接洽运输工具。为便于物品运输，金大统一制作了"长三尺、宽一尺半、高一尺之木箱"，将物品进行装箱。③

1945年12月，华西坝五大学校长联席会议决议，将本学年第一学期及寒假缩短，第二学期提前开学，以便在学年结束后各校返迁。经过紧张筹备，1946年4月，金大决定停课，返迁复员。对于特殊原因不能随校返京的学生，金大允准其借读于华大、燕大、齐大等校。为解决师生长达一个月的回宁交通费，在美国援华会的资助下，金大校务会议于4月7日议决，对专任教职员和学生发给川资津贴，分复员返京教职员、留川教职员及工友和复员学生三类。

---

① 《南大百年实录》编辑组编：《南大百年实录（中卷）：金陵大学史料选》，南京：南京大学出版社，2002年，第359页。

② 《教育部迁校会议希全权代表出席 并预将人员数量及公物吨数先行报备》，中国第二历史档案馆藏私立金陵大学档案，全宗号649，案卷号293。

③ 《"复员运输装箱委员会"对木箱尺寸及集中办法的通知》，中国第二历史档案馆藏私立金陵大学档案，全宗号649，案卷号300。

第一类复员返京教职员系指本校专职教职员而具备下列条件者：抗战军兴即随校西迁而现拟随校返京者；抗战后由外省来校服务而现拟随校返京者；因学校需要而须随校返京者。由学校津贴川资"每一专任教职员150 000元，其在川之直系眷属（包括妻、子、女及由其奉养之父母）每人150 000元，未满六足岁之子女折半之"。为预防途中经费短绌或意外开支，得向学校商借五万元到京后再行结算。①

第二类留川教职员及工友系不符合第一类的本校专任教职员。学校一律不发给川资津贴，仍请其继续服务至本年六月底或聘约期满前二月。他们的薪津发至八月底或聘纳期满时为止。并根据服务年限的长短，加发薪津半个月至三个月不等。加发之薪津一律以本年五月之生活指数为标准（约为170倍）。②

第三类复员学生的津贴旅费办法。旅费津贴的目的在使经济困难无法筹措或因数额过巨不能筹足此项旅费之学生得以随校复员继续学业。凡本年暑期已修毕三年级学分之学生需要旅费津贴者得申请之；凡已经政府核准之贷金生公费生得申请旅费之津贴；经济困难之学生得申请揭帖旅费；本年暑期毕业生因经济困难而缺乏还乡旅费者，得向各校申请在援华会救济费借支旅费，借支之全额须于四年内按年摊还，还得之款作为贫病学生医药基金。每生津贴之旅费不得超过援华会所决定之标准（齐大每生法币88 000元；金女院75 000元；金大75 000元；燕大100 000元）；凡贷金及公费生得预支四五六月之公费。③

---

① 《私立金陵大学教职员复员返京川资津贴办法》，中国第二历史档案馆藏私立金陵大学档案，全宗号649，案卷号229。

② 《私立金陵大学专任教职员及工友复员留川津贴办法》，中国第二历史档案馆藏私立金陵大学档案，全宗号649，案卷号229。

③ 《华西坝四大学复员学生津贴旅费回校办法》，中国第二历史档案馆藏私立金陵大学档案，全宗号649，案卷号229。

　　美国援华会在全面抗战后期和战后加大了对中国大学教职员的补助，其中教授和副教授根据服务年限补助三十万元到四十万元不等，具体标准参见表3-1。1946年9月，金陵大学针对复员学生颁布了《临时救济简则》，此次临时救济暂定为120名，分甲乙丙丁四种。[①] 11月，陈裕光校长通知大家，由于援华会的支援，自本月起，专任教职员各项津贴一律增加50%，兼任教职员每小时增加车马费2 000元。[②]

表3-1　金大教职工补助金标准（单位：法币）

服务年限	教授副教授	讲师助教	助教与练习生	校工
1—4 年	300 000	250 000	200 000	100 000
5—8 年	350 000	300 000	250 000	120 000
9 年以上	400 000	350 000	300 000	150 000

资料来源：林开诚《胜利随母校返京述略》，台北市金陵大学校友会：《金陵大学建校百周年纪念特刊》，台北：台湾新生印刷厂，1988 年，第 441-446 页。

　　1946年4月15日，金大举行了在华西校园的最后一次毕业典礼，全校有216名学生毕业，其中包括五名研究生。同一天，金大千余名师生员工分两路开始返迁，其中教职员229人，眷属715人，学生939人，校工80人。金大成立了迁校服务组，在沿途重要地点派人先行入驻进行接待工作。赵东初带领学生朱傅彝于4月8日先行乘车离蓉，先后经德阳、梓潼、绵阳、剑阁、广元、沔县、褒城、双石铺、宝鸡、西安、陕州、洛阳、郑州、徐州、浦口，沿途联络党团同志以及教会组织，寻求住宿地点，了解物价水平以及交通换乘情况。

---

① 《复员学生临时救济金申请书及有关文书》，中国第二历史档案馆藏私立金陵大学档案，全宗号 649，案卷号 1612。

② 《金大教职工薪津旅费等有关文书》，中国第二历史档案馆藏私立金陵大学档案，全宗号 649，案卷号 217。

金大返迁主要有两条线路。一是陆路，有20余辆复员专车，由川陕公路历时四至八天出成都北上，跨秦岭至宝鸡；然后转乘火车，沿陇海线经陕西、河南、江苏至徐州；再换乘津浦线至南京。柯象峰、高文、王绳祖、陈恭禄、陈纳逊、戴运轨、李景均、胡昌炽、孙明经、章元玮、李恕先、章之汶、焦启源、魏景超、孙文郁等人均选择沿此线路东还。金大地下党员郭维就是途经陆路第一批返回南京的同学之一，在行经宝鸡时被国民党当局逮捕，后经南京、成都两地金大师生的大力营救，国民党当局才被迫释放了他。[①]陆路需乘坐卡车，二三十人的行李堆在车上，人坐在行李上，一路颠簸，十分危险。四川省内北行多高山深谷，坡多弯多，山路险恶。金大租用的西北公路局车辆多为老旧车辆，三号复员专车离开德阳即抛锚，四号复员专车则水箱漏水，随后六号专车亦抛锚。一路披星戴月开行，艰难万分。孙明经教授和爱人吕锦瑗教授是金大复员车队第十一队的成员。当时孙明经的儿子孙建和刚刚出生40天，也不得不随着复员车队一路颠簸，辗转东迁。金大同事专门为小宝宝买了一个长竹筐，铺上被褥，做成摇篮。竹篮里的孙建和被称为"胜利宝宝"（the victory baby）。从西北回东南的数以百万计的普通旅客，加上大量的军人，使火车拥挤不堪，沿途设施不全，师生往往携带大量干粮果腹。但回宁的心情迥异于当年仓皇迁往四川，沿途的风情在师生的心目中留下了终生难忘的印象。

二是水路，主要用于运输图书仪器设备。先乘车由成渝公路至重庆，再从重庆乘坐江轮东下抵达南京。学校物资运输也历经艰辛。金大在1946年1月底即与四川驿运管理处直辖成都段负责人签订合同，将第一批起运物资装箱竣事，由总务处押运员李庆生等人负

---

① 中共南京市委党史资料征集编研委员会办公室、南京市档案局：《金陵大学抗议美军暴行运动追忆》，《南京党史资料》，1986年第一辑，第74页。

责跟船押运。2月3日，金大首批图书仪器共371箱从成都起运，于3月中旬抵达南京。更多的复员物资于5月起运。5月下旬，金大复员图书仪器及文件共1 600余箱，由成都陆续运至重庆，"分存美丰、聚兴诚、和成、川康各银行仓库。原拟立即启运东下，惟当时复员运输，困难万分，无法启行。而学校需用迫切，故改用木船分四批拖行。计有两批由嘉陵江、恒德两轮直放南京，余两批用裕亨及民生公司丙级运轮拖行。经过巫峡时，曾遇狂风暴雨及登陆艇，致将木船前底横杆冲脱，危险至极，急速抢修，始转危为安。抵汉口，改用大中华及鲁兴大轮运京，于10月22日前抵达"①。水路遥远且艰险丛生，进步同学曹世芸途经湖南时不幸溺水身亡就是东迁过程中的一例悲剧。②

　　由于江轮舱位紧张，一些金大教职员师生滞留重庆，一再迁延等待。5月以后，因各种原因仍滞留四川的学生仍有近300人。5月15日，金大在成都的校务活动全部结束。据金大1946年7月19日的上报数据可知，已经返回南京的员生有教职员138人、眷属294人、学生181人，共613人，其余留渝的员生及眷属尚在接洽车船陆续返京。③9月30日，虽然部分仪器图书尚未运到，金大仍在南京校园如期开学。图书仪器于10月下旬始运抵南京。同时附属中学亦由川东万县迁回南京，恢复旧貌。

---

① 《复员简况》，《金陵大学校刊》第357号，1946年12月5日。
② 中共南京市委党史资料征集编研委员会办公室、南京市档案局：《金陵大学抗议美军暴行运动追忆》，《南京党史资料》，1986年第一辑，第77页。
③ 《令知册报员生复员动态情形备核并应每半月各呈报一次并函知本部留渝办事处》，中国第二历史档案馆藏私立金陵大学档案，全宗号649，案卷号298。

第二节　复员后的调整与发展

一、行政组织的调整与办学规模

全面抗战时期，金大西迁后，大部分校董仍留在上海，校董会无法正常召开。1938年1月，金大在成都成立了紧急执行委员会，在战时代替校董会行使职能。1946年6月教育部提出，在抗战期间，私立专科以上学校多能体念事艰，明了国策，不为敌伪所屈，苦心维持教育。但也有不明大义、甘心附逆者。令私立专科以上学校如校董中有在抗战期间附逆者，应立即改组校董会，并将新校董名单上报教育部进行备案。同年7月，金陵大学上报南京政府社会局，声明全面抗战爆发后，学校西迁成都，艰辛维持教育，担任校董者无一人变节附逆。①

1947年5月23日，金大校董会在南京鼓楼平仓巷五号陈裕光校长寓邸举行复员后第一次全体会议，中西校董近20人到会。陈裕光、贝德士、会计室代理主任史迈士等分别报告了本校复员经过、南京校产在战时保管之情形和最近学校经济概况。校董会议决，致函感谢各方负责人和学术团体抗战以来对金大的维护和扶助；推举陈光甫先生为董事长，杭立武先生为副董事长；改组校董会财政执行委员会，仍由陈光甫、杭立武两先生分别任正副主席，章文新先生任书记。②校董校友代表在改选后由杭立武、乔启明、马保之和戚寿南担任。在这次会议上，应陈裕光的建议，推举贝德士为"本校西籍顾问"，在海外称为副校长，负责处理金大与西方的关系。

---

① 《教育部令关于私立专科以上学校校董为有附逆者其校董会应即改组令详查密报等》，中国第二历史档案馆藏私立金陵大学档案，全宗号649，案卷号66。
② 《校董会举行会议：公推陈光甫杭立武两先生任正副董事长》，《金陵大学校刊》第364号，1947年5月31日。

根据《1948年私立金陵大学校董登记表》，[①]1948年金大校董共20人（含候补校董），从事金融行业的3人包括校董会董事长陈光甫和副董事长陈裕华（校长陈裕光之弟），均为银行高管。13人从事教育工作，涉及医学、农业、神学、经济、家政等学科（其中徐国懋既为金大外文系助教，又担任银行经理）。10人或为神学院教授，或在基督教组织任职。除候补校董刘芬资曾为国民党员、代理董事长洪章曾加入同盟会外，其余18人均未曾参加过任何党派活动。5人为美国人，除马保之为广西人外，其余中国人籍贯均为江苏、安徽或浙江。

在大学行政组织上，金大从1939年起即遵照教育部的命令调整组织，设教务、训导、总务三处。教务长柯象峰，训导长袁伯樵，总务长朱庸章。1947年秋季学期，因柯象峰应邀赴英讲学，教务长一职改由植物病虫害学系主任魏景超代理；袁伯樵坚辞训导长职务，专任教授兼教育组主任，训导长一职也改由生物系教授范谦衷担任。

复员前总务处设置文书、出版、事务三组，教务处设置注册组，训导处设置生活指导、军事管理、体育卫生三组[②]，复员后各组有所调整。教务处设置两组：注册组负责掌管学生注册、休学、退学、转学、复学、转院、转系及编制课程等；学籍组掌管学生学籍，负责向教育部呈报各种事项。新生指导组原属教务处，后归为训导处，掌管招生以及关于新生的训练、学业指导等事项。训导处设置三组，除新生指导组外，还有体育卫生组和奖贷金组，分别负责校园体育活动、卫生监管和金大本校奖学金、助学贷金及教育

---

① 《私立金陵大学主要人员表及校董会等各委员会名单》，中国第二历史档案馆藏私立金陵大学档案，全宗号649，案卷号65。

② 《私立金陵大学要览》，中国第二历史档案馆藏私立金陵大学档案，全宗号649，案卷号83。

部公费等。总务处置文书、人事和事务三组，文书组负责文书的撰写、传发和保管，人事组负责教职员的任用、甄审和考绩，事务组负责物品的购买、运输、保管和校舍设备的管理及其他一切杂务。图书馆和会计室自成单位，还另外设置了工务室和推广部。

回迁后的金陵大学仍设有文、理、农三学院及中国文化研究所。1943年，刘国钧先生离校，由蔡乐生继任文学院院长。1946年，蔡乐生辞职离校，因缺乏适当人选，乃由陈裕光兼任文学院院长。1947年文学院拟恢复教育学系，陈校长因校事繁忙无力继续兼任，院长一职由倪青原教授继任。1946年4月，魏学仁代表中国赴美国参加世界原子能会议，并被选为世界原子能管制委员会委员，理学院院长由李方训接任。1947年，魏学仁在美国被聘为我国出席联合国特别会议代表顾问。同年6月，李方训应中英文化学会之邀赴英美讲学一年，理学院院长一职先后由戴安邦、裘家奎代理。①复员后的农学院仍由章之汶担任院长。1949年，章之汶因参加联合国粮农组织工作离校，由孙文郁代理院长。新中国成立后，孙文郁被调派到北京农机学院工作，由靳自重任代院长。

文学院设中国文学系、外国文学系、历史学系、社会学系（附社会福利行政组）、政治经济系、哲学心理学系等六系，另设国文专修科。理学院设数学系、物理系、化学系、生物学系、化学工程系、电机工程系等六系，另设电化教育专修科一科及教育电影部。农学院设农业经济学系、农艺系、森林学系、植物学系、园艺学系、植物病虫害学系（内分植物病理学组及昆虫学组）、农业教育学系、蚕桑学系等八系，另设农业专修科与园艺专修科各一科及农业推广部。②到1948年，金陵大学全校共设有22个系和4个专修科。

---

① 金陵大学编：《金陵大学六十周年纪念册》，1948年，第11页。
② 《私立金陵大学要览》，中国第二历史档案馆藏私立金陵大学档案，全宗号649，案卷号83。

1947年，金大根据教育部颁布的《大学研究所暂行组织规程》，对校内原设各研究学部进行改组，将研究所与学系连为一体，以系名称改为某某研究所。改组后，系内之主任、教授、副教授、讲师、助教均为研究所工作人员，以矫正过去叠床架屋之弊。金大计设有史学研究所、社会学研究所（附社会福利行政组）、化学研究所、农业经济研究所、农艺研究所（附作物改良、植物病理、经济昆虫组）、园艺研究所。

在1947年春季学期，金陵大学行政部分及院系科组负责人名录如下：

校长：陈裕光

主任秘书：谢扶雅

教务长：柯象峰

注册组主任：戴邦彦

学籍组主任：刘蔚岑

训导长：袁伯樵

体育卫生组主任：徐绍武

奖贷金组主任：马争存

新生指导组主任：汤鹤松

总务长：朱庸章

文书组主任：钱浩

人事组主任：张图谟

事务组主任：顾俊人

会计室主任：毕律斯（在假）

会计室代理主任：史迈士

会计室副主任：谢湘

校产管理工务室主任：齐兆昌

图书馆馆长：贝德士

图书馆副馆长：陈长伟

中国文化研究所主任：李小缘（兼史学研究所主任）

女生部主任：李美筠

文学院院长：陈裕光（兼）

中国文学系主任：刘继宣

外国文学系主任：叶意贤

历史学系主任：王绳祖

政治经济系政治学组主任：朱庸章（兼）

政治经济系经济学组主任：曹国卿

社会学系主任：柯象峰（兼）

社会福利行政组主任：陈文仙

哲学心理学系主任：倪青原

理学院院长：魏学仁（在假）

理学院代理院长：李方训

数学系主任：张清华

物理系代理主任：许国樑

化学系主任：戴安邦（兼化学研究所主任）

生物学系主任：陈纳逊（在假）

化学工程系代理主任：张玉田

电机工程系主任：杨简初

电化教育专修科主任兼教育电影部主任：孙明经

农学院院长：章之汶

农业经济学系主任：孙文郁（兼农业经济研究所主任）

农艺系主任：靳自重

农艺研究所主任：吴绍骙

园艺学系主任：胡昌炽（兼园艺研究所主任）

森林学系主任：陈嵘

植物学系主任：焦启源

植物病虫害学系主任：魏景超

昆虫学组主任：程淦藩

农业教育学系主任：章元玮（兼农业推广部主任、农业专修科主任）

蚕桑学系主任：单寿父[1]

金大复员后，教学设备和师资力量不断充实，学生人数稳步上升。1948年金陵大学六十周年校庆回顾了复员后学校的办学情况：

> 自复员迄今，瞬历二年有半，设备方面，尚有补充，各学院所属可惜，亦时由增益，现有二十二系四专修科，卅六年复将各研究所遵照教育部颁布之大学研究所组织规程分别改组，分为历史、化学、农艺、园艺等五研究所，及中国文化研究所，是年校董会开会，推举陈光甫杭立武为正副董事长，本年距创始时，适为六十周年，汇文书院成立之初，仅有学生十五人，今则增至一千一百一十一人，历届毕业校友，迄今已逾三千以上，服务四方，弥增校誉……[2]

1946学年秋季学期，金大注册新旧生共1 016人（文学院247人、理学院328人、农学院441人），其中有研究生18人。全校共开设课程370班，其中文学院148班、理学院99班、农学院119班，另有三民主义和体育各两大班。1947年春季学期，全校注册学生共1 170人，内文学院330人、理学院376人、农学院464人。另外还有美籍学生3名、意籍学生2名，在金大研究中国文学、外国文学及历史。全

---

① 金陵大学总务处编：《私立金陵大学要览》，1947年，第32-34页。
② 金陵大学编：《金陵大学六十周年纪念册》，1948年，第4页。

校所开课程共有370班，其中文学院150班、理学院108班、农学院112班。1948年秋季学期注册学生达到1 348人，创历年来新纪录。[①]但紧接着的1949年春季学期，因国内政治情势变化，加之各地交通困难，注册学生数量骤减，仅有851人。[②]

从毕业生规模看，1945年，金大共毕业学生188人，其中研究生10人，本科生133人，各类专修科（国文、图书馆、电化教育、汽车、农业）学生45人。1946年，金大共毕业学生225人，其中研究生6人，本科生171人，各类专修科（国文、图书馆、电化教育、汽车、农业、园艺）学生48人。1947年，金大共毕业学生232人，内研究生7人，本科生183人，各类专修科（国文、农业、园艺）学生42人。[③]

1946年9月5日至7日，金大举行了复员后第一次招生考试。这次考试与中央大学同日举行，报名人数共计1 497人，学生考试成绩较战时为优，共录取305人，其中文学院111人，理学院93人，农学院101人。1947年春季学期，金大校务会议决议招收转学生和先修班新生，计录取转学生49人，先修班新生145人。[④]按照规定，先修班学生学期结束考试成绩全部及格且总平均成绩在七十分以上者，可直接升入大学。

金大西迁办学时，因宿舍不足，对招收女生多有限制。复员后，金大对招考女生不再限制，概以成绩为录取标准。为了便利有关教

---

① 《本校连续举行校务会议及教职员大会》，《金陵大学校刊》第375号，1948年10月30日。

② 《本学期注册延长一周，到校学生共八五一人》，《金陵大学校刊》第377号，1949年3月15日。

③ 《私立金陵大学历年员生统计表》（1947年），中国第二历史档案馆藏私立金陵大学档案，全宗号649，案卷号83。

④ 《南大百年实录》编辑组编：《南大百年实录（中卷）：金陵大学史料选》，南京：南京大学出版社，2002年，第83页。

会中学毕业生升学，吸收优秀学生进入金大，学校制定试行了《认可学校毕业生入学考试办法》，规定经本校认可的中学可直接保送优秀毕业生，经学校审查合格后，委托当地校友会负责人举行考试。成绩在八十分以上者，考国、英、数三科以及公民测验。成绩在七十五分以上者，文学院加考历史、地理；理学院加考物理、化学；农学院加考生物、化学。金大认可的中学在南京有金陵大学附中、中华女中、汇文女中，上海有青年会中学、清心中学、麦伦中学，苏州有晏城中学、萃英中学、桃坞中学，以及杭州蕙兰中学、长沙雅礼中学、九江同文中学、马来亚钟灵中学等共十七所学校。[①]《认可学校毕业生入学考试办法》试行后成效尚佳，校董会议决继续施行[②]，金大在每年四五月份，函告各中学将该校成绩优良且拟入金大就读的学生姓名、成绩单寄往本校，以进行初步审查和考试。

为提高新生录取标准，金大改进入学办法。1948年3月教务会议决议"今后按照各院考生之最高成绩录取之原则，业经决议，不分系录取""并组织国文、英文、自然科学、社会科学等四种命题研究委员会，以期入学考试能达到选择真才之目的"。[③]1948年4月20日金大召开招生委员会，由陈校长任主席，出席者有袁伯樵、司乐堪、张济华、范谦衷、朱庸章、王绳祖、章之汶。决议如下：（一）通过《认可学校毕业生入学考试办法》。（二）考试科目（甲）认可学校保送生。1.文学院：国、英、数、史、地；2.理学院：国、英、数、理、化；3.农学院：国、英、数、生、化。（乙）参加考试学生照去年成案办理。（三）认可学校保送生报名

---

① 《本年招生订于七月下旬举行最近规定优待考试办法》，《金陵大学校刊》第363号，1947年5月31日。

② Minutes of the Meeting of the Board of Directors, June 5, 1948, Box 194, Folder 3365-0038, UBCHEA.

③ 《提高新生录取标准，研究改进入学试题》，《金陵大学校刊》第370号，1948年3月15日。

费暂规定国币四十万元。（四）通过认可学校名单。（五）由教务处拟定组织招生委员会、考试委员会具体办法，提出下次会议讨论。（六）本年夏季录取新生，根据分院不分系之原则。（七）本年夏季不招收转学学生。[①]

在教员方面，复员后金陵大学教职员变动颇多，各科系纷纷新聘教员，外籍教员数量增加。在国外讲学或从事研究的教员也纷纷返校，师资力量不断增强。1947学年秋季学期，专任教职员共计230人，内含教员153人、职员77人；还有兼任教员50人、练习生8人，全体共计288人。其中女教职员30人、男教职员250人，另外还聘有西籍教职员12人。[②]虽然西籍教职员陆续回校，但外籍教员名额还未满，金大曾积极与教会沟通，请求派教员来校工作。[③]

师资力量的增强，不仅在于教师队伍的扩大，更在于教师教学水平与研究能力的提升。教员出国进修体制的完善，对于学校教学水平的提升尤为重要。抗战时期，中国大学与国际学术界相对隔绝，金大教职员出国交流机会较少。[④]抗战胜利后，国际学术交流迅速恢复，人员交流频繁，金大与国外大学及国际组织间的合作更趋紧密。抗战后洛氏基金会、美国援华会、中英文化协会等组织纷纷支持国内教员出国讲学或进修，遴派教员给予奖学金，不少金大教职员此时选择出国深造。1945年11月15日，教育部颁布的《专科以上学校教员应约出国讲学或研究办法》规定：凡专科以上学校教

---

① 《本校今夏招生原则决定不收转学生》，《金陵大学校刊》第372号，1948年5月15日。

② 《本学期教职员人数统计》，《金陵大学校刊》第367号，1947年11月1日。

③ University of Nanking Minutes of the Board of Directors, November 25, 1947, Box 194, Folder 3365-0020, UBCHEA.

④ 洛氏基金会在抗战时期也资助了若干名金大教职员赴美研究考察，如1940年资助孙明经赴美访问，1941年又资助农学院崔毓俊（赴康奈尔大学攻读农业经济学）、程淦潘（赴明尼苏达大学攻读昆虫学）、樊庆生（赴威斯康辛大学攻读细菌学）三人赴美深造。

员，应国外大学或学术机关之约出国讲学者，须经审查合格教授或副教授五年以上，并有专门著述，在学术上有重要贡献者。研究者须任审查合格讲师二年或助教五年以上，著有成绩者。[①] 该年11月，金大规定在复员后遴选教员出国进修时，首先应切实按照学校今后办学之方针，先行拟具办法，后再郑重遴选。

复员后各院系陆续有教职员出国深造。1947年春，美国援华联合会奖励中国大学教授高级研究人员赴美进修，金大获得三个名额，最终柯象峰、戴安邦、孙文郁三人入选。教会大学联合托事部也在各校设置奖学金，征求出国进修候选人，金大最终有叶意贤、杨树勋、李恕先、刘硕甫、叶南薰、章伯雨、潘鸿声、顾元亮等八人入选。1947年，金大出国研究及讲学之教职员有：文学院外文系主任叶意贤、助教杨树勋，教务长柯象峰，社会学系助教何肇发，图书馆编目员孙云畴，理学院院长李方训，化学系主任戴安邦、教授李恕先、讲师郭挺章，数学系教授潘廷洸，物理系教授许国樑、教授刘硕甫、副教授程守洙，农学院农经系教授潘鸿声，森林系教授周映昌、副教授周蓄源和王一桂，农艺系助教莫兆麒等。其中柯象峰、李方训系受英国文化委员会邀请赴英讲学，余皆为赴美国进修。[②] 1948年金大出国进修或讲学之教职员人数也不少，包括林福美、叶南薰（休假）、汪仲钧（休假）、许庆云、李冠国、程之光、蒋锡勋、高观志、顾元亮、胡昌炽（休假）、魏景超（休假）、尤子平、辛润棠、陈长松（休假）等。[③] 其中体育部主任徐绍武教授由美国联合托事部选派赴美进修一年，发给奖金3300美

---

① 《专科以上学校教员应约出国讲学或研究办法》，《教育部公报》1945年第17卷第11期。

② 《本年度出国同仁业已先后抵达英美》，《金陵大学校刊》第367号，1947年11月1日。

③ 《本学期教职员人事动态》，《金陵大学校刊》第374号，1948年9月30日。

元。[①]文学院政治经济系经济学组副教授陈长松，赴萨拉鸠斯大学，专攻会计学；外国文学系副教授林福美，由美以美教会资助，赴美西北大学，专攻外国文学。理学院数学系副教授叶南薰，赴田纳西大学，研究数学；生物系讲师李冠国，赴德西斯大学，研究生物学。农学院农教系副教授辛润棠，获得金大农学院三十周年纪念奖学金，赴康奈尔大学，专攻农教学；农艺系副教授顾元亮，获康奈尔大学奖学金，赴该校研究农艺学；植物学系讲师郑长佑自费赴美南加州大学，专攻园艺学；农艺系讲师王恒立、昆虫组讲师尤子平获研究助教奖学金，赴康奈尔大学进修。化学系助教许庆云、化工系助教程之光和电工系助教蒋锡勋、高观志均以自费赴美深造。[②]众多金大教职员出国进修，一时间造成学校师资不足，甚至影响到金大研究生教育的开展。但从长远看，教职员广泛参与国际学术交流，对于提升教师队伍的学术水准有重要作用。

二、院系建设与教学安排

金大师生对于战后金大的发展充满希望。1945年9月，陈裕光在金大总理纪念周上对全校师生说："深感今后建校，所应注意之事项正多……一、加强研究精神……二、提高学术地位……中国的学术，至今还没有特殊的进步，更遑想在国际间，取得一个领导的地位。所以本人此次出国，目的也在沟通中美文化，交换学术研究，使中国的学术地位有所提高。三、促进国外合作，校内合力。"[③]1945年11月，金大召开行政会议提出："欲使金大成为国

---

① 《徐绍武荣获托事部奖学金》，《金陵大学校刊》第 372 号，1948 年 5 月 15 日。
② 《今夏出国同仁已先后抵达英美》，《金陵大学校刊》第 374 号，1948 年 9 月 30 日。
③ 《陈校长游美返国后出席首次国父纪念周》，《金陵大学校刊》第 351 号，1945 年 9 月 16 日。

内第一流之大学，必须使本校在学术上有所贡献，抗战后对于学校地位之增高、人才之罗致以及校风之改善等，校方应拟订整个之计划。"[1]复员东返后的金大，有志于建设"国内第一流之大学"。在1947年6月编印的《私立金陵大学要览》中，金大提出："六十年来，本校孜孜以上，日就月将。今后兢兢期勉者，当与世界第一流大学并驾齐驱。"[2]

金大复员后的一项重要任务，是要尽快恢复正常的教学活动。校方计划修复礼堂、图书馆等建筑设施以便开展教学，但因资金短缺，工程进程缓慢。金大事业覆盖面广，学院、图书馆、附属中学和医院等分散在不同的地区，因学校财力有限，学校重心只能集中于一个中心，并且主要强调本科工作，较少关注研究与项目。[3]由于短缺仪器设备，学校对于教学应用之仪器材料，或是向美国选购，或是接受捐赠，积极设法补充，《金陵大学校刊》上对此多有记载。"最近向美国选购之蜂巢磨机一具，生物教学用品一批，电影教学用品一批，经济昆虫研究设备用品一批，教育电影用品一批，化学实验用品一批，均奉教育部核转财政部发给护照，准予免税入口，不久均可运到。又本校昆虫学组承英国工业化学公司捐赠仪器一套，影音部承美国教会捐赠教育应用影片《悲后之歌》《快乐乡村》《美国儿童》等八本暨《浪子回头》《吉士之女》二本，并继续购置农学院园艺专修科应用玻璃片、温度计等一批，理学院化学系等应用仪器一批，及与农学院共同应用化工、电工、森林、植物病理等实验器材一批，电机工程学系电量计等品一批，附属中学物

---

[1] 《三十四年度秋季第一次校务会议记录》，1945年11月2日，中国第二历史档案馆藏私立金陵大学档案，全宗号649，案卷号225。

[2] 金陵大学总务处编：《私立金陵大学要览》，1947年，第3页。

[3] University of Nanking Minutes of the Board of Directors, November 25, 1947, Box 194, Folder 3365-0020, UBCHEA.

理实验器材一批，影音部应用器材一批，及《美国学生生活》影片二本，均向美国洽订，呈请教育部转请财政部给照免税，嗣后各系设备当可渐臻充实，裨益教学，良非浅鲜。"①在校长陈裕光的领导之下，全体师生共同努力，金大复员后不仅恢复到抗战前的水平，而且教育事业不断进步。

1.文学院

文学院在复员后师资力量不断增强，课程设置日益完善，教学研究氛围浓厚。1946年秋季学期，文学院各系新聘教授颇多，有国文系胡小石、刘继宣、高耀琳、唐圭璋、武酉山，英文系孙家琇、陈淑贞、黄宝莲，政治学组周书楷，经济学组曹国卿、金积楠、王惟中、翁秀民，社会学系孙本文、范定九，社会福利行政组周乐莉、袁琳凯、费芝璧、谭和敦夫人、何昌明，哲学组谢扶雅、释本光，心理学组高觉敷、张清津等，均为国内知名教授，颇受学生欢迎。②1948年，国文系增设诸子通论、音韵学，外文系增设法文、德文、日文等课程，并新聘教职员多位。

文学院日益重视利用电影来协助教学，国文、英文、社会学、历史、心理、教育、图书馆等各科系课程均选择使用课程相关影片辅助教学。图书方面，因西迁情况紧急，图书损失惨重。复员后各院系重视添购图书，国外机构也陆续捐赠图书或经费。如英国文化委员会于1947年捐赠给文学院图书设备费390磅，1948年又捐赠二十五种英国出版的杂志，计文学三种、教育心理学五种、哲学二种、史学一种、政治学二种、经济学一种、其他十一种。③心理学组

---

① 《本校在美选购大批器材陆续运校补充设备》，《金陵大学校刊》第372号，1948年5月15日。
② 《文学院各系增聘教授》，《金陵大学校刊》第357号，1946年12月5日。
③ 《英国文化委员会近赠本校杂志多种》，《金陵大学校刊》第371号，1948年4月15日。

在蔡乐生离校后，由高觉敷教授主持，该组陆续添置实验仪器，于1947年成立心理实验室，由英美赠送及本校订购者有数十百种西文图书杂志。

金大教育学系历史悠久，民国元年学校已设有教育科及师范科。曾任东南大学副校长的刘伯明先生、教授程湘帆先生、哥伦比亚大学师范学院比较教育研究所的都振华教授、中央大学教育学系主任徐养秋先生、江苏教育学院院长童润之先生、国立女子师范学院院长谢循初先生等都曾在金大教育学系就读。全面抗战爆发后，国民政府为统制教育，不准私立学校设立教育系，金大教育系遂告停办①。复员后，应国家教育建设之需要和社会对教育人才的需求，金大积极筹划恢复教育系。陈裕光呈报教育部的《恢复教育系计划书》中详细介绍了教育系的目的、进行计划、课程、招生计划和研究计划，还附上了教育系在学术界已享有声誉的毕业生的名单。教育部鉴于金大办理成绩尚佳，遂准许从1947年起，恢复办理教育系。为推动教育系的恢复进程，校方以袁伯樵先生为系主任，但直至1948年金陵大学六十周年校庆之际，教育系的恢复工作并未完成，依旧在积极计划发展中。

金大曾于1926年创设国文专修科，鼓励教会中学将国文教员送至金大进修，注重训练教学方法以培育中等学校师资。1947年，教育部电令金大停止国文专修科招生。金大发函称，自开设国文专修科以来，70%的中学师资力量得到完善，堪称成绩显著，因此仍有继续开办的必要。教育部乃同意金大国文专修科继续办理，准其恢复招生。

金大重视发展社会福利事业，培养社会福利工作专门人才。1940年金大呈准在社会学系内增设社会福利行政组，1945年又呈请

---

① 金陵大学编：《金陵大学六十周年纪念册》，1948年，第23页。

教育部正式设立文科研究所社会福利研究部，招生研究生。社会福利行政学为实用科学，社会学为纯粹理论教学，本来就是两种学科，方法不一样，师资来源也不同。社会福利行政组的基本课程，包括七种重要社会福利工作方法的原则和技能，即社会个案工作、集体培育工作、社区福利事业组织、社会福利事业行政、社会行动与立法、社会计划及社会福利工作研究等。大学部的课程，注重一般的社会工作介绍，偏重于社会个案工作和集体培育工作两种方法的学习和研究。研究所的课程则着重于专业化的心理与高深的理论研究。①战后社会福利行政组鉴于战后救济问题至为重要，特别举办"战后中国善后救济问题"系列讲座，邀请联总、行总著名专家主持演讲，国际社会安全行政专家艾丽斯女士、行总赈恤厅长卢广绵博士都曾来校演讲。

金大社会福利行政组试办多年，已具规模，成绩良好。根据试办经验，金大再次提出在社会学系之外另设社会福利行政系。陈裕光曾多次呈报教育部，请求将社会福利行政组扩充为社会福利行政系。②金大为计划筹办的社会福利行政系设计了课程表，除了社会福利事业概要、社会个案工作原理、医药卫生与福利工作、社会福利事业行政、儿童福利问题以及政治学、经济学、心理学等基本课程以外，学生还需要在社会立法、社会救济行政、社会保险、社会设计与安全设施、社会制度等五门课程中任选两门。③与原社会福利行政组课表对比，取消了中国社会思想史、西洋社会思想史课程，以集体培育工作实习代替原先的集体培育原理，更注重实践。将

---

①　金陵大学编：《金陵大学六十周年纪念册》，1948年，第22页。

②　《教育部核准金陵大学成立社会学部并先设社会福利行政组的有关文书（内附金陵大学增设社会福利行政学院及开设社会福利行政系计划书）》，中国第二历史档案馆藏私立金陵大学档案，全宗号649，案卷号1657。

③　《金陵大学为呈请社会福利行政组改系与教育部、社会部的来往文书》，中国第二历史档案馆藏私立金陵大学档案，全宗号649，案卷号1656。

原二、三年级讲授的社会制度课程，调整为三、四年级讲授。将劳工福利问题从选修改为必修，将社会运动与立法调整为社会立法课程，将社会保险与安全分成社会保险、社会设计与安全设施两门课程供学生选修。增设了政治学、经济学和心理学课程，取消了社会福利事业史、社区福利事业组织、精神病与社会工作、医药社会工作、家庭福利工作等必选课，边疆社会学、人类学、监狱学、儿童发育等其他有关科目，不再要求选修。[①]但金大单独设置社会福利行政系的呈请未得允准。

社会福利学注重学生的实习服务经验，偏重于工作技术之训练。全面抗战时期，金大社会福利行政组即设立社会服务处，以陈文仙教授为主任，开展技术服务和民众服务，其中民众服务包括儿童福利、文化教育、卫生工作、家庭访问、妇女工作和康乐工作等多种事业。[②]复员后，金大社会福利行政组与十余家南京福利机构有着密切联系，包括行政院善后救济总署及南京分署、社会部和社会局各直属机构、基督教男女青年会、新运妇女工作指导委会各教会机关、中央医院、鼓楼医院、中央大学医学院附属医院、南京精神病防治院等不下数十处机构。在南京市郊下关四所村，金大师生共同发起之业余服务机构——四所村友邻社，开社会福利工作推广服务之风气。[③]该组还与行政院善后救济总署合作开展专题研究，鉴于该组研究训练及主办儿童福利暨平民住宅区救济服务工作卓有成效，行总于1947年特拨款三亿元，用于发展儿童福利事业。基于社会福利行政组实施的社会福利工作成绩夙著，1948年，在美国召开

[①]　《私立金陵大学系科设置增改的有关文书》，中国第二历史档案馆藏教育部档案，全宗号五，案卷号2253。
[②]　《社会服务处民众服务举办六项工作》，《金陵大学校刊》第355号，1946年1月16日。
[③]　金陵大学编：《金陵大学六十周年纪念册》，1948年，第22页。

的国际社会工作协会及国际社会福利研究院联合委员会宣布金大为该会会员学校之一。[①]

2.理学院

全面抗战西迁之际，理学院仅带走了约三分之一的仪器设备。剩余三分之二的仪器设备中，电工、化工两系可供工业应用的机器均被日伪掳走，其他的则被南京中央大学办学使用。1946年理学院回到南京后发现，虽然科学馆和应用科学馆尚保存完好，但内部物理仪器残缺大半，化学药品消耗殆尽，开展教学工作"备极艰难"。金大工程处紧急修复煤气厂、蓄水塔等公用设备，其余设备如电线、气管、水槽、机厂等，在时间紧急、经费有限的情况下也得以局部修复，以保障教学与研究工作能够尽快恢复。

图书方面，战前原有之科学杂志得以保存，全面抗战期间洛氏基金会、中英文化学会、美国大使馆等机构也向金大捐赠的缩微胶卷和西文图书杂志整理就绪，复员后向美国创始人委员会订购的科学期刊，也陆续由美分批运到。虽然缺乏新书，但尚可满足师生的阅览需求。

抗战末年，教育部曾拨给金大理科研究所化学部设备费三十万元。1945年11月，校长陈裕光呈报教育部，计划将这笔设备费换为美金，向国外购置研究所实验所需的精密仪器，待返回南京后使用。各科系均从国内外订购化学药品、玻璃仪器、显微镜等设备，用于研究和教学工作。随着成都、重庆等地搬回的仪器药品送达南京，加之各科系自国外新购之化学、物理、生物、电影播音等器材陆续运到，理学院开始开展学生实验课程，进行学术研究，金大也成为最早开始实验的复员学校。为提高教学质量，理学院注重加强

---

① 《社会福利行政组取得国际学术界地位》，《金陵大学校刊》第372号，1948年5月15日。

学生实验训练。凡选习理科各班学生，均能得到科学之训练，手脑并用，培养实验之精神。[①]为了达到理想的实验训练效果，在添购仪器设备、图书杂志之外，理学院若干系重新编印了实验教程，重视学生计算能力的培养。不仅在数学课程上教授计算方法，理化课程也重视计算，使学生的计算能力能够得到充分训练。

全面抗战结束后，理学院多位教员赴国外进修或讲学。院长魏学仁代表中国赴美国参加世界原子能会议。1947年6月，院长李方训应中英文化学会之邀，赴英国讲学。1948年3月，李方训又应美国化学会之邀赴美，于该年6月接受美国西北大学荣誉科学博士学位。1947年8月，化学系教授李恕先获中国教会大学联合托事部奖学金，赴美国西北大学开展研究。物理系教授刘硕甫于1947年8月赴美国赖斐脱大学讲学。化学系戴安邦教授于1947年获美国援华委员会资助，赴美国伊利诺伊大学等校开展研究和考察。

理学院的主要研究项目有：日蚀观测、离子在水溶液内物理化学性质之研究、风筒试验、木材干馏、干湿电池新型之研究、新式微影图书放映器之设计、摄影玻片之试制及改进、边区动物标本之采集等。[②]化学工程系为协助工商业解决工业问题，曾设有服务部，接受校外办理工业原料、化验成品和制造技术问题的委托。随着国内外购置的仪器设备陆续到校，化学工程系于1948年1月恢复了服务部，由陈善晃先生主持。该部本着服务社会的精神，凡金大各系和各同人委托服务部制造实验用化学药品或日用必需品，只收取原料费用，以示优待。[③]

金大是国内电化教育的开创者，历来重视以电化教育辅助教学工作开展。金大复员后，将教育电影部更名为影音部。影音部设在

---

① 《理学院复员近况及今后之展望》，《金陵大学校刊》第363号，1947年5月15日。
② 金陵大学总务处编：《私立金陵大学要览》，1947年，第26页。
③ 《化学工程系恢复服务部》，《金陵大学校刊》第370号，1948年3月15日。

金大应用科学馆内，位于第三、四层，共占两层楼面积。三楼设大放映室，内有软靠椅100座，另设小放映室，内设座30座。[1]该部自置有动片和静片各达千种。影音部将各片目录印就分发校内教授，凡需用影音材料辅助教学者可向该部预定接洽。复员后，影音部陆续从国外订购大批影音器材，如放映机、发电机、摄影机件等，并特别在应用科学馆内增添了若干设备及放映室，以便利教师在教学中加以应用。从1943年起，影音部每周举行教学影片示范放映，每星期三下午四点半放映，每次放映一部影片，由专家讲解，并示以用作教学影片之方法。从1944年起，"教学映片"成为金大的一个固定课程。到1947年秋季学期，该课程仍由吕锦瑗教授主持，上课地点是应用科学馆303室，播放的教学影片有《纽约》《生活即是教育》《恋爱之道》《防痨》《地图入门》《地方自治》《水力学》《盲人福利》等，分别由孙明经、袁伯樵、吕锦瑗、董远观和陈文仙等教授进行讲解。[2]影音部还在每星期四下午举办农业系统放映，由农业教育系主任章元玮教授主持；每星期四上午举办化工系统放映，由化工系主任张玉田教授主持；每星期三下午举行电工系统放映，由电工系主任杨简初教授主持。[3]

金大复员回到南京后，孙明经、罗静予等人又发起组织了有三十余机构联合参加的"影音"座谈会，每两周聚会一次，每次约请一人作专题学术讲演，共同研究国内影音进展近况，前后共举办了六十次。

在华西坝，金大为推广社会教育，提倡影音事业，教育电影部经常举行露天放映活动，每次观众人山人海，深受社会人士欢迎。

---

① 姜赠瑸：《金陵大学与中国的教育电影事业》，金陵大学南京校友会编：《金陵大学建校一百周年纪念册》，南京：南京大学出版社，1988年，第115页。
② 《金陵大学影音事业近况》，《影音》1947年第6卷第5—6期，第82页。
③ 《本校影音事业近况》，《金陵大学校刊》第368号，1947年11月15日。

复员后，金大于1947年春恢复了露天放映，每星期五举行一次，地点在金大校园内理学院南面的篮球场。影音部还添设了播音设备并开设节目，旨在陶冶全校师生的情操。影音部设有一间播音室，为有线广播，广播的三只扬声器利用主楼塔顶分装在东南西三个窗口，广播之声可遍及全校周围二里。金大师生可通过广播接收校园通知与音乐节目等。1947年1月9日，金大"大学之声"广播电台正式揭幕，向全校广播。该年4月，金大校务会议专门讨论了"大学之声"的广播时间，规定每星期一至星期六上午11：50至午后13：30、下午17：30至19：00为校园广播时间。[1]金大学生还组织了五个播音社，通过"大学之声"播送交响乐、话剧、生活问题、歌咏、宗教等节目。

在影片摄制方面，金大曾拍了一部16毫米彩色片《几所大学见闻》，另有幻灯片制成的工业片如《工业城》《无线电厂》，教育片如《陶行知》《武训传》，乡村卫生片如《三个坏东西》《疥疮》等。[2]1947年，理学院以金大和金女院为主题，摄制了介绍中国教会大学发展实况与展望的影片《民族前锋》，这是中国有电影以来，第一部自摄成功的有声彩色片。该片在1947年10月1日在纽约发行，专供海外宣传之用，在美国广受好评。影音部还摄制了影片《武训》，于1948年4月出品，该片画面生动，说白有力。[3]

1938年，金大理学院创办了电化教育专修科。为加强影音技术及教育人才之训练，理学院从1944年起即计划将该科改为影音系（摄影播音系），该科开设的课程日趋丰富，在全面抗战末期已

---

① 《校务会常委会规定大学之声广播时间》，《金陵大学校刊》第361号，1947年4月15日。

② 姜赠璜：《金陵大学与中国的教育电影事业》，金陵大学南京校友会编：《金陵大学建校一百周年纪念册》，南京：南京大学出版社，1988年，第116页。

③ 《影音部近闻》，《金陵大学校刊》第371号，1948年4月15日。

经开始面向全校学生供其选修。到1947年春季学期，理学院由孙明经、段天育、吕锦瑷等教员开设影音教育、摄影技术、静片摄制、放映技术、摄影科学、播音技术、教学映片、影音论文等课程，供全校各系学生选修，影音论文课程仅限四年级以上学生选修。除此之外，影音部学生还可选修物理系倪尚达老师开设的无线电学和声学课程。①抗战胜利后，为了普及教育，全国各地教育机关十分重视电影播音教育的普及，但缺乏推行教育的人才。1946年8月，金陵大学呈请将原有的电化教育专修科改为四年制的电影播音学系，并申请补助四千万元，以及经常补助两位以上的教员员额经费。因金大电化教育专修科办理以来卓有成绩，教育部同意考虑将科改系，但以部中经费有限、员额已经不敷支配为由，驳回金大申请经费和教员补助的请求，令其自筹。1947年11月，影音部主任孙明经在上海参加基教协会大会时称：金大在国内各大学中首先倡导应用影音教学，于1930年设立影音部，十七年来，课程、设备都逐渐完善，摄制了数百种科学教育影片。金大理学院拟于1948年将电化教育专修科改为影音系，调整课程，改为四年制，还另外设置了影音实验所。在国内亟需建设人才的情况下，影音教育有着重大的意义和前途。②因电影播音工程技术包含范围广泛，需要学生预习理工和外文课程。金陵大学计划改系后第一、二年专修此类课程，第三、四年专门教授电影播音专业的课程。影音系的课程由电化教育专修科原有的课程扩充而成，除本系学生可选修外，课程中应用较广者，还供金大其他学系学生选修。

---

① 《金陵大学理学院影音课程（三十六年春季）》，《电影与播音》1947年第5卷第10期，第248页。

② 《金大推行影音教育，调整课程改科为系》，《前线日报》1947年11月3日，第6页。

3.农学院

在留守教职员的维持下，全面抗战期间农学院的主要建筑及设备大体尚属完整。但因该院事业范围广，下属科系多，相较于文、理学院而言损失较重，且苗木、农场的损失也不能在短期内快速恢复。1945年抗战胜利后，为了避免有失农时，农学院安排单寿父、周述才、周本瑾三位教授率先赴南京筹备农场种植事宜，其余师生直到1946年8月才陆续全部迁回南京。

金大西迁前，农学院共有二十三处农场，分别设立于长江及黄河流域各省，计南京总场一处，分场四处，合作场八处，区域试验场四处，种子中心区六处。西迁成都后，金大又在成都设立总场一处。①南京总场下有城内土地200余亩，城外土地1 700余亩，林场2 000余亩，在全面抗战期间损失惨重，所有的果树、桑株、苗圃、森林，几乎都被砍伐殆尽；房屋、农具等设备，也多遭焚毁；土地亦被他人所占用。复员后农学院陆续收回了被占土地，并积极加以整理利用，修复花房一座，对城外农场加以集中管理，逐渐恢复战前旧貌。

金大复员后，农学院除自行购置图书外，洛氏基金会、中英文化学会、美国大使馆等机构陆续赠送图书杂志，并蒙美国康奈尔大学已故教授马雅师博士夫人捐赠马氏生前藏书全部及已故劳门教授捐赠藏书之一部，大大充实了农学院的藏书。战时仪器设备锐减，复员后亟待补充。其中农艺系由美国万国农具公司赠送农具设备一套，各系向国外订购了大批仪器和药品，如显微镜、磨粉器、切片机、吹风器等。农学院的师资力量在复员后得到进一步加强。复员后一年内，该院由美归国的同人即有靳自重、李家文、高立民、裴保义、周映昌、李扬汉、李伪谦、胡国华、王铨茂、孙祖荫等十

---

① 《复员后一年来之本校农学院》，《金陵大学校刊》第364号，1947年5月31日。

人，同时又选派黄瑞采、屈天祥二人赴英国进修。教学事业日趋增进。

全面抗战时期，位于安徽和县的乌江实验区工作停顿。复员后农学院即着手积极恢复该实验区。在农林部农业推广委员会、社会部及乌江当地士绅的合作下，恢复工作进展顺利。金大派崔毓俊为主任，李洁斋为总干事，由李洁斋常驻乌江。实验区陆续在当地组织农会、合作社、妇女会，推广良种，举办农贷，设置农仓及示范繁殖场，创设农民医院、农民菜园、农民托儿所、农民代笔咨询处、农民书报阅览室，开办暑期补习班、农产展览会等便利农民的生活。①农学院与社会部合作，在乌江举办了三届农会干部讲习会，每届讲习会为期一周，农学院教员如顾元亮、史德蔚、林礼铨、郭敏学、章元玮等人都曾前往乌江实验区做专题演讲。②在各方配合下，乌江农业实验推广区各项事业在战后有了很大发展。1947年，行政院善后救济总署专门拨款一亿元，用于补助乌江实验区推广工作。③直到1949年南京解放，这项工作才告结束。

农学院一贯重视研究工作，规定所有专任教授均须参加研究，高年级学生也须以研究工作为其设计实习及编著论文之资料。金大设有农业经济研究所、农艺研究所和园艺研究所，招考研究生。农学院的研究生占全校总数之大半，到1947年春，农学院历年毕业的研究生已有42人之多。农学院的研究工作主要分为三类。（一）调查研究：例如农业经济方面之调查，目的在于了解社会现实而加以改进。（二）采集研究：例如昆虫与植物标本之采集，其目的在确定农林生物之分布与品种之鉴定。（三）试验研究：例如作物品种

---

① 《农业教育系近况》，《金陵大学校刊》第 357 号，1946 年 12 月 5 日。
② 《乌江实验区举办农会干部人员训练》，《金陵大学校刊》第 370 号，1948 年 3 月 15 日。
③ 《行政院补助本校肆亿元》，《金陵大学校刊》第 367 号，1947 年 11 月 1 日。

种植改进，其目的在应用育种办法，产生质量兼优之品种。①金大西迁及复员后，农学院的研究工作趋向于综合研究，即以某种生产事业为研究中心，由有关教授联合研究，以期该项研究之事业能够得以彻底改进。复员后农学院综合研究项目分为稻、麦、棉花、柑橘及烟草五种，从选种、栽培、防害、加工、储藏及运销全部流程入手，逐步研究应当改进之方法。

早在20世纪30年代，农学院农艺系聘请美籍教授林查理，在该系开设农业工程课程，并设农具组。这是我国大学农学院最早开设的农业工程方面的课程。王启美、吴湘淦、刘永济等金大学生是我国培养的最早的农具学本科毕业生。至1947年，该组有教授林查理，副教授刘永济，讲师三人。在设备方面，有木工厂和铁工厂供给学生实习之用。美国万国农具公司与金大合作，于1947年春派遣四名农具专家来华轮流在金大授课，并有汉森（E. L. Hansan）一人常驻金大讲学。专家携来大批农具制造机械和各种仪器，共价值十一万美金，金大获得了其中的一整套机械。②

为了满足农业建设的需要，扩展农具改良工作，金大于1947年呈请教育部在原有基础上专设农业工程学组，拟定从该年度起招收主修学生。③该年秋，财政部盐务总局委托金大在农学院农业专修科内增设"农垦人员训练班"（又名农业工程班），④开办费3 500万元，每年补助经常费6 000万元。该班同时在其他院系挑选二、三年级学生五人，就读农业工程作为本科生。农业工程班以盐土利用和

---

① 金陵大学总务处编：《私立金陵大学要览》，1947年，第22页。
② 《私立金陵大学有关系科设置调整的文书》，中国第二历史档案馆藏私立金陵大学档案，全宗号649，案卷号63。
③ 《私立金陵大学系科设置增改的有关文书》，中国第二历史档案馆藏教育部档案，全宗号五，案卷号2253。
④ 《私立金陵大学系科设置增改的有关文书》，中国第二历史档案馆藏教育部档案，全宗号五，案卷号2253。

训练农垦人才为宗旨，毕业后由财政部盐政总局分派盐垦区域，指导农民改良盐土，增加农产。该班教学中利用美国万国农具四位美籍农具专家在南京之便和该公司赠送的农业机器，教导学生农业工程方面的新颖知识，培养农场的经理人才。训练期限为两年，分四学期和一个暑假。在学期中，半日授课，半日实习；在暑假中，则在教员指导下，全天实习。该班坚持教学方法理论与实际并重，培养学生实做习惯，一年级学习土壤学、动力学、气象学、肥料学、测量学等，因注重实习，上下学期皆有农具工厂实习或农场实习课程。二年级学习经济昆虫学、农场经营学（包含簿记）、畜牧学、农艺机械学、水土保持学、灌溉排水学、农场建筑学、农业机械及农垦设计等，十分注重实用。[1]

1948年8月，农学院院务会议提出拟将农业工程组改为农业工程系。学校也认为，在不增加学校经费负担的前提下，希望该系能早日成立。该年9月，金大成立最晚的一个学系——农业工程系宣告成立，系主任由吴湘淦教授出任。该系下设农业机械组和农业土木组。到1952年院系调整时，该系共招收本科生100多人。[2]

金大图书馆建设在战后也得到恢复。全面抗战期间，金大图书馆随校西迁成都，因情势紧急，未及运走之中西文书籍、杂志、小册子总数不下20万册。抗战胜利后，金大接收了南京中央大学使用及收购之书籍，但仅数万余册，经过校方调查，未运走书籍总计损失73 928册。复员时，金大自成都运回之书籍计173箱，运送中有三箱泡水，但大体无恙。中国文化研究所战时存放在婺源的95箱善本书籍和西文杂志也运回南京。为便利教职员和学生的学术科研，

① 《金陵大学农学院增设和调整系科的文书》，中国第二历史档案馆藏私立金陵大学档案，全宗号649，案卷号1776。
② 《南京农业大学发展史》编委会编：《南京农业大学发展史》历史卷，北京：中国农业出版社，2012年，第213-214页。

图书馆工作人员利用暑假期间，将书籍整理归架，在复员后的第一个学期的开学之日，教职员和学生就可办理参考借书，图书馆的开放时间也从上午八时延长至下午十时，仅周六晚上和周日白天停止开放。战时受环境影响，金大自1940年起即未向国外订购新书，仅偶有外国机构及私人赠书。复员后金大图书馆即着手恢复订购工作，新到校之中西文书籍、杂志、小册子等共计万余册，截至1947年4月底，图书馆计有中文书165 230册，西文书38 635册，中文杂志58 751册，西文杂志50 356册，中文小册子6 666册，西文小册子88 743册，共计408 381册。[①]

随着复员后学生和书籍数量的增长，图书馆日渐拥挤，馆中原有的二层书库，已经不敷使用。1947年4月，校方决定添建第三层书库，并改变原有书籍陈列——将平装书置于第三层书库，普通线装书置于第二层书库，西文书及西文小册子置于第一层书库；其他参考书、方志、善本、丛书、万有文库等，仍分置阅览室；教员指定参考书，则陈列于流通部借书处。

第三节　连绵不断的民主运动

一、经济困境与师生生活

金大建设"第一流大学"的美好愿望在现实中受到很大束缚，一个突出问题就是经费压力。金大师生的美好愿望很快就被"国统区"迅速恶化的政治、经济、军事形势打破。抗战胜利后，物价曾一度下降，但很快又快速反弹，给办学带来巨大的经济压力。改造

---

① 金陵大学总务处编：《私立金陵大学要览》，1947年，第9页。

和修复学术建筑，购置试验设备仪器，恢复大学农林场，都需要大量的资金支持。直到1948年年初，陈裕光仍抱怨说，由于急剧的通货膨胀，金大未能完成对建筑的改造，补充科学设备用于学术研究。到1948年4月，金大会计室主任毕律斯报告称，仅该年一至六月，金大预算就缺六十亿法币。[①]面对经济压力，金大于1948年决定施行财政紧缩计划：（1）改变招生方式，新生录取后暂不分系，在前两年的教学中增设普通课程，以便于能够扩充班级容量，减少教学人员；（2）建立特别委员会，依据学分数量、学生人数、研究职责，确定每个教职员的工作量；（3）裁减教职员，给予教师更充足的工资；（4）所有的研究和推广工作必须得到专项资金的支持，不能消耗普通资金。[②]

如前所述，到全面抗战后期，美国援华会的拨款对于维持金大办学以及教职员生活都发挥着重要作用。以1944年度为例，该年度金大预算为1.11亿余元，其中援华会提供的经费及资助教职员生活费用达到4 200余万元。援华会不仅对教职员生活给予津贴，还专门拨款补助金大教职员复员旅费。1946年，金大预算增至29亿余元，其中援华会拨款达到9.94亿余元，基金利息及海外捐款6.8亿元，学费收入5.24亿元，而来自政府的收入有6.96亿元。1947年，金大预算更激增至674亿余元，其中基金利息和海外捐赠即达到398.9亿元。来自海外的收入，对于维持金大办学发挥着重要作用。

1943年4月，金大在成都华西坝举行五十五周年纪念活动时，金大校友发起募捐运动，深得校内外人士赞助。旅渝金大校友除捐献款项外，还为母校捐助了二十场讲座，各地校友闻风响应，发起

---

① 《金大校务常务委员会会议记录（二）》，中国第二历史档案馆藏私立金陵大学档案，全宗号649，案卷号187。

② Minutes of the Meeting of the Board of Directors, June 5, 1948, Box 194, Folder 3365-0038, UBCHEA.

"金陵大学经济复兴运动"，旨在发动金大校友和社会人士，筹集资金，重建母校。为集中力量，经校务会议常务委员会多次讨论，金大于1943年9月组织了"金陵大学经济复兴委员会"负责其事。该委员会以"适应非常时期抗战建国之需要"为宗旨，负责"筹募并管理复兴学校所需经费等事项"。委员会由校长、教务长、训导长、总务长、三院院长、教授代表六人及各地校友会所组织之经济委员会各委员组织之，并设常务委员会。在委员会总干事、副总干事下设筹募组，推定筹募事宜。筹募组设筹募队，以校内师生及各地同学组织之。[①]1943年9月31日，经济复兴委员会召开第一次干事会议，议决推举代表赴昆明、桂林、贵阳、恩施、西安等地访问本校校友。

抗战胜利后，金大经济复兴委员会于1946年1月30日召集会议，商讨劝募与管理办法，决议设立筹募与管理两组。筹募组推陈裕光校长、朱庸章、柯象峰、袁伯樵担任，管理组推定陈裕光、芳卫廉、李景均、戴安邦担任，推定总务长朱庸章担任总干事职务。[②]金大经济复兴委员会推动在各地校友间开展募集运动，取得了较好的成果。如金大上海校友会"组成金陵大学经济复兴委员会上海分会，并推举黄振东校友为主任委员分向各处招募，成绩可观，令人兴奋。南京一地已有响应，由鲁佩璋、杭立武等校友任委员，并已动员筹募，成绩当不后人"。[③]1946年初，陈裕光赴京沪一带考察，受到了各地校友的热烈欢迎和支持。他在金大复员回京前夕曾满怀豪情地称："蒙各地校友与关心教育人士之爱护推崇，至为感愧。

① 《经济复兴委员会专栏》，《金陵大学校刊》第325号，1943年10月1日。
② 《金陵大学经济复兴委员会第一次会议记录》，中国第二历史档案馆藏私立金陵大学档案，全宗号649，案卷号227。
③ 《金陵大学第九十四次校务党务委员会会议记录》，中国第二历史档案馆藏私立金陵大学档案，全宗号649，案卷号229。

本人自当一本初衷，不弛不懈，使吾金陵，重弹'南国雄'。"①

　　1947年2月，中国十三所基督教大学联合募捐委员会在上海举行会议，计划开展为期六个月的募捐运动，募捐总额定为100亿元。经各校代表会议及联合募捐委员会会议先后决议：将全国划分为六区，规定每区募捐目标，统计募得国币93亿元。同时教育部也于1947年底补助全国十三所基督教大学国币60亿元。两者共153亿元，"以各区募得总数二分之一，按照各区募得之成绩分配"。其余二分之一连同政府所拨之六十亿，由全国十三所基督教大学按照以下原则分配：四分之一由各校均分，四分之一根据各校1947年10月份所发薪工总数之比例分配，四分之一根据1947年度秋季各校所开课程学分总数比例分配，另四分之一根据各校复员之需要分配（兹亦改为平均分配）。金大按照募捐成绩与华东六大学共分者，约得国币19亿元，另与十三所大学共分者，约得12亿元，共约31亿元，在十三所大学中居第二位。这笔经费对于金大修复校舍、添置设备，发挥了积极的作用。

表3-2　基督教大学联合募捐款十三所大学分配捐款

校名	平均分配者	依薪给支出多寡分配者	依授课学分多寡分配者	依复员支出分配者	总计
华中大学	204 800	72 633	122 502	221 875	621 810
福建协和大学	204 800	152 242	123 087	221 875	702 004
华南女子文理学院	204 800	46 061	53 117	221 875	525 853
金陵大学	204 800	442 188	327 062	221 875	1 195 925
金陵女子文理学院	204 800	157 088	178 281	221 875	762 044
圣约翰大学	204 800	283 050	334 463	221 875	1 044 188
齐鲁大学	204 800	106 181	130 169	221 875	663 025
燕京大学	204 800	376 263	196 280	221 875	999 218

① 《陈校长自京沪返校报告南京校产接受情形暨各地校友响应经济复兴运动》，《金陵大学校刊》第356号，1946年2月16日。

接上表

校名	平均分配者	依薪给支出多寡分配者	依授课学分多寡分配者	依复员支出分配者	总计
沪江大学	204 800	183 819	170 027	221 875	780 521
东吴大学	204 800	257 757	239 838	221 875	924 270
之江大学	204 800	144 228	133 418	221 875	704 321
岭南大学	204 800	232 623	239 838	221 875	899 136
华西协合大学	204 900	208 367	414 418		827 685
合计	2 662 500	2 662 500	2 662 500	2 662 500	10 650 000

资料来源：《基督教大学联合募捐结束》，《金陵大学校刊》第 373 号，1948 年 5 月 31 日。

　　金大积极寻求社会捐助和政府补助。复员后，教育部多次给予金陵大学财政支持。1947年度，教育部补助私立专科以上学校经费，金大获得六千万元。其中"特别补助费五千万元，经常补助费四百万元，附设两专修科补助费六百万元"。[1]1948年度，教育部补助金大经费三亿元，另外金大与教育部合办电化教育专修科二班，本年度教育部核定每班补助费两千万元，共计四千万元。[2]校董会在1947年11月的报告中称，金大当年从各方得到的现金捐助有二十五亿元之多。

　　行政院善后救济总署对金大也给予了经费支持和物资援助。1947年11月，"鉴于本校文学院社会福利行政组研究训练及主办儿童福利暨平民住宅区救济服务等工作，以及农学院乌江实验区农业推广工作，由福利团体联合会转发到校四亿元，本校顷已复函伸谢。又社会部谷部长亦拨发本校社会福利事业奖助费一千万元"。[3]其后，行政院善后救济总署又向金大捐赠"园用轮曳机、轮转犁、

---

[1] 《教育部补助费本校得六千万元》，《金陵大学校刊》第 362 号，1947 年 4 月 13 日。

[2] 《教育部补助费本年核定为三亿元》，《金陵大学校刊》第 371 号，1948 年 4 月 15 日。

[3] 《行总补助本校四亿元发展儿童福利事业及乌江实验区推广工作》，《金陵大学校刊》第 367 号，1947 年 11 月 1 日。

轮曳环形镰、放映机、电动表、杀菌消毒器、水槽、培菌器、孵卵器、蒸馏机、米制度量表、送报机、整流机及化学药品等数十件"。①这些实验仪器设备在1947年秋季学期已全部运到，由学校领取应用。

　　学费收入是私立大学一项重要的收入来源。为维持学校的运营，金大在复员后多次调高学生学费。1946年，金大学费为每生12万元，到1947年提高到55万元，当时每生一学期的开支大约在116万元左右。1948年春季学期，学生学费达到195万元，杂费53万元，图书费17万元，医药费10万元，体育费10万元，宿舍费70万元，水电费70万元（多退少补），注册费5万元；旧生共计需缴费440万元，新生另需缴纳设备费70万元。②1948年秋季学期，因国民政府施行币制改革，新生学费60元，旧生学费40元；另外宿舍费20元，杂费10元，医药费4元，体育费2元，实验费和讲义费视各班课程缴纳，新生共需缴96元，旧生共需缴76元。③学费屡次上涨，致使部分家境贫寒学生无力支撑，也引发学生的不满与抗议。

　　校方为鼓励优秀成绩及体恤家境清寒学生起见，自1946年金大复员以后，努力增设奖学金名额，在1947年春季学期，金大设有各类奖学金百余名，最高者每学期为六十万元，最少者也有八万元。1947年秋季学期，金大设有奖学金名额114名，占全校正式学生总数的15%。④1948年秋季学期，金大公布各种奖学金名额297名，包括南京市政府举办之清寒助学金133名，金额自75万元至500万元不等，校友和校外人士也多次增设奖学金项。在奖学金之外，校方还

---

① 《行总赠本校物资已全部运到》，《金陵大学校刊》第368号，1947年11月10日。

② 《本学期学生缴费数额：每名四百四十万元，新生增收设备费七十万元》，《金陵大学校刊》第370号，1948年3月15日。

③ 《本学期学生纳费数额确定》，《金陵大学校刊》第374号，1948年9月30日。

④ 《本学期各种奖学金人选业经分别审定共114名》，《金陵大学校刊》第367号，1947年11月15日。

设立多个工作自助岗位，一方面资助清寒学生并锻炼其治事能力，另一方面也协助校内各部事务工作。

金大关心学生的健康和成长。1947年3月，金大为明了学生健康状况起见，商得中央卫生实验院的同意，在南京市立医院用最新的X光机，为本校学生透视检查。结果"透视学生二百人中，发现有肺患者六十人，病情较重者十二人，已休学离校疗养，其余轻微者亦已分别隔离住宿，少读学分，并给予特别营养"[1]。金大为帮助贫苦无力缴纳膳费的同学，向行政院善后救济总署苏宁分署南京办事处及南京市学生救济委员会接洽，于1946年底在校内开办学生经济食堂，"用膳学生608人，占全校学生百分之五十以上，皆系经由各系学生按照本系科人数比例公开选择者，每人每日供给面粉廿四两，沙门鱼一磅，每人每月仅收燃料厨公等费一万六千元，营养尚佳，同学受惠不少。兹悉本学期经济食堂，仍继续办理"[2]。1947年春季寒假期间，南京市清寒青年救济协会"配给本校学生棉背心一百件，棉衣裤廿六套"[3]。

这些举措远不能满足贫寒学生的需求。复员后金大学生多次呼吁校方减少学费、增加学校公费，甚至发起将金陵大学改为国立大学的运动。1946年复员过程中，金大学生就召开记者会，报告同学困境，呼吁社会给予帮助。据《教育新闻》记载，"学生称：金陵大学在蓉学杂费至多未超过万元，刻增至二十四万，殊出于同学意料之外。校方所提设奖学金、工作自助等办法，非治本之道。金陵大学应与他燕京大学缴费相等"。[4]校方回应称，为顾全同学困难情形，学校已经设立15%公费生、10%奖学金、10%工作自助金

---

① 《学生体格检查结果》，《金陵大学校刊》第359号，1947年3月15日。

② 《学生体格检查结果》，《金陵大学校刊》第359号，1947年3月15日。

③ 《学生体格检查结果》，《金陵大学校刊》第359号，1947年3月15日。

④ 《训导处近训》，《金陵大学校刊》第370号，1948年3月15日。

及其他个别救济。1947年各地学潮涌动，金大学生为向政府要求增加公费，于5月15日由学生自治会召开大会，到会同学五百余人，决议即日起开始罢课。16日集结数百人前往教育部请愿，30日与南京其他高校如中大等联合游行示威。面对学生的罢课和游行活动，学校当局在出面劝阻无效后，连日召开全体教员大会、系科主任会议商讨复课办法，尝试通过分别与同学谈话的方式听取意见，并推举教授代表分向行政院、教育部、国民参议会等处陈述实情。5月19日，金大发布《全体教员告同学书》，呼吁同学尽早复课，以免荒废学业。"目下副食费已有增加，经济食堂仍可积极，则是严重问题，已稍减轻。其他条目，尽可推举小组代表，会同校方负责人员，继续洽商进行。庶使学业与生活并重，人情与事理兼顾，而不致演成僵局，以为亲厚者所痛，方今国势阽危，万方多难，饥溺几遍于全民，枵腹不限乎黉舍，务望诸君体念时艰，尊重学业，即日复课。"[1]虽然舆论体恤贫寒学生的困境，但并不支持增加公费的要求。《申报》社论批评学生道："应认识到公费是人民的血汗钱，今日一般贫苦同胞，已经食不果腹，衣不蔽体；前线士兵每月所得膳食费数额也低于学生。自抗战至今，政府对于青年学生尤为保护，已经竭尽心力，青年学生应稍有理智，不应自视特殊阶层而作过分不可能之要求。"[2]

1947年10月，学生为要求减少学费，用废纸书写"不读书毋宁死""祷告上帝不应降生于穷家致缴不起学费而失学""一齐跑到北楼去"等标语张贴在校园中。学生自治会也发布快报要求校方以南京市各校的缴费为标准，适应时代需求，减少学生负担。在写给陈裕光的公开信中，学生提出以下四点要求：（1）金大学费数额应以

①　《全体教员发告同学书：重视学业，即日复课》，《金陵大学校刊》第364号，1947年5月31日。
②　《公费为民血汗，不应过分要求》，《申报》1947年5月19日，第1页。

目前各大学收费为标准；（2）分期缴纳学费且免除利息；（3）扩充教职员担保；（4）增加工作酬劳金。①为便利学生缴费起见，1948年秋季学期金大采纳了分期缴学费办法，但申请人数寥寥。该年8月，为摆脱过重学费和过低待遇的压迫，在新学期收费标准确定后，暑期留校同学举行会议向全体同学呼吁，建议学校依据政府公布之生活指数增加学费，请教育部补助及增加校外募捐。部分金大教职员也以学费过高、同学不能负担、待遇太低、生活益难维持为理由，签呈教育部，请改金陵大学为国立，否则将长期罢教②。

复员后，金大教职员生活较战时有一定改善。在全面抗战中后期，金大教职员的薪津仅有战前购买力的7%左右。在1946年10月金大教职员写给创始人委员会的信中，他们称，金大教授在该年9月的全部薪津约为30万元，大概为战前教授收入购买力的六分之一。这种薪津仅相当于京沪国立大学的一半，或相当于其他教会大学的六成。③当时金大教职员薪津和国立大学相比处于劣势，这使得一部分优秀的金大教员在复员后选择离职。到1948年6月，金大教职员薪津的购买力提升到约为战前的25%到30%。在1948年4月，陈裕光也认为金大教职员薪津的购买力约等于战前的30%。但在金大会计室主任毕律斯给创始人委员会的报告中，她认为金大中方教职员的每月薪津在1947年秋季学期平均为39.56美元（1937年月薪是38.7美元），购买力约相当于1937年的44%。④与全面抗战时期相比，教职

---

① 《私立金陵大学学生要求减少学费致教育部代电》，中国第二历史档案馆藏教育部档案，全宗号五（2），案卷号1614。

② 《学费高，待遇低　金陵大学师生要求改为国立》，《燕京新闻》1948年第15卷第9期。

③ Y.G.Chen to The Board of Founders of the University of Nanking，October 17,1946, Box 238, Folder 3935, UBCHEA.

④ Minutes of the annual Meeting University of Nanking committee United Board for Christian Colleges in China，May 10, 1948, Box 191, Folder 3330, UBCHEA.

员的生活水准在战后有了一定提高。

需要看到的是，为了维持教职员的生活，薪津在整个办学预算中的比例已经高到空前的地步。1946年金大预算岁出16.925亿元，其中教职员薪津14.06亿元，占全部岁出的八成以上。办学经费的绝大部分都用于维持教职员的生活，大学的建设和发展都将受到极大限制。

表3-3　金陵大学1946年度收入情况

类别	金额（万元）	占比
学费	52 350.4	18.03%
教会拨款	19 450.9	6.70%
基金利息收入	33 387.7	11.50%
哈佛燕京学社	10 745.6	3.70%
洛克菲勒基金	3 700	1.27%
其他捐赠	759.6	0.26%
USC	99 448.7	34.26%
英国援华会	869.2	0.30%
中国方面收入	69 601.9	23.97%
总计	290 314	100.00%

资料来源：University of Nanking Financial Report, July 1, 1946–June 30, 1947, Box 230, Folder 3891–69, UBCHEA. 说明：其中教会拨款、基金利息收入，哈佛燕京学社、洛克菲勒基金会及其他机构捐赠等项收入全部由创始人委员会拨款。

金大重视保障教职员权益。随着大批师生及眷属的复员，学校也无法为教职员和学生提供足够多的宿舍。在成都办学时，金大可以为140个教职员家庭提供住宿。但回到南京，金大却只能安置67个教职员家庭。[1]在1947年秋季，金大不得不将一些教室和学术建筑用作宿舍。随着大批党政机关和人员的返迁南京，购置和租赁房屋也非常困难，使得金大师生的生活成本进一步走高。复员期间，金大

---

[1]　Minutes of annual Meeting University of Nanking committee United Board for Christian Colleges in China，May 14, 1946, Box 191, Folder 3330, UBCHEA.

将金银街一号教员住宅改为临时教职员宿舍，还曾将农业专修科的部分教室和蚕桑馆改为职工宿舍，导致农业专修科找不到固定上课地点，教职员宿舍问题亟待解决。①金银街一号教职员宿舍亟待迁让，而学校原有青年会单身教职员宿舍一所远远不敷应用。为筹集增建宿舍费用，金大将校产如平仓巷三号等地出租。但随着物价上涨，不得不动用校友捐赠的基金，作为建立教职员住宅和宿舍周转金。1948年，金大在金银街下坡学生膳厅西侧增建单身教职员宿舍一栋。该栋建筑为三层式，楼下为饭厅，楼上为寝室，共30余间。②为了便利教职员阅览图书杂志，金大在校本部对面即已故副校长文怀恩旧宅楼下，开设教职员阅览室，专供教职员阅览图书、报刊、杂志之用。③

　　金大还与鼓楼医院合作，服务于教职员的健康保障，金大教职员缴纳一定费用后，可以凭证在鼓楼医院享受下列各项优待："一、在校医室就诊及普通药品免费。二、体格检查及防疫注射。三、疗养室短期疗养。四、住院费三等对折，二等七五折，头等九折。其不愿参加缴费之教职员，仍可赴校医室就诊，但不能享受上述各项优待。"④多数金大教职员享受了此项优待。金大推广部主任李美筠博士和化学系教授唐美森博士很注重儿童营养，决定开办家政训练班。"兹为推广福利工作，补充儿童营养起见，曾于小粉桥三号女生宿舍楼下，设置儿童营养站，规定每日下午饮用牛乳及各种营养食品，申请者达百名，多为本校教职员子女及邻近之贫苦儿童，数月以来，颇著成效，近拟于暑假期间，开办家政训练班，第

---

① University of Nanking Minutes of the Board of Directors，November 25, 1947, Box 194, Folder 3365-0020, UBCHEA.

② 《新建教职员宿舍》，《金陵大学校刊》第 373 号，1948 年 5 月 31 日。

③ 《教职员阅览室成立并举行茶会》，《金陵大学校刊》第 371 号，1948 年 4 月 15 日。

④ 《教职员及眷属就医已与鼓楼医院商定优待办法》，《金陵大学校刊》第 360 号，1947 年 3 月 31 日。

一期以教职员夫人为主，训练内容为烹饪、缝纫、医药卫生、儿童保育等科目，将来训练范围扩大，即可招收校外妇女。"[1]

二、动荡的校园生活

金大注重发扬学生的服务精神和自治能力，提倡学生自治，学校很早就成立了学生自治会。"五四"运动后，学生参与社会活动、团体组织的意识增强，在学校倡导下，许多志同道合的同学为"砥砺品德，研究学术，陶冶服务精神，练习自治能力而谋德智体群四育之发展"，在校园里发起组织了众多社团。[2]这些团体依其性质大致可分为五类：一为学生自治组织，二为学术研究组织，三为学谊组织，四为乡谊组织，五为志趣相同者之结合组织。不管是以"切磋学问"为主，还是以"乡谊、学谊"为基础，社团和社团活动都极大地增强了师生、同学之间的联络和思想、感情的交流。

学生团体中最大的组织是金大学生自治会。学生自治会以"发展生活自治，培养人格自尊，维护学术自由，增进学校与同学之联系"为宗旨。[3]欧美不少学校提倡"四H"运动，即对于"头、手、心、健康"同样注意。金大校园倡行四种生活，即"学问之外，提倡体格、团契、乐群的生活训练"，与"四H"运动可谓异曲同工，而校园文化和文体活动的开展就是达到这个目的、实践四种生活的愉悦方式。"志于道，据于德，依于仁，游于艺"，是孔子教人如何做人的古训，金大人对此有其独到的理解和诠释。"美满

---

① 《本校推广部注重儿童营养，将开办家政训练班》，《金陵大学校刊》第373号，1948年5月31日。

② 《金大学生团体规则》，南京大学高教研究所校史编写组编：《金陵大学史料集》，南京：南京大学出版社，1989年，第144页。

③ 《金大学生团体规则》，南京大学高教研究所校史编写组编：《金陵大学史料集》，南京：南京大学出版社，1989年，第274页。

人生之表现是在追求真理生活准则"，是谓"志于道"；"培育立己立人成己成物的习性"，此即"据于德，依于仁"；而"用最艺术的方式表达于行为及事业方向"，就要"游于艺"。基于这种认识，金大校园文化和文体活动颇为繁盛。

1946年夏，金大迁返南京，金大同学原指望迁回南京后能安心读书，但所见所闻只是内战扩大、物价飞涨，美军的吉普车在城市里横冲直撞，因而对当局之黑暗政治产生强烈不满。中国共产党在校园的影响日渐扩大，活动也日益增多。当时中共在金大的地下党组织还分属于三个系统：一是从成都随校还都的，开始由中共南京局领导，后来由中共上海局领导，其成员有杨寿南、郭挺章、邓鸿举、刘毅等；二是中共南京市委领导的张一诚、王行慈等；三是中共上海市委领导的鲁平、李文升、华擎甫、钱树柏等人。他们虽然彼此没有组织上的直接联系，但在工作中默契配合，互相呼应。在这些中共党员的慎重而又积极的工作下，金大中共党组织跨出了过去较为狭小的圈子，逐步得到越来越多师生的同情和支持。

首先发生的活动是对"沈崇事件"的回应。1946年12月24日圣诞节之夜，北平发生了美军强奸北大女生沈崇事件。北平、上海随即掀起了抗议美军暴行的怒潮。28日消息传来，金大学生群情激愤。次日，金大校园内就贴满标语："抗议美军暴行！""美军滚出中国去！"一年级女生许复宁是沈崇的中学同学，她在课堂上沉痛地控诉美军暴行，驳斥"中央社"的无耻谰言。一些从来不问政治的基督教徒，也都同声怒斥美军暴行。六社的同志在寝室发动签名，要求学生自治会组织抗议活动。南京市各高校之间也联系起来，酝酿联合行动。12月31日晚，金大学生自治会应广大同学要求，在大礼堂召开全体学生大会。晚七时，金大礼堂灯火通明，杨寿南以学生自治会理事长的身份主持会议。会议一开始，程恂如同学就先声夺人，慷慨陈词。以后发言的一个接着一个，口号声此起彼落，会场气氛严肃而又热烈。当时正是新年假日，许多同学离校外出，参加会议人数有限，如果将罢课游行提议付诸表决，可能得不到全校学生总数的多数票。杨寿南采用反表决的办法，宣布："会议发言一致要求罢课游行，抗议美军暴行，声援受害同学。现在表决，反对的请举手！"反动分子措手不及，有的刚伸出手，一看左右前后炽烈的目光注视着，又狼狈地放下手来。结果，大会一致通过：（1）慰问；（2）罢课，联合市内各大学示威游行；（3）向国民政府请愿，向美驻华大使馆抗议。

1947年元旦上午，各校代表在金大学生自治会办公室召开联席会议。到会的有中大、剧专、东方语专、音乐学院和金大的学生代表。会上决定于2日下午在中大操场集会，举行示威游行，每校派代表二人组成大会主席团。会上还就游行路线、标语口号、队伍纪律等做了研究。在国民政府的大门前面，横排的队伍将街道围得水泄不通，游行主席团和30多位记者在震耳的口号声中走进国民政府的大门，要找蒋介石递交请愿书。游行队伍最后到达美国驻华大使馆，有的学生提出：我们去找司徒雷登应自带翻译，以示"国格"尊严。金大的夏佛生等两位同学自动出来担任翻译。游行代表走进美国大使馆的大门，大使馆的参赞和新闻处长说司徒雷登不在，表示抱歉。代表们递交了抗议书，还口头提出惩办凶手、撤退美军、停运军火、在报纸上公开答复等要求。那位参赞答应说："一定转告大使。"

天色已暮，又飘起了雪花。杨寿南站在大使馆内的高处，向大家讲了向美国大使馆的抗议情况，并带领大家高喊口号："抗议美军暴行！""必须严惩凶手！""美军撤回国去！""反对中美商约！""反对内战！"最后杨寿南总结说："抗暴斗争不是结束而是开始，一直到美军撤出为止。不达目的，誓不罢休！"大家的情绪非常高涨。分手时，中大的同学向金大同学高喊："明日再见！"金大同学报以热烈的掌声，也高喊："明日再见！"在口号声和《义勇军进行曲》的歌声中，参加游行的各校同学各自整队回校。[1]这就是金大返宁后和其他大学一道，在国民政府首都展开的第一次大规模学生运动，矛头直指蒋介石政权和美国大使馆，有力地支援了旨在反对内战、要求撤走全部美军的全国性的抗议美军暴行运动，也为四个多月后更加澎湃的"五二〇"运动打下了基础。此后，金大同学李开钰代表南京进步学生团体赴上海参加平、津、京、沪、杭抗议美军暴行会议，酝酿组织全国抗暴总会。[2]

其次是纪念"五四"运动二十八周年活动。金陵大学文艺研究社为纪念"五四"文艺节，于1947年5月3日晚在北大楼B5教室举行文艺晚会，有诗歌朗诵、戏剧朗诵等节目，全由社员担任，并拟出版"五四"纪念特刊壁报。[3]5月4日，首都五校中大、金大、金女院、音乐学院、剧专联合纪念"五四"，大会主席团由各校自治会常务理事担任，定下午二时借中大礼堂举行纪念会。五校并发表"五四"第二十八周年大会宣言。宣言指出："没有和平则无以实现民主，没有民主则无以保障和平。我们坚决号召全国人民，应当团结一致，以雷霆万钧的力量，制止这个不义的、可耻的斫伤我们国族命脉的内战。我们呼唤全国青年学生的再度团结，用声音、用行动、用我们所有的一切力量，为和平民主独立的新中国共同奋斗！最后我们向全国人民提出我们对当前国事的意见：（一）反对内战，要和平；（二）反对政府非法逮捕人民、非法查禁刊物；（三）政府应立即实行民主政治；（四）政府应采行独立外交，不

---

① 中共南京市委党史资料征集编研委员会办公室、南京市档案局：《金陵大学抗议美军暴行运动追忆》，《南京党史资料》，1986年第一辑，第77-83页。

② 中共南京市委党史资料征集编研委员会办公室、南京市档案局：《金陵大学抗议美军暴行运动追忆》，《南京党史资料》，1986年第一辑，第77-83页。

③ 《纪念"五四"文艺节：文艺社举行朗诵》，《金陵大学校刊》第362号，1947年4月13日。

作任何国家的附庸；（五）遵循政协途径，实行政协决议；（六）发扬科学精神，建设新文化！"①

很快又爆发了规模更大的"五二〇"运动。京沪苏杭区16所专科以上学校为挽救教育危机，于1947年5月19日召开联席会议，议决20日联合游行，派代表向国民参政会及行政院请愿。请愿原则有五项：（1）五月份伙食费应增至十万元；（2）全国教育经费须至国家总预算百分之二十五；（3）专科以上学校应一律公费；（4）提高教职员待遇或生活津贴，并按物价指数调整；（5）请政府拨外汇交各学校订购图书仪器及科学器材，并简化向外国订购手续。

5月20日，京沪苏杭区16所专科以上学校学生5 000余人联合举行游行请愿，金大亦勇列潮头。学生队伍遭到宪警的摧残打击，据事后统计，游行学生被打重伤者19人，轻伤者104人，遭毒打者500人以上，被捕者28人。著名历史学家章开沅先生在金大历史系读书时，也参加了"五二〇"运动，他回忆说："1947年'五二〇'游行的时候，在第一线组织工作的是金大自治会的头，叫宁培涛。他是历史系大四的学生，颇有大将风范，组织游行队伍井井有条，精明干练，沉着稳重，我崇拜极了。和军警发生冲突之后，他还指挥队伍基本有序地撤退。撤退之后，马上组织反击，撰写文章，抗议军警特务的暴行。还在当晚举行各种文艺演出，用多种方式表达对国民党的不满，士气很旺盛。"②金大原定1947年5月24日举行复员周年纪念大会和还都后首届春季运动会，都因学生罢课，无法举办。金大从5月15日开始罢课，至6月3日才休止罢课。讵料上课才两日，又有部分学生为声援武汉大学不幸事件，复再要求罢课。直

---

① 《文汇报》1947年5月4日，第2页。
② 章开沅口述、彭剑整理：《章开沅口述自传》，北京：北京师范大学出版社，2015年，第91页。

到6月9日才全部复课，前后罢课长达三周之久。[1]毛泽东在1947年5月30日所写的新华社评论中指出："中国境内已有了两条战线。蒋介石进犯军和人民解放军的战争，这是第一条战线。现在又出现了第二条战线，这就是伟大的正义的学生运动和蒋介石反动政府之间的尖锐斗争。"这是对以"五二〇"运动为代表的学生运动的高度评价。

最后是"四一"运动。1949年1月，上级党委委派陆庆良担任金陵大学党支部书记，着手重建金大党支部，至南京解放前夕，金大支部已有党员30名，在学生、教职员共千余人的金大占比较高。3月，党组织又委派蒋俊秘密建立金陵大学新民主主义青年团。[2]1949年3月29日晚，南京数千名大中学生和部分教职员工聚集在中央大学操场举行了盛大的火炬晚会，手持火炬游行后，大家围坐在一起唱歌、呼口号、演活报剧，欢歌笑语，情绪高昂。[3]大专分党委在30日下午开会，参加者有学委书记盛天任、分党委书记绕展湘、委员李慕唐（分管中大）、王慧君（分管金大、金女院）、翁礼巽（分管政大）等人。大家一致认为：4月1日趁南京国民政府代表赴北京参加和谈之机，举行反对假和平、要求真和平的大游行。

4月1日，包括金陵大学、东方语专、中央政治大学、金陵女子文理学院、药学专科学校、音乐学院、建国法商学院等十所大专院校游行学生共六千余人，还有许多教师和四百余名工友，从中大出发向总统府进发。游行队伍沿成贤街、碑亭巷、林森路（今长江路）向总统府前进。同学们一路贴标语、发传单、进行街头演讲，高呼"争生存，反迫害！""要求真和平，反对假和平！""拥

---

① 《本月九日起全部复课》，《金陵大学校刊》第365号，1947年6月15日。
② 杨晓振：《人民政府对于金陵大学的接管与改造》，《世纪风采》2023年第10期。
③ 罗炳权、王慧君主编：《解放战争时期的南京学生运动》，南京：南京大学出版社，2002年，第256—257页。

护中共八项和平条件！”“停止内战！”“反对征兵征粮！”等口号。队伍中还有四辆经过装修的花车，化装的男女同学跟随在花车旁表演花鼓戏和秧歌等。

游行队伍到达总统府后，派出三名代表进去递交请愿书，提出八项要求：（一）停止征兵征粮；（二）拒绝美援；（三）停止发行大钞；（四）释放被捕同学；（五）实行七项诺言；（六）要求全面公费，增加教育经费；（七）提高教职员工待遇；（八）反对假和平，实现真和平。直到午后，游行总指挥部得知李宗仁不在总统府，决定收队。返回游行队伍折返经过南京市中心新街口时，街道两旁人山人海，观者如堵。游行队伍的先导是一辆宣传车，车内纸糊的大炮筒上贴满了金圆券，炮口上挂着一个破纸碗，碗上写着"民众生活"四个大字。还有一根竹竿，上面挂着一架"天平"，"天平"的一端是成捆的金圆券，另一端是两根又细又短的油条，讽刺国民党穷兵黩武打内战，导致物价飞涨，民不聊生。[1]游行队伍在快到下午两点时才返回金陵大学操场。参加游行的同学们饥肠辘辘，都想尽快回到各自的学校去吃饭休息，谁也没想到一场血案的发生已迫在眉睫！

下午二时半，戏剧专科学校参加游行的六十七名同学乘坐本校卡车，返回位于大光路东首的校园。卡车通过白下路抵达大中桥时，突然被数白名车官收容总队的军官包围，他们跳上卡车用棍棒、铁尺疯狂殴打学生，并从车上把学生拖下来，用麻绳捆绑起来。[2]在这次袭击中，剧专有六十名同学受了不同程度的伤，重伤同学中以张孟昭、谢延宁两人伤势最重。建国法商学院、边疆学校的

---

[1]　中共南京市委党史办公室：《南京人民革命史》，南京：南京出版社，1991年，第353-354页。

[2]　中共南京市委党史办公室：《南京人民革命史》，南京：南京出版社，1991年，第354-355页。

同学获悉剧专同学被打，七八十人乘校车前往总统府支援，车经首都卫戍司令部时，遭到军官收容总队的袭击，部分学生跳车后仍遭到毒打。金大的支援队伍两百余人已经冲到珠江路，后经地下党负责人为避免更大的损失反复劝阻，方才撤回。在"四一血案"中，南京各高校被打伤的学生达195名（不含受伤的教职员和群众），其中重伤80人，轻伤115人，陈祝三、程履绎、成贻宾三人因重伤不治而去世。[1]

4月2日，中大、金大等十所大专院校联合成立了"四一血案"善后处理委员会，会议决议：（一）自即日起无限期罢课，直至失踪同学寻获与追究责任告一段落时复课；（二）招待中外记者，报告"四一血案"真相；（三）成立南京区大专学校"四一血案"善后处理委员会，向世界及全国人士控诉并要求惩凶。[2]委员会下设秘书组、宣传组、营救组、联络组，由各校分别负责。善后处理委员会还决定，由政大、中大、金女院、边校及剧专向总统府、教育部请愿；由金大、音院、建院、药专、语专向行政院、立法院、检察院请愿。会议提出五项要求：（一）释放被捕同学；（二）严查失踪人士；（三）保障以后学校之安全；（四）严惩凶手；（五）负责抚恤死亡、受伤同学之医药及各项损失费用。[3]会后，善后处理委员会组织了控诉代表团，召开记者招待会，印刷了《告全国同胞书》《告全国大专同学书》，并编印了纪念画册《凶手，你逃不

---

① 南京区大专学校四一血案善后处理委员会编：《凶手，你逃不了！》，1949年，第49页。
② 《南京区争生存联合会为四一血案成立善后处理委员会决议》，中国第二历史档案馆编：《中华民国史档案资料汇编·第五辑·第三编·政治（四）》，南京：江苏古籍出版社，1999年，第515页。
③ 《南京大专学校为四一血案分头请愿并提出五项要求决议》，中国第二历史档案馆编：《中华民国史档案资料汇编·第五辑·第三编·政治（四）》，南京：江苏古籍出版社，1999年，第515页。

了！》广为散发，向各地学生和社会人士说明"四一血案"的真相，控诉国民党政府残酷镇压学生运动的行径。

4月11日，南京各大专院校学生分别在中大、金大、政大三所学校为陈祝三、程履绎二烈士举行追悼会。追悼会场布置得庄严肃穆，会场内挂满了各界沉痛悼念烈士的挽联、诗歌、悼词。其中有两副挽联给悼念者留下了深刻的印象，一副是"春风未绿江南岸，碧血先红石头城"；另一副是"杀杀杀，他妈的！穷途末路，兀自继续倒行逆施。干干干，格老子！披荆斩棘，硬要争取民主光明"。[①]一位老国民党员发来唁电："你们为新中国的诞生流了血，神圣的、勇敢的、催生的血，鲜血照亮了前进的道路，照彻了黎明前的黑暗，你们的血决不会白流的！"在追悼会的最后，会场的同学们集体宣誓："我们愿在烈士的灵前宣誓：我们将踏着烈士们的血迹前进，为争生存，争自由，争取真和平，我们坚决地团结一致，奋斗到底，不达目的，誓不休止，此誓！"[②]

陈裕光在1949年曾说："自抗日复员以后，本校学生屡于南京学生界联合游行与当局抗争，颇遭歧视，自去年9月后曾被密遣军警陆续拘捕学生十余名，转送所谓特种刑庭，备予虐待。迨今春当局虚谋和平，乃得获释。"可见当时的金大学生积极参与争取民主、反对内战的运动。

---

① 《忆往昔峥嵘岁月 爱祖国今天明天》，《纪念南京解放暨四一运动五十周年专刊》，中央大学北京校友会，1999年。
② 南京区大专学校四一血案善后处理委员会编：《凶手，你逃不了！》，1949年，第55页。

第四节 困境与抉择

一、建校六十周年纪念

在这种动荡的局势中，金大迎来了建校六十周年庆典。五年前，西迁成都的金大曾在华西坝举行了五十五周年校庆。相对而言，复员返迁的六十周年校庆筹备更为充分，场面更为热烈隆重，可谓盛况空前。

金大校友会南京分会理事长杭立武于1948年11月2日发表公告，呼吁各方校友积极参加母校六十周年纪念活动，公告这样写道："母校成立，迄今已六十周年。培育人才，兴时俱进，开扬文化，声播宇内。本校订得于11月12日上午10时在南京校本部举行六十周年庆祝大会，13日下午举行校友聚餐，14日上午10时举行前校长福开森及包文两先生纪念礼拜。届期各地校友想可聚晤一堂。值此校庆大典，京沪两地校友会为联络感情，表彰先贤，并垂永久纪念，特联合处起筹建校友楼暨福开森包文两先生纪念馆，预计需金圆二十万元，并已定于11月12日校庆时开始一大规模之募捐运动。每一校友，最少希望能捐六十金圆，以符六十周年之意。此外，并请向外劝募，以两千同学计，每人至少一百金圆，方得达到目的。兹经本会理事会开会商订结果，决定由南京区率先于11月1日起发动，于最短期内达到预定之目标，便于12日校庆大会时集有成数，当众宣告，以资倡导。"①

校庆活动从1948年11月11日延续到14日。具体活动如下。

11日，由金大影音部转播英美两国有关人士庆祝金大校庆的广

---

① 《金大60周年校庆有关文件》，中国第二历史档案馆藏私立金陵大学档案，全宗号649，案卷号85。

播节目，下午5点15分，先由中国教会大学联合托事部主任樊徒生、《生活》杂志主笔鲁斯、美国国务院教育处长约翰司登等演讲。但当时金大停电，无法转播。晚上7点55分，由英国方面广播，李约瑟教授讲话祝贺金大"前途无疆"。接着，再转由美国方面广播，魏学仁、张龙炎、谢咸达、徐国屏等金大校友讲话。最后，再由英国方面广播，邱琼云等校友讲话，"声音清晰，远近可闻"。

12日，在大礼堂举行纪念典礼，教育部次长杭立武、南京市市长沈怡、中国教会大学联合托事部代表芳卫廉、美国西雅图华盛顿大学商学院院长波来斯登、金大校董会董事长陈光甫及中央大学校长、金陵女子大学校长等一千余人与会。是日晚举行音乐会。

13日，金大举行校友聚餐会及各单位表演。

14日，举行福开森和包文的纪念礼拜。

自12日至14日，在图书馆分别举办展览，"琳琅满目，美不胜收"。①

在12日上午举行的校庆纪念典礼上，陈裕光校长发表重要讲话。他说："回溯本校为外籍校友所创立，因此以沟通中西文化，介绍西方之新进科学，为其自然的特点，而文化亦因沟通，而更加发扬。本校对此宗旨，始终未渝""此外尚有数点，本校亦特别重视，惟成绩有限，尚希多多指教：（1）公立与私立并重，在民主国家内，除公立学校外，应有私立学校之并存与公立学校相得益彰，同为学术而努力，如世界著名的牛津、剑桥、哈佛、耶鲁等私立大学，均有学术声誉，且为国际间称诵之最高学府，本校同仁，亦常以此相勉。（2）教与育并重。教育二字，包括二种意思，一为教导学识，一为陶养品格。二者并重，不可或缺。若仅有学问，而无人格，则于事于人，无所裨益。故本校除启发知识外，亦常以琢磨

① 《本校六秩校庆程序拟定》，《金陵大学校刊》第375号，1948年10月30日。

品性、阐明伦理为职志。（3）训练服务人才，教育非仅求知，乃所以加强服务意志，锻炼耐劳刻苦精神，教育本身，并非仅以增加知识为已足，而在作育人才，济世惠民，所谓'我非役人，乃役于人'，由小我而推及大我，变利己的思想，而为利他的思想。由此言之，教育之意义，并非狭义的，而系广义的。总之，本校办学以来，除沟通文化外，亦常勉以为学问而致力，为修养而淬励，为和平而奋斗，为服务而尽力，惟以任重道远，成绩有限，仍希诸位多予指导。"①

在14日福开森和包文的纪念礼拜上，前燕京大学校长、驻美大使司徒雷登发表讲话。他在演讲中称："福、包两氏来华之动机同为爱护人类与服务社会，然两氏之性情与兴趣各有不同，福氏创办金陵大学、南洋公学、《新闻报》，并对中国艺术著书立说，贡献至大。包氏则终身以服务教育为职志，来华之初，鉴于三书院之分立，不甚经济，乃竭力说项，使三院得以归并而成为今日之金陵大学。校中师生合作和谐，传诵中外，此乃包氏之功绩，且包氏一再竭力主张中国教育应由中国人办，宁案发生，夙愿得偿，谦仰有礼，令人起敬。要之，福氏首创金陵大学，包氏合并金陵大学，两氏之功，永垂于古。今由陈校长继往开来。虽以荆棘丛生，困难多端，仍盼金陵大学福寿无疆。"②金大前校长包文努力于中国教育事业，历数十年，成绩昭著，中外同钦。国民政府除令颁扁额"教泽长留"一方外，并赐褒辞"兴学育才，古今所重，敦同式俗，中外同钦"，以示崇敬。③

---

① 《陈裕光校长在金大举行60周年庆祝大会上的讲话》，中国第二历史档案馆藏私立金陵大学档案，全宗号649，案卷号85。
② 《司徒雷登在本校纪念福、包二氏礼拜会上的讲话》，中国第二历史档案馆藏私立金陵大学档案，全宗号649，案卷号85。
③ 《国府给包文前校长颁赐扁额、褒辞》，中国第二历史档案馆藏私立金陵大学档案，全宗号649，案卷号85。

金大六十周年校庆可谓盛况空前。但在一片热闹之中，"隐忧"亦挥之不去。此次典礼金大原本邀请了十七家报社和新闻社[1]，希望共襄盛举，但签到者仅七家，使校庆报道冷场不少。[2]司徒雷登在纪念福开森和包文的礼拜上，虽然对金大颇多肯定，但"虽以荆棘丛生，困难多端，仍盼金陵大学福寿无疆"的讲话，也预示着金大将面临着更为严峻的考验。

二、拒绝迁校迎解放

1949年年初，人民解放军在辽沈、淮海、平津三大战役中取得决定性胜利，国民党军队放弃淮河以南、长江以北地区，撤往江南，一时间南京形势十分紧张。淮海战役开始前夕，正值金陵大学六十周年纪念会。彼时时局紧张，人心惶惶，不可终日。然而"从校庆时起，到上学期结束时止，本校（金陵大学）仍照常上课，学期是如期开始的，学期也如期结束。因为时局的关系，同学请求离校的，差不多有一半以上。教职员走的却很少，因此师生之间，接

---

① 《中央日报》（新街口）、《和平日报》（汉口路）、《南京晚报》（珠江路）、《大公报》驻京办事处（国府西街六号）、《民主日报》（中山东路149号）、《新中华日报》（汉中路兴中商场内）、《益世报》（国府路）、《大刚报》（中山东路）、《江南晚报》（朱雀路）、《新闻报》驻京办事处（英威街顺德村2号）、《申报》驻京办事处（太平路）、《每日晚报》（中华路）、《南京日报》（碑亭巷）、《中国日报》（白下路）、《南京人报》（太平路）、《中央通讯社》（中山东路）、《救国日报》（太平路）、《大道报》（健康路）、《社会日报》《建设日报》（户部街）、《京华晚报》《首都晚报》（中山东路）、《华夏日报》《中国时报》《美国联合通讯社》（高楼门10号）、《法国新闻社》（平仓巷1号）、《德国通讯社》（中央饭店）、《美国合众通讯社》（福原冈5号）、《远东新闻社》。参见《金大60周年校庆有关文件》，中国第二历史档案馆藏私立金陵大学档案，全宗号649，案卷号85。
② 《金大60周年校庆有关文件》，中国第二历史档案馆藏私立金陵大学档案，全宗号649，案卷号85。

触的机会较多，彼此增加了不少的联系"①。在1948年秋季学期，金大仍然保持课程的正常进行，教师离职的情况也鲜有发生。

从1948年11月起，南京政府行政院开始部署在京各机关的迁移工作，政府机关也向一些重要的大专院校发出南迁命令。金陵大学作为首都知名的教会大学，也面临是否迁校的抉择，金大校园发生了赞同迁校与反对迁校的激烈争论。金大管理层就迁校与否曾多次召开全体教职员会议和教务委员会，认为此次内战"非抗日战争，且在当局腐败压迫之下，对于新民主主义之号召，夙切来苏之望""始终主张不迁校，储备粮草，以应危急"。中共中央对于外国人在华所办学校，当时采取了"暂准其维持现状"的政策，在即将和平解放的北平，燕京大学即选择继续留在北平办学。

当时金大主张迁台者不乏其人，尤其是农学院因设备、材料、标本、仪器、报告种类繁多，恐受战火影响，不少教职员主张将学院迁往台湾。但更多的教职人员出于对国民党政权的失望和对新社会的渴望反对迁校，据理力争，"以戈福鼎、王绳祖、余光烺、高觉敷、吴桢等教授为代表反对迁校"②，一些美籍教育传教士鉴于统一战线政策也主张就地观望，陈裕光校长亦表示反对迁台。1948年11月20日，金大校务会议明确表示："本校在任何情势之下，决不迁移。"1948年赴台湾交流访学的农学院教授胡昌炽，在该年12月21日致函陈裕光，询问学校是否迁往台湾。1949年1月，陈裕光复函胡昌炽，告以"本校在此扰攘时期，维持至为艰困，前曾迭次召集全体教职员及校务会议，因经费无法筹措，新旧校舍亦不易有妥善

---

① 陈裕光：《本学期首次周会　陈校长致辞勗勉》，《金陵大学校刊》第377号，1949年3月15日。

② 张宪文主编：《金陵大学史》，南京：南京大学出版社，2002年，第493页。

办法，决定不迁，现仍举行招考新生"[①]。金陵大学正式作出"绝不迁移台湾"的决定。陈裕光晚年回忆说："解放前夕，关心我去留的海外众多校友、亲友希望我去大洋彼岸。但最后，经过深思熟虑，我还是决定留下。因为我当时的想法是，我过去的'科学救国'和'教育救国'理想在旧中国既未实现，那么在共产党领导下能否实现呢？这问题就促使我带着积极企望的心情留了下来。"陈裕光的选择也是当时众多金大师生的态度。

金大作出"拒绝迁台"的决定后，校方采取措施安定师生。为稳定教职员安心留校相共患难，金大规定，教职员无论离校与否，每人一次性先发三个月薪水，如不请假离校仍按月依照生活指数补给余额。[②]这种政策对于安定教职员起到了很好效果，故而教职员"请假他去或疏散家属者均居极少数"，除少数教职员疏散外，大多数皆照常授课工作，保障了学校的正常教学。在1948年秋季学期，金大教职员较上学期仅减少29人，所开课程有360门，较上学期仅减少了19门。在局势动荡之时，金大教学秩序仍然正常进行，金大在1949年春季学期也如期开学。学生方面，由于时局动荡，一部分金大学生或因亲属召归，或因家庭迁徙，不断有请假离校者。金大教务会议规定，学生如在1948年11月12日以后离校者，可以承认本学期所修学分二分之一。学生自12月2日请假离校者，给予三分之二学分，其余二分之一学分，准其于下学期补考，留校同学照常继续上课。相对而言，学生因局势动荡请求离校者较多。在1949年春季学期，金大学生人数较上学期减少了约三分之一。

为应付变局，防止国民党军对学校的破坏，留校金大教职员于

---

① 《陈裕光致胡昌炽函》，1949年1月18日，中国第二历史档案馆藏私立金陵大学档案，全宗号649，案卷号71。

② 《金陵大学全体校务会议纪录》，1948年12月1日，中国第二历史档案馆藏私立金陵大学档案，全宗号649，案卷号225。

1948年12月6日举行会议，推举九人组织安全委员会。1949年1月8日，安全委员会正式成立，委员会分为七组，各组事工及组长分配如下：（一）住宅分配组，准备分配并管理紧急时期之住宿处于安全所，组长袁伯樵；（二）交际组，对接洽有关本校之安全事宜，并联络有关本校安全之校外人士，组长倪青原；（三）消防组，防本部校舍及各区教职员住宅与校舍之火灾，组长陈长松；（四）医药组，防止疾病、救护伤病，组长史迈士；（五）防护组，对内维持安全秩序，对外防范不法之徒的侵犯，组长徐绍武，徐先生当时要出国待另准；（六）联络组，联络区内各区之消息，组长孙明经；（七）膳食组，采购并办理紧急时期之伙食，组长戈福鼎，该组即为以前之福利委员会，该会负责紧急时期全校安全工作得有密切，分配的意见并入该会工作。[1]

金大将宿舍与住宅分为九区，各区区长或由各区选举或由委员推定：阴阳营区共有17户，区长章伯雨；小粉桥区共24户，区长朱大猷；金银街一区23户，区长朱楫；金银街二区8户，区长程淦藩；平仓巷区17户，区长谢湘；汉口路区23户，区长范谦衷；斗鸡闸区9户，区长崔毓俊；金银街教职员宿舍24人，区长张守义；青年教职员宿舍26人，区长黄衡一。[2]九区中以小粉桥区得天独厚，该区有农业经济系大楼地下室可作安全室之用，且有围场，人口亦较集中，人力严密，所以在该区民大会中决定单独成立一个安全分区，紧急时期不进入本校本部。另外，阴阳营区孤悬校外，无坚可守，所以该区要求于必要时即迁入本部，其余各区须至最紧急时期始可迁

---

① 《金陵大学安全委员会安全通讯第一期》，1949年3月，中国第二历史档案馆藏私立金陵大学档案，全宗号649，案卷号71。

② 《金陵大学安全委员会安全通讯第一期》，1949年3月，中国第二历史档案馆藏私立金陵大学档案，全宗号649，案卷号71。

入。①

安全委员会自成立以来，经常举行会议商讨紧急时期的安全问题与应对举措，各组各区亦多先后分别举行会议。紧急时期的准备工作一般包括：（一）膳食组在福利委员会时期已由学校携付特款，购置柴米油盐及面粉，约敷1 500人一个月伙食之用，现在分别储藏在各处，不到紧急时期绝不动用；（二）学校内之救火设备业经合并修理完后，计有药水灭火器67具，大水龙一架，在人力动员方面，消防组将与防护组合作，两组组员亦已拟定；（三）紧急时期内南京水电可能断绝，故学校已储备足量之煤油，校本部内有三个大水井，均已灌满，又有一个深水井，其上之唧水只于最近即可修复，紧急时期内之饮用水供应可保无虑，此外小粉桥区及阴阳营区之水井均加以淘后与修理，现皆可以使用；（四）在各区住宅及校舍门上印写或装置牌标。②

由于学校坚持"拒绝迁台"，并组建有"安全委员会"，金大校内在时局紧张之际得以照常授课，井然进行教学研究。据金大在南京市人民政府交际处的报告称，自1949年春季学期开学到蒋介石部队撤离南京前夕，"本校均在授课，惟蒋军离城之日沿途拉夫抓车枪声四起，始停课两日，复合员工学生组织安全委员会守护校舍，幸蒋军逃窜既速，而解放大军随即入城，得免溃兵抢劫，第三日立即继续授课，以至暑假预定学程未曾少辍，斯则差堪自慰也"。③

---

① 《金陵大学安全委员会安全通讯第一期》，1949年3月，中国第二历史档案馆藏私立金陵大学档案，全宗号649，案卷号71。

② 《金陵大学安全委员会安全通讯第一期》，1949年3月，中国第二历史档案馆藏私立金陵大学档案，全宗号649，案卷号71。

③ 南京大学高教研究所校史编写组编：《金陵大学史料集》，南京：南京大学出版社，2002年，第68页。

第四章 涅槃重生：新时代下金陵大学的合并和改制

第一节 1949年前后金大的改革与变化

1949年4月23日，南京迎来解放。金大在时局动荡之际，"力持镇静，不绝弦歌，乃能于解放以后，更以安定热烈之情绪，井然进行教学与研究，一切事业概依常规继续进行"。[①]根据《中国人民政治协商会议共同纲领》关于文化教育的规定，中华人民共和国的教育是新民主主义的、民族的、科学的、大众的文化教育。教育工作也相应地提出了"有步骤地进行旧有教育事业的整顿和改革，争取一切爱国知识分子为人民服务的方针"。改革旧的大学制度，推行新的高等教育制度，是社会主义制度改革的一个组成部分。中华人民共和国成立后，金大响应党对教育工作的号召，从行政机构、课程设置到教学工作进行一系列改革和整顿，使金大逐渐转移到新民主主义服务的轨道上来。

一、行政机构的调整

1949年4月25日，中国人民革命军事委员会主席毛泽东和中国人

[①] 《南大百年实录》编辑组编：《南大百年实录（中卷）：金陵大学史料选》，南京：南京大学出版社，2002年，第89页。

民解放军总司令朱德发布《中国人民解放军布告》，重申以往一体保护政策，"保护一切公私立学校、医院、文化教育机关、体育场所和其他一切公益事业"，"保护外国侨民生命财产的安全"。4月28日，由刘伯承任主任、宋任穷任副主任的南京军事管制委员会成立，下设文教接管委员会，以"维持现状，逐步改造"为总方针，对公立学校进行全面接管。鉴于人力、物力存在的限制以及宗教、外交因素，南京军事管制委员会并未立即全面接管私立高校尤其是教会高校，而是根据"积极维持，逐步改造，重点补助"的方针，对原有的私立学校做初步的整顿与改造。接管委员会及华东教育部对金陵大学也采取了基本维持现状的做法，赋予了其更多的自治权力。①

南京解放调动了金大教职员工的热情，对大学的改造首先体现在学校的组织系统上。1949年11月，中共金陵大学地下组织转为公开活动，此时共有党员32人，共青团员36人。在公开前，党支部进行了改选，仍由陆庆良任支部书记，党支部在金大的整顿和改革中发挥了重要作用。为适应新民主主义教育原则，提倡民主精神，金大解散了原国民党和三青团的组织，停止其活动。学校废除了训导制度，取消训导处，设置学生生活辅导委员会；改组了校务委员会和学生会，取消总务处，改设秘书处。

1950年1月，为发扬民主精神起见，金陵大学组织成立了独立于各基督教差会的校务委员会，以校务委员会为校内最高权力机构，遵照人民政府法令主持全校校务及应兴应革事宜。"非特教授、讲师、助教及学生为其必然成分，且循职员及工友之号召，参加代表共同草创新校委会之组织。"新成立的校务委员会以陈裕光为主任委员，由教授会推举代表9人，学生、职员和助教群体各推举代表3

---

① 杨晓振：《人民政府对金陵大学的接管与改造》，《世纪风采》2023年第10期。

人，共19人组成。职工和学生以主人身份参与学校决策，这在金大历史上还是第一次。校务委员会根据民主集中制原则进行组织，每两周集会一次。在校务委员会下，设有经济委员会、聘任委员会、财产委员会、图书馆委员会、学生委员会等。1950年2月，金大改属华东军政委员会教育部直接领导。

1950年6月初，教育部在北京召开第一次全国高等教育会议，讨论如何改造旧的高等教育，建设新的高等教育。8月，教育部颁布《高等学校暂行规程》及《私立高等学校管理暂行办法》，规定私立高等学校的行政权、财政权以及财产所有权必须由中国人掌管，私立高等学校必须向政府登记注册。大学改行校长负责制，私立大学仍设校董会，董事会有办理学校立案、任免校长、筹划经费、保管资产与审核预决算、制定校务方针和审查与批准校长的工作总结报告等职责。私立大学校长由校董会任命，校长代表全校领导全校一切教学、研究及行政事宜。学校行政部门负责人由校长任命，校务委员会在校长领导下成为学校咨询机构。

1950年夏，金大将原有的教授会、讲师助教会、职工会等组织取消，成立了统一的大学工会。1950年11月，金大根据教育部新颁布的规定制订了"行政组织大纲"，由大学校长领导全校一切教学、研究和行政事宜。在校长领导下，金大设校务委员会，由校长、教务长、总务长、图书馆长、三院院长、28位系主任、6名大学工会代表和2名学生代表组成。校务委员会的职权有：（1）审查各系及各教研组的教学计划、研究计划及工作报告；（2）通过预算和决算；（3）通过各种重要制度及规章；（4）议决有关学生重大奖惩事项；（5）议决全校重大兴革事项。这样组织的校务委员会人员众多（达43人），于是组织了校务委员会的执行委员会，委员由14人组成，包括校长、教务长、总务长、图书馆长、三院院长、三位系主任代表、三位工会代表和一名学生代表。①校务委员会有来自金大所有院系的代表，反映了大学不同群体的利益，体现出更广泛的民主，成为金大协调不同部门、反映各方意见，并推动校务有序管理的重要组织。金大任命农学院教授樊庆笙任教务长，农业经济系教授戈福鼎为总务长，历史系主任王绳祖为文学院院长，李方训为理学院院长，农艺系教授靳自重为农学院院长，李小缘为图书馆馆长兼中国文化研究所所长。

1950年9月1日，金大新学期开始。9月26日，陈裕光校长奉调赴苏州入华东革命大学高等政治研究院学习。金大认为，这"不仅是陈校长本人的一个伟大转变与进步，同时也表明了本校将以崭新的姿态，并继承过去光荣的一面，继续为祖国的文化教育作新的努力和奋斗"。在陈裕光离校期间，由教务长及三院院长组织校务主席团，以理学院院长李方训为执行主席，代理校务。1951年2月，陈裕光学习期满，他感到自己任金大校长一职时日过长，年事亦高，不宜再担任领导职务，于2月18日向华东军政委员会教育部请辞校长职务。2月27日，华东军政委员会教育部指令由李方训继任金大校长。陈裕光辞职后定居上海，担任上海轻工业研究所化学顾问。3月3日，金大校董会召开常委会，正式批准了陈裕光的辞呈，同时作出决议，拥护华东军政委员会教育部的指示，赞成李方训为金大校长。②校董会认为，"陈校长在本校苦心孤诣服务二十余年，曾经若干次之艰危局面，不但从未气馁，且竭力扩展内部，如文理工农若干学系之添设，使理论与实际得有结合，抗战军兴，迁校成都。胜利后，领导复员，节节困难，均能奋力克服。本校所以能有今日之

---

① Minutes of the Emergency Executive Committee of the Board of Directors of the Univercity of Nanking，November 18,1950, Box 194, Folder 3365, UBCHEA.

② 南京大学高教研究所校史编写组编：《金陵大学史料集》，南京：南京大学出版社，1989 年，第73页。

发展，实陈校长领导有方之所致"。校董会对陈裕光领导金大取得的卓越成就给予了高度评价。

李方训（1902—1962），江苏仪征人，1921年考入金大攻读化学专业，1925年毕业后留校任教。1928年赴美留学，1930年获美国西北大学博士学位，回国后仍执教于金陵大学，曾先后担任金大理学院代院长、副院长及院长等职务。由于他在化学领域的突出贡献，1948年，李方训被美国西北大学授予"荣誉科学博士"称号，并赠予象征已经打开智慧之门的金钥匙。李方训目睹国民政府统治的腐朽黑暗，同情学生进步运动，曾多次支持和营救进步学生。1949年中华人民共和国成立前夕，他谢绝了外国科研教育机关的邀请，坚决留在国内。

1950年颁布的《私立高等学校管理暂行办法》规定："全国私立高等学校，无论过去已经立案与否，均须重新申请立案。"9月28日，中华基督教教育协会召开了华东六所基督教大学（金陵女子学院、之江大学、东吴大学、沪江大学、圣约翰大学、金陵大学）校长会议，文学院院长王绳祖代表金大参会。会议就向新政府立案问题及其立案程序进行了商讨，准备由校董会向教育部申请立案。

在1949年前后，南京由于局势动荡，金大校董会成员分散各地。1948年秋，金大在宁校董成立紧急执行委员会，此后一直由该委员会代行校董会职责。1950年5月12日，紧急执行委员会在南京陈裕光寓所召集第三次会议，这也是中华人民共和国成立后该会召集的第一次会议。鉴于校董会成员星散各地，会议希望即将召开的全国教育会议能就大学组织改革出台相关规则，以便指导金大校董会进行改组。1950年11月18日，紧急执行委员会召集第五次会议，代理校务的李方训向委员会报告了10月下旬华东军政委员会教育部会议情况，会议提出重组校董会，并将大学财产转交给改组后的校董会。此次会议任命了一个五人委员会，由四个合作差会和校友会各一位代表组成，研究制定校董会的章程以符合华东军政委员会的要求。根据《私立高等学校管理暂行办法》规定，学校经济管理权必须由中国籍会计管理，在金大任职数十年的会计主任毕律斯随后辞去校董会会计职务。1951年1月，改组后的金大校董会成立，共由23名校董组成，[①]以金大教授、南京基督教卫理会理事洪章暂代校董会主席，负责向新政府办理立案事宜。

二、课程与教学改革

为贯彻新民主主义教育方针，金大秉承"改造与精简"两个目标，有步骤地对旧教育事业进行整顿和改革。南京解放后，各校普遍开展了学习革命理论的活动。金大也"成立了60多个学习小组，提出要使金陵园内充满浓厚的进步空气，摆脱学院派的学习方式的口号"。金大、中大等校29名教授组织"大学教育改进委员会"，讨论取消国民党训导处，摆脱半殖民地半封建的法西斯教育思想和教育制度，建立新民主主义的教育理论和教育制度。[②]南京市教育局在1949年6月指示，要求各校设置政治课，逐步改造学生的思想，提高学生的政治认识。

1950年2月，南京市军事管制委员会高等教育处颁发《南京各大学加强政治教育改革业务课程的初步进行办法》，金大积极响应号召，设置了校政治教学委员会（由校长、教务长、三院院长、政治

---

① 新成立的金大校董会23名校董包括：洪章、李汉铎、章文新、黄安素、诚质怡、朱继昌、孙恩三、蔡路德、马三乐、邵镜三、蔡汝霖、黄绍基、麦克伦夫人、葛思巍、鲍哲庆、丁佐成、陈裕华、徐国懋、陈光甫、吴贻芳、崔宪详、陈鹤琴、王志莘。《南大百年实录》编辑组编：《南大百年实录（中卷）：金陵大学史料选》，南京：南京大学出版社，2002年，第154-155页。

② 《南京大中学生学习革命理论教授研究改进大学教育》，《人民日报》1949年5月14日，第1版。

课主讲教员组织）和院政治教学委员会（由院长、系科主任、政治课主讲教员及其他适当教员、学生代表每院三人组织），聘请纵翰民先生为校政治教学委员会主任委员，教授欧阳执无先生等13人和学生会推举代表刘德华等三人为委员。具体名单如下：

私立金陵大学政治教学委员会拟订名单：

纵翰民先生（主任委员）、欧阳执无先生（政治课）、萧焜焘先生（政治课）、曹国卿先生（经济系）、高巩白先生（哲学系）、高觉敷先生（教育系）、柯象峰先生（社会系）、刘继宣先生（国文系）、王绳祖先生（文学院历史系）、吴桢先生（文学院）、李方训先生（理学院）、孙文郁先生（农学院）、黄瑞采先生（农学院）、刘德华同学（学生代表）、吴安国同学（学生代表）、傅道昭同学（学生代表）。①

在政治教学委员会成立同时，金大还设置了课程改革委员会（由校长、教务长、三院院长、各系科主任、学生代表每院一人组织），并由各系教员自行组成小组，对课程与教学进行了一系列改革。

1. 加强政治教育

1950年2月13日，金大邀同金女院举行了两校政治教学委员会联席会议，2月15日金大又举行了本校的校、院政治教学委员会联席会议，先后通过下列决议：（1）政治学习首先应以"搞通思想，树立信念"为目的，其次注意理论与学术之修养；（2）为激发学习热潮并提高效率起见，在1950年春季学期最先四周以内集中精神学习

---

① 南京大学高教研究所校史编写组编：《金陵大学史料集》，南京：南京大学出版社，1989年，第224页。

社会主义发展史，其他课程暂予停止；（3）1950年春季学期自第五周起学习业务课程，得将学期延长一二周，以资补足一般课程；（4）自第五周起，政治课虽经结束，但于每一周或二周以内，举行全体员工集会一次，以便不断学习政治，搜集临时法令或政府文告等件为学习资料；（5）政治课学习采用大班上课、小组讨论、总结与解答、文娱活动的方式，按上列项目，将每周时间作适当分配；（6）全体学生合为一大班，由纵翰民先生担任大班总主讲，必要时再依文、理、农三院划分为班，由政治课其他教员或适当教员分别担任班主讲，并按系科分为小组，暂定每十人为一组由适当教员或学生担任组长；（7）全体教员均参加学习，除担任指导学习者外，一律按系科与学生合编小组，职员亦均参加学习，编组法另定之；（8）原则上采取"集体教学"的教授法——设政治教学研究委员会，制定教材纲要，并研讨教学法，由主讲教员依照是项纲要及其计划进行教学，并得按内容分析为专题，邀请有关各该题之专门教员参加讲授，但由政治课主讲教员负责掌握思想之中心并贯穿全部课程之体系；（9）校政教委员会负责规划、检查、联系、集中、考绩等事宜，院政教委员会负责编组、搜集、研究、交流（纵的方面要了解并推动各小组，横的方面要将各系科之小组结成一整体，并与其他各院合作）等事宜。①

　　1950年春季学期开学时，金大专门停课四周，组织全校师生集中学习政治理论和社会主义发展史。陈裕光在1950年3月的报告中称，此次政治学习采取了与华北地区不同的方案，"因为感到这个地区（政治上）更加落后，教职员和学生都需要机会来更好理解当前运动的背景"。为了弥补因集中政治学习造成的教学延误，该学

---

① 《本校关于"加强政治教育、改革业务课程初步进行草案"报请市高教处审查的呈文》，1950年2月，中国第二历史档案馆藏私立金陵大学档案，全宗号649，案卷号16。

期延长两周，至7月中旬结束。自第五周起，于每一周或二周内举行全体员工集会一次，以便集中学习政治。全校教授、讲师、职员、助教、工役分别组成不同的组织开展学习，全校有70多个小组举行讨论，开展自我批评，从思想和行动上去学习领会新时代的精神和要求。其中主要讨论的内容包括：（1）如何寻找正确的教学方法，以适应新民主主义的原则；（2）通过政治学习，梳理为人民服务的正确观念；（3）在当前的环境下认清形势，明确服务民众的责任。①一年级新生上、下两学期，必修政治课各3学分；全体学生每学期必修政治学习1学分，四学年共8学分，但不作正课学分计算。

2. 改革业务课程

在政治教育之外，金大贯彻全国教育会议精神，根据新民主主义教育方针对业务课程进行改革，各系科分别按课程内容力求精简，逐渐将旧大学转向新民主主义文化建设下的新大学。金大各院系多次举行院务会议和小组会议。1950年2月8日，金大邀同南京大学和金女院举行三大学课务谈话会。2月6日和14日，金大又两次召集全校课程改革委员会，要求各系科课程内容力求精简。主要包括如下方面。

（1）不必要之课程一律取消。

（2）重复相似课程加以归并。

（3）取消全校公共必修课，必修课程尽量改为选修。按理、农学院研究结果，全部学分之中，必修课程至多占2/3至3/4，其余1/4至1/3应为选修课程，理工科必修课程较其他系科稍多。①除政治课以外，取消全校公共必修课程之规定，由各院分别依照需要自行修订。基本国文：依新生入学成绩决定其必修或选修，文学院新生免

---

① The Conflict of ideas in the News Democracy, May 8,1950, Box 238, Folder 3936, UBCHEA.

读该课者，必须选读其他国文课程代替之，文理学院该课原定6学分，今改为4学分。外国语：新生英文成绩特优者得免修该课，原已设初级俄文，今又增设高级俄文。②院必修课程亦不必硬性统一规定，由各系科依照需要自行修订。理学院取消原定必修的社会科学。农学院暂将院必修课程完全任各系自行修订（但强调农院各系毕业生应有普遍的与大体的农业知识），俟一年或相当时期以后依据经验另订院必修科目。③系必修课程亦酌量减少。

（4）各系应注意彼此课程相当配合，凡有某院系要求其他院系开设课程配合自身需要者，应明确指出需要之内容、成分与重点，被要求开课之院系，应尽量切实照顾需要。

（5）在量的方面求简，在质的方面求精，任课教员应准备充实教材，预拟纲要于学期之初先行宣布，各院系开设课程的合理分量与阶段尤为重要。①

3. 制定课表，修订学分

自1949年秋季起，文学院参照华北高等教育委员会颁发的《各大学大专学校文法学院各系课程暂行规定》，迭次召集院务会议制定该院各系课程草案，较原有课程规例已充分革新。理、农学院亦于1949年秋季，参考华北各大学中华人民共和国成立以后修订的课程标准，重新制定该院各系学程草案，较原定课程已具有精简之进步。学校奉课程改革要求，结合各院去年所制草案基础，三学院钊对"改造和精简"的目标，对于制定四学年全部课程方案形成了初步结论。但三学院金以为此项任务重大且工程繁巨，未敢于匆遽之间确定最后方案，而一致主张制成1950年春季三院课程规定，先行公布施行，俟暑假期间，再综合成四学年的课程方案。

---

① 《本校关于"加强政治教育、改革业务课程初步进行草案"报请市高教处审查的呈文》，1950年2月，中国第二历史档案馆藏私立金陵大学档案，全宗号649，案卷号16。

　　根据三院初步修订的课程标准，为合理减轻学生负担，自1950年春季起，学生每学期修读20学分为最高限度。若最后课程方案仍可精简内容，即随同再减学分。[①]到1950年秋季，将学生四年须修读的学分从132个减少到128个（工科学生从142个减少到138个）。

　　从1951学年起，金大开始改学分制为学年制，先在一年级新生中施行。在二三年内，学年制全部取代学分制。金大原设有初级俄文课程，又增设高级俄文课程，以适应政治上学习苏联的人才培养需要。

　　总之，在教学与课程改革方面，中华人民共和国成立后的金陵大学秉承"改造与精简"两个目标，一方面加强学生的政治教育，"为贯彻新民主主义教育方针起见，设新民主主义论、辩证唯物论与历史唯物论（社会发展史）及政治经济学等课，聘请名流讲授，并展开师生集体学习"[②]。另一方面精简课程，取消、归并不必要的或是重复的课程，将必修课程尽量转为选修，降低学分数的要求。

　　在教职员方面，1949年后的金大与此前无大悬殊。1949年第二学期计专任教职员217人，1950年第一学期计222人，第二学期新聘教员名额稍有增加，旧教员有少数辞职离校，故总计人数与上年度差别不大。[③]1949年前后，一批赴海外留学的金大师生向往参与中华人民共和国的建设事业，陆续返校任教。李光训的夫人林福美当时在美国深造，她拒绝了导师的挽留，于中华人民共和国成立前夕回到金大任教。1937年毕业于金陵大学的魏荣爵，于1950年初放弃

---

① 　《本校关于"加强政治教育、改革业务课程初步进行草案"报请市高教处审查的呈文》，1950年2月，中国第二历史档案馆藏私立金陵大学档案，全宗号649，案卷号16。

② 　南京大学高教研究所校史编写组编：《金陵大学史料集》，南京：南京大学出版社，1989年，第68页。

③ 　南京大学高教研究所校史编写组编：《金陵大学史料集》，南京：南京大学出版社，1989年，第71页。

在美国的优渥生活，举家回到金大。1948年年底赴美讲学的社会学教授柯象峰放弃了普林斯顿大学的邀请，也义无反顾地返回母校任职，急切投身到祖国的建设事业。

在1950年春季学期，金大有704名学生注册，较上一学期有所减少。其中文学院113人，理学院239人，农学院352人（包括农业专修科44人）。在1950年秋季学期，金大有853名学生注册，其中一年级新生376人，学生人数有所回升。在三学院中，以农学院学生最多，有419人；理学院次之，有296人；文学院最少，仅138人。各学院学生分布不平均，在中华人民共和国注重理农、加强生产教育的背景下，文学院学生的减少最为明显。由于时局动荡，很多学生都存在经济上的困难。在1950年春季学期，金大为84名学生提供了奖学金（其中25人为金大教工子弟），并为更多学生提供勤工助学机会。1950年7月3日，金大举行了第五十五届毕业典礼。毕业生包括研究所1人、文学院27人、理学院39人、农学院56人、农业专修科毕业20人。

表4-1　1950年秋季学期金陵大学学生人数表

院	系科	人数	院	系科	人数	院	系科	人数
文学院	中国文学系	15	理学院	数学系	9	农学院	农经系	39
	外国语文系	13		物理系	18		农艺系	105
	历史系	7		化学系	43		农工系	83
	经济学系	55		生物学	19		园艺学	63
	政治系	1		化工系	69		森林系	35
	社会学系	8		电工系	124		植物学系	8
	社会福利行政	15		影音专修科	18		植物病虫害系	27
	哲学系	2		化学研究所	1		农业专修科	44
	教育系	10					农经研究所	7
	中国语文专修科	12					农艺研究所	4
	小计	138		小计	301		小计	415

资料来源：《金陵大学 1950 年秋学生人数调查表》，Box 197, Folder 3392, UBCHEA.

1949年后的金大保持着很高的学术水准。1950年秋，中央教育部和中央林垦部联合为全国森林计划培养林业技术人员，要求全国七所大学开设两年制的森林专修科，金陵大学是唯一入选的私立大学，被要求招收50名中学毕业生进行训练。金大认为接受这项任务是大学的一项荣誉。1951年6月，中国科学院和教育部联合公布《1951年暑期招收研究实习员、研究生办法》，金陵大学被指定为全国招收研究生的15所高校之一。

三、师生的政治活动

在金陵大学党团组织的领导下，师生的政治热情普遍高涨。中华人民共和国成立前后，为吸引知识分子参加革命工作，配合第二野战军进军西南，南京市军事管制委员会在各高校筹组西南服务团。为响应政府"把胜利的红旗插到西南去"的号召，金陵大学的同学们纷纷报名参加西南服务团，有20余人被批准加入。1949年6月27日下午，在金陵大学的北大楼正式召开了参加西南服务团学生座谈会，决定成立"金大西南服务队"，推举肖龙昭、严宝棣、邱鼎泽、申敬瑞、秦奎士同学为该队负责人，并发表了《告南京青年同学书》，号召同学们走出课堂，加入革命队伍。

南京青年同学们：南京解放两个月来，我们获得了自由，生命获得了保障，生产事业正在恢复和发展，各种建设也正如旭日初升。我们生活在这新的时代，欢度着幸福的岁月，这是我们应向人民政府讲颂的。但是我们不要忘记：我们曾受过苦难，我们了解在蒋匪统治下的痛苦。现在，西南七千万以上的同胞还在过着流泪的生活，受着更残酷的迫害，谁能忍心坐视？青年同学们，快快加入革命阵营，为了挽救西南的同胞，打到西南去！南京解放以前，江北的人民和解放军，知道我们在"四一"再次遭受匪帮的屠杀时，他们咬紧了牙关："我们要为南京的同胞复仇！"终于，他们抱着满腔的热情，冒着如雨的炮火，渡江解放了我们。试想，他们对我们是如何的关怀！如何的爱护！今天我们得救了，我们怎能不管西南同胞的痛苦呢？青年同学们，今天革命事业需要你，西南的同胞伸着手在等待着你，走出课堂来罢，参加西南服务团，随着解放军的前进，把胜利的大旗插到西南去！①

金大师生对于参与西南服务团热情高涨，一致认为去西南服务是无上的光荣。社会系马长寿教授表示："这是知识分子认识时代、为整个劳苦大众服务的机会，同时，过去知识分子都是闭门造车，学出来的东西往往不为社会所需要，今天西南服务团是使知识分子所学的理论与实际结合的好机会。"②农经系邱鼎泽同学发言说："今天国民党反动派像一只落水狗，我们一定要打死它，不然它会爬起来咬人。为了彻底消灭国民党反动派，革命需要我到哪里我便到哪里，我要全心全意跟随解放军打到西南去。"③心理系萧能昭同学说："我是本校第一个报名参加西南服务团的人，我有勇气克服一切胜利中的困难，打到西南去。"④农业专修科孙家悦同学表示："在反动统治时期，我们每个人都受压迫，今天我们解放了，但是反动派的残余势力还在中国小部地区捣鬼，为了全中国早日获得解放，为了使全国人民不再受苦，我们要下决心放弃我们小资产阶级的安全感，毅然决然参加西南的解放工作。"⑤农专申敬瑞同学

---

① 《新华日报》1949 年 6 月 27 日，第 1 版。
② 《新华日报》1949 年 6 月 27 日，第 1 版。
③ 《新华日报》1949 年 6 月 27 日，第 1 版。
④ 《新华日报》1949 年 6 月 27 日，第 1 版。
⑤ 《新华日报》1949 年 6 月 27 日，第 1 版。

也响亮地说："西南是全中国的一部分，全国每个角落都要解放，西南需要我们，我们便去，我们不能没有地域观念。"[①]金大师生积极参加西南服务团，表明了金大师生的拳拳爱国之心。

全国土地改革运动开展以后，根据华东军政委员会教育部的指示，金大师生（尤其是文学院师生）于1951年10月赴皖北参加了为期三个月的土改工作，以求取得知识理论与实际的联系。参加皖北土改工作的金大师生被编为一个大队，大队长曹国卿，大队副熊亚拿、刘德华。大队共分四个中队，第一中队包括中文、外文及语专三个系科的师生，中队长王冰祥、中队副张文潜、葛佶；第二中队包括教育、音乐、社会及托专四个系科的师生，中队长徐益棠、中队副吴寒光、查子秀；第三中队包括经济、体育及体专三个系科的师生，中队长吴可杰、中队副王心恒、王文枢；第四中队包括历史、儿福及哲学系的师生，中队长王绳祖、中队副徐祖丰、谭美梅。[②]金大师生赴皖北参加的土地改革运动，加强了在校知识分子与社会的联系，使金大师生在实际斗争中接受了革命的教育与锻炼。

1952年年初，为了打破美国的战略物资封锁，金陵大学师生积极响应教育部号召，通过主动参与实践的方式，表明了坚定走与工农结合道路的决心。金大森林系、植物系教授李德毅、焦启源以及两系的三、四年级学生奔赴广东、广西参加栽培橡胶树的工作，黄瑞采、朱大猷教授带领森林系、植物系和林专部分师生前往广州参加华南垦殖队。[③]金大师生通过切身参与新民主主义教育运动，提高了政治参与积极性，将所学知识与投身革命紧密联系，在思想意识

---

① 《新华日报》1949年6月27日，第1页。

② 《金陵大学关于参加皖北土改编组的布告》，1951年10月4日，参见南京大学高教研究所校史编写组：《金陵大学史料集》，南京：南京大学出版社，1989年，第341页。

③ 王德滋主编：《南京大学百年史》，南京：南京大学出版社，2002年，第659页。

上增加了"为劳动人民服务，为祖国建设服务"的自觉性。

中华人民共和国成立初，金大作为教会学校，校内的宗教信仰及宗教自由一如往昔。根据金大1950年10月向卫理公会年会提出的报告，由于共同纲领中保障了宗教信仰的自由，金大校内的宗教活动得以继续推进，"故本校与金陵女子大学每星期日的联合礼拜及本校小礼拜堂的每日晨祷均照常举行，此外还有基督教团契会领导每日晨祷同时进行，又有宗教人士捐助办理的金陵学生公社，设置学生集会及交谊的会所一处，全体学生不分信仰畛域，均可参加"。"教职员团契会始终进行无间，本年暑假曾邀请金陵神学院为本团契举行讲演多次，探讨新旧约圣书的溯源与指津，要而言之，圣经习读，宗教选课、祈祷及活动均有充分自由。"[①]不过，在校内外浓厚的政治氛围下，学校宗教气息日趋淡薄，选修宗教课程的人数日益减少。为适应学习苏联的需要，作为教会大学招牌学科的英文也进行了改革，金大"规定新生英文成绩特优者，得免修该课"。[②]与此同时，学校开设了初、高级俄语课程。

第二节　金陵大学、金陵女子文理学院的合并

一、抗美援朝和金大师生的反美活动

中华人民共和国成立前后，中国政府对于在华教会大学的态度和政策随着局势环境变动有一个演化的过程。在1949年1月，中共中央就外交问题的指示指出，对于外国人所办私立学校的方针是"暂

---

① 《金陵大学向卫理公会年会提出的报告》，1950年10月，南京大学高教研究所校史编写组编：《金陵大学史料集》，南京：南京大学出版社，1989年，第71页。

② 王德滋主编：《南京大学百年史》，南京：南京大学出版社，2002年，第658页。

许其维持现状"，但校长必须为中国人，学校经费须报告其来源，课程需照其他学校的规章同一办理。1950年5月，毛泽东曾明确表示，"我们是不允许外国人在这里办学校的"，因此"教会学校基本上是收回的问题，一定要收回"。但在当时，收回的条件并不成熟。在该年6月初召集的全国高等教育会议上，明确了私立性质的教会大学可以继续办学，容许学校设立宗教课作为选修课，学校经费有困难可以申请政府补助。

1949以前，毛泽东曾向时任驻华大使司徒雷登表示，"中国愿意在独立和主权的基础上同所有的国家建立外交关系和商业关系"。[①]可好景不长，1949年8月5日，美国正式颁布了《美国对华关系白皮书》[②]，认定中国共产党是"以武力反叛的在野政党"。[③]1949年8月14日至9月26日，毛泽东接连在新华社发表《丢掉幻想，准备斗争》《别了，司徒雷登》《为什么要讨论白皮书？》《"友谊"，还是侵略？》和《唯心历史观的破产》等五篇评论，拉开了全国各地讨论和谴责《美国对华关系白皮书》的热潮。自此中国上下统一了反美亲苏的坚定立场。

1950年6月25日，朝鲜战争爆发。6月27日，美国向联合国安理会提出"紧急制裁案"，建议联合国成员国向大韩民国提供为制止武装进攻并恢复这一地区的国际和平和安全所必需的援助的议案。后来在苏联代表不在场的情况下，安理会以7票赞成，1票（南斯拉夫）反对，2票（印度和埃及）弃权通过了美国的提案。27日，美国宣布出兵朝鲜，并派第七舰队介入台湾海峡，中美关系走向全面敌对和战争。1950年7月1日，第一批美国地面部队——第24师第21

---

① 黎永泰：《毛泽东与美国》，昆明：云南人民出版社，1993年，第360页。
② 《美国与中国之关系——特别着重一九四四年至一九四九年之一时期》，简称《美国对华关系白皮书》。
③ 沈云龙主编：《美国与中国之关系》，台北：文海出版社，1982年，第8页。

团史密斯特遣队降落釜山空军基地，随后被运往乌山，揭开了美国正式介入朝鲜战争的序幕。[1]美国在支援韩国的同时，也企图干涉、阻止中国政府解放台湾。美国的干涉行为引起了中国人民的强烈不满。6月28日，在中央人民政府委员会第八次会议上，毛泽东号召"全国和全世界的人民团结起来，进行充分的准备，打败美帝国主义的任何挑衅"。[2]8月下旬，进入朝鲜的美军飞机肆意驶入中国东北领空，轰炸扫射了东北的安东（今丹东）、辑安（今集安）等城镇和村庄，造成村镇的破坏和无辜民众的伤亡，引起了中国民众极大愤慨。1950年8月26日，中共中央最终答应了金日成的支援请求，派军入朝作战。与此同时，中国国内也掀起了轰轰烈烈的抗美援朝运动。10月，中国人民志愿军赴朝作战，拉开了抗美援朝战争的序幕。

此时的美国，已经严重威胁到中华人民共和国的国家安全，对于由美国教会在华设立的教会大学，国家自然不能再"暂许维持现状"了。朝鲜战争的爆发，推动新政府对教会大学的改造。1950年7月，中共中央发出关于天主教、基督教问题的指示，认定基督教在华教会是帝国主义在华文化侵略的工具。1950年10月，为响应抗美援朝运动，唤起中国人的爱国主义和民族主义情感，全国广泛开展了"仇视、鄙视、蔑视美国"的"三视"教育。在南京，工商、文化、教育等各界人士都纷纷响应国家号召，痛斥美帝恶行。其中的教会学校更是成为南京师生反对美国文化侵略的典型阵地。

1950年10月，中国人民志愿军赴朝作战，拉开了抗美援朝战争的序幕。与此同时，金大校园内部也展开了誓以行动支持"抗美援朝，保家卫国"的斗争。1950年11月7日，学校成立了"金陵大学

---

① 沈志华：《冷战在亚洲——朝鲜战争与中国出兵朝鲜》，北京：九州出版社，2013年，第83页。
② 《打败美帝国主义的任何挑衅》，《人民日报》1950年6月29日，第1版。

保卫世界和平反对美国侵略"委员会，由校务委员会、工会及学生会等团体代表协商，经南京分会同意，共产生委员30人。分别为李方训、王绳祖、靳自重、樊庆笙、戈福鼎、曹国卿、余光烺（校委）、戴安邦、萧焜焘、吴桢、吴汝麟、李家文、辛显铭、蔡公礼（工会）、李永康、陈运筹、鲍世问、陈永椿、闵北平、陈融、陈翘邦、王寿祺（学生会）、陆庆良（中共）、费旭（青年团）、陈纳逊（民盟）、高觉敷（九三）、崔毓俊、李扬汉（宗教）、林福美（妇女）、蔡嘉祥（青年会）。①委员会设主席一人、副主席二人，由委员会推选产生。委员会还下设秘书、宣传、联络三组，每组设组长一人，副组长若干人，由委员会推选产生。金陵大学保卫世界和平反对美国侵略委员会一经产生，即开始领导校内的抗美援朝保家卫国运动，进行时事学习，执行南京分会决定的一切工作并收集群众意见。

与此同时，金陵大学于1950年11月发表了"抗美援朝，保家卫国"宣言，明确表示"美帝是我们中国人民的死敌，我们要坚决摆脱美帝的影响，反抗美帝的侵略！""美帝已蹈日本鬼子的覆辙，进犯我邻邦朝鲜，侵占我领土台湾，兵临我东北国门了，起来吧！让我们全国人民统一在我们英明的领袖毛泽东的旗帜下，火热地进行抗美援朝，保家卫国的斗争，将帝国主义永远从地球上消灭"。②宣言发表后，金陵大学保卫世界和平反对美国侵略委员会还通过了反侮辱、反诽谤控诉大会、"扫毒"展览会以及宗教革新等一系列活动，揭露美帝侵华罪行，批判亲美、崇美、恐美等错误思想。③

作为一所由美国差会创立的教会大学，中美关系的恶化以及朝

---

① 南京大学高教研究所校史编写组编：《金陵大学史料集》，南京：南京大学出版社，1989年，第340页。

② 同上，第339页。

③ 王德滋主编：《南京大学百年史》，南京：南京大学出版社，2002年，第658页。

鲜战争的爆发，将金大推到了一个尴尬的境地。1950年秋季，南京两所著名教会学校——金陵女子文理学院和金陵大学分别发生了美籍教师费睿思和芮陶庵辱华的事件，开启了南京学生的"反侮辱、反诽谤"运动，为后来教会学校进一步脱离美国文化控制扫清了障碍，同时也为中共接收处理教会学校，收回教育主权打下了坚实的思想基础。在1950年前后，金大的美籍教职员相继离开中国，贝德士及史德蔚均于1950年春夏返美休假。在1950年秋季学期，金大仅有5名西籍教职员。

1950年11月，金陵女子文理学院社会学系教授费睿思在批改医预科一年级学生李芸本的英文作业时，为美国侵朝战争辩解，由此激发了大家对美帝侵略罪行的痛恨和高涨的爱国热情。《人民日报》社论对此事也做了报道："以金陵女子文理学院为前导，开展了深入的反侮辱、反诽谤运动，控诉了美帝国主义的罪恶，批判了亲美、崇美、恐美的错误思想，提高了自己的政治水平和思想水平。"[1]在金陵女子文理学院的学生首先发动反抗以后，金陵大学学生也纷纷揭发该校美籍教授芮陶庵和林查理。芮陶庵曾在课堂上说，"没有别的国家侵略美国的话，美国决不会侵略别的国家""美国第七舰队在水里，并没有在台湾，所以不是侵略行为"。林查理在回答金大学生关于美机扫射东北的问题时说："是有的，但只有几次，并且全是误会"，又说，"中朝两国隔得太近，飞行员又是初来的""飞行员看见了地面上的军人，分不清朝鲜的、中国的"。[2]

1950年12月1日，《新金大》揭露了芮、林二人的反动言论，二人的言论招来金大师生的一致声讨。社会学系当天下午便贴出抗

---

① 《人民日报社论全集》编写组编：《人民日报社论全集　解放战争时期　国民经济恢复和社会主义改造时期》，北京：人民日报出版社，2013年，第352页。
② 《抗议美籍教授林查理、芮陶庵反动言行》，《新华日报》1950年12月5日，第1版。

议书，向林、芮提出质询。哲学系辩证法唯物班的同学提出"坚决拒绝听芮的反动宣传"，而是要自己组织起来坚持学习辩证唯物论。农工系第一、第二小组，及农艺、化学电工等系一致认为芮、林二人的言论是帝国主义分子的宣传，必须制止。金大新闻社的巨幅报纸连日列举芮、林的罪证，黑板上贴满了各系级同学愤怒抗议的大字报。金陵大学的"大学之声"也激动地朗诵"我现在从这两个帝国主义分子身上，认清了一个道理：他一方面侮辱和诽谤我祖国，一方面又热心为我国'培养'人才，我们决不要这种'慈善家'"。①

12月2日，中共南京市委发出指示，在全市组织开展"反侮辱、反诽谤"控诉运动。12月5日，金陵大学召开全校师生1 500人参加的"控诉大会"。控诉由金陵女子文理学院控诉队开场，先后有14位学生上台发言，许多学生尖锐地揭发了美帝所谓"慈善事业""救济物资"的本质，反对美帝发动侵略战争。大会提出四项主张："一、芮、林应承认他们是帝国主义分子，坦白来华二十年的经过，并向全国人民与金陵大学道歉。二、向全市人民揭露芮、林的反动言行。三、发表告全国同学书。四、向中华全国学生联合会报告，要求全国学生支持这一正义行动。"②12月6日上午，金大等16所大、中学校师生7 000余人举行控诉大会，揭发美帝国主义在中国的侵略罪行。这一运动进一步提高了金大师生的政治觉悟。

费睿思和芮陶庵事件后，中共南京市委决定借此在本市大、中、小学校进行反美教育。中共中央华东局和南京市委成立了由南京市学区大专分党委、大专分团委有关单位组成的工作机构；对于南京的两所教会大学——金陵大学和金陵女子文理学院，南京市委

---

① 《维护民族尊严的正义怒吼》，《新华日报》1950年12月6日，第1版。
② 《南京金陵大学师生揭露美籍教授反动言行》，《人民日报》1950年12月8日，第3版。

派周力行、陈秀云、王庆淑、朱井熙等同志组成工作组进驻金大、金女院加强领导。随着抗美援朝战争的深入，金陵大学师生爱国热忱被激发出来，思想也开始由亲美、崇美转变为仇美、蔑美、鄙美。1950年12月12日，南京市成立了军事干校招生委员会，14日，金陵大学举行参加军事干部学校报名大会，全校师生表现出高度的爱国情怀。16日报名截止，金大有176人报名参加，占全校学生人数1/5以上。[①]金大学生用实际行动践行反美爱国的决心。

抗美援朝战争加剧了国内局势的紧张，也加速了国家针对各阶层、各行业的改造进程，巩固政权、清除美国影响的任务变得迫在眉睫，加速了国家直接控制高等教育的步伐。1949年，全国共有高等学校205所，其中教会学校21所，接受美国津贴的有17所。1950年11月28日，美国驻安理会常任代表奥斯汀在联合国安理会发表演说，公开为美国一百年来在华举办的文教、卫生、救济和宗教事业进行辩护，强调美国帮助了中国1/8大学生和25万以上中小学生完成学业，美国在华所办的大学是对中国人民的"恩施"，[②]由此引发了国人的极大反感。对于奥斯汀提出的美国捐资办学，金陵女子文理学院、金陵大学、北京协和医学院、辅仁大学、燕京大学的负责人吴贻芳、李方训、李宗恩、陈垣和陆志韦于12月8日前后联名发表宣言予以驳斥，认为"美帝国主义通过在华创办的学校及各种宗教慈善团体，以宗教、文化及其他欺骗手段，来蒙蔽我国青年的视听，麻痹我们的灵魂，进而造成为他们服务的'人才'"。[③]外国人借不平等条约在中国设立学校进行文化侵略的问题再次被提出，教会

---

① 《全市爱国学生的无上光荣7400余人报考军事》，《新华日报》1950年12月17日，第1版。

② 《武汉人民痛斥奥斯汀谰言"二十六个学校师生代表集会控诉美帝暴行"基督教、天主教团体及留美学生发表宣言》，《人民日报》1950年12月26日，第2版。

③ 《金陵大学等校发表宣言驳斥奥斯汀对中国人民的诬蔑》，《人民日报》1950年12月11日，第3版。

学校变得越来越敏感，被视为是美国侵略中国的桥梁和产物。12月
19日，中共中央发布对教会学校外籍教职员的处理办法，除有目的
地留下少数政治上积极反美或确有学问技术专长者外，"一、愿意
回国者，让他们回国；二、查出有犯罪行为者，由政府法办，驱逐
出境，并公布其罪状及证据；三、查出有反动言行，经群众与之斗
争，不肯承认错误者，使学校撤销其职务"。

　　1950年12月，美国宣布冻结中国在美全部财产，并宣布非经特
殊许可，禁止将资金汇到中国大陆，禁止美国注册的船只驶往中
国。针对美国政府的制裁举动，中国政府针锋相对，下令冻结美国
在华财产，并开始全面接收美国在华各种文教、卫生和救济机构。
教会学校的办学经费很大一部分来自在美教会，随着中美关系的急
剧恶化，西方教会停止了对在华教会大学的资助。为了维持在华教
会大学的运行，中国政府决定收回教育权。1950年9月，创办并资助
辅仁大学的天主教圣言会因不满校长人选，宣布停止对该校提供补
助费。该年10月，政务院批准将辅仁大学由政府接收，开启了接收
教会大学的模式。1951年2月，教育部长马叙伦亲临燕京大学，代表
政府宣布正式接管，任命陆志韦为校长，毛泽东本人还亲笔为燕京
大学题写了校名。

　　1950年12月29日，政务院召开第六十五次政务会议，副总理兼
政务院文化教育委员会主任郭沫若作《关于处理接受美国津贴的文
化教育救济机关及宗教团体的方针的报告》，并通过了《关于处理
接受美国津贴的文化教育救济机关及宗教团体的方针的决定》和
《接受外国津贴及外资经营之文化教育救济机关及宗教团体登记条
例》。政务院文教委员会在报告中统计了美国在华文化教育机构、
宗教机构及救济机构的数量，并作出决定："一、政府应计划并协
助人民使现有接受美国津贴的文化教育救济机关和宗教团体实行完
全自办。二、接受美国津贴之文化教育医疗机关，应分别情况或由

政府予以接办改为国家事业，或由私人团体继续经营，改为中国人民完全自办之事业，其改为中国人民完全自办而在经费上确有困难者，得由政府予以适当的补助。"以期"把一百多年来美国帝国主义对中国人民的文化侵略，最后地、彻底地、永远地、全部地加以结束"。

　　《报告》与《决定》得到了南京两所教会学校——金大与金女院的热烈拥护。在1951年元旦的团拜仪式上，金大代理校长李方训指出这一决定只有在英明的中央人民政府领导下才有的措施，也是我们早日所期待着的、伟大的收回"文化租界"的运动。李方训于1951年1月初在《新华日报》上发表《金大等教会学校师生拥护政务院决定》，表示努力促成收回"文化租界"伟大运动的实现，"我们深深地认识到有'把一百余年来美帝国主义对中国人民的文化侵略，最后永远地彻底地全部加以结束'的必要"。[1]金陵女子文理学院院长吴贻芳也承诺拥护政务院决定，"我们学校将在人民政府支持下办好新民主主义教育"。[2]金大工会文教委员会主任委员吴桢教授指出："金大过去是美帝文化租界，金大师生员工无形中直接或间接地受到过美帝的思想影响，今后不再依赖美帝，要和他一刀两断。"[3]

　　1951年1月11日，教育部颁布了《关于处理接受美国津贴的教会学校及其他教育机关的指示》。1月16日，教育部在北京召开处理接受外国津贴的高等学校会议，李方训及金大师生代表共三人出席了会议。教育部长马叙伦在会上重申中华人民共和国不允许外国人在我们国家内办学的方针。强调"集中火力，肃清美帝文化侵略的影响，夺取美帝在中国的文化侵略阵地"。同时确定了处理接受外国津贴的高

---

① 　《金大等教会学校师生拥护政务院决定》，《新华日报》1951年1月3日，第1版。

② 　《京沪宁等城市文教救济机关和宗教团体　坚决拥护政务院的英明决定　为肃清美帝文化侵略影响而斗争》，《人民日报》1951年1月4日，第1版。

③ 　《金大工会全体会员今起学习政务院决定》，《新华日报》1951年1月9日，第1版。

等学校的原则、办法和接收工作中的一些具体政策、措施。

接收后改为公立的十一所：燕京大学（原接受美国津贴，以下凡不注明者，均为接受美国津贴）、津沽大学（原接受罗马天主教会津贴）、协和医学院（接收后改称中国协和医学院）、铭贤学院（接收后部分系科改为山西农学院，部分系科与山西大学工学院及西北工学院合并）、金陵大学、金陵女子文理学院（接收后二校合并称金陵大学）、福州协合大学、华南女子文理学院（接收后二校合并为福州大学）、华中大学（接收后调整为华中师范学院）、文华图书馆专科学校、华西协合大学（接收后改称华西大学）。①

1951年1月中旬，教会学校纷纷展开挖根扫毒运动，配合政务院关于处理接受美国津贴高等学校的政策。1月16日，金陵大学举办了"美帝利用金大进行文化侵略史料"展览，在全校展开了群众性的"扫毒"运动，在全校师生中进行有关美帝国主义侵略本质问题的学习讨论，通过座谈、控诉、典型报告等形式，揭发美帝国主义利用金大进行侵略活动的事实。园艺系教授李家文批判自己过去认为"一切只要学美国就有办法"的思想，他沉痛地说："我做了洋奴，还觉得很光荣，这是美帝国主义给我的毒害。"不少金大学生检查了自己入金大的动机是为了"留学美国"，是因为"金大的英文好"。全校师生一致认识到"要改造金大"，"就必须要改造自己"。随后金大举办了一个"扫毒展览会"，揭露金大过去的"罪恶活动"。师生揭露学校第一任美籍校长福开森曾向清廷密告捉拿

---

① 南京大学高教研究所校史编写组编：《金陵大学史料集》，南京：南京大学出版社，1989年，第72页。

革命党人；农经系主任卜凯曾利用学生暑期作业调查七省的土地及人口，并拍摄黄河、长江的发源图，摄取我国的国防秘密；经济系教授路易士利用学生做银价调查帮助美国政府推动白银暴涨，吮吸我国银元数亿元之多，等等。通过这次"扫毒"运动，全校师生员工思想上进一步从美帝国主义的笼络中解放出来。①

在1951年1月北京会议期间，美国中国基督教大学联合托事部曾电邀各教会大学派人赴香港与该会代表商洽汇寄津贴费事宜，这激起了金大师生员工更大的愤怒，均认为这是美帝对金大师生的又一侮辱。化学系汪仲钧教授指出："最近的学习，使我们认识美帝是不会白花一个钱的，今天美帝又想来欺骗我们，我们不但不理他，不要美帝的钱，还要给他一个有力的打击。"②金大师生集议后表示"不予回复，拒绝邀请"，金大与外国教会此后断绝了一切联系。

根据政务院《接受外国津贴及外资经营之文化教育救济机关及宗教团体登记条例》规定，南京市接受外国津贴及外资经营的文化教育、救济机关及宗教团体登记处开始办理各事业机关、团体登记事宜。1951年2月13日到19日，金陵大学、金陵女子文理学院、弘光中学等72个单位申请登记，表明坚定拥护政务院决定。其中，50多个单位已经组织好了专门登记机构，并广泛地吸收各方代表参加，如金陵大学、明德女中等校组织的登记委员会里有行政、工会、学生会、青年团等单位代表参加。汇文女中等校成立护校委员会来保护校产。③2月14日，金陵大学在南京市人民政府办理登记。在与美国教会组织断绝关系后，金大办学经费从1951年4月改由华东教育部

---

① 孙萍：《抗美援朝初期南京学生反美控诉运动研究》，南京师范大学硕士学位论文，2016年。
② 《金大发表声明痛斥美帝利诱阴谋》，《新华日报》1951年1月28日，第2版。
③ 《接受外国津贴的机关团体本市已有七十余单位登记》，《新华日报》1951年1月23日，第1版。

审批拨发，教职员该月薪水由南京市文教局拨款两亿元接济。

二、筹备合并及合并工作的进行

自1951年1月16日教育部召开处理接受外国津贴的高等学校会议以后，金陵大学校长李方训与金陵女子文理学院校长吴贻芳决议两校自下学年起合并改为公立。

金陵女子文理学院创办于1913年，最初名金陵女子大学，其创办者和金大均为美国教会同一教派，在美国组织有联合托事部。金大和金女院长期以来保持着密切的关系，不仅共同开设学程，学生可以互相选课，甚至制定相同的校历。1916年，金女大在南京宁海路建筑新校舍（即今南京师范大学校址），德本康夫人为首任校长。1928年金女大改组后，由吴贻芳担任校长。吴贻芳（1893—1985），出生于湖北武昌，1919年毕业于金陵女子大学，是中国第一届女大学生。1928年，吴贻芳获得美国密执安大学生物学博士学位，回国后担任金女大校长。在吴贻芳领导下，金女大于1930年向国民政府备案，并改称金陵女子文理学院。全面抗战时期，该校与金大一同前往成都的华西坝办学。在1951年，金陵女子文理学院设有中文、外语、历史、音乐、体育、生物、数学、化学、物理、家政、护理等多个系科，全校学生有221人，教职员有119人。在当时，金大全校有学生902人，教职员426人。相对于金大而言，金陵女子文理学院的体量要小得多。

1951年3月，金大和金女院呈请华东军政委员会教育部，成立了专门的合并筹备委员会，商请南京市文教局局长孙叔平主持筹备工作。筹备委员会名单如下：南京市文教局局长孙叔平，金女院校长吴贻芳，金大校长兼理学院院长李方训，金女院教务长包志立，金女院文科代理陈中凡，金女院理科代表吴懋仪，金大教务长樊庆

笙，金大总务长戈福鼎，金大文学院院长王绳祖，金大农学院院长
靳自重，金女院工会主席刘开荣，金女院工会秘书李绪文，金大工
会主席戴安邦，金大工会副主席萧煜焘以及金女院学生代表和金大
学生代表各两人。①

　　1951年5月15日，两校合并筹备委员会举行了第一次会议，决定
在筹委会以下设置秘书、教务工作和总务工作三个小组，预定三星
期以内完成校名确定、系科调整、行政编制、校舍配备之使用、附
属机构之处理、经费预算及人员职务分配等项，6月15日左右报华东
军政委员会教育部审核。

　　1. 校名确定

　　两校工会及学生会各小组90%以上主张采用"金陵大学"为新
校名，认为该校名比较两校旧名称已抛弃"私立"及"女子"等字
样，故在文字形式上已具有不同以往的面貌，毫无旧的历史意义，
代表一所公立的、人民的、崭新的新大学。学生表示，在名称上保
持金陵两字，毫不妨碍本质的改造，譬如1951年以来，本校名称毫
无改变而本质已大有转变，又如"燕京""辅仁"迄今校名均未完
全更换。仅有三五个小组中个别人士建议另用新校名，但提出种种
不一致的名称，如毛泽东大学、抗美大学、华东大学、扬子江大
学、紫金山大学，等等。根据两校绝大多数人的意见，决定两校合
并后以"金陵大学"为新校名。

　　2. 系科调整

　　因师资缺乏、无力继续举办的系科，如哲学系、地理系、医学
先修科、护士先修科、家政系营养组及蚕桑系应予停办。

　　系与科重叠而教学目的未能分别明确，且或暂时无力兼顾者

---

① 南京大学高教研究所校史编写组编：《金陵大学史料集》，南京：南京大学出版社，
1989年，第76—77页。

（如中国文学系与国文专修科，体育系与体育专修科，儿童福利系与托儿专修科，森林学系与林业专修科，农学院与农业专修科）应将系或科（二者之一）予以停止招生或暂停招生。国文专修科、托儿专修科及农业专修科三科停止招生，体育系及林业专修科暂停招生，唯农业专修科可准备转向工农开门改制另办，托儿专修科可准备转向托儿训练班改制另办。

师资短少因而开设四学年课程颇感困难者，如教育学系与农业工程学系，甚至担任公共必修课尚嫌不足者，如外国语文学系，均应予暂停招生。方针及观点有待转变与明确，因而必需整编教材之系科，如社会学系、历史学系及影音专修科，应予暂停招生。

性质相近而编制庞杂之各系应予合并，如家政系、社会工作学系及社会福利行政学系皆以儿童工作学科为主要内容，故应予合并改设儿童福利系。

各研究所应归系领导，不另设主任，唯中国文化研究所（连同古物陈列所）应予取消机构（图书文物移归图书馆设组管理）。

3. 招生计划

两校相同系科合并后，文、理、农三院尚有17个系科应予继续招生，规定招生名额如下：文学院125名，理学院180名，农学院195名。以上共拟招生收新生500名。唯电工、化工两系接受华东工学院会议之决定，特别增加50名。倘电工、化工统一招生录取人数不能足额，则本校鉴于该二系师资设备短少，可请华东军政委员会教育部将录取学生尽先分配给其他学校，而将本校电工系分配不足之名额，移归数学、物理两系增补之，将化工系分配不足之名额，移归化学系增补之。

4. 行政编制

两校合并初期，设校务委员会发挥主要领导作用。其下设总务处（包括财务组、事务组、校产组、医务组），教务处（包括政教组、注册组、教研组、体育组、辅导组、图书馆）和政治教学委员会。总体而言，合并初期的行政编制与两校原有组织系统大致相同。

合并后学校分为文学院、理学院、农学院三院。其中文学院包括中国文学系、外国语文学系、历史学系、经济学系、社会学系、儿童福利系、教育学系、音乐系、体育系，此外文学院还包括国文专修科、托儿专修科和体育专修科。理学院包括数学系、物理学系、化学系、动物学系、化学工程学系、电机工程学系、电影播音专修科和影音部。农学院包括农业经济学系、农艺学系（包括土壤组）、农业工程学系、园艺学系、森林学系、植物学系、植物病虫害学系、林业专修科、农业专修科和生产场所管理部。

5. 校舍使用

两校一在天津路、一在宁海路，相距甚远，且中间道路崎岖不平，往返殊感不便，混合使用或集中使用均有困难。在照顾教学及尽量减少移动的原则下做了下列决定：文学院使用宁海路原文学院大楼及行政楼；理学院使用天津路原理学院大楼与应用科学馆，及宁海路原科学馆；农学院使用天津路原农学院大楼、农经大楼（女生宿舍部分除外）及蚕桑大楼一部分；行政部门使用天津路北大楼第一层（将第二层全部改为课室）；图书馆使用原有天津路及宁海路房屋；教职员工宿舍、学生宿舍及生产场所等使用房屋暂维原状，以后再作适当调整；学生会及党团办公室使用原学生公社房屋，工会使用天津路"工人之家"原有的房屋；礼堂、试验室、宿舍、膳堂、厕所等由于学生人数增多均不敷用，需要适当增建或改建；园艺试验场房屋年代过久，随时有倒塌危险，为师生员工安全计，急待修建；课室、试验室与办公室由于合并移动，以及原有美帝侵略遗迹（如礼堂的宗教形式）均需适当改建。

6.附属机构的处理

鼓楼医院　原金大校董会以下附设有鼓楼医院院董会，一度由校长为主持人。抗战胜利复员后推举伪中央医院院长姚克方为主席，而后改推本市青年会总干事诸培恩为主席，金大校长为院董之一。该院设院长一人，由院董会聘请主持院务，其行政及经费均为独立自主，昔日院长谈和敦系由美国教会派来，南京解放后谈和敦辞职返美，院董会聘请该院外科主任陈祖荫为院长，因参加援朝医疗团，由妇产科主任刘本立代理院长。自谈和敦去后，该院即争取由政府接办，曾由院董会呈请南京市人民政府予以接收，迨政务院宣布处理接受美国津贴的文化教育机关及宗教团体之决定，该院员工一致拥护，更热烈地要求政府接办，于1951年6月12日奉南京市军事管制委员会明令予以接办，改为"南京人民鼓楼医院"，院董会俟负责办理点交以后当即撤销。

金大附中　过去金大校董会以下设附中委员会，为附中之最高管理机关，聘任附中校长一人主持校务，大学校长名义上予以督导，实则该校经费与行政素为独立自主，且有独立的校舍与设备。1949年后，附中受南京市文教局直接领导，自政务院宣布处理接受美国津贴的文化教育机关之决定，该校员生即一致拥护，并热烈期冀其在该校早日实现。1951年1月华东教育部召开处理接受美国津贴的中等学校会议，该校代表已表示请由政府接办，现正伫候决定。兹经筹备委员会决定，该校应予脱离金大正式独立，请政府按照其他一般接受美国津贴的中等学校予以处理，俟教育部核准本方案，当即向该校宣布执行。

金女院附属女中　该校在组织系统经费行政方面，与金大附中大致相同，唯无独立的校舍，且须大学津贴一部分经费。该校创办初期，系金陵女子文理学院教育系的实验班，逐年发展而成高、初两级中学，就大学部校园内捐建校舍两座，经常利用大学部设备如大礼堂实验室及运动场所。现有学生232人，共计6班，纯系普通科，教职员共计22人。筹备委员会鉴于综合性大学内之教育学系发展趋势不明，且南京市已有南京大学师范学院训练中学师资，新的金陵大学实无继续附设实验女中之必要，决定应予该校脱离大学部自行独立，请由政府接收，迁址另办。或与其他相当学校合并办理，俟教育部核准本方案，即向该校宣布执行。1951年8月，两所中学正式合并为南京市立第十中学。

金女院附属淳化镇乡村服务处 该处原系社会工作学系附设的服务与实习机构，农村土改后，农民生活已改善，情形与从前不同，且两校合并后，社工学系已不存在，故该处亦无存在之必要，经筹备委员会决定予以结束。该处原有职员2人，其1人拟调回校内转移职务，另1人系当地居民，可予终止任用。所有房屋及用具等，与当地区政府及南京市人民政府接受外国津贴及外资经营文化教育救济机关及宗教团体专门登记处协商处理。

7. 经费预算

新合并之学校的财务制度应全部调整使合于公立大学标准。其中经费预算标准采取下列三项原则：（1）两校现有工薪标准，系按1950年9月份每人实得人民币数量，用该月米价每斤1.08元折合成为米的斤数，随后每月固定采用每斤1.08元的米价计算（换言之，即自1950年9月份至今每人工薪实得人民币数量逐月毫无变更）。在市场米价每斤低于1.08元时，固无问题，最近市场米价每斤超过1.08元，工薪计算实有调整之必要，但以经费关系迄未调整，兹决定将现有实发工薪人民币数量按去年5月份米价每斤1.285元折合成为米的斤数，以后即照米的斤数按月折价发薪。遵中央规定，在目前市场米价低于每斤1.285元时，工薪仍予不变，但标准与公立大学趋于统一，以后万一米价变动，每斤超过1.285元时，亦可随一般公立大学机动调整，以符中央照顾职工生活之至意。（2）公杂费及文教补助费——按华东教育部规定标准计算。（3）特别费——包括强制保险费用、合并搬移费用、工学系重点发展增添设备费用，适应学生人数增加需要增添设备费用、加强学生体育健康设备费用及房屋紧急工程费用等项，均根据实际需要计算。

此外，关于停办系科产生的师生的处理问题，共有教师7人，助教2人。其中文化研究所教授2人，有1人原已担任图书馆馆长，另1人改授历史学系或社会学系课程；蚕桑学系教授、助教各1人，仍可照旧开设蚕桑学课程并办理生产业务；哲学系教师3人，有1人本学期经给假赴华北人民革命大学政研院参加学习，另1人合予改授政治课（并照顾原系四年级学生1名应修之课程）。尚余宗教教授1人容待予以转移职务。地理系教授、助教各1人，本可开设土壤组所需的地质气象等课，唯该教授坚请辞职以应东北之聘，因此助教亦有易地服务之必要（该员表示服从调配，拟呈请华东教育部予以照顾）。

学生共计24人。医学先修科12人，拟呈请华东教育部准予保送转入南京大学医学院或上海医学院；地理系3人有志转学南京大学地理系，业经本校商得南大教务处及地理系同意，俟呈准华东教育部以后即予接受转学；家政系的营养组5人，其中1人拟予转系，另3人由化学系照顾其课程以迄毕业，尚余1人欲转学燕京大学营养系；护士先修科2人欲转学中国协和护士学校，均经本校征得各该校同意予以收录；哲学系2人，其中四年级1人，由原系一位教师负责授毕其应修之课程，低年级1人，拟准予就校内转系。

凡停止招生及暂停招生之系科，统应对其原有的学生继续进行教学，一部分教师因任课减轻而行有余力者，应从事整编教材（如社会学系及影音专修科的教师），或进行政治学习（如历史学系可抽调教师入革大政研院），或参加社会实际工作（如社会学系教师可吸收工厂劳动经验），以资准备条件，进一步为新民主主义教育有所贡献。①

三、公立金陵大学的诞生

1951年8月，两校合并方案呈奉华东军政委员会教育部核准，合并后仍称为金陵大学。8月15日，华东军政委员会教育部批准新的公立金陵大学由李方训、吴贻芳、戈福鼎、樊庆笙、陈中凡、陈纳逊、高觉敷以及教师、学生代表共9人组成校务委员会，李方训和吴贻芳正式就任金大校务委员会正、副主任委员。9月19日，在金大礼堂举行"公立金陵大学"成立庆祝大会，南京市市长柯庆施出席大会，由原私立金陵大学和金陵女子文理学院合并而成的崭新的、人民的"金陵大学"正式诞生。"从此数十年来一贯在美帝压迫下的文化侵略堡垒，一扫阴霾，而获得光明灿烂的新生。"②

合并后的金陵大学共设文、理、农三院，有22个系，6个专修科和2个部，剥离附属机构的公立金陵大学全校教职工共有397人，在校学生为716人。在1951年，金陵大学计划招收500名新生，其中文学院125名，理学院180名，农学院195名。在1951年秋季学期，金大共有17个系科招生。

公立金陵大学诞生以后，决心"以理论与实际一致的教育方法，培养具有高级文化水平，掌握现代科学和技术成就，全心全意为人民服务的高级建设人才"。同时进一步肃清帝国主义残余影响，把爱国主义与提高科学文化教学相结合，"开展文体活动，加强健康教育，发挥自己的力量，改善生活，培养有组织、有纪律、

---

① 南京大学高教研究所校史编写组：《金陵大学史料集》，南京：南京大学出版社，1989年，第78-83页。
② 《南大百年实录》编辑组：《南大百年实录（中卷）：金陵大学史料选》，南京：南京大学出版社，2002年，第110页。

活泼、劳动的青年"。①

1951年秋季学期，金陵大学校务委员会提出了改进教学任务的要求。校务委员会表示，在胜利收回教育权之际，也要深刻认识到新民主主义教育的艰巨性。美国的文化侵略时日颇久，在校的"封建的、买办的、法西斯主义的思想，特别是美帝长期文化侵略的影响尚待肃清"②，在李方训与吴贻芳的带领下，金大将从以下几方面改进，以求新民主主义教育在金大的实现。

（一）系统地开展政治思想教育，巩固提高爱国主义的觉悟

1. 在反美爱国运动基础上，分对象进行正规化的政治教学工作，肃清封建的、买办的、法西斯帝国主义的残余思想，巩固与提高爱国主义教育，树立全心全意为人民服务的思想。（1）一年级新生应以学习社会发展史为主。树立劳动观点、阶级观点，并初步掌握社会发展规律。（2）文学院二年级及农学院各年级学生应以学习政治经济学为主，认识资本主义剥削的实质及其发展到帝国主义阶段的必然死亡的命运，说明新民主主义社会制度的优越性及其向社会主义共产主义发展的必然性。（3）其他同学则着重参加政治讲座，以配合社会活动、进行时事政策及共产主义教育为主。

2. 由工会协助搞好教职员工的政治学习，除组织参加政治讲座外，着重系统地学习毛泽东思想，结合毛主席的著作学习党史，从而坚定工人阶级立场，彻底批判资产阶级的客观主义的思想、形式主义的作风、超阶级超政治的纯技术观点，做一个马列主义的人民教育工作者。为了达到上述要求，必须建立经常的学习制度，每天至少进行一小时的政治学习。

3. 坚决克服忽视政治的倾向，纠正不关心时事的作风，通过工

---

① 南京大学高教研究所校史编写组编：《金陵大学史料集》，南京：南京大学出版社，1989年，第85页。

② 同上，第227页。

会、学生会建立经常的读报制度，进行时事学习。

（二）加强教学领导，改进教学，整顿学习生活秩序，提高教学效能

1. 加强教学的目的性和计划性，根据国家建设需要结合本校具体情况，如师资设备等，明确规定教学目的，拟定教学计划，杜绝过去盲目开课的混乱现象。（1）明确各科任务及培养目的，拟定课程标准，防止满足于过去拖拉不改及不切合实际的改革。（2）贯彻爱国主义精神制订教学计划，纠正只有政治课才能进行爱国主义教育的思想，教学计划首先应当明确课程要求，其次内容要做到纲目分明，能表现课的具体内容及重点。

2. 改进教学方法，掌握理论与实际一致的原则，摒弃不从学生实际出发只管上课的教条主义及墨守成规的保守主义，做到课前充分准备，课后热心指导学生，从而增进教学效果，密切师生关系。

3. 加强教学的组织领导，明确各级教学领导机构的关系，整顿事务主义作风，保证搞好教学的中心任务。（1）健全教务处的教学组，在各院院长领导下成立教学研究委员会，配合教学组进行工作，并有计划有重点地协助若干基本课程建立教研组或教学小组，取得经验逐步推广。（2）健全教务处的辅导组，进行学生学习生活的辅导工作，并在某些业已设立教研组或教学小组的基本课程上试行学生课代表制。（3）明确图书馆的任务在于服务教学要求，满足教学需要。

4. 为纠正过去学分制的混乱状况，自1951年秋季学期起，一年级严格执行学年制，二年级以实行学年制为原则，三、四年级仍维持学分制。同时尽量避免选课的紊乱。

5. 调整社会活动与业务学习的矛盾，加强学习纪律。（1）以教学为中心，合理支配时间，学生每日学习9小时，体育文娱活动1小时，以作息时间表固定之。（2）统一规定会议及社会活动时间，

学生干部坚持一人一职的原则，教职员也应避免兼职过多的现象。
（3）加强请假制度的执行，调查研究学生缺课旷课的原因，并进行教育，逐步求得改进。

（三）广泛开展体育文娱活动，加强健康教育

1. 广泛开展体育文娱活动，目的在于普遍练好身体，保卫祖国，建设祖国。今后须积极准备条件，逐步试行准备劳动和卫国制度，要求每人每天必须参加体育文娱活动1小时。

2. 加强学生的膳务管理，与学生膳委会密切联系，在现有经济条件下改进伙食，使其合乎卫生营养。

3. 普遍进行健康卫生教育，加强医务室及疗养室，照顾肺病同学的隔离及休养，重点进行体格检查，试行缺点矫治，注意预防接种及环境卫生。

（四）健全行政制度，改进工作方法，提高工作效率

1. 建立并加强人事制度，逐渐做到干部合理使用，并根据工作需要配备必要人员，加强单位之间联系，使教学行政系统完整，提高工作效率。

2. 建立并健全组织制度，改进学校忙乱现状，改进工作方法。
（1）拟定各级行政教学单位的职责与组织制度，实行分层负责制，扭转一手包办或推卸责任的倾向。（2）调整各种关系，排定会议及社团活动的日程，精简会议，健全会议制度，做到会前充分准备酝酿，会上能切实解决问题。（3）建立各项工作制度，如保密、物资保管、节约水电等，使工作正规化。（4）进行重点检查，订出各级月报及学期总结制，俾能了解情况，运用表扬和批评来推动工作。①

通过行政与教学的调整，金陵大学展现了在人民政府指导下、

---

① 南京大学高教研究所校史编写组编：《金陵大学史料集》，南京：南京大学出版社，1989年，第227-229页。

以新民主主义教育为目标的公立大学的新的面貌，昔日作为教会大学的私立金陵大学走向新生。

第三节　院系调整后与南京大学的合并

一、院系调整的历史背景

中华人民共和国成立后，为适应国家政治、经济建设的需要，高等学校制度的改革是一个重要课题。1949年第一次全国教育工作会议提出，"教育必须为国家建设服务，学校必须向工农开门"的基本方针。高等教育不再封存于"象牙塔"中，而是与国家建设、发展紧密关联起来。[①]1950年6月召开的第一次全国高等教育会议，提出大学体制改革是中华人民共和国高等教育改革最重要的任务。教育部长马叙伦在会上提出了整顿和加强高等教育以适应国家发展计划的几点方针：高等教育"必须密切地配合国家经济、文化、国防建设的需要，而首先要为经济建设服务"。周恩来在全国高等教育会议上指出：我国的教育方向为新民主主义，是民族的、科学的、大众的教育，要有民族的形式、科学的内容。国家处于经济恢复时期，需要大量的适应建设需求的人才。因此，高等教育要根据经济的发展而发展，培养人才要遵循为人民服务的宗旨，采取理论与实际相一致的方法。[②]两次重要教育会上通过了一系列政策法规，进一步规范和明确了高等教育的指导思想。通过教育调整强化对高

---

① 徐东：《毛泽东与建国初期我国高等学校院系调整》，《毛泽东思想研究》2006年第4期。

② 中共中央文献编辑委员会编：《周恩来选集（下卷）》，北京：人民出版社，1984年，第15页。

等教育的管控，传播新的社会政治意识形态，社会大众对新的政权的认可和支持成为必要。

在国际关系上，中华人民共和国反美亲苏的立场，也使国内高等教育转而以苏联模式为蓝本，开始了以培养工业建设人才为重点、发展专门学院、整顿和加强综合大学为指导方针的大规模院系调整。1952年的院系调整，将全国高校视作"一盘棋"，站在国家高度，有目的、有计划地进行重新布局和调整。从形式上而言是自上而下的，调整的政策和号令都是由中央统一下发，各大区具体执行的。首先，将高等教育作为贯彻国家政治、经济建设发展的工具和手段，使得高等教育培养出的人才服从于国家意志、服务于国家建设。其次，将高校纳入国家高度统一的管理体制，明确了高校的归属问题，加强了对各高校的直接管理。同时将高校全部完全国有化，取消了私立院校的存在正当性。最后，取消了校、院、系的传统内部管理体制，中央可直接管控高校的教研室，从而实现对具体学科的专业管控。

对于私立高等教育机构的调整，到1951年年底已基本完成接收教会学校、改造私立大学的任务，实现了对接受美国津贴的教会大学的真正意义上的接管，这为此后院系调整的实施提供了条件。华东军政委员会教育部在1951年年初对私立高校进行了整顿，停办了部分私立高校。7月，在教育部的统一领导下，江苏地区开展了初步的院系调整工作，主要是停止办学条件差和不急切需要的系科，同时调整和充实工科院校，增加师范类高校。1951年11月，教育部召开了全国工学院院长会议，制定了全国工学院院系调整方案，提出将南京大学工学院和金陵大学的电机工程系、化学工程系及之江大学的建筑系合并成独立的工学院。这标志着全国性的院系调整进入了准备阶段。

1952年，我国开始实施第一个五年计划。在这一大背景下，中央教育部以苏联高校设置为模板，开始对全国高校进行大规模调整。这次调整的力度之大、覆盖面之广、影响之深，可谓我国高等教育发展史上浓墨重彩的一笔。华东地区高等教育相较其他地区更为发达，中华人民共和国成立前，华东高校及教师数量占全国近1/3，江苏省更是拥有公立、私立高校共24所，其中公立13所，教会大学3所，另有其他私立高校8所。在各大城市中，作为旧政权政治、文化中心的南京市，有公立、私立高校12所。因此，这次全国性的高校院系调整以华北、华东区为重点，华东区又以上海、南京两市为重点，而南京又以南京大学（原国立中央大学）和金陵大学两所综合类高校为中心。

南京大学的前身为清代两江总督张之洞在1902年倡议设立的三江师范学堂（1902—1905），后更名为两江优级师范学堂（1905—1911）。民国成立后，在两江师范学堂旧址成立了南京高等师范学校，1921年又以南京高师为基础创设国立东南大学。南京国民政府成立后，以东南大学为主体，合组江苏地区9校为国立第四中山大学，后改称江苏大学，1928年5月定名为国立中央大学（1928—1949），在当时被誉为"首都最高学府"。全面抗战时期，国立中央大学在校长罗家伦领导下西迁重庆，战时办学规模得到很大扩展。1946年返迁南京后的中央大学校址设在南京四牌楼（本部）和丁家桥（二部）。根据1947年的统计，中央大学全校教职员有1 266人，全校学生达4 066人。在1948年时，中央大学形成文、理、法、工、农、医、师范7大学院，43个系（含专修科），26个研究学部所的学科格局。其规模之大、系科设置之齐全、师资力量之雄厚、办学条件之充裕，全国大学无出其右。南京解放后，中央大学由南京市军事管制委员会接管。1949年8月，国立中央大学更名为国立南京大学，由梁希、潘菽先后担任学校校务委员会主席。1950年10月，根据中央教育部的指示，"各级学校校名，概不加'国立'字样"，该校遂更名为南京大学。①1952年6月，南京大学共设置6个学院37个系，4个专修科，专任教师473人，在校生2 859人。

1952年3月24日，南京市市长柯庆施向华东军政委员会教育部呈报了《关于南京大学、金陵大学合并、调整方案的请示》，其中关于院系合并与调整，提出6点办法：

（1）南京大学文、理、法三院各系和金陵大学文、理两院相同各系合并，成立正规的综合大学，仍名南京大学，暂设中文、俄文、英文、德文、历史、哲学、政治、法律、经济、地理、地质、生物、心理、气象、数学、物理、化学等17系，徐图设立天文系；（2）以南大工学院为基础，合并金大理学院电机、化工两系，成立南京工学院，暂设机械、电力、电讯、结构、公路、水利、建筑、化工等8系及专修科；（3）南大农学院与金大农学院合并，成立南京农学院，或称金陵农学院，暂设农艺、园艺、造林、森林、土壤、植病、昆虫、畜牧、兽医、农经、农工、食品工业等系及必要的专修科；（4）南大师范学院各系与金大文、理两院相同或有关各系合并，成立南京师范学院，暂设教育、幼稚教育、美术、体育、音乐等5系及必要的专修科；师范学院暂缓成立数、理、化等系，考虑先设立文、理方面的两三个专修科；（5）新南京大学保留原南大、金大必要职员，成立行政机构，其余为南大者拨归工学院，为金大者拨归农学院及师范学院；（6）关于图书、文物，除有关工程、农林、教育、音乐、体育、美术教育及其他类的复本可拨归专门学院外，其余均归综合大学。②

根据这一调整办法，实际上是将金大和南大的原有系科进行了简单的划分调配，即金大、南大的文、理、法各系归南京大学，工

① 季啸风：《中国高等学校变迁》，上海：华东师范大学出版社，1992年，第461页。
② 南大百年实录编写组：《南大百年实录（中卷）金陵大学史料选》，南京：南京大学出版社，2002年，第116-117页。

科各系归南京工学院，农科各系归南京农学院，师范各系归南京师范学院。

对于如何进行校舍的调配和增添，这份请示报告提出了两种方案。根据方案一：（1）南京工学院设南京大学四牌楼本部。该处为南京最大的校舍，学生宿舍可容3 360人，若将文昌桥教职员宿舍改为学生宿舍，共可容4 500人。教员宿舍，以文昌桥、板桥新村合计，可容100户，挤一点可容132户。职员宿舍可容90户。礼堂可容2 500人。（该院规模）最后将有学生2 500人，明年暑后依今年数目招生，将有学生4 500人。南大如将此校舍让出，则工学院在1953年内不须有大量修建，否则暑后扩大亦感困难。（2）南京大学设前金陵女子文理学院旧址。南京大学、金陵大学合并后，今年暑后将有二、三年级生800人，如招生800人（上一年南大、金大文、理、法各系共招约500人），共有学生1 600人，1953年依同一数目招生，则将有学生2 000人，1954年将达2 800人。该校五年以后的规模最低应估计为3 000人，如金女院学生宿舍四幢及原附中校舍二幢均改作教室、实验室，则在五七年内，除须添建四五间较大的教室外，教学房舍大体够用，大礼堂、图书馆均甚狭小，亦可待三五年以后逐步建筑。（3）南京农学院暂设金陵大学现址，徐图迁往城外。南大、金大在太平门外有农场及果树园约1 300亩，可择适中地点建农学院永久校址；或在中山陵园与灵谷寺附近择一适当地点建筑校舍，俾能与华东农业科学研究所取得联系。暑后两院合并，有学生约1 000人，假定招生240人，共有1 300人。教员方面，南大将迁入教授22人，副教授11人，讲师13人，助教41人，估计除将南大大钟亭教授宿舍（可容48家）拨给该院外，再请省府拨给20户，即可够用。在最近数年内不须大的添建。（4）南京师范学院以金大现址为永久校址，暂设丁家桥南大农学院旧址。师范学院暑后仅有旧生250人，假定招新生180人（去年两校师范各系共招生约150人），共有约450人。丁家桥有容学生576人之宿舍，加木平房可容900人，教职员宿舍可容115户。该院纵有扩大，或添设三四班专修科，在两三年内亦可足用。

根据第二方案：（1）南京工学院，同第一方案。（2）南京大学设金陵大学现址。估计现有学生宿舍能容900人，再将蚕桑馆、农经大楼等加以利用，可凑足容1 500人的学生宿舍。教职员宿舍除利用南大大钟亭宿舍及金大农学院所让出之宿舍外，再请市政府拨150户之教职员宿舍，即可够用。（3）南京师范学院设原金陵女子文理学院旧址。（4）南京农学院暂设丁家桥南京大学农学院现址，徐图迁往城外，永久校址同第一方案。

南京市在报告中认为，"两案相较，第二案的好处完全是暂时的。第一案现在、将来都有好处，故以采取第一案为好"。[①]

二、院系合并的过程

1952年5月，全国性的院系调整计划出台，对全国院系调整的原则作了如下规定："大学（指综合大学）为培养科学研究人才及培养师资的高等学校，全国各大行政区最少有1所，最多目前不得超过4所；大学行政组织取消院一级，以系为教学行政单位。工学院是这次院系调整的重点，以少办或不办多科性的工学院，多办专业性的工学院为原则。农学院目前应采取集中合并的方针，每一大行政区必须办好1所至3所农学院，各省可办专科。师范学院每一大行政区必须办好1所至3所，培养高中师资；各省可办专科，培养初中师资。师范学院设系应严格遵照中等学校教学计划所需要的系科，纠

[①]　南大百年实录编写组编：《南大百年实录（中卷）金陵大学史料选》，南京：南京大学出版社，2002年，第118-119页。

正过去与大学同学科设系的倾向。"①

　　南京的院系调整方案在呈报后，华东军政委员会教育部从国家需求全局和大学间的平衡出发，对原方案进行了诸多调整。比如南京大学的哲学系并入北京大学，法律系和政治系并入华东师范学院，经济系并入复旦大学等。根据《华东区高等学校院系调整设置方案》，南京区在调整后将设置八所院校，即南京大学、南京工学院、南京师范学院、南京农学院、华东林学院（后称南京林学院）、华东药学院、华东航空工业学院、华东水利学院。除华东药学院外，南京大学、南京工学院、南京师范学院、南京农学院等四校是以原南京大学和金陵大学的有关院系为主体组建的；华东航空工业学院、华东水利学院和南京林学院等三校，则分别由原南京大学的航空工程系、水利系、森林系，金陵大学森林系以及其他学校的相关学科合并组建。②在校舍的调配上，华东教育部最终采取了请示报告中的第二方案，即综合大学设金陵大学现址，工学院设四牌楼南京大学现址，师范学院设原金陵女子文理学院旧址，农学院暂设丁家桥南大农学院现址，徐图迁往城外。胡建华在对1952年高等院校院系调整的研究中认为，这样做的原因主要是第二方案比第一方案"节省经费"。③

　　为协商、领导南京大学、金陵大学两校的合并与调整，1952年7月，两校校务委员会联席会议成立。联席会议由两校校务委员会主任委员共同召集，在华东教育部正式组织两校合并调整领导机构之前，一切有关合并调整的工作布置，均由联席会议决定。7月26日，两校校委联席会议通过了《南京、金陵两大学合并、调整工作进行

---

① 苏渭昌：《五十年代的院系调整》，《高等教育学报》1989年第4期。
② 张宪文主编：《金陵大学史》，南京：南京大学出版社，2002年，第508页。
③ 胡建华：《现代中国大学制度的原点：50年代初期的大学改革》，南京：南京师范大学出版社，2001年，第102页。

办法》，并呈报华东军政委员会教育部。根据该办法，在联席会议下，组织南京大学、南京师范学院、南京工学院、南京农学院建校（院）筹备委员会。各委员会委员人数不超过13人，人选由常委联席会议通过，报请华东教育部批准。航空、水利、林业三院，因牵涉他校，暂缓成立建筹委员会。在系一级，需进行合并的系科，以两校原系科主任、系工会小组长及教员、助教代表，组织临时常务委员会，人员不超过7人，领导本系科的合并及调整工作，主席由两校系主任轮值。不需进行合并的系，由原系主任及系常委会主持各种事宜。各系教员、助教须依需要分担整理图书、仪器、设备，参加分配房舍，指导搬迁等工作。[1]

1952年7月30日，两校常委联席会议举行第一次会议，通过各建校（院）筹备委员及办公室主任名单。联席会议办公室设南京大学校长办公室，在金陵大学另设联络处，办公室主任由南京大学教授刘庆云担任，同时设秘书、人事、总务工作人员若干人，负责处理日常工作。

南京大学建校筹备委员会由潘菽、李方训、孙叔平、张江树、陈中凡、戴安邦、胡小石、高济宇、戈福鼎、刘敦桢、刘庆云、叶南薰、陈纳逊组成，以潘菽、李方训、孙叔平为召集人，戈福鼎为办公室主任。

南京师范学院建院筹备委员会由陈鹤琴、吴贻芳、高觉敷、张士一、熊子容、钱且华、黄显之、陈洪、戴安邦、高济宇组成，以陈鹤琴、吴贻芳为召集人，高觉敷为办公室主任。

南京工学院建院筹备委员会由张江树、钱钟韩、杨致平、胡乾善、闵平、王国宾、时钧、王培生、吴大榕、徐百川、陈章组成，

---

[1] 南大百年实录编写组编：《南大百年实录（中卷）金陵大学史料选》，南京：南京大学出版社，2002年，第113-114页。

张江树、钱钟韩为召集人，胡乾善为办公室主任。

南京农学院建院筹备委员会由金善宝、靳自重、朱启銮、罗清生、樊庆笙、程淦藩、刘伊农组成，金善宝、靳自重为召集人，罗清生为办公室主任。

在各建校（院）筹备委员会下，根据需要分设校舍利用、校舍修建、图书文物调配、仪器设备调配、教具用具调配、宿舍调配等专门设计委员会，具体负责制定各种调整调配方案。各建校（院）筹备委员会于7月31日前成立办公室、各设计委员会及各系常委会，开展具体工作，并于8月2日前将各组织名单报两校常委联席会议办公室。

1952年8月，华东地区高等学校院系调整委员会成立，成员有51人，包括了华东地区各主要大学的负责人。调整委员会由舒同任委员长，冯定、孟宪承任副委员长，负责制定华东区高等院校的调整方案和相关政策，协调师生的调配和图书设备的搬迁等。[①]在华东地区院系调整委员会之下，各省、市以及大学的院系调整委员会相继成立。此前，南京市高教界成立有毛泽东思想学习委员会，于是以该委员会名单为基础，根据实际情况予以调整，于8月9日成立华东区高等学校院系调整委员会南京分会，并召开第一次全体会议，决议将南大、金大两校校务会联席会议职权即移交该会。

9月8日，华东地区高等学校院系调整委员会南京分会确认了各建校（院）筹备委员会正副主委及委员名单，指出在中央教育部未任命校（院）长以前，建校筹备委员会即为全校（院）的最高领导机构，负责该校（院）工作的计划、布置及推动。南京大学建校筹备委员会以潘菽为主任委员，副主任委员有李方训和孙叔平。南京师范学院建院筹备委员会以陈鹤琴为主任委员，吴贻芳、齐建秋为

---

① 王红岩：《20世纪50年代中国高等学校院系调整的历史考察》，北京：高等教育出版社，2004年，第223页。

副主任委员。南京工学院建院筹备委员会以张江树为主任委员，钱钟韩、杨致平为副主任委员。南京农学院建院筹备委员会以金善宝为主任委员，靳自重、朱启銮为副主任委员。

在院系调整中，金陵大学相关系科被调整至南京大学、南京工学院、南京师范学院、南京农学院、南京林学院5所学校，其中以新组建的南京大学为主体。新成立的南京大学保留原南大、金大必要职员，其余人员属于南大者留给工学院，属于金大者留给农学院及师范学院。金陵大学的档案资料基本由新南京大学保管，图书文物中原金陵女子文理学院所有划归南京师范学院，原金陵大学图书除随各系科调整统一调配外，其余图书与文物划归新南京大学。

新成立的南京大学是一所文理型综合性大学，以原南京大学文、理学院和金陵大学文、理学院为主体组建，其系科设置如下。（1）中国语文系：由南京大学、金陵大学二校的中国语文系合组而成。（2）外国语文系：设英文、德文、法文三组，英文组由南京大学外国语文系及金陵大学外国语文系合组而成；德文组由南京大学、复旦大学二校的外国语文系德文组合组而成；法文组系新设。（3）俄文系：即原南京大学俄文系。（4）历史系：由南京大学、金陵大学二校的历史系合组而成。（5）数学系：由南京大学、金陵大学二校的数学系合组而成。（6）物理系：由南京大学、金陵大学二校的物理系合组而成。（7）化学系：由南京大学、金陵大学二校的化学系合组而成。（8）生物系：由南京大学生物系及金陵大学动物、植物二系合组而成。（9）地理系：即原南京大学地理系。（10）心理系：即原南京大学心理系。（11）天文系：由中山大学天文系及齐鲁大学天文数学系合组而成。（12）气象系：即原南京大学气象系。（13）地质系：即原南京大学地质系。[①]新成立的南京

① 南京大学高教研究所校史编写组编：《金陵大学史料集》，南京：南京大学出版社，1989年，第86-87页。

大学以潘菽为校长，孙叔平为第一副校长，原金陵大学主任校务委员李方训为第二副校长。南京大学校园自四牌楼搬迁至鼓楼原金陵大学校址。

南京工学院是一所多学科的工科大学，该校以南京大学工学院为基础，合并金陵大学理学院化工、电机两系组建。1953年又并入浙江大学、厦门大学等校相关专业，建院时设有建筑、土木、机械、电力、化工、电信、食品等7个系。南京工学院校址设在四牌楼原南京大学本部。

南京农学院由南京大学农学院和金陵大学农学院合并而成，并调入浙江大学农学院部分系科。南京农学院以金善宝为首任院长，校址暂设于原南京大学农学院丁家桥校址，徐图在太平门外南大、金大农场及果园择适中地点建永久校址。金大农学院在城外的农场及果园全部归南京农学院所有。1958年，南京农学院搬迁至南京东郊卫岗。

南京师范学院由南京大学师范学院各系与金陵大学文理学院有关各系（教育、儿童福利两系）合并而成，设中文、教育、幼儿教育、美术、音乐、理化6系及数学、生物、地理等3个专修科。南京师范学院由陈鹤琴、吴贻芳担任首任正、副院长，校址设在原金陵女子文理学院旧址。

另外，南京大学农学院森林系和金陵大学农学院森林系合并，组建南京林学院，校址设在丁家桥。金大城外各林场全部归南京林学院所有。1955年，南京林学院迁至太平门外锁金村办学。

院系调整后，原金陵大学鼓楼校址成为新成立的南京大学校址，前私立金陵大学在城内的房地产全部归南京大学所有。在人员的调配上，南京大学保留了金大必要职员组成行政机关，金大教职员根据需要被分配到各校。有不少金大教师留在了新成立的南京大学，如王绳祖、陈中凡、柯象峰、陈恭禄、陈纳逊、吴汝麟、戴安邦、李方训、李小缘、裘家奎等。学生随系科调整到有关院校。金陵大学学生有158人被调入南京大学，148人调入南京工学院，192人调入南京农学院，36人进入南京林学院，38人调入浙江农学院，36人进入复旦大学，50人调入南京师范学院，15人进入中央音乐学院上海分院，8人进入华东体育学院，3人进入北京电影学校。

1952年8月21日起，各院校按照相应顺序依次搬迁，到1952年9月中旬，搬迁工作顺利结束。10月1日，举行"南京大学"校门横匾揭幕典礼。10月10日，南京大学新学年第一学期正式开启。新组建的南京大学及几所专门高校正式以崭新的姿态矗立在六朝古都南京。

第四节　金陵大学的落幕与南大精神的延续

一、金陵大学的特色学科与贡献

"大江滔滔东入海，我居江东；石城虎踞山蟠龙，我当其中。三院嵯峨，艺术之宫，文理与林农。思如潮，气如虹，永为南国雄。"金陵大学在其64年的教育历史长河里，始终坚持"教学、科研、服务"三一制的办学宗旨，形成了鲜明的办学特色，享誉海内外，对推动中国近现代高等教育的建立与发展、培养高层次专业人才、引进现代科学知识与技术、沟通中西文化等方面做出突出贡献。

金陵大学常被称为"中国最好的教会大学"。早在1928年，加利福尼亚大学的誉志久野就曾根据开设课程、学校设备、学习年限和留美毕业生的表现，对中国大学进行评估分级，将金陵大学和燕京大学这两所私立大学定为甲级和乙级。也就是说，"这两所学校的毕业生完全有资格进入美国的研究院"，而中国"大部分教会大学的学术水平低于西方相应大学的学术水平"。1945年5月，中国基督教大学联合董事会在纽约召开第13届年会，"决定在13所中国教会大学中选定两所成绩优良者重点办好研究院，以把中国教会大学办学水平提高到一个新的层次。结果，金陵大学和燕京大学以高票入选"。[1]在他们看来，金陵大学已经具备了成为一流大学的条件。以下以金大农科、电化教育及中国文化研究所为例，介绍一下金大的办学特色。

1. 金大农科

民国初年，加拿大人裴义理提倡植树造林，在南京附近组织"义农会"，以工代赈救济灾民，受到孙文、黄兴等人大力支持。裴义理意识到只有在中国振兴农业，培养农业技术人才，才可根治饥荒、灾荒。1914年，金大正式开设农科，1915年又增设林科，在中国首创四年制农业本科教育，是中国近代农业学科最重要的发源地。农科也被认为是金大最具特色和建设成就的学科。由于裴义理忙于垦殖救荒，后由美国人芮思娄继任农林科长。金大陆续聘请了邹树文、邹秉文、凌道扬、吴伟士、祁家治、史德蔚、郭仁凤、罗德民、韩谷、卜凯等中外专家来校任教，逐步充实了农林科的教师队伍。[2]1925年，芮思娄因病返美，过探先出任农林中方科长。1930年，农林科改组为农学院，由谢家声任首任院长。1938年，章之汶转任院长职。中华人民共和国成立以后，由靳自重担任农学院院长。

农学院成立之时，设有农艺学、森林学、农业经济学、园艺学、植物学、蚕桑学、乡村教育及农业专修科等系科。1936年增设农科研究所，招收研究生。1939年，植物学系和植物病理研究室合并为农林生物学系，乡村教育学系改为农业教育学系。1942年，农

---

① 章开沅、余子侠主编，王运来著：《诚真勤仁 光裕金陵——金陵大学校长陈裕光》，济南：山东教育出版社，2004年，第82页。

② 戴龙荪、章道元：《农学院简史》，金陵大学南京校友会：《金陵大学建校一百周年纪念册》，南京：南京大学出版社，1988年，第51页。

林生物学系又改组为植物学系和植物病虫害学系。1949年初，农业工程学组脱离农艺学系独立建系。至此，农学院共设有9个系、1个所和1个专修科。农艺学系前身为1914年初创的农科，最初仅有作物育种学组，1930年增设土壤学组，1932年增设农具学组。至1937年，全系共有作物育种学组、土壤肥料学组、农业工程学组和农事试验场组4组。先后主持系务的有祁家治、郝钦铭、沈宗瀚、王绶、汤湘雨、靳自重、黄瑞采、马育华等，此外著名教授张乃凤、陈维、洛夫、林查理、吴昭骙、顾维精、李景钧、韩珊、高立民、裴保义等构成了该系强大的师资团队。森林学系前身为金大林科，设有树木造林学组、森林经营学组和森林利用学组，先后主持系务的有凌道扬、叶雅各、李德毅、陈嵘、朱惠芳、朱偰等，著名教授还有李继侗、刘轸、朱大猷等。农业经济学系成立于1921年，设有农业经济学组、农场管理学组和农村社会学组。1939年重新划分为农政学组、农业金融与农村合作学组，农业统计与农产物价学组、农场管理与农产贸易学组、农村社会组织学组和农业历史学组。先后主持系务的有卜凯、徐澄、孙文郁、乔启明、应廉耕、孙祖荫、李扰谦等，著名教授还有徐仲迪、张心一、杨蔚、刘润涛、欧阳颓、邵德馨、崔毓俊、戈福鼎等。园艺学系成立于1927年，设有果树园艺学组、蔬菜园艺学组、园艺利用学组和观赏园艺学组。先后主持系务的有胡昌炽、丁锡文、李家文等，著名教授还有吴耕民、章文才、管家骥、沈隽、程世抚、沙凤获等。植物学系于1930年从生物学系分出，先后主持系务的有史德蔚、焦启源等，著名教授还有钱崇澍、李扬汉等。蚕桑学系于1917年成立，设有养蚕学组和制丝学组。除本科教学外，该系还举办过特科、讲习班、女子职业班和女子训练班。先后主持系务的有吴伟士、钱天鹤、顾天虹、单寿父等。乡村教育学系成立于1924年，1939年更名为农业教育学系，曾代办过园艺职业师资班，对8个中等农业学校的教学工作进行辅导。

先后主持系务的有郭仁凤、章元玮、章之汶等。著名教授还有包望敏、管泽良、林礼铨、辛润棠等。农业工程学系成立于1949年，吴相淦任系主任。建系前后，著名教授有林查理、顾维精、韩珊等，还有兼任教授齐兆昌、沙玉清、胡乾善、高良润、钱定华等。农业专修科成立于1922年，初以三个学期结业为准，1928年改为两年制学制。1935年，分设农事组和农业经济组，1944年增设园艺班，1947年增设农业工程班，1950年增设森林班。先后主持科务的有章之汶、章元玮、周明懿、徐伯申、陈骥、单寿父、章祖鼎、潘鸿声等，著名教授还有朱雄、周蓄源、汪荫元等。农科研究所成立于1936年，起初只有农业经济学部，由孙文郁主持部务。1940年成立农艺学部，先后由王绶、郝钦铭、靳自重主持部务。1941年又成立园艺学部，先后由章文才、沈隽、胡昌炽、丁锡文主持部务。[1]

从1914年金大农科成立到1952年院系调整前38年间，金大农科毕业生及在校生计有研究生50余人，本科生1 400余人，专科生1 000余人，函授班及短训班结业生600余人，总数约3 000余人。[2]我国在欧美留学农业的学生，截至1948年，全国约计256人，而金大农学院毕业生有120余人，约居半数。金大农科研究所从1936年到1945年先后招收农业经济、作物育种、植物病理、昆虫学、蔬菜学、果树学和农业工程等7个专业50名研究生，占中华人民共和国成立前全国农科研究生总数的39%。[3]据统计，1947年北京大学农学院一半以上的教员都毕业于金陵大学农学院。此外还有许多毕业生在其他众多农

---

① 戴龙荪、章道元：《农学院简史》，金陵大学南京校友会：《金陵大学建校一百周年纪念册》，南京：南京大学出版社，1988年，第52-54页。

② 金陵大学南京校友会：《金陵大学建校一百周年纪念册》，南京：南京大学出版社，1988年，第54-55页。

③ 董维春、邓春英、袁家明：《金陵大学农学院若干重要史实研究》，《中国农史》2014年第6期。

业机构和学校，包括农林部和省级机关都拥有压倒势力。[①]1949年以前，金大毕业生曾经领导着中国农林部7个技术部中的5个，5所国立研究所中的3所，10余所国立大学农学院中的7所。[②]1985年出版的《中国现代农学家传》所列54位农学家中，有18位是金大农学院的毕业生。金大农科也成为中国近现代农业教育和科研的重要中心。

金大校长陈裕光曾说，金大农学院"重在联系中国农业实际，不尚空谈。其中对推广一项尤为重视，师生足迹遍及全国十多个省的农村，受到各地农民的欢迎。……金大校誉鹊起，闻名国内外，农科是一主要因素"。[③]农学院教授沈宗瀚也说，"金大农学院人事安定，经费充足，设备完美，农学院的研究工作与学生程度，当时已为中外赞誉"。[④]金大农科采用集教学、科研和推广为一体的三一制，研究事业遍及农业科学的诸多领域，在作物改良、农村经济调查、病虫害防治、园艺研究等领域成果卓著，有力推动中国农业科技的革新。众多中外著名农林专家在金大任教讲学，为中国培养了一大批高级农林人才，很多人成为中国农业教育和农业改进的骨干力量。同时，金大农科还在中国农村开展了广泛的推广服务，在安徽和县，四川温江、仁寿，陕西泾阳等地设置农业推广实验区，切实服务于农业生产、农民生活和农村改进。

金大农科能取得如此的办学成绩，一个重要的因素，是该科与外部环境形成了良好的互动影响。一方面，得益于教会大学得天独厚的优势，金大农科与以康奈尔大学农学院为代表的国际农学机构有着密切联系，海外基金会组织对于农科事业给予了持续的资金支持，大

---

① 《赖斯纳给克罗斯的信》，《中国新闻简报》第4期，1947年4月11日，第1页。

② 杰西·格·卢茨：《中国教会大学史（1850—1950年）》，曾钜生译，杭州：浙江教育出版社，1987年，第300页。

③ 陈裕光：《回忆金陵大学》，金陵大学南京校友会：《金陵大学建校一百周年纪念册》，南京：南京大学出版社，1988年，第16页。

④ 沈宗瀚：《沈宗瀚自述》，合肥：黄山书社，2011年，第110-111页。

批美国农林专家赴金大讲学，金大农科毕业生和教师赴美国留学和进修，开展合作研究，取得了丰硕的成果。另一方面，金大农科从一开始就植根于中国的农村建设和农业改良，致力于改进农民生活，因此始终受到各级政府机构和社会团体的广泛资助。与社会环境的良性互动，不仅为金大农科提供了丰沛的资金投入和智力支持，也使金大农科能更好融入中国社会的现实需求，日益成长壮大。

2. 电化教育

金陵大学的电化教育可追溯到1922年农林科教授郭仁凤探索的新式教学，他把电影视作一种教学辅助工具，取得了良好效果，这在当时的中国高等教育界尚属罕见。1930年，新成立的金大理学院在院长魏学仁的支持下，开始大力发展电影教育。1934年金大成立了专门的科学教育电影委员会，委员有魏学仁、裘家奎、潘澄侯、戴安邦、吴汝麟、陈纳逊、范谦衷等。1936年秋，金大又增设教育电影部（后改为影音部），以潘澄侯为主任，下设总务、编译、摄制、流通四组。金大的电化教育工作主要集中在四个方面。

（1）辅助教学。郭仁凤、唐美森、魏学仁等金大教授，最初都是将电影教育作为改进金大教学事业的有效工具。1931年开始，理学院开始在该院无线电室放映科学影片，并由教授加以讲解。鉴于科学影片在推动教学上的作用，金大在全校教学中推广了电化教育，各学院教授都日益重视利用电影来协助教学，使用课程相关影片辅助教学。影音部置有动片和静片各达千种，将各片目录印就分发校内教授，凡需用影音材料辅助教学者可向该部预定接洽。从1943年起，影音部每周三举行教学影片示范放映，由专家讲解，并示以用作教学影片之方法。全面抗战时期，吕锦瑷教授主持的"教学映片"成为金大的一个固定学程，由各教授现场进行讲解。复员后，影音部还举行每周系统教学放映，包括农业系统放映、化工系统放映、电工系统放映、生物系统放映等。教育电影成为金大教学的重要形式，有力推动了大学的教学改革与创新。

（2）服务社会。教育电影一经推出，很快受到社会的热烈欢迎，金大放映的科学影片很快就走出校园，服务社会。金大跟国民政府有关部门和社会机构合作，将放映科学电影作为一种得力的教育工具，象牙塔外为民众教育事业服务。1933年，金大的科学影片放映扩展至南京全市著名中学和沪宁铁路沿线城市的学校。在1933年秋季学期，理学院映放科学电影的学校机关共有34所，分布在13个地埠，映放电影67场，影片45种，映放影片264次。观影人数达126 112人，平均观片人数478人。1942年，孙明经从美考察电化教育归来，将许多影音方面器材带回成都，如"16毫米电影放映器材，图片放映机、阅读机、各型35毫米幻灯机、电影摄制器材，摄影洗印设备，影音图书和影音教学资料甚多"。[1]进一步促进了金大电化教育工作的发展，成都遂成为金大电化影音教育的重镇。由于器材设备的优势，教育电影部还在华西坝广场举行电影露天放映，每月一至二次，受到观众的踊跃追捧。金陵大学在1944年总共展出电影828场次，其中成都地区从1943年的220场次增至540场次，其他288场次在重庆地区，合计观众量从1943年的近60万人次增至90万人次。成都地区其他各类机构特约放映从1943年的72场次增至308场次。在民众中影响巨大。

（3）制作电影。金大还与中国教育电影协会开展合作摄制教育电影。1934年开始，理学院鉴于购置国外科学影片与国情多有不合，乃受教育部及中国教育电影协会的委托，根据需求开始有计划摄制国情化教育影片。1934年，理学院完成"首都中小学联合运动会新闻"和"中央国术表演"两部影片的摄制。化学系教授裘家奎

---

① 姜赠璜：《金陵大学与中国的教育电影事业》，金陵大学南京校友会：《金陵大学建校一百周年纪念册》，南京：南京大学出版社，1988年，第114页。

领导开展此项译制工作，在全面抗战爆发前，理学院共译制了60部影片，近乎占到战前国内教育电影的一半数量。抗战时期，孙明经深入后方，在四川、西康、云南、贵州等省拍摄了一系列纪录短片和大量珍贵照片。据统计，在1934年到1948年的15年时间里，金陵大学教育电影部共拍摄了16毫米教育电影共110部（其中孙明经本人摄制了63部）。[①]

（4）创设学科。1936年，金大受教育部委托代办电化教育人员训练班。1936年和1937年在南京，1938年在重庆，连续3个暑假，该训练班由金大连续举办了3年，共培训各省市保送入学的200余人。全面抗战时金大西迁办学，金大与教育部电影教育及播音教育两委员会合作，于1938年秋开办了电化教育专修科，培养电化教育专门人才，使得金大的电影教育正式开始走上专业化。电化教育专修科开办后，课程扩展到了18门课，包括音乐、艺术、电影史等课程，学生人数逐年增加，到1942年第五届已有学生19人。从1944年开始，其他学院的学生也开始选择专修科的课程作为选修课，到1947年春天，共有来自14个学院的106名学生学习了这些课程。[②]该科是我国高校第一个培养电化教育专门人才的系科，从1938年创立到1952年全国高校院系调整，共培养了近200名专门人才。孙明经于1942年在金大创办并主编了《电影与播音》月刊（后改成《影音》），是电影、播音与电化教育方面我国高校上小的第一种学术刊物。该刊内容充实、思想先进，前后历时7年，共出版了6卷63期。

金陵大学的电化教育，前后延续约20年，被认为是"开展最

---

① 孙健三：《20世纪30年代的中国体育电影与抗日救亡运动》，《艺术评论》2008年第8期。

② 刘楚、李龙、任友群：《1930—1948年金陵大学电化教育发展研究》，《电化教育研究》2019年第10期。

早、时间最长、人才与软件资源最多、成果最优、应用最多、影响最大、效益最高"。其活动已经走出校园，与当时的社会政治、经济、文化等产生密切联系。在科学救国和教育救国思潮的影响下，金陵大学的电影人，以所学所知，与国家同呼吸共命运，把电影人才的培养和国家所需结合起来，在学校教育和民众教育中广泛使用电影作为一种辅助工具，向学生和民众宣扬与普及政治常识、科学常识等内容。随着1952年院系调整工作的进行，金大影音部全体北上，即后来的北京电影学院，继续为新中国的电影教育事业做出贡献。

3. 中国文化研究所

金陵大学作为教会学校，在引进与学习西方文化知识的同时，依然很重视中国传统文化与历史的研究与教学。金大中国文化研究所的创立就是典型的例子。

中国文化研究所创立于1930年，是金陵大学最早建立的一个科研机构，最初由著名学者徐养秋主持所务，全面抗战西迁后，李小缘于1939年初继任研究所主任。中国文化研究所以发展本国文化，培养专门人才为宗旨，具体而言其办所宗旨是："（1）研究并阐明本国文化之意义；（2）培养研究本国文化之专门人才；（3）协助本校文学院发展关于本国文化之学程；（4）供给本校师生研究中国文化之便利。"①

中国文化研究所自创办起，即奉行科研与教学并重的方针，研究与发扬中国传统文化，致力于学术研究，著书立说。诸多当时蜚声学坛的专家学者受聘于此所，人才济济。曾在这里先后任研究员的有徐养秋、刘国钧、吴景超、商承祚、李小缘、徐益棠、黄云眉、陈登原、王伊同、刘铭恕、刘继萱、吕叔湘、吴白匋、史岩

---

① 《本校中国文化研究所之来历》，《金陵大学校刊》第75号，1932年12月5日。

等，他们分别从事于史学、考古学、哲学、民族学、目录学以及文法学的研究。外籍教师贝德士也参加了中国文化的研究工作。并聘有特约研究员如吕凤子、汪采白从事艺术学研究，杭立武从事史学的研究。[1]中国文化研究所设立了中国文化史（历史、考古和艺术）、民族学、目录学、语文学四个研究部门。学校西迁之后，中国文化研究所因图书未能随之迁移，因此工作中心从书斋转向田野考察，在考古学、民族学等领域取得了卓越的研究成果。时人评价金大中国文化研究所"能在历史和文化研究的目录学、中国语言学和一些边疆和人种学的研究的某些科目方面提供最好的帮助。"[2]

金大中国文化研究所也以培养精通中国传统文化的专业人才为己任，通过开设高水平研究课程，培养高层次研究人才。他们不仅能在自己所长领域有所建树，且又培养了诸多精通中国文化的专门性人才。1934年，中国文化研究所与国文系合办国学研究班，培养国学师资，辟东南各大学之新纪元。国学研究班共有两届毕业生30人，培养了包括沈祖棻、殷孟伦、曾昭燏、游寿、孙望、徐复等一批重要学者。金大西迁成都后，战前已通过教育部批准成立的文科研究所史学研究部开始招生，由中国文化研究所主持学部事务。1940年，中国文化研究所史学部始招研究生，李小缘兼任史学部主任。史学部共培养研究生三届，计汤定宇、刘骏、张继平和程天赋4人。

中国文化研究所在藏书方面亦是各高校中罕见的以书册丰富著称。建所之始，研究所就专门成立了图书委员会，注重书籍的采购与整理。据1948年统计，该所搜集的史部书籍、笔记、札记、丛书等已有33 640册，其中关于中国学术之英、法、德文著作有460册，西方东方学报有19种399册，关于中国学术之日本书籍有930册，日

---

①　金陵大学南京校友会：《金陵大学建校一百周年纪念册》，南京：南京大学出版社，1988年，第44页。

②　陶飞亚、吴梓明：《基督教大学与国学研究》，福州：福建教育出版社，第288-289页。

本杂志全套14种199册，国内各学术机关刊行之学报亦收有全套。抗战期间又得蜀中方志278种2 739册。蜀中金石拓片2 680种。[①]

中国文化研究所先后创办了三种学术期刊：《金陵学报》《中国文化研究汇刊》《边疆研究论丛》，在学术界有着广泛影响。《金陵学报》创刊于1931年5月，直到1941年停办，先后共出版11卷，每卷2期，是当时研究中国文化的权威学术刊物之一。《金陵学报》的购买者包括国内及日本、朝鲜、美国等国外学术机构，以及学者自费购买，可见其学术价值得到了海内外的一致公认。[②]全面抗战时期，金陵大学与华西坝上齐鲁大学、华西协合大学联合办理《中国文化研究汇刊》。次年燕京大学西迁后，该刊由四校文化研究所轮流编辑。自1941年至1951年，《中国文化研究汇刊》共出版10卷，金陵大学负责主编第3卷、第7卷和第9卷。《边疆研究论丛》创办于1941年，由徐益棠主编，仅出刊三期，其中1941年为第一期，1942至1944年为第二期，1945至1948年为第三期。该刊专门刊登有关边疆问题、民族风俗等领域的研究。

中国文化研究所出版有《金陵大学中国文化研究所丛刊》，分为甲、乙两种印行。甲种丛书13种22册，包括商承祚的《福氏所藏甲骨文字》《殷契佚存》，陈登原的《范氏天一阁藏书考》《颜习斋哲学思想述》，黄云眉《邵二云先生年谱》《古今伪书考补证》，孙文青《南阳汉画像汇存》等，郭沫若等一众名流常常来函索取或借阅。乙种丛书4种5册，包括李小缘《云南书目》，王伊同《五朝门第》，贝德士《西文东方学报论文举要》等。

1951年随着金陵大学与金陵女子文理学院合并，金陵大学中国

---

① 金陵大学南京校友会：《金陵大学建校一百周年纪念册》，南京：南京大学出版社，1988年，第46页。
② 汪洪亮：《民国时期国人对"边疆"、"边政"含义的认识》，《中国边疆史地研究》2014年第1期。

文化研究所因为"经费不足，人员缺乏，不易发展"而停办，人员各自离散。在长达20余年的历程中，金陵大学中国文化研究所致力于中国传统文化与学术的保存、整理、研究与发扬，从传统的国学到考古学、民族学、边疆学、图书馆学，均取得了不俗成绩，充分体现了金陵学人怀抱民族情怀、矢志学术救国的赤诚之心。金大文研所被认为是除燕京大学之外的教会大学中最有成绩的，而且是所有教会大学中最有特色的机构。[①]

金陵大学吸引了一批杰出的教职人员服务于金大，并培养了大批杰出的人才。兹将中华人民共和国被评选为两院院士的金大师生列表如下：

表4-2　金陵大学校友任两院院士名录（截至2002年）

中国科学院	
数理学部	
陈　彪　1946年金陵大学物理系毕业	天体物理学家。长期担任中国科学院紫金山天文台太阳物理研究室负责人。1982年任中国科学院云南天文台台长，1986年任名誉台长
魏荣爵　1937年金陵大学物理系毕业	声学家。南京大学教授，中国声学会名誉理事长
化学部	
陈家镛　1943年金陵大学化工系毕业	化学工程学家，湿法冶金学家。中国科学院化工冶金研究所前副所长
程镕时　1949年金陵大学化学系毕业	高分子物理及物理化学家。南京大学、华南理工大学教授
戴安邦　1924年金陵大学化学系毕业	无机化学家。南京大学化学系名誉系主任，教授
李方训　1925年金陵大学化学系毕业	物理化学家。原金陵大学校长、南京大学副校长、教授
陆熙炎　1946—1947年在金陵大学化学系学习	有机化学家。中国科学院上海有机化学研究所研究员

---

① 陶飞亚、吴梓明：《基督教大学与国学研究》，福州：福建教育出版社，1998年，第192页。

接上表

中国科学院	
汪　猷　1931 年金陵大学化工系毕业	有机化学家。中国科学院上海有机化学研究所名誉所长
吴征铠　1934 年金陵大学化学系毕业	物理化学家、放射化学家。中国核工业总公司科技委员会高级顾问
生物学部	
陈焕镛　1920 年任金陵大学林学系教授	植物分类学家。原中国科学院华南植物研究所所长
陈　桢　1918 年金陵大学农林科毕业	动物遗传学家。原中国科学院动物研究所所长
戴芳澜　1927—1934 年任金陵大学教授	真菌学家。原中国科学院微生物研究所所长
戴松恩　1931 年金陵大学农艺系毕业	作物遗传育种专家。中国农业科学院研究生院副院长
邓叔群　1928 年任金陵大学副教授	真菌学家、森林学家。中国科学院微生物学研究所副所长
李继侗　1921 年金陵大学毕业	生态学家。内蒙古大学副校长、教授
钱崇澍　1919 年任金陵大学教授	植物学家。中国科学院植物研究所所长
裘维蕃　1935 年金陵大学植物病理系毕业	植物病理学家、真菌学家。北京农业大学植物保护系教授
秦仁昌　1925 年金陵大学林学系毕业	植物分类学家。中国科学院植物研究所顾问
王应睐　1929 年金陵大学化学系毕业	生物化学家。中央大学教授、中科院上海生物化学研究所名誉所长
魏　曦　1921、1928 年分别在金陵大学、中央大学学习	生物学家。原中国预防医学科学院流行病学微生物学研究所名誉所长
吴中伦　1940 年金陵大学森林系毕业	森林生态学和地理学家。中国林业科学研究院学术委员会副主任
阳含熙　1939 年金陵大学森林系毕业	植物生态学家。中国科学院自然资源综合考察委员会研究员
俞大绂　1924 年金陵大学农科毕业	植物病理学家、微生物学家。北京农业大学名誉校长
朱壬葆　1940 年任教金陵大学	生理学家。军事医学科学院基础医学研究所原副所长
庄巧生　1939 年金陵大学农学院毕业	作物遗传育种科学家。中国农业科学院作物育种栽培研究所研究员

接上表

中国科学院		
沈韫芬	1950 年至 1952 年先后就读于金陵女子文理学院和金陵大学，1953 年毕业于南京大学	原生动物学专家，中国科学院水生生物研究所研究员

中国工程院		
陈俊愉	1940 年金陵大学园艺系毕业	园林及花卉专家。北京林业大学教授
黄宗道	1945 年金陵大学农学院毕业	天然橡胶及热带作物专家。中国热带农业科学院研究员
蒋亦元	1950 年金陵大学农学院毕业	农业机械专家。东北农业大学教授
刘大钧	1949 年金陵大学农学院毕业	植物遗传育种专家。南京农业大学细胞遗传研究所名誉所长
卢良恕	1947 年金陵大学农学院毕业	小麦育种、栽培、农业与科技发展专家。中国农业科学院院长、研究员
乔登江	1952 年金陵大学物理系毕业	核技术应用专家。国防科工委西北核技术研究所研究员

二、金陵大学的学生群体特色

在64年的办学历程中，金陵大学为国家与社会培养了众多各行各业的专门人才。据历年学生学习成绩记录表进行的人数统计，金陵大学学生人数从1888年到1952年截至夏季院系调整前夕，共计11 196人。其中毕业生共计4475人，内本科生3 170人、专科生1 206人，研究生79人，医预科生20人。[①]

中国第二历史档案馆藏"金陵大学档案全宗"收录了1932—1950年的金陵大学学生履历表，这些履历表均为学生入学时亲自填写的个人资料，内容包括：姓名、性别、年龄、家庭地址、父母职业、宗教信仰、毕业中学、就读院系等。将这些履历表进行统计，剔除其中重复的学生，共有9 171份金大学生的基本信息，可以客观

---

① 戴邦彦：《1888—1952 年母校学生人数》，金陵大学南京校友会：《金陵大学建校一百周年纪念册》，南京：南京大学出版社，1988 年，第 131 页。

真实地反映出该时期金大学生的群体风貌。

1.学生的基本信息

根据学生填写的入学时间、入学年龄、性别以及就读专业等，可勾勒出在校生的大体基本情况。首先，将所有学生按照入学年份进行统计，可得下图4-1：

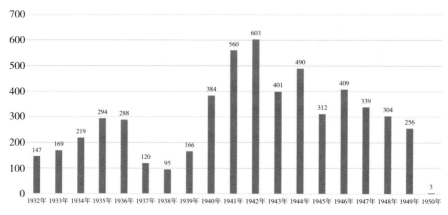

图4-1　金陵大学历年学生人数

注：在全部9 171份金大学生履历表中，有3 612份未填写入学年份，故未在上图中体现。

资料来源："金陵大学档案全宗"学生履历表，中国第二历史档案馆藏私立金陵大学档案，全宗号649。南京大学高教研究所校史编写组编：《金陵大学史料集》，南京：南京大学出版社，1989年7月。附件中记录的数值如下表，二者间有明显差异，主要区别于：上图中未将学籍表中缺具体年份的3 612名学生记录在内，同时，抗战期间部分学生未随校西迁，存在或转学或肄业或直接就业等情况，而下表中的统计则是入学时的全校统计，因此二者有差异。

金陵大学历年在校人数统计表（1933—1950）

年份	1933年	1934年	1935年	1936年	1937年	1938年	1939年	1940年	1941年
学生	667	731	—	767	—	405	652	867	1 042

年份	1942年	1943年	1944年	1945年	1946年	1947年	1948年	1949年	1950年
学生	1 283	1 330	1 188	1 203	1 247	1 402	1 537	885	1 074

　　由图可知，自1932年起至全面抗战全面爆发，金陵大学学生数基本呈稳步上升趋势，但新生入学数量未能超越300人。1937年抗战军兴，金大内迁四川成都，在学生数量上表现出明显的下降趋势：从1936年的288人降为1937年的120人，即损失了超过一半的学生数。到1938年，下降趋势更甚，当年入校生数不足百人，可见战争对金陵大学招生数量有强烈的影响。从1939年起，金大学生数又有了回升的趋势，到20世纪40年代，在蓉办学的金大招生数量甚至远远超过了之前在宁办学时的年招生数。对于这一现象，1943年校长陈裕光在总结抗战时期金大招生时做过解释，"在华西的头两年"，"我们希望不会离开自己的校园太久，在录取新生数量方面很保守"，而今"因为中国迫切需要训练有素的人才，我们将尽可能恢复招生人数"[1]。1945年抗战胜利后，学校重新返迁回宁，当年学生数也呈现短暂的下降趋势。这可以解释为学校损失了部分生活在内地省份的学生，他们未能随校一同返宁。1945年以后，继续在南京办学的金大重新以招收江苏一带学生为主，渐渐恢复了招生数，并保持在每年三四百人。

　　在入学新生的性别方面，根据履历表材料显示，从1932年起，金大每年新生里都会有一定数量的女生，即便在全面抗战开始时学生数量极少的1937与1938年里，也仍然有少部分的女生入学。在收集的所有履历表中，明确学生性别的共有6 144份，其中男生数5 360人，女生数784人，男女比例约为7∶1。将每年入学新生按照性别统计，可得下图4-2的分布趋势：

---

[1]　《董事会紧急执行委员会会议记录》（1943年1月20日），中国第二历史档案馆藏私立金陵大学档案，全宗号649，案卷号2311。

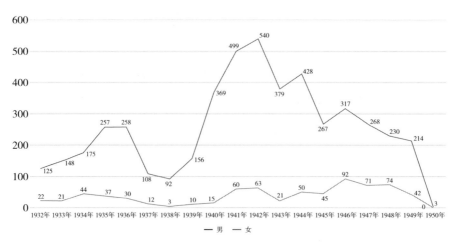

图4-2 金陵大学历年学生性别分布图

注：在全部9 171份的金大学生履历表中，有3 027份未填写性别，故未在上图中体现。

资料来源："金陵大学档案全宗"学生履历表，中国第二历史档案馆藏私立金陵大学档案，全宗号649。

　　由图可知，金大每年女生招生数量均未超过百人，即保持着一定数量但始终无法与男生数相平衡的状态，体现了民国时期女性获得高等教育的情形得以开化、然未能普遍的一般事实。性别的差异也对学生的就读院系产生影响。据统计，在784名女生中，共计269人选择文学院（占比34.31%），163人选择理学院（占比20.79%），134人选择农学院（占比17.09%），剩余218人未填写院系信息。与之产生明显差别的，男生中选择理学院的人数最多，共计1 574人，占比29.37%，而选择文学院人数最少，计1 095人，占比20.43%。[1]总之，在金陵大学校园内，男生更倾向于选择理学院就读，女生则更多就读于文学院。将所有学生的就读院系进行统计，其分布趋势图可见图4-3：

---

① 资料来源："金陵大学档案全宗"学生履历表，中国第二历史档案馆馆藏，全宗号649。

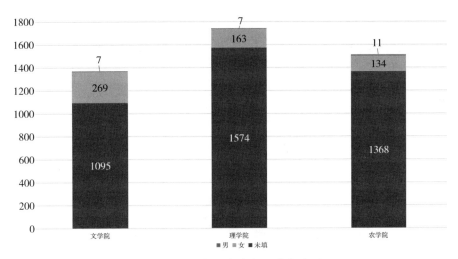

图4-3　金陵大学学生院系分布图

注：在全部9 171份的金大学生履历表中，有4 543份未填写院系，故未在上图中
体现。

资料来源："金陵大学档案全宗"学生履历表，中国第二历史档案馆藏私立金陵大
学档案，全宗号649。

　　整体观之，从1932年至1950年，金大校内就读理学院的人数最
多，尤其是男生，甚至超过了文、农两院的所有学生。其次是农学
院，学生数量位居第二。金大农学院是民国时期高等教育机构中比
较知名的院系，为国家农学方面培养了大量人才。据统计，1947年
北京大学农学院一半以上的教员都毕业于金大农学院。相较而言，
文学院人数整体不多，这与教会学校初入中国本土时想要培养大量
传教士与文科教学人才相悖，也可以看出，随着金大这样的教会学
校逐渐中国化、本土化的演变，学校更多为国家培养了所需的理、
农人才，文科并不是金陵大学建校后期的培养重点。

　　除学生入学年份、性别、就读院系外，履历表中还展示了一般
学生入学金大的年龄分布（图4-4）。一般而言，新生年龄普遍集中
在18岁至23岁，其中20岁的学生人数最多。若将性别划分开看，入
学女生人数最多集中在19岁，男生集中在20岁，也可反映出民国时
期学生进入大学的普遍年龄，可以说与现今大学生相仿。

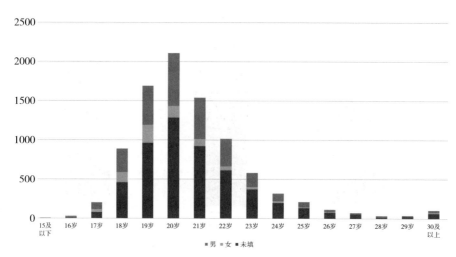

图4-4　金陵大学学生年龄分布图

注: 在全部9 171份的金大学生履历表中, 有170份未填写年龄, 故未在上图中体现。
资料来源: "金陵大学档案全宗"学生履历表, 中国第二历史档案馆藏私立金陵大
学档案, 全宗号649。

2. 学生的地理来源

在金陵大学学生履历表中, 入学学生需要填写籍贯、永久通讯
处与现居地三种地理信息。其中现居地是学生就读期间的暂时居住
地, 往往都在南京 (西迁后在四川成都) 城内, 而籍贯与永久通讯
处则是探究学生地理来源的重要指标。

在可以掌握的9 171份学生履历表中, 明确学生原籍的共计8 911
份。按照省份的区别进行统计, 可得如下学生籍贯省份分布:

表4-3　金陵大学学生籍贯分布表

籍贯	人数	籍贯	人数
江苏	2 194	陕西	64
四川	1 891	云南	63
安徽	1 003	贵州	52
浙江	746	辽宁	44
广东	645	甘肃	19
湖南	442	海外	18

接上表

籍贯	人数	籍贯	人数
湖北	389	青海	13
福建	289	吉林	12
江西	265	察哈尔	3
山东	239	黑龙江	3
河北	197	台湾	1
河南	134	宁夏	1
山西	118	新疆	1
广西	64	热河	1

注：在全部 9 171 份的金大学生履历表中，有 260 份未填写籍贯，故未在上表中体现。
资料来源："金陵大学档案全宗"学生履历表，中国第二历史档案馆藏私立金陵大学档案，全宗号 649。

　　总体而言，金陵大学以江苏学生居多，学生数以江苏为中心（西迁后以四川为中心），呈环状辐射开来，安徽、浙江、广东、湖南、湖北等地均有一定数量的学生。与此同时，部分偏远省份的学生人数极少，宁夏、新疆、热河等多年来一共各有一名学生，地理来源的均衡可见一斑。因此，江浙皖、两湖、两广、河北等经济、教育或交通发达的省份成为金大主要的学生输入地。

　　基于全面抗战西迁的特殊因素，1938至1945年，金陵大学的生源籍贯出现了不同往常的情况。八年来，籍贯为四川的学生共计1 403人，位列第一，人数次于四川的江苏籍学生仅278人，不足四川籍的20%。[1]可见学校西迁给教育水平相对落后的内地省市带来了机会，让那些"很少通过教育、通商和租界受到西方影响的地区"、那些"做梦也不曾想到让子女接受高等教育的家庭"才有了接触西式大学教育的可能。[2]但是这种地域优势随着抗战胜利、金大

――――――――――

[1]　"金陵大学档案全宗"学生履历表，中国第二历史档案馆藏私立金陵大学档案，全宗号 649。
[2]　杰西·格·卢茨：《中国教会大学史（1850—1950 年）》，曾钜生译，杭州：浙江教育出版社，1987 年，第 357 页。

回宁后就立刻消失了，1946年金大学生中四川籍的仅有18人，仅占当年总人数的4.4%。可见除了特殊时期，金大生源始终更集中在较为富庶的华东地区。

在处理籍贯和永久通讯处两种地理信息时，我们认为永久通讯处比籍贯更能准确定义学生的出身和成长地。"籍贯准确地定义应是父亲（也有从母的）的出生地，很多时候与学生本身的出身与成长的地区相差很多。"[1]以南京为例，作为国民政府首都与资源集中地，吸引了来自全国各地的很多学生的父辈，他们因职业关系留京工作、生活，他们的子女从小生活在南京，享受的也是这里的基础教育资源，这些学生的地理属性应该是南京，才符合他们自身的社会属性。所以相较于籍贯信息，永久通讯处更准确、更真实地反映了学生的地理来源。

根据籍贯信息的分析，排名前列的学生来源地主要有江苏（21.69%）、四川（20.92%）、安徽（11.26%）、浙江（8.37%）和广东（7.22%）。这五个省份相加，比重近70%。四川比重较高，主要是内迁以后的现象。此外，湖南、湖北、福建、江西、山东、南京市、河北、河南和山西各有4.96%—1.32%的比重，相加达到了25%。如果转换成家庭居住地来考察，与籍贯最大的不同，是江苏、浙江、安徽和南京、上海地区的集中性更突出。相对于籍贯的统计，四川的比例从20.92%变为了22.06%，增加得非常有限，比较一致。但江苏的比例，从21.69%减少为18.49%，安徽也从11.26%减少为7.45%，但南京市的比例从2.41%迅速增加到17.86%，上海市也从0.52%扩大为4.36%；江苏、安徽、浙江加南京、上海两市的比重，从44.25%发展到52.1%。这一方面说明，金大是一所区域性的大

---

[1]　梁晨、张浩、李中清等：《无声的革命：北京大学、苏州大学学生社会来源研究（1949—2002）》，北京：生活·读书·新知三联书店，2013年，第60页。

学，其培养的学生主要是以学校驻地省份为中心，兼顾周边数个省区；另一方面也表明，作为教会大学，金陵大学的大都市学生比重较高。这种特点与上海的圣约翰、沪江等教会大学的学生结构有类似之处，但大城市的集中程度相对较低。①

　　以江苏省为例，金大学生中原籍在此的为2 194人，但永久通讯处在此的共计3 382人，也就是说，有1 000余人虽非苏籍，但生长、受教育在江苏一带，所以华东地区学生地缘优势的集中度要比籍贯呈现得更甚。为了更直观看到金大学生填写的籍贯与永久通讯处之间的差异，将两者分别按各省学生数占所有学生数的比例进行计算，得出图4-5：

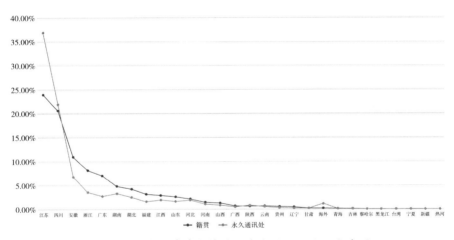

图4-5　金陵大学学生籍贯、永久通讯处比例分布图

资料来源："金陵大学档案全宗"学生履历表，中国第二历史档案馆藏私立金陵大学档案，全宗号649。

---

① 梁晨、李中清等对民国上海各大学生源研究表明，在圣约翰大学中，只有5.45%的学生籍贯为上海，但有52.18%的学生家庭居住地在上海。中学驻地为江苏、浙江和上海三地的学生比例达到了93.25%，这可能与圣约翰大学没有内迁，一直在上海办学有关。参见梁晨、任韵竹、王雨前、李中清：《民国上海地区高校生源量化刍议》，《历史研究》2017年第3期。

从上图可以看出，在江苏生活成长的学生比例（36.88%）远高于江苏原籍（23.92%）的学生，四川省在学校全面抗战迁校期间也稍有这样的趋势，但相差无几。除此以外几乎所有省份的学生永久通讯处比例都低于原籍（陕西、台湾、宁夏地区以及海外例外，但相差都小于1%）。也就是说，仅仅在金大一校中，就有约14%的学生籍贯在其他各省，但其家庭进行了向江苏省内迁移的社会行为。可以看到，一方面，金大学生的地理来源更多集中在了以江苏为首的经济文化大省，另一方面，为了优化下一轮的资源分配、让子女有更大可能进入高等教育系统，越来越多有经济能力或文化资本的家庭会选择迁移到经济和教育相对发达的地方。

3. 学生的家庭经济状况

高等教育机构运作需要经济支撑，学生所缴的学杂费是大学尤其是教会大学的大宗经费来源。以1925年的金大为例，学生每学期所缴费用分为一般费和特别费两种。一般费包括：学费45元，食宿费34元，杂费7元，运动竞技费3元，杂志费、图书费、医药费各1元，总计92元；特别费包括新生入学考试费5元（到1926年降为2元），农林科生制服费2元，住宿押金1元，老生迟滞注册每天2元，10元止。毕业生学位证书10元，学位帽、学位袍2元，其他典礼所需制服2元，理科生实验费1至10元不等。特别费虽不针对每个学生，但基本又需增加10余元。总体说来，在20世纪20年代中期，金大学生每学期需缴纳100元上下，[①]这一数值约为当时一个普通工人家庭

---

① 学生支付学费所用单位为元，不同时期使用不同货币。1933—1934年度前为墨洋（Mex），1933—1934年度起用银元，1936—1937年度起用法币。University of Nanking Bulletin, Catalogue 1924-1925 with Announcements for the Years 1925-1926 and 1926-1927. Reel 90. Box 230, Folder 3888, UBCHEA Archives, Microfilm.

半年的全部收入。①因此，学生家庭经济如何也成为其是否能够进入金大学习的条件之一。

学生履历表各项下没有调查具体家庭收入情况，但是学生填写的家长职业栏可以为理解学生原生家庭的社会地位和收入情况提供帮助。我们将职业划分为（1）专业技术人员，包括教员、工程师、律师、会计、医生、新闻记者等新兴职业；（2）商人，包括股东、公司经理、商会理事、工厂厂长和其他各类商业劳动者；（3）官员，包括在政界、党务、海关、司法、警界、税务、盐政等从政人员；（4）农民，包括佃农、半农、农耕、农牧等务农人员；（5）工人，包括铅印工人、店员、建筑工人等劳动者；（6）办事职员，包括公司职员、办事员、秘书等职；（7）军人，包括海军等；（8）其他，包括赋闲、无业、未知和填写不清者。将所有履历表中的家长职业（或担负经济者职业）按类划分，统计得出如下的学生家长职业分布表：

表4-4　金陵大学学生家长职业分布表（1932—1950年）

职业	专业技术人员	商人	官员	农民	工人	办事职员	军人	其他
人数	1 989	2 554	1 464	1 058	100	191	426	1 389
占比	21.69%	27.85%	15.96%	11.54%	1.09%	2.08%	4.65%	15.15%

资料来源："金陵大学档案全宗"学生履历表，中国第二历史档案馆藏私立金陵大学档案，全宗号649。

从表4-4中可以看出，商人、专业技术人员和从政的公务人员等社会优势群体在表中占绝对优势，位列学生家长中最主要职业的前

---

① 据民国时期的社会调查，20世纪20年代中后期，一个普通北京工人家庭全家半年的收入"自59.00元至183.00元不等，总平均数103.26元"。陶孟和：《北平生活费之分析》，李文海主编，夏明方、黄兴涛副主编：《民国时期社会调查丛编 城市（劳工）生活卷（上）》，福州：福建教育出版社，2005年，第19页。

三项。这些经济优渥、社会地位较高的优势群体占据了考生的绝大部分，再加之4.65%的军人家庭出身的学生，约有70%的学生来自社会优势家庭。

此外，农民家庭的学生也占据了一小部分，但是需要指出的是，履历表中会存在部分由于填写不具体而产生的理解差异，例如仅填写"农"，无法判断其家庭具体经济地位与差异。不过即便如此，社会优势群体依然几乎垄断着金大的入学机会。研究发现，农民家庭学生更多是在全面抗战时期得以进入金大。将学生的家长职业与入学年份之间的关系进行统计，可得图4-6：

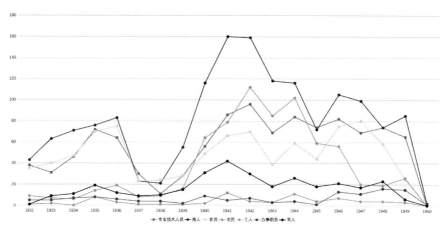

图4-6　金陵大学学生家长职业与入学年份关系图

注：1 389份填写赋闲、无业、未知和填写不清等未在上图中体现。

资料来源："金陵大学档案全宗"学生履历表，中国第二历史档案馆藏私立金陵大学档案，全宗号649。

由图可知，在1939年以前，金大学生中农民家庭出身的学生数始终极少，从未超过20人，但在战争期间，这一群体人数有明显的上升趋势，1940年有64人，1941年79人，1942年112人，1943年85

人，1944年102人，1945年59人。[①]从1945年往后，金大农民家庭出身的学生又降回战前状态。这是因为全面抗战时期，教育部与学校内部均颁布了贫困学生经济救济措施，据金大1938年校长报告，"学费从通常的50元降至30元，其他费用也按比例降低"。[②]此外，1943年8月教育部颁布《非常时期国立中等以上学校及省私立专科以上学校规定公费生办法》，规定私立专科以上学校学生可享受公费，公费分甲、乙两种，甲种免学费和膳食费，且可获其他补助经费；乙种仅免学费和膳食费。[③]当月金大领取甲种公费401人，乙种公费100人。[④]可见补助大面积地补贴了金大学生，也让金大校内出现了社会群体多样化的趋势，战争的契机一定意义上为非优势家庭子女提供了入学机会。但这种状态仅维持到1945年学校返宁后。

总之，我们从档案中发现了差不多9 000名学生的学籍信息，分析发现其中有8 621人提供了家长职业信息。金大学生的家长从事的职业主要有商人（27.85%）、专业技术人员（21.69%）、各类官员（15.96%）和农民（11.54%）。从金大的读书费用和教会文化的角度考虑，这些农民可能主要是东南地区和四川等地的地主。民国时期金陵大学"精英化"培养模式对学生家庭经济要求甚高，可以想见，若是无战争的特殊因素，金大将始终保持校内学生来自优势群体家庭的高度集中性，而城市中占有重要比例的农工子弟几乎毫无

---

① 资料来源："金陵大学档案全宗"学生履历表，中国第二历史档案馆藏私立金陵大学档案，全宗号649。

② 《紧急执行委员会会议记录（1938年3月15日）》，《金陵大学校董会会议记录（英）（内有非常时期执行委员会记录）》（一九三七年六月至一九三九年十二月），中国第二历史档案馆藏私立金陵大学档案，全宗号649，案卷号2310。

③ 教育部教育年鉴编纂委员会编：《第二次中国教育年鉴》，上海：商务印书馆，1948年，第53页。

④ 《金陵大学关于公费贷金与教育部的来往文书（内有英文）》（一九四一年十月至一九五〇年十一月），中国第二历史档案馆藏私立金陵大学档案，全宗号649，案卷号1592。

可能进入金大学习。

4. 来源中学的分布

金陵大学对学生的来源中学也有明确要求："在受入学试验时，须向招生委员会呈验名誉优良之中学毕业证书。"[1]因此，来源中学及其分布（有多少来源中学能向金大输送学生、各自能输送多少学生、这些来源中学在区域上的分布状况）也是判断金大学生群体特征的重要因素。

金陵大学学生履历书提供了完整的生源中学信息，可以看到，不同地区、不同中学为金陵大学输送的学生数各有差异。将输送学生超过30名的中学名单统计如下：

表4-5　金陵大学学生主要毕业中学分布表（1932—1950年）

校名	数量	驻地	性质
南京金陵中学	476	江苏南京	教会
四川私立华西协和高级中学	174	四川成都	私立
成都蜀华中学	158	四川成都	私立
成都石室中学	112	四川成都	公立
南开中学	102	河北天津	私立
成都树德中学	76	四川成都	私立
四川省立成都中学	70	四川成都	公立
四川国立第二中学	66	四川成都	公立
南京钟英中学	64	江苏南京	私立

---

[1] 《白思九的入学志愿书、投考报名单、中学修业课程表、成绩修改单、暑期学校成绩单、金陵大学招生简章》（1923年），中国第二历史档案馆藏私立金陵大学档案，全宗号649，案卷号665-0011。

金陵大学的报名手续档案中，明确规定投考生的资格要求：（甲）曾在公立或已立案之私立高级中学毕业；（乙）曾在公立或已立案之私立大学预科毕业；其修业年限，与中学修业年限，合计满六年者；（丙）高中师范科或与高中同等程度之师范学校毕业，而有已经服务符合教育部规定之年限者；（丁）曾在国外（香港等处在内）中等学校毕业经本校审查合格者；（戊）曾在未立案私立中学或大学预科毕业受教育部甄别试验及格者，中国第二历史档案馆藏私立金陵大学档案，全宗号649，案卷号498-0007。

接上表

校名	数量	驻地	性质
江苏省立南京中学	63	江苏南京	公立
安徽中学	61	江苏南京	私立
成都县立中学	61	四川成都	公立
山西铭贤中学	55	山西太谷	私立
南京市立第一中学	54	江苏南京	公立
四川天府中学	53	四川泸州	私立
培英中学	51	广东广州	教会
重庆求精中学	51	四川重庆	教会
南京中华女子中学	40	江苏南京	私立
北京汇文中学	38	河北北平	教会
扬州中学	37	江苏扬州	公立
四川国立第九中学	36	四川江津	公立
南京市立第五中学	35	江苏南京	公立
南京汇文女子中学	35	江苏南京	教会
四川资州中学	35	四川资州	公立
湖南国立第八中学	35	湖南乾城	公立
长沙雅礼中学	32	湖南长沙	教会
东吴大学附属中学	31	江苏上海	教会
中央大学附属中学	31	江苏南京	公立
苏州中学	31	江苏苏州	公立
九江同文中学	30	江西九江	教会

注：表中仅列有输送学生超过 30 名学生的主要中学，其余未在上表中体现。
资料来源："金陵大学档案全宗"学生履历表，中国第二历史档案馆藏私立金陵大学档案，全宗号 649。

　　由表可知，金大生源的中学十分集中，仅有上述30所中学为金大提供了主要生源。从输送学生数量上看，少数中学为金大输送了绝大部分的生源，其余大多数中学只能输送很少的学生。南京的金陵中学作为金大的附属中学，为学校提供了主要生源，共计476人。此外，输送人数过百的还有西迁时期位于四川成都的华西协和高级中学、蜀华中学、石室中学，还有天津的南开中学。但是，上表中四川省各中学输送人数基本集中在全面抗战时期（详见图4-7），也就是说，若是无战争等特殊因素，四川省各中学输送人数不会非常突出。除去抗战的特殊因素，从学校驻地上看，位于江苏南京的中学有9所，上海、苏州、扬州各1所，江苏省内共计12所。此外，河北天津、山西太谷、广东广州、河北北平、湖南乾城、湖南长沙、江西九江各1所。中学驻址的地域分布集中程度比起学生的永久通讯地址更甚，经济、文化都相对落后的内地或偏远省份的学生从中小学起就落后，入学金大的难度就更大了。

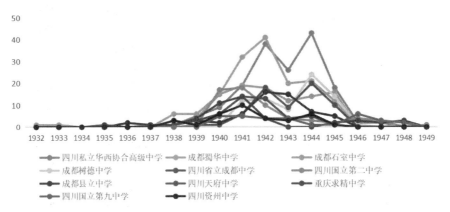

图4-7 四川省主要中学历年输送学生数分布图（1932—1950年）
注: 图中仅列有输送学生超过30名学生的四川省的主要中学，其余未在上表中体现。
资料来源: "金陵大学档案全宗"学生履历表，中国第二历史档案馆藏私立金陵大学档案，全宗号649。

从中学性质上看，输送人数超过30人的主要中学里，公立性质13所，私立9所，教会8所，分配相对平均，可见立案后在国民政府教育部统辖下的教会性质的金陵大学，对于学生的来源中学性质并无限制。不仅如此，关于校内学生的基督教信仰问题，履历表中也提供了学生填写的家庭信仰与个人信仰两项，统计发现，所有学生中，家庭宗教信仰为基督教的学生合计1 150人，个人信仰基督教的为1 122人，换言之，仅有约1/9的在校生明确表示信仰基督教。[①]可见随着金大这样的教会学校日益中国化，学校逐渐开放，生源不再集中在教会中学或是基督教徒的范围内，而是为中国自己培养所需人才。

总之，从校内学生的角度出发，金陵大学集中了一类特征明显的社会群体进行培养与教育：一是学生的地理来源，江苏及其周围省市因地缘优势，学校招生本地化趋势明显，此外生活在广东、两湖、河北等经济、教育发达的重要省市及重点中学学生也占优势；二是学生原生家庭多数是以政、军、商与知识分子为代表的优势家庭，农、工子弟报考比例极低；三是学生的毕业中学集中在少部分学校里，但从性质上讲，中学性质多元化，其中公立中学数目甚至超过教会学校，而且学生及其家庭信仰基督教的比例不如建校最初那般集中。

1937至1945年，基于战争的特殊因素，学生的社会来源与其他时候产生差别。一方面，学校加强了农学、工程学等实用学科的教学，适应了战争的实际需要，这与教会学校起初培养传教士、教师等文科人才有很大区别，"表现出对中国抗战、中国人民和整个民族强烈的认同感"[②]，主动推动了学校的国家化进程；另一方面，战争带来的经济凋零与战时开办的诸多短训性质的专修科，降低了学生的入学成本，使生源家庭阶层呈多元趋向，来自农民家庭的学生在这一时段内人数增加。此外学校西迁使学生来源地短暂集中在以四川成都为中心的内地省市，四川省本地的中学也为金大输送了大量学生。然而，战时金大校内这一现象具有短暂性与特殊性，1945

---

① "金陵大学档案全宗"学生履历表，中国第二历史档案馆藏私立金陵大学档案，全宗号649。

② 刘家峰、刘天路：《抗日战争时期的基督教大学》，福州：福建教育出版社，2003年，第40页。

年金大回宁，校内的生源特色迅速恢复战前状态，"教育精英"仍以政军系统、技术精英和商人家庭子弟为主，且集中在以南京为中心的长三角一带。这一现象直至1950年金大并入南京大学都未曾改变，成为民国时期金大生源的主要特色。

第五章 耘耕一生：陈裕光与金陵大学

第一节 景唐校长的一生与金陵大学的嬗变

陈裕光，1893年出生于"南京朝天宫西北面"[①]的建筑业家庭。父亲陈烈明作为南京最早营造厂——"陈明记营造厂"厂主，工作兢兢业业、不辞劳苦，主持了南京城内诸多基督教建筑工程。陈裕光作为陈家长子，自幼便被寄予"光于前，裕于后"[②]光耀门楣的期望。求学期间，陈裕光因景仰初唐盛世之况，遂自以"景唐"为号。

从1901年春至1904年冬，陈裕光进入塾师陈省三在朝天宫附近开办的蒙馆，学习读书识字写文，接受传统的四书五经式启蒙教育。就读期间，陈裕光表现出非凡的学习资质，既天资聪颖，又刻苦用功，不满四年便学业尽成。1905年春，陈裕光进入汇文书院成美馆读书，接受这所由美国基督教会美以美会创办的新式学堂的全新型教育，由此展开了他在金陵大学系统的十年求学之路。

汇文书院是美国教会在南京创办的第一所高等学校，其中成

---

① 章开沅、余子侠主编，王运来著：《诚真勤仁 光裕金陵——金陵大学校长陈裕光》，济南：山东教育出版社，2004年，第3页。另外，有资料指出，陈裕光出身于浙江宁波，年幼即随父亲迁居南京，因此籍贯为浙江。如他在1919年担任《留美学生月报》总经理时，对他的介绍就是浙籍。《陈裕光君与留美学生月报》，《寰球中国学生会周刊》1919年11月22日，第2版。

② 章开沅、余子侠主编，王运来著：《诚真勤仁 光裕金陵——金陵大学校长陈裕光》，济南：山东教育出版社，2004年，第4页。

美馆在汇文书院教学系统中属于中学阶段，包括初等中学和高等中学两部分，此外汇文书院还设有大学阶段（分圣道馆、博学馆和医学馆三科）和小学阶段，形成了一整套西方新式教育系统。在成美馆的六年学习生涯中，陈裕光接受了诸如圣经、英文、算学、地理学、生理学、动植物学、格物学、天文学、化学、音乐及体育等西式课程的教育。与此同时，他并未放弃对传统文化的学习，阅读了大量的经史子集文章，再加上成美馆对学生几近军事化的教育与生活管理，少年时代的陈裕光已积攒了来自东西方的知识和文化。

1910年，来自南京的三所教会学校（汇文书院、基督书院、益智书院）合并成立金陵大学堂（1915年改名金陵大学校），"包文为学堂监督（相当于校长），文怀恩副之，美在中为大学圣经部主任兼附设中学校长"。[1]1911年春，陈裕光由成美馆升入金陵大学堂攻读化学，以求运用所学的科学知识，使国家强盛。[2]在读期间，陈裕光除主攻化学以外，"文、史、地等各门功课亦不偏废"[3]，英语能力也相当出色。他关注国家政治的发展，曾多次组织演说、辩论、游行等活动支持南京临时政府。在学校，陈裕光还与陶行知等人倡议增设《金陵光》的中文版，并任首席经理员。1915年夏天，陈裕光自金陵大学毕业，获文学士学位。[4]

---

① 张宪文主编：《金陵大学史》，南京：南京大学出版社，2002年，第16页。

② 陈裕光在《关于我做学生期间的一些情况》中提到，"我并不是对化学特别有兴趣，主要是想到，要使国家强盛，必须要有科学"。转引自章开沅、余子侠主编，王运来著：《诚真勤仁　光裕金陵——金陵大学校长陈裕光》，济南：山东教育出版社，2004年，第22页。

③ 沙兰芳：《陈裕光校长》，金陵大学南京校友会：《金陵大学建校一百周年纪念册》，南京：南京大学出版社，1988年，第138页。

④ 陈裕光的专业为化学，但当时金陵大学仅设文科，数理科附设于文科，故金大只能授予文学士学位。1921年金大文科改设文理科以后，始增授理学士学位。同时，早期金大的介绍中也指出，陈裕光曾专攻国学1年。《陈裕光》，《中国学生》1929年第1卷第1期，第14页。

1916年，经金大副校长文怀恩的推荐，陈裕光得以赴美国俄亥俄州的克司工业大学修读化学工程专业。留美期间，他努力锻炼实验动手能力，在化学工程与化学实验方面有了很大的精进。1917年9月，陈裕光转入哥伦比亚大学化学研究所继续深造。由于付出了超常的心血与精力，仅一年他就修完了有机化学专业的各门课程，获得硕士学位。在接下来的四年里，他又以出色的表现"学完了有机化学、无机化学、工业化学、营养化学等方向的几乎所有化学功课"[①]，1922年凭借"金钥匙"得主的身份获得哥伦比亚大学化学科哲学博士学位。

六年的留学生活锻炼了陈裕光的专业能力，使他成为我国化学领域的第一代顶尖人才。毕业前夕，同为哥大校友、时任北京高等师范学校校长李建勋便提前聘请他加盟执教。当时的北京高等师范学校，学科门类齐全，专注培养各科专门人才，吸引了同时代众多知名学者任教。陈裕光于是欣然受聘，在理化部教授"有机化学"和"科学史"等课程。自1922年8月在北京高师任职以后，陈裕光一方面仍专心钻研化学事业，另一方面努力传授科学知识，为祖国培养科技人才。1924年1月，陈裕光被北京师范大学新任校长范源濂聘任为教务长。同年秋冬之际，黄郛派专人欲请陈裕光出任师大校长，在学问与行政的两相权衡下，陈裕光不愿因校长之位"脱离科学"[②]，恰逢此时金陵大学校长包义来函聘请他为金人教授，于是在1925年夏天，陈裕光辞去了北京师范大学教职，重新回到了阔别十年的母校金陵大学。

---

① 陈裕光：《关于我做学生期间的一些情况》第二部分，转引自章开沅、余子侠主编，王运来著：《诚真勤仁　光裕金陵——金陵大学校长陈裕光》，济南：山东教育出版社，2004年，第35页。

② 陈裕光《自传》中说："我主要的兴趣是科学，当了校长将更会脱离科学了。"转引自章开沅、余子侠主编，王运来著：《诚真勤仁　光裕金陵——金陵大学校长陈裕光》，济南：山东教育出版社，2004年，第54页。

　　1925年9月，陈裕光开始在金陵大学化学系执教，主讲有机化学等课程。1926年，陈裕光补任因原金大文理科长夏伟师返国而缺位的文理科科长一职。在20世纪20年代的收回教育权运动中，金大因其教会大学的办学性质而备受打击。后国民政府教育行政委员会正式通过《私立学校规程》和《私立学校立案规程》，规定私立学校均需由中国人担任校长。1927年11月30日，金陵大学校董会正式推举陈裕光为校长，陈裕光成为金大的首任华人校长，也是第一位被国民政府承认的中国教会大学华人校长。自此直至1951年春他卸任校长一职，25年来，陈裕光沐雨栉风，在动荡不安的年代和艰难困苦的环境下坚持办学，将自己的一生与金陵大学镌刻在一起。

　　陈裕光掌校后，积极向国民政府教育部呈报立案。金大的率先立案，有力推动了收回教育权运动的开展。与西人掌校不同，陈裕光强调学校的行政管理与教学方式都要适合中国国情，要为国家所需培养人才。1930年，金陵大学将原有文理科改建为文学院和理学院，农林科改建为农学院，同时建立中国文化研究所来研究与宣扬中国传统文化。自此，金陵大学文、理、农三院嵯峨，在陈裕光的带领下享有"南国之雄""钟山之英"的美誉。

　　尽管金陵大学是一所教会大学，但陈裕光领导下的金大始终表现出强烈的民族精神，维护民族尊严。1931年9月22日，为抗议日寇制造"九一八"事变，金大学生举行罢课游行，陈裕光走在队伍前面。9月24日，金大成立教职员反日救国大会，陈裕光代表金大向世界各学术机关发表宣言，抗议日本出兵占据中国东北。10月9日，陈裕光领衔发出"呈请国府速息内战，移师抗日"通电。10月12日，在全校师生大会上，引领师生宣读永不使用日货誓言。[①]1935年10

---

① 沙兰芳：《陈裕光校长》，金陵大学南京校友会：《金陵大学建校一百周年纪念册》，南京：南京大学出版社，1988年，第141页。

月，在日本总领事馆滋事挑衅下①，金大全校师生集资建造了钢管式旗杆，高出日本旗3.3米，并公布了《举行升降旗仪式的规定》，表现了以陈裕光为首的金大全体师生的拳拳爱国之情。

1937年全面抗战爆发，同年11月20日，陈裕光组织金大师生开始西迁。次年春季，金大本部在成都华西坝开学。历史系美籍教授贝德士被任命为应变委员会主席兼副校长，留守南京。战时的金陵大学虽被迫西迁成都，却依然在严峻的局势下弦歌不辍，取得了出色的办学成就，服务于抗战与建设事业。作为校长的陈裕光，为学校的生存和发展殚精竭虑。1939年6月11日，日军轰炸成都，金陵大学受损，校长住所也被炸毁，住于城内的金大助教张益诚伤重而亡，陈裕光的夫人、女儿也受了伤。②1945年抗战胜利，1946年4月金大东还，并于9月在南京原址开课。在陈裕光的领导下，金大培养了一大批"为学问而致力，为修养而淬励，为和平而奋斗，为服务而尽力"③的专业人才。

1948年年末至1949年年初，中国人民解放军取得三大战役的胜利，南京国民政府机关开始迁移。1949年1月18日，以陈裕光为首的金大师生表示"拒绝迁台"，并组织成立"安全委员会"留在南京，迎接南京解放。4月23日南京解放，陈裕光以校长身份代表南京市民到下关与解放军联系，表示希望军队尽早接收南京。仅隔一日，金大便恢复上课。

1950年9月，陈裕光赴华东革命大学政治研究院学习，学校校务由理学院院长李方训代理。1951年2月27日，经华东军政委员会教育

---

① 日本总领事馆竖立了一根与金大北大楼等高的钢骨水泥旗杆，使日本太阳旗高过了金大校园内的国旗。

② 《各方人士、金陵大学师生、校友为学校及陈家被日机轰炸给陈裕光的慰问信函》，中国第二历史档案馆藏私立金陵大学档案，全宗号649，案卷号334。

③ 《本校举行六十周年纪念志盛》，《金陵大学校刊　本校六十周年纪念专号》第376号，1948年11月30日。

部指示，陈裕光校长另有任用，由李方训继任金大校长。同年3月3日，陈裕光向校董会提出辞呈，校董会批准其辞去校长职务，并对其为金大所做的贡献给予充分肯定，"陈校长在本校苦心孤诣，曾经若干次危难局面，不但从未气馁，而且竭力扩张内部。如文理、工农若干学系之添置，使理论与实际得到结合等等。抗战军兴，迁校成都，胜利后，领导复员，节节困难，均能奋力克服。本校所以有今日之发展，实陈校长领导有方所致"。[1]

陈裕光在青年时代苦学以"科学救国"，校长任内为培养人才而尽心竭虑，一生与金陵大学唇齿相连。陈裕光将毕生精力贡献于教育事业，"主持金陵大学校政，达数十年之久，是一位蜚声海内外的教育家，大家敬仰的老校长"。[2]

第二节　陈裕光的治校理念

作为民国时期著名的教育家，陈裕光对教育，尤其是大学教育有着深刻的理解和思考。他重视治校理念对办学的重要性，将其比作学校的灵魂。他说："盖现今之大学教育为一躯壳，而坚强之意志，苦干之精神，与夫真诚勤仁之行动为其灵魂，'躯壳与灵魂齐备，而后大学教育始称完善'。"[3]

---

① 王德滋主编：《南京大学百年史》，南京：南京大学出版社，2002年，第656-657页。
② 沙兰芳：《陈裕光校长》，金陵大学南京校友会：《金陵大学建校一百周年纪念册》，南京：南京大学出版社，1989年，第137页。
③ 《本季首次国父纪念周陈校长出席训话》，《金陵大学校刊》第301号，1942年3月1日。

一、"诚真勤仁"

《易》曰："忠信所以进德也，修辞立其诚，所以居业也。"孔子曰："言忠信，行笃敬。"心无不尽之谓忠，言无不实之谓信，忠信者，诚也。王阳明曰："昔之君子，盖有举世非之而不顾，千百世非之而不顾者，亦求其是而已，岂以一时之毁誉，而乱其心哉。"求是者，真也。《书》曰："业广惟勤。"韩昌黎曰："博爱之谓仁。"本校之校训"诚、真、勤、仁"，诸君闻之稔矣。离校后幸毋忘之。[①]

1942年6月的四川华西坝，陈裕光在送别彼届毕业生时提出了金大学子勿忘"诚真勤仁"地做人、治学、处事之指导方针，并正式将其确立为金陵大学校训。事实上，自金大办校，尤其是陈裕光接任校长以来，此四字箴言一直指导着金大学子磨炼坚强的意志，苦干的精神，做人诚笃、仁爱，行事真率、勤勉。而陈裕光本人亦是"诚真勤仁"最好的代名词，他以身作则，以一腔热血使金大精神薪火不灭。

1.忠信之诚

在金大校园，无论是办学者，教学者，还是求学者，都对祖国有无不尽心之忠诚，对学问有醉心研究之诚心。

陈裕光曾提出，金陵大学要有"驼一粒"的责任，即学校须"负这个分内的责任：应用近代的教育方法，建设适用的建设人才；融合各种学术的研究，促进我国的新文化。本校对于这种重大的使命，自愧能力薄弱，恐不能有可能的成绩，但更不敢不尽其责，古话'马负千钧，蚁驼一粒'，本校只求'驼一粒'的责

---

① 《陈裕光赠本届毕业同学》，《金陵大学校刊　毕业专号》1942年6月29日。

任"。[1]金陵大学虽为西人建立的教会大学，但陈裕光始终有为国家建设培养所需人才的坚持，努力增聘具有专业才能的教授，"提高本校的研究风气，以备将来国家的采用"。[2]不仅如此，面对动荡时期的民族危亡，陈裕光总能带领全校师生发声抗议，用实际行动为祖国声援。1928年"五三惨案"爆发，陈校长亲自领导全校师生抵制日货，极大地鼓舞了国人的斗志；1934年，日本总领事馆竖立了一根与金大北大楼等高的钢骨水泥旗杆，使日本太阳旗高过了金大校园内的国旗，全校师生在陈校长的支持下自行筹款在学校重新竖立起比太阳旗旗杆高3余米的新旗杆，彰显了金大全校师生恪守不渝的爱国之心。

对于学问，陈裕光亦孜孜不倦，终身尽瘁。少年时期"在克司工业大学读书时，总是第一个到达教室和实验室，最后一个离开"。[3]回国后又因不愿脱离教学科研放弃担任北京师范大学校长。执掌金大以后，陈裕光亦为学兢兢业业，被福开森推选为金大"第一位好先生"，"不仅有学问，有能力"，又"能够一生教书"[4]。陈校长孜孜求学的精神也影响了金大师生，许多教授以孟子"三乐"为诫，终生服务于教育英才，著书立说，不汲汲于名利，诚心向学。《金陵大学校刊》曾登载一篇学生回忆文章这样写道："母校教职员不在上课室，就在工事房，不在图书馆，就在实验室。同学方面，除了读书就是运动，或是出外采集标本，或是在实验室中，在农场上实习。"[5]在陈裕光的带领下，金陵大学全校师生努力向学，为国为校，始终不懈。

---

① 《国庆纪念的校刊》，《金陵大学校刊》第2号，1930年10月17日。
② 《本季首次纪念周及开学礼》，《金陵大学校刊》第325号，1943年10月1日。
③ 章开沅、余子侠主编，王运来著：《诚真勤仁 光裕金陵——金陵大学校长陈裕光》，济南：山东教育出版社，2004年，第40页。
④ 《教育目标》，《金陵大学校刊》第226号，1937年4月12日。
⑤ 《校讯》，《金陵大学校刊》第39号，1931年10月30日。

2. 求是之真

陈裕光一生探求科学，追求真理，求实求是。在1948年金大举行六十周年纪念时，陈裕光曾检讨过去，策励将来，认为"金大虽处境困难，然仍不忘其职志，为真理而奋斗"。[①]自求学起，陈裕光就树立起"科学救国"的抱负，一方面求科学之真，理则发现自然规律，文则规范社会秩序，在学术之路上努力让中国与其他国家齐头并进；另一方面利用科学服务人类，服务国家，格物致知，赋予英才们推动国家、人类进步之责任。

在陈裕光的影响下，金大师生在求学道路上亦能求真求实，不屈服于权贵，不慑迫于淫威。金大师生合办的《金陵周刊》创刊号宣称："本刊言论专以正义为归，凡与正义违者，必痛斥之；与正义合者，必褒扬之，绝不为娼妓式之调笑，朝秦暮楚，趋奉权势"，"本刊只知有公理，不知有强权，宁效董狐之直笔，耻为陈寿之谀辞"。[②]对于教职员工的管理，陈裕光表示，教师可以"各行其志，研究他认为值得研究或他感兴趣的课题，没有是否完成任务的'硬杠杠'，也没有不能研究的'学术禁区'"。[③]在教育教学中，金大人力求做到"不偏见、不固执、不苟合、不盲从，而使真理永得照彻天地间"。对于学生们的教育，陈裕光强调严谨治学的纯正学风，"到金大来就是求学问的，而走捷径、投机取巧、作弊、抄袭等弄虚作假行为是绝无市场的，也是绝对行不通的"。[④]金

---

① 《本校举行六十周年纪念志盛》《金陵大学校刊 本校六十周年纪念专号》第376号，1948年11月13日。

② 金陵大学编辑部：《发刊词》，《金陵周刊》1927年第1期。

③ 陈裕光：《关于在金大时期的特殊情况》，手写稿，转引自章开沅、余子侠主编，王运来著：《诚真勤仁 光裕金陵——金陵大学校长陈裕光》，济南：山东教育出版社，2004年，第209页。

④ 章开沅、余子侠主编，王运来著：《诚真勤仁 光裕金陵——金陵大学校长陈裕光》，济南：山东教育出版社，2004年，第255页。

大的崇真求实既包括教授的"实事求是，格物致知"的严谨治学，也表现为重视系统科学训练的教学传统，还表现为全体学生的纯正学风。陈裕光告诫学生："学问贵有系统之研究，剽窃浮掠，不得谓为研究，此窥彼抄，不得谓有系统。"金陵大学的办学者、教学者以身作则，循循善诱，教会了学生养成独立工作、实事求是的工作习惯。

3.业广之勤

求学之勤奋，生活之勤俭，是陈裕光对金大师生的另一要求。对待学业，陈裕光教导学生要勤勉笃学，温故知新，持之以恒。他认为"为学虽无止境，惟跬步足以致千里，累土积以成丘山，苟能秉今日所知，精进不懈，以求他日之成就，庶己事半而功倍"，"凡我中华儿女，均应闻鸡起舞，引吭高歌，为国家为民族，卧薪尝胆，努力奋斗，誓将敌寇击退，失土收复，建立一富强康安之新中国，共为人类社会造无疆之幸福始也已"。[1]陈裕光本人勤勉好学，学贯中西，兼通文理，为金大学子所推崇。为激励学生勤勉求学，陈裕光仿效哥伦比亚大学的"金钥匙"制度，也在金大发放"金钥匙"奖项嘉奖优秀毕业生，每届荣获"金钥匙"的毕业生为五六人，均在学业成绩、个人品行及参加学生团体事业中取得极好的成绩，这些荣获"金钥匙"的优秀毕业生后来多成为祖国建设的中流砥柱。

"一饭一粟，当思来处不易，半丝半缕，恒念物力维艰。"[2]在生活方面，陈裕光教导学生们要勤劳节俭。若无勤俭，小则生活无规律，奢侈浪费，以致事业废弛，走入歧途；大则社会生产衰落，

① 陈裕光：《勖1943级毕业同学》，《金陵大学校刊》第324号，1943年6月28日。
② 陈裕光：《勤俭运动》，《广播周报》第108期，1948年10月10日，第5页。

国家陷入贫困。陈裕光自身就是"衣不求华，食不厌蔬"①的典范，在他的带领下，"金大虽被人称做'贵族学校'，崇尚节俭却蔚成风气"。②陈裕光对"勤俭"的理解，不仅只在衣食之上，"要知从广义言之，勤之外仍有勤，俭之外仍有俭。举例言之，勤于工作是狭义，勤于学术之检讨，勤于德行之修养，便是广义。俭于饮食衣着之所需是狭义，爱惜光阴，节省时间，爱惜精力，不使精神消耗于无用之地，这便是俭之广义"。③勤俭在于实行，不在空口宣传，故而金大师生往往吃苦耐劳，意志坚定。

4. 博爱之仁

陈裕光不仅看重学生的学业成绩，对于其做人处事之规范，亦有所指引。他说："教育二字，包含二种意思，一为教导学识，一为陶养品格。二者并重，不可或缺。若仅有学问，而无人格，则于事于人，无所裨益。"④自学生入学起，陈裕光就注重培养金大学生关心同学、关心老师的"爱人"之德，组织仁爱方面的教育活动，让学生潜移默化地接受利他、爱人的思想。

博爱之仁除了对身边人的关心照顾，也强调济世惠民，即学问之获得，不应只用来奔走钻研，更应为社会、为祖国、为人民尽心，"所谓：'我非役人，乃役于人'，由小我而推及大我，变利己的思想，而为利他的思想"。⑤陈裕光校长是这么想的，他的一生

---

① 章开沅、余子侠主编，王运来著：《诚真勤仁　光裕金陵——金陵大学校长陈裕光》，济南：山东教育出版社，2004年，第301页。

② 章开沅、余子侠主编，王运来著：《诚真勤仁　光裕金陵——金陵大学校长陈裕光》，济南：山东教育出版社，2004年，第303页。

③ 陈裕光：《勤俭运动》，《广播周报》第108期，1948年10月10日，第5页。

④ 《本校举行六十周年纪念志盛》，《金陵大学校刊　本校六十周年纪念专号》第376号，1948年11月13日。

⑤ 《本校举行六十周年纪念志盛》，《金陵大学校刊　本校六十周年纪念专号》第376号，1948年11月13日。

也是这么做的。

二、"教育的整个性"

1. 教学与科研并重

陈裕光认为大学应兼重教学与科研两方面，才能建成对国家
有用的高等学府。在烽火连天的1940年，陈裕光明确表达了金大乃
至中国大学都应重视科研的理念。他认为"在抗战期间，研究工
作更感需要"，而过去国内的各个大学"大都只注重本科师资，设
备和课程各项安排，对于研究工作，未尝特别注重"，以至于"抗
战展开以来，紧急问题当头，不能即时研究来应付，关于国防生产
的物质与应用科学的人才固然不够；就是中西文化，在人民思想意
识理所行使支配权的整个问题，都没有现成的答案"。他领导下的
金陵大学，注意发展研究事业，特别注重创设各种研究所，包括
1930年设立中国文化研究所，以及在教育部备案的文、理、农各科
研究所。抗战胜利前夕，金大设有三个研究所六个研究学部，覆盖
文、理、农三大学院，是私立大学中设置研究学部最多的大学。陈
裕光仍然认为，由于"国内的学术水准过低，参加研究的人太少，
虽不能完全说没有成绩，但是终嫌贡献太少"。他希望今后金大师
生"多从事研究工作，对于军方文化，本国文化，尤常有深刻的认
识与批判，不但发扬自己的民族精神，同时也把他介绍给世界的民
族"。①

1943年4月，陈裕光为《金陵大学校刊》作序，更是开宗明义地
提出："研究高深学术与培养伟闳专才，为大学之二大使命，且二

---

① 《陈校长讲教育的整个性》，《金陵大学校刊》第271号，1940年3月10日。

者不可分离，犹鸟之双翼，车之双轮也。"①陈裕光深知中国大学建设之目的在于培养人才，同时联合所培养的志士仁人，共同推动中国学术之发展。1948年11月，在金陵大学六十周年纪念日里，陈裕光在纪念典礼上作报告，在总结金大六十年发展历程后，更表达了对中国学术研究落后于世界的担心，鼓舞金大师生"为学术而努力"②。

2. 整体教育和学术交叉

陈裕光理解的科研不仅是各学科自身的研究，更是交叉、综合的研究，他是较早提出跨学科研究的现代科学家、教育家。陈裕光从自身从事研究的经历和对国际上高等教育的观察出发，认为："办教育与做学问，都应顾虑到他的整个性，不应当断章取义，必须使各部门取得联系互相发汇，合力致用。本来学问是整个的，名称虽有阶层或部门的分别，但运用的手，必须互相联系。"1936年，他率团赴美考察高等教育，恰逢哈佛大学成立三百周年纪念，他注意到哈佛校方正在筹划学系的沟通并注意免除"现时代高等教育的过度部门化与僵硬性"，"如生物化学、物理、化学打通来研究，都是顾到整个性的说法"。他对此深以为然。他说："化学、生物是两门学科，但谈营养化学的时候，生物同化学，是分不开的；又如农业经济，农林生物是应用的学科，但他（它）不能离开纯粹的经济学植物学不谈。"金人的研究工作显然也需要学科交叉，比如"金大小麦改良品种，是全国著名的，改良小麦是农业的事，但要谈到小麦的营养成分与面粉的性能，就与化学物理有关

---

① 章开沅、余子侠主编，王运来著：《诚真勤仁　光裕金陵——金陵大学校长陈裕光》，济南：山东教育出版社，2004年，第355页。
② 《本校举行六十周年纪念志盛》，《金陵大学校刊　本校六十周年纪念专号》第376号，1948年11月13日。

了"。①

民国时期的高等教育处在传统文化与西方科技知识激烈碰撞的背景之下，陈裕光既接受了传统文化教育，又曾留学海外，受过系统的西方科学训练，因此他要求大学教育需要涵盖自然科学、人文科学、社会科学等多方面，让教育构成一个整体，对学生进行文理兼通的全面培养与关照。在金大，学生虽然各自有自己专门研究的学科专业，但文科学生需要了解自然科学，理、农学生也需要有良好的写作与沟通能力。陈裕光曾将学校比作工厂，"他（它）如一个工厂，技术是须得各种工程师；但经理则除组织的头脑外，更应当深通人事方面的学问，如法律、政治、金融、物料来源等等。所以要促进社会的组织，发展国家的产业，把国家真的建设起来，从而叫它近代化，是要各部门学术尽量地联系"。②陈裕光从学科的彼此联系、互相渗透出发，强调教学、学习的整体性，任何做学问研究的人，都要兼习文理、中西兼通，不可偏废。

3. 沟通中西、文化互惠

在金大创校初期，传播基督教文化、为教会系统培养人才是其主要的办学宗旨。陈裕光接任校长后，逐渐弱化了学校传播基督教的功能，代之以沟通中西文化、介绍西方之先进科学为办学目标和办学特色。在1948年金大建校六十周年纪念的校长演讲中，陈裕光集中阐述了金陵大学"以沟通中西文化为职志"的目标。

回溯本校为外籍校友所创立，因此以沟通中西文化，介绍西方之新进科学，为其自然的特点，而文化亦因沟通，而更加发扬。本校对此宗旨，始终未渝。……即本人自办学以来，亦一

---

① 《陈校长讲教育的整个性》，《金陵大学校刊》第271号，1940年3月10日。
② 《陈校长讲教育的整个性》，《金陵大学校刊》第271号，1940年3月10日。

再与本校同仁与同学畅谈本校办学方针，以沟通中西文化为职志。本人曾于三十二年六月在成都华西坝五大学举行毕业典礼时云："五大学之共同职志，乃在沟通中西文化，取人之长，补己之短，使吾国固有之文化，更臻完备。"三十四年一月，应邀赴美，曾与纽约时报记者谈话亦以沟通中西化，为今后中国办学之方针。返国后，亦以此项意见，告诸同学云："学术本属国际的，希腊的哲学，早已传诵全球，近代的科学，不分国界，到处研究。可是中国的学术，至今还没有特殊的进步，更不用想在国际间取得一个领导的地位。所以本人此次出国，目的也在沟通中西文化，交换学术研究，使本校的学术标准有所提高。"此盖东西之文化，各有所长，若能互相发明，则世界上之文化，更见灿烂光辉。①

　　陈裕光在少年求学之时，先在传统书塾学习四书五经、识字作文，而后进入西式汇文书院，学习英语与西方科学知识，大学期间研究化学专业知识的同时亦大量阅读中国传统文献，留学期间则努力汲取西方科学知识、锻炼实验动手能力。在陈裕光身上，有着化学、化工、宗教、西方文化和国学、历史、教育、书法同时精通的统一。语言方面，陈裕光精通英语、法语、德语、日语，他的"英文书写水平使令许多英美人士自叹弗如"。②陈校长翩翩儒者气质，"他平时总是穿着一套已穿多年但不失整洁的中式服装"，在学生中广受认同。

　　对待学生，陈裕光时常教导他们要做到中西兼容。英语教学

① 《本校举行六十周年纪念志盛》，《金陵大学校刊　本校六十周年纪念专号》第376号，1948年11月13日。

② 章开沅、余子侠主编，王运来著：《诚真勤仁　光裕金陵——金陵大学校长陈裕光》，山东教育出版社，2004年，第293页。

是金大的一大特色。新生入学考试对英语有很高要求，入学后所用课本，除国文和中国经史等外，均为英文教科书，各种文娱活动也多采用英文。但陈裕光教导金大学子"非欲多添徒穿西装之青年"①，而是能以熟练的西文为基础、兼通中西的国家人才。金大在课程设置上注重西方科学知识和文化，其中以化学、生物、植物、医学、农学等自然科学为重点。与此同时，陈裕光教导金大学生不忘国本，对中国文化与中国社会要有内心的关切与切实的体认。陈裕光在金大一直推动国学研究，弘扬中国优秀传统文化，并于1930年成立了中国文化研究所，聘任了诸如徐养秋、刘国钧、吴景超、商承祚、李小缘等著名学者来校任教，为金大赢得了广泛的学术声誉，更为丰富祖国文化宝库做出可贵的贡献。

陈裕光倡导贯通中西来实现文化的互惠。在1941年春季学期的金大开学典礼上，陈裕光校长在报告中提出"文化的互惠"的概念："简单说起来，就是求人我文化长短之互相沟通与弥补。我们固不必太自负，藐视人家，我们也不必太自弃，妄自菲薄。我们是要求大家互相受惠，而不需彼此毁谤。我们更希望能根据互惠的精神出发，进一步能使我们在学术上文化上研讨的结果，可以超过'互惠'而能多多'惠人'，并且与我们同道的文化机关共同努力。"②陈裕光作为教会大学的校长，能做到将教会学校文化本土化，赋予中西结合的新方向，既学习与借鉴了西方文明的成功经验，又能以中国文化与社会实际为出发点，使金陵大学在办学中融会贯通中西文化。

---

① 南京大学高教研究所校史编写组编：《金陵大学史料集》，南京：南京大学出版社，1989年，第45页。
② 《陈校长出席报告：本校的精神及新约的意义》，《金陵大学校刊》第317号，1943年3月1日。

三、学以致用与服务社会

　　陈裕光非常重视教学、科研的实用价值和服务社会，强调教学、科研和推广（服务）三位一体，是金大教学科研实践的指导思想。他说："学以致用，是我国先儒一贯的说法，本校也常注意到这一点。在京时曾由文学院社会学系与农学院办理毛织手工业，以救济南京缎织工业之失业者，颇著成效。迁川以来，更注重战时经济之小工业问题，最近特别注重川省纺织业之改进。"①

　　作为一位有社会责任感的教育家，陈裕光关注教育实践和教育服务推广。这不仅和抗战建国的需求相关，他也希望通过以金大的办学努力，服务基层，服务社会。金大专门成立社会服务处，组织学生开展服务活动，为失学儿童、成人办夜校，为黄包车夫组建合作社等。在抗战中，当国防重工业广受关注时，陈裕光提出要重视小工业。他认为，"大小工业，都有他们的长处，不能偏废，应该并存，尤其是现在的中国"，"我国的高等教育和普及教育，既是同时并重，大小工商也应有同等的情形"。他发现"小工业很多是以家庭为单位的，因此可以较好地解决劳资纠纷的问题；同时现代国家的一个重要困境是乡村和城市的发展不能合理地衔接，在中国尤其表现为农民一年中有大部分空闲时间，不仅无能用于发展生产，提升经济，还'不能自安'，引出很多社会问题。通过发展小工业，使它成为农民们的副业，农民们可以务农，可以作工，亦可以作商。冬日便可以不至于长日漫漫，无事可做。所以，小工业制度，应该成为乡村同城市衔接的一个良好的组织。但发展好小工业，必须尽量适当的改衔接良以实现发展。当前中国的小工业，需要机械的改良、技术的训练，从而在可能的范围内，工具机械化、

---

① 《陈校长讲教育的整个性》，《金陵大学校刊》第 271 号，1940 年 3 月 10 日。

组织科学化。但小工业自身力量太小，应该借助政府等外力，将小工业组织起来，分工合作，将销售、运输、经济、人事、法律等问题，大家用合作方法和力量，联络起来"。但金大力量有限，他希望国内有力量的团体，能够提倡这个小而有大希望的事业。[①]

　　陈裕光一直强调金大要"为中国人民办学"[②]，因此金大的许多科研教学研究活动都贴近社会、适合国情。如教育电影，其"为开通民智，促进科学化之最良工具，数年前，本校理学院即设教育电影部，年来与教育部电影教育委员会及四川教育厅等机关合作，诸如科学影片，边疆影片，以及地方资源影片之实地摄制与推广，效用更为弘阔。将来希望把教育影片的材料用到大学教学和研究里面去，其他本校注意到学术的应用，方方面面很多"[③]。又如柑橘改良问题，据"近人的考据，美国的'山克斯蒂'本来是从中国经过中亚传到欧洲，由欧洲传到南美。再由南美因为一个国会议员传至加州，试验栽培不过九十年的历史，可是一九三七年的纪录，加州产橘柑共值一万万零七百万美金，由此我们可以看到学问的实际化，与利用厘生了。本校园艺系，年来对于川省柑橘的选种，育苗，贮藏与运输正在加紧研究，十年后将改良柑橘，推及全省，苟能运用得法，则将来的四川，就是美国的加州，或且驾而上之"[④]。金大农学院农业专修科闻名全国，该科"是一年读书、一年实习的两年制工读学校"，为培养农村急需人才做了贡献。农学院还设有农业函授学校、农业暑期学校和蚕桑职业班等，致力于农学知识的教授、应用与传播，对国家农业问题的解决发挥了重要作用。

---

① 陈裕光：《前途远大的小工业制度》，《广播周报》第149期，1937年，第19-21页。
② 章开沅、余子侠主编，王运来著：《诚真勤仁　光裕金陵——金陵大学校长陈裕光》，济南：山东教育出版社，2004年，第198页。
③ 《陈校长讲教育的整个性》，《金陵大学校刊》第271号，1940年3月10日。
④ 《陈校长讲教育的整个性》，《金陵大学校刊》第271号，1940年3月10日。

在陈裕光的带领下，金陵大学不是一所高高在上的"象牙塔"，金大师生不仅重视书本知识，也强调实践与应用，坚持研究以实践为基础，教学以服务于实践为终点，努力解决国家社会遇到的种种迫在眉睫的问题，发出知识界的声音与提供援助，使得金大不仅在学术方面取得了傲人成绩，而且促进了国家与社会事业的发展。

第三节　陈裕光的办学实践

陈裕光担任金大校长20余年，掌校期间，他展现出卓越的治校才能，先进的办学理念，热忱的爱国之心，以及坚定不移为祖国培养人才的决心。陈裕光先后对金大的行政组织进行了改革，校务委员会常务委员会及其下各分管委员会的设立，以及教授治校等政策体现了他民主办学的管理理念；在学校经费筹措方面，陈裕光不断奔走海内外，寻求国内外资金支持与国民政府教育部的经费补助，在动荡年代保障了学校正常教学活动的开展；对待校内教职员，陈校长主张"用事业留人"；对待学生培养与管理，则严格规范他们的学业、操行与个人品格。作为一位蜚声海内外的教育家，陈裕光用自己的诚笃、真诚、忠勤、仁爱精神，为国家与社会培养了大批优秀人才。

一、民主办学的典范

1927年，陈裕光出任金大校长后，他秉持革新之精神，对学校行政管理进行了一系列调整。金大原托事部改称"创始人委员会"，原理事会改称"金陵大学董事会"，直接负责金大校务管理。金大校董会由30人组成，中国董事占全部董事会员的2/3，改变了以前金陵大学董事会全权由西人把持的面貌。

根据1929年7月国民政府颁布的《大学组织法》，陈裕光在金大组织了校务委员会，该会享有"编造学校预决算及决定其他财政事务，审核学系及课程之设置和废止，审议有关学校建设和添置设备之提议，决定制定或废除学校内部之规章制度，处理学校内部其他重要事务"[①]的职权。因校委会人数众多，集会不易，本着贯彻民主之精神，陈裕光提出成立"校务委员会常务委员会"。常务委员会设成员10余人，每周召开一两次会议，集体讨论研究学校事务。陈裕光曾说："学校的事，尤其是重大的或难办的事，都是由校务委员会或其常委会决定的。在会议作出决定之前，必定要进行充分的讨论，认真听取每一位委员的意见；有分歧时，我从不利用校长的职权过早决断，宁肯事前多费些时间加以研究和讨论，这次会议未形成决议的，顺延至下一次乃至再下一次会议上进行决议。这样决定的事情，执行起来阻力会少一些；大家思想统一，克服困难的积极性也高一些。"[②]

校务委员会常务委员会中教授成员占据相当比例，陈裕光晚年曾介绍说："我们创设了一个常务委员会，成员不过十余人，而教授所推选的就有六人"，"学校行政，主要是把教师的意见集中起来。这可算，接近民主办学、教师治校的意义！"[③]著名学者刘迺敬、魏学仁、谢家声、刘国钧、吴景超、柯象峰、章之汶等人均曾为校务委员会常委会的成员，与陈裕光共同处理校务。

———————————

① 　章开沅、余子侠主编，王运来著：《诚真勤仁　光裕金陵——金陵大学校长陈裕光》，济南：山东教育出版社，2004年，第117页。

② 　邵艺：《陈裕光：华人校长第一人》，《中国档案》2016年第10期。

③ 　陈裕光：《关于回忆稿的主要修改意见》（辛），手写稿，1986年，转引自章开沅、余子侠主编，王运来著：《诚真勤仁　光裕金陵——金陵大学校长陈裕光》，济南：山东教育出版社，2004年，第118页。

在校务委员会常委会之下，金大还设有各种专门委员会。根据《金陵大学总章程》可知，常委会下各委员会还包括：友好关系委员会（向中国人民宣传学校的工作，与有影响的中国人士建立友好关系），一般会议委员会（负责安排各学校教堂的执事、星期日礼拜的演讲者以及一般讲座，和准备毕业典礼仪式的各项内容），图书管理委员会（决定图书馆的基金分配，扩大图书馆的活动范围、制定图书馆房屋的建筑规划以及图书馆设备的种类等），博物馆管理委员会（对学校博物馆行使一般的管理权，另有接收标本、安排展出、征求展品等职权），出版委员会（征集学校出版的各种出版物的副本交图书馆保存，在需要时对学校的出版物行使编辑的职权，照看出版物印刷的整个过程包括校对，各出版物如以学校的名义出版或声称代表学校，须经该委员会许可），体育运动和体育锻炼委员会（负责学生的体育运动、体育锻炼以及学生的医疗保健，同时审核批准各个单位之间的比赛日程安排，并承担开展体育运动和体育锻炼的全部费用），招生委员会（负责各科和学校招收新生的工作）。[1]各委员会分工明确，让金大各方事务得由专业人士讨论解决。

陈裕光回忆称，他在金大时，"十多位常委几乎每周有一二次集会，讨论、研究校务，并对各项重大措施制定决策"。他将之称为"共和精神"。[2]由于金人教职员队伍长期保持稳定，校务会议常务委员会人员变化不大。无论是校务会议，还是常务委员会，其成员绝大部分是中国人。金大校内的这种"共和精神"，使得学校的运行和管理保持着较强的延续性和稳定性。在校长出缺之时，学校

---

[1]　南京大学高教研究所校史编写组编：《金陵大学史料集》，南京：南京大学出版社，1989 年，第 111 页。

[2]　金陵大学南京校友会编：《金陵大学建校一百周年纪念册》，南京：南京大学出版社，1988 年，第 13 页。

也能平稳运行，管理有序。1936年6月，陈裕光赴美参加会议并考察教育，历时达半年之久。在此期间，金大没有设代理校长，而是由文理农三院院长、毕律斯、柯象峰、张坊、袁观贤七人组织行政委员会负责主持。①由三院院长轮流担任主席两个月，主持校务。

在陈裕光民主治校原则下，金大摆脱了外国教会的主导和控制，校内教职员得以群策群力，将学校管理权主要由中国籍教员与行政人员行使，这既吸引了有才能的教职员在金大参与办学治校，也为更好培养所需人才铺平道路。

二、多方筹措经费

教育是兴国之本，教育经费的稳定是维持学校教育弦歌不辍的关键。陈裕光曾于1935年3月由菲律宾返校后谈其教育时提出："教育之发达，即若干独立国家，亦不能与之抗衡，岛中各级教育，均极普遍，其缘因：教育经费之巩固定额，为国家总预算百分之四十。"②可见陈裕光对教育经费的重要性认识深刻。早在1923年执教北京师大时，他已经对学校财政问题予以关注，指出北京师大"经济状况一年比一年坏"，"花一笔钱必先想是否为全体用"，同时花钱必须公开，而不能校长随意支配，"中国财政不公开正是国政紊乱的病源，所以我们学校经济必得完全公开绝对"。③

陈裕光出任金大校长前，来自美国差会的资金是金大最稳定也是最主要的收入来源，体现了各合作差会与金大的直接经济纽带关

---

① 《陈校长出国考察校务由行政会议负责》，《金陵大学校刊》第198号，1936年9月7日。

② 《陈校长返校后谈菲律宾教育、卫生、治安、监狱、华侨等况》，《金陵大学校刊》第151号，1935年3月25日。

③ 《陈裕光先生开学日演说》，《北京师大周刊》第205期，1923年10月14日。

系。陈裕光掌校后，金大校董会近2/3为中国董事，在经费与校产方面，金大的创始人委员会与在华的董事会是一种所有者与承租者的关系："由创建者委员会将学校的地产、建筑和设备租给校董会，租期自1928年7月1日起共5年，名义租金为一美元的中国货币。这个租借可以在双方同意的情况下继续一段时间。""如果由于任何原因，创建者会认为……校董会不再成为金陵大学的管理者，创建者委员会有权立即重新占有这些财产。"①除了纽约的创始人委员会对校产的绝对占有权外，金大的财务管理系统也不向校长负责，而是向创始人委员会和校董会负责，用陈裕光的话讲："金大的经济命脉掌握在美国教会手里。"②虽然如此，陈裕光为金大筹措经费仍做出巨大贡献。

1927年国民政府成立后，金大所处的中国时局发生重大变化。差会拨款不能如期，且常常少于原预算，这在1927年"南京事件"后的几年较为明显。时局骤变同时影响的还有学生入学数的骤减，以及由此带来的学费方面收入来源重受打击。在1932年9月，陈裕光在校董会上报告说："（当年）总计各项损失至五六万元之巨"，且"恢复之日，遥遥无期，本校今后经济前途，虽经当局勉力支持，仍未许过分乐观"。③为应对学校经费短缺，陈裕光将更多精力投入为金大开源，其中一项重要的工作，即积极争取国外社会团体和个人对金大的捐助。1929年至1937年，太平洋国际学会与金大农学院合作进行的"全国土地利用调查"计划得到了洛克菲勒基金会

---

① 南京大学高教研究所校史编写组编：《金陵大学史料集》，南京：南京大学出版社，1989年，第107页。
② 陈裕光：《回忆金陵大学》，金陵大学南京校友会：《金陵大学建校一百周年纪念册》，南京：南京大学出版社，1988年，第12页。
③ 《反日专号　暴日侵华之经过及吾人应抱之决心》，《金陵大学校刊》第36号，1932年9月12日。

每年约1万美元的资助。[1]美国霍尔基金会与哈佛燕京学社也对中国各基督教大学提供了资助，1928年，霍尔基金会为金大提供30万美元，专门用于设"中国文化研究所"。美国康奈尔大学农学院作物育种系、洛氏世界教育局、美国国家博物院、纽约市市立植物园、美国丝业公会、美国哈佛大学等国外机构也与农学院构建起涉及经费捐助的合作，有利于农学院的教学、研究与推广。

　　除了争取国外个人与团体的资助，中国政府的经费补助也是陈裕光努力争取的重要资源。1927年"南京事件"后，中美两国交涉，美方将中国政府作为赔偿的30万元捐助金大。国民政府决定将此项款额用于捐助金大建造一座现代化的图书馆，这是国民政府给金大的一笔重要捐助。1930年，国民政府教育部制定私立大学、专科学校的奖励办法，对已立案私立大学、学院和专科学校中办学优良者，由中央或省市政府酌量拨款补助。[2]1934年，教育部从国库中每年提取专门经费72万元补助已立案的优良私立专科以上学校。当年，金大依规向教育部请款，最后核准拨下3万元。[3]此后，教育部每年都给予金大此项经费补助，作为经常性补助，有利于金大设置教席、购置设备与购买图书等用途。

　　陈裕光还曾将个人收入捐出作为学校经费。全面抗战爆发后的1939年，学校西迁成都后面临各项困难。此时陈裕光因担任国民政府参政员，每月有350元的公务费可用于差旅及相关公务。尽管西迁后陈裕光自己的家庭也面临巨大的生活压力，但他还是毅然将除差

---

① 　《25年来金大农业经济系之概述（摘要）》，《南大百年实录》编辑组编：《南大百年实录（中卷）：金陵大学史料选》，南京：南京大学出版社，2002年，第268页；《太平洋国际学会资助本校作全国土地利用调查》，同上，第270—271页。
② 　《教育部订定私立大学、专科学校奖励及取缔方法（1930年8月23日）》，中国第二历史档案馆编：《中华民国史档案资料汇编·第五辑·第一编·教育（一）》，南京：江苏古籍出版社，1994年，第180页。
③ 　《教育部补助本校三万元》，《金陵大学校刊》第129号，1934年9月10日。

旅之外该项公务费的节余费用（到1939年4月为1 000元）交给金大用于学校事务。

经费有效运作是学校得以生存与发展的重要一环，陈裕光在经费筹措上对金大贡献颇多，使金大能一直拥有相对稳定的资产资源。金大经费原先主要依靠差会拨款，随着资金来源渠道不断被拓宽，中外各类捐款与政府资助都成为金大收入来源的重要补充，保障了动荡时期金大的持续发展。

三、"用事业留人"

克拉克·克尔曾在《大学的功用》一书中指出："在非常实际的意义上说，教职员整体就是大学本身——是它（大学）最重要的生产因素，是它荣誉的源泉。"[①]大学之本在于大师，而金大对于教职员的聘任与管理，作为校长的陈裕光一直强调"用事业留人"[②]。一方面，让教职员在金大获得足够的尊重；另一方面，用科研及教育事业吸引他们，让他们获得职业成就感。

1927年6月，南京国民政府教育部公布《大学教员资格条例》，规定大学内部教员应分为助教、讲师、副教授、教授四个等级，并对各等教师的资格进行了相应的规定。[③]金陵大学在陈裕光掌校后的

---

① 克拉克·克尔：《大学的功用》，陈学飞等译，南昌：江西教育出版社，1993年，第70-71页。

② 章开沅、余子侠主编，王运来著：《诚真勤仁 光裕金陵——金陵大学校长陈裕光》，济南：山东教育出版社，2004年，第190页。

③ 聘任条件如后。助教：国内外大学毕业，得有学士学位而有相当成绩，于国学上有研究者；讲师：国内外大学毕业，得硕士学位而有相当成绩者，助教完满一年以上之教务而有特别成绩者，于国学上有贡献者；副教授：外国大学研究院研究若干年，得有博士学位，而有相当成绩者，讲师满一年以上之教务而有特别成绩者，于国学上有特殊贡献者；教授：副教授完满二年以上之教务，而有特别成绩者。参见《大学教员资格条例》，《大学院公报》第1卷第1期，1928年。

次年（1928）正式颁布了《金陵大学教职工的职称分类和薪水等级条例》，也将教师群体内部分成教授、副教授、讲师和助教四级，职员分类增加了第五级别助理。具体资格认定如下：

  1. 助教所需要的资格为

  （1）具有大学学士学位的大学毕业生，并能完成交给他的工作；

  （2）对国学有研究。

  2. 讲师所需的资格为

  （1）大学毕业得有学士学位，对研究有贡献者；

  （2）对于国学研究有贡献者；

  （3）充任助教三年以上，或同等工作并有其突出成绩者。

  3. 副教授的资格为

  （1）得有硕士或博士学位，并在某一学术领域有相当之研究成绩者；

  （2）在国学上作出特殊贡献者；

  （3）充任讲师五年以上或同等工作，并有特殊成绩者。

  4. 教授资格为

  充任副教授五年以上，或同等工作中作出特殊成绩者。[①]

  在聘任前，新教职员的资格由校长指派的聘任委员进行审查。聘任后，校长向董事会提出报告，得到认可后，报请中央教育行政机关发给聘任证书。

  关于教员的升等与晋级，学校以其学历、经验、教学研究成

---

① 南京大学高教研究所校史编写组编：《金陵大学史料集》，南京：南京大学出版社，1989年，第148页。

绩、服务能力与精神作为评审标准。助教升讲师需要充任助教三年以上，讲师充任副教授需要其工作五年以上，副教授升教授需要充任副教授五年。[①]相较于同时代其他公私立大学，金陵大学对教师的升迁年限规定更长，一定程度上放慢了大学教师职称晋级的速度，且要求在大学教师在该级别中进行较长时间的服务。教员的升等晋级，一般先由系务会议讨论，系主任根据以上条件加以判断，并写成书面推荐，连同著作与证件交予院长，提交院务会议以作初步评审，后由院长汇交校长提请升等晋级委员会评审。教员晋级每学年根据考绩办理一次。

关于金大不同等级教职员的薪水分级和分档，1928年的《金陵大学教职工的职称分类和薪水等级条例》也有条文规定，如下：

表5-1 教职员的薪水分级和分档

分级	1	2	3	4	5
教授	$290/300	$270/280	$250/260	$230/240	$210/220
副教授	200	190	180	170	160
讲师	150	140	130	120	110
助教	100	90	80	70	60

资料来源：《金陵大学教职工的职称分类和薪水等级条例》，南京大学高教研究所校史编写组编：《金陵大学史料集》，南京：南京大学出版社，1989年，第148-149页。

金大教职员的薪酬在当时社会处于何种地位呢？据民国时期的社会调查，20世纪20年代中后期，上海的普通纱厂工人每家平均一月的总收入约为33元，半年合计约198元上下。[②]南京的人力车夫

---

① 南京大学高教研究所校史编写组编：《金陵大学史料集》，南京：南京大学出版社，1989年，第148页。

② 杨西孟：《上海工人生活程度的一个研究》，李文海主编，夏明方、黄兴涛副主编：《民国时期社会调查丛编 城市（劳工）生活卷（上）》，福州：福建教育出版社，2005年，第263页。

全家每月收入在15—30元之间，半年合计平均135元上下。[①]由此可见，在金大充任讲师或副教授一个月的薪资可比上普通劳工家庭半年的总收入。再比起同时代的公务员和其他专业技术人员的收入，以行政人员为例，虽然存在中央与地方、职位高与低的差别，但总体来说政府官员的收入处于当时社会的中上水平。例如国务院总理月俸1 500元，稽勋局局长月俸600元，佥事月俸300元等。[②]再以律师为例，民国律师收入很高，据析假定每月某知名律师"每月他撰写一份诉讼上诉状、出一次庭、协定一次文件、代为声明事件一次、履勘调查一次、专约征求意见一小时，那么他每个月至少可以收取公费274元"[③]。总体来看，金大教职员的收入大概可维持其处于社会中上层的地位。

大学所设，"不特为教课机关，亦探讨高深学术之城府"。[④]大学教师不仅传授知识，研究高深学问亦是他们日常工作不可缺少的部分。学者出身的陈裕光注重学术研究，注重在办学中发挥科研的作用，鼓励教职员学术研究的自由。陈裕光说，金大教师可以"各行其志，研究他认为值得研究或他感兴趣的课题，没有是否完成任务的'硬杠杠'，也没有不能研究的'学术禁区'"。[⑤]金大为师生提供了图书馆、实验场等优良的条件设备。根据1940年12月的统计，金大图书馆共计有中文书121 543册，西文书27 607册，中文杂

---

① 言心哲：《南京市人力车夫生活状况调查报告书》，李文海主编，夏明方、黄兴涛副主编：《民国时期社会调查丛编　城市（劳工）生活卷（上）》，福州：福建教育出版社，2005年，第1254页。

② 沈航：《民国北京政府中央官员收入问题研究》，《浙江社会科学》2015年第12期。

③ 邱志红：《民国时期北京律师群体探析》，《北京社会科学》2008年第4期。

④ 王家楫：《大学教授之任务》，《国风半月刊》第8卷第5期，1936年。

⑤ 陈裕光：《关于在金大时期的特殊情况》，手写稿，转引自章开沅、余子侠主编，王运来著：《诚真勤仁　光裕金陵——金陵大学校长陈裕光》，济南：山东教育出版社，2004年，第209页。

志57 931册，西文杂志60 322册。①优良的图书实验设备，为金大教师开展研究工作提供了物质基础。

陈裕光支持金大教师进行研究所必需的社会实践。社会学教授柯象峰为掌握社会学、民族学方面的一手资料，曾多次去川西彝族、藏族居住地区进行社会调查，获得大量宝贵资料。理学院院长魏学仁为发展教育电影事业，曾亲自参加我国日全食观测队，于1936年到日本北海道观察拍摄，成功拍摄了世界第一部日全食彩色电影。金大不但培养了众多在各界有杰出贡献的学生，教师朋辈亦在研究职内大放异彩，研究成绩相当突出。

陈裕光强调中西文化的交流互通，对教职员出国进修也是相当支持。根据《金陵大学现任讲师以上教员初次休假、出国进修暂行办法》，"凡本校讲师或讲师以上之教员，曾在国内获得学士学位且历年来之成绩总均与其外国语之成绩均在中等以上（或相等于75分以上）并在本校任教前后满5年以上成绩卓著者，得予休假，赴国外深造，时间暂定1—3年"。②进修期满后须返校服务至少3年，返校后2个月内须提交研究经过及研究结果的报告。金大为教师出国研究进修提供机会，注重提升教职员工的学术能力，扩展他们的研究视野与思维，对其研究发展大有裨益。教职员留学考察归国后，要求必须服务本校至少3年，且应将留学期间考察或研究成果详具报告上呈，表明教师群体在享受留学权利的同时，也要为学校服务，实现学校发展与自身提升的良性互动。

金大教职员中有相当比例的本校毕业生，他们在出国留学后，又被返聘回校效力，致力于用所学知识回馈金大。金大校园文化的一个重要特色便是"家庭化"氛围，学校教职员之间、师生之间，

① 南京大学高教研究所校史编写组编：《金陵大学史料集》，南京：南京大学出版社，1989年，第234页。
② 同上，第152页。

人际关系都十分和谐融洽，"学校等于家庭，师长同学情同叔伯兄姊"①。陈裕光校长就经常邀请教职员工及其亲属及学生干部到家中举行茶会，园艺系主任胡昌炽每逢周末就请一些学生到家中茶叙，诸如此类，不胜枚举。②许多校友在日后谈起母校金大时总能想起他们在教授、校长家中进行娱乐活动的回忆，使金大校园里充满着家庭生活的温馨与美好。

四、制度严明：对学生的管理

陈裕光求学期间是活跃的学生积极分子。他在美国留学时曾先后出任留美学生月刊的总经理（1919），哥伦比亚大学中国学生会会长（1921），兼任美国赈灾运动中国委员会主席等。在他出任金大校长后，对学生管理与学生教育也投入极大精力和热情。

1. 严格的学业管理

陈裕光将教育视为民族国家建设的基石。他说："民族的建国工具即是教育，基础有稳固的希望，前进自有鹏程。"③对于教育的使命，在1930年金大秋季学期开学典礼上，陈裕光提出金大办学的目标即"应用近代的教育方法，建设适用的建设人才；融合各种学术的研究，促进我国的新文化"。④对于求学应有的态度，他认为："夫命世之才，必有过人之节，卓然超群，更非笃学不为功。"⑤在陈裕光的带领下，金大制定了严格的学业管理制度，学生学习氛围浓厚。

---

① 张宪文主编：《金陵大学史》，南京：南京大学出版社，2002年，第415页。
② 章开沅、余子侠主编，王运来著：《诚真勤仁　光裕金陵——金陵大学校长陈裕光》，济南：山东教育出版社，2004年，第227页。
③ 《民国二十年》，《金陵大学校刊》第12号，1931年1月16日。
④ 《本校演讲》，《金陵大学校刊》第2号，1930年10月17日。
⑤ 《陈裕光赠本届毕业生》，《金陵大学校刊》第349号，1945年7月16日。

金大一向采取学分制，学生每学期都需修读规定的学分数。学分数以学生学习时间为准，一学分需花费每周约三小时的学习工作量，包括上课、自修、实验、实习、完成课外作业等。学生在校年限规定为四年，但金大实行的并非年级制，教务处每学期根据每个学生所得学分数核算其应在的年级。学分制的实行，在动乱年代有助于清寒家庭出身的学子半工半读，有些学生因经济困难或战乱暂时休学离校，待其经济好转再度复学，可以在之前已修学分的基础上继续修读，直至完成学业。学分制的实行还对校际互相选课提供方便，全面抗战以前，金大和金女院两校学生就可互选彼此课程。全面抗战西迁后，金大、金女院、华西协合大学、齐鲁大学、燕京大学五校均可互选彼此课程，无需另付课程费用或办理转学手续。

金大学生可在包括主修、辅修和选修三类课程中获取学分，各院系规定的学分数也有差别。"文学院各系规定主修学分最低有32个，最高有48个，辅修学分各系也不相同，最低有20个，最高有28个；理学院各系的主修为40—60学分，辅修有25—35学分；农学院各系主修为32—41学分，辅修为20—30学分。"[①]一般规定，一年级上、下学期各需学分18个，二、三、四年级各学期需修学分16个。此外，尚有三民主义4学分须于一年级上、下学期修读，体育按照每学期各1学分共8学分计算，第三学期伦理学3学分，总计学分数147个。

关于课程，金大立案前多使用英文教学与英语课本。立案后，陈裕光十分重视学生对中国传统文化的学习与理解，希以培养学生具有双语阅读与写作能力。金大设有文、理、农三学院，但学校希望学生的知识面可以得到拓展，文学院学生也有诸如数学、生物

---

① 戴邦彦：《金大的学分制》，金陵大学南京校友会：《金陵大学建校一百周年纪念册》，南京：南京大学出版社，1988年，第122页。

学、自然科学概论等的基础科学课程，理、农科的学生亦有语文、历史学、经济学的必修课程。在对自己主攻专业进行研究探索的同时，金大学生也被要求具备渊博的知识和广阔的视野。

金大管理学生另一特色就是导师制。全校学生按照正、辅系或相近系被分成若干组，每组5—7人，设置导师1人加以管理。同时校长聘请总导师1人，综合管理全校学生训导工作。"导师对于学生之学业、思想、行为及身体状况，应依照格式详密记载，每月及每学期终了，按期报告总导师，由总导师汇集报告本校训导处，转教务处登记存案，作为操行成绩，一并报告学生家长，并作为奖学金、荣誉奖、学生团体代表资格等考查之。"①通过导师制，金大对学生的学业状况、思想状态都能较好掌握，对其中不良行为予以训导，也加强了导师与学生之间的密切联系与交往。诚如农学院院长章之汶所言，"学校等于家庭，师长同学情同叔伯兄姊"，"师生老幼，休戚相关，苦乐与共"。②

2. 关注学生仪节和"四H"运动

陈裕光校长对于培养学生平时的个人行为、待人接物、尊重他人等君子之仪也有要求，他糅合中西文明礼仪，为金大学子亲手制定了金陵大学《学生仪节》，内容包括个人事项、好奇心、公共聚会、运动比赛、尊重妇女、称呼、介绍、拜访、宴会等九项不同规定。③其中个人事项包括有个人清洁、卧室清洁、公共地点应行之文明礼节等，好奇心要求学生克制对他人私事的了解欲，公共聚会时要遵守秩序，运动比赛时要竭力拼搏，面对妇女须格外尊重，称呼

---

① 南京大学高教研究所校史编写组编：《金陵大学史料集》，南京：南京大学出版社，1989年，第135页。

② 张宪文主编：《金陵大学史》，南京：南京大学出版社，2002年，第415页。

③ 南京大学高教研究所校史编写组编：《金陵大学史料集》，南京：南京大学出版社，1989年，第145-146页。

他人则视对象不同而有所异，介绍、拜访和宴会亦有各种场景之应言应行之道。《学生仪节》虽篇幅不长，却在各方面都对学生提出要求，教导学生"修得君子之气质，绅士之风度"。①很多学生在毕业以后仍对《学生仪节》记忆犹新，它规范了学生的日常行为，培养学生的礼仪品格，体现出中国传统礼教和西方文明习惯相结合的特点，在东方的礼教规范与西方的绅士教育中找到了平衡。

陈裕光还十分注重学生的课外活动与健康问题。他说："欧美人提倡四H运动，是要首、手、心与健康同样注重，可是我们对于这些都没有作（做）好。"②陈裕光要求学生"学业要研究，身体要锻炼，感情要丰富，兴趣要浓厚。不单重课本，还要重才干，非但生活于室内，又要生活于户外。总而言之，理智生活要与情意生活并行，学术生活要与实际生活并行，工作生活要与游戏生活并行，个人生活要与群众生活并行"。③以促进学生知识、能力、心理、身体诸方面的和谐发展。金大历来注重体育教育，很早即拥有一支一流的足球队。1915年，在南京小营，金大学生曾与德国潜艇水兵队进行一场足球比赛，盛况空前，最后金大以3：2获胜。1927年，金大还与沪江大学、东吴大学、圣约翰大学等成立体育联谊会，经常组织联赛，促进了高校间体育运动的蓬勃发展。④1936年，陈裕光在率团考察欧美高等教育时，曾观察到德国大学的特色，在宗旨上是"拿整个人生作为教育目标"，他们对"劳动服务，也是非常注意。在大中小学里面，都是一致地在提倡劳作教育"，德国学校，从小学到大学"都是在养成整齐、清洁的习惯，这样习惯的培养，

① 章开沅、余子侠主编，王运来著：《诚真勤仁　光裕金陵——金陵大学校长陈裕光》，济南：山东教育出版社，2004年，第128页。
② 《本校六十周年纪念专刊》，《金陵大学校刊》第377号，1949年3月15日。
③ 《陈校长主席并勉》，《金陵大学校刊》第374号，1948年9月30日。
④ 参见章开沅、余子侠主编，王运来著：《诚真勤仁　光裕金陵——金陵大学校长陈裕光》，济南：山东教育出版社，2004年，第149-150页。

是任何国所不能及的"，这种教育最终造就了德国的民族成为世界上"最整齐、最清洁、最劳作的民族"，[①]作为教育家，他希望能将此引入中国的教育中来，并率先在金大推广施行。

陈裕光在任职金大校长的24年间，殚精竭虑，脚踏实地，推进金陵大学的中国化、世俗化、学术化和国际化，使金大赢得"钟山之英""南国之雄"的美誉，同时也将自己的名字永远镌刻在金大的史册上。

陈裕光虽求学于教会学校，留学美国，并信奉基督教，但他始终怀有强烈的爱国情感，树立"汉儿发愿建新邦"的雄心壮志，决心献身于民族科学与教育事业。他上任伊始，积极推动金大向中国政府立案，维护民族尊严与教育主权。他坚信，立案既是收回和维护国家教育主权的象征，又是顺应民族自尊心和自信心的时代要求，也是金陵大学健康发展的必由之路。

在治校过程中，陈裕光强调推动金大的中国化。不仅对金大的校董会进行改组，学校的管理权从创始人委员会转向校董会，且校董会以中国人为主，这就从管理体制上解决了金陵大学中国化的问题。陈裕光认为，中国化不仅要在法律和政治上实现，还应在文化上充分体现，因此他不遗余力地推行中国文化的教育与建设，还将中国化延伸到金大教学、研究活动中，强调"适合国情""为中国人民办学"，如开展急需的"人口问题"调查研究、开展抑制焚林垦锄的对策研究及首创中国高等农林教育等。

在处理校政的重要问题时，同时期教会大学的不少中国籍校长常为幕后外国人士所左右，但陈裕光和他们不一样。有学者认为，陈裕光之所以能够抛开"拐杖"，逐渐独立自主地办学，是因为他既拥有统筹兼顾、多谋善断的能力和处变不惊、沉稳应对的修养，

---

① 陈裕光：《考察欧美高等教育之感想》，《蒙文周刊》1937年第160期，第14-15页。

又具有虚怀若谷、从善如流的气度和外柔内刚、信念坚定的性情，从而赢得校内师生的广泛支持。他真诚的爱国情怀和远大的教育家眼光，也促使他赢得师生的尊重。在执掌金大期间，陈裕光将民主治校和制度管理相结合，充分调动了师生参与学校管理的积极性，金大校政长期稳定，为教职员群体维持长期稳定和学生专心研学提供了保障。

严师出高徒。正是陈裕光校长的严格要求，为金大和国家培养了大批杰出的人才。陈裕光掌校时代求学于金陵大学、后来当选两院院士的就有18人之多。活跃于各界的著名人士，如全国人大常委会副委员长彭珮云、中国工程院副院长卢良恕、国务院市场经济研究所著名经济学家吴敬琏、扶贫状元章文才等都是他掌校时期的优秀学生。1985年出版的《中国现代农学家传》中共列54位农学专家，其中金大毕业生就有19位。在台湾地区，也有他掌校时培养的多位学生。如国民党"中央秘书长"蒋彦士、著名诗人余光中、林业专家李顺卿、陶玉田、沈家铭、徐学训等。在海外，取得突出成就的金大毕业生也遍布各地。如国际生物化学权威专家、美国科学院院士李卓皓，英国皇家经济学会终身院士李卓敏，世界著名烟草专家左天觉等。

在他的引领下，金陵大学为国家与社会培养了大批优秀人才，在人才培养、科学研究、社会服务等方面都取得长足进步，成为近代中国办学水平高、办学特色鲜明的著名大学。陈裕光也在中国近代教育史上留下了浓墨重彩的光辉篇章。

附　录

附录一　全面抗战初期战区学校迁移状况表

学校	迁校地址	迁校前地址	学校级别	学校性质
国立北京大学	长沙、昆明	北平	大学	国立
国立清华大学	长沙、昆明	北平	大学	国立
国立北平大学	西安、陕南	北平	大学	国立
国立北平师范大学	西安、陕南	北平	独立学院	国立
国立北洋工学院	西安、陕南	北平	独立学院	国立
国立北平艺术专科学校	湖南沅陵、昆明	北平	专科学校	国立
国立浙江大学	江西泰和、广西宜山、贵州遵义	杭州	大学	国立
杭州艺术专科学校	湖南沅陵、昆明	杭州	专科学校	国立
国立中央大学	重庆	南京	大学	国立
国立政治学校	重庆	南京	独立学院	国立
国立中央工业职业学校	重庆	南京	专科学校	国立
中央国术体育专科学校	长沙、后迁四川北碚	南京	专科学校	国立
国立戏剧专科学校	长沙、重庆	南京	专科学校	国立
国立药学专科学校	磁器口	南京	专科学校	国立
国立江苏医学院	沅陵、北碚，由南通学院和江苏医政学院合并而成	南通	独立学院	国立
国立山东大学	四川，后停办	青岛	大学	国立
国立同济大学	江西赣县、昆明	上海	大学	国立
国立上海医学院	1938 年夏，部分迁昆明	上海	独立学院	国立
国立吴淞商船专科学校	停办，1939 年在重庆复校，改称重庆商船专科学校	吴淞	专科学校	国立

接上表

学校	迁校地址	迁校前地址	学校级别	学校性质
国立中山大学	广州	广州	大学	国立
国立厦门大学	福建长汀	厦门	大学	国立
国立交通大学	上海、湖南湘潭	上海	大学	国立
国立暨南大学	上海	上海	大学	国立
中法国立工学院	上海	上海	独立学院	国立
国立上海音乐专科学校	上海	上海	专科学校	国立
国立上海商学院	上海	上海	独立学院	国立
国立山西大学	抗战后停办，1939 年复校	太原	大学	国立
浙江省立医药专科学校	杭州迁浙江临海、1939 年迁天台县	杭州	专科学校	省立
山东省立兽医专科学校	万县	山东	专科学校	省立
江苏省立蚕丝专科学校	四川乐山，并设上海分校	苏州	专科学校	省立
江苏教育学院	长沙，1938 年 1 月迁广西桂林	无锡	独立学院	省立
安徽大学	1938 年停办	安徽安庆	大学	省立
河北省立农学院	停办	保定	独立学院	省立
北平市立体育专科学校	日本接办	北平	专科学校	省立
广东省立体育专科学校	广州	广州	专科学校	省立
广东省立教育学院	广西	广州	独立学院	省立
广东省立劝勤商学院	1938 年迁广西，后又迁广东南部	广州	独立学院	省立
河南省立河南大学	河南镇平	开封	大学	省立
上海市立体育专科学校	停办	上海	专科学校	省立
上海美术专科学校	上海	上海	专科学校	省立
江苏省立苏州工业专科学校	上海	苏州	专科学校	省立
河北省立工学院	停办	天津	独立学院	省立
河北省立水产专科学校	停办	天津	专科学校	省立
河北女子师范学院	停办	天津	独立学院	省立
河南省立水利工程专科学校	河南镇平	郑州	专科学校	省立
私立南开大学	长沙、昆明	天津	大学	私立
私立北平民国学院	长沙	北平	独立学院	私立
私立朝阳学院	沙市、成都	北平	独立学院	私立

接上表

学校	迁校地址	迁校前地址	学校级别	学校性质
私立焦作工学院	西安、陕南	河南焦作	独立学院	私立
私立金陵大学	成都	南京	大学	私立
私立金陵女子文理学院	成都	南京	独立学院	私立
私立齐鲁大学	成都	山东	大学	私立
私立光华大学	一部分在成都	上海	大学	私立
私立复旦大学	四川北碚	上海	大学	私立
私立大夏大学	贵阳	上海	大学	私立
东吴大学	上海，后文理学院迁曲江，法学院迁重庆	苏州	大学	私立
私立无锡国学专修学校	长沙，1938 年 2 月迁桂林	无锡	专科学校	私立
协和医科大学	北平	北平	大学	私立
私立燕京大学	北平	北平	大学	私立
私立辅仁大学	北平	北平	大学	私立
私立中法大学	北平	北平	大学	私立
中国学院	北平	北平	独立学院	私立
华北学院	北平	北平	独立学院	私立
私立福建协和学院	邵武	福州	独立学院	私立
私立福建学院	闽清	福州	独立学院	私立
私立广东国民大学	广州	广州	大学	私立
私立广东光华医学院	1938 年迁香港	广州	独立学院	私立
私立广州大学	1938 年 10 月迁开平	广州	大学	私立
私立岭南大学	1938 年迁香港、粤北	广州	大学	私立
私立之江文理学院	上海	杭州	独立学院	私立
私立华南女子文理学院	南平	福州	独立学院	私立
私立大同大学	上海	上海	大学	私立
私立沪江大学	上海	上海	大学	私立
私立震旦大学	上海	上海	大学	私立
私立上海法学院	上海	上海	独立学院	私立
私立上海法政学院	上海	上海	独立学院	私立
私立上海女子医学院	上海	上海	独立学院	私立
私立同德医学院	上海	上海	独立学院	私立
私立东南医学院	上海	上海	独立学院	私立
正风文学院	上海	上海	独立学院	私立

接上表

学校	迁校地址	迁校前地址	学校级别	学校性质
私立立信会计专科学校	上海	上海	专科学校	私立
私立东亚体育专科学校	上海	上海	专科学校	私立
私立持志大学	上海	上海	私立大学	私立
私立苏州美术专科学校	上海	苏州	专科学校	私立
私立天津工商学院	天津	天津	独立学院	私立

资料来源：1. 教育部教育年鉴编纂委员会：《第二次中国教育年鉴》，上海：商务印书馆，1948年12月第1版。2.《教育部有关迁校地址与各机构的往来文书》，1937年8月12日，教育部档案，全宗号五，案卷号1891（2），中国第二历史档案馆藏。

附录二　1938—1943年金陵大学科研项目表

项目名称	合作机构
农学院	
烟草改良项目	财政部
农作物出口比重调查	财政部
中国重要出口商品的生产与销售成本研究	财政部
出口商品生产成本研究	财政部对外贸易委员会
小麦病害防治和改良种子增殖研究	国家农业改良局
农业推广督导培训项目（Extension Supervisors）	国家农业生产促进委员会
脐橙品种改良项目	国家农业生产促进委员会
改良蔬菜种子及树苗的推广工作	国家农业生产促进委员会
"77"型纺纱机研制	国家农业生产促进委员会
小麦黑穗病研究	国家农业研究局
蘑菇栽培研究	国家农业研究局
小麦研究	国家农业研究局
羊毛编织项目	国民政府
棉花掺假研究	湖北棉花市场管理局
园艺学教师培训课程	教育部
中学农业工作指导	教育部
蚕业养殖工人培训项目	农林部
农村合作社暑期研修班	农业经济部、全国基督教会
脐橙储藏研究经济部门	农业信贷管理局
柑橘类水果的采摘、包装、储存和营销	农业信贷管理局
水土流失的防治研究	水土保持专业委员会
农业职业学校督导工作	四川省教育厅
温江合作社	四川省农业经济工作委员会
四川的农场价格	四川省食品监督管理委员会
四川省土地分类与农业学校管理	四川省政府
四川土地沙化与土壤调查	四川省政府
蚕种养殖	四川省政府
成都生活成本研究	四川省政府

接上表

项目名称	合作机构
农学院	
重庆批发价格研究	四川省政府
四川东北部东江、南江和保雄三个区填海可能性的调查	四川省政府
农业推广机构（Extension bureaus）	四川省政府
四川盐渍蔬菜标准化生产考察与研究	四川省政府
土壤等级和土壤侵蚀等级	四川省政府土地注册局
木材的机械强度研究	铁路部
师资培训项目	中国工业合作社
动物标本采集	华西协合大学、史密森学会
农村服务中心	全国农村重建委员会
四川西南木材考察	私人木材公司
四川农产品价格管控局相关工作	四川农产品价格管控局
棉布生产和市场	四川省棉花局棉花预制站
价格与生活成本	四川战时重建委员会
稻谷研究	中国基金会
合作社高级培训班	中国银行
四川金银价格研究	中央银行
农村干部培训学校	加拿大教会组织
农业经济学、柑橘改良和推广	洛克菲勒基金会
中国的货币与价格	洛克菲勒基金会
四川的木油产业	洛克菲勒基金会
四川的农产品市场	洛克菲勒基金会
四川当地政府考察与研究	洛克菲勒基金会
新图实验县	洛克菲勒基金会
汀帆农业进步委员会	洛克菲勒基金会
影音教育	洛克菲勒基金会
暑期合作社培训班	全国基督教理事会
农业合作活动	全国基督教理事会
兽医研究	中英庚款委员会
林业函授学校	
农民基础学校	
农民初级学校	
文江区农村教育调查	

接上表

项目名称	合作机构
农学院	
峨眉山植物标本采集	
改进型种子工程——以南京小麦为主 2905 的新品种	
塔图河上游地区的森林状况	
成都市的木材及燃料供应情况	
川西蔬菜研究	
茶区调查	
格兰姆斯金苹果做储藏实验	
蔬菜作物改良	
“金大 2905 号”改良小麦	
害虫生活史研究	
成都生活水平研究	
四川桐油树种植增加	
南京大豆 332 种植	
成都商品价格研究	
农产品的销售市场研究	
四川省本地政府的研究	
四川土壤考察	
药用植物的研究	
油桐研究	
种子发芽实验	
中国蝉科	
四川平原内发现的昆虫的生命历程	
木材的收缩和膨胀特性	
四川西部的茶树调查	
大渡河流域调查	
四川森林产业的调查	
理学院	
中国战时工业电影拍摄	国家资源委员会
电化影音专修课程	教育部
电机系专业学生增收工作	教育部
大众教育宣传片拍摄工作	教育部
湿电池工厂	教育部、交通部
自动化工程课程	教育部、交通部

接上表

项目名称	合作机构
理学院	
电机工程课程	资源委员会
西康地理、人文和工业照片拍摄工作	中英庚款委员会
合作建设实验室	重庆楚清（Chuching）中学
微缩胶片项目	
四川当地硫酸铜加工制造	
铁电极涂层的发明与分布	
电镀与电化学项目	
生产防止小麦锈病的化学物	
文学院	
㑩㑩部落考察	教育部
西康社会经济状况考察	西康政府
中国边境项目	西康政府
战时历史材料收集	成都广播站
战时问题演讲	成都广播站
中国民族史研究	
四川历代石刻研究	
整理长沙四川等地古物调查	
中国历史地理研究	
北朝门第研究	

　　资料来源：1.Minutes of the Emergency Executive Committee Meeting of University of Nanking, 1938 to 1944, Box 194, Folder 3361–3364, UBCHEA; 2. Report the College of Agriculture Forestry the University of Nanking, 1939 to 1941, Box 199, Folder 3410、3413, UBCHEA; 3. Report of the college of Science for the year 1940 to 1941, May, 1941, Box 201, Folder 3435, UBCHEA.

附录三 1948年私立金陵大学校董登记表

姓名	年龄	籍贯	职业	详细学历	详细经历	政治主张
陈光甫	68	江苏镇江	金融	美国宾省大学商学士	上海银行创办人、总经理，现任金大校董会董事长	
洪 章	66	安徽含山	赋闲	金大文学士，美国西拉古师大学经济学硕士	南京临时政府内务部秘书，金陵大学、江苏法政大学教授，重庆求精商业专科学校训导长兼教授，南京市私立青年会中学董事长，金大校董会常务会主席及代理董事长	主张民主
鲍哲庆	56	浙江杭州	干事	沪江大学文学士、加拿大多伦多大学神学博士	浙沪浸礼议会总干事	民主
黄安素	67	美国	主教	美国威斯利安大学文学士、硕士，法学博士	美以美会华西区及华东区主教	
师当理	59	美国	教授	美国爱来根里大学文学士、神学博士，耶鲁大学哲学博士	英国剑桥大学研究院研究员，金陵神学院教授，副院长及代理院长	未尝参加政治活动
戚寿南	56	浙江鄞县	医学教育	金大文学士，美国霍浦金大学等校研究得博士学位	中央医院内科主任、成都公立医院院长、中央大学医学院院长	
徐国懋	43	江苏镇江	金融	金大文学士，美国霍浦金大学博士	金大外文系助教、前全国经济委员会秘书、金城银行分行经理	
陈裕华	49	浙江鄞县	金融	金大学士、美国伊利诺伊大学学士、康奈尔大学硕士	中央大学教授、之江大学教授，新华信托储蓄商业银行南京分行经理	民主政治

接上表

姓名	年龄	籍贯	职业	详细学历	详细经历	政治主张
花思科	59	美国	中华基督会会计	美国密苏里大学文学士及教育学士，哥伦比亚大学研究院研究员	美国中等学校教员、芜湖华文中学教员、教会会计等职	
吴贻芳	56	浙江杭州	教育	金女大文学士、美国密歇根州立大学硕士、博士	北京女子师范学校、北京女子高等师范学校教员，金女大校长。国民参政会参政员、旧金山联合国成立会中国代表团代表	主张民主政治
邵镜三	47	江苏南京	中华基督会总干事	金大文学士，美国耶鲁大学哲学博士	南京私立育群中学校长、中华全国基督教协进会干事	
麦克伦夫人	54	美国	教会	美国加州怀体斯大学文学士	青年服务、音乐教员	
蔡汝霖	43	江苏南京	教育	金大毕业、美国菲利普大学硕士、巴黎大学博士	育群中学校长、金陵神学院教授、金大校董	政治民主化、经济社会化
童润之	50	江苏南京	教育	金大农学士、美国加利福尼亚大学教育硕士	南京中华女子中学校长、江苏省立教育学院教授兼农业教育学系主任、中正大学教授兼社会教育系主任、广西大学农学院院长、江苏省立教育学院院长	新民主主义
乔启明	52	山西猗氏	农业金融	金大农学士、美国康奈尔大学硕士	金大农业经济系教授兼主任、中国农民银行农贷处长、农业推广委员会主任委员	
李汉铎	63	江苏南京	神学教育	金大文学士、金陵神学院正科，美国波士顿大学神学博士	卫理公会牧师教区长金陵神学院院长	主张民主
章文新	58	美国	教授	美国西北大学文学士、芝加哥大学硕士、联合神学院神学博士	福建莆田中学校长、金陵大学教授、金陵神学院教授	

接上表

姓名	年龄	籍贯	职业	详细学历	详细经历	政治主张
刘芬资	62	安徽	教育	汇文女子大学毕业、美国哥伦比亚大学教育硕士	金陵中学幼稚园主任、南京女中家政科系主任中央大学女生指导	新民主主义
马保之	42	广西桂林	农业技师	金大农学士、美国康奈尔大学博士	广西农事试验场场长、中央农业实验所技正、善后事业委员会机械农垦办理处长	
杭立武	45	安徽滁县	教育	金大文学士、英国伦敦大学研究员政治学硕士	金大文化研究所兼任研究员、中英庚款委员会总干事、教育部次长	

资料来源：《私立金陵大学主要人员表及校董会等各委员会名单》，中国第二历史档案馆藏私立金陵大学档案，全宗号649，案卷号65。

本卷参考文献

一、档案类

1. 耶鲁大学馆藏亚洲基督教高等教育联合会之金陵大学档案，档案号：190—214。

2. 中国第二历史档案馆藏私立金陵大学档案，全宗号649。

3. 中国第二历史档案馆藏教育部档案，全宗号五。

二、报刊类

1.《金陵大学校刊》

2.《华西协合大学校刊》

3.《燕京学报》

4.《北京师大周刊》

5.《教育季刊》

6.《教育公报》

7.《教育杂志》

8.《中华教育界》

9.《中华图书馆协会会报》

10.《图书季刊》

11.《电影与播音》

12.《边疆研究通讯》

13.《农林新报》

14.《农业推广通讯》

15.《学生生活》

16.《党务通讯半月刊》

17.《战时教育》

18.《社会行政》

19.《申报》

20.《中央日报》

21.《文汇报》

22.《新华日报》

23.《人民日报》

24.《国风半月刊》

25.《星期评论》

26.《通讯半月刊》

三、史料文集类

1. 教育部编:《第一次中国教育年鉴》，上海:开明书店，1934年。

2. 陈诚:《抗战建国与青年责任》，武汉:军事委员会政治部，1938年。

3. 金陵大学编:《五十五年来之金陵大学》，南京:金陵大学，1943年。

4. 金陵大学总务处编:《私立金陵大学要览》，南京:金陵大学，1947年。

5. 金陵大学编:《金陵大学六十周年纪念册》，南京:金陵大学，1948年。

6. 教育部教育年鉴编纂委员会编：《第二次中国教育年鉴》，上海：商务印书馆，1948年。

7. 中华全国学生第十四届代表大会编：《中国学生的当前任务》，西安：西北新华书店，1949年。

8. 南京区大专学校四一血案善后处理委员会编：《凶手，你逃不了！》，1949年。

9. 中华人民共和国教育部办公厅编：《教育文献法令汇编（1949—1952）》，北京：中华人民共和国教育部办公厅，1958年。

10. 杜元载主编：《抗战前之高等教育》，《革命文献》第56辑，台北：党史史料编纂委员会，1973年。

11. 中国国民党"中央党史委员会"：《蒋公思想言论总集》，台北：中央文物供应社，1984年。

12. 周恩来：《周恩来选集（下卷）》，北京：人民出版社，1984年。

13. 中央教育科学研究所编：《中国现代教育大事记》，北京：教育科学出版社，1988年。

14. 中共南京市委党史资料征集编研委员会办公室、南京市档案局：《金陵大学抗议美军暴行运动追忆》，《南京党史资料》，南京：南京市档案局，1986年。

15. 金陵大学南京校友会：《金陵大学建校一百周年纪念册》，南京：南京大学出版社，1988年。

16. 台北市金陵大学校友会：《金陵大学建校百周年纪念特刊》，台北：台湾新生印刷厂，1988年。

17. 江苏省教育志编纂委员会：《江苏省教育大事记（1949—1988）》，南京：江苏教育出版社，1989年。

18. 南京大学高教研究所校史编写组：《金陵大学史料集》，

南京：南京大学出版社，1989年。

19. 王国维：《静庵文集》，沈阳：辽宁教育出版社，1997年。

20. 中国第二历史档案馆编：《中华民国史档案资料汇编·第五辑·第一编·教育（一）》，南京：江苏古籍出版社，1994年。

21. 中央大学北京校友会编：《纪念南京解放暨四一运动五十周年专刊》，1999年。

22. 中国第二历史档案馆编：《中华民国史档案资料汇编·第五辑·第三编·政治（四）》，南京：江苏古籍出版社，1999年。

23. 《南大百年实录》编辑组编：《南大百年实录（中卷）：金陵大学史料选》，南京：南京大学出版社，2002年。

24. 李文海主编，夏明方、黄兴涛副主编：《民国时期社会调查丛编　城市（劳工）生活卷（上）》，福州：福建教育出版社，2005年。

四、著作类

1. 沈云龙主编：《美国与中国之关系》，台北：文海出版社，1982年。

2. 杰西·格·卢茨：《中国教会大学史（1850—1950年）》，曾钜生译，杭州：浙江教育出版社，1987年。

3. 华西校史编委会：《华西医科大学校史（1910—1985）》，成都：四川教育出版社，1990年。

4. 中共南京市委党史办公室：《南京人民革命史》，南京：南京出版社，1991年。

5. 季啸风主编：《中国高等学校变迁》，上海：华东师范大学出版社，1992年。

6. 克拉克·克尔：《大学的功用》，陈学飞等译，南昌：江西教育出版社，1993年。

7. 黎永泰：《毛泽东与美国》，昆明：云南人民出版社，1993年。

8. 何晓夏、史静寰：《教会学校与中国教育近代化》，广州：广东教育出版社，1996年。

9. 章开沅、马敏主编：《基督教与中国文化丛刊》第3辑，武汉：湖北教育出版社，1999年。

10. 吴忠魁：《私立学校比较研究——与国家关系角度的分析》，北京：北京师范大学出版社，1999年。

11. 张宪文主编：《金陵大学史》，南京：南京大学出版社，2002年。

12. 王德滋主编：《南京大学百年史》，南京：南京大学出版社，2002年。

13. 张宏生编：《南大，南大》，南京：南京大学出版社，2002年。

14. 罗炳权、王慧君主编：《解放战争时期的南京学生运动》，南京：南京大学出版社，2002年。

15. 刘家峰、刘天路：《抗日战争时期的基督教大学》，福州：福建教育出版社，2003年。

16. 章开沅、余子侠主编，土运米著：《诚真勤仁　光裕金陵——金陵大学校长陈裕光》，济南：山东教育出版社，2004年。

17. 王奇生：《党员、党权与党争——1924~1949年中国国民党的组织形态》，上海：上海书店出版社，2003年。

18. 王红岩：《20世纪50年代中国高等学校院系调整的历史考察》，北京：高等教育出版社，2004年。

19. 杨力、高广元、朱建中：《中国科教电影发展史》，上海：复旦大学出版社，2010年。

20. 沈志华：《冷战在亚洲——朝鲜战争与中国出兵朝鲜》，北京：九州出版社，2013年。

21. 梁晨、张浩、李中清：《无声的革命：北京大学、苏州大学学生社会来源研究（1949—2002）》，北京：生活·读书·新知三联书店，2013年。

五、论文类

1. 陶飞亚、刘家峰：《哈佛燕京学社与齐鲁大学的国学研究》，《文史哲》1999年第1期。

2. 徐东：《毛泽东与建国初期我国高等学校院系调整》，《毛泽东思想研究》2006年第4期。

3. 邱志红：《民国时期北京律师群体探析》，《北京社会科学》2008年第4期。

4. 蒋宝麟：《抗战时期中央大学的内迁与重建》，《抗日战争研究》2012年第3期。

5. 沈航：《民国北京政府中央官员收入问题研究》，《浙江社会科学》2015年第12期。

6. 孙萍：《抗美援朝初期南京学生反美控诉运动研究》，南京师范大学硕士学位论文，2016年。

7. 蒋宝麟：《从"内外"到"中西"：金陵大学顶层治理结构的转变》，南京大学博士后研究工作报告，2016年。

8. 梁晨、任韵竹、王雨前、李中清：《民国上海地区高校生源量化刍议》，《历史研究》2017年第3期。

中英文人名对照表

英文人名	中文人名
A. Archibald Bullock	蒲洛克
A.Brede	裴德安
A. C. Hutcheson	赫济生
A. E. Cory	柯锐
A. Hancock	韩谷
A. N. Steward	史德蔚
A. S. Draper	瞿伯迩
A. W. Martin	马丁
Alexander Ying Lee	李敏甫
Arthur John Bowen	包文
B. A. Garside	葛思德
Bishop C. H. Fowler	傅罗
C. S. Gibbs	吉普思
C. H. Robertson	饶柏森
C. E. Akerstrom	叶凯堂
C. H. Hamilton	韩穆敦
C. H. Myers	马雅师
Calvin Wilson Mateer	狄考文
Charles H. Riggs	林查理
Charles Scull Keen	钦嘉乐
Charles Stanley Smith	师当理
C. W. Woodworth	吴伟士
Charles Wade-Jones	魏正思
Claude Pickens	毕敬士
C. S. Settlemyer	谢德美

接上表

C. W. Coulter	柯立特
J. Horton Daniels	谈和敦
D. Willard Lyon	来会理
E. D. Merrill	梅里尔
E. K. Gifford	吉福德
E. H. Cressy	葛德基
Edwin Marx	马克斯
Fletcher Sims Brockman	巴乐满
Frank E. Meigs	美在中
Frank Peyton Gaunt	高尼弟
Francis W. Price	毕范宇
Frank Garrett	高诚身
F.G.Henke	恒吉
G. E. Ritchey	祁家治
G. W. Sarvis	夏伟师
George A. Stuart	师图尔
George Sherwood Eddy	艾迪
George Smyth	施美志
George Weidman Groff	高鲁甫
Goucher	古彻
Griffith John	杨格非
H. F. Rowe	饶合理
H. H. Love	洛夫
Harlan Page Beach	毕海澜
Harry Clemons	克乃文
Harvey Curtis Roys	瑞实
Horace G.Robson	郁富森
J. C. Garritt	甘路得
J. C. Thomson	唐美森
J. Campbell Gibson	汲约翰
J. E. Williams	文怀恩
John Leighton Stuart	司徒雷登
John H. D. Rabe	约翰·拉贝
John Theron Illick	伊礼克
James Butchart	柏志道

接上表

John B. Griffing	郭仁凤
John C. Fergusen	福开森
John Fox	福克斯
John Fryer	傅兰雅
John Henry Reisner	芮思娄
John Lossing Buck	卜凯
Joseph Bailie	裴义理
Kenneth McAfee	麦开斐
Leslie Bates Moss	莫思
Lewis S. C. Smythe	史迈士
Louis James Owen	伍恩
Luther D. Wishard	魏夏德
L. H. Bailey	裴来
L. H. Caldwell	高德威
L. H. Severance	司范伦斯
L. J. Birney	伯尼
M. S. Bates	贝德士
Matteo Ricci	利玛窦
McCormick	梅康密
Mckelway	马克威
Mills Samuel G.	梅赞文
Nathan Worth Brown	宝珍三
Pearl S. Buck	赛珍珠
Philip Saffery Evans	易文士
R. G. Wiggans	魏庚思
Randolph Tucker Shields	史尔德
Robert Case Beebe	比必
Robert E. Abbey	阿比
Robert Morrison	马礼逊
R. E. Speer	史密尔
R. H. Porter	博特
Sage	赛奇
Sidney Locock Lasell	陈赛耳
Swasey	史威赛
James Claude Thomson	唐美森

接上表

Thomas Dwight Sloan	宋龙
Twinem Paul Dewitt	戴籁三
T. W. Houston	贺子夏
V. Hanson	汉森
Victor Wisner	卫思娄
W. F. Wilson	韦理生
W. Frederick Hummel	恒谟
W. H. Weigel Jr.	卫果立
W. M. Lowrie	娄理华
W. P. Roberts	罗培德
Walter C. Lowdermilk	罗德民
Walter Gaffield Hiltner	赫尔忝
William Edward Macklin	马林
William P. Fenn	芳卫廉
W. R. Stewart	施德安
W. R. Wheeler	吴惠津
W. T. Swingle	史文格
Young John Allen	林乐知
John Rogers Fryer	傅绍兰

中英文机构、组织名称对照表

英文名称	中文名称
College Y.M.C.A. of China and Hong Kong	中国学塾基督幼徒会
Ginling College	金陵女子大学
International Committee of Y.M.C.A in U.S.A. and Canada	基督教青年会北美协会
Methodist Episcopal Mission	美以美会
Nanking University	汇文书院
The Christian Bible Institute	圣经学堂
Nanking Christian College	基督书院
The Presbyterian Union Theological Seminary	圣道书院
The Presbyterian Union Theological Seminary	长老会联合圣道书院
The Union Christian College	宏育书院
The University of Nanking	金陵大学
Young Men's Christian Association	基督教青年会
Young Women's Christian Association	基督教女青年会
The Presbyterian Academy	益智书院
Presbyterian Church	长老会
The Church Mission Hospital at Hangchow	杭州广济医院
The Yale Mission Hospital at Changsha	长沙雅礼医院
Philander Smith Memorial Hospital	金陵医院
The Foreign Mission Board of the Southern Baptist Convention	南浸信会
American Committee for China Famine Fund	美国对华赈灾委员会
The China Famine Relief Fund	中国救灾基金
Hall Fund	霍尔基金会
The Harvard-Yenching Institute	哈佛燕京学社

本卷索引

主 编 朱庆葆

1982年考入南京大学历史系学习，先后获历史学学士、硕士、博士学位，1992年毕业即留校任教，2001年起聘任中国史学科教授、博士生导师。曾任南京大学党委副书记、江南大学党委书记等，现任南京大学中华民国史研究中心主任、江南大学历史研究院院长，兼任中国太平天国史研究会会长等学术职务。已在中国近现代史、高等教育管理等领域发表论文200多篇，出版专著、译著20余部。先后主持国家级和省部级重大、重点课题10多项，获教育部高等学校科学研究优秀成果奖一等奖、江苏省哲学社会科学优秀成果奖一等奖、国家教学成果奖二等奖等。

副主编 牛力

1979年生，南京大学历史学博士，现任南京大学档案馆副馆长，主要从事中国近现代史、大学史、高等教育管理研究。著有《罗家伦与国立中央大学》等著作，在《近代史研究》《抗日战争研究》《江海学刊》等专业期刊发表论文20余篇，获江苏省哲学社会科学优秀成果奖一等奖。

/ 本卷著者 /

梁晨

南京大学历史学院教授、博士生导师。主要从事量化历史研究、社会历史学、近现代高等教育与知识群体研究等。出版专著《无声的革命——北京大学、苏州大学学生社会来源研究1949—2002》和《民国大学生教职员工生活水平与社会结构研究：以清华为中心》等。

杨骏

1976年生，历史学博士，现任南京大学历史学院讲师。主要研究方向为民国时期的高校学生运动以及当代高校思政教育，发表论文有《教育复员与"挽救教育危机"大游行——"五二〇"运动起因再探》《日内瓦藏李顿调查团档案文献的结构和价值》等。